David R. Anderson
Dennis J. Sweeney
Thomas A. Williams
Jeffrey D. Camm
James J. Cochran

6e

경영통계학

엑셀 활용

송한식 • 이세원 • 이정호 • 이인태 • 박진한 | 옮김

Modern Business Statistics
with Microsoft® Office Excel®

CENGAGE 한 경 사

Andover • Melbourne • Mexico City • Stamford, CT • Toronto • Hong Kong • New Delhi • Seoul • Singapore • Tokyo

CENGAGE

***Modern Business Statistics with Microsoft® Office Excel®*, 6th Edition**

David R. Anderson, Dennis J. Sweeney, Thomas A. Williams, Jeffrey D. Camm, James J. Cochran

ISBN-13: 978-89-6844-348-0

Cengage Learning Korea Ltd.
14F YTN Newsquare 76 Sangamsan-ro
Mapo-gu Seoul 03926 Korea
Tel: (82) 2 330 7000
Fax: (82) 2 330 7001

Cengage Learning is a leading provider of customized learning solutions with office locations around the globe, including Singapore, the United Kingdom, Australia, Mexico, Brazil, and Japan. Locate your local office at: **www.cengage.com**

Cengage Learning products are represented in Canada by Nelson Education, Ltd.

To learn more about Cengage Learning Solutions, visit **www.cengageasia.com**

Printed in Korea
Print Number: 01 Print Year: 2021

Dear Readers,

This text is a Korean translation of the sixth edition of *Modern Business Statistics with Microsoft® Office Excel®*. Chapters 1-16 are included in the printed text, and chapters 17-21 will be made available online. My coauthors and I appreciate the time, energy, and thought that Hansik Song of DongA University, In Tae Lee and Jinhan Park of Kyungnam University, Joungho Lee of Konkuk University, and Se Won Lee of Pukyong National University put into this translation. We are pleased this book will be available to Korean students and faculty.

The purpose of *Modern Business Statistics with Microsoft Office Excel®* is to give students, primarily those in the fields of business administration and economics, a conceptual introduction to the field of statistics and its many applications. The text is applications oriented and written with the needs of nonmathematicians in mind; the mathematical prerequisite is algebra.

Applications of data analysis and statistical methodology are an integral part of the organization and presentation of the text material. The discussion and development of each technique is presented in an applications setting, with the statistical results providing insights to decisions and solutions to applied problems.

Although the book is applications oriented, we have taken care to provide sound methodological development and to use notation that is generally accepted for the topic being covered. Hence, students will find that this text provides good preparation for the study of more advanced statistical concepts.

Modern Business Statistics with Microsoft Office Excel is first and foremost a statistics textbook that emphasizes statistical concepts and applications. But since most practical problems are too large to be solved using hand calculations, some type of statistical software package is required to solve these problems. There are several excellent statistical packages available today. However, because most students and potential employers value spreadsheet experience, many schools now use a spreadsheet package in their statistics courses. Microsoft Excel is the most widely used spreadsheet package in business as well as in colleges and universities. We have written *Modern Business Statistics with Microsoft Office Excel* especially for statistics courses in which Microsoft Excel is used as the software package. Excel has been integrated within each chapter and plays an integral part in providing an application orientation. Our Korean colleagues have also added an introduction to JASP, an open-source statistics program that allows for easier variable selection in modelling problems, to Chapters 15 and 16.

Finally, note that the exercises in each chapter are designed to be progressively more challenging and more fully integrate the concepts discussed in the chapter. Thus, it is important for the student who wants to develop a deep understanding of basic statistics to carefully read and complete each exercise and do so in the order they are provided. A bibliography to guide further study is included as an appendix.

I hope you enjoy and learn from our book!

Sincerely,

James J. Cochran, Ph.D.

간단한 차례

자세한 차례

역자 머리말

이 교재는 세계에서 가장 많이 활용된다고 하여도 과언이 아닐 정도로 내용이 잘 갖추어진 기초 통계학 교재이다. 통계학은 재미있는 과목이다. 그런데도 어렵게 느껴지고 가르치기 꺼려하는 이유는 좋은 교재가 없기 때문이다. 통계학의 내용은 상당히 많은 데 비해 한 학기의 강의실 설명으로는 시간이 부족하다. 이럴 때 교수는 상당한 부분을 학생들의 셀프 스터디에 맡기는 수밖에 없다. 또한 의욕 있는 학생들은 스스로 읽고 공부하고 싶어 한다. 이러한 현실에 비추어 본 교재는 손색이 없다고 본다.

역자는 교재의 저자 가운데 한 사람인 코크란(James Chocran) 교수에게 한국의 독자에게만 전하는 별도의 서문을 부탁하였다. 코크란 교수는 기꺼이 응해 주었고 우리는 그의 편지를 책의 앞에 실었다. 코크란 교수도 언급하였듯이, 데이터 분석과 통계학의 여러 가지 방법의 응용이 이 교재의 내용이다. 예제를 통해서 이론을 익히고, 연습문제에서 계산을 직접 해 보고 또 엑셀 도구를 활용하여 자료를 직접 처리하여 봄으로써 몸으로 익히도록 되어 있다. 좋은 교재는 읽기 쉽고 이해하기 쉬워야 한다. 좋은 교재를 사용하면 가르치기 쉽고 더 많이 공부하게 할 수 있다. 본 교재는 이러한 목적에 부합한다. 나아가서 통계처리의 실무에서 알아야 할 실제 적용에 관한 보완적인 설명이 아주 잘 되어 있다. 통계 실무의 책임과 윤리 지침(1장), 데이터의 시각화(2장, 3장), 빅데이터 처리(7, 8, 9, 14, 15장)에 관한 내용은 최근의 데이터 과학 추세에 매우 적절한 내용이다.

역자는 본 교재를 번역하면서, 읽기 쉽고 이해하기 쉽게, 애매함이나 모호함 없이, 그리고 오해가 생기지 않게 하는 데 최선을 다하였다. 연필과 노트를 가지고 그리고 계산기(스마트 폰 계산기는 강력하다.)를 가지고 직접 계산해 보면서 각 장의 세부 주제를 공부하다 보면 저절로 전체를 이해하게 된다. 번역에 관하여 몇 가지를 언급하면 다음과 같다.

용어 선택

그 뜻을 정확히 표현하는가를 기준으로 용어를 선택하였고, 되도록 통계학회의 용어 정리를 따랐다. 예를 들면 outliers는 이상치, 특이치, 특이점과 같이 여러 가지 말로 번역하였고, margin of error는 오차범위로, relation(ship)은 관계로, association은 연관성으로 번역하였다. 아울러, 표본평균은 표본 평균으로 띄어 쓰는 것이 원칙이지만 한 단어처럼 취급하여 붙여서 적었다. 표본분산, 표본비율도 마찬가지이지만 혼용하여 표기하였다. 모집단 평균과 모집단 분산도 모평균 모분산으로 혼용하였다.

엑셀 사용

코크란 교수도 언급하였지만, 엑셀 스프레드시트의 통계 도구는 대부분의 통계기법을 다루고 있고 사용하기 쉽다. 엑셀은 데이터를 조작하기 쉽기 때문에 매우 편리하다. 특히 피벗테이블은 데이터를 정리하는 데 매우 편리한 기능이다. 한 가지 문제점은 엑셀의 한국어 번역이 어색하거나 부적절한 경우가 많다는 것이다. 이를 번역 과정에서 적절하게 바꾸었다. 예를 들면 boxplot는 상자그림, box-whisker plot은 수염상자가 (상자수염보다) 적절해 보였다. scatter chart는 분산형차트보다는 '산점도'가 더 적절하다. 책 속의 엑셀 화면 캡처는 영어 엑셀을 그대로 두었다. 그것이 오히려 용어를 정확히 이해하고 사용하는 데 도움이 될 것으로 판단하였다. 15장의 다중회귀분석에서 추정회귀식에 의한 예측 범위를 계산할 수 있는 엑셀 플랫폼을 부록으로 번역진이 추가하여 소개하였다.

연습문제의 해답 추가

원래의 교재는 짝수 번호 연습문제의 상세한 해답을 온라인으로 제공하고 있다. 그러나 그 해답이 인쇄된 페이지로 갖추어지는 것이 학생들에게 도움이 될 것 같아서, 또 한 권의 완성된 교재가 되도록, 온라인 상세 해답을 요약하여 책의 부록으로 별도로 추가하였다. 학생들의 공부에 도움이 될 것으로 기대한다.

출처와 자료출처

이 교재는 사례 중심으로 설명을 하고 있기 때문에 많은 실제 사례가 그 출처와 함께 사용되고 있다. 연습문제도 마찬가지이다. 그러나 그 출처가 대부분 미국에서 구해지는 것이라서 번역자로서는 학생들에게 다소 미안함이 있다(생활환경, 관행과 문화가 달라서 이해가 어려울 수도 있어서). 그러나 그 가운데는 정보 수집 측면에서 매우 유용한 출처가 많다. 스포츠 관련해서는 CBSSports.com가, 제품 정보나 광고 관련해서는

Consumer's Report 웹사이트 등. 자료 출처를 책의 뒤편에 부록으로 정리하였으니 잘 활용하기 바란다.

역자 추가 주석

교재의 본문 왼쪽 여백에 저자는 보충적인 주석을 많이 달아 놓았다. 본문의 내용을 이해하는 데 매우 유용하다. 이해를 돕기 위해서 역자도 주석을 추가하였다.

JASP

값비싼 유료 통계 패키지가 많이 있다. 엑셀의 통계분석 도구 활용에 익숙하면 장차 이러한 패키지에도 충분히 적응할 수 있다. 무료의 프리웨어도 많이 있는데 대표적으로 JASP를 간단히 소개하였다. 15장과 16장의 다중 회귀분석에서는 독립변수를 바꾸어 가면서 회귀분석을 여러 번 반복해 보아야 하는 데 엑셀 통계분석 도구는 사용이 불편하다. 그래서 프리웨어인 JASP를 부록으로 소개하였다.

추후 추가 번역

원 교재에는 4개의 장이 더 있다.

17장 Time Series Analysis and Forecasting
18장 Nonparametric Methods
20장 Decision Analysis (online)
21장 Sample Survey (online)

추후 시간이 허락하는 대로 이들을 번역하여 출판사 홈페이지에 올릴 예정이다.

감사의 말

한경사 편집실 직원들에게 감사 드린다. 그들은 번역진의 까다로운 요구를 들어주느라 수고가 정말 많았다. 그에 대한 감사한 마음을 꼭 남기고 싶다.

편집자 주

데이터 파일 및 연습문제 해답과 관련한 원서 출판사의 링크는 https://www.cengage.com/cgi-wadsworth/course_products_wp.pl?fid=M20b&product_isbn_issn=9781337115186&token=B45D2513ED72E1EF7A76A8C714A23C55A6A4D1C607BAD52636F6D859B5E5884AC4A6187830239349ECC66A100D0F28952D3DA34CD6EA34FE4BEA54330BDE507086FE0BB49E51032F&template=ASIA입니다.

한경사 홈페이지(http://www.hankyungsa.co.kr/) 공지사항에 링크를 올려두었습니다.

저자 머리말

이 책은 Microsoft® Office Excel®을 사용한 *Modern Business Statistics*의 제6판이다.

이번 판에는 두 명의 저명한 학자, Wake Forest University의 Jeffrey D. Camm 교수와 University of Alabama의 James J. Cochran 교수가 새롭게 참여하였다. Jeff와 Jim은 모두 통계학, 비즈니스 애널리틱스 분야의 뛰어난 교수이자 연구자이며 실무자이다. Jim은 미국 통계학회의 석학회원(fellow)이다. 이들의 자세한 업적은 서문 다음에 나오는 '저자 정보'를 참조하기 바란다. 우리는 Jeff와 Jim이 공동 저자로 참여하여 대학 교재로서 이 책의 효율성을 유지하고 더욱 개선할 수 있을 것으로 기대한다.

이 책은 경영학·경제학 분야의 학생들에게 통계학과 그 응용에 대한 개념적 소개를 목적으로 한다. 그렇기에 수학자가 아니더라도 쉽게 이해할 수 있도록 응용 위주로 썼다. 수학적으로는 대수학(algebra)에 대한 지식만 있으면 된다.

이 교재는 데이터 분석과 통계적 방법론의 응용 위주로 되어 있다. 각 기법에 대한 논의는 응용사례 문제를 중심으로 설명되어 있으며, 예제를 풀어서 문제의 해를 구하고 의사결정에 대한 통찰력을 가질 수 있도록 기술하였다.

이 책이 응용에 초점을 맞추어 만들어졌지만, 통계 이론에 대한 심도 있는 설명을 논리정연하게 하였고, 일반적으로 통용되는 표기를 사용하였다. 따라서 학생들은 이 교재가 고급통계를 공부하는 데 있어 훌륭한 준비 서적이라는 것을 느끼게 될 것이다. 심화된 공부를 위한 참고 문헌은 부록에 실었다.

Microsoft Excel을 이용한 통계분석

Microsoft® Office Excel®을 사용한 *Modern Business Statistics*는 통계적인 개념과 응용을 강조하는 최초의 가장 훌륭한 통계 교과서라고 자부한다. 대부분의 실제 통계 문제는 손으로 푸는 것은 불가능하므로 통계 소프트웨어가 필요하다. 몇 가지 훌륭한 통계 (패키지) 프로그램이 있으나, 미래의 고용자라고 할 수 있는 경영 현장 실무자들이나 대학생들이 스프레드시드 사용 경험을 중요하게 생각하기 때문에 현재 많은 학교의 통계 과목에서 스프레드시트를 사용하고 있다. Microsoft Excel은 비즈니스는 물론 대학에서 널리 사용되는 스프레드시트 패키지이다. 따라서 저자들은 통계 수업에 Microsoft Excel을 소프트웨어 패키지를 적절하게 사용할 수 있도록 하였다.

각 장에서 다루는 개념을 이해할 수 있도록 응용사례에 Excel을 활용하였다. 우리는 이 교재를 사용하는 독자들이 Excel의 셀 선택, 수식 입력, 복사 등과 같은 기본적인 것에는 익숙하지만, Excel의 '통계 데이터 분석' 도구의 사용까지 잘 알고 있다고 가정하지는 않았다.

교재의 각 장에서 세부 주제에 대한 통계적인 절차를 논의한 후에 연속해서 그 절차를 수행하는 Excel 사용 방법을 따로 설명하였다. 이러한 방식으로 교재 전체에 걸쳐 Excel 사용 방법을 다루었지만, 통계적 방법론에 대한 설명을 여전히 주요하게 다루었다. Excel을 활용한 통계분석을 위해 '자료입력, 함수/수식, 툴 적용, 옵션 편집'의 네 가지 기본 작업을 표준 형식으로 만들어 사용하였다. 이렇게 일관된 구성을 사용한 이유는 사용자가 프로그램에 대한 세부 사항에 얽매이지 않고 통계 방법론 자체에 집중할 수 있도록 하기 위해서이다.

Excel 워크시트 그림에서는 두 개의 워크시트를 겹쳐서 표현하였는데 수식(계산 공식)이 적힌 워크시트는 그림의 뒤편에, 이 수식을 사용하여 계산된 값은 워크시트 앞에 표시하였다. 데이터를 포함한 워크시트 셀을 구분하고, Excel 함수와 수식의 셀, 데이터 분석 도구에서 얻은 결과들은 다양한 색상과 음영으로 강조하여 표시하였다.

제6판에서 변경된 내용

이 책의 이전 판(version)을 채택하여 긍정적인 반응을 보여주신 독자들에게 감사드린다. 6판에서도 최대한 기존의 표현 방식과 가독성을 유지하도록 하였다. 중요한 변경 사항은 다음과 같다.

- Microsoft Excel 2016. 단계별 설명과 화면 캡처를 통해 최신 버전의 Excel을 사용한 통계분석 절차를 자세하게 보여준다.
- **자료와 통계, 통계학(1장).** 빅데이터에 대한 논의를 포함하여 기존의 데이터 마이닝을 다루었던 절을 확장하였다. 자료분석과학(analytics)에 대하여도 새롭게 내용을 추가하였다. 또한 관찰연구와 실험연구의 구별에 더 중점을 두었다.

- **기술 통계: 여러 가지 수치적 측도(3장).** Microsoft Excel의 최신 버전에는 상자수염(box plot)와 상자수염을 이용한 비교분석 기능이 추가되었다. 이 새로운 기능의 사용 방법을 설명하였다. (번역서에서는 상자수염을 '수염상자'로 번역하였다.)
- **구간 추정(8장).** 빅데이터(대용량 데이터 세트)가 신뢰구간 해석에 미치는 영향과 통계적 유의성과 실제적 유의성 간의 차이에 대한 내용을 추가하였다.
- **가설 검정(9장).** 8장과 유사하게, 가설 검정의 결과의 통계적 해석과 빅데이터가 미치는 영향에 의한 실제적 유의성의 차이에 관한 내용을 추가하였다.
- **실험설계와 분산분석(13장).** 관찰연구와 실험연구의 차이점에 대한 논의를 수성하고 확징하였다.
- **단순선형회귀분석(14장).** 8장과 유사하게, 단순선형회귀분석에서 빅데이터의 의미와 가설 검정의 해석, 통계적 유의성과 실제적 유의성의 차이에 대한 내용을 추가하였다.
- **새로운 사례문제.** 6판에는 11개의 새로운 '사례문제(case problems)'를 추가하였다. 이 책에서 다루는 30개의 사례문제는 학생들이 제법 큰 데이터 세트를 분석하고, 그 분석 결과를 기반으로 경영 보고서를 작성할 수 있게 해 준다.
- **업데이트 및 개선된 연습문제 해답.** Maricopa Community Colleges의 훌륭한 강사인 Dawn Bulriss와 협력하여 각 장 마지막에 실린 연습문제와 그 해답을 심도 있게 검토하였다. 모든 문제와 해답을 검토하고 재작업하여 해답의 정확도가 더욱 높아졌으며, 반올림 규칙, 자세한 설명, Excel과 통계 계산기를 사용하여 얻어지는 약간 다른 해답(주로 반올림 차이)과 같이 추가적인 세부 정보를 담았다. 철저한 검토를 통해 디지털 시대의 교수자와 학생들이 향상된 학습 효과를 경험할 수 있을 것이라 믿는다.
- **실제 데이터 기반의 새로운 예제와 연습문제.** 최신의 통계 정보와 실제 데이터를 기반으로 약 140개의 새로운 예제와 연습문제를 추가하였다. *The Wall Street Journal*, *USA Today*, *Fortune*, *Barron's*와 같은 다양한 데이터 수집 기관과 기타 출처로부터 얻은 데이터를 사용하여 실제 연구를 통해 이론을 설명하고, 경영학·경제학에서 통계가 어떻게 사용되고 있는지를 예시로 보여주는 연습문제를 만들었다. 우리는 실제 데이터의 사용이 학생들의 관심을 높이는 데 도움이 되며, 이를 통하여 통계적 방법론과 그 적용을 균형 있게 배울 수 있다고 생각한다.

교재 활용의 특기 사항

저자인 Anderson, Sweeney, Williams, Camm, Cochran은 이전 판에 있었던 여러 가지 특별표기를 6판에서도 계속해서 사용한다. 학생들에게 중요한 내용은 다음과 같다.

- **기본문제와 응용문제**

각 절의 끝에 있는 연습문제는 기본문제와 응용문제로 나뉜다. 기본문제에서는 공식을 사용하여 필요한 계산을 해야 한다. 응용문제에서는 각 장에서 배운 내용을 실제 상황에 맞추어 사용해야 한다. 따라서 학생들은 먼저 기본문제에서 계산 중심의 연습을 한 후, 응용문제에서 통계적인 개념들의 정확한 적용과 미세하지만 엄격한 차이를 이해하는 단계로 넘어갈 수 있다. 몇몇 연습문제는 "자가진단문제(self-test)"로 표기하였다. (번역서에서는 이 표기를 생략하였다.) 짝수 번호 문제의 상세한 해답은 웹사이트에서 별도로 제공된다(온라인 부록 D 참조). (번역서에서는 짝수 번호 문제의 간단한 답과 힌트를 책의 부록으로 덧붙였다.) 학생들은 연습문제를 풀어보고 즉시 해답을 확인하여 공부한 개념에 대한 이해도를 스스로 평가할 수 있다.

- **주석과 보충설명**

요점을 강조하고 이해를 돕기 위해서 본문 옆에 주석을 작성하였는데, 이는 이 교재의 두드러짐 특징이다. 주석은 본문에 나오는 용어와 개념에 대한 이해를 높이고 강조하기 위해 작성하였다. (필요에 따라서 역자들도 주석을 사용하였다. 글자 색을 달리 하여 저자의 주석과 구분하였다.) 또, 각 절의 마지막 부분에 이해를 돕기 위한 '보충설명'을 실었다. 보충설명에는 방법론을 사용할 때의 주의사항 또는 기본 가정, 방법론의 응용을 위한 권장사항, 추가로 고려해야 하는 기술적인 사항들에 대해 간략한 설명을 담았다.

- **함께 제공되는 데이터 파일**

220개 이상의 Excel 데이터 파일을 교재의 웹사이트에서 제공한다. 웹사이트에서 사용 가능한 데이터는 알아보기 쉽도록 'DATAfile' 로고를 사용하였다. 여기에는 사례문제의 데이터뿐만 아니라 큰 크기의 연습문제의 데이터도 포함되어 있다. (한국의 학생들은 편집자 주를 참고하기 바란다.)

MindTap

Microsoft에서 제공하는 모든 새로운 Excel Online 통합 기능을 갖춘 MindTap은 경영통계 수업을 위한 완벽한 디지털 솔루션이다. 학생들이 기본적인 통계 개념을 배우고 비판적 사고를 요하는 응용문제에 적극적으로 참여하게 하며, 동시에 미래의 직장에서 사용할 소프트웨어 활용 능력을 익힐 수 있게 해 준다.

MindTap은 알고리즘으로 추출한 연습문제들의 점수를 자동으로 처리해 주는 기능과 대화형 전자서적(eBook) 기능을 갖춘 맞춤형 디지털 강의 솔루션이다. 또한 학생들이 강의 내용을 더 잘 이해할 수 있도록 모든 자료를 제공하고 있다. MindTap에 대한 자세한 내용은 본서의 출판사인 Cengage 담당자에게 문의하기 바란다. [번역서에서는 이 기능에 접근하지 못한다.]

학생들을 위하여

보다 효율적으로 학습할 수 있도록 학생들에게 온라인 자료들을 제공하고 있다. 자료는 www.cengagebrain.com에서 찾아볼 수 있다. [한국의 학생들은 편집자 주를 참고하기 바란다.]

교수자를 위하여

교수자는 www.cengage.com에서 제공하는 Instructor Companion 웹사이트를 통해 교수자용 자료들을 사용할 수 있다. 여기에는 다음과 같은 내용이 포함된다.

- 해답: 저자가 준비한 해답에는 교재의 모든 연습문제에 대한 답이 포함되어 있다. 온라인으로 확인할 수 있을 뿐만 아니라 인쇄도 가능하다.
- 사례문제 해답: 교재의 모든 사례문제에 대하여 저자가 준비한 답 또한 포함되어 있다.
- PowerPoint 프레젠테이션 슬라이드: 프레젠테이션 슬라이드에는 강의를 보완하기 위해 그림을 포함한 강의개요를 담았다.
- 문제은행: Cognero가 제공하는 Cengage Learning Testing은 온라인 시스템으로 다음과 같은 일들을 가능하게 해 준다.
  - 다수의 Cengage Learning 솔루션에서 문제은행 콘텐츠를 작성하고 편집, 관리
  - 짧은 시간 안에 다수의 평가 문항 생성
  - LMS, 강의실 또는 원하는 어느 곳에서나 평가할 수 있는 기능 제공. 문제은행은 Microsoft Word에서도 사용 가능

감사의 글

각 장의 서두의 'Statistics in Practice'에 사료를 제공해 준 기업과 업계의 직원들에게 특별히 감사드린다. 우리는 개별적으로 해당 내용을 정해진 범위 안에서 자유롭게 사용할 수 있는 계약을 맺었다. 저자들은 교재를 준비하는 동안 제품 관리자인 Aaron Arnsparger, 콘텐츠 개발자인 Anne Merrill, 컨텐츠 프로젝트 관리자인 Colleen Farmer, MPS Limited의 프로젝트 관리자 Gaurav Prabhu, 디지털 콘텐츠 디자이너 Brandon Foltz, 그리고 Cengage의 여러 관계자로부터 편집 자문과 지원 등의 큰 도움을 받았다.

지속적으로 책의 내용을 개선할 수 있도록 여러 가지 방법으로 의견을 제시해 주신 아래의 검토자들께 감사드린다. [감사의 뜻을 전하고자 하는 사람은 170여 명에 이른다. 번역서에는 처음 9명만 표기하였다.]

Jamal Abdul-Hafidh
University of Missouri-St. Louis

Chris Adalikwu
Concordia College

Eugene Allevato
Woodbury University

Solomon Antony
Murray State University

Ardavan Asef-Vaziri
California State University, Northridge

S. Scott Bailey
Troy University

Robert J. Banis
University of Missouri-St. Louis

Wayne Bedford
University of West Alabama

Enoch K. Beraho
South Carolina State University

Timothy M. Bergquist
Northwest Christian College

경영통계학

엑셀 활용

Modern Business Statistics

with Microsoft® Office Excel®

(6th ed.)

자료와 통계, 통계학

1

DATA AND STATISTICS

STATISTICS in PRACTICE

*Bloomberg Businessweek**

New York, New York

*Bloomberg Businessweek*는 전 세계적으로 매주 백만 부 이상 읽히는 비즈니스 매거진이다. Bloomberg Businessweek는 세계 곳곳에 145개의 지역사무소에서 1700명의 기자가 글로벌 비즈니스와 경제에 관한 여러 가지 기사를 제공한다. Bloomberg Businessweek는 매주 최신의 관심 주제에 대해서는 특집기사를 싣고, 국제 비즈니스와 경제에 대한 분석, 정보처리와 과학 기술 등에 관한 일반기사를 싣는다. 독자는 특집기사와 일반기사 섹션의 정보를 통하여 최신의 발달을 호흡하면서 비즈니스와 경제 전반에 그것이 미치는 영향을 짐작하게 된다.

*Bloomberg Businessweek*는, 그 전신이 *BusinessWeek*인데(1929~2009), 현재의 관심 주제에 대한 심층 보고서로서 유명하다. 심층 보고서는 종종 통계적 사실과 통계적 요약으로 독자가 비즈니스와 경제에 관한 정보를 이해하도록 해준다. 예를 들면, 기업이 중요한 작업을 클라우드 컴퓨팅으로 전환하는 것이 어떤 영향을 줄 것인지의 보고서, 또는 미국 우편국이 직면한 채무 위기가 우리가 생각하는 것보다 훨씬 더 심각하다는 보고서 등은 항상 통계적 정보를 활용하여 싣는다. 뿐만아니라 *Bloomberg Businessweek*는 생산지수, 주가, 뮤추얼 펀드, 금리 등과 같은 경제상황에 관한 여러 가지 통계치도 항상 제공한다.

*Bloomberg Businessweek*는 또한 통계적 정보와 통계학적 추론을 자신의 비즈니스 경영에도 활용한다. 예를 들면, 종종 구독자에 대한 조사를 실시하여 구독자에 대한 인구통계적 정보, 구독습관, 구독 가능성, 라이프스타일 등에 관한 지식

---

* 이 내용은 Research Manager인 Charlene Trentham의 도움을 받아서 작성된 것이다.

STATISTICS *in* PRACTICE

Mircea Foto/Shutterstock.com

*Bloomberg Businessweek*는 여러 종류의 기사에 통계적 사실과 통계적 요약을 활용한다.

을 얻는다. 이러한 통계요약과 지식을 활용하여 *Bloomberg Businessweek* 관리자는 구독자와 광고주에게 더 향상된 서비스를 제공한다. 예를 들면, 최근 북미의 구독자에 관한 조사를 보면, 구독자의 90%가 집에서 개인용 컴퓨터를 사용하고 있으며 64%는 직장에서 컴퓨터 구매에 관여하고 있다. 이러한 통계는 구독자들이 컴퓨터 발달에 관한 기사에 관심이 많다는 것을 *Bloomberg Businessweek* 관리자에게 미리 알려준다. 또, 구독자에 대한 조사 결과는 잠재적 광고주에게도 제공된다. 가정에서 개인용 컴퓨터를 사용하는 비율이 높고, 또 직장에서 컴퓨터 구매와 관련된 비율이 높다는 정보는 *Bloomberg Businessweek*에서 광고를 고려하는 컴퓨터 제조업체에게는 강한 인센티브가 될 것이기 때문이다.

제1장은 통계분석에서 사용하는 자료의 유형과 그 자료의 수집 방법을 공부한다. 자료를 가지고 의미 있는 그리고 쉽게 해석할 수 있는 통계정보를 도출하는 기술통계와 통계적 추론(추측)도 함께 소개한다.

우리는 다음과 같은 내용을 신문이나 잡지에서 종종 접하게 된다.

- Google은 검색엔진의 92%를 점유하고 있고, 스마트폰 검색에서도 95%를 차지하고 있다. Youtube에서만 $150억 벌어들였다(*The Wall Street Journal*, October 21, 2020—역자).
- 신규채용에서 가장 중요하게 생각하는 스킬을 5개를 꼽으라는 질문에 대해서, 기업의 인사 담당자 1320명의 68%가 의사소통 스킬을 그중 하나로 포함시키는 것으로 나타났다(*Bloomberg Businessweek*, April 13-19, 2015).
- 'Green Mountain'은 지난 2년간 180억 개의 커피캡슐을 판매하였다(*Harvard Business Review*, January-February, 2016).
- 'Market Track'의 조사에 따르면 88%의 소비자는 가격 때문에 지역 브랜드 제품을 구매한다고 한다(*USA Today*, May 17, 2016).

위 내용에서 92%, 95%, $150억, 1320명, 68%, 180억 개, 88%와 같은 수치적 사실을 **통계**(statistics)라고 한다. 통계라는 용어는 평균, 중앙값, 퍼센티지, 최대값과 같은 수치적 사실에 적용되는 말인데, 이러한 통계(치)를 통해서 우리는 비즈니스와 경제의 실제 상황을 이해한다. 그러나, 곧 알게 되겠지만, 통계학이라는 학문 분야는 이들 수치 이상의 것이다. 넓은 의미로 **통계학**(statistics)이란 분야는 자료를 수집하여 정리하고 표현하는 기술(art)이며 자료를 해석하는 과학(science)이다. 특히 비즈니스와 경제에서 경영자와 의사결정자는 통계학을 통하여 그 실제 상황과 환경을 더 잘 이해할 수 있고, 더 많은 정보를 가지고 더 나은 의사결정을 할 수 있다. 이 교재에서도 통계학을 적용한 이해를 바탕으로 더 나은 의사결정을 하는 것을 강조할 예정이다.

1장은 비즈니스와 경제에서 통계학을 적용하는 예를 보여주면서, 1.2절에서는 **자료**(data)를 정의하고 데이터 세트(data set)의 개념을 소개한다. 여기서는 **변수**(variables)와 **관찰**(observations)을 소개하고 범주 자료와 양적 자료의 차이점, 횡단면 자료와 시계열 자료의 예시를 보여준다. 1.3절에서는 인터넷 소스와 같은 기존 자료원천에서 자료를 얻거나, 실험연구나 관찰연구를 통해서 새로운 자료를 획득하는 것을 설명한다. 1.4~1.5절에서는 자료를 가지고 기술적 통계 작성하기와 통계적 추론하기를 설명한다. 나머지 4개 절에서는 통계분석에서 컴퓨터의 역할을 소개하고, 비즈니스 분석과학(business analytics)과 거기서 통계학의 역할을 설명한다. 그리고 빅데이터와 데이터 마이닝을 소개하고 통계학 실제에서 윤리적 지침를 설명한다.

1.1 비즈니스와 경제학에서 통계학 적용

오늘날 비즈니스와 경제의 글로벌 환경에서는 누구나 방대한 통계적 정보를 접한다. 성공하는 경영자와 의사결정자는 그 정보를 잘 이해하고 효과적으로 잘 활용하는 사람이다. 여기서는 비즈니스와 경제에서 통계학을 적용하는 예를 보여주고자 한다.

회계학 분야

공인 회계사가 회계감사를 할 때는 통계적 표집과정을 따른다. 예를 들면 대차대조표상의 외상매출금 금액이 실제 외상매출금 금액하고 일치하는지 확인한다고 해 보자. 외상매출금 계정이 너무 많기 때문에 그것을 일일이 리뷰하고 확인하려면 시간도 많이 걸리고 비용도 비싸게 소요된다. 때문에 회계 감사진들은 보통 일부 계정을 표본으로서 선택한다. 표본 계정의 정확성을 확인한 연후에 대차대조표상의 외상매출금 금액을 그대로 인정할 것인지를 결론짓게 된다.

금융 분야

금융 분석가는 다양한 통계적 정보를 가지고 투자의견을 추천한다. 주식투자를 보면, 해당 주식의 배당률이나 PE비율을 체크하고, 그것을 주식 시장 전체의 평균과 비교하여 투자를 할 만한지 판단한다. 예를 들면, *The Wall Street Journal*(February 27, 2016)은 S&P500기업의 평균 배당률은 2.3%라고 보고하였다. 그런데 Microsoft사의 배당률은 2.61%이었다. 이러한 통계적 정보는 Microsoft의 배당률이 S&P500기업의 평균보다 높다는 것을 나타낸다. 이러한 정보를 이용하여 금융 분석가는 Microsoft 주식을 유지할 것인지 팔 것인지 아니면 사들일 것인지를 말하는 투자의견을 낸다.

마케팅 분야

수퍼마켓 계산대의 전자스캔 장치는 다양한 자료를 수집한다. 예를 들면 'ACNielsen' 같은 자료공급자는 계산대의 스캔자료를 사서는 그 자료를 처리하여 통계적 요약 정보를 만들어서 판매를 한다. 제조자들은 이러한 정보를 구입하는데 수십만 달러를 지출한다. 또, 특가판매나 특별 진열대와 같은 촉진활동을 한 후 그에 관한 통계적 요약 정보를 구입하기도 한다. 제품담당자는 계산대 스캔 통계와 판촉활동 통계를 비교해 보고 그 관련성을 더 잘 이해할 수 있게 되고, 이러한 분석을 통해서 미래의 마케팅 판매전략을 수립할 수 있다.

생산 분야

생산 공정에서 품질관리는 통계학의 중요한 적용 분야이다. 예를 들면 x-바 차트를 이용하면 공정의 산출 품질을 감시할 수 있다. 어떤 용기(캔)에 소프트 드링크를 340cc씩 주입하는 기계가 있다고 하자. 그 공정의 작업자는 수시로 몇 개 용기를 표본으로 추출해서 주입량의 평균을 계산한다. 그것을 x-바 차트에 그린다. 그것이 관리도의 상한선을 넘어가면 초과 주입이고, 하한선 아래에 그려지면 미달 주입이 된다. 하한선과 상한선 범위 안에 위치하면 그 공정은 올바른 '관리상태(in control)'에 있고 그 공정은 계속 진행해도 좋다는 뜻이 된다. x-바 차트를 활용하면 공정을 언제 재조정하여야 할지를 정할 수 있다.

경제 분야

경제학자는 경제의 미래나 경제의 어떤 양상을 자주 예측하는데, 이때 경제학자는 여러 가지 통계적 정보를 사용한다. 예를 들면, 인플레이션율을 예측할 때에는 생산자 물가지수, 실업률, 제조업 가동률과 같은 지표 값의 통계적 정보를 이용한다. 인플레이션율을 예측하는 컴퓨터화된 예측 모형에 이러한 통계적 지표 값을 투입하기도 한다.

정보시스템 분야

정보시스템 관리자는 컴퓨터 네트워크의 하루 하루 운영에 대해서 책임을 지고 있다. 예를 들면, LAN, WAN, 인트라넷, 기타 통신 시스템과 같은 컴퓨터 네트워크의 성능을 평가하는 데는 여러 가지 통계적 정보가 도움이 된다. 시스템의 사용자 수 평균, 시스템 속의 어떤 콤포넌트이 다운 시간 비율 등은 통계적 정보의 예인데, 이를 이용하면 시스템 관리자는 컴퓨터 네트워크를 더 잘 파악하고 더 잘 관리할 수 있다.

앞에서 소개한 적용사례는 통계학 적용의 전반을 보여준다. 이 책의 각 장에 'Statistics in Practice'를 두고 있는데, 이는 그 장에서 공부할 내용을 소개하는 역할을 한다. 아울러 비즈니스와 경제에서 통계학이 얼마나 중요한지도 보여준다.

1.2 자료

자료(data)란 어떤 사실이나 숫자로서 수집하여 정리하고 표현되고 해석되는 것을 말한다. 어떤 연구 목적으로 수집된 전체 자료를 **데이터 세트**(data set)라고 한다. 〈표 1-1〉은 자유무역을 추구하는 세계무역기구(WTO)의 회원국 60개 국가에 관한 데이터 세트이다.

원소, 변수, 관찰

원소(elements)는 자료 수집의 대상이 되는 개체를 말한다. 〈표 1-1〉의 첫째 칸에 표기된 각 국가가 자료의 원소이다. 국가가 60개이므로 데이터 세트에는 60개 원소가 있다.

각 원소의 관심항목을 **변수**(variables)라고 한다. 〈표 1-1〉의 데이터 세트에는 다음 5개의 변수가 있다.

WTO는 국가 간의 교역이 활발하게, 자유롭게, 그리고 예측할 수 있도록 그 규칙을 관장하는 국제기구이다. 2020년 현재 164개 회원국과 24개의 옵저버로 구성되어 있다(www.wto.org). —역자

- WTO 지위(WTO Status): 그 나라의 WTO 회원 지위 상태. member(회원)이거나 observer(옵저버) 둘 중 하나.
- 1인당 GDP(Per Capita GDP): 그 나라에서 생산된 재화와 용역의 시장가치($) 총합을 그 나라 국민의 수로 나눈 것. 이는 각 나라의 경제적 생산성을 비교하는 데 사용된다.
- 무역적자(Trade Deficit): 그 나라의 수입 총액($)에서 수출 총액($)을 뺀 것.
- 피치 등급(Fitch Rating): Fitch Group[1]이 평가한 그 나라의 신용등급. 신용등급은 최고등급 AAA에서 최하위의 F로 나뉘는데 +와 −로 다시 세분된다.
- 피치 전망도(Fitch Outlook): 향후 2년간 전망되는 신용등급의 추세방향을 나타낸 것. 전망도는 Negative, Stable, Positive으로 나뉜다.

원소별로 각각의 변수를 측정하여 수집한 것이 자료(data)가 된다. 원소별로 각 변숫값을 측정한 묶음을 **관찰**(observation)이라고 한다. 예를 들면 〈표 1-1〉에서 첫 번째 '관찰'에 있는 측정값은 "Member, 5400, 2,673,359, BB−, Stable"이다. 데이터 세트에 60개 원소가 있으며 60개 관찰이 있다.

[1] Fitch Group은 세계 3대 통계평가기관으로, U.S. Securities and Exchange Commission(미국 증권거래위원회)에서 설립한 것이다. 다른 두 기관은 Moody's와 Standard and Poor's이다.

〈표 1-1〉 세계무역기구의 회원국 60개 국가 자료

Nation	WTO Status	Per Capita GDP ($)	Trade Deficit ($1000s)	Fitch Rating	Fitch Outlook
Armenia	Member	5,400	2,673,359	BB–	Stable
Australia	Member	40,800	–33,304,157	AAA	Stable
Austria	Member	41,700	12,796,558	AAA	Stable
Azerbaijan	Observer	5,400	–16,747,320	BBB–	Positive
Bahrain	Member	27,300	3,102,665	BBB	Stable
Belgium	Member	37,600	–14,930,833	AA+	Negative
Brazil	Member	11,600	–29,796,166	BBB	Stable
Bulgaria	Member	13,500	4,049,237	BBB–	Positive
Canada	Member	40,300	–1,611,380	AAA	Stable
Cape Verde	Member	4,000	874,459	B+	Stable
Chile	Member	16,100	–14,558,218	A+	Stable
China	Member	8,400	–156,705,311	A+	Stable
Colombia	Member	10,100	–1,561,199	BBB–	Stable
Costa Rica	Member	11,500	5,807,509	BB+	Stable
Croatia	Member	18,300	8,108,103	BBB–	Negative
Cyprus	Member	29,100	6,623,337	BBB	Negative
Czech Republic	Member	25,900	–10,749,467	A+	Positive
Denmark	Member	40,200	–15,057,343	AAA	Stable
Ecuador	Member	8,300	1,993,819	B–	Stable
Egypt	Member	6,500	28,486,933	BB	Negative
El Salvador	Member	7,600	5,019,363	BB	Stable
Estonia	Member	20,200	802,234	A+	Stable
France	Member	35,000	118,841,542	AAA	Stable
Georgia	Member	5,400	4,398,153	B+	Positive
Germany	Member	37,900	–213,367,685	AAA	Stable
Hungary	Member	19,600	–9,421,301	BBB–	Negative
Iceland	Member	38,000	–504,939	BB+	Stable
Ireland	Member	39,500	–59,093,323	BBB+	Negative
Israel	Member	31,000	6,722,291	A	Stable
Italy	Member	30,100	33,568,668	A+	Negative
Japan	Member	34,300	31,675,424	AA	Negative
Kazakhstan	Observer	13,000	–33,220,437	BBB	Positive
Kenya	Member	1,700	9,174,198	B+	Stable
Latvia	Member	15,400	2,448,053	BBB–	Positive
Lebanon	Observer	15,600	13,715,550	B	Stable
Lithuania	Member	18,700	3,359,641	BBB	Positive
Malaysia	Member	15,600	–39,420,064	A–	Stable
Mexico	Member	15,100	1,288,112	BBB	Stable
Peru	Member	10,000	–7,888,993	BBB	Stable
Philippines	Member	4,100	15,667,209	BB+	Stable
Poland	Member	20,100	19,552,976	A–	Stable
Portugal	Member	23,200	21,060,508	BBB–	Negative

〈표 1-1〉 세계무역기구의 회원국 60개 국가 자료 〈계속〉

Nation	WTO Status	Per Capita GDP ($)	Trade Deficit ($1000s)	Fitch Rating	Fitch Outlook
South Korea	Member	31,700	−37,509,141	A+	Stable
Romania	Member	12,300	13,323,709	BBB−	Stable
Russia	Observer	16,700	−151,400,000	BBB	Positive
Rwanda	Member	1,300	939,222	B	Stable
Serbia	Observer	10,700	8,275,693	BB−	Stable
Seychelles	Observer	24,700	666,026	B	Stable
Singapore	Member	59,900	−27,110,421	AAA	Stable
Slovakia	Member	23,400	−2,110,626	A+	Stable
Slovenia	Member	29,100	2,310,617	AA−	Negative
South Africa	Member	11,000	3,321,801	BBB+	Stable
Sweden	Member	40,600	−10,903,251	AAA	Stable
Switzerland	Member	43,400	−27,197,873	AAA	Stable
Thailand	Member	9,700	2,049,669	BBB	Stable
Turkey	Member	14,600	71,612,947	BB+	Positive
UK	Member	35,900	162,316,831	AAA	Negative
Uruguay	Member	15,400	2,662,628	BB	Positive
USA	Member	48,100	784,438,559	AAA	Stable
Zambia	Member	1,600	−1,805,198	B+	Stable

DATA *file*
Nations

측정의 척도

자료는 명목척도, 순서척도, 구간척도, 비척도 등 네 가지 척도 중 하나로 측정된다. 이 측정의 척도(scale of measurement)에 따라 자료의 정보량이 정해지고, 또 그 척도에 따라 적합한 자료 정리 방법과 통계적 분석 방법이 정해진다.

원소의 어떤 속성이 라벨(label)이나 이름으로 구별되면 그 속성의 척도는 **명목척도**(nominal scale)로 간주된다. 〈표 1-1〉에 WTO 지위 변수의 측정척도는 명목척도인데, 'Member'와 'Observe'라는 라벨로 그 지위의 범주를 표기하기 때문이다. 명목척도는 라벨뿐만 아니라 숫자코드(numeric code)를 사용하기도 한다. 자료 수집을 용이하게 하고 자료를 정돈하여 컴퓨터 데이터베이스에 입력을 쉽도록 하기 위해서 숫자코드를 사용하는데, 'WTO 지위' 변수에 회원국은 1을, 옵저버 국가는 2라는 코드를 사용해도 된다. 이처럼 자료값이 숫자로 표기되어도 그것은 여전히 명목척도이다.

어떤 자료가 명목자료의 속성을 보이면서 동시에 그 자료의 순서나 순위가 유의한 의미를 가지면 그 변수의 측정척도는 **순서척도**(ordinal scale)로 생각한다. 〈표 1-1〉에 피치 등급 자료를 자세히 보면 순서가 있음을 알 수 있다. 신용도를 AAA에서 F로 등급라벨을 표기하고 있는데, AAA는 최상위 신용도를 나타내고, F는 최하위 신용도를 나타낸다. 이처럼 순서와 순위를 매길 수 있기 때문에 피치 등급은 순서척도이다. 순서자료도, 대학의 한 클래스에서 석차를 숫자로 표기하듯이, 숫자코드로 기록할 수 있다.

어떤 자료가 순서자료의 속성을 모두 가지면서 동시에 그 자료의 값 간의 차이를 어떤 측정 단위(unit)로 표현할 수 있으면 그 변수는 **구간척도**(interval scale)로 측정된 것이다. 구간자료는 항상 수치로만 표기된다. 대학입학 SAT 수학성적은 구간척도 자료이다. 예를 들면, SAT 수학성적이 620점, 550점, 470점인 학생이 세 명 있다면 이들을 수학 실력에 따라 순위를 매길 수 있다. 순위에 더하여, 그 점수의 차이도 의미가 있다. 예를 들면 학생 1은 620−550 = 70점만큼 점수가 높고, 학생 2는 550−470 = 80점만큼 학생 3보다 점수가 높다.

자료가 구간척도 속성은 그대로 가지고 있으면서 자료값 상호 간의 비율이 의미를 가지면 그 변수의 측정척도는 **비척도**(ratio scale)이다. 거리, 높이, 무게, 시간 등은 비척도로 측정된다. 비척도에는 '0'이 반드시 있는데, 0은 없다는 것을 의미한다. 자동차의 제조원가를 생각해 보자. 원가가 0이라는 것은 그 자동차가 '공짜'라는 것을 의미한다. 만일 어떤 자동차의 원가가 $30,000이고, 다른 자동차의 원가가 $15,000이면 첫 번째 자동차의 원가가 두 번째 자동차 원가의 2배($30,000/$15,000 = 2)라는 의미를 가진다.

범주 자료와 양적 자료

모든 자료(data)는 범주형 자료와 양적 자료로 나눌 수 있다. 어떤 범주로 묶을 수 있으면 **범주(형) 자료**(categorical data)라고 한다. 얼마나 많은지(how many or how much) 그 양이 수치적인 값으로 표현되면 그것을 **양적 자료**(quantitative data)라고 한다. 양적 자료는 구간척도나 비척도로 측정하여 수집한다.

자료가 범주형인지 양적인지에 따라 자료를 요약하는 통계적 방법이 다르다.

범주(형) 변수(categorical variable)는 범주형 자료로 된 변수이고, **양적 변수**(quantitative variable)는 양적 자료로 된 변수를 말한다. 변수가 범주형인지 양적인지에 따라 통계적 분석 방법도 다르다. 변수가 범주형이면 통계적 분석이 상당히 제한된다. 범주형 자료는 범주별로 관찰 빈도수를 카운트 하거나, 범주별로 관찰 비율을 계산한다. 범주형 자료를 숫자코드로 표현하였다고 하더라도 더하기, 빼기, 곱하기, 나누기 등의 산술적인 연산은 의미가 없다. 범주형 자료의 요약 방법을 2.1절에서 공부한다.

산술연산은 양적 변수에서 의미가 있다. 예를 들면 양적 자료를 더해서 관찰 횟수로 나누면 평균값(average value)을 계산할 수 있다. 이 평균은 의미가 있고 해석도 가능하다. 양적 자료는 더 많은 통계적 분석이 가능한데, 2.2절과 3장에서는 양적 자료의 요약 방법을 공부한다.

횡단면 자료와 시계열 자료

횡단면 자료(cross-sectional data)는 어떤 시점 또는 거의 동일한 시점에 수집한 데이터이다.

〈그림 1-1〉 보통 휘발유 (미국) 평균 가격

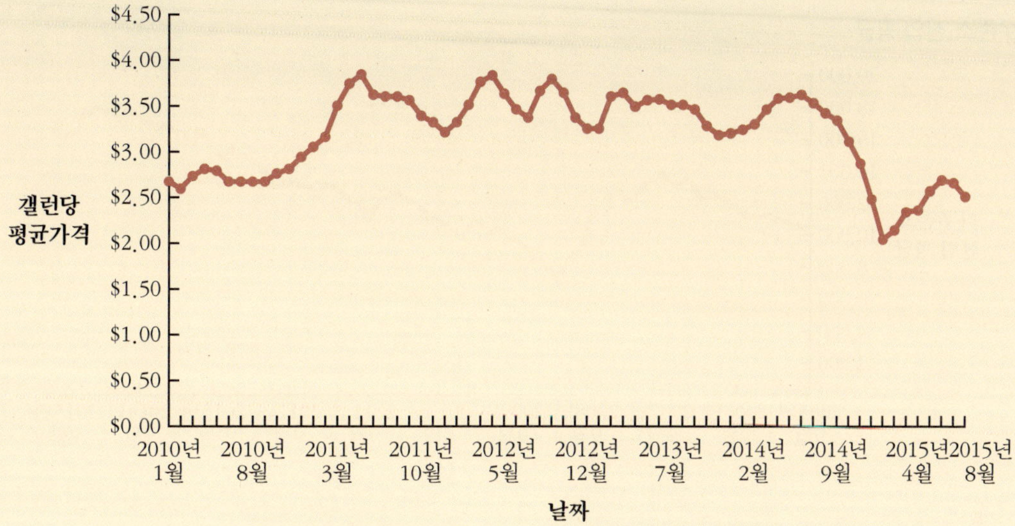

출처: Energy Information Administration, U.S. Department of Energy, September 2015.

〈표 1-1〉은 횡단면 자료이다. WTO 60개 국가의 5개 변숫값은 동일한 한 시점의 값을 보여주기 때문이다. **시계열 자료**(time series data)는 일정 기간 동안 시간 흐름에 따라 수집한 것이다. 〈그림 1-1〉은 2010~2015년 동안 보통 휘발유 평균 가격을 그린 것이다. 시계열 자료를 보면 2014년 6월~2015년 1월 사이에 휘발유 값이 급격히 하락한 것을 볼 수 있다. 2015년 8월에 휘발유 평균 가격은 $2.52이었다.

시계열 자료를 그래프로 그린 것을 종종 볼 수 있는데, 그래프를 보면 과거에 어떤 일이 있었는지, 시간 흐름에 따라 어떤 경향(trends)이 있는지 알 수 있고, 시계열의 미래값을 예측할 수 있다. 시계열 자료는 〈그림 1-2〉에서 보듯이 여러 가지 형태의 그래프로 그려지는데, 조금만 살펴보면 쉽게 이해할 수 있고 해석도 할 수 있다. 〈그림 1-2〉의 (A)는 다우존스 산업 평균지수를 2005~2015년 동안 나타낸 것이다. 2005년 9월에 지수는 거의 10,400에 가까웠었다. 그 다음 2년 동안 지수는 상승해서 2007년 10월에는 14,000이 되었다. 그러나 이 시점 이후에는 급격한 하락을 볼 수 있다. 2009년 3월을 기하여 나빠진 경제사정으로 다우존스산업 평균지수는 7000 수준으로 되돌아갔다. 이때는 투자자들에게는 공포스럽고 절망적인 시기였다. 그러나 회복하기 시작하여 2009년 후반에는 10,000에 도달하고, 2015년 5월에는 18,000을 넘어 섰고, 2015년 10월에는 현저히 하락하여 16,300 이하가 되었다.

다우지수는 2021년 5월 말에 34,529를 기록하고 있다.—역자

(B)는 2007~2015년 맥도날드의 순이익을 그린 것이다. 2008년~2009년 사이에 경제 여건이 나빠진 것이 오히려 맥도날드에게는 득이 되어서 순이익이 계속 높아졌다. 순이익의 성장을 보면, 경제불황기에 사람들이 비싼 곳에서의 지출을 줄이고 맥도날드 같이 덜 비싼 곳

〈그림 1-2〉 여러 종류의 시계열 자료 그래프

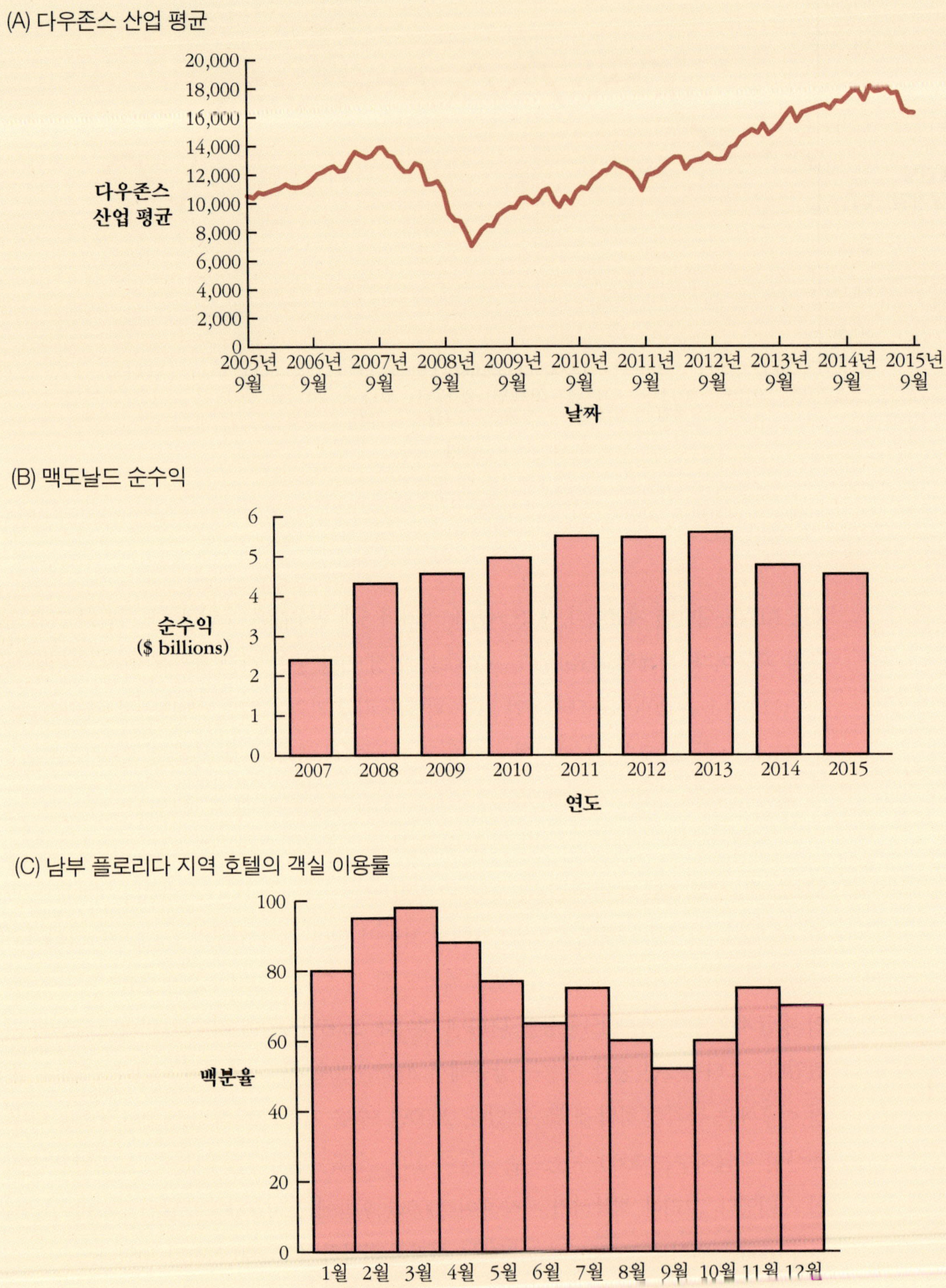

을 찾으면서 오히려 더 호황을 누린 것을 알 수 있다. 맥도날드는 2010~2011년에 계속 최고 순이익을 기록하면서 2011~2013년 사이에 $55억을 유지하다가 2014년에 눈에 띄게 하락하여 2015년에는 다시 한 번 하락하였다. 분석가들은 하락의 원인이 Chipotle같은 새로운 경쟁자에게 고객을 빼앗긴 것 때문이 아닌가 추측하였다.

(C)는 남부 플로리다 지역 호텔의 1년 기간 동안 객실 이용률의 시계열이다. 이용률이 95%나 98% 같이 높은 것은 남부 플로리다의 기후가 좋은 2월과 3월이다. 실제로 1월~4월이 연중 최고 이용률 시즌이고, 8월~10월 동안은 이용률이 최저이고, 9월에는 50%로써 가장 낮다. 이 기간 동안은 높은 기온과 허리케인이 이용률 하락의 주 원인이다.

1.2 보충 설명

1. 관찰(observation)은 데이터 세트의 각 원소에 속하는 측정값 세트를 말한다. 그러므로 관찰의 개수는 원소의 개수와 같다. 각 원소에 속하는 측정값 개수는 변수의 개수와 같다. 그러므로 변수 개수와 관찰 개수를 곱하면 데이터 항목(data items)의 총개수가 된다.
2. 양적 자료는 이산적인 경우(discrete)와 연속적인 경우(continuous)로 나뉜다. 그 횟수가 얼마나 되는지 카운트 한 것은 이산적 데이터이다(예: 5분 동안 전화 콜 수). 그 양이 얼마나 되는지 측정한 것은 연속적인 데이터인데, 그 측정값 사이의 경계를 구분할 수 없기 때문이다(예: 무게나 시간).

1.3 자료를 얻을 수 있는 소스

자료는 기존의 소스에서 얻거나, 관찰연구를 통하거나, 실험연구를 통해서 얻을 수 있다.

기존 소스

경우에 따라서는 자료가 이미 준비되어 있는 경우가 있다. 기업은 직원이나 고객 및 비즈니스 운영에 대한 데이터베이스를 보통 보유하고 있다. 직원들의 봉급, 나이, 근무 연수 등은 내부의 인사관리 기록을 통해 쉽게 구할 수 있다. 매출액, 광고비, 물류비, 재고수준, 생산량 등의 자료도 기록하고 있다. 기업은 자신의 고객에 대한 자료도 가지고 있다. 〈표 1-2〉는 기업 내부 자료의 예이다.

자료 수집 전문기관들이 있는데 이들은 비즈니스 데이터나 경제 데이터를 상당량 보유하고 있다. 데이터가 필요한 기업은 이들 전문기관으로부터 자료를 구입하거나 리스계약으로 자료를 얻을 수 있다. Bloomberg, Dow Jones & Company 등은 방대한 비즈니스 데이터베이스 서비스를 해 주는 전문기관이다. ACNielsen이나 Information Resources도 자료를 수집하고 처리하는 비즈니스에서 성공한 전문기관인데, 이들은 광고업체나 생산제조기업에 자료를 판매하고 있다. 각종 산업협회나 전문기관에서도 자료를 얻을 수 있다. 예를 들면 여행에 관한 정보는 Travel Industry Association in America로부터 얻을 수 있고, 대학원 입

〈표 1-2〉 기업 내부 기록으로 알 수 있는 데이터

소스	데이터
직원 기록	이름, 주소, 주민등록 번호, 봉급, 휴가일 수, 병가일 수, 보너스 액수
생산 기록	제품번호, 부품번호, 생산량, 직접노무비, 자재비용
재고 기록	제품번호, 부품번호, 보유량, 주문 발송점, 경제적 주문량, 할인율표
판매 기록	제품번호, 판매량, 지역별 판매량, 고객 유형별 판매량
신용 기록	고객명단, 주소, 신용한도, 외상매출금 잔액
고객 자료	나이, 성별, 소득수준, 집크기, 주소, 성향

학에 관해서는 Graduate Management Admission Council로부터 대학원 프로그램, 학생들 특징, 테스트 스코어 등의 자료를 합리적인 가격으로 자격을 갖춘 사람에게 제공하고 있다.

인터넷은 통계정보와 자료를 얻는 중요한 소스이다. 기업은 웹사이트를 개설하고 기업 자신에 대한 여러 가지 정보를 제공하고 있으며, 매출 자료나 임직원 수, 제품 종류, 제품 가격, 제품 규격, 등의 자료를 제공한다. 뿐만 아니라 인터넷으로 정보 제공을 전문으로 하는 기업도 많다. 이들 덕분에 주식 정보, 레스토랑의 음식가격 정보, 봉급자료 등 다양한 정보를 인터넷으로 얻을 수 있다. 정부기관도 중요한 자료획득 소스이다. 예를 들면 노동부는 고용률, 임금수준, 노동시장 크기, 가입노조 등의 자료를 보유하고 있다. 〈표 1-3〉은 정부기관과 제공하는 자료를 적은 것이다. 정부기관은 자료를 수집, 처리해서 웹사이트를 통해서 제공하고 있다. 〈그림 1-3〉은 고용노동부의 웹사이트이다(〈표 1-3〉과 〈그림 1-3〉은 역자가 국내 자료로 바꾼 것이다).

관찰연구

관찰연구(observational study)란 어떤 특별한 상황에서 일어나는 일을 단순히 관찰만 하여서 관심변수의 자료를 기록한 후 통계적 분석을 하는 것을 말한다. 예를 들면, 연구자가 월마

통계청의 국가통계포털(kosis.kr)에서는 각종 통계자료를 제공한다. 산업통상자원부 홈페이지(www.motie.go.kr > 통계정보 >원자재가격정보)에서는 각종 원자재의 시세도 알 수 있다.—역자

〈표 1-3〉 정부기관(한국)과 자료의 예

정부기관	얻을 수 있는 자료
통계청	인구자료, 가구수, 가계소득
한국은행	GDP 성장률, 소비자물가지수, 생산자물가지수, 각종 경제통계 서식
한국은행 경제통계시스템	국민소득, 국제수지, 물가, 기업경영분석
산업통상자원부	일일경제지표(환율, 금리, 유가, 반도체, 주가), 원자재가격표(석유, 철광석, 니켈, 아연, 납 등)
고용노동부	최신 고용노동 통계(고용율, 취업자수, 임금), 고용율/실업율

〈그림 1-3〉 고용노동부 홈페이지

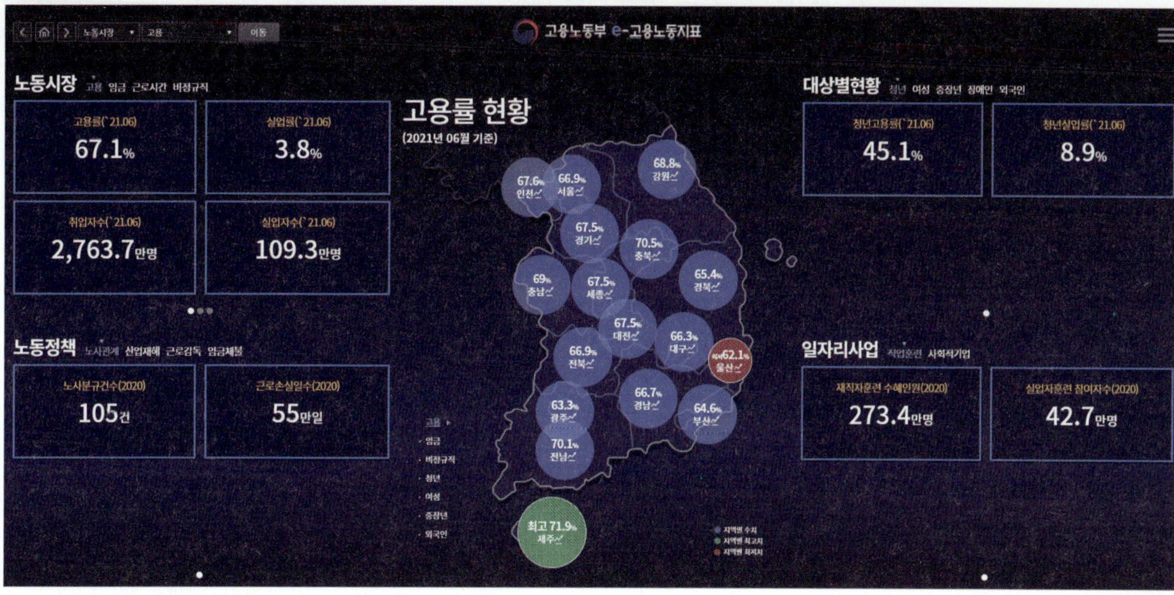

출처: www.moel.go.kr > 정책자료 > e-고용노동지표. (2021년 8월 검색)

흡연자와 비흡연자에 대한 연구는 관찰연구이다. 왜냐하면 누가 담배를 피우고 안 피우는지를 연구자가 정하거나 통제할 수 없기 때문이다.

트(Walmart)에 입장하는 고객을 랜덤하게 추출해서 쇼핑시간이나, 성별, 구매금액 등의 변수의 자료를 수집하는 것을 말한다. 그러한 자료를 가지고 통계적 분석을 하면, 쇼핑 소요 시간이나 남녀 성별과 같은 요인이 구매금액에 어떤 영향을 미치는지 알 수 있다. 관찰연구의 한 예로써, *Fortune* 500 기업의 CEO 남녀 성별과 그 기업의 자기자본이익률(return on equity: ROE) 성과 상호 간에 관련성을 알고자 한다고 하자. 그러면 표본기업을 선택하고 그 기업의 CEO의 성별과 그 기업의 ROE를 찾아서 자료로 기록한다. 그 자료를 가지고 통계적 분석을 하면 CEO 성별과 기업 성과 간에 관련성을 알 수 있다. 이 경우, 연구자는 CEO의 성별이나 성과에 어떤 통제를 가할 수 없기 때문에 이것은 관찰연구이다.

서베이 조사나 여론 조사는 관찰연구의 좋은 예이다. 이러한 연구에서는 단순히 응답자의 의견을 자료로써 수집한다. 예를 들면 유류세를 높여서 그 돈으로 교량, 고속도로를 수리하는 데 사용한다는 법률 입법에 찬성하는지 반대하는지의 의견을 전화로 조사하는 것을 말한다. 서베이 조사 결과를 가지고 통계적 분석을 해서 유류세 인상 법안을 만들 것인지 결정한다.

실험연구

관찰연구와 실험연구(experimental study)의 차이점은 통제된 조건에서 실험을 한다는 것이다. 잘 설계된 실험을 통해서 얻은 자료는 기존 소스에서 얻은 자료보다 더 많은 정보를 갖고 지금까지 연구 중에서 가장 대규모 실험연구는 1954년 소아마비 백신에 대한 연구일 것이다(Salk polio vaccine). 미국 전역에서 1, 2, 3학년 어린이 200만 명 가까이를 대상으로 실험하였다.

있다. 예를 들면 제약회사에서 새로 개발한 신약이 혈압에 어떻게 효과를 미치는지 알고자 한다고 해 보자. 연구자는 먼저 실험 대상자를 모은다. 몇 개의 그룹으로 나누어서 용량을 다르게 하여 신약을 투여하고, 투여하기 전과 후로 나누어서 혈압을 측정하여 자료를 수집한다. 이러한 자료를 가지고 통계적 분석을 하면, 혈압에 대한 신약의 효과를 알 수 있다. 통계학의 실험에서는 관심 대상 변수를 선정하는 것이 먼저다. 그 다음에는 한 개 또는 몇 개의 변수를 선정하여 그것을 통제하면서 실험을 해서 주요 관심변수에 다른 변수가 어떻게 영향을 미치는지 자료를 수집한다. 13장에서는 실험에서 얻은 자료를 분석하는 통계적 방법을 공부한다.

시간과 비용의 문제

어떤 의사결정을 하는데 자료를 가지고 통계적 분석을 하여야 한다면 먼저 그 자료를 수집하는데 드는 시간과 비용을 고려하여야 한다. 비교적 단시간에 자료를 얻어야 한다면 기존의 소스에서 자료를 찾는 것이 바람직하다. 만일 기존 소스에 중요한 자료가 준비되어 있지 않으면 추가의 비용과 시간이 든다. 어떤 경우이든 자료를 수집하여 통계적 분석을 하는 데 드는 비용이 그 정보를 이용해서 의사결정을 더 잘함으로써 생기는 이득을 초과해서는 안 된다.

자료 수집의 에러

통계적 연구는 자료에 에러가 있을 수 있다는 것을 고려해야 한다. 잘못된 자료를 사용하면 자료를 사용하지 않음만 못하다. 자료 수집의 에러는 수집한 자료가 올바른 절차를 통해서 얻어지는 진실의 값 혹은 실제의 값과 다를 때 생긴다. 그러한 에러는 여러 경로를 따라 생기는데, 예를 들면 나이 24살을 42살로 자료를 잘못 기록하거나, 인터뷰 응답자가 질문 문항을 잘못 이해하여 부정확한 응답을 하는 경우 등이다.

노련한 데이터 분석가는 자료 수집에서 에러가 생기지 않도록 하는데 각별히 신경을 쓴다. 자료의 내적인 일관성(internal consistency)을 체크 할 수 있는 특별한 절차를 적용할 수 있다. 예를 들면 응답자가 22살인데 경력 연수를 20년이라고 응답하는 것을 체크해 내도록 하는 것이다. 또, 자료분석가가 자료를 리뷰해서 지나치게 큰 값이나 작은 값의 특이점(outliers)을 체크해 내어서 데이터 에러의 잠재적 원인을 제거하는 것이다. 3장에서는 '특이점'을 체크하는 통계적 방법을 공부한다.

outliers는 특이점, 특이치, 이상치라고도 한다.—역자

에러는 자료 획득 과정에서 종종 생긴다. 쉽게 얻은 데이터를 별 주의 없이 사용하거나 별 조심 없이 자료를 수집해서 사용하면 잘못된 정보를 생성하고 그것이 잘못된 의사결정에 이르게 된다. 정확한 데이터를 얻도록 하는 절차를 준수하여야 믿을 수 있고 가치 있는 의사결정 정보를 만들 수 있다.

1.4 기술 통계

신문이나 잡지, 보고서, 기타 출판물 속의 통계적 정보는 자료를 요약정리 해서 독자가 쉽게 이해할 수 있도록 표현된 것들이다. 표나 그래프, 수치적인 값으로 자료를 요약 정리한 것을 **기술 통계**(descriptive statistics)라고 한다.

〈표 1-1〉은 WTO에 가입되어 있는 60개 국가의 자료이다. 여러 가지 기술 통계를 이용하여 이들 자료를 요약정리 할 수 있다. 예를 들어서 피치 전망(Fitch Outlook)을 보면, 향후 2년간 그 나라의 피치 신용등급(Fitch Rating)의 예상되는 동향이 Positive(상향), Stable(유지), Negative(하락)으로 표기되어 있다. 이것을 가지고 표로 정리한 것이 〈표 1-4〉이다. 각 동향에 속하는 국가 수(도수)를 카운트 한 것이다. 〈그림 1-4〉는 이것을 바차트로 그린 것이다. 이러한 요약정리는 사료를 더 쉽게 해석할 수 있도록 해 준다. 〈표 1-4〉와 〈그림 1-4〉를 보면 전체 국가의 65%가 신용등급의 피치 전망이 Stable인 범주에 속한다. Negative나 Positive 전망에 속하는 국가의 비율은 비슷하지만 Negative 전망이 18.3%로 Positive 전망 16.7%보다 약간 높다.

〈표 1-1〉의 1인당 GDP의 양적 변수를 히스토그램 그래프로 표현한 것이 〈그림 1-5〉이다. 이 히스토그램을 보면, 60개 국가의 1인당 GDP는 $0~60,000의 범위에 있으며,

〈표 1-4〉 60개 국가의 피치 신용등급 전망치의 도수와 상대도수

Fitch 전망	도수	상대도수 (%)
Positive	10	16.7
Stable	39	65.0
Negative	11	18.3

〈그림 1-4〉 60개 국가의 피치 신용등급 전망치의 바차트

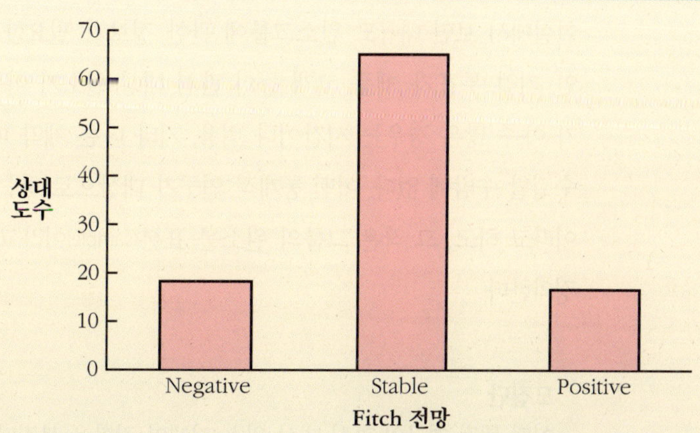

〈그림 1-5〉 60개 국가의 1인당 GDP의 히스토그램

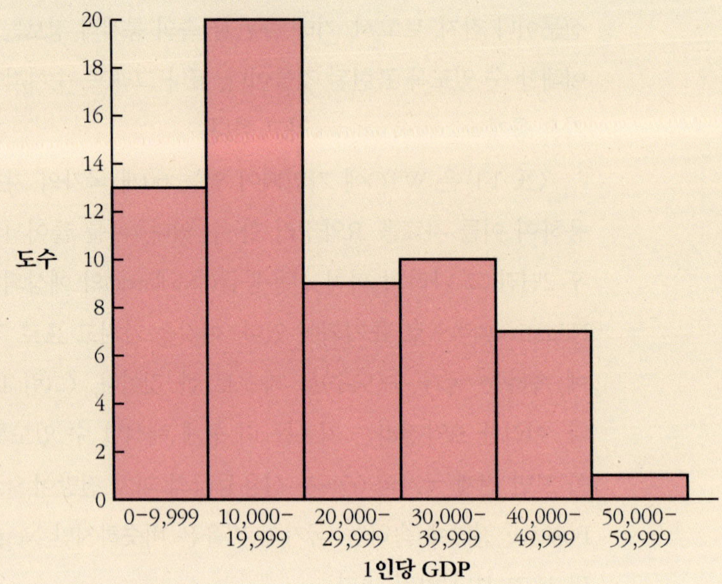

$10,000~20,000 사이에 가장 많이 밀집해 있고, 한 개 국가만이 $50,000을 초과하고 있다.

표나 그래프 표현 외에도 수치적 기술 통계치로 자료를 요약할 수 있다. 가장 많이 쓰이는 것이 평균(average or mean)이다. 〈표 1-1〉을 가지고 60개 국가의 1인당 GDP를 모두 더해서 60으로 나누면 그 평균을 구할 수 있다. 1인당 GDP의 평균을 구하면 $21,387이다. 이 평균은 자료에 대한 하나의 중심성향 혹은 중심위치를 알려준다. 기술 통계를 표현하고 계산하는 효과적인 방법에 대해서 공부할 것이 많은데, 2장과 3장에서는 표, 그래프, 수치 등 여러 가지 기술 통계적 방법을 공부한다.

1.5 통계적 추론

현실에서 보면 대규모 원소그룹에 관한 정보가 필요한 경우가 많다. 대규모 원소그룹은 개인, 기업, 투표자, 제품, 고객 등의 관심 대상 원소가 아주 많은 경우를 말한다. 자료의 원소가 아주 많은 경우는 시간이나 비용, 기타 다른 제약 때문에 그 그룹의 일부분에서 자료를 수집할 수밖에 없다. 어떤 통계적 연구가 대상으로 하는 그 큰 원소그룹을 **모집단**(population)이라고 하고, 그 작은 그룹의 원소를 **표본**(sample)이라고 한다. 보다 엄격하게는 아래와 같이 정의한다.

모집단
어떤 특정 연구의 관심 대상 원소 전체의 집합을 모집단이라고 한다.

표본
그 모집단의 어떤 부분 집합을 표본이라고 한다.

미국 정부는 10년마다 인구총조사 (Census)를 실시한다. 시장조사 기관들은 표본조사를 매일 실시한다.

모집단 전체의 자료를 전부 다 수집하는 조사(survey)를 **총조사**(census) 또는 전수조사라고 한다. 모집단의 일부인 표본의 자료를 수집하는 조사를 **표본조사**(sample survey)라고 한다. 통계학의 큰 공적은 **통계적 추론**(statistical inference)인데, 통계적 추론은 어떤 표본에서 얻은 자료를 가지고 모집단의 특성치를 추정하거나 그 특성치에 대한 가설을 테스트하는 것을 말한다.

통계적 추론의 예로서 노리스전기라는 회사의 연구를 가지고 설명해 보자. 노리스전기는 여러 가지 전기제품에 쓰이는 고광도 전구를 제조하는 회사이다. 전기제품에 들어가는 전구는 그 수명이 중요한데, 노리스전기 제품디자인 팀이 전구의 수명을 늘리는 새로운 필라멘트를 개발하였다고 하자. 노리스전기는 새 필라멘트를 사용한 전구의 수명을 알 필요가 있다. 새 전구의 수명을 알기 위해서 새 필라멘트를 가지고 전구를 200개 만들고, 이 표본의 전구 각각에 대해서 그 필라멘트가 탈 때까지 수명(시간)을 조사하였다. 〈표 1-5〉는 표본 자료이다.

이 표본 자료를 가지고 앞으로 만들어질 전구의 모집단 수명을 추측한다고 해보자. 표

〈표 1-5〉 노리스전기 회사의 200개 전구 표본의 수명시간

DATA file
Norris

107	73	68	97	76	79	94	59	98	57
54	65	71	70	84	88	62	61	79	98
66	62	79	86	68	74	61	82	65	98
62	116	65	88	64	79	78	79	77	86
74	85	73	80	68	78	89	72	58	69
92	78	88	77	103	88	63	68	88	81
75	90	62	89	71	71	74	70	74	70
65	81	75	62	94	71	85	84	83	63
81	62	79	83	93	61	65	62	92	65
83	70	70	81	77	72	84	67	59	58
78	66	66	94	77	63	66	75	68	76
90	78	71	101	78	43	59	67	61	71
96	75	64	76	72	77	74	65	82	86
66	86	96	89	81	71	85	99	59	92
68	72	77	60	87	84	75	77	51	45
85	67	87	80	84	93	69	76	89	75
83	68	72	67	92	89	82	96	77	102
74	91	76	83	66	68	61	73	72	76
73	77	79	94	63	59	62	71	81	65
73	63	63	89	82	64	85	92	64	73

〈그림 1-6〉 노리스전기 회사의 통계적 추론 과정 그림

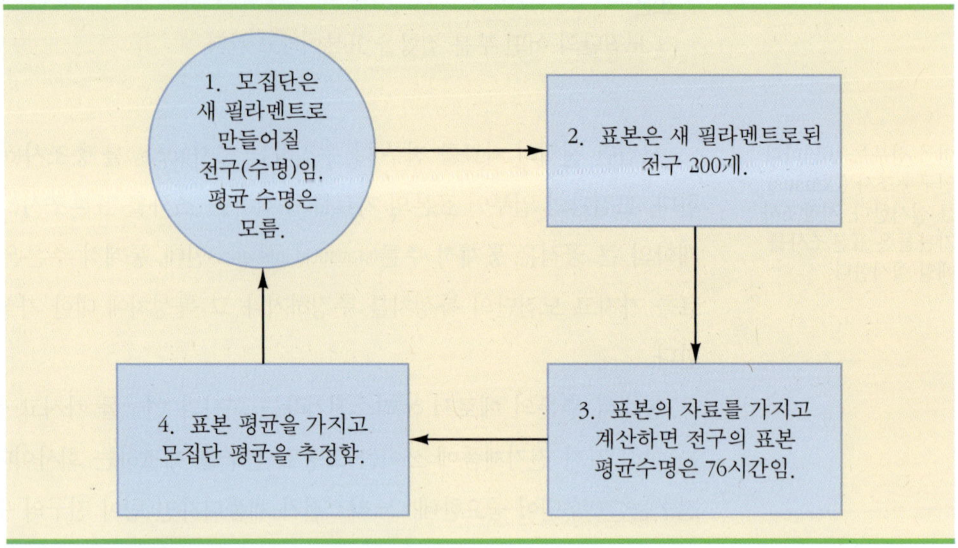

본 자료 200개 값을 모두 더해서 200으로 나누면 표본의 평균 수명이 된다. 그것이 76시간이라고 하자. 우리는 이 표본의 결과 76시간을 가지고 모집단 전구의 평균 수명이 76시간이라고 추정한다. 〈그림 1-6〉은 이러한 통계적 추론 과정을 그림으로 도식화한 것이다. 이때 모집단은 새 필라멘트를 가지고 만들어지는 전구를 전부 모은 것을 말한다.

통계학자들이 표본 자료를 가지고 모집단의 관심 특성을 추정할 때에는 그 추정의 우수성 또는 정밀도를 같이 이야기한다. 노리스전기의 경우, 통계학자는 새 전구 모집단의 수명 평균의 점 추정은 76시간이고 오차범위는 ±4시간이라고 말한다. 따라서 새 전구의 수명 평균의 구간 추정은 72~80시간이다. 통계학자들은 자신의 말에 대해서 얼마나 자신이 있는지의 믿음성(신뢰도)의 표현도 같이 덧붙이는데, 72~80시간 구간이 모집단의 평균을 포함할 것이라는 자신감을 신뢰도로서 표현하는 것이다.

1.6 엑셀을 이용한 통계분석

통계분석은 방대한 자료를 처리하는데 컴퓨터 소프트웨어를 사용한다. 이 책에서도 마이크로소프트 엑셀을 가지고 통계분석을 하는 방법을 설명한다. 엑셀 스프레드시트는 실용적으로 많이 쓰이고 있기 때문에 여기서 공부하는 엑셀의 통계 기술이 여러분이 앞으로 일하는데 유용하게 활용될 것으로 기대한다.

이 책에서는 어떤 시나리오를 가지고 통계적 절차를 설명하는데, 그것을 엑셀에서 어떻게 처리하는지를 항상 같이 보여주고 있다. 그러므로 여러분은 그 통계적 절차를 이해하고, 엑셀의 기능을 활용하여 그것을 어떻게 적용하는지를 공부하기 바란다.

〈그림 1-7〉 WTO 가입 60개 국가의 자료 워크시트

	A	B	C	D	E	F	G
1	Nation	WTO Status	Per Capita GDP ($)	Trade Deficit ($1000s)	Fitch Rating	Fitch Outlook	
2	Armenia	Member	5,400	2,673,359	BB-	Stable	
3	Australia	Member	40,800	-33,304,157	AAA	Stable	
4	Austria	Member	41,700	12,796,558	AAA	Stable	
5	Azerbaijan	Observer	5,400	-16,747,320	BBB-	Positive	
6	Bahrain	Member	27,300	3,102,665	BBB	Stable	
7	Belgium	Member	37,600	-14,930,833	AA+	Negative	
8	Brazil	Member	11,600	-29,796,166	BBB	Stable	
9	Bulgaria	Member	13,500	4,049,237	BBB-	Positive	
10	Canada	Member	40,300	-1,611,380	AAA	Stable	
11	Cape Verde	Member	4,000	874,459	B+	Stable	
12	Chile	Member	16,100	-14,558,218	A+	Stable	
13	China	Member	8,400	-156,705,311	A+	Stable	
14	Colombia	Member	10,100	-1,561,199	BBB-	Stable	
55	Switzerland	Member	43,400	-27,197,873	AAA	Stable	
56	Thailand	Member	9,700	2,049,669	BBB	Stable	
57	Turkey	Member	14,600	71,612,947	BB+	Positive	
58	UK	Member	35,900	162,316,831	AAA	Negative	
59	Uruguay	Member	15,400	2,662,628	BB	Positive	
60	USA	Member	48,100	784,438,559	AAA	Stable	
61	Zambia	Member	1,600	-1,805,198	B+	Stable	
62							

데이터 세트와 엑셀 워크시트

엑셀의 데이터 세트 구성은 〈표 1-1〉의 WTO 60개 국가의 데이터 세트와 유사하게 되어 있다. 〈그림 1-7〉은 데이터 세트의 워크시트이다. 제1행과 A열에는 자료 라벨이 적혀 있다. 셀 B1:F1에는 변수 이름이, A2:A61에는 관찰 개체 이름이, 영역 B2:F61에는 수집된 데이터(자료)가 들어 있다. 자료 영역은 배경색으로 표시하였다. 워크시트의 자료영역이 너무 큰 경우는 '행 숨기기'를 하였다. 〈그림 1-7〉에는 15~54행(관찰 개체 14~53)을 숨기기 하였다.

엑셀시트에서 15~54행을 마우스로 선택하고, 마우스를 우-클릭한 후 '숨기기'를 선택한다. 다시 보이게 하려면 우-클릭한 후 '숨기기 취소'를 선택한다.

통계분석에는 자료가 핵심인데, 엑셀 자료의 각 행에는 하나의 관찰이 들어 있고, 각 열에는 각 변수의 자료값이 들어 있다. 예를 들면 제2행에는 첫 번째 관찰 개체인 Armenia의 데이터가 들어 있다. A열에 있는 이름은 60개 관찰 하나하나를 지명하는 데 쓰인다. B열에는 WTO Status 변수의 자료가, C열에는 Per Capita GDP($)가 들어 있다.

이제 〈표 1-5〉의 노리스전기 회사의 자료를 가지고 엑셀에서 분석해 보자. 〈표 1-5〉에는 자료가 10개 열으로 구성되어 있지만 실제는 한 개 변수(전구수명 시간)의 자료이다. 워크시트에서는 변수 한 개의 자료를 모두 한 개 열에 입력한다.

〈그림 1-8〉을 보자. A1에는 Observation이라는 머리말이 있고 그 밑에 A2:A201에는 1번부터 200번까지 관찰(개체) 번호가 적혀있다. B1에는 Hours Until Burnout(수명시간)이라

〈그림 1-8〉 노리스전기 회사의 전구수명 데이터 세트 워크시트

	A	B	C
1	Observation	Hours Until Burnout	
2	1	107	
3	2	54	
4	3	66	
5	4	62	
6	5	74	
196	195	45	
197	196	75	
198	197	102	
199	198	76	
200	199	65	
201	200	73	
202			
203			

는 머리말이 있고, B2:B201에는 개별 전구의 수명 시간이 적혀 있다. 7~195행은 숨기기로 되어 있다.

엑셀에서 통계분석

이 책에서는 통계분석에 대한 설명과 구분해서 녹색 글자로 '엑셀에서 ~~하기' 제목을 붙여서 엑셀에 대한 설명은 따로 분리하였다. 엑셀의 통계분석은 4개 단계로 구성된다. 자료 입력, 함수/수식, 툴 적용, 옵션 편집이다.

- **자료 입력**: 자료를 입력할 셀 위치를 정하고 자료를 입력한다. 맨 위에 자료 이름(label)을 입력한다. 엑셀의 자료파일을 열면 이미 자료가 입력된 파일을 열 수 있다.
- **함수/수식**: 셀을 선택해서 엑셀 함수나 엑셀 수식을 입력한다. 그 옆에 적절한 설명말(label)을 붙여서 계산 결과를 설명해 놓는다.
- **툴 적용**: 데이터 분석 툴이나, 표와 그래프를 만들어주는 엑셀 툴을 사용한다.
- **옵션 편집**: 산출 결과나 표시를 바꾸어서 더 보기 좋게 만든다. 예를 들면 차트를 만들 때에는 차트 제목, 표식설명, 데이터 명칭 등의 차트 요소를 수정하거나 이동하거나 추가한다.

앞으로 이 책의 엑셀 설명 방법을 엑셀의 AVERAGE 함수를 가지고 설명해 보자. 〈그림 1-9〉에는 두 개의 워크시트가 있다. 뒤에 있는 워크시트에는 200개 전구의 수명(시간) 자료가 입력되어 있고, 평균을 계산해 주는 엑셀 함수가 입력되어 있다. 이것을 '입력식(formula) 워크시

〈그림 1-9〉 엑셀 AVERAGE 함수를 가지고 노리스전기 전구의 평균 수명 구하기

	A	B	C	D	E	F
1	Observation	Hours Until Burnout				
2	1	107		Average Lifetime	=AVERAGE(B2:B201)	
3	2	54				
4	3	66				
5	4	62				
6	5	74				
196	195	45				
197	196	75				
198	197	102				
199	198	76				
200	199	65				
201	200	73				
202						

	A	B	C	D	E	F
1	Observation	Hours Until Burnout				
2	1	107		Average Lifetime	76	
3	2	54				
4	3	66				
5	4	62				
6	5	74				
196	195	45				
197	196	75				
198	197	102				
199	198	76				
200	199	65				
201	200	73				
202						

트' 라고 부른다. 앞에 있는 워크시트는 '결과값(value) 워크시트' 이다. 이것을 다음과 같이 설명하였다.

- **자료 입력**: Norris 파일을 연다. A열과 B1에 라벨이 입력되어 있고 데이터는 B2:D201에 입력되어 있다.
- **함수/수식**: E2셀에 엑셀의 AVERAGE 함수를 입력한다. E2 = AVERAGE(B2:B201)

같은 방법으로 E3 = MEDIAN(B2:B201), E4 = MODE.SNGL(B2:B201)을 입력하면 중앙값(중위수(median))과 최빈값(모드(mode))를 찾아 준다.

함수 입력 표기 E2 = AVERAGE(B2:B201)에서 E2는 계산셀 주소이며 E2라고 입력하지는 않도록 주의하기 바란다. 엑셀 사용의 4단계 중 3, 4단계는 여기서 필요가 없다. D2에 Average Lifetime이라고 입력해서 엑셀 결과의 설명을 적어놓는다.

1.7 자료분석과학

자료량이 많아짐에 따라 자료 저장장치도 발달하고, 컴퓨터 처리 속도가 빨라졌다. 거기에

더하여 고객을 분석하고 비즈니스 운영을 하는 데 자료가 매우 중요하다는 것을 경영자들이 인식하게 되었다. 자료를 활용하는 의사결정이 급격하게 증가하였다. 따라서 자료 중심의 의사결정을 지원하는 상당히 광범위한 기법을 모두 일컬어서 '분석과학'이라는 말을 사용하게 되었다.

분석과학 analytics 용어의 정의는 INFORMS(Institute for Operations Research and Management Sciences)의 것을 그대로 따랐다.

분석과학(analytics)은 자료를 가지고 더 나은 의사결정을 할 수 있도록 자료를 통찰적 이해로 변환시켜주는 과학적 절차를 말한다. 분석과학은 자료 중심의 의사결정 또는 사실 중심으로 의사결정에 활용되는데, 따라서 그것은 대안 중심 접근이라기보다는 목적 지향 접근(alternative vs. objective approach)이라고 할 수 있다. 분석과학은 향후 계획을 위한 정확한 예측을 하고, 위험을 평가하고, 더 나은 의사결정을 하는 통찰적 이해를 자료로부터 만들어준다.

분석과학은 여러 가지 기법으로 구성되어 있는데, 간단한 보고서를 만드는 것에서부터 고급의 최적화 기법(최선의 행동 순서를 찾아주는 알고리즘)에 이르기까지 매우 광범위하다. 분석과학 기법은 기술적 분석과학, 예측적 분석과학, 계획적 분석과학의 세 가지 범주로 나눌 수 있다.

기술적 분석과학(descriptive analytics)은 과거에 일어난 일을 기술(記述)하는 여러 가지 분석적 기법을 말한다. 자료 검색, 보고서 만들기, 기술 통계, 자료시각화, 데이터 대시보드, 그리고 스프레드시트의 what-if 가상분석에 이르는 기법이다.

예측적 분석과학(predictive analytics)은 과거 데이터를 가지고 모형(model)을 만들어서 미래를 예측하거나, 한 변수가 다른 변수에 미치는 효과를 평가하는 등의 분석적 기법을 말한다. 예를 들면 어떤 제품의 과거 판매실적을 가지고 수학적 모형을 만들어서 미래의 판매를 예측하는 것을 말한다. 그러한 모형은 과거 데이터를 가지고 성장 추세나 판매의 계절성 또는 계절적 패턴의 요인(factor)을 고려한다. 소매점의 판매시점 스캔(point-of-sales(POS) scan) 데이터를 이용하면 쿠폰이나 판촉활동이 매출에 미치는 효과를 추정할 수 있다. 서베이(조사) 자료나 과거의 구매 행동을 보면 미리 신제품의 시장점유를 예측할 수 있다. 이런 것이 예측적 분석과학의 예이다. 선형회귀분석, 시계열 분석, 예측 모형 등은 모두 예측 분석과학에 속한다. 시뮬레이션은 확률과 통계적 과정을 컴퓨터 모형으로 구축하여 활용하는 것인데, 시뮬레이션을 이용하는 위험분석도 여기에 속한다.

계획적 분석과학(prescriptive analytics)은 기술적 분석과학과 예측적 분석과학하고는 매우 다르다. 계획적 분석과학은 최선의 행동 방법을 도출해 준다. 계획적 모형의 산출물은 바로 최선의 의사결정이다. 최적화 모형(optimization model)은 주어진 제약 조건을 만족하면서 어떤 목적값을 최소화하거나 최대화하는 해를 찾아주는 것인데, 이것도 계획적 분석과학에 속한다. 예를 들면 항공산업세의 판매관리 모형은 계획적 분석과학에 속한다. 과거 판매자료를 그 모형에 투입하면 그 회사의 매출을 최대화시켜 주도록 각 비행편에 적합한 가격정책을 추천해 준다. (계획적 분석과학은 처방적 분석과학으로 번역하기도 한다.)

통계학이 분석과학에 어떻게 연관되어 있는가? 기술적 분석이나 예측적 분석의 기법들은 대부분 확률이론이나 통계학에서 나온다. 여기에는 기술 통계의 자료 시각화(data visualization), 확률과 확률분포, 표본수집 이론, 그리고 시계열 예측이나 회귀분석을 이용한 예측 모형이 포함된다. 이러한 기법들은 모두 이 책에 설명되어 있다. 자료중심의 의사결정을 위한 분석과학의 사용이 증가하자 경영자나 분석가들에게 통계학과 자료분석 기법이 더욱 중요하게 되었다. 기업은 데이터에 친숙한 경영자를 선호하게 되며, 기술적 모형이나 예측 모형을 이용해서 자료 중심의 의사결정을 좋아하게 되었다.

앞에서도 언급하였지만, 자료 획득이 쉬워지면서 분석과학에 대한 수요를 증대시켜왔다. 다음 절에서는 데이터의 폭증과 그것이 통계학 공부에 어떻게 연관되어 있는지 설명한다.

1.8 빅데이터와 데이터 마이닝

신용카드 리더기, 바코드 스캐너, POS 터미널 등으로 매일 엄청난 양의 데이터가 생성되고 저장된다. 조그만 식당에도 터치스크린으로 주문을 처리하고 영수증을 발행하면서 엄청난 데이터를 생성한다. 대형 수퍼마켓도 엄청난 데이터를 생성하는데, 이들 데이터를 이용해서 수익성을 개선하는 것이 하나의 과제가 되고 있다. 월마트 같은 데서는 하루에 2천만~3천만 건의 거래가 기록된다. AT&T 같은 통신회사는 하루에 3억 건 이상의 통화를 하고, Visa는 1초당 6800건의 결재가 이루어지며 하루에 6억 건의 거래가 이루어진다.

이러한 자료 말고도 더 복잡한 유형의 데이터도 있는데 이들은 비즈니스에 아주 유용하게 활용될 수 있다. 자사 제품이나 서비스에 대한 텍스트 데이터가 트위터, SNS에서 생성된다. 각종 서비스 콜을 통해서 오디오 데이터도 저장된다. 스토어 안에 있는 CCTV를 통해서 비디오 데이터도 저장되며 쇼핑 행태도 분석된다. 이러한 데이터는 보다 복잡한 처리 과정을 거쳐서 분석할 수 있는 자료 형태로 변환된다.

방대하면서도 보다 복잡한 형태의 데이터 세트를 **빅데이터**(big data)라고 한다. 빅데이터의 일반적으로 통용된 정의는 없지만, 보통의 소프트웨어로는 짧은 시간 안에 관리하고 처리하고 분석할 수 없는 데이터 세트를 빅데이터라고 한다. 자료분석가는 빅데이터를 3V로 말하는데, volume(양), velocity(속도), variety(다양성)이다. Volume은 데이터량을 말한다(데이터 양의 단위는 테라바이트(terabyte)이다). Velocity는 데이터를 수집하고 처리할 스피드를 말한다. Variety는 데이터 유형을 말한다.

데이터 웨어하우징(data warehousing)은 자료를 포착하고 저장하고 유지 보관하는 것을 말한다. 컴퓨터 성능과 데이터 수집 도구는 이제 엄청난 데이터를 저장하고 검색할 수 있다. 데이터 웨어하우스(warehouse) 안의 데이터를 분석하면 새로운 전략을 찾을 수 있고 더 높은 이익을 달성할 수 있는 의사결정을 내릴 수 있다. 예를 들면 제너럴일렉트릭(GE)는 항공기 엔진에 있는 각종 센서를 통해서 항공기가 이착륙을 할 때마다 방대한 자료를 포착한다. 이 자료를 분석해서 GE는 고객회사에게 항공기 정비에 관한 서비스를 해 준다.

데이터 마이닝(data mining)은 의사결정의 정보를 데이터베이스에서 개발하는 기법을 다룬다. 통계학, 수학, 컴퓨터 과학 등의 지식을 조합해서 그 데이터 웨어하우스로부터 관련 자료를 캐내어서 유용한 정보로 변환을 하기 때문에 데이터 마이닝이라고 부른다. 이 분야의 선구자라고 할 수 있는 Dr. Kurt Thearling은 '데이터베이스로부터 예측 정보를 자동으로 추출하는 것'이라고 정의한다. 중요한 키워드는 '예측적(predictive)' 과 '자동화(automated)'이다. 사용자가 평범한 또는 불분명한 질의를 하더라도 어떤 자동화된 절차를 효과적으로 사용해서 자료로부터 정보를 수출해내는 것이 데이터 마이닝이다. 그리고 데이터 마이닝 소프트웨어는 과거에는 수동분석으로 찾아내던 숨어 있는 예측적 정보를 자동화된 방법으로 찾아낸다.

데이터 마이닝에서 데이터 속의 상관성을 찾아내거나 미래의 결과를 예측하는 데는 통계적 방법이 중요한 역할을 한다. 데이터 마이닝에서 통계학의 활용은 이 책의 범위를 벗어난다.

데이터 마이닝을 활용하는 기업은 고객지향성이 강한 기업이다. 예를 들면 소매 유통업, 금융기관, 통신회사 등이다. Amazon이나 Barnes & Noble은 이미 제품을 구매한 경험이 있는 고객에게 다시 구매할 가능성이 높은 제품을 한두 개 찾아 놓는다. 그러고는 그 고객이 다시 웹사이트에 접속해서 어떤 제품을 구매하면 연이어서 구매할 가능성이 높은 그 제품을 팝업창으로 알려준다. 또 다른 예를 보자. 어떤 쇼핑 트립에서 $20 이상 구매할 가능성이 높은 고객을 선별해 놓는다. 그리고 이 고객들에게 이메일이나 우편으로 할인혜택을 알려주고 그 기간이 종료되기 전에 재차 쇼핑 트립을 하도록 유도하는 것이다.

이러한 데이터 미이닝 기법은 다중회귀분석, 로지스틱 회귀분석, 상관분석과 같은 통계기법을 중점적으로 이용한다. 뿐만 아니라 이러한 기법과 AI 인공지능 기술이나 머신러닝 기술을 연결해서 데이터 미이닝은 더욱 효과를 발휘한다. Oracle, Teradata, SAS 같은 회사가 개발해 놓은 상업용 데이터 마이닝 소프트웨어 패키지는 상당한 돈과 시간을 투자해야 한다. 이 책에서 공부하는 통계적 개념을 잘 이해하면, 이러한 패키지의 통계기법을 이해하고 그 결과의 통계적 정보를 잘 이해할 수 있을 것이다.

통계학자들이 통계 모형을 개발할 때 생기는 이슈는 데이터 마이닝의 예측 모형을 만들 때에도 그대로 생긴다. 예를 들면 모형의 신뢰성(reliability) 문제이다. 어떤 통계 모형이 어떤 표본 데이터에서 예측을 잘 한다고 해서 다른 데이터에서도 잘할 것으로 생각할 수 없다. 예측모형의 이러한 신뢰성을 평가하는 방법은 표본 데이터를 두 개 세트로 나누는 것이다. 즉, 트레이닝 데이터 세트(training data set)와 테스트 데이터 세트(test data set)이다. 트레이닝 세트에서 '모형'을 개발하고 그것이 테스트 데이터 세트에서도 정확히 예측한다면 우리는 그 모형이 신뢰성이 높다고 말한다. 기존의 통계학에 비해서 데이터 마이닝의 장점이라면, 데이터가 방대하기 때문에 두 개 세트로 나눠서, 트레이닝 세트에서 모형을 개발하고 그것을 테스트 데이터 세트에서 그 신뢰성(reliability)를 체크해 볼 수 있다는 것이다. 즉, 개발된 모형을 새로운 다른 데이터에서 반복해 보고 그것이 유효한지 금방 관찰해 볼 수 있다는 점이다. 반면에, 데이터 마이닝을 적용하는 데 한 가지 경고할 점은, 사용할 수 있는 데이터가 많기 때문에 모형이 과다적합(overfitting)에 빠져서 연관성이 없는데 그것을 억지로 찾아내거나, 잘못된 원인/결과(cause/effect) 관계를 실제로 있는 것처럼 찾아낼 위험이 있다는 것이다. 데이터 마이닝 결과를 조심스럽게 해석하고 추가적인 테스트를 해 보아야 함정에 빠지지 않는다.

1.9 통계 실제 적용에서 윤리적 가이드라인(지침)

윤리적 규범은 우리가 모든 행위에서 지켜야 한다. 데이터를 수집하고, 정리하고, 표현하고 해석할 때 그 역할이 중요하기 때문에 통계학에도 윤리적 이슈가 생긴다. 통계적 연구에서 비윤리적 행위는 다양한 형태로 나타나는데 잘못된 샘플링, 부적합한 데이터 분석 방법, 오해를 일으키는 그래프 만들기, 부적합 방법으로 데이터 요약하기, 그리고 통계적 결과를 편향적(bias)으로 해석하는 것 등이다.

이제 막 통계적 작업을 시작한 여러분도 자료를 수집하고, 구술적인 표현을 하고, 통계적 정보가 포함된 보고서를 작성할 때 공평해야 하고, 완전해야 하고, 객관적이고, 중립적이어야 한다. 또, 통계학 결과를 이용하는 고객으로서 다른 사람이 통계학에서 의도적으로 비윤리적 행위를 할 수 있다는 것을 항상 염두에 두어야 한다. 신문이나 인터넷에서 통계치를 볼 때에는 항상 그 정보를 의심의 눈으로 보고, 자료의 출처도 확인하고, 그 통계의 목적이나 의도를 스스로 확인해 보아야 한다.

미국통계협회(The American Statistics Associations)는 통계학 전문가 조직인데, 여기서 '통계학 실제 사용에서 윤리적 가이드라인'을 만들어서 통계학에서 윤리적 의사결정을 내리고 그것을 소통하고, 또, 배우는 학생에게도 윤리적이고 책임 있는 통계적 작업을 하도록 하고 있다.[2] 여기에는 67개 가이드라인을 8개 영역으로 나누고 있다. (1) 전문가 정신, (2) 고객, 직원, 그리고 예산 지원자에 대한 책임, (3) 공표와 증언에서 책임, (4) 연구 주제에 대한 책임, (5) 연구자 팀 동료에 대한 책임, (6) 다른 통계학자나 통계 사용자에 대한 책임, (7) 통계 잘못에 대한 해명의 책임, (8) 통계 실무자를 고용한 피고용인이 있는 기관, 개인, 법률 대리인, 기타 통계처리 의뢰인의 책임 등 모두 여덟 가지이다.

전문가 정신의 윤리적 가이드라인에 대해서 한 가지 살펴보자. 예를 들면 어떤 원하는 결과가 나올 때까지 테스트(검정)를 여러 번 수행하는 것은 어떤 문제가 될 수 있을까? 1.5절에 노리스전기 회사의 전구의 수명에 대해 이러한 설명을 한 적이 있는데, 새로운 필라멘트를 적용한 전구를 200개 만들어서 수명을 측정해서 평균을 구하여 보니 76시간이었고 이것을 새 전구의 평균 수명으로 삼았다. 그런데 이렇게 생각해 보자. 이것은 노리스전기가

2 American Statistical Association, "Ethical Guidelines for Statistical Practice," 1999.

하나의 표본을 추출한 경우인데, 만일 다른 표본을 추출하였다면 또 다른 평균 수명을 얻을 수 있지 않은가?

만일 노리스전기 회사의 경영진이 새 전구의 수명이 80시간 이상이라고 할 수 있기를 바란다고 해 보자. 경영진이 새 전구를 200개 더 만들어서 그 평균이 80시간이 넘을 때까지 계속하라고 한다면, 우연히 한 번은 그 평균이 80시간이 넘을 수 있다. 만일 그것을 가지고 80시간이라고 공표한다면, 실제의 평균 수명보다 더 긴 것으로 소비자가 잘못 생각하게 만들 수 있다. 분명히 이것은 비윤리적 행위이다. 통계학을 실제 현실에서 오용하는 예가 된다.

공표와 증언의 책임에 대한 가이드라인은 수집된 자료의 처리에 대한 것이다. 통계학자는 연구에 수집된 모든 데이터를 빠짐없이 표본에 넣어야 하고 실제 사용한 표본에 대한 설명을 해야 하다는 것이다. 노리스전기 회사의 예에서 보면, 전구 200개를 새로 만들어서 구한 평균시간 76시간은 경영진이 바라는 80시간 이상의 수명에 훨씬 모자란다. 평균시간 76시간이라는 것을 확인한 후에, 수명이 70시간에 모자라는 전구를 모두 빼기로 했는데, 그 이유는 생산 공정을 가동시키는 데 초기 가동의 문제 때문에 결함이 있었기 때문이라고 하자. 이 전구들을 버리고 나서 표본에 남은 전구의 수명을 가지고 평균을 구하니 82시간임이 밝혀졌다. 노리스전기 회사가 새 전구의 수명이 82시간이라고 공표한다면 여러분은 믿을 수 있을까?

평균시간을 82시간으로 만들기 위해서 수명이 70시간 이하인 전구를 단순히 빼버렸다면, 그것이 비윤리적이라는 것에 의심의 여지가 없다. 반대로 공정의 초기 가동문제(startup problems) 때문에 결함이 생긴 전구가 만들어졌다고 하더라도, 그래서 그것을 분석에서 포함시키지 말아야 한다고 하더라도, 이 연구를 수행하는 통계학자는 모든 데이터를 고려해야 하며 실제 사용된 표본은 어떻게 구성되었는지 설명해야 한다. 이렇게 하지 않고 다른 방법으로 처리한다면 그것이 또 다른 잠재적인 오류로 이어지고 회사로서나 통계학자로서 비윤리적 행위가 된다.

ASA 보고서의 한 가이드라인(지침)을 보면 사전에 정해진 결과가 나오도록 통계작업을 유리하게 하는 것은 피하도록 하고 있다. 어떤 주장을 하기 위해서 대표성이 결여된 표본을 사용하는 데서 나타나는 비윤리적 행위를 말한다. 예를 들면 흡연을 금지하고 있는 식당이 많다. 그런데 식당 흡연을 허용하는 것에 찬성하는 사람의 비율을 추정하기 위해서 담배 회사 로비스트가 흡연 허용 식당을 찾아가서 사람들을 인터뷰하였다고 가정해 보자. 표본조사 결과 90%가 식당 흡연을 찬성하였다. 이 표본 결과를 가지고 식당에서 식사한 사람의 90%가 식당 흡연을 찬성하였다고 로비스트가 주장한다. 이 경우에, 우리는 흡연 허용 식당에 있는 사람만 표본으로 삼음으로써 결과를 편향(bias)시켰다고 말할 수 있다. 이러한 연구의 결과만 보게 된다면, 연구의 상세한 내용을 모르는 (즉, 표본이 흡연 허용 식당에서만 추출되었다는 사실을 모르는) 독자는 잘못된 이해에 빠지게 된다.

ASA 보고서는 범위가 상당히 넓고, 통계학자뿐만 아니라 통계정보를 이용하는 고객을 위한 윤리적 지침(guidelines)도 담고 있다. 여러분 모두 그 보고서를 읽어보고 윤리적 관점을 더 굳건히 가지기를 바라며, 여러분이 통계학을 실제 사용할 때 윤리적 기준이 지켜지고 있는지 판단할 수 있는 충분한 지식을 가지기를 바란다.

요약

통계학은 자료를 수집하고 정리하고 표현하고 해석하는 기술(art)이며 과학(science)이다. 대학에서 비즈니스나 경제학을 전공하는 학생은 누구나 통계학을 공부해야 한다. 1장에서는 비즈니스와 경제학에서 자주 접하는 통계학의 실제 응용을 소개하였다.

자료(data)는 수집하고 정리할 사실과 숫자를 말한다. 이러한 자료를 어떤 변수로 측정하는 데는 명목척도, 순서척도, 구간척도, 비척도 등 네 가지 척도가 있다. 자료가 어떤 개체(원소)의 속성을 라벨이나 이름을 사용해서 표기한다면 그것을 명목척도 변수 또는 명목척도 자료라고 한다. 만일 자료가 명목자료이면서 순서나 순위가 의미를 가진다면 그것은 순서척도 자료가 된다. 만일 자료가 순서의 성질을 가지면서 값과 값의 차이를 나타내는 구간이 어떤 측정 단위(unit)로 표시되면 그것은 구간척도 자료가 된다. 마지막으로, 자료가 구간자료의 성질을 모두 가지고 있으면서 두 값의 비율이 의미를 가진다면 그 자료는 비척도 자료가 된다.

통계분석 목적상 자료는 범주 자료와 양적 자료로 구분된다. 범주 자료는 라벨이나 이름으로 각 원소의 속성을 나타낸다. 범주 자료는 명목척도나 순서척도를 사용해서 관찰 측정되며, 그것을 문자나 숫자로 표기할 수 있다. 양적 자료는 그 양이나 개수를 숫자로 표기한다. 양적 자료는 구간척도나 비척도로 측정된다. 더하기 나누기 등의 연산은 양적 자료에서만 의미가 있다. 그러므로 양적 자료에서의 통계적 계산이 범주 자료에서도 항상 가능한 것은 아니다.

1.4절과 1.5절에서는 기술 통계와 통계적 추론의 여러 가지 주제를 소개하였다. 기술 통계는 표나 그래프, 또는 수치로 자료를 요약한다. 통계적 추론은 표본에서 수집한 자료를 가지고 모집단의 특성값을 추정하거나 그 특성에 대한 가설을 검정하는 과정을 말한다. 마지막 4개의 절에서는 통계분석에서 컴퓨터의 활용에 대한 정보를 추가 하였으며, 최근의 새로운 분야로서 분석과학(analytics)을 소개하였고, 데이터 마이닝과 빅데이터, 그리고 통계학의 실제 적용에서 지켜야 할 윤리적 가이드라인을 요약하여 소개하였다.

용어

관찰(observation) 어떤 개체(원소)의 속성을 모두 측정한 것.

구간척도(interval scale) 데이터 값이 서열 자료의 속성을 보이면서 두 값의 차이(구간)를 어떤 단위(unit)로 표시할 수 있는 경우의 변수 측정의 척도.

기술적 분석과학(descriptive analytics) 과거에 일어난 일을 표현하고 기술(記述)하는 분석과학의 기법.

기술 통계(descriptive statistics) 자료를 정리하거나 요약하는 표나 그래프, 혹은 수치적 값.

데이터 세트(data set) 어떤 정해진 연구목적으로 수집된 전체 데이터.

데이터 마이닝(data mining) 방대한 데이터베이스를 가지고 통계학 기술과 컴퓨터 사이언스의 기술로 처리해서 유용한 정보를 추출하는 것.

명목척도(nominal scale) 어떤 개체(원소)의 속성이 이름이나 라벨로 표식이 되는 자료의 변수 측정의 척도.

모집단(population) 어떤 정해진 연구목적에 연관된 모든 개체원소.

범주(형) 변수(categorical variable) 범주 자료의 변수.

범주(형) 자료(categorical data) 데이터 원소(element)의 속성을 표시하는 라벨이나 이름. 범주 자료는 명목척도나 서열척도로 관찰되며 문자나 숫자로 표기된다.

변수(variable) 개체원소에 대한 어떤 관심 특성.

분석과학(analytics) 더 나은 의사결정을 할 수 있도록 자료(데이터)에서 통찰적인 지식과 정보를 추출할 과학적 절차.

비척도(ratio scale) 데이터 값이 구간 자료의 속성을 보이면서 두 값의 비율이 의미를 가지는 변수의 측정 척도. 비척도의 자료는 항상 수치적이다.

빅데이터(big data) 보통의 소프트웨어로서는 짧은 시간 안에 처리할 수 없는 많은 양의 데이터(자료). 빅데이터의 특성은 자료의 양이 방대하고 다양하며, 수집하고 처리하는 속도가 매우 빠르고, 비디오나 오디오 텍스트 등 비정규적 데이터까지 포함한다.

순서척도(ordinal scale) 데이터 값이 명목자료의 속성을 보이면서 그 자료의 서열이나 순위가 의미가 있는 경우의 변수 측정의 척도. 문자(nonnumeric) 또는 숫자(numeric)로 표기된다.

시계열 자료(time series data) 여러 기간 동안 수집한 자료.

양적 변수(quantitative variable) 양적 자료의 변수.

양적 자료(quantitative data) 어떤 것이 얼마나 많은지, 그 개수가 몇 개나 되는지를 나타내는 수치적 값. 양적 자료는 구간척도나 비척도로 관찰 측정된다.

예측적 분석과학(predictive analytics) 과거 데이터를 가지고 구축된 모형을 사용해서 미래를 예측하거나, 어떤 변수가 다른 변수에 미치는 영향을 밝히는 분석과학의 기법.

원소(elements) 자료를 수집하는 대상의 개체(entities).

자료(data) 수집, 정리, 요약해서 표현되고 해석되는 사실이나 숫자.

처방적 분석과학, 계획적 분석과학(prescriptive analytics) 일련의 행동을 정해 주는 분석과학의 기법.

총조사(census) 모집단 전체의 자료를 조사하니 수집하는 것.

통계적 추론(statistical inherence) 표본 자료를 가지고 모집단의 특성을 추정하거나 모집단 특성에 대한 가설을 테스트 하는 것.

통계학(statistics) 자료를 수집하고 정리하고 표현하고 해석하는 과학 또는 그 기술.

표본조사(sample survey) 어떤 표본의 자료를 수집하는 조사.

표본(sample) 모집단의 일부분.

횡단면 자료(cross-sectional data) 동일한 한 시점에, 또는 대략적으로 동일한 시점에 수집된 자료.

보충 연습문제

1. 수치적 사실로서 statistics와 학문 분야로서 statistics의 차이점을 토론하라.

2. Tablet PC Comparison(웹사이트)은 태블릿 컴퓨터의 여러 가지 정보를 제공해 준다. 비용(가격), OS시스템, 화면 사이즈, 밧데리 수명, CPU 제조자 등을 자세히 보여주고 있다. 〈표 1-6〉은 태블릿 컴퓨터 10개를 추출한 표본이다[출처].

a. 이 데이터 세트에 있는 원소는 몇 개인가?

b. 변수는 몇 개인가?

〈표 1-6〉 10개 태블릿의 제품 정보

태블릿	가격 ($)	운영체계	디스플레이 크기	배터리 수명 (시간)	CPU 제조사
Acer Iconia W510	599	Windows	10.1	8.5	Intel
Amazon Kindle Fire HD	299	Android	8.9	9	TI OMAP
Apple iPad 4	499	iOS	9.7	11	Apple
HP Envy X2	860	Windows	11.6	8	Intel
Lenovo ThinkPad Tablet	668	Windows	10.1	10.5	Intel
Microsoft Surface Pro	899	Windows	10.6	4	Intel
Motorola Droid XYboard	530	Android	10.1	0	TI OMAP
Samsung Ativ Smart PC	590	Windows	11.6	7	Intel
Samsung Galaxy Tab	525	Android	10.1	10	Nvidia
Sony Tablet S	360	Android	9.4	8	Nvidia

c. 변수를 범주 변수와 양적 변수로 구분하라.

d. 각 변수의 측정은 어떤 척도에 속하는가?

3. 〈표 1-6〉을 보고 답하라.

a. 태블릿의 평균 가격은 얼마인가?

b. 운영체제로 Window를 사용하는 태블릿의 평균 가격과 Androis를 사용하는 태블릿의 평균 가격을 비교하라.

c. TI OMAP의 CPU를 사용한 태블릿의 비율을 구하라.

d. Android를 사용하는 태블릿의 비율을 구하라. TI OMAP의 CPU를 사용한 태블릿의 비율을 구하라.

4. 〈표 1-7〉은 무선전화기 8개의 자료이다[출처]. 표의 자료는 각 전화기의 모델명에 따라 가격($), 종합점수(100점), 통화 품질, 핸드셋 베이스 유무, 배터리 수명(시간)을 보여주고 있다.

a. 이 자료에 있는 원소는 모두 몇 개인가?

b. 각 변수를 범주 변수와 양적 변수로 구분하라.

c. 각 변수에 사용된 척도를 적어라.

5. 〈표 1-7〉을 보고 답하라.

a. 무선전화기의 평균 가격을 구하라.

b. 무선전화기의 밧데리 충전용량의 평균을 구하라.

c. 통화 음질이 excellent인 무선전화기의 비율을 구하라.

d. 핸드셋이 있는 무선전화기의 비율을 구하라.

6. 최근에 새 차를 구매한 사람들을 대상으로 자동차의 품질에 대해 아래의 질문 항목들을 조사를 하였다[출처]. 각 질문이 범주 자료인지 아니면 양적 자료인지 이유를 붙여서 구분하라.

a. 자동차를 구매하였는가 아니면 리스를 하였는가?

b. 가격은 얼마나 지불하였는가?

c. 자동차 외관에 대한 종합적인 평가는? (나쁨, 보통, 우수함, 매우 우수함)

d. 연료 1 갤런당 평균 운행거리(miles)는?

e. 자동차의 종합적인 평가점수는?(1점: 아주 나쁨, 10점: 아주 우수함)

7. Kroger Company는 2,000여 개의 상점이 있는 미국 최대의 수퍼마켓 체인이다. Korger는 온라인 설문을 통해서 제품과 서비스에 대한 고객의 평가를 조사해서 고객의 구매를 향상하려고 하였다[출처]. 다음 4개 조건에 따라서 고객이 가격을 더 지불할 마음이 있는지 조사하였다.

- 유명 브랜드 제품이면 가격을 더 지불할 용의가 있다.
- 친환경 제품이년 가격을 더 지불할 용의가 있다.
- 유기농 제품이면 가격을 더 지불할 용의가 있다.
- 다른 사람이 추천한 제품이면 가격을 더 지불할 용의가 있다.

위 네 가지 질문에 대해서 Yes/No로 답하게 하였다.

a. 이렇게 수집한 자료는 범주 자료인가, 양적 자료인가?

b. 어떤 척도인가?

8. 어느 지역의 온라인 신문사는 매일 최신의 이슈에 대해서 독자의 의견을 조사하였다. 최근에 모두 762명의 독자에게 다음과 같은 질문을 하였다. "만일 지방정부의 소득세 부과를 제한하는 수정법안이 발의되면 당신은 그것이 통과되는 것을 바랍니까?" 응답은 예, 아니요, 잘 모르겠음, 세 가지로 답하게 하였다[출처].

a. 이번 조사의 표본 크기(sample size)는 얼마인가?

b. 이 자료는 범주 자료인가, 양적 자료인가?

〈표 1-7〉 8개 브랜드 무선전화기에 대한 자료

브랜드	모델	가격 ($)	종합점수 (100점)	통화 품질	베이스 유무	배터리 수명 (시간)
AT&T	CL84100	60	73	Excellent	Yes	7
AT&T	TL92271	80	70	Very Good	No	7
Panasonic	4773B	100	78	Very Good	Yes	13
Panasonic	6592T	70	72	Very Good	No	13
Uniden	D2997	45	70	Very Good	No	10
Uniden	D1788	80	73	Very Good	Yes	7
Vtech	DS6521	60	72	Excellent	No	7
Vtech	CS6649	50	72	Very Good	Yes	7

c. 이 질문의 자료를 요약하려면 평균을 구하는 것이 적합한가? 아니면 비율을 구하는 것이 적합한가?

d. 응답자의 67%가 '예'라고 응답하고 수정법안이 통과되기를 원하였다. '예'에 응답한 사람의 수는 몇 명인가?

9. 말콤 볼드리지 국가품질상 신청자 가운데, 23개는 제조업 분야의 대기업, 18개는 서비스 분야 대기업, 30개는 소기업이었다.

a. 신청 기업의 유형은 범주 변수인가, 양적 변수인가?

b. 소기업 신청자의 비율은 몇 퍼센트인가?

10. 교통부 산하의 '교통 통계소'는 해마다 조사를 하는데, 그중에는 운전 중 휴대폰 사용에 관한 것도 있다. 조사를 보면 "운전 중에 휴대폰 사용을 허용해야 하는가?"라는 질문에 "강하게 동의, 부분 동의, 부분 반대, 강하게 반대" 중 하나로 응답하는 것이다. 44명이 매우 동의, 130명의 부분 동의, 165명이 부분 반대, 741명이 강하게 반대로 응답하였다.

a. 이 응답은 범주 자료인가, 양적 자료인가?

b. 이 응답을 요약하려면 평균을 사용해야 하는가? 비율을 사용해야 하는가?

c. 운전 중에 휴대폰 사용에 '동의'로 응답한 사람의 비율은 얼마인가?

d. 이 자료의 요약은 운전 중에 휴대폰 사용을 지지하는가? 반대하는가?

11. 2013년 4월 9~10일에 Gallup은 지방정부의 자동차 유류세를 갤런당 20센트 인상해서 대중교통을 더 많이 늘리고 도로와 교량 정비에 사용하자는 법안에 찬성하는지 전화 조사하였다. 응답은 "찬성, 반대, 무의견" 중 하나를 선택하는 것이었는데, 295명은 '찬성', 672명은 '반대', 51명은 '무의견'으로 나왔다[출처].

a. 이 응답은 범주 자료인가, 양적 자료인가?

b. 이 갤럽 투표조사의 표본의 크기는 얼마인가?

c. 유류세를 인상하자는 법안에 찬성하는 응답의 비율은 얼마인가?

d. 자료 요약을 볼 때, 법안에 찬성을 의미하는가 반대를 의미하는가?

12. Hawaii Visitors Bureau는 하와이 방문객에 대한 자료를 수집하고 있다. 하와이로 오는 비행기 기내에서 승객에게 조사하는 16개 질문 문항 속에는 아래의 4개가 들어 있다.

- 이번 하와이 여행은 몇 번째입니까? (첫 번째, 두 번째, 세 번째, 네 번째 등)
- 여행의 주 목적은 무엇입니까? (휴가, 회의, 신혼여행 등 10개 범주)
- 어디에서 숙박할 예정입니까? (호텔, 아파트, 친척집, 캠핑 등 11개 범주)
- 하와이에서 체류기간은 며칠입니까?

a. 이 조사연구의 모집단(population)은 무엇인가?

b. 항공기로 오는 승객을 대상으로 조사하는 것이 모집단에

〈그림 1-10〉 Google 수익

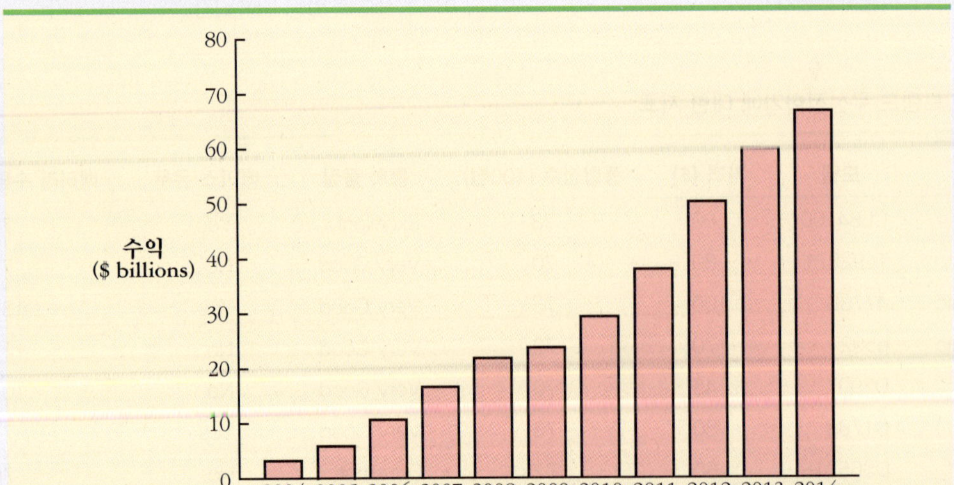

대한 접근으로서 적합한가?

c. 4개 질문 각각에 대해서 그 응답 자료가 범주형인지 양적인지 구분하라.

13. 〈그림 1-10〉은 2004~2014년 동안 Google의 연간 수익을 바차트로 그린 것이다[출처].

a. 관심 변수는 무엇인가?

b. 자료가 범주 자료인가, 양적 자료인가?

c. 자료가 시계열 자료인가, 횡단면 자료인가?

d. 시간흐름에 따라 Google 수익에 추세가 있는가?

14. 다음 자료는 Hertz, Avis, Dollar 세 개 렌터카 회사의 지난 4년간 운용한 자동차 대수이다.

회사명	자동차 운용 대수 1차년	2차년	3차년	4차년
Hertz	327	311	286	290
Dollar	167	140	106	108
Avis	204	220	300	270

a. 회사별로 1차년부터 4차년까지 운용한 자동차 대수의 시계열 그래프를 하나의 그래프에 모두 그려라.

b. 어느 회사가 시장점유를 크게 차지하는지, 시장점유가 시간에 따라 어떻게 변하는지 적어라.

c. 4차년에 자동차 대수를 바차트로 그려라. 이것은 시계열 자료인가, 횡단면 자료인가?

15. 미국 총조사국은 여러 가지 제품과 서비스의 월별 매출액을 추적조사를 한다. 〈그림 1-11〉은 2014년도에 매월 서점의 매출액을 나타낸 것이다.

a. 자료가 양적 자료인가, 범주 자료인가?

b. 자료가 시계열 자료인가, 횡단면 자료인가?

c. 매출액이 가장 높은 달은 언제인가?

d. 매출액이 두 번째로 많은 달은 언제인가?

e. c와 d의 답에서 왜 그 두 개 달이 판매가 가장 높다고 할 수 있는가? 설명하라.

16. 〈그림 1-1〉은 2010~2015년의 자료이다[출처](Energy Information Administration의 웹사이트에 가면 최신의 데이터를 다운받을 수 있다.–역자). 웹사이트에서 데이터 소스를 찾아서 2015년 8월 이후의 보통휘발유의 갤런당 가격을 수집하여 아래에 답하라.

a. 〈그림 1-1〉의 시계열 그래프를 연장해서 작성하라.

b. 2015년 8월 이후의 보통휘발유 가격에 대해서 어떤 해석을 할 수 있는가?

c. 시계열 자료가 휘발유 가격의 여름철 상승을 계속 보여주는가? 설명하라.

17. 어느 대기업 임원이 유능한 부하직원을 잡아두기 위해서 연봉을 $10,000을 인상하는 것을 건의하였다. 연봉 인상을 판단하는 데 필요한 자료를 수집할 내부 소스와 외부 소스는 무엇인가?

18. 세금의 연말정산을 온라인으로 서비스하는 Complete Tax라는 회사의 부탁으로 한 조사기관이 18세 이상 성인

〈그림 1-11〉 2014년 서점 매출액

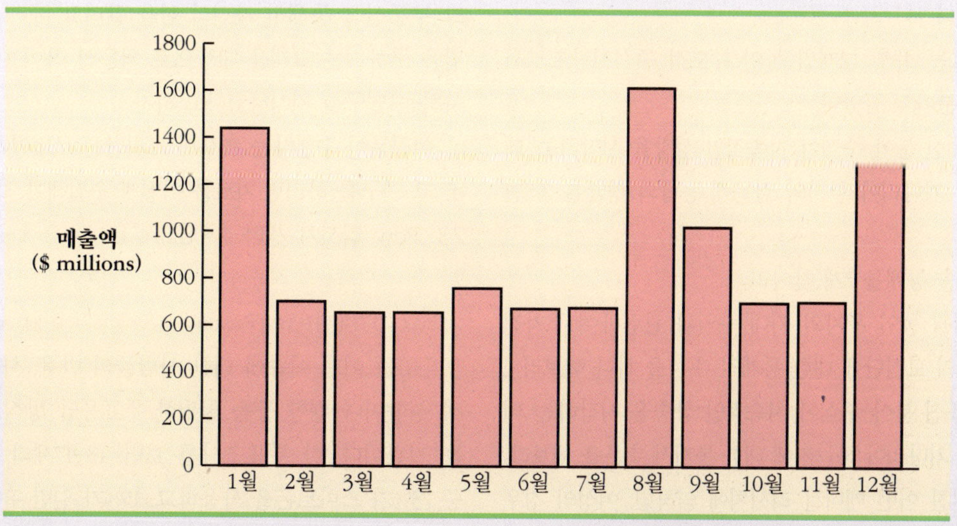

1021명을 대상으로 무작위로 전화조사를 수행하였다. 그중 684명이 온라인 정산을 하겠다고 응답하였다.

a. 온라인 연말정산을 하는 비율을 추정하는 기술 통계치를 적어라.

b. 조사 결과, 세무사를 통하는 연말정산 방법이 가장 선호되었다. 만일 그 비율이 60%이면 몇 명이 그 방법을 선택하였는가?

c. 연말정산의 다른 방법으로, 수동 정산, 온라인 서비스, 세금계산 프로그램 소프트웨어를 사용하는 방법이 있다. 연말정산 방법의 자료는 범주 자료인가, 양적 자료인가?

19. *Bloomberg Businessweek*의 북미지역 구독자 가운데 2861명을 표본으로 뽑아서 조사를 하였다. 응답자의 59%가 연 소득이 $75,000 이상이고, 50%는 American Express 신용카드를 사용하였다.

a. 이 연구의 관심목표모집단은 무엇인가?

b. 연 소득은 범주 변수인가, 양적 변수인가?

c. American Express 카드 소지 여부는 범주 변수인가, 양적 변수인가?

d. 이 연구의 자료는 시계열 자료인가, 횡단면 자료인가?

e. 이 조사를 바탕으로 *Bloomberg Businessweek*가 얻을 수 있는 통계적 추론을 하나 작성하라.

20. Barron's Big Money 투자회사의 투자전문가 131명을 대상으로 조사를 하였다.

- 이들 중 43%는 자신을 낙관적 또는 매우 낙관적으로 분류했다.
- 향후 12개월 동안의 투자에 대한 기대수익의 평균은 11.2%이었다.
- 이 중 21%는 향후 12개월 동안 주도적 주식시장으로서 헬쓰케어 분야로 꼽았다.
- 기술 및 통신 분야 주식이 지속적인 성장을 시작하는 데 얼마나 더 기다려야 할지의 질문에 응답의 평균은 2.5년 이었다.

a. 여기서 기술 통계를 2개 찾아라.

b. 향후 12개월 동안 투자의 기대 수익과 관련하여 투자전문가 전부의 모집단에 대한 통계적 추론을 하나 해보라.

c. 기술 및 통신 분야 주식이 지속적인 상승을 시작하는 데 얼마나 더 기다려야 하는지에 대한 통계적 추론을 해보라.

21. 7년에 걸친 어떤 메디컬 리서치에 의하면, 여성의 경우 어머니가 임신 중에 DES 약물을 복용하면 그 여성에게 암으로 발전할 수 있는 섬유질 이상(tissue abnormalities)이 생길 가능성이 어머니가 그 약물을 복용하지 않은 경우에 비하여 2배나 높았다.

a. 이 연구는 모집단을 두 개 비교하고 있다. 모집단은 각각 무엇인가?

b. 이 경우 자료는 조사에 의해서 수집된 것으로 생각되는가, 아니면 실험에 의한 것으로 생각되는가?

c. 자신의 어머니가 임신 중에 DES 약물을 복용한 여성 모집단에서 3980명 여성의 표본에서 63명이 암으로 발전할 수 있는 섬유질 이상이 생겼다. 이 모집단 속의 1,000명 가운데 섬유질 이상이 생길 것으로 생각되는 여성의 수를 추정할 수 있는 기술 통계를 작성하라.

d. 자신의 어머니가 임신 중에 DES 약물을 복용하지 않은 여성 모집단 속의 1000명 가운데 섬유질 이상이 생길 것으로 생각되는 여성의 수를 추정하라.

e. 메디컬 연구는 통상 상당히 큰 표본(이 경우 3,980)을 사용한다. 그 이유를 설명하라.

22. Better Homes 회사의 조사에 따르면 자신의 라이프스타일이 이웃하고 맞지 않아서 다섯 가구 중 한 가구꼴로 이사를 했거나 하려고 하는 것으로 조사되었다(출처). 새 집을 구하는 사람의 최우선 라이프스타일은 자동차 출퇴근이 편리한지, 건강 및 안전서비스가 잘되어 있는지, 이웃이 가족에 친화적인지, 소매점이 가까운지, 문화활동의 접근이 쉬운지, 대중교통이 가까운지, 밤 생활 환경 및 식당이 가까운지 등이다. 덴버 지역의 어느 부동산회사가 여러분을 고용해서, 그 부동산을 통해서 자신의 집을 팔려고 하거나 자신의 새 집을 구하려는 고객을 대상으로 최우선 라이프스타일을 조사하는 연구를 지시하였다고 하자.

a. 여러분이 수행하는 조사의 모집단은 무엇인가?

b. 그 연구를 하려면 자료를 어떻게 수집해야 하는가?

23. Pew 리서치 센터(경제선진국 18개국 중에서 한국은 성인 95%가 스마트폰을 보유하여 1위이다. 미국은 81%로 5위, 일본은 66%로 13위이다(Pew Research Center website, Feb. 5, 2019). —역자)는 어떤 이슈에 대한 사람들의 반응, 사람들의 일반적 성향이나 경향 등을 공평한 투표응답 방식으로 조사하는 기관이다. 한 투표조사를 보면, 13~17세의 십대 청소년 중 73%가 스마트폰을 사용하고, 15%가 일반 휴대폰을 사용

하고, 12%은 폰이 없었다. 친한 친구와 어떻게 소통하는가 하는 질문도 조사를 하였다. 스마트폰을 사용한 청소년은 58% 텍스트를 사용하고, 17%는 소셜미디어를, 10%는 직접 통화를 하셨다. 스마트폰이 아닌 경우는 25% 텍스트를 사용하고, 29%는 소셜미디어를, 21%는 직접 전화를 사용했다 [출처].

a. 통계치 58%는 스마트폰을 사용하는 십대 청소년의 경우 친한 친구와 연락하는 데 텍스트를 사용하는 것에 대한 것이다. 이것은 어떤 모집단에 적용해서 이해해야 하는가?

b. 통계치 25%는 스마트폰을 사용하지 않는 경우, 친한 친구와 연락하는 데 텍스트를 사용하는 것에 대한 것이다. 이것은 어떤 모집단에 적용해서 이해해야 하는가?

c. Pew의 연구는 총조사(census)인가 아니면 표본조사인가? 그 이유는 무엇인가?

24. 중간시험 후에 5명의 학생을 표본으로 골랐는데 점수가 72, 65, 82, 90, 76이다. 아래 진술 중 옳은 것은 무엇인가? 너무 일반화된 것으로 의심받는 것은 어느 진술인가?

a. 5명 표본의 중간시험 평균은 77이다.

b. 중간시험을 친 학생 모두의 평균은 77이다.

c. 중간시험을 친 학생 모두의 평균에 대한 하나의 추정값이 77이다.

d. 이 시험을 친 학생의 절반 이상이 70~85 사이일 것이다.

e. 이 표본에 5명의 다른 학생을 더 추가하면, 그들 모두의 점수는 65~90 사이에 있을 것이다.

25. [DATA *file* Shadow02] 중소기업의 보통 주식으로서 월가의 투자분석가의 관심을 받지 않는 주식을 **섀도우 주식**(shadow stocks)이라고 한다. 다음의 〈표 1-8〉은 개인투자자 협회가 관심을 가지는 25개 섀도우 주식의 데이터 세트이다.

a. 데이터 세트의 변수는 몇 개인가?

b. 범주 변수와 양적 변수로 구분하라.

c. 거래소 변수에서 AMEX, NYSE, OTC의 도수, 백분율도수를 적어라. 또 〈그림 1-4〉와 유사한 바차트를 그려라.

d. 순이익률(%)을 가지고 0~14.9, 15~29.9, 30~44.9, 45~59.9, 60~74.9 다섯 개 구간으로 나누어서 도수분포표를 작성하라. 〈그림 1-5〉와 같은 히스토그램을 작성하라.

e. P/E 비율(price/earnings ratio)의 평균을 구하라.

〈표 1-8〉 Shadow Stock 데이터 세트(25개 표본)

기업명	거래소	식별 이름	시가총액 ($ millions)	P/E 비율	순이익률(%)
DeWolfe Companies	AMEX	DWL	36.4	8.4	36.7
North Coast Energy	OTC	NCEB	52.5	6.2	59.3
Hansen Natural Corp.	OTC	HANS	41.1	14.6	44.8
MarineMax, Inc.	NYSE	HZO	111.5	7.2	23.8
Nanometrics Incorporated	OTC	NANO	228.6	38.0	53.3
TeamStaff, Inc.	OTC	TSTF	92.1	33.5	4.1
Environmental Tectonics	AMEX	ETC	51.1	35.8	35.9
Measurement Specialties	AMEX	MSS	101.8	26.8	37.6
SEMCO Energy, Inc.	NYSE	SEN	193.4	18.7	23.6
Party City Corporation	OTC	PCTY	97.2	15.9	36.4
Embrex, Inc.	OTC	EMBX	136.5	18.9	59.5
Tech/Ops Sevcon, Inc.	AMEX	TO	23.2	20.7	35.7
ARCADIS NV	OTC	ARCAF	173.4	8.8	9.6
Qiao Xing Universal Tele.	OTC	XING	64.3	22.1	30.8
Energy West Incorporated	OTC	EWST	29.1	9.7	16.3
Barnwell Industries, Inc.	AMEX	BRN	27.3	7.4	73.4
Innodata Corporation	OTC	INOD	66.1	11.0	29.6
Medical Action Industries	OTC	MDCI	137.1	26.9	30.6
Instrumentarium Corp.	OTC	INMRY	240.9	3.6	52.1
Petroleum Development	OTC	PETD	95.9	6.1	19.4
Drexler Technology Corp.	OTC	DRXR	233.6	45.6	53.6
Gerber Childrenswear Inc.	NYSE	GCW	126.9	7.9	25.8
Gaiam, Inc.	OTC	GAIA	295.5	68.2	60.7
Artesian Resources Corp.	OTC	ARTNA	62.8	20.5	45.5
York Water Company	OTC	YORW	92.2	22.9	74.2

기술 통계: 표와 그래프로 나타내기

2

DESCRIPTIVE STATISTICS: TABULAR AND GRAPHICAL DISPLAYS

STATISTICS *in* PRACTICE

*Colgate-Palmolive Company**

New York, New York

콜게이트-팜올리브는 1806년 뉴욕에서 비누와 양초를 파는 조그만 가게로 시작했다. 지금은 전 세계 200여 곳에서 38,000명의 근로자가 일을 하는 큰 기업으로 발전했다. Colgate 치약, Palmolive 비누, Fabuloso 세제와 같은 유명 브랜드, 그 외에도 Irish Spring, Hill's Science Diet, Ajax 제품들을 판매하고 있다.

콜게이트는 통계학을 활용하여 가정용 세제 제품들의 품질을 보장하고 있다. 예를 들면, 용기에 들어 있는 세제의 양을

Kurt Brady/Alamy Stock Photo

Colgate–Palmolive는 통계적 요약을 통해서 제품의 품질 수준을 지킨다.

* 이 사례는 Colgate-Palmolive Company사의 품질 관리자인 William R. Fowle의 도움을 받아 소개한 내용임을 밝힌다.

STATISTICS *in* PRACTICE

정확히 유지하는 것이다. 세제는 용기에 일정한 무게로 주입되지만, 세제 파우더의 밀도에 따라 그 부피는 달라질 수 있다. 파우더의 밀도가 너무 높으면, 일정한 무게를 주입하더라도 소비자가 용기를 열어서 눈으로 보면 그 양이 적게 보일 수 있다.

이러한 문제를 해결하기 위해서 세제 파우더의 밀도의 허용 한계치를 설정해 놓고 있다. 정기적으로 통계적 표본을 뽑아서 그것의 밀도를 측정한다. 그 자료를 요약해서 현장의 작업자에게 주면, 그것을 보고 필요하면 생산설비를 조정하여 밀도의 품질 규격을 유지한다.

일주일 주기로 파우더 밀도를 측정하고(150회), 그 표본을 가지고 도수분포와 히스토그램을 작성한다. 표본의 밀도가 .40을 넘어서면 안된다. 여기에 예시된 도수분포와 히스토그램을 보면 세제 파우더의 밀도가 .40 이하라는 기준규격을 지키고 있다. 경영자들은 이러한 통계적 요약을 보고는 세제 생산 공정이 잘 유지되고 있다고 생각하고 안심할 수 있다.

2장에서는 자료를 가지고 기술 통계의 표나 그래프를 공부하게 된다. 예를 들면, 도수분포, 바차트, 히스토그램, 줄기-잎 배열, 교차표 등이다. 이러한 기술 통계의 목적은 자료를 이해하고 해석할 수 있도록 자료를 요약하는 것이다.

도수분포표 (밀도 자료)

밀도	도수
.29-.30	30
.31-.32	75
.33-.34	32
.35-.36	9
.37-.38	3
.39-.40	1
합계	150

히스토그램 (밀도 자료)

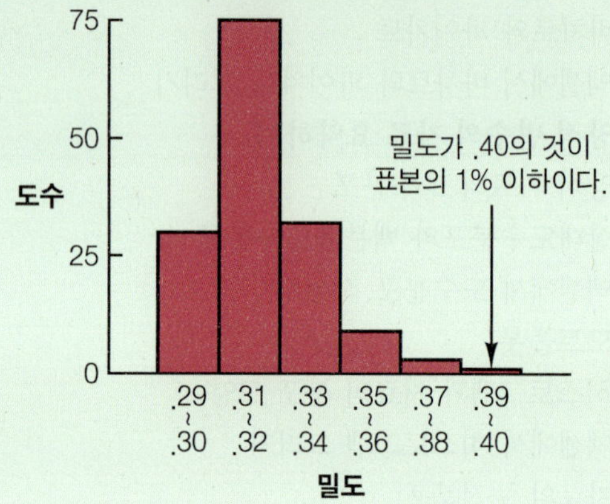

자료는 범주형 자료와 양적 자료로 구분된다. 라벨이나 이름을 사용하여 유사한 것들을 같은 범주로 나타낸 것을 **범주형 자료**(categorical data)라고 하고, 얼마나 많은지 그 개수나 양을 수치적인 값으로 나타낸 것을 **양적 자료**(quantitative data)라고 한다. 2장은 이러한 자료를 표나 그래프로 요약하는 것을 공부하는데, 표나 그래프는 보고서나 신문의 글, 연구논문에서 많이 사용되기 때문에 어떻게 작성하고 어떻게 해석해야 하는지를 공부할 필요가 있다.

먼저 한 개 변수의 자료를 표나 그래프로 나타내는 것을 공부하고, 이어서 두 개 변수의 자료에 대해서 그들의 관계를 드러내주는 표나 그래프로 요약하는 것을 공부한다. **자료 시각화**(data visualization)라는 말을 종종 사용하는 데, 데이터 세트의 정보를 그래프로 요약하고 표현하는 것을 말한다. 마지막 절에서는 이러한 자료 시각화를 소개하고 효과적으로 표시하는 안내 지침을 공부한다.

2.1 범주형 변수의 자료 요약

범주형 자료의 도수분포

범주형 자료는 표와 그래프로서 정리하고 요약할 수 있는데, 먼저 **도수분포**(frequency distribution)를 소개한다.

> **도수분포**
> 범주 또는 계급을 중첩되지 않게 나누고, 각 범주(계급)에 속하는 관찰의 횟수(도수: frequency)를 정리한 것을 도수분포라고 한다.

〈표 2-1〉의 자료는 Coca-Cola, Diet Coke, Dr. Pepper, Pepsi, Sprite 등 5개 음료수를 판매되는 순서대로 적은 것이다. 〈표 2-1〉의 자료를 브랜드별로 카운트해 보면, Coca-Cola 19회, Diet Coke 8회, Dr. Pepper 5회, Pepsi 13회, Sprite 5회이다. 이것을 표로 요약한 것이 〈표 2-2〉의 도수분포이다.

도수분포는 5개 브랜드에 걸쳐 있는 50회 판매의 분포이다. 원래의 자료보다 이러한 도수분포를 보면 판매성향을 더 잘 이해할 수 있다. 도수분포는 브랜드의 인기 정보를 요약해 주는데, Coca-Cola가 제일 많이 팔리고, 그 다음이 Pepsi, Diet Coke 가 세 번째, Sprite와 Dr. Pepper 는 네 번째로 서로 비기고 있다.

〈표 2-1〉 음료수 판매 브랜드의 표본 자료 (50회 판매)

Coca-Cola	Coca-Cola	Coca-Cola	Sprite	Coca-Cola
Diet Coke	Dr. Pepper	Diet Coke	Dr. Pepper	Diet Coke
Pepsi	Sprite	Coca-Cola	Pepsi	Pepsi
Diet Coke	Coca-Cola	Sprite	Diet Coke	Pepsi
Coca-Cola	Diet Coke	Pepsi	Pepsi	Pepsi
Coca-Cola	Coca-Cola	Coca-Cola	Coca-Cola	Pepsi
Dr. Pepper	Coca-Cola	Coca-Cola	Coca-Cola	Coca-Cola
Diet Coke	Sprite	Coca-Cola	Coca-Cola	Dr. Pepper
Pepsi	Coca-Cola	Pepsi	Pepsi	Pepsi
Pepsi	Diet Coke	Coca-Cola	Dr. Pepper	Sprite

DATA file
SoftDrink

〈표 2-2〉 음료수 판매 브랜드 도수분포

음료수 브랜드	도수
Coca–Cola	19
Diet Coke	8
Dr. Pepper	5
Pepsi	13
Sprite	5
합계	50

상대도수분포와 백분율도수분포

자료를 중첩되지 않게 몇 개의 계급(class)으로 나누고, 각 계급에 속하는 자료의 출현 빈도수를 정리한 것이 도수분포이다. 한 계급의 상대도수(relative frequency)는 그 계급에 속하는 관찰 횟수의 비율(proportion)을 말한다. 관찰 횟수가 n인 데이터 세트에서 각 계급의 상대도수는 다음 식 2-1과 같이 계산한다. 계급의 백분율도수(percent frequency)는 상대도수에 100을 곱한 것이다. 백분율도수는 백분율도수라고도 한다.

상대도수

$$\text{계급의 상대도수} = \frac{\text{그 계급의 도수}}{n} \quad (2\text{-}1)$$

상대도수분포(relative frequency distribution)는 각 계급의 상대도수를 표로서 정리한 것을 말한다. **백분율도수분포**(percent frequency distribution)는 각 계급의 백분율도수를 정리한 것이다. 〈표 2-3〉을 보면 Coca-Cola의 상대도수는 19/50=.38, Diet-Coke의 상대도수는 8/50=.16이다. 백분율도수를 보면 전제 판매의 38%가 Coca-Cola이고, 16%는 Diet-Coke이다. 한 가지 더 체크한다면, 판매의 상위 3개 계급을 합하면 38%+26%+16%=80%를 차지한다.

〈표 2-3〉 상대도수분포와 백분율도수분포(음료수 판매 브랜드)

음료수 브랜드	상대도수	백분율도수
Coca-Cola	.38	38
Diet Coke	.16	16
Dr. Pepper	.10	10
Pepsi	.26	26
Sprite	.10	10
합계	1.00	100

엑셀로 도수분포, 상대도수분포, 백분율도수분포 만들기

엑셀의 피벗테이블 작성 기능은 자료의 변수를 행과 열에 배치하여 표로서 정리할 수 있다. 피벗테이블 기능을 이용하면 음료수 판매 자료의 도수분포를 작성할 수 있다.

자료 입력: SoftDrink 엑셀 파일을 연다. 〈그림 2-1〉의 A1에는 '음료수 브랜드'라는 데이터 이름이 있고, A2:A51에는 데이터가 있다.

툴 적용:

1단계. 데이터 세트 A1:A51의 셀을 하나 선택(마우스 왼쪽 버튼 사용)

2단계. 리본메뉴에서 **삽입**을 클릭

3단계. 맨 왼쪽 **표** 그룹에서 Recommended PivotTables(**추천 피벗테이블**)을 클릭하면

〈그림 2-1〉 엑셀 '표' 그룹에서 도수분포표 만들기 (삽입 ⇒ 추천 피벗테이블 이용하면 자동으로 표가 만들어진다.)

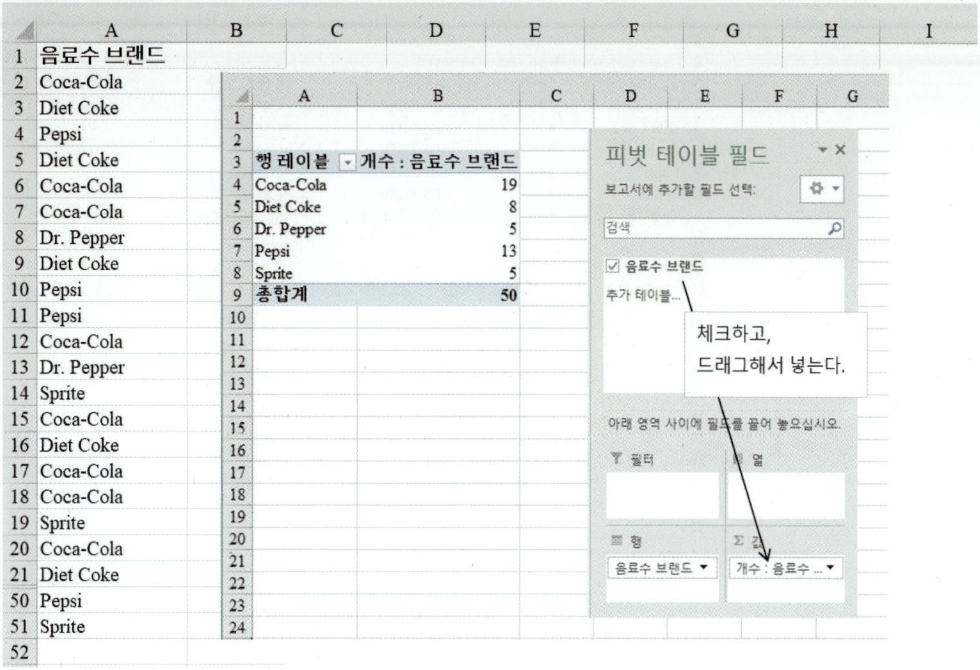

도수분포를 미리 볼 수 있다. (**피벗테이블**을 클릭하면 그림처럼 드래그 하여야 한다.)

4**단계. 확인**을 클릭하면 별도의 시트에 도수분포가 만들어진다.

〈그림 2-1〉은 SoftDrink 파일의 음료수 판매 자료와 별도의 시트에 피벗테이블로 작성된 도수분포를 보여주고 있다.

옵션 편집: 〈그림 2-2〉와 같이 도수분포에서 A3의 라벨을 '음료수'로 바꾸고, B3는 '도수' 로, C3에 '상대도수' 로, D3에 '백분율도수'로 입력한다.

함수/수식: 〈그림 2-2〉의 C4에 =B4/$B$9을 입력하면 19/50이 계산되어 .38이 계산된다. C4의 수식을 C8까지 '복사(copy)'한다.[1] D4에는 = C4*100을 입력한다. 그러면 퍼센트 값 38이 계산된다. D4를 D8까지 복사한다. C9 = SUM(C4:C8), D9 = SUM(D4:D8) 을 입력하여 합계를 계산한다. 〈그림 2-2〉는 상대도수분포와 백분율도수분포를 엑셀로 만든 것이다.

---

1 엑셀 수식이 들어있는 셀의 오른쪽 아래 모서리에 마우스를 맞추어서 '+' 표시가 나타날 때, 왼쪽 버튼을 누른 채 끌어서 그 수식을 복사할 수 있다. 수식을 복사하면 수식 안의 셀 주소가 바뀐다. 그러나 앞에 $가 붙은 알파벳 주소와 숫자 주소는 바뀌지 않는다.

〈그림 2-2〉 상대도수분포와 백분율도수분포 만들기

	A	B	C	D
3	음료수	도수	상대도수	퍼센트도수
4	Coca-Cola	19	=B4/$B$9	=C4*100
5	Diet Coke	8	=B5/$B$9	=C5*100
6	Dr. Pepper	5	=B6/$B$9	=C6*100
7	Pepsi	13	=B7/$B$9	=C7*100
8	Sprite	5	=B8/$B$9	=C8*100
9	총합계	50	=SUM(C4:C8)	=SUM(D4:D8)

	A	B	C	D
3	음료수	도수	상대도수	퍼센트도수
4	Coca-Cola	19	0.38	38
5	Diet Coke	8	0.16	16
6	Dr. Pepper	5	0.1	10
7	Pepsi	13	0.26	26
8	Sprite	5	0.1	10
9	총합계	50	1	100

바차트와 파이차트

품질관리에서 품질불량의 중요한 원인(범주)을 찾아내는 데 바차트가 효과적으로 활용된다. 막대 높이가 높은 것부터 차례로 배열한 바차트를 파레토 다이어그램 Pareto diagram이라고 하는데, 창시자인 이탈리아 경제학자 Vilfredo Pareto 이름을 딴 것이다.

바차트(bar chart)는 도수분포, 상대도수분포, 백분율도수분포로 요약정리된 범주형 자료를 그래프로 나타낸 것이다. 그래프의 한 축에는 계급(범주) 라벨을 표시하고, 다른 축에는 도수, 상대도수, 백분율도수를 표시한다. 〈그림 2-3〉은 음료수 판매 브랜드의 바차트이다.

〈그림 2-3〉처럼 범주형 자료의 바차트는 바의 폭은 일정하고, 바 사이는 띄어서 서로 구분하고 범주(계급)의 이름을 표시한다. 〈그림 2-3〉은 바가 수직으로 나열된 세로막대 차트인데, 바를 수평으로 그리는 차트도 선택할 수 있다.

파이차트(pie chart)는 범주형 자료의 상대도수나 백분율도수를 파이차트의 원호각도로

〈그림 2-3〉 브랜드의 바차트(음료수 판매)

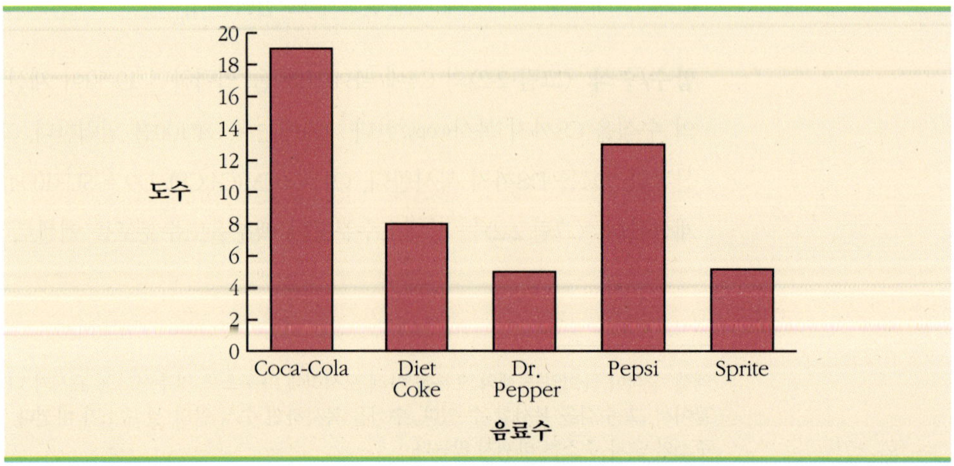

〈그림 2-4〉 브랜드 파이차트 (음료수 판매)

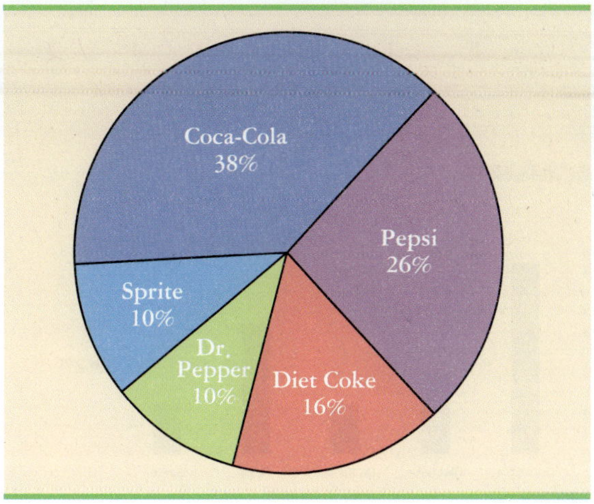

〈그림 2-5〉 3차원 파이차트(음료수 판매)

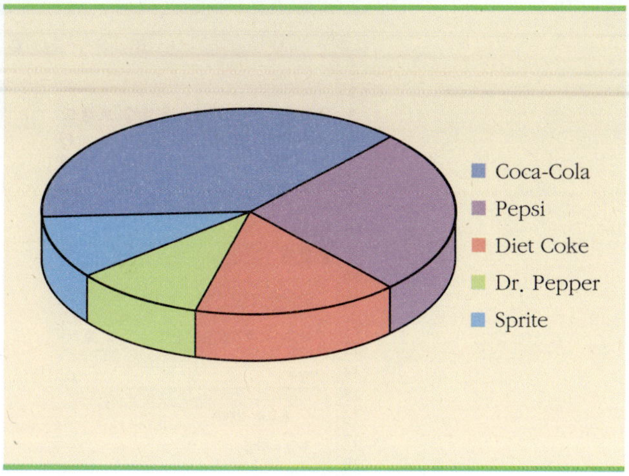

나타낸다. 예를 들면, 〈그림 2-4〉에서 보듯이 360도 원을 각도로 쪼개어서 각 범주(계급)를 나타낸다. Coca-Cola가 차지하는 각도는 .38(360) = 136.8도이다.

바차트나 파이차트의 색깔, 음영 표시, 그래프 구성 설명, 글자모양 등의 다양한 옵션을 활용하여 디스플레이를 더욱 효과적으로 보이게 할 수 있다. 그러나 3차원으로 그려진 파이차트 〈그림 2-5〉는 〈그림 2-4〉와 비교해 보면 특별히 더 나아진 것이 없어 보인다. 오히려 파이 조각의 설명을 번갈아 보아야 하기 때문에 불편하다. 〈그림 2-4〉처럼 파이 조각 안에 퍼센트와 클래스 이름을 직접 적은 것이 보기 쉽다.

퍼센티지를 비교하는 데 파이차트는 별로 좋은 방법이 아니다. 연구에 의하면 사람은 막대 길이는 비교해서 그 길이 차이는 잘 알아내는데 반해 파이차트의 각도를 비교하는 것은 어려워한다. 비교가 필요하다면 〈그림 2-3〉처럼 바차트로 표현하는 것을 추천한다.

엑셀에서 바차트와 파이차트 그리기

자료 입력: SoftDrink 파일을 연다. A1에는 레이블이, A2:A51에는 데이터가 입력되어 있다.

툴 적용: 엑셀의 **추천차트** 기능으로 바차트를 그린다.

1단계. A1:A51의 데이터 영역에 셀을 하나 선택한다(마우스 왼쪽 버튼 사용).

2단계. 리본메뉴에서 **삽입**을 클릭한다.

3단계. Charts 차트 그룹에서 **Recommended Charts(추천차트)**를 클릭한다.

4단계. 미리보기로 나타나는 **바차트(묶은 세로막대형)**를 보고 **확인**을 클릭한다.

엑셀은 〈그림 2-6〉을 묶은 세로 막대형(Clustered Column Chart)로 표기한다.

〈그림 2-6〉의 워크시트는 음료수 판매자료를 가지고 바차트를 그린 것이다. 엑셀의 추천차트 클릭하면, 도수분포와 바차트를 같이 작성해 준다.

〈그림 2-6〉 추천차트 기능을 이용한 바차트 작성

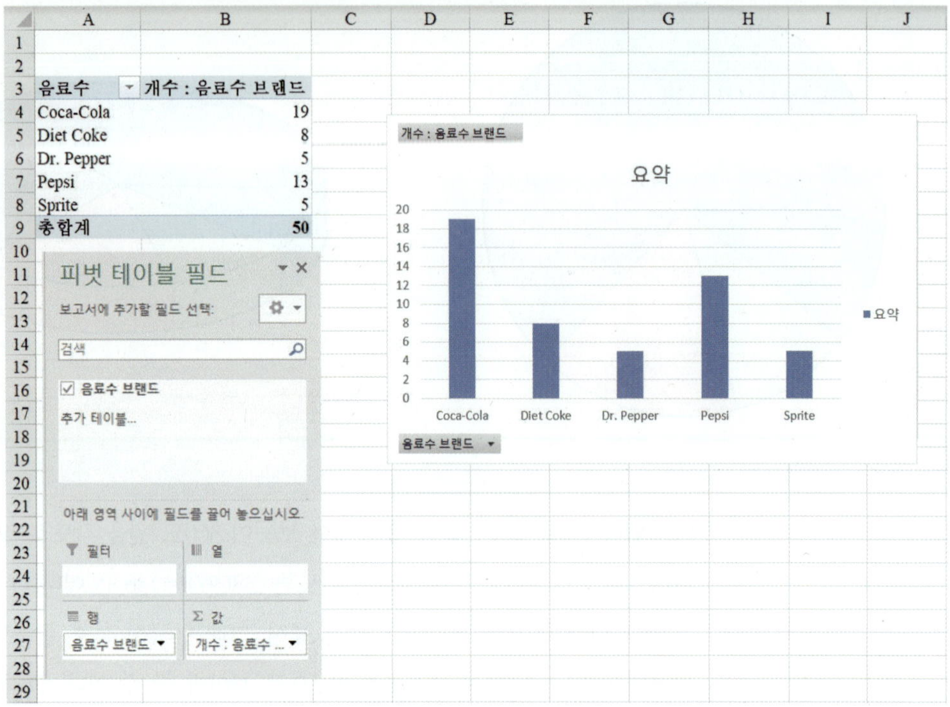

옵션 편집: 바차트를 편집해서 차트 제목과 두 개 축의 이름을 넣을 수 있다.

1**단계. 차트 제목**을 클릭해서 원하는 제목 '음료수 판매'를 입력한다.

2**단계. 차트요소** '+'를 클릭해서(차트영역을 마우스로 선택하면 차트 옆 '+' 표시)

3**단계.** ㅁ축 제목을 체크

4**단계.** 수평축 제목을 클릭해서 제목을 '**음료수 브랜드**'로 입력한다.

5**단계.** 수직축 제목을 클릭해서 제목을 '**도수**'로 입력한다.

파이차트 만들기: 만들어진 바차트를 클릭해서 선택하고, **삽입**을 클릭한 후 **차트** 그룹에서 '**원형 차트**'를 선택한다. 또는, 앞에서 만들어진 도수분포표를 선택하고 차트그룹에서 '원형 차트'를 선택하여 파이차트를 만들 수 있다

연습문제

기본문제

1. 어떤 질문에 응답은 A, B, C 세 가지이다. 응답 120개를 표본으로 뽑았는데, A는 60회, B는 24회, C는 36회가 있었다. 이것을 도수분포와 상대도수분포로 작성하라.

〈그림 2-7〉 제목을 편집한 후의 바차트

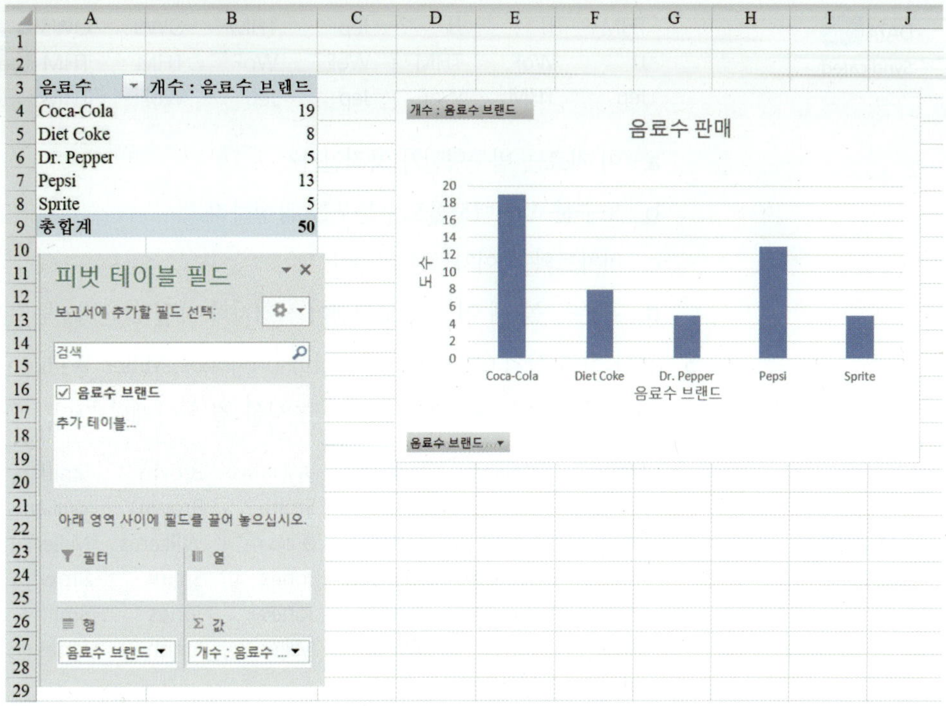

2. 오른쪽의 상대도수분포를 보고 답하라.

계급	상대도수
A	.22
B	.18
C	.40
D	

   a. 계급D의 상대도수를 구하라.
   b. 표본 크기는 200이다. D의 도수를 구하라.
   c. 도수분포를 작성하라.
   d. 백분율도수분포를 작성하라.

3. 어떤 설문에 응답이 Yes가 58회, No가 42회, No-opinion이 20회 있다.
   a. 파이차트를 그리면, Yes 응답의 원호 각도를 정하라.
   b. No 응답의 각도를 정하라.
   c. 파이차트를 그려라.
   d. 바차트를 그려라.

응용문제

4. 어느 시즌에 방영된 상위 5개 인기 프로그램은 Wheel of Fortune(WOF), Two and Half Men(THM), Jeopardy(Jep), Judge Judy(JJ), Oprah Winfrey Show(OWS)이다[출처]. 시청자 50명을 표본으로 뽑아서 좋아하는 프로그램을 조사하였다.

DATA file
Syndicated

WoF	Jep	JJ	Jep	THM	THM	WoF	OWS	Jep	THM
Jep	OWS	WoF	WoF	WoF	WoF	THM	OWS	THM	WoF
THM	JJ	JJ	Jep	THM	OWS	OWS	JJ	JJ	Jep
JJ	WoF	THM	WoF	WoF	THM	THM	WoF	JJ	JJ
Jep	THM	WoF	Jep	Jep	WoF	THM	OWS	OWS	Jep

a. 이 자료는 범주형인가 양적인가?

b. 도수분포와 백분율도수분포를 작성하라.

c. 바차트와 파이차트를 그려라.

d. 표본을 볼 때 어느 프로그램이 시청자가 제일 많은가? 두 번째는 무엇인가?

5. 흔한 성씨 상위 6개는 Brown, Johnson, Jones, Miller, Williams이다[출처]. 6개 성씨를 가진 사람 50명을 표본으로 성씨를 조사한 결과 아래와 같다.

DATA file
2012Names

Brown	Williams	Williams	Williams	Brown	Smith	Jones	Smith
Johnson	Smith	Miller	Smith	Brown	Williams	Johnson	Johnson
Smith	Smith	Johnson	Brown	Williams	Miller	Johnson	Williams
Johnson	Williams	Johnson	Jones	Smith	Brown	Johnson	Smith
Smith	Brown	Jones	Jones	Jones	Smith	Smith	Miller
Miller	Jones	Williams	Miller	Smith	Jones	Johnson	Brown
Johnson	Miller						

이 자료를 다음과 같은 방법으로 요약하라.

a. 도수분포와 백분율도수분포를 작성하라.

b. 바차트를 그려라.

c. 파이차트를 그려라.

d. 이 자료를 볼 때, 가장 흔한 성씨 3개는 무엇인가?

6. Nielsen 미디어 연구소는 TV 역사상 인기 높은 상위 25개 쇼를 발표하였다. 아래 자료는 그 25개 쇼의 방송사를 적은 것이다.

DATA file
Networks

CBS	CBS	NBC	FOX	CBS	CBS	NBC	NBC	NBC	ABC
ABC	NBC	ABC	ABC	NBC	CBS	NBC	CBS	ABC	NBC
NBC	CBS	CBS	ABC	CBS					

a. 도수분포와 백분율도수분포, 바차트를 작성하라.

b. 인기 상위 쇼를 가지고 평가한다면 어느 방송사가 최고인가? ABC, CBS, NBC 세 곳을 비교해 보라.

7. 온라인 설문조사를 통해서 고객만족도를 평가해서 항공사와 공항에 제공하는 회사가 있다[출처]. 항공여행을 마친 고객에게 이메일 보내서 웹사이트에 접속하여 여러 가지 경험 사항을 평가하도록 요청하는 데, 예약 절차, 체크인, 수하물 처리, 게이트의 청결도, 항공 승무원 서비스, 음식료 메뉴, 정시 도착 등을 조사한다. 평가는 최우수(E), 매우 우수(V), 우수(G), 보통(F), 나쁨(P) 등의 5점 척도(five-point scale)로 구분한다. 델타항공은 자신

의 어떤 항공노선의 만족도를 조사하려고, "이번 여행 경험을 바탕으로 항공사를 종합적으로 평가해 주십시오." 라는 설문으로 5점 척도로 응답 자료로 받았다.

DATA file AirSurvey

E	E	G	V	V	E	V	V	V	E
E	G	V	E	E	V	E	E	E	V
V	V	V	F	V	E	V	E	G	E
G	E	V	E	V	E	V	V	V	V
E	E	V	V	E	P	E	V	P	V

a. 도수분포와 백분율도수분포, 바차트로 이 자료를 요약하라. 이 요약을 볼 때, 종합적인 고객만족도는 무엇인가?

b. 온라인 설문조사를 하면서 고객들에게 만족스럽지 못한 경험사항이 있으면 적도록 하였다. 이것이 고객만족도를 개선할 때 도움이 되는 정보가 되는가? 설명하라.

8. 아래는 뉴욕 Cooperstown에 있는 야구 명예의 전당에 올려져 있는 선수 가운데 표본 55명의 자료이다. 각각의 관찰은 선수들의 주요 포지션이다. 피처(P), 포수(H), 1루수(1), 2루수(2), 3루수(3), 유격수(S), 좌익수(L), 센터 필드(C), 우익수(R)

DATA file BaseballHall

L	P	C	H	2	P	R	1	S	S	1	L	P	R	P
P	P	P	R	C	S	L	R	P	C	C	P	P	R	P
2	3	P	H	L	P	1	C	P	P	P	S	1	L	R
R	1	2	H	S	3	H	2	L	P					

a. 도수분포와 상대도수분포로 이 자료를 요약하라.

b. 어느 포지션이 제일 많은가?

c. 어느 포지션이 제일 적은가?

d. 외야수(L, C, R) 중에는 어느 포지션이 제일 많은가?

e. 외야수(L, C, R)와 내야수 (1, 2, 3, S)를 비교해 보라.

9. 대학 및 2차 고등교육기관에서 한 해에 학사학위 180만 명, 석사학위 75만 명이 배출된다[출처]. 졸업생의 전공영역 범주는 다음과 같다. 비즈니스(B), 컴퓨터 과학 및 공학(CSE), 교육학(E), 인문학(H), 자연과학과 수학(NSM), 사회과학 및 행동과학(SBS), 기타(O). 아래는 표본 100명의 전공영역을 적은 것이다.

학사학위 전공 영역:

DATA file Majors

SBS	H	H	H	E	B	O	SBS	NSM	CSE
O	B	B	O	O	H	B	O	SBS	O
H	CSE	CSE	O	CSE	B	H	O	O	SBS
SBS	SBS	B	H	NSM	B	B	O	SBS	SBS
B	H	SBS	O	B	B	O	O	B	O
O	H	SBS	H	CSE	CSE	B	E	CSE	SBS
SBS	NSM	NSM	CSE	H	H	E	E	SBS	CSE
NSM	NSM	SBS	O	H	H	B	SBS	SBS	NSM
H	B	B	O	O	O	NSM	H	E	B
E	B	O	B	B	B	O	O	O	O

석사학위 전공 영역:

O	O	B	O	B	E	B	H	E	B
O	E	SBS	B	CSE	H	B	E	E	O
O	B	B	O	E	CSE	NSM	O	B	E
H	H	B	E	SBS	E	E	B	O	E
SBS	B	B	CSE	H	B	B	CSE	SBS	B
CSE	B	E	CSE	B	E	CSE	O	E	O
B	O	E	O	B	NSM	H	E	B	E
B	E	B	O	E	E	H	O	O	O
CSE	O	O	H	B	O	B	E	CSE	O
E	O	SBS	E	E	O	SBS	B	B	O

a. 학위별 전공영역을 백분율도수분포로 나타내라.

b. 학위별 전공영역을 바차트로 그려라.

c. 학위별로 퍼센티지(백분율)가 가장 낮은 전공영역은 무엇인가?

d. 학위별로 퍼센티지가 가장 높은 전공영역은 무엇인가?

e. 학사학위에서 석사학위로 퍼센트지 증가가 가장 큰 전공영역은 ?

DATA file
HotelRatings

10. Virtual Tourist는 전 세계 호텔에 대한 평가를 하고 있다. HotelRatings 파일에는 디즈니랜드에 있는 세라톤 호텔에 투숙한 649명 손님의 평가가 들어 있다[출처]. 평가는 Excellent, Very Good, Average, Poor, Terrible 로 구분되어 있다.

a. 도수분포를 작성하라.

b. 백분율도수분포를 작성하라

c. 백분율도수분포의 바차트를 작성하라.

d. 세라톤 호텔 투숙객들이 어떻게 평가하는지 문장으로 요약하며 적어라.

e. 아래는 디즈니랜드의 그랜드 호텔의 투숙객 1679명의 평가를 도수분포로 적은 것이다. 그랜드 호텔의 평가와 세라톤 호텔의 평가를 비교하라.

Rating	Frequency
Excellent	807
Very Good	521
Average	200
Poor	107
Terrible	44

2.2 양적 변수의 자료 요약하기

양적 자료의 도수분포

양적 자료의 도수분포는, 관찰을 몇 개의 범주나 계급으로 중첩되지 않게 나누고, 각 계급의 출현빈도수를 표로서 정리한 것이다. 양적 변수의 자료도 구간계급으로 나누어서 도수

〈표 2-4〉 회계감사 소요 시간(일)

12	14	19	18
15	15	18	17
20	27	22	23
22	21	33	28
14	18	16	13

DATA *file*
Audit

〈표 2-5〉 도수분포표(회계 감사시간, 일)

감사(일)	도수
10–14	4
15–19	8
20–24	5
25–29	2
30–34	1
합계	20

분포로 요약할 수 있는데, 이때도 계급이 중첩되지 않도록 주의하여야 한다. 〈표 2-4〉는 양적 자료의 예이다.

이 자료는 어느 회계법인이 20개 고객회사의 회계를 감사하는데 걸린 소요 시간(일)을 각각 적은 것이다. 자료의 도수분포를 작성하려면 먼저 계급을 정해야 하는데, 양적 자료의 계급은 다음 세 단계를 거친다.

1. 계급 개수를 정한다.
2. 계급의 폭을 정한다.
3. 중첩되지 않게 계급의 경곗값을 정한다.

〈표 2-5〉는 이 자료를 **계급**으로 나누어서 도수분포로 나타낸 것이다. 〈표 2-4〉 자료를 가지고 설명해 보자.

계급 개수 정하기. 자료를 그루핑 하는 범위를 계급이라고 한다. 계급은 보통 5~20개로 나누는데, 자료 개수가 적으면 5~6개로, 자료가 많으면 계급 수도 늘린다. 계급은 자료의 변동(variation)을 충분히 반영할 수 있도록 나누지만, 각 계급에 속한 자료의 개수가 너무 적지 않게 한다. 〈표 2-4〉의 자료는 원소의 개수가 적기(n=20) 때문에 우리는 계급을 5개로 나눈다.

계급폭을 일정하게 하면 보는 사람이 잘못 이해할 가능성이 작아진다.

계급폭 정하기. 도수분포를 작성하는 두 번째 단계는 계급폭을 정하는 것이다. 보통은 계급폭을 모두 같게 한다. 계급 개수가 많으면 계급폭은 작아지고, 계급 개수가 적으면 계급폭은 커진다. 대략의 계급폭은 다음 식과 같다.

$$\text{대략의 계급폭} = \frac{\text{데이터의 제일 큰 값} - \text{데이터의 제일 작은 값}}{\text{계급 개수}} \quad \textbf{2-2}$$

회계감사 소요 시간의 자료를 보면 제일 큰 값이 33, 제일 작은 값이 12이다. 계급 개수를 5개로 하면 계급폭은 (33-12)/5 = 4.2가 된다. 4.2를 올림하여 5일을 계급폭으로 삼는다. 식 2-2로 정한 계급폭 근사값을 우리에게 익숙한 값으로 변환하는데(반올림 등), 계급수를 여러 가지 값으로 바꾸어보면서 적절한 값을 정한다. 〈표 2-4〉의 자료를 가지고 계급폭을 5로 정한 다음, 그 다음 단계는 계급의 경계선(class limits)를 정하는 것이다.

계급 경곗값. 각 자료값이 오직 한 개 계급에만 속하도록 계급 경곗값을 정한다. 계급 하한값과 계급 상한값은 그 계급에 속하는 자료값이 가질 수 있는 하한값과 상한값이다. 범주형 자료는 계급이 범주로서 구분이 된다. 그러나 양적 자료는 그 경곗값을 정해 주어야 한다.

계급 수, 계급폭, 계급의 경곗값을 정하는 데 따라서 도수분포는 달라질 수 있다. 그러나 데이터 세트의 자료값에 숨어 있는 자료의 묶음이나 자료의 변동을 잘 나타내는 것이 도수분포의 목표이다. 계급의 폭을 서로 다르게 하면 도수분포표를 잘못 이해할 수 있으므로 주의해야 한다.

〈표 2-4〉의 자료를 가지고, 첫 번째 계급은 계급하한값을 10으로 정하고 계급 상한값은 14로 정해서 10-14로 표시한다. 그 다음 계급은 차례로 15-19, 20-24, 25-29, 30-34이다. 제일 작은 값 12는 10-14 계급에 포함되고, 제일 큰 값 33은 30-34 계급에 포함된다. 계급폭은 인접한 두 개 계급의 하한값의 차이이다. 10-14 계급과 15-19 계급을 비교하면 계급폭은 15−10 = 5이다.

첫 번째 계급 10-14에 속하는 자료는 12, 14, 14, 13으로 4개이다. 이 4개가 첫 번째 계급의 '도수'이다. 이렇게 계급별로 카운팅을 계속하면 〈표 2-5〉와 같은 도수분포를 만들 수 있다. 이 도수분포를 보면 다음 두 가지를 관찰할 수 있다.

1. 도수가 가장 높은 계급은 15-19이다. 20개의 소요 시간 자료값 중에서 8개가 여기에 속한다.
2. 30일 이상 걸린 경우는 한 번만 있었다.

보는 사람의 관심에 따라서 도수분포에서 여러 가지 결론을 관찰할 수 있다. 원래의 자료를 도수분포로 정리하지 않고 그냥 보아서는 알 수 없는 것을 통찰적으로 관찰을 할 수 있게 하는 것이 도수분포의 유용성이다.

계급의 중앙값. 양적 자료에서는 도수분포 **계급의 중앙값**(class midpoint)이 필요한 경우가 있다. 이 계급 중앙값은 계급 상한값과 하한값의 가운데 값이다. 감사 소요 시간 자료의 계급 중앙값은 각각 12, 17, 22, 27, 32이다.

상대도수분포와 백분율도수분포

양적 자료의 상대도수와 백분율도수도 범주 자료와 같은 방법으로 정할 수 있는데, 자료 개수가 n이면

$$\text{계급의 상대도수} = \frac{\text{계급의 도수}}{n}$$

이다. 백분율도수는 상대도수에 100을 곱한 값이다. 〈표 2-6〉은 n=20을 가지고 정한 상대도수분포와 백분율도수분포이다. 감사시간이 15~19일인 것이 .40 또는 40%이다. .05 또는 5%만이 30일 이상 걸린다는 것을 알 수 있다.

엑셀에서 도수분포 작성하기

엑셀의 피벗테이블 기능을 가지고 양적 자료의 도수분포표도 만들 수 있다. 자료 입력과 툴 적용을 나누어서 설명해 보자.

자료 입력: 데이터 파일 Audit을 연다. 데이터는 A2:A21에 입력되어 있다.

〈표 2-6〉 상대도수분포, 백분율도수분포 (감사자료)

감사(일)	상대도수	백분율도수(%)
10–14	.20	20
15–19	.40	40
20–24	.25	25
25–29	.10	10
30–34	.05	5
합계	1.00	100

툴 적용:

1단계. 데이터 세트 A1:A21의 셀을 하나 선택한다(마우스 왼쪽 버튼 사용).

2단계. 메뉴에서 **삽입**을 클릭한다.

3단계. 맨 왼쪽 **표** 그룹에서 **피벗테이블**을 클릭하면,

4단계. **피벗테이블 만들기** 대화창에서 **확인**한다. (새로운 워크시트에서 만들기가 선택됨.) 새로운 워크시트에 **피벗테이블**과 PivotTable Fields **피벗테이블 필드** 대화상자가 나타나는데,

5단계. **감사(일)**을 체크한 후 아래에 있는 **행**과 **Σ값**으로 각각 드래그하고,

6단계. Σ값 아래 필드의 **합계:감사(일)**을 클릭하여

7단계. 선택 리스트에서 **Value Field Settings 값 필드 설정**(N)을 선택,

8단계. **값 필드 설정 대화창**에서 Count **개수**를 선택하고 **확인**을 클릭.

이렇게 하면 별도의 시트에 〈그림 2-8〉과 같은 피벗테이블이 만들어진다. 〈표 2-5〉와 같은 도수분포표를 만들려면, 각 행을 **그루핑**을 하여야 한다. 그러면 〈그림 2-9〉의 시트가 된다.

1단계. 피벗테이블의 A4나 **감사(일)** 열을 아무 곳에서 마우스를 우클릭한다.

2단계. **그룹(G)...**를 선택 클릭한다

3단계. 그룹화 대화상자 화면에서 **시작**을 10, **끝**을 34, **단위**를 5로 입력하고 **확인**한다.

2.1의 엑셀 사용에서 함수/수식으로 설명하였던 방법으로 상대도수분포와 백분율도수분포를 작성할 수 있다.

옵션 편집: 만들어진 피벗테이블 도수분포의 행레이블을 '감사(일)'으로 타이핑하여 고치고, 개수: 감사(일)을 '도수'로 고친다. 총합계는 '합계'로 고친다.

한편, 피벗테이블 만들기 결과 '계급'에 도수가 아주 적거나, 도수가 아예 없는 경우가 있다. 이러한 경우는 아래와 같이 편집한다.

1단계. 피벗테이블 도수분포의 계급을 하나 선택, 마우스를 우클릭한다.

2단계. 필드 설정(N)...을 선택하고,

3단계. 레이아웃 및 인쇄를 클릭, '□**데이터가 없는 항목 표시(W)**' 선택하고 확인한다.

〈그림 2-8〉 피벗테이블 필드 대화상자와 초기의 피벗테이블(감사시간 자료)

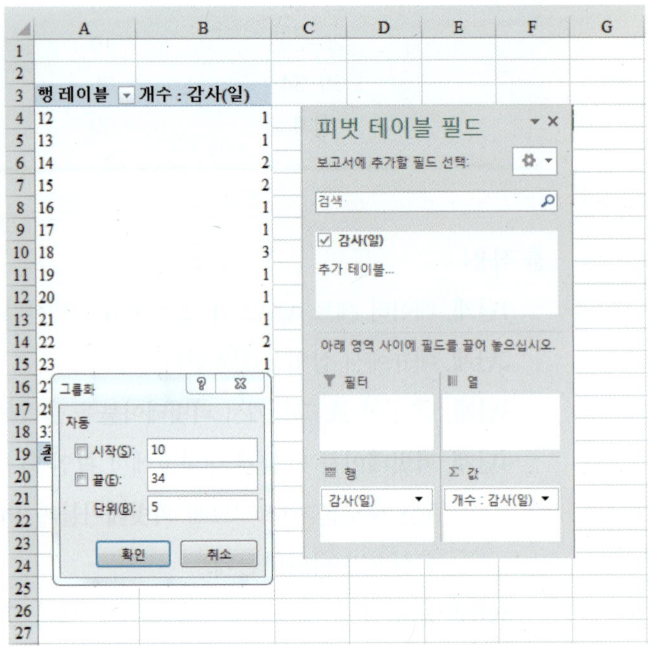

〈그림 2-9〉 도수분포(감사시간) – 피벗테이블의 행을 그루핑한 후

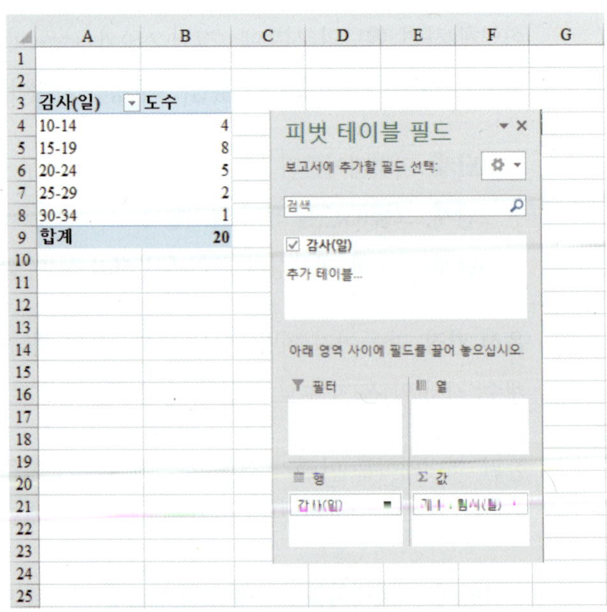

도트플롯

자료를 그래프로 나타내는 가장 간단한 방법이 **도트플롯**(dot plot)이다. 수평축에는 자료의 범위를 표시하고, 각 자료값에 해당하는 수평축의 수직선 위치에 점을 표시한다. 〈그림 2-10〉을 보면 수평축의 18의 위치 위에 점이 3개가 있는데 이는 감사시간이 18일 걸린 것이 3번 있음을 나타낸다. 도트플롯을 보면 자료값의 분포를 쉽게 알 수 있다. 또, 변수가 2개인 경우도 도트플롯을 보면 그 분포와 두 변수의 관계를 잘 알 수 있다.

〈그림 2-10〉 도트플롯 (감사시간 자료)

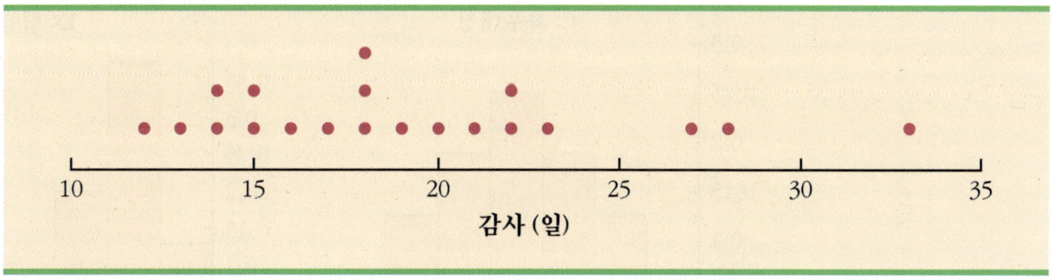

히스토그램과 자료의 분포 모양

양적 자료를 그래프로 나타내는 가장 많이 쓰이는 방법이 **히스토그램**(histogram)이다. 수평축에는 관심변수를 계급으로 구분해놓고, 수직축에는 그 변수의 도수분포나 상대도수분포, 백분율도수분포를 놓는다. 수평축의 계급 경곗값 사이의 구간을 밑변으로 하고, 그 계급의 도수를 높이로 하는 직사각형을 그린다.

〈그림 2-11〉 히스토그램 (감사(일) 자료)

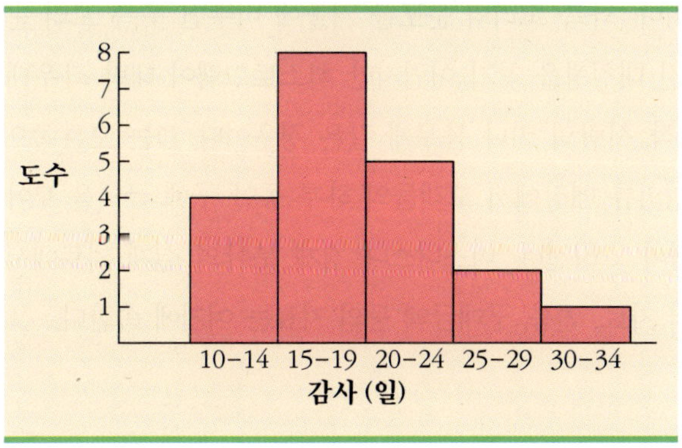

〈그림 2-11〉은 감사시간 자료를 히스토그램으로 표시한 것인데, 15-19일 계급위에 있는 직사각형의 높이가 8으로서 제일 높다. 상대도수나 백분율도수분포를 히스토그램으로 그려도 그 모양은 〈그림 2-11〉과 같고, 수직축은 상대도수나 백분율도수를 나타낸다.

〈그림 2-11〉 히스토그램을 보면 인접한 직사각형이 서로 붙어 있다. 바차드와는 다르게, 히스토그램은 인접한 사각형을 분리하지 않는다. 계급구간 10-14, 15-19, 20-24 25-29, 30-34 사이에는 1 만큼씩 비어 있는데, 히스토그램에는 이 빈 공간이 없어진다. 전체 범위의 값이 히스토그램 수평축에 모두 포함되어 있도록 표시해 준다.

히스토그램의 중요한 용도는 자료의 분포의 모양을 보여주는 것이다. 〈그림 2-12〉에는 상대도수분포를 히스토그램으로 그린 것이 4개가 있는데, 자료의 분포 모양은 좌우대칭인

〈그림 2-12〉 분포의 모양을 보여주는 히스토그램

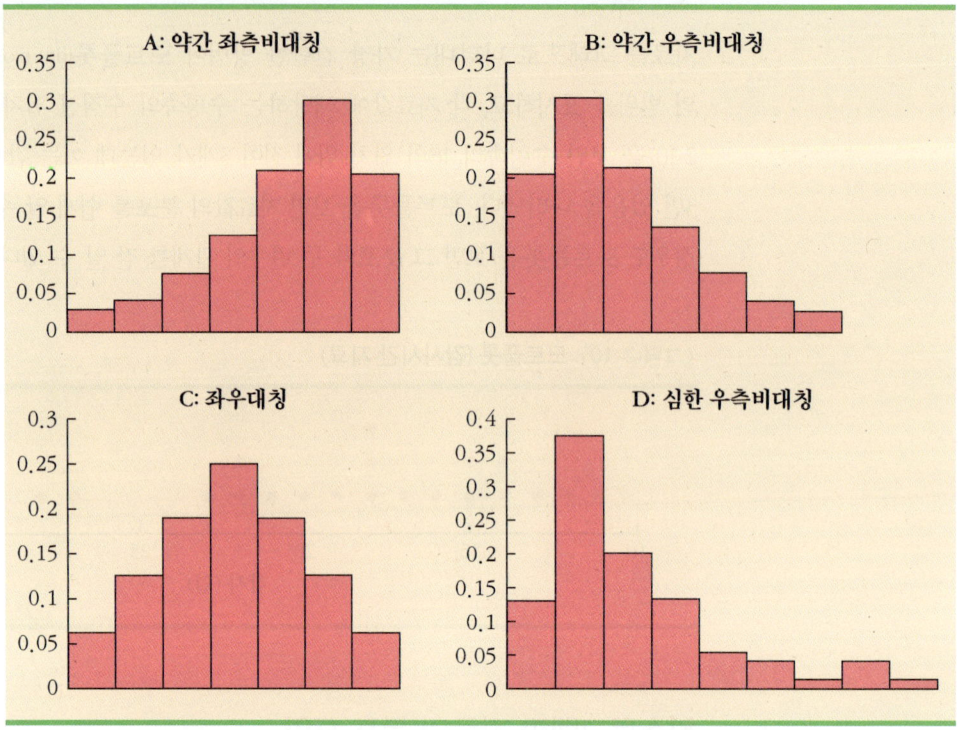

분포와, 한쪽 방향으로 늘어진 비대칭분포가 있다. A는 자료가 왼쪽으로 길게 늘어진(skewed to the left) 좌측 비대칭분포이다. 시험 점수가 보통 이러한 분포 모양을 보여준다. 100% 이상 점수는 없고, 대부분 70% 이상에 분포하지만 아주 낮은 점수가 몇몇이 있다. B는 분포 꼬리가 오른쪽으로 길게 늘어진(skewed to the right) 우측비대칭 분포이다. 주택가격 자료는 이런 분포 모양인데, 고가의 주택 가격이 오른쪽으로 멀리 꼬리를 만들기 때문이다.

C는 좌우대칭분포의 히스토그램이다. 좌측 꼬리의 분포를 거울에 비추면 우측 꼬리 분포 모양이 된다. 실제 데이터에서 완전 대칭형을 찾기 어렵지만 히스토그램이 대략 좌우대칭인 경우는 많다. 대학 입합 SAT 성적, 사람의 키나 몸무게 같은 경우이다. D는 오른쪽으로 아주 심하게 늘어진 분포이다. 여성의류 매장에서 고객들의 하루 동안 구매 금액을 모아서 분포로 그리면 이러한 히스토그램이 그려진다. 비즈니스나 경제 분야의 실제 자료에서 이러한 분포를 볼 수 있는데, 주택가격 자료, 연봉, 구매금액 등의 자료는 여기에 속한다.

엑셀에서 히스토그램 그리기

〈그림 2-13〉은 엑셀의 '추천 차트' 기능으로 감사시간을 히스토그램으로 작성한 것인데, 양적 자료를 가지고 만든 피벗테이블 도수분포표(그림 2-9)를 이용하여 히스토그램 작성을 설명한다.

〈그림 2-13〉 히스토그램 작성 초기 모양 (감사시간 자료)

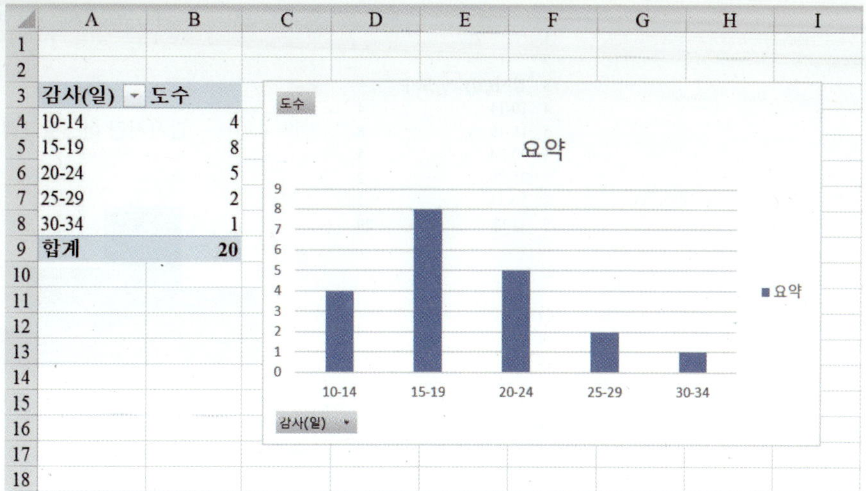

툴 적용: 〈그림 2-13〉의 엑셀시트를 가지고

1단계. 피벗테이블 영역(A3:B9)을 마우스 왼쪽 버튼을 눌러 선택한다.

2단계. 리본메뉴에서 **삽입**을 클릭한다.

3단계. **차트** 그룹에서 **추천차트**를 선택하고,

4단계. 추천된 세로막대형 차트를 선택하고 확인한다.

〈그림 2-13〉은 추천된 세로막대형 바차트인데 〈그림 2-11〉의 히스토그램과 유사하지만 막대 사이에 빈 간격이 있다. 빈 간격을 없애고 차트 제목을 붙인다.

옵션 편집: 〈그림 2-13〉의 바차트를 편집하면 〈그림 2-14〉의 히스토그램이 된다.

1단계. 막대를 하나 선택하고 마우스를 **우클릭**한 후, **Format Data Series 데이터 계열 서식(F)...**을 선택.

2단계. 대화창의 **계열옵션**에서 **간격너비(W)**에서 **간격**을 '0'으로 설정하고, 위 × 표시를 눌러서 대화창을 닫는다.

3단계. **차트 제목**을 '**감사시간 히스토그램**'으로 입력.

4단계. 히스토그램 영역을 마우스로 선택, 차트 오른쪽의 **차트요소**('+')를 클릭하여

5단계. □**축제목**을 체크하고, **Legend □범례** 체크를 취소한다.

6단계. 수평축 **제목**에 **감사시간(일)**,

7단계. 수직축 제목을 **도수**로 각각 입력한다.

한편, 데이터 개수가 적거나 계급 개수가 많으면 도수가 없는 계급이 생기는데, 피벗테이블

〈그림 2-14〉 엑셀 히스토그램(감사시간 자료)

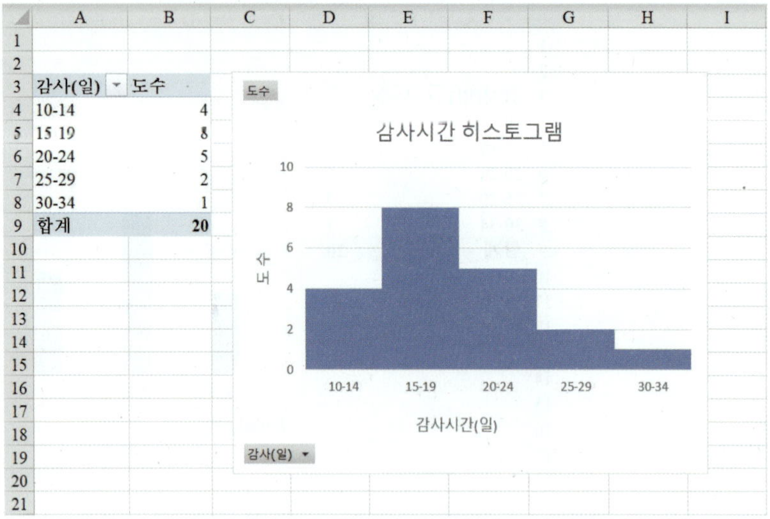

로 만든 도수분포나 히스토그램에서는 그 빈 계급을 생략해 버린다. 그것을 아래와 같이 편집하여 나타나게 만든다.

연습문제21은 빈 계급이 있는 예이다.

1**단계.** 피벗테이블의 행 레이블의 계급을 하나 선택, 마우스를 **우클릭**한다.

2**단계. 필드 설정**(N)...를 선택하고,

3**단계. 레이아웃 및 인쇄**를 클릭, □**데이터가 없는 항목 표시**(W) 체크하고 확인한다.

자료의 누적분포

도수분포를 변형하면 누적도수분포를 만들 수 있는데, 누적도수분포표는 양적 자료에서 아주 중요한 요약 방법이다. **누적도수분포**(cumulative frequency distribution)는 각 계급의 상한 경곗값보다 작거나 같은 자료값의 개수를 카운트한 것이다.

〈표 2-7〉은 감사시간의 자료를 누적도수분포로 정리한 것인데, "24일 이하"라는 계급의 '누적도수'는 24보다 작거나 같은 값의 계급의 도수를 모두 합한 것이다. 〈표 2-5〉의 도수분포에서 10-14, 15-19, 20-24 계급의 도수를 합하면 4+8+5 = 17인데 17이 20-24 계급까지의 누적도수이다. 〈표 2-7〉의 이 누적도수분포를 보면, 14일 이내(≤)에 감사를 완료한 것이 4번, 29일 이내(≤)인 것은 19번 있음을 알 수 있다.

누적상대도수분포(cumulative relative frequency distribution)는 자료의 누적 비율을 보여주고, **누적백분율도수분포**(cumulative percent frequency distribution)는 자료의 누적 퍼센트를 보여준다. 누적상대도수는 현재 계급의 상한값 이하 계급의 상대도수를 합해서 계산하거나, 현재 계급의 누적도수를 토탈 자료 개수로 나누어서 구한다. 〈표 2-7〉의 두 번째 칼럼(열)의 누적도

〈표 2-7〉 (감사시간 자료의) 누적도수, 누적상대도수, 누적백분율도수분포

감사(일)	누적도수	누적상대도수	누적백분율도수
14일 이하	4	.20	20
19일 이하	12	.60	60
24일 이하	17	.85	85
29일 이하	19	.95	95
34일 이하	20	1.00	100

수를 토탈 자료 개수($n = 20$)로 나누면 된다. 누적백분율도수는 누적상대도수에 100을 곱해서 구한다. 누적상대도수 또는 누적백분율도수를 보면 24일 이내에 감사를 마치는 것이 .85 또는 85%라는 것을 알 수 있고, 29일 이내에 마치는 것은 .95 또는 95%이다.

자료의 줄기-잎 배열

줄기-잎 배열(stem-and-leaf display)은 자료의 순위와 자료의 분포 모양을 동시에 보여주는 그래프 표현이다. 자료를 가지고 설명하면, 〈표 2-8〉은 어떤 회사에 지원한 사람 50명을 대상으로 적성검사를 실시한 결과의 점수인데, 점수는 60~150점 사이에 분포한다.

이 점수를 줄기-잎 배열로 나타내면 아래와 같다.

```
 6 | 9 8
 7 | 2 3 6 3 6 5
 8 | 6 2 3 1 1 0 4 5
 9 | 7 2 2 6 2 1 5 8 8 5 4
10 | 7 4 8 0 2 6 6 0 6
11 | 2 8 5 9 3 5 9
12 | 6 8 7 4
13 | 2 4
14 | 1
```

먼저, 나무의 둥치에 해당하는 수직선을 아래 위로 길게 긋고, 직선 왼쪽에 60점, 70점, ⋯ 140점을 각각 6, 7, ⋯, 14로 적는다. 6, 7, ⋯,14는 **나무가지**(stem)가 뻗어 나온 위치를 **'줄기값'**으로 적은 것이다. 〈표 2-8〉의 첫 번째 값 112는 줄기값이 11인 곳에 **'잎'**의 값을 2로 적는다. 두 번째 값 72는 줄기값이 7인 가지에 잎을 2로, 69는 줄기값 6인 곳에 잎을 9로 적는다. 이렇게 적은 것이 위의 줄기-잎 배열이다.

각 줄기에 있는 잎을 크기순으로 배열을 쉽게 바꿀 수 있는데, 그 결과는 아래와 같다. 아래의 줄기-잎 배열의 첫 번째 행 '6 | 8 9'는 자료값 68, 69를 나타내고, 두 번째 행의 '7 | 2 3 3 5 6 6'은 자료값 72, 73. 73. 75, 76, 76을 나타낸다.

DATA *file* ApTest

〈표 2-8〉 적성검사 점수 (점수분포: 60~150)

112	72	69	97	107	73	92	76	86	73
126	128	118	127	124	82	104	132	134	83
92	108	96	100	92	115	76	91	102	81
95	141	81	80	106	84	119	113	98	75
68	98	115	106	95	100	85	94	106	119

```
 6 | 8 9
 7 | 2 3 3 5 6 6
 8 | 0 1 1 2 3 4 5 6
 9 | 1 2 2 2 4 5 5 6 7 8 8
10 | 0 0 2 4 6 6 6 7 8
11 | 2 3 5 5 8 9 9
12 | 4 6 7 8
13 | 2 4
14 | 1
```

줄기-잎 배열에서 잎의 값을 사각형으로 묶으면 자료의 분포 모양을 알 수 있다. 이 배열을 시계 반대 방향으로 회전시키면, 줄기값은 히스토그램의 계급값 60-69, 70-79, 80-89 …와 같아진다. 이것을 보면 90-99 계급에 도수가 제일 많은 것을 알 수 있다. 줄기-잎 배열은 히스토그램과 비교해서 다음 두 가지 장점이 있다.

1. 줄기-잎 배열은 손으로 쉽게 작성할 수 있다.
2. 각 계급 안에 있는 실제 자료값을 그대로 가지고 있기 때문에 개별 자료값이 표시되지 않는 히스토그램보다 정보를 더 많이 포함하고 있다.

```
 6 | [8 9]
 7 | [2 3 3 5 6 6]
 8 | [0 1 1 2 3 4 5 6]
 9 | [1 2 2 2 4 5 5 6 7 8 8]
10 | [0 0 2 4 6 6 6 7 8]
11 | [2 3 5 5 8 9 9]
12 | [4 6 7 8]
13 | [2 4]
14 | [1]
```

한편, 도수분포나 히스토그램에서 계급의 개수가 절대적으로 정해져 있지 않는 것처럼, 줄기-잎 배열에도 행의 수(줄기의 수)도 절대적으로 정해져 있지 않다. 만일 자료가 너무 밀집해 있으면 첫 줄의 숫자를 2~3개의 줄기로 나누면 된다. 예를 들어 2개로 나누면, 처음 줄기에는 0, 1, 2, 3, 4로 끝나는 자료를 배열하고, 두 번째 줄기에는 5, 6, 7, 8, 9로 끝나는 자료를 배열한다. 아래 배열에서 제 2, 3행을 보면, 72, 73, 73은 잎의 범위가 0-4인 줄기이고, 75, 76, 76은 잎의 범위가 5-6인 줄기이다. 이것을 **줄기-잎 연장배열**이라고 한다. 이것은 도수분포의 계급을 65-69, 70-74, 75-79, ⋯ 으로 나누는 것과 같다.

```
 6 | 8 9
 7 | 2 3 3
 7 | 5 6 6
 8 | 0 1 1 2 3 4
 8 | 5 6
 9 | 1 2 2 2 4
 9 | 5 5 6 7 8 8
10 | 0 0 2 4
10 | 6 6 6 7 8
11 | 2 3
11 | 5 5 8 9 9
12 | 4
12 | 6 7 8
13 | 2 4
13 |
14 | 1
```

만일 자료가 수가 4자리 수이면 어떻게 배열하는가? 예를 들면 아래는 15주 동안 팔린 햄버거 개수를 15번 관찰한 것인데 자료값이 4자리이다. 이때에는 잎의 단위를 10으로 해서 줄기-잎 배열로 나타낼 수 있다.

1565	1852	1644	1766	1888	1912	2044	1812
1790	1679	2008	1852	1967	1954	1733	

잎 단위 = 10

```
15 | 6
16 | 4 7
17 | 3 6 9
18 | 1 5 5 8
19 | 1 5 6
20 | 0 4
```

줄기-잎 배열의 첫 행은 줄기가 15이고 잎은 6인데, 잎의 단위가 10이기 때문에 156×10 = 1560을 나타낸다. 이것은 원래 자료값 1565을 근사하게 나타낸 것이다. 이처럼 원래의 자료를 정확히 다 표현하지 못하지만 잎의 숫자를 한 자리수로 사용하고 잎의 단위(leaf unit)를 100, 10, 1, .1, .001, ⋯ 등으로 하면 더 많은 자릿수의 자료도 줄기-잎 배열로 나타낼 수 있다.

2.2 보충 설명

1. 바차트와 히스토그램은 기본적으로 같다. 둘 다 자료의 도수분포의 그래프이다. 히스토그램은 바차트에서 막대(bar) 간의 간격을 없앤 것이다. 그러나 이산적인 양적 자료에는 막대 간의 구분간격이 필요한 경우도 있다. 연속적인 양적 자료는 간격을 두지 않는다.
2. 도수분포의 계급 경곗값은 자료의 정밀도에 따라 정한다. 만일 〈표 2-4〉의 감사 소요 시간이 소수 한 자리로 되어 있으면(예: 12.3일, 14.4일), 첫 번째 계급의 경곗값은 10.0-14.9로 한다. 만일 자료가 소수 두 자리로 되어 있으면 10.00-14.99로 한다.
3. 계급의 하한 경곗값이나 상한 경곗값만 표시하는 개구간(開區間) 계급(open-end class)을 사용하기도 한다. 〈표 2-4〉의 감사시간 자료에서 58일, 65일이라는 자료가 있다고 해 보자. 그러면 35-39, 40-44, 45-49, … 식으로 계급을 계속 나열하지 않고, '35일 이상' 의 개구간 계급을 사용하고 그 도수를 2로 한다. 개구간 계급은 분포의 마지막 상위 계급, 또는 최하위계급에 사용한다.
4. 최상위 계급의 누적도수 분포 값은 자료의 총 관찰 개수와 같다. 누적상대도수분포에서는 1.0, 누적백분율도수분포에서는 최상위 계급의 도수는 100이다.

연습문제

기본문제

DATA file
Frequency

11. 아래 자료를 가지고 질문에 답하라.

14	21	23	21	16	19	22	25	16	16
24	24	25	19	16	19	18	19	21	12
16	17	18	23	25	20	23	16	20	19
24	26	15	22	24	20	22	24	22	20

a. 계급을 12-14, 15-17, 18-20, 21-23, 24-26 으로 나누어서 도수분포를 작성하라.

b. a의 계급을 가지고 상대도수분포와 백분율도수분포를 작성하라.

12. 아래 도수분포를 가지고 누적도수분포, 누적상대도수분포를 작성하라.

계급	도수
10–19	10
20–29	14
30–39	17
40–49	7
50–59	2

13. 문제 12를 가지고 히스토그램을 작성하라.

14. 아래 자료를 가지고

8.9	10.2	11.5	7.8	10.0	12.2	13.5	14.1	10.0	12.2
6.8	9.5	11.5	11.2	14.9	7.5	10.0	6.0	15.8	11.5

a. 도트플롯을 작성하라.

b. 도수분포를 작성하라.

c. 백분율도수분포를 작성하라.

15. 아래 자료를 가지고 줄기-잎 배열을 작성하라.

11.3	9.6	10.4	7.5	8.3	10.5	10.0
9.3	8.1	7.7	7.5	8.4	6.3	8.8

16. 아래 자료를 가지고 줄기-잎 배열을 작성하라. 잎 단위를 10으로 하라.

1161	1206	1478	1300	1604	1725	1361	1422
1221	1378	1623	1426	1557	1730	1706	1689

응용문제

17. 어느 병원에서 응급환자의 대기시간을 한 달 동안 조사한 자료이다. 계급을 0-4, 5-9, … 으로 나누어서 아래에 답하라.

2 5 10 12 4 4 5 17 11 8 9 8 12 21 6 8 7 13 18 3

a. 도수분포를 작성하라.

b. 상대도수분포를 작성하라.

c. 누적도수분포를 작성하라.

d. 누적상대도수분포를 작성하라.

e. 대기시간이 9분 이하인 환자의 비율을 구하라.

CBSSports.com에서는 많은 통계자료를 볼 수 있다. CBSSports.com ⇒ NBA ⇒ Stats로 가면 시즌별로 상위선수의 PPG 자료를 볼 수 있다.—역자

DATA file
NBAPlayerPts

18. CBSSports.com은 NBA 농구 선수들의 공격 통계와 수비 통계를 평가하는 '종합평가 점수'를 개발했다. 아래는 2012-2013시즌의 상위 50명 선수의 게임당 평균점수(PPG: points per game)이다[출처]. 10점에서 시작하여 2점씩 늘려서 30점까지 계급을 만들어서 답하라.

27.0	28.8	26.4	27.1	22.9	28.4	19.2	21.0	20.8	17.6
21.1	19.2	21.2	15.5	17.2	16.7	17.6	18.5	18.3	18.3
23.3	16.4	18.9	16.5	17.0	11.7	15.7	18.0	17.7	14.6
15.7	17.2	18.2	17.5	13.6	16.3	16.2	13.6	17.1	16.7
17.0	17.3	17.5	14.0	16.9	16.3	15.1	12.3	18.7	14.6

a. 도수분포를 작성하라.

b. 상대도수분포를 작성하라.

c. 누적백분율도수분포를 작성하라.

d. 히스토그램을 작성하라.

e. 자료 분포에 치우침(skewness)이 있는지 설명하라.

f. 게임당 20점 이상 되는 선수의 퍼센트를 구하라.

19. 항만의 물동량처리 톤수를 기준으로 상위 25개 항만의 처리톤수이다[출처].

DATA file
Ports

Port	Tons Handled(Millions)	Port	Tons Handled(Millions)
Baltimore	39.6	Norfolk Harbor	41.6
Baton Rouge	55.5	Pascagoula	37.3
Beaumont	77.0	Philadelphia	34.0
Corpus Christi	73.7	Pittsburgh	33.8
Duluth-Superior	36.6	Plaquemines	55.8
Houston	227.1	Port Arthur	30.2
Huntington	61.5	Savannah	34.7
Lake Charles	54.6	South Louisiana	236.3
Long Beach	75.4	St. Louis	30.8
Los Angeles	62.4	Tampa	34.2
Mobile	55.7	Texas City	56.6
New Orleans	72.4	Valdez	31.9
New York	139.2		

a. 물동량의 최대값은? 최소값은?

b. 계급폭을 25로 하여, 25-49.9, 50-74.9, 75-99.9, …으로 계급을 나누어서 도수분포를 작성하라.

c. 히스토그램을 작성하고, 그것을 해석하라.

20. Harvard Business School과 London School of Economies가 공동으로 기업 CEO의 하루 일과 시간을 조사하였다. 그 결과 1주일 동안의 회의시간 평균이 18시간이었다(전화회의, 비즈니스식사, 공공행사 제외)[출처]. 아래는 CEO 25명 표본의 회의시간이다.

DATA file
CEOTime

14	15	18	23	15	19	20	13	15	23
23	21	15	20	21	16	15	18	18	19
19	22	23	21	12					

a. 1주일 회의시간의 최대값은? 최소값은?

b. 계급폭을 2시간으로 해서 도수분포와 백분율도수분포를 작성하라.

c. 히스토그램을 작성하고 분포 모양을 설명하라.

21. Quantcast.com은 각 웹사이트의 방문자 수를 조사하는데, 아래는 빈번한 상위 50개 웹사이트의 방문자 수(백만 명)이다[출처].

a. 도수분포를 작성하라. 계급을 20-29.999, 30-39.999, …으로 하라.

b. 상대도수분포를 작성하라.

c. 누적도수분포를 작성하라.

d. 누적상대도수분포를 작성하라.

e. 히스토그램을 작성하라. 분포 모양을 설명하라.

f. 방문자가 가장 많은 웹사이트는 어디인가? 방문자 수는 몇 명인가?

DATA file
WebVisitors

웹사이트	한 달 방문자 수	웹사이트	한 달 방문자 수
about.com	31	mozilla.org	24
adobe.com	23	msn.com	110
amazon.com	72	nytimes.com	23
answers.com	67	paypal.com	38
aol.com	38	pinterest.com	58
ask.com	32	quizlet.com	23
bing.com	87	sascdn.com	33
blogger.com	31	smartyads.com	24
blogspot.com	27	southwest.com	28
bustle.com	23	stackexchange.com	25
buzzfeed.com	68	tumblr.com	25
craigslist.org	26	twitter.com	198
curiositystream.com	40	urbandictionary.com	28
ebay.com	58	urbanoutfitters.com	39
facebook.com	129	videoamp.com	89
footlocker.ca	23	walmart.com	25
foxnews.com	26	wayfair.com	24
go.com	23	weather.com	40
godaddy.com	32	whitepages.com	26
google.com	220	wikia.com	41
linkedin.com	39	wikipedia.org	46
live.com	49	wordpress.com	35
lowermybills.com	30	yahoo.com	43
microsoft.com	67	yelp.com	73
monster.com	40	youtube.com	222

22. 잡지 *Entrepreneur*는 각 프랜차이즈의 성장률, 매장 수, 초기 창업 비용, 재정 안정성 등의 성과 측도를 가지고 랭킹을 매긴다. 다음 자료는 매장 수 상위 20개의 프랜차이즈의 매장 개수이다[출처]. 계급을 0-4999, 5000-9999, 10,000-14,999, …으로 하여 답하라.

DATA file
Franchise

프랜차이즈	미국 내 지역	프랜차이즈	미국 내 지역
Hampton Inn	1,864	Jan-Pro Franchising Intl. Inc.	12,394
ampm	3,183	Hardee's	1,901
McDonald's	32,805	Pizza Hut Inc.	13,281
7-Eleven Inc.	37,496	Kumon Math & Reading Centers	25,199
Supercuts	2,130	Dunkin' Donuts	9,947
Days Inn	1,877	KFC Corp.	16,224
Vanguard Cleaning Systems	2,155	Jazzercise Inc.	7,683
Servpro	1,572	Anytime Fitness	1,618
Subway	34,871	Matco Tools	1,431
Denny's Inc.	1,668	Stratus Building Solutions	5,018

a. 도수분포와 백분율도수분포를 작성하라.

b. 히스토그램을 작성하라.

c. 분포 모양을 설명하라,

23. 다음 자료는 세계 30개 주식시장의 지수의 YTD % 변동이다[출처]. (YTD % 변동은 '[(오늘의 지수 − 1년 전 오늘의 지수)/1년 전 오늘 지수] × 100%'로 계산한다.)

DATA file
MarketIndexes

국가	증권시장 지수	YTD % 변동	국가	증권시장 지수	YTD % 변동
Australia	S&P/ASX200	10.2	Netherlands	AEX	9.3
Belgium	Bel-20	12.6	Singapore	Straits Times	−2.5
Brazil	São Paulo Bovespa	−14.4	South Korea	Kospi	−6.4
Canada	S&P/TSX Comp	2.6	Spain	IBEX 35	6.4
Chile	Santiago IPSA	−16.3	Sweden	SX All Share	13.8
China	Shanghai Composite	−9.3	Switzerland	Swiss Market	17.4
Eurozone	EURO Stoxx	10.0	Taiwan	Weighted	2.3
France	CAC 40	11.8	U.K.	FTSE 100	10.1
Germany	DAX	10.6	U.S.	S&P 500	16.6
Hong Kong	Hang Seng	−3.5	U.S.	DJIA	14.5
India	S&P BSE Sensex	−4.7	U.S.	Dow Jones Utility	6.6
Israel	Tel Aviv	1.3	U.S.	Nasdaq 100	17.4
Italy	FTSE MIB	6.6	U.S.	Nasdaq Composite	21.1
Japan	Nikkei	31.4	World	DJ Global ex U.S.	4.2
Mexico	IPC All-Share	−6.4	World	DJ Global Index	9.9

a. 어느 시장지수의 YTD % 변동이 제일 큰 가?

b. −20에서 시작해서 계급폭을 5로 하는 계급으로 도수분포를 작성하라.

c. 히스토그램을 그리고, 일반적인 분포 모양을 설명하라.

d. *Wall Street Journal*이나 기타 미디어의 소스를 찾아서 현재 연도의 YTD % 변동을 조사하라. 어느 시장에서 지수의 퍼센트 증가가 제일 큰 가? 어느 시장에서 지수의 퍼센트 감소가 가장 큰가?

DATA file
EngineeringSalary

24. 데이터 파일 EngineeringSalary은 19개 공과대학의 졸업생의 초봉의 중앙값과 졸업 후 10년차의 연봉의 중앙값을 조사한 것이다[출처]. 각각의 연봉을 가지고 줄기-잎 배열을 작성하라. 어떤 차이점을 관찰할 수 있는지 설명하라.

25. America.EDU는 매년 보수를 잘 받는 전공의 리스트를 공표하는데, 다음은 중견 경력자의 연봉을 기준으로 보수가 높은 전공분야 20개를 선정해서 초봉, 중견 경력자 연봉, 초봉에서 중견 경력자 연봉의 퍼센트 증가율 자료이다[출처].

a. 퍼센트 증가율 자료를 가지고, 계급폭을 10으로 해서 히스토그램을 작성하라.

b. 분포 모양을 설명하라.

c. 퍼센트 증가율을 줄기-잎 배열로 작성하라.

d. 히스토그램과 비교해서 줄기-잎 배열의 주된 장점을 적어라.

DATA file
BestPayingDegrees

전공	초봉	중견 경력자 연봉	% 증가율
Aerospace engineering	59,400	108,000	82
Applied mathematics	56,400	101,000	79
Biomedical engineering	54,800	101,000	84
Chemical engineering	64,800	108,000	67
Civil engineering	53,500	93,400	75
Computer engineering	61,200	87,700	43
Computer science	56,200	97,700	74
Construction management	50,400	87,000	73
Economics	48,800	97,800	100

전공	초봉	중견 경력자 연봉	% 증가율
Electrical engineering	60,800	104,000	71
Finance	47,500	91,500	93
Government	41,500	88,300	113
Information systems	49,300	87,100	77
Management info. systems	50,900	90,300	77
Mathematics	46,400	88,300	90
Nuclear engineering	63,900	104,000	63
Petroleum engineering	93,000	157,000	69
Physics	50,700	99,600	96
Software engineering	56,700	91,300	61
Statistics	50,000	93,400	87

26. '뚱보들의 하프 마라톤'(13.1 마일) 시합에서 10,897명이 완주하였다. 다음은 이 마라톤을 완주한 사람의 표본 40명의 나이이다.

DATA file Marathon

49	33	40	37	56	44	46	57	55	32
50	52	43	64	40	46	24	30	37	43
31	43	50	36	61	27	44	35	31	43
52	43	66	31	50	72	26	59	21	47

a. 줄기-잎 연장배열을 작성하라.

b. 어느 그룹의 나이가 가장 많은가?

c. 어느 나이가 가장 많은가?

2.3 2개 변수의 자료 요약하기

지금까지 변수가 1개인 범주 자료나 양적 자료를 표와 그래프로 요약하는 것에 대해서 설명하였다. 그런데 때로는, 변수가 2개인 경우 그 변수 간에 관계가 있다면 그것을 나타내주는 요약방법이 필요하다. 여기서는 표를 이용하여 두 개 변수를 요약하는 것을 공부한다.

교차표

교차표(crosstabulation)는 변수가 2개인 경우의 표 요약이다. 변수는 범주형이거나 양적인 경우 모두 가능하지만 여기서는 한 개 변수는 범주형이고 다른 변수는 양적인 경우를 가지고 설명한다. Zagat's Restaurant Review의 자료를 가지고 설명할 예정인데, 〈표 2-9〉는 그 자료의 처음 10개이다. 품질평가는 '보통', '우수', '최우수' 인 범주형 변수이고, 식사가격은 $10-49 사이의 양적 변수이다.

〈표 2-10〉은 이 자료의 교차표이다. 왼쪽에는 품질평가 변수의 세 개 범주를 행 변수로 적고, 위에는 식사가격을 4개 그룹으로 나누어서 열 변수($10-19, $20-29, $30-39, $40-49)로 적은 것이다. 표본에 있는 각 식당의 품질평가와 식사가격은 이 교차표의 한 개 칸(cell)에 속

〈표 2-9〉 300개 식당의 식사가격과 품질 평가(LA 시내)

식당	품질 평가	음식 가격
1	보통	18
2	우수	22
3	보통	28
4	최우수	38
5	우수	33
6	보통	28
7	우수	19
8	우수	11
9	우수	23
10	보통	13
⋮	⋮	⋮

〈표 2-10〉 품질평가와 식사가격의 교차표 (300개 식당 표본)

	식사가격				
품질 평가	\$10–19	\$20–29	\$30–39	\$40–49	합계
보통	42	40	2	0	84
우수	34	64	46	6	150
최우수	2	14	28	22	66
합계	78	118	76	28	300

DATA file
Restaurant

양적 변수의 자료를 그루핑하면 그것을 범주형 변수처럼 취급해서 교차표를 만들 수 있다.

하게 된다. 예를 들면 식당 5는 '우수'이고 \$33인데 이는 교차표의 2행과 3열의 셀에 카운트되어 있다. 각 셀에 있는 카운트(도수)를 모두 합하면 자료값의 개수는 300이 된다. 이 교차표의 양적 변수는 4개 그룹으로 나뉘어져 있는데 그 개수는 양적 변수의 도수분포 작성에서 계급 개수를 정하는 것과 같다. 여기서는 4개 그룹으로 나누었는데, 그것이 두 변수의 관계를 나타내는 데 적절하였기 때문이다.

〈표 2-10〉을 보면 가장 도수가 많은 셀(64)은 '우수' 품질에 가격이 \$20-29인 셀이다. 또, 음식 가격이 \$10-19에는 2개 식당만 품질이 '최우수'이다. 다른 셀의 도수도 같은 방식으로 해석할 수 있다. 표의 오른쪽 마진에서는 품질평가의 도수분포를 알 수 있고, 아래쪽 마진에서는 식사가격 변수의 도수분포를 알 수 있다. 품질평가 범주 변수의 도수는 84, 150, 66이다. 식사가격 변수의 도수분포는 차례로 78, 118, 76, 28이다.

교차표의 오른쪽 마진에 있는 합계를 그 열의 합계 300으로 나누면 품질평가 변수의 상대도수와 백분율도수를 구할 수 있다. 백분율도수를 보면 28%가 '보통', 50%가 '우수', 22%가 '최우수'이다.

품질 평가	상대도수	백분율도수
보통	.28	28
우수	.50	50
최우수	.22	22
합계	1.00	100

맨 아래쪽 행의 각 합계를 그 행의 합계 300으로 나누면 식사가격 변수의 상대도수와

백분율도수를 구할 수 있다. 식사가격 변수의 각 계급별로 $10-19에는 26%, 그 다음에는 39%이다. 이들 도수는 반올림하며 구한 것으로 합하며 정확히 1.0(100%)이 되지 않고 있다.

식사 가격	상대도수	백분율도수
$10–19	.26	26
$20–29	.39	39
$30–39	.25	25
$40–49	.09	9
합계	1.00	100

교차표를 보고 두 변수의 관계를 기술하여 설명하는 데는 많은 훈련이 필요하다. — 역자

교차표의 진정한 효용은 두 변수의 '연관성'을 찾아내는 데 있다. 〈표 2-10〉을 자세히 보면, 식사가격이 비싸질수록 품질평가가 높다는 것을 보여주고 있다. 교차표의 각 행을 그 행의 퍼센티지로, 각 열을 그 열의 퍼센터지로 나타내면 두 변수의 관계를 더 잘 알아낼 수 있다. 〈표 2-11〉은 〈표 2-10〉의 행 퍼센터지를 나타낸 것이다. 〈표 2-11〉의 각 행은 그 행의 품질평가 범주에서 식사가격의 퍼센트 분포가 된다. 품질평가가 '보통'인 범주에서는 대부분이 식사가격이 싼 편이다($10-19에 50%, $20-20.9에 47.6%가 '보통'에 연관되어 있다.). 또 품질평가가 '최우수'인 경우는 대부분이 식사가격이 비싼 편이다. 식사가격이 비싸질수록 품질평가를 높게 받고 있음을 알 수 있다. 식사가격이 $40-49이면 대부분 '최우수' 평가를 받고 있다.

두 변수의 관계를 알아보는 데는 교차표가 잘 쓰인다. 실제로 통계적 연구의 마지막 리포트에는 교차표가 많이 들어있다. 앞에서 예를 든 식당조사 자료는 범주형 변수 한 개(품질평가)와 양적 변수 한 개(식사가격)로 되어 있다. 두 개 변수가 모두 범주형이거나, 두 개 변수가 모두 양적 변수일 때에도 교차표를 작성할 수 있다. 양적 변수일 때에는 계급구간을 먼저 정해야 한다.

엑셀의 피벗테이블을 사용해서 교차표 만들기

엑셀의 피벗테이블 기능을 이용하면 변수가 2개 이상인 경우에도 자료의 변수를 행과 열에

〈표 2-11〉 품질평가 범주별로 구한 행 퍼센티시 — 두 변수의 관계를 보여준다

	식사가격				
품질 평가	$10–19	$20–29	$30–39	$40–49	합계
보통	50.0	47.6	2.4	0.0	100
우수	22.7	42.7	30.6	4.0	100
최우수	3.0	21.2	42.4	33.4	100

배치하여 표로서 요약할 수 있다. 다음은 식당조사 데이터를 가지고 피벗테이블 기능으로 교차표를 만드는 절차이다.

자료 입력: Restaurant 엑셀 파일을 연다. 데이터 세트의 A열에는 식당번호가, B1:C1에는 자료 변수의 이름이, B2:C301에는 자료가 있다. 첫째 행의 식당, 품질평가, 식사가격($)은 엑셀에서 '필드'로 간주된다.

툴 적용:

1단계. A1이나 데이터 세트의 아무 셀을 마우스 왼쪽 버튼으로 선택한다.

2단계. 리본메뉴에서 **삽입**을 클릭

3단계. **테이블** 그룹에서 **피벗테이블** 선택

4단계. 피벗테이블 만들기 대화창에서 '○**기존워크시트(E)**'을 선택하고 **그 위치를 E3**로 입력하고 확인하면 피벗테이블 필드 대화창이 나타난다.

5단계. **피벗테이블 필드** 대화창에서 다음과 같이 드래그 한다. **품질평가**는 **행**에, **식사가격**은 **열**, **식당**은 **값** 영역에.

6단계. **값** 아래에 **합계:식당**을 클릭하여 **값 필드 설정(N)...**을 클릭, **합계**를 **개수**로 바꾸고 **확인**한다.

〈그림 2-15〉는 피벗테이블 필드 대화창과 초기의 피벗테이블이다. 보이지 않는 행과 열은 숨기기를 하였다.

옵션 편집: 피벗테이블을 완성하려면, 각 열의 식사가격을 **계급으로 그루핑**하여야 한다.

1단계. 식사가격 셀을 한 개 선택하여 우클릭한다.

2단계. 선택창에서 **그룹(G)...**을 선택,

3단계. **그룹화** 창에서 **시작** 값을 10, **끝** 값을 49, **단위**를 10으로 입력하고 **확인**.

피벗테이블의 행 배열이 순서대로 되어 있지 않으면, 그 행 레이블을 선택하고 마우스를 우클릭하여 이동(M)을 선택하여 배열을 바꿀 수 있다.

심슨의 모순

두 개 또는 그 이상의 교차표의 자료를 통합하여 새로운 교차표를 만들어서 두 개 변수의 관계를 나타내는 경우가 있는데, 이때, 원래 교차표의 관계가 역전되는 수가 있기 때문에 주의해야 한다. 통합하기 전과 후의 결론의 역전을 **심슨의 모순**(Simpson's paradox)이라고 한다. 다음 두 사람의 판사의 판결에 관한 예를 가지고 살펴보자.

론 루커트 판사와 데니스 켄달 판사는 지난 3년간 두 곳의 법정(보통 법정과 시(市) 법정)

〈그림 2-15〉 피벗테이블 대화상자와 피벗테이블(식당자료, 숨기기로 행과 열을 축소하였음)

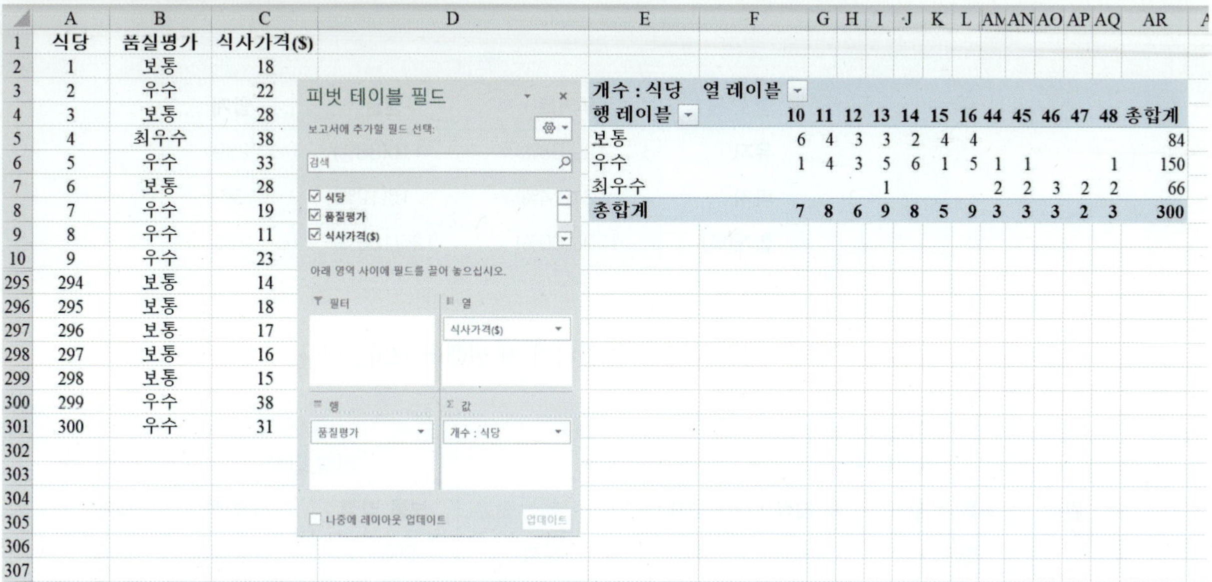

〈그림 2-16〉 구간 계급으로 그루핑한 후 피벗테이블(식당자료)

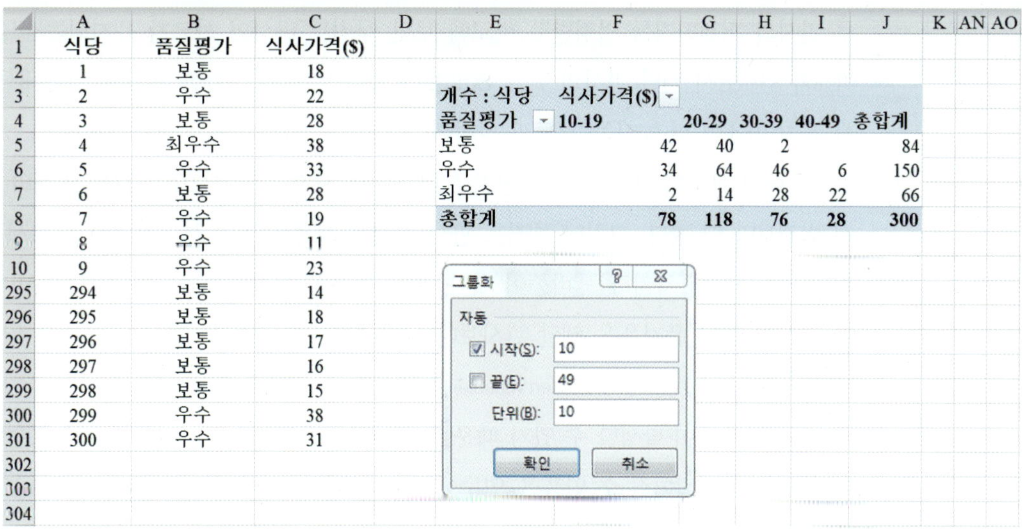

에서 선고를 해왔다. 그중 일부는 상고 법원에 항소가 되는데, 항소심의 판결은 원래의 선고를 유지하거나 원래의 선고를 파기시키게 된다. 판사별로 보면 항소판결과 법정이 각각의 변수인데, 법정변수를 통합하면 판사와 항소판결을 변수로 하는 통합된 교차표가 만들어진다. 다음 교차표에서 각 셀의 열퍼센티지를 보면, 루커트 판사의 선고는 86%가 그대로 유지되었고 켄달 판사의 선고는 88%가 항소판결에서 그대로 유지되었다.

따라서 통합된 교차표에서는 켄달 판사의 선고가 유지되는 비율이 더 높다.

	판사		
항소 판결	루커트	켄달	합계
유지	129(86%)	110(88%)	239
파기	21(14%)	15(12%)	36
합계(%)	150(100%)	125(100%)	275

아래는 '법정'이라는 변수를 통합하기 전 원래의 교차표이다.

루커트 판사			
항소 판결	보통 법정	시 법정	합계
유지	29(91%)	100(85%)	129
파기	3(9%)	18(15%)	21
합계(%)	32(100%)	118(100%)	150

켄달 판사			
항소 판결	보통 법정	시 법정	합계
유지	90(90%)	20(80%)	110
파기	10(10%)	5(20%)	15
합계(%)	100(100%)	25(100%)	125

두 판사의 퍼센티지를 법정별로 비교해 보면, 루커트 판사의 선고가 유지되는 비율이 각각 91%와 85%로서 켄달 판사의 90%, 80%보다 높다. 이것은 통합한 후의 교차표에서 켄달 판사 유지 비율이 더 높다는 결론과 상반된다. 이것을 심슨의 모순이라고 한다.

왜 이런 모순이 생겼는가? 법정별로 나누어서 보면 두 판사 모두 보통 법정의 유지율이 시 법정보다 더 높다. 그런데 루커트 판사의 경우, 보통 법정의 선고가 32건으로서 전체 150건의 케이스에서 차지하는 비중이 적다. 두 교차표를 통합하면 이것이 영향을 미쳐서 루커트 판사의 선고 유지율을 켄달 판사보다 낮게 만들었다. 즉, 두 판사의 기록을 평가하는데 '법정' 이라는 숨겨진 변수(hidden variable)를 무시할 수 없음을 알 수 있다.

루커트 판사의 보통 법정 판결로서 항소심에서 유지되는 건수가 55건 이상으로 늘어나면 심슨의 모순이 생기지 않는다.—역자

심슨의 모순이 발생할 수 있기 때문에 교차표를 통합하는 경우는 심슨의 모순으로 해석이나 결론이 뒤집어질 수 있음을 염두에 두어야 한다. 교차표를 통합함으로써 숨겨지는 변수에 대한 정보를 무시할 수 있는지 살펴보고, 어느 쪽이 더 통찰적이고 적합한 결론인지 판단하여야 한다.

연습문제

기본문제

27. 아래 데이터는 범주형 변수 x와 y의 값을 30번 관찰한 것이다. x의 범주는 A, B, C이고 y

의 범주는 1과 2이다.

DATA file
Crosstab

관찰	x	y	관찰	x	y
1	A	1	16	B	2
2	B	1	17	C	1
3	B	1	18	B	1
4	C	2	19	C	1
5	B	1	20	B	1
6	C	2	21	C	2
7	B	1	22	B	1
8	C	2	23	C	2
9	A	1	24	A	1
10	B	1	25	B	1
11	A	1	26	C	2
12	B	1	27	C	2
13	C	2	28	A	1
14	C	2	29	B	1
15	C	2	30	B	2

a. x를 행의 변수로 삼고 y를 열변수로 삼아서 교차표를 작성하라.

b. 각 행의 퍼센터지를 계산하라.

c. 각 열의 퍼센터지를 계산하라.

d. x와 y 사이의 관계를 설명하라. x의 A는 y의 어떤 값에 연관되어 있는가?

28. 다음은 양적 변수 x와 y의 관측 자료이다.

DATA file
Crosstab2

관찰	x	y	관찰	x	y
1	28	72	11	13	98
2	17	99	12	84	21
3	52	58	13	59	32
4	79	34	14	17	81
5	37	60	15	70	34
6	71	22	16	47	64
7	37	77	17	35	68
8	27	85	18	62	67
9	64	45	19	30	39
10	53	47	20	43	28

a. x를 행의 변수로 삼고 y를 열변수로 삼아서 교차표를 작성하라. x는 10-29, 30-49, ⋯ 을, y는 40-59, 60-79, ⋯ 을 계급으로 하라.

b. 각 행의 퍼센터지를 계산하라.

c. 각 열의 퍼센터지를 계산하라.

d. x와 y 사이에 관계가 있다면 설명하라. x는 값이 커질수록 y에 어떻게 연관되어 있는가?

응용문제

29. Daytona 500은 플로리다에서 매년 개최되는 500mile 자동차경주이다. 다음 교차표는

이 경주에서 1988-2012년의 25명의 우승 자동차의 평균 속력이다[출처].

	평균속력(miles/hr)					
메이커	130-139.9	140-149.9	150-159.9	160-169.9	170-179.9	합계
Buick	1					1
Chevrolet	3	5	4	3		16
Dodge		2			1	2
Ford	2	1	2	1		6
합계	6	8	6	4	1	25

a. 각 행의 퍼센티지를 계산하라.

b. Chevrolet 자동차로 우승한 사람 가운데 평균 속력이 150miles/h 이상 되는 것의 퍼센티지를 계산하라.

c. 각 열의 퍼센티지를 계산하라.

d. 160-169.9miles/h 속력으로 우승한 사람 가운데 Chevrolet 자동차의 퍼센티지를 구하라.

30. 다음 교차표는 Daytona 500의 자동차 경주에서 우승한 25명의 평균 속력이다[출처].

	연도					
평균속력	1988–1992	1993–1997	1998–2002	2003–2007	2008–2012	합계
130–139.9	1			2	3	6
140–149.9	2	2	1	2	1	8
150–159.9		3	1	1	1	6
160–169.9	2		2			4
170–179.9			1			1
합계	5	5	5	5	5	25

a. 각 행의 퍼센티지를 계산하라.

b. 우승자의 평균속력과 연도 사이에 두드러진 관계가 있는가?

31. Oak Tree 골프코스의 관리자는 최근 그린 상태에 대한 몇 가지 불평을 접수했다. 손님 중 몇 명은 그린이 너무 빠르다고 불평하였다. 이런 불평에 조치를 금방 취하지 않고 남성 골퍼 100명, 여성 골퍼 100명을 대상으로 설문조사를 실시하였다. 조사 결과는 아래와 같이 요약했다.

	남성 골퍼	
핸디캡	너무 빠름	적합함
15 미만	10	40
15 이상	25	25

	여성 골퍼	
핸디캡	너무 빠름	적합함
15 미만	1	9
15 이상	39	51

a. 두 개 교차표를 통합해서 남녀를 행으로 하고, 너무 빠름과 적합함을 열로 하는 새로운 교차표를 작성하라. 퍼센티지로 따져서 남녀 중 그린이 빠르다고 누가 더 많이 응답하였는가?

b. 원래 교차표를 볼 때, 핸디캡이 15 미만인 사람을 보면 퍼센티지로 따져서 남녀 중 누가 그린이 빠르다고 더 많이 응답하였는가?

c. 원래 교차표를 볼 때, 핸디캡이 15이상인 사람을 보면 퍼센티지로 따져서 남녀 중 누가 그린이 빠르다고 더 많이 응답하였는가?

d. 그린 빠르기에 대해서 남녀의 응답 취향의 결론을 적어라. a의 결론과 b, c의 결론을 비교해서 차이가 있는가? 명백한 모순이 있으면 설명하라.

32. 다음 교차표는 미국 4개 지역의 소득수준별로 가구수(1000가구)를 적은 것이다.

지역	소득수준 $15,000 미만	$15,000–24,999	$25,000–34,999	$35,000–49,999	$50,000–74,999	$75,000–99,999	$100,000 이상	합계
Northeast	2,733	2,244	2,264	2,807	3,699	2,486	5,246	21,479
Midwest	3,273	3,326	3,056	3,767	5,044	3,183	4,742	26,391
South	6,235	5,657	5,038	6,476	7,730	4,813	7,660	43,609
West	3,086	2,796	2,644	3,557	4,804	3,066	6,104	26,057
합계	15,327	14,023	13,002	16,607	21,277	13,548	23,752	117,536

a. 각 행의 행퍼센터지를 계산하고, 백분율도수분포를 적어라.

b. West 지역에서 소득이 $50,000 이상 되는 가구의 퍼센티지를 적어라. South 지역에서 소득이 $50,000 이상 되는 가구의 퍼센트를 적어라.

c. 각 지역별로 백분율도수를 히스토그램으로 그려라. 지역과 소득수준 사이에 관계가 있는가?

d. 각 열의 열퍼센터지를 계산하라. 어떤 정보를 찾을 수 있는가?

e. 소득수준이 $100,000 이상 되는 가구 중에서 몇 퍼센트가 South 지역인가? South 지역에서는 몇 퍼센트가 그 소득이 $100,000 이상인가? 왜 두 개의 퍼센티지가 서로 다른가?

33. *Forbes*는 매년 세계 유명 브랜드의 순위를 매긴다. 〈표 2-12〉는 2013 *Forbes* 순위 중에서 일부인 82개 브랜드 자료이다[출처]. 데이터 세트의 변수는 다음과 같다.

산업 분야: 브랜드의 산업 분야 범주 — Automotive & Luxury, Consumer Packaged Goods, Financial Services, Other, Technology.

브랜드 가치($10억): 브랜드의 재무적 정보를 종합하여 Forbes에서 평가한 가치임.

전년 대비 가치 변동(%): 전년도에 비해서 브랜드 가치의 퍼센트 변동.

브랜드 매출액($10억): 브랜드의 총 매출액.

a. 브랜드의 산업 분야를 행으로 하여 브랜드 가치를 교차표로 작성하라. 브랜드 가치의 계급을 0-10, 10-20, 20-30, 30-40, 40-50, 50-60으로 하라.

b. 산업 분야의 도수분포를 작성하라.

〈표 2-12〉 유명 브랜드 가치 (82개 자료)

브랜드	산업 분야	브랜드 가치 ($10억)	전년 대비 가치 변동 (%)	브랜드 매출액 ($10억)
Accenture	Other	9.7	10	30.4
Adidas	Other	8.4	23	14.5
Allianz	Financial Services	6.9	5	130.8
Amazon.com	Technology	14.7	44	60.6
⋮	⋮	⋮	⋮	⋮
Heinz	Consumer Packaged Goods	5.6	2	4.4
Hermès	Automotive & Luxury	9.3	20	4.5
⋮	⋮	⋮	⋮	⋮
Wells Fargo	Financial Services	9	−14	91.2
Zara	Other	9.4	11	13.5

Source: Data from Forbes, 2014.

DATA file
BrandValue

c. 브랜드 가치의 자료를 도수분포로 요약하라.

d. b, c에서 도수분포를 작성하는데 교차표가 어떻게 활용되는가?

e. 브랜드 가치는 산업 분야에 어떻게 연관되어 있는가?

34. 〈표 2-12〉를 가지고 답하라.

a. 브랜드의 산업 분야를 행으로 하고 브랜드 매출액의 교차표로 작성하라. 브랜드 매출액의 계급을 0에서 시작하여 구간폭을 25로 하여라.

b. 브랜드 매출액의 도수분포를 작성하라

c. 브랜드 산업 분야와 브랜드 매출액의 연관성에 대해서 설명하라.

d. 브랜드의 산업 분야와 전년 대비 가치 변동의 교차표를 작성하라. 가치 변동의 계급을 −60에서 시작해서 구간폭을 20으로 하여라.

e. 전년 대비 가치 변동(%) 자료를 도수분포로 요약하라.

f. 브랜드의 산업 분야와 브랜드 가치의 연간 변동(%) 사이에 어떤 연관성이 있는지 설명하라.

35. 미국 에너지국은 승용차와 트럭의 연료 효율 자료를 공표한다. 그중 일부가 〈표 2-13〉에 있는데 149개 승용차의 자료이다[출처].

크기: Compact, Midsize, Large

엔진 배기량: 엔진 크기(리터)

실린더: 엔진 실린더 개수

구동방법: 4륜구동(A), 전륜구 (F), 후륜구동(R)

사용 연료: 프리미엄(P), 레귤러(R)

〈표 2-13〉 연료 효율 자료

DATA file
FuelData2012

번호	크기	엔진 배기량	실린더	구동방법	사용 연료	시내 연비	고속도로 연비
1	Compact	2.0	4	F	P	22	30
2	Compact	2.0	4	A	P	21	29
3	Compact	2.0	4	A	P	21	31
⋮	⋮	⋮	⋮	⋮	⋮	⋮	⋮
94	Midsize	3.5	6	A	R	17	25
95	Midsize	2.5	4	F	R	23	33
⋮	⋮	⋮	⋮	⋮	⋮	⋮	⋮
148	Large	6.7	12	R	P	11	18
149	Large	6.7	12	R	P	11	18

시내 연비: 도심지 주행 시 연료 효율(miles per gallon)

고속도로 연비: 고속도로 주행 시 연료 효율(miles per gallon)

a. 승용차 크기를 행으로 하고, 고속도로 연비를 열으로 하는 교차표를 작성하라. 고속도로 연비의 계급은 15-19, 20-2.4, 25-29, ⋯, 40-44로 하라.

b. 고속도로 연비와 승용차 크기는 어떤 관계인가?

c. 구동방법을 행으로 하고, 시내 연비를 열으로 하는 교차표를 작성하라. 시내 연비의 계급은 10-14, 15-19, 20-24, ⋯, 40-44로 하라.

d. 시내 연비와 구동방법은 어떤 관계인가?

e. 사용 연료를 행으로 하고, 시내 연비를 열으로 하는 교차표를 작성하라. 시내 연비의 계급은 10-14, 15-19, 20-24, ⋯, 40-44로 하라.

f. 사용 연료와 시내 연비는 어떤 관계인가?

2.4 2개 변수 자료의 그래프 요약

앞에서는 변수가 2개인 자료를 교차표로 정리하고 그 교차표를 이용하여 두 개 변수 간의 관계를 찾는 것을 설명하였다. 교차표를 그래프로 표현하면 자료에 있는 추세나 패턴을 더 쉽게 알 수 있다.

여기서는 두 변수 간의 관계를 탐색할 수 있는 여러 가지 그래프 표현을 공부한다. 자료를 창의적인 그래프로 잘 표현하면, 시각적으로 비교하고 대조해서 상식적인 추론능력만으로도 패턴을 알아내는 통찰력을 발휘할 수 있다.

산점도와 추세선

산점도(scatter diagram)는 두 변수의 관계를 그래프로 나타낸 것이고, **추세선**(trend line)은 그 관계를 직선으로 근사하게 나타낸 것이다. 예를 들어서 어떤 스테레오 판매점의 광고비와 판매금액의 관계를 생각해 보자. 〈표 2-14〉는 판매를 촉진하기 위해서 주말에 광고를 하고 그 효과를 그 다음 주에 매출액으로 조사한 자료이다. 자료에서 변수 x는 주말의 TV 광고 횟수이고, 변수 y는 그에 대응한 매출액($100)이다. 표본 자료는 10주 동안의 10개이다.

〈그림 2-17〉은 자료의 산점도와 추세선이다.[2] 수평축은 광고 횟수(x=1, 2, 3, ⋯)이고, 수직축은 매출액이다. 제1주에는 광고 횟수가 2회이므로 x=2이고, 판매금액은 y=50인데, 좌표 (2, 50)에 관찰된 자료점이 찍혀 있다. 점을 세어보면 1회 광고를 한 것이 2번, 2회 광고를 한 것이 2번 등이다.

DATA file
Stereo

〈표 2-14〉 스테레오 판매점의 표본 자료

주	광고 횟수 x	매출액($100) y	주	광고 횟수 x	매출액($100) y
1	2	50	6	1	38
2	5	57	7	5	63
3	1	41	8	3	48
4	3	54	9	4	59
5	4	54	10	2	46

〈그림 2-17〉 광고 횟수와 매출액의 산점도와 추세선 (스테레오 판매점)

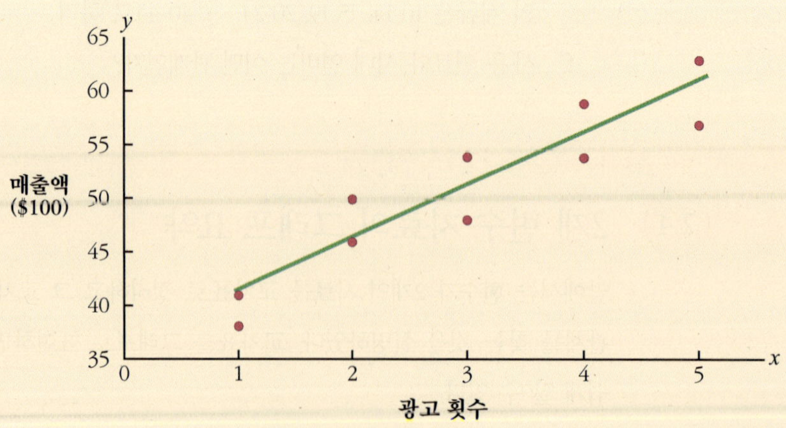

2 추세선의 식은 $y=36.15+4.95x$이다. 추세선의 기울기는 4.95이고 y축 절편은 36.15이다. 더 자세한 내용은 14장 회귀식에서 공부한다.

〈그림 2-18〉 산점도에서 보는 관계의 유형

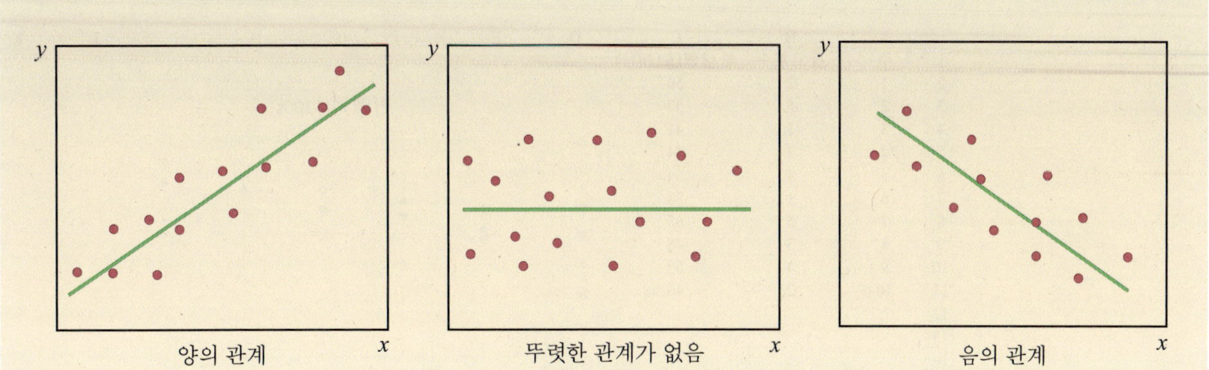

〈그림 2-17〉의 산점도를 보면, 광고 횟수와 매출액 상호 간에 양(+)의 관계가 있음을 알 수 있다. 즉 광고 횟수가 커질수록 매출액도 커진다. 산점도의 점들이 하나의 직선 위에 있는 것이 아니기 때문에 그 관계가 완벽한 것은 아니지만, 점들이 보여주는 대략의 패턴이나 추세선을 보면 전반적인 관계는 양(+)임을 알 수 있다.

〈그림 2-18〉은 산점도의 여러 가지 경향과 관계의 유형을 보여주고 있다. 왼쪽의 산점도는 양의 관계, 가운데는 뚜렷한 관계가 없음을 보여준다. 오른쪽의 산점도는 음의 관계를 보여주는데, x가 커질수록 y는 작아지는 경향을 말한다.

엑셀을 사용한 산점도와 추세선 그리기

엑셀에서 산점도와 추세선을 작성할 수 있다.

자료 입력: 데이터 파일 Stereo를 연다. B2:C11에 데이터가 들어 있다.

툴 적용:

1단계. B1:C11 영역을 지정한다(마우스 왼쪽 버튼으로 데이터 영역 전체를 지정한다).

2단계. 리본메뉴에서 **삽입**을 클릭

3단계. **차트** 그룹에서 Scatter **분산형(X,Y)** 차트를 연다.

〈그림 2-19〉가 그려지는데, 옵션을 편집하여 차트제목, 축제목을 적고, 추세선을 그려서 〈그림 2-20〉을 완성한다.

옵션 편집:

1단계. 차트에서 **제목**란을 더블클릭하여 새로운 차트제목을 입력한다.

2단계. 차트영역을 선택한 후 **편집요소**('+'기호 표시)를 클릭하여 선택창에서 □**차트제목** □**축제목**과 □**추세선** □**눈금선**을 체크한다.

〈그림 2-19〉 산점도 그리기 (스테레오 상점의 자료)

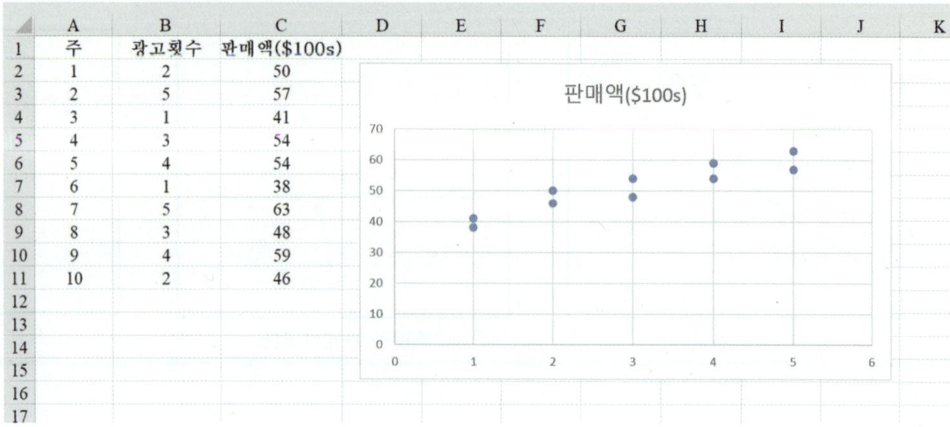

〈그림 2-20〉 편집을 한 후의 산점도 (스테레오 상점의 자료)

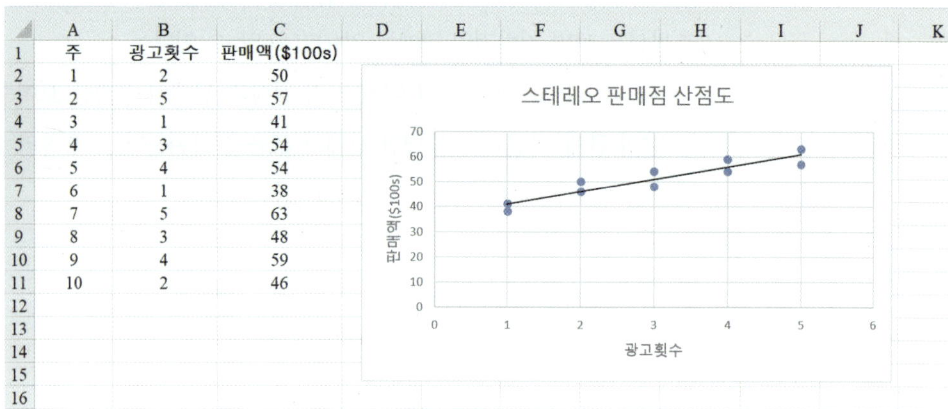

3단계. 수평 축제목을 '**광고 횟수**'로 입력하고, 수직축 제목을 '**판매액**($100s)'을 입력한다.

4단계. **추세선**을 선택하여 우클릭한 다음, **추세선 서식(F)…**을 클릭, **채우기 및 선** 옵션을 클릭하여 선을 '○**실선**(S)'을 선택하고, **대시종류**(D)에서 **실선** 선택한다.

병렬 바차트와 누적 바차트

2.1절에서는 범주 자료를 도수분포, 상대도수분포, 백분율도수분포로 요약한 것을 그래프로 나타낸 것이 바차트라고 하였다. 바(막대)를 병렬로 나란히 나타내거나 누적하면 2개 변수의 자료 분포를 쉽게 비교해 볼 수 있다. (엑셀에서는 묶은 바차트, 누적 바차트로 표기하고 있다.)

〈표 2-10〉은 300개 식당의 식사가격과 품질평가의 자료를 가지고 작성한 교차표인데, 이

〈그림 2-21〉 가격대별 품질평가의 병렬 바차트(묶은 바차트)

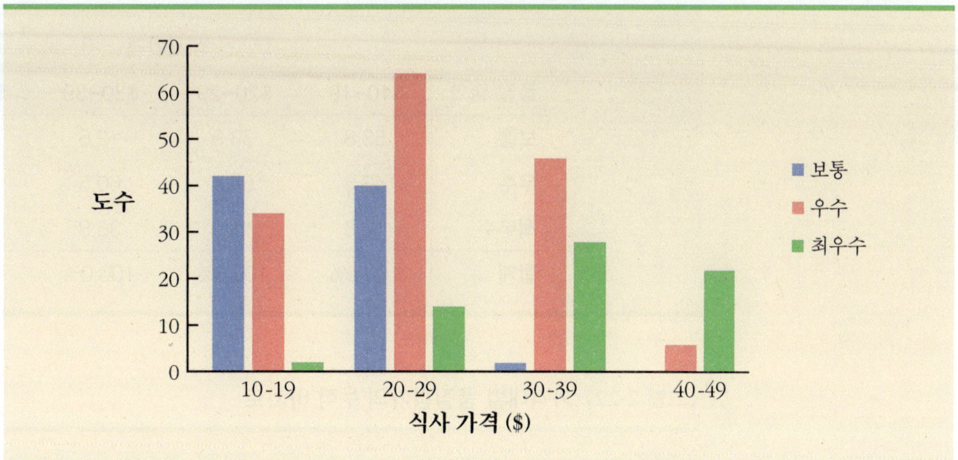

것을 가지고 **병렬 바차트**(side-by-side bar chart)로 나타낸 것이 〈그림 2-21〉이다. 막대(바)의 색은 품질평가를 표시하는데, 푸른색은 '보통', 붉은색은 '우수', 녹색은 '최우수' 이다. 식사가격 계급별로 품질평가의 도수 막대를 옆에 나란히 배치하여 그 식사 가격 범위에 품질평가를 한 눈에 볼 수 있다. 예를 들면 가장 낮은 가격대($10-19)의 품질 평가를 보면 대부분 '보통'이거나 '우수'이고 '최우수'는 매우 드물다. 가장 비싼 가격범위($40-49)에서는 대부분 '최우수'이고 '우수'가 몇 개 있고 '보통'은 하나도 없다.

〈그림 2-21〉은 식사가격과 품질평가의 관계를 잘 보여준다. 가격이 커질수록(왼쪽→오른쪽) 푸른색 막대 '보통'은 점점 작아지고, 녹색 막대 '최우수' 는 점점 높아진다. 이는 가격이 비쌀수록 품질평가가 좋아지는 경향이 있음을 보여준다. 붉은색 막대를 보면 '우수' 평가는 중간 가격 범위에서 우위를 점하고 있다.

누적 바차트(stacked bar chart)도 두 개 변수를 비교하는 그래프이다. 누적 바차트는 막대(bar)를 색깔별로 나누어서 각 계급의 상대도수 만큼 배분한 것이다. 이는 파이차트와 유사한 배분이다. 예를 들면, $10-19 가격대에 식당이 모두 78개가 있는데, 이 중 42개 식당이 '보통' 평가를 받고 있다. 이는 42/78×100% = 53.8%이다. 〈표 2-15〉는 가격대 계급별로 열퍼센터지를 계산하였다. 이 자료를 가지고 누적 바차트를 그린 것이 〈그림 2-22〉이다. 여기서는 퍼센티지를 가지고 누적 바를 그렸기 때문에 두 변수의 관계를 〈그림 2-21〉보다 더 잘 보여준다. 낮은 가격대($10-19)에서 비싼 가격대($40-49)로 갈수록 푸른색 바의 길이는 줄어들고 녹색 바의 길이는 늘어난다. 다시 말하면, 가격이 비싸질수록 품질평가는 더 좋아진다.

엑셀을 사용한 병렬 바차트와 누적 바차트 그리기

〈그림 2-16〉은 식당 300개의 데이터를 가지고 엑셀의 피벗테이블 기능으로 만든 교차표이

〈표 2-15〉 가격대별로 열퍼센티지

	식사가격			
품질 평가	$10–19	$20–29	$30–39	$40–49
보통	53.8	33.9	2.6	0.0
우수	43.6	54.2	60.5	21.4
최우수	2.6	11.9	36.8	78.6
합계	100.0%	100.0%	100.0%	100.0%

〈그림 2-22〉 가격대별 품질평가의 누적 바차트

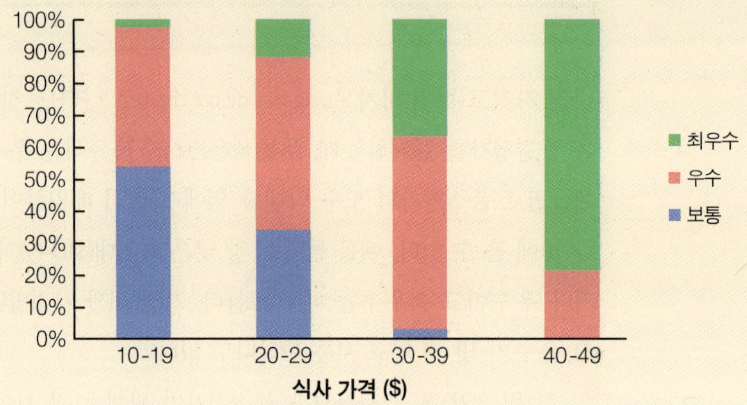

다. 〈그림 2-16〉을 가지고 엑셀의 '추천차트' 기능을 이용해서 병렬 바차트와 누적 바차트를 그릴 수 있다. 피벗테이블이 만들어져 있는 Restaurant 파일을 열고 아래 엑셀 기능을 따른다.

〈그림 2-23〉처럼 피벗테이블의 행에 식사가격을 배치하면 디자인에서 행/열 전환을 할 필요가 없다.—역자

툴 적용: 피벗테이블을 이용하여 차트를 그리고, **디자인**의 **행/열 전환**으로 〈그림 2-23〉을 그릴 수 있다.

1단계. 〈그림 2-16〉 피벗테이블 내의 아무 셀이나 선택(E3:J8)

2단계. 리본메뉴에서 **삽입**을 클릭

3단계. **차트** 그룹의 **추천차트**에서 Clustered Column Chart **묶은 세로막대형**을 선택

4단계. **확인** (수평축에 품질평가가, 수직축에 식사가격이 배치된다.)

5단계. 차트영역을 선택한 후 리본메뉴에서 **디자인**을 클릭

6단계. **데이터** 그룹에 있는 **행/열 전환**을 클릭하여 바차트의 행과 열을 교체한다.

옵션 편집으로 차트의 제목, 각 축의 이름을 입력하여 〈그림 2-24〉와 같이 완성할 수 있다.

〈그림 2-23〉 병렬 바차트(엑셀 추천차트 기능, 식당 자료)

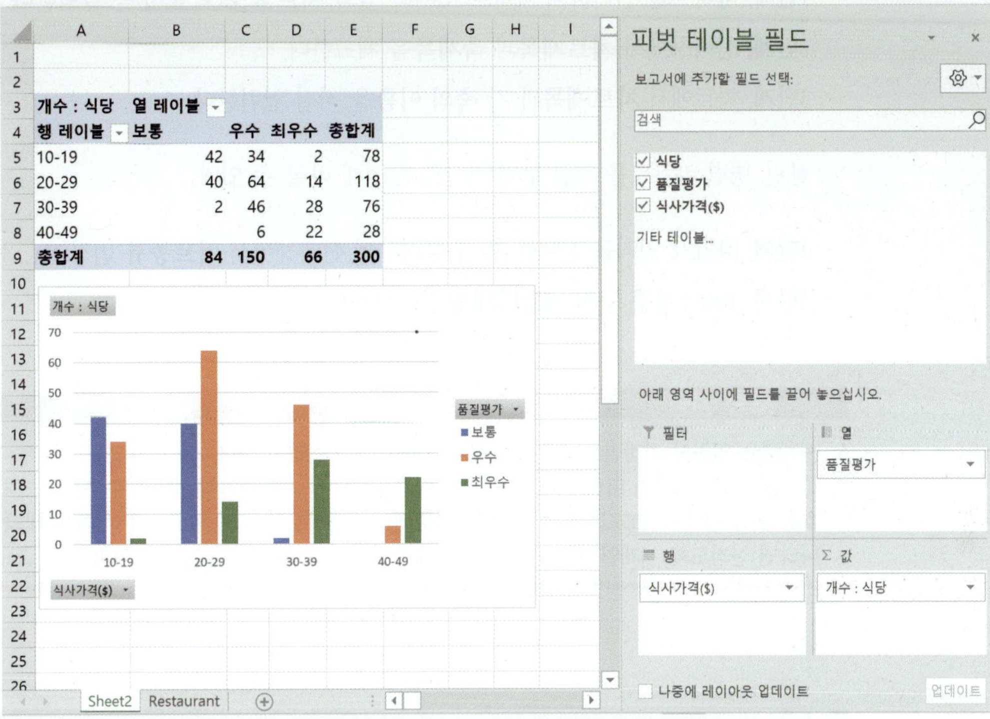

〈그림 2-24〉 병렬 바차트 완성(옵션 편집 후 식당 자료)

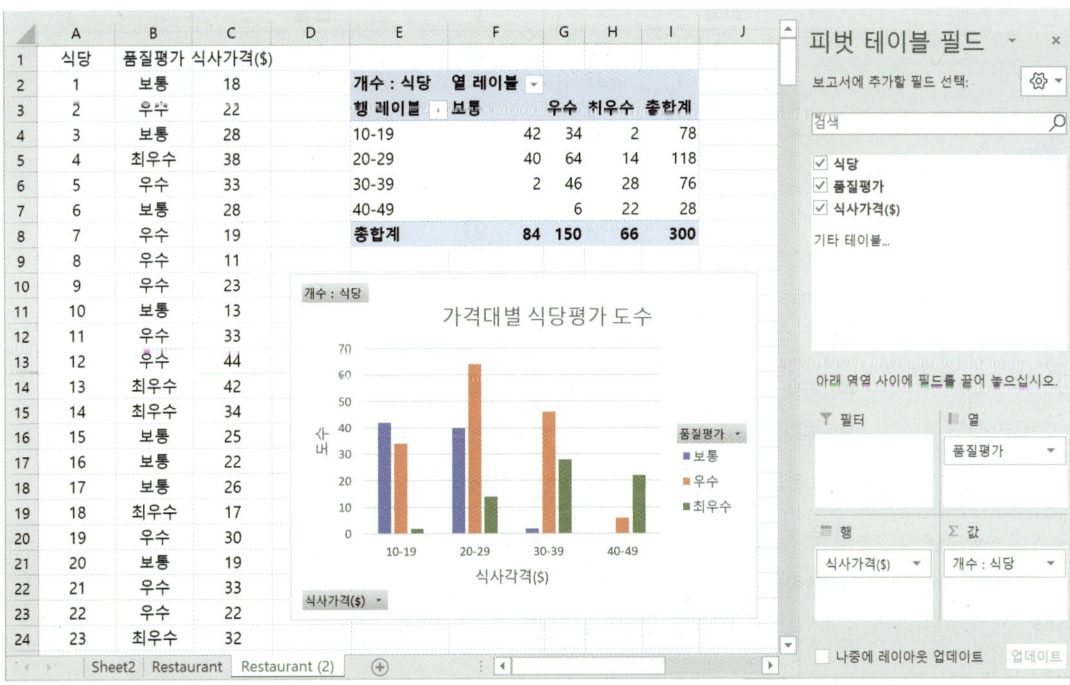

옵션 편집:

1**단계.** 바차트를 선택하여 바차트 오른쪽 옆의 '**차트요소**'('+' 표시)를 클릭한다.

2**단계.** 선택창에서 **차트제목**과 **축제목**을 체크한다.

3**단계.** 차트에서 **차트제목**과 각 **축의 이름**을 직접 입력한다.

한편, 병렬 바차트를 직렬 누적 바차트로 쉽게 바꿀 수 있다.

4**단계.** 바차트 영역을 선택한 후, 우클릭하여 선택창에서 **차트종류 변경**(Y)...을 선택.

5**단계.** 100%**기준 누적 세로막대형**을 선택한다.

2.4 보충 설명

1. 시계열은 일련의 시점별로 혹은 기간별로 관찰한 값을 시간 흐름에 따라 나열한 것이다. 시간 흐름을 수평축에 놓고 시계열 값을 수직축에 나타낸 산점도를 시계열 그림(time series plot)이라고 한다.
2. 백분율도수 대신에 도수분포를 가지고 직렬 바차트를 그릴 수 있다. 이때 막대의 색 부분은 그 범주의 도수를 나타낸다.

연습문제

기본문제

36. 다음은 어느 양적 변수의 20개의 자료이다.

DATA *file* Scatter

관찰	x	y	관찰	x	y
1	−22	22	11	−37	48
2	−33	49	12	34	−29
3	2	8	13	9	−18
4	29	−16	14	−33	31
5	−13	10	15	20	−16
6	21	−28	16	−3	14
7	−13	27	17	−15	18
8	−23	35	18	12	17
9	14	−5	19	−20	−11
10	3	−3	20	−7	−22

a. x와 y의 관계를 보여주는 산점도를 그려라.

b. 관계가 있다면 x와 y 사이에 어떤 관계가 있는지 설명하라.

37. 오른쪽은 두 개의 범주 변수의 자료이다. x는 A, B, C, D의 값을 가지고, y는 I, II 두 개의 값을 가진다. 오른쪽 표는 (x, y) 조합의 도수이다.

x \ y	I	II
A	143	857
B	200	800
C	321	679
D	420	580

a. x를 수평축으로 하고 병렬형 바차트를 그려라.

b. x와 y의 관계를 설명하라.

38. 다음은 두 개의 범주 변수 x와 y의 교차표이다. x는 Low, Medium, High값을 가지고, y는 Yes, No의 값을 가진다.

x \ y	Yes	No	합계
Low	20	10	30
Medium	15	35	50
High	20	5	25
합계	55	50	105

a. 각 행의 퍼센티지를 계산하라.

b. x를 수평축으로 하고 백분율도수의 누적 바차트를 그려라.

응용문제

39. 중형 크기 승용차의 속력(miles per hour)과 연비(miles per gallon)의 자료이다.

DATA file MPG

속력	30	50	40	55	30	25	60	25	50	55
연비	28	25	25	23	30	32	21	35	26	25

a. 운전 속력을 수평축으로 하고 연비를 수직축으로 하는 산점도를 작성하라.

b. 두 변수 간에 두드러진 관계가 있으면 적어라.

DATA file Snow

40. 데이터 파일 Snow는 주요 도시별로 30년간 관찰한 평균 적설량(inches)과 평균 최저기온(F)이다. 예를 들면 오하이오주의 컬럼버스는 최저기온은 평균 44도이고 평균 적설량은 27.5인치이다.

a. 평균 최저기온을 수평축으로, 평균 적설량을 수직축으로 하는 산점도를 작성하라.

b. 두 변수 간에 두드러진 관계가 있으면 적어라.

c. 산점도를 볼 때, 특별한(unusal) 데이터 포인트가 있으면 설명하라.

41. 보통은 중년 나이가 되어서야 심장의 건강에 관심을 가지는데, 최근 연구에 의하면 혈압과 같은 위험요소를 일찍부터 모니터링 하는 것이 매우 도움이 되는 것으로 나타났다[출처]. 특히 고혈압은 심장질환의 주요 위험요소이다. 주어진 표는 아주 큰 표본으로 부터 계산한 것인데, 연령 구간별로 남녀의 고혈압의 퍼센티지이다.

DATA file Hypertension

나이	남성	여성
20–34	11.00%	9.00%
35–44	24.00%	19.00%
45–54	39.00%	37.00%
55–64	57.00%	56.00%
65–74	62.00%	64.00%
75 이상	73.30%	79.00%

a. 연령구간을 수평축으로 하고 고혈압 퍼센티지를 수직축으로 해서 남녀성별로 병렬 바차트를 작성하라.

b. 고혈압과 나이에 대해 a의 차트가 나타내는 관계는 무엇인가?

c. 나이와 고혈압의 관계에 대하여 성별의 차이를 적어라.

42. 아래는 스마트폰 보유를 나이 구간별로 조사한 것이다. 스마트폰은 인터넷 기능, 사진, 뮤직, 비디오 기능을 갖춘 휴대폰을 말한다.

DATA file Smartphones

연령대	스마트폰 보유(%)	기타 휴대폰(%)	휴대폰 없음(%)
18–24	49	46	5
25–34	58	35	7
35–44	44	45	11
45–54	28	58	14
55–64	22	59	19
65 이상	11	45	44

a. 연령 구간을 수평축으로, 휴대폰 유형을 수직축으로 해서 누적 바차트를 작성하라.

b. 스마트폰 보유가 나이에 어떻게 연관되어 있는지 설명하라.

c. 위의 조사를 2021년에 실시한다면 어떤 결론이 기대되는가?

43. 세 개 도시에서 아웃도어 활동장비를 파는 판매점의 관리자를 대상으로 자신의 시간 활용을 조사하였다. 아래는 그 자료를 정리한 것이다.

DATA file ManageTime

	관리자의 업무시간 사용(%)			
매장 위치	회의	보고서	고객 사무	휴식
Bend	18	11	52	19
Portland	52	11	24	13
Seattle	32	17	37	14

a. 매장 위치를 수평축으로 하고 관리자의 업무유형별 사용시간의 퍼센티지를 수직축으로 해서 누적 바차트를 작성하라.

b. a를 병렬 바차트로 그려라.

c. 이 자료에는 a, b 어느 차트가 적합한가? 그 이유는 무엇인가?

2.5 자료의 시각화

데이터 세트의 정보를 그래프로 요약하고 나타내는 것을 자료의 시각화(data visualization)라고 한다. 자료의 시각화는 자료의 핵심정보를 효과적으로 명료하게 전달하는 것이 주된 목적이다. 여기서는 그래프 표현을 목적에 맞게 선택하고, 그래프를 효과적으로 작성하는 방법을 설명하고, 데이터 대시보드(dashboad)를 설명하였다. 신시내티 동·식물원에서 데이터 대시보드를 이용해서 의사결정을 개선한 예를 보여주었다.

효과적인 그래프 표현

〈표 2-16〉은 어느 화학회사가 지난해 수립한 판매계획($1000)과 실제 판매금액($1000)을 지역별로 나타낸 것이다. 표에는 한 개의 범주 변수(판매지역)와 두 개의 양적 변수가 있다. 이 화학회사의 경영자는 각 판매지역에서 계획을 어느 정도 달성했는지, 또 지역별로 판매실적이 어느 정도인지 경영자가 시각적으로 이해할 수 있도록 그래프 표현을 작성하고자 한다.

〈그림 2-25〉는 판매계획과 판매실적을 병렬 바차트로 그린 것이다. 그래프의 제목과 축의 이름을 적었다. 수직축의 척도(scale)는 0에서 시작하여야 함을 주의하여야 한다. 수평축에는 4개 판매지역을 배열하고, 판매계획은 푸른색으로 실제 판매금액은 붉은색 막대로 서로 비교할 수 있게 배치했다. 지역별로 빈칸으로 구분하였다. 지역별로 비교해 보면, Southwest가 계획이나 실적이 제일 낮다. Northwest 지역은 판매계획보다 실제 판매가 약간 상회하였다.

그래프 표현을 효과적이면서도 창의적으로 하는 것은 과학이면서도 하나의 기술(art)이다. 아래는 자료 속의 핵심정보를 전달할 수 있게 그래프를 작성하는 일반적인 가이드라인이다.

〈표 2-16〉 지역별 판매계획과 실제 판매금액 ($1000)

판매지역	판매계획($1000)	실제 판매금액($1000)
Northeast	540	447
Northwest	420	447
Southeast	575	556
Southwest	360	341

〈그림 2-25〉 판매계획과 실제 판매금액의 병렬 바차트

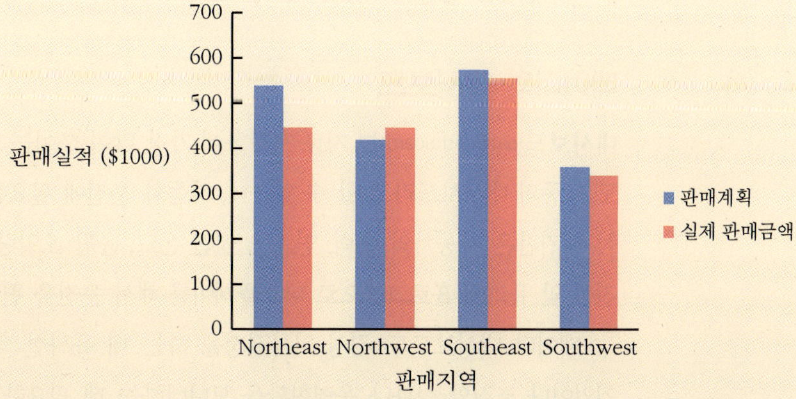

- 그래프의 제목을 명료하게 간략하게 정하라.
- 그래프는 간단하게, 2차원 그래프가 충분하면 3차원 표현은 피하라.
- 수평축과 수직축의 이름 label을 붙이고 측정 단위도 적어라.
- 범주를 구별하는데 색깔을 사용할 수 있으면 색상이 분명히 구분되도록 한다.
- 색상이나 연결선 유형을 여러 개 사용하면 그 목록 legend을 가까이에 적어라.

그래프 유형 선택하기

이 장에서는 바차트, 파이차트, 도트플롯, 히스토그램, 줄기-잎 배열, 산점도, 병렬 바차트, 누적 바차트 등을 공부하였다. 각각은 그 나름의 사용목적이 있다. 때로는 그 목적이 다수이기도 하다. 다음은 그 사용 가이드라인이다.

자료의 분포를 보여주는 그래프

- 바차트: 범주 자료의 도수분포 또는 상대도수분포의 표현에 사용함
- 파이차트: 범주 자료의 상대도수분포 또는 백분율도수분포의 표현에 사용함
- 도트플롯: 자료 범위 안에서 양적 자료의 그 분포를 표현하는 데 사용함
- 히스토그램: 양적 자료의 계급구간별로 그 분포를 표현하는 데 사용함
- 줄기-잎 배열: 양적 자료의 순위와 분포 모양을 표현하는 데 사용

상호 비교를 하는 그래프

- 병렬 바차트: 두 개 변수를 비교하는 데 사용
- 누적 바차트: 2개 이상의 범주 변수의 상대도수 또는 백분율도수를 비교하는 데 사용

관계를 표현하는 그래프

- 산점도: 양적 변수 2개의 관계를 보여주는 그래프
- 추세선: 산점도에 있는 관계를 근사하게(approximation) 보여주는 표현

데이터의 대시보드

대시보드(data dashboard)는 자료 시각화에 가장 많이 쓰이는 방법이다. 자동차 운전석 계기판도 일종의 대시보드라고 할 수 있는데, 자동차 운전에 필요한 중요한 정보를 보여준다. 운전석 계기판은 자동차의 속력, 연료량, 엔진 온도, 윤활 오일량 등을 보여주는데, 최근에는 운전석 앞 유리에 홀로그램으로 디스플레이를 해서 운전을 편리하게 해 준다.

데이터 대시보드도 경영 의사결정을 하는 데 유사한 역할을 한다. 데이터 대시보드는 기업이나 조직의 성과나 운영현황을 모니터하는 데 필요한 정보를 읽기 쉽고, 이해하기 쉽

고, 해석하기 쉽도록 시각적으로 표현한 것이다. 자동차 계기판에서 속력이나 연료량 등을 모니터하듯이, 비즈니스에도 회사가 어떻게 활동하고 있는지 평가해서 모니터해야 하는 핵심성과지표(key performance indicators: KPI)가 있다.[3] KPI의 예를 들면 재고량, 일별 판매액, 정시 납품의 비율(퍼센티지), 분기당 매출액 등이다. 데이터 대시보드는 이러한 KPI의 요약 정보를 필요한 시점에 필요한 사람에게, 정보혼란에 빠지지 않고 이해할 수 있도록 제공하는 것을 말한다.

Grogan 석유회사의 예를 가지고 데이터 대시보드를 살펴보자. 이 석유회사는 텍사스의 오스틴(본사), 휴스톤, 댈러스에 사무소가 있는데, 오스틴 사무소의 IT 콜센터는 각 사무소로부터 컴퓨터 소프트웨어, 인터넷, 이메일에서 생기는 직원의 문의 전화를 처리한다. 〈그림 2-26〉은 이 IT 콜센터의 처리 성과를 모니터하는 데이터 대시보드이다.

〈그림 2-26〉의 대시보드는 콜센터의 KPI를 보여주는데, 오전 8시부터 일하는 현재 근무조의 것을 요약하고 있다. 왼쪽 상단의 누적 바차트를 보면, 근무시간 초반에 문의 건수가 많다. 이메일에 관한 문의 건수는 초반에 많이 차지하다가 점차 줄어들고, 10시 경에는 소프트웨어에 관한 문의 건수가 최대가 된다. 오른쪽 상단의 파이차트를 보면, 콜센터 현재 근무조의 시간 사용 현황을 알 수 있다. 상단의 두 개 차트를 보면 콜센터의 적정 인원수를 짐작할 수 있다. 예를 들면, 문의 내용의 구성비율과 시스템의 스트레스 정도(휴식시간 퍼센트로 측정)를 보면 콜센터에 전문성을 갖춘 직원 수가 충분한지 알 수 있다.

대시보드 가운데 오른쪽의 병렬 바차트를 보면, 지역사무소별로 어떤 문의 내용이 많은지 알 수 있다. 오스틴에서는 이메일에 관한 문의가 많다. 이처럼 지역별로 문제의 근원을 빨리 알면 해결도 신속히 할 수 있다. 댈러스에서는 소프트웨어 문의가 많은데, 최근 새로운 소프트웨어를 설치하였기 때문이다. 콜센터의 책임자에게 미리 알려 주었기 때문에 그 분야의 상담직원 수를 미리 보충할 수 있었다.

대시보드 중간 왼쪽에는 15분이 지나도 해결되지 않은 케이스의 경과시간을 바차트로 표시하였다. 케이스 번호 T57이 최악인데, 이전 근무조에서 이월된 문제인데 아직 해결되지 않고 있다. 하단에 있는 바차트는 현재 근무조에서 소요 시간별(분)로 해결한 케이스의 도수(frequency)이다.

이 석유회사의 대시보드는 콜센터의 운영 수준(operational level)의 상황판이다. 대시보드는 실시간으로 업데이트함으로써 직원 수를 조정하는 것과 같은 운영의 의사결정을 하는데 도움이 된다. 대시보드는 전술적 수준(tactical level) 혹은 장기 전략적 수준(strategic level)의 의사결정에도 사용된다. 예를 들면 물류담당 책임자는 정시배달 달성 성과나 제3자 활용의 물

---

3 Key Performance Indicators는 Key Performance Metrics라고도 한다. Data Dashboards는 때로는 Digital Dashboards라고도 한다.

〈그림 2-26〉 데이터 대시보드 (Grogan 석유회사의 IT 콜센터)

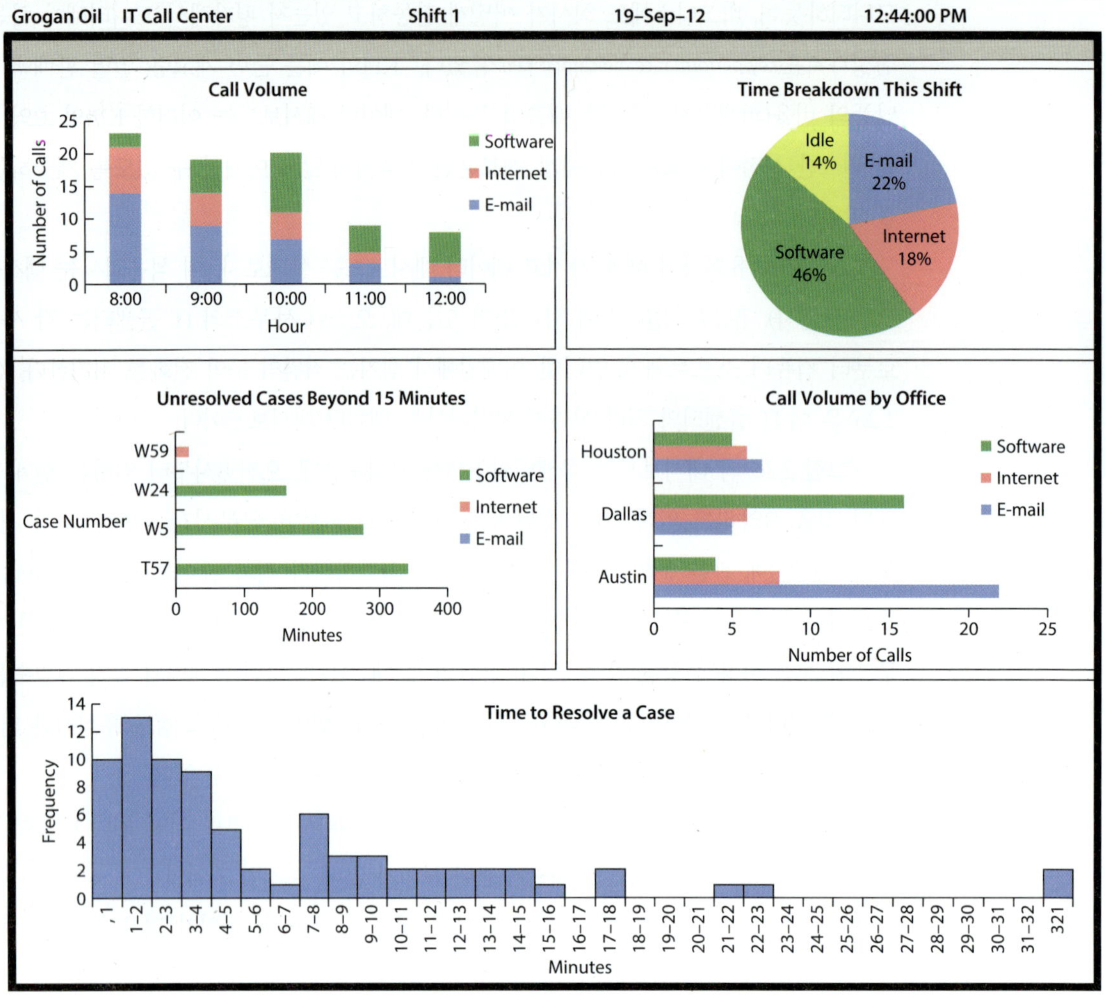

류비용 등의 KPI를 대시보드를 통해서 모니터할 수 있다. 운송수단(기차, 항공, 트럭 등) 선택이나 물류 담당자 선정과 같은 중단기적인 전술적 의사결정에도 대시보드를 사용할 수 있다. 최상층의 전략적 의사결정에도 종합적인 재무정보나 서비스 수준, 생산능력 활용 정보 등을 모니터해서 재무건전성을 신속히 평가하는 데도 대시보드를 활용할 수 있다.

신시내티 동·식물원의 자료 시각화

신시내티에는 세계에서 두 번째로 오래된 동물원이 있다. 여기서는 의사결정을 데이터 중심으로 하기 위해서 비즈니스의 여러 단면을 함께 연결시켜서 관리자나 경영진이 데이터 더 잘 이해할 수 있도록 하기로 하였다. 동물원이 한창 붐빌 때에는, 생길 수 있는 문제를 사전에 먼저 예상하고 현장에서 방문객들을 만나고, 서비스 운영을 체크하여야 했다. 현시점에

무는 일이 일어나는지 실시간으로 모니터를 할 수 있어야 지금 무엇을 해야 하는지를 정할 수 있었다. 그래서 동물원은 문제를 파악하기 위해서는 데이터를 시각화하기로 하였다.

신시내티 동물원은 사용하기 쉽고 실시간 업데이트가 되고 아이패드(iPad)에 호환될 수 있도록 하기 위해서 IBM의 Cognos 자료 시각화 소프트웨어를 사용하기로 결정하였다. Cognos를 이용해서 〈그림 2-27〉과 같은 대시보드를 개발하여서 다음의 KPI(핵심성과지표)를 모니터할 수 있게 되었다.

- 항목 분석(Item Analysis): 동물원 각 지점의 포인트별로 판매량과 매출금액
- 지도 분석(Geoanalytics): 방문객들이 동물원 내부 어디서 시간을 보내는지 분석
- 고객 소비(Customer Spending)
- 계산대 성과
- 날씨 유형별로 판매와 내장객 비교
- 재방문 고객의 보상 프로그램 성과분석

〈그림 2-27〉 신시내티 동물원 대시보드

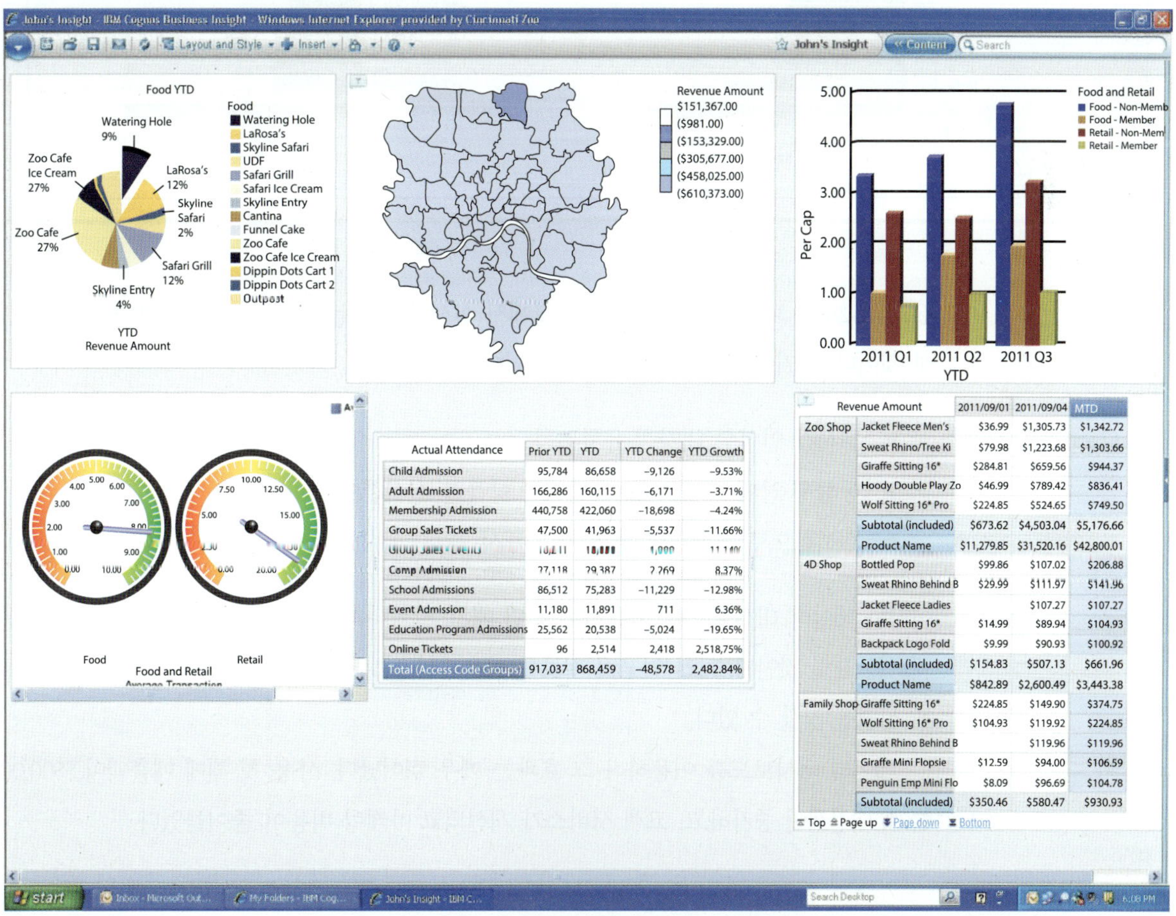

〈그림 2-28〉 신시내티 동물원의 아이패드 대시보드

〈그림 2-28〉은 이러한 대시보드를 현장에서 실시간으로 볼 수 있도록 아이패드용으로 개발한 것이다. 여기에는 다음 항목이 들어 있다.

- 실시간 인원수, 내장객 유형분석
- 동물원 안에서 가장 많이 팔리는 항목을 실시간으로 표시
- 실시간으로 내장객의 분포 지도 표시

이러한 데이터 대시보드를 사용하면 직원 배치, 날씨나 다른 여건에 따라 어떤 소매 기념품 재고를 늘릴 것인지, 지리 인구적 정보를 이용해서 어느 지역에 광고를 더 해야 할지 광고목표 설정을 정할 수 있다.

데이터 대시보드를 이용하자 그 효과는 매우 뛰어났다. 사용 첫 해에 매출액이 $500,000 늘고, 내장객이 증가하고, 고객 서비스가 개선되고 마케팅 비용이 줄어들었다.

2.5 보충 설명

1. 자료 시각화 소프트웨어는 많은데 Cognos, JMP, Spotfire, Tableau 등이 있다.
2. 변수가 여럿인 경우 그 사이의 관계를 표현하기 위해서 거미집차트(radar chart)나 버블차트(bubble chart)가 많이 사용되고 있으나, 자료 시각화 전문가들은 이들의 사용을 추천하지 않는다. 대신에 훨씬 간단한 바차트나 산점도 사용을 추천한다.
3. 자료 시각화의 강력한 도구는 지리정보시스템(Geographic Information System: GIS)이다. GIS는 색깔, 기호, 텍스트를 함께 사용해서 지도상에서 변수들이 어떻게 분포하는지 보여준다. 예를 들면 새로운 물류배송센터를 추가하고자 한다면, 지도상에 수요가 많은 곳은 붉은색으로 그 다음은 푸른색으로, 수요가 없는 곳은 흰색으로 표시한다. 그러면 붉은색 근방이 좋은 후보지가 될 것이다.

요약

자료는 수집된 채로 보아서는 이해하기도 어렵고 해석하기도 어렵다. 그러나 표나 그래프로 요약하면 자료 속에 숨어 있는 패턴이 드러나서 쉽게 이해할 수 있고 해석할 수 있다. 도수분포, 상대도수분포, 백분율도수분포, 바차트, 파이차트 등은 한 개의 범주 변수 자료를 요약하는 표와 그래프이다. 한 개의 양적 변수 자료를 요약할 때는 도수분포, 상대도수분포, 백분율도수분포, 히스토그램, 누적도수 분포, 누적상대도수분포, 누적백분율도수분포, 줄기-잎 배열 등을 사용한다.

변수가 두 개인 자료는 교차표로서 요약할 수 있다. 양적 변수가 두 개인 경우는 산점도를 그려서 나타낼 수 있다. 범주 변수가 두 개인 경우는 바차트를 응용해서 병렬바차트나 직렬 바차트로 그릴 수 있다. 그래프 디스플레이를 효과적으로 하는 가이드라인, 그리고 적합한 그래프 표현의 선택을 공부하였다. 데이터 대시보드를 소개하였는데, 이는 기업의 성과나 활동 결과를 모니터할 수 있도록 정보를 시각적으로 표현해서 쉽게 읽고 이해하고 해석할 수 있도록 한 것이다. 〈그림 2-29〉는 2장에서 공부한 표와 그래프를 분류하며 정리한 것이다.

〈그림 2-29〉 표와 그래프 요약

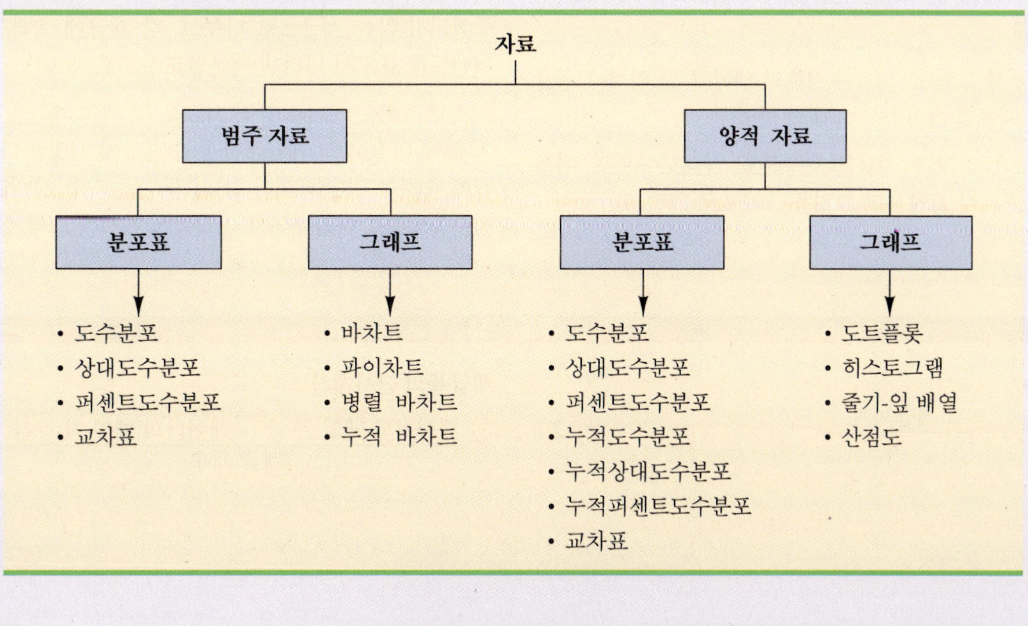

용어

계급 중앙값(class midpoint) 각 계급의 상하한 경곗값 사이의 가운데 값.

교차표(crosstabulation) 변수가 2 개인 자료의 요약 테이블. 한 개 변수의 계급을 표의 행에, 다른 변수의 계급은 표의 열에 나타낸다.

누적도수분포(cumulative frequency distribution) 양적 자료를 몇 개의 계급으로 나누었을 때, 각 계급의 상한 경곗값보다 작거나 같은 데이터 값을 카운트하여 그 빈도수를 표로서 나타낸 것.

누적 바차트(stacked bar chart) 바차트의 막대 기둥을 각 계급의 상대도수에 비례해서 나누고 각각 다른 색상으로 표시한 것.

누적상대도수분포(cumulative relative frequency distribution) 양적 자료를 몇 개의 계급으로 나누었을 때, 각 계급의 상한 경곗값보다 작거나 같은 데이터 값이 차지하는 비율을 표로서 나타낸 것.

누적백분율도수분포(cumulative percent frequency distribution) 양적 자료를 몇 개의 계급으로 나누었을 때, 각 계급의 상한 경곗값보다 작거나 같은 데이터 값이 차지하는 퍼센트(백분율)를 표로서 나타낸 것.

데이터 대시보드(data dashboard) 어떤 기업이나 조직의 활동을 모니터할 수 있도록 여러 가지 성과지표 정보를 읽기 쉽고 이해하고 해석하기 쉽도록 잘 배열해서 시각적으로 볼 수 있도록 디스플레이 한 것.

도수분포(frequency distribution) 범주나 계급을 중첩되지 않게 나누고, 각 계급에 속하는 관찰(데이터 값)의 횟수를 보여주는 요약 표.

도트플롯, 점 그림(dot plot) 수평축의 데이터 값 위치에 점을 표시해서 자료를 요약하는 그래픽 방법.

바차트(bar chart) 범주 자료를 도수분포, 상대도수분포, 백분율도수분포로서 요약하고 그것을 그래프로 그린 것.

범주형 자료(categorical data) 유사한 것끼리 같은 범주로 구분하는 이름이나 라벨(label)로 된 데이터.

병렬 바차트, 묶은 바차트(side-by-side bar chart) 여러 개의 바차트를 같은 차트에 동시에 나타낸 그래프 표현.

산점도(scatter diagram) 두 개의 양적 변수의 관계를 그래프로 나타낸 것. 한 개 변수는 수평축에, 다른 변수는 수직축에 표시한다.

상대도수분포(relative frequency distribution) 중첩되지 않는 계급으로 나누어서 각 계급에 속하는 관찰의 비율을 표로서 나타낸 것.

심슨의 모순(Simpson's paradox) 두 개 또는 그 이상의 독립된 교차표에서 범주별로 차지하는 비율이 한 개의 교차표로 통합하면 그 비율이 역전될 수 있음을 말함.

양적 자료(quantitative data) 얼마나 많은지, 몇 개나 되는지를 나타내는 수치 값.

자료의 시각화(data visualization) 데이터 세트에 관한 정보를 요약하여 그래프로 디스플레이하는 것을 뜻하는 용어.

줄기-잎 배열(stem-and-leaf display) 자료의 분포 모양과 자료의 순위를 동시에 보여주는 그래프 디스플레이.

추세선(trend line) 두 변수의 관계를 대략적으로 나타내는 직선.

파이차트(pie chart) 자료의 각 계급의 상대도수에 대응하는 각도로 원호를 그려서, 원을 그 원호로 분할하여 표시하는 방법으로 자료를 요약하는 그래프 방법.

백분율도수분포(percent frequency distribution) 자료를 몇 개의 중첩되지 않는 계급으로 나누고, 각 계급에 속하는 관찰의 퍼센트를 표로서 나타낸 백분율도수분포.

히스토그램(histogram) 양적 자료를 몇 개의 계급으로 중첩되지 않게 나누고 그 계급구간을 수평축에 배열한 다음, 그 계급에 속하는 관찰(데이터 값)의 횟수를 도수, 상대도수, 또는 백분율도수로 나타내어서 수직축에 표시한 그래프.

주요 식

상대도수

$$\frac{\text{그 계급의 도수}}{n} \tag{2-1}$$

계급폭의 근사계산

$$\frac{\text{데이터의 제일 큰 값} - \text{데이터의 제일 작은 값}}{\text{계급 개수}} \tag{2-2}$$

보충 연습문제

44. [DATA file NewSAT] 해마다 약 150만 명 학생이 SAT 시험을 치고, 약 80%의 대학은 특별한 입학 정책 없이 SAT 성적으로 입학을 결정한다. SAT 시험은 세 개 부문인데, 읽기 이해력, 수학, 작문이다. 세 개 부문의 만점을 합하면 2400점이다. 다음은 SAT 성적의 표본이다.

1665	1525	1355	1645	1780
1275	2135	1280	1060	1585
1650	1560	1150	1485	1990
1590	1880	1420	1755	1375
1475	1680	1440	1260	1730
1490	1560	940	1390	1175

a. 도수분포와 히스토그램을 작성하라. 첫 번째 계급은 800으로 시작해서 계급폭을 200으로 하라.

b. 분포 모양에 대해서 설명하라.

c. 표나 그래프 요약을 볼 때 b 외에 어떤 관측을 할 수 있는가?

45. [DATA file MedianHousehold] 데이터 파일에는 50개 주(州)별로 한 가정에 2인의 소득이 있는 경우의 가구소득의 중앙값이 조사되어 있다[출처].

a. 가구소득의 중앙값의 도수분포와 백분율도수분포를 작성하라. 계급은 65.0에서 시작해서 계급폭은 5로 하라.

b. 히스토그램을 작성하라.

c. 분포 모양에 대한 언급을 하라.

d. 2인 소득 가정의 소득의 중앙값이 가장 높은 주는 어디인가?

e. 2인 소득 가정의 소득의 중앙값이 가장 낮은 주는 어디인가?

46. [DATA file 2012Population] 다음 자료는 각 주별 인구(100만 명)이다[출처].

주	인구	주	인구
Alabama	4.8	Hawaii	1.4
Alaska	0.7	Idaho	1.6
Arizona	6.4	Illinois	12.8
Arkansas	2.9	Indiana	6.5
California	37.3	Iowa	3.0
Colorado	5.0	Kansas	2.9
Connecticut	3.6	Kentucky	4.3
Delaware	0.9	Louisiana	4.5
Florida	18.8	Maine	1.3
Georgia	9.7	Maryland	5.8

주	인구	주	인구
Massachusetts	6.5	Oklahoma	3.8
Michigan	9.9	Oregon	4.3
Minnesota	5.3	Pennsylvania	12.7
Mississippi	3.0	Rhode Island	1.0
Missouri	6.0	South Carolina	4.6
Montana	0.9	South Dakota	0.8
Nebraska	1.8	Tennessee	6.3
Nevada	2.7	Texas	25.1
New Hampshire	1.3	Utah	2.8
New Jersey	8.8	Vermont	0.6
New Mexico	2.0	Virginia	8.0
New York	19.4	Washington	6.7
North Carolina	9.5	West Virginia	1.9
North Dakota	0.7	Wisconsin	5.7
Ohio	11.5	Wyoming	0.6

a. 도수분포와 백분율도수분포, 히스토그램을 작성하라. 계급폭은 250만 명으로 하라.

b. 분포 모양에 비대칭 치우침(skewness)이 있는지 설명하라.

c. 50개 주의 인구분포에 대해서 어떤 관찰을 할 수 있는가?

47. [DATA file StartUps] 창업 기업에게는 펀드모금 능력이 핵심이다. 50개 창업 기업의 펀드 조성금액(100만 달러)은 아래와 같다[출처].

81	61	103	166	168	80	51	130	77	78
69	119	81	60	20	73	50	110	21	60
192	18	54	49	63	91	272	58	54	40
47	24	57	78	78	154	72	38	131	52
48	118	40	49	55	54	112	129	156	31

a. 줄기-잎 배열을 작성하라.

b. 배열을 보고 그 분포를 설명하라.

48. [DATA file BBB] Beta Business Bureau는 소비자 불만을 접수하는데, 2011년 불만이 많은 업종은 은행, 유선 및 위성 TV 회사, 채무 회수 대리업, 휴대폰 사업사, 신차 판매 딜러 등이었다. 데이터 파일에는 200개 불만이 표본으로 들어있다[출처].

a. 업종별로 불만 건수의 도수분포와 백분율도수를 작성하라.

b. 백분율도수분포의 바차트를 작성하라.

c. 어느 업종 분야에서 불만 건수가 제일 많은가?

d. 불만의 백분율도수분포에 대한 관찰을 적어라.

〈표 2-17〉 다우존스 산업기업의 베타

기업	베타	기업	베타
American Express Company	1.24	McDonald's Corp.	0.62
The Boeing Company	0.99	3M Company	1.23
Caterpillar Inc.	1.2	Merck & Co. Inc.	0.56
Cisco Systems, Inc.	1.36	Microsoft Corporation	0.69
Chevron Corporation	1.11	Nike, Inc.	0.47
E. I. du Pont de Nemours and Company	1.36	Pfizer Inc.	0.72
The Walt Disney Company	0.97	The Procter & Gamble Company	0.73
General Electric Company	1.19	AT&T, Inc.	0.18
The Goldman Sachs Group, Inc.	1.79	The Travelers Companies, Inc.	0.86
The Home Depot, Inc.	1.22	UnitedHealth Group Incorporated	0.88
International Business Machines Corporation	0.92	United Technologies Corporation	1.22
Intel Corporation	0.9	Visa Inc.	0.82
Johnson & Johnson	0.84	Verizon Communications Inc.	0.04
JPMorgan Chase & Co.	1.84	Walmart Stores Inc.	0.26
The Coca-Cola Company	0.68	Exxon Mobil Corporation	1.1

49. [DATA *file* DJIABeta] 어떤 주식의 베타(β)라는 용어는 주식시장 전체와 비교해서 상대적인 변동성 측도(measure q volatility)이다. 베타가 1이면 그 주식의 가격이 시장 전체와 꼭 같이 움직인다. 베타가 1.6이면 시장 전체의 가격이 1% 오르면 그 주식은 1.6% 오르는 것을 말한다. 베타가 클수록 그 주식의 변동성이 크다는 것을 의미한다. 〈표 2-17〉은 다우존스 산업에 속하는 기업의 베타 값이다[출처].

a. 도수분포와 백분율도수분포를 작성하라.

b. 히스토그램을 작성하라.

c. 분포 모양을 설명하라.

d. 어느 주식의 베타가 제일 큰가? 어느 주식이 제일 작은가?

50. 미국 인구조사국(Census Bureau)은 국민과 경제에 관한 양적 자료의 주요한 소스가 되고 있다. 아래 교차표는 각 가정의 가장의 교육 수준이 고등학교 이상인 경우, 가계소득별 가구 수(1000개)를 요약한 것이다[출처].

	가계 소득				
교육수준	$25,000 미만	$25,000-49,999	$50,000-99,999	$100,000 이상	합계
고등학교 졸업	9,880	9,970	9,441	3,482	32,773
학사학위 소지	2,484	4,164	7,666	7,817	22,131
석사학위 소지	685	1,205	3,019	4,094	9,003
박사학위 소지	79	160	422	1,076	1,737
합계	13,128	15,499	20,548	16,469	65,644

a. 교육수준 변수의 백분율도수분포를 작성하라. 가장의 교육수준이 석사 이상인 경우의 퍼센트를 구하라.

b. 가계소득 변수의 백분율도수분포를 작성하라. 가계소득이 $50,000 이상 되는 퍼센트를 구하라.

c. 교차표의 각 원소를 열퍼센티지로 변환하여라. 가계소득이 $25,000 미만인 가정의 교육수준과 가계소득이 $100,000 이상인 경우의 교육수준을 비교하라. 교차표의 열퍼센티지를 보면 또 다른 흥미스러운 것이 있는가?

51. 웨스턴대학의 여자 소프트볼 선수 장학금이 한 명분만 남아있다. 최종 후보자는 Allison Fenley와 Emily Janson인데, 두 선수의 배팅 능력을 가지고 선정하기로 하셨다. 아래 교차표는 두 선수의 고등학교 Junior 시절과 Senior 시절의

배팅 성적을 비교한 것이다.

성적	Allison Fealey Junior	Senior
안타	15	75
무안타	25	175
총 타격 수	40	250

성적	Emily Janson Junior	Senior
안타	70	35
무안타	130	85
총 타격 수	200	120

선수의 배팅평균은 안타 수를 타격 수로 나누어서 계산한다(소수 세자리까지).

a. Junior 시절과 Senior 시절의 배팅 평균을 계산해서 두 선수를 비교하면 누구에게 장학금을 수여하는 것이 옳은가?

b. Junior 시절과 Senior 시절의 자료를 통합하여 아래의 교차표를 완성하라. 통합된 교차표에서 두 선수의 배팅 평균을 구하라. 이 계산을 보면 누구에게 장학금을 수여해야 하는가?

성적	선수 Fealey	Janson
안타		
무안타		
총 타격 수		

c. a와 b의 결정이 서로 일치하는가? 모순이 있으면 설명하라.

52. [DATA file FortuneBest100] *Fortune*은 일하기 좋은 100개 기업을 조사해서 발표한다. 데이터 파일에는 순위, 회사 이름, 회사규모, Fortune 100개 기업 중에 98개 기업에는 풀타임 직원 증가 퍼센트가 들어 있다. Rank는 순위를, Size는 Small(2500인 미만), Midsize(2500~10,000인), Large(10,000인 초과), Job Growth(%)는 풀타임 직원의 증가 퍼센트를 뜻한다[출처].

a. Job Growth를 행 변수로 삼고, Size를 열 변수로 삼아서 교차표를 작성하라. Job Growth(%) 는 −10에서 70까지, 폭을 10으로 하라.

b. Job Growth(%)의 도수분포와 Size의 도수분포를 적어라.

c. a의 교차표를 가지고 각 열의 퍼센티지를 계산하라.

d. a의 교차표를 가지고 각 행의 퍼센티지를 계산하라.

e. Job Growth 퍼센티지와 회사의 Size 간의 관계를 설명하라.

53. [DATA file Colleges] 〈표 2-18〉은 103개 사립대학 표본의 자료이다. 대학(School), 설립연도(Year Founded), 등록금 (Tuition & Fees), 졸업률(% Graduate: 풀타임 학생으로서 학사학위를 6년 이내에 처음으로 받는 비율)이다[출처].

〈표 2-18〉 주요 사립대학 표본의 자료

대학	설립연도	등록금	졸업률(%)
American University	1893	$36,697	79.00
Baylor University	1845	$29,754	70.00
Belmont University	1951	$23,680	68.00
⋮	⋮	⋮	⋮
Wofford College	1854	$31,710	82.00
Xavier University	1831	$29,970	79.00
Yale University	1701	$38,300	98.00

a. 설립연도를 행 변수로 삼고, 등록금을 열 변수로 삼아서 교차표를 작성하라. 설립연도는 1600년부터 50년 폭으로 하고, 등록금은 1부터 5000씩 증가시켜서 45,000까지 계급으로 나누어라.

b. a의 행 퍼센티지를 계산하라.

c. 설립연도와 등록금 사이에 관계가 있다면 설명하라.

54. [DATA file Colleges] 〈표 2-18〉의 자료를 가지고 답하라.

a. 설립연도를 행 변수로 삼고, 졸업률을 열 변수로 삼아서 교차표를 작성하라. 설립연도는 1600년부터 50년 폭으로 하고, 졸업율은 35%에서 시작하여 5%씩 증가시켜서 100%까지 계급으로 나누어라.

b. a의 행 퍼센티지를 계산하라.

c. 두 변수 사이에 관계가 있다면 어떤 관계인가?

55. 〈표 2-18〉의 자료를 가지고 답하라.

a. 설립연도와 등록금의 관계를 보여주는 산점도를 작성하라.

b. 두 변수 간에 관계가 있으면 설명하라.

56. 〈표 2-18〉의 자료를 가지고 답하라.

a. 등록금과 졸업률의 관계를 보여주는 산점도를 작성하라.

b. 두 변수 간에 관계가 있으면 설명하라.

57. Google은 광고매체와 광고비에 대한 전략을 수정하였다. 다음은 2008년과 2011년의 광고비 예산(100만 달러)이다[출처].

	2008	2011
인터넷	26.0	123.3
신문 등	4.0	20.7
텔레비전	0.0	69.3

a. 연도를 수평축에 나타내어서 병렬 바차트를 작성하라. 어떤 추세가 있는지 언급하라.

b. 위 표를 가지고 퍼센티지를 연도별로 변환하라. 연도를 수평축에 나타내어서 직렬 바차트를 작성하라.

c. a, b 중 어느 것이 더 통찰적인가? 설명하라.

58. [DATA file Zoo] 한 동물원은 입장객 구분을 일반, 멤버, 스쿨으로 세 개 범주로 나누었다. 멤버는 연간 회비를 미리 납부하고 입장 할인과 기념품 구매 할인을 받는다. 스쿨은 유치원과 초등학교, 중학교의 학생과 교사들에게 할인 혜택을 주는 것을 말한다. 일반은 그 외 전부를 말한다. 이 동물원은 최근 입장객이 줄어들어서 걱정을 하고 있는데, 다음 표는 입장객 구분과 입장객 수를 조사하여 정리한 것이다.

입장객 수

구분	2008	2009	2010	2011
일반	153,713	158,704	163,433	169,106
멤버	115,523	104,795	98,437	81,217
스쿨	82,885	79,876	81,970	81,290
합계	352,121	343,375	343,840	331,613

a. 입장객 수를 연도별로 바차트로 작성하라. 자료에 어떤 경향이 있는지 언급하라.

b. 연도 변수를 수평축으로 하고 범주별로 입장객 수를 병렬 바차트로 작성하라.

c. a, b의 차트를 가지고 입장객에 어떤 변화가 있는지 언급하라.

사례문제 1. 펠리칸 스토어

[DATA file PelicanSotres] 펠리칸 스토어(Pelican Stores)(이하 PS)는 NC(National Clothing)라는 회사의 한 사업부인데 전국적인 여성 의류 판매 체인점이다. PS체인은 NC의 다른 스토어 고객을 대상으로 판촉 할인 쿠폰을 발행하였다. 데이터 파일에는 하루 중 PS에서 신용카드로 이루어진 거래 내역 100개의 표본 데이터 세트이다. 〈표 2-19〉는 그 데이터 세트의 일부이다. 표의 변수는 다음과 같다.

- Type of Customer: Regular는 일반 고객, Promotional은 할인쿠폰 고객
- Method of Payment: 신용카드 구분, Proprietary Card는 NC 멤버카드
- Items: 의류 물품 수
- Net Sales: 총구매금액

판촉 할인 쿠폰을 사용한 고객은 쿠폰이 없었으면 오지 않

〈표 2-19〉 신용카드 구매 100개의 표본 데이터 (Pelican Sotres)

Customer	Type of Customer	Items	Net Sales	Method of Payment	Gender	Marital Status	Age
1	Regular	1	39.50	Discover	Male	Married	32
2	Promotional	1	102.40	Proprietary Card	Female	Married	36
3	Regular	1	22.50	Proprietary Card	Female	Married	32
4	Promotional	5	100.40	Proprietary Card	Female	Married	28
5	Regular	2	54.00	MasterCard	Female	Married	34
⋮	⋮	⋮	⋮	⋮	⋮	⋮	⋮
96	Regular	1	39.50	MasterCard	Female	Married	44
97	Promotional	9	253.00	Proprietary Card	Female	Married	30
98	Promotional	10	287.59	Proprietary Card	Female	Married	52
99	Promotional	2	47.60	Proprietary Card	Female	Married	30
100	Promotional	1	28.44	Proprietary Card	Female	Married	44

을 고객으로 간주한다. 물론 PS는 판촉 고객이 계속 오기를 바라고 있으며, 판촉 쿠폰이 효과가 있는지 알고 싶다.

경영 보고서

기술 통계의 표와 그래프를 사용해서 고객 프로파일을 구축하고 판촉 성과를 평가하라. 최소 다음 내용은 포함해야 한다.

1. 중요 변수에 대한 백분율도수분포
2. 대금 지불방법을 바차트로 작성
3. 고객 구분과(Regular, Promotional) Net Sales 간의 교차표를 작성하고, 유사성과 차별성이 있는지 언급할 것
4. Net Sales와 Age 사이에 어떤 관계가 있는지 산점도 작성

사례문제 2. 영화산업

[DATA file 2011Movies] 영화산업은 매우 유망한 비즈니스 분야인데, 50개가 넘는 스튜디오에서 매년 300~400편의 새로운 영화를 제작하고 있다. 그러나 재무적으로 볼 때 성공 여부는 매우 다양하다. 개봉 첫 주의 매출액, 총매출액(백만 딜러), 영화상영 극장 수, 영화상영 지속 주(week) 수 등이 영화의 성공을 측정하는 공통 변수이다. 데이터 파일은 2011년 제작된 영화의 상위 100편의 자료이다[출처]. 〈표 2-20〉은 처음 10편의 자료이다.

경영 보고서

기술 통계의 표와 그래프를 사용해서 이 변수들이 영화 성공에 어떻게 공헌하고 있는지 파악하라. 최소한 다음 내용은 포함해야 한다.

1. 4개의 변수 각각의 표와 그래프 요약을 작성하고, 각각의 요약이 영화 산업에 대해 무엇을 의미하는지 언급하라.
2. 총매출액과 개봉 첫 주 매출액의 관계를 알 수 있는 산점도를 작성하고 토론을 적어라.
3. 총매출액과 영화 상영 극장 수의 관계를 알 수 있는 산점도를 작성하고 토론을 적어라.
4. 총매출액과 영화 상영 주 수의 관계를 알 수 있는 산점도를 작성하고 토론을 적어라.

〈표 2-20〉 각 영화의 성과 자료

영화	첫 주 매출액 ($100만)	총매출액 ($100만)	극장 수	지속 상영 주 수
Harry Potter and the Deathly Hallows Part 2	169.19	381.01	4375	19
Transformers: Dark of the Moon	97.85	352.39	4088	15
The Twilight Saga: Breaking Dawn Part 1	138.12	281.29	4066	14
The Hangover Part II	85.95	254.46	3675	16
Pirates of the Caribbean: On Stranger Tides	90.15	241.07	4164	19
Fast Five	86.20	209.84	3793	15
Mission: Impossible — Ghost Protocol	12.79	208.55	3555	13
Cars 2	66.14	191.45	4115	25
Sherlock Holmes: A Game of Shadows	39.64	186.59	3703	13
Thor	65.72	181.03	3963	16

사례문제 3. 퀸시티

[DATA file QueenCity] 퀸시티(Queen City)라고도 불리는 오하이오주 신시내티의 인구는 298,000명이고, 신시내티의 광역 인구는 220만 명이다. 시에는 시장과 9명의 시의원이 있는데 시의 일상적의 업무는 부시장이 책임지고 있다. 그는 시장과 시의원에게 보고를 하는데, 최근 '데이터 및 성과 분석 사무국'을 신설하였다. 이곳의 첫 번째 업무는 전년도 예산지출을 검토하는 것이다. 데이터 파일 QueenCity에는 전년도 예산지출이 있는데 그 내용은 다음과 같다.

- Department: 예산지출 부서의 번호
- Department Description: 예산지출 부서이름
- Category: 예산지출 항목
- Fund: 각 지출의 예산기금 이름
- Expenditure: 지출금액($)

〈표 2-21〉은 5427개 지출의 처음 4개이다. 부시장은 이 자료를 가지고 시 예산이 어떻게 쓰이는지 알고 싶어 한다.

경영 보고서

시 예산이 어떻게 쓰이는지 잘 알 수 있도록 표나 그래프로 요약하라. 보고서에는 다음 내용이 포함되어야 한다.

1. 항목별로 예산지출 금액과 그 퍼센트를 표나 그래프로 나타내어라.
2. 부서별로 예산지출금액과 그 퍼센트를 표로서 나타내어라. 지출금액이 1% 미만인 부서는 '기타 '로 묶어라.
3. 예산기금별로 예산지출금액과 그 퍼센트를 표로서 나타내어라. 지출금액이 1% 미만인 부서는 '기타'로 묶어라.

〈표 2-21〉 퀸시티 예산지출 (처음 4개만 적은 것)

Department	Department Description	Category	Fund	Expenditure
121	Department of Human Resources	Fringe Benefits	050 – General Fund	$ 7,085.21
121	Department of Human Resources	Fringe Benefits	050 – General Fund	$102,678.64
121	Department of Human Resources	Fringe Benefits	050 – General Fund	$ 79,112.85
121	Department of Human Resources	Contractual Services	050 – General Fund	$ 3,572.50

사례문제 4. 컷레이트사

[DATA file CutRate] Jon Weideman은 컷레이트사(Cut-Rate Machining, Inc.)의 제1 교대 작업반의 책임자인데, 드릴 기계의 공급자를 선정하려고 한다. 최종 후보자는 HM(the Hole-Maker, Inc), SS(Shafts & Slips), JJ(Judge's Jig), DB(Drill-for-Bits), 이렇게 네 곳이다. 이들 공급자의 기계는 그 성능과 가격이 비슷해서 '효과성'을 평가하여 선정하려고 한다. 각각 기계 1대씩 가지고 와서 오전 8시부터 두 시간 동안 준비가공을 한 후 오전 10시부터 근로자 한 명에게 25cm 두께의 스테인레스 강판에 3cm 구멍을 드릴링하게 하였다. 작업 후 구멍의 폭을 측정하여 기록하였다. 〈표 2-22〉는 수집된 자료이다. 이 자료를 볼 때, 어느 공급자를 선정하여야 하는가?

경영 보고서

기술 통계의 그래프 요약을 사용해서 어느 공급자의 기계가 '효과적'인지 탐구해 보라. 보고서에는 다음 내용이 포함되어야 한다.

1. 공급자별로 구멍의 폭(cm)을 산점도로 그려라.
2. 산점도를 근거로 해서 공급자별로 기계의 '효과성'을 토론하고, 어떤 조건하에서(필요하다면) 그 공급자를 선정해야 하는지 적어라.
3. 각 기계를 평가하는 방법에 어떤 에러의 근원이 있을 수 있는지 토론하라.

〈표 2-22〉 4개 공급자의 드릴로 작업한 데이터

Shift	Time Period	Employee	Vendor	Measured Width(cm)	Shift	Time Period	Employee	Vendor	Measured Width(cm)
1	10:00a.m. – noon	Ms. Ames	HM	3.50	1	2:00p.m. – 4:00p.m.	Ms. Ames	JJ	2.66
1	10:00a.m. – noon	Ms. Ames	HM	3.13	1	2:00p.m. – 4:00p.m.	Ms. Ames	JJ	2.54
1	10:00a.m. – noon	Ms. Ames	HM	3.39	1	2:00p.m. – 4:00p.m.	Ms. Ames	JJ	2.61
1	10:00a.m. – noon	Ms. Ames	HM	3.08	1	2:00p.m. – 4:00p.m.	Ms. Ames	JJ	2.57
1	10:00a.m. – noon	Ms. Ames	HM	3.22	1	2:00p.m. – 4:00p.m.	Ms. Ames	JJ	2.71
1	10:00a.m. – noon	Ms. Ames	HM	3.45	1	2:00p.m. – 4:00p.m.	Ms. Ames	JJ	2.55
1	10:00a.m. – noon	Ms. Ames	HM	3.32	1	2:00p.m. – 4:00p.m.	Ms. Ames	JJ	2.59
1	10:00a.m. – noon	Ms. Ames	HM	3.61	1	2:00p.m. – 4:00p.m.	Ms. Ames	JJ	2.69
1	10:00a.m. – noon	Ms. Ames	HM	3.10	1	2:00p.m. – 4:00p.m.	Ms. Ames	JJ	2.52
1	10:00a.m. – noon	Ms. Ames	HM	3.03	1	2:00p.m. – 4:00p.m.	Ms. Ames	JJ	2.57
1	10:00a.m. – noon	Ms. Ames	HM	3.67	1	2:00p.m. – 4:00p.m.	Ms. Ames	JJ	2.63
1	10:00a.m. – noon	Ms. Ames	HM	3.59	1	2:00p.m. – 4:00p.m.	Ms. Ames	JJ	2.60
1	10:00a.m. – noon	Ms. Ames	HM	3.33	1	2:00p.m. – 4:00p.m.	Ms. Ames	JJ	2.58
1	10:00a.m. – noon	Ms. Ames	HM	3.02	1	2:00p.m. – 4:00p.m.	Ms. Ames	JJ	2.61
1	10:00a.m. – noon	Ms. Ames	HM	3.55	1	2:00p.m. – 4:00p.m.	Ms. Ames	JJ	2.55
1	10:00a.m. – noon	Ms. Ames	HM	3.00	1	2:00p.m. – 4:00p.m.	Ms. Ames	JJ	2.62
1	noon – 2:00p.m.	Ms. Ames	SS	2.48	2	4:00p.m. – 6:00p.m.	Mr. Silver	DB	4.22
1	noon – 2:00p.m.	Ms. Ames	SS	2.72	2	4:00p.m. – 6:00p.m.	Mr. Silver	DB	2.68
1	noon – 2:00p.m.	Ms. Ames	SS	2.99	2	4:00p.m. – 6:00p.m.	Mr. Silver	DB	2.45
1	noon – 2:00p.m.	Ms. Ames	SS	2.68	2	4:00p.m. – 6:00p.m.	Mr. Silver	DB	1.84
1	noon – 2:00p.m.	Ms. Ames	SS	2.75	2	4:00p.m. – 6:00p.m.	Mr. Silver	DB	2.11
1	noon – 2:00p.m.	Ms. Ames	SS	2.42	2	4:00p.m. – 6:00p.m.	Mr. Silver	DB	3.95
1	noon – 2:00p.m.	Ms. Ames	SS	2.92	2	4:00p.m. – 6:00p.m.	Mr. Silver	DB	2.46
1	noon – 2:00p.m.	Ms. Ames	SS	2.68	2	4:00p.m. – 6:00p.m.	Mr. Silver	DB	3.79
1	noon – 2:00p.m.	Ms. Ames	SS	2.98	2	4:00p.m. – 6:00p.m.	Mr. Silver	DB	3.91
1	noon – 2:00p.m.	Ms. Ames	SS	2.50	2	4:00p.m. – 6:00p.m.	Mr. Silver	DB	2.22
1	noon – 2:00p.m.	Ms. Ames	SS	2.45	2	4:00p.m. – 6:00p.m.	Mr. Silver	DB	2.42
1	noon – 2:00p.m.	Ms. Ames	SS	2.99	2	4:00p.m. – 6:00p.m.	Mr. Silver	DB	2.09
1	noon – 2:00p.m.	Ms. Ames	SS	2.31	2	4:00p.m. – 6:00p.m.	Mr. Silver	DB	3.33
1	noon – 2:00p.m.	Ms. Ames	SS	2.42	2	4:00p.m. – 6:00p.m.	Mr. Silver	DB	4.07
1	noon – 2:00p.m.	Ms. Ames	SS	2.91	2	4:00p.m. – 6:00p.m.	Mr. Silver	DB	2.54
1	noon – 2:00p.m.	Ms. Ames	SS	2.83	2	4:00p.m. – 6:00p.m.	Mr. Silver	DB	3.96

기술 통계: 여러 가지 수치적 측도

3

DESCRIPTIVE STATISTICS: NUMERICAL MEASURES

STATISTICS in PRACTICE

*Small Fry Design**

SANTA ANA, CALIFORNIA

1997년 설립된 Small Fry Design는 유아용 장난감과 악세서리를 설계하여 제조 수입하는 회사이다. 테디베어, 모빌, 음악 인형, 이야기 장난감, 안전 담요 등의 아이템을 색상, 재질, 사운드 면에서 고품질로 디자인해서 중국에서 제조하여 미국 전역에 1000개가 넘는 유아용품점을 통해서 판매하고 있다.

이 회사의 일상 영업에서 현금흐름 관리는 매우 중요한데, 미래에 도래하는 부채를 간단한 수 있도록 현금 수입을 충분히 확보하는 일이다. 현금 흐름의 핵심은 외상 매출금계정의 관리와 분석이다. 외상매출금 계정의 변동을 모니터해서 주요 외상매출의 금액과 평균 회수기간을 측정해서 현금 확보를 예측해야 하는 것이다. 이 회사는 다음과 같은 관리 목표를 설정하고 있다. 주요 외상매출금의 평균 회수기간이 45일을 넘기지 않을 것, 그리고 60일 이상 대기상태에 있는 매출금의 금액

*이 사례는 Small Fry Design사 사장인 John A. McCarthy의 도움을 받아 소개한 내용임을 밝힌다.

STATISTICS *in* PRACTICE

이 전체 외상매출금의 5%를 넘지 않을 것 등이 목표이다.

최근 외상매출금 계정을 조사한 결과, 주요 매출의 평균 회수기간의 기술 통계치는 다음과 같았다.

평균(mean)	45일
중앙값(median)	35일
최빈값(mode)	31일

이것을 해석해 보면, 매출금의 평균 회수기간은 45일이고, 절반이 35일 이상 걸리며, 가장 빈도수가 높은 회수기간은 31일이다. 여기서는 따로 예시는 없지만 통계요약을 통해서 보니까 60일 이상 걸리는 것이 외상매출 금액의 3%이었다. 이러한 통계 정보는 외상매출금 관리의 목표가 잘 지켜지고 있으며 통제되고 있다는 것을 의미한다.

3장에서는 이와 같은 통계적 측도(statistical measures)를 계산하고 해석하는 것을 공부한다. 평균, 중앙값, 최빈값 외에도 범위(range), 분산 (variance), 표준편차(standard deviation), 퍼센타일(percentile), 공분산(covariance), 상관관계(correlation) 등의 여러 가지 수치적 측도를 계산해서 자료를 이해하고 해석하는 데 도움을 받는다.

Robert Dant/Alamy Stock Photo

Small Fry Design는 기술 통계를 활용해서 외상매출금 계정을 관리하고 현금흐름을 관리하고 있다.

2장에서는 표나 그래프로 자료를 요약하고 이해하는 것을 공부하였다. 3장에서는 자료에 대한 여러 가지 수치적 측도를 계산하여 자료를 요약하는 것을 공부한다. 먼저 변수가 1개인 데이터 세트의 수치적 요약 측도를 소개한다. 변수가 2개 이상인 경우도 독립적으로 각 변수의 수치적 측도를 계산하면 된다. 한편, 변수가 두 개인 경우, 두 변수의 관계 정도를 측정하는 측도도 소개한다.

자료의 위치 측도, 산포도 측도, 분포 모양 측도, 연관성 측도 등의 수치적 측도를 공부한다. 이들 측도값은 표본 자료에서 계산된 것이므로 **표본 통계**(sample statistics) 또는 통계라고 한다. 자료가 모집단의 전부이면 이들 측도값은 **모수**(population parameters)라고 한다. 추측통계학(inference statistics)에서는 표본 통계 각각을 해당 모수의 **점 추정량**(point estimator)이라고 말하는데, 점 추정에 대한 자세한 내용은 7장에서 공부한다.

3.1 위치 측도

평균

자료를 수직선상에 배열할 때 자료가 어느 위치에 있는지 짐작하게 하는 것이 위치 측도이다. 아마도 어떤 변수에 대해서 가장 중요한 위치 측도는 **평균**(mean)일 것이다. 평균은 자료의 중심 위치가 어디인지 나타내는 측도이다. 자료가 표본의 것이면 평균은 $\bar{x}$(x바)라고 표기

평균은 때때로 그냥 산술평균을 말한다.

하고, 자료가 모집단 전체라면 그것은 모집단의 평균 또는 모평균이 되고 그리스 문자 μ(뮤)로 표기한다.

통계 수식에서 데이터 세트의 값을 나타내는 데 변수 x를 사용하는데, 첫 번째 관찰의 변수 x의 값은 x_1, 두 번째 관찰의 변수 x의 값은 x_2, i번째 관찰의 변수 x의 값은 x_i 등으로 첨자를 붙여서 표기하는 것이 관습이다. 관찰이 모두 n개 있는 표본이라면 표본의 평균 $\bar{x}$는 다음 식으로 계산한다.

표본평균 $\bar{x}$는 표본 통계량의 하나이다.

데이터 세트는 자료 전체를, 데이터는 자료의 개별값을 지칭하는것으로 구분하지만, 혼용해서 사용하고 있다.—역자

표본평균

$$\bar{x} = \frac{\Sigma x_i}{n} \quad \textbf{3-1}$$

여기서 $\Sigma x_i = x_1 + x_2 + \cdots + x_n$이다.

예를 들어서 어느 대학의 5개 강좌 표본의 수강 학생수 데이터가 다음과 같다고 하자.

46 54 42 46 32

이 데이터를 가지고 표본의 평균을 계산한다면, x_1, x_2, x_3, x_4, x_5는 5개 강좌의 학생 수를 각각 나타내는데, $x_1 = 46$, $x_2 = 54$, $x_3 = 42$, $x_4 = 46$, $x_5 = 32$이고, 표본평균은 다음과 같이 적어서 계산한다.

$$\bar{x} = \frac{\Sigma x_i}{n} = \frac{x_1+x_2+x_3+x_4+x_5}{5} = \frac{46+54+42+46+32}{5} = 44$$

〈그림 3-1〉은 데이터를 도트플롯(dot plot)으로 표시한 것인데, 이 그림을 보면 표본평균 $\bar{x}$는 그림과 같이 좌우 균형이 잡히는 받침점 위치의 수평 좌표값에 해당한다는 것을 알 수 있다. 각 자료값을 나타내는 점의 무게가 모두 같다고 생각하면 받침점의 위치 $\bar{x}$는 어린이 놀이터의 시소 가운데 받침대 위치와 같다. 만일 제일 큰 자료값 $x_2 = 54$가 114로 달라진다면 받침점 위치는 어디가 될까? 받침대를 오른쪽으로 옮겨야 하는데, 그 위치는 표본평균을 새로 구하면 알 수 있다.

〈그림 3-1〉 표본평균 $\bar{x}$는 도트플롯 그림의 균형점(수강 학생 수 자료)

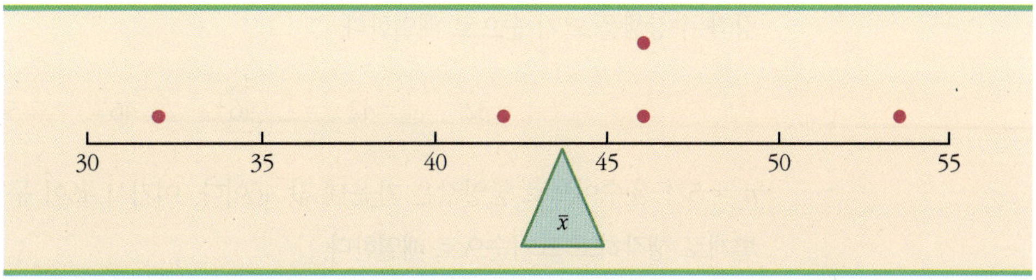

$$\bar{x} = \frac{\Sigma x_i}{n} = \frac{x_1+x_2+x_3+x_4+x_5}{5} = \frac{46+114+42+46+32}{5} = 56$$

새로운 평균은 56명인데 이전의 44명에 비해서 12명이 늘어났다. 받침대 위치가 오른쪽으로 12만큼 이동되는데, 여기서 보듯이 평균은 극단적으로 크거나 작은 자료값에 영향을 많이 받는다.

한 가지 예를 더 들어보자. 〈표 3-1〉은 어느 대학의 비즈니스 스쿨 졸업생 12명의 초임 월급($)이다. 다음과 같이 자료의 평균을 계산해 보면 초임의 평균은 $3940이다.

〈표 3-1〉 비즈니스 스쿨 졸업생 표본 12명의 초임 월급

졸업생	초임 월급($)
1	3850
2	3950
3	4050
4	3880
5	3755
6	3710
7	3890
8	4130
9	3940
10	4325
11	3920
12	3880

DATA *file*
StartSalary

$$\bar{x} = \frac{\Sigma x_i}{n} = \frac{x_1+x_2+\cdots+x_{12}}{12} = \frac{3850+3950+\cdots+3880}{12} = 3940$$

모집단 전체의 평균은 기호 표기가 조금 달라진다. 모집단의 관찰 개수는 N으로 나타내고, 모집단 평균은 기호 μ로 표기하고 다음과 같이 계산한다.

표본의 평균 $\bar{x}$는 μ의 점 추정량(point estimator)이 된다.

모집단 평균(모평균)

$$\mu = \frac{\Sigma x_i}{N} \quad \text{3-2}$$

중앙값

중앙값(median, 중위수)은 중심 위치를 측정하는 또 다른 측도이다. 중앙값은 자료를 크기순으로 배열할 때 가운데 있는 값이다. 자료 개수가 홀수이면 가운데 값이고, 자료 개수가 짝수이면 가운데 원소가 없기 때문에 가운데 두 개 원소 값의 산술평균값(average)을 중앙값으로 삼는다. 중앙값은 중위수라고도 한다.

중앙값(중위수)

자료를 크기순으로 배열할 때

(a) 자료의 관찰 개수가 홀수이면 정 가운데 값이 중앙값이다.

(b) 자료의 관찰 개수가 짝수이면 가운데 두 개 값의 산술평균이 중앙값이다.

이러한 정의를 적용해서 앞에서 예를 든 대학 강좌 5개의 중앙값을 계산해 보자. 먼저 5개 강좌 수강생을 크기 순으로 배열한다.

32 42 46 46 54

n = 5가 홀수이므로 중앙값은 가운데 값 46이다. 여기서 46이 두 번 관찰되었지만 각각을 별개로 생각하고 크기순으로 배열한다.

〈표 3-1〉의 초임 월급으로 중앙값을 계산해 보자. 먼저 12명의 월급을 크기순으로 배열한다.

3710 3755 3850 3880 3880 (3890) (3920) 3940 3950 4050 4130 4325

자료 개수 $n = 12$가 짝수이므로 가운데 두 개 값 3890과 3920의 산술평균을 구하면 다음과 같다.

$$\text{중앙값} = \frac{3890+3920}{2} = 3905$$

중앙값을 찾을 때는, 데이터를 크기순으로 나열한 다음 제일 작은 값과 제일 큰 값을 한 쌍씩 계속 지워 나가면 맨 가운데 한 개 또는 두 개가 남게 된다. 이것을 가지고 중앙값을 정할 수 있다. 아래는 초임 월급여 12개를 크기순으로 배열한 다음, 좌우에 한 개씩 차례로 지워나가는 것을 보여준다(이것을 trimming process 라고 한다). 마지막에 남은 3890과 3920 두 개의 산술평균으로 중앙값을 구할 수 있다. 이 방법은 데이터 개수가 홀수 개이든 짝수 개이든 상관없이 적용할 수 있다.

~~3710~~ 3755 3850 3880 3880 3890 3920 3940 3950 4050 4130 ~~4325~~

~~3710~~ ~~3755~~ 3850 3880 3880 3890 3920 3940 3950 4050 ~~4130~~ ~~4325~~

~~3710~~ ~~3755~~ ~~3850~~ 3880 3880 3890 3920 3940 3950 ~~4050~~ ~~4130~~ ~~4325~~

⋮

~~3710~~ ~~3755~~ ~~3850~~ ~~3880~~ ~~3880~~ 3890 3920 ~~3940~~ ~~3950~~ ~~4050~~ ~~4130~~ ~~4325~~

중심 위치 측도로서 평균을 많이 사용하지만 자료에 극단적으로 큰 값이나 작은 값이 있으면 중앙값이 자료의 중심 위치로서 더 적합하다. 12명 비즈니스 스쿨 졸업생의 초임 월급 자료에서 제일 큰 값이 \$4325에서 \$10,000으로 수정되었다면, 평균 $\bar{x}$는 \$3,940에서 \$4413으로 크게 변동한다. 그렇지만 가운데 두 개값 \$3890과 \$3920은 그대로 변동이 없기 때문에 중앙값은 변동이 없다. 이처럼 자료에 극단적인 값이 있을 때에는 중앙값이 더 나은 중심 위치 측도이다.

개인소득 자료나 재산 자료에는 소수 몇 개의 극단적인 값이 평균을 부풀리기 때문에 중앙값을 중심 위치의 측도로 사용한다.

최빈값

위치의 또 다른 측도는 **최빈값**(mode)이다. 최빈값은 다음과 같이 정의한다.

최빈값

최빈값은 자료에서 가장 빈번히 관찰되는 값이다.

대학 강좌 5개의 수강생 수의 자료를 가지고 최빈값을 정하면 46이다. 46이 두 번 관찰되어서 가장 빈번하기 때문이다. 12명 졸업생의 초임 월급 자료의 최빈값은 두 번 관찰되는 $3880이다. 빈도가 제일 큰 값이 여러 개 있으면 우리는 최빈값이 여러 개 있다고 말한다. 최빈값이 두 개 있으면 양봉분포(bimodal)라고 하고 세 개 이상이면 다봉분포(multimoda)라고 한다. 다봉분포이면 최빈값은 자료의 위치를 나타내는 데 특별히 도움이 되지 않기 때문에 따로 명시하지 않는다.

엑셀로 평균, 중앙값, 최빈값 구하기

엑셀에는 평균, 중앙값, 최빈값을 구하는 함수가 있는데, 〈그림 3-2〉는 초임 월급 자료를 가지고 이들을 구한 것이다.

자료 입력: 엑셀 파일 StartSalary를 연다. 자료는 B2:B13에 입력되어 있다.
함수/수식: E2에 AVERAGE 함수를 입력하면 평균을 구할 수 있다.

=AVERAGE(B2:B13)

같은 방법으로 E3, E4에 =MEDIAN(B2:B13), =MODE.SNGL(B2:B13)을 입력하면 중앙값과 최빈값을 계산해 준다. 뒤편 그림 E2:E4에는 입력된 엑셀 함수를 적어 놓았고, 앞면 그림의 E2:E4에는 그 계산값을 보여주고 있다. 평균(3940), 중앙값(3905), 최빈값(3880)은 앞에

〈그림 3-2〉 엑셀로 평균, 중앙값, 최빈값을 계산하기(초임 월급 자료)

	A	B	C	D	E	F
1	Graduate	Monthly Starting Salary ($)				
2	1	3850		Mean	=AVERAGE(B2:B13)	
3	2	3950		Median	=MEDIAN(B2:B13)	
4	3	4050		Mode	=MODE.SNGL(B2:B13)	
5	4	3880				
6	5	3755				
7	6	3710				
8	7	3890				
9	8	4130				
10	9	3940				
11	10	4325				
12	11	3920				
13	12	3880				
14						

	A	B	C	D	E	F
1	Graduate	Monthly Starting Salary ($)				
2	1	3850		Mean	3940	
3	2	3950		Median	3905	
4	3	4050		Mode	3880	
5	4	3880				
6	5	3755				
7	6	3710				
8	7	3890				
9	8	4130				
10	9	3940				
11	10	4325				
12	11	3920				
13	12	3880				
14						

서 계산해 본 것과 일치한다.

가중평균

표본의 평균이나 모집단 평균을 계산하는 식은 각각의 x_i에게 꼭 같은 중요도 혹은 가중치를 부여한 셈이다. 표본의 평균 $\bar{x}$의 식을 새로 쓰면,

$$\bar{x} = \frac{\sum x_i}{n} = \frac{1}{n}\left(\sum x_i\right) = \frac{1}{n}(x_1 + x_2 + \cdots + x_n) = \frac{1}{n}(x_1) + \frac{1}{n}(x_2) + \cdots + \frac{1}{n}(x_n)$$

인데, 이 식에서 표본의 각각 관찰 x_i에 부여된 가중치는 $\frac{1}{n}$로서 동일하다. 그러나 경우에 따라서는 $\frac{1}{n}$ 대신에 x_i 중요성을 감안해서 서로 다른 가중치 부여해서 평균을 계산할 필요가 있다. 이렇게 구한 평균을 **가중평균**(weighted mean)이라고 한다.

가중평균

$$\bar{x} = \frac{\sum w_i x_i}{\sum w_i} \qquad \textbf{3-3}$$

w_i = 관찰 i의 가중치

데이터가 표본의 것이면 표본 가중평균, 데이터가 모집단의 것이면 식 3-3에서 $\bar{x}$를 μ로 바꾸어서 모집단 가중평균으로 부른다.

가중평균의 예를 보자. 다음은 5개 공급처로 부터 원재료를 구매한 양(파운드 단위)과 그 단가($/파운드)이다.

공급처	단가 ($)	구매량 (파운드)
1	3.00	1200
2	3.40	500
3	2.80	2750
4	2.90	1000
5	3.25	800

단가는 $2.80~3.40이다. 구매량은 500~2750파운드이다. 원재료 구매량 전체의 파운드당 평균 단가를 계산하고 싶으면 가중평균식을 사용해야 한다. 공급처별로 구매단가는 $x_1 = 3.00$, $x_2 = 3.40$, $x_3 = 2.80$, $x_4 = 2.90$, $x_5 = 3.25$이다. 이 단가에 구매량만큼 가중치를 매기면 $w_1 = 1200$, $w_2 = 500$, $w_3 = 2750$, $w_4 = 1000$, $w_5 = 800$이다. 식 3-3을 사용하면 가중평균은

$$\bar{x} = \frac{1200(3.00) + 500(3.40) + 2750(2.80) + 1000(2.90) + 800(3.25)}{1200 + 500 + 2750 + 1000 + 800} = \frac{18{,}500}{6250} = 2.96$$

이다. 따라서 구매한 원재료의 단가는 파운드당 평균 $2.96이다. 식 3-1을 사용해서 평균 단가를 산술평균으로 계산하면 (3.00+3.40+2.80+2.90+3.25)/5 = 15.35/5 = $3.07인데 이것은 실제보다 과대 평가한 결과가 된다.

가중평균을 계산할 때 가중치 w_i는 그 때의 상황에 맞게 부여해야 한다. 예를 들면 대학교의 평점 평균 GPA를 계산할 때에 A, B, C, D, F 등급의 값을 각각 4.0, 3.0, 2.0, 1.0, 0.0으로 매기고, 취득한 학점수를 가중치로 부여한다(연습문제 16번 참고). 이처럼 가중평균을 계산할 때 가중치는 해당 자료값의 중요도를 반영해야 한다.

기하평균

기하평균(geometric mean)은 n개 값을 곱한 후 그것의 양의 n승근(n^{th} root)으로 계산하는 하나의 위치 측도이다. 기하평균은 다음 식으로 계산한다.

기하평균

$$\bar{x}_g = \sqrt[n]{(x_1)(x_2)\cdots(x_n)} = [(x_1)(x_2)\cdots(x_n)]^{1/n} \tag{3-4}$$

기하평균은 재무적 데이터에서 성장률(growth rates)을 분석할 때 종종 사용한다. 여기에다 산술평균을 사용하면 잘못된 결과를 초래한다.

성장계수는 1 더하기 0.01배의 퍼센티지 회수율이다. 성장계수가 1.0보다 작으면 음의 성장, 1.0보다 크면 양의 성장을 뜻한다. 0보다 작을 수는 없다.

〈표 3-2〉는 어느 상호투자펀드에서 지난 10년간 달성한 회수율(annual returns, 수익률)과 성장계수(growth factors)이다. 예를 들면 1년 초에 투자한 $100의 10년 말의 가치를 계산한다고 해보자. 제1년의 회수율 −22.1%을 반영해서 1년 말의 잔고는

$$\$100 - .221(\$100) = \$100(1 - .221) = \$100(.779) = \$77.90$$

이다. .779는 제1년의 성장계수이다. 제1년의 잔고는 제2년의 초기 투자금액이 된다. 여기에 제2년의 회수율을 반영하면 제2년의 연말 잔고는

$$\$77.90 + .287(\$77.90) = \$77.90(1+ .287) = \$77.90(1.287) = \$100.2573$$

〈표 3-2〉 연간 퍼센티지 회수율과 성장계수 (상호펀드 자료)

DATA file MutualFund

연차	회수율(%)	성장계수	연차	회수율(%)	성장계수
1	−22.1	0.779	6	5.5	1.055
2	28.7	1.287	7	−37.0	0.630
3	10.9	1.109	8	26.5	1.265
4	4.9	1.049	9	15.1	1.151
5	15.8	1.158	10	2.1	1.021

공학용 계산기에서는 1.334493을 입력하고 x^y 버튼을 선택한 다음 1÷10을 입력한 후 = 를 누르면 $\sqrt[10]{1.334493}$ 이 계산된다. 엑셀에서는 1.334493의 n승근은 POWER(1.334493, 1/10)을 입력하면 1.029275가 계산된다.

이다. 식에서 1.287은 제2년 성장계수 1.287에 해당한다. 위 식에서 \$77.90을 제1년 말의 잔고 \$100(.779)로 대체하면, 2년말의 잔고는 \$100(.779)(1.287) = \$100.2573이다. 즉, 2년 말의 잔고는 1년 초의 투자금액 곱하기 제1년의 성장계수 곱하기 제2년의 성장계수이다. 이것을 10년 말까지 적용하면 다음과 같다.

$$\begin{aligned}&\$100[(.779)(1.287)(1.109)(1.049)(1.158)(1.055)(.630)(1.265)(1.151)(1.021)]\\&= \$100(1.334493) = \$133.4493\end{aligned}$$

즉, 1년 초의 투자 \$100에 10년간의 평균 성장계수 $\bar{x}_g$를 10번 곱한 것이 \$133.4493이다. 이것을 다시 쓰면 그 기하평균은 다음과 같다.

$$\begin{aligned}\$100(\bar{x}_g)^{10} &= \$133.4493\\(\bar{x}_g)^{10} &= \$1.334493\\\bar{x}_g &= \sqrt[10]{1.334493} = 1.029275\end{aligned}$$

기하평균으로 구한 성장계수 평균은 초기의 투자금이 연간 평균 (1.029275−1.0)100% = 2.9275%로 성장한다는 것을 의미한다. 다른 말로 하면, 펀드에 투자한 금액 \$100이 10년간 성장하여 $\$100(1.029275)^{10}$ = \$133.4493이 된다는 것을 의미한다.

연간 회수율(%)을 산술적으로 평균해서는 투자의 연간 평균 성장률을 나타내지 못한다. 〈표 3-2〉의 연간 회수율의 10년간 합계는 50.4인데 이것의 산술평균은 50.4/10 = 5.04% 이다. 만일 상호투자펀드를 권고하면서 연간 회수률(수익률)이 5.04%라고 유혹한다면 속지 말아야 한다. 이 말은 틀린 말일 뿐만 아니라 정확하지 않은 말이다. 연간 회수율 퍼센트가 5.04%라면 연간 성장률이 1.054라는 것을 뜻하는데, \$100을 투자하면 10년 후에 $\$100(1.054)^{10}$ = \$163.51이다. 이것은 앞에서 〈표 3-2〉에서 계산한 값 \$133.45보다 훨씬 부풀려져 있고, 성장률 5.04%는 과대평가된 것이다. 왜 이런 착오가 생긴 것인가? 그것은 산술평균은 가산적(더해지는) 프로세스에 적합하고, 승산적(곱해지는) 프로세스에는 기하평균이 적합한 중심 위치 측도이기 때문이다.

기하평균은 금융, 투자, 은행에서 빈번히 사용되는데, 연속된 여러 기간의 평균 변동률(mean rate of changes)을 정할 때 사용된다. 다른 분야에서도 사용되는데, 어떤 생물종의 개체수 변동, 농산물 수확률, 오염수준, 출생률이나 사망률 등에서 연속 기간이나 연속 횟수에 제한 없이 적용할 수 있다. 기하평균은 연간 변동뿐만 아니라 분기별, 월별, 주별, 심지어는 매일 단위에도 적용할 수 있다

엑셀로 기하평균 구하기

엑셀의 GEOMEAN 함수는 기하평균을 계산해 준다. 〈그림 3-3〉은 〈표 3-2〉를 가지고 구한

〈그림 3-3〉 엑셀로 기하평균 구하기(상호펀드 자료)

	A	B	C	D	E	F	G
1	Year	Return (%)	Growth Factor				
2	1	-22.1	=1+0.01*B2		Geometric Mean	=GEOMEAN(C2:C11)	
3	2	28.7	=1+0.01*B3				
4	3	10.9	=1+0.01*B4				
5	4	4.9	=1+0.01*B5				
6	5	15.8	=1+0.01*B6				
7	6	5.5	=1+0.01*B7				
8	7	-37	=1+0.01*B8				
9	8	26.5	=1+0.01*B9				
10	9	15.1	=1+0.01*B10				
11	10	2.1	=1+0.01*B11				
12							

	A	B	C	D	E	F	G
1	Year	Return (%)	Growth Factor				
2	1	-22.1	0.779		Geometric Mean	1.029275	
3	2	28.7	1.287				
4	3	10.9	1.109				
5	4	4.9	1.049				
6	5	15.8	1.158				
7	6	5.5	1.055				
8	7	-37	0.63				
9	8	26.5	1.265				
10	9	15.1	1.151				
11	10	2.1	1.021				
12							

것인데, 뒤편 시트는 함수를, 앞면 시트는 계산 결과를 보여준다.

자료 입력: 엑셀 파일 MutualFund를 연다. 자료는 B2:B11에 입력되어 있다.

함수/수식: 회수율 B2(−22.1) 에 해당하는 성장계수는 C2에 '=1+.01*B2'을 입력하면 된다. 이 식을 C3:C11에 복사하면 다른 연도의 회수율에 대응하는 성장계수를 계산할 수 있다. 이 성장계수 C2:C11를 가지고 기하평균을 구하는데 F2에 '=GEOMEAN(C2:C11)'을 입력한다. F2의 기하평균값 1.029275는 앞에서 계산한 결과와 일치한다.

퍼센타일

퍼센타일(percentile, 백분위수)은 자료의 최소값에서 최대값 사이의 구간에서 어느 위치에 있는지 말해 준다. 데이터 세트에 n개의 관찰값이 있다면, **pth 퍼센타일**(pth percentile)은 데이터 세트를 두 부분으로 나누는데, 대략 자료의 p%는 pth 퍼센타일보다 작고 $(100-p)$%는 pth 퍼센타일보다 크다.

예를 들면 어떤 학생이 대학입학 시험에서 630점을 받았다면 다른 학생과 비교해서 자신의 성적이 어느 정도 위치에 있는지 불명확하다. 그런데 630점이 82nd 퍼센타일이라고 알려준다면, 자신보다 못한 사람이 약 82% 있고, 더 나은 사람이 약 18% 있다는 것을 짐작할 수 있다.

n개의 관찰값 중에서 pth 퍼센타일을 계산하려면, 먼저 자료를 오름차 순으로 배열하여야 한다. 제일 작은 값은 '위치 1'에, 그다음 작은 값은 '위치 2'에 해당한다. pth 퍼센타일의 위치를 L_p라고 표기하며 다음과 같이 계산한다.

pth 퍼센타일 값을 계산은 표본 데이터에서 그 위치 L_p를 정하는 방법에 따라 여러 가지가 있다. 그러나 데이터 세트가 커지면 그 결과는 비슷해진다. 여기서는 엑셀의 PERCENTILE.EXC 함수의 계산 방법을 따랐는데, 계산된 위치 L_p가 $1 \le L_p \le n$일 때 유효하게 적용된다.

pth 퍼센타일 위치

$$L_p = \frac{p}{100}(n+1) \qquad \text{3-5}$$

이 식을 가지고 〈표 3-1〉의 초임월급 자료에서 80th 퍼센타일 값을 구해 보자. 먼저 12개 초임월급을 오름차순으로 배열한다.

	3710	3755	3850	3880	3880	3890	3920	3940	3950	4050	4130	4325
위치	1	2	3	4	5	6	7	8	9	10	11	12

3710은 위치 1에, 3755는 위치 2에 있다. $p = 80$, $n = 12$를 식 3-5에 적용하면,

$$L_{80} = \frac{p}{100}(n+1) = \frac{80}{100}(12+1) = 10.4$$

이다. $L_{80} = 10.4$의 뜻은 80th 퍼센타일의 값이 위치 10과 위치 11 사이에 .4 위치에 있다는 뜻이다. 위치 10은 4050이고 위치 11은 4130이므로 80th 퍼센타일 값은 다음과 같다.

$$\text{80th 퍼센타일 값} = 4050 + .4(4130 - 4050) = 4050 + .4(80) = 4082$$

이제, 50th 퍼센타일 값을 구해 보자. 그 위치 L_{50}은

$$L_{50} = \frac{p}{100}(n+1) = \frac{50}{100}(12+1) = 6.5$$

이다. L_{50}는 위치 6(3890)과 위치 7(3920) 사이에 .5 위치에 있으므로

$$\text{50th 퍼센타일 값} = 3890 + .5(3920 - 3890) = 3890 + .5(30) = 3905$$

이다. 50th 퍼센타일 값 3905은 바로 중앙값(median)에 해당한다.

사분위값

사분위값은 퍼센타일 값의 특별한 경우이다. 퍼센타일 계산을 이용하여 구할 수 있다.

데이터 세트를 4등분하여 각 등분이 전체 데이터량의 25%를 자시하도록 하는 경계값이 **사분위값**(quartiles, 사분위수)이다. 사분위값 정의는 다음과 같다.

Q_1 = 제1사분위값, 25퍼센타일(값)

Q_2 = 제2사분위값, 50퍼센타일(값)

Q_3 = 제3사분위값, 75퍼센타일(값)

〈표 3-1〉의 월급을 가지고 사분위 계산을 해 보자. 퍼센타일을 계산할 때 50th 퍼센타일

이 3905이었다. 따라서 $Q_2 = 3905$이다. Q_1과 Q_3를 계산해 보자. Q_1은 25th 퍼센타일이므로, 위치 L_{25}는

$$L_{25} = \frac{p}{100}(n+1) = \frac{25}{100}(12+1) = 3.25$$

이다. 위치 3의 값(3850)과 위치 4의 값(3880) 사이에 .25 위치값을 찾으면

$$Q_1 = 3850 + .25(3880 - 3850) = 3850 + .25(30) = 3857.5$$

이다. Q_3는 75th 퍼센타일이므로, 그 위치 L_{75}는

$$L_{75} = \frac{p}{100}(n+1) = \frac{75}{100}(12+1) = 9.75$$

이다. 위치 9의 값(3950)과 위치 10의 값(4050) 사이에 9.75 위치값을 찾으면 다음과 같다.

$$Q_3 = 3950 + .75(4050 - 3950) = 3950 + .75(100) = 4025$$

사분위값은 25th, 50th, 75th 퍼센타일이다. 따라서 퍼센타일 계산방법으로 계산하면 된다. 사분위를 계산하는 다른 방법도 있기 때문에 방법에 따라 사분위값이 약간 다르기도 하다. 그렇지만 사분위값의 취지는 자료를 4등분한다는 것이다.

엑셀을 사용한 퍼센타일과 사분위값 계산하기

엑셀에는 퍼센타일(백분위 값)과 사분위값을 계산하는 함수가 있는데, 〈표 3-1〉의 월급 자료를 가지고 pth 퍼센타일과 사분위값 계산을 설명해 보자. 〈그림 3-4〉의 뒤편 시트에는 함수를 예시하였고, 앞면 시트에는 계산 결과를 볼 수 있다.

자료 입력: 엑셀 파일 StartSalary를 연다. 자료는 B2:B13에 입력되어 있다.

함수/수식: pth 퍼센타일을 계산하는 엑셀 함수는 PERCENTILE.EXC이다. 월급 자료를 가지고 퍼센타일을 계산하는 함수의 일반 형태는

=PERCENTILE.EXC(B2:B13, *p*/100)

이다. 만일 80th 퍼센타일(80%백분위 값)을 구하려면 E2에 다음과 같이 입력한다.

=PERCENTILE.EXC(B2:B13, .8)

한편, 사분위값은 25th, 50th, 75th 퍼센타일에 해당하므로, 이 퍼센트 위치를 =PERCENTILE.EXC(B2:B13, .25)와 같이 입력하면 된다. 사분위값을 계산하는 별도의 함수

〈그림 3-4〉 엑셀에서 퍼센타일과 사분위 계산하기(월급 자료)

	A	B	C	D	E	F
1	Graduate	Monthly Starting Salary ($)		Percentile		
2	1	3850		80	=PERCENTILE.EXC(B2:B13,0.8)	
3	2	3950				
4	3	4050		Quartile	Value	
5	4	3880		1	=QUARTILE.EXC($B$2:$B$13,D5)	
6	5	3755		2	=QUARTILE.EXC($B$2:$B$13,D6)	
7	6	3710		3	=QUARTILE.EXC($B$2:$B$13,D7)	
8	7	3890				
9	8	4130				
10	9	3940				
11	10	4325				
12	11	3920				
13	12	3880				
14						

	A	B	C	D	E	F
1	Graduate	Monthly Starting Salary ($)		Percentile		
2	1	3850		80	4082.0	
3	2	3950				
4	3	4050		Quartile	Value	
5	4	3880		1	3857.5	
6	5	3755		2	3905.0	
7	6	3710		3	4025.0	
8	7	3890				
9	8	4130				
10	9	3940				
11	10	4325				
12	11	3920				
13	12	3880				
14						

QUARTILE.EXC 함수가 있는데, 월급 자료를 가지고 사분위를 계산하는 함수는

=QUARTILE.EXC(B2 : B13, Quart)

이나. 여기서 Quart = 1, 2, 3을 입력하면 각각 제1사분위, 제2사분위, 제3사분위값을 구할 수 있다. D5 : D7에 1, 2, 3을 입력해 놓고 E5에 제1사분위는 다음과 같이 입력한다.

=QUARTILE.EXC(B2 : B13, D5)

이 식을 E6, E7에 복사하면 제2사분위, 제3사분위값을 계산할 수 있다. 세 개의 사분위값(3857.5, 3905, 4025)은 앞에서 계산한 결과와 일치한다.

3.1 보충 설명: 절삭평균, 십분위값, 그룹 데이터의 가중평균

1. 데이터 세트에 극단적인 값이 들어 있으면 평균보다는 중앙값이 자료의 중심위치를 측정하는 데 더 낫다. 극단적인 값이 있을 때는 중앙값 말고도 중심위치를 나타내는 또 다른 측도로서 절삭평균(trimmed mean)이 있다. 예를 들면 5% 절삭평균은 자료에서 상위 5%와 하위 5%에 속하는 값을 제거한 후에 평균을 계산하는 것이다. 표본 크기가 n=12이면 .05(12)=.6인데, .6을 반올림하면 1.0이 되므로 제일 큰 값 한 개와 제일 작은 값 한 개씩을 제외하고 평균을 구한다. 월급 자료의 평균은 3940이었는데 5% 절삭평균은 3924.50이 된다.

2. 퍼센타일(백분위수) 중에서 흔히 쓰이는 것은 오분위수(quintiles: 20th, 40th, 60th, 80th 퍼센타일)과 십분위값(deciles: 10th, 20th, ···, 80th, 90th 퍼센타일)이다.

3. 〈표 2-5〉와 같이 계급과 도수로 자료가 주어진 경우는 각 계급의 중앙값을 x_i로, 도수를 w_i로 하여 가중평균을 구하여 평균으로 삼는다(연습문제 74 참조).

연습문제

기본문제

1. 표본 자료 10, 20, 12, 17, 16의 평균과 중앙값을 구하라.
2. 표본 자료 10, 20, 21, 17, 16, 12의 평균과 중앙값을 구하라.
3. 오른쪽 자료와 가중치를 가지고 물음에 답하라.
   a. 가중평균을 구하라.
   b. 가중치 없이 표본의 평균을 구하라. 두 개 평균에 차이가 나는가?

x_i	가중치(w_i)
3.2	6
2.0	3
2.5	2
5.0	8

4. 오른쪽의 회수율(%) 자료를 가지고, 5개 기간 동안의 평균 성장률을 계산하라.

기간	회수율
1	−6.0
2	−8.0
3	−4.0
4	2.0
5	5.4

5. 표본 데이터 값 27, 25, 20, 15, 30, 34, 28, 25를 가지고 20th, 25th, 65th, 75th 퍼센타일을 구하라.
6. 표본 데이터 값 53, 55, 70, 58, 64, 57, 53, 69, 57, 68, 53의 평균, 중앙값, 최빈값을 계산하라.

응용문제

7. 미국의 출퇴근 시간의 평균은 27.7분이다[출처]. 다음은 48개 도시의 출퇴근시간 평균이다.

DATA file CommuteTime

Albuquerque	23.3	Jacksonville	26.2	Phoenix	28.3
Atlanta	28.3	Kansas City	23.4	Pittsburgh	25.0
Austin	24.6	Las Vegas	28.4	Portland	26.4
Baltimore	32.1	Little Rock	20.1	Providence	23.6
Boston	31.7	Los Angeles	32.2	Richmond	23.4
Charlotte	25.8	Louisville	21.4	Sacramento	25.8
Chicago	38.1	Memphis	23.8	Salt Lake City	20.2
Cincinnati	24.0	Miami	30.7	San Antonio	26.1
Cleveland	26.8	Milwaukee	24.8	San Diego	24.8
Columbus	23.4	Minneapolis	23.6	San Francisco	32.6
Dallas	28.5	Nashville	25.3	San Jose	28.5

Denver	28.1	New Orleans	31.7	Seattle	27.3
Detroit	29.3	New York	43.8	St. Louis	26.8
El Paso	24.4	Oklahoma City	22.0	Tucson	24.0
Fresno	23.0	Orlando	27.1	Tulsa	20.1
Indianapolis	24.8	Philadelphia	34.2	Washington, DC	32.8

a. 이 48개 도시의 출퇴근 시간의 평균을 구하라.

b. 출퇴근 시간의 중앙값을 구하라.

c. 출퇴근 시간의 최빈값을 구하라.

d. 제3사분위값 Q_3을 구하라.

8. 월스트리트저널은 미국의 중간층 관리자의 연봉의 중앙값은 약 $85,000이라고 발표하였다[출처]. 이 중앙값이 조지아주 애틀랜타 도시에 있는 회사의 중간층 관리자에게도 그대로 맞는지 조사를 하려고 15명의 중간관리자의 연봉($1000)을 조사하였다.

108 83 106 73 53 85 80 63 67 75 124 55 93 118 77

a. 이 표본 자료의 중앙값을 구하라. 미국 전체의 중앙값과 비교하라.

b. 이 표본 자료의 평균을 구하라. a의 중앙값과 비교해서 얼마나 다른가? 그 이유는 무엇인가?

c. 제1, 제3 사분위값 Q_1, Q_3을 구하라.

9. 다음 자료를 볼 때 어느 기업의 광고비가 제일 많은가? Business Insider는 기업의 광고비를 순위를 매겨서 발표하는데, 2014년에는 Procter & Gamble은 기업광고에 $5 billion이라는 어마어마한 돈을 썼다. 그 다음은 Comcast로 $3.08 billion를 사용했다[출처]. 다음 자료를 가지고 답하라.

DATA file
AdvertisingSpend

기업	광고비($ billions)	기업	광고비($ billions)
Procter & Gamble	5.00	American Express	2.19
Comcast	3.08	General Motors	2.15
AT&T	2.91	Toyota	2.09
Ford	2.56	Fiat Chrysler	1.97
Verizon	2.44	Walt Disney Company	1.96
L'Oreal	2.34	J.P Morgan	1.88

a. 광고비의 평균은 얼마인가?

b. 광고비의 중앙값은 얼마인가?

c. 제1, 제3 사분위값 Q_1, Q_3을 구하라.

10. OutdoorGearLab 은 빙벽 등반, 등산, 도보 여행용 '단단자켓'을 9개월 동안 테스트했다. 자켓의 환기성, 내구성, 다기능성, 모양새, 활동성, 무게 등을 평가해서 모두 20개 인기 모델 자켓을 0~100점으로 점수를 매겼다[출처].

DATA file
JacketRatings

42 66 67 71 78 62 61 76 71 67 61 64 61 54 83 63 68 69 81 53

a. 평균, 중앙값, 최빈값을 구하라.

b. 제1사분위값, 제3사분위값을 구하라.

c. 90th 퍼센타일을 구하고 해석하라.

11. 미국 국립교육회에 의하면, 교사들은 한 주당 40시간 이상 강의와 학습에 관련된 일을 한다[출처]. 아래 표본 자료는 11개 고등학교의 영어교사 11명과 과학교사 13명을 대상으로 한 주 동안 일하는 시간을 조사한 것이다.

과학교사: 53 56 54 54 55 58 49 61 54 54 52 53 54

영어교사: 52 47 50 46 47 48 49 46 55 44 47

a. 과학교사의 일하는 시간의 중앙값을 구하라.

b. 영어교사의 일하는 시간의 중앙값을 구하라.

c. 어느 그룹의 중앙값이 더 큰가? 그 차이는 몇 시간인가?

12. The Big Bang Theory는 인기 있는 시트콤인데, 2011년 9월 22일 시즌 첫방송을 시작한 날 시청자가 14.1백만 명, 둘째 날은 14.7백만 명이었다. 다음은 2011-2012 시즌 동안 이 시트콤의 21회 에피소드 방송의 시청자 수이다[출처].

DATA file
BigBangTheory

방송날짜	시청자 수(백만 명)	방송날짜	시청자 수(백만 명)
2011년 9월 15일	14.1	2012년 1월 12일	16.1
2011년 9월 22일	14.7	2012년 1월 19일	15.8
2011년 9월 29일	14.6	2012년 1월 26일	16.1
2011년 10월 6일	13.6	2012년 2월 2일	16.5
2011년 10월 13일	13.6	2012년 2월 9일	16.2
2011년 10월 20일	14.9	2012년 2월 16일	15.7
2011년 10월 27일	14.5	2012년 2월 23일	16.2
2011년 11월 3일	16.0	2012년 3월 8일	15.0
2011년 11월 10일	15.9	2012년 3월 29일	14.0
2011년 11월 17일	15.1	2012년 4월 5일	13.3
2011년 12월 8일	14.0		

a. 시청자 수의 최소값과 최대값을 찾아라.

b. 평균, 중앙값, 최빈값을 찾아라.

c. 제1, 제3 사분위값인 Q_1, Q_3을 계산하라.

d. 2011-2012시즌 동안 시청률이 증가하였는가, 감소하였는가? 설명하라.

13. 자동차의 연비를 테스트하기 위해서, 도시도로와 고속도로로 나누어서 각각 13대 자동차로 300마일 도로 테스트를 실시하였다. 평균, 중앙값, 최빈값을 계산하고, 도시와 고속도로의 연비 차이에 대해서 적어라.

도시도로: 16.2 16.7 15.9 14.4 13.2 15.3 16.8 16.0 16.1 15.3 15.2 15.3 16.2

고속도로: 19.4 20.6 18.3 18.6 19.2 17.4 17.2 18.6 19.0 21.1 19.4 18.5 18.7

DATA file
StateUnemp

14. 데이터 파일 StateUnemp에는 2011년 3월과 2012년 3월에 미국 각 주(states)의 실업률이 적혀 있다[출처]. 연도별로 Q_1, 중앙값, Q_3을 계산해서 두 시점의 실업률을 비교하라. 이러한 통계치를 볼 때, 각 주 실업률의 변동에 대해서 무엇을 알 수 있는가?

15. Martinez Auto라는 자동차부품 체인 대리점이 8개 도시에 있는데, 대리점마다 부품의 값이 조금씩 다르다. 다음은 지난 분기 동안 팔린 엔진오일 제품의 가격과 판매된 박스 수이다. 이 엔진오일의 박스당 평균 판매 가격을 구하라.

도시	거래($)	판매량(박스)
Bakersfield	34.99	501
Los Angeles	38.99	1425
Modesto	36.00	294
Oakland	33.59	882
Sacramento	40.99	715
San Diego	38.59	1088
San Francisco	39.59	1644
San Jose	37.99	819

16. 대학의 졸업 평균평점(GPA)는 가중평균으로 계산한다. 각 등급의 평점은 A(4), B(3), C(2), D(1), F(0)이다. 60학점을 이수한 한 학생의 성적표에 A는 9학점, B는 15학점, C는 33학점, D는 3학점이었다.

a. 이 학생의 평균평점을 계산하라.

b. 이 대학에서는 비즈니스 스쿨에 진학하려면 처음 60학점의 평균이 2.5가 되어야 한다. 이 학생은 비즈니스 스쿨에 진학할 수 있는가?

17. 아래는 상호 투자 펀드를 국내 주식 투자, 외국 주식 투자, 특별 주식, 혼합형 펀드로 분류한 후, 각 펀드의 개수와 총수익률(total return %)을 적은 것이다.

펀드 유형	펀드 개수	총수익률(%)
국내 주식	9191	4.65
외국 주식	2621	18.15
특별 주식	1419	11.36
혼합형 펀드	2900	6.75

a. 펀드 개수를 가중치로 해서 상호 투자 펀드의 수익률의 가중평균을 구하라.

b. 펀드 갯수를 가중치로 사용하는 데 어떤 부적합한 점이 있는가? 적합한 가중치로 무엇을 사용할 수 있는가?

c. 만일 어떤 사람이 $10,000을 $2000, $4000, $3000, $1000씩 나누어서 이 상호 투자 펀드 유형별로 투자하였다면 이 투자배분 포트폴리오의 기대 수익률은 얼마인가?

18. *US News & World Report*는 경영학과의 석사 프로그램을 조사해서 비즈니스 스쿨의 순위를 매긴다. 이 순위는 비즈니스 스쿨의 학장들과 기업의 채용담당자를 대상으로 각

대학의 석사과정 프로그램을 1점(최저점)~5점(최우수) 까지 평가하게 하여 순위를 매긴 것이다. 아래의 응답표본을 가지고 전체 비즈니스 스쿨의 가중 평균점수를 각각 구하라.

평가점수	응답한 학장	응답한 기업 채용자
5	44	31
4	66	34
3	60	43
2	10	12
1	0	0

19. Corning Supplies의 매출액 증가는 2011년에 5.5%, 2012년 1.1%, 2013년 −3.5%, 2014년 −1.1%, 2015년 1.8%이었다. 이 기간 동안 연간 평균 성장률을 계산하라.
20. 1차 년도에 Stivers 펀드에 $10,000을 투자하고, Trippi 펀드에 $5000을 투자한 후, 매년 말의 투자금 현재 금액을 적은 것이다. 어느 펀드의 수익률이 더 높은가?

연차	Stivers	Trippi
1	11,000	5,600
2	12,000	6,300
3	13,000	6,900
4	14,000	7,600
5	15,000	8,500
6	16,000	9,200
7	17,000	9,900
8	18,000	10,600

21. 어떤 자산의 가치가 9년 동안 $5000에서 $3500로 감소하였다. 이 기간 동안 자산의 연간 성장률을 계산하라.
22. 어떤 기업의 자산가치가 $25(백만)이다. 10년 전에 $10(백만)이었다면, 6년간 연평균 성장률을 계산하라.

3.2 자료의 변동성 측도

소요 기간의 변동성은 생산 스케줄의 불확실성(uncertainty)을 초래한다. 여기서는 변동성을 측정하고 이해하는 것을 목적으로 한다.

자료의 위치 측도 말고도 자료의 변동성(variability)을 측정하는 것이 종종 필요하다. 변동성 측도는 간단히 산포도(measure of dispersion)라고도 하는데, 자료값들이 서로 변동이 얼마나 심한지 측정하는 것을 말한다. 극단적으로 말하면 자료가 모두 같은 값이면 변동성은 0이다. 실질적인 예를 들어보자. 여러분이 제조기업 구매 담당자라고 해 보자. 두 곳의 공급자에게 부품을 정기적으로 반주를 해왔는데, 수개월 동안 두 공급자의 납품 소요 기간(days)을 조사하여 평균을 구하였더니 10일로서 서로 동일하였다. 소요 기간을 히스토그램으로 요약하였더니 〈그림 3-5〉와 같았다. 평균 소요 기간은 10일로서 같지만, 정해진 스케줄대로 납품이

〈그림 3-5〉 납품 소요 기간의 히스토그램

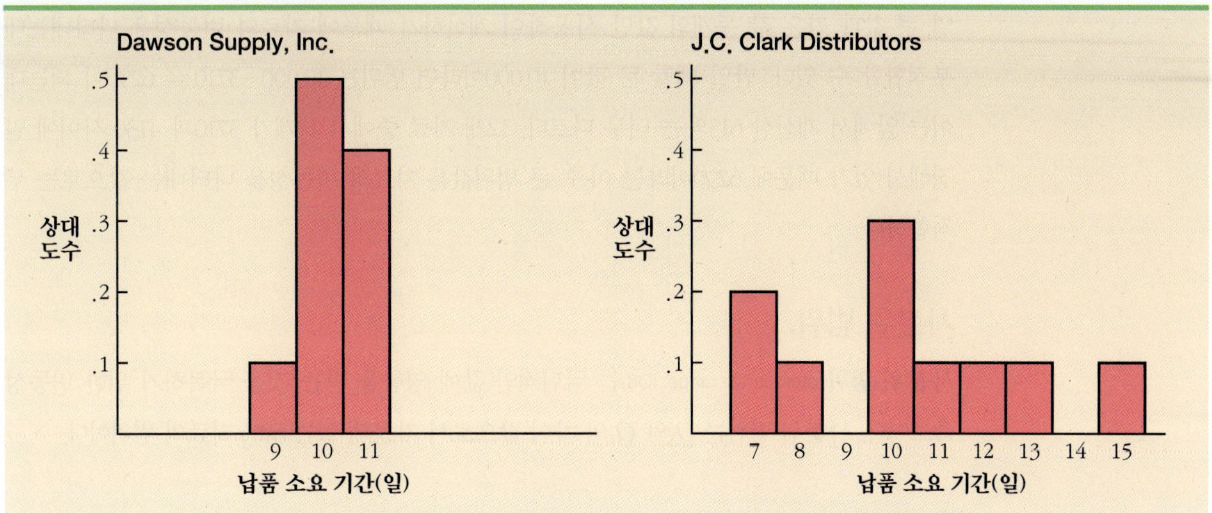

되는지 그 신뢰성의 정도도 같다고 할 수 있을까? 히스토그램이 보여주는 산포도 혹은 변동성을 체크해 보자. 어느 공급자가 더 나은가?

정해진 스케줄대로 생산하기 위해서는 자재를 제때 공급받는 것이 매우 중요하다. 히스토그램을 보면, J.C. Clark는 납품 소요 기간이 7~8일이 되는 것이 있어서 이 공급자 더 나아 보인다. 그러나 납품이 13~15일 걸리는 것이 몇 번 있는데 이는 작업자에게 일을 배정하여 생산을 계획대로 하는 데 치명적인 문제를 일으킨다. 즉, J.C. Clark는 납품 소요 기간에 차이가 크고 변동이 심하다. 따라서 변동성이 더 낮은 Dawson이 더 나은 공급자이다. 이 예시는 공급자를 선정하는 데 납품 소요 시간의 변동성이 결정적인 고려사항이라는 것을 보여준다.

이제 많이 활용되는 변동성의 여러 가지 측도를 살펴보자.

범위

범위(range)는 가장 간단한 변동성 측도이다.

범위

$$\text{범위}(R) = \text{가장 큰 값} - \text{가장 작은 값}$$

〈표 3-1〉의 비즈니스 스쿨 졸업생의 초임 월급 데이터를 살펴보면, 가장 큰 값은 4325이고, 가장 작은 값은 3710이다. 따라서 범위는 4325−3710 = 615이다. 이 범위가 클수록 변동성이 심하다.

범위는 계산이 간편한 장점이 있으나, 범위가 변동성의 유일한 측도는 아니다. 범위는 제일 큰 값과 작은 값 두개의 값만 사용하여 계산하기 때문에 자료의 변동성을 나타내는데 부적합할 수 있다. 만일 제일 큰 값이 10,000이라면 범위는 10,000−3710 = 6290이 되는데 이는 앞에서 계산한 615와는 너무 다르다. 12개 자료 중에서 11개가 3710과 4130 사이에 밀집해서 있기 때문에 6290이라는 아주 큰 범위값은 자료의 변동성을 나타내는 값으로는 부적합하다.

사분위 범위

사분위 범위(interquartile range: IQR)는 극단적인 값에 영향을 받는 것을 극복하기 위한 변동성 측도이다. 사분위 범위는 Q_3와 Q_1의 차이 값으로서 가운데 있는 50% 자료의 범위이다.

사분위 범위

$$\text{IQR} = Q_3 - Q_1 \quad (3\text{-}6)$$

초임 월급의 $Q_3 = 4000$이고, $Q_1 = 3865$이므로 IQR은 4000−3865 = 135이다.

분산

분산(variance)은 자료의 값을 전부 반영해서 계산하는 변동성 측도이다. 자료 각각의 값 (x_i)과 평균의 차이를 **평균편차**(deviation about mean)라고 한다. 모집단의 평균편차는 $x_i-\mu$, 표본의 평균편차는 $x_i-\bar{x}$로 표기하는데, 분산을 계산할 때에는 이 평균편차를 제곱해서 반영한다.

자료가 모집단의 것이면 평균편차의 제곱을 평균한 것을 **모집단 분산**(population variance) 또는 모분산이라고 하고 σ^2으로 표기한다. 모집단의 크기가 N이면 다음과 같은 식으로 정의한다.

모집단 분산(모분산)

$$\sigma^2 = \frac{\Sigma(x_i-\mu)^2}{N} \quad (3\text{-}7)$$

통계적 분석은 대부분 표본의 자료를 가지고 하는데, 표본의 분산을 계산할 때에는 모집단의 분산 σ^2을 추정한(estimate) 목적이다. 더 자세한 설명은 이 책의 범위를 벗어나지만, 표본의 평균편차를 제곱해서 더한 것을 n 대신에 $n-1$로 나누면 그 결과는 모집단 분산 σ^2의 불편의 추정값(unbiased estimate)이 된다. 이러한 이유로 **표본분산**(sample variance)는 s^2으로 적고 다음과 같이 정의한다.

표본분산 s^2은 모집단 분산 σ^2의 점 추정량(point estimator)이다. 분산은 변수의 변동성을 서로 비교하는 데 유용하다. σ는 시그마(sigma)로 읽는다.

표본분산

$$s^2 = \frac{\Sigma(x_i - \bar{x})^2}{n-1} \quad \text{3-8}$$

3.1절에 있었던 강좌의 수강생 수 자료를 가지고 표본분산을 계산한 것이 〈표 3-3〉이다. 평균편차 제곱의 합은 $\Sigma(x_i - \bar{x})^2 = 256$이고, $n-1$은 4이다. 그러므로 표본의 분산은 다음과 같다.

$$s^2 = \frac{\Sigma(x_i - \bar{x})^2}{n-1} = \frac{256}{4} = 64$$

표본분산의 측정 단위를 분명히 이해할 필요가 있다. 분산을 계산할 때 더해지는 값 $\Sigma(x_i - \bar{x})^2$은 원래 단위의 제곱이 된다. 예를 들면, 수강 학생 수의 표본분산은 $s^2 = 64(\text{명})^2$이다. 분산 계산에서 단위가 제곱이 되면서 그 수치적인 이해나 직관적 해석을 어렵게 만든다. 같은 단위로 측정된 변수가 여럿일 때는 그 변동성의 크기를 서로 비교하는 데 분산은 유용한 측도가 된다. 변수를 비교할 때 분산이 제일 큰 것이 변동성이 제일 크다. 분산의 수치적인 값에 대한 더 이상의 해석은 불필요하다.

표본의 표준편차 s는 모집단 표준편차 σ의 점 추정량(point estimator)이다.

〈표 3-4〉는 졸업생 12명의 초임 월급의 표본분산 계산이다. 표본의 평균 $\bar{x}$는 3940이고, 표본분산은 $s^2 = 27,440.91$이다. 〈표 3-3〉과 〈표 3-4〉를 보면 평균편차의 합계는 0이다. 어떤 자료이든 평균편차의 합계 $\Sigma(x_i - \bar{x})$는 항상 0이다. 편차 $x_i - \bar{x}$가 양인 값과 음인 값이 서로 상쇄되어서 평균편차의 합이 0이 된다.

〈표 3-3〉 평균편차와 평균편차의 제곱 계산 (수강 학생 수 자료)

강좌의 학생 수 (x_i)	평균 학생 수 ($\bar{x}$)	평균편차 ($x_i - \bar{x}$)	편차의 제곱 $(x_i - \bar{x})^2$
46	44	2	4
54	44	10	100
42	44	2	4
46	44	2	4
32	44	−12	144
		0	256
		$\Sigma(x_i - \bar{x})$	$\Sigma(x_i - \bar{x})^2$

〈표 3-4〉 표본분산의 계산 (초임 월급 자료)

월급 (x_i)	표본의 평균 ($\bar{x}$)	평균편차 ($x_i-\bar{x}$)	편차의 제곱 $(x_i-\bar{x})^2$
3850	3940	−90	8,100
3950	3940	10	100
4050	3940	110	12,100
3880	3940	−60	3,600
3755	3940	−185	34,225
3710	3940	−230	52,900
3890	3940	−50	2500
4130	3940	190	36,100
3940	3940	0	0
4325	3940	385	148,225
3920	3940	−20	400
3880	3940	−60	3,600
		0	301,850
		$\Sigma(x_i-\bar{x})$	$\Sigma(x_i-\bar{x})^2$

식 3–8 이용

$$s^2 = \frac{\Sigma(x_i-\bar{x})^2}{n-1} = \frac{301,850}{11} = 27,440.91$$

표준편차

표준편차(standard deviation)는 분산의 양의 제곱근이다. 표본의 분산 기호 s^2과 모집단의 분산 기호 σ^2을 살려서 표본의 표준편차는 s, 모집단의 표준편차는 σ로 적는다.

표준편차는 분산보다 해석하기가 쉽다. 표준편차는 자료의 단위(unit)와 같기 때문이다.

표준편차

$$\text{표본의 표준편차} = s = \sqrt{s^2} \quad \textbf{3-9}$$

$$\text{모집단의 표준편차} = \sigma = \sqrt{\sigma^2} \quad \textbf{3-10}$$

강좌 수강생 자료에서 분산은 $s^2 = 64$이었는데, 그 표준편차는 $s = \sqrt{64} = 8$(명)이다. 졸업생 초임 급여의 분산을 가지고 표준편차를 계산하면 $s = \sqrt{27,440.91} = 165.65$($)이다.

표준편차의 측정 단위는 원래 자료의 측정 단위와 같기 때문에 해석하기가 쉽다. 예를 들면 졸업생 초임 자료의 분산은 $s^2 = 27,440.91(\$)^2$이다. 표준편차는 이것의 제곱근이기 때문에 그 단위는 $(\$)^2$의 제곱근인 ($)로 변환된다. 따라서 자료의 표준편차는 $s = \$165.65$이다. 이는 원래 자료의 측정 단위(unit)와 같다. 이러한 이유로 표준편차는 원래의 단위로 계산되는 다른 통계치(예: 평균)와도 쉽게 비교할 수 있다.

엑셀을 사용한 분산과 표준편차 계산

엑셀에는 표본의 분산과 표준편차를 계산하는 함수가 있다. 〈표 3-1〉의 월급 자료를 가지고 엑셀 함수를 설명해 보자. 〈그림 3-6〉에 자세한 내용이 있는데, 이는 평균을 계산한 〈그림 3-2〉의 연장이라고 볼 수 있다. 뒤쪽 시트에는 함수식이 들어 있고 앞쪽 시트에는 계산 결과를 보여주고 있다.

자료 입력: 엑셀 파일 StartSalary를 연다. 자료는 B2:B13에 입력되어 있다.

함수/수식: E2:E4에는 AVERAGE, MEDIAN, MODE.SNGL 함수가 입력되어 있다. 표본분산을 계산하는 함수는 VAR.S 인데, E5에 =VAR.S(B2:B13) 같이 입력한다. 마찬가지로 표본의 표준편차를 계산하는 함수는 E6에 =STDEV.S(B2:B13)으로 입력한다. 표본분산(27440.91)과 표준편차(165.65)는 앞에서 정의한 식대로 계산한 결과와 일치한다.

변동계수

변동계수는 변동성의 상대적 측도이다. 이는 표준편차를 평균에 대한 상대적인 크기로서 나타낸 것이다.

경우에 따라서는 평균값에 비교해서 표준편차가 얼마나 큰지 나타내는 상대적인 기술 통계가 필요할 때가 있다. 이러한 측도를 **변동계수**(coefficient of variation: CV)라고 하고 보통은 %로 표현한다.

〈그림 3-6〉 엑셀로 표본의 분산과 표준편차 계산하기(초임 월급 자료)

	A	B	C	D	E	F
1	Graduate	Monthly Starting Salary ($)				
2	1	3850		Mean	=AVERAGE(B2:B13)	
3	2	3950		Median	=MEDIAN(B2:B13)	
4	3	4050		Mode	=MODE.SNGL(B2:B13)	
5	4	3880		Variance	=VAR.S(B2:B13)	
6	5	3755		Standard Deviation	=STDEV.S(B2:B13)	
7	6	3710				
8	7	3890				
9	8	4130				
10	9	3940				
11	10	4325				
12	11	3920				
13	12	3880				
14						

	A	B	C	D	E	F
1	Graduate	Monthly Starting Salary ($)				
2	1	3850		Mean	3940	
3	2	3950		Median	3905	
4	3	4050		Mode	3880	
5	4	3880		Variance	27440.91	
6	5	3755		Standard Deviation	165.65	
7	6	3710				
8	7	3890				
9	8	4130				
10	9	3940				
11	10	4325				
12	11	3920				
13	12	3880				
14						

변동계수

$$CV = \left(\frac{\text{표준편차}}{\text{평균}} \times 100\right)\% \qquad \textbf{3-11}$$

강좌 수강생 수 자료에서 평균은 44명, 표준편차는 8명이므로 변동계수는 CV = (8/44×100)% = 18.2%이다. 이는 표준편차가 표본의 평균값의 18.2%이라는 뜻이다. 비즈니스 스쿨 졸업생 초임의 자료에서 표본의 평균은 $3940이고 표준편차는 $165.65이므로 변동계수는 CV = (165.65/3940×100)% = 4.2%이다. 이는 평균 초임의 4.2%가 표준편차이므로, 그 변동성이 평균값에 비해서 아주 작다는 것을 의미한다. 변동계수는 평균도 다르고 표준편차도 다른 두 변수의 변동성을 비교할 때 아주 유용한 통계치이다.

엑셀의 기술 통계 도구

앞에서 보았듯이 엑셀에는 기술 통계치를 계산하는 함수가 많이 있다. 이들은 한 번에 하나씩 기술 통계치를 계산해 주었다. 이들을 한 번에 계산해 주는 Descriptive Statistics라는 자료분석 도구가 있다. 〈표 3-1〉의 월급 자료를 가지고 Descriptive Statistics 도구를 설명해 보자. 자세한 내용은 〈그림 3-7〉에 예시되어 있다.

자료 입력: 엑셀 파일 StartSalary를 연다. 자료는 B2:B13에 입력되어 있다.

툴 적용:

1단계. 리본 메뉴에서 Data(데이터)를 클릭한다.

2단계. 가장 오른쪽의 Analysis(분석)그룹에서 Data Analysis(데이터 분석)를 클릭.[1]

3단계. Analysis Tools(데이터분석 도구) 리스트에서 Descriptive Statistics(기술 통계법)를 선택.

4단계. **Descriptive Statistics**(기술 통계법) 대화창에서(그림 3-7 참조)

Iput Range(입력범위) 박스에 B1:B13을 입력

Grouped By Columns(데이터 방향을 열(C))를 선택

Labels in First Row(첫 번째 행 이름표시 사용)를 선택

Output Range(출력범위)를 선택

Output Range(출력범위) 박스에 D1을 입력하고 D1은 출력범위의 왼쪽 위칸 셀 주소임),

---

1 데이터 분석이 없으면, 파일 ▷ 옵션 ▷ 추가기능 ▷ (맨 아래의)엑셀추가기능 이동(G)을 클릭 ▷ 선택창에서 '분석도구'를 체크하여 데이터 분석 기능을 연결한다.

〈그림 3-7〉 엑셀의 기술 통계 도구의 대화창(월급 자료)

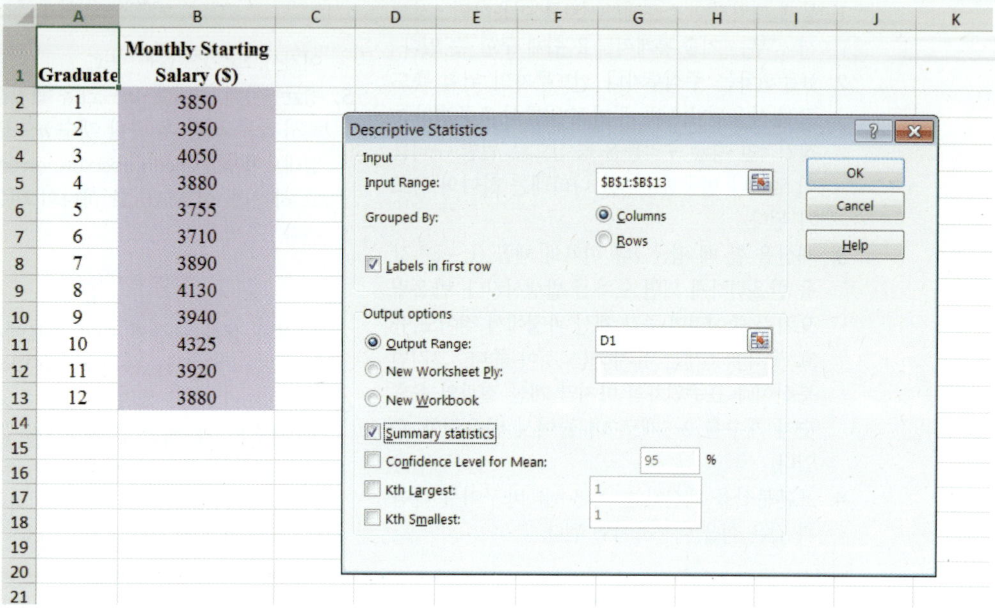

〈그림 3-8〉 엑셀의 기술 통계치(월급 자료)

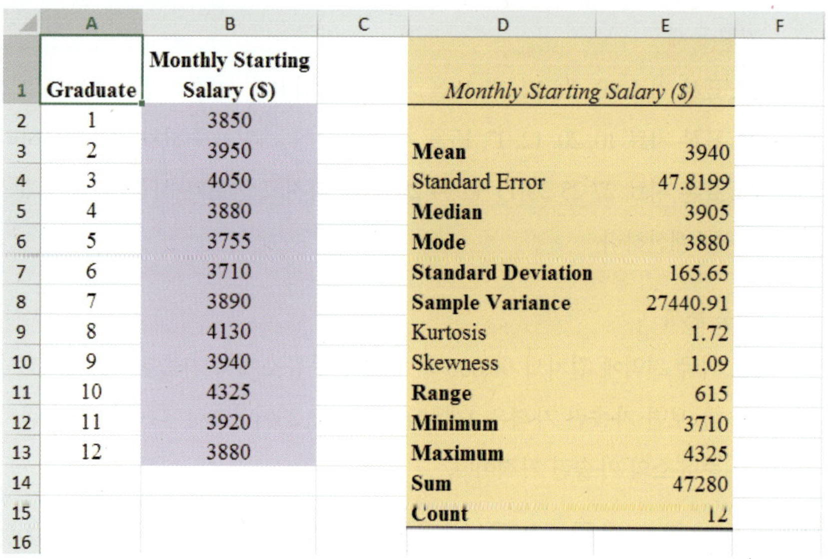

	A	B	C	D	E	F
1	Graduate	Monthly Starting Salary ($)		*Monthly Starting Salary ($)*		
2	1	3850				
3	2	3950		**Mean**	3940	
4	3	4050		Standard Error	47.8199	
5	4	3880		**Median**	3905	
6	5	3755		**Mode**	3880	
7	6	3710		**Standard Deviation**	165.65	
8	7	3890		**Sample Variance**	27440.91	
9	8	4130		Kurtosis	1.72	
10	9	3940		Skewness	1.09	
11	10	4325		**Range**	615	
12	11	3920		**Minimum**	3710	
13	12	3880		**Maximum**	4325	
14				**Sum**	47280	
15				**Count**	12	
16						

Summary Statistics(요약통계량)를 선택하고 OK(확인)를 클릭한다.

〈그림 3-8〉의 D1:D15는 엑셀에서 계산한 기술 통계치이다. 굵은 글씨체의 기술 통계는 우리가 공부한 내용이다. 나머지는 곧 공부할 예정이며 일부는 더 고급의 교재에서 찾아보기 바란다.

3.2 보충 설명

1. 통계 패키지나 스프레드시트를 이용하면 3장에서 공부는 기술 통계치들을 쉽게 구할 수 있다.
2. 표준편차는 주식투자나 펀드투자의 위험 측도로서 사용된다[출처]. 투자 수익률의 표준편차는 장기적인 평균 수익률을 중심으로 월별 수익률이 얼마나 변동하는지를 나타내는 하나의 측도가 된다.
3. 계산을 할 때 평균 $\bar{x}$나 편차의 제곱 $(x_i-\bar{x})^2$ 값을 반올림하게 되면 오차를 발생시킨다. 반올림 오차를 줄이려면 중간 계산 과정에서 적어도 유효 숫자를 6개는 유지하는 것이 좋다. 그러면 분산이나 표준편차의 마지막 계산 결과의 유효 숫자 개수를 2~3개로 더 줄여서 반올림할 수 있다.
4. 표본분산을 계산하는 식 3-8을 바꾸어서 다음과 같은 식을 이용하여도 된다.

$$s^2 = \frac{\Sigma x_i^2 - n(\bar{x})^2}{n-1}$$

여기서, $\Sigma x_i^2 = x_i^2 + x_i^2 + \cdots + x_n^2$

5. 평균편차의 절대값 $|x_i-\bar{x}|$을 관찰값 x_i마다 구해서 모두 더한 후 관찰 갯수 n으로 나는 것을 절대오차평균(mean absolute error: MAE)이라고 하는데, 이 MAE 도 하나의 변동성 측도가 된다.

$$\text{MAE} = \frac{|x_i - \bar{x}|}{n}$$

3.1절의 강좌 수강생 수의 자료에서 $\bar{x}$=44명, $\Sigma|x_i-\bar{x}|$=28명, MAE=28/5=5.6명이다.

6. 〈표 2-5〉와 같이 계급과 도수로 자료가 주어진 경우는 각 계급의 중앙값을 x_i로, 도수를 w_i로 하여 분산을 분산을 구할 수 있다. $s^2 = \Sigma w_i(x_i-\bar{x})^2/(n-1)$. 여기서 n은 자료 개수로서 $\Sigma w_i = n$이다(연습문제 74 참조).

연습문제

기본문제

23. 표본 자료 10, 20, 12, 17, 16을 가지고 범위 R과 사분위 범위 IQR를 계산하라.

24. 표본 자료 10, 20, 12, 17, 16을 가지고 분산 s^2과 표준편차 s를 계산하라.

25. 표본 자료 27 25 20 15 30 34 28 25를 가지고 범위와 사분위 범위, 분산 s^2과 표준편차 s를 계산하라.

응용문제

26. 미국 전역에 걸쳐서 90,000개 이상의 주유소에서 가솔린 가격을 조사하는 기관의 발표를 보면 가솔린 가격은 1갤런당 평균 $3.28이다[출처]. 다음은 샌프란시스코 지역의 20개 주유소의 가솔린 가격이다.

DATA file
SFGasPrices

3.59	3.59	4.79	3.56	3.55	3.71	3.65	3.60	3.75	3.56
3.57	3.59	3.55	3.99	4.15	3.66	3.63	3.73	3.61	3.57

a. 이 표본 자료를 가지고 샌프란시스코의 가솔린 평균 가격을 추정하라.

b. 표본분산을 계산하라.

c. 이 평균 가격을 미국 전역의 평균 가격과 비교하라. 샌프란시스코의 생활비에 대해서 어떤 결론을 말할 수 있는가?

27. 다음 자료는 14개 주요 도시에서 2012년 6월 20일 출발해서 6월 27일 돌아오는 애틀랜

타까지 왕복 항공요금과 솔트레이크 시티까지 가장 싼 왕복 항공요금을 찾은 것이다. 항공요금은 거리와 승객 수요 등의 여러 가지 요인에 따라 다르다.

DATA file
Flights

출발 도시	왕복 항공료($)	
	애틀랜타	솔트레이크시티
Cincinnati	340.10	570.10
New York	321.60	354.60
Chicago	291.60	465.60
Denver	339.60	219.60
Los Angeles	359.60	311.60
Seattle	384.60	297.60
Detroit	309.60	471.60
Philadelphia	415.60	618.40
Washington, DC	293.60	513.60
Miami	249.60	523.20
San Francisco	539.60	381.60
Las Vegas	455.60	159.60
Phoenix	359.60	267.60
Dallas	333.90	458.60

a. 왕복 항공요금의 평균을 각각 구하라. 애틀랜타가 솔트레이크시티보다 더 싼가? 그렇다면 그 이유는 무엇으로 설명할 수 있는가?

b. 두 개 표본의 범위, 분산, 표준편차를 각각 계산하라. 이 계산으로부터 두 도시까지의 항공요금을 비교해서 무엇을 말할 수 있는가?

28. 2012년 호주오픈 프로 테니스 대회 여자단식에서 Victoria Azarenka가 Maria Sharapova를 이겨서 챔피언이 되었다[출처]. 다음은 여자단식에 출전한 선수 중에서 서브 스피드 상위권 20명 선수의 볼 스피드이다.

DATA file
AustralianOpen

선수	서브 스피드 (km/h)	선수	서브 스피드 (km/h)
S. Williams	191	G. Arn	179
S. Lisicki	190	V. Azarenka	178
M. Keys	187	A. Ivanovic	178
L. Hradecka	187	P. Kvitova	178
J. Gajdosova	187	M. Krajicek	178
J. Hampton	181	V. Dushevina	178
B. Mattek-Sands	181	S. Stosur	178
F. Schiavone	179	S. Cirstea	177
P. Parmentier	179	M. Barthel	177
N. Petrova	179	P. Ormaechea	177

a. 서브 스피드의 평균, 분산, 표준편차를 계산하라.

b. 2011년 윔블던 대회에서도 서브 스피드 상위 20명의 유사한 자료를 수집하였는데, 평균 스피드는 182.5km/h이고, 분산과 표준편차는 각각 33.3과 5.77이었다. 두 개 대회의 볼 스피드의 차이에 대해서 적어라.

29. LA 타임즈 신문은 정기적으로 각 도시의 공기질 지수(air quality index)를 발표하는데, Pomona시의 공기질 지수의 표본 자료는 28, 42, 58, 48, 45, 55, 60, 49, 50 이다.

a. 범위와 사분위 범위를 계산하라.

b. 분산, 표준편차를 계산하라.

c. Anheim 도시의 공기질 지수 표본으로 계산한 결과 평균은 48.5, 표본분산은 136, 표준편차는 11.06이었다. 이러한 기술 통계를 볼 때 두 도시의 공기질에 대해서 어떤 비교를 말할 수 있는가?

30. 〈그림 3-5〉는 다음 두 개의 표본을 가지고 히스토그램을 그린 것이다.

Dawson Supply	: 11	10	9	10	11	11	10	11	10	10
J.C. Clark Distributors	: 8	10	13	7	10	11	10	7	15	12

범위와 표준편차를 각각 계산해서 납품시간(days) 면에서 도슨가공이 더 안정적이고 신뢰도가 높은 것을 보여라.

31. 미국인 근로자들은 커피를 마시는 데 연평균 $1092를 쓰는 것으로 보고되고 있다[출처]. 연령대별로 커피 지출에 차이가 있는지 알아보기 위해서 세 그룹 연령대별로 10명씩 표본으로 뽑아서 일인당 지출 금액을 조사하였다.

DATA file
Coffee

18~34세	35~44세	45세 이상
1355	969	1135
115	434	956
1456	1792	400
2045	1500	1374
1621	1277	1244
994	1056	825
1937	1922	763
1200	1350	1192
1567	1586	1305
1390	1415	1510

a. 연령별 세 개의 표본에서 평균, 분산, 표준편차를 각각 계산하라.

b. 이 자료를 근거로 해서 무엇을 알 수 있는가?

DATA file
Advertising

32. Advertising Age는 매년 광고비 지출($백만)을 많이 하는 상위 100개 회사 리스트를 발표한다[출처]. 데이터 파일 속의 데이터는 자동차 분야와 백화점 분야 20개 회사의 광고비 지출금액 표본 자료이다.

a. 각 분야의 광고비 지출 평균을 구하라.

b. 표준편차를 각각 구하라.

c. 범위를 각각 구하라.

d. 사분위 범위 IQR을 구하라.

e. 표본 자료와 a~d의 통계치를 비교해 볼 때, 두 개 산업 분야의 광고비 지출에 어떤 차이점이 있으면 적어라.

33. 나음은 어느 골프장에서 한 아마추어 골퍼의 스코어를 2014, 2015년 두 해 동안 적은 것이다.

2014 시즌: 74 78 79 77 75 73 75 77

2015 시즌: 71 70 75 77 85 80 71 79

a. 균과 표준편차를 계산해서 2년 동안 골퍼의 실력을 평가하라.

b. 2014년과 2015년의 실력을 비교해 볼 때 큰 차이점은 무엇인가? 2015년에 어떤 향상을 볼 수 있는가?

34. 어느 대학의 육상 선수들의 달리기 시간(분)을 1/4마일과 1마일 거리로 구분해서 측정한 것이다.

1/4마일 달리기 시간: .92 .98 1.04 .90 .99

1마일 달리기 시간: 4.52 4.35 4.60 4.70 4.50

달리기 시간의 이 표본을 훑어본 코치는 1/4 마일 시간이 더 안정적이라고 말하였다. 표준편차와 변동계수 CV를 계산해서 자료의 변동성을 요약하라. 변동계수를 비교해 볼 때 코치의 말을 지지할 수 있는가?

3.3 분포 모양 측도, 상대적 위치 측도, 특이치 발견하기

지금까지 자료의 위치 측도와 변동성 측도를 공부했다. 여기에 더하여, 자료의 분포 모양 측도의 통계가 때때로 중요하게 쓰인다. 2장에서는 히스토그램이 자료의 분포 모양을 보여주었다. 여기서는 자료의 분포의 비대칭 측도인 **왜도**(skewness)를 공부한다.

분포 모양

〈그림 3-9〉는 여러 가지 상대도수분포를 히스토그램으로 그린 것이다. (A)와 (B)는 약간의 늘어짐이 있는데, (A)는 꼬리가 좌측 비대칭이고 왜도는 −.85이다. (B)는 분포 꼬리가 우측 비대칭이고 왜도는 +.85이다. (C)는 좌우대칭이고 왜도는 0이다. (D)는 꼬리의 우측 비대칭이 심하고 왜도는 +1.62이다. 왜도를 계산하는 식은 좀 복잡하다.[2] 그러나 엑셀이나 통계 소프트웨어에서는 왜도를 쉽게 계산해 주는데, 왜도가 음수이면 분포 꼬리가 좌측 비대칭이고, 왜도가 양이면 분포 꼬리가 우측 비대칭이며, 자료 분포가 좌우대칭이면 왜도는 0이다.

2 표본의 왜도 공식

$$\text{왜도} = \frac{n}{(n-1)(n-2)}\Sigma\left(\frac{(x_i-\bar{x})}{s}\right)^3$$

〈그림 3-9〉 여러 가지 왜도의 히스토그램

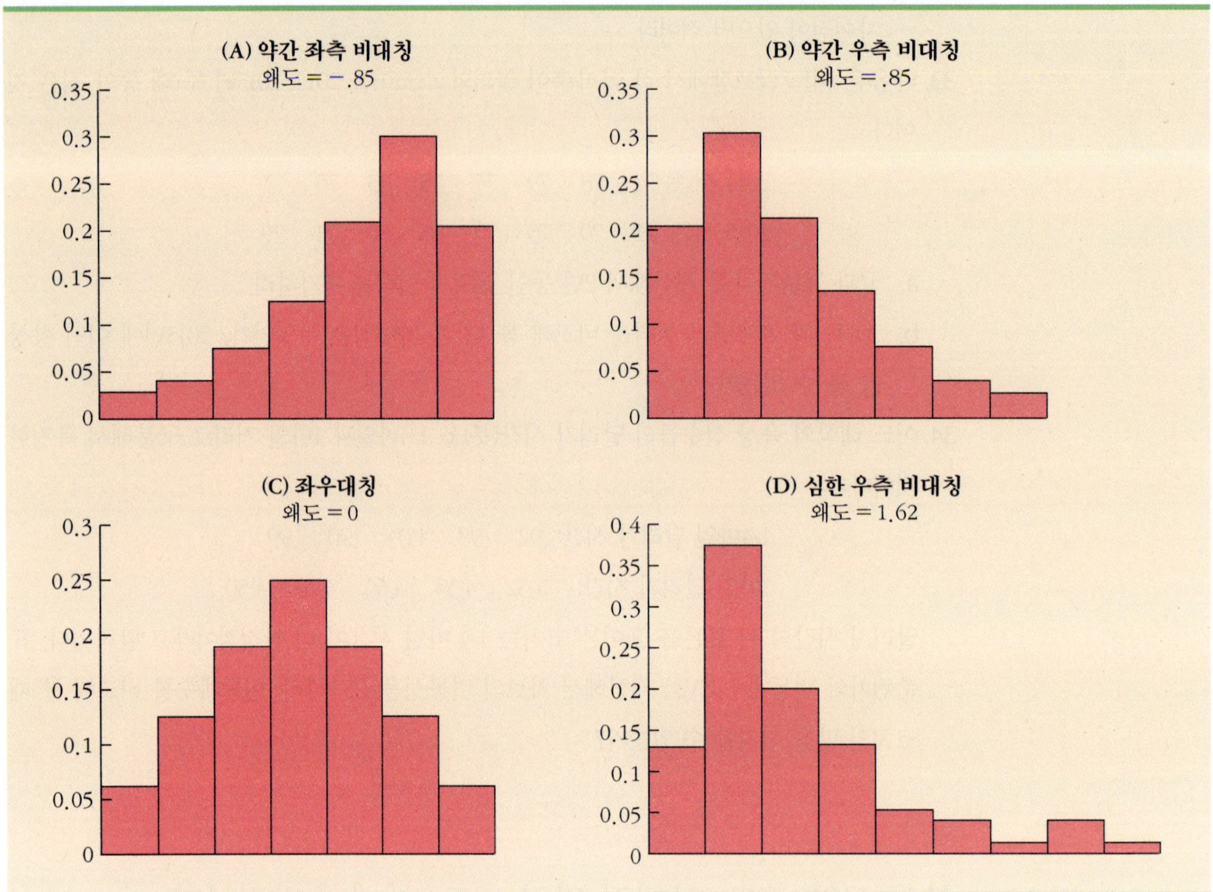

좌우대칭 분포에서는 평균과 중앙값이 같다. 자료 분포의 꼬리가 우측 비대칭이면 중앙값보다 평균이 크다. 꼬리가 좌측 비대칭이면 중앙값보다 평균이 작다. 〈그림 3-9〉의 (D)는 여성의류 매장의 고객의 구매 금액을 히스토그램으로 그린 것인데, 평균은 \$77.60이고 중앙값은 \$59.70이다. 소수의 큰 구매 금액은 평균을 크게 만들지만, 중앙값에는 영향을 주지 않는다. 자료의 비대칭이 심하면 중앙값이 위치 측도로서 더 적합하다.

z-값

위치 측도, 변동성 측도, 분포 측도 외에 데이터 세트 안에서 어떤 값의 위치를 상대적으로 알 필요가 있다. 어떤 관찰값의 상대위치 측도는 평균으로부터 그 값이 얼마나 멀리 떨어져 있는지 알려주는데, 평균과 표준편차를 사용하면 그 관찰 값의 상대적 위치를 정할 수 있다.

$x_1, x_2, \cdots, x_n$으로 된 n개 관찰값의 표본이 있다고 가정하고, 표본의 평균 $\bar{x}$와 표준편차 s가 계산되어 있다고 가정하자. 그러면 각 관찰값 x_i에 대응하는 **z-값**(z-score)을 다음과 같이

계산할 수 있다.

***z*-값**

$$z_i = \frac{x_i - \bar{x}}{s} \qquad \textbf{3-12}$$

여기서, z_i = x_i의 z-값
$\bar{x}$ = 표본의 평균
s = 표준편차

z-값은 **표준화 값**(standardized value)이라고도 한다. z-값 z_i는 평균 $\bar{x}$로부터 x_i의 거리를 표준편차의 '배수'로 나타낸 것이다. 예를 들면 z_1 = 1.2이면 x_1은 표본의 평균보다 표준편차의 1.2배 큰 값이다. z_2 = −.5이면 x_2는 표본의 평균보다 표준편차의 .5배 작은 값이다. z-값이 양수이면 그 관찰값이 평균보다 큰 값이고, z-값이 음수이면 그 관찰값이 평균보다 작은 값임을 뜻한다. z-값이 .0이면 그 관찰값이 표본의 평균하고 같은 값임을 뜻한다.

어떤 관찰값의 z-값은 데이터 세트 속에서 그 값의 상대적 위치의 측도로 해석된다. 두 개의 데이터 세트에서 z-값이 서로 같으면, 두 관찰값은 표준편차의 배수로 따져서 각각의 평균으로부터 상대적으로 같은 위치에 있다.

변수의 값을 z-값으로 바꾸는 것을 '표준화' 또는 'z 변환'이라고 한다.

강좌 수강생 수 자료의 z-값을 〈표 3-5〉에 각각 계산해놓았다. $\bar{x}$ = 44이고 표준편차 s = 8이며 5번째 관찰값 32명의 z-값은 −1.50이다. 이는 평균으로부터 가장 멀리 떨어진 관찰 값으로서 표준편차의 1.5배만큼 평균보다 작은 값임을 의미한다. 〈그림 3-10〉은 수강생 수 자료의 도트 플롯과, 각 점에 대응한 z-값의 위치를 그래프로 보여주고 있다.

체비셰프 정리

체비셰프 정리(Chebyshev's theorem)는 평균으로부터 표준편차의 어떤 배수의 범위 안에 속하는 자료 값의 분포비율을 말해 준다.

〈표 3-5〉 z-값 계산 (강좌 수강생 수 자료)

강좌 수강생 수 (x_i)	평균편차 ($x_i-\bar{x}$)	z-값 ($\frac{x_i-\bar{x}}{s}$)
46	2	2/8 = .25
54	10	10/8 = 1.25
42	−2	−2/8 = 2.25
46	2	2/8 = .25
32	−12	−12/8 5= 21.50

〈그림 3-10〉 도트 플롯과 z-값(강좌 수강생 수)

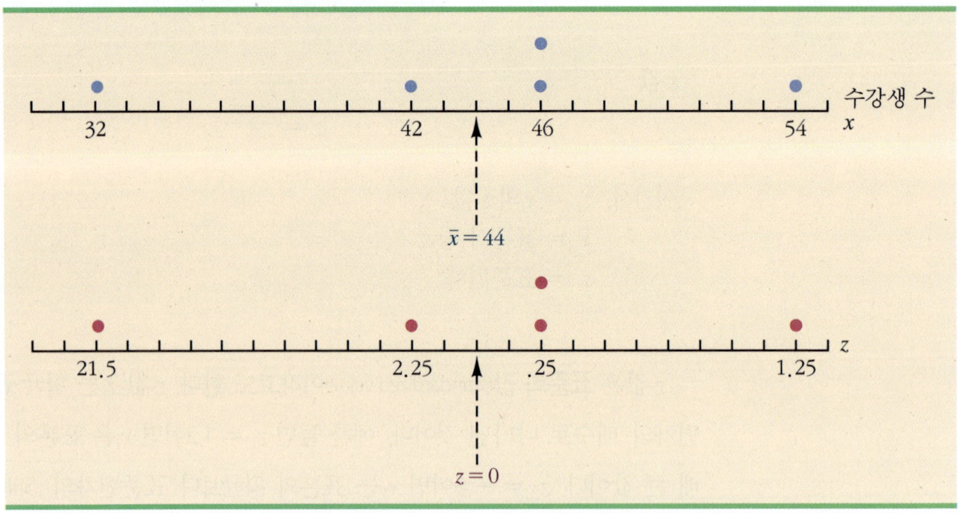

체비셰프 정리

평균으로부터 표준편차의 z 배수의 범위 안에 자료 값의 $1-\frac{1}{z^2}$ 비율 이상이 분포한다. 단, z는 $z>1$인 값이다.

표준편차 배수 $z = 2, 3, 4$에 대해서

- 평균으로 부터 표준편차의 2배 범위 안에 자료의 .75 또는 75% 이상이 있다.
- 평균으로 부터 표준편차의 3배 범위 안에 자료의 .89 또는 89% 이상이 있다.
- 평균으로 부터 표준편차의 4배 범위 안에 자료의 .94 또는 94% 이상이 있다.

체비셰프 정리의 예를 보자. 학생 100명의 중간시험 점수는 평균이 70점, 표준편차는 5점이라고 하자. 60점과 80점 범위 안에 몇 명이 들어 있는가? 58점과 82점 범위 안에 몇 명이 들어 있는가?

60점은 평균 70점에서 표준편차 2배 만큼 작은 값이고, 80점은 평균 70점에서 표준편차 2배 만큼 큰 값이다. 체비셰프 정리를 이용하면 평균으로부터 표준편차 2배 범위 안에 75% 이상(75명 이상)이 들어 있다.

체비셰프 정리는 $z>1$이어야 한다. z가 정수이어야 할 필요는 없다. 체비셰프 정리는 자료의 분포 모양에 상관없이 적용할 수 있다.

58점과 82점 범위를 살펴보면 $(58-70)/5 = -2.4$이므로 58점은 평균에서 표준편차의 2.4배 아래 값이다. $(80-70)/5 = +2.4$이므로 82점은 평균에서 표준편차의 2.4배 큰 값이다. $z = 2.4$를 가지고 체비셰프 정리를 이용하면 다음과 같고, 적어도 82.6%의 학생이 58~82점 사이에 분포한다.

$$1 - \frac{1}{z^2} = 1 - \frac{1}{(2.4)^2} = .826$$

경험 규칙

자료 분포의 경험 규칙은 6장에서 공부하는 정규분포를 이용한 것이다.

체비셰프 정리의 장점은 자료의 분포 모양에 상관없이 적용할 수 있다는 것이다. 그러나 〈그림 3-11〉과 같이 데이터 세트가 좌우대칭이고 그 분포 모양이 산모양 또는 종모양의 분포를 이루는 경우가 많다. 이처럼 자료 분포가 종모양에 가까우면 **경험 규칙**(empirical rule)을 적용해서 체비셰프 정리보다 불확실성을 더 줄여서 자료 분포의 퍼센트 비율을 말할 수 있다.

경험 규칙

종모양 분포를 가지는 데이터에 대해서

- 약 68%의 자료값은 평균에서 표준편차 1배의 범위 안에 있다.
- 약 95%의 자료값이 평균에서 표준편차 2배의 범위 안에 있다.
- 거의 모든 자료값이 평균에서 표준편차 3배의 범위 안에 있다.

예를 들면, 액체 세제를 용기에 자동으로 주입하는데, 주입량은 종모양의 분포를 이룬다고 해 보자. 만일 평균 주입량이 16온스이고 표준편차가 .25온스이면 경험적 규칙에 의해서 다음과 같이 말할 수 있다.

- 액체 세제를 주입해놓은 용기의 약 68%는 그 무게가 15.75~16.25온스이다.
  (평균에서 ± 표준편차 1배 범위)
- 액체 세제를 주입해놓은 용기의 약 95%는 그 무게가 15.50~16.50 온스이다.
  (평균에서 ± 표준편차 2배 범위)

〈그림 3-11〉 좌우대칭이고 종모양인 자료 분포

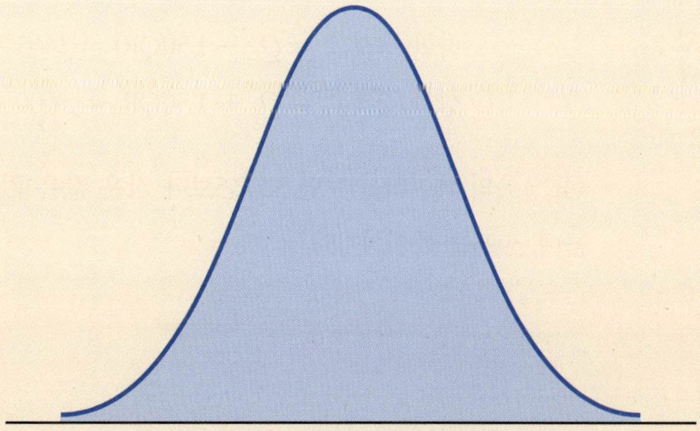

- 액체 세제를 주입해 놓은 용기의 대부분은 그 무게가 15.25 ~16.75 온스이다. (평균에서 ± 표준편차 3배 범위)

특이치 찾아내기

데이터 세트에 비정상적으로 큰 값이나 작은 값의 관찰이 들어 있는 경우가 있다. 이러한 비정상적인 값을 **특이치**(outlier)라고 한다. 특이치 중에는 데이터 수집 과정에 기록이 잘못된 경우가 있는데, 이 경우에는 그 기록을 바로 잡아서 사용한다. 두 번째는 데이터 세트에 포함되지 않아야 할 경우인데, 이 경우에는 그것을 제거한다. 세 번째는 비정상적 값이지만 정확히 기록되었고 데이터 세트에 속하는 관찰의 경우이다. 이 경우는 그 값을 계속 유지해야 한다. 노련한 통계전문가는 이러한 특이치를 찾아내고, 그것을 하나하나 검토해 본다.

통계적 자료분석에 근거해서 어떤 판단을 하기에 앞서서 특이치를 체크해 보는 것이 필요하다. 자료를 기록하고 컴퓨터에 입력하는 과정에서 에러가 생기기 쉽기 때문이다. 특이치는 반드시 제거할 필요는 없다. 그러나 그 정확성과 자료로서의 적합성을 반드시 따져보아야 한다.

표준화 값(z-값)을 사용해서 특이치를 찾아낼 수 있다. 자료 분포의 경험적 규칙을 보면, 자료가 종모양이면 평균에서 표준편차의 3배 범위 안에 거의 모든 데이터가 들어간다. 그러므로 z-값으로 변환해서 −3보다 작거나 +3보다 크면, 그 자료값은 특이치로 취급한다. 그 데이터 값이 정확한지 살펴보고 데이터 세트에 포함시킬지 제외할지를 판단해야 한다.

〈표 3-5〉의 강좌 수강생 수 데이터를 보면, 5번째 값의 z-값이 −1.5로서 평균에서 가장 멀리 떨어져 있다. 그러나 그 표준화 값이 −3과 3 사이에 들어 있으므로 이 데이터 세트에는 특이치가 없다.

특이치를 판정하는 다른 방법은 사분위값(Q_1, Q_3)과 사분위 범위(IQR)을 사용하는 것이다. 아래의 하한 경곗값과 상한 경곗값을 먼저 계산한다.

$$\text{하한 경곗값} = Q_1 - 1.5(\text{IQR})$$
$$\text{상한 경곗값} = Q_3 + 1.5(\text{IQR})$$

사분위 범위 IQR을 이용한 특이치 판정과 z-값이 −3~+3 범위를 벗어나면 특이치로 판정하는 것이 서로 일치하지 않을 수 있다. 두 방법 중 하나를 선택하거나 두 방법을 모두 적용할 수 있다.

이 두 개의 경곗값을 벗어나면 그 관찰값은 특이치로 판정한다. 〈표 3-1〉의 졸업생 초임 월급 데이터에 적용해 보면, Q_1 = 3465, Q_3 = 3600, IQR = 135이므로, 경곗값은 다음과 같다.

$$\text{하한 경곗값} = Q_1 - 1.5(\text{IQR}) = 3465 - 1.5(135) = 3262.5$$
$$\text{상한 경곗값} = Q_3 + 1.5(\text{IQR}) = 3600 + 1.5(135) = 3802.5$$

〈표 3-1〉의 데이터를 보면 3262.5보다 작은 값은 없다. 3802.5보다 큰 값은 3925 한 개가 있는데, 3925는 특이치이다.

3.3 보충 설명

1. 체비셰프 정리는 자료의 분포 모양에 관계없이 적용할 수 있다. 만일 자료 분포가 대략 종모양이면 더 구체적인 정보를 얻을 수 있다. 예를 들면, 경험적 규칙을 이용하면 평균에서 ± 표준편차 2배 범위 안에 약 (*approximately*) 95%가 들어 있다고 말할 수 있다. 종모양 분포인지 모르면, 체비셰프 정리를 이용해서 자료의 75% 이상이 그 범위 안에 있다고 말할 수 있다. 경험 규칙을 적용하여 분포비율을 추정하면 그 결론의 불확실성이 더 줄어든다.
2. 데이터 세트를 가지고 통계적 분석을 시작하기 전에 통계학자는 그 데이터의 유효성(validity)을 먼저 체크해야 한다. 자료가 많으면 데이터 값이나 데이터를 컴퓨터에 입력하는 데 에러가 있기 마련이기 때문이다. 데이터의 유효성을 체크할 때 특이치 판정도 한 가지 방법이다.

연습문제

기본문제

35. 표본 데이터 10, 20, 12, 17, 16를 가지고 5개 관찰값 각각의 z-값을 구하라.

36. 평균이 500, 표준편차가 100인 표본이 있는데, 5개 데이터 값 520, 650, 500, 450, 280의 z-값을 각각 구하라.

37. 평균이 30, 표준편차가 5인 표본이 있다. 체비셰프 정리를 이용해서 다음 각각의 범위에 있는 데이터의 퍼센트를 구하라.

    a. 20~40 b. 15~45 c. 22~38 d. 18~42 e. 12~48

38. 평균이 30, 표준편차가 5이고, 분포 모양이 종모양인 표본이 있다. 경험 규칙을 이용해서 다음 범위에 있는 데이터의 퍼센트를 구하라.

    a. 20~40 b. 15~45 c. 25~35

응용문제

39. 어느 조사에 의하면 성인은 밤에 평균 6.9시간을 잔다. 표준편차를 1.2시간으로 가정하고 다음 질문에 답하라.
    a. 체비셰프 정리를 이용해서 4.5~9.3시간을 자는 사람의 퍼센티지를 계산하라.
    b. 체비셰프 정리를 이용해서 3.9~9.9시간을 자는 사람의 퍼센티지를 계산하라.
    c. 수면시간이 종모양 분포를 따른다고 가정하라. 경험적 규칙을 이용해서 4.5~9.3시간을 자는 사람의 퍼센트를 계산하라. 이 결과와 a의 체비셰프 결과를 비교하면 어느 것이 더 확정적인가?

40. 에너지정보관리부는 보통 휘발유의 갤런당 소매가격이 $3.43이라고 발표하였다[출처]. 표준편차는 $.10으로 가정하고, 소매가격이 종모양을 따른다고 가정하라.
    a. 보통 휘발유 판매 가격이 $3.33~3.53인 경우의 퍼센티지를 구하라.
    b. 판매 가격이 $3.33~3.63인 경우의 퍼센티지를 구하라.

c. 판매 가격이 $3.63 이상이 되는 퍼센티지를 구하라.

41. GMAT(Gradual Management Admission Test)는 비즈니스 분야의 대학원 입학을 결정하는 데 사용하는 표준화된 시험이다. GMAT의 평균점수는 547점이다[출처]. 표준편차는 100이고 종모양 분포라고 가정하라.

a. GMAT 점수가 647 이상되는 퍼센티지를 구하다.

b. GMAT 점수가 747 이상되는 퍼센티지를 구하라.

c. GMAT 점수가 447~547인 경우의 퍼센티지를 구하라.

d. GMAT 점수가 347~647인 경우의 퍼센티지를 구하라.

42. 집의 뒷뜰에 구조물을 설치해서 사무실이나 아트스튜디오, 기타 창고나 취미 공간으로 많이 활용한다. 구조물의 평균 가격은 $3100이고 표준편차는 $1200으로 가정하고 답하라.

a. 구조물 가격 $2300의 z-값을 구하라.

b. 구조물 가격 $4900의 z-값을 구하다.

c. a, b의 z-값의 뜻을 해석하라. 이들이 특이치인지 말하라.

d. 만일 어떤 구조물 가격이 $13,000이면 이는 특이치에 해당하는가? 설명하라.

43. LA 타임즈의 한 연구에 의하면, 2007~2012년 동안 911 응급의료 요청 백만 건을 조사하였는데 그 대응시간이 지역별로 큰 차이가 있었다[출처]. 국가표준에 의하면 응급 구조원이 6분 이내에 도착해야 한다. 그러나 힐사이드의 부자동네에서는 85% 넘게 이 기준을 초과하였다. 아래는 이 지역의 10건의 응급의료 구조요청에 대응시간(분)이다.

11.8	10.3	10.7	10.6	11.5	8.3	10.5	10.9	10.7	11.2

이것을 가지고 a, b의 기술 통계를 계산하고, c, d의 질문에 답하라.

a. 이 표본의 평균, 중앙값, 최빈값을 구하라.

b. 이 표본의 범위 R, 표준편차를 구하라.

c. 대응시간 8.3분은 다른 값들과 비교할 때 특이치의 값으로 보아야 하는가?

d. 이 대응시간을 볼 때 국가표준을 만족하는가? 아니면 응급의료에 대한 대응전략을 수정해야 하는가? 응급센터를 이 지역에 더 추가하는 것이 실질적인 해결책이 될까? 설명하라.

44. 다음 표본 자료는 NCAA 대학 농구시합 10개의 스코어이다.

a. 승리팀 스코어의 평균과 표준편차를 계산하라.

b. NCAA 농구시합 전체의 우승팀 스코어가 종모양 분포라고 가정하라. a에서 구한 평균과 표준편차를 가지고, NCAA 전체 시합에서 우승팀 점수가 84점 이상인 경우의 퍼센트를 추정하라. 또, NCAA 전체 시합에서 우승팀 점수가 90점 이상 되는 퍼센트

DATA file
NCAA

승리팀	점수	패배팀	점수	점수 차이
Arizona	90	Oregon	66	24
Duke	85	Georgetown	66	19
Florida State	75	Wake Forest	70	5
Kansas	78	Colorado	57	21
Kentucky	71	Notre Dame	63	8
Louisville	65	Tennessee	62	3
Oklahoma State	72	Texas	66	6
Purdue	76	Michigan State	70	6
Stanford	77	Southern Cal	67	10
Wisconsin	76	Illinois	56	20

를 추정하라.

c. 우승 점수차의 평균과 표준편차를 계산하라. 그 속에 특이치가 있는가?

45. 월스트리트저널에 따르면 Walmart는 산하의 Sam's 클럽 매장의 근로자를 2300명을 해고시킬 계획이고, 그 중에서 대략 절반을 시간급 근로자를 대상으로 한다는 것이다[출처]. 아래는 15개 매장의 시간급 근로자 해고 퍼센티지이다.

55 56 44 43 44 56 60 62 57 45 36 38 50 69 65

a. 이 15개 매장의 시간급 근로자의 해고 비율의 평균과 중앙값을 계산하라.

b. 범위와 사분위 범위를 계산하라.

c. 분산과 표준편차를 계산하라.

d. 이 자료 속에 특이치가 있는가?

e. 표본 자료를 볼 때, 시간급 근로자의 해고 계획을 만족하는가?

3.4 5점 요약과 수염상자

양적 자료가 아무리 많더라도 요약통계와 그것을 이용한 그래프를 사용하면 쉽게 이해할 수 있다. 여기서는 5개 숫자 요약과 수염상자를 이용하여 데이터 세트의 몇 가지 특성을 쉽게 파악하는 것을 공부한다.

5개 숫자 요약(기술 통계 요약)

5개 숫자 요약(five-number summary)(이하 5점 요약)은 다음 5개 기술 통계를 말한다.

1. 최소치
2. 제1사분위 (Q_1)
3. 중앙값 (Q_2)

4. 제3사분위 (Q_3)
5. 최대치

초임 월급 자료 〈표 3-1〉을 가지고 5점 요약을 연습해 보자. 우선 자료를 오름차순으로 배열하면 다음과 같다.

3710 3755 3850 3880 3880 3890 3920 3940 3950 4050 4130 4325

최소치는 3710, 최대치는 4325이고, 사분위를 구하면 Q_1 = 3857.5, Q_2 = 3905, Q_3 = 4025이다. 5점 요약은 다음과 같다.

3710 3857.5 3905 4025 4325

초임 월급은 3710~4325에 있고 중앙값은 3905이다. 제1사분위와 제3사분위가 뜻하는 것은 초임 월급의 약 50%가 3857.5~4025에 있음을 말한다.

수염상자 그림

box plot은 '상자그림'이라고 번역할 수 있다. 엑셀에서는 Box & Whisker라는 용어를 사용하여 '상자수염'이라고 표기하지만 여기서는 수염 달린 상자라는 뜻을 살려서 '수염상자'라고 표기하였다.—역자 주

5점 요약을 그래프로 나타낸 것을 **수염상자**(box plot)라고 한다. 수염상자를 그리는 데는 사분위 범위 IQR = Q_3-Q_1을 먼저 계산하여야 한다. 〈그림 3-12〉의 수염상자 그림은 다음 절차를 밟아서 그린다.

수염상자를 보면 특이치를 쉽게 찾을 수 있다. 그러나 그것이 −3~+3의 z-값 범위를 벗어나는 특이치와 다를 수 있다. 두 방법을 모두 적용하거나 공통적인 것을 특이치로 판정하여도 된다.

1. 제1사분위와 제3사분위를 가지고 사각형 아래 위 양쪽 변을 그린다. 초임 월급에서 Q_1 = 3857.5, Q_3 = 4025이고, 이 상자 안에 데이터의 50%가 들어 있다.
2. 상자 안의 중앙값 위치에 수평선을 긋는다. 그 중앙값을 거기에 적는다. 〈그림 3-12〉에서는 X라고 표기했다.
3. 경계선 계산: 사분위 범위 IQR = Q_3-Q_1을 계산해서, 하한 경계선은 Q_1보다 1.5(IQR) 아래에, 상한 경계선은 보다 1.5(IQR) 위에 있다. 초임 월급 데이터에서 IQR = Q_3-Q_1 = 4025−3857.5 = 167.5이다. 하한선은 3857.5−1.5(167.5) = 3606.25이고 상한선은 4025+1.5(167.5) = 4276.25이다. 이 경계선을 넘어가면 특이치(outlier)이다.
4. 상자 아래 위 면에서 수직선을 연장한 것이 수염(whisker)이다. **수염은 경계선 안에 있는** 데이터 값 중에서 제일 작은 값과 제일 큰 값까지 그린 수직선이다. 초임 데이터에서 수염 끝값은 3710과 4130이다.
5. 마지막으로 특이치 값의 위치에 별표점 표시를 한다. 〈그림 3-12〉에서 특이치는 4325이다.

〈그림 3-12〉에는 상·하한 경계선이 그려져 있는데, 여기서는 그 위치를 표시하기 위해서 그린 것이다. 상하한선 계산을 항상 정해놓지만 수염상자 그림에는 보통 그리지 않는다.

〈그림 3-12〉 수염상자 그림과 상한 경계선, 하한 경계선 (초임 월급 자료)

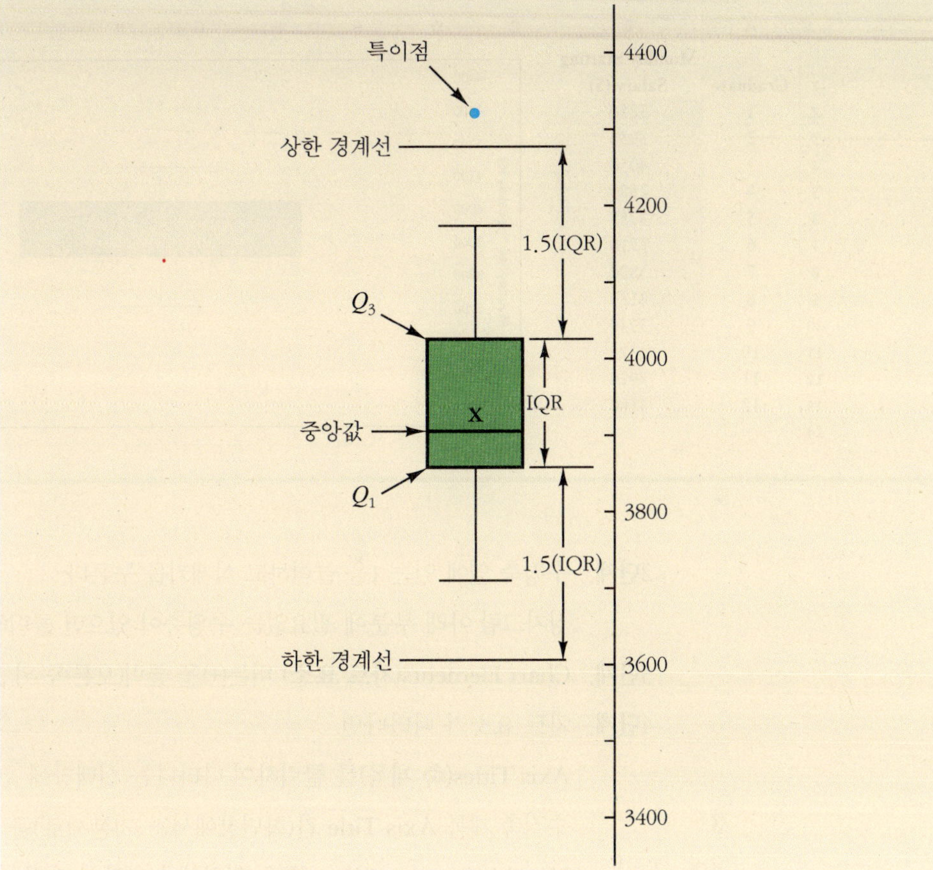

엑셀을 사용한 수염상자 그리기

엑셀의 통계차트 삽입을 이용하면 초임 월급 자료를 가지고 수염상자를 그릴 수 있다.

자료 입력: StartSalary 파일을 연다. 자료는 B2:B13에 들어 있다.

툴 적용: 다음의 단계를 따라서 수염상자를 그린다.

1단계. 데이터 세트 B2:B13 속의 셀을 선택한다.

2단계. 리본 메뉴에서 **Insert**를 클릭한다.

3단계. **Charts 그룹**의 추천차트에서 '차트 삽입' 선택 창에서 '모든 차트'를 선택하고, Box and Whisker(**상자수염**)를 클릭하면 수염상자가 나타난다.

옵션 편집:

1단계. Chart Title(**차트제목**)을 오른쪽 마우스로 클릭해서 삭제키를 누른다.

〈그림 3-13〉 수염상자 그리기 (초임 월급 자료)

	A	B
1	Graduate	Monthly Starting Salary ($)
2	1	3850
3	2	3950
4	3	4050
5	4	3880
6	5	3755
7	6	3710
8	7	3890
9	8	4130
10	9	3940
11	10	4325
12	11	3920
13	12	3880
14		

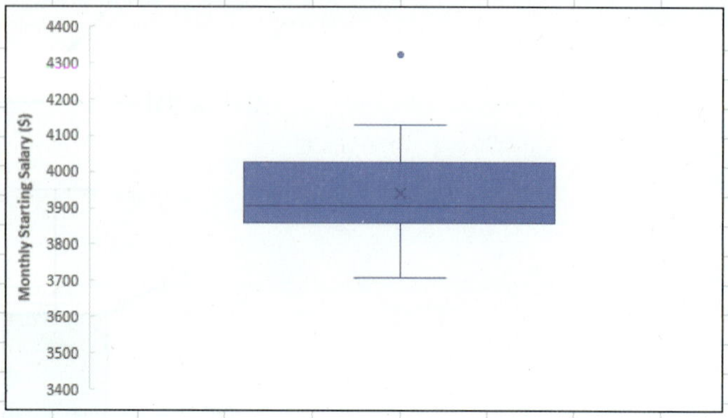

2단계. 수평축 옆에 있는 1을 클릭하고 삭제키를 누른다.

상자그림 아래 부분에 필요없는 수평축이 있으면 클릭하여 삭제한다.

3단계. Chart Elements(**차트 요소**) 버튼(+)을 클릭(오른쪽 위 모서리 옆에 있음)한다.

4단계. 차트 요소가 나타나면,

Axis Titles(**축 제목**)를 클릭하여 나타나는 선택창에

수직축 제목 **Axis Title** 칸(화면창에서는 '기본세로')을 클릭하고

Monthly Starting Salary($)을 입력한다(그림 3-13 참조).

수평축 제목 **Axis Title**을 클릭하고 삭제키를 누른다.

5단계. 그림 밑에 필요 없는 수평축이 있으면 선택하여 삭제한다.

6단계. 수직축을 우클릭하여 **Format Axis...**(**축 서식**)을 선택하여 옵션을 변경한다.

수염상자를 이용한 비교분석

DATA *file* MajorSalary

수염상자를 비교하면 여러 개 그룹을 시각적으로 비교할 수 있다. 예를 들면, 대학의 취업처에서 졸업생의 초임 월급을 전공 분야별로 조사하였다고 해 보자. 데이터 파일 MajorSalary에는 비즈니스 전공별로 111개 데이터 표본이 들어 있다(전공은 accounting, finance, information systems, management, marketing로 구분). 이것을 엑셀의 차트 도구로서 수염상자로 그린 것이 〈그림 3-14〉이다.

엑셀로 수염상자를 그려서 비교분석하기

엑셀의 통계차트 삽입을 이용하면 전공별로 초임 월급여 자료의 비교 상자그림을 그릴 수 있다.

〈그림 3-14〉 수염상자를 이용한 비교 (전공별 초임 월급 자료)

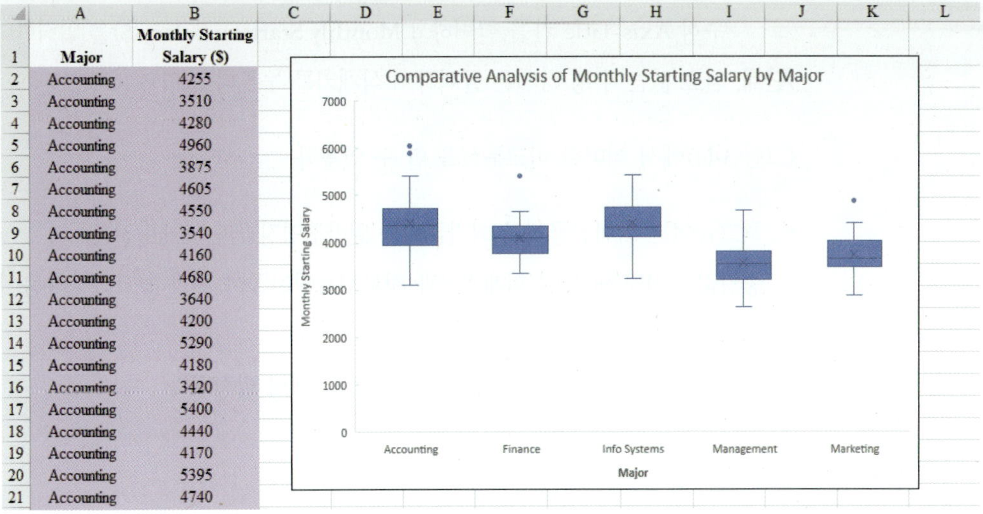

	A	B
1	Major	Monthly Starting Salary ($)
2	Accounting	4255
3	Accounting	3510
4	Accounting	4280
5	Accounting	4960
6	Accounting	3875
7	Accounting	4605
8	Accounting	4550
9	Accounting	3540
10	Accounting	4160
11	Accounting	4680
12	Accounting	3640
13	Accounting	4200
14	Accounting	5290
15	Accounting	4180
16	Accounting	3420
17	Accounting	5400
18	Accounting	4440
19	Accounting	4170
20	Accounting	5395
21	Accounting	4740

자료 입력: MajorSalary 파일을 연다. 자료는 A2:B112에 들어 있다.

툴 적용: 다음의 단계를 따라서 전공별로 초임 월급여의 수염상자를 그린다.

1단계. 데이터 세트 A2:B112 속의 셀을 선택한다.

2단계. 리본 메뉴의 **Insert**를 클릭한다.

3단계. **Charts 그룹**에서 추천**차트**를 클릭하고 선택창에서 '모든차트'를 클릭하여, **Box and Whisker(상자수염)**를 클릭한다. 그러면 수염상자가 나타난다.

옵션 편집:

1단계. **Chart Title**을 클릭해서 차트제목 'Comparative Analysis of Monthly Salary by Major'를 입력한다.

2단계. 전공 이름을 왼쪽부터 알파벳 순으로 나열하기 위해서:

데이터 세트 A2:B112 속의 셀을 선택

메뉴에서 **Data**를 클릭

Sort & Filter(정렬 및 필터) 그룹에서 **Sort**를 선택

Sort 대화창에서 **Sort by(정렬기준)** 드롭다운 메뉴 속에 있는 **Major**를 선택하고, **OK** 클릭.

3단계. 차트 안 아무 곳이나 클릭하고, **Chart Elements** 버튼(+)을 클릭(차트의 오른쪽 위 모서리 옆에 있음).

4단계. 차트 요소가 나타나면,

Axis Titles(**축 제목**)를 클릭하여 축 제목을 입력할 칸을 만든다.

수평 **Axis Title** 칸를 클릭하고 **Major**라고 입력한다.

수직 **Axis Title** 칸을 클릭하고 **Monthly Starting Salary($)**을 입력한다.

5단계. 필요 없는 수평 라인은 클릭하여 삭제키를 누른다(그림 3-14 참조).

〈그림 3-14〉에서 어떠한 비교분석을 할 수 있을까?

- 최고급여는 회계전공이고 최저급여는 일반경영정공과 마케팅전공이다.
- 중앙값을 비교해 보면 회계전공과 정보시스템전공이 제일 높고, 그 다음이 재무전공이고, 마케팅과 일반경영이 그 다음이다.
- 높은 급여 특이치가 회계, 재무, 마케팅 전공에서 발견된다.

기타의 다른 분석과 해석도 가능하다.

3.4 보충 설명

1. 엑셀의 수염상자 차트에는 여러 가지 옵션이 있다. 마우스를 수염상자에 놓고 우클릭하여 Format Data Series …(데이터 계열 서식 …) 창을 연다. 여기서는 차트의 여러 가지를 지정할 수 있다. 평균 표식, 특이치 표식, 모든 점 표식 등. 차트 비교에는 범주 간의 간격, 평균치선 잇기 등.
2. 데이터 계열 서식 … 창에서는 사분위 계산방법도 정할 수 있다. 이 교재에서는 기본적으로 Exclusive median(중앙값 제외)을 사용한다. $(1/(n+1) \sim n/(n+1) \times 100\%$ 범위 안에서 퍼센타일 위치를 정해 준다. Inclusive median(중앙값 포함)은 $(0 \sim 1.0) \times 100\%$ 범위에서 퍼센타일 위치를 정해 준다. (역자주 포함)

연습문제

기본문제

46. 표본 데이터 27, 25, 20, 15, 30, 34, 28, 25를 가지고 5점 요약을 정하라.

47. 46번 문제의 수염상자를 그려라.

48. 데이터 5, 15, 18, 10, 8, 12, 16, 10, 6을 가지고 5점 요약과 수염상자를 그려라.

49. 어떤 데이터 세트의 $Q_1 = 42$, $Q_3 = 50$이다. 수염상자의 하한선과 상한선을 계산하고, 데이터 값 65는 특이치인지 판정하라.

응용문제

50. 플로리다주 네이플스시는 매년 1월에 하프마라톤(13.1마일)을 개최하는데, 전 세계의 우수 기록 보유자들이 참가한다. 다음 자료는 19-24세의 최우수 기록 남자 22명, 여자 31명의 기록(분)이다.

순위	남자	여자	순위	남자	여자	순위	남자	여자
1	65.30	109.03	11	109.05	123.88	21	143.83	136.75
2	66.27	111.22	12	110.23	125.78	22	148.70	138.20
3	66.52	111.65	13	112.90	129.52	23		139.00
4	66.85	111.93	14	113.52	129.87	24		147.18
5	70.87	114.38	15	120.95	130.72	25		147.35
6	87.18	118.33	16	127.98	131.67	26		147.50
7	96.45	121.25	17	128.40	132.03	27		147.75
8	98.52	122.08	18	130.90	133.20	28		153.88
9	100.52	122.48	19	131.80	133.50	29		154.83
10	108.18	122.62	20	138.63	136.57	30		189.27
						31		189.28

DATA file
Runners

a. 최우수 남자 기록과 최우수 여자 기록을 비교하라. 53명의 남녀가 함께 달린다면, 여자 최우수 기록은 전체 몇 등이 되는가?

b. 남녀 기록의 중앙값을 각각 구하라. 중앙값을 가지고 남녀를 비교하라.

c. 남녀 각각의 5점 요약을 계산하라.

d. 남녀 그룹에 특이치가 있는가?

e. 남녀 기록을 두 개의 수염상자로 그려라. 어느 그룹이 변동이 심한가? 설명하라.

51. 다음은 21개 제약회사의 연간 매출액($백만)이다.

DATA file
PharmacySales

8,408	1,374	1,872	8,879	2,459	11,413
608	14,138	6,452	1,850	2,818	1,356
10,498	7,478	4,019	4,341	739	2,127
3,653	5,794	8,305			

a. 5점 요약을 계산하라.

b. 상한선과 하한선을 계산하라.

c. 자료에 특이치가 있는가?

d. 자료의 최대값 $14,138(백만)은 Johnson & Johnson의 매출액이다. 만일 자료 기록 과정에서 $41,138으로 잘못 적었다면, c의 특이치 찾기가 이것을 찾아내어서 바로잡을 수 있는가? 설명하라.

52. *Consumer Report*는 통신회사 4개의 고객만족도 점수를 도시별로 조사해서 게시한다. 고객은 요금, 통신 연결 문제, 전화 끊어짐, 통화상애, 기타 고객 지원 등을 종합적으로 평가해서 0~100점(0점은 완전 불만족, 100점은 완전 만족)으로 점수를 매겼다.

도시	AT&T	Sprint	T-Mobile	Verizon
Atlanta	70	66	71	79
Boston	69	64	74	76
Chicago	71	65	70	77
Dallas	75	65	74	78
Denver	71	67	73	77

DATA file
CellService

Detroit	73	65	77	79
Jacksonville	73	64	75	81
Las Vegas	72	68	74	81
Los Angeles	66	65	68	78
Miami	68	69	73	80
Minneapolis	68	66	75	77
Philadelphia	72	66	71	78
Phoenix	68	66	76	81
San Antonio	75	65	75	80
San Diego	69	68	72	79
San Francisco	66	69	73	75
Seattle	68	67	74	77
St. Louis	74	66	74	79
Tampa	73	63	73	79
Washington	72	68	71	76

a. T-Moblie의 평가점수 중앙값은?

b. T-Mobile 의 5점 요약을 구하라.

c. T-Mobile 에 특이치가 있는가? 설명하라.

d. 다른 세 개 통신사에 대해서도 a~c의 문제에 답하라.

e. 4개 통신사의 만족도를 수염상자 그림으로 한꺼번에 표시하라. 어떤 비교를 할 수 있는가? 전반적인 만족도를 볼 때 *Consumer Report*는 어느 회사를 추천하겠는가?

DATA file
AdmiredCompanies

53. *Fortune*은 매년의 가장 선망하는 기업을 발표한다[출처]. 데이터 파일에서 Return은 상위 50개 기업의 연간 총수익률(%)이다. 같은 기간에 S&P 평균 수익률은 18.4%이다.

a. 상위 50개 기업의 수익률의 중앙값을 구하라.

b. 상위 50개 기업중에서 1년간의 수익률이 S&P 평균 수익률보다 큰 기업은 몇 퍼센트인가?

c. 자료의 5점 요약을 구하라.

d. 자료에 특이치가 있는가?

e. 1년간 총수익률의 수염상자를 그려라.

DATA file
BorderCrossings

54. 교통통계국은 미국-캐나다 국경과 미국-메시코 국경의 출입국 지점을 통과하는 것을 전부 조사한다. 데이터 파일에는 8월 중에 가장 붐비는 출입국 지점 50개를 통과한 개인 승용차 통과 횟수(1000)이다[출처].

a. 출입국 통과횟수의 평균과 중앙값을 구하라.

b. 제1사분위와 제3사분위를 구하라.

c. 5점 요약을 구하라.

d. 특이치가 있는가? 수염상자를 그려라.

3.5 두 변수의 연관성 측도

지금까지는 한 번에 한 개씩의 변수 자료를 요약하는 수치적 방법을 공부하였다. 그러나 때로는 두 변수의 관계에 관심을 가질 필요가 있다. 여기서는 두 변수의 관계(relationship)를 나타내는 기술적 측도로서 공분산과 상관관계를 공부한다.

2.4절에 있던 스테레오 음향기기 판매점의 통계 응용을 가지고 시작해 보자. 판매점의 소장은 주말의 TV광고 횟수와 그 다음 주의 판매액 사이에 있는 관계를 알고 싶어 한다. 〈표 3-6〉은 판매 금액($100)의 표본 자료이다. 한 주에 한 번씩 모두 10번의 관찰을 하였다($n = 10$). 〈그림 3-15〉의 산점도는 양의 관계를 보여주는데, 높은 판매 금액(y)은 많은 광고 횟수(x)와 연관되어 있는 양의 관계를 보여준다. 실제로 산점도는 그 관계를 요약하는 하나의 직선을 그을 수 있다는 것을 암시해 준다. 이제, 두 변수의 선형 연관성(linear association)의 측도인 **공분산**(covariance)을 소개한다.

DATA file
Stereo

〈표 3-6〉 광고 횟수와 판매 금액 (스테레오 판매점의 표본 자료)

주	광고 횟수 (x)	판매 금액 (y)	주	광고 횟수 (x)	판매 금액 (y)
1	2	50	6	1	38
2	5	57	7	5	63
3	1	41	8	3	48
4	3	54	9	4	59
5	4	54	10	2	46

〈그림 3-15〉 스테레오 판매점의 산점도

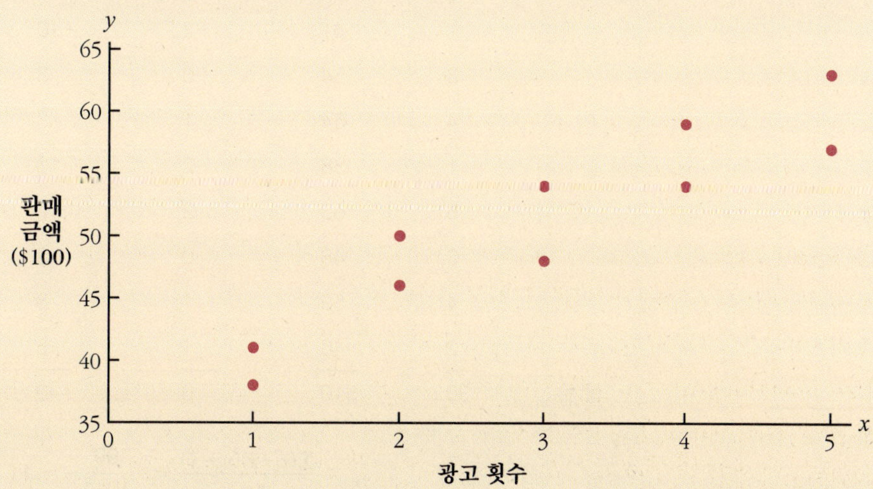

공분산

관찰이 $(x_1, y_1), (x_2, y_2), \cdots$이고 크기가 n인 표본에 대해서, 그 표본의 공분산은 다음과 같이 정의한다.

표본공분산

$$s_{xy} = \frac{\sum(x_i - \bar{x})(y_i - \bar{y})}{n-1} \quad \text{3-13}$$

이 공식은 x_i를 y_i와 짝 맞추어서 x_i의 평균편차와 y_i의 평균편차를 곱해서 모두 더한 후 $n-1$로 나눈다. 평균편차는 평균과의 차이(또는 편차)를 말한다.

스테레오 판매점의 광고 횟수 x와 판매 금액 y 사이의 선형 관계의 강도(strength)는 표본공분산 식 3-13으로 계산한다. 〈표 3-7〉은 $\sum(x_i - \bar{x})(y_i - \bar{y})$의 계산이다. $\bar{x} = 30/10 = 3$이고 $\bar{y} = 510/10 = 51$이다. 식 3-13을 따라 계산하면 표본공분산 s_{xy}는 11이다.

$$s_{xy} = \frac{\sum(x_i - \bar{x})(y_i - \bar{y})}{n-1} = \frac{99}{9} = 11$$

크기가 N인 모집단의 공분산 계산 식도 식 3-13과 유사한데, 모집단에 적용되는 다른 기호를 사용한다.

〈표 3-7〉 표본공분산 계산

	x_i	y_i	$x_i-\bar{x}$	$y_i-\bar{y}$	$(x_i-\bar{x})(y_i-\bar{y})$
	2	50	−1	−1	1
	5	57	2	6	12
	1	41	−2	−10	20
	3	54	0	3	0
	4	54	1	3	3
	1	38	−2	−13	26
	5	63	2	12	24
	3	48	0	−3	0
	4	59	1	8	8
	2	46	−1	−5	5
합계	30	510	0	0	99

$$s_{xy} = \frac{\sum(x_i - \bar{x})(y_i - \bar{y})}{n-1} = \frac{99}{10-1} = 11$$

모집단 공분산

$$\sigma_{xy} = \frac{\sum(x_i - \mu_x)(y_i - \mu_y)}{N} \quad \textbf{3-14}$$

식 3-14에서 μ_x는 변수 x의 모집단 평균이고, μ_y는 변수 y의 모집단 평균이다. 모집단 공분산 σ_{xy}는 크기가 N인 모집단의 측도이다.

공분산의 해석

〈그림 3-16〉을 보면 표본의 공분산을 해석할 수 있다. 산점도에 $\bar{x}$ = 3의 수직점선을 긋고, $\bar{y}$ = 57의 수평점선을 그었다. 이 두 개의 선은 그래프를 4개 부분으로 나누는데, 사분면 Ⓘ은 x_i가 $\bar{x}$보다 크고, y_i도 $\bar{y}$보다 큰 관찰에 대응하고, 사분면 Ⓘⅰ는 x_i가 $\bar{x}$보다 작고, y_i는 $\bar{y}$보다 큰 관찰에 대응한다. 사분면 Ⓘⅱ과 Ⓘⅴ도 마찬가지이다. 사분면 Ⓘ의 점에서 $(x_i - \bar{x})(y_i - \bar{y})$ 계산값은 양(+)이고, 사분면 Ⅱ의 점에서는 음(−)이고, 사분면 Ⅲ의 점에서는 양(+)이고, 사분면 Ⅳ의 점에서는 음(−)이다.

공분산은 두 변수 사이에 있는 선형 연관성(linear association)의 측도 통계이다.

만일 s_{xy}가 양(+)이면, 사분면 Ⅰ과 Ⅲ에 있는 점들이 s_{xy}에 크게 작용한 것이다. 그러므로 s_{xy}가 양수이면 x와 y 사이에 양의 선형 연관성이 있음을 뜻하고, x의 값이 커지면 y의 값도 증가한다. 그러나 만일 s_{xy}가 음(−)이면, 사분면 Ⅱ와 사분면 Ⅳ에 있는 점들이 s_{xy}에 크게 작용한 것이다. 그러므로 s_{xy}가 음수이면 x와 y 사이에 음의 선형 연관성이 있음을 뜻하고, x의 값이 커지면 y의 값은 감소한다. 만일 점들이 4개 분면에 골고루 분포하면 s_{xy} 값은 0에 가깝다. 이는 두 변수 x, y 사이에 선형 연관성이 없음을 뜻한다. 〈그림 3-17〉은 세 가지

〈그림 3-16〉 4개 분면으로 나뉘어진 산점도 (스테레오 판매점)

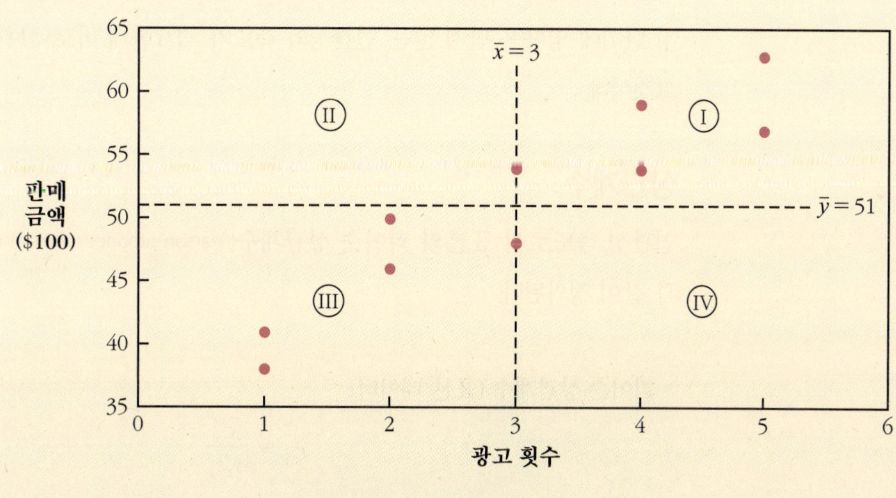

〈그림 3-17〉 표본공분산 해석

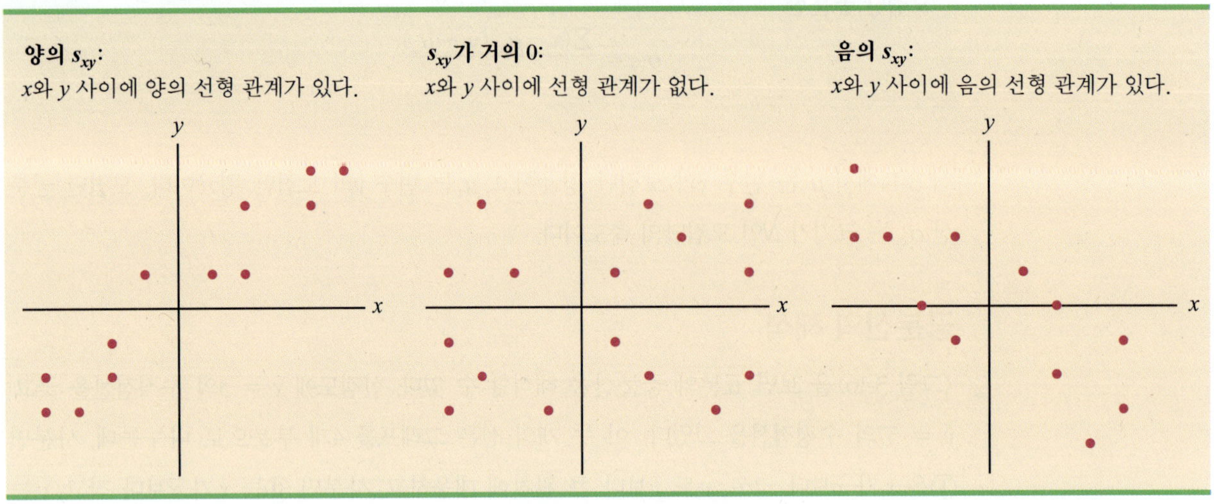

유형의 산점도와 값을 보여준다.

〈그림 3-16〉의 산점도를 보면, 이는 〈그림 3-17〉의 첫 번째 패턴을 따르는데, 우리가 기대하는 것처럼 표본공분산 $s_{xy} = 11$은 양의 선형관계를 뜻한다.

이상의 토의를 살펴보면, 공분산값이 양의 큰 값이면 양의 강한 선형관계가 있는 것으로 보이고, 공분산값이 음의 큰 값이면 음의 강한 선형관계가 있는 것으로 보인다. 그러나 공분산을 선형관계의 강도를 나타내는 측도로 사용하기에는 한 가지 문제가 있는데, x와 y의 측정 단위에 따라 공분산의 값이 달라진다는 것이다. 예를 들면, x는 사람의 키이고 y는 몸무게라고 해 보자. 키를 피트(feet) 단위로 하든 인치(inch) 단위로 하든 두 변수의 관계의 강도는 같아야 한다. 그러나 키를 피트 단위로 하는 것보다 인치 단위로 측정하면 $x_i - \bar{x}$의 수치적 값이 훨씬 크고, 결과적으로 식 3-13의 공분산 계산값의 분자인 $\Sigma(x_i - \bar{x})(y_i - \bar{y})$ 값이 훨씬 더 크고 공분산도 더 크게 계산된다. 그렇지만 그 관계는 변함이 없다. 두 변수 x와 y의 측정 단위에 영향을 받지 않는 연관성의 측도가 필요한데 바로 **상관계수**(correlation coefficient)가 그것이다.

상관계수

연관성 측도로서 **표본의 피어슨 상관계수**(Pearson product moment correlation coefficient)는 다음과 같이 정의된다.

피어슨 상관계수 (표본 데이터)

$$r_{xy} = \frac{s_{xy}}{s_x s_y} \qquad \text{3-15}$$

여기서 r_{xy} = 표본상관계수
s_{xy} = 표본공분산
s_x = x의 표본 표준편차
s_y = y의 표본 표준편차

식 3-15는 피어슨의 모멘트곱 상관계수(Pearson product moment correlation coefficient) 계산식인데, 보통은 간단하게 **표본상관계수**(sample correlation coefficient)라고 부른다. 이 계산을 보면 두 변수 x, y의 공분산 s_{xy}를 각각의 표준편차 곱 $s_x s_y$로 나눈다.

스테레오 판매점의 표본상관계수를 구해 보자. 〈표 3-6〉에서 두 변수의 표본 표준편차를 먼저 계산한다.

$$s_x = \sqrt{\frac{\Sigma(x_i - \bar{x})^2}{n-1}} = \sqrt{\frac{20}{9}} = 1.49$$

$$s_y = \sqrt{\frac{\Sigma(y_i - \bar{y})^2}{n-1}} = \sqrt{\frac{566}{9}} = 7.93$$

그런데 앞에서 $s_{xy} = 11$이므로 표본상관계수 r_{xy}는 다음과 같다.

$$r_{xy} = \frac{s_{xy}}{s_x s_y} = \frac{11}{(1.49)(7.93)} = .93$$

모집단의 상관계수는 그리스 문자를 이용해 ρ_{xy}로 표기하는데 로(rho)라고 읽고, 식은 다음과 같다. 앞의 표본상관계수 r_{xy}는 모집단 상관계수 ρ_{xy}의 하나의 점 추정량(point estimator)이 된다.

표본상관계수 r_{xy}는 모집단 상관계수 ρ_{xy}의 하나의 점 추정량이 된다.

피어슨 상관계수 (모집단 데이터)

$$\rho_{xy} = \frac{\sigma_{xy}}{\sigma_x \sigma_y} \quad \text{3-16}$$

여기서 ρ_{xy} = 모집단 상관계수
σ_{xy} = 모집단 공분산
σ_x = x의 모집단 표준편차
σ_y = y의 모집단 표준편차

상관계수의 해석

간단한 예를 가지고 완전 양의 선형관계의 개념을 설명해 보자. 다음 표본 자료를 기지고 x와 y의 관계를 그림으로 그린 산점도가 〈그림 3-18〉이다.

〈그림 3-18〉 완전 양의 선형 관계를 보여주는 산점도

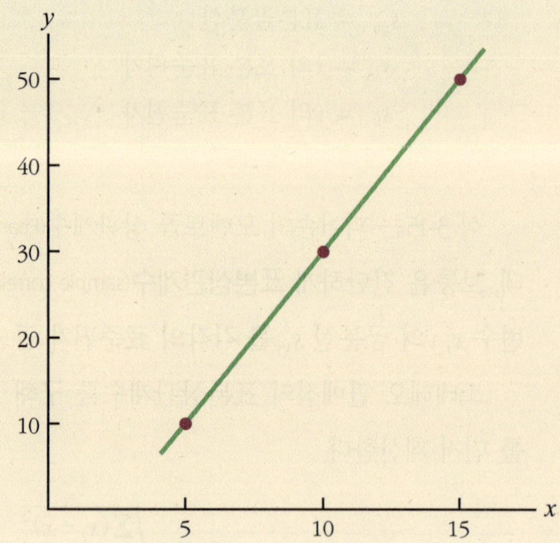

x_i	y_i
5	10
10	30
15	50

산점도에서 세 개의 점(x_i, y_i)을 통과하는 직선은 x와 y의 완전 선형 관계를 보여준다. 식 3-15를 적용하도록 s_{xy}, s_x, s_y를 계산해 보자. 〈표 3-8〉에 상세한 계산 내용이 있다. 이 표의 계산 결과를 이용하면 다음과 같다.

$$s_{xy} = \frac{\Sigma(x_i - \bar{x})(y_i - \bar{y})}{n-1} = \frac{200}{2} = 100$$

$$s_x = \sqrt{\frac{\Sigma(x_i - \bar{x})^2}{n-1}} = \sqrt{\frac{50}{2}} = 5$$

〈표 3-8〉 표본상관계수 계산

	x_i	y_i	$x_i-\bar{x}$	$(x_i-\bar{x})^2$	$y_i-\bar{y}$	$(y_i-\bar{y})^2$	$(x_i-\bar{x})(y_i-\bar{y})$
	5	10	−5	25	−20	400	100
	10	30	0	0	0	0	0
	15	50	5	25	20	400	100
합계	30	90	0	50	0	800	200
	$\bar{x}=10$	$\bar{y}=30$					

$$s_y = \sqrt{\frac{\Sigma(y_i - \bar{y})^2}{n-1}} = \sqrt{\frac{800}{2}} = 20$$

$$r_{xy} = \frac{s_{xy}}{s_x s_y} = \frac{100}{5(20)} = 1$$

즉 표본의 상관계수는 1이다.

상관계수는 −1 ~ +1이다. −1이나 +1에 가까우면 강한 선형관계이고, 0에 가까울수록 관계가 약해진다.

〈그림 3-18〉의 직선의 식을 적으면 $y = 4x - 10$이고 기울기는 4이다. 일반적으로, 데이터 세트의 점이 기울기가 양인 직선 위에 모두 있으면 표본상관계수는 +1이다. 즉, 표본상관계수 +1은 x와 y의 완전 양의 선형 관계를 나타낸다. 또, 데이터 세트의 점이 모두 기울기가 음인 직선 위에 있으면 표본상관계수는 −1이다. 즉, 표본상관계수 −1은 x와 y의 완전 음의 선형 관계를 나타낸다.

어떤 데이터 세트가 x와 y 사이에 양의 선형 관계를 보여주지만 완전하지 않다면 r_{xy}의 값은 1보다 작고, 산점도 점들도 모두 직선 위에 있지는 않다. 점들이 직선에서 편차가 많이 생기고 완전 양의 선형 관계에서 멀어질수록 r_{xy}의 값은 점점 작아진다. 이 값이 0이면 x와 y 사이에는 선형의 관계가 없다는 것을 의미하고, r_{xy}가 0에 가까울수록 선형 관계가 약해진다.

스테레오 판매점의 경우 $r_{xy} = .93$이다. 그러므로 광고 횟수와 판매액 사이에는 강한 양의 선형 관계가 있다. 더 구체적으로 말하면, 광고 횟수의 증가는 판매액의 증가에 연관되어 있다.

마지막으로, 상관관계(correlation)는 선형의 연관성의 측도이지 반드시 원인(causation)이라는 것은 아니다. 두 변수 간에 높은 상관관계는 한 개 변수의 변동이 다른 변수의 변동의 원인이라는 것을 의미하지 않는다. 예를 들면, 식당의 품질평가와 식사가격이 양(+)으로 서로 상관되어 있음을 알 수 있다. 그러나 식사가격을 올리는 것이 품질평가를 높이는 원인이 되는 것은 아니다.

엑셀에서 표본공분산과 표본상관계수 계산하기

엑셀의 함수를 이용하면 공분산과 상관계수를 계산할 수 있다. 여기서는 〈표 3-6〉의 스테레오 판매점의 자료를 가지고 표본공분산과 표본상관계수를 계산해 보자. 그 결과는 〈그림 3-19〉에 있는데, 뒤편 시트는 함수식을 보여주고 앞면 시트에는 계산값이 나타나 있다.

자료 입력: 엑셀 파일 Stereo를 연다. 자료는 B2:C11에 있다.

함수/수식: 엑셀의 COVARIANCE.S 함수는 표본공분산을 계산해 주는데, F2에 =COVARIANCE.S(B2:B11, C2:C11)을 입력한다. 마찬가지로 F3에 식 =CORREL(B2:B11, C2:C11)을 입력하면 표본상관계수를 계산해 준다. E2:E3에는 계산의 이름을 적어놓았다. 표본공분산(11)과 표본상관계수(.93)는 앞의 설명에서 계산한 결과와 일치한다.

〈그림 3-19〉 공분산과 상관계수 계산

	A	B	C	D	E	F	G
1	Week	No. of Commercials	Sales ($100s)				
2	1	2	50		Sample Covariance	=COVARIANCE.S(B2:B11,C2:C11)	
3	2	5	57		Sample Correlation	=CORREL(B2:B11,C2:C11)	
4	3	1	41				
5	4	3	54				
6	5	4	54				
7	6	1	38				
8	7	5	63				
9	8	3	48				
10	9	4	59				
11	10	2	46				
12							

	A	B	C	D	E	F	G
1	Week	No. of Commercials	Sales ($100s)				
2	1	2	50		Sample Covariance	11	
3	2	5	57		Sample Correlation	0.93	
4	3	1	41				
5	4	3	54				
6	5	4	54				
7	6	1	38				
8	7	5	63				
9	8	3	48				
10	9	4	59				
11	10	2	46				
12							

3.5 보충 설명

1. 상관계수는 양적 변수 상호 간의 선형 관계의 강도를 측정하는 것이기 때문에, 두 변수 간에 비선형의 관계(nonlinear relationship)가 있더라도 선형 관계는 없고 상관계수는 0에 가깝게 나타날 수 있다. 예를 들면, 아래는 어느 가게의 환경비용(냉난방비) 지출 금액과 외부 최고 기온을 100일간 조사한 것을 산점도로 그려서 그 관계를 보여주는 것이다.

   이 자료를 가지고 표본상관계수를 구하면 $r_{xy} = -0.007$이고 변수 간에 선형 관계는 없다. 그러나 산점도에서는 비선형 관계를 보여주는 것을 시각적으로 알 수 있다. 즉, 외부 기온이 올라갈수록 처음에는 난방비가 적게 들기 때문에 환경비용이 감소하다가, 나중에는 냉방비가 많아지기 때문에 환경비용이 증가한다.

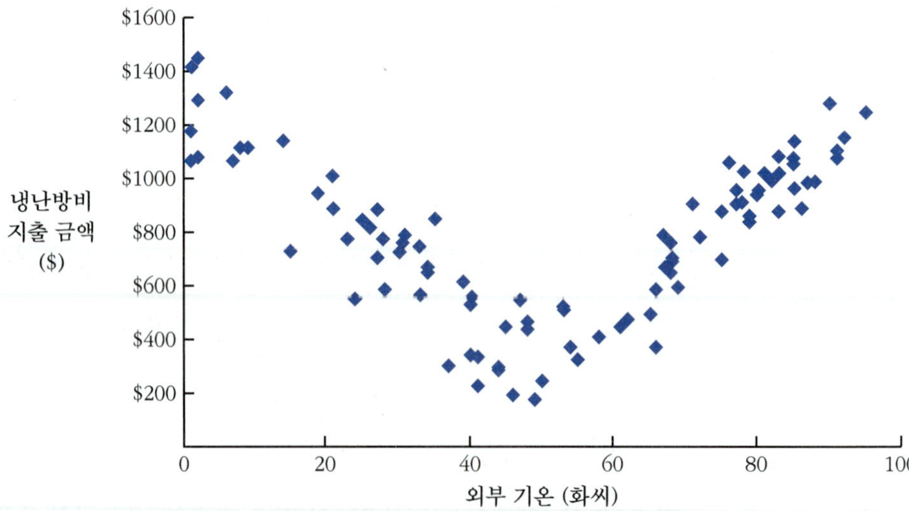

2. 상관계수는 양적 변수 간의 관계를 평가하는 데 유용하지만, 두 변수 중에 명목변수나 서열변수가 있으면 변수 간의 관계는 다른 측도로 평가한다. 스페어만 순위-상관계수(Spearman rank-correlation coefficient) 측도를 사용할 수 있는데, 이에 대한 설명은 비모수 통계 방법을 참조하기 바란다.

연습문제

기본문제

55. 다음은 두 개 변수에 대한 5개 관찰이다.

x_i	4	6	11	3	16
y_i	50	50	40	60	30

a. x를 수평축으로 해서 산점도를 그려라.

b. a의 산점도는 두 변수 간의 어떤 관계를 보여주는가?

c. 표본공분산을 계산하고 해석하라.

d. 표본상관계수를 계산하고 해석하라.

56. 다음은 두 개 변수에 대한 5개 관찰이다.

x_i	6	11	15	21	27
y_i	6	9	6	17	12

a. x를 수평축으로 해서 산점도를 그려라,

b. a의 산점도는 두 변수 간의 어떤 관계를 보여주는가?

c. 표본공분산을 계산하고 해석하라.

d. 표본상관계수를 계산하고 해석하라.

응용문제

DATA file
TwoStocks

57. TwoStocks 데이터 파일은 2010~2014년 동안 기술 기업인 Apple사와 소비재 상품 기업인 P&G (Procter and Gamble)사의 월별 주식가격이다.

a. Apple 주식을 수평축으로 하고 P&G의 주식가격을 수직축으로 해서 산점도를 그려라.

b. 두 주식 사이에 어떤 관계를 보여주는가?

c. 표본공분산을 계산하고 해석하라.

d. 표본상관계수를 계산하라. 상관계수는 두 주식가격 사이에 어떤 관계를 의미하는가?

58. 교통부의 한 연구는 중형 승용차의 속력과 연비에 관한 자료를 정리하였다. 표본상관계수를 계산하고 해석하라.

속력(마일/시간)	30	50	40	55	30	25	60	25	50	55
연비(마일/갤런)	28	25	25	23	30	32	21	35	26	25

DATA file
SmokeDetectors

59. 지난 40년간 연기 탐지기를 설치한 가정이 꾸준히 증가하여 96%에 오르고 있다[출처]. 연기 탐지기 설치가 증가하면서 가정 화재로 인한 사망자 수는 어떻게 변하였는가? 자료에는 17년간의 인구 백만 명당 가정 화재 사망자 수 추정값과 연기 탐지기 설치 가정의 퍼센트 추정값이 들어있다.

a. 연기 탐지기 설치와 가정 화재 사망자 수 사이에 양(+) 또는 음(−)의 관계를 기대하는가? 왜 그런가?

b. 상관계수를 계산하라. 양(+) 또는 음(−)의 상관관계가 있는가? 이에 대해 논하라.

c. 인구 백만 명당의 사망률과 연기 탐지기 설치 가정의 퍼센트 간의 산점도를 그려라.

DATA file
Russell

60. Russell 1000은 대기업 1000개의 주식가격으로 구성된 시장지수 Market index이다. 다우존스 산업평균은 30개 대기업의 지수이다. 데이터 파일 Russell에는 1988~2012년 간의 두 개 지수의 연간 퍼센트 수익률(percentage return)이다[출처].

a. 퍼센트 수익률을 산점도로 그려라.

b. 각 지수의 표본의 평균과 표준편차를 계산하라.

c. 표본상관계수를 계산하라.

d. 두 개 지수의 유사성과 차별성을 적어라.

DATA file
BestPrivateColleges

61. 데이터 파일은 명문 사립대학의 리스트인 Kiplinger's list에서 무작위로 뽑은 30개 대학이다[출처]. Admit Rate(%)는 지원자 중에서 입학 허가를 받은 학생의 퍼센트이고, 4-yr Grad. Rate(%)는 4년만에 졸업한 학생의 퍼센트이다.

a. Admit Rate(%)를 수평축의 독립변수로 삼고 산점도를 그려라. 두 변수 간에 어떤 관계가 있는가?

b. 표본상관계수를 계산하라. 표본상관계수는 변수 간의 어떤 관계를 나타내는가?

3.6 데이터 대시보드에 수치 측도 추가하기

2.5절 데이터 시각화에서는 데이터 세트의 정보를 요약하고 디스플레이하는 것을 소개하였다. 데이터 시각화 목표는 데이터의 핵심정보를 효과적이고 명료하게 전달하는 것이다. 데이터 시각화 툴 중에서 가장 많이 쓰이는 것이 데이터 대시보드인데, 이는 조직 또는 기업의 성과(performance)를 쉽게 알아보고 이해하고 해석할 수 있도록 시각적으로 배열하고 디스플레이해서 그것을 모니터하는 것이다.

여기서는 데이터 대시보드에 여러 가지 수치적 측도를 추가해서 디스플레이의 전반적인 효과성을 높이는 것을 공부한다. 핵심성과 지표(KPI)의 평균이나 표준편차와 같은 수치 측도를 추가해서, KPI의 목표나 벤치마킹을 제시할 수 있기 때문이다. 데이터 대시보드에 수치 측도를 자주 삽입하는데, KPI를 알아보고 이해하고 해석해서 그것을 모니터하는 것이 주된 목적이라는 것을 잊지 말아야 한다.

2.5절에서는 Grogang 석유회사의 예를 가지고 데이터 대시보드를 소개하였다. Grogang은 텍사스의 3개 도시, 오스틴(본사), 휴스톤, 댈러스에 사무소가 있는데, 오스틴에 있는 IT

〈그림 3-20〉 IT 콜센터의 업무처리 대시보드(초기)

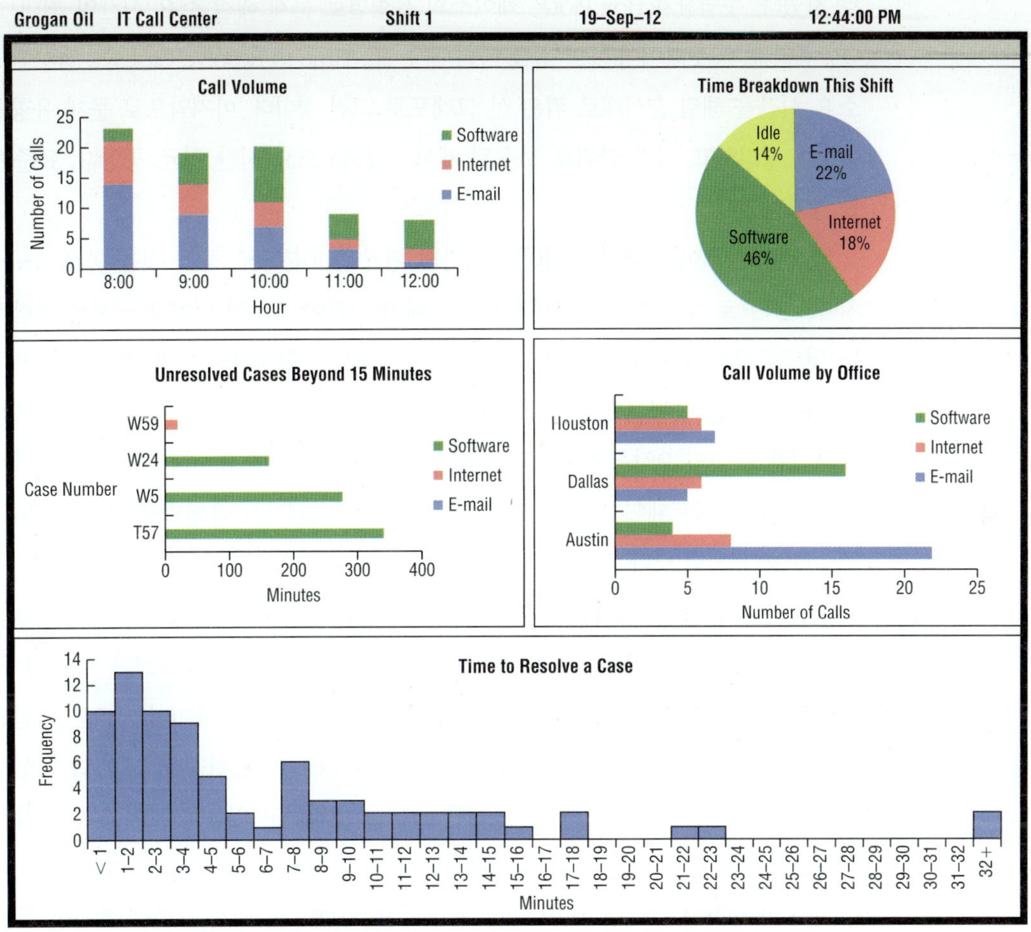

콜센터는 각 사무소에서 걸려오는 컴퓨터 관련(이메일, 소프트웨어, 인터넷) 문제를 처리한다. 〈그림 3-20〉은 콜센터의 업무처리 성과를 모니터하는 데이터 대시보드이다.

- 직렬누적 바차트는 이메일, 소프트웨어, 인터넷 등의 문제 유형별로 걸려오는 콜 수(Call Volume)를 시간 흐름에 따라 나타낸다.
- Unsolved Cases Beyond 15 Minutes는 15분 넘게 해결되지 않고 있는 케이스별로 시체 시간을 바차트로 나타낸다.
- 오른쪽 위 파이차트 Time Breakdown This Shift는 콜센터 근무자들의 문제 유형별로 작업시간을 (idle 시간 포함해서) 나타낸다.
- Call Volume by Office는 세 개 도시 사무실별로, 문제 유형별로 콜 수를 나타낸다.
- Time to Resolve a Case는 현재 근무조가 해결한 문제 케이스의 소요 시간(분)을 가지고 그 빈도수의 분포를 히스토그램으로 보여준다.

콜센터의 업무성과를 더 잘 파악하기 위해서 현재의 대시보드에 수치 측도를 추가하기로 하였다. 수염상자 Box Plot은 케이스의 유형별로 문제 해결 소요 시간의 최대, 최소, Q1, Q3, 중앙값, 아웃라이어(특이치)를 나타낸다. 또, Time to Resolve Cases는 접수된 케이스의 소요 시간을 해결 순서대로 꺾은 선 그래프로 그린 것이다. 마지막으로 문제 유형별로 요약통계를 정리하고, 시간 단위로 접수된 케이스 건수, 소요 시간 평균, 중앙값, 표준편차 표시를 추가하였다.

콜센터는 케이스 해결에 걸리는 시간의 평균을 10분으로 하는 것을 목표 수준 또는 벤치마크 목표로 설정했다. 또, 어떤 케이스 해결 시간이 15분이 넘어가는 것은 바람직하지 않는 것으로 정했다. 이러한 목표를 표시하기 위해서 수염상자와 소요 시간 그래프에 평균시간 10분을 검은 수평선으로, 허용 최대시간 15분에 붉은 수평선을 추가로 표시하였다.

〈그림 3-21〉의 요약통계를 보면, 이메일 케이스의 평균소요 시간은 4.6분, 인터넷 문제는 평균 5.4분, 소프트웨어는 평균 5.2분이 소요되었다. 따라서 유형별로 보아서 모두 목표 수준 10분보다는 더 낫다.

수염상자를 보면, 이메일의 경우가 인터넷이나 소프트웨어보다 박스가 더 크다. 요약통계를 보아도 이메일 케이스의 표준편차가 다른 두 개 유형보다 더 크다. 이메일 유형을 더 살펴보면, 이메일 수염상자는 수염이 15분을 넘어서 있고 아웃라이어는 15분을 훨씬 넘어서 있다. 개별 케이스의 해결시간(Time to Resolve Cases, 아래 왼쪽)을 그린 그래프는 9:00 시간대에 2건의 이메일 케이스가 목표시간 15분을 초과하고 있음을 보여준다. 이러한 분석을 연장해서 보면 IT 콜센터 책임자는 왜 이메일의 문제 해결시간이 소프트웨어나 인터넷보다 더 변동이 심한지 조사해 보아야 할 것이다. 또, 이메일의 경우 15분을 초과한 두 케이스에 대해서 어떤 상황이었는지 조사해 볼 필요가 있는지 판단해야 한다.

Time to Resolve Cases(케이스별 소요 시간) 그래프를 보면, 교대조의 처음 한 시간(8:00) 동안은 콜이 비교적 빨리 처리된다. 그리고 오전 시간대에도 처리시간이 점점 길어다. 이러한 현상은 복잡한 문제가 근무교대 후반부로 갈수록 많이 생기거나, 해결되지 않은 문제의 콜이 후반부에 지연되기 때문으로 보인다. 요약통계(평균, 중앙값 등)를 보면 9:00 시간대의 콜이 해결되는 데 가장 시간이 많이 걸렸지만, 실제로 케이스별 소요 시간 그래프를 보면 장시간 소요된 이메일 2건과 소프트웨어 1건이 있을 뿐이데, 아마도 이것 때문에 9:00 시간대의 해결시간 평균이 더 큰 것으로 보인다. 전체적으로 보아서, 이번 교대조에 요청된 케이스는 보통 15분 이내에 해결되었다고 볼 수 있다.

대시보드는 때로는 직접 반응식으로 구축한다. 예를 들면 마우스나 터치스크린으로 커저를 디스플레이 항목위로 옮기면 문제해결 시간이나 접수된 시간, 문제 소재지를 볼 수 있게 한다. 또 개별 아이템을 클릭하면 그 케이스에 관하여 새로운 수준의 분석을 안내하기도 한다.

〈그림 3-21〉 수치 측도를 추가한 IT 콜센터의 업무처리 대시보드

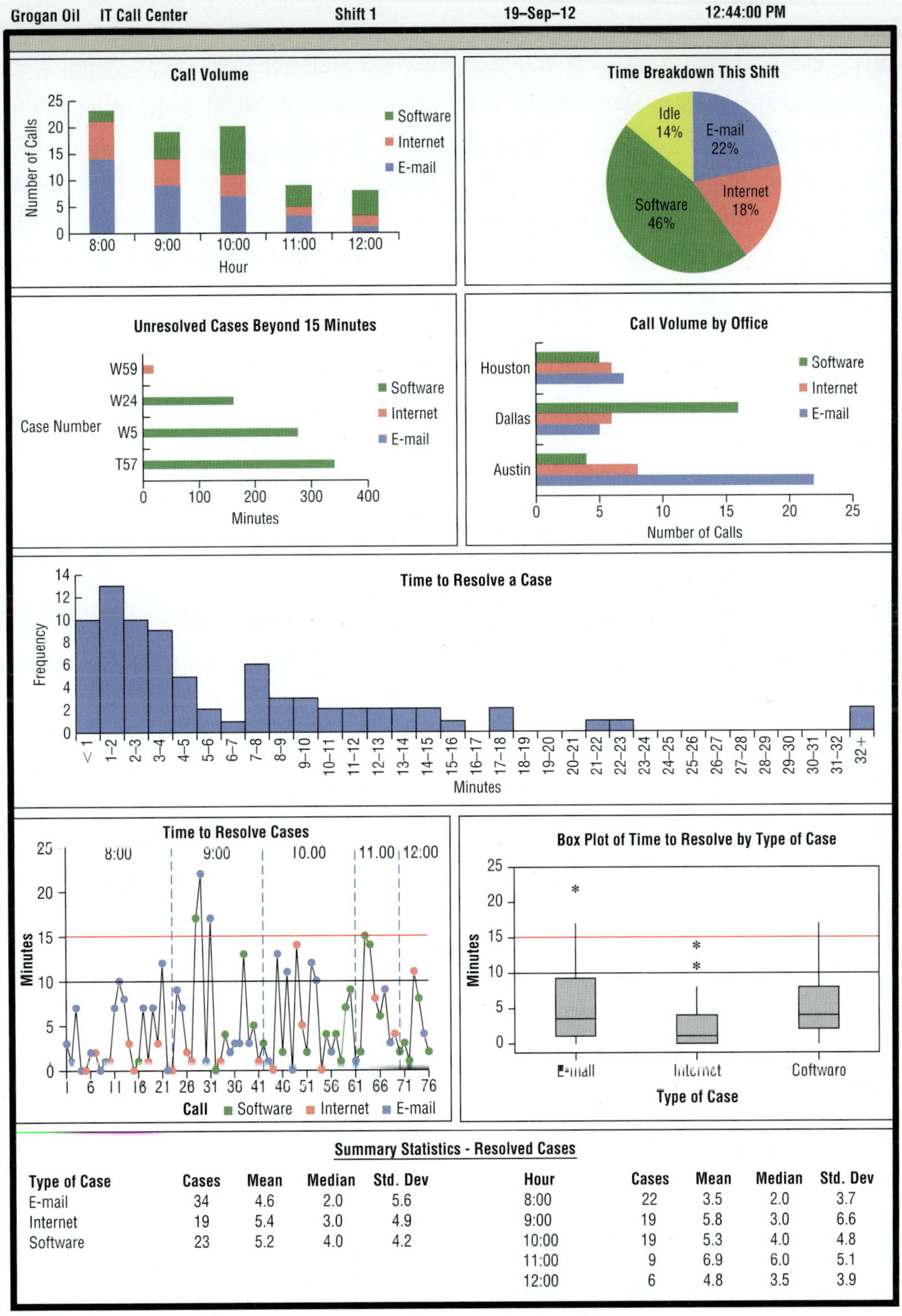

Summary Statistics - Resolved Cases

Type of Case	Cases	Mean	Median	Std. Dev
E-mail	34	4.6	2.0	5.6
Internet	19	5.4	3.0	4.9
Software	23	5.2	4.0	4.2

Hour	Cases	Mean	Median	Std. Dev
8:00	22	3.5	2.0	3.7
9:00	19	5.8	3.0	6.6
10:00	19	5.3	4.0	4.8
11:00	9	6.9	6.0	5.1
12:00	6	4.8	3.5	3.9

요약

이 장에서는 몇 가지 기술 통계를 소개하였다. 자료의 위치, 변동성, 분포 모양을 요약하는 것을 말한다. 표나 그래프로 표현하는 것과는 다르게, 3장에서 소개하는 몇 가지 측도(measure)는 데이터를 수치로 요약하는 것이다. 측도의 수치를 표본에서 구하면 그것을 '표본 통계'라고 한다. 통계추론에서 표본 통계는 모수의 점 추정량(point estimator)이 된다. 수치를 모집단에서 구한 것이면 그것을 '모집단 파라미터(모수)'라고 한다. 이들의 기호는 다음과 같다.

측도	표본 통계	모집단 모수
평균	$\bar{x}$	μ
분산	s^2	σ^2
표준편차	s	σ
공분산	s_{xy}	σ_{xy}
상관계수	r_{xy}	ρ_{xy}

위치 측도로서 평균, 중앙값, 최빈값, 가중평균, 기하평균, 퍼센타일, 사분위값을 정의하여 설명하였다. 변동성 측도 혹은 산포도(dispersion)로서 범위, 사분위 범위, 분산, 표준편차, 변동계수 등이 있었다. 데이터 분포 모양의 측도로서 왜도(skewness)가 있는데, 왜도가 음이면 데이터 분포가 왼쪽으로 늘어진 분포 모양을 뜻하고, 왜도가 양이면 데이터 분포가 오른쪽으로 늘어진 분포 모양을 표시한다. 평균과 표준편차를 이용하는 것으로서 체비셰프 정리와 경험 규칙을 적용하면 자료의 분포에 대한 정보를 작성할 수 있고 또 자료의 특이치(outlier)를 찾을 수 있다.

3.4절의 5점 요약과 수염상자는 자료의 위치, 변동성, 분포 모양의 정보를 동시에 나타낼 수 있다. 3.5절에서는 두 변수의 연관성 측도로서 공분산과 상관계수를 소개하였다. 마지막 절에서는 데이터 대시보드에 수치 측도를 추가해서 그 효과성을 향상했다. 여기서 공부한 기술 통계는 통계 소프트웨어나 스프레드시트를 이용해서 구할 수 있다.

용어

가중평균(weighted mean) 각 관찰값에 그것의 중요성을 가중치로 부여하여 구한 평균.

경험 규칙(empirical rule) 자료 분포가 종모양일 때, 평균으로부터 표준편차의 1, 2, 3배의 범위 안에 들어가는 자료값의 퍼센티지를 계산하는 규칙.

공분산(covariance) 두 변수 간의 선형 관계의 측도. 양의 값은 양의 상관관계를 뜻하고, 음의 값은 음의 상관관계를 뜻한다.

기하평균(geometric mean) n개 관찰값을 곱한 것의 n승근(거듭제곱근)으로 계산되는 위치 측도.

모집단 모수(population parameter) 모집단의 여러 가지 요약 측도를 계산한 값(예: 모집단 평균 μ, 모집단 분산 σ^2, 모집단 표준편차 σ)

범위(range) 자료의 변동성 측도로서 자료의 제일 큰 값에서 제일 작은 값을 뺀 것을 말함.

변동계수(coefficient of variation) 표준편차를 평균으로 나눈 후 100을 곱해서 자료의 상대적인 변동성을 측정하는 통계.

분산(variance) 평균으로부터의 편차의 제곱으로 측정하는 변동성 측도.

사분위값(quartiles) 25th 퍼센타일을 제1사분위값, 50th 퍼센타일을 제2사분위값, 75th 퍼센타일을 제3사분위값이라고 함. 사분위값은 데이터 세트를 4등분으로 나누는데, 각 등분은 자료의 약 25%씩을 차지함.

사분위 범위(interquartile range: IQR) 제1사분위값과 제3사분위값의 차이로 측정하는 변동성 측도.

상관계수(correlation coefficient) 두 변수 간의 선형 관계를 측정하는 측도. −1.0~+1.0의 값을 가지며, 값이 +1에 가까울수록 강한 양의 선형 관계를 뜻하고, −1에 가까울수록 강한 음의 선형 관계를 뜻한다. 값이 0에 가까울수록 선형 관계가 희박함을 뜻한다.

수염상자(box plot) 5점 요약을 그래프로 나타낸 그림(상자그림이라고도 함).

왜도(skewness) 어떤 자료의 분포 모양의 측도. 자료의 분포꼬리가 왼쪽으로 늘어지면 음의 왜도, 자료의 분포가 좌우 대칭이면 왜도가 0, 자료의 분포꼬리가 오른쪽으로 늘어지면 양의 왜도를 가진다.

점 추정량(point estimator) $\bar{x}$, s, s^2과 같은 표본 통계량으로서 해당하는 모집단의 모수를 추정하는 데 소용됨.

중앙값(median) 관찰된 자료를 오름 크기순으로 배열하여 가운데 있는 값을 자료의 중심 위치로 삼는 측도. 중위수라고도 함.

체비셰프 정리(Chebyshev's theorem) 평균으로부터 표준편차의 배수 안에 포함되는 자료의 비율을 말하는 데 소용되는 정리.

최빈값(mode) 출현 빈도수가 가장 많은 값을 자료의 중심 위치로 삼는 측도.

특이치(outlier) 정상을 벗어나서 특별히(unusually) 작은 값이나 특별히 큰 값의 자료값(특이값, 이상치, 극단값).

퍼센타일(percentile) 자료의 최소값과 최대값 구간을 백분위로 나누었을 때 어떤 위치의 값을 말함. 백분위수라고도 표기함.

평균(mean) 관찰된 자료값을 모두 더한 후 그 관찰 개수로 나누어서 자료의 중심 위치로 삼는 측도.

표본 통계(sample statistic) 표본 자료에서 계산한 여러 가지 측도의 수치적 값(예: 표본의 평균 $\bar{x}$, 표본분산 s^2, 표본 표준편차 s).

표준편차(standard deviation) 분산의 양의 제곱근으로 계산되는 변동성의 측도.

피어슨 (모멘트곱) 상관계수(Pearson product moment correlation coefficient) 두 변수 간의 선형 관계의 측도.

5점 요약(five-number summary) 자료를 5개의 숫자로 요약하는 기법: 최소값, 제1사분위값, 중앙값, 제3사분위값, 최대값.

***p*th 퍼센타일**(*p*th percentile) n개 관찰의 데이터 세트에서 pth 퍼센타일은 그 자료를 두 부분으로 나누는데, 약 p%는 pth 퍼센타일보다 작고, 약 $(100-p)$%는 pth 퍼센타일보다 크다.

***z*-값**(*z*-score) 자료의 평균편차 $x_i-\bar{x}$를 표준편차 s로 나누어서 구한 값. 어떤 관찰값의 z-값은 평균으로부터의 거리를 표준편차의 배수로 나타낸 것.

주요 식

표본평균

$$\bar{x} = \frac{\sum x_i}{n} \quad \text{3-1}$$

모집단 평균(모평균)

$$\mu = \frac{\sum x_i}{N} \quad \text{3-2}$$

가중평균

$$\bar{x} = \frac{\sum w_i x_i}{\sum w_i} \quad \text{3-3}$$

기하평균

$$\bar{x}_g = \sqrt[n]{(x_1)(x_2)\cdots(x_n)} = [(x_1)(x_2)\cdots(x_n)]^{1/n} \quad \text{3-4}$$

***p*th 퍼센타일 위치**

$$L_p = \frac{p}{100}(n+1) \quad \text{3-5}$$

범위

범위(R) = 가장 큰 값 − 가장 작은 값

사분위 범위

$$\text{IQR} = Q_3 - Q_1 \quad \text{3-6}$$

모집단 분산(모분산)

$$\sigma^2 = \frac{\sum (x_i-\mu)^2}{N} \quad \text{3-7}$$

표본분산

$$s^2 = \frac{\sum (x_i-\bar{x})^2}{n-1} \quad \text{3-8}$$

표준편차

$$\text{표본의 표준편차} = s = \sqrt{s^2} \quad \text{3-9}$$

$$\text{모집단의 표준편차} = \sigma = \sqrt{\sigma^2} \quad \text{3-10}$$

변동계수

$$\text{CV} = \left(\frac{\text{표준편차}}{\text{평균}} \times 100\right)\% \quad \text{3-11}$$

***z*-값**

$$z_i = \frac{x_i-\bar{x}}{s} \quad \text{3-12}$$

표본공분산

$$s_{xy} = \frac{\sum (x_i-\bar{x})(y_i-\bar{y})}{n-1} \quad \text{3-13}$$

모집단 공분산

$$\sigma_{xy} = \frac{\sum (x_i-\mu_x)(y_i-\mu_y)}{N} \quad \text{3-14}$$

피어슨 상관계수 (표본 데이터)

$$r_{xy} = \frac{s_{xy}}{s_x s_y} \quad \text{3-15}$$

피어슨 상관계수 (모집단 데이터)

$$\rho_{xy} = \frac{\sigma_{xy}}{\sigma_x \sigma_y} \quad \text{3-16}$$

보충 연습문제

62. 1주일에 외식하는 횟수는 2008년에 평균 4.0회에서 2012년에 3.8회로 줄었다[출처]. 다음은 표본으로 뽑은 20개 가정의 지난주 외식 횟수이다.

6	1	5	3	7	3	0	3	1	3
4	1	2	4	1	0	5	6	3	1

a. 평균과 중앙값을 계산하라.

b. 제1사분위값과 제3사분위값을 계산하라.

c. 범위와 사분위 범위를 계산하라.

d. 분산과 표준편차를 계산하라.

e. 이 자료의 왜도는 .34이다. 분포 모양을 설명하라. 분포 모양은 기대했던 것과 같은가? 그러한지 아닌지 설명하라.

f. 데이터 속에 특이치가 있는가?

63. [DATA file Coaches] *USA Today* 신문은 NCAA 대학들의 신규 채용 풋볼 수석코치의 연봉이 지난해에 비교해서 더 높다고 보도하였다[출처]. 3개 대학의 전년도 수석코치의 연봉과 올해 신규 채용한 수석코치의 연봉이 데이터 파일에 있다.

a. 전년도 수석코치의 연봉과 올해 신규 채용한 수석코치의 연봉의 중앙값을 구하라.

b. 전년도와 올해 신규 채용 수석 코치 연봉의 범위를 각각 계산하라.

c. 전년도와 올해 신규 채용 수석 코치 연봉의 표준편차를 계산하라.

d. a~c의 답을 기초로, 전년도와 올해 신규 채용 수석 코치 연봉에 어떤 차이가 있는지 설명하라.

64. [DATA file WaitTracking] 엘파소 지역의 한 외과의사 오피스에서 환자의 평균 대기시간은 29분인데, 이것은 나라 전체의 평균치 21분보다는 훨씬 길다. 실제로 엘파소 지역은 미국 전체에서 환자 대기시간이 가장 길다[출처]. 환자의 대기시간 문제를 해결하기 위해서, 몇몇 외과의사 오피스에서는 대기시간 추적 시스템을 사용해서 환자에게 예상대기시간을 알려주고 있다. 환자는 이 정보를 보고 미리 자신의 도착 시간을 조정해서 자신의 실제 대기시간을 줄일 수 있게 된다. 아래의 자료는 이 시스템을 사용하는 오피스에서의 대기시간과 이 시스템을 사용하지 않는 오피스에서의 대기시간을 표본에서 조사한 것이다.

대기시간 (추적 시스템 미사용)	대기시간 (추적 시스템 사용)
24	31
67	11
17	14
20	18
31	12
44	37
12	9
23	13
16	12
37	15

a. 대기시간 추적 시스템을 사용하는 오피스에서 대기시간의 평균과 중앙값을 계산하라. 이 시스템을 사용하지 않는 오피스에서 대기시간 평균과 중앙값을 계산하라.

b. 각각의 경우 대기시간의 분산과 표준편차를 계산하라.

c. 이 시스템을 사용하는 오피스의 대기시간이 사용하지 않는 오피스보다 더 짧은가? 설명하라.

d. 이 시스템을 사용하지 않는 오피스의 10번째 환자의 대기시간의 z-값을 구하라.

e. 이 시스템을 사용하는 오피스의 6번째 환자의 대기시간 z-값을 계산하라. 이 값은 d의 z-값에 비교해서 어떤가?

f. z-값을 볼 때, 이 시스템을 사용하지 않는 오피스의 대기시간 자료에 특이치가 있는가? 이 시스템을 사용하는 오피스의 대기시간 자료에 특이치가 있는가?

65. [DATA file Sleep] 기업들은 근로자들의 불면증으로 인해 연간 \$63.2(billion) 손실을 본다. 수면 부족으로 인해서 근로자들은 생산일로 따져서 평균 7.8일 로스가 생긴다[출처]. 아래는 근로자 20명을 대상으로 어떤 날짜의 실제 수면시간을 조사한 것이다.

6	5	10	5	6	9	9	5	9	5
8	7	8	6	9	8	9	6	10	8

a. 이 자료에서 수면시간의 평균을 구하라.

b. 분산과 표준편차를 구하라.

66. [DATA file Smartphone] 스마트폰 사용자에 대한 조사를 보면, 사용의 68%는 집에서 사용하고, 사용자 한 명은 한 달간 평균 410분을 다른 사람과 소통하는데 사용하고 있다[출처]. 아래 자료는 스마트폰 사용자 표본 50명을 대상으로 다른 사람과 소통하는데 사용한 시간(분)이다.

353	458	404	394	416
437	430	369	448	430
431	469	446	387	445
354	468	422	402	360
444	424	441	357	435
461	407	470	413	351
464	374	417	460	352
445	387	468	368	430
384	367	436	390	464
405	372	401	388	367

a. 이 자료에서 다른 사람과 소통하는 데 사용한 시간의 평균을 구하라. 앞의 조사와 비교하면 어떠한가?

b. 이 자료의 표준편차를 구하라.

c. 이 자료에 특이치가 있는가? 사분위값을 구하여 답하라.

67. [DATA *file* Transportation] 직장인들은 대중교통을 이용하거나 개인 승용차를 이용해서 직장에 출근을 한다. 아래는 교통수단별로 소요시간(분)을 조사한 것이다.

대중교통	28	29	32	37	33	25	29	32	41	34
승용차	29	31	33	32	34	30	31	32	35	33

a. 교통수단별로 출근시간의 표본의 평균을 계산하라.

b. 교통수단별로 출근시간의 표준편차를 구하라.

c. a, b의 계산을 볼 때 어느 수단이 더 나은가? 설명하라.

d. 교통수단별로 수염상자를 그려라. 수염상자를 비교해 볼 때 c의 선택이 옳은가? 설명하라.

68. *New York Times*는 2007년 미국 가계의 연 소득의 중앙값이 $55,500이라고 보도하였다[출처]. 아래 자료는 2013년 14개 가계 표본의 연 소득이다. 이것을 보고 물음에 답하라.

49.4	52.4	53.4	51.3	52.1	48.7	52.1
52.2	64.5	51.6	46.5	52.9	52.5	51.2

a. 2013년 표본 가계의 연소득의 중앙값을 구하라.

b. 표본 자료를 가지고 가계소득의 중앙값에 대해서 2007년에서 2013년으로 변동의 퍼센티지를 추정하라.

c. 제1사분위(Q_1)와 제3사분위(Q_3)을 구하라.

d. 5점 요약을 구하라.

e. *z*-값으로 볼 때 이 자료에 특이치가 있는가? Q_1, Q_3와 사분위 범위(IQR)를 이용해서 특이치가 있는지 찾아라. 두 결과가 같은가?

69. [DATA *file* FoodIndustry] 데이터 파일에는 47개 레스토랑 체인의 회사이름, 스토어의 매출액 평균($1000), 식품 분야가 적혀 있다[출처].

a. 47개 레스토랑체인의 스토어 매출의 평균을 구하라.

b. 제1사분위값과 제3사분위값을 구하라. 이 사분위값이 뜻하는 바를 해석하라.

c. 매출액의 수염상자를 그려라. 특이치가 있는지 찾아서 매출액 분포에 치우침이 있는지 설명하라.

d. 식품 분야별로 레스토랑 스토어의 평균 매출액을 구하여 표를 작성하고 이를 해석하라.

70. [DATA *file* Travel] *Travel+Leisure*이라는 여행레저 잡지는 연도별로 베스트 호텔 500개를 선정하여 발표한다. 발표에는 호텔의 객실 수, 친절도, 객실 요금(더블룸 기준) 등도 들어있다. 아래는 12개 베스트호텔의 표본이다.

호텔	위치	객실 수	객실 요금 ($/일)
Boulders Resort & Spa	Phoenix, AZ	220	499
Disney's Wilderness Lodge	Orlando, FL	727	340
Four Seasons Hotel Beverly Hills	Los Angeles, CA	285	585
Four Seasons Hotel	Boston, MA	273	495
Hay-Adams	Washington, DC	145	495
Inn on Biltmore Estate	Asheville, NC	213	279
Loews Ventana Canyon Resort	Phoenix, AZ	398	279
Mauna Lani Bay Hotel	Island of Hawaii	343	455
Montage Laguna Beach	Laguna Beach, CA	250	595
Sofitel Water Tower	Chicago, IL	414	367
St. Regis Monarch Beach	Dana Point, CA	400	675
The Broadmoor	Colorado Springs, CO	700	420

a. 객실 수의 평균을 구하라.

b. 객실 요금의 평균을 구하라.

c. 수평축에는 호텔의 객실 수를 적고, 수직축에는 객실 요금을 적어서 산점도를 그려라. 객실 수와 객실 요금 간에 어떤 관계가 있는가? 의견을 적어라.

d. 표본의 상관계수를 계산하라. 객실 수와 객실 요금 간에 어떤 관계가 있는가? 그것이 타당해 보이는지 토론하라.

71. [DATA *file* NFLTeamValue] 풋볼리그(NFL)의 32개 팀의 평가가치는 평균 $1.17(billion)인데, 지난해 보다 5% 증가하였다. 아래 데이터는 32개 팀의 연간 수익($백만)과 평가가치($백만)이다[출처].

팀	연간 수익 ($백만)	평가가치 ($백만)
Arizona Cardinals	253	961
Atlanta Falcons	252	933
Baltimore Ravens	292	1227
Buffalo Bills	256	870
Carolina Panthers	271	1057
Chicago Bears	298	1252
Cincinnati Bengals	250	924
Cleveland Browns	264	1005
Dallas Cowboys	539	2300
Denver Broncos	283	1161
Detroit Lions	248	900
Green Bay Packers	282	1183
Houston Texans	320	1450
Indianapolis Colts	276	1200
Jacksonville Jaguars	260	840
Kansas City Chiefs	245	1009
Miami Dolphins	268	1074
Minnesota Vikings	234	1007
New England Patriots	408	1800
New Orleans Saints	276	1004
New York Giants	338	1550
New York Jets	321	1380
Oakland Raiders	229	825
Philadelphia Eagles	306	1314
Pittsburgh Steelers	266	1118
San Diego Chargers	250	949
San Francisco 49ers	255	1224
Seattle Seahawks	270	1081
St. Louis Rams	239	875
Tampa Bay Buccaneers	267	1067
Tennessee Titans	270	1055
Washington Redskins	381	1700

a. 수평축에는 연간 수익을 적고, 수직축에는 평가가치를 적어서 산점도를 그려라. 두 변수 사이에 어떤 관계가 있는가?

b. 표본의 상관계수를 계산하라. 두 변수 간의 관계의 정도는 어느 정도인가?

72. [DATA file SpringTraining] 메이저리그 팀들의 봄철 훈련기간의 성적으로 정규시즌의 성적을 미리 알 수 있을까? 지난 6년간의 자료를 보면 봄철 훈련기간의 승률과 정규시즌 승률(퍼센트) 간의 상관계수는 .18이다. 아래 자료는 지난 시즌 14개 팀의 승률이다.

팀	봄철 승률	정규시즌 승률
Baltimore Orioles	.407	.422
Boston Red Sox	.429	.586
Chicago White Sox	.417	.546
Cleveland Indians	.569	.500
Detroit Tigers	.569	.457
Kansas City Royals	.533	.463
Los Angeles Angels	.724	.617
Minnesota Twins	.500	.540
New York Yankees	.577	.549
Oakland A's	.692	.466
Seattle Mariners	.500	.377
Tampa Bay Rays	.731	.599
Texas Rangers	.643	.488
Toronto Blue Jays	.448	.531

a. 봄철 훈련기간 동안의 승률과 정규시즌 승률(퍼센트) 간의 상관계수를 구하라.

b. 어떤 팀의 봄철 훈련기간 동안의 기록을 보면 정규시즌의 승률을 알 수 있는가? 그 이유는 무엇인가.

73. 다음은 금융시장 5개 펀드의 만기일(Days to Maturity) 자료이다. 펀드에 투자된 금액도 같이 있다. 가중평균을 이용해서 금융시장의 펀드에 투자된 돈의 평균 만기 날짜 수를 계산하라.

만기 기간(일)	투자금액($백만)
20	20
12	30
7	10
5	15
6	10

74. 속도제한이 시속 55마일인 도로를 통과하는 자동차의 속도를 레이더로 측정하였다. 아래는 속도의 도수분포이다.

속력(마일/시간)	빈도 수
45~49	10
50~54	40
55~59	150
60~64	175
65~69	75
70~74	15
75~79	10
합계	475

a. 이 도로를 통과한 자동차의 평균 속도를 계산하라. 속력은 각 계급의 중앙값을 사용하라.

b. 분산과 표준편차를 계산하라.

75. [DATA file PanamaRailroad] 파나마 철도회사는 1850년 설립

되었는데, 이 회사는 태평양과 대서양 사이의 지협을 가로지르는 철도를 건설하였다. 오른쪽 자료는 1853~1880년의 이 회사의 주식 수익률이다[출처].

a. 이 주식의 연간 수익률을 그래프로 그려라. 1853-1880년의 뉴욕 증권거래소의 연 평균 수익률은 8.4%이다. 이 그래프를 보면 파나마 철도회사의 주식 수익률이 뉴욕 거래소의 평균 수익률보다 더 높은가?

b. 1853-1880년의 이 회사 주식의 수익률의 평균을 계산하라. 파나마 철도회사의 주식 수익률이 뉴욕 거래소보다 더 높은가?

연도	수익률 (%)	연도	수익률 (%)
1853	−1	1867	23
1854	−9	1868	20
1855	19	1869	−11
1856	2	1870	−51
1857	3	1871	−42
1858	36	1872	39
1859	21	1873	42
1860	16	1874	12
1861	−5	1875	26
1862	43	1876	9
1863	44	1877	−6
1864	48	1878	25
1865	7	1879	31
1866	11	1880	30

사례문제 1. 펠리칸 스토어

[DATA file PelicanStores] 펠리칸 스토어(Pelican Stores)(이하 PS)는 National Clothing(NC)이라는 회사의 한 사업부인데 전국적인 여성 의류 판매 체인점이다. PS 체인은 NC의 다른 스토어 고객을 대상으로 판촉 할인 쿠폰을 발행하였다. 데이터 파일에는 하루 중 PS에서 신용카드로 이루어진 거래내역 100개의 표본 데이터가 있다. 〈표 3-9〉는 그 데이터 세트의 일부이다. 표의 변수는 다음과 같다.

- Type of Customer: Regular는 일반고객, Promotional은 할인쿠폰 고객
- Method of Payment: 신용카드 구분, Proprietary Card 는 NC 멤버카드
- Items: 의류 물품 수
- Net Sales: 판매 금액

〈표 3-9〉 PS의 신용카드 구매 표본 자료

Customer	Type of Customer	Items	Net Sales	Method of Payment	Gender	Marital Status	Age
1	Regular	1	39.50	Discover	Male	Married	32
2	Promotional	1	102.40	Proprietary Card	Female	Married	36
3	Regular	1	22.50	Proprietary Card	Female	Married	32
4	Promotional	5	100.40	Proprietary Card	Female	Married	28
5	Regular	2	54.00	MasterCard	Female	Married	34
6	Regular	1	44.50	MasterCard	Female	Married	44
7	Promotional	2	78.00	Proprietary Card	Female	Married	30
8	Regular	1	22.50	Visa	Female	Married	40
9	Promotional	2	56.52	Proprietary Card	Female	Married	46
10	Regular	1	44.50	Proprietary Card	Female	Married	36
⋮	⋮	⋮	⋮	⋮	⋮	⋮	⋮
96	Regular	1	39.50	MasterCard	Female	Married	44
97	Promotional	9	253.00	Proprietary Card	Female	Married	30
98	Promotional	10	287.59	Proprietary Card	Female	Married	52
99	Promotional	2	47.60	Proprietary Card	Female	Married	30
100	Promotional	1	28.44	Proprietary Card	Female	Married	44

판촉 할인쿠폰을 사용한 고객은 쿠폰이 없었으면 오지 않을 고객으로 간주한다. 물론 PS는 판촉 고객이 계속 오기를 바라고 있으며, 판촉 쿠폰이 효과가 있는지 알고 싶다.

경영 보고서

3장에서 공부한 기술 통계의 여러 방법을 사용해서 주어진 PS의 데이터를 요약하고, 요약 데이터를 보고 발견한 것이 있으면 적어라. 최소한 다음 두 가지는 보고서에 포함시켜야 한다.

1. 판매 금액의 기술 통계를 작성하라. 성별로 구분하여 고객 유형별로, 또 결혼 여부별로 판매 금액의 기술 통계를 작성하고, 판촉 쿠폰의 효과가 주로 어디서 있는지 분석하라.
2. 고객의 나이와 판매 금액 사이의 관계에 관한 기술 통계.

사례문제 2. 영화산업

[DATA file 2011Movies] 영화산업은 매우 유망한 비즈니스 분야인데, 50개가 넘는 스튜디오에서 매년 300~400편의 새로운 영화를 제작하고 있다. 그러나 재무적인 성공 여부는 매우 다양하게 조사할 수 있다. 개봉 첫 주의 매출액과 총매출액($백만), 상영 극장 수, 상영 지속 기간(주) 등이 영화의 성공 측도의 공통변수이다. 자료 파일은 2011년 제작하여 2012년까지 상영된 영화의 상위 100편의 자료이다. 〈표 3-10〉은 처음 10편의 자료이다 (Box Office Mojo website).

경영 보고서

기술 통계의 수치적 방법을 사용해서 이 변수들이 영화 성공에 어떻게 공헌하고 있는지 파악하라. 다음 내용은 포함하라.

1. 4개 변수의 기술 통계치를 작성하고, 영화산업에서 각각의 변수가 보여주는 통계적 요약을 설명하라. 각 변수의 평균과 중앙값을 비교하여 차이가 크면 그것을 설명하라.
2. 4개의 변수별로 어느 영화가 흥행 성공의 특이치(outlier)인지 발견하고 그것에 대하여 설명하라.
3. 총매출액과 다른 세 개 변수의 관계를 보여주는 기술 통계를 작성하고, 설명하라.

〈표 3-10〉 개봉 영화 10편의 성과

제목	첫 주 매출액	총매출액	상영 극장 수	상영 기간(주)
Harry Potter and the Deathly Hallows Part 2	169.19	381.01	4375	19
Transformers: Dark of the Moon	97.85	352.39	4088	15
The Twilight Saga: Breaking Dawn Part 1	138.12	281.29	4066	14
The Hangover Part II	85.95	254.46	3675	16
Pirates of the Caribbean: On Stranger Tides	90.15	241.07	4164	19
Fast Five	86.20	209.84	3793	15
Mission: Impossible—Ghost Protocol	12.79	208.55	3555	13
Cars 2	66.14	191.45	4115	25
Sherlock Holmes: A Game of Shadows	39.64	186.59	3703	13
Thor	65.72	181.03	3963	16

사례문제 3. 아시아-태평양 비즈니스 스쿨

[DATA file Asian] 비즈니스 분야의 대학원 교육 수요는 국제적으로 증가하고 있다. 한 조사에 의하면 경영대학원(MBA) 석사과정에 지원하는 아시아인이 점점 늘어나고 있는데, 비즈니스 전선에 뛰어들기 전에 이론적 교육에 2년을 더 투자하는 아시아인이 수천 명에 이른다. 비즈니스 분야의 공부는 어렵기로 유명한데, 경제학, 금융업, 마케팅, 행동과학, 노사관계, 의사결정, 전략적 사고, 비즈니스 법률 등을 공부한다. 〈표 3-11〉의 데이터 세트는 아시아-태평양 지역의 유명 비즈니스 스쿨의 여러 가지 특징을 보여준다.

〈표 3-11〉 아시아-태평양 비즈니스 스쿨의 자료

비즈니스 스쿨	풀타임 학생 수	교수 1인당 학생 수	내국인 등록금 ($)	외국인 등록금 ($)	나이	외국인 비율(%)	GMAT	영어능력 검증	직장 경험	초임 연봉 ($)
Melbourne Business School	200	5	24,420	29,600	28	47	Yes	No	Yes	71,400
University of New South Wales (Sydney)	228	4	19,993	32,582	29	28	Yes	No	Yes	65,200
Indian Institute of Management (Ahmedabad)	392	5	4,300	4,300	22	0	No	No	No	7,100
Chinese University of Hong Kong	90	5	11,140	11,140	29	10	Yes	No	No	31,000
International University of Japan (Niigata)	126	4	33,060	33,060	28	60	Yes	Yes	No	87,000
Asian Institute of Management (Manila)	389	5	7,562	9,000	25	50	Yes	No	Yes	22,800
Indian Institute of Management (Bangalore)	380	5	3,935	16,000	23	1	Yes	No	No	7,500
National University of Singapore	147	6	6,146	7,170	29	51	Yes	Yes	Yes	43,300
Indian Institute of Management (Calcutta)	463	8	2,880	16,000	23	0	No	No	No	7,400
Australian National University (Canberra)	42	2	20,300	20,300	30	80	Yes	Yes	Yes	46,600
Nanyang Technological University (Singapore)	50	5	8,500	8,500	32	20	Yes	No	Yes	49,300
University of Queensland (Brisbane)	138	17	16,000	22,800	32	26	No	No	Yes	49,600
Hong Kong University of Science and Technology	60	2	11,513	11,513	26	37	Yes	No	Yes	34,000
Macquarie Graduate School of Management (Sydney)	12	8	17,172	19,778	34	27	No	No	Yes	60,100
Chulalongkorn University (Bangkok)	200	7	17,355	17,355	25	6	Yes	No	Yes	17,600
Monash Mt. Eliza Business School (Melbourne)	350	13	16,200	22500	30	30	Yes	Yes	Yes	52500
Asian Institute of Management (Bangkok)	300	10	18,200	18,200	29	90	No	Yes	Yes	25,000
University of Adelaide	20	19	16,426	23,100	30	10	No	No	Yes	66,000
Massey University (Palmerston North, New Zealand)	30	15	13,106	21,625	37	35	No	Yes	Yes	41,400
Royal Melbourne Institute of Technology Business Graduate School	30	7	13,880	17,765	32	30	No	Yes	Yes	48,900
Jamnalal Bajaj Institute of Management Studies (Mumbai)	240	9	1,000	1,000	24	0	No	No	Yes	7,000
Curtin Institute of Technology (Perth)	98	15	9,475	19,097	29	43	Yes	No	Yes	55,000
Lahore University of Management Sciences	70	14	11,250	26,300	23	2.5	No	No	No	7,500
Universiti Sains Malaysia (Penang)	30	5	2,260	2,260	32	15	No	Yes	Yes	16,000
De La Salle University (Manila)	44	17	3,300	3,600	28	3.5	Yes	No	Yes	13,100

경영 보고서

3장에서 공부한 기술 통계 방법을 사용해서 〈표 3-11〉의 데이터를 요약하고, 거기서 발견한 내용을 적고 토론하라.

1. 데이터 세트의 각 변수에 대한 요약을 적어라. 적절한 평균값과 비율을 구하고, 최대치와 최소치를 보고 해석하여 설명하라. 이들 기술 통계를 볼 때, 아시아-태평양 비즈니스 스쿨에 대해서 어떤 새로운 것을 알 수 있는가?
2. 다음을 비교할 수 있도록 데이터를 요약하라.
   a. local tuition과 foreign tuition 사이에 차이가 있는가?
   b. 직장 경험이 있는 경우와 없는 경우로 구분해서 초임 연봉의 평균에 차이가 있는가?
   c. 영어능력 검증이 있는 경우와 없는 경우로 구분해서 초임 연봉의 평균에 차이가 있는가?
3. 초임 연봉이 등록금에 연관성 있이 보이는가?
4. 〈표 3-11〉의 데이터의 내용을 다른 사람에게 전달하는 데 도움이 될 만한 다른 추가적인 수치적 요약이나 그래프요약을 작성하라.

사례문제 4. Heavenly Chocolates의 웹사이트 거래

[DATA file Shoppers] Heavenly Chocolates사는 고급 초콜릿을 공장에서 생산하여 뉴욕시의 Saratoga Springs에 있는 매장에서 판매한다. 2년 전부터는 웹사이트를 개발하여 인터넷 판매도 하고 있다. 웹사이트 판매가 기대 이상으로 커지자 판매를 확대하는 방법을 생각하기 시작하였다. 웹사이트 고객에 대해서 자세히 알아보기 위해서 지난달 판매 거래에서 50건을 임의로 뽑았다. 판매가 이루어진 요인, 고객이 사용한 브라우저, 웹사이트에서 머문 시간(분), 고객이 열어본 페이지 수, 구매 금액을 조사하였다. 그 자료의 일부분이 〈표 3-12〉이다.

이 자료를 이용해서 웹사이트에서 더 오래 머물고, 열어본 페이지가 더 많을수록 구매 금액도 더 많은지 알고 싶었다. 더불어서, 고객이 사용한 브라우저와 접속한 요일이 구매에 영향을 미치는지도 알고 싶다.

경영 보고서

기술 통계학의 여러 가지 방법을 사용해서 Heavenly Chocolates사의 웹사이트를 방문하는 고객에 대해서 조사해 보라. 다음을 반드시 포함시켜라.

1. 온라인 고객이 열람 페이지 수, 웹사이트에 머문 시간, 그리고 구매 금액을 그래프와 수치적 요약으로 정리하라. 수치적 요약을 통해서 고객에 대해서 무엇을 알 수 있는가?
2. 요일별로 정리해서 평균 구매 금액, 총 구매 금액, 방문 빈도수를 요약하라. 요일별로 비즈니스에 대해서 어떤 것을 알 수 있는가?
3. 사용한 브라우저별로 정리해서 평균 구매 금액, 총 구매 금액, 방문 빈도수를 요약하라. 브라우저별로 비즈니스에 대해서 어떤 것을 알 수 있는가?
4. 웹사이트에 머문 시간과 구매 금액 간에 관계가 있는지 산점

〈표 3-12〉 Heavenly Chocolates의 웹사이트 거래(50개 표본 자료)

고객	요일	브라우저	머문 시간(분)	열람 페이지 수	구매 금액($)
1	Mon	Internet Explorer	12.0	4	54.52
2	Wed	Other	19.5	6	94.90
3	Mon	Internet Explorer	8.5	4	26.68
4	Tue	Firefox	11.4	2	44.73
5	Wed	Internet Explorer	11.3	4	66.27
6	Sat	Firefox	10.5	6	67.80
7	Sun	Internet Explorer	11.4	2	36.04
⋮	⋮	⋮	⋮	⋮	⋮
48	Fri	Internet Explorer	9.7	5	103.15
49	Mon	Other	7.3	6	52.15
50	Fri	Internet Explorer	13.4	3	98.75

도를 그리고 상관계수를 계산한 후 의견을 적어라. 웹사이트에 머문 시간을 수평축으로 하라.

5. 웹사이트에서 열어본 페이지 수와 구매 금액 간에 관계가 있는지 산점도를 그리고 상관계수를 계산한 후 의견을 적어라. 웹사이트에서 열어본 페이지 수를 수평축으로 하라.

6. 웹사이트에서 열어본 페이지 수와 머문 시간 사이에 관계가 있는지 산점도를 그리고 상관계수를 계산한 후 의견을 적어라. 웹사이트에서 열어본 페이지 수를 수평축으로 하라.

사례문제 5. 아프리카 코끼리 개체 수

[DATA file AfricanElephants] 아프리카에는 한때 수백만 마리에 이르던 코끼리가 1980년대 중반부터 밀렵으로 인해서 급격히 감소하였다. 코끼리는 아프리카 생태계에서 중요한 역할을 한다. 코끼리는 열대 밀림의 햇빛을 열어주고 새로운 나무가 자랄 수 있도록 해 준다. 열대 초원에서는 덤불숲을 없애서 초식동물들이 잘 자랄 수 있도록 해 준다. 뿐만 아니라, 여러 종류의 식물 씨앗이 발아하기 전에 코끼리 소화 경로를 따라서 흩어지게 해 준다.

아프리카 대륙에서 코끼리의 지위는 나라마다 매우 다르다. 어떤 나라에서는 강력하게 보호하는가 하면, 어떤 나라에서는 상아와 고기 목적의 밀렵 성행하여 코끼리 거주지역의 축소, 인간과의 충돌로 개체 수가 위협받는다. 〈표 3-13〉은 아프리카 몇 개 나라의 코끼리 개체 수를 1979, 1989, 2007년 조사한 것이다.

야생동물 보호운동가 David Lesile William Scheldrick을 기념해서 David Sheldrick 야생동물 보호단체가 1977년 설립되었는데, 이 단체는 〈표 3- 13〉의 자료를 보고 아프리카 코끼리 개체 수가 어떻게 되는지 알고자 한다.

경영 보고서

기술 통계학의 여러 가지 방법을 사용해서 자료를 요약하고 코끼리 개체 수의 변동에 대한 의견을 적어라. 최소한 다음 내용을 적어라.

1. 1979년에서 1989년까지 10년 동안 코끼리 개체 수의 연간 변동의 평균을 각 나라별로 구하고, 10년 동안 어느 나라에서 변동이 제일 큰지 의견을 적어라.
2. 1989년에서 2007년까지 18년 동안 코끼리 개체 수의 연간 변동의 평균을 각 나라별로 구하고, 어느 나라에서 변동이 제일 큰지 의견을 적어라.
3. 1과 2의 결과를 비교해서 어떤 결론을 내릴 수 있는지 토의하라.

〈표 3-13〉 아프리카의 코끼리 개체 수

	코끼리 개체 수		
국가	1979년	1989년	2007년
Angola	12,400	12,400	2,530
Botswana	20,000	51,000	175,487
Cameroon	16,200	21,200	15,387
Cen. African Rep.	63,000	19,000	3,334
Chad	15,000	3,100	6,435
Congo	10,800	70,000	22,102
Dem. Rep. of Congo	377,700	85,000	23,714
Gabon	13,400	76,000	70,637
Kenya	65,000	19,000	31,636
Mozambique	54,800	18,600	26,088
Somalia	24,300	6,000	70
Sudan	134,000	4,000	300
Tanzania	316,300	80,000	167,003
Zambia	150,000	41,000	29,231
Zimbabwe	30,000	43,000	99,107

4 확률

INTRODUCTION TO PROBABILITY

STATISTICS *in* PRACTICE

미국 항공우주국*

Washington, DC

미국 항공우주국(National Aeronautics and Space Administration: NASA)은 미국의 민간우주계획과 항공우주연구를 담당하는 정부기관이다. NASA는 유인 우주탐사로 잘 알려져 있는데, 우주탐사, 과학적 발견과 항공 연구의 미래를 개척하는 것이 임무이다. 18,800명의 직원을 보유하고 있는 NASA는 현재 우주비행사를 그 어느 때보다도 더 먼 우주로 데려다줄 수 있고, 미래 우주탐사의 초석을 제공할 수 있는 새로운 우주 발사 시스템의 설계를 진행하고 있다.

NASA의 주요 임무는 우주탐사이지만, 그들의 전문성은 전 세계의 국가와 단체를 지원하는 일에도 사용된다. 일례로, 칠레의 코피아포(Copiapó)에 있는 산호세(San José) 구리·금광 내부에서 지하 2,000피트 이하로 굴착 작업을 하던 33명의 광부가 갇혀 있었다. 가능한 신속하고 안전하게 사람들을 땅 위로 구조하는 것도 중요했지만, 최대한 많은 광부를 구할 수 있도록 구조 작업을 신중하게 설계하여 시행해야 했다.

칠레 정부는 NASA에 구출 방법 개발에 관한 도움을 요청하였고, 이에 대한 응답으로 NASA는 차량 설계 엔지니어와

REUTERS/Hugo Infante/Government of Chile/Handout

NASA 과학자들은 우주비행 동안 경험했던 비슷한 상황에 근거하여 확률을 따져 보았다.

장기간 감금(long-term confinement)에 대한 전문지식을 갖춘 심리학자, 2명의 의사로 구성된 4인 팀을 보냈다.

삼여한 관계사들의 생각으로부터 나온 다양한 구조 방법의 성공·실패 확률은 제각각 달랐고 이 독특한 구조 상황에 적용할 수 있는 역사적 데이터는 전혀 없었다. 따라서 NASA 과학자들은 단기·장기 우주임무를 마치고 돌아온 우주비행사가 경험했던 비슷한 상황들을 바탕으로 다양한 구조 방법의 성공과 실패에 대해 주관적인 확률 추정치를 도출하였다. NASA

* 이 사례는 NASA의 Michael Duncan, Clinton Cragg 박사의 도움을 받아 소개한 내용임을 밝힌다.

STATISTICS in PRACTICE

가 제공한 확률 추정값들은 공무원들이 구출 방법을 선택하는 데 지침이 되었고, 광부들이 구조 상자 안에서 지면으로 올라오는 과정을 어떻게 극복할 수 있는지에 대한 통찰력을 제공했다.

NASA팀과 협의하여 칠레 관리들이 만든 구조 방법은 924파운드에 달하는 13피트 길이의 철제 구조용 캡슐을 만들어 광부들을 한 번에 한 명씩 끌어올리는 방식이었다. 모든 광부가 구조되었으며, 마지막 광부는 사고 발생 68일 후에야 탄광을 빠져나왔다.

이 장에서는 확률에 대해 학습한다. 다양한 상황에 대한 확률을 계산하고 해석하는 방법들을 배운다. 주관적인 확률 외에도 상대도수를 가지고 확률을 할당하는 고전적인 방법을 배운다. 확률 사이의 기본 관계, 조건부 확률, 베이즈의 정리(Bayes' theorem)를 다룰 것이다.

경영자들은 종종 다음과 같은 불확실한 상황을 분석하여 의사결정을 내려야 한다.

1. 제품 가격이 오른다면 판매 기회가 감소할 확률은 얼마인가?
2. 새로운 조립방법이 생산성을 높일 가능성은 어느 정도인가?
3. 진행 중인 프로젝트를 제시간에 마칠 가능성은 얼마나 되는가?
4. 새로운 투자에서 수익을 얻을 확률은 얼마인가?

확률에 관한 초기연구는 1650년대에 Pierre de Fermat와 Blaise Pascal 사이에 주고받은 편지들로부터 시작되었다.

확률(probability)은 어떤 사건이 일어날 가능성을 숫자(수치)로 표현한 값이다. 따라서 앞서 언급한 네 가지 사건의 확률을 알 수 있다면 우리는 각각의 사건이 발생할 가능성을 가늠할 수 있다. 또한 그 사건 발생의 불확실성 정도도 알 수 있다.

확률은 항상 0에서 1 사이의 실숫값을 갖는다. 0에 가까운 확률은 어떤 사건이 발생할 가능성이 희박하다는 것을 나타내며, 1에 가까운 확률은 어떤 사건이 발생할 가능성이 거의 확실하다는 것을 나타낸다. 예를 들어, "내일 비가 내린다"는 사건을 생각할 때, "비 올 확률이 0에 가깝다"는 것은 거의 비가 내리지 않는 것을 의미한다. 비 올 확률이 .9라고 할 때는 비 올 가능성이 매우 높다는 것을 뜻한다. .5의 확률은 비가 올지 안 올지 가늠이 안 되고 불확실성도 매우 높다는 것을 의미한다. 〈그림 4-1〉은 어떤 사건이 발생할 가능성을 숫자로 나타낸 것으로, 확률을 0과 1 사이의 가능성 척도로 보는 관점을 나타낸다.

〈그림 4-1〉 사건 발생 가능성의 수치 척도로서의 확률

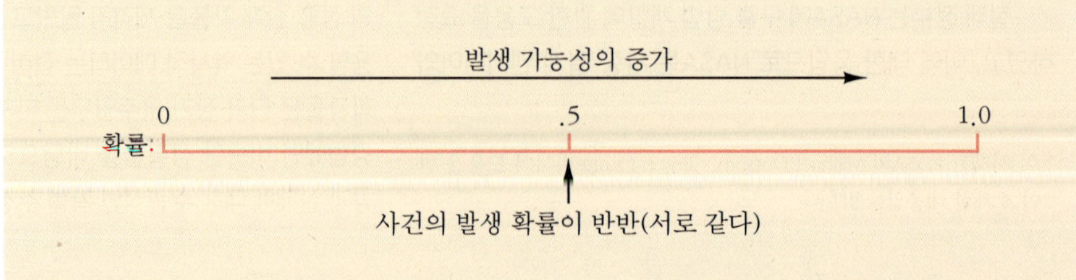

4.1 실험, 셈법, 확률 할당

확률론에서 우리는 먼저 '실험'을 정의한다. **실험**(experiment)은 잘 정의된 결과(outcomes)를 만들어내는 하나의 과정(process)이다. 어떤 실험을 한 번 하면 가능한 실험 결과 중 오직 하나만 발생한다. 다음은 실험과 그에 관련된 결과의 예이다.

실험	실험 결과
동전 던지기	앞면, 뒷면
부품 검사	불량, 양호
판매 전화	구매, 비구매
주사위 던지기	1, 2, 3, 4, 5, 6
축구 경기	승리, 패배, 무승부

확률을 구하기 위해서는 먼저 가능한 모든 실험 결과를 열거하여 그 실험의 **표본공간**(sample space)을 정의한다.

표본공간

어떤 실험의 표본공간이란 그 실험의 모든 결과(outcomes)의 집합이다.

실험 결과들을 표본점이라고 부른다(표본점은 샘플포인트라고도 표기하였다—역자).

각각으로 구별되는 실험 결과는 표본공간의 한 원소가 되며, **표본점**(sample point)으로도 불린다.

앞의 표에서 '동전 던지기' 실험을 생각해 보자. 나타나는 동전의 윗면(앞면 또는 뒷면)이 실험 결과(표본점)이다. 만약 표본공간을 S라고 표기하면, 우리는 다음과 같은 집합기호를 사용하여 표본공간을 표현할 수 있다.

$$S = \{\text{앞면, 뒷면}\}$$

표의 두 번째 실험 '부품 검사'의 표본공간은 다음과 같이 나타낼 수 있다.

$$S = \{\text{불량, 양호}\}$$

위 두 실험은 각각 두 개의 실험 결과(표본점)를 갖는다. 그러나 네 번째 실험 '주사위 던지기'에서는 가능한 실험 결과가 주사위를 던졌을 때 윗면에 나타난 눈이며, 이 경우에 표본공간은 6개의 실험 결과(표본점)로 이루어진다.

$$S = \{1, 2, 3, 4, 5, 6\}$$

셈법, 조합, 순열

확률을 할당하려면 실험 결과를 정의하고 그것을 계수할 수 있어야 한다. 이제부터 세 가지의 유용한 셈법(counting rules, 계수 법칙)에 대해 논의하자.

다단계 실험. 셈법의 첫 번째 법칙은 **다단계 실험**(multiple-step experiments)에 적용된다. 두 개의 동전을 차례로 던지는 실험을 생각해 보자. 실험 결과는 동전의 윗면이 나오는 패턴으로 정의하자. 그렇다면 이 실험에서는 얼마나 많은 결과가 가능한가? 동전을 던지는 실험은 첫 번째 동전을 던지고(1단계), 두 번째 동전을 던지는(2단계) 두 단계 실험으로 생각할 수 있다. 만약 동전의 앞면을 H, 뒷면을 T라고 한다면, 실험 결과 (H, H)는 첫 번째 동전이 앞면이 나오고, 두 번째 동전도 앞면이 나온 것을 나타낸다. 이를 계속하면, 우리는 동전 던지기 실험의 표본공간을 다음과 같이 표현할 수 있다.

$$S = \{(H, H), (H, T), (T, H), (T, T)\}$$

따라서 4개의 실험 결과가 가능함을 알 수 있다. 이 경우에는 실험 결과의 목록을 쉽게 정할 수 있다.

다단계 실험에 대한 셈법은 실험 결과를 모두 나열하지 않고도 그 개수를 결정할 수 있다.

다단계 실험에 대한 셈법

만약 어떤 실험의 결과가 첫 번째 단계에서 n_1개, 두 번째 단계에서 n_2개, k번째 단계에서 n_k개의 결과가 가능하다면, 실험을 k단계까지 실행하였을 때 가능한 모든 실험 결과(경우의 수)는 $n_1 \times n_2 \times \cdots \times n_k$개가 된다.

두 개의 동전을 던지는 실험은 하나의 동전을 연속해서 두 번 던지는 두 단계 실험으로 생각할 수 있다. 첫 번째 던지기의 경우의 수($n_1 = 2$)와 두 번째 던지기의 경우의 수($n_2 = 2$)로 본다면, 우리는 다단계 셈법(counting rule)으로부터 $2 \times 2 = 4$개의 서로 다른 실험 결과가 가능함을 알 수 있다: $S = \{(H, H), (H, T), (T, H), (T, T)\}$. 같은 방법으로 생각하면, 여섯 개의 동전을 던지는 실험의 경우의 수는 $2 \times 2 \times 2 \times 2 \times 2 \times 2 = 64$이다.

나무그림(tree diagram)은 다단계 실험을 시각화하는 데 도움을 주는 도식적인 표현 방법이다. 〈그림 4-2〉는 동전 2개를 던지는 실험의 나무그림을 나타낸다. 실험순서는 나무그림의 왼쪽에서 오른쪽으로 순차적으로 진행된다. 1단계는 첫 번째 동전을 던지는 것에 해당하고 2단계는 두 번째 동전의 결과에 해당한다. 각 단계에서 가능한 실험 결과는 앞면과 뒷면이다. 1단계의 실험 결과에 대해 뻗어 나간 두 개의 가지 각각에서 2단계의 실험 결과의 나뭇가지가 뻗어나간다. 나무 오른쪽 끝의 각 점은 실험 결과에 해당한다. 나무의 가장 왼쪽 마

〈그림 4-2〉 동전 두 개를 던지는 실험의 나무그림

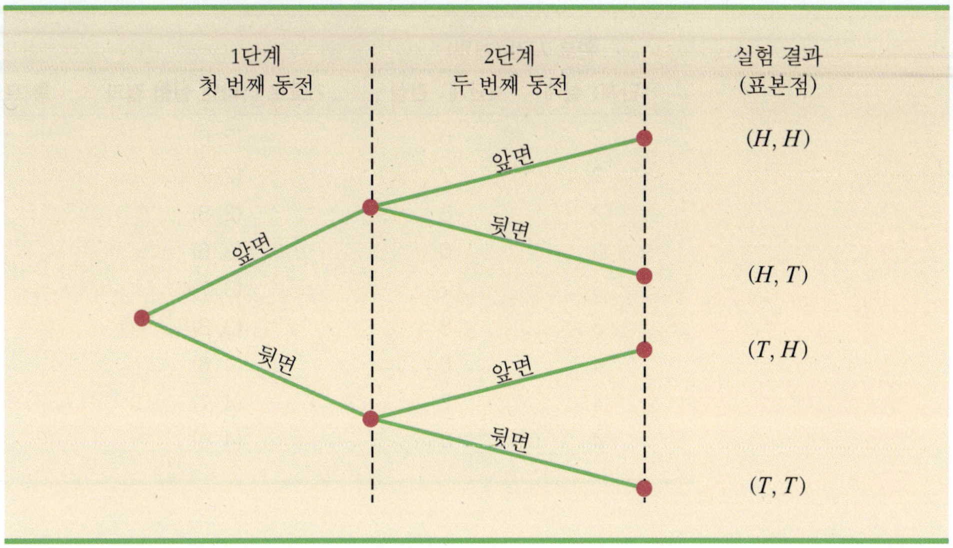

디(node)에서 오른쪽의 마디를 가로지르는 각각의 경로는 결과의 순서를 나타낸다.

이제 KP&L(Kentucky Power & Light Company)의 플랜트 건설 프로젝트의 분석에서 다단계 실험의 계수방법이 어떻게 사용되는지 살펴보자. KP&L은 켄터키 북부의 공장 한 곳의 발전용량을 증가시키는 프로젝트 설계를 시작하고 있다. 프로젝트는 1단계(설계), 2단계(건설)의 두 단계로 나뉜다. 비록 각 단계가 가능한 한 밀접하게 계획되고 관리된다 하더라도, 경영진은 프로젝트의 각 단계를 완료하는 데 필요한 정확한 시간을 사전에 예측할 수 없다. 유사한 건설 프로젝트의 분석 결과 설계 단계는 2~4개월, 건설 단계는 6~8개월의 시간이 필요하다는 것이 밝혀졌다. 또한, 추가 전력에 대한 수요 때문에 경영진은 전체 프로젝트의 완료 시간을 10개월로 정하였다.

이 프로젝트는 설계 단계(1단계)와 건설 단계(2단계)에 대해 각각 세 가지의 완료 시간이 가능하므로 다단계 실험에 대한 셈법을 적용하면, 총 3×3 = 9가지의 실험 결과가 있다. 각 실험 결과를 괄호 안에 두 개의 숫자로 표현하자. 예를 들어 (2, 6)은 설계 단계가 2개월 만에 완료되고, 건설 단계는 6개월 만에 완료되었음을 나타낸다. 실험 결과 (2, 6)의 전체 프로젝트의 완료기간은 2+6 = 8개월이 된다. 〈표 4-1〉은 KP&L 문제에 대한 9가지 실험 결과를 요약한 것이다. 〈그림 4-3〉의 나무그림은 9가지 결과가 어떤 순서로 발생하는지 보여준다.

셈법과 나무그림은 프로젝트 관리자가 실험 결과를 확인하고 프로젝트 완료 시간을 결정하는 데 도움을 준다. 〈그림 4-3〉으로부터 우리는 8~12개월 사이에 프로젝트를 완료할 수 있고, 10개월 이내의 완료 시간에 해당하는 결과는 9개 중 6개임을 알 수 있다.

우리는 10개월 이내에 프로젝트가 완료될 확률을 평가하기 전에 각 실험 결과에 확률값들을 어떻게 할당할지 고려해 볼 필요가 있다.

〈표 4-1〉 KP&L 프로젝트의 실험 결과(표본점)

완료 시간 (개월)			
1단계: 설계	2단계: 건설	기호로 나타낸 실험 결과	총 프로젝트 완료 시간 (개월)
2	6	(2, 6)	8
2	7	(2, 7)	9
2	8	(2, 8)	10
3	6	(3, 6)	9
3	7	(3, 7)	10
3	8	(3, 8)	11
4	6	(4, 6)	10
4	7	(4, 7)	11
4	8	(4, 8)	12

〈그림 4-3〉 KP&L 프로젝트의 나무그림

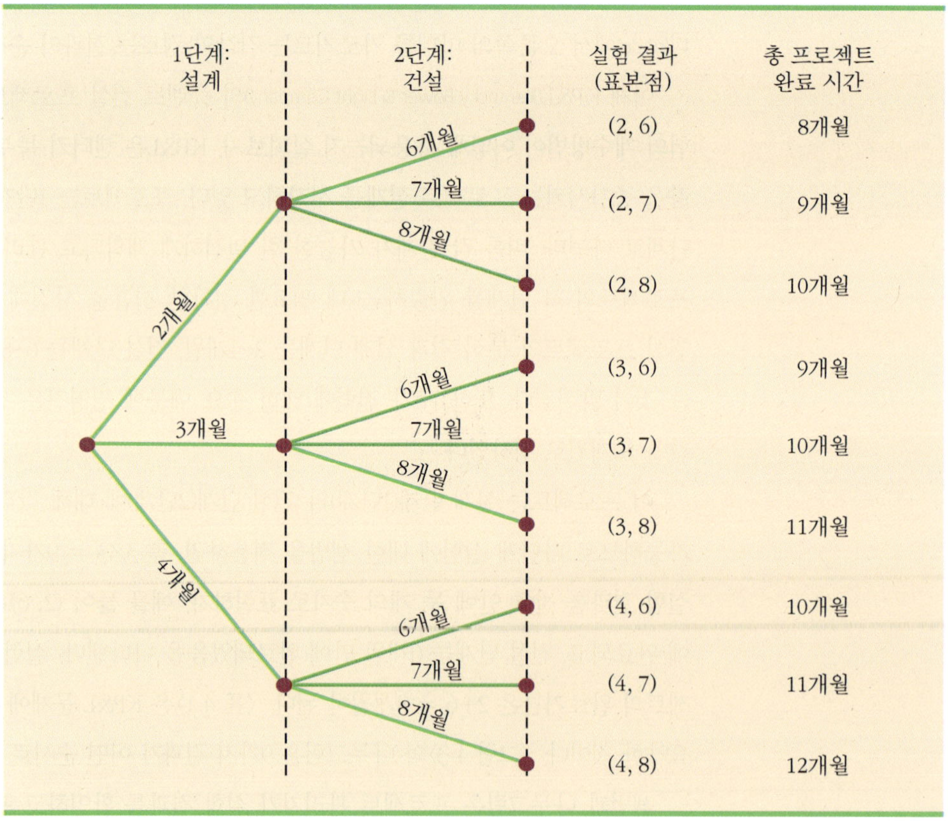

조합. 두 번째 셈법으로서, N개에서 n개를 선택하는 실험에서 경우의 수를 생각해 보자. 이를 **조합**(combinations)에 대한 셈법이라고 한다.

조합에 대한 셈법

N개의 원소 중에서 n개를 한 번에 뽑는 조합의 수는

$$C_n^N = \binom{N}{n} = \frac{N!}{n!(N-n)!} \tag{4-1}$$

여기서 $N! = N(N-1)(N-2) \cdots (2)(1)$

$n! = n(n-1)(n-2) \cdots (2)(1)$

그리고 정의에 의해 $0! = 1$

크기가 N인 유한모집단에서 크기 n의 서로 다른 표본을 고르는 경우의 수를 계산할 때 조합에 대한 셈법을 사용한다.

기호 !는 팩토리얼(factorial)을 의미한다. 예를 들면 $5! = (5)(4)(3)(2)(1) = 120$이다.

조합에 대한 셈법의 예로, 검사원이 결함을 테스트하기 위해 5개의 부품 중 2개를 무작위로 선택하는 품질관리 절차를 생각해 보자. 5개로 이루어진 그룹에서 2개의 부품을 골라내는 조합은 몇 가지일까? $N = 5$, $n = 2$이므로, 식 4-1의 셈법으로부터 다음을 얻을 수 있다.

$$C_2^5 = \binom{5}{2} = \frac{5!}{2!(5-2)!} = \frac{(5)(4)(3)(2)(1)}{(2)(1)(3)(2)(1)} = \frac{120}{12} = 10$$

따라서 5개로 이루어진 집단에서 2개를 골라내는 실험에는 10개의 결과가 가능하다. 다섯 개의 부품을 A, B, C, D, E로 이름 붙이면, 10가지 조합(또는 실험 결과)은 AB, AC, AD, AE, BC, BD, BE, CD, CE, DE로 식별할 수 있다.

또 다른 예로, 플로리다 복권 시스템이 매주 우승자를 정하기 위해 53개의 숫자 중에 6개의 정수를 무작위로 선택한다고 가정하자. 조합에 대한 셈법인 식 4-1을 사용하여 6개의 서로 다른 정수를 선택하는 방법의 수를 계산할 수 있다.

조합에 대한 셈법은 복권 당첨 확률이 매우 낮음을 보여준다.

$$\binom{53}{6} = \frac{53!}{6!(53-6)!} = \frac{53!}{6!47!} = \frac{(53)(52)(51)(50)(49)(48)}{(6)(5)(4)(3)(2)(1)} = 22{,}957{,}480$$

조합에 대한 셈법은 복권 추첨에서 약 2300만 건의 실험 결과가 가능함을 보여준다. 복권을 구입한 사람들은 각각 1/22,957,480의 우승확률을 갖는다.

순열. 세 번째 셈법은 **순열**(permutations)에 대한 셈법을 들 수 있는데, 이는 때때로 유용하게 사용된다. N개의 원소로 이루어진 집합에서 n개를 순서대로 선택하는 실험 결과의 경우의 수를 계산할 수 있다. 조합과는 달리 선택 순서가 구분되기 때문에 동일한 n개의 원소를 선택했더라도 다른 순서로 나열되었다면 이는 다른 실험 결과로 간주된다.

순열에 대한 셈법

N개의 원소에서 n개를 순서대로 선택하는 경우의 수는 다음과 같다.

$$P_n^N = n!\binom{N}{n} = \frac{N!}{(N-n)!} \quad \text{4-2}$$

순열의 셈법은 조합의 셈법과 밀접한 관계를 맺고 있지만, 조합보다 순열에서 더 많은 실험 결과가 나타난다. 왜냐하면 똑같이 n개의 원소를 선택하더라도 순열은 $n!$번을 다른 방식으로 나열할 수 있기 때문이다. 예를 들어, 어떤 검사원이 결함을 테스트하기 위해 5개의 부품 중 2개를 순서대로 선택하는 품질관리 절차를 생각하자. 얼마나 많은 순열이 생길 수 있겠는가? 식 4-2로부터 $N = 5$이고, $n = 2$일 때의 경우의 수를 구할 수 있다.

$$P_2^5 = \frac{5!}{(5-2)!} = \frac{5!}{3!} = \frac{(5)(4)(3)(2)(1)}{(3)(2)(1)} = \frac{120}{6} = 20$$

따라서 5개 중 2개의 부품을 무작위로 골라 순서대로 나열하는 실험에는 20가지의 결과가 가능하다. 5개의 부품을 A, B, C, D, E로 이름 붙이면, 20개의 순열은 AB, BA, AC, CA, AD, DA, AE, EA, BC, CB, BD, DB, BE, EB, CD, DC, CE, EC, DE, ED가 된다.

확률값 부여하기

이제 실험 결과에 확률을 어떻게 할당하는지를 살펴보자. 가장 흔히 사용하는 세 가지 접근방법은 고전적 방법, 상대도수 방법, 그리고 주관적 방법이다. 그런데 어떠한 방법을 사용하더라는 **확률을 할당**하기 위해서는 다음 두 가지의 **기본요건**(basic requirements for assigning probabilities)이 충족되어야 한다.

확률 할당의 기본요건

1. 각 실험 결과에 할당된 확률은 0에서 1 사이의 실수(real number)이어야 한다. E_i를 i번째 실험 결과, $P(E_i)$를 결과 E_i가 발생할 확률이라고 하면, 이 요건은 다음과 같다.

$$0 \le P(E_i) \le 1 \text{ for all } i \quad \text{4-3}$$

2. 모든 실험 결과의 확률의 총합은 반드시 1이다. n개의 실험 결과에 대하여 이 요건은 다음과 같이 쓸 수 있다.

$$P(E_1) + P(E_2) + \cdots + P(E_n) = 1 \quad \text{4-4}$$

고전적 확률 할당 방법(classical method)은 각 실험 결과의 발생 가능성이 모두 동일할 때 적용하는 방법이다. 만약 실험 결과가 n개라면 각 실험 결과에는 $1/n$의 확률값이 주어진다. 이 방법을 사용하면 확률 할당을 위한 두 가지 기본요건은 자동 충족된다.

예를 들어 동전을 던지는 실험을 생각해 보면, 동전이 정상적이라면 두 가지 결과(앞면과 뒷면)가 나올 가능성은 서로 같다. 따라서 동전을 던졌을 때의 결과가 앞면이 나올 확률은 1/2 또는 .50이고, 뒷면이 나올 확률 또한 1/2 또는 .50으로 배정한다. 이것이 고전적 방법이다.

고전적 방법의 다른 예로, 주사위를 굴리는 실험을 생각해 보자. 주사위를 굴렸을 때 나오는 결과(눈의 수)는 모두 동일한 가능성을 갖고 있다고 보는 것이 타당하므로 각각의 결과에 1/6의 확률을 할당한다. $P(1)$을 주사위의 눈이 1일 확률이라고 하면, $P(1) = 1/6$이고, 마찬가지로 $P(2) = 1/6$, $P(3) = 1/6$, $P(4) = 1/6$, $P(5) = 1/6$, $P(6) = 1/6$이다. 이 확률들은 각각 0보다 크고 1보다 작으며 그들의 합은 1이므로 식 4-3과 4-4의 기본요건을 만족한다.

상대도수 확률 할당 방법(relative frequency)를 사용하여 확률을 할당하는 방법은, 실험을 여러 번 반복한 데이터를 가지고 특정 실험 결과가 발생하는 비율을 추정할 수 있는 경우에 적합하다. 예를 들어, 어느 병원의 방사선과에서 엑스레이를 찍는 데 걸리는 대기시간을 연구한다고 생각해 보자. 촬영기사가 연속해서 20일 동안 매일 오전 9시에 대기 중인 환자 수를 기록하여 다음과 같은 결과를 얻었다.

대기 환자 수	발생일 수
0	2
1	5
2	6
3	4
4	3
합계	20

이 데이터를 보면, 20일 중 이틀은 서비스받기 위해 기다리는 환자의 수가 0명이었고, 5일은 1명의 대기 환자가 있었음을 보여준다. 상대도수를 이용하여 확률을 부여하면, 우리는 어느날 오전 9시에 대기 중인 환자가 0명일 확률은 $2/20 = .10$, 대기 환자가 1명일 확률은 $5/20 = .25$, 2명일 확률은 $6/20 = .30$, 3명의 환자가 기다리고 있을 확률은 $4/20 = .20$, 4명의 환자가 대기 중일 확률은 $3/20 = .15$로 부여할 수 있다. 고전적인 방법과 마찬가지로 상대도수를 이용한 방법 역시 자동으로 식 4-3과 4-4의 요구조건을 만족한다.

확률 할당에 있어 **주관적인 방법**(subjective method)은 각 실험 결과가 발생할 가능성이 같다고 가정하기가 현실적으로 어렵고 참조할 관련 자료가 거의 없는 경우에 적합한 방법이다. 주관적 방법으로 실험 결과에 확률을 부여할 때 우리는 경험이나 직관과 같이 어떠한 정보라도 이용할 수 있다. 가용한 모든 정보를 고려한 후, 실험 결과가 발생할 것이라는 우리의 확신의 정도를 0에서 1 사이의 수치로 구체화한다. 주관적인 확률은 어떤 사건의 발생 가능성에 대한 개인의 확신의 정도를 나타내므로 개인적인 견해로 볼 수 있다. 따라서 주관적인 방법을 사용하면 동일한 실험 결과에 대해서 사람마다 확률을 서로 다르게 부여할 수도 있다.

주관적인 방법은 식 4-3과 4-4의 두 가지 기본요건을 보장하기 위해 세심한 주의가 추가로 요구된다. 개인 확신의 정도와 관계없이 각 실험 결과의 확률은 모두 0에서 1 사이의 값이어야 하고 가능한 모든 실험 결과의 확률의 합은 반드시 1이어야 한다.

Tom과 Judy Elsbernd는 어떤 고객에게 집을 구매하라는 제안을 했다. 이 경우에는 다음과 같이 두 가지 결과가 가능하다.

$$E_1 = \text{제안의 수락}$$
$$E_2 = \text{제안의 거절}$$

Judy는 그들의 제안이 수락될 확률을 .8이라고 믿고 있다. 즉, Judy의 $P(E_1) = .8$, $P(E_2) = .2$이다. 그러나 Tom은 그들의 제안이 수락될 확률을 .6으로 믿고 있다. 따라서 Tom의 경우 $P(E_1) = .6$, $P(E_2) = .4$가 된다. E_1에 대한 Tom의 확률 추정값이 Judy보다 작은 것을 보면 그들의 제안이 수락되는 것에 대하여 Tom이 Judy보다는 더 비관적으로 본다는 것이다.

베이즈의 정리(4.5절 참조)는 주관적으로 결정된 사전 확률과 다른 방법으로 구한 확률을 결합하여 수정된 확률을 구하는 방법을 제공한다.

Judy와 Tom 둘 다 확률 할당을 위한 두 가지 기본요건을 만족하는 확률을 부여하였다. 눈여겨볼 부분은 주관적인 방법을 사용할 때 개인 특성에 따라 그들의 확률 추정치가 서로 다르다는 사실이다.

기업 경영에서는 고전적 방법 또는 상대도수 방법이 모두 적용 가능하지만, 관리자는 주관적인 확률 추청치를 반영하고자 할 수도 있다. 이런 경우에는 종종 고전적인 방법이나 상대도수를 이용한 방법으로부터 구한 확률 추정값에 주관적인 추정값을 감안하여 확률을 부여한다.

KP&L 프로젝트에 대한 확률의 예

KP&L의 프로젝트에 대한 추가 분석을 하려면 〈표 4-1〉에 나열한 9개 실험 결과 각각의 확률을 구해야 한다. 경영진에서는 경험과 판단에 근거하여 각 실험 결과의 발생 가능성이 서로 다르다는 결론을 내렸다. 따라서 고전적인 방법을 사용할 수 없다. 경영진은 지난 3년 동안 KP&L에서 수행한 유사 프로젝트의 완료 시간을 조사하기로 하였고, 40개의 프로젝트 결과를 〈표 4-2〉와 같이 정리하였다.

조사 결과를 살펴본 경영진은 상대도수를 이용하여 확률을 할당하였다. 주관적인 확률을 추정값을 고려할 수 있었지만 경영진은 이 프로젝트가 이전에 수행한 40개의 프로젝트

〈표 4-2〉 40개의 KP&L 프로젝트의 완료 시간

완료 시간 (개월)			
1단계 설계	2단계 건설	표본점	표본점과 같은 완료 시간을 가지는 과거 프로젝트의 수
2	6	(2, 6)	6
2	7	(2, 7)	6
2	8	(2, 8)	2
3	6	(3, 6)	4
3	7	(3, 7)	8
3	8	(3, 8)	2
4	6	(4, 6)	2
4	7	(4, 7)	4
4	8	(4, 8)	6
		합계	40

와 매우 유사하다고 느끼고 상대도수를 이용한 방법이 가장 최선이라고 판단하였다.

〈표 4-2〉의 데이터를 사용하여 확률을 계산해 보자. 설계(1단계)에 2개월, 건설(2단계)에 6개월이 소요되었음을 표시하는 결과 (2, 6)은 40개 프로젝트 중에 6번 발생하였고, 상대도수를 이용하면 이 결과에 해당하는 확률은 6/40 = .15가 된다. 이와 같은 방법으로 〈표 4-3〉과 같이 KP&L 프로젝트의 표본점들에 대한 확률을 모두 구할 수 있다. $P(2, 6)$은 표본점 (2, 6)의 확률, $P(2, 7)$은 표본점 (2, 7)의 확률을 의미한다.

〈표 4-3〉 상대도수 방법으로 할당한 KP&L 프로젝트의 확률

표본점	프로젝트 완료 시간	표본점의 확률
(2, 6)	8개월	P(2, 6) = 6/40 = .15
(2, 7)	9개월	P(2, 7) = 6/40 = .15
(2, 8)	10개월	P(2, 8) = 2/40 = .05
(3, 6)	9개월	P(3, 6) = 4/40 = .10
(3, 7)	10개월	P(3, 7) = 8/40 = .20
(3, 8)	11개월	P(3, 8) = 2/40 = .05
(4, 6)	10개월	P(4, 6) = 2/40 = .05
(4, 7)	11개월	P(4, 7) = 4/40 = .10
(4, 8)	12개월	P(4, 8) = 6/40 = .15
		합계 1.00

4.1 보충 설명

1. 통계학에서 실험의 개념은 자연과학에서의 그것과는 다소 다르다. 일반적으로 자연과학에서는 연구자들이 인과관계를 찾기 위해 실험실이나 통제된 환경에서 실험을 수행한다. 통계실험에서는 확률적으로 결과가 정해진다. 실험을 똑같은 방식으로 반복하더라도 전혀 다른 결과들이 발생할 수 있다. 이처럼 결과에 대한 확률의 영향으로 인해 통계학에서의 실험은 종종 무작위 실험(random experiments)이라 불리기도 한다.
2. 크기가 N인 어떤 모집단으로부터 크기 n인 무작위 표본(random sample)을 골라내는 경우의 수는 조합에 대한 셈법으로 계산한다.

연습문제

기본문제

1. 첫 번째 단계에서는 3가지, 두 번째 단계에서는 2가지, 세 번째 단계에서는 4가지의 결과가 가능한 어떤 실험이 있다. 세 단계로 이루어지는 전체 실험에는 얼마나 많은 실험 결과가 존재하는가?
2. 6개의 품목으로 이루어진 집단에서 3개의 품목을 순서에 상관없이 선택하는 방법은 몇 가지인가? 영문자 A, B, C, D, E, F를 각 품목에 부여하여 서로 다른 3개의 조합을 나열하라.
3. 6개의 품목으로 이루어진 집단에서 3개의 품목을 선택하는 순열은 몇 가지인가? 영문자 A, B, C, D, E, F를 각 품목에 부여하고, B, D, E로 구성된 순열을 열거하라.
4. 동전 한 개를 세 번 던지는 실험을 생각하자.
   a. 이 실험의 나무그림을 완성하라.
   b. 실험 결과들을 나열하라.
   c. 각 실험 결과의 확률은 얼마인가?
5. 5개의 결과(E_1, E_2, E_3, E_4, E_5)가 나올 가능성이 모두 같은 실험을 생각해 보자. 각각의 결과에 확률을 할당하고, 식 4-3과 4-4의 요구조건을 만족함을 보여라. 확률을 할당하는 세 가지 방법 중 당신이 사용한 방법은 무엇인가?
6. 세 개의 결과가 가능한 어떤 실험을 50번 반복하여 E_1이 20번, E_2가 13번, E_3가 17번 나왔다. 각 결과에 대해 확률을 할당하라. 당신이 사용한 방법은 무엇인가?
7. 의사결정자가 네 개의 결과에 대하여 주관적으로 다음의 확률을 할당하였다. $P(E_1)$ = .10, $P(E_2)$ = .15, $P(E_3)$ = .40, $P(E_4)$ = .20. 확률들이 타당하게 부여되었는가? 그 이유를 설명하라.

응용문제

8. Milford시에서는 도시의 구획변경에 대한 요청이 들어올 경우, 계획위원회의 검토와 시

의회의 최종결정, 이 두 단계를 거쳐 이루어진다. 1단계에서는 계획위원회가 구획변경요청을 검토하고 변동사항을 고려하여 긍정적이거나 부정적인 의견서를 작성한다. 2단계에서는 시의회가 계획위원회에서 제출한 의견서를 검토한 후 투표를 통해 구획변경에 대한 승인, 불승인을 결정한다. 어떤 주상복합 아파트 개발업자가 구획변경을 신청서를 제출했다고 하자. 요청절차를 하나의 실험으로 간주할 때 다음 물음에 답하라.

a. 이 실험의 표본점은 총 몇 개인가? 표본점들을 나열하라.

b. 이 실험의 나무그림을 그려라.

9. 모집단의 특성에 대한 추론을 하기 위해 데이터를 구할 때, 단순 무작위 추출법(simple random sampling)은 크기 N의 모집단에서 크기 n의 표본을 사용한다. 50개의 은행 계좌로 이루어진 모집단에서 4개의 계좌를 무작위로 추출하고자 한다. 크기가 4인 서로 다른 무작위 표본을 몇 개나 추출할 수 있는가?

10. 다음 표는 10개 항공사의 정시 도착률, 승객 1000명당 수화물 사고율, 승객 1000명당 고객 불만 건수를 보여준다[출처].

항공사	정시 도착률(%)	승객 1000명당 수화물 사고 건수	승객 1000명당 고객 불만 건수
버진아메리카	83.5	0.87	1.50
젯블루	79.1	1.88	0.79
에어트랜 항공	87.1	1.58	0.91
델타 항공	86.5	2.10	0.73
알래스카 항공	87.5	2.93	0.51
프론티어 항공	77.9	2.22	1.05
사우스웨스트 항공	83.1	3.08	0.25
US 항공	85.9	2.14	1.74
아메리칸 항공	76.9	2.92	1.80
유나이티드 항공	77.4	3.87	4.24

a. 델타항공사의 비행기를 임의로 선택한다면, 이 비행기가 정시에 도착할 확률은 얼마인가?

b. 항공사 품질평가에 관한 후속연구를 위해 10개 항공사 중 한 곳을 무작위로 선택한다면, 1000명당 2건 미만의 수하물 사고가 있는 항공사를 선택할 확률은 얼마인가?

c. 항공사 품질평가에 관한 후속연구를 위해 10개 항공사 중 한 곳을 무작위로 선택한다면, 1000명당 한 건 이상의 고객 불만이 있는 항공사를 선택할 확률은 얼마인가?

d. 무작위로 선택한 에어트랜 항공사의 한 비행기가 제시간에 도착하지 않을 확률은 얼마인가?

11. 미국 성인을 대상으로 한 갤럽 설문조사에 따르면, 켄터키주가 흡연자 비율이 가장 높은 주로 나타났다[출처]. 켄터키주 북부, 인디애나주 남부, 오하이오주 남서부를 포함하는 3개 주에 걸친 대도시권(tri-state region)에서 얻은 다음 자료를 가지고 질문에 답하라.

주	흡연자 수	비흡연자 수
켄터키주	47	176
인디애나주	32	134
오하이오주	39	182
합계	118	492

a. 대도시권의 성인 중 한 명을 골랐을 때, 이 사람이 흡연자일 확률을 구하라.

b. 대도시권의 각 주에서 성인을 한 명씩 골랐을 때, 그 사람이 흡연자일 확률을 구하여라. 세 개의 주 중에서 임의로 선택한 성인이 흡연자일 확률은 어느 주가 가장 낮은 값을 갖는가?

12. 파워볼 복권은 콜럼비아 특별구와 버진 아일랜드, 미국 31개의 주에서 1주일에 2번 추첨한다. 파워볼 참가자는 2달러짜리 복권을 구입하여 1에서 59 사이의 숫자 중 5개를 고른 다음 1에서 35까지의 숫자로 된 파워볼 번호를 하나 선택해야 한다. 당첨자를 결정하기 위해 복권 관계자는 1부터 59 사이의 숫자가 적힌 흰색 공 중에 5개를 고르고, 1에서 35 사이의 숫자가 적힌 붉은 색 공 중에 1개를 고른다. 잭팟 당첨이 되려면 참가자가 적은 다섯 개의 숫자가 흰 공 다섯 개에 적힌 숫자와 일치하고, 파워볼 번호가 붉은 공 한 개에 적힌 숫자와 모두 일치해야 한다. 파워볼 번호가 6이고 나머지 번호가 5-16-22-23-29인 복권은 5억8천만 달러의 잭팟 당첨기록을 세웠다[출처].

a. 파워볼 복권에서 나올 수 있는 결과의 경우의 수는 얼마인가? (힌트: 숫자가 적힌 다섯 개의 흰 공을 고르고, 한 개의 붉은 색 파워볼을 고르는 2단계 실험을 생각해 보라.)

b. 2달러짜리 복권 한 장이 파워볼 잭팟에 당첨될 확률은 얼마인가?

13. 치약을 제조하는 한 회사는 다섯 가지의 포장 디자인을 검토 중이다. 다섯 가지 디자인 중에 하나를 고를 가능성이 동일하다고 가정한다면 각각의 포장 디자인에 선택 확률을 어떻게 부여할 것인가? 실제 실험을 통해 100명의 소비자에게 선호하는 디자인을 고르도록 하여 아래와 같이 데이터를 얻었다. 이 데이터로부터 각 디자인을 선택할 확률이 동일하다는 가정을 확인할 수 있는가? 그 이유를 설명하라.

디자인	선호도
1	5
2	15
3	30
4	40
5	10

4.2 사건과 확률

이 장의 도입부에서 우리는 사건이라는 용어를 일상용어처럼 사용하였다. 4.1절에서는 실험과 실험 결과(표본점)의 개념들을 소개하였다. 표본점과 사건은 확률 이론의 토대가 되므로, 이 절에서는 표본점과 관련하여 어떤 **사건**(event)을 공식적으로 정의한다. 사건을 명확히 정의하는 것은 그 사건의 확률을 결정하는 데 반드시 필요하다.

사건

사건은 표본점들의 집합이다.

KP&L 프로젝트의 예로 돌아가 이 프로젝트의 관리자가 전체 프로젝트를 10개월 이내에 완료하는 사건에 관심이 있다고 하자. 〈표 4-3〉을 참고하면 6개의 표본점에서 (실험 결과가 (2, 6), (2, 7), (2, 8), (3, 6), (3, 7), (4, 6)일 때) 10개월 이내에 프로젝트를 완료할 수 있음을 알 수 있다. C를 프로젝트가 10개월 이내에 완료되는 사건이라고 하면 C는 다음과 같이 표현할 수 있다.

$$C = \{(2, 6), (2, 7), (2, 8), (3, 6), (3, 7), (4, 6)\}$$

이 여섯 개의 표본점 중에 어느 하나가 실험 결과로 나타나면 사건 C가 발생했다고 한다.

KP&L 경영진은 다음과 같은 사건에도 관심을 가질 수도 있다.

$$L = \text{프로젝트를 10개월보다 일찍 끝내는 사건}$$
$$M = \text{프로젝트를 10개월보다 늦게 마치는 사건}$$

〈표 4-3〉의 정보를 사용하면 각 사건은 다음과 같은 표본점들로 구성됨을 알 수 있다.

$$L = \{(2, 6), (2, 7), (3, 6)\}$$
$$M = \{(3, 8), (4, 7), (4, 8)\}$$

이 외에도 KP&L 프로젝트에 대해 여러 가지 사건을 정의할 수 있겠지만 어떠한 경우든 사건은 반드시 실험에 대한 표본점들의 집합으로 정의되어야 한다.

〈표 4-3〉과 같이 표본점들에 대한 확률이 주어지면, KP&L 경영진이 고려하는 어떤 사건의 확률을 계산하는 데 다음의 정의를 사용한다.

어떤 사건의 확률

어떤 사건이 일어날 확률(어떤 사건의 확률)은 그 사건에 속하는 표본점들의 확률의 합과 같다.

이 정의를 따르면, 어떤 사건을 구성하는 표본점(실험 결과)의 확률들을 더하여 그 사건의 확률을 계산한다. 이제 프로젝트를 10개월 이내에 완료할 확률을 구해 보자. 이 사건은 $C = \{(2, 6), (2, 7), (2, 8), (3, 6), (3, 7), (4, 6)\}$으로 주어지므로, 사건 C의 확률 또는 사건 C가 일어난 확률은

$$P(C) = P(2, 6) + P(2, 7) + P(2, 8) + P(3, 6) + P(3, 7) + P(4, 6)$$

이고, 〈표 4-3〉의 표본점들을 참고하면 다음을 얻는다.

$$P(C) = .15 + .15 + .05 + .10 + .20 + .05 = .70$$

비슷하게, 프로젝트를 10개월보다 일찍 마치는 사건은 $L = \{(2, 6), (2, 7), (3, 6)\}$이고, 이 사건의 확률은 다음과 같다.

$$P(L) = P(2, 6) + P(2, 7) + P(3, 6) = .15 + .15 + .10 = .40$$

마지막으로, 프로젝트를 10개월보다 늦게 마치는 사건은 $M = \{(3, 8), (4, 7), (4, 8)\}$이므로 다음과 같다.

$$P(M) = P(3, 8) + P(4, 7) + P(4, 8) = .05 + .10 + .15 = .30$$

이렇게 계산한 확률들을 가지고 우리는 KP&L 경영진에게 프로젝트를 10개월 이내에 마칠 확률이 .70, 10개월보다 빨리 마칠 확률이 .40, 10개월보다 더 늦게 마칠 확률이 .30이라고 말할 수 있다. 이와 같이 사건의 확률을 계산하는 절차는 어떤 사건에도 반복하여 적용할 수 있다.

실험의 모든 표본점을 정의할 수 있고 각 표본점에 확률을 할당할 수만 있다면, 우리는 언제라도 위 정의를 사용하여 사건의 확률을 계산할 수 있다. 그러나 실험에서 표본점의 개수가 너무 많은 경우에는 이들을 식별하고 관련 확률을 결정하는 것이 불가능한 것은 아니나 매우 성가실 때가 있다. 이 장의 나머지 절에서는 모든 표본점 확률에 대한 지식이 없이도 사건의 확률을 계산하는 데 사용 가능한 확률 간의 기본적인 관계 몇 가지를 소개한다.

4.2 보충 설명

1. 표본공간 S도 사건의 하나로 바라볼 수 있다. 표본공간은 모든 표본점을 포함하기 때문에 표본공간의 확률은 1, 즉 $P(S)=1$이다.
2. 고전적인 방법으로 확률을 부여할 때에는 실험 결과가 나올 가능성이 모두 동일하다고 가정한다. 이런 경우에는 어떤 사건의 확률을 그 사건에 해당하는 실험 결과의 개수를 모든 경우의 수로 나누어 구할 수 있다

연습문제

기본문제

14. 어떤 실험이 네 개의 결과(E_1, E_2, E_3, E_4)를 가지며, 각 결과는 일어날 가능성이 모두 같다.
    a. E_2가 일어날 확률은 얼마인가?
    b. 네 가지 결과 중에 어떤 두 가지 결과(예를 들어 E_1 또는 E_3) 중 하나가 나올 확률은 얼마인가?
    c. 네 가지 결과 중에 어떤 세 가지 결과(예를 들어 E_1 또는 E_2 또는 E_4)중 하나가 나올 확률은 얼마인가?
15. 52장의 카드 한 벌에서 게임카드 한 장을 선택하는 실험을 생각하자. 각각의 카드는 1/52의 확률을 갖는 표본점에 해당한다.
    a. 에이스 카드를 선택하는 사건의 표본점들을 나열하라.
    b. 클로버 카드(♣)를 선택하는 사건의 표본점들을 나열하라.
    c. 페이스 카드(jack, queen, king)를 선택하는 사건의 표본점들을 나열하라.
    d. a, b, c의 사건에 해당하는 확률을 각각 구하라.
16. 주사의 2개를 굴리는 실험을 생각해 보자. 우리는 두 주사위의 눈의 합에 관심이 있다.
    a. 가능한 표본점들은 모두 몇 개인가? (힌트: 다단계 실험에 대한 셈법을 사용하라.)
    b. 표본점들을 나열하라.
    c. 두 주사위의 눈의 합이 7일 확률은 얼마인가?
    d. 눈의 합이 9 이상일 확률은 얼마인가?
    e. 두 주사위 눈의 합이 짝수는 경우는 6가지(2, 4, 6, 8, 10, 12)가 가능하고, 홀수인 경우는 5가지(3, 5, 7, 9, 11)이므로 눈의 합이 홀수보다 짝수인 결과가 더 많이 나타난다. 이에 동의하는가? 그 이유를 설명하라.
    f. 확률을 할당하기 위해 어떤 사용한 방법을 사용하겠는가?

응용문제

17. KP&L 프로젝트의 표본점과 표본점의 확률들을 참조하여 답하라(표 4-2와 표 4-3).
    a. 설계 단계(1단계)를 완료하는데 4개월이 소요되면 예산을 초과하게 된다고 한다. 설계 단계가 예산을 초과할 사건의 표본점들을 나열하라.
    b. 설계 단계가 예산을 초과할 확률은 얼마인가?
    c. 건설 단계(2단계)를 완료하는 데 8개월이 걸리면 예산을 초과한다. 건설 단계가 예산을 초과하는 사건의 표본점들을 나열하라.
    d. 건설 단계가 예산을 초과할 확률은 얼마인가?
    e. 두 단계가 모두 예산을 초과할 확률은 얼마인가?

18. *Fourtune* 매거진에서는 매년 미국 내 500개 대기업의 목록을 발간하고 있다. 500개 회사의 본사는 38개 주에 위치하고 있다. 다음 표는 Fortune 500대 기업의 본사가 많은 상위 8개의 주를 보여준다[출처].

주	본사를 가지고 있는 기업의 수	주	본사를 가지고 있는 기업의 수
캘리포니아	53	오하이오	28
일리노이	32	펜실베이니아	23
뉴저지	21	텍사스	52
뉴욕	50	버지니아	24

후속 설문조사를 위해 500대 기업 중 하나를 무작위로 선택한다고 가정하자.

a. 선택한 기업의 본사가 캘리포니아에 위치하고 있을 확률은 얼마인가?

b. 선택한 기업의 본사가 캘리포니아, 뉴저지 또는 텍사스에 위치할 확률은 얼마인가?

c. 선택한 기업이 위 표의 8개 주 중에 한 곳에 본사를 가지고 있을 확률은 얼마인가?

19. CBS뉴스/뉴욕 타임즈 여론조사에서는 '지구온난화 현상이 당신의 평생 동안 영향을 미칠 것이라고 생각하는가?'라는 질문을 던졌다[출처]. 연령별로 아래와 같은 응답이 나왔다고 하자.

	나이	
응답	18–29세	30세 이상
그렇다	134	293
아니다	131	432
모르겠다	2	8

a. 18-29세에 해당하는 응답자가 지구온난화 현상이 그들의 평생 동안 심각한 위협이 되지 않는다고 생각할 확률은 얼마인가?

b. 30세 이상의 응답자가 지구온난화 현상이 그들의 평생 동안 심각한 위협이 되지 않는다고 생각할 확률은 얼마인가?

c. 무작위로 선택된 응답자의 대답이 "그렇다"일 확률은 얼마인가?

d. 설문조사 결과로부터 18-29세에 해당하는 응답자와 30세 이상의 응답자 사이에 지구온난화에 대한 인식의 차이가 있다고 할 수 있는가?

20. Junior Achievement USA와 Allstate Foundation은 14-18세 사이의 청소년을 대상으로 그들이 몇 살 정도에 재정적으로 독립할 수 있을 것으로 생각하는지 묻는 설문조사를 실시하였다. 설문에 응한 청소년 944명의 응답은 오른쪽 표와 같다. 14-18세에 해당하는 모집단으로부터 한 명을 무작위로 선택하는 실험을 생각하자.

재정적으로 독립할수 있을 것으로 예상하는 나이	응답자 수
16–20세	191
21–24세	467
25–17세	244
28세 이후	42

a. 해당 연령대에 재정적으로 독립할 수 있다고 응답할 확률을 각각 구하라.

b. 25세 이전(before)에 재정적으로 독립할 수 있다고 응답할 확률은 얼마인가?

c. 24세 이후(after)에 재정적으로 독립할 수 있다고 응답할 확률은 얼마인가?

d. 앞에서 구한 확률들로부터 재정적으로 독립할 수 있는 시기에 대하여 십대들이 다소 비현실적으로 기대하고 있다고 이야기할 수 있는가?

21. 사망 원인에 따른 미국의 직업 관련 사망자 수에 대한 데이터는 다음과 같다[출처].

사망 원인	사망자 수
교통사고	1795
폭행과 폭력적 행위	837
물체와 장비 접촉	741
낙상	645
유해물질 또는 환경에 노출	404
화재 및 폭발	113

이 모집단으로부터 무작위로 선택된 사망자가 있다고 하자.

a. 이 사망자가 낙상사고로 사망하였을 확률은 얼마인가?

b. 이 사망자가 교통사고로 사망하였을 확률은 얼마인가?

c. 발생할 가능성이 가장 낮은 사망 원인은 무엇인가? 선택된 사망자가 그 원인에 의해 사망했을 확률은 얼마인가?

4.3 확률의 기본 관계

어떤 사건의 여사건

주어진 어떤 사건 A에 대하여 **A의 여사건**(complement of A)이란 A에 속하지 않는 모든 표본점으로 이루어진 사건으로 정의한다. A의 여사건은 A^c로 나타낸다. 〈그림 4-4〉는 여사건의 개념을 설명하는 다이어그램이다. 이는 우리에게 **벤다이어그램**(Venn diagram)으로 잘 알려져 있

〈그림 4-4〉 색칠한 부분이 사건 A의 여사건

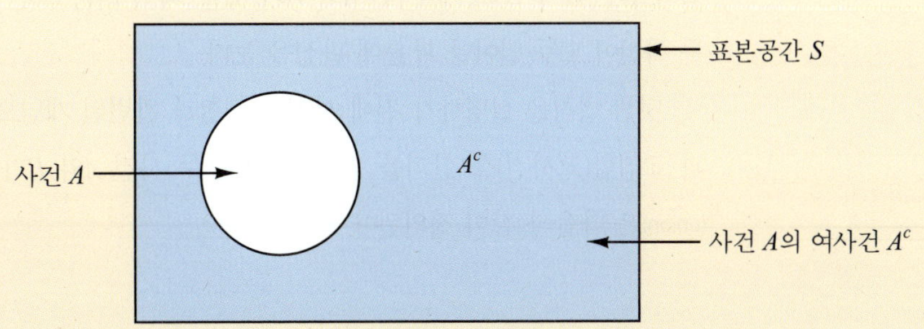

다. 사각형은 실험의 표본공간(sample space)을 나타나며, 이는 모든 표본점을 포함한다. 원은 사건 A를 나타내고, 여기에는 A에 속한 표본점들만을 포함한다. 사각형의 파란색 부분은 사건 A에 속하지 않는 모든 표본점을 포함하고, 정의에 의하여 A의 여사건을 나타낸다.

A와 A^c는 상호 배반적이면서 표본공간의 원소를 다 포괄한다.—역자

확률을 적용하는 데 있어서 어떠한 경우라도 사건 A 또는 그의 여사건 A^c 중에 하나는 반드시 발생한다. 따라서

$$P(A) + P(A^c) = 1$$

이다. $P(A)$에 대해 위 식을 정리하면 다음을 얻는다.

여사건을 이용한 확률 계산

$$P(A) = 1 - P(A^c) \tag{4-5}$$

식 4-5는 여사건의 확률 $P(A^c)$을 알면, A의 원소들의 확률을 몰라도 사건 A의 확률을 쉽게 구할 수 있음을 보여준다.

예를 들어, 어떤 영업관리자가 매출 보고서를 검토한 후에 신규 접촉 고객의 80%가 제품을 구매하지 않았다고 주장하였다. 신규 고객이 제품을 구매하는 사건을 A, 구매하지 않는 사건을 A^c라고 하면 이 관리자가 주장하는 것은 $P(A^c) = .80$이다. 식 4-5를 이용하면

$$P(A) = 1 - P(A^c) = 1 - .80 = .20$$

이다. 따라서 우리는 신규 고객 접촉이 판매로 이어질 확률이 .20이라고 결론지을 수 있다.

또 다른 예로, 어떤 구매 대행사에서 공급업체가 결함이 없는 부품만을 선적하여 보낼 확률이 .90이라고 주장한다고 하자. 여사건을 이용하면, 우리는 결함이 있는 부품이 선적물에 포함될 확률은 $1-.90 = .10$이라고 할 수 있다.

확률의 덧셈 법칙

덧셈 법칙은 두 사건 중에 적어도 하나의 사건이 발생할 확률을 알고 싶을 때 유용한 확률 법칙이다. 다시 말해, 두 사건 A와 B가 있을 때 우리는 사건 A의 확률, 사건 B의 확률, 또는 두 사건이 모두 일어날 확률에 관심을 둔다.

덧셈 법칙을 설명하기 전에 사건의 결합과 관련된 개념으로서 사건들의 합집합(합사건)과 교집합(교사건)을 살펴볼 필요가 있다. 두 사건 A와 B가 주어졌을 때, A와 B의 **합집합**(union)은 다음과 같이 정의된다.

〈그림 4-5〉 파란색 부분이 사건 A와 B의 합집합(합사건)

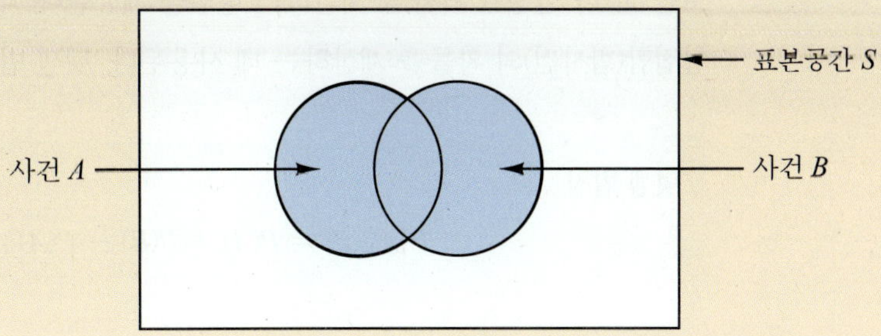

두 사건의 합집합

A와 B의 합집합은 사건 A 또는 B 또는 둘 다에 속하는 모든 표본점으로 구성된 사건이다. **합사건**이라고도 하며 $A \cup B$로 나타낸다.

〈그림 4-5〉의 벤다이어그램은 사건 A와 B의 합사건을 나타낸다. 두 개의 원은 사건 A의 모든 표본점과 사건 B의 모든 표본점을 포함하고 있다는 것에 유의하라. 두 원이 겹쳐 있는 부분의 표본점들은 A에도 속하고 B에도 속한다는 것을 의미한다.

두 사건 A와 B의 **교집합**(intersection)은 다음과 같다.

두 사건의 교집합

두 사건 A와 B의 교집합은 사건 A에도 속하고 B에도 속하는 표본점들을 포함하는 사건이다. **교사건**이라고도 하며 $A \cap B$로 나타낸다.

〈그림 4-6〉의 벤다이어그램은 두 사건 A와 B의 교사건을 나타낸다. 두 원이 겹치는 부분이 교사건이며, 이는 두 사건 A와 B에 동시에 속하는 표본점들을 포함한다.

〈그림 4-6〉 파란색 부분이 사건 A와 B의 교집합(교사건)

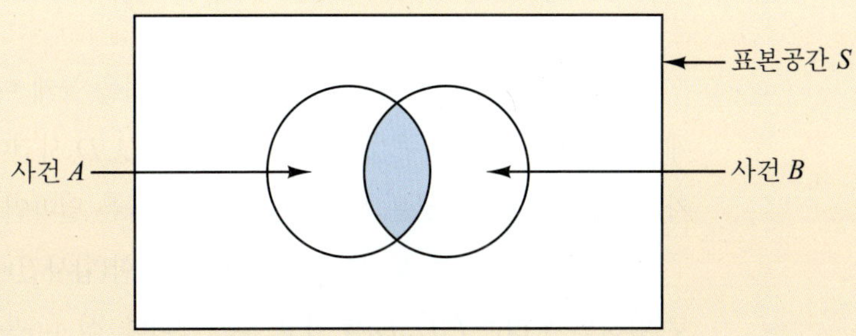

이제 덧셈 법칙에 관한 논의를 계속하자. **덧셈 법칙**(addition law)은 사건 A 또는 사건 B, 또는 둘 다 발생할 확률을 계산하는 방법을 제공한다. 다시 말하면, 덧셈 법칙은 두 사건의 합집합(합사건)의 확률을 계산하는 데 사용된다. 덧셈 법칙은 다음과 같다.

덧셈 법칙

$$P(A \cup B) = P(A) + P(B) - P(A \cap B) \tag{4-6}$$

덧셈 법칙을 직관적으로 이해하기 위해 덧셈 법칙의 처음 두 항 $P(A)+P(B)$는 $A \cup B$에 속하는 모든 표본점을 고려한다는 것을 기억하자. 그러나 교집합 $A \cap B$에 속하는 표본점들은 A와 B에 모두 속하므로 $P(A)+P(B)$를 계산할 때에는 결과적으로 $A \cap B$에 속한 표본점들을 두 번 더하는 셈이 된다. 따라서 $P(A \cap B)$를 빼줌으로써 이러한 중복계산을 바로 잡는다.

덧셈 법칙의 한 예로, 50명의 종업원이 근무하는 작은 조립공장을 생각해 보자. 각 근무자는 할당된 작업을 제시간에 완료하고, 조립한 제품은 최종검사를 통과할 것으로 기대한다. 때때로 어떤 작업자들은 작업을 늦게 완료하거나 결함이 있는 제품을 조립하여 이 성과표준을 충족시키지 못하고 있다. 성과평가 기간 종료 후에 생산관리자는 50명의 작업자 중 5명이 작업을 늦게 마쳤고, 50명 중 6명은 불량품을 조립하였고, 50명 중 2명은 작업도 늦게 마쳤을 뿐 아니라 조립한 제품도 불량품이라는 것을 발견하였다.

다음과 같이 사건을 정의하자.

L = 작업을 늦게 완료하는 사건

D = 조립품이 불량일 사건

상대도수 정보를 활용하면 다음의 확률들을 얻는다.

$$P(L) = \frac{5}{50} = .10$$

$$P(D) = \frac{6}{50} = .12$$

$$P(L \cap D) = \frac{2}{50} = .04$$

성과 자료를 살펴본 후, 생산관리자는 작업을 늦게 마치거나 불량품을 조립한 작업자에게 낮은 성과 등급을 주기로 결정하였다. 즉 $L \cup D$ 사건이 관심의 대상이 된다. 생산관리자가 어떤 작업자에게 낮은 성과 등급을 줄 확률은 얼마인가?

이 확률을 구하는 문제는 두 사건의 합집합(합사건)에 관한 것임을 유의하자. 구체적으로 말하면 우리는 $P(L \cup D)$를 알고 싶은 것이다. 식 4-6을 사용하면 다음을 얻는다.

$$P(L \cup D) = P(L) + P(D) - P(L \cap D)$$

우변의 세 확률값을 알고 있으므로 다음과 같이 쓸 수 있다.

$$P(L \cup D) = .10 + .12 - .04 = .18$$

이 계산은 임의로 선택한 작업자가 낮은 성과 등급을 받을 확률이 .18이라는 것을 말한다.

덧셈 법칙의 또 다른 예로, 한 유명 컴퓨터 소프트웨어 회사의 인사관리자가 최근에 수행한 연구조사를 생각해 보자. 조사해 보니 입사 후 2년 이내에 개발자의 30%는 주로 급여에 대해 만족하지 못해서, 20%는 업무 할당에 대한 불만 때문에, 12%는 급여와 업무할당 둘 다에 만족하지 못해서 회사를 그만둔 것으로 나타났다. 어떤 개발자가 급여 불만이나 업무 할당에 대한 불만 또는 두 가지 모두 불만으로 인해 2년 이내에 회사를 그만둘 확률은 얼마인가? 다음과 같이 두 사건을 정의하자.

S = 급여에 대한 불만으로 회사를 떠나는 사건
W = 업무 할당에 대한 불만으로 회사를 떠나는 사건

우리는 이미 $P(S) = .30$, $P(W) = .20$, $P(S \cap W) = .12$임을 알고 있다. 따라서 식 4-6의 덧셈 법칙을 사용하여 다음을 얻는다.

$$P(S \cup W) = P(S) + P(W) - P(S \cap W) = .30 + .20 - .12 = .38$$

이 회사의 개발자가 급여 또는 업무 할당을 이유로 회사를 떠날 확률이 .38임을 알 수 있다.

덧셈 법칙에 대한 논의를 마치기 전에, **상호배반사건**(mutually exclusive events)이 발생하는 특수한 경우를 생각해 보자.

상호배반사건
공통된 표본점이 존재하지 않는 두 사건을 상호배반적이라고 한다.

상호 배반적이면 사건 A와 B 중에 어떤 한 사건이 일어나면 다른 사건은 절대 일어날 수 없다. 따라서 A와 B가 상호배반이려면 교사건(intersection)에 해당하는 표본점이 하나도 없어야 한다. 〈그림 4-7〉은 상호배반인 두 사건 A와 B를 벤다이어그램으로 나타낸 것이다. 이 경우에는 $A \cap B$는 공집합이고 $P(A \cap B) = 0$이 되고 덧셈 법칙은 다음과 같다.

상호배반인 사건의 덧셈 법칙

$$P(A \cup B) = P(A) + P(B)$$

〈그림 4-7〉 상호배반사건

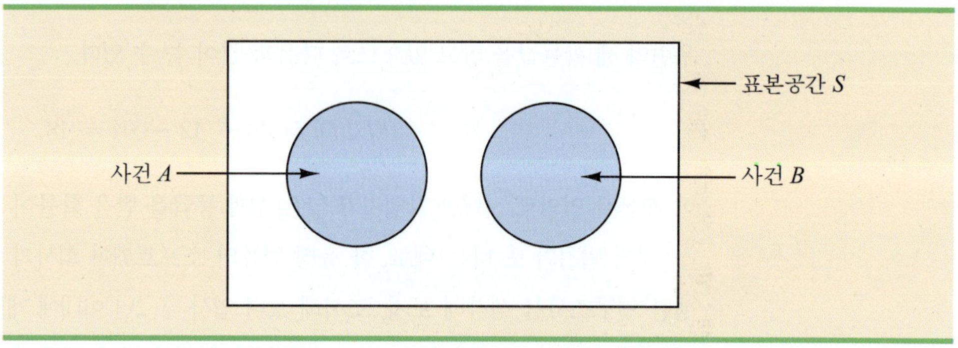

연습문제

기본문제

22. 발생 가능성이 동일한 다섯 개의 실험 결과 E_1, E_2, E_3, E_4, E_5를 갖는 표본공간이 있다. 다음과 같이 사건을 정의하자.

$$A = \{E_1, E_2\},\ B = \{E_3, E_4\},\ C = \{E_2, E_3, E_5\}$$

a. $P(A), P(B), P(C)$를 구하라.

b. $P(A \cup B)$를 구하라. A와 B는 상호배반인가?

c. $A^c, C^c, P(A^c)$와 $P(C^c)$를 구하라.

d. $A \cup B^c, P(A \cup B^c)$를 구하라.

e. $P(B \cup C)$를 구하라.

23. 어떤 표본공간 $S = \{E_1, E_2, E_3, E_4, E_5, E_6, E_7\}$가 일곱 개의 표본점을 가지며 각각의 사건에는 다음과 같이 확률이 할당되었다. $P(E_1) = .05, P(E_2) = .2, P(E_3) = .2, P(E_4) = .25, P(E_5) = .15, P(E_6) = .10, P(E_7) = .05$. 다음과 같은 사건들에 대해 물음에 답하라.

$$A = \{E_1, E_4, E_6\},\ B = \{E_2, E_4, E_7\},\ C = \{E_2, E_3, E_5, E_7\}$$

a. $P(A), P(B), P(C)$를 구하라.

b. $A \cup B, P(A \cup B)$를 구하라.

c. $A \cap B, P(A \cap B)$를 구하라.

d. 사건 A와 C는 상호배반인가?

e. B^c와 $P(B^c)$를 구하라.

응용문제

24. Clarkson 대학교에서는 졸업생들이 Clarkson 대학에 대해 어떻게 생각하는지 알아보고자 설문조사를 실시하였다. 조사에서는 응답자들에게 Clarkson에서 전반적인 경험이 기대치에 미치지 못했는지, 기대치를 충족했는지, 기대치를 초과했는지에 대해 질문하였다. 응답자의 4%는 응답하지 않았고, 26%는 그들의 기대치에 못 미쳤다고, 65%는 기대를 충족시켰다고 답하였다.

a. 졸업생 중 한 명을 무작위로 골랐을 때, 그 졸업생이 대학에서 기대한 것보다 더 많은 경험을 했다고 응답할 확률은 얼마인가?

b. 졸업생 중 한 명을 무작위로 골랐을 때, 기대치를 충족했다고 하거나 기대치를 초과했다고 응답할 확률은 얼마인가?

25. 마케팅 커뮤니케이션 회사인 Shelton Group을 대상으로 Eco Pulse는 사람들이 죄책감을 느끼는 것을 행한 적이 있는지 물어보았다[출처]. 조사 결과에 따르면 무작위로 선택된 사람이 음식을 낭비한 것에 죄책감을 느낄 확률이 .39, 방에 있지 않을 때에도 불을 켜 놓는 것에 죄책감을 느낄 확률이 .27이라고 한다. 이 두 가지 이유 모두에 대해 죄책감을 느낄 확률은 .12이다.

a. 어떤 사람을 무작위로 선택했을 때, 그 사람이 음식을 낭비하거나 불을 끄지 않고 방을 나서면서 죄책감을 느낄 확률은 얼마인가?

b. 무작위로 선택된 사람이 이 두 가지 이유에 죄책감을 느끼지 않을 확률은 얼마인가?

26. Morningstar Investment Research가 운영하는 뮤추얼 펀드(개방형 투자신탁)에 대한 정보에는 펀드 유형(국내 주식, 국제 주식 또는 채권)과 각각에 대한 Morningstar의 평가가 포함되어 있다. 평가등급은 별 1개(최저)에서 5개(최고)로 표시된다. *Morningstar Funds 500*에서 25개의 뮤추얼 펀드를 표본으로 선택하여 다음을 확인하였다.

- 16개의 펀드가 국내 주식형 펀드이다.
- 13개의 펀드는 별 3개 이하로 평가되었다.
- 국내 주식형 펀드 중 7개는 별 4개 등급을 받았다.
- 국내 주식형 펀드 중 2개는 별 5개 등급을 받았다.

25개 중 하나를 무작위로 선택하여 더 자세히 알아보고자 한다.

a. 국내 주식형 펀드를 선택할 확률은 얼마인가?

b. 별 4개 또는 5개 등급을 받은 펀드를 선택할 확률은 얼마인가?

c. 국내 주식형 펀드이고, 별 4개 또는 5개의 등급을 받은 펀드를 선택할 확률은 얼마인가?

d. 국내 주식형 펀드이거나 별 4개 또는 5개의 등급을 받은 펀드를 선택할 확률은 얼마인가?

27. 한 마케팅 회사에서는 소셜 미디어를 통해 18세에서 29세 사이를 겨냥하여 새로운 에너지 음료를 시험 판매하려고 한다. Pew Research Center의 조사에 따르면 미국 성인(18세 이상)의 35%가 소셜 미디어를 사용하지 않고 있다[출처]. 미국 성인 중 30세 이상의 비율은 78%이다. 18-29세의 성인이거나 또는 소셜 미디어를 사용하는 미국 성인의 비율이 67.2%라고 하자.

    a. 미국 성인 중 한 명을 임의로 골랐을 때, 그 사람이 소셜 미디어를 사용할 확률은 얼마인가?

    b. 무작위로 선택된 미국 성인의 나이가 18-29세일 확률은 얼마인가?

    c. 무작위로 선택된 미국 성인이 18-29세이고 소셜 미디어를 사용하고 있을 확률은 얼마인가?

28. 어느 잡지 구독자를 대상으로 설문조사 한 결과에 따르면 지난 12개월 동안 사업 목적으로 차량을 빌린 경우는 45.8%, 개인 사정으로 빌린 경우는 54%, 두 가지 용도 모두에 해당하여 차량을 빌린 경우는 30%라고 한다.

    a. 어느 구독자가 지난 12개월 동안 사업 목적 또는 개인 용도로 차량을 빌렸을 확률은 얼마인가?

    b. 어느 구독자가 지난 12개월 동안 사업 목적 또는 개인 용도로 차량을 빌리지 않았을 확률은 얼마인가?

29. 학업 성적이 우수한 고등학교 3학년 학생들은 매년 전국의 가장 우수한 대학에 지원한다. 입학정원이 비교적 안정적이기 때문에 일부 대학에서는 많은 조기 지원자를 거절한다. 최근 입학년도에 Ivy League 대학 중 한 곳이 2851건의 조기 지원 신청서를 접수했다고 하자. 이 중에서 1033명의 학생이 조기 합격하였고, 854명은 불합격, 964명은 정규 입시(정시) 지원에서 처리하기로 했다. 과거에 이 대학은 정시모집에서 조기 입학을 연기한 학생의 18%를 합격시켰다. 최근 입학년도의 조기 합격생과 정시 합격생을 모두 합한 입학생 수는 총 2375명이었다. 조기 입학을 신청한 학생이 합격, 불합격, 정시 지원으로 연기되는 사건을 E, R, D라고 하자.

    a. 위 데이터를 사용하여 $P(E)$, $P(R)$, $P(D)$를 구하라.

    b. 사건 E와 D는 상호배반인가? $P(E \cap D)$를 구하라.

    c. 2375명의 입학생 중 한 명을 무작위로 선택했을 때 그 학생이 조기 지원에서 합격한 학생일 확률은 얼마인가?

    d. 한 학생이 조기 입학하려고 지원하였다 하자. 이 학생이 합격해서 일찍 입학하거나 불합격한 후 정시모집 프로세스에서 합격할 확률은 얼마인가?

4.4 조건부 확률

때로 어떤 사건의 확률은 그와 관련된 사건의 발생 여부에 영향을 받는다. 확률 $P(A)$인 사건 A를 가정하자. 만약 A와 관련하여 이미 발생한 사건 B에 대한 새로운 정보를 얻는다면 우리는 이 정보를 활용하여 사건 A의 새로운 확률을 계산하기 원할 것이다. 사건 A의 이 새로운 확률을 **조건부 확률**(conditional probability)이라고 부르고 $P(A \mid B)$라고 쓴다. '|' 기호는 사건 B가 일어났다는 조건하에서 사건 A의 확률을 생각한다는 것을 뜻한다. 따라서 기호 $P(A \mid B)$를 "B가 일어났다는 조건하에서 A의 확률"이라고 읽는다.

조건부 확률의 적용 사례로서 주요 대도시의 남자 경찰관과 여자 경찰관의 승진 상태에 대한 상황을 생각해 보자. 이들은 남자 960명, 여자 240명으로 총 1200명의 경관으로 구성되어 있다. 지난 2년 동안 324명의 경찰관이 승진하였다. 〈표 4-4〉는 남녀 경찰관들의 승진에 대한 세부 내역을 보여 준다.

여자 경찰관 위원회는 승진 기록을 검토한 결과, 288명의 남자 경찰관이 승진한 것에 비해 여자 경찰관의 승진은 고작 36명에 불과했다는 사실에 근거하여 차별을 제기하였다. 경찰청은 여자 경찰관의 승진이 상대적으로 낮은 것은 차별 때문이 아니라 경찰 전체에서 여자 경찰이 차지하는 비율 자체가 작기 때문이라고 주장하였다. 차별 대우를 분석하기 위해 조건부 확률을 어떻게 사용하는지 살펴보자.

다음과 같이 사건을 정의하자.

$$M = \text{경찰관이 남자인 사건}$$
$$F = \text{경찰관이 여자인 사건}$$
$$A = \text{경찰관이 승진한 사건}$$
$$A^c = \text{경찰관이 승진 못 한 사건}$$

〈표 4-4〉의 값들을 총 1200명의 경관 숫자로 나누면 〈표 4-5〉와 같은 확률값으로 요약할 수 있다.

〈표 4-4〉 지난 2년 동안 경관의 승진 상태

	남자	여자	합계
승진	288	36	324
승진하지 못함	672	204	876
합계	960	240	1200

〈표 4-5〉 승진에 대한 결합 확률표

결합 확률을 표 안에 표시한다.

	남자(M)	여자(W)	합계
승진(A)	.24	.03	.27
승진하지 못함(A^c)	.56	.17	.73
합계	.80	.20	1.00

주변 확률은 표의 가장자리에 나타낸다.

$P(M \cap A) = 288/1200 = .24$ 임의로 고른 경관이 남자이고, 승진했을 확률

$P(M \cap A^c) = 672/1200 = .56$ 임의로 고른 경관이 남자이고, 승진하지 못했을 확률

$P(W \cap A) = 36/1200 = .03$ 임의로 고른 경관이 여자이고, 승진했을 확률

$P(W \cap A^c) = 204/1200 = .17$ 임의로 고른 경관이 여자이고, 승진하지 못했을 확률

이 확률은 두 사건의 교집합에 대한 확률이므로 **결합 확률**(joint probabilities)이라고 부른다. 〈표 4-5〉는 경관의 승진에 대한 확률정보를 요약한 것인데, 결합 확률표(joint probability table)라고 한다.

결합 확률표의 가장자리 부분은 사건의 확률을 각각 따로 구별하여 제공한다. 즉, $P(M) = .80$, $P(W) = .20$, $P(A) = .27$, $P(A^c) = .73$이다. 이 확률들은 결합 확률표의 가장자리에 위치한다는 이유로 **주변 확률**(marginal probabilities)이라고 부른다. 결합 확률표의 해당 행 또는 해당 열의 결합 확률을 모두 더하면 주변 확률을 구할 수 있다. 예를 들면 어떤 경관이 승진할 주변 확률 $P(A) = P(M \cap A) + P(W \cap A) = .24 + .03 = .27$이다. 주변 확률들로부터 경찰 인력의 80%는 남자, 20%는 여자, 전체 경찰관들의 27%가 승진을 하고, 73%는 승진을 못 한다는 것을 알 수 있다.

경찰관이 남자라는 조건하에 이 경찰관이 승진할 확률을 계산하여 조건부 확률 분석을 시작해 보자. 조건부 확률의 기호를 사용하면 구하고자 하는 확률은 $P(A \mid M)$이다. $P(A \mid M)$은 사건 M이라는 조건이 주어진 상황에서 사건 A의 확률을 고려한다는 것으로 이해하면 된다. 따라서 $P(A \mid M)$은 우리가 이제 960명의 남자 경찰관의 승진 상태에만 관심을 둔다는 것을 말한다. 960명의 남자 경관 중 288명이 승진하였으므로 경찰관이 남자라는 조건에서 이 경찰관이 승진하였을 확률은 $288/960 = .30$이다. 다시 말하면 과거 2년 동안 남자 경찰관이 승진하였을 확률은 30%이라는 것이다.

〈표 4-4〉의 값은 각각의 범주에 속하는 경찰관의 숫자를 보여주므로 조건부 확률을 구하는 절차는 적용하기가 쉬웠다. 이제 $P(A \mid M)$의 조건부 확률을 〈표 4-4〉의 빈도 데이터로부터 구하지 않고 관련된 사건으로부터 직접 구하는 방법을 살펴보려고 한다.

앞에서 $P(A \mid M) = 288/960 = .30$을 보였다. 이제 분자와 분모를 이 분석에서 다루는 총 경관의 수 1200으로 나누자.

$$P(A \mid M) = \frac{288}{960} = \frac{288/1200}{960/1200} = \frac{.24}{.80} = .30$$

그러면 조건부 확률 $P(A \mid M)$이 .24/.80임을 확인할 수 있다. 결합 확률표(표 4-5)를 참고하면, 분자의 .24는 A와 M의 결합 확률, 즉 $P(A \cap M) = .24$이고, 분모의 .80은 임의로 고른 경관이 남자일 확률 $P(M) = .80$이다. 따라서 조건부 확률 $P(A \mid M)$은 결합 확률 $P(A \cap M)$과 주변 확률 $P(M)$의 비율로서 다음과 같이 계산할 수 있다.

$$P(A \mid M) = \frac{P(A \cap M)}{P(M)} = \frac{.24}{.80} = .30$$

조건부 확률을 주변 확률에 대한 결합 확률의 비율로 계산할 수 있다는 사실로부터 두 사건 A, B에 대한 조건부 확률 계산에 대해 다음의 일반 공식을 얻는다.

조건부 확률

$$P(A \mid B) = \frac{P(A \cap B)}{P(B)} \quad (4\text{-}7)$$

또는

$$P(B \mid A) = \frac{P(A \cap B)}{P(A)} \quad (4\text{-}8)$$

〈그림 4-8〉의 벤다이어그램은 조건부 확률을 직관적으로 이해하는 데 도움을 준다. 오른쪽의 원은 사건 B가 일어났다는 것을, 사건 A와 중복되는 부분은 교사건 $A \cap B$를 나타낸다. 사건 B가 일어났다는 것을 알고 있으므로 사건 A를 관찰할 수 있는 유일한 방법은 교사건($A \cap B$)이 일어나는 것이다. 따라서, 비율 $P(A \cap B)/P(B)$은 사건 B가 이미 일어났다는 조건에서 사건 A를 관찰할 조건부 확률이다.

〈그림 4-8〉 조건부 확률 $P(A \mid B) = P(A \cap B)/P(B)$

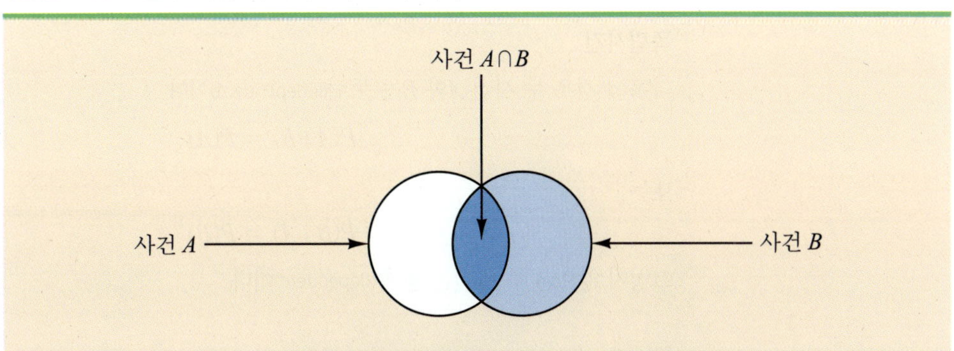

여자 경찰관에 대한 차별 문제로 돌아가자. 〈표 4-5〉의 첫 번째 행의 주변 확률은 어떤 경찰관이 승진할 확률 $P(A) = .27$임(성별에 상관없이)을 보여준다. 그러나 차별에 있어서 중요한 이슈는 두 가지 조건부 확률 $P(A \mid M)$과 $P(A \mid W)$에 달려있다. 즉, 경찰관이 남자라는 조건하에 그가 승진할 확률과 경찰관이 여자라는 조건하에 그녀가 승진할 확률을 살펴보아야 한다는 것이다. 만약 이 두 가지 확률이 같다면, 차별문제는 근거가 없는 것이다. 왜냐하면 남녀 경찰관 모두에게 주어진 승진 기회가 동일하기 때문이다. 그러나 이 두 가지 조건부 확률이 다르다면 승진 결정에서 성별에 따라 다르게 대우를 받고 있다는 주장을 뒷받침한다.

우리는 $P(A \mid M) \fallingdotseq .30$을 구하였다. 이제 〈표 4-5〉의 확률값과 식 4-7에서 다룬 조건부 확률의 관계를 사용하여 어떤 경찰관이 여자일 때 그녀가 승진할 확률 $P(A \mid W)$를 구해 보자. 식 4-7의 B를 W로 대체하면,

$$P(A \mid W) = \frac{P(A \cap W)}{P(W)} = \frac{.03}{.20} = .15$$

어떤 결론을 도출할 수 있는가? 경찰관이 남자인 경우 승진할 확률(.30)은 여자인 경우에 승진할 확률(.15)의 두 배이다. 조건부 확률 그 자체가 차별의 존재 여부를 증명하지는 못하지만 조건부 확률값은 여자 경찰관의 주장을 뒷받침한다.

독립사건

앞의 예제에서 $P(A) = .27$, $P(A \mid M) = .30$, $P(A \mid W) = .15$로 승진(사건 A)할 확률은 경찰관의 성별에 영향을 받는다는 것을 살펴보았다. 특히, $P(A \mid M) \neq P(A)$이므로 사건 A와 M은 종속사건이라고 할 수 있다. 즉, 사건 M(경찰관이 남자)이 일어났다는 것을 알면 사건 A(승진)의 확률은 변경되거나 영향을 받는다는 것이다. 이와 비슷하게, $P(A \mid W) \neq P(A)$이므로 사건 A와 W도 종속사건이라 할 수 있다. 그러나, 만약 사건 M의 발생에 의해 사건 A의 확률이 변하지 않는다면, 즉 $P(A \mid M) = P(A)$라면 두 사건 A와 M은 **독립사건**(independent events)이라고 한다. 이로부터 두 사건의 독립성에 대해 다음의 정의를 이끌어낸다.

독립사건

다음의 경우 두 사건 A와 B는 독립(independent)이다.

$$P(A \mid B) = P(A) \qquad \text{4-9}$$

또는

$$P(B \mid A) = P(B) \qquad \text{4-10}$$

그렇지 않으면 두 사건은 종속(dependent)이다.

확률의 곱셈 법칙

확률에 대한 덧셈 법칙은 두 사건의 합사건의 확률을 계산하는 데 사용되는 반면, 곱셈 법칙은 두 사건의 교사건의 확률을 계산하는 데 사용된다. 곱셈 법칙은 조건부 확률의 정의에 근거한다. 식 4-7과 4-8을 사용하여 $P(A \cap B)$에 대하여 풀면 다음과 같은 **곱셈 법칙**(multiplication law)을 얻는다.

곱셈 법칙

$$P(A \cap B) = P(B)P(A \mid B) \qquad \text{4-11}$$

또는

$$P(A \cap B) = P(A)P(B \mid A) \qquad \text{4-12}$$

곱셈 법칙의 사용 예를 살펴보자. 가구 중 84%가 일간신문을 구독하는 것으로 알려진 특정 지역의 신문 구독을 생각해 보자. 어떤 가구에서 일간신문을 구독하는 사건을 D라고 하면 $P(D) = .84$이다. 그리고 이미 일간신문을 구독하고 있는 어떤 가구가 주말판도 구독(사건 S)할 조건부 확률은 $P(S \mid D) = .75$이다. 한 가구에서 주말판과 일간신문 둘 다 구독할 확률은 얼마인가? 구하고자 하는 확률 $P(S \cap D)$는 곱셈 법칙을 사용하여 다음과 같이 구한다.

$$P(S \cap D) = P(D)P(S \mid D) = (.84)(.75) = .63$$

이로부터 전체 가구의 63%가 주말판과 일간신문을 모두 구독하고 있음을 알 수 있다.

이 절을 마치기 전에 사건이 독립일 때 곱셈 법칙을 사용하는 특별한 경우를 살펴보자. $P(A \mid B) = P(A)$ 또는 $P(B \mid A) = P(B)$일 때는 사건 A와 B가 서로 독립이라는 것을 상기하자. 따라서 식 4-11과 4-12을 독립사건의 경우에 대하여 특별히 사용하면 다음의 곱셈 법칙을 얻는다.

독립사건의 곱셈 법칙

$$P(A \cap B) = P(A)P(B) \qquad \text{4-13}$$

A와 B가 독립이면 $P(A \mid B) = P(A)$이고 $P(B \mid A) = P(B)$이며 $P(A \cap B) = P(A)P(B)$이다.— 역자

두 독립사건의 교집합의 확률을 계산할 때에는 각각의 확률을 단순히 곱하면 된다. 독립사건에 대한 곱셈 법칙은 사건 A와 B가 서로 독립인지 판단하는 또 다른 방법을 제공한다는 것에 주목하라. 즉, $P(A \cap B) = P(A)P(B)$이면 A와 B는 독립이고, $P(A \cap B) \neq P(A)P(B)$이면 A와 B는 종속이다.

독립사건에 대한 곱셈 법칙의 응용으로 다음과 같은 상황을 생각해 보자. 과거 경험으

로부터 가솔린을 구입하는 고객의 80%가 신용카드를 사용한다는 것을 알고 있다. 앞으로 두 명의 고객이 신용카드로 가솔린을 구입할 확률은 얼마인가? 다음과 같이 두 사건을 정의하면 우리가 관심을 두고 있는 사건은 $A \cap B$이다.

A = 첫 번째 고객이 신용카드를 사용하는 사건

B = 두 번째 고객이 신용카드를 사용하는 사건

주어진 다른 정보가 없으므로 사건 A와 B는 서로 독립이라고 가정하는 것이 타당하다. 따라서

$$P(A \cap B) = P(A)P(B) = (.80)(.80) = .64$$

이 절을 요약하면, 조건부 확률에 대한 우리의 관심은 사건들이 종종 서로 연관되어 있다는 사실에서 시작한다는 것을 알 수 있다. 이 경우 사건들은 종속이며 식 4-7과 4-8의 조건부 확률 공식을 사용하여 계산해야 한다. 만약 두 사건이 서로 연관되어 있지 않으면 서로 독립이며, 이 경우에는 한 사건의 확률이 다른 사건의 발생 여부에 영향을 받지 않는다.

4.4 보충 설명

상호배반사건과 독립사건에 대한 개념을 혼동하지 않도록 하라. 0이 아닌 확률값을 갖는 두 사건은 상호배타적이면서 동시에 독립일 수 없다. 어떤 상호배반사건이 발생한다는 것이 알려진다면, 다른 사건은 발생할 수 없다. 즉, 다른 사건이 발생할 확률은 0이 된다. 따라서 상호배반인 두 사건은 종속이다.

연습문제

기본문제

30. $P(A) = .50$, $P(B) = .60$, $P(A \cap B) = .40$를 갖는 두 사건 A와 B가 있다.
   a. $P(A \mid B)$를 구하라.
   b. $P(B \mid A)$를 구하라.
   c. 사건 A와 B는 서로 독립인가? 그 이유는 무엇인가?
31. 상호배반인 두 사건 A와 B를 생각하자. 두 사건에 대하여 $P(A) = .30$, $P(B) = .40$임을 알고 있다.
   a. $P(A \cap B)$는 얼마인가?
   b. $P(A \mid B)$는 얼마인가?
   c. 통계학 수업을 수강 중인 한 학생이 상호배반인 사건과 독립인 사건의 개념이 실제로는 서로 같으며 만약 두 사건이 상호배반이면 둘은 반드시 서로 독립이라고 주장하

고 있다. 이 학생의 주장에 동의하는가? 이 문제의 확률 정보(a와 b의 결과)를 사용하여 당신의 주장을 정당화하라.

d. 이 문제에서 다른 결과들로부터 상호배반사건과 독립사건에 대하여 내릴 수 있는 일반적인 결론은 무엇인가?

응용문제

32. 미국에 거주하는 18-34세의 연령층에게 "당신은 현재 가족과 함께 살고 있습니까?"라는 질문에 대하여 응답한 설문조사 결과가 다음과 같다.

	예	아니오	합계
남자	106	141	247
여자	92	161	253
합계	198	302	500

a. 위 데이터의 결합 확률이 계산된 표를 만들고 이를 이용하여 아래 질문들에 답하라.

b. 주변 확률은 얼마인가?

c. 당신이 미국에 살고 있는 18-34세의 연령층에 해당하는 남성이라는 조건하에 가족과 함께 살고 있을 확률은 얼마인가?

d. 당신이 미국에 살고 있는 18-34세의 연령층에 해당하는 여성이라는 조건하에 가족과 함께 살고 있을 확률은 얼마인가?

e. 미국에 살고 있는 18-34세의 연령층에 해당하는 사람이 가족과 함께 살고 있을 확률은 얼마인가?

f. 만약 미국에 살고 있는 18-34세에 해당하는 연령층의 49.4%가 남성이라면, 조사에 사용된 표본은 모집단을 대표하는 좋은 표본이라고 할 수 있는가? 왜 그런지 이유를 설명하라.

33. GMAT(MBA 입학시험)를 치른 학생들에게 자신의 학부 전공과 MBA 과정을 전일제 학생으로 할 것인지 아니면 시간제 학생으로 공부할 것인지에 대해 물었다. 응답을 요약하면 다음과 같다.

	학부 전공			
예정된 등록 상태	경영학	공학	기타	합계
전일제	352	197	251	800
시간제	150	161	194	505
합계	502	358	445	1305

a. 위 데이터에 대하여 결합 확률을 계산하여 표를 만들어라.

b. 학부 전공(경영학, 공학, 기타)의 주변 확률을 사용하여, 어느 학부 전공이 MBA 학생이 될 잠재적 가능성을 가장 많이 가지고 있는지 설명하라.

c. 만약 한 학생이 MBA 학위를 얻기 위해 전일제 학생으로 수업을 듣는다면, 그 학생의 학부 전공이 공학일 확률은 얼마인가?

d. 만약 어떤 학생의 학부 전공이 경영학이었다면, 이 학생이 MBA 학위를 받기 위해 전일제 학생으로 수업을 들을 확률은 얼마인가?

e. 전일제 학생으로 MBA 학위를 받으려고 하는 사건을 *F*, 학생의 학부 전공이 경영학이라는 사건을 *B*라고 하자. 두 사건 *F*와 *B*는 서로 독립인가? 왜 그런지 설명하라.

34. 교통통계국(Bureau of Transportation Statistics)은 미국 주요 공항에서 항공사의 정시운항 실적을 보고한다. JetBlue, United, US Airways는 보스턴의 Logan 공항에서 터미널 C를 공유한다. 한 달의 표본기간 동안 보고된 정시운항 비율은 JetBlue 76.8%, United 71.5%, US Airways 82.2%였다. 터미널 C에 도착하는 항공편의 30%는 JetBlue이고, 32%는 United, 38%는 US Airways이다.

a. 세 개의 행(항공사)과 두 개의 열(정시운항, 지연)을 갖는 결합 확률표를 만들어라.

b. 터미널 C의 20번 게이트에 1382 비행편이 도착할 예정이라는 안내방송이 있었다. 이 1382 항공기가 제시간에 도착할 확률은 얼마인가?

c. 1382 비행편은 어느 항공사일 가능성이 제일 높은가? 그렇다면 1382 비행편이 그 항공사일 확률은 얼마인가?

d. 1382 비행편이 지연 도착할 예정이라는 안내방송이 있었다고 하자. 이 비행기는 어느 항공사 소속일 가능성이 제일 높은가? 1382 비행편이 그 항공사일 확률은 얼마인가?

35. 남편과 아내가 자신의 재정 상태에 대해 어떻게 느끼는지 더 잘 이해하기 위해 Money Magazine은 가구소득이 5만 달러 이상인 25세 이상의 기혼 성인 1010명을 대상으로 전국적으로 조사를 하였다[출처]. "누가 더 재정 상태가 좋은가?"라는 질문에 대한 다음 응답 결과를 생각해 보자.

응답자	본인	배우자	같다
남편	278	127	102
아내	290	111	102

a. 다음 질문들에 답하기 위한 결합 확률을 계산하여 표를 만들어라.

b. 누가 더 나은가(본인, 배우자, 같다)에 대한 주변 확률을 계산하고 설명하라.

c. 응답자가 남편이라면, 그가 아내보다 재정 상태가 더 좋다고 느낄 확률은 얼마인가?

d. 응답자가 아내라면, 그녀가 남편보다 재정 상태가 더 좋다고 느낄 확률은 얼마인가?

e. '배우자'라는 응답이 나왔다고 하면, 이 응답이 남편의 응답일 확률은 얼마인가?

f. '같다'라는 응답이 나왔다고 하면, 이 응답이 남편의 응답일 확률은 얼마인가? 아내의 응답일 확률은 얼마인가?

36. L.A. Clippers의 NBA 선수 Jamal Crawford는 93%의 정확도를 자랑하는 훌륭한 자유

투 슈터이다[출처]. 최근 경기에서 Jamal Crawford가 파울을 당해 자유투 2개를 얻었다고 하자.

a. 그가 2개의 자유투를 모두 성공할 확률을 얼마인가?

b. 그가 적어도 1개 이상의 자유투를 성공시킬 확률은 얼마인가?

c. 그가 두 개의 자유투 모두 실패할 확률은 얼마인가?

d. 최근 농구경기에서 팀은 경기 시간을 멈추기 위해 의도적으로 파울을 범할 때가 있다. 일반적인 전략은 상대 팀의 최악의 자유투 슈터에게 의도적으로 파울하는 것이다. L.A. Clippers의 센터의 자유투 성공률이 58%라 하자. 센터 선수를 가정하고 a, b, c 문제를 다시 풀고 L.A. Clippers의 센터에게 의도적으로 파울하는 것이 Jamal Crawford에게 의도적인 파울을 범하는 것보다 전략적으로 더 우수함을 보여라. 이 역시 자유투는 2개가 주어진다고 가정한다.

37. Parade magazine과 Yahoo의 공동조사에 따르면 미국 근로자의 59%가 다시 할 수 있다면 다른 직업을 선택할 것이라고 한다[출처]. 조사에서는 미국 근로자 중 33%는 조기 은퇴를 계획 중이며, 67%는 기다렸다가 65세 이상이 되면 은퇴하려고 계획하고 있다. 다음의 결합 확률표를 살펴보자.

	조기 은퇴		
경력	**예**	**아니오**	**합계**
같은 직업	.20	.21	.41
다른 직업	.13	.46	.59
합계	.33	.67	

a. 어떤 근로자가 다음에도 같은 직업을 선택할 확률은 얼마인가?

b. 같은 직업을 선택하겠다고 한 근로자가 조기 은퇴를 계획하고 있을 확률은 얼마인가?

c. 다른 직업을 선택하겠다고 한 근로자가 조기 은퇴를 계획하고 있을 확률은 얼마인가?

d. b와 c의 조건부 확률은 근로자가 같은 직업을 선택할 것이라고 말하는 이유에 대하여 어떤 점을 시사하는가?

38. 워싱턴DC에 본부를 두고 있는 연구조사기업인 고등교육정책연구소(Institute for Higher Education Policy)는 6년 전에 만기가 되기 시작한 학자금 대출을 받은 180만 명의 대학생을 대상으로 대출 상환을 연구했다. 연구에 따르면 학자금 대출의 50%는 만족스러운 방식으로 상환되고 있었고, 50%는 연체된 것으로 나타났다. 오른쪽의 결합 확률표는 학자금 대출 상태와 그 학생의 학위 취득(졸업) 여부를 보여준다.

	학위 취득		
대출 상태	**예**	**아니오**	**합계**
상환	.26	.24	.50
연체	.16	.34	.50
합계	.42	.58	

a. 학자금 대출을 받은 어떤 학생이 학위를 취득하였을 확률은 얼마인가?

b. 학자금 대출을 받은 학생이 학위를 취득하지 못한 확률은 얼마인가?

c. 어떤 학생이 졸업했다는 조건하에, 이 학생의 학자금 대출이 연체 상태일 확률은 얼마인가?

d. 어떤 학생이 학위를 받지 못했다는 조건하에, 이 학생의 학자금 대출이 연체 상태일 확률은 얼마인가?

e. 학자금 대출을 받은 학생이 학위 없이 대학을 그만두는 영향은 무엇인가?

4.5 베이즈의 정리

조건부 확률을 공부하면서, 새로운 정보를 획득하였을 때 확률을 수정하는 작업은 확률 분석의 중요한 단계임을 지적하였다. 관심 있는 특정 사건에 대해서 분석할 때, 우리는 종종 초기 확률 또는 **사전 확률**(prior probability) 추정값으로부터 시작하고, 그 다음에 표본, 특별 보고서, 제품 검사 등의 출처로부터 사건에 대한 추가 정보를 얻어낸다. 이 새로운 정보를 가지고 **사후 확률**(posterior probability)이라고 부르는 수정된 확률을 계산하여 사전 확률값을 갱신한다. **베이즈의 정리**(Bayes' theorem)는 이러한 확률 계산을 위한 방법을 제공한다. 이러한 확률 수정 과정에 대한 단계가 〈그림 4-9〉에 나타나 있다.

베이즈의 정리를 응용하는 예로서 서로 다른 두 공급자로부터 부품을 공급받는 제조회사를 생각해 보자. 어떤 부품을 1번 공급자에게서 구매하는 사건을 A_1, 2번 공급자에게 구매하는 사건을 A_2라고 하자. 현재 회사가 구매하는 부품의 65%는 1번 공급자에게서, 나머지 35%는 2번 공급자에게서 구매하고 있다. 따라서 어떤 부품을 임의로 고른다면 사전 확률을 $P(A_1) = .65$, $P(A_2) = .35$로 할당할 수 있다.

구매한 부품의 품질은 공급자에 따라 다르다. 〈표 4-6〉은 두 공급업체의 품질 등급의 과거 자료를 보여준다. 부품이 양품(good)일 사건을 G, 불량품(bad)일 사건을 B라고 하면 〈표 4-6〉의 정보로부터 다음과 같은 조건부 확률을 구할 수 있다.

〈그림 4-9〉 베이즈의 정리를 사용한 확률의 수정

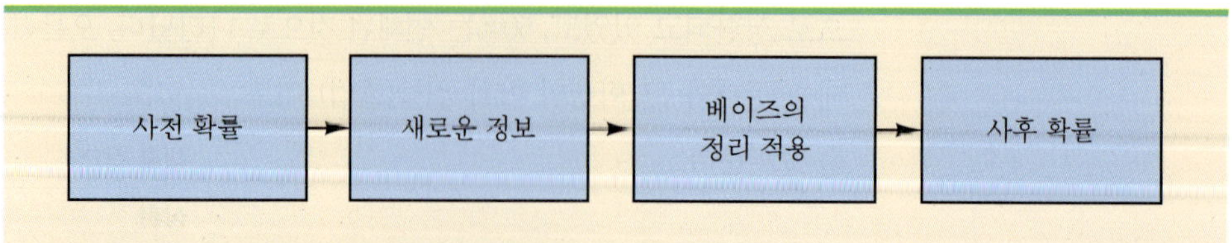

〈표 4-6〉 두 공급업체의 품질 수준에 관한 과거 자료

	양품	불량품
공급자 1	98	2
공급자 2	95	5

〈그림 4-10〉 두 공급자 예제의 나무그림

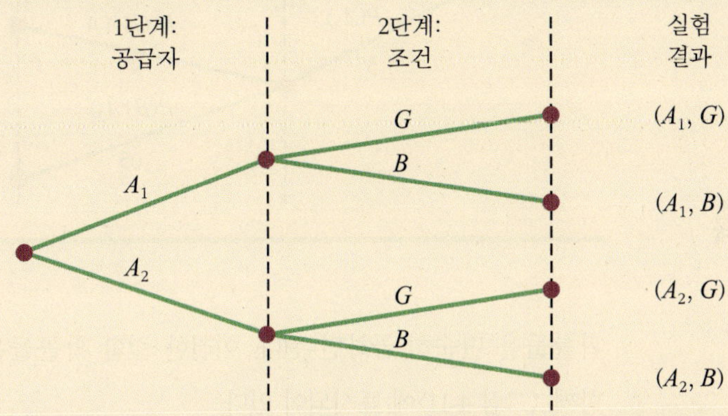

주: 1단계는 두 공급업체로부터 부품이 도착하는 것을,
2단계는 그 부품이 양품인지 불량인지를 나타낸다.

$$P(G \mid A_1) = .98 \quad P(B \mid A_1) = .02$$
$$P(G \mid A_2) = .95 \quad P(B \mid A_2) = .05$$

〈그림 4-10〉의 나무그림은 두 공급업체 중 한 곳으로부터 부품을 받아 그 부품이 양품인지 불량품인지 찾아내는 회사의 프로세스를 2단계 실험으로 보여준다. 부품이 양품인 경우에 해당하는 두 가지와 불량품에 해당하는 두 가지로, 총 네 가지 실험 결과가 가능함을 알 수 있다.

각각의 실험 결과는 두 사건의 교집합에 해당하는 표본점들이다. 따라서 확률을 계산하기 위해 곱셈 법칙을 사용할 수 있다. 예를 들면

$$P(A_1, G) = P(A_1 \cap G) = P(A_1)P(G \mid A_1)$$

이러한 결합 확률을 계산하는 과정은 확률 나무로 표현할 수 있다(그림 4-11). 나무의 왼쪽에서 오른쪽으로 1단계의 각 가지에 대한 확률이 사전 확률이고 2단계의 각 가지에 대한 확률들은 조건부 확률이다. 따라서 각 실험 결과의 확률을 구하기 위해서 결과로 이어지는

〈그림 4-11〉 두 공급자 예제의 확률 나무

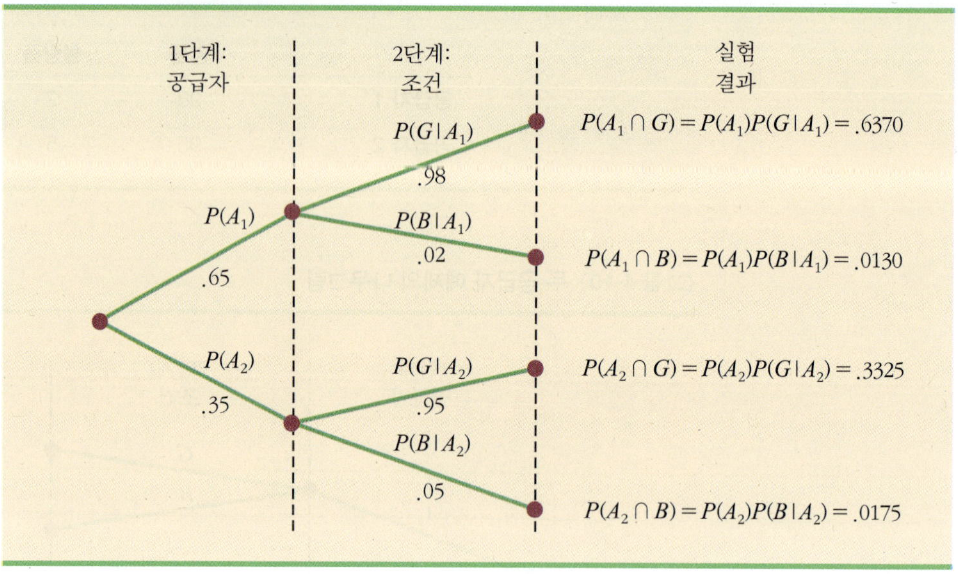

확률들을 단순히 곱하면 된다. 이러한 결합 확률들은 가지 각각에 대해 알려진 확률들과 함께 〈그림 4-11〉에 표시되어 있다.

이제 두 공급업체로부터 받은 부품이 회사의 제조 공정에 사용되는데, 기계가 불량 부품을 처리하는 도중에 고장이 났다고 가정하자. 부품이 불량이라는 정보가 주어졌다면 그 부품이 1번 공급자로부터 받은 부품일 확률과 2번 공급자로부터 받은 부품일 확률은 각각 얼마인가? 이 질문에 대한 답을 구하는 데 확률 나무의 정보(그림 4-11)와 베이즈의 정리를 사용할 수 있다.

부품이 불량일 사건을 B라고 하면, 우리가 찾고자 하는 확률은 사후 확률 $P(A_1 \mid B)$와 $P(A_2 \mid B)$이다. 조건부 확률의 정의로부터

$$P(A_1 \mid B) = \frac{P(A_1 \cap B)}{P(B)} \qquad \text{4-14}$$

이다. 확률 나무를 참고하면 분자는

$$P(A_1 \cap B) = P(A_1)\,P(B \mid A_1) \qquad \text{4-15}$$

이다. 분모 $P(B)$를 구하기 위해 사건 B가 $(A_1 \cap B)$와 $(A_2 \cap B)$ 오직 두 가지 경우로만 발생한다는 것에 주목하자. 따라서

$$P(B) = P(A_1 \cap B) + P(A_2 \cap B) = P(A_1)P(B \mid A_1) + P(A_2)P(B \mid A_2) \qquad \text{4-16}$$

식 4-15와 4-16을 식 4-14에 대입하고 $P(A_2 \mid B)$에 대해서도 결과를 도출하면 두 사건에

대한 베이즈의 정리를 얻는다.

장로교 사역자인 Thomas Bayes (1702-1761) 목사는 오늘날 사용하는 버전의 베이즈의 정리로 이어지는 독창적인 업적으로 인정받고 있다.

베이즈의 정리(사건이 두 가지인 경우)

$$P(A_1 \mid B) = \frac{P(A_1)P(B \mid A_1)}{P(A_1)P(B \mid A_1) + P(A_2)P(B \mid A_2)} \qquad \text{4-17}$$

$$P(A_2 \mid B) = \frac{P(A_2)P(B \mid A_2)}{P(A_1)P(B \mid A_1) + P(A_2)P(B \mid A_2)} \qquad \text{4-18}$$

식 4-17으로부터 예제에서 주어진 확률값들을 사용하면 다음을 얻는다.

$$P(A_1 \mid B) = \frac{P(A_1)P(B \mid A_1)}{P(A_1)P(B \mid A_1) + P(A_2)P(B \mid A_2)} = \frac{(.65)(.02)}{(.65)(.02) + (.35)(.05)}$$

$$= \frac{.0130}{.0130 + .0175} = \frac{.0130}{.0305} = .4262$$

또한, 식 4-18을 사용하면 다음과 같이 $P(A_2|B)$를 구한다.

$$P(A_2 \mid B) = \frac{(.35)(.05)}{(.65)(.02) + (.35)(.05)} = \frac{.0175}{.0130 + .0175} = \frac{.0175}{.0305} = .5738$$

이 예제를 시작할 때, 무작위로 선택한 부품이 1번 공급자에게서 나올 확률은 .65이었다는 사실에 주목하라. 그러나 부품이 불량이라는 정보가 주어진 상황에서는 이 부품이 공급자 1에게서 나왔을 확률은 .4262로 떨어진다. 실제로 부품이 불량이라면, 그 부품이 2번 공급자에게서 나올 확률은 절반(50%) 이상이 된다. 정확히는 $P(A_2 \mid B) = .5738$이다.

베이즈의 정리는 상호배반이고 그들의 합사건이 표본공간 전체를 차지하는 경우에 사후 확률을 계산해 준다.[1] n개의 사건 $A_1, A_2, \cdots, A_n$이 상호배반이고 이들의 합집합이 표본공간을 이룰 때, 사후 확률 $P(A_i \mid B)$를 계산하는 데 베이즈의 정리를 다음과 같이 사용한다.

베이즈의 정리

$$P(A_i \mid B) = \frac{P(A_i)P(B \mid A_i)}{P(A_1)P(B \mid A_1) + P(A_2)P(B \mid A_2) + \cdots + P(A_n)P(B \mid A_n)} \qquad \text{4-19}$$

사전 확률 $P(A_1), P(A_2), \cdots, P(A_n)$과 조건부 확률 $P(B|A_1), P(B|A_2), \cdots, P(B|A_n)$으로부터 식 4-19를 이용하여 사건 $A_1, A_2, \cdots, A_n$의 사후 확률을 구한다.

1 사건들의 합집합이 전체 표본공간을 이룰 때, 이 사건들은 집합적으로 포괄적(collectively exhaustive)이라고 한다.

〈표 4-7〉 두 공급자 문제에 대해 표를 이용하여 베이즈의 정리를 계산하는 방법

(1) 사건	(2) 사전 확률	(3) 조건부 확률	(4) 결합 확률	(5) 사후 확률
A_1	.65	.02	.0130	.0130/.0305 = .4262
A_2	.35	.05	.0175	.0175/.0305 = .5738
	1.00		$P(B)$ = .0305	1.0000

표에 의한 방법

표에 의한 방법은 베이즈의 정리 계산에 도움을 준다. 부품 공급자 문제에 대해 이 접근법을 사용하는 방법이 〈표 4-7〉에 나와 있다. 계산은 다음의 단계에 따라 이루어진다.

1단계. 다음과 같이 세 개의 열을 준비한다.

1열: 사후 확률에서 고려할 상호배반사건 A_i

2열: 각 사건의 사전 확률 $P(A_i)$

3열: 각 사건이 주어진 조건에서 새로운 정보 B의 조건부 확률 $P(B \mid A_i)$

2단계. 4열에는 곱셈 법칙을 이용하여 각 사건들과 새로운 정보 B의 결합 확률 $P(A_i \cap B)$를 계산한다. 이 결합 확률들은 해당하는 2열의 사전 확률과 3열의 조건부 확률을 곱하여 구할 수 있다. 즉, $P(A_i \cap B) = P(A_i)P(B \mid A_i)$

3단계. 4열의 결합 확률을 더한다. 이렇게 더한 값은 새로운 정보의 확률 $P(B)$가 된다. 〈표 4-7〉에서는 1번 공급자에게서 받은 부품이고 그것이 불량일 확률이 .0130이고, 2번 공급자에게서 받은 부품이고 그것이 불량일 확률이 .0175이다. 그리고 부품은 두 공급자에게서만 받을 수 있으므로 받은 부품이 불량일 확률은 .0130+.0175 = .0305이다.

4단계. 5열에 조건부 확률의 기본 관계를 이용하여 사후 확률을 계산한다.

$$P(A_i \mid B) = \frac{P(A_i \cap B)}{P(B)}$$

결합 확률 $P(A_i \cap B)$는 4열에 있는 값, 주변 확률 $P(B)$는 4열에 있는 값의 합이라는 것에 주의하라.

4.5 보충 설명

1. 베이즈의 정리는 의사결정 분석에 널리 사용된다. 사전 확률은 종종 의사결정자의 주관적 추정치로 제공된다. 표본 정보를 얻고 사후 확률을 계산하여 최선의 결정을 선택한다.

2. 어떤 사건과 그 여사건은 상호배반이고 두 사건의 합집합은 표본공간 전체가 된다. 따라서 베이즈의 정리는 어떤 사건과 그 여사건에 대한 사후 확률을 계산하는 데 언제라도 적용이 가능하다.

연습문제

기본문제

39. 사건 A_1과 A_2에 대한 사전 확률이 $P(A_1) = .40$, $P(A_2) = .60$이고, $P(A_1 \cap A_2) = 0$이라고 알려져 있다. $P(B \mid A_1) = .20$, $P(B \mid A_2) = .05$라고 하자.
   a. 두 사건 A_1과 A_2는 상호배반인가? 왜 그런지 설명하라.
   b. $P(A_1 \cap B)$와 $P(A_2 \cap B)$를 구하라.
   c. $P(B)$를 구하라.
   d. 베이즈의 정리를 적용하여 $P(A_1 \mid B)$와 $P(A_2 \mid B)$를 구하라.
40. 사건 A_1, A_2, A_3의 사전 확률이 각각 $P(A_1) = .20$, $P(A_2) = .50$, $P(A_3) = .30$이다. 사건 A_1, A_2, A_3가 일어났다는 조건하에 사건 B가 일어날 조건부 확률 $P(B \mid A_1) = .50$, $P(B \mid A_2) = .40$, $P(B \mid A_3) = .30$이다.
   a. $P(B \cap A_1)$, $P(B \cap A_2)$, $P(B \cap A_3)$을 구하라.
   b. 식 4-19의 베이즈의 정리를 사용하여 사후 확률 $P(A_2 \mid B)$를 계산하라.
   c. 베이즈의 정리를 적용할 수 있도록 표를 작성하여 $P(A_1 \mid B)$, $P(A_2 \mid B)$, $P(A_3 \mid B)$를 구하라.

응용문제

41. 한 컨설팅 회사가 대규모 연구 프로젝트 입찰에 참여하였다. 처음에 회사의 경영진은 프로젝트를 수주할 가능성을 50:50으로 보았다. 그런데 주관기관에서 계속해서 입찰에 대한 추가 정보를 요청해 왔다. 과거의 경험으로 보면 성공한 입찰은 75%가, 실패한 입찰은 40%가 추가 정보를 요청해 왔었다.
   a. 입찰이 성공할 확률(즉, 추가 정보 요청 전)은 얼마인가?
   b. 입찰이 결과적으로 성공한 경우에 추가 정보를 요청받았을 조건부 확률은 얼마인가?
   c. 추가 정보를 요청받았다는 가정하에 입찰이 성공할 사후 확률을 구하라.
42. 한 지방은행은 일부 신용카드를 회수할 목적으로 자사의 신용카드 정책을 검토하였다. 과거에는 약 5%의 카드 소지자가 채무불이행(defaulted)하여 은행이 미결제 금액을 회수할 수 없었다. 그래서 경영진은 카드 소지자가 채무 불이행할 사전 확률을 .05로 정했다. 은행은 성실한 카드 사용자가 어느 달에 결제금액을 갚지 않을 확률이 .20이라는 것을 확인했다. 물론, 채무불이행자가 갚지 않을 확률은 1이다.
   a. 어떤 고객이 월 결제금액을 갚지 않았다는 가정하에, 그 고객이 채무불이행할 사후 확률을 계산하라.
   b. 어떤 고객이 채무를 불이행할 확률이 .20보다 크면 은행은 신용카드를 회수하려고 한다. 만약 어떤 고객이 월 결제금액을 갚지 않았다면 은행은 그 고객의 신용카드를

회수해야 하는가? 그 이유는 무엇인가?

43. 2012년 8월, 열대성 폭풍 이삭(Issac)이 카리브해에서 형성되어 멕시코만으로 향하고 있었다. 이삭이 멕시코만에 도달할 때까지 허리케인으로 발전할 초기 확률은 .69이었다[출처].
   a. 이삭이 멕시코만에 도달했을 때, 허리케인이 되지 않고 열대성 폭풍으로 남아 있을 확률을 얼마인가?
   b. 이틀 후 국립 허리케인 센터(National Hurricane Center)는 이삭이 멕시코만에 도착하기 전에 쿠바를 직접 지나갈 것으로 예상하였다. 쿠바를 지나가게 되면 이삭이 멕시코만에 도달할 때 허리케인이 될 확률은 어떻게 바뀌는가? 이 질문에 답하기 위해 다음의 확률을 사용하라. 멕시코만에 도달하는 허리케인이 쿠바를 지나갈 확률은 .08이고, 멕시코만에 도달한 열대성 폭풍이 쿠바를 지나갈 확률은 20%이다.
   c. 열대성 폭풍이 쿠바와 같은 육지를 지나갈 때 허리케인이 될 확률은 어떻게 되는가?

44번: 특별 판매 팝업은 웹사이트를 옮겨다니는 방문자를 타깃으로 하며, 성별로 구분하여야 효과가 있다.—역자

44. ParFore는 골프 장비와 의류를 판매하는 웹사이트를 만들었다. 경영진은 웹사이트 방문객에게 성별에 맞추어서 특별 판매 팝업 서비스를 제공하고 싶어 한다. ParFore 경영진은 과거 웹사이트 방문자의 표본으로부터 방문객의 60%가 남성, 40%가 여성임을 알게 되었다.
   a. 현재 웹사이트를 방문한 사람이 여성일 확률은 얼마인가?
   b. ParFore의 여성 방문자 중 30%가, 남성 방문자 중 10%가 Dillard 백화점 웹사이트를 먼저 방문했다고 가정하자. ParFore 웹사이트의 현재 방문자가 이전에 Dillard의 웹사이트를 방문하였다면 현재 방문객이 여성이라는 수정 확률(revised probability)은 얼마인가? ParFore 웹사이트에 여성 방문자에게 호소하는 특별 팝업 서비스가 필요한가 아니면 남성 방문객에게 호소하는 팝업 서비스가 필요한가?

45. 페이스북을 사용하는 인터넷 성인 사용자의 비율은 시간이 지남에 따라 증가했다[출처]. 18-49세의 성인 인터넷 사용자 중 81%가 페이스북을 사용한다. 50세 이상 성인 인터넷 사용자 중 54%가 페이스북을 사용하고 있다. 성인 인터넷 사용자의 52%가 18-49세라고 가정하자.
   a. 무작위로 고른 성인 인터넷 사용자가 50세 이상일 확률은 얼마인가?
   b. 어떤 성인 인터넷 사용자가 페이스북을 사용한다고 가정할 때, 그 사람이 18-49세의 연령대에 속할 확률은 얼마인가?

요약

이 장에서는 확률의 기본적인 개념을 소개하고, 확률 분석이 의사결정에 도움을 주는 정보를 제공하는 데 어떻게 사용될 수 있는지를 설명하였다. 어떤 사건이 일어날 가능성의 수치 척도로서 확률이 어떻게 해석될 수 있는지 살펴보았다. 또한, 어떤 사건의 확률은 실험 결과들(표본 점들)의 확률을 더하여 구할 수도 있고 확률의 덧셈법칙, 조건부 확률, 확률의 곱셈법칙으로부터 설정된 관계에 의해서도 계산할 수 있음을 살펴보았다. 추가 정보가 가용한 경우에 Bayes의 정리를 통해 수정확률 또는 사후 확률을 구하는 방법을 보였다.

용어

결합 확률(joint probability) 두 사건이 모두 발생할 확률, 즉, 두 사건의 교사건의 확률.

고전적인 방법(classical method) 실험 결과의 발생할 가능성이 모두 동일할 때 적합한 확률 부여 방법.

곱셈 법칙(multiplication law) 두 사건의 교사건의 확률을 계산할 때 사용하는 확률 법칙. $P(A \cap B) = P(B)P(A \mid B)$ 또는 $P(A \cap B) = P(A)P(B \mid A)$이다. 독립사건에 대해서는 $P(A \cap B) = P(A)P(B)$가 된다.

나무그림(tree diagram) 다단계 실험을 시각화할 수 있는 도식적인 방법.

다단계 실험(multiple-step experiment) 연속된 단계로 표현 가능한 실험. 만약 어떤 다단계 실험이 k단계를 가지고 첫 번째 단계에서 n_1개, 두 번째 단계에서 n_2개, k번째 단계에서 n_k개의 결과를 나올 수 있다면, 총 실험 결과의 수는 $(n_1)(n_2)\cdots(n_k)$개이다.

덧셈 법칙(additional law) 두 사건의 합집합인 합사건의 확률을 계산할 때 사용하는 확률법칙. $P(A \cup B) = P(A)+P(B)-P(A \cap B)$. 상호배반인 사건에 대하여 $P(A \cap B) = 0$이므로 이 경우 덧셈법칙은 $P(A \cup B) = P(A)+P(B)$가 된다.

독립사건(independent events) $P(A \mid B) = P(A)$ 또는 $P(B \mid A) = P(B)$인 두 사건 A와 B, 즉 서로 영향을 주지 않는 사건들.

베이즈의 정리(Bayes' theorem) 사후 확률을 계산하는 데 사용하는 방법.

벤다이어그램(Venn diagram) 표본공간을 직사각형으로, 사건을 표본공간 안에 원으로 표시하여 표본공간과 사건을 포함하는 연산을 도식적으로 보여주는 표현 방법

사건(event) 표본점들의 집합

사전 확률(prior probability) 사건들의 확률에 대한 초기 추정치.

사후 확률(posterior probability) 추가 정보에 근거하여 사건의 수정된 확률.

상대도수에 의한 방법(relative frequency method) 어떤 실험을 무수히 많이 반복했을 때 해당 실험 결과가 차지하는 비율을 데이터로 확보할 수 있는 경우 이를 이용하여 확률을 할당하는 방법.

상호배반사건(mutually exclusive events) 공통된 표본점이 하나도 없는 사건들, 즉 $A \cap B$이 공집합이고 $P(A \cap B) = 0$인 사건.

순열(permutation) 실험에서 전체 N의 개체 중에서 n개를 순서대로 선택하는 경우의 수를 결정해야 할 때가 있다. 순서대로 선택된 n개의 개체를 순열이라고 부르고 N개의 개체 중에서 n개를 순서대로 선택하는 순열의 수는 $n = 0, 1, 2, \cdots, N$인 n에 대하여 $P_n^N = n!\binom{N}{n} = \frac{N!}{(N-n)!}$이다.

실험(experiment) 명확히 정의된 결과를 생성하는 과정 또는 프로세스.

조건부 확률(conditional probability) 이미 발생한 다른 사건이 조건으로 주어진 경우의 어떤 사건이 발생할 확률. 주어진 사건 B에 대한 사건 A의 조건부 확률은 $P(A \mid B) = P(A \cap B)/P(B)$이다.

조합(combination) 실험에서 전체 N의 개체 중에서 n개를 순서에 상관없이 선택하는 경우의 수를 결정해야 할 때가 있다. 선택된 n개의 개체를 조합이라고 부르고 N개의 개체 중에서 n개를 동시에 선택하는 조합의 수는 $C_n^N = \binom{N}{n} = \frac{N!}{n!(N-n)!}$이다.여기서, $n = 0, 1, 2, \cdots, N$.

주관적인 방법(subjective method) 판단에 근거하여 확률을 할당하는 방법.

주변 확률(marginal probability) 결합 확률표의 가장자리에 있는 값들로서 분리된 각 사건의 확률을 제공한다.

표본공간(sample space) 모든 실험 결과의 집합.

표본점(sample point) 표본공간을 구성하는 원소, 하나의 표본점은 하나의 실험 결과를 나타낸다.

확률(probability) 어떤 사건이 발생할 가능성에 대한 수치 척도.

확률 할당의 기본요건(basic requirements for assigning probabilities) 확률을 할당하는 데에는 다음의 두 가지 사항이 요구된다. (1) 각각의 실험 결과 E_i에 대하여 $0 \leq P(E_i) \leq 1$, (2) 실험 결과가 모두 n개라고 하면 $P(E_1)+P(E_2)+\cdots+P(E_n) = 1.0$.

A와 B의 교사건(intersection of A and B) A와 B 모두에 속하는 표본점들로 구성된 사건. $A \cap B$로 표시.

A와 B의 합사건(Union of A and B) A 또는 B 또는 두 가지 모두에 포함되는 표본점들로 이루어진 사건. $A \cup B$로 표시한다.

A의 여사건(complement of A) 사건 A에 포함되지 않는 모든 표본점으로 이루어진 사건.

주요 식

조합을 위한 셈법

$$C_n^N = \binom{N}{n} = \frac{N!}{n!(N-n)!} \qquad (4\text{-}1)$$

순열을 위한 셈법

$$P_n^N = n!\binom{N}{n} = \frac{N!}{(N-n)!} \qquad (4\text{-}2)$$

여집합을 이용한 확률 계산

$$P(A) = 1 - P(A^c) \qquad (4\text{-}5)$$

덧셈 법칙

$$P(A \cup B) = P(A) + P(B) - P(A \cap B) \qquad (4\text{-}6)$$

조건부 확률

$$P(A \mid B) = \frac{P(A \cap B)}{P(B)} \qquad (4\text{-}7)$$

$$P(B \mid A) = \frac{P(A \cap B)}{P(A)} \qquad (4\text{-}8)$$

곱셈 법칙

$$P(A \cap B) = P(B)P(A \mid B) \qquad (4\text{-}11)$$

$$P(A \cap B) = P(A)P(B \mid A) \qquad (4\text{-}12)$$

독립사건의 곱셈 법칙

$$P(A \cap B) = P(A)P(B) \qquad (4\text{-}13)$$

베이즈의 정리

$$P(A_i \mid B) = \frac{P(A_i)P(B \mid A_i)}{P(A_1)P(B \mid A_1) + P(A_2)P(B \mid A_2) + \cdots + P(A_n)P(B \mid A_n)} \qquad (4\text{-}19)$$

보충 연습문제

46. Princess Cruises가 18세 이상의 성인을 대상으로 수행한 *USA Today*의 조사에서 '휴가가 시작되어 진정한 휴식을 느낄 때까지 며칠이 걸립니까?'라는 질문을 하였다. 응답은 다음과 같았다. 하루 또는 그 이하 – 422명, 2일 – 181명, 3일 – 80명, 4일 이상 – 121명, 전혀 편안하지 않다 – 201명.

a. 얼마나 많은 성인이 Princess Cruises 조사에 참여하였는가?

b. 가장 높은 확률을 갖는 응답은 무엇인가? 이 응답의 확률은 얼마인가?

c. 어떤 응답자가 휴가에서 진정한 편안함을 전혀 느끼지 못할 확률은 얼마인가?

d. 한 응답자가 휴가에서 진정한 편안함을 느끼는데 2일 이상 걸릴 확률은 얼마인가?

47. 재무관리자가 석유산업과 지방채권, 두 곳에 새롭게 투자를 하였다. 1년 후, 각각의 투자는 성공 또는 실패로 분류된다. 두 가지 투자를 실험으로 생각하자.

a. 이 실험에는 몇 개의 표본점이 있는가?

b. 나무그림을 그리고 표본점들을 나열하라.

c. 다음과 같이 두 사건을 정의하자. O = 석유산업 투자가 성공한 사건, M = 지방채권 투자가 성공한 사건. O와 M에 속한 표본점들을 각각 나열하라.

d. 합사건($O \cup M$)에 해당하는 표본점들을 나열하라.

e. 교사건($O \cap M$)에 해당하는 표본점들을 나열하라.

f. 사건 O와 M은 상호배반인가? 그 이유를 설명하라.

48. 다음 표는 1364명을 대상으로 'TV 프로그램에 대한 각자의 의견을 내는 데에 소셜미디어나 기타 웹사이트를 사용한 적이 있는가'를 설문조사 한 결과이다.

	있다	없다
여성	395	291
남성	323	355

a. 결합 확률표를 작성하라.

b. 어떤 응답자가 여성일 확률은 얼마인가?

c. 응답자가 여성이라는 조건 하에 어떤 응답자가 TV 프로그램에 대한 의견을 내기 위해 소셜미디어나 기타 웹사이트를 사용할 확률은 얼마인가?

d. 응답자가 여성일 사건 F를 응답자가 TV 프로그램에 대한 목소리를 내기 위해 소셜미디어나 기타 웹사이트를 사용하는 사건 A를 정의하자. 사건 F와 A는 서로 독립인가?

49. 뉴욕주에서 31,000명의 입원환자에 대해 조사한 바에 따르면, 입원환자 중 4%가 치료로 인한 상해를 입었다고 한다. 이러한 치료로 인한 상해의 1/7은 사망으로 이어지고, 1/4은 중과실에 의해 발생한다. 의료사고에 의한 손해배상 청구 중에서 7.5건 중 한 건은 중과실을 포함하고 있으며, 두 건 중 한 건에 대하여 보상이 이루어졌다.

a. 병원에 입원한 사람이 의료과실로 인해 상해를 입을 확률은 얼마인가?

b. 입원한 어떤 환자가 치료로 인한 상해를 입어 사망할 확률은 얼마인가?

c. 중과실로 인한 상해의 경우, 손해배상 청구가 지불될 확률은 얼마인가?

50. 새로운 TV쇼에 대한 시청자들의 반응을 알아보기 위해 전화 조사하여 다음의 데이터를 얻었다.

평가	빈도
나쁨	4
보통 이하	8
보통	11
보통 이상	14
우수	13

a. 무작위로 선택한 시청자가 새로운 쇼에 대해 보통 또는 그 이상으로 평가할 확률은 얼마인가?

b. 무작위로 선택한 시청자가 새로운 쇼에 대해 보통 이하 또는 나쁨으로 평가할 확률은 얼마인가?

51. 미국 인구 조사국은 국민과 경제에 대한 양적 데이터의 주요 출처이다. 다음의 교차표는 가구의 수(단위: 1000)와 가구소득을 세대주의 최종학력을 보여준다[출처]. 세대주의 학력이 고등학교 졸업 이상인 가구만 포함되었다.

학력	가구소득 $25,000 미만	 $25,000-49,999	 $50,000-99,999	 $100,000 이상	 합계
고등학교 졸업	9,880	9,970	9,441	3,482	32,773
학사	2,484	4,164	7,666	7,817	22,131
석사	685	1,205	3,019	4,094	9,003
박사	79	160	422	1,076	1,737
합계	13,128	15,499	20,548	16,469	65,644

a. 결합 확률표를 작성하라.

b. 어떤 가구의 세대주가 석사학위 또는 그 이상의 교육을 받았을 확률은 얼마인가?

c. 고등학교 졸업인 세대주 가구의 가구소득이 $100,000 이상일 확률은 얼마인가?

d. 조사한 가구들 중에 하나가 $25,000 미만의 가구소득을 가질 확률은 얼마인가?

e. 석사학위를 가진 세대주 가구의 가구소득이 $25,000보다 적을 확률은 얼마인가?

f. 가구소득과 교육수준은 독립인가?

52. MBA 신규 입학지원자 2,018명에 대한 조사 결과가 다음과 같다.

연령대	둘 이상의 학교에 지원 여부 그렇다	 아니다
23세 이하	207	201
24-26	299	379
27-30	185	268
31-35	66	193
36세 이상	51	169

a. 무작위로 선택한 MBA 학생에 대하여 학생의 나이와 둘 이상의 학교에 지원(복수 지원)했는지의 결합 확률표를 작성하라.

b. 무작위로 선택한 지원자가 23세 이하일 확률은 얼마인가?

c. 무작위로 선택한 지원자의 나이가 26세보다 많을 확률은 얼마인가?

d. 무작위로 선택한 지원자가 두 개 이상의 학교에 복수 지원하였을 확률은 얼마인가?

53. 52번 문제의 MBA 신규 입학지원자 데이터를 참고하여 다음 물음에 답하라.

a. 어떤 사람이 두 개 이상의 학교에 지원했다는 가정하에 이 사람이 24-26세에 해당할 확률은 얼마인가?

b. 어떤 사람이 36세 이상의 그룹에 속한다는 가정하에 이 사람이 2개 이상의 학교에 복수 지원하였을 확률은 얼마인가?

c. 어떤 사람이 24-26세에 해당되거나 복수 지원하였을 확률은 얼마인가?

d. 어떤 사람이 한 학교에만 지원한 것으로 알려졌다고 가정하자. 이 사람이 31세 이상일 확률은 얼마인가?

e. 지원한 학교의 수와 나이는 서로 독립인가? 왜 그런지 이유를 설명하라.

54. The Pew Internet & American Life 프로젝트는 검색 엔진이나 웹사이트에서 개인 정보를 수집하여 검색 결과를 조정하거나 타깃 광고를 위해 이 정보를 사용하는 것에 대해 인터넷 사용자들이 어떻게 느끼는지 설문조사를 실시하였다. 참가자들에게 "만약 어떤 검색 엔진이 당신이 검색한 내용을 추적하여 당신의 미래 검색 결과를 개인화하는 데 사용하는 것에 대해 어떻게 생각하는가?"라는 질문을 하였다. 응답자는 "사생활 침해라고 느끼기 때문에 괜찮지 않다"라고 응답할 수도 있을 것이고, "설사 그렇다 하더라도 괜찮다"고 응답할 수 있을 것이다. 응답과 연령 집단에 대한 결합 확률들이 다음 표에 요약되어 있다.

연령	괜찮지 않다	괜찮다
18-29	.1485	.0604
30-49	.2273	.0907
50세 이상	.4008	.0723

a. 이 관행에 대하여 응답자가 괜찮지 않다고 응답할 확률은 얼마인가?

b. 응답자의 나이가 30-49세라는 조건하에 이 응답자가 관행에 대하여 괜찮다고 할 확률은 얼마인가?

c. 이 관행에 대하여 괜찮지 않다고 응답하였다는 조건하에 이 응답자의 나이가 50세 이상일 확률은 얼마인가?

d. 이 관행에 대한 태도와 응답자의 나이는 서로 독립인가? 왜 그렇게 생각하는지 이유를 설명하라.

e. 이 관행에 대하여 18-29세 응답자와 50세 이상 응답자의 태도가 서로 다른가?

55. 대형 소비재 회사가 자사 비누 제품 중 하나에 TV 광고를 하고 있다. 설문조사 결과에 기초하여 다음의 사건들에 확률을 할당하였다.

B = 제품을 구매한 사람

S = 광고 보았던 것을 떠올린 사람

$B \cap S$ = 제품을 구매하고 광고 보았던 기억을 떠올린 사람

할당된 확률은 $P(B)=.20$, $P(S)=.40$, $P(B \cap S)=.12$이다.

a. 어떤 사람이 광고 보았던 것을 기억한다는 가정하에 제품을 구매할 확률은 얼마인가? 광고에 노출되면 제품을 구매할 확률이 증가하는가? 의사결정자로서 광고를 계속하도록 추천할 것인가? 비용은 합리적이라고 가정하자.

b. 이 회사 비누제품을 구매하지 않은 사람은 모두 경쟁사의 제품을 구매했다고 하자. 이 회사의 시장 점유율을 얼마로 추정할 것인가? 광고를 계속하는 것은 회사의 시장 점유율을 높일 것으로 기대하는가? 그 이유를 설명하라.

c. 회사에서는 다른 광고를 테스트하여 $P(S)=.30$, $P(B \cap S)=.10$의 얻었다. 새로운 광고에 대한 조건부 확률 $P(B \mid S)$는 얼마인가? 둘 중에 어느 광고가 고객구매에 더 큰 영향을 미치는 것으로 보이는가?

56. 뉴욕주의 Albany에 위치하고 있는 Cooper Realty는 주거용 건물을 전문적으로 취급하는 작은 부동산 회사이다. 최근에 그들은 회사가 가지고 있는 목록의 어떤 부동산이 특정 일수 이내에 거래될 가능성을 정하려고 하였다. 과거 거래되었던 주택 800채를 분석하여 다음과 같은 데이터를 얻었다.

	판매 전까지 목록에 올라와 있던 일수			
최초 요구가격	30일 이하	31-90일	90일 초과	합계
$150,000 미만	50	40	10	100
$150,000-199,999	20	150	80	250
$200,000-250,000	20	280	100	400
$250,000 초과	10	30	10	50
합계	100	500	200	800

a. 어떤 집이 90일보다 더 오랫동안 목록에 올라와 있다가 팔렸다는 사건을 A라고 할 때, A의 확률을 추정하라.

b. 최초 요구가격이 $150,000 미만일 사건을 B라고 정의할 때, B의 확률을 추정하라.

c. $A \cap B$의 확률은 얼마인가?

d. 최초 요구가격이 $150,000 미만인 주택을 등록하였다면, Cooper Realty에서 이 주택이 팔릴 때까지 90일보다 오래 걸릴 확률은 얼마인가?

e. 사건 A와 B는 서로 독립인가?

57. 한 회사가 텍사스주 Brownsville의 공장에서 발생한 lost-time accidents(하루 이상 결근을 하게 만드는 직장에서

의 사고)의 수를 조사했다. 과거 기록에 따르면 작년에 직원의 6%가 이러한 사고를 겪었다고 한다. 경영진은 특별 안전 프로그램이 올해 해당 사고를 5%로 감소시켜 줄 것이라 믿고 있다. 그리고 작년에 사고를 당했던 직원의 15%가 올해에도 사고를 경험할 것으로 추산하고 있다.

a. 몇 %의 직원이 작년과 올해 모두 사고를 경험하겠는가?
b. 직원 중 몇 %가 2년의 기간 동안 적어도 한 번의 사고를 경험하는가?

58. Open Doors Report에 따르면, 전일제 미국 학부생 전체의 9.5%는 해외에서 공부를 한다고 한다. 유학을 하고 있는 학부생의 60%가 여학생, 유학을 하지 않는 학부생들의 49%가 여학생이라고 가정하자.

a. 어느 학부생이 여학생이라는 조건하에 이 학생이 해외에서 공부할 확률은 얼마인가?
b. 어느 학부생이 남학생이라는 조건하에, 이 학생이 해외에서 공부할 확률은 얼마인가?
c. 전일제 학부 여학생은 전체 학생의 몇 %에 해당하는가? 전일제 학부 남학생은 전체 학생의 몇 %에 해당하는가?

59. 어떤 정유회사에서 Alaska의 토지 일부에 대한 개발 옵션을 구입했다. 사전 지질조사에서 다음과 같이 사전 확률을 부여하였다.

$$P(\text{고급 석유}) = .50$$
$$P(\text{중급 석유}) = .20$$
$$P(\text{석유가 없음}) = .30$$

a. 석유를 발굴할 확률은 얼마인가?
b. 첫 번째 유정에서 200 피트 깊이로 시추한 후 토양 테스트를 하였는데, 테스트에 의해 확인된 특정 유형의 토양을 발견할 확률은 다음과 같다.

$$P(\text{토양} \mid \text{고급석유}) = .20$$
$$P(\text{토양} \mid \text{중급석유}) = .80$$
$$P(\text{토양} \mid \text{석유가 없음}) = .20$$

회사는 토양 테스트 결과를 어떻게 해석해야 하는가? 수정 확률(revised probabilities)을 구하라. 석유를 발견할 새로운 확률값은 무엇인가?

60. *Forbes*가 수행한 한 조사에서는 스팸메일에 가장 많이 등장하는 다섯 개의 단어가 'shipping!', 'today!', 'here!', 'available!', 'fingertips!'라고 발표하였다. 많은 스팸 필터는 베이즈의 정리를 이용하여 스팸과 햄(ham)(스팸이 아닌 e-메일)을 구분한다. 어떤 e-메일 계정에서 10개 중 1개가 스팸이고, 이 다섯 개의 단어를 포함하고 있는 스팸메일의 비율이 다음의 표 ⟨1⟩과 같다고 하자. 또한 이 단어들을 포함하는 햄 메일의 비율은 다음의 표 ⟨2⟩와 같다고 하자.

<1>	
shipping!	.051
today!	.045
here!	.034
available!	.014
fingertips!	.014

<2>	
shipping!	.0015
today!	.0022
here!	.0022
available!	.0041
fingertips!	.0011

a. 메시지에 shipping!이라는 단어가 포함되어 있으면 해당 메시지가 스팸일 확률은 얼마인가? 메시지에 shipping!이라는 단어가 포함되어 있을 경우, 그 메시지가 햄일 확률은 얼마인가? Shipping!이란 단어를 포함하는 메시지는 스팸으로 분류되어야 하는가?
b. 메시지에 today!라는 단어가 포함되어 있을 때, 이 메시지가 스팸일 확률은 얼마인가? 메시지에 here!라는 단어가 포함되어 있을 때, 이 메시지가 스팸일 확률은 얼마인가? 어떤 메시지가 스팸인지 알려주는 강한 지표가 될 수 있는 것은 두 단어 중 어느 것인가? 그 이유를 설명하라.
c. 메시지에 available이란 단어가 포함되어 있는 경우 이 메시지가 스팸일 확률은 얼마인가? 메시지에 fingertips! 단어가 포함되어 있는 경우 이 메시지가 스팸일 확률은 얼마인가? 두 단어 중에 어떤 메시지가 스팸인지 알 수 있는 강한 지표가 될 수 있는 것은 어느 것인가? 그 이유를 설명하라.
d. 베이즈의 정리를 효과적으로 사용하는 스팸필터를 가능하게 만드는데 있어 b와 c의 결과로부터 얻을 수 있는 통찰력은 무엇인가?

〈표 4-8〉 해밀톤 카운티 법원에서 해결, 항소, 취하된 사건

DATA file
Judge

Common Pleas 법원

판사	처리된 총 사건 수	항소한 사건 수	취하된 사건 수
Fred Cartolano	3,037	137	12
Thomas Crush	3,372	119	10
Patrick Dinkelacker	1,258	44	8
Timothy Hogan	1,954	60	7
Robert Kraft	3,138	127	7
William Mathews	2,264	91	18
William Morrissey	3,032	121	22
Norbert Nadel	2,959	131	20
Arthur Ney, Jr.	3,219	125	14
Richard Niehaus	3,353	137	16
Thomas Nurre	3,000	121	6
John O'Connor	2,969	129	12
Robert Ruehlman	3,205	145	18
J. Howard Sundermann	955	60	10
Ann Marie Tracey	3,141	127	13
Ralph Winkler	3,089	88	6
합계	43,945	1,762	199

Domestic Relations 법원

판사	처리된 총 사건 수	항소한 사건 수	취하된 사건 수
Penelope Cunningham	2,729	7	1
Patrick Dinkelacker	6,001	19	4
Deborah Gaines	8,799	48	9
Ronald Panioto	12,970	32	3
합계	30,499	106	17

Common Pleas 법원

판사	처리된 총 사건 수	항소한 사건 수	취하된 사건 수
Mike Allen	6,149	43	4
Nadine Allen	7,812	34	6
Timothy Black	7,954	41	6
David Davis	7,736	43	5
Leslie Isaiah Gaines	5,282	35	13
Karla Grady	5,253	6	0
Deidra Hair	2,532	5	0
Dennis Helmick	7,900	29	5
Timothy Hogan	2,308	13	2
James Patrick Kenney	2,798	6	1
Joseph Luebbers	4,698	25	8
William Mallory	8,277	38	9
Melba Marsh	8,219	34	7
Beth Mattingly	2,971	13	1
Albert Mestemaker	4,975	28	9
Mark Painter	2,239	7	3
Jack Rosen	7,790	41	13
Mark Schweikert	5,403	33	6
David Stockdale	5,371	22	4
John A. West	2,797	4	2
합계	108,464	500	104

사례문제 1. 해밀톤 카운티의 판사

해밀톤 카운티(Hamilton County) 판사들은 매년 수천 건의 사건을 담당한다. 다수의 사건은 배심원의 평결을 그대로 언도한다. 그러나 어떤 사건의 판결은 항소되며, 항소된 사건 중 일부는 판결이 취하된다. *Cincinnati Enquirer* 신문의 Kristen DelGuzzi는 해밀톤 카운티의 판사들이 3년간 처리한 사건들을 조사하였다. 〈표 4-8〉은 Common Pleas 법원, Domestic Relations 법원, Municipal 법원의 38명의 판사가 처리한 182,908건의 사건(결과)이다. 판사 중 두 명(Dinkelacker와 Hogan)은 3년 동안 두 곳의 법원에서 근무했다.

연구 목적은 판사들의 성과를 평가하는 것이었다. 항소는 종종 판사가 저지른 실수의 결과이며, *Cincinnati* 신문은 어떤 판사가 일을 잘하고 있는지, 어떤 판사가 실수를 많이 하고 있는지 분석하고자 하였다. 데이터 분석을 돕기 위해 당신이 전화를 받았다고 하자. 확률과 조건부 확률에 대한 지식을 사용하여 판사들의 순위를 결정하라. 법원에서 처리된 사건들에 대해 항소 가능성과 취하 가능성을 분석할 수 있을 것이다.

경영 보고서

판사들의 순위를 매기는 보고서를 작성하라. 세 법원의 판결에 대해서 항소할 가능성, 취하될 가능성에 대해서도 분석하라. 리포트는 최소한 다음 사항들을 포함하여야 한다.

1. 세 곳의 법원의 판결에 대해서 항소하거나 취하할 확률을 구하라.
2. 각 판사의 판결이 항소될 확률
3. 각 판사의 판결이 취하될 확률
4. 각 판결에 대해서 취하될 확률
5. 각 법원에서 판사들의 순위를 매겨라. 당신이 사용한 기준(범주)에 대해 서술하고, 선택에 대한 합리적인 근거를 제시하라.

사례문제 2. Rob's Market

[DATA file MarketBasket] RM(Rob's Market)은 미국 남서부 지역의 식품매장 체인이다. RM의 비즈니스 인텔리전스 담당 David White 이사는 RM 로열티 카드(고객이 계산할 때 할인받을 수 있는 카드)를 사용하는 고객의 구매 행태에 대해 조사하려고 한다. 로열티 카드를 사용하면 RM이 '판매시점(pos)' 데이터를 획득할 수 있다. 즉, 주어진 고객이 매장에서 계산할 때 구매한 목록을 얻을 수 있다. David는 어떤 제품들을 함께 구매하는 경향이 있는지 잘 이해하면 더 나은 가격 책정과 디스플레이 전략에 대한 통찰력을 얻게 될 뿐만 아니라, 매출에 대한 쿠폰 할인 수준의 잠재적 영향을 더 잘 이해할 수 있다고 생각하고 있다. 이러한 유형의 분석을 장바구니 분석(market basket analysis)이라고 한다. 고객이 매장에서 계산할 때 쇼핑 바구니에 어떤 물건들이 함께 담겨 있는지를 연구하기 때문이다.

기초조사로서, David는 빵, 젤리, 땅콩버터에 대한 고객들의 구매행위를 조사하고자 한다. David의 요청에 따라 RM의 정보기술(IT) 그룹은 1주일 동안 1000명의 고객이 구매한 데이터 파일을 제공했다. 데이터 파일에는 각 고객에 대한 다음의 변수들이 포함되어 있다.

- 빵: 통밀빵, 흰색, 또는 구매 안 함
- 젤리: 포도, 딸기 또는 구매 안 함
- 땅콩버터: 부드러운 맛, 유기농 또는 구매 안 함

위의 변수들은 순서대로 데이터 파일의 왼쪽에서 오른쪽으로 표시되어 있으며, 각 행은 고객을 나타낸다. 예를 들어, 데이터 파일의 첫 번째 기록이

흰색 **포도** **구매 안 함**

이라면, 이는 1번 고객이 흰 빵, 포도 젤리, 땅콩버터는 구매하지 않았다는 것을 의미한다. 두 번째 기록이

흰색 **딸기** **구매 안 함**

이라면, 이는 2번 고객이 흰 빵, 딸기 젤리, 땅콩버터는 구매하지 않았다는 것을 의미한다. 여섯 번째 기록이

구매 안 함 **구매 안 함** **구매 안 함**

이라면 6번째 고객은 어느 제품도 구매하지 않았다는 것을 의미한다. 다른 기록들도 이와 같은 방식으로 해석이 가능하다. David는 이 세 가지 제품에 대한 RM의 고객들이 어떤 성향을 보이는지 보다 잘 이해하기 위해 당신에게 데이터에 대한 초기 조사를 의뢰하였다.

경영 보고서

RM 로얄티 카드를 사용하는 고객들의 구매 성향에 대한 통찰력을 제공하는 보고서를 준비하라. 보고서에는 적어도 다음 내용에 대한 추청치들은 포함되어 있어야 한다.

1. 어떤 고객이 세 가지 제품(빵, 젤리, 땅콩버터) 중 어느 것도 구매하지 않을 확률

2. 어느 고객이 흰 빵을 구매할 확률
3. 고객이 통밀빵을 구매할 확률
4. 흰 빵을 구매한 고객이 포도 젤리를 구매할 확률
5. 흰 빵을 구매한 고객이 딸기 젤리를 구매할 확률
6. 흰 빵을 구매한 고객이 부드러운 땅콩버터를 구매할 확률
7. 흰 빵을 구매한 고객이 유기농 땅콩버터를 구매할 확률
8. 통밀빵을 구매한 고객이 부드러운 땅콩버터를 구매할 확률
9. 통밀빵을 구매한 고객이 유기농 땅콩버터를 구매할 확률
10. 어떤 고객이 통밀빵, 포도 젤리, 부드러운 땅콩버터를 모두 구매할 확률

5 이산확률분포

DISCRETE PROBABILITY DISTRIBUTIONS

STATISTICS *in* PRACTICE

씨티은행*

Long Island City, New York

씨티그룹의 소매금융부서인 씨티은행(Citibank)은 당좌예금, 저축예금, 대출, 모기지, 보험, 투자와 같은 광범위한 금융서비스를 제공한다. 이 은행은 씨티뱅킹이라는 고유의 시스템을 통해 이러한 여러 서비스를 제공하고 있다.

씨티은행은 현금자동입출기(ATM)를 도입한 미국 초기 은행들 중 하나이다. CBC(Citicard Banking Center)에 위치한 씨티은행의 ATM은 연중무휴로, 고객이 손가락 터치만으로 모든 은행 업무를 한 자리에서 볼 수 있게 해 준다. 예금에서 투자관리에 이르기까지 150개 이상의 은행 기능을 손쉽게 처리할 수 있는데, 씨티은행의 고객은 거래의 80%를 ATM을 이용하여 해결한다.

씨티은행의 각 CBC는 ATM에 서비스를 받기 위해 무작위로 도착하는 고객을 대기행렬시스템으로 서비스한다. 만약 모든 ATM이 사용 중이면, 도착하는 고객은 줄 서서 기다린다. CBC의 처리능력에 대한 주기적인 연구는 고객 대기시간을 분석하고 추가 ATM의 필요 여부를 결정하는 데 사용된다.

씨티은행이 수집한 자료들은 무작위로 도착하는 고객의

Jeff Greenberg/Alamy Stock Photo

각 CBC는 ATM에 무작위로 도착하는 고객을 서비스하는 대기행렬시스템처럼 작동한다.

* 이 사례는 Citibank의 Stacey Karter의 도움을 받아 소개한 내용임을 밝힌다.

STATISTICS in PRACTICE

수가 포아송분포라는 확률분포를 따른다는 것을 보여준다. 따라서 씨티은행은 포아송분포를 사용하여 어떤 시간 간격 동안 CBC에 도착하는 고객 수의 확률을 계산할 수 있고, ATM을 몇 대로 운영할지에 대한 의사결정을 내릴 수 있다. 예를 들어, x를 1분 동안 도착하는 고객 수라고 하자. 그리고 어떤 CBC에 1분 동안 도착하는 고객 수가 평균 2명(즉, 도착률이 2)이라고 가정하면 오른쪽 표는 1분 동안 도착하는 고객 수의 확률을 나타낸다.

x	확률
0	.1353
1	.2707
2	.2707
3	.1804
4	.0902
5 이상	.0527

이 장에서는 씨티은행에서 사용한 것과 같은 이산확률분포를 주제로 다룬다. 포아송분포에 더하여 이항분포, 초기하분포를 배우고, 이러한 분포가 확률정보를 제공하는 데 어떻게 사용되는지를 배울 것이다.

이 장에서는 확률변수와 확률분포의 개념을 소개함으로써 확률에 대한 이해를 넓힌다. 확률변수와 확률분포는 자료의 모집단을 나타내는 **모델**(model)이다. 이 장에서는 이산형 자료의 확률분포(이산확률분포)를 집중적으로 다룬다.

두 가지 형태로 이산확률분포를 소개한다. 첫 번째는 확률변수가 가질 수 있는 값을 첫 번째 열(column)에, 그것의 확률을 두 번째 열에 표시한 **표의 형태**로 표현하는 방법이다. 4장에서 다루었던 것으로 실험 결과에 확률을 할당하는 세 가지 방법이 그대로 적용되는 것을 보게 될 것이다. 두 번째는 확률변수 각각의 값에 대한 확률을 계산할 수 있는 특별한 **수학적 함수의 형태**로 이산확률분포를 표현하는 방법이다. 실생활에서 널리 사용되는 이항분포, 포아송분포, 초기하분포, 세 개의 확률분포를 두 번째 방법으로 소개할 것이다.

5.1 확률변수

4장에서 우리는 실험(experiment)의 개념과 이와 관련된 실험 결과(outcome)를 정의하였다. **확률변수**(random variables)는 실험 결과를 수치로 나타내는 방법을 말한다. 따라서 확률변수는 반드시 수치(numerical value)로 표현되는 것을 가정한다.

확률변수는 반드시 수치(numerical value)를 가정한다.

확률변수

확률변수는 어떤 실험의 결과를 수치(실현치)로 나타낸 것이다.

실제로 확률변수는 각각의 가능한 실험 결과를 수치(실현치)에 대응시킨 것이다. 따라서 확률변수가 어떤 값을 가질지는 실험 결과에 달려있다. 확률변수가 가정하는 값(숫자)에 따라 이산확률변수 또는 연속확률변수로 분류된다.

이산확률변수

유한한 몇 개의 숫자의 값들 또는 0, 1, 2, …와 같이 무한수열로 표현되는 확률변수를 **이산확률변수**(discrete random variable)라고 한다. 예를 들어, 공인회계사(CPA) 시험을 치르는 것을 실험으로 생각해 보자. 시험은 다섯 과목을 본다. 따라서 CPA 시험에 합격한 과목의 수를 확률변수 x로 정의할 수 있다. 그리고 x는 유한한 숫자 0, 1, 2, 3, 4, 5를 가질 수 있으므로 이산확률변수이다.

확률변수를 대문자 X로, 그것의 구체적인 값은 소문자 x로 나타내어 구분하기도 한다. 여기서는 구분하지 않고 x로 통일하여 적고 있다.—역자

이산확률변수의 또 다른 예로서 고속도로 요금소에 도착하는 자동차의 대수를 관찰하는 실험을 생각해 보자. 여기서는 하루 동안 도착한 자동차의 수를 확률변수로 정의할 수 있다. 가능한 x의 값은 0, 1, 2, … 같이 0 이상의 정수로 이루어진 무한수열에서 취할 수 있다. 따라서 x는 이 무한수열 중 하나의 값을 가지는 이산확률변수이다.

많은 실험의 결과는 숫자로 자연스럽게 나타낼 수 있지만 어떤 실험에서는 그렇지 않다. 예를 들어, 어떤 설문에서 한 사람에게 최근 TV 광고의 내용을 기억해 보라는 질문을 했다 하자. 이 실험에는 두 가지 결과가 가능하다. 응답자가 내용을 기억하지 못할 수도 있고, 기억할 수도 있다. 여기서는 응답자가 광고 내용을 기억하지 못하면 $x = 0$으로, 내용을 기억하면 $x = 1$로 이산확률변수 x를 정의함으로써 실험 결과를 수치로 나타낼 수 있다. 이 확률변수에는 임의의 값을 배정하여 (5와 10을 사용할 수도 있다) 확률변수를 정의하여도 된다. 다만, x가 실험 결과를 숫자로 나타내기 때문에 확률변수가 된다.

〈표 5-1〉은 이산확률변수의 몇 가지 예이다. 각 사례에서 이산확률변수는 유한한 몇 개의 숫자 또는 0, 1, 2, …와 같이 무한수열을 가정한다. 이러한 유형의 이산확률변수를 이 장에서 자세히 다룬다.

〈표 5-1〉 이산확률변수의 예

실험	확률변수 (x)	확률변수가 가질 수 있는 값(실현치)
5명의 고객 접촉	주문한 고객의 수	0, 1, 2, 3, 4, 5
출하하는 라디오 50개를 검사	불량 라디오의 수	0, 1, 2, …, 49, 50
하루 동안 레스토랑을 운영	고객의 수	0, 1, 2, 3, …
자동차 판매	고객의 성별	남성이면 0, 여성이면 1

연속확률변수

확률변수가 어떤 구간(또는 구간들의 집합)에있는 모든 값을 다 가질 수 있는 경우를 **연속확률변수**(continuous random variable)라고 한다. 시간, 무게, 거리, 온도와 같은 측정척도로 관찰되는 실험 결과는 연속확률변수로 나타낼 수 있다. 예를 들어, 어떤 보험회사의 청구 사무

소로 걸려오는 전화를 모니터링하는 실험을 생각해 보자. 관심을 둔 확률변수 x는 연이어 걸려오는 전화의 시간 간격(분)이라고 하자. 이 확률변수는 $x \geq 0$의 모든 값을 가질 수 있다. 실제로, 1.26분, 2.751분, 4.3333분 등과 같이 x의 가능한 값은 무한히 많다. 다른 예로 조지아주 애틀랜타 북쪽 I-75 고속도로의 90마일 구간을 고려하자. 애틀랜타의 구급차 서비스 입장에서 보면, 확률변수 x를 I-75 구역을 따라 다음 교통사고가 발생한 위치의 마일 수로 정의할 수 있다. 이 경우 x는 구간 $0 \leq x \leq 90$의 어떠한 값이라도 가질 수 있는 연속확률변수이다. 연속확률변수의 예를 〈표 5-2〉에 추가로 나열하였다. 각 예는 확률변수가 구간 내의 어떤 값이라도 가질 수 있음을 나타낸다. 연속확률변수와 연속확률분포는 6장에서 주제로 다룬다.

〈표 5-2〉 연속확률변수의 예

실험	확률변수 (x)	확률변수가 가질 수 있는 값 (실현치)
은행 영업	도착하는 고객들의 시간 간격 (초)	$x \geq 0$
음료수 캔을 채우기 (최대 12.1온스)	캔에 담긴 음료수의 양 (온스)	$0 \leq x \leq 12.1$
새로운 도서관 건축	6개월 이후에 프로젝트가 완료될 백분율 (%)	$0 \leq x \leq 100$
어떤 화학 공정 검사	원하는 반응이 일어날 때의 온도 (최소 150°F ; 최대 212°F)	$150 \leq x \leq 212$

5.1 보충 설명

어떤 확률변수가 이산인지 연속인지 여부를 결정하는 한 가지 방법은 확률변수의 값을 선분 위의 점들로 생각하는 것이다. 확률변수의 값을 나타내는 두 점을 선택하라. 두 점으로 만들어진 선(line segment) 위의 점이 모두 확률변수의 숫자로 표현되는 것이면 그 확률변수는 연속확률변수이다.

연습문제

기본문제

1. 어떤 동전을 두 번 던지는 실험을 생각하자.
   a. 실험 결과를 나열하라.
   b. 두 번 던졌을 때 앞면이 나오는 횟수를 확률변수를 정의하라.
   c. 각각의 실험 결과에 대해 확률변수가 가질 수 있는 값들을 보여라.
   d. 이 확률변수는 이산인가, 연속인가?

2. 제품을 조립하는 작업자를 생각하자.
   a. 제품을 조립하는 데 필요한 시간을 분 단위로 표현하는 확률변수를 정의하라.
   b. 확률변수가 가질 수 있는 값은 어떤 값들이 있는가?
   c. 이 확률변수는 이산인가 연속인가?

응용문제

3. Brookwood 연구소에서 여름방학 동안 일하려고 하는 세 명의 학생의 인터뷰가 예정되어 있다. 인터뷰 결과는 합격 또는 불합격으로 통보된다. 실험 결과는 세 명의 인터뷰 결과로 정의된다.
   a. 실험 결과를 나열하라.
   b. 합격자의 수를 표현하는 확률변수를 정의하라. 이 확률변수는 연속인가?
   c. 각 실험 결과에 대한 확률변수가 가질 수 있는 값을 보여라.
4. 1월 미국의 실업률은 8.3%로 떨어졌다[출처]. 인구조사국(Census Bureau)은 북동부 지역에 9개 주를 포함하고 있다. 북동부 지역에서 1월의 실업률이 8.3%보다 낮았던 주가 몇 개인지를 나타내는 확률변수에 관심을 두고 있다. 이 확률변수가 가질 수 있는 값들은 무엇이 있는가?
5. 어떤 혈액형을 분석하기 위해 실험실의 전문가는 두 개의 절차를 거쳐야 한다. 첫 번째 절차는 하나 또는 두 개의 분리된 조치가 요구되고, 두 번째 절차는 한 개, 두 개, 또는 세 개의 조치가 필요하다.
   a. 혈액 검사와 관련된 실험 결과를 나열하라.
   b. 분석을 완료하기까지 거쳐야 하는 조치의 수를 확률변수로 삼는다면, 각 실험 결과에 대하여 이 확률변수가 가질 수 있는 값은 무엇인가?
6. 일련의 실험과 그에 관련된 확률변수가 다음과 같이 나열되어 있다. 각 경우에 확률변수가 가질 수 있는 값들을 확인하고, 그 확률변수가 이산인지 연속인지를 서술하라.

실험	확률변수
a. 문항이 20개인 시험을 본다	정답을 쓴 문항 수
b. 한 시간 동안 톨게이트에 도착하는 차를 관찰한다	톨게이트에 도착하는 차의 대수
c. 50건의 세금 환급을 감사한다	오류가 포함된 환급 건수
d. 직원의 작업을 관찰한다	하루 8시간 근무 중에 비생산적으로 보낸 시간의 수
e. 배송할 제품의 무게를 잰다	파운드 수량

5.2 이산확률분포 만들기

확률변수의 값을 따라서 그것의 확률이 어떻게 분포되어 있는지 나타낸 것을 **확률분포**(probability distribution)라고 한다. 확률변수 x가 이산적인 경우의 이산확률분포는 $f(x)$라는 **확률함수**(probability function)로써 나타낸다. 따라서 4장에서 소개한 확률할당방법(고전적 방법, 상대도수 방법, 주관적 방법)으로 확률함수 함수 $f(x)$를 정해서 이산확률분포를 만들 수 있다. 이 절에서는 그러한 방법이 어떻게 사용되는지를 보인다. 그 방법들을 적용하면 표 형식의 이산확률분포표(tabular discrete probability distribution)라고 부르는, 즉 표에 나타낸 확률분포를 얻게 된다.

이산확률함수를 확률질량함수(probability mass function)라고도 한다.—역자

발생 가능성이 꼭 같은 실험 결과들을 다룰 때는 고전적인 방법으로 확률을 할당할 수 있다. 예를 들어, 주사위를 굴려서 나오는 눈의 숫자를 관찰하는 실험을 생각해 보자. 숫자는 1, 2, 3, 4, 5, 6 중에 하나여야 하며 각각의 결과가 나올 가능성은 똑같다. 따라서 확률변수 x를 x = 주사위를 한 번 굴려서 나온 눈의 수, $f(x)$ = x의 확률이라고 하면 x의 확률분포는 〈표 5-3〉과 같다.

〈표 5-3〉 주사위를 굴렸을 때 나온 눈의 수에 대한 확률분포(표)

나온 눈의 수 x	x의 확률 $f(x)$
1	1/6
2	1/6
3	1/6
4	1/6
5	1/6
6	1/6

주관적인 방법 역시 확률변수의 값과 그 확률을 표의 형태로 만들 수 있다. 주관적인 방법으로 확률분포를 만드는 경우 최선의 판단을 사용하여 각 확률을 할당한다. 따라서 고적인 방법을 사용하여 만든 확률분포와는 달리 사람들이 각자의 확률분포를 각각 다르게 얻을 것으로 예상할 수 있다.

상대도수 방법은 상당히 많은 양의 데이터가 있는 경우에 적용할 수 있다. 많은 데이터를 모은 후, **이 자료를 모집단으로 보고** 상대도수 방법으로 실험 결과에 확률을 할당한다. 상대도수 방법을 사용하면 소위 **경험적인 이산분포**(empirical discrete distribution)라고 불리는 분포를 얻는다. 요즘에는 많은 양의 데이터(예: 스캐너 데이터, 신용 카드 데이터)를 얻을 수 있기 때문에 이 유형의 확률분포가 실제로 더 널리 사용되고 있다. 어느 대리점의 자동차 판매를 생각해 보자.

뉴욕 주 사라토가의 DiCarlo Motors에서 하루에 판매되는 자동차 수의 확률분포를 상대도수 방법으로 만들려고 한다. DiCarlo는 과거 300일 동안을 관찰해 보니 자동차를 한 대도 못 팔았던 날이 54일, 자동차 1대를 판매한 날이 117일, 자동차 2대를 판매한 날이 72일, 3대 판매가 42일, 4대 판매가 12일, 5대 판매가 3일이었다. DiCarlo Motors에서 관심을 두고 있는 확률변수 x를 x = 하루 동안 판매되는 자동차 대수로 정의한다고 하자. 그러면 상대도수 방법을 사용하여 x의 확률분포를 만들 수 있다.

확률함수의 표기에서, $f(0)$은 판매한 자동차 수가 0일 확률을 의미하고, $f(1)$은 자동차 1대를 판매할 확률을 뜻한다. 과거 자료를 보면 300일 중 54일에 자동차를 한 대도 판매하지

〈표 5-4〉 DICARLO MOTORS에서 하루 동안 판매되는 자동차 수에 대한 확률분포

x	$f(x)$
0	.18
1	.39
2	.24
3	.14
4	.04
5	.01
합계	1.00

못하였으므로 상대도수 54/300 = .18을 하루 동안 자동차를 0대 판매할 확률값인 $f(0)$로 할당한다. 마찬가지로, 300일 중 117일에 자동차 1대를 팔았으므로 상대도수 117/300 = .39를 하루 동안 자동차를 1대 판매할 확률인 $f(1)$로 할당한다. 이렇게 하여 확률변수의 다른 값에 대해서도 〈표 5-4〉와 같이 $f(2)$, $f(3)$, $f(4)$, $f(5)$ 값을 계산한다.

확률변수와 그것의 확률분포를 정의해서 얻을 수 있는 좋은 점은 일단 확률분포가 알려진 후에는 의사결정자가 관심을 가질 수 있는 여러 가지 사건의 확률을 정하는 것이 쉽다는 것이다. 예를 들어, 〈표 5-4〉의 DiCarlo Motors의 일일 자동차 판매 대수에 대한 확률분포를 사용하면 하루 동안 판매된 자동차 대수 중 가장 확률이 높은 것은 1이고 $f(1)$ = .39의 확률이다. 또한, 하루 동안 3대 이상의 자동차를 판매할 확률은 $f(3)+f(4)+f(5) = .14+.04+.01 = .19$이다. 이러한 확률뿐만 아니라 DiCarlo Motors의 자동차 판매 프로세스를 이해하는 데 도움이 되는 정보를 얻을 수 있다.

이산확률변수의 확률함수를 만들 때는 다음의 두 가지 조건을 만족해야 한다.

이 조건은 4장에서 다루었던 '실험 결과에 확률을 할당하는 두 가지 기본요건'과 유사하다.

이산확률함수의 필요조건

$$f(x) \geq 0 \tag{5-1}$$

$$\Sigma f(x) = 1 \tag{5-2}$$

〈표 5-4〉를 보면 확률변수 x의 확률이 식 5-1을 만족함을 보여준다. 모든 x에 대해 $f(x)$는 0보다 크거나 같다. 또한 확률의 합이 1이므로 식 5-2를 만족한다. 따라서 DiCarlo Motors의 확률함수는 유효한 이산확률함수이다.

DiCarlo Motors 확률분포를 그래프로 보여줄 수도 있다. 〈그림 5-1〉을 보면 DiCarlo Motors의 확률변수 x의 값은 가로축에, 이와 관련된 확률은 세로축에 표시하였다.

확률분포를 **표로 나타내는 방법** 외에도 x의 모든 값에 대한 확률함수 **$f(x)$를 식**(formula)**으로 표현**하여 확률분포를 설명하는 방법이 종종 사용된다. 이산확률분포를 식으로 나타내는 가장 간단한 예는 **이산균일확률분포**(discrete uniform probability distribution)이며, 그 확률함수는 식 5-3과 같다.

이산균일확률함수

$$f(x) = 1/n \tag{5-3}$$

여기서 n = 확률변수 x가 가질 수 있는 값의 개수

〈그림 5-1〉 DICARLO MOTORS가 하루 동안 판매한 자동차 수의 확률분포 그래프

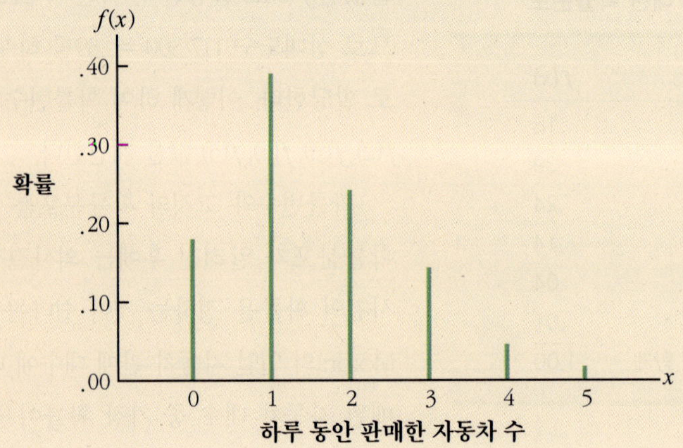

예를 들어, 주사위를 굴리는 실험을 다시 생각해 보자. 확률변수 x는 눈의 수로 정의하자. 그러면 $x = 1, 2, 3, 4, 5, 6$이고, 이것의 확률분포는 〈표 5-3〉과 같았다. 그런데 이들의 확률이 모두 같으므로 이산균일확률함수를 사용할 수 있다. 이 실험에서 $n = 6$이므로 확률함수는 다음과 같다.

$$f(x) = 1/6 \qquad x = 1, 2, 3, 4, 5, 6$$

널리 사용되는 몇 가지 이산확률분포는 식으로 정해져 있다. 많이 사용되는 세 가지 중요한 이산확률분포는 이항분포, 포아송분포, 초기하분포이다. 이 분포들은 이 장의 뒷부분에서 다루기로 한다.

연습문제

기본문제

7. 확률변수 x에 대한 확률분포가 오른쪽과 같다.

x	$f(x)$
20	.20
25	.15
30	.25
35	.40

   a. 이 확률분포는 타당한가? 그 이유를 설명하라.
   b. x가 30일 확률은 얼마인가?
   c. x가 25보다 작거나 같을 확률은 얼마인가?
   d. x가 30보다 클 확률은 얼마인가?.

응용문제

8. 다음 데이터는 Tampa 종합병원에서 20일 동안 사용한 수술실의 숫자를 자료로 계수하

여 정리한 것이다. 수술실 하나만 사용한 날은 3일, 두 개의 수술실을 사용한 날은 5일, 수술실 3개를 사용한 날은 8일, 네 개를 모두 사용한 날은 4일이었다.

a. 상대도수를 사용하여 확률을 할당하는 방법으로 어떤 날에 사용 중인 수술실의 숫자에 대한 경험적인 이산확률분포를 만들어라.

b. 확률분포의 그래프를 그려라.

c. 확률분포가 이산확률분포로서 타당하며 필요조건을 만족하는지 보여라.

9. 인재 확보는 많은 회사의 주된 관심사이다. 미국인들을 대상으로 한 조사에서 현 직장에서 얼마나 오랫동안 일했는지 물었다[출처]. 5년 전에 졸업한 2,000명의 대학 졸업생을 표본 데이터로 갖는 다음 예제를 생각해 보자.

현 직장에서 근속 연수	인원 수
1	506
2	390
3	310
4	218
5	576

확률변수 x를 현 직장에서의 근속 연수라고 하자.

a. x의 경험적인 이산확률분포를 작성하라.

b. 여러분의 확률분포가 이산확률분포의 타당성 조건을 만족함을 보여라.

c. 어떤 응답자가 3년보다 오래 근속하였을 확률은 얼마인가?

10. 정보시스템(IS)의 고위 경영진과 중간관리자 표본의 직업만족도 점수의 백분율 도수분포가 다음과 같다. 점수는 1점(매우 불만족)부터 5점(매우 만족)에 걸쳐 있다.

직업만족도 점수	IS 고위 경영진(%)	IS 중간관리자(%)
1	5	4
2	9	10
3	3	12
4	42	46
5	41	28

a. 고위 경영진의 직업만족도 점수에 대한 확률분포를 작성하라.

b. 중간관리자의 직업만족도 점수에 대한 확률분포를 작성하라.

c. 고위 경영진 중 한 명이 직업만족도 점수에 4점 또는 5점으로 응답할 확률은 얼마인가?

d. 어떤 중간관리자가 매우 만족할 확률은 얼마인가?

e. 고위 경영진과 중간관리자의 직업만족도 점수를 전체적으로 비교하라.

11. 어떤 한 기술자가 회사에서 메일시스템을 관리하고 있다. 오작동 유형에 따라 서비스콜을 해결하는 데 1, 2, 3 또는 4시간이 걸릴 수 있다. 오작동 유형들은 거의 동일한 빈도로 발생한다.

a. 서비스콜을 해결하는 데 걸리는 시간의 확률분포표를 작성하라.

b. 확률분포의 그래프를 그려라.

c. 작성한 확률분포가 이산확률분포의 필요조건을 만족하는지 보여라.

d. 서비스콜이 3시간이 걸릴 확률은 얼마인가?

e. 방금 서비스콜이 있었으나 그 오작동 유형은 모른다. 지금은 오후 3시이고 서비스 기술자는 보통 오후 5시에 퇴근한다. 이 서비스 기술자가 메일시스템을 수리하기 위해 오늘 초과근무를 해야 할 확률은 얼마인가?

12. Time Warner Cable은 수백만의 고객에게 텔레비전과 인터넷 서비스를 제공하는 회사이다. 이 회사의 경영진은 내년 뉴욕주 신규 가입자의 확률분포를 오른쪽 표와 같이 주관적으로 평가하고 있다고 하자.

x	$f(x)$
100,000	.10
200,000	.20
300,000	.25
400,000	.30
500,000	.10
600,000	.05

a. 이 확률분포는 타당한가? 그 이유를 설명하라.

b. Time Warner가 40만 명을 초과하여 신규 가입자를 확보할 확률은 얼마인가?

c. Time Warner가 20만 명보다 적은 신규 가입자를 확보할 확률은 얼마인가?

13. 어떤 심리학자가 새로운 환자의 신뢰를 얻는 데 1, 2 또는 3회의 상담이 필요하다고 정했다. 환자의 신뢰를 얻는 데 필요한 상담 횟수를 확률변수 x라고 하자. 다음의 확률함수가 제안되었다.

$$f(x) = \frac{x}{6} \qquad x = 1, 2, 3$$

a. 이 확률함수는 타당한가? 그 이유를 설명하라.

b. 환자의 신뢰를 얻기 위해 정확히 2회의 상담이 걸릴 확률은 얼마인가?

c. 환자의 신뢰를 얻기 위해 적어도 2회의 상담이 걸릴 확률은 얼마인가?

14. 오른쪽 표는 MRA 회사의 운영 첫해 동안의 예상이익(x, \$1000)에 대한 확률분포 중 일부이다(음수 값은 손실을 나타낸다).

x	$f(x)$
−100	.10
0	.20
50	.30
100	.25
150	.10
200	

a. $f(200)$에 적절한 값은 얼마인가? 이 값을 어떻게 해석할 수 있는가?

b. MRA가 흑자를 낼 확률은 얼마인가?

c. MRA가 적어도 \$100,000를 벌어들일 확률은 얼마인가?

5.3 기댓값과 분산

기댓값

확률변수의 **기댓값**(expected value) 또는 평균은 확률변수의 중심 위치를 측정한 것이다. 이산확률변수 x의 기댓값을 구하는 공식은 다음과 같다.

이산확률변수의 기댓값은 그 확률을 가중치로 한 확률변수 값들의 가중 평균(weighted average)이다. (실험을 무수히 반복하여 얻어지는 확률변수의 값들을 모집단으로 간주한다.)

이산확률변수의 기댓값

$$E(x) = \mu = \Sigma x f(x) \quad (5\text{-}4)$$

확률변수의 기댓값을 나타내는 기호는 $E(x)$와 μ 둘 다 사용한다.

식 5-4를 보면 이산확률변수의 기댓값은 확률변수의 각 값에 대응하는 확률 $f(x)$를 곱한 후 이 값들을 모두 더한 것이다. 5.2절의 DiCarlo Motors의 자동차 판매 예제를 사용하여 하루 동안 판매되는 자동차 수의 기댓값 계산을 〈표 5-5〉에 보였다. $xf(x)$ 열에 있는 숫자의 합계는 하루에 판매되는 자동차 수의 기댓값이 1.50대임을 나타낸다. 따라서 하루에 0, 1, 2, 3, 4, 5대의 자동차를 판매할 수 있지만 DiCarlo는 장기간에 걸쳐 하루 평균 1.50대의 자동차를 판매할 것으로 예상할 수 있다. 한 달을 30일 운영한다고 가정하면 기댓값 1.50대를 사용하여 월평균 판매 대수는 30(1.50) = 45대로 예측할 수 있다.

기댓값의 계산 결과가 반드시 확률변수의 값일 필요는 없다. (이산확률변수의 값이 정수이더라도 그 기댓값은 실수로 나타날 수 있다.—역자)

〈표 5-5〉 DICARLO MOTORS에서 하루 동안 판매되는 자동차의 수의 기댓값 계산

x	$f(x)$	$xf(x)$
0	.18	0(.18) = .00
1	.39	1(.39) = .39
2	.24	2(.24) = .48
3	.14	3(.14) = .42
4	.04	4(.04) = .16
5	.01	5(.01) = .05
		1.50 ← $E(x) = \mu = \Sigma x f(x)$

분산

기댓값은 확률변수의 중심 위치의 측도를 제공하지만 종종 변동성 또는 산포의 측도가 필요할 때도 있다. 3장에서 분산을 사용하여 데이터의 변동성을 표현한 것처럼 여기서도 **분산**(variance)을 사용하여 확률변수가 가질 수 있는 값의 변동성을 요약해서 말할 수 있다. 이산확률변수의 분산을 구하는 공식은 다음과 같다.

분산은 확률변수의 평균으로부터 편차의 제곱에 대한 가중 평균이다. 가중치는 확률이다.

이산확률변수의 분산

$$Var(x) = \sigma^2 = \Sigma(x-\mu)^2 f(x) \quad (5\text{-}5)$$

식 5-5가 보여주듯이 분산 공식에서 핵심 부분은 확률변수의 특정 값이 기댓값 또는 평균 μ로부터 얼마나 멀리 떨어져 있는지를 나타내는 편차(deviation) $x-\mu$이다. 어떤 확률변수의 분산을 계산할 때 편차를 제곱한 후에 그에 해당하는 확률함수의 값을 가중치로 부여하여 곱한다. 확률변수의 모든 값에 대한 가중제곱편차(weighted squared deviations)의 합을 분산이라고 한다. 확률변수의 분산을 나타내는 기호는 $Var(x)$와 σ^2을 모두 사용한다.

〈표 5-6〉에는 DiCarlo Motors에서 하루 동안 판매되는 자동차 수의 분산을 계산하는 방법이 정리되어 있다. 분산은 1.25임을 알 수 있다. **표준편차**(standard deviation)는 σ로 표기하는데, 분산의 양의 제곱근으로 정의된다. 따라서 하루 동안 판매되는 자동차 수의 표준편차는 1.118대이다.

$$\sigma = \sqrt{1.25} = 1.118$$

표준편차는 확률변수와 동일한 단위(σ = 1.118대)로 측정되므로 확률변수의 변동성을 설명하는 데 잘 쓰인다. 분산 σ^2은 단위의 제곱으로 측정되므로 해석하기가 더 어렵다.

〈표 5-6〉 DICARLO MOTORS에서 하루 동안 판매되는 자동차의 수의 분산 계산

x	$x-\mu$	$(x-\mu)^2$	$f(x)$	$(x-\mu)^2 f(x)$
0	0 − 1.50 = −1.50	2.25	.18	2.25(.18) = .4050
1	1 − 1.50 = −.50	.25	.39	.25(.39) = .0975
2	2 − 1.50 = .50	.25	.24	.25(.24) = .0600
3	3 − 1.50 = 1.50	2.25	.14	2.25(.14) = .3150
4	4 − 1.50 = 2.50	6.25	.04	6.25(.04) = .2500
5	5 − 1.50 = 3.50	12.25	.01	12.25(.01) = .1225
				1.2500 ← $\sigma^2 = \Sigma(x-\mu)^2 f(x)$

엑셀을 이용한 기댓값, 분산, 표준편차 계산

이산확률변수의 기댓값과 분산의 계산은 엑셀 워크시트로 쉽게 해결할 수 있다. 한 가지 방법은 〈표 5-4〉와 〈표 5-5〉의 계산에 필요한 공식을 입력하는 것이다. 그러나 보다 쉬운 방법은 엑셀의 SUMPRODUCT 함수를 사용하는 것이다. 이 절에서는 SUMPRODUCT 함수를 사용하여 DiCarlo Motors의 하루 자동차 판매 대수에 대한 기댓값과 분산을 계산하는 방법을 보인다. 이와 관련하여 〈그림 5-2〉를 참조하라. 수식이 담긴 워크시트는 뒤에, 계산한 값이 담긴 워크시트는 앞에 나타나 있다.

자료 입력: 필요한 데이터는 확률변수의 값과 해당 확률의 값이다. 확률변수와 그에 해당하는 확률의 라벨과 값은 셀 A1:B7에 들어 있다.

〈그림 5-2〉 기댓값, 분산, 표준편차 계산을 위한 엑셀 워크시트

	A	B	C	D
1	Sales	Probability	Sq Dev from Mean	
2	0	0.18	=(A2-$B$9)^2	
3	1	0.39	=(A3-$B$9)^2	
4	2	0.24	=(A4-$B$9)^2	
5	3	0.14	=(A5-$B$9)^2	
6	4	0.04	=(A6-$B$9)^2	
7	5	0.01	=(A7-$B$9)^2	
8				
9	Mean	=SUMPRODUCT(A2:A7,B2:B7)		
10				
11	Variance	=SUMPRODUCT(C2:C7,B2:B7)		
12				
13	Std Deviation	=SQRT(B11)		
14				

	A	B	C	D
1	Sales	Probability	Sq Dev from Mean	
2	0	0.18	2.25	
3	1	0.39	0.25	
4	2	0.24	0.25	
5	3	0.14	2.25	
6	4	0.04	6.25	
7	5	0.01	12.25	
8				
9	Mean	1.5		
10				
11	Variance	1.25		
12				
13	Std Deviation	1.118		
14				

함수/수식: SUMPRODUCT 함수는 한 범위의 각 값에 다른 범위의 해당 값을 순서대로 곱하여 모두 더해 준다. DiCarlo Motors에서 SUMPRODUCT 함수를 사용하여 자동차 판매의 기댓값을 계산하는 다음 식을 셀 B9에 입력하였다.

=SUMPRODUCT(A2:A7, B2:B7)

첫 번째 범위인 A2:A7에는 하루 자동차 판매 대수인 확률변수의 값이 담겨 있다. 두 번째 범위 B2:B7에는 해당 확률이 포함되어 있다. 따라서, 셀 B9의 SUMPRODUCT 함수는 A2*B2 + A3*B3 + A4*B4 + A5*B5 + A6*B6 + A7*B7을 계산한다. 따라서 B9는 식 5-4의 공식을 적용하여 기댓값을 계산한다. 값이 담긴 워크시트의 셀 B9에 표시된 결과는 1.5이다.

셀 C2:C7의 공식은 기댓값 또는 평균 1.5(평균은 셀 B9에 있다)를 기준으로 편차제곱을 계산하는 데 사용된다. 값이 담긴 워크시트 C2:C7에 표시된 결과는 〈표 5-5〉에 표시된 결과와 같다. 하루 자동차 판매량의 분산을 계산하는 공식을 셀 B11에 입력하였다. SUMPRODUCT 함수를 사용하여 C2:C7 범위의 각 값에 B2:B7 범위의 각 해당 값을 곱하고 그것을 합산한다. 값이 담긴 워크시트에서 계산 결과는 1.25이다. 표준편차는 분산의 제곱근이므로 하루 자동차 판매량에 대한 표준편차를 계산하는 공식 =SQRT(B11)을 셀 B13에 입력하였다. 값이 담긴 워크시트에서 이 결과는 1.118이다.

연습문제

기본문제

15. 오른쪽 표는 확률변수 x의 확률분포이다.

x	$f(x)$
3	.25
6	.50
9	.25

a. x의 기댓값 $E(x)$를 계산하라.

b. x의 분산 σ^2을 계산하라.

c. x의 표준편차 σ를 계산하라.

16. 오른쪽 표는 확률변수 y의 확률분포이다.

x	$f(x)$
2	.20
4	.30
7	.40
8	.10

a. $E(y)$를 계산하라.

b. $Var(y)$와 σ를 계산하라.

응용문제

17. 2014년 여름 오하이오 신시내티에 있는 Coldstream County Club은 white tee(아마추어가 이용하는 티)에서 경기한 443라운드의 골프 데이터를 수집했다. 12번 홀에서 각 골퍼의 스코어 데이터는 파일 Coldstream12에 있다.

a. 12번 홀의 점수에 대한 경험적인 이산확률분포를 작성하라.

b. 파(par)는 그 홀에서 얻을 것으로 예상하는 기준 점수이다. 12번 홀의 경우 파는 4이다. 어느 선수가 12번 홀에서 파보다 작거나 같은 점수를 낼 확률은 얼마인가?

c. 12번 홀에서의 점수의 기댓값은 얼마인가?

DATA file
Coldstream12

d. 12번 홀에서의 점수의 분산은 얼마인가?

e. 12번 홀에서의 점수의 표준편차는 얼마인가?

18. 미국주택조사(American Housing Survey)는 소유주와 임차인이 거주하는 주택이 3개월 동안 6시간 이상 단수(斷水)된 횟수에 대해 다음의 데이터를 보고했다.

	가구 수 (단위: 1000)	
횟수	소유주 거주	임차인 거주
0	439	394
1	1100	760
2	249	221
3	98	92
4회 이상	120	111

a. 확률변수 x를 소유주 거주 가구가 지난 3개월 동안 6시간 이상 경험한 단수 횟수라고 하여 이 확률변수의 확률분포를 작성하라. (4회 이상은 $x = 4$로 한다.)

b. 확률변수 x의 기댓값과 분산을 계산하라.

c. 확률변수 y를 임차인 거주 가구가 지난 3개월 동안 6시간 이상 경험한 단수 횟수라고 하여 이 확률변수의 확률분포를 작성하라. ($y = 4$는 4회 이상을 의미한다.)

d. 확률변수 y의 기댓값과 분산을 계산하라.

e. 보고된 소유자 거주 가구와 임차인 거주 가구의 단수 횟수에 대한 통계치를 비교해 볼 때, 어떤 의견들을 낼 수 있는가?

19. 웨스트 버지니아는 미국에서 높은 이혼율을 가지고 있는 주 중 하나로서 대략 매년 1000명당 5쌍이 이혼을 한다[출처]. MCC(Marital Counseling Center, Inc.)는 이혼율이 높으면 직원을 추가로 고용해야 할 것으로 생각하고 있다. 컨설팅을 받으면서 MCC 경영진은 내년에 결혼상담을 하려는 신규 고객의 수 x에 대한 확률분포를 오른쪽 표와 같이 작성했다.

x	$f(x)$
10	.05
20	.10
30	.10
40	.20
50	.35
60	.20

a. 이 확률분포는 타당한가? 그 이유를 설명하라.

b. MCC가 30명보다 많은 신규 고객을 확보할 확률은 얼마인가?

c. MCC가 20명보다 적은 신규 고객을 확보할 확률은 얼마인가?

d. 확률변수 x의 기댓값과 분산을 계산하라.

20. 오른쪽 표는 Newton Automobile Insurance Company가 자차보험으로 지불한 수리비 금액의 확률분포이다.

금액($)	확률
0	.85
500	.04
1000	.04
3000	.03
5000	.02
8000	.01
10000	.01

a. 자차지불금액의 기댓값을 사용하여 회사의 입장에서 손익분기를 이루는 자차보험료를 결정하라.

b. 보험회사는 자차책임에 대해 연간 520달러의 보험료를 부과한다. 어느 보험계약자의 자차보상금액 기댓값은 얼마인가? (힌트: 이것은 회사가 지불하는 수리금액에서 자차보험료를 뺀 것의 기댓값이다.) 왜 이 보험계약자는 이러한 기댓값을 갖는 보험을 구입해야 하는가?

21. 다음은 정보시스템(IS) 분야의 고위 경영진과 중간관리자 표본의 직업만족도 점수의 확률분포이다. 1(매우 불만족)에서부터 5(매우 만족)이다.

	확률	
직업만족도 점수	IS 고위 경영진	IS 중간관리자
1	.05	.04
2	.09	.10
3	.03	.12
4	.42	.46
5	.41	.28

a. 고위 경영진의 직업만족도 점수의 기댓값은 얼마인가?

b. 중간관리자의 직업만족도 점수의 기댓값은 얼마인가?

c. 고위 경영진과 중간관리자의 직업만족도 점수의 분산을 각각 계산하라.

d. 두 확률분포의 직업만족도 점수의 표준편차를 계산하라.

e. 고위 경영진과 중간관리자의 전반적인 직업만족도를 비교하라.

22. Carolina Industries의 제품의 수요는 매월 크게 다르다. 오른쪽 표의 확률분포는 지난 2년간의 자료에 근거하여 회사의 월간 수요를 보여준다.

단위 수요	확률
300	.20
400	.30
500	.35
600	.15

a. 회사가 월간 수요의 기댓값을 기준으로 월별 주문을 결정한다면 이 제품에 대한 Carolina의 월별 주문 수량은 얼마인가?

b. 제품 1개의 수입은 \$70이고 1개의 주문 비용은 \$50라고 가정하자. a에서 응답한 답만큼 주문하는 경우 제품의 실제 수요가 300개라면 회사는 한 달에 얼마나 많은 이익을 낼 것인가? 아니면 얼마나 많이 손실을 낼 것인가?

23. 갤럽의 연간 소비습관 설문조사에서 18세 이상의 성인 1014명을 대상으로 전화 인터뷰를 하였다. 질문 중 하나는 "하루에 평균 몇 잔의 커피를 마십니까?"였다. 오른쪽 표는 그 결과이다[출처]. 확률변수 x를 하루에 평균적으로 마시는 커피잔의 수로 정의하자. $x = 4$는 넉 잔 이상을 의미한다.

하루에 마시는 커피의 잔 수	응답자 수
0	365
1	264
2	193
3	91
4잔 이상	101

a. x에 대한 확률분포를 만들어라.

b. x의 기댓값을 계산하라.

c. x의 분산을 계산하라.

d. 하루에 평균 한 잔 이상의 커피를 마시는 성인에게만 관심이 있다고 가정하자. 이 그룹에 대하여 하루에 마시는 평균 커피잔 수를 확률변수 y라고 하자. y의 기댓값을 계산하여 x의 기댓값과 비교하라.

24. J. R. Ryland Computer Company는 컴퓨터 신제품을 생산할 수 있도록 공장 확장을 고려 중이다. 사장은 확장을 중간 규모로 할지 아니면 대규모 프로젝트로 할지 결정해야 한다. 신제품에 대한 수요는 불확실하므로 계획의 목적상 수요를 낮음, 중간, 높음으로 분류하자. 수요에 대한 확률 추정치는 순서대로 각각 .20, .50, .30이다. 연간 이익을 천 달러 단위로 x와 y로 표시하여 회사의 기획자는 중대형 확장 프로젝트에 대해 다음과 같이 이익을 예측하였다.

	중간 규모로 확장했을 때 이익		대규모로 확장했을 때의 이익	
수요	x	$f(x)$	y	$f(y)$
낮음	50	.20	0	.20
중간	150	.50	100	.50
높음	200	.30	300	.30

a. 두 가지 확장 대안과 관련된 기대이익을 계산하라. 기대이익을 최대화하려면 어떤 결정을 내려야 되는가?

b. 두 가지 확장 대안과 관련된 이익의 분산을 계산하라. 위험 또는 불확실성을 최소화하기 위해 어떤 결정을 내려야 하는가?

5.4 이변량분포, 공분산, 재무 포트폴리오

두 개의 확률변수를 포함하는 확률분포를 **이변량 확률분포**(bivariate probability distribution)라고 한다. 이변량 확률분포를 논의할 때는 이변량 실험(bivariate experiment)을 생각하는 것이 유용하다. 이변량 실험의 결과(outcome)는 각 변수당 하나씩, 두 개의 값으로 구성된다. 예를 들어 한 쌍의 주사위를 굴리는 이변량 실험을 생각해 보자. 결과는 두 개의 값, 즉 첫 번째 주사위의 눈과 두 번째 주사위의 눈의 수로 구성된다. 또 다른 예로, 1년 동안 금융 시장을 관찰하여 주식펀드와 채권펀드의 수익률을 기록하는 실험을 생각하자. 실험 결과는 두 가지 확률변수인 주식펀드의 수익률과 채권펀드의 수익률의 값 두 개로 나타낸다. 이변량 확률분포를 다룰 때는 종종 확률변수 사이의 관계에 관심을 둔다. 이 절에서는 이변량분포를 소개하고 공분산과 상관계수를 확률변수 간의 선형 관계의 측도로 사용하는 방법을 보인다. 또한 금융 포트폴리오를 구성하고 분석하기 위해 이변량 확률분포가 어떻게 사용되는지 살펴볼 것이다.

경험적 이변량 이산확률분포

5.2절에서 우리는 뉴욕 사라토가의 DiCarlo Motors 자동차 대리점에서 일일 판매량에 대한 경험적 이산분포를 만들었다. DiCarlo는 뉴욕 제네바에 또 다른 대리점이 있다. 〈표 5-7〉은 300일 동안 각 대리점에서 판매한 자동차 수를 나타낸 것이다. 합계로 표시한 제일 아래 행(row)은 5.2절의 DiCarlo 사라토가 대리점에서 일일 판매량에 대한 경험적 확률분포를 만드는 데 사용하였던 빈도이다. 합계로 표시한 가장 오른쪽 열(column)의 숫자는 제네바 대리점의 일일 판매 빈도이다. 표 안의 내용은 사라토가 대리점의 판매 수준을 열로, 제네바 대리

〈표 5-7〉 300일 동안 사라토가와 제네바의 대리점에서 팔린 자동차 대수별 일(日) 수

	사라토가 대리점						
제네바 대리점	0	1	2	3	4	5	합계
0	21	30	24	9	2	0	86
1	21	36	33	18	2	1	111
2	9	42	9	12	3	2	77
3	3	9	6	3	5	0	26
합계	54	117	72	42	12	3	300

점의 판매 수준을 행으로 나타내었을 때 해당 숫자만큼 자동차를 판매한 일 수를 나타낸다. 예를 들어, 1행과 2열의 33이라는 숫자는 제네바 대리점이 1대의 자동차를 판매하고, 사라토가 대리점이 2대의 자동차를 판매한 날이 300일 동안 33번 있었다는 것이다.

DiCarlo Motors에서 대리점 운영을 관찰하여 하루 동안의 판매된 자동차 수를 기록하는 이변량 실험을 하려고 한다. 제네바 대리점에서 판매된 자동차의 수를 x, 사라토가 대리점에서 판매된 자동차의 수를 y로 정의하자. 대리점 두 곳의 자동차 판매량에 대해 경험적 **이변량 이산확률분포**를 만들기 위해 〈표 5-7〉의 각 빈도를 총 관찰 횟수(300)로 나눈다. 〈표 5-8〉은 이렇게 구한 이변량 이산확률분포를 보여준다. 아래쪽 가장자리의 확률들은 사라토가 대리점의 주변분포이고, 오른쪽 가장자리의 확률들은 제네바 대리점의 주변분포(marginal distribution)를 나타낸다.

표 안의 확률은 두 대리점의 판매량의 이변량 확률분포이다. 이변량 확률은 종종 결합확률(joint probability)이라고 불린다. 어느 날 제네바에서 0대의 자동차를 판매하고 사라토가에서 1대의 자동차를 판매할 결합확률은 $f(0, 1) = .1000$이고, 제네바에서 1대의 자동차를, 사라토가에서 4대의 자동차를 판매할 결합확률은 $f(1, 4) = .0067$임을 알 수 있다. 각 실험 결과마다 하나의 이변량 확률이 있다는 것을 주목하라. x에 대해 4개, y에 대하여 6개의 가능한 값으로 이루어진 24개의 실험 결과와 이변량 확률이 있다.

DiCarlo 대리점의 총판매량에 대한 확률분포와 기댓값, 분산을 알고 싶다고 하자. DiCarlo Motors의 총판매량 s는 $s = x+y$로 정의할 수 있다. 〈표 5-8〉의 이변량 확률을 가지고 s에 대한 $f(s)$를 계산하면 $f(s=0) = .0700$, $f(s=1) = .0700+.1000 = .1700$, $f(s=2) = .0300+.1200+.0800 = .2300$ 등의 확률을 구할 수 있다. 〈표 5-9〉는 $s = x+y$의 전체 판매 대수의 확률분포와 그것의 기댓값과 분산의 계산을 함께 보여준다. 기댓값은 $E(s) = 2.6433$이고 분산은 $Var(s) = 2.3895$이다.

우리는 종종 이변량 확률분포를 사용하여 두 확률변수 사이의 관계를 알고 싶을 때가 있다. 공분산과 상관계수는 두 확률변수 사이의 연관성을 측정하는 좋은 측도이다. 표본 데

〈표 5-8〉 사라토가와 제네바 대리점의 일일 판매량의 경험적 이변량 이산확률분포 $f(x, y)$

	사라토가 대리점 y						
제네바 대리점 x	0	1	2	3	4	5	합계
0	.0700	.1000	.0800	.0300	.0067	.0000	.2867
1	.0700	.1200	.1100	.0600	.0067	.0033	.3700
2	.0300	.1400	.0300	.0400	.0100	.0067	.2567
3	.0100	.0300	.0200	.0100	.0167	.0000	.0867
합계	.18	.39	.24	.14	.04	.01	1.0000

〈표 5-9〉 DICARLO MOTORS의 일일 총판매량 $s = x+y$의 기댓값과 분산의 계산

s	$f(s)$	$sf(s)$	$s-E(s)$	$(s-E(s))^2$	$(s-E(s))^2 f(s)$
0	.0700	.0000	−2.6433	6.9872	.4891
1	.1700	.1700	−1.6433	2.7005	.4591
2	.2300	.4600	−0.6433	0.4139	.0952
3	.2900	.8700	0.3567	0.1272	.0369
4	.1267	.5067	1.3567	1.8405	.2331
5	.0667	.3333	2.3567	5.5539	.3703
6	.0233	.1400	3.3567	11.2672	.2629
7	.0233	.1633	4.3567	18.9805	.4429
8	.0000	.0000	5.3567	28.6939	.0000
		$E(s)=2.6433$			$Var(s)=2.3895$

이터의 공분산과 상관계수를 계산하는 방법은 3장에서 살펴보았다. 두 개의 확률변수 x와 y 사이의 공분산을 계산하는 데 사용하는 공식은 다음과 같다.

두 확률변수 x와 y의 공분산[1]

$$\sigma_{xy} = [Var(x+y) - Var(x) - Var(y)]/2 \qquad \text{5-6}$$

Var$(x+y)$에 대해서는 식 5-9에서 $a=1$, $b=1$인 경우를 참조한다. —역자

우리는 〈표 5-9〉에서 이미 $Var(s) = Var(x+y)$를 계산했고, 5.2절에서 $Var(y)$를 계산하였다. 이제 x와 y의 공분산을 계산하려면 식 5-6을 사용하기 전에 $Var(x)$를 계산해야 한다. 〈표 5-8〉의 오른쪽 가장자리에 있는 x의 확률분포를 사용하여 〈표 5-10〉의 $E(x)$와 $Var(x)$를 계산한다.

이제 식 5-6을 사용하여 확률변수 x와 y의 공분산을 계산할 수 있다.

〈표 5-10〉 DICARLO MOTORS 제네바 대리점의 일일 판매량의 기댓값과 분산의 계산

x	$f(x)$	$xf(x)$	$x-E(x)$	$[(x-E(x)]^2$	$[x-E(x)]^2 f(x)$
0	.2867	.0000	−1.1435	1.3076	.3749
1	.3700	.3700	−.1435	0.0206	.0076
2	.2567	.5134	.8565	0.8565	.1883
3	.0867	.2601	1.8565	1.8565	.2988
		$E(x)=1.1435$			$Var(s)=.8696$

1 $Var(x+y)$를 알 수 없는 경우에는 다른 수식, 즉 $\sigma_{xy} = \sum_{ij}[x_i - E(x_i)][y_i - E(y_i)]f(x_i, y_i)$을 사용하여 x와 y의 공분산을 계산한다.

$$\sigma_{xy} = [Var(x+y) - Var(x) - Var(y)]/2 = (2.3895 - .8696 - 1.25)/2 = .1350$$

공분산이 .1350이라는 것은 DiCarlo의 두 대리점의 일일 판매량이 서로 양의 관련성을 가지고 있다는 것을 뜻한다. 관련성의 강도를 더 잘 이해하기 위해 상관계수를 계산할 수 있다. 두 확률변수 x와 y의 상관계수는 식 5-7과 같이 구한다.

두 확률변수 x와 y 사이의 상관계수

$$\rho_{xy} = \frac{\sigma_{xy}}{\sigma_x \sigma_y} \tag{5-7}$$

식 5-7로부터 두 확률변수의 상관계수는 공분산을 두 확률변수의 표준편차의 곱으로 나눈 값임을 알 수 있다.

DiCarlo의 두 대리점에서 하루 판매되는 자동차 대수 사이의 상관계수를 계산해 보자. 먼저 분산의 제곱근을 사용하여 사라토가와 제네바 대리점의 판매량의 표준편차를 각각 계산한다.

$$\sigma_x = \sqrt{.8696} = .9325$$
$$\sigma_y = \sqrt{1.25} = 1.1180$$

이제 두 확률변수 사이의 선형 관계의 측도로서 상관계수를 계산할 수 있다.

$$\rho_{xy} = \frac{\sigma_{xy}}{\sigma_x \sigma_y} = \frac{.1350}{(.9325)(1.1180)} = .1295$$

3장에서 우리는 상관계수를 두 변수 사이의 선형 연관성의 측도로 정의하였다. +1에 가까운 값은 강한 양의 선형 관계를 나타내고, −1에 가까운 값은 강한 음의 선형 관계를 나타낸다. 0에 가까운 값은 선형 관계가 없음을 나타낸다. 이 해석은 확률변수에도 유효하다. 상관계수 .1295는 두 DiCarlo 대리점의 일일 판매량을 나타내는 확률변수 사이에 약한 양의 관계가 있음을 나타낸다. 상관계수가 0이었다면 두 대리점의 일일 판매량은 서로 독립적이라고 결론내렸을 것이다.

재무 분야 응용

우리가 배운 내용을 위험과 수익의 균형을 동시에 고려하여 재무 포트폴리오를 짜는 데 어떻게 사용할 수 있는지 살펴보자. 한 재정고문(financial advisor)은 내년에 네 가지 경제 상황을 고려하고 있는데, 대형 주식펀드 투자의 수익률 x(%)와 장기국채펀드 투자의 수익률 y(%)를 함께 보여주는 확률분포를 만들었다. 주어진 각 시나리오에 대한 x와 y의 이변량 확률분

〈표 5-11〉 대형 주식펀드의 투자 수익률(%) x와 장기국채펀드의 투자 수익률(%) y의 확률분포

경제 상황	확률 $f(x, y)$	대형 주식펀드 (x)	장기국채펀드 (y)
경기 침체	.10	−40	30
약한 성장	.25	5	5
안정적 성장	.50	15	4
강한 성장	.15	30	2

포가 〈표 5-11〉에 있다. 〈표 5-11〉은 실험 결과(경제 상황)를 나열한 것이다. 각 행에는 실험 결과에 대한 결합확률과 각 확률변수의 값을 포함하고 있다. 결합확률이 4개뿐이므로 〈표 5-11〉은 (4)(6) = 24개의 결합확률을 갖는 DiCarlo Motors의 경우보다 더 간단하다.

개별 확률변수의 기댓값은 5.3절의 공식을 사용한다. 주식펀드 투자에 대한 기대 수익률 $E(x)$와 채권펀드 투자에 대한 기대 수익률 $E(y)$를 각각 다음과 같이 계산할 수 있다.

$$E(x) = .10(-40) + .25(5) + .5(15) + .15(30) = 9.25$$
$$E(y) = .10(30) + .25(5) + .5(4) + .15(2) = 6.55$$

이 정보를 사용하면 9.25%로 기대 수익률이 높은 주식펀드에 투자하는 것이 더 나은 투자라고 결론 내릴 수 있다. 그러나 재무 분석가들은 투자자들에게 투자와 관련된 위험(risk)을 동시에 고려하도록 권유한다. 수익률의 표준편차는 종종 위험의 측도로 사용된다. 표준편차를 계산하려면 먼저 분산을 계산해야 한다. 개별 확률변수의 분산은 5.3절의 공식으로 계산하는데, 주식펀드와 채권펀드 투자의 수익률 분산을 각각 다음과 같이 계산할 수 있다.

$$Var(x) = .1(-40-9.25)^2 + .25(5-9.25)^2 + .50(15-9.25)^2 + .15(30-9.25)^2 = 328.1875$$
$$Var(y) = .1(30-6.55)^2 + .25(5-6.55)^2 + .50(4-6.55)^2 + .15(2-6.55)^2 = 61.9475$$

주식펀드의 투자 수익의 표준편차는 $\sigma_x = \sqrt{328.1875} = 18.1159\%$이고, 채권펀드의 투자 수익의 표준편차는 $\sigma_y = \sqrt{61.9475} = 7.8707\%$이다. 따라서 표준편차가 더 작은 채권펀드에 대한 투자가 덜 위험하다는 결론을 내릴 수 있다. 우리는 이미 주식펀드의 기대 수익이 더 크다는 것을 알고 있다. 따라서 주식펀드나 채권펀드에 대한 투자 선택은 위험과 수익에 대한 우리의 태도에 달려 있다. 공격적인 투자자는 기대 수익률이 높은 주식펀드를 선택하려 할 것이고, 보수적인 투자자는 위험이 낮은 채권펀드를 선택할 것이다. 그러나 다른 옵션들도 있다. 주식펀드 투자와 채권펀드 투자 둘 다 고려한 포트폴리오에 투자할 가능성은 어떠한가?

세 가지 대안을 생각해 보자. 대형 주식펀드에만 투자하는 대안, 장기국채펀드에만 투자

하는 대안, 주식펀드와 채권펀드 사이에 절반씩 균등하게 분배하는 대안, 세 가지이다. 이미 주식펀드와 채권펀드에만 투자할 때의 기댓값과 표준편차를 계산했으므로 이제 세 번째 대안인 주식펀드와 채권펀드에 동일한 금액을 투자하는 포트폴리오를 평가해 보자.

이 포트폴리오의 평가는 기대 수익을 계산하는 것으로 시작한다. 앞에서 x를 주식펀드의 투자 수익률(%), y를 채권펀드의 투자 수익률(%)로 정의했으므로 포트폴리오의 수익률(%)을 새로운 변수 r로 나타내면 $r = .5x+.5y$이다. 주식펀드에 절반을 투자하고 채권펀드에 절반을 투자하는 포트폴리오의 기대 수익은 $E(r) = E(.5x+.5y)$이다. $.5x+.5y$와 같은 표현을 확률변수 x와 y의 선형 결합(linear combination) 또는 일차결합이라고 한다. 식 5-8은 $E(x)$와 $E(y)$를 이미 알고 있을 때 확률변수 x와 y의 선형 결합의 기댓값을 쉽게 계산하는 일반적인 식이다. 식 5-8의 선형 결합에서 a는 x의 계수를, b는 y의 계수를 나타낸다.

확률변수 x와 y의 선형 결합의 기댓값

$$E(ax+by) = aE(x)+bE(y) \tag{5-8}$$

$E(x) = 9.25$와 $E(y) = 6.55$를 이미 계산하였으므로 식 5-8을 이용하여 포트폴리오의 기댓값을 계산할 수 있다.

$$E(.5x+.5y) = .5E(x)+.5E(y) = .5(9.25)+.5(6.55) = 7.9$$

포트폴리오 투자의 기대 수익률은 7.9%이다. \$100를 투자하면 \$100(.079) = \$7.90의 수익을, \$1000를 투자하면 \$1000(.079) = \$79.00의 수익을 기대할 수 있다. 그러나 위험은 어떠한가? 앞에서 언급했듯이 재무 분석가는 종종 표준편차를 위험의 측정 수단으로 사용한다.

우리의 포트폴리오는 두 개의 확률변수의 선형 결합이므로 포트폴리오 위험을 평가하기 위해서는 두 개의 확률변수의 선형 결합의 분산과 표준편차를 계산할 수 있어야 한다. 두 확률변수 사이의 공분산이 주어진다면 식 5-9를 사용하여 두 확률변수의 선형 결합의 분산을 계산할 수 있다.

확률변수 x와 y의 선형 결합의 분산

$$Var(ax+by) = a^2Var(x)+b^2Var(y)+2ab\sigma_{xy} \tag{5-9}$$

여기서 σ_{xy}는 x와 y의 공분산이다.

식 5-9를 보면 각 확률변수의 분산과 공분산이 두 확률변수의 선형 결합의 분산, 즉 포트폴리오의 분산을 계산하는 데 필요하다는 것을 알 수 있다.

이미 각 확률변수의 분산을 개별적으로 계산하였으며 다음과 같다: $Var(x) = 328.1875$, $Var(y) = 61.9475$. 또한 $Var(x+y) = 119.46$이다. 따라서 식 5-6을 사용하여 확률변수 x와 y의 공분산을 구하면 다음과 같다.

앞절의 DiCarlo Motors 예제 〈표 5-9〉에서 사용한 방법으로 $Var(x+y) = 119.46$을 계산할 수 있다. 참고로 $s = x+y$는 각각 −10, 10, 19, 32이고 $f(s)$는 .10, .25, .50, .15이며 $E(s) = 15.8$이다.

$$\sigma_{xy} = [Var(x+y) - Var(x) - Var(y)]/2 = [119.46 - 328.1875 - 61.9475]/2 = -135.3375$$

위와 같이 x와 y 사이의 공분산값이 음수라는 것은 x가 평균보다 높은 경향이 있을 때 y는 평균보다 낮은 경향이 있음을 의미하며, 그 반대의 경우도 마찬가지이다.

이제 식 5-9를 사용하여 포트폴리오의 수익률의 분산을 계산할 수 있다.

$$Var(.5x + .5y) = .5^2(328.1875) + .5^2(61.9478) + 2(.5)(.5)(-135.3375) = 29.865$$

그리고 포트폴리오의 표준편차는 $\sigma_{.5x+.5y} = \sqrt{29.865} = 5.4650\%$이다. 이것은 주식펀드와 채권펀드에 각각 50%씩 투자하는 포트폴리오의 위험을 나타내는 측도이다.

이제는 세 가지 투자 대안, 즉 주식펀드에만 투자, 채권펀드에만 투자, 주식펀드와 채권펀드에 절반씩 투자하는 포트폴리오 등 세 가지 대안을 비교해 보자. 〈표 5-12〉는 세 가지 대안 각각에 대한 기대 수익률, 분산, 표준편차를 보여 준다.

어떤 대안을 선호하는가? 주식펀드에 100% 투자하면 기대 수익률이 가장 높지만 위험도 가장 높다. 표준편차는 18.1159%이다. 채권펀드에 100% 투자하면 기대 수익률은 낮아지지만 위험은 크게 줄어든다. 주식펀드와 채권펀드에 반반씩 투자하면(포트폴리오) 기대 수익률은 주식펀드의 기대 수익률과 채권펀드의 기대 수익률 사이에 있지만 두 펀드 중 하나에만 100%를 투자하는 것보다는 위험이 적다. 실제로 채권펀드에만 투자하는 것보다 수익률은 높고 위험은 적다(표준편차가 더 작다). 따라서 포트폴리오에 투자하는 것이 채권펀드에만 투자하는 것보다는 항상 좋다고 말할 수 있다.

주식펀드와 포트폴리오 중 어디에 투자할 것인지는 위험에 대한 태도에 달려 있다. 주식펀드는 기대 수익률이 높다. 그러나 포트폴리오는 위험이 상당히 적으며 수익도 상당히 좋으므로 많은 사람들은 그것을 선택할 것이다. 주식펀드와 채권펀드의 수익률 사이의 공분산이 음수이므로, 포트폴리오의 위험이 단일 펀드에만 투자하는 위험보다는 훨씬 작다.

〈표 5-12〉 세 가지 대안의 기댓값, 분산, 표준편차

투자 대안	기대 수익률 (%)	수익률 분산	표준편차 (%)
100% 주식펀드	9.25	328.1875	18.1159
100% 채권펀드	6.55	61.9475	7.8707
포트폴리오(50% 주식펀드, 50% 채권펀드)	7.90	29.8650	5.4650

방금 살펴본 포트폴리오 분석은 주식펀드에 50%를 투자하고 나머지는 채권펀드에 투자한 것이다. 다른 포트폴리오의 기대 수익률과 분산을 어떻게 계산할까? 식 5-8과 5-9는 이러한 계산을 쉽게 만들어 준다.

주식펀드에 25%, 채권펀드에 75%를 투자하는 포트폴리오를 만들고 싶다고 가정하자. 이 포트폴리오의 기댓값과 분산은 얼마인가? 이 포트폴리오의 수익률은 $r = .25x + .75y$이므로 식 5-8을 사용하여 이 포트폴리오의 기댓값을 얻을 수 있다.

$$E(.25x + .75y) = .25E(x) + .75E(y) = .25(9.25) + .75(6.55) = 7.225$$

마찬가지로 식 (5.9)를 사용하여 포트폴리오의 분산을 계산할 수 있다.

$$\begin{aligned} Var(.25x + .75y) &= (.25)^2 Var(x) + (.75)^2 Var(y) + 2(.25)(.75)\sigma_{xy} \\ &= (.0625)(328.1875) + (.5625)(61.9475) + (.375)(-135.3375) \\ &= 4.6056 \end{aligned}$$

새로운 포트폴리오의 표준편차는 $\sigma_{.25x+.75y} = \sqrt{4.6056} = 2.1461\%$이다.

요약

이 절에서는 이변량 이산확률분포를 소개하였다. 이 분포는 두 개의 확률변수를 포함하기 때문에 종종 변수 간의 관계를 나타내는 척도에 관심을 둔다. 공분산과 상관계수가 두 변수 간의 관계를 나타내는 측정값이며 계산 방법을 살펴보았다. 1 또는 −1에 가까운 상관계수는 두 확률변수 사이의 강한 상관관계를 나타내고 0에 가까운 상관계수는 변수 사이의 약한 상관관계를 나타낸다. 두 개의 확률변수가 독립이면 공분산과 상관계수는 0이 된다.

또한 확률변수의 선형 결합의 기댓값과 분산을 계산하는 방법을 살펴보았다. 통계적 관점에서 볼 때, 금융 포트폴리오는 확률변수의 선형 결합이다. 그것들은 실제로 가중 평균이라고 불리는 특별한 종류의 선형 결합이다. 이 절에서 제시한 포트폴리오 예제는 주식펀드와 채권펀드에 대한 투자로 구성된 포트폴리오에 대한 기댓값과 분산을 계산하는 방법을 보여주었다. 같은 방법을 사용하여 두 개의 금융 자산으로 구성된 포트폴리오의 기댓값과 분산을 계산할 수 있다. 단일 확률변수들 사이의 공분산이 포트폴리오의 분산에 미치는 영향은 투자 대안을 다양화함으로써 포트폴리오 위험을 줄이는 수많은 이론의 기초가 된다.

5.4 보충 설명

1. 식 5-8과 5-9는 3개 이상의 확률변수에 대하여 그대로 적용할 수 있으며 재무 포트폴리오 구성과 분석의 핵심이 된다.
2. 2개의 확률변수의 선형 결합의 기댓값과 분산을 계산하는 식 5-8과 5-9는 확률변수가 3개 이상인 경우에도 확장될 수 있다. 식 5-8의 확장은 추가한 확률변수에 대해 항을 추가하는 형식으로 간단히 표현할 수 있다. 식 5-9의 확장

은 확률변수의 모든 쌍(pairs) 간의 공분산에 별도의 항이 필요하므로 좀 더 복잡하다. 이러한 경우에 대한 공식은 보다 상급 교재에서 다루기로 한다.

3. 식 5-9의 공분산 항은 확률변수들 사이의 음의 상관계수가 왜 분산(포트폴리오의 위험)을 줄여주는지를 보여준다.

연습문제

기본문제

25. 오른쪽은 확률변수 x와 y의 이변량 확률분포이다.

$f(x, y)$	x	y
.2	50	80
.5	30	50
.3	40	60

  a. x와 y의 기댓값과 분산을 계산하라.
  b. $x+y$의 확률분포를 적어라.
  c. b의 결과를 이용하여 $E(x+y)$와 $Var(x+y)$를 구하라.
  d. x와 y의 공분산과 상관계수를 계산하라. x와 y는 양의 상관관계를 갖는가? 음의 상관관계를 갖는가? 아니면 관계가 없는가? 설명하라.
  e. x와 y의 합의 분산은 각각의 분산의 합보다 큰가? 작은가? 아니면 같은가? 그 이유는 무엇인가?

26. 개인 투자자가 포트폴리오 구성에 관심이 있다. 두 종목을 고려하고 있는데, x = 주식 1의 투자 수익률, y = 주식 2의 투자 수익률이라고 하자. 주식 1의 기대 수익률 $E(x)$ = 8.45%이고 분산 $Var(x)$ = 25이다. 주식 2의 기대 수익률 $E(y)$ = 3.20%이고 분산은 $Var(y)$ = 1이다. 수익률 간의 공분산 $\sigma_{xy} = -3$이다.
  a. 주식 1과 주식 2에 대한 투자 수익률의 표준편차는 얼마인가? 위험의 측도로서 표준편차를 사용하면 둘 중 어느 것이 더 위험한 투자인가?
  b. 주식 1에 $500를 투자하는 사람의 기대 수익과 표준편차는 얼마인지 달러로 표현하라.
  c. 각 주식에 50%씩 투자하는 포트폴리오의 기대 수익률과 표준편차는 얼마인가?
  d. 주식 1에 70%, 주식 2에 30%를 투자하는 포트폴리오의 기대 수익률과 표준편차는 얼마인가?
  e. x와 y의 상관계수를 계산하고 두 주식의 수익률 사이의 관계에 대하여 설명하라.

27. 캐나다 어느 도시의 상공 회의소는 도심에 있는 레스토랑 300곳을 평가하였다. 각 레스토랑은 음식의 가격(제일 싼 1점부터 가장 비싼 3점까지)과 품질(가장 낮음 1부터 가장 높음 3까지)에 대해서 3점 척도로 평가를 받았다. 점수는 점수별로 교차표로 표시하였다. 레스토랑 중 42곳은 품질면에서 1점, 가격에 1점을 받았으며, 39곳은 품질면에서 1점, 가격에 2점을 받았다. 47곳은 품질과 가격 모두에서 최고 3점을 받았다.

	음식 가격(y)			
품질(x)	**1**	**2**	**3**	**합계**
1	42	39	3	84
2	33	63	54	150
3	3	15	48	66
합계	78	117	105	300

a. 이 도시에서 임의로 고른 레스토랑의 품질과 음식 가격에 대한 이변량 확률분포를 작성하라. x = 품질 등급, y = 음식 가격이라 하자.

b. 품질 등급 x의 기댓값과 분산을 구하라.

c. 음식 가격 y의 기댓값과 분산을 구하라.

d. $Var(x+y) = 1.6691$이다. $x+y$의 공분산을 구하라. 품질과 음식 가격 사이에는 어떤 관계가 존재한다고 말할 수 있는가? 결과는 당신의 예상대로인가?

e. 품질과 음식 가격 사이의 상관계수를 구하라. 두 변수 사이의 상관관계의 강도는 어떠한가? 이 도시에서 고품질의 저렴한 식당을 찾을 가능성이 있다고 생각하는가? 그 이유를 설명하라.

28. PortaCom은 고품질의 휴대용 프린터를 새로 디자인하여 개발했다. 제조비용을 이루는 두 가지 주요 요소는 직접 노동과 부품이다. 테스트 기간 동안 이 회사는 프로토타입을 개발하고 새 프린터로 광범위한 제품 테스트를 수행하였다. PortaCom의 엔지니어는 제조비용에 대해 다음과 같은 이변량 확률분포를 만들었다. 프린터 한 대당 부품비용은 확률변수 x로, 직접 인건비는 확률변수 y로 달러로 표시한다. 경영진에서는 이 확률분포를 사용하여 제조비용을 추정하고자 한다.

	직접 인건비 (y)			
부품 (x)	**43**	**45**	**48**	**합계**
85	0.05	0.2	0.2	0.45
95	0.25	0.2	0.1	0.55
합계	0.30	0.4	0.3	1.00

a. 직접 인건비의 주변분포를 보이고, 그의 기댓값, 분산, 표준편차를 계산하라.

b. 부품비용의 주변분포를 보이고, 그의 기댓값, 분산, 표준편차를 계산하라.

c. 단위당 총제조비용은 직접 인건비와 부품비용의 합이다. 단위당 총제조비용의 확률분포를 구하라.

d. 단위당 총제조비용의 기댓값, 분산, 표준편차를 구하라.

e. 직접 인건비와 부품비용은 서로 독립인가? 그 이유는 무엇인가? 독립이 아니라고 결론 내렸다면, 직접 인건비와 부품비용 사이의 관계는 어떠한가?

f. PortaCom은 제품 도입을 위해 1,500대의 프린터를 생산했다. 총제조비용은 \$198,350이다. 이것은 당신의 예상과 같은가? 예상보다 비용이 높거나 낮다면 그 이유는 무엇이라고 보는가?

29. J.P. Morgan Asset Management는 금융 투자정보를 공개한다. 10년 동안 S&P 500의 기대 수익률은 5.04%, 표준편차 19.45%이었고, 같은 기간 핵심채권(core bonds)펀드의 기대 수익률은 5.78 %, 표준편차 2.13%였다[출처]. 이 간행물은 또한 S&P 500과 핵심채권 사이의 상관계수를 −.32로 보고하였다. 당신은 S&P 500 지수펀드와 핵심채권펀드로 구성된 포트폴리오 투자를 고려하고 있다.

a. 제공된 정보를 사용하여 S&P 500과 핵심채권 간의 공분산을 구하라.

b. S&P 500 지수펀드에 50%, 핵심채권펀드에 50% 투자하는 포트폴리오를 생각하자. 이 포트폴리오의 기대 수익률과 표준편차를 백분율로 표시하면 얼마인가?

c. S&P 500 지수펀드에 20%, 핵심채권펀드에 80% 투자하는 포트폴리오를 생각하자. 이 포트폴리오의 기대 수익률과 표준편차를 백분율로 표시하면 얼마인가?

d. S&P 500 지수펀드에 80%, 핵심채권펀드에 20% 투자하는 포트폴리오를 생각하자. 이 포트폴리오의 기대 수익률과 표준편차를 백분율로 표시하면 얼마인가?

e. b, c, d의 포트폴리오 중에서 기대 수익률이 가장 큰 포트폴리오는 무엇인가? 표준편차가 가장 작은 포트폴리오는 무엇인가? 이 중에 어떤 포트폴리오가 최고의 투자 대안인가?

f. 세 가지 포트폴리오 b, c, d에 투자할 때의 장단점에 대해 논하라. S&P 500 지수, 핵심채권펀드 또는 세 가지 포트폴리오 중 하나에 모든 돈을 투자할 것인가? 그 이유는 무엇인가?

30. 연습문제 29번의 S&P 500과 핵심채권에 대한 정보 외에도 J.P. Morgan Asset Management의 부동산 투자 신탁(REITs)을 보면 기대 수익률이 13.07%, 표준편차가 23.17%이다[출처]. S&P 500과 REIT의 상관계수는 .74이고 핵심채권과 REIT의 상관계수는 2.04이다. 당신은 S&P 500 지수 펀드와 REIT로 구성된 포트폴리오 투자와 핵심채권펀드와 REIT로 구성된 포트폴리오 투자를 고려하고 있다.

a. 연습문제 29번과 이 문제의 정보를 이용하여 S&P 500과 REIT, 핵심채권과 REIT 사이의 공분산을 구하라.

b. S&P 500 펀드에 50%, REIT에 50% 투자하는 포트폴리오를 생각하자. 이 포트폴리오에 대한 기대 수익률과 표준편차를 백분율로 표시하면 얼마인가?

c. 핵심채권펀드에 50%, REIT에 50% 투자하는 포트폴리오를 생각하자. 이 포트폴리오에 대한 기대 수익률과 표준편차를 백분율로 표시하면 얼마인가?

d. 핵심채권펀드에 80%, REIT에 20% 투자하는 포트폴리오를 생각하자. 이 포트폴리오에 대한 기대 수익률과 표준편차를 백분율로 표시하면 얼마인가?

e. 공격적인 투자자에게 b, c, d 중에 어떤 포트폴리오를 추천하겠는가? 보수적인 투자자에게는 어떤 것을 추천하겠는가? 그 이유는 무엇인가?

5.5 이항분포

이항분포는 많은 응용 분야를 가지고 있는 이산확률분포이다. 이 분포는 이항실험이라고 하는 다단계 실험의 결과에 대한 분포이다.

이항실험

이항실험(binomial experiment)은 다음과 같은 네 가지 성질을 갖는다.

이항실험의 성질

1. 실험은 연속된 n번의 동일한 시행(trial)으로 이루어진다.
2. 각 시행에서는 두 개의 결과가 가능하다. 하나는 성공, 다른 하나는 실패라고 한다.
3. 성공확률은 p로 표시하며 매번 시행할 때마다 바뀌지 않는다. 실패확률은 $1-p$로 나타내며 역시 매 시행마다 변하지 않는다.
4. 시행은 서로 독립이다.

Jakob Bernoulli (1654-1705), 스위스 수학자 집안인 베르누이 가문의 큰아들로 이항정리뿐만 아니라 순열과 조합이론을 포함한 확률에 관한 논문을 발표했다.

성질 2, 3, 4를 만족하면 베르누이 과정(Bernoulli process)으로 시행이 이루어진다고 말한다. 여기에 첫 번째 성질까지 만족하면 이항실험이라고 한다. 〈그림 5-3〉은 8번의 시행으로 이루어진 이항실험에서 성공과 실패의 가능한 순서 중 하나를 보여준다.

이항실험에서는 n번의 시행에서 일어나는 성공 횟수에 관심을 둔다. n번 시행에서 발생하는 성공 횟수를 x라고 하면 x는 0, 1, 2, 3, …, n의 값을 갖는 확률변수이다. 값의 개수가 유한하므로 x는 이산확률변수이다. 이러한 확률변수와 관련된 확률분포를 **이항확률분포**(binomial probability distribution)라고 한다. 예를 들어, 동전을 5번 던져서 앞면과 뒷면을 매번 관찰하는 실험을 생각해 보자. 동전을 5번 던져서 나온 앞면의 숫자를 세고 싶다고 가정해 보자. 이 실험은 이항실험의 성질을 만족하는가? 관심을 두고 있는 확률변수는 무엇인가? 다음을 살펴보자.

1. 실험은 5회의 동일 시행으로 구성되어 있다. 각 시행은 동전 하나를 던지는 것이다.

〈그림 5-3〉 8번의 시행으로 이루어진 이항실험에서 가능한 성공과 실패의 수열 중 한 가지

성질 1: 실험은 $n=8$인 동일한 시행으로 이루어진다.

성질 2: 각 시행의 결과는 성공(S) 또는 실패(F)이다.

시행 ⟶	1	2	3	4	5	6	7	8
결과 ⟶	S	F	F	S	S	F	S	S

2. 매번 시행마다 두 개의 결과가 가능하다. 여기서는 앞면을 성공으로, 뒷면을 실패로 정할 수 있다.
3. 각 시행에서 앞면이 나올 확률과 뒷면이 나올 확률은 p = .5, 1−p = .5로 변하지 않는다.
4. 시행 또는 던지기는 어느 하나가 다른 시행의 결과에 영향을 받지 않으므로 서로 독립이다.

따라서 이항실험의 성질을 만족한다. 관심을 두고 있는 확률변수 x는 5회 시행에서 나온 앞면의 수이다. 이 경우에는 x = 0, 1, 2, 3, 4, 5로 가정할 수 있다.

다른 예로, 무작위로 선택한 10개 가구를 방문하는 보험 판매원을 생각해 보자. 각 방문의 결과는 그 가정이 보험에 가입하면 성공이고, 그렇지 않으면 실패로 분류할 수 있다. 과거 경험으로부터 영업 사원이 임의로 선택한 가구가 보험에 가입할 확률은 .10이라는 것을 알고 있다. 이항실험의 성질을 확인하면:

1. 실험은 10회의 동일한 시행으로 구성된다. 시행은 각 가구를 방문하는 것이다.
2. 각 시행은 두 가지 결과만 가능하다. 보험에 가입(성공)하거나 가입하지 않는다(실패).
3. 가입 확률과 비가입 확률은 p = .10 및 1−p = .90으로 각 방문마다 동일한 것으로 가정한다.
4. 가구가 무작위로 선택되었으므로 시행은 독립적이다.

네 가지 성질을 만족하므로 이 예제는 이항실험이다. 관심을 두는 확률변수는 10가구와의 접촉에서 얻은 보험 판매 횟수이다. 이 경우 x는 0, 1, 2, 3, 4, 5, 6, 7, 8, 9, 10의 값을 가정할 수 있다.

이항실험의 성질 3을 정상성 가정(stationarity assumption) 혹은 안정성 가정이라고 하며, 때로는 실험의 독립성을 뜻하는 성질 4와 혼동하기도 한다. 차이를 확인하려면 영업 사원이 보험을 판매하는 예제를 다시 생각해 보자. 하루가 지나 영업 사원이 피곤해져서 열정을 잃어버린 경우, 성공 가능성(보험 판매)은 예를 들어 10번째 집에서 .05로 떨어질 수 있다. 이 경우 성질 3(정상성)은 만족하지 않으며 이항실험이라고 할 수 없다. 성질 4를 만족하더라도(즉, 가구마다 보험 가입이 독립적으로 결정됨) 성질 3이 충족되지 않으면 이항실험이 되지 않는다.

이항실험과 관련된 응용에서는 이항확률함수(binomial probability function)라고 하는 특별한 수학 공식을 사용하여 n번의 시행에서 x번 성공할 확률을 계산할 수 있다. 4장에서 소개한 확률 개념을 활용하여 예제 문제에서 공식을 어떻게 사용하는지 살펴보자.

마틴의 옷가게 문제

Martin Clothing Store에 들어간 고객 3명의 구매 결정을 생각해 보자. 과거 경험을 바탕으로 매니저는 어떤 고객이 구매할 확률을 .30으로 추정하고 있다. 앞으로 오는 세 명의 고객 중 두 명이 구매할 확률은 얼마인가?

〈그림 5-4〉처럼 나무그림을 사용하면 구매 결정을 내리는 세 명의 고객을 관찰하는 실험에 여덟 가지 결과가 가능함을 알 수 있다. S를 성공(구매)으로 표시하고 F를 실패(비구매)로 표시하면 세 번의 시행(구매 결정)에서 두 번이 성공하는 실험 결과를 알아보자. 다음으로, 이 실험을 이항실험으로 간주할 수 있는지 확인하자. 이항실험의 네 가지 요구사항을 확인하면, 다음을 알 수 있다.

1. 실험은 상점에 들어가는 세 명의 고객 각각에 대해 세 번의 동일한 시행으로 설명할 수 있다.
2. 각 시행에서 결과는 두 가지(고객이 구매(성공) 또는 고객이 비구매(실패))이다.
3. 고객이 구매할 확률(.30) 또는 구매하지 않을 확률(.70)은 모든 고객에게 동일하다고 가정한다.

〈그림 5-4〉 마틴의 옷가게 문제의 나무그림

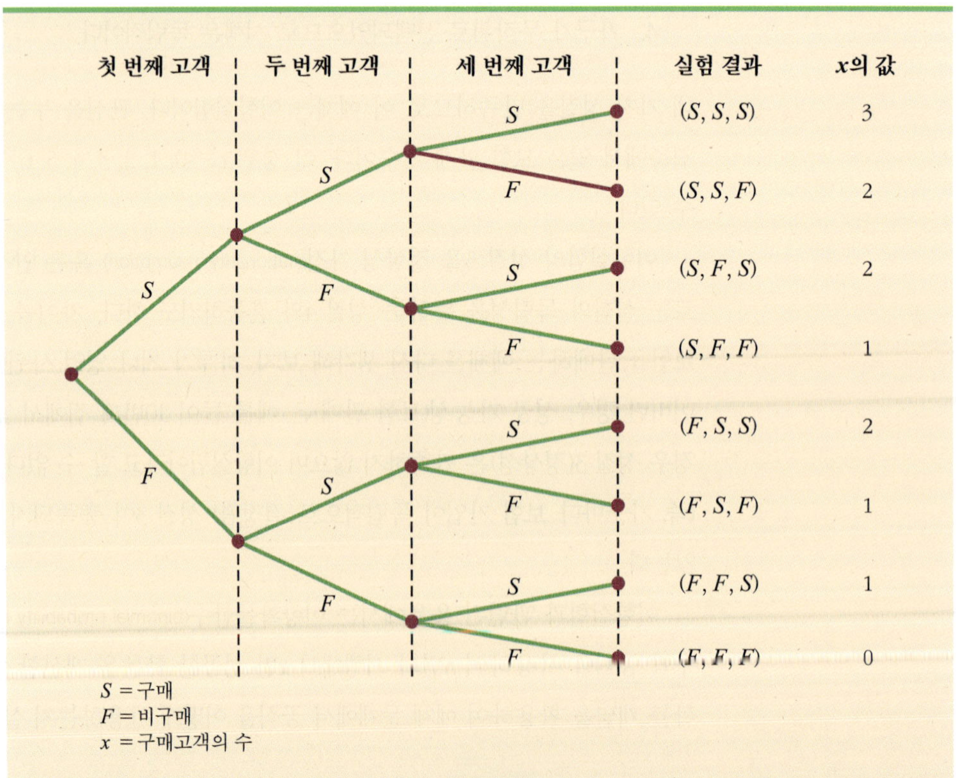

4. 각 고객의 구매 결정은 다른 고객의 결정과 무관하다.

따라서 이항실험의 성질을 만족한다.

n번의 시행에서 정확히 x번 성공하는 실험 결과의 가짓수는 다음 공식을 사용하여 계산할 수 있다.[2]

n번의 시행에서 정확히 x번 성공하는 실험 결과의 수

$$\binom{n}{x} = \frac{n!}{x!(n-x)!} \quad \text{5-10}$$

여기서 $n! = n(n-1)(n-2)\cdots(2)(1)$

그리고 정의에 의해 $0!=1$.

이제 마틴의 옷가게 실험으로 돌아가 보자. 식 5-10은 두 번의 구매가 이루어지는 실험 결과의 수를 계산해 준다. 즉, $n = 3$번의 시행에서 $x = 2$번의 성공을 얻는 경우의 수이다. 식 5-10으로부터 다음을 얻는다.

$$\binom{n}{x} = \binom{3}{2} = \frac{3!}{2!(3-2)!} = \frac{(3)(2)(1)}{(2)(1)(1)} = \frac{6}{2} = 3$$

식 5-10은 두 번의 성공을 얻는 실험 결과는 3개 있다는 것을 보여준다. 〈그림 5-4〉에서 이 세 가지 결과의 배열은 (S, S, F), (S, F, S), (F, S, S)이다.

식 5-10을 사용하여 3번의 시행에서 3번 성공하는 실험 결과는 얼마나 많은지 살펴보자.

$$\binom{n}{x} = \binom{3}{3} = \frac{3!}{3!(3-3)!} = \frac{3!}{3!0!} = \frac{(3)(2)(1)}{(3)(2)(1)(1)} = \frac{6}{6} = 1$$

〈그림 5-4〉에서 우리는 3번 성공한 실험 결과가 (S, S, S) 하나로 나타난 것을 알 수 있다.

식 5-10을 사용하여 n번 시행에서 x번 성공하는 실험 결과의 수를 구할 수 있다. 그러나 n번 시행에서 x번 성공하는 확률을 구하려면 각 실험 결과와 관련된 확률도 알아야 한다. 이항실험의 시행은 독립이므로 각 시행의 결과와 관련된 확률을 곱하여 특정 순서의 성공 및 실패확률을 찾을 수 있다.

(S, S, F)로 표시한 결과, 즉 처음 두 명의 고객은 구매하고 세 번째 고객은 구매하지 않을 확률은 다음과 같다.

$$pp(1-p)$$

---

2 4장에서 소개한 이 공식은 n개의 개체 중에서 한 번에 x개를 선택하는 조합의 수를 구하는 공식이다. 이항실험에서 이 조합 공식은 x번의 성공으로 이어지는 실험 결과의 수(n번의 시행에서)를 계산한다.

각 시행에서 구매확률이 .30이면, 처음 두 번의 시행에서 성공, 세 번째 시행에서 실패할 확률은 다음과 같다.

$$(.30)(.30)(.70) = (.30)^2(.70) = .063$$

다른 두 가지 실험 결과도 두 번의 성공과 한 번의 실패로 이어진다. 두 번의 성공과 관련된 실험 결과 세 개에 대한 확률은 다음과 같다.

시행 결과

첫 번째 고객	두 번째 고객	세 번째 고객	실험 결과	실험 결과의 확률
구매	구매	비구매	(S, S, F)	$pp(1-p) = p^2(1-p) = (.30)^2(.70) = .063$
구매	비구매	구매	(S, F, S)	$p(1-p)p = p^2(1-p) = (.30)^2(.70) = .063$
비구매	구매	구매	(F, S, S)	$(1-p)pp = p^2(1-p) = (.30)^2(.70) = .063$

두 번 성공하는 세 가지 실험 결과의 확률이 모두 정확히 같은지 관찰하라. 이것은 일반적으로 적용된다. 임의의 이항실험에서, n번 시행에서 x번 성공하는 실험 결과들은 모두 동일한 발생확률을 갖는다. n번 시행에서 x번 성공하는 배열의 확률은 다음과 같다.

$$n\text{번 시행에서 } x\text{번 성공하는 시행 결과의 확률} = p^x(1-p)^{(n-x)} \qquad \textbf{5-11}$$

마틴의 옷가게 예제에 이 공식을 적용하면 두 번 성공할 확률은 $p^2(1-p)^{(3-2)} = p^2(1-p)^1 = (.30)^2(.70)^1 = .063$임을 알 수 있다.

식 5-10은 x번 성공하는 이항실험 결과의 경우의 수를 나타내고 식 5-11은 x번 성공하는 각 배열의 확률을 제공하므로 식 5-10과 5-11을 결합하면 다음과 같이 이항확률함수를 얻는다.

이항확률함수(이항확률분포)

$$f(x) = \binom{n}{x} p^x(1-p)^{(n-x)} \qquad \textbf{5-12}$$

여기서 x = 성공 횟수, $x = 0, 1, 2, \cdots, n$

p = 한 번 시행에서 성공할 확률

n = 시행 횟수

$f(x)$ = n번 시행에서 x번 성공할 확률

$$\binom{n}{x} = \frac{n!}{x!(n-x)!}$$

이항확률분포에서 위의 확률함수 $f(x)$가 이산확률변수 x: $x = 0, 1, 2, \cdots, n$에 적용이 된다.

마틴의 옷가게 예제에서 식 5-12를 사용하여 여러 가지 확률을 계산해 보자. 계산은 〈표

〈표 5-13〉 구매 고객 수의 확률분포

x	$f(x)$
0	$\frac{3!}{0!3!}(.30)^0(.70)^3 = .343$
1	$\frac{3!}{1!2!}(.30)^1(.70)^2 = .441$
2	$\frac{3!}{2!1!}(.30)^2(.70)^1 = .189$
3	$\frac{3!}{3!0!}(.30)^3(.70)^0 = .027$
	1.000

5-13〉에 요약하였으며, 이는 구매 고객 수의 확률분포를 제공한다. 〈그림 5-5〉는 이 확률분포의 그래프이다.

이항확률함수는 어떠한 이항실험에도 적용할 수 있다. 상황이 이항실험의 성질을 만족하고 n과 p의 값을 알고 있으면 식 5-12를 사용하여 n번 시행하여 x번 성공할 확률을 계산할 수 있다.

매장에 들어가는 고객이 세 명이 아니고 열 명이라 하더라도 식 5-12에 의해 주어진 이항확률함수는 여전히 적용이 가능하다. $n = 10, x = 4, p = .30$인 이항실험을 가정하자. 열 명의 고객에게 정확히 4건의 매출을 올릴 확률은 다음과 같다.

$$f(4) = \frac{10!}{4!6!}(.30)^4(.70)^6 = .2001$$

〈그림 5-5〉 마틴 옷가게의 구매 고객 수의 확률분포의 도식적 표현

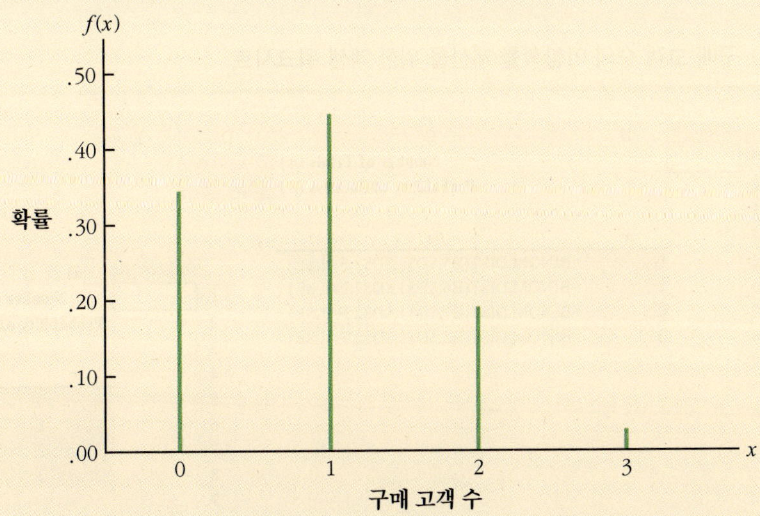

엑셀을 이용한 이항확률 계산

스마트폰에서도 엑셀이나 구글시트를 설치하면 BINOM.DIST() 함수를 이용하여 이항분포확률을 쉽게 계산할 수 있다.—역자

여러 가지 확률함수에 대하여 엑셀은 확률과 누적확률을 계산할 수 있는 함수를 제공한다. 여기서는 이항확률의 계산과 누적확률의 계산에 엑셀의 BINOM.DIST 함수가 어떻게 사용되는지를 보인다. 〈표 5-13〉에서 다룬 마틴의 옷가게 예제의 확률을 계산해 보자. 관련 작업은 〈그림 5-6〉을 참조하기 바란다. 계산 공식이 적힌 워크시트는 뒤에, 계산값이 나와 있는 워크시트는 앞에 놓았다.

자료 입력: 이항확률의 계산을 위해서는 시행 횟수(n)와 성공확률(p), 그리고 확률변수의 값(x)을 알아야 한다. 마틴의 옷가게 예제에서 시행 횟수는 3이고 이 값은 셀 D1에 입력하였다. 성공확률은 .3이고 이 값은 셀 D2에 입력하였다. 우리가 계산하고자 하는 확률은 x = 0, 1, 2, 3에 대한 것이므로 이 값은 셀 B5:B8에 입력한다.

함수/수식: BINOM.DIST 함수는 입력 값이 네 개 필요하다. 첫 번째는 x의 값, 두 번째는 n의 값, 세 번째는 p의 값, 네 번째는 False 또는 True 중 하나를 입력한다. 확률변수가 x값을 가질 확률을 구할 때에는 네 번째 입력에 False를 입력하고, 누적확률을 구하고 싶을 때에는 True를 입력한다. 3번의 시행에서 0번 성공할 확률 계산을 위해 입력 식 =BINOM.DIST (B5,$D$1,$D$2,FALSE)이 셀 C5에 입력되어 있다. 이는 $f(0)$의 계산을 위한 것으로 계산값 .343은 〈표 5-13〉의 결과와 같다. 셀 C5의 식은 x = 1, 2, 3일 때의 확률 계산을 위해 셀 C6:C8에 차례대로 복사하여 사용할 수 있다.

엑셀의 BINOM.DIST 함수를 이용하면 누적확률 또한 계산할 수 있다. 이해를 돕기 위해 10명의 고객이 마틴의 옷가게에 온다고 가정하고 구매 고객 수의 누적확률을 계산해 보자. x = 1에 대한 누적확률은 구매 고객이 1명 또는 그 이하일 확률이고 x = 2에 대한 누적확

〈그림 5-6〉 구매 고객 수의 이항확률 계산을 위한 엑셀 워크시트

	A	B	C	D	E
1			Number of Trials (*n*)	3	
2			Probability of Success (*p*)	0.3	
3					
4		*x*	*f(x)*		
5		0	=BINOM.DIST(B5,$D$1,$D$2,FALSE)		
6		1	=BINOM.DIST(B6,$D$1,$D$2,FALSE)		
7		2	=BINOM.DIST(B7,$D$1,$D$2,FALSE)		
8		3	=BINOM.DIST(B8,$D$1,$D$2,FALSE)		
9					

	A	B	C	D	E
1		Number of Trials (*n*)		3	
2		Probability of Success (*p*)		0.3	
3					
4		*x*	*f(x)*		
5		0	0.343		
6		1	0.441		
7		2	0.189		
8		3	0.027		
9					

〈그림 5-7〉 고객이 10명일 때 구매 고객 수에 대한 누적 이항확률 계산을 위한 엑셀 워크시트

	A	B	C	D	E
1			Number of Trials (n)	10	
2			Probability of Success (p)	0.3	
3					
4		x	$f(x)$	Cum Prob	
5		0	=BINOM.DIST(B5,$D$1,$D$2,FALSE)	=BINOM.DIST(B5,$D$1,$D$2,TRUE)	
6		1	=BINOM.DIST(B6,$D$1,$D$2,FALSE)	=BINOM.DIST(B6,$D$1,$D$2,TRUE)	
7		2	=BINOM.DIST(B7,$D$1,$D$2,FALSE)	=BINOM.DIST(B7,$D$1,$D$2,TRUE)	
8		3	=BINOM.DIST(B8,$D$1,$D$2,FALSE)	=BINOM.DIST(B8,$D$1,$D$2,TRUE)	
9		4	=BINOM.DIST(B9,$D$1,$D$2,FALSE)	=BINOM.DIST(B9,$D$1,$D$2,TRUE)	
10		5	=BINOM.DIST(B10,$D$1,$D$2,FALSE)	=BINOM.DIST(B10,$D$1,$D$2,TRUE)	
11		6	=BINOM.DIST(B11,$D$1,$D$2,FALSE)	=BINOM.DIST(B11,$D$1,$D$2,TRUE)	
12		7	=BINOM.DIST(B12,$D$1,$D$2,FALSE)	=BINOM.DIST(B12,$D$1,$D$2,TRUE)	
13		8	=BINOM.DIST(B13,$D$1,$D$2,FALSE)	=BINOM.DIST(B13,$D$1,$D$2,TRUE)	
14		9	=BINOM.DIST(B14,$D$1,$D$2,FALSE)	=BINOM.DIST(B14,$D$1,$D$2,TRUE)	
15		10	=BINOM.DIST(B15,$D$1,$D$2,FALSE)	=BINOM.DIST(B15,$D$1,$D$2,TRUE)	
16					

	A	B	C	D	E
1		Number of Trials (n)		10	
2		Probability of Success (p)		0.3	
3					
4		x	$f(x)$	Cum Prob	
5		0	0.0282	0.0282	
6		1	0.1211	0.1493	
7		2	0.2335	0.3828	
8		3	0.2668	0.6496	
9		4	0.2001	0.8497	
10		5	0.1029	0.9527	
11		6	0.0368	0.9894	
12		7	0.0090	0.9984	
13		8	0.0014	0.9999	
14		9	0.0001	1.0000	
15		10	0.0000	1.0000	
16					

률은 구매 고객이 2명 이하일 확률임을 기억하자. 따라서 x = 10에 대한 누적확률은 1이다. 〈그림 5-7〉을 참조하여 이러한 누적확률을 어떻게 계산하는지 살펴보자. 계산 공식이 적힌 워크시트는 뒤에, 계산값이 나와 있는 워크시드는 앞에 놓았다.

자료 입력: 시행 횟수 10을 셀 D1에, 성공확률 .3을 셀 D2에, 확률변수의 값을 셀 B5:B15에 입력한다.

함수/수식: 확률변수의 각 값에 대한 이항확률이 C열에 계산되어 있고, 누적확률은 D열에 계산하였다. 10번 시행에서 0번 성공할 확률을 계산하기 위해 식 =BINOM.DIST (B5, $D$1, $D$2, FALSE)을 셀 C5에 입력하였다. C열에서는 이항확률을 계산하므로 네 번째 입력 값이 False라는 것에 주의하라. 계산된 확률 .0282가 셀 C5에 나타나 있다. 셀 C5의 식은 나머지 확률 계산을 위해 셀 C6:C1에 간단히 복사하여 사용하면 된다.

누적확률을 계산하기 위해서는 셀 D5에 =BINOM.DIST(B5,$D$1,$D$2,TRUE)를 입력하는 것부터 시작한다. 이번에는 네 번째 입력 값이 TRUE임을 주의하라. $x = 0$에 대한 누적확률은 $x = 0$일 확률과 같다. 나머지 누적확률들은 이전 값의 누적확률에 C열의 해당 확률 값을 더한 값이다. 예를 들면, $x = 4$에 대한 누적확률은 .6496+.2001 = .8497이다. $x = 10$에 대한 누적확률은 1이라는 것도 기억하자. 이 예제에서는 $x = 9$까지의 누적확률이 1이다. 왜냐하면 $x = 10$일 확률이 0이기 때문이다(.0000059인데 소숫점 이하 네 자리까지 표현하였다).

이항분포의 기댓값과 분산

5.3절에서 이산확률변수의 기댓값과 분산을 계산하는 공식을 살펴보았다. n번 시행과 성공확률 p를 갖는 이항분포의 확률변수에 대하여 이 일반적인 공식을 적용해서 단순화시키면 다음과 같다.

이항분포의 기댓값과 분산

$$E(x) = \mu = np \tag{5-13}$$

$$Var(x) = \sigma^2 = np(1-p) \tag{5-14}$$

마틴의 옷가게 문제에서 고객이 세 명인 경우, 식 5-13을 사용하여 구매 고객 수의 기댓값을 구할 수 있다.

$$E(x) = np = 3(.30) = .9$$

다음 달에 마틴의 옷가게에서 1,000명의 고객이 올 것으로 수요를 예측했다고 가정하자. 구매 고객 수의 기댓값은 얼마인가? 정답은 $\mu = np = (1000)(.3) = 300$명이다. 따라서, 판매량을 늘리기 위해서는 마틴은 더 많은 고객이 매장에 들어오도록 유도해야 하고 각 고객이 입장한 후에 구매할 확률을 높여야 함을 알 수 있다.

마틴의 옷가게에 고객 세 명이 들어오는 경우, 구매 고객 수의 분산과 표준편차는 다음과 같다.

$$\sigma^2 = np(1-p) = 3(.3)(.7) = .63$$

$$\sigma = \sqrt{.63} = .79$$

이후 도착하는 1000명의 고객에 대하여 구매 고객 수의 분산과 표준편차는 다음과 같다.

$$\sigma^2 = np(1-p) = 1000(.3)(.7) = 210$$

$$\sigma = \sqrt{210} = 14.49$$

연습문제

기본문제

31. 성공확률 $p = .4$인 시행을 두 번 하는 이항실험을 생각하자.
   a. 이 실험의 나무그림을 그려라(그림 5-3 참조).
   b. 성공 횟수가 1일 확률 $f(1)$을 구하라.
   c. $f(0)$을 구하라.

d. $f(2)$를 구하라.

e. 적어도 한 번 이상 성공할 확률을 구하라.

f. 기댓값, 분신, 표준편차를 구하라.

32. $n = 10$이고 $p = .10$인 이항실험을 생각하자.

a. $f(0)$을 구하라.

b. $f(2)$를 구하라.

c. $P(x \leq 2)$를 구하라.

d. $P(x \geq 1)$을 구하라.

e. $E(x)$를 구하라.

f. $Var(x)$와 를 구하라.

33. $n = 20$이고 $p = .70$인 이항실험을 생각하자.

a. $f(12)$를 구하라.

b. $f(16)$을 구하라.

c. $P(x \geq 16)$을 구하라.

d. $P(x \leq 15)$를 구하라.

e. $E(x)$를 구하라.

f. $Var(x)$와 를 구하라.

응용문제

34. Nielsen Co.는 Music 360 설문조사를 위해 지난 12개월 동안 십대 청소년들에게 음악을 듣는 방법에 대해 질문했다. 18세 미만의 미국 청소년 중 거의 3분의 2에 달하는 수가 구글(Google Inc.)의 비디오 공유 사이트를 사용하여 음악을 듣고 있다고 응답했으며, 35%가 Pandora Media Inc.의 맞춤형 온라인 라디오 서비스를 사용한다고 응답했다[출처]. 십대 10명을 무작위로 선택하여 그들이 음악을 듣는 방법에 대해 인터뷰한다고 생각해 보자.

a. 십대 10명을 무작위로 선택해서 Pandora Media Inc.의 온라인 서비스 사용 여부를 묻는 것은 이항실험인가?

b. 십대 청소년 중 아무도 Pandora Media Inc.의 온라인 라디오 서비스를 사용하지 않을 확률은 얼마인가?

c. 십대 10명 중 4명이 Pandora Media Inc.의 온라인 라디오 서비스를 사용할 확률은 얼마인가?

d. 십대 10명 중 2명 이상이 Pandora Media Inc.의 온라인 라디오 서비스를 사용할 확률은 얼마인가?

35. The Center for Medicare and Medicaid Services에서는 입원 및 기타 Part A(병원/호스피스 보험) 의료보장 서비스에 대해 295,000건의 이의신청이 있었다고 보고했다. 이 그룹의 경우 1차 항소의 40%가 성공했다[출처]. 의료보장 서비스 이의신청 사무소에서 첫 번째 10건의 이의신청이 접수되었다고 하자.

a. 이의신청 중 한 건도 성공하지 못할 확률을 계산하라.

b. 이의신청 중 정확히 1건이 성공할 확률을 계산하라.

c. 적어도 2건의 이의신청이 성공할 확률은 얼마인가?

d. 이의신청 중 절반 이상이 성공할 확률은 얼마인가?

36. 새 기계가 정상으로 작동했을 때 생산품목 중 3%가 결함이 있다고 한다. 기계에서 생산한 두 개의 부품을 무작위로 선택하고 결함이 있는 부품 수에 관심을 둔다고 하자.

a. 이 상황이 이항실험이 되는 조건을 설명하라.

b. 〈그림 5-4〉와 같이 이 문제를 두 번의 시행으로 이루어진 나무그림으로 그려서 표현하라.

c. 정확히 하나의 결함이 발견되는 실험 결과는 몇 개인가?

d. 결함이 하나도 없을 확률, 정확히 하나 결함이 있을 확률, 두 개 모두 결함일 확률을 각각 구하라.

37. Pew Research Center의 조사에 따르면 미국 성인의 15%가 인터넷을 사용하지 않는다고 한다[출처]. 미국 성인 10명을 무작위로 골랐다고 하자.

a. 성인 10명의 성인을 고르는 것은 이항실험인가? 왜 그런지 설명하라.

b. 성인 10명 중 한 명도 인터넷을 사용하지 않을 확률은 얼마인가?

c. 이들 중 3명이 인터넷을 사용할 확률은 얼마인가?

d. 적어도 한 명이 인터넷을 사용할 확률은 얼마인가?

38. 국방 레이더/미사일 감지 시스템은 적의 공격을 경고하도록 설계된다. 신뢰성 문제는 감지 시스템이 얼마나 공격을 잘 식별해서 경고할 수 있는가에 대한 것이다. 어떤 감지 시스템이 미사일 공격을 감지할 확률이 .90이라고 하자. 이항확률분포를 사용하여 다음 질문에 답하라.

a. 한 개의 감지 시스템이 공격을 감지할 확률은 얼마인가?

b. 동일 지역에 두 개의 감지 시스템을 설치하여 독립적으로 운영한다면 하나 이상의 시스템에서 공격을 감지할 확률은 얼마인가?

c. 시스템을 세 개 설치하면 하나 이상의 시스템에서 공격을 감지할 확률은 얼마인가?

d. 복수의 감시 시스템 사용을 추천하는가? 그 이유를 설명하라.

2020년 Net Applications 조사를 보면 Chrome이 약70% 점유를 보이고, 마이크로소프트 Edge가 8.1%, IE는 4.5% 점유를 보이고 있다.—역자

39. 시장점유율 분석 회사인 Net Applications는 인터넷 브라우저의 사용을 모니터링하고 보고한다. Net Applications에 따르면 2014년 여름에 구글의 브라우저 크롬(Chrome)은 처음으로 시장점유율 20%를 초과했으며 브라우저 시장점유율이 20.37%이었다[출처]. 무작위로 선택된 20명의 인터넷 브라우저 이용자 그룹에 대하여 다음 질문에 답하라.

a. 인터넷 브라우저 이용자 20명 중 정확히 8명이 크롬을 인터넷 브라우저로 사용할 확률을 구하라.

b. 인터넷 브라우저 이용자 20명 중 3명 이상 크롬을 인터넷 브라우저로 사용할 확률을 구하라.

c. 20명의 인터넷 브라우저 이용자 표본에서 크롬 사용자 수의 기댓값을 구하라.

d. 20명의 인터넷 브라우저 이용자 표본에서 크롬 사용자 수에 대한 분산과 표준편차를 구하라.

40. Pew Research Center의 조사에 따르면 부모와 함께 사는 18~34세 사람 중 75%가 가계 지출에 기여한다고 응답했다. 부모와 함께 사는 18~34세의 15명을 무작위 표본으로 선택하여 가계 지출에 기여하고 있는지 물었다.

a. 부모와 함께 사는 18~34세의 자녀 15명을 고르는 것은 이항실험인가? 그 이유를 설명하라.

b. 부모와 함께 사는 18~34세의 자녀 15명 중 가계 지출에 기여하는 사람이 한 명도 없다면 Pew Research의 연구 결과에 의문을 제기할 것인가? 그 이유를 설명하라.

c. 부모와 함께 사는 18~34세의 자녀 15명 중 10명 이상이 가계 지출에 기여하고 있을 확률은 얼마인가?

41. 한 대학교에서 학생의 20%가 기초통계과목을 완수하지 않고 취소한다는 것을 발견했다. 이 과목에 20명이 수강 신청하였다고 하자.

a. 2명 이하의 학생이 취소할 확률을 구하라.

b. 정확히 4명이 수강 취소할 확률을 구하라.

c. 3명 이상의 학생이 취소할 확률을 구하라.

d. 수강 취소하는 학생 수의 기댓값을 구하라.

42. 갤럽 설문조사에 따르면 미국인의 30%가 미국의 상황에 만족한다고 한다[출처]. 국가 연구의 세부과제로 미국인 중 20명을 표본으로 골랐다고 하자.

a. 20명의 미국인 응답자 중에 정확히 4명이 미국 상황에 만족할 확률을 계산하라.

b. 응답자 중 2명 이상이 미국의 상황에 만족할 확률을 계산하라.

c. 미국인 20명으로 이루어진 표본에 대하여 미국 상황에 만족하는 사람 수의 기댓값을 구하라.

d. 미국인 20명으로 이루어진 표본에 대하여 미국 상황에 만족하는 사람 수의 분산과 표준편차를 구하라.

43. 토론토에 소재한 소셜 미디어 분석 회사 Sysomos의 연구에 의하면 전체 트윗의 71%에는 아무런 반응이 없다고 한다. 즉, 이들은 답글이나 리트윗이 없는 트윗들이라는 것이다[출처]. 100개의 트윗을 무작위로 선택한다고 가정하자.

a. 이렇게 반응이 없는 트윗의 기댓값은 얼마인가?

b. 반응이 없는 트윗의 수에 대한 분산과 표준편차는 얼마인가?

5.6 포아송확률분포

이 절에서는 특정 시간 구간 또는 어떤 공간 범위에서 발생하는 사건의 수를 예측하는 데 유용한 이산확률변수를 다룬다. 예를 들면, 한 시간 동안 세차장에 도착하는 자동차의 수, 고속도로 10마일당 보수가 필요한 장소의 수, 100마일의 파이프라인에 누수 발생건수 등을 관심으로 하는 확률변수이다. 만약 아래의 두 가지 성질을 만족하면 발생사건 수는 **포아송확률분포**(Poisson probability distribution)를 따르는 확률변수이다.

포아송확률분포는 대기행렬(waiting line)이 생기는 상황에서 무작위 도착을 모델링하는 데 종종 사용된다.

포아송 실험의 성질

1. 두 개의 구간이 길이가 같으면 사건이 발생할 확률도 같다.
2. 어떤 구간에서 사건이 발생하는(또는 발생하지 않는) 것은 다른 구간에서 사건이 발생하는(또는 발생하지 않는) 것과 서로 독립이다.

포아송확률함수(Poisson probability function)는 식 5-15와 같이 정의된다(포아송확률분포라고도 부른다—역자).

Simeon Poisson은 1802년부터 1808년까지 파리의 Ecole Polytechnique 대학에서 수학을 가르쳤다. 1837년에 그는 나중에 포아송분포로 알려질 내용에 대한 논의를 포함하고 있는 "형사 및 민사 판결확률에 관한 연구"라는 논문을 발표했다.

포아송확률함수

$$f(x) = \frac{\mu^x e^{-\mu}}{x!} \quad (5\text{-}15)$$

여기서 $f(x)$ = 어떤 구간에서 사건이 x개 발생할 확률

μ = 어떤 구간에서 발생하는 사건 수의 기댓값(평균 사건 발생 수)

e = 2.71828⋯

포아송확률분포에서 x는 구간 내에 발생하는 사건 수를 나타내는 이산확률변수이다. x값의 상한(upper limit)은 따로 없으므로 $x = 0, 1, 2, \cdots$에 대하여 확률함수 $f(x)$가 정의된다. 실제 응용에서는 충분히 큰 x에 대해 $f(x)$는 거의 0이 되므로 아주 큰 x값의 확률은 무시할 수 있다.

시간 간격(구간)과 관련된 예제

포아송분포의 특성은 평균과 분산이 같다는 것이다. 평일 오전 15분 동안 은행의 드라이브업(drive-up) 창구에 도착하는 자동차 수에 관심이 있다고 가정해 보자. 동일한 길이의 두 기간 동안 자동차가 도착할 확률은 같고, 어떤 기간 동안에 자동차가 도착하는 것과 다른 기간에 자동차가 도착하는 것이 서로 독립이라고 가정할 수 있으면 포아송확률함수를 적용할 수 있다. 이러한 가정을 만족하고 과거 데이터의 분석결과 15분 동안 도착하는 자동차의 평균 대수가 10대라고 하면, 다음과 같은 확률함수가 적용된다.

Bell 연구소에서는 전화 통화의 도착을 모델링하는 데 포아송확률분포를 이용했다.

$$f(x) = \frac{10^x e^{-10}}{x!}$$

여기에서 확률변수 x는 15분 동안 도착하는 자동차의 수이다.

경영진이 15분 동안 정확히 5명의 고객(자동차)이 도착할 확률을 알고 싶다면 $x = 5$로 하여 다음을 얻는다.

$$15분\ 동안\ 정확히\ 5대가\ 도착할\ 확률 = f(5) = \frac{10^5 e^{-10}}{5!} = .0378$$

15분 안에 5대가 도착할 확률 .0378은 계산기로 확률함수를 계산하여 구한 것이다. 엑셀은 포아송확률과 누적확률을 계산하는 POISSON.DIST라는 함수를 제공한다. 이 함수는 아무리 다양한 경우라도 확률과 누적확률을 쉽게 구해준다. 이 절의 후반부에서 엑셀로 이러한 확률을 계산하는 방법을 살펴본다.

앞의 예에서 포아송분포의 평균은 $\mu =$ (15분 시간 간격마다) 10대이다. 포아송분포의 특성은 분포의 평균과 분산이 같은 값이라는 것이다. 따라서 15분 동안의 도착 수에 대한 분산은 $\sigma^2 = 10$이고, 표준편차는 $\sigma = \sqrt{10} = 3.16$이다.

이 예제에서는 15분의 시간 간격을 다루었으나 다른 시간길이도 사용할 수 있다. 3분 동안 한 대 도착할 확률을 계산하려고 한다고 하자. 15분에 10대 도착하므로 1분에는 평균 10/15 = 2/3대가 도착하는 셈이고 3분 동안 도착하는 평균 자동차 대수는 (2/3)(3분) = 2임을 알 수 있다. 따라서 3분에 x대 도착할 확률은 $\mu = 2$인 포아송확률함수로 구한다.

$$f(x) = \frac{2^x e^{-2}}{x!}$$

3분 동안 한 대 도착할 확률은 다음과 같이 계산한다.

$$3분\ 동안\ 정확히\ 1대가\ 도착할\ 확률 = f(1) = \frac{2^1 e^{-2}}{1!} = .2707$$

앞서 우리는 15분 동안 5명의 도착 확률을 계산하여 .0378을 얻었다. 이는 3분 동안 1명의 도착확률 .2707과 다르다는 것에 주의하라. 어떤 시간 간격 동안의 포아송확률을 계산할 때는 평균 도착률을 그 시간 간격으로 먼저 변환한 후에 확률을 계산해야 한다.

길이 또는 거리 구간과 관련된 예제

시간 간격이 아닌 다른 구간에도 포아송분포를 유용하게 사용할 수 있는 예를 설명하려고 한다. 재포장한 지 한 달 된 고속도로에서 발생한 주요결함에 관심이 있다고 가정하자. 고속도로에서 동일한 거리의 두 개 구간에서 발생하는 결함 수의 확률이 동일하고, 또한 구간에서 결함의 발생 유무는 다른 구간에의 결함 발생과는 무관하다고 가정한다. 따라서 포아송 분포를 적용할 수 있다.

재포장하고 1개월 후 주요결함이 마일당 평균 2건 발생한다고 가정하자. 고속도로의 특정 3마일 구간에서 주요결함이 하나도 발생하지 않았을 확률을 구해 보자. 3마일 길이의 구간에 관심을 두므로 μ = (2개의 결함/마일)(3마일) = 6은 고속도로 3마일 구간의 주요결함의 평균을 나타낸다. 식 5-11을 사용하면 주요결함이 없을 확률은 $f(0) = 6^0 e^{-6}/0! = .0025$이다. 따라서 3마일 구간에 주요결함이 발생하지 않을 가능성은 매우 작다. 실제로, 이 예제에서는 3마일 고속도로 구간에서 적어도 하나 이상의 주요결함이 발생할 확률은 1−.0025 = .9975이다(여사건 확률을 이용하였다.).

엑셀을 이용한 포아송확률의 계산

포아송확률과 누적확률을 계산하는 엑셀 함수는 POISSON.DIST이다. 이항확률 계산의 엑셀 함수와 거의 같은 방식으로 작동한다. 이해를 돕기 위해 이 절의 전반부에서 소개한 예를 살펴보자. 자동차가 15분 간격을 기준으로 평균 도착률 10으로 은행의 drive-up 창구에 도착한다. 〈그림 5-8〉을 참조하여 관련 계산을 설명한다.

자료 입력: 포아송확률을 계산하려면 단위 시간당 평균 발생 횟수(μ)와 계산하고자 하는 발생 횟수(x)를 알아야 한다. 은행 창구의 예에서 관심을 두는 발생 사건은 자동차의 도착이다. 평균 도착률 10을 셀 D1에 입력하였다. 앞에서 우리는 5대가 도착할 확률을 계산했다. 그러나 이제 0부터 20까지 자동차가 도착할 확률을 계산한다고 가정하자. 이를 위해 셀 A4:A24에 0, 1, 2, ⋯, 20을 입력한다.

함수/수식: POISSON.DIST 함수는 세 개의 입력 값이 필요하다. 첫 번째는 x의 값이고 두 번째는 μ의 값이며 세 번째는 False 또는 True이다. 확률이 필요한 경우에는 세 번째에 False를 입력하고, 누적확률이 필요한 경우에는 True를 선택한다. 식 =POISSON.DIST(A4,$D$1,FALSE)을 셀 B4에 입력하여 15분 동안 0대의 도착 확률을 계산한다. 값을 표시한 앞의 워크시트는 0대의 도착 확률이 .0000임을 나타낸다. 셀 B4의 식은 셀 B5:B24에 복사하여 1에서 20까지의 도착 확률을 계산한다. 값을 표시한 워크시트의 셀 B9에서 5대가 도착할 확률은 .0378이다. 이 결과는 앞에서 계산한 것과 같다.

POISSON.DIST 함수를 사용하면 0대부터 20대까지 자동차가 도착할 모든 확률을 계산하는 것이 얼마나 쉬운지 알 수 있다. 계산기를 사용하여 이 계산을 하려면 일일이 입력해야 한다. 엑셀의 차트 도구를 사용하여 도착의 포아송확률분포 그래프도 그렸는데, 〈그림 5-8〉의 워크시트를 참조하라. 이 차트는 15분 간격 동안 도착하는 고객 수에 대한 확률을

〈그림 5-8〉 포아송확률 계산을 위한 엑셀 워크시트

	A	B	C	D	E
1			Mean No. of Occurrences	10	
2					
3	No. of Arrivals (x)	Probability $f(x)$			
4	0	=POISSON.DIST(A4,$D$1,FALSE)			
5	1	=POISSON.DIST(A5,$D$1,FALSE)			
6	2	=POISSON.DIST(A6,$D$1,FALSE)			
7	3	=POISSON.DIST(A7,$D$1,FALSE)			
8	4	=POISSON.DIST(A8,$D$1,FALSE)			
9	5	=POISSON.DIST(A9,$D$1,FALSE)			
10	6	=POISSON.DIST(A10,$D$1,FALSE)			
11	7	=POISSON.DIST(A11,$D$1,FALSE)			
12	8	=POISSON.DIST(A12,$D$1,FALSE)			
13	9	=POISSON.DIST(A13,$D$1,FALSE)			
14	10	=POISSON.DIST(A14,$D$1,FALSE)			
15	11	=POISSON.DIST(A15,$D$1,FALSE)			
16	12	=POISSON.DIST(A16,$D$1,FALSE)			
17	13	=POISSON.DIST(A17,$D$1,FALSE)			
18	14	=POISSON.DIST(A18,$D$1,FALSE)			
19	15	=POISSON.DIST(A19,$D$1,FALSE)			
20	16	=POISSON.DIST(A20,$D$1,FALSE)			
21	17	=POISSON.DIST(A21,$D$1,FALSE)			
22	18	=POISSON.DIST(A22,$D$1,FALSE)			
23	19	=POISSON.DIST(A23,$D$1,FALSE)			
24	20	=POISSON.DIST(A24,$D$1,FALSE)			
25					

	A	B	C	D
1		Mean No. of Occurences		10
2				
3	No. of Arrivals (x)	Probability $f(x)$		
4	0	0.0000		
5	1	0.0005		
6	2	0.0023		
7	3	0.0076		
8	4	0.0189		
9	5	0.0378		
10	6	0.0631		
11	7	0.0901		
12	8	0.1126		
13	9	0.1251		
14	10	0.1251		
15	11	0.1137		
16	12	0.0948		
17	13	0.0729		
18	14	0.0521		
19	15	0.0347		
20	16	0.0217		
21	17	0.0128		
22	18	0.0071		
23	19	0.0037		
24	20	0.0019		
25				

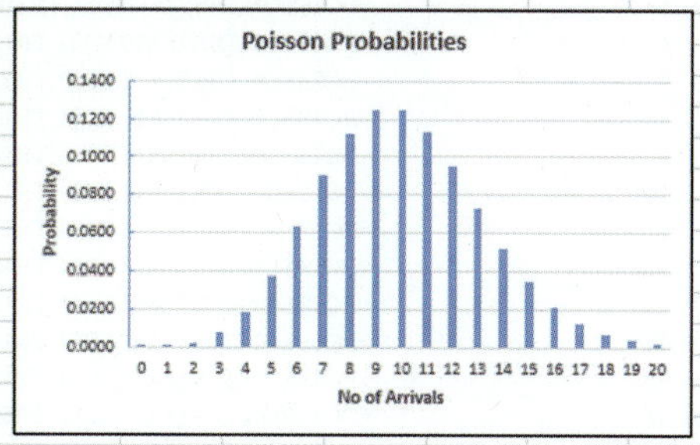

시각적으로 잘 보여준다. 9 또는 10대 도착할 확률이 가장 높고 그보다 더 적거나 큰 값에 대해 점점 확률이 줄어드는 것을 한 눈에 알 수 있다.

이제 엑셀의 POISSON.DIST 함수를 사용하여 누적확률을 계산하는 방법을 살펴보자. 우리가 이미 했던 것을 간단히 확장하면 된다. 은행의 drive-up 창구에 도착하는 예제를 다시 사용한 게신 〈그림 5-9〉를 침조하라.

자료 입력: 누적 포아송확률을 계산하려면 시간당 평균 발생 횟수(μ)와 계산하고자 하는 발생 횟수(x)를 알아야 한다. 평균 도착률 10을 셀 D1에 입력하고, 0에서 20까지 도착에 대한 누적확률을 계산할 수 있도록 셀 A4:A24에 0, 1, 2, ⋯, 20을 입력한다.

함수/수식: 〈그림 5-8〉 뒤쪽의 식이 담긴 워크시트를 참조하라. 〈그림 5-9〉의 셀 B4:B24에 입력한 식은 한 가지를 제외하고는 〈그림 5-8〉과 같다. 세 번째 입력에 False 대신 누적확률을 얻기 위해 True를 입력한다. 〈그림 5-9〉 워크시트의 셀 B4:B24에 표시된 누적확률을 얻는다.

〈그림 5-9〉에서 5대 이하의 자동차가 도착할 확률은 .0671이고, 4대 이하가 도착할 확률은 .0293이다. 따라서 정확히 5대가 도착할 확률은 두 숫자의 차이, 즉 $f(5) = .0671-.0293 = .0378$이다. 이 절의 도입부와 〈그림 5-8〉에서 이 확률을 계산한 것과 일치한다. 이러한 누적확률을 사용하면 변수가 임의의 특정 간격 내에 있을 확률을 쉽게 계산할 수 있다. 예를

〈그림 5-9〉 누적 포아송확률 계산을 위한 엑셀 워크시트

	A	B	C	D	E
1			Mean No. of Occurrences	10	
2					
3	No. of Arrivals (x)	Probability $f(x)$			
4	0	=POISSON.DIST(A4,$D$1,TRUE)			
5	1	=POISSON.DIST(A5,$D$1,TRUE)			
6	2	=POISSON.DIST(A6,$D$1,TRUE)			
7	3	=POISSON.DIST(A7,$D$1,TRUE)			
8	4	=POISSON.DIST(A8,$D$1,TRUE)			
9	5	=POISSON.DIST(A9,$D$1,TRUE)			
10	6	=POISSON.DIST(A10,$D$1,TRUE)			
11	7	=POISSON.DIST(A11,$D$1,TRUE)			
12	8	=POISSON.DIST(A12,$D$1,TRUE)			
13	9	=POISSON.DIST(A13,$D$1,TRUE)			
14	10	=POISSON.DIST(A14,$D$1,TRUE)			
15	11	=POISSON.DIST(A15,$D$1,TRUE)			
16	12	=POISSON.DIST(A16,$D$1,TRUE)			
17	13	=POISSON.DIST(A17,$D$1,TRUE)			
18	14	=POISSON.DIST(A18,$D$1,TRUE)			
19	15	=POISSON.DIST(A19,$D$1,TRUE)			
20	16	=POISSON.DIST(A20,$D$1,TRUE)			
21	17	=POISSON.DIST(A21,$D$1,TRUE)			
22	18	=POISSON.DIST(A22,$D$1,TRUE)			
23	19	=POISSON.DIST(A23,$D$1,TRUE)			
24	20	=POISSON.DIST(A24,$D$1,TRUE)			
25					

	A	B	C	D	E
1		Mean No. of Occurrences		10	
2					
3	No. of Arrivals (x)	Probability $f(x)$			
4	0	0.0000			
5	1	0.0005			
6	2	0.0028			
7	3	0.0103			
8	4	0.0293			
9	5	0.0671			
10	6	0.1301			
11	7	0.2202			
12	8	0.3328			
13	9	0.4579			
14	10	0.5830			
15	11	0.6968			
16	12	0.7916			
17	13	0.8645			
18	14	0.9165			
19	15	0.9513			
20	16	0.9730			
21	17	0.9857			
22	18	0.9928			
23	19	0.9965			
24	20	0.9984			
25					

들어, 6대 이상 15대 이하의 자동차가 도착할 확률을 구한다고 하자. 15대 이하로 도착하는 누적확률을 찾아서 5대 이하 도착할 누적확률을 빼면 된다. 해당 확률을 얻기 위해 〈그림 5-9〉를 참조하면 .9513−.0671 = .8842를 얻는다. 이로부터 6~15대의 자동차가 15분 동안 도착할 확률은 상당히 높다는 결론을 얻을 수 있다. 20대 이하로 도착하는 누적확률을 사용하면 15분 동안 20대보다 많이 도착할 확률은 1−.9984 = .0016이라는 결론을 내릴 수 있다. 따라서 20대를 넘어서 자동차가 도착할 가능성은 거의 없다.

연습문제

기본문제

44. μ = 3인 포아송분포를 생각하자.

a. 해당 포아송확률분포를 식으로 적어라.

b. $f(2)$를 구하라.

c. $f(1)$을 구하라.

d. $P(x \geq 2)$를 계산하라.

45. 단위 시간 동안 평균 2개의 사건이 발생하는 포아송분포를 생각하자.

a. 해당 포아송확률분포를 적어라.

b. 세 시간에 일어나는 사건 수의 기댓값은 얼마인가?

c. 세 시간에 x개의 사건이 일어날 확률을 구할 수 있는 포아송확률분포를 적어라.

d. 한 시간에 2개의 사건이 일어날 확률을 구하라.

e. 세 시간에 6개의 사건이 일어날 확률을 구하라.

f. 두 시간에 5개의 사건이 일어날 확률을 구하라.

응용문제

46. 어느 지역 항공사의 예약 데스크에 시간당 48통의 전화가 걸려 온다.

a. 5분 동안에 3통의 전화가 올 확률을 구하라.

b. 15분 동안 정확히 10통의 전화가 올 확률을 구하라.

c. 현재 대기 중인 전화는 없다고 하자. 상담원이 현재 통화를 완료하는 데 5분이 걸린다면 그때까지 몇 명의 발신자가 기다리고 있겠는가? 아무도 기다리지 않을 확률은 얼마인가?

d. 현재 처리 중인 통화가 없는 경우 상담원이 방해받지 않고 3분 동안 개인 시간을 보낼 수 있는 확률은 얼마인가?

47. 어느 지역 대학교의 전화 등록기간 동안 2분마다 한 통씩 전화가 온다.

a. 1시간 동안의 예상 통화 수는 몇 통인가?

b. 5분 동안 3통의 전화가 올 확률은 얼마인가?

c. 5분 동안 전화가 한 통도 오지 않을 확률은 얼마인가?

48. 1년 동안 뉴욕시는 월요일부터 금요일까지 오후 3시에서 6시 사이에 총 11,232건의 교통사고가 발생했다[출처]. 이는 사고 발생률이 시간당 평균 14.4건이라는 의미이다.

a. 15분 동안 사고가 없을 확률을 계산하라.

b. 15분 동안 1건 이상의 사고가 발생할 확률을 계산하라.

c. 15분 동안 4건 이상의 사고가 발생할 확률을 계산하라.

49. 어느 국제공항의 승객 심사장에 승객이 무작위로 그리고 독립적으로 도착한다. 평균 도착 속도는 분당 10명이다.

a. 1분 동안 아무도 도착하지 않을 확률을 계산하라.

b. 1분 안에 3명 이하의 승객이 도착할 확률을 계산하라.

c. 15초 동안 아무도 도착하지 않을 확률을 계산하라.

d. 15초 동안 1명 이상 도착할 확률을 계산하라.

50. 국립해양대기청에 따르면 콜로라도주에서는 매년 6월마다 평균 18개의 토네이도가 지나간다[출처]. (주의: 6월은 30일까지 있다.)

a. 하루 평균 지나가는 토네이도 수를 구하라.

b. 하루 동안 토네이도가 없을 확률을 구하라.

c. 하루 동안 정확히 하나의 토네이도가 지날 확률을 구하라.

d. 하루 동안 둘 이상의 토네이도를 경험할 확률을 구하라.

51. 매일 5억 개 이상의 트윗이 전송된다[출처]. 시간당 트윗 수는 포아송분포를 따르고 Bob이 점심시간 동안 평균 7개의 트윗을 받는다고 가정하자.

a. Bob이 점심시간 동안 트윗을 한 개도 받지 못할 확률은 얼마인가?

b. Bob이 점심시간 동안 적어도 4개 이상의 트윗을 받을 확률은 얼마인가?

c. Bob의 점심시간 중 처음 30분 동안 받은 트윗 수의 기댓값은 얼마인가?

d. Bob의 점심시간 중 처음 30분 동안 트윗을 한 개도 받지 못할 확률은 얼마인가?

5.7 초기하확률분포

초기하확률분포(hypergeometric probability distribution)는 이항분포와 밀접한 관련이 있다. 두 확률분포는 두 가지 측면에서 다른 점이 있다. 초기하분포는 독립 시행이 아니며, 성공확률도 시행할 때마다 변한다.

초기하분포의 표기에서, 크기 N의 모집단에서 성공으로 표시된 원소의 개수를 r로, 실패로 표시된 원소의 개수는 $N-r$로 나타낸다. **초기하확률함수**(hypergeometric probability function)는 n개의 원소를 비복원 추출했을 때 x개의 성공과 $n-x$개의 실패를 선택하는 확률을 계산한다. 이렇게 되려면 모집단에 있는 r개의 성공 중에서 x개를, $N-r$개의 실패 중에서 $n-x$개를 골라야 한다. 다음의 초기하확률함수 $f(x)$는 n번의 시행에서 x개의 성공을 얻을 확률이다.

초기하확률함수 (초기하분포)

$$f(x) = \frac{\binom{r}{x}\binom{N-r}{n-x}}{\binom{N}{n}} \tag{5-16}$$

여기서
x = 성공 횟수
n = 시행 횟수
$f(x)$ = n번의 시행에서 x번 성공할 확률
N = 모집단의 원소의 개수
r = 모집단에서 성공으로 표시된 원소의 개수

$\binom{N}{n}$은 N개 원소로 이루어진 모집단에서 n개를 선택하는 경우의 수이고, $\binom{r}{x}$는 모집단의 r개의 성공 중에서 x개를 고르는 경우의 수를, $\binom{N-r}{n-x}$는 모집단의 $N-r$개의 실패 중에서 $n-x$개를 고르는 경우의 수를 나타낸다.

초기하확률분포에서 x는 이산확률변수이며 식 5-16의 확률함수 $f(x)$는 $x = 0, 1, 2, \cdots, n$에 대하여 적용된다. 하지만 관측된 성공 횟수는 모집단의 성공 원소 개수(횟수)보다 작거나 같고($x \le r$), 관측된 실패 횟수는 모집단의 실패 원소 개수(횟수)보다 작거나 같을 때만($n-x \le N-r$) 유효하다. x값이 이 두 조건을 만족하지 못하면 해당 확률 $f(x) = 0$으로, 이것은 x번 성공할 확률이 0이라는 것을 의미한다.

식 5-16을 사용하는 예로서 다음과 같은 품질관리 응용예제를 생각해 보자. Ontario Electric에서 생산하는 선기 퓨즈는 각각 12개 단위로 포장된다. 검사관이 테스트 상자에서 12 개의 퓨즈 중 3개를 무작위로 선택한다고 하자. 상자에 불량 퓨즈가 5개 들어 있었다면 검사관이 고른 3개의 퓨즈 중 불량 퓨즈를 1개 발견할 확률은 얼마인가? 여기서 $n = 3$, $N = 12$이다. $r = 5$인 박스에서 $x = 1$개의 불량 퓨즈를 발견할 확률은 다음과 같다.

$$f(1) = \frac{\binom{5}{1}\binom{7}{2}}{\binom{12}{3}} = \frac{\left(\frac{5!}{1!4!}\right)\left(\frac{7!}{2!5!}\right)}{\left(\frac{12!}{3!9!}\right)} = \frac{(5)(21)}{220} = .4773$$

이제 적어도 1개 이상의 불량을 발견할 확률을 구해 보자. 가장 쉬운 방법은 검사자가 불량품을 하나도 발견하지 못할 확률을 먼저 계산하는 것이다. $x = 0$일 확률은 다음과 같다.

$$f(1) = \frac{\binom{5}{0}\binom{7}{3}}{\binom{12}{3}} = \frac{\left(\frac{5!}{0!5!}\right)\left(\frac{7!}{3!4!}\right)}{\left(\frac{12!}{3!9!}\right)} = \frac{(1)(35)}{220} = .1591$$

불량이 없을 확률 $f(0) = .1591$이므로 적어도 하나 이상의 불량이 발견된 확률은 $1-.1591 = .8409$라는 결론을 얻을 수 있다. 따라서 검사자가 적어도 하나 이상의 불량 퓨즈를 발견할 확률은 꽤 높다는 것을 알 수 있다.

초기하분포의 평균과 분산은 다음과 같다.

$$E(x) = \mu = n\left(\frac{r}{N}\right) \quad \text{5-17}$$

$$Var(x) = \sigma^2 = n\left(\frac{r}{N}\right)\left(1-\frac{r}{N}\right)\left(\frac{N-n}{N-1}\right) \quad \text{5-18}$$

앞의 예제에서 $n = 3$, $r = 5$, $N = 12$이므로 불량 퓨즈 개수의 평균과 분산은

$$\mu = n\left(\frac{r}{N}\right) = 3\left(\frac{5}{12}\right) = 1.25$$

$$\sigma^2 = n\left(\frac{r}{N}\right)\left(1-\frac{r}{N}\right)\left(\frac{N-n}{N-1}\right) = 3\left(\frac{5}{12}\right)\left(1-\frac{5}{12}\right)\left(\frac{12-3}{12-1}\right) = .60$$

이고, 표준편차는 $\sigma = \sqrt{.60} = .77$이다.

엑셀을 이용한 초기하확률의 계산

초기하확률 계산을 위한 엑셀의 함수는 HYPGEOM.DIST이다. 이 함수는 첫 번째 x, 두 번째 n, 세 번째 r, 네 번째 N, 다섯 번째 False 또는 True, 이렇게 5개의 입력 값이 필요하다. 확률을 구할 때는 False를, 누적확률을 구할 때는 True를 선택한다. 함수의 사용법은 이항확률을 구할 때 사용한 BINOM.DIST, 포아송확률 계산을 위한 POISSON.DIST와 비슷하므로 워크시트를 그림으로 보이지 않고 함수 사용법만 설명하기로 한다.

12개의 퓨즈가 들어 있는 상자에 불량이 5개인데 그중 3개를 고르는 예제를 생각해 보자. 고를 3개 중에 한 개가 불량일 확률을 계산하려고 한다. 이 경우 5개의 입력 값은 $x = 1$, $n = 3$, $r = 5$, $N = 12$, FALSE이다. 따라서 엑셀 워크시트에는 원하는 셀에 식 =HYPERGEOM.DIST(1, 3, 5, 12, FALSE)를 입력하면 된다. 이렇게 구한 초기하확률은 .4773이다.

3개의 퓨즈 중 하나도 불량이 없을 확률을 구할 때 다섯 개의 입력 값은 $x = 0$, $n = 3$, $r = 5$, $n = 12$, FALSE이다. 따라서 엑셀 워크시트로 이 확률을 구하려면 원하는 셀에 식 =HYPERGEOM.DIST(0, 3, 5, 12, FALSE)를 입력하면 되고, 이 확률은 .1591이다.

누적확률은 다섯 번째 입력 값에 True를 사용하여 비슷한 방식으로 구한다. 예를 들어 많아야 1개의 불량을 발견할 확률을 구하려면 식은 =HYPERGEOM.DIST(1, 3, 5, 12, TRUE)이다. 엑셀 워크시트로 구한 이 경우의 초기하 누적확률은 .6364이다.

5.7 보충 설명

n번의 시행을 갖는 초기하분포를 생각하자. $p=(r/n)$은 첫 번째 시행에서 성공할 확률을 나타낸다. 모집단의 크기가 크면 식 5-18의 항 $(N-n)/(N-1)$은 1에 가까워진다. 결과적으로 기댓값과 분산은 $E(x)=np$, $Var(x)=np(1-p)$이다. 이 식은 식 5-13과 5-14에서 이항분포의 기댓값과 분산을 계산하는 식과 같다는 것에 주목하라. 모집단 크기가 크면 초기하분포는 n개의 시행과 성공확률 $p=(r/n)$을 갖는 이항분포로 근사할 수 있다.

연습문제

기본문제

52. $N=10$, $r=3$이라고 가정하사. 주어진 분제의 n과 x값에 대한 초기하확률을 계산하라.

a. $n=4, x=1.$
b. $n=2, x=2.$
c. $n=2, x=0.$
d. $n=4, x=2.$
e. $n=4, x=4.$

53. $N=15$, $r=4$라고 하자. $x=3$, $n=10$에 대한 초기하확률은 얼마인가?

응용문제

54. 최근 조사에 따르면 미국인 대다수는 상점들을 오가느라 기름 낭비하는 것을 원치 않기 때문에 휴일 농안 온라인 쇼핑을 계획하고 있다고 한다[출처]. 쇼핑객 10명으로 이루어진 한 집단이 있다고 하자. 7명은 휴일에 온라인 쇼핑을 선호하고 3명은 휴일에도 상점에서 쇼핑하는 것을 선호한다. 사람들의 쇼핑 행동이 경제에 어떤 영향을 미치는지에 대한 심층적인 연구를 위해 이 10명의 쇼핑객 중 3명을 무작위 표본으로 골랐다.

a. 정확히 2명이 온라인 쇼핑을 선호할 확률은 얼마인가?

b. 대다수(2 또는 3명)가 온라인 쇼핑을 선호할 확률은 얼마인가?

55. 21이라고도 불리는 블랙잭은 라스베이거스 카지노에서 인기 있는 도박 게임이다. 플레이어는 두 장의 카드를 받는다. 페이스 카드(잭, 퀸, 킹)와 10은 10점이다. 에이스는 1 또는 11점을 가질 수 있다. 52장의 카드 한 벌에는 10점짜리 카드 16장(10, 잭, 퀸, 킹 4장씩)과 4장의 에이스 카드가 포함되어 있다.

a. 카드 두 장 모두 에이스 또는 10점짜리 카드일 확률은 얼마인가?

b. 카드 두 장 모두 에이스일 확률은 얼마인가?

c. 카드 두 장 모두 10점짜리 카드일 확률은 얼마인가?

d. 블랙잭이 되려면 10점짜리 카드 한 장과 에이스 한 장으로 21점이 되어야 한다. a, b, c의 답을 사용하여 플레이어가 블랙잭을 할 확률을 구하라. (힌트: d는 초기하분포 문제가 아니니다. a, b, c의 초기하확률분포 결과를 어떻게 응용할지 논리적으로 생각해 보라.)

56. Axline Computers는 텍사스와 하와이에 있는 두 공장에서 PC를 제조한다. 텍사스 공장에는 40명의 직원이 있고, 하와이 공장에는 20명이 있다. 이 중 10명의 직원을 무작위로 골라 표본을 만들어 설문지 작성을 요청하였다.

a. 표본의 직원이 한 명도 하와이 공장에서 일하지 않을 확률은 얼마인가?

b. 표본의 직원 중 1명이 하와이 공장에서 근무할 확률은 얼마인가?

c. 표본의 직원 중 2명 이상이 하와이 공장에서 근무할 확률은 얼마인가?

d. 표본의 직원 중 9명이 텍사스 공장에서 근무할 확률은 얼마인가?

57. Zagat Restaurant Survey에서는 미국 내 일부 최고급 레스토랑에 대한 음식, 장식 및 서비스 등급을 제공한다. 보스턴에 위치한 15곳의 레스토랑에서 음료와 팁을 포함한 저녁의 평균 가격은 \$48.60이다. 보스턴으로 출장을 떠나서 이 식당들 중 3곳에서 저녁을 먹으려고 한다. 회사는 저녁 식사비로 최대 \$50를 지원해 준다. 이 레스토랑을 잘 아는 사업 파트너는 이 레스토랑의 3분의 1은 식사 비용이 \$50를 넘을 것이라고 말해 주었다. 이 식당 중 3곳을 무작위로 골라 저녁 식사를 한다고 가정하자.
   a. 선택한 곳마다 회사가 부담하는 비용으로 저녁 식사를 해결할 확률은 얼마인가?
   b. 선택한 곳 중 한 군데에서 회사가 부담하는 비용을 초과할 확률은 얼마인가?
   c. 두 번의 저녁 식사가 회사가 부담하는 비용을 초과할 확률은 얼마인가?
   d. 세 번의 저녁 식사 모두 회사가 부담하는 비용을 초과할 확률은 얼마인가?

58. 사과 100상자를 싣는데 썩을 조짐이 보이는 상자가 8개 있다고 하자. 품질관리 검사에서는 무작위로 10개의 상자를 선택한 후, 선택한 상자들을 열어서 썩을 기미가 보이는 사과가 들어있는 상자 수를 센다. 표본에서 썩을 기미가 보이는 상자가 정확히 2개일 확률은 얼마인가?

요약

확률변수는 실험 결과를 수치로 나타낸 것이다. 확률분포는 확률변수가 가질 수 있는 값들에 확률이 어떻게 분포되어 있는지를 설명한다. 어떤 이산확률변수 x의 확률분포는 $f(x)$로 표시하는 확률함수에 의해 정의되고, 이는 확률변수의 각 값의 확률을 제공한다.

이 장에서는 두 가지 유형으로 이산확률분포를 소개하였다. 하나는 확률변수 각 값의 확률을 표로 보여주는 것이다. 하나의 예로서, 상대도수를 사용하여 확률을 할당하는 방법으로 경험적 이산확률분포를 만드는 방법을 살펴보았다. 경험적 이변량분포도 논의하였다. 이변량분포는 두 개의 확률변수 사이의 관계에 관심을 둔다. 이러한 관계의 측도로서 공분산과 상관계수를 계산하는 방법을 다루었다. 또한 금융자산에 대한 시장수익과 관련하여 이변량분포를 가지고 금융 포트폴리오를 만드는 방법을 보였다.

논의한 이산확률분포의 두 번째 유형은 확률변수의 확률을 수학적인 함수를 사용하여 나타내는 것이다. 이항분포, 포아송분포, 초기하분포는 모두 이 유형에 해당한다. 이항분포는 실험에 다음과 같은 성질이 있을 때, n번의 시행에서 x번 성공할 확률을 계산하는 데 사용할 수 있다.

1. 실험은 n개의 동일한 시행으로 이루어진다.
2. 각 시행마다 성공과 실패, 두 가지 결과가 가능하다.
3. 성공확률 p는 시행할 때 바뀌지 않는다. 결과적으로 실패 확률 $1-p$ 역시 시행마다 바뀌지 않는다.
4. 각 시행은 독립적이다.

위의 네 가지 성질을 만족하면 이항확률함수를 사용하여 n번의 시행에서 x번 성공할 확률을 정할 수 있다. 이항분포의 평균과 분산에 대한 공식도 제시하였다.

포아송분포는 시간 간격 또는 공간 구역에 걸쳐 사건이 x번 발생할 확률을 구할 때 사용한다. 포아송분포를 적용하려면 다음 가정이 필요하다.

1. 동일한 길이의 두 간격에 대해 사건 발생 확률이 같다.
2. 어떤 간격에서 사건의 발생 여부는 다른 간격에서 사건의 발생 여부와 무관하다.

세 번째 이산확률변수로 초기하분포를 5.7절에서 다루었다. 이항분포와 마찬가지로 n번 시행에서 x번 성공할 확률을 계산하는 데 사용된다. 그러나 이항분포와 다르게 성공확률이 시행마다 바뀐다.

용어

경험적 이산분포(empirical discrete distribution) 상대도수에 의해 확률을 할당하는 방법으로 얻은 이산확률분포.

기댓값(expected value) 확률변수의 중심 위치를 나타내는 측도. 평균이라고도 한다.

분산(variance) 확률변수의 변동성 또는 산포도를 나타내는 측도.

연속확률변수(continuous random variable) 어떤 구간, 구간 집합에 속하는 어떤 값이라도 가질 수 있는 확률변수.

이변량 확률분포(bivariate probability distribution) 두 개의 확률변수를 다루는 확률분포. 이변량 이산확률분포는 두 개의 확률변수가 갖는 값의 쌍(pairs)에 대한 확률을 제공한다.

이산균일분포(discrete uniform probability distribution) 확률변수가 가질 수 있는 값들의 확률이 모두 똑같은 이산확률분포.

이산확률변수(discrete random variable) 유한한 개수의 값 또는 무한수열 값을 가질 수 있는 확률변수.

이항실험(binomial experiment) 5.5절 초반부에서 언급한 네 가지 성질을 갖는 실험.

이항확률분포(binomial probability distribution) n번의 시행으로 이루어진 이항실험에서 x번 성공할 확률을 나타내는 확률분포.

이항확률함수(binomial probability function) 이항확률을 계산하는 함수.

초기하확률분포(hypergeometric probability distribution) r개의 성공과 $N-r$개의 실패로 구성된 모집단에서 n개를 골랐을 때 x개의 성공을 고를 확률을 나타내는 확률분포.

포아송확률분포(Poisson probability distribution) 특정한 시간 구간이나 공간의 구간에서 사건이 x회 발생할 확률을 나타내는 확률분포.

포아송확률함수(Poisson probability function) 포아송확률을 계산하는 함수.

표준편차(standard deviation) 분산의 양의 제곱근.

확률변수(random variable) 어떤 실험의 결과를 수치값으로 나타낸 것.

확률분포(probability distribution) 확률변수가 가질 수 있는 모든 값들에 대하여 확률이 어떻게 분포되어 있는지를 나타낸 것(종종 확률함수와 같은 의미로 사용하기도 한다).

확률함수(probability function) $f(x)$로 표시되는 함수로 이산확률변수가 어떤 특정 값 x를 가질 확률.

주요 식

이산 균일확률함수

$$f(x) = 1/n \quad \text{5-3}$$

이산확률변수의 기댓값

$$E(x) = \mu = \sum x f(x) \quad \text{5-4}$$

이산확률변수의 분산

$$Var(x) = \sigma^2 = \sum (x-\mu)^2 f(x) \quad \text{5-5}$$

확률변수 x와 y의 공분산

$$\sigma_{xy} = [Var(x+y) - Var(x) - Var(y)]/2 \quad \text{5-6}$$

확률변수 x와 y의 상관계수

$$\rho_{xy} = \frac{\sigma_{xy}}{\sigma_x \sigma_y} \quad \text{5-7}$$

확률변수 x와 y의 선형결합의 기댓값

$$E(ax+by) = aE(x) + bE(y) \quad \text{5-8}$$

확률변수 x와 y의 선형 결합의 분산

$$Var(ax+by) = a^2 Var(x) + b^2 Var(y) + 2ab\sigma_{xy} \quad \text{5-9}$$

n번의 시행에서 정확히 x번 성공하는 실험 결과의 수

$$\binom{n}{x} = \frac{n!}{x!(n-x)!} \quad \text{5-10}$$

이항확률함수(이항확률분포)

$$f(x) = \binom{n}{x} p^x (1-p)^{(n-x)} \quad \text{5-12}$$

이항분포의 기댓값

$$E(x) = \mu = np \quad \text{5-13}$$

이항분포의 분산

$$Var(x) = \sigma^2 = np(1-p) \quad \textbf{5-14}$$

포아송확률함수(포아송분포)

$$f(x) = \frac{\mu^x e^{-\mu}}{x!} \quad \textbf{5-15}$$

초기하확률함수 (초기하분포)

$$f(x) = \frac{\binom{r}{x}\binom{N-r}{n-x}}{\binom{N}{n}} \quad \textbf{5-16}$$

초기하분포의 기댓값

$$E(x) = \mu = n\left(\frac{r}{N}\right) \quad \textbf{5-17}$$

초기하분포의 분산

$$Var(x) = \sigma^2 = n\left(\frac{r}{N}\right)\left(1-\frac{r}{N}\right)\left(\frac{N-n}{N-1}\right) \quad \textbf{5-18}$$

보충 연습문제

59. 미국해안경비대는 사고 발생 당시의 바람 상태를 포함하여 보트사고에 대한 다양한 정보를 제공한다. 오른쪽 표는 4,401건의 사고에 대한 결과를 보여준다[출처]. x를 사고 당시의 바람 상태를 나타내는 확률변수라고 하자. 바람이 없으면 $x=0$, 미풍은 $x=1$, 보통은 $x=2$, 강풍 $x=3$, 폭풍 $x=4$로 정했다.

바람 조건	사고 비율
없음	9.6
미풍	57.0
보통	23.8
강풍	7.7
폭풍	1.9

a. x의 확률분포를 만들어라.

b. x의 기댓값을 구하라.

c. x의 분산과 표준편차를 구하라.

d. 보트사고 중에서 바람상태에 대한 당신의 의견은 어떠한지 적어라.

60. Car Repair Ratings 웹사이트는 미국과 캐나다의 자동차 정비소에 대한 소비자 리뷰와 평가를 제공한다. 서비스가 완료될 때까지 고객이 기다리는 시간은 평가요소 중 하나이다. 오른쪽 표는 캐나다 온타리오주에서 무작위로 선택한 40개 정비소의 대기시간 점수를 요약한 것이다(1 = 느림/지연, 10 = 빠름/정시완료).

대기시간 점수	정비소 수
1	6
2	2
3	3
4	2
5	5
6	2
7	4
8	5
9	5
10	6

a. x = 대기시간 점수의 확률분포를 작성하라.

b. 대기시간 점수가 9점 이상인 자동차정비소는 뛰어난 서비스를 제공하는 것으로 간주된다. 소비자가 다음 서비스를 위해 40개의 정비소 중 하나를 무작위로 선택하는 경우, 선택한 정비소가 뛰어난 서비스를 제공할 확률은 얼마인가?

c. x의 기댓값과 분산은 얼마인가?

d. 평가받은 40개의 자동차정비소 중 7개가 새로운 대리점이라고 한다. 7개의 신규 대리점 중 2개는 뛰어난 대기시간 서비스를 제공하는 것으로 평가되었다. 신규 대리점이 뛰어난 대기시간 서비스 점수를 받을 가능성을 다른 업체와 비교하라.

61. 중서부 대학의 예산책정 과정에서 내년 비용을 9, 10, 11, 12, 13(단위: 백만 달러)으로 예측하고 있다. 실제 비용을 알 수 없으므로 .3, .2, .25, .05, .2의 확률을 각각 할당하였다.

a. 예측비용의 확률분포를 작성하라.

b. 내년에 예측비용의 기댓값은 얼마인가?

c. 내년의 예측비용의 분산은 얼마인가?

d. 해당 연도의 예상소득이 1200만 달러로 추산된다면 대학의 재정 상태에 대한 의견을 말하라.

62. 애틀랜타의 Hartsfield-Jackson 공항서점은 읽을거리(문고본, 신문, 잡지)뿐만 아니라 간식(땅콩, 프레즐, 사탕 등)도 판매한다. POS 단말기는 고객구매에 대한 다양한 정보를 수집한다. 다음 표는 600명의 고객이 최근 구매한 간식 품목 수와 읽을거리 품목 수를 보여준다.

	읽을거리		
간식	0	1	2
0	0	60	18
1	240	90	30
2	120	30	12

a. 표의 데이터를 사용하여 임의로 선택한 고객이 구입하는 x = 간식품목 수와 y = 읽을거리 품목 수에 대한 경험적 이변량 이산확률분포를 만들어라. 고객이 읽을거리 1개, 간식 2개를 구매할 확률은 얼마인가? 고객이 간식 하나만 구매할 확률은 얼마인가? 확률 $f(x=0, y=0) = 0$인 이유는 무엇인가?

b. 구매한 간식품목 수의 주변 확률분포를 작성하라. 기댓값과 분산을 계산하라.

c. 고객이 구매한 읽을거리 수의 기댓값과 분산은 얼마인가?

d. 무작위로 선택한 고객이 구매한 총 품목의 수 t의 확률분포를 작성하라. 기댓값과 분산을 구하라.

e. x와 y 사이의 공분산과 상관계수를 구하라. 구매한 읽을거리 품목의 수와 간식 품목의 수는 어떤 관계가 있는가?

63. Merrill Lynch의 Knowles/Armitage(KA)그룹은 고객이 다양한 투자 포트폴리오를 만들 수 있도록 조언한다. 투자 대안 중 하나는 우수한 배당 수익률을 갖는 글로벌 주식으로 구성된 All World Fund이다. 한 고객이 All World 펀드와 장기국채에 대한 투자로 구성된 포트폴리오에 관심이 있다. All World 펀드의 투자 기대수익률은 7.80%이며 표준편차는 18.90%이다. 장기국채 투자의 기대수익률은 5.50%이고 표준편차는 4.60%이다. 장기국채 투자와 All World 펀드 투자의 공분산은 −12.4이다.

a. 어느 펀드가 더 위험하다고 생각하는가? 그 이유는 무엇인가?

b. KA가 고객에게 All World 펀드에 75%, 장기국채펀드에 25%의 투자를 권유한다면 이 포트폴리오의 기대수익률과 표준편차는 얼마인가? 이 포트폴리오에 $10,000를 투자한 고객의 기대수익률과 표준편차는 몇 달러인가?

c. KA가 고객에게 All World 펀드에 25%, 장기국채펀드에 75%의 투자를 권유한다면 이 포트폴리오의 기대수익률과 표준편차는 얼마인가? 포트폴리오에 $10,000를 투자한 고객의 기대수익률과 표준편차는 몇 달러인가?

d. 공격적인 투자자에게 b와 c 중 어떤 포트폴리오를 추천할 것인가? 보수적인 투자자에게는 어떤 것을 추천하겠는가? 그 이유는 무엇인가?

64. Pew Research Center에서는 인터넷, 스마트폰, 이메일, 유선전화와 같은 기술을 사용하는 성인을 대상으로 설문조사를 실시한 후[출처] 어떤 것이 포기하기 "매우 어려운지" 질문했다. 응답은 다음과 같다: 인터넷 53%, 스마트폰 49%, 이메일 36%, 유선 전화 28%.

a. 성인 인터넷 사용자 20명을 설문조사 할 경우, 3명의 사용자가 포기하기 어렵다고 응답할 확률은 얼마인가?

b. 유선 전화를 소유한 20명의 성인을 대상으로 설문조사를 할 경우 5명 이하가 포기하기 매우 어렵다고 응답할 확률은 얼마인가?

c. 2000명의 스마트폰 사용자를 대상으로 설문조사를 할 경우 포기하기 매우 어렵다고 응답하는 사용자의 예상 수는 얼마인가?

d. 2000명의 이메일 사용자를 대상으로 설문조사를 할 경우 포기하기 매우 어려울 것으로 응답하는 사용자의 예상 인원수는 얼마인가? 분산과 표준편차는 얼마인가?

65. 오른쪽 표는 온라인 세금 프로그램을 사용하여 연방 소득세 신고서를 작성하는 각 연령 그룹의 비율을 보여준다[출처]. 세금 신고 방법을 선택할 때 가장 중요한 요소가 무엇인지 알기 위해서 개인 인터뷰로 구성된 후속연구를 계획 중이다.

연령대	온라인 세금 프로그램(%)
18~34	16
35~44	12
45~54	10
55~64	8
65 이상	2

a. 연방 소득세 신고서를 작성하는 데 온라인 세금 프로그램을 사용하는 납세자가 18~34세의 연령대에서 25명 이상이 되려면 18~34세의 연령대에서 얼마나 많은 납세자를 추출해야 하는가?

b. 연방 소득세 신고서를 작성하는 데 온라인 세금 프로그램을 사용하는 납세자가 25명 이상이려면 35~44세의 연령대에서 얼마나 많은 납세자를 추출해야 하는가?

c. 연방 소득세 신고서를 작성하는 데 온라인 세금 프로그램을 사용하는 납세자가 25명 이상이려면 얼마나 많은 65세 이상의 납세자를 추출해야 하는가?

d. 표본으로 추출된 18~34세의 납세자 수가 a에서 구한 값과 같다면, 온라인 세금 프로그램을 사용하는 납세자 수의 표준편차는 얼마인가?

e. 표본으로 추출된 35~44세의 납세자 수가 b에서 구한 값과 같다면, 온라인 세금 프로그램을 사용하는 납세자 수의 표준편차는 얼마인가?

66. 많은 회사에서 합격판정 샘플링이라는 품질관리 기술을 사용하여 부품, 원자재 등의 선적을 모니터링 한다. 전자

산업에서 구성 부품은 보통 공급업체로부터 큰 로트로 배송된다. 이때 n개 부품을 샘플검사하는 것은 이항실험에서 n번 시행으로 볼 수 있다. 각 부품의 검사 결과는 양호 또는 불량으로 분류된다. Reynolds Electronics는 로트에서 불량 부품이 1%를 초과하지 않으면 해당 공급업체로부터 로트를 합격시킨다. 최근 선적에서 5개의 부품을 무작위 표본으로 골라 시험하였다.

a. 선적의 1%가 불량이라고 가정하자. 5개 부품 표본에 불량이 하나도 없을 확률을 구하라.

b. 선적의 1%가 불량이라고 가정하자. 표본에 불량이 정확히 1개 발견될 확률을 구하라.

c. 선적의 1%가 불량인 경우 표본에서 하나 이상의 불량 부품을 발견할 확률은 얼마인가?

d. 불량이 1개인 경우 선적을 합격시키는 것이 좋은가? 그 이유는 무엇인가?

67. PBS 「News Hour」에 따르면 25~64세의 미국인 중 39.4%가 최소 2년제 대학 학위를 가지고 있다고 한다[출처]. 25~64세의 미국인 50명이 무작위로 선정되었다고 가정하자.

a. 최소 2년제 대학 학위를 소지한 사람은 몇 명이 될 것으로 기대되는가?

b. 최소 2년제 대학 학위를 가진 사람 수의 분산과 표준편차는 얼마인가?

68. 텍사스 Canyon Lake의 Mahoney Custom Home Builders, Inc.는 웹사이트 방문자에게 주택 건축업자를 선택할 때 가장 중요한 것이 무엇인지 물었다. 가능한 응답은 품질, 가격, 고객 추천, 사업년수, 특수 기능이다. 결과에 따르면 응답자의 23.5%가 가장 중요한 요소로 가격을 선택하였다[출처]. Canyon Lake 지역에서 200명의 잠재적 주택 구매자를 선정했다고 하자.

a. 주택 건설업자를 선택할 때 가격을 가장 중요한 요소로 선택하는 사람이 200명 중에서 몇 명일 것으로 예상하는가?

b. 주택 건설업자를 선택할 때 가격을 가장 중요한 요소로 선택한 응답자 수의 표준편차는 얼마인가?

c. 주택 건설업자를 선택할 때 가장 중요한 요소로 가격을 표시하지 않은 응답자 수의 표준편차는 얼마인가?

69. 자동차가 무작위로 그리고 독립적으로 세차장에 도착한다. 동일한 길이의 두 시간 간격에 대해 도착확률은 같다. 평균 도착률은 시간당 15대이다. 주어진 1시간 동안 20대 이상의 차량이 도착할 확률은 얼마인가?

70. 새로운 자동생산 공정에서 하루 평균 1.5건의 고장이 발생하고 있다. 고장과 관련된 비용으로 인해 경영진은 하루 동안 3회 이상의 고장이 발생할 가능성에 대해 걱정하고 있다. 무작위로 고장이 발생하고 동일한 길이의 시간 간격에 대해 고장확률이 동일하며, 한 기간 동안의 고장이 다른 기간의 고장과 무관하다고 가정하자. 하루 동안 고장이 3번 이상 발생할 확률은 얼마인가?

71. 펜실베이니아주에서 사업개발을 담당하는 지역 이사는 중소기업의 사업 실패 건수에 대해 고민하고 있다. 중소기업의 사업 실패가 한 달 평균 10건이라면, 한 달 동안 정확히 4개의 중소기업이 사업에 실패할 확률은 얼마인가? 실패 확률은 2개월 동안 동일하고 어느 달의 실패 발생 여부는 다른 달의 실패 여부와는 무관하다고 가정한다.

72. 고객이 은행에 무작위로 독립적으로 도착한다. 어떤 1분 동안에 한 명이 도착할 확률은 다른 1분 동안의 도착 확률과 동일하다. 분당 평균 3명의 고객이 도착한다고 가정하고 다음 질문에 답하라.

a. 1분 동안 정확히 3명 도착할 확률은 얼마인가?

b. 1분 동안 3명 이상 도착할 확률은 얼마인가?

사례문제 1. Go Bananas!

GGG(Great Grasslands Grains, Inc.)는 다양한 아침 시리얼을 제조·판매한다. GGG의 제품 개발 연구소는 최근에 쌀 플레이크와 바나나 향 마시멜로로 구성된 새로운 시리얼을 만들었다. 이 회사의 마케팅 리서치 부서에서는 새로운 시리얼을 광범위하게 테스트했으며 16온스 상자에 1.6온스에서 2.4온스 사이의 바나나 향 마시멜로가 들어 있으면 소비자가 시리얼을 대단히 좋아 한다는 것을 발견했다.

GGG가 *Go Bananas!*라는 16온스짜리 새로운 시리얼을 생산하고 판매할 준비를 하면서 경영진은 바나나 향 마시멜로의 양에 관심을 갖고 있다. 16온스의 *Go Bananas!* 한 상자에 1.6온스 미만 또는 2.4온스 이상의 바나나 향 마시멜로가 포함되지 않도록 주의시키려고 한다. GGG의 생산 부사장인 Tina Finkel은 25박스의 무작위 표본을 추출하여 바나나 향 마시멜로의 무게측정을 제안하였다. GGG는 매주 25 박스를 검사해서 1.6온스 미만 또는 2.4온스 이상의 바나나 향 마시멜로를 포함하는 박스의 수를 카운트 한다. 바나나 향 마시멜로의 표준 중량을 충족시키지 못하는 상자의 수가 너무 많으면 생산은 중단되고 공정 점검을 시작한나.

Finkel과 그녀의 직원은 모든 16온스짜리 *Go Bananas!* 시리얼 중에 바나나 향 마시멜로의 표준 중량을 충족시키지 못하는 비율이 8%만 되도록 생산 공정을 설계하였다. 많은 논의 끝에 GGG 경영진은 매주의 표본에서 바나나 향 마시멜로 표준중량을 충족시키지 못하는 시리얼이 5박스 이상이 되면 *Go Bananas!*의 생산을 중단하기로 결정하였다.

경영 보고서

다음 문제를 다루는 보고서를 준비하라.

1. 생산 공정이 제대로 작동할 때, 매주의 표본검사로 인해 생산이 중단될 확률을 계산하라. 이 확률을 가지고 *Go Bananas!*의 생산중단 결정에 대한 GGG 관리 정책에 관하여 의견을 서술하라.
2. GGG 경영진은 *Go Bananas!* 생산 공정이 제대로 작동하는 동안에 생산을 중단하는 것이 1%를 넘지 않도록 하고 싶다. 이 목표를 달성하려면 마시멜로의 표준 중량 조건을 지키지 못하는 박스가 몇 개 이상일 때 생산 고정을 중단시켜야 하는가?
3. Finkel은 충분한 자원이 지원된다면 공정이 정상적으로 작동하는데 생산을 중단시키는 경우가 줄어들도록 생산 공정을 재설계할 수 있다고 제안했다. 추출된 상자 중 5박스 이상이 기준을 충족하지 못할 확률을 .01 이하로 줄이기 위해서는, 프로세스가 제대로 작동하고 있는데 마시멜로의 표준 중량을 충족하지 못하는 16온스짜리 *Go Bananas!*의 비율을 현재 8%에서 어느 수준까지 줄여야 하는가?

사례문제 2. McNeil's Auto Mall

McNeil's Auto Mall의 소유주 Harriet McNeil은 그녀의 자동차 대리점이 서비스할 수 있는 것보다 더 많은 고객을 오게 하는 것이 사업을 잘 하는 것이라고 믿고 있다. 그러나 영업사원이 처리할 수 있는 것보다 훨씬 많은 고객이 오는 경우에는, 구매하지 않고 실망해서 떠난 고객을 놓쳐서 손해 볼 수 있다는 것도 알고 있다.

McNeil은 자동차 대리점에서 가장 바쁜 시간인 토요일 아침(오전 8시에서 정오까지)에 일을 할 영업사원의 채용에 대해 관심이 많다. 토요일 아침에는 시간당 평균 6.8명의 고객이 도착한다. 고객은 아침 내내 일정 속도로 도착하며 영업사원은 고객과 평균 1시간을 보낸다고 한다. McNeil의 경험에 따르면, 토요일 오전 동안에는 서비스할 수 있는 수보다 고객이 2명 더 많으면 구매하지 않고 실망해서 떠나는 고객의 손실도 최소로 하면서 높은 수요를 창출하는 인상을 심어주는 최적의 균형을 이룰 수 있다고 결론 내렸다.

McNeil은 토요일 오전 동안 서비스할 수 있는 수보다 고객을 2명 더 많이 유지하는 목표를 달성하려면 얼마나 많은 영업사원이 있어야 하는지 결정하려고 한다. 그녀는 때때로 자신의 대리점에 있는 고객 수가 영업사원의 수를 두 명 이상 초과할 수도 있다는 것을 이해하고 있으며 그럴 가능성이 10% 이하라면 기꺼이 받아들이려고 한다.

경영 보고서

McNeil은 토요일 오전 동안 자신의 기준을 충족시키는 대리점의 영업사원 수를 결정하고 싶다고 요청하였다. McNeil의 요청에 답하기 위해 다음 세 가지 질문을 생각해 보자.

1. 토요일 오전에 대리점에 도착하는 고객 수는 어떤 분포를 따르는가?
2. McNeil가 토요일 오전 대리점에 5명의 영업사원을 두고 있다고 하자. 1의 확률분포를 사용하였을 때, 대리점에 도착한 고객 수가 영업사원 수보다 두 명을 초과할 확률은 얼마인가? 그녀의 토요일 오전 고용 전략이 현재 전해 놓은 목표를 만족시키고 있는가? 그 이유는 무엇인가?
3. 토요일 오전 그녀의 목표를 달성하려면 McNeil의 대리점에 근무해야 할 최소 영업사원 수는 몇 명인가?

사례문제 3. Tuglar Corporation의 고충처리 위원회

몇 년 전 Tuglar Corporation은 경영진과 직원 간의 분쟁을 원만히 해결하기 위해 자원봉사 직원들로 구성된 고충처리 위원회를 만들었다. 매년 경영진은 자원 봉사자에게 고충처리 위원회에 봉사하도록 요청하고, 응답한 봉사자 중에서 10명을 다음 해에 위원회에서 봉사하도록 무작위로 선발한다.

회계 부서에서는 지난 5년간 Tuglar 고충처리 위원회에서 봉사한 직원이 아무도 없기 때문에 고민을 하고 있다. 경영진은 회계 부서의 직원들에게 선택이 무작위로 이루어졌음을 보증했지만, 경영진이 의도적으로 위원회에서 회계 부서 직원을 제외시켰다고 의심하지 않을 수 없었다. 다음 표에는 지난 5년 동안 고충처리 위원회에 자원한 총 자원봉사자 수와 회계부서 직원의 수가 요약되어 있다.

	2013	2014	2015	2016	2017
총 자원봉사자 수	29	31	23	26	28
회계 부서의 지원자 수	1	1	1	2	1

이를 방어하기 위해 경영진은 이 숫자들을 회계 부서에 제공했다. 이러한 수치를 감안할 때 지난 5년 동안 고충처리 위원회에 회계 부서 직원들이 없었던 것은 의심의 여지가 있는가?

경영 보고서

위원회 선발 과정이 무작위인지 아닌지에 대한 문제를 다루면서 다음 질문을 고려해 보라.

1. 고충처리 위원회에서 봉사하도록 선발된 회계 부서의 구성원 수는 어떤 분포를 따르는가?
2. 1의 확률분포를 사용하였을 때, 회계 부서 직원이 한 명도 선발되지 않을 확률은 매년 얼마인가?
3. 2의 확률들을 사용하면, 회계 부서 직원이 지난 5년 동안 봉사에 한 명도 선택되지 않은 확률은 얼마인가?
4. 지난 5년 동안 고충처리 위원회에서 회계 부서의 직원이 없었던 이유는 무엇인가? 회계 부서의 직원이 현재 선발방법을 사용하면서도 고충처리 위원회에 선발될 확률을 높이려면 어떻게 해야 하는가?

사례문제 4. Sagittarius Casino

경쟁우위를 확보하기 위한 Sagittarius Casino의 전략은 고객이 즐길 수 있도록 독특하고 흥미로운 새로운 게임을 정기적으로 만드는 것이다. Sagittarius의 경영진은 카지노가 새로운 게임을 다시 한 번 소개할 때가 되었다고 생각한다. Sagittarius의 연구개발 담당이사인 Lou Zerbit는 이 목표를 달성할 수 있는 새로운 게임을 개발했다고 믿고 있다. 그것은 바로 POSO!라는 이름의 게임인데 다음과 같은 방식으로 게임한다. 플레이어는 1, 2, 3, 4, 5, 6 중에서 두 가지 다른 값을 선택한 후 두 개의 주사위를 굴린다. 플레이어가 선택한 첫 번째 숫자가 두 개의 주사위 중 하나 이상 나타나면 플레이어는 $5.00를 받는다. 플레이어가 선택한 두 번째 숫자가 두 주사위 모두에 나타나면 플레이어는 $10.00를 받는다. 이 중에 어느 것도 발생하지 않으면 플레이어는 아무것도 얻지 못한다.

예를 들어, 어떤 플레이어가 POSO! 게임을 한 번 하면서 다음 카드를 작성한다고 하자.

POSO!	
첫 번째 수(1, 2, 3, 4, 5, 6 중에서 하나 고르시오)	두 번째 수(1, 2, 3, 4, 5, 6 중에서 첫 번째 숫자와 다른 숫자로 하나 고르시오)
4	2
이 숫자가 적어도 하나 이상의 주사위 결과와 같으면 $5를 받는다.	두 주사위의 눈이 모두 이 숫자와 같으면 $10를 받는다.

두 개의 주사위를 굴려서, 적어도 하나의 주사위에서 4가 나오면 플레이어는 $5.00, 두 주사위가 모두 2가 나오면 $10.00, 다른 결과가 발생하면 플레이어는 아무것도 얻지 못한다.

경영 보고서

Sagittarius의 경영진은 이제 POSO!에 대해 세 가지 궁금한 것이 있다. 이 질문들을 보고서에서 다루어라.

1. 그들이 버는 것보다 지불하는 것이 더 많은 것을 원하지 않으

면서도 카지노는 플레이어가 자주 이기는 게임을 제공하기를 바란다. 카지노 관리자는 이것이 게임하는 플레이어를 계속 흥분하게 한다고 믿고 있다. 한 번의 POSO! 게임을 할 때 플레이어가 이길 확률은 얼마인가?

2. POSO! 게임 한 경기에서 플레이어가 이겨서 받는 금액의 기댓값은 얼마인가?
3. Sagittarius의 관리자는 POSO! 게임에서 평균적으로 지불하는 것보다 더 많이 벌어들이기를 원한다. 또한, Sagittarius 같은 카지노는 종종 플레이어에게 작은 베팅을 할 수 있는 기회를 제공하는 게임을 찾고 있으며, 플레이어가 $2.00를 내고 POSO! 한 게임을 하도록 한다. 플레이어가 POSO!를 한 번 하는 데 $2.00를 지불해야 한다면, 한 번의 플레이로 Sagittarius 카지노에서 얻을 수 있는 이익은 얼마인가? POSO! 게임을 한 번 하는데 $2.00를 내고 한다면 Sagittarius는 돈을 버는가, 잃는가? Sagittarius 카지노가 POSO! 게임 한 번에 플레이어에게 부과할 수 있는 최소금액은 얼마인가?

연속확률분포 6

CONTINUOUS PROBABILITY DISTRIBUTIONS

STATISTICS *in* PRACTICE

P&G*

Cincinnati, Ohio

P&G(Procter & Gamble)는 세제, 일회용 기저귀, 처방전 없이 구입할 수 있는 의약품, 치약, 비누, 구강 세척제, 종이수건과 같은 제품을 생산·판매한다. 전 세계적으로 다른 소비재 회사보다 더 많은 카테고리에서 최고의 브랜드를 가지고 있다. P&G는 질레트(Gillette)와 합병한 후 면도기, 블레이드까지 포함해서 많은 개인 위생용품을 생산, 판매한다.

P&G는 의사결정에 통계방법을 적용하는 선도업체로서 공학, 통계, 경영과학, 분석과학, 경영학과 같이 다양한 학문적 배경을 가진 사람들을 고용한다. 이 사람들이 의사결정을 지원하기 위해 사용하는 주요 양적인 기술들은 확률론에 의거한 의사결정 및 위험분석, 고급 시뮬레이션, 품질 개선, 양적 기법들(예: 선형 계획법, 회귀분석, 확률분석)이다.

P&G의 산업화학부(Industrial Chemicals Division)는 코코넛 오일과 같은 천연물질에서 추출하거나 석유에서 추출한 지방 알코올의 주 공급업체이다. 이 부서에서는 지방알코올의 생산 시설 확장에 관련된 경제적 위험과 기회를 알고 싶어서 P&G의 확률적 의사결정 및 위험분석 전문가들에게 도움을 요청했다. 문제를 구조화하고 모델링한 후, 수익성의 핵심은 석유와

© John Sommers II/Reuters

P&G는 의사결정에 통계적 방법을 응용하는 데 있어 선두 기업이다.

코코넛에서 추출한 원료의 비용 차이라고 판단하였다. 미래의 비용은 알려지지 않았지만, 분석가는 다음과 같은 연속확률

* 이 사례는 P&G의 Joel Kohn의 도움을 받아 소개한 내용임을 밝힌다.

STATISTICS

변수를 사용하여 비용을 추정할 수 있었다.

x = 지방알코올 1파운드당 코코넛 오일 가격
y = 지방알코올 1파운드당 석유 원료 가격

수익성의 핵심은 이 두 확률변수의 차이이므로 세 번째 확률변수 $d = x-y$를 사용하였다. x와 y에 대한 확률분포를 결정하기 위해 전문가들을 인터뷰하고, 가격의 차이 d에 대한 확률분포를 위해 이 정보들을 사용하였다. 이 연속확률분포는 가격 차이가 $.0655 이하일 확률이 .90이고, 가격 차이가 $.035 이하일 확률이 .50임을 보여준다. 또한, 가격 차이가 $.0045 이하일 확률은 .10밖에 안 된다.[†]

P&G 산업화학부는 원료 가격 차이의 영향을 정량화하는 것이 분석의 열쇠라고 생각했다. 위와 같이 구한 확률을 원료 가격 차이의 민감도분석에 사용하였고, 이 분석을 통하여 얻은 통찰력으로 경영진에게 건의할 기초자료를 만들었다.

연속확률변수와 확률분포의 사용은 P&G가 지방알코올 생산과 관련된 경제적 위험을 분석하는 데 도움을 주었다. 이 장에서는 통계에서 가장 중요한 확률분포 중 하나인 정규분포를 포함하여 연속확률변수와 확률분포에 대해 살펴본다.

[†] 여기에서 언급한 가격 차이는 독점 데이터를 보호하기 위해 수정하였다.

이전 장에서 우리는 이산확률변수와 확률분포에 대하여 논의하였다. 이 장에서는 연속확률변수를 다룬다. 구체적으로, 우리는 3개의 연속확률분포 — 균일분포, 정규분포, 지수분포 —에 대해 공부한다.

이산확률변수와 연속확률변수를 구분하는 근본적인 차이는 확률 계산에서 나타난다. 이산확률변수의 경우는 확률(질량)함수 $f(x)$를 통해서 확률변수가 어떤 특정 값을 가질 확률을 직접 얻는다. 연속확률변수의 경우는 이 확률함수에 대응하는 것은 **확률밀도함수**(probability density function)인데, 기호로는 $f(x)$로 동일하게 표시한다. 차이점은 확률밀도함수는 확률을 직접 제공하지 않는다는 것이다. 대신에 주어진 구간에 해당하는 $f(x)$ 그래프의 아래 면적(area)을 계산해서 연속확률변수 x가 해당 구간의 값을 가질 확률을 얻는다. 따라서 연속확률변수의 확률을 계산할 때는 확률변수가 어떤 특정 값이 아니라, 어떤 구간의 값을 가질 확률을 계산한다.

한 점에서 살펴보면, $f(x)$ 그래프 아래의 면적은 0이므로 확률변수가 특정 값을 가질 확률은 0이 된다. 이는 연속확률변수 확률의 정의 중 하나이다. 6.1절에서 분포가 균일한 연속확률변수에 대해서 이 개념을 설명한다.

이 장에서는 정규분포를 어떻게 사용하는지에 대해 많은 부분을 할애한다. 정규분포는 광범위한 분야에서 응용되고 통계적 추론에 널리 사용되므로 매우 중요하기 때문이다. 이 장은 지수분포에 대한 논의로 마친다. 지수분포는 대기시간이나 서비스시간과 같은 불확실성 요소가 관련된 응용 분야에 유용하게 사용된다.

6.1 균일분포

시카고에서 뉴욕으로 여행하는 비행기의 비행시간을 나타내는 확률변수 x를 고려하자. 비확률이 구간의 길이에 비례하면, 이 확률변수는 균일분포를 따른다.

행시간은 120분에서 140분 사이의 어떤 값이라고 가정하자. 확률변수 x는 해당 구간의 어떠한 값도 가질 수 있으므로 x는 연속확률변수이다. 실제 비행 데이터가 충분히 많아서, 120분에서 140분 사이의 임의의 1분 간격으로 따져서 비행시간의 확률이 모두 같다는 결론을 내릴 수 있다고 가정하자(상대도수 방법으로). 이와 같은 확률변수 x를 우리는 **균일분포**(uniform probability distribution)를 따른다고 말한다. 비행시간 확률변수의 균일분포를 정의하는 확률밀도함수는 다음과 같다.

$$f(x) = \begin{cases} 1/20 & \text{for } 120 \le x \le 140 \\ 0 & \text{elsewhere} \end{cases}$$

〈그림 6-1〉은 이 확률밀도함수의 그래프이다. 일반적으로 확률변수 x의 균일 확률밀도함수는 다음과 같이 정의된다.

균일 확률밀도함수(균일분포)

$$f(x) = \begin{cases} \dfrac{1}{b-a} & \text{for } a \le x \le b \\ 0 & \text{elsewhere} \end{cases} \quad \text{6-1}$$

비행시간 확률변수의 예제에서 $a = 120$, $b = 140$이다.

앞에서 언급하였듯이 연속확률변수는 확률변수가 어떤 간격 내의 값을 가질 확률을 따진다. 따라서 비행시간 예제에서는 '비행시간이 120분에서 130분 사이일 확률은 얼마인가?'와 같은 질문을 생각해 보자. 다시 말해, '$P(120 \le x \le 130)$는 얼마인가?'이다. 비행시간은 120분에서 140분 사이에 있고, 또 그 확률도 균일하므로 $P(120 \le x \le 130) = .50$이라고 어렵지 않게 답할 수 있다. 다음 절에서는 이 확률을 120에서 130까지의 $f(x)$ 그래프 아래 면적으로 계산할 수 있음을 보인다(그림 6-2 참조).

〈그림 6-1〉 비행시간에 대한 균일분포

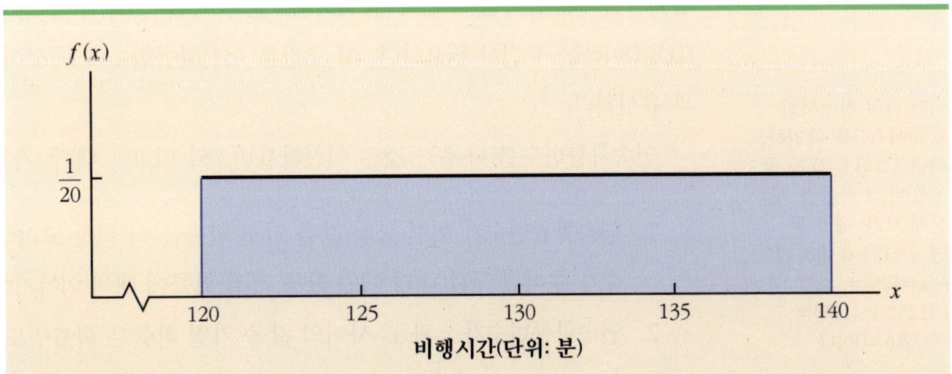

〈그림 6-2〉 표시된 영역은 비행시간이 120분과 130분 사이일 확률을 나타낸다

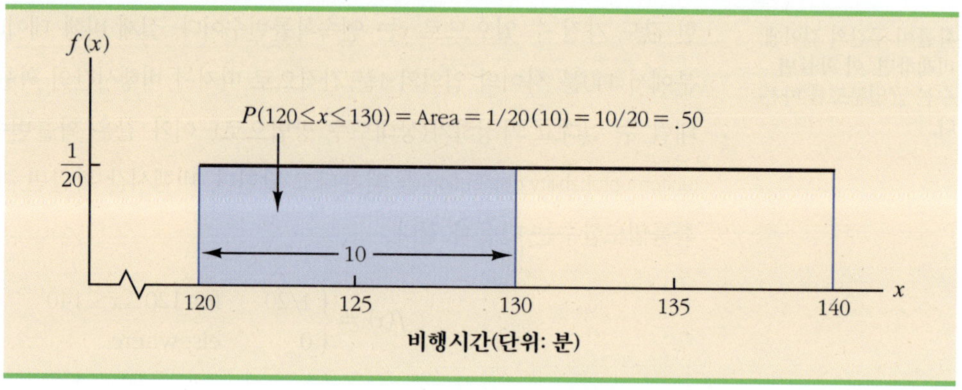

확률의 측도로서의 면적

〈그림 6-2〉의 그래프를 살펴보자. 120에서 130 사이의 구간에서 $f(x)$ 그래프 아래 면적을 고려하자. 그래프 아래의 도형은 직사각형이고 직사각형의 면적은 너비에 높이를 단순히 곱한 것이다. 구간의 너비가 $130-120 = 10$이고, 높이는 확률밀도함수 $f(x) = 1/20$의 값과 같으므로 면적 = 너비×높이 = $10(1/20) = 10/20 = .50$이다.

$f(x)$의 그래프 아래 면적과 확률에 대하여 어떤 것을 관찰할 수 있는가? 이 둘은 동일하다! 실제로 이 관찰은 모든 연속확률변수에 유효하게 통용된다. 일단 확률밀도함수 $f(x)$가 정의되면, 확률변수 x가 x_1에서 x_2 사이의 값을 가질 확률은 $f(x)$의 그래프에서 면적을 계산하여 구할 수 있다(단, $x_1 < x_2$).

비행시간에 대한 균일분포와 확률을 면적으로 해석하면 비행시간에 대한 여러 가지 확률 질문에 답을 얻을 수 있다. 예를 들어, 비행시간이 128분에서 136분 사이일 확률은 얼마인가? 구간의 너비는 $136-128 = 8$이다. $f(x) = 1/20$의 동일한 높이를 가지므로 $P(128 \le x \le 136) = 8(1/20) = .40$임을 알 수 있다.

$P(120 \le x \le 140) = 20(1/20) = 1$이라는 것을 주목하라. 즉, $f(x)$의 그래프 아래의 총면적은 1이다. 이 성질은 모든 연속확률분포에 대해 적용되며 이산확률함수에서 모든 확률의 합이 1이어야 한다는 조건과 유사하다. 연속 확률밀도함수의 경우 x의 모든 값에 대하여 $f(x) \ge 0$이라는 조건이 필요하다. 이 조건은 이산확률함수에 대하여 $f(x) \ge 0$이라는 요구조건과 유사하다.

어떤 단일 점에서의 확률이 0임을 확인하려면 〈그림 6-2〉를 참고하여 그 확률을 계산해 보라. 예를 들면, $x=125$에 대하여 $P(x=125) = P(125 \le x \le 125) = 0(1/20) = 0$이다.

연속확률변수를 다루는 것은 이산확률변수와 비교할 때 두 가지 주요 차이점이 있다.

1. 연속확률변수가 어떤 특정 값을 가질 확률은 더 이상 고려하지 않는다. 대신, 확률변수가 주어진 구간 내의 어떤 값을 가질 확률에 대해 이야기한다.
2. 연속확률변수가 x_1과 x_2 사이의 값을 가질 확률은 확률밀도함수에서 x_1과 x_2 사이의

그래프 아래 면적으로 정의된다. 단일 점은 폭이 0인 구간이므로 연속확률변수가 정확히 어떤 특정 값을 가질 확률은 0이다. 또한 임의의 구간을 가정하는 연속확률변수의 확률은 구간의 끝점이 포함되는지 여부에 관계없이 동일하다.

연속확률변수에 대한 기댓값과 분산의 계산은 이산확률변수에서의 계산과 비슷하다. 그러나 계산에는 미적분이 포함되기 때문에 해당 결과를 유도하는 것은 심화과목을 다루는 교재에서 다루는 것으로 남겨둔다.

이 절에서 소개한 연속균일분포의 기댓값과 분산에 대한 식은 다음과 같다.

$$E(x) = \frac{a+b}{2}$$

$$Var(x) = \frac{(b-a)^2}{12}$$

이 식에서 a와 b는 각각 확률변수가 가질 수 있는 최소값과 최대값이다.

이 식을 시카고에서 뉴욕까지의 비행시간에 대한 균일분포에 적용하면 다음을 얻는다.

$$E(x) = \frac{a+b}{2} = \frac{(120+140)}{2} = 130$$

$$Var(x) = \frac{(b-a)^2}{12} = \frac{(140-120)^2}{12} = 33.33$$

비행시간의 표준편차는 분산의 제곱근을 취하여 구할 수 있다. 따라서 $\sigma = 5.77$분이다.

6.1 보충 설명

확률밀도함수의 높이가 확률이 아닌 이유를 더 명확하게 보려면 다음과 같은 균일분포를 갖는 확률변수에 대해 생각해 보라.

$$f(x) = \begin{cases} 2 & \text{for } 0 \le x \le .5 \\ 0 & \text{elsewhere} \end{cases}$$

확률밀도함수의 높이 $f(x)$는 0과 .5 사이의 x값에 대해 2이다. 그러나 우리는 확률이 1보다 클 수 없다는 것을 알고 있다. 따라서 확률밀도함수 $f(x)$의 값을 x의 확률로 해석할 수 없다.

연습문제

기본문제

1. 확률변수 x는 1.0과 1.5 사이에 균일하게 분포되어 있다.
   a. 확률밀도함수의 그래프를 그려라.
   b. $P(x = 1.25)$를 구하라.
   c. $P(1.0 \le x \le 1.25)$를 구하라.

d. $P(1.20<x<1.5)$를 구하라.

2. 확률변수 x는 10과 20 사이의 균일분포를 따른다.

a. 확률밀도함수의 그래프를 그려라.

b. $P(x<15)$를 구하라.

c. $P(12\leq x\leq 18)$를 구하라.

d. $E(x)$를 구하라.

e. $Var(x)$를 구하라.

응용문제

3. 델타항공은 신시내티에서 탬파까지의 비행시간을 2시간 5분으로 공지하였다. 실제 비행시간이 2시간에서 2시간 20분 사이에 균일하게 분포되어 있다고 가정하자.

a. 비행시간에 대한 확률밀도함수의 그래프를 그려라.

b. 비행시간이 5분 이상 지연되지 않을 확률은 얼마인가?

c. 비행시간이 10분 이상 늦을 확률은 얼마인가?

d. 예상 비행시간(평균)은 얼마인가?

4. 대부분의 컴퓨터 언어는 난수(random number)를 생성하는 기능을 내장함수로 가지고 있다. 엑셀에서는 RAND 함수를 사용하여 0과 1 사이의 난수를 생성할 수 있다. x가 RAND를 사용하여 생성된 난수라고 하면, x는 다음과 같은 확률밀도함수를 갖는 연속확률변수이다.

$$f(x)=\begin{cases}1 & \text{for } 0\leq x\leq 1\\ 0 & \text{elsewhere}\end{cases}$$

a. 확률밀도함수의 그래프를 그려라.

b. 생성한 난수가 .25와 .75 사이일 확률은 얼마인가?

c. 생성한 난수가 .30 이하일 확률은 얼마인가?

d. 생성한 난수가 .60보다 큰 값일 확률은 얼마인가?

e. 엑셀 워크시트의 50개 셀에 =RAND()를 입력하여 50개의 난수를 생성하라.

f. e에서 생성한 난수에 대하여 평균과 표준편차를 계산하라.

5. 2012년 10월, Apple은 iPad Mini로 알려진 Apple iPad보다 훨씬 작은 변형모델을 출시하였다. 무게가 11온스 미만으로 표준 iPad보다 약 50% 가볍고, 배터리 테스트 결과 평균수명은 10.25시간이었다[출처]. iPad Mini의 배터리 수명이 8.5시간에서 12시간 사이에 균일하게 분포되어 있다고 한다.

a. 배터리 수명의 확률밀도함수에 대한 수식을 적어라.

b. iPad Mini의 배터리 수명이 10시간 이하가 될 확률은 얼마인가?

c. iPad Mini의 배터리 수명이 11시간 이상일 확률은 얼마인가?

d. iPad Mini의 배터리 수명이 9.5 시간에서 11.5 시간 사이일 확률은 얼마인가?

e. 출하한 iPad Mini 100개 중에 배터리 수명이 9시간 이상인 제품은 몇 개인가?

6. Gallup Daily Tracking Survey에 따르면 $90,000 이상의 연봉을 받는 미국인의 하루 평균 소비지출은 $136이다[출처]. 주택 구입, 차량 구매, 정기 월별 청구는 소비지출에서 제외했다. x를 하루 소비지출이라고 하자. $a \le x \le b$에 대해 균일한 확률밀도함수가 $f(x) = .00625$로 적용된다고 가정하자.

   a. 확률밀도함수에 대하여 a와 b의 값을 구하라.

   b. 이 그룹에 해당하는 소비자가 매일 $100~200 사이의 금액을 소비지출할 확률은 얼마인가?

   c. 이 그룹에 해당하는 소비자가 매일 $150 이상을 소비지출할 확률은 얼마인가?

   d. 이 그룹에 해당하는 소비자의 일일 소비지출이 $80 이하일 확률은 얼마인가?

7. 어느 토지의 입찰에 관심이 있는데 다른 입찰자도 그 땅에 관심이 있다는 것을 알고 있다고 하자.[1] 판매자는 $10,000를 초과하는 최고입찰이 낙찰될 것이라고 발표했다. 경쟁자의 입찰 금액 x가 $10,000에서 $15,000 사이에 균일하게 분포된 확률변수라 가정하자.

   a. $12,000를 입찰했다면, 이 입찰이 낙찰될 확률은 얼마인가?

   b. $14,000를 입찰했다면, 낙찰될 확률은 얼마인가?

   c. 토지를 획득할 확률을 극대화하려면 얼마를 입찰해야 하는가?

   d. 재산에 대해 $16,000를 기꺼이 지불하려는 사람을 알고 있다고 가정하자. c의 결과보다 적은 금액으로 입찰하는 것을 고려하겠는가? 그 이유는 무엇인가?

6.2 정규분포

프랑스 수학자인 아브라함 드무아브르(Abraham de Moivre)는 1733년에 '확률이론'을 출판했다. 그는 정규분포를 유도하였다.

연속확률변수에서 가장 중요한 확률분포는 **정규분포**(normal probability distribution)이다. 정규분포는 확률변수가 사람들의 키나 몸무게, 시험 점수, 과학적인 측정, 강우량 등과 같은 값들을 갖는 실제 응용 분야에서 폭넓게 사용되어왔다. 뿐만 아니라 이 책의 뒷부분에서 다룰 주요주제인 통계적 추론에도 널리 사용된다. 통계적 추론에서 정규분포는 샘플링을 통해 얻은 결과에 대한 설명을 제공한다.

정규곡선

정규분포의 형태나 모양은 〈그림 6-3〉의 종 모양(bell-shaped) 정규곡선으로 표현된다. 정규분포의 곡선을 정의하는 확률밀도함수는 다음과 같다.

---

1 이 실험은 Northwestern University의 Roger Myerson 교수가 제안한 문제에 기반을 둔다.

〈그림 6-3〉 정규분포의 종 모양 곡선

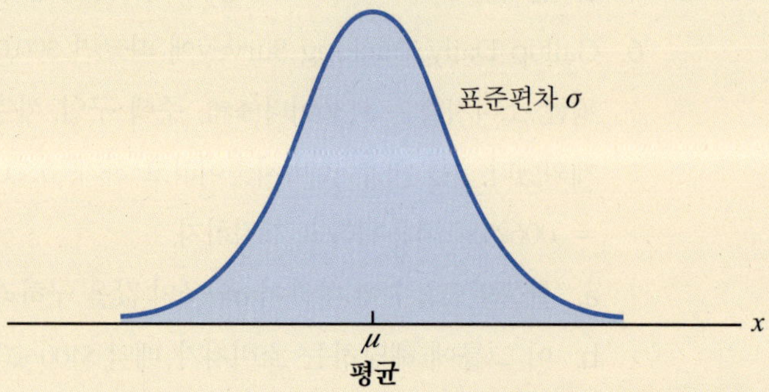

정규확률밀도함수(정규분포)

$$f(x) = \frac{1}{\sigma\sqrt{2\pi}}e^{-\frac{1}{2}\left(\frac{x-\mu}{\sigma}\right)^2} \qquad \textbf{6-2}$$

여기서 μ = 평균
σ = 표준편차
π = 3.14159
e = 2.71828

정규분포의 성질에 대하여 다음과 같은 관찰을 할 수 있다.

정규곡선은 두 개의 모수 μ와 σ를 갖는다. 이 두 모수가 정규분포의 위치와 모양을 결정한다.

1. 모든 정규분포는 평균 μ와 표준편차 σ, 두 개의 모수(parameter)에 의해 구별된다.
2. 정규곡선은 평균에서 가장 높은 값을 가진다. 정규분포에서는 평균(mean), 중앙값(median: 중위수라고도 함), 최빈값(mode)이 모두 같다.
3. 평균은 분포의 위치를 정해주는데, 음수, 0, 양수 중 어떠한 값이라도 될 수 있다. 표준편차는 같지만 평균이 서로 다른 (−10, 0, 20) 세 정규분포는 다음과 같이 그려진다.

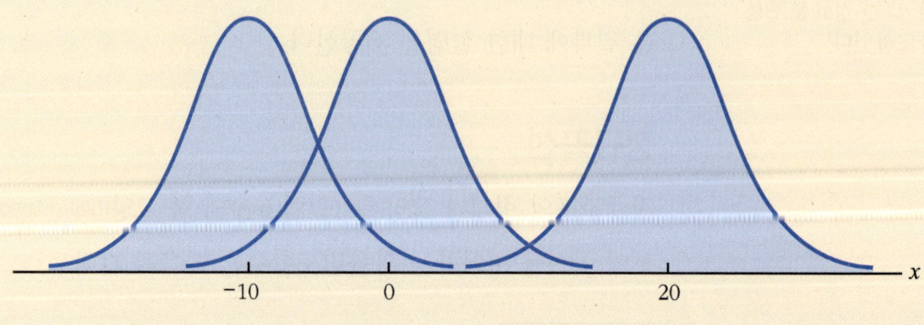

4. 정규분포는 좌우대칭(symmetric)이다. 평균을 중심으로 왼쪽 부분은 오른쪽 부분을 거울로 비춘 것과 같다. 정규곡선의 양쪽 꼬리는 무한대로 계속되며 이론적으로 가로축에 절대 닿지 않는다. 정규분포는 대칭이므로 어느 한쪽으로 치우침이 없다. 따라서 왜도(skewness)는 0이다.
5. 표준편차는 정규곡선이 얼마나 평평하고 넓게 분포되어 있는지 그 모양을 결정한다. 표준편차가 크면 곡선은 더 넓어지고 평평해지며, 이는 데이터의 변동성이 더 크다는 것을 보여준다. 평균은 같지만 표준편차가 다른 두 정규분포는 다음과 같다.

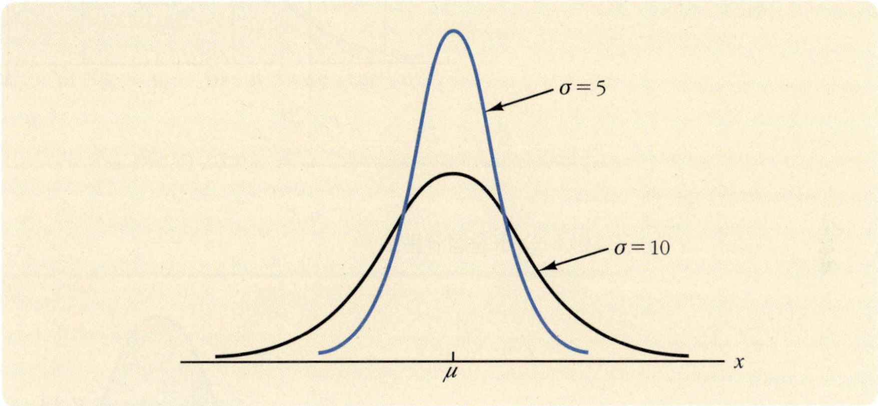

6. 정규확률변수의 확률은 정규곡선 아래의 면적으로 주어진다. 정규분포의 곡선 아래의 전체 면적은 1이다. 좌우대칭이므로 평균을 중심으로 왼쪽에 해당하는 넓이는 .50이고 평균을 중심으로 오른쪽 넓이 또한 .50이다.
7. 자주 사용되는 구간에 대한 백분율 값은 다음과 같다.
   a. 정규확률변수가 갖는 값들 중 68.3%는 평균으로부터 ±1 표준편차 사이에 있다.
   b. 정규확률변수가 갖는 값들 중 95.4%는 평균으로부터 ±2 표준편차 사이에 있다.
   c. 정규확률변수가 갖는 값들 중 99.7%는 평균으로부터 ±3 표준편차 사이에 있다.

이 백분율 값들은 3.3절에서 다룬 경험적 규칙의 근거가 된다.

〈그림 6-4〉는 a, b, c의 성질을 그래프로 보여준다.

표준정규분포

평균이 0이고 표준편차가 1인 정규분포를 갖는 확률변수를 우리는 **표준정규분포**(standard normal probability distribution)를 따른다고 말한다. 이 특별한 정규확률변수를 표현하기 위해 z를 많이 사용하고 있다. 〈그림 6-5〉는 표준정규분포의 그래프이다. 다른 정규분포와 비슷한 모양을 가지고 있지만 $\mu = 0$이고 $\sigma = 1$인 특별한 성질을 가지고 있다.

$\mu = 0$이고 $\sigma = 1$이므로 표준정규확률밀도함수의 식은 식 6-2의 단순화된 형태가 된다.

〈그림 6-4〉 정규분포의 곡선 아래의 면적

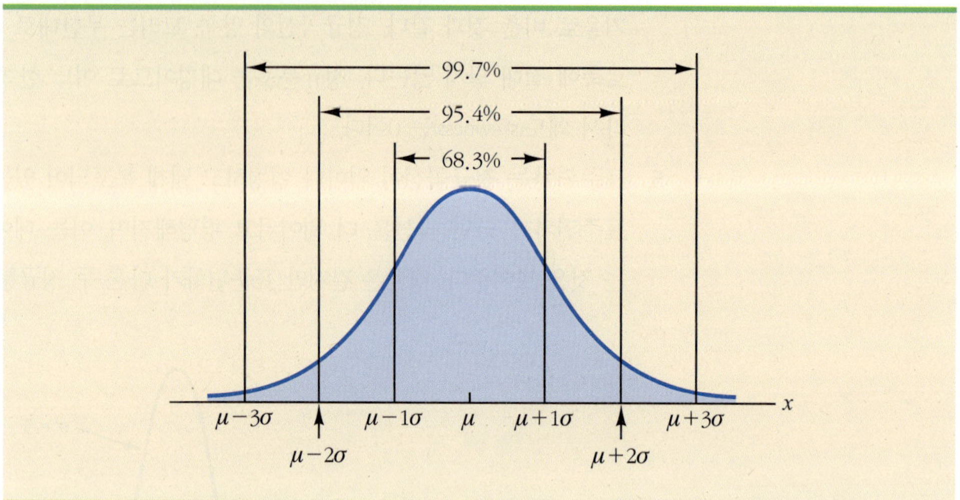

〈그림 6-5〉 표준정규분포

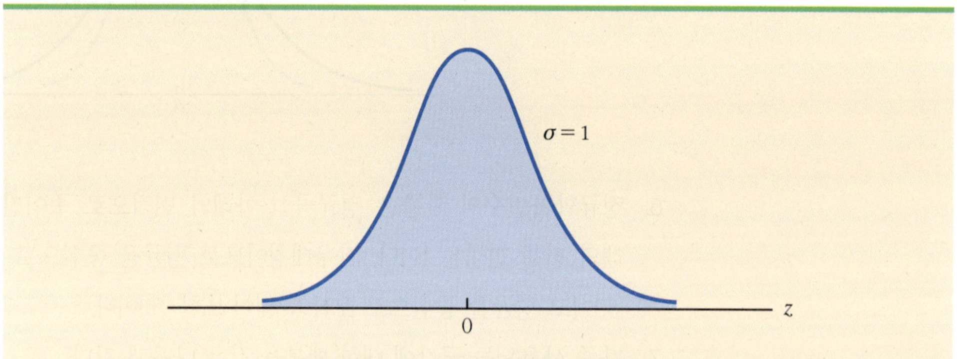

표준정규분포

$$f(z) = \frac{1}{\sqrt{2\pi}} e^{-\frac{z^2}{2}}$$

다른 연속확률변수와 같이 모든 정규분포의 확률 계산은 확률밀도함수 그래프 아래 면적을 계산하여 구할 수 있다. 따라서 정규확률변수가 어떤 특정 구간에 속할 확률을 구하기 위해서는 그 구간에 해당하는 정규곡선 아래의 면적을 계산해야만 한다.

정규확률밀도함수에서는 정규곡선의 높이가 변하므로 확률을 나타내는 곡선 아래 면적을 계산하는 데에는 고급수학이 필요하다.

표준정규분포의 표준정규곡선 아래의 면적을 계산한 표가 정리되어 있고 확률 계산에 이를 사용할 수 있다. 이 표는 부록 B 〈표 1〉에 두 페이지로 나타내었다. 앞 페이지의 표에는 평균이 0보다 작거나 같은 z-값에 대한 면적(누적확률)이 계산되어 있다. 뒤 페이지에는 평균이 0보다 크거나 같은 z-값에 대한 면적(누적확률)이 계산되어 있다.

우리가 계산해야 하는 확률은 (1) 표준정규확률변수 z가 주어진 값보다 작거나 같은 확률, (2) z가 주어진 두 값 사이에 있을 확률, (3) z가 주어진 값보다 크거나 같은 확률, 이렇게 세 종류가 있다. 표준정규분포의 누적확률표를 사용하여 이 세 가지 유형의 확률을 계산하는 방법을 몇 가지를 예를 통해 살펴보자.

먼저 z가 1.00 이하일 확률, 즉 $P(z \leq 1.00)$를 어떻게 계산하는지 살펴본다. 이 누적확률은 다음 그래프에서 $z = 1.00$ 왼쪽에 해당하는 정규곡선 아래 면적이다.

표준정규확률변수는 연속이므로 $P(z \leq 1.00) = P(z < 1.00)$이다.

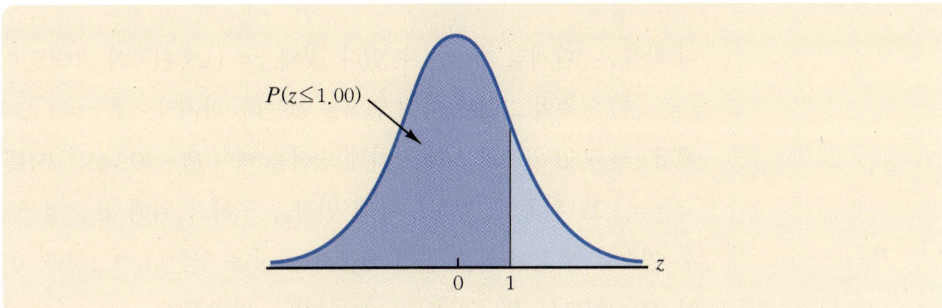

부록 B의 〈표 1〉을 참조하라. $z = 1.00$에 해당하는 누적확률은 표에서 1.0으로 표시된 행과 .00으로 표시된 열의 교차점에 있는 값이다. 먼저 표의 왼쪽 열에서 1.0을 찾은 후, 가장 위의 행에서 .00을 찾는다. 표 안쪽을 살펴보면 1.0 행과 .00 열의교차점에서 .8413이라는 값을 확인할 수 있다. 따라서 $P(z \leq 1.00) = .8413$이다. 확률표에서 발췌한 다음 그림에서 이 과정을 보여준다.

z	.00	.01	.02
⋮			
.9	.8159	.8186	.8212
1.0	.8413	.8438	.8461
1.1	.8643	.8665	.8686
1.2	.8849	.8869	.8888
⋮			

$P(z \leq 1.00)$

두 번째 유형의 확률 계산을 위해, z가 $-.50$과 1.25 사이에 있을 확률, 즉 $P(-.50 \leq z \leq 1.25)$를 계산해 보자. 다음 그림은 그래프의 면적 또는 확률을 보여준다.

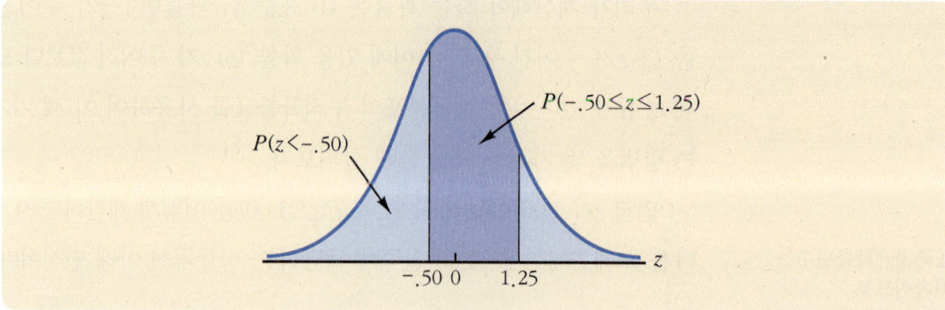

이 확률은 3단계로 계산할 수 있다. 첫째, $z=1.25$ 왼쪽의 그래프 아래 면적을 찾는다. 둘째, $z=-.50$ 왼쪽의 그래프 아래 면적을 찾는다. 마지막으로 $z=1.25$ 왼쪽의 그래프 아래 면적에서 $z=-.50$ 왼쪽의 그래프 아래 면적을 빼어 $P(-.50\le z\le 1.25)$를 찾는다.

$z=1.25$ 왼쪽의 그래프 아래 면적을 구하기 위해 표준정규확률표에서 1.2행을 찾은 후 옆으로 움직여서 .05열에 해당하는 값을 찾는다. 1.2행과 .05열에 해당하는 표의 값이 .8944이므로 $P(z\le 1.25)=.8944$이다. 마찬가지로 $z=-.50$ 왼쪽의 그래프 아래 면적을 구하기 위해 표의 왼쪽 페이지를 사용하여 −.5행과 .00열에서 표의 값을 찾으면 값이 .3085이고 $P(z\le -.50)=.3085$이다. 따라서 $P(-.50\le z\le 1.25)=P(z\le 1.25)-P(z\le -.50)=.8944-.3085=.5859$이다.

z가 주어진 두 값 사이에 있을 확률을 계산하는 다른 예제를 살펴보자. 종종 정규확률변수가 평균으로부터 '몇 표준편차' 사이에 있는 값을 가질 확률을 계산할 필요가 있다. 표준정규확률변수가 평균에서 '1 표준편차' 내에 있을 확률, 즉 $P(-1.00\le z\le 1.00)$을 계산한다고 하자. 이 확률을 구하려면 표준정규곡선 아래 −1.00에서 1.00 사이의 면적을 구해야 한다. 앞에서 우리는 $P(z\le 1.00)=.8413$임을 확인하였다. 부록 B의 〈표 1〉을 다시 참고하면 $z\le -1.00$ 아래의 면적이 .1587임을 알 수 있다. 따라서 $P(-1.00\le z\le 1.00)=P(z\le 1.00)-P(z\le -1.00)=.8413-.1587=.6826$이다. 이 확률은 다음 그림에서 보는 것과 같다.

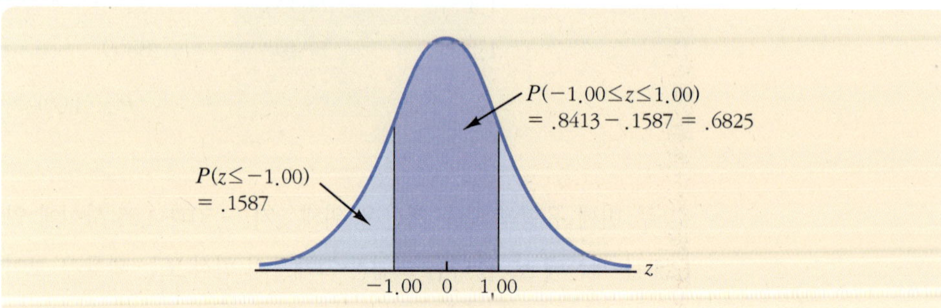

세 번째 유형의 확률 계산방법을 이해하기 위해 z가 1.58보다 큰 값을 가질 확률, 즉

$P(z\geq1.58)$을 계산해 보자. $z = 1.5$행과 .08열의 교차점에 있는 누적정규확률은 $P(z\leq1.58) = .9429$이다. 정규곡선 아래의 전체 면적은 1이므로 $P(z\geq1.58) = 1-.9429 = .0571$이다. 이 확률은 아래 그림과 같다.

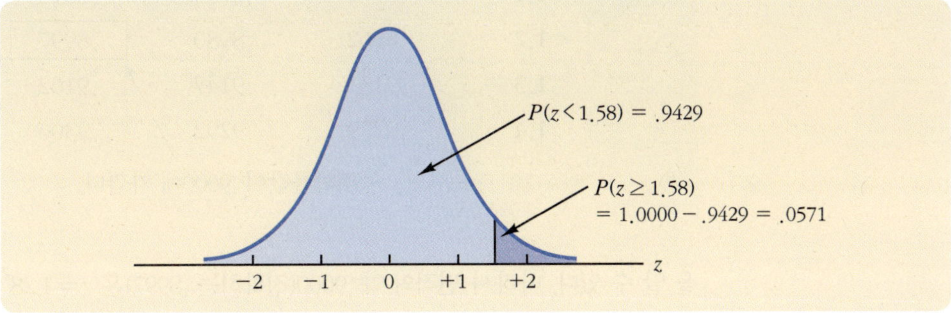

앞의 예제에서 우리는 주어진 z-값에 대한 확률을 어떻게 계산하는지 살펴보았다. 어떤 상황에서는 주어진 확률에 해당하는 z-값을 역으로 찾아야 할 때가 있다. 표준정규확률변수가 z-값보다 클 확률이 .10일 때 z-값을 구해 보자. 다음 그림은 이 상황을 도식적으로 보여준다.

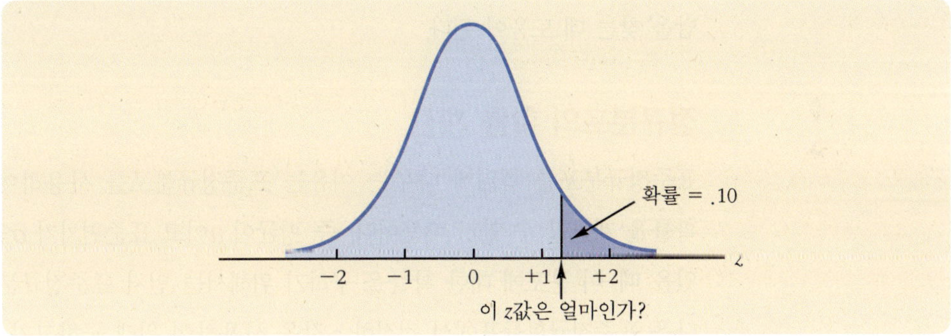

확률이 주어지면 표준정규확률표를 역으로 사용하여 해당하는 z-값을 구할 수 있다.

이 문제는 앞의 예제 문제들과 반대이다. 이전에는 관심을 두고 있는 z-값을 정하고 이에 해당하는 확률이나 면적을 구하였다. 이번에는 확률 또는 면적이 주어지고 이에 해당하는 z-값을 찾는다. 표준정규확률표를 역으로 이용하면 된다.

표준정규확률표는 특정 z-값의 왼쪽 부분의 곡선 아래 면적을 제공한다. 곡선의 우측 꼬리 면적이 .10이라는 정보가 주어졌다. 따라서 미지의 z-값 왼쪽의 곡선 아래 면적은 .9000이어야 한다. 표 안을 살펴보면 .8997이 .9000에 가장 가까운 누적확률값이다.

.8997을 기준으로 표의 가장 왼쪽 열과 맨 위의 행에서 z-값을 읽으면 해당 z-값은 1.28임

z	.06	.07	.08	.09
⋮				
1.0	.8554	.8577	.8599	.8621
1.1	.8770	.8790	.8810	.8830
1.2	.8962	.8980	.8997	.9015
1.3	.9131	.9147	.9162	.9177
1.4	.9279	.9292	.9306	.9319
⋮				

누적확률값이 .9000에 가깝다.

을 알 수 있다. 따라서 면적의 약 .9000(정확히는 .8997)은 $z = 1.28$[2] 왼쪽에 있을 것이다.

예제에서 표준정규확률변수 z의 값에 상응하는 확률을 찾기 위해 표준정규분포의 누적확률표를 사용하는 방법을 살펴보았다. 두 가지 유형의 질문을 할 수 있다. 첫 번째 유형은 특정 z-값에 대하여 해당하는 확률을 구하는 데 표를 사용하는 문제이다. 두 번째 유형은 그래프 아래 면적 또는 확률을 먼저 알려주고 표를 사용하여 해당 z-값을 구하는 문제이다. 따라서 표준정규확률표를 사용하여 원하는 질문에 답할 수 있어야 한다. 대부분의 경우 표준정규분포의 그래프를 그리고 문제에서 다루는 영역을 색칠하면 문제 상황을 시각화하고 답을 찾는 데 도움이 된다.

정규분포의 확률 계산

표준정규분포를 폭넓게 다루는 이유는 표준정규분포를 사용하여 모든 정규분포에 대한 확률을 계산할 수 있기 때문이다. 즉, 평균이 μ이고 표준편차가 σ인 어떤 정규분포를 알고 있을 때, 이 분포에 대한 확률을 구하기 위해서는 먼저 표준정규분포로 변환해야 한다. 그 다음 표준정규확률표에서 적절한 z-값을 사용하여 원래 구하고자 했던 확률을 구한다. 평균이 μ이고 표준편차가 σ인 어떤 정규확률변수 x를 표준정규확률변수 z로 변환하는 공식은 다음과 같다. z를 x의 표준화 값이라고 한다.

표준정규확률변수의 공식은 3장에서 소개한 데이터 세트의 z-값(z-score) 계산공식과 비슷하다.

표준정규확률변수로의 변환

$$z = \frac{x - \mu}{\sigma} \quad \text{6-3}$$

---

2 그래프 아래 면적이 .9000인 해당 z-값에 대하여 보다 정확한 근사값을 얻기 위해 표의 자료를 가지고 보간법을 사용할 수 있다. 이를 사용하여 소수점 이하 셋째 자리까지 계산하여 구하면 z-값은 1.282가 된다. 그러나 대부분의 실제 상황에서는 표에서 원하는 확률에 가장 가까운 값을 사용하여도 충분한 정확도를 얻을 수 있다.

x의 값이 평균 μ와 같으면 $z = (\mu-\mu)/\sigma = 0$이 된다. 따라서 x가 평균 μ와 같을 때에는 $z=0$임을 알 수 있다. 이제 x가 평균보다 1 표준편차만큼 큰 값이라고 하자. 즉, $x = \mu+\sigma$이다. 식 6-3을 사용하면 이에 해당하는 z-값은 $z = [(\mu+\sigma)-\mu]/\sigma = \sigma/\sigma = 1$이다. 따라서 평균보다 1 표준편차만큼 큰 x값에 해당하는 표준화 값은 $z=1$이다. 다시 말하면 우리는 z-값을 정규확률변수 x가 평균 μ로부터 떨어져 있는 거리의 표준편차의 배수로 해석할 수 있다.

어떤 정규분포에 대하여 이 변환을 통해 어떻게 확률을 계산할 수 있는지 살펴보기 위해 $\mu=10$이고 $\sigma=2$인 정규분포를 가정하자. 확률변수 x가 10과 14 사이에 있을 확률은 얼마인가? 식 6-3을 사용하면 $x=10$에서 $z = (x-\mu)/\sigma = (10-10)/2 = 0$이고, $x=14$에서 $z = (14-10)/2 = 4/2 = 2$이다. 따라서 x가 10과 14 사이에 있을 확률은 z가 0과 2 사이에 있을 확률과 같다. 다시 말하면 우리가 구하고자 하는 확률은 확률변수 x가 그의 평균과 평균보다 2 표준편차만큼 큰 숫자 사이에 있을 확률을 구하는 것이다. 표준정규확률표를 사용하여 $z=2.00$를 찾으면 $P(z\leq 2) = .9772$임을 알 수 있다. $P(z\leq 0) = .5000$이므로 $P(.00\leq z\leq 2.00) = P(z\leq 2)-P(z\leq 0) = .9772-.5000 = .4772$를 얻는다. 따라서 x가 10과 14 사이에 있을 확률은 .4772이다.

Grear Tire Company 문제

이제 정규분포를 실제 문제에 응용해 보자. Grear Tire Company가 전국 할인점 체인을 통해 판매할 철선이 들어간(steel-belted) 새로운 래디얼 타이어를 개발했다고 하자. 타이어는 새 제품이므로 Grear의 관리자는 타이어와 함께 제공되는 마일리지 보증이 제품 판매에 중요한 요소가 될 것이라고 생각하고 있다. 타이어 마일리지 보장정책을 매듭짓기 전에 Grear의 관리자는 타이어의 사용 가능한 마일 수에 대해 확률정보가 필요하였다. 확률변수 x는 타이어의 수명을 마일 수로 나타낸 것이다.

Grear의 기술팀에서는 실제 도로주행시험을 통해 평균 타이어 수명이 $\mu=36{,}500$마일, 표준편차 $\sigma=5000$으로 추정하였다. 또한 수집한 데이터는 정규분포를 따르는 것으로 보아도 타당하다고 결론내렸다. 타이어 중에 몇 퍼센트가 40,000마일 이상 사용할 수 있는가? 즉, 타이어 마일리지 x가 40,000을 초과할 확률은 얼마인가? 이 질문에 대한 답은 〈그림 6-6〉에서 어둡게 음영처리된 면적을 구함으로써 찾을 수 있다.

$x=40{,}000$의 z-값은 다음과 같다.

$$z = \frac{x-\mu}{\sigma} = \frac{40{,}000-36{,}500}{5000} = \frac{3500}{5000} = .70$$

이제 〈그림 6-6〉의 아랫부분을 보자. Grear Tire 정규분포에서 $x=40{,}000$에 해당하는 표준정규분포의 z-값은 .70임을 알 수 있다. 표준정규확률표를 사용하면 $z=.70$ 왼쪽의 그

〈그림 6-6〉 Grear Tire Company의 마일리지 분포

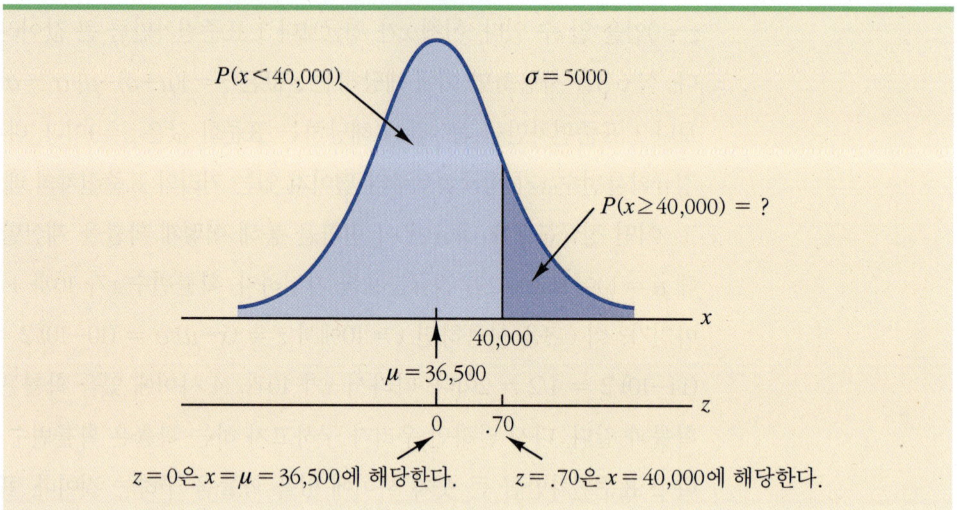

래프 아래 면적은 .7580이다. 따라서, 1.000−.7580 = .2420은 z가 .70을 초과할 확률, x가 40,000을 초과할 확률이다. 우리는 타이어 중 24.2%의 수명이 40,000마일을 초과할 것이라는 결론을 얻을 수 있다.

이제 Grear는 타이어 수명을 보장하고, 타이어가 보장하는 주행거리를 견디지 못하는 경우에는 교체용 타이어에 대하여 할인을 제공하는 보증을 고려하고 있다고 해 보자. Grear가 할인보증을 받는 비율이 타이어의 10% 이하가 되기를 원하는 경우에 보장 마일리지는 얼마가 되어야 하는가? 이 질문을 〈그림 6-7〉에 도식적으로 풀어 설명하였다.

〈그림 6-7〉에 따르면, 구해야 하는 보증 마일리지 왼쪽의 그래프 아래 면적은 .10이어야 한다. 따라서 표준정규분포의 좌측 꼬리에서 .10을 잘라내는 z-값을 찾아야 한다. 표준정규확률표를 사용하면 $z = -1.28$에서 좌측 꼬리 면적이 .10이 된다. 따라서 $z = -1.28$이 Grear

〈그림 6-7〉 Grear의 할인 보증

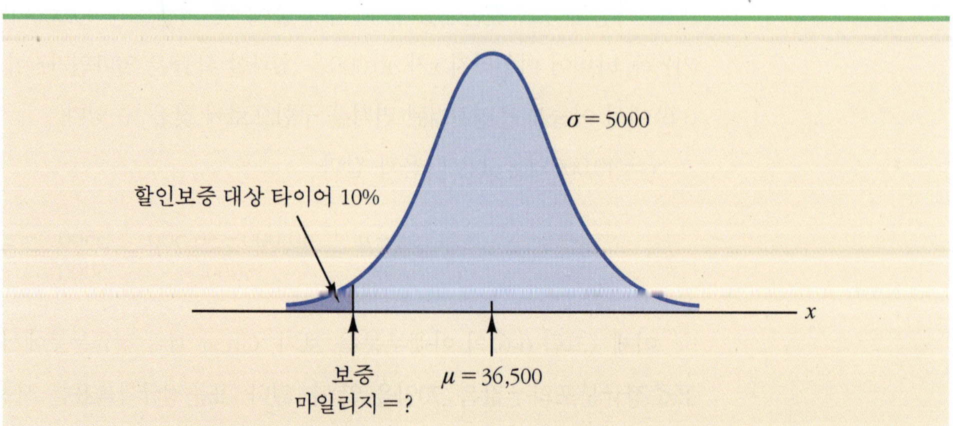

Tire 정규분포에서 구하고자 하는 마일리지 보증의 표준화 값이다. $z = -1.28$에 해당하는 x의 값은 다음과 같이 구한다.

구하고자 하는 보증 마일리지는 평균보다 1.28표준편차 만큼 작다. 따라서 $x=\mu-1.28\sigma$이다.

$$z = \frac{x-\mu}{\sigma} = -1.28$$

$$x-\mu = -1.28\sigma$$

$$x = \mu - 1.28\sigma$$

$\mu = 36{,}500$, $\sigma = 5{,}000$라고 했으므로

$$x = 36{,}500 - 1.28(5{,}000) = 30{,}100.$$

보증 마일리지를 30,000마일로 설정하면 실제 할인보증비율은 9.68%가 될 것이다.

따라서 30,100마일의 보증은 타이어의 약 10%가 보증을 받을 수 있는 조건을 충족시킨다. 아마도 이 정보로 회사는 타이어 마일리지 보장을 30,000마일로 설정할 것이다.

의사결정 정보를 제공할 때 확률분포가 중요한 역할을 한다는 것을 다시 한 번 확인할 수 있었을 것이다. 즉, 특정 상황에서 확률분포가 정해지면 문제에 대한 확률정보를 얻는 데 사용할 수 있다. 확률은 의사결정을 직접적으로 제시하지는 않지만 의사결정자가 문제와 관련된 위험과 불확실성을 더 잘 이해할 수 있게 된다. 궁극적으로 이 정보를 참고하여 의사결정자가 올바른 결정을 내릴 수 있다.

엑셀을 이용한 정규확률 계산

엑셀은 표준정규분포의 확률과 z-값을 계산하는 두 개의 함수 NORM.S.DIST와 NORM.S.INV를 제공한다. NORM.S.DIST 함수는 z-값이 주어졌을 때 누적확률을 계산하고 NORM.S.INV 함수는 누적확률이 주어진 경우 그 z-값을 계산한다. 일반적인 정규분포의 누적확률과 x값은 NORM.DIST와 NORM.INV라는 두 개의 유사한 함수를 사용하여 계산할 수 있다. NORM.S.DIST와 NORM.S.INV 함수를 사용하는 방법을 먼저 살펴보자.

NORM.S.DIST와 NORM.S.INV 함수의 대문자 S는 이 함수들이 표준정규분포와 관련이 있다는 것을 상기시켜준다.

NORM.S.DIST 함수는 주어진 z-값 왼쪽의 표준정규 곡선 아래 면적의 값을 구해준다. 따라서 교재의 표준정규확률표를 사용했을 때와 동일한 누적확률을 제공한다. NORM.S.DIST 함수는 엑셀로 누적정규확률을 구하는 것이다. NORM.S.INV 함수는 NORM.S.DIST 함수의 역함수이다. 누적확률을 입력하면 해당 누적확률에 해당하는 z-값을 찾아준다.

확률과 z-값을 계산할 때 이 두 함수가 어떻게 작동하는지 표준정규확률표를 사용하여 이 절의 앞부분에서 얻은 결과와 함께 살펴보자. 관련 작업은 〈그림 6-8〉을 참조하기 바란다. 계산 공식이 적힌 워크시트는 뒤에, 계산값들이 나와 있는 워크시트는 앞에 놓았다.

자료 입력: 빈 워크시트를 연다. 워크시트에는 어떤 데이터도 입력되지 않았으므로 필요한

〈그림 6-8〉 엑셀을 활용한 표준정규분포의 확률과 z-값 계산

	A	B	C	D	E
1			Probabilities: Standard Normal Distribution		
2					
3			P(z <= 1)	=NORM.S.DIST(1,TRUE)	
4			P(-.50 <= z <= 1.25)	=NORM.S.DIST(1.25,TRUE)-NORM.S.DIST(-0.5,TRUE)	
5			P(-1.00 <= z <= 1.00)	=NORM.S.DIST(1,TRUE)-NORM.S.DIST(-1,TRUE)	
6			P(z >= 1.58)	=1-NORM.S.DIST(1.58,TRUE)	
7					
8					
9			Finding z-values Given Probabilities		
10					
11			z value with .10 in upper tail	=NORM.S.INV(0.9)	
12			z value with .025 in upper tail	=NORM.S.INV(0.975)	
13			z value with .025 in lower tail	=NORM.S.INV(0.025)	
14					

	A	B	C	D	E
1	Probabilities: Standard Normal Distribution				
2					
3			P(z <= 1)	0.8413	
4			P(-.50 <= z <= 1.25)	0.5858	
5			P(-1.00 <= z <= 1.00)	0.6827	
6			P(z >= 1.58)	0.0571	
7					
8					
9		Finding z-values Given Probabilities			
10					
11			z value with .10 in upper tail	1.28	
12			z value with .025 in upper tail	1.96	
13			z value with .025 in lower tail	-1.96	
14					

공식에 적절한 z-값과 확률을 간단히 입력하면 된다.

함수/수식: NORM.S.DIST 함수에는 z-값과 TRUE 또는 FALSE의 두 가지를 입력한다. 누적확률을 구할 때는 TRUE를 입력하고 표준정규곡선의 높이를 구할 때는 FALSE를 입력한다. 누적확률을 계산할 때는 NORM.S.DIST의 두 번째 입력에 항상 TRUE를 선택한다. NORM.S.DIST 함수를 사용해서 〈그림 6-8〉의 D3:D6 셀에 네 가지 확률을 계산하였다.

셀 D4의 .5858과 D5의 확률 .6827은 반올림으로 인해 앞에서 계산한 값과 조금 다르다.

주어진 z값 왼쪽의 누적확률(좌측 꼬리 영역)을 계산하기 위해 NORM.S.DIST에 z-값을 입력하여 간단히 계산한다. 예를 들어, $P(z \leq 1)$을 계산하기 위해 셀 D3에 식 =NORM.S.DIST(1, TRUE)를 입력하였다. 계산 결과 .8413은 표준정규확률표를 사용하여 구한 것과 같다.

z가 어떤 구간 내에 있을 확률을 계산할 때는, 구간의 상한에서의 NORM.S.DIST 값을 계산하고 구간의 하한에서의 NORM.S.DIST 값을 뺀다. 예를 들어, $P(-.50 \leq z \leq 1.25)$를 구하려면 셀 D4에 =NORM.S.DIST(1.25, TRUE)−NORM.S.DIST(−.50, TRUE)를 입력하였다. 셀 D5의 구간 확률 역시 비슷한 방법으로 계산한다.

주어진 z-값 오른쪽의 확률(우측 꼬리 영역)을 계산하려면 z-값 왼쪽의 곡선 아래 면적으로 표시되는 누적확률(좌측 꼬리 영역)을 1에서 빼야 한다. 예를 들어 $P(z \geq 1.58)$을 구하려면 셀 D6에 =1−NORM.S.DIST(1.58, TRUE)을 입력한다.

주어진 누적확률(좌측 꼬리 영역)의 z-값을 계산할 때는 NORM.S.INV 함수를 사용한다. 우측 꼬리 확률 .10에 해당하는 z-값을 찾으려면 해당 좌측 꼬리영역이 .90이고 셀 D11에

=NORM.S.INV(.9)의 식을 입력한다. 실제로 NORM.S.INV(.9)는 누적확률(좌측 꼬리 영역)이 .9인 z-값을 찾아준다. 이는 또한 우측 꼬리영역이 .10인 z-값과 같다.

〈그림 6.8〉에서는 두 개의 z-값이 더 계산되어 있다. 이 z-값은 다음 장에서 폭넓게 사용될 것이다. 우측 꼬리 확률 .025에 해당하는 z-값을 계산하기 위해 셀 D12에 =NORM.S.INV(.975)를 입력하였다. 좌측 꼬리 확률 .025에 해당하는 z-값을 계산하기 위해 셀 D13에 =NORM.S.INV(.025)를 입력하였다. $z = 1.96$은 우측 꼬리 확률 .025에 해당하고 $z = -1.96$은 좌측 꼬리 확률 .025에 해당한다.

이제 정규분포에 대한 누적확률과 x값을 계산하는 엑셀 함수를 살펴보자. NORM.DIST 함수는 지정된 확률변수 x값 왼쪽의 정규곡선 아래 면적, 즉 누적확률을 구해 준다. NORM.INV 함수는 NORM.DIST 함수의 역함수이다. 누적확률을 입력하면 해당 누적확률에 해당하는 x값을 찾아준다. NORM.S.DIST와 NORM.S.INV 함수가 표준정규분포 확률 계산에 사용되는 것처럼 NORM.DIST와 NORM.INV 함수는 일반적인 정규분포에 대한 동일한 작업을 수행한다.

이 절의 전반부에서 소개한 Grear Tire Company 문제의 확률과 x값을 계산하여 이 두 함수가 어떻게 작동하는지 살펴보자. Grear 타이어의 수명은 평균 36,500마일이고 표준편차는 5,000마일이다. 관련 작업은 〈그림 6-9〉를 참조하라. 계산 공식이 적힌 워크시트는 뒤에, 계산값들이 나와 있는 워크시트는 앞에 놓았다.

자료 입력: 빈 워크시트를 연다. 워크시트에는 어떤 데이터도 입력되지 않았으므로 필요한 공식에 적절한 x값과 확률을 직접 입력하면 된다.

〈그림 6-9〉 엑셀을 활용한 정규분포의 확률과 x값 계산

	A	B	C	D	E
1				**Probabilities: Normal Distribution**	
2					
3			***P*(*x* <= 20000)**	=NORM.DIST(20000,36500,5000,TRUE)	
4			***P*(20000 <= *x* <= 40000)**	=NORMDIST(40000,36500,5000,TRUE)-NORM.DIST(20000,36500,5000,TRUE)	
5			***P*(*x* >= 40000)**	=1-NORM.DIST(40000,36500,5000,TRUE)	
6					
7				**Finding *x* values Given Probabilities**	
8					
9			***x* value with .10 in lower tail**	=NORM.INV(0.1,36500,5000)	
10			***x* value with .025 in upper tail**	=NORM.INV(0.975,36500,5000)	
11					

	A	B	C	D	E
1	**Probabilities: Normal Distribution**				
2					
3			***P*(*x* <= 20000)**	0.0005	
4			***P*(20000 <= *x* <= 40000)**	0.7576	
5			***P*(*x* >= 40000)**	0.2420	
6					
7	**Finding *x* values Given Probabilities**				
8					
9			***x* value with .10 in lower tail**	30092.24	
10			***x* value with .025 in upper tail**	46299.82	
11					

함수/수식: NORM.DIST 함수에는 다음의 네 가지를 입력한다. (1) 누적확률을 계산하려는 *x*값, (2) 평균, (3) 표준편차, (4) TRUE 또는 FALSE. 네 번째의 경우 누적확률을 구할 때는 TRUE를 입력하고 표준정규곡선의 높이를 구할 때는 FALSE를 입력한다. 누적확률을 계산하기 위해 NORM.DIST를 사용하므로 네 번째 입력에는 항상 TRUE를 선택한다.

주어진 *x*값 왼쪽의 누적확률(좌측 꼬리 영역)은 NORM.DIST에 *x*값을 입력하여 간단히 계산한다. 예를 들어 Grear 타이어의 수명이 20,000마일 이하일 확률을 계산하기 위해 셀 D3에 수식 =NORM.DIST(20000,36500,5000,TRUE)를 입력하였다. 계산값이 있는 워크시트는 이 누적확률이 .0005임을 보여준다. 따라서 우리는 거의 모든 Grear 타이어가 최소 20,000마일 이상 지속될 것이라고 결론지을 수 있다.

*x*가 어떤 구간 내에 있을 확률을 계산할 때는 구간 상한에서의 NORM.DIST 값에서 구간 하한에서의 NORM.DIST 값을 뺀다. 셀 D4의 식은 타이어 수명이 20,000~40,000마일 사이일 확률 $P(20{,}000 \leq x \leq 40{,}000)$을 구하는 식이다. 계산값이 있는 워크시트에서 이 확률은 .7576임을 알 수 있다.

주어진 *x*값의 오른쪽 확률(우측 꼬리 영역)을 계산하려면 1에서 *x*값 왼쪽의 곡선 아래 면적으로 표시되는 누적확률(좌측 꼬리 영역)을 빼야 한다. 셀 D5의 식은 Grear 타이어가 40,000마일 이상 지속될 확률을 계산한다. 이 확률은 .2420이다.

주어진 누적확률의 *x*값을 계산하기 위해 NORM.INV 함수를 사용한다. NORM.INV 함수에는 3개의 입력 값이 필요하다. 첫 번째는 누적확률이다. 두 번째, 세 번째 입력은 각각 평균과 표준편차이다. 예를 들어 Grear 타이어의 좌측 꼬리 면적이 .1에 해당하는 타이어 마일리지를 계산하려면 셀 D9에 =NORM.INV(.1,36500,5000) 공식을 입력하여 구한다. 계산값이 있는 워크시트에서 Grear 타이어의 10%가 사용 수명이 30,092.24마일 이하임을 알 수 있다.

Grear 타이어의 상위 2.5%의 타이어 마일리지를 계산하기 위해 우측 꼬리 면적이 .025가 되는 *x*값을 찾고 싶다. 이 계산은 누적확률이 .975인 *x*를 찾는 것과 같다. 따라서 이 타이어 마일리지를 계산하기 위해 식 =NORM.INV(.975,36500,5000)을 셀 D10에 입력하였다. 계산값이 있는 워크시트로부터 Grear 타이어의 2.5%는 수명이 46,299.82마일 이상임을 알 수 있다.

연습문제

기본문제

8. 〈그림 6-4〉를 참고하여 평균 $\mu = 100$이고 표준편차 $\sigma = 10$인 확률변수 x의 정규곡선을 그려라. 가로축에는 70, 80, 90, 100, 110, 120 및 130의 값을 표시하라.

9. 어떤 확률변수가 평균 $\mu = 50$이고 표준편차 $\sigma = 5$인 정규분포를 따른다.
   a. 확률밀도함수를 위한 정규곡선을 그려라. 가로축에는 35, 40, 45, 50, 55, 60, 65의 값을 표시하라. 〈그림 6-4〉는 정규곡선이 평균으로부터 위 아래로 3 표준편차(이 문제의 경우 35와 65)만큼 멀어지면 가로축을 거의 터치하는 것을 보여준다.
   b. 이 확률변수가 45와 55 사이의 값을 가질 확률은 얼마인가?
   c. 이 확률변수가 40과 60 사이의 값을 가질 확률은 얼마인가?

10. 표준정규분포의 그래프를 그려라. 가로축에는 −3, −2, −1, 0, 1, 2, 3의 값을 표시한 후 다음의 확률을 계산하라.
   a. $P(z \leq 1.5)$
   b. $P(z \leq 1)$
   c. $P(1 \leq z \leq 1.5)$
   d. $P(0 < z < 2.5)$

11. 표준정규확률변수 z의 다음 확률들을 계산하라.
   a. $P(z \leq -1.0)$
   b. $P(z \geq -1)$
   c. $P(z \geq -1.5)$
   d. $P(-2.5 \leq z)$
   e. $P(-3 < z \leq 0)$

12. 표준정규확률변수 z의 다음 확률들을 계산하라.
   a. $P(0 \leq z \leq .83)$
   b. $P(-1.57 \leq z \leq 0)$
   c. $P(z > .44)$
   d. $P(z > -.23)$
   e. $P(z < 1.20)$
   f. $P(z \leq -.71)$

13. 표준정규확률변수 z의 다음 확률들을 계산하라.
   a. $P(-1.98 \leq z \leq .49)$
   b. $P(.52 \leq z \leq 1.22)$
   c. $P(-1.75 \leq z \leq -1.04)$

14. 표준정규확률변수 z의 각 상황에 맞는 z를 구하라.
   a. z 왼쪽의 넓이가 .9750
   b. 0과 z 사이 넓이가 .4750
   c. z 왼쪽의 넓이가 .7291
   d. z 오른쪽의 넓이가 .1314
   e. z 왼쪽의 넓이가 .6700
   f. z 오른쪽의 넓이가 .3300

15. 표준정규확률변수 z의 각 상황에 맞는 z를 구하라.
   a. z 왼쪽의 넓이가 .2119
   b. $-z$와 z 사이 넓이가 .9030
   c. $-z$와 z 사이 넓이가 .2052
   d. z 왼쪽의 넓이가 .9948

e. z 오른쪽의 넓이가 .6915

16. 표준정규확률변수 z에 대하여 각 상황에 맞는 z를 구하라.

a. z 오른쪽의 넓이가 .01
b. z 오른쪽의 넓이가 .025
c. z 오른쪽의 넓이가 .05
d. z 오른쪽의 넓이가 .10

응용문제

17. 미국 내 국내항공의 평균 비용은 티켓당 사상 최고치인 $385로 올랐다[출처]. 항공요금은 항공사가 청구한 가격에 추가 세금과 수수료가 부과된 총 티켓 가격이다. 국내선 항공요금이 표준 편차 $110인 정규분포를 따른다고 가정하자.

a. 국내선 항공요금이 $550 이상일 확률은 얼마인가?
b. 국내선 항공요금이 $250 이하일 확률은 얼마인가?
c. 국내선 항공요금이 $300에서 $500 사이일 확률은 어떠한가?
d. 국내선 항공요금 중 최고 3%에 해당하는 비용은 얼마인가?

18. 2009~2011년의 3년 동안 국내 대형주 주식펀드의 평균수익률은 14.4%이었다[출처]. 펀드의 3년 수익률이 표준편차가 4.4%인 정규분포를 따른다고 하자.

a. 개별 대형주 주식펀드의 3년 수익률이 20% 이상일 확률은 얼마인가?
b. 개별 대형주 주식펀드의 3년 수익률이 10% 이하일 확률은 얼마인가?
c. 3년 동안 국내 주식펀드를 상위 10%에 올리려면 수익률이 얼마나 커야 하는가?

19. 자동차 수리비용은 계속 상승하여 현재는 평균 $367이다[출처]. 자동차 수리비용이 표준편차 $88인 정규분포를 따른다고 가정하자. 다음 물음에 답하라.

a. 비용이 $450 이상일 가능성은 얼마인가?
b. 비용이 $250 미만일 확률은 얼마인가?
c. 비용이 $250에서 $450 사이일 가능성은 얼마인가?
d. 자동차의 수리비용이 자동차 수리비용의 5% 미만이라면 얼마의 비용을 지불했겠는가?

20. 미국에서 휘발유 1갤런의 가격은 평균 $3.73이고, 러시아에서는 $3.40이다[출처]. 이 평균은 두 국가의 모평균이고, 미국의 표준편차는 $.25, 러시아의 표준편차는 $.20인 정규분포라고 가정하자.

a. 미국에서 무작위로 선택된 주유소의 휘발유 가격이 갤런당 $3.50 미만일 확률은 얼마인가?
b. 러시아 주유소의 몇 퍼센트가 갤런당 $3.50 미만의 휘발유 가격을 받는가?
c. 러시아에서 무작위로 선택한 주유소가 미국 평균가격보다 더 비싸게 받을 확률은 얼마인가?

21. 국제 high-IQ 협회인 멘사의 회원자격을 얻으려면 IQ 테스트에서 상위 2%의 점수를 받아야 한다. 전 세계 100개국에 110,000명의 멘사회원이 있다[출처]. IQ 점수가 평균이 100이고 표준편차가 15인 정규분포를 따를 때, 멘사자격을 갖추려면 몇 점을 받아야 하는가?

22. Nielsen Company는 가구당 하루 평균시청시간이 8.35시간으로 최고치를 경신했다고 보고했다[출처]. 표준편차가 2.5시간인 정규분포를 사용하여 가구당 하루 TV 시청에 대한 다음 질문에 대답하라.
   a. 어느 가구가 하루에 5시간에서 10시간 동안 TV를 볼 확률은 얼마입니까?
   b. 모든 가구 중에 TV 시청시간이 상위 3%가 되려면 하루에 몇 시간 시청해야 하는가?
   c. 어느 가구가 하루에 3시간 이상 TV를 볼 확률은 얼마인가?

23. 어떤 대학 과목의 기말고사를 보는 데 필요한 시간은 평균 80분이고 표준편차가 10분인 정규분포를 따른다고 한다. 다음 질문에 답하라.
   a. 1시간 이내에 시험을 완료할 확률은 얼마인가?
   b. 어느 학생이 60분 이상 75분 미만에 시험을 마칠 확률은 얼마인가?
   c. 과목 수강생이 60명이고 시험시간은 90분이라고 하자. 주어진 시간 안에 시험을 마치지 못하는 학생들은 몇 명으로 예상하는가?

24. 미국자동차협회(American Automobile Association)는 노동절 주말여행을 계획하는 가족들이 평균 $749를 지출할 것으로 보고했다[출처]. 지출 금액은 정규분포를 따르고 표준편차는 $225인 것으로 가정하라.
   a. 주말에 가족이 $400 미만을 지출할 확률은 얼마인가?
   b. 주말에 가족이 $800 이상을 지출할 확률은 얼마인가?
   c. 주말에 가족이 $500에서 $1000 사이의 금액을 지출할 확률은 얼마인가?
   d. 여행비용 상위 5%에 해당하는 가족은 노동절 주말에 얼마나 지출할 것으로 보는가?

25. 뉴욕시는 미국에서 숙박비가 가장 비싼 도시이다. 호텔의 평균 객실 요금은 1박에 $204이다[출처]. 객실 요금은 정규분포를 따르고 표준편차는 $55으로 가정하라.
   a. 호텔 객실 요금이 1박에 $225 이상일 확률은 얼마인가?
   b. 호텔 객실 요금이 1박에 $140 미만일 확률은 얼마인가?
   c. 호텔 객실 요금이 1박에 $200에서 $300 사이일 확률은 얼마인가?
   d. 뉴욕시에서 가장 비싼 호텔의 상위 20%의 객실 요금은 얼마인가?

6.3 지수분포

지수확률분포(exponential probability distribution)는 세차장에 도착하는 자동차의 도착 시간 간격, 트럭 적재에 소요되는 시간, 고속도로 도로면의 주요결함 사이의 거리 등과 같은 확률변수에 사용된다. 지수분포확률변수 x는 $x>0$이고, 지수확률밀도함수는 다음과 같다.

지수확률밀도함수(지수분포)

$$f(x) = \frac{1}{\mu}e^{-x/\mu} \qquad \text{for } x \geq 0 \tag{6-4}$$

여기서 μ = 기댓값 또는 평균
e = 2.71828 ⋯

지수분포의 예로 어떤 트럭 도크에서 트럭의 적재 소요시간을 나타내는 확률변수 x가 지수분포를 따른다고 하자. 평균(mean 또는 average) 적재시간이 15분($\mu = 15$)이라면 x의 확률밀도함수는 아래와 같다.

$$f(x) = \frac{1}{15}e^{-x/15}$$

〈그림 6-10〉은 이 확률밀도함수의 그래프이다.

지수분포의 확률 계산

대기행렬 응용분야에서 지수분포는 종종 서비스시간의 분포로 사용된다.

여느 연속확률분포와 마찬가지로 구간에 해당하는 지수분포 확률밀도함수 곡선 아래 면적으로서 확률변수가 해당 구간의 값을 가질 확률을 나타낸다. 트럭 적재도크 예제에서 트럭 적재시간이 6분 이하일 확률 $P(x \leq 6)$는 〈그림 6-10〉에서 $x = 0$에서 $x = 6$ 사이의 곡선 아래

〈그림 6-10〉 트럭 적재도크 예제의 지수분포

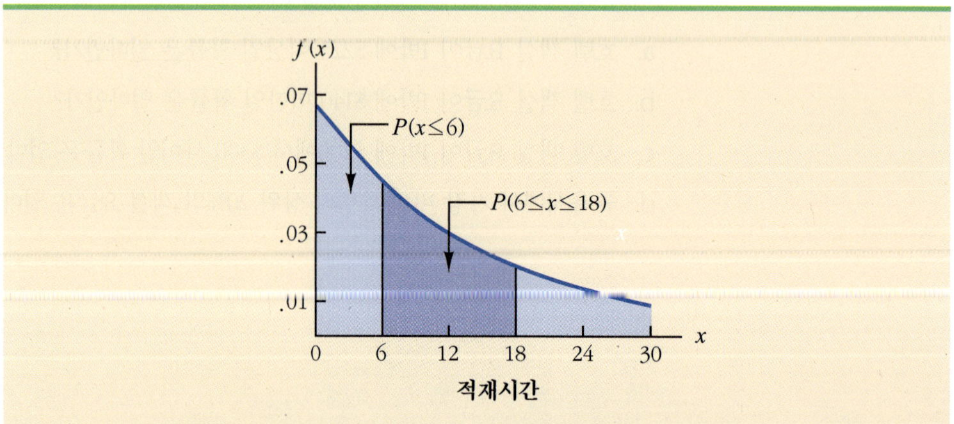

면적이다. 마찬가지로, 적재시간이 18분 이하일 확률 $P(x \leq 18)$는 $x = 0$에서 $x = 18$까지의 곡선 아래 면적이다. 또한 적재시간이 6분과 18분 사이일 확률 $P(6 \leq x \leq 18)$는 $x = 6$에서 $x = 18$까지의 곡선 아래 면적과 같다.

방금 설명한 것과 같은 지수확률 계산은 다음 공식을 사용한다. 이 공식은 확률변수가 특정한 값 x_0 이하의 값을 가질 누적확률을 계산한다.

지수분포: 누적확률

$$P(x \leq x_0) = 1 - e^{-x_0/\mu} \tag{6-5}$$

트럭 적재노크 예제의 경우 x = 적재시간(분), $\mu = 15$분이다. 식 6-5를 사용하면

$$P(x \leq x_0) = 1 - e^{-x_0/15}$$

따라서 트럭 적재에 6분 이하가 소요될 확률은

$$P(x \leq 6) = 1 - e^{-6/15} = .3297$$

식 6-5를 사용하여 18분 이내에 트럭에 적재할 확률을 계산해 보자.

$$P(x \leq 18) = 1 - e^{-18/15} = .6988$$

따라서 트럭 적재에 6분에서 18분 사이의 시간이 걸릴 확률은 .6988−.3297 = .3691이다. 다른 어떤 구간에 대해서도 같은 방법으로 확률을 계산할 수 있다.

지수분포의 성질 중 하나는 평균과 표준편차가 같다는 것이다.

앞의 예제에서 트럭에 적재하는 데 걸리는 평균시간은 $\mu = 15$분이다. 지수분포의 성질 중 하나는 분포의 평균과 표준편차가 같다는 것이다. 따라서 트럭 적재에 걸리는 시간의 표준편차 역시 $\sigma = 15$분이다. 분산은 $\sigma^2 = 15^2 = 225$이다.

포아송분포와 지수분포의 관계

5.5절에서, 특정 시간 간격이나 공간영역에 걸쳐 발생하는 사건의 횟수를 조사하는 데 주로 사용하는 이산확률분포의 하나로 포아송분포를 소개하였다. 포아송확률함수는 다음과 같다.

$$f(x) = \frac{\mu^x e^{-\mu}}{x!}$$

여기서 μ = 특정 간격에 걸쳐 발생하는 사건의 평균횟수

도착하는 고객의 수가 포아송분포를 따르면 고객 도착간격은 지수분포를 따른다.

연속형 지수확률분포는 이산형 포아송분포와 관련이 있다. 포아송분포가 구간당 발생횟수에 대한 적합한 설명을 한다면, 지수분포는 발생간격의 길이에 대한 설명을 제공한다.

이 관계를 설명하기 위해, 한 시간 동안 세차장에 도착하는 자동차의 수를 시간당 평균 10대인 포아송확률분포로 설명한다고 가정하자. 한 시간에 x대의 자동차가 도착할 확률을 구하는 포아송확률함수는 다음과 같다.

$$f(x) = \frac{10^x e^{-10}}{x!}$$

시간당 도착하는 자동차의 평균 대수는 10대이므로 도착하는 차량 사이의 평균시간은

$$\frac{1\text{시간}}{\text{차 } 10\text{대}} = .1\text{시간이다.}$$

따라서 도착간격을 설명하는 지수분포의 평균은 자동차당 $\mu = .1$시간이다. 결과적으로 이에 해당하는 지수확률밀도함수는

$$f(x) = \frac{1}{.1}e^{-x/.1} = 10e^{-10x}\text{이다.}$$

엑셀을 이용한 지수확률 계산

정규분포의 확률 계산은 표준정규분포표나 엑셀함수를 이용해야 하였지만, 지수분포는 스마트폰 계산기로도 가능하고 엑셀함수로도 가능하다.—역자

엑셀의 EXPON.DIST 함수를 사용하여 지수확률을 계산할 수 있다. 트럭 적재도크에서 트럭에 적재하는 데 걸리는 시간과 관련된 확률 계산을 설명한다. 이 예제는 이 절의 전반부에서 소개하였다. 관련 작업은 〈그림 6-11〉을 참조하라. 계산 공식이 적힌 워크시트는 뒤에, 계산값들이 나와 있는 워크시트는 앞에 놓여 있다.

자료 입력: 빈 워크시트를 연다. 워크시트에는 어떤 데이터도 입력되지 않았으므로 필요에 따라 지수확률변수의 적절한 값을 식에 입력하면 된다. 확률변수 x = 적재시간이다.

〈그림 6-11〉 엑셀을 활용한 지수분포의 확률 계산

	A	B	C	D	E
1				Probabilities: Exponential Distribution	
2					
3			*P* (*x* <= 18)	=EXPON.DIST(18,1/15,TRUE)	
4			*P*(6 <= *x* <= 18)	=EXPON.DIST(18,1/15,TRUE)-EXPON.DIST(6,1/15,TRUE)	
5			*P* (*x* >= 8)	=1-EXPON.DIST(8,1/15,TRUE)	
6					

	A	B	C	D	E
1	Probabilities: Exponential Distribution				
2					
3			*P* (*x* <= 18)	0.6988	
4			*P*(6 <= *x* <= 18)	0.3691	
5			*P* (*x* >= 8)	0.5866	
6					

함수/수식: EXPON.DIST 함수에는 세 개의 입력이 있다. 첫 번째는 x의 값이고 두 번째는 $1/\mu$이며 세 번째는 TRUE 또는 FALSE이다. 누적확률을 구할 때는 세 번째 입력에 TRUE를 선택하고 확률밀도함수의 높이를 구할 때는 FALSE를 선택한다. 누적확률을 계산하므로 항상 TRUE를 사용한다.

우리가 계산할 첫 번째 확률은 적재시간이 18분 이하일 확률이다. 트럭 적재도크 예제의 경우 $1/\mu = 1/15$이므로 식 =EXPON.DIST(18,1/15,TRUE)를 셀 D3에 입력하여 원하는 누적확률을 계산한다. 계산값이 담긴 워크시트에서 18분 이내에 적재할 확률은 .6988이다.

계산할 두 번째 확률은 적재시간이 6분에서 18분 사이일 확률이다. 이 확률을 구하기 위해 먼저 시간 간격의 상한에 대한 누적확률을 계산하고 간격의 하한에 대한 누적확률을 뺀다. D4 셀에 입력한 공식은 이 확률을 계산한다. 계산결과가 있는 워크시트는 이 확률이 .3691임을 보여준다.

마지막으로 계산할 확률은 적재시간이 8분 이상일 확률이다. EXPON.DIST 함수는 누적확률 (좌측 꼬리)만 계산하므로 입력 식 =1−EXPON.DIST(8,1/15,TRUE)를 D5셀에 입력하여 이 확률을 계산한다. 계산 결과가 담긴 워크시트는 적재시간이 8분 이상일 확률이 .5866임을 보여준다.

6.3 보충 설명

〈그림 6-10〉에서 볼 수 있듯이 지수 분포는 오른쪽으로 치우쳐 있다. 실제로, 지수 분포에 대한 왜도 측정값은 2이다. 지수 분포는 비대칭 분포가 어떻게 보이는지에 대한 좋은 예이다.

연습문제

기본문제

26. 다음의 지수분포를 생각하자.

$$f(x) = \frac{1}{8}e^{-x/8} \quad \text{for } x \geq 0$$

a. $P(x \leq 6)$를 구하라.
b. $P(x \leq 4)$를 구하라.
c. $P(x \geq 6)$를 구하라.
d. $P(4 \leq x \leq 6)$를 구하라.

27. 다음의 지수확률밀도함수를 생각하자.

$$f(x) = \frac{1}{3}e^{-x/3} \quad \text{for } x \geq 0$$

a. $P(x \leq x_0)$를 구할 수 있는 식을 적어라.
b. $P(x \leq 2)$를 구하라.
c. $P(x \geq 3)$를 구하라.
d. $P(x \leq 5)$를 구하라.

e. $P(2 \le x \le 5)$를 구하라.

응용문제

28. Motorola의 전화기 모델 Droid Razr Maxx의 배터리 사용시간은 주된 사용이 전화통화인 경우 20시간이다[출처]. 휴대전화로 인터넷 응용 프로그램을 주로 사용하면 배터리 사용시간은 7시간으로 줄어든다. 두 경우 모두 배터리 사용시간은 지수분포를 따른다고 가정한다.
   a. 전화통화를 주로 사용하는 경우 배터리 사용시간의 확률밀도함수를 적어라.
   b. 임의로 선택한 Droid Razr Maxx를 통화목적으로 주로 사용할 때 배터리 사용시간이 15시간보다 짧을 확률은 얼마인가?
   c. 임의로 선택한 Droid Razr Maxx를 통화목적으로 주로 사용할 때 배터리 사용시간이 20시간 이상 지속될 확률은 얼마인가?
   d. 임의로 선택한 Droid Razr Maxx를 주로 인터넷 응용프로그램에 사용할 때 배터리 사용시간이 5시간을 넘지 못할 확률은 얼마인가?
29. 어떤 교차로에서 차량 도착 간격은 평균 12초의 지수분포를 따른다고 한다.
   a. 차량 도착간격이 12초 이하일 확률은 얼마인가?
   b. 차량 도착간격이 6초 이하일 확률은 얼마인가?
   c. 차량 도착간격이 30초 이상일 확률은 얼마인가?
30. Comcast Corporation은 미국 최대의 케이블TV 회사이자 인터넷 서비스 2위 업체이며 네 번째로 큰 전화 서비스 제공업체이다. 품질과 안정적인 서비스로 잘 알려진 이 회사는 예기치 못한 서비스 중단을 주기적으로 경험하고 있다. 2009년 1월 14일, 플로리다 남서부의 Comcast 고객들에게 이러한 중단이 발생했다. 고객이 Comcast 사무실에 전화를 한 녹음 메시지로 회사가 비로소 서비스 중단을 인식하고 있으며 서비스의 예상 복구시간은 평균 2시간이라고 알려주었다. 수리에 걸리는 시간이 평균 2시간이고 수리시간은 지수분포를 따른다고 가정하자.
   a. 케이블 서비스가 1시간 이내에 복구될 확률은 얼마인가?
   b. 복구에 걸리는 시간이 1시간과 2시간 사이일 확률은 얼마인가?
   c. 오후 1시에 Comcast 사무실로 전화한 고객이 오후 5시가 넘어서도 케이블 서비스가 복구되지 않은 것을 경험할 확률은 얼마인가?
31. Wendy's restaurant은 평균 서비스시간이 가장 빠르다고 알려져 있다. 벤치마크 연구결과 Wendy의 평균서비스시간은 2.2분으로 Burger King, Chick fil A, Krystal, McDonald's, Taco Bell, Taco John's보다도 더 짧다. Wendy의 서비스시간이 지수분포를 따른다고 하자.

a. 서비스시간이 1분 이하일 확률은 얼마인가?

b. 서비스시간이 30초에서 1분 사이일 확률은 얼마인가?

c. Wendy의 매니저가 서비스시간이 5분을 초과하면 음식을 무료로 제공하는 정책을 고려하고 있다고 가정하자. 공짜음식을 받을 확률은 얼마인가? 이 정책에 대해 논하라.

32. 보스턴 소방서는 시간당 평균 1.6통의 응급전화(911)를 받는다[출처]. 시간당 걸려오는 전화 수는 포아송확률분포를 따른다고 한다.

a. 보스턴 소방서에 걸려오는 911 전화는 평균 몇 분 만에 걸려오는가?

b. a의 평균을 사용하여 911 통화 간격에 대한 확률밀도함수를 분 단위로 나타내어라.

c. 911 통화 간격이 1시간 미만일 확률은 얼마인가?

d. 911 통화 간격이 30분 이상일 확률은 얼마인가?

e. 911 통화 간격이 5분 초과 20분 미만일 확률은 얼마인가?

요약

이 장에서는 확률분포에 대한 논의를 연속확률변수로 확장하였다. 이산확률분포와 연속확률분포의 주요한 차이는 확률을 계산하는 방법과 관련이 있다. 이산분포에서는 확률함수 $f(x)$는 확률변수 x가 여러 가지 값을 가질 확률을 제공한다. 연속분포에서는 확률밀도함수 $f(x)$는 확률값을 직접 제공하지는 않는다. 대신에 확률은 확률밀도함수 그래프 아래의 면적으로 주어진다. 곡선에서 단일 점 아래 면적은 0이므로 연속확률변수의 경우 특정 값을 가질 확률이 0임을 알 수 있다.

세 가지 연속확률분포 – 균일분포, 정규분포, 지수분포 – 를 상세히 다루었다. 정규분포는 통계적 추론에 폭넓게 사용되며 교재의 나머지 부분에 걸쳐 광범위하게 사용될 것이다.

용어

균일확률분포(uniform probability distribution) 확률변수가 어느 구간에 속하는 값을 가질 확률이 그 구간의 폭이 같으면 모두 똑같은 연속확률분포.

정규분포(normal probability distribution) 확률밀도함수가 종 모양(bell-shaped)이고 평균 μ와 표준편차 σ에 의해 결정되는 연속확률분포.

지수확률분포(exponential probability distribution) 어떤 작업을 완료하는 데까지 걸리는 시간에 대한 확률 계산에 유용한 연속확률분포.

표준정규분포(standard normal probability distribution) 평균이 0이고 표준편차가 1인 정규분포.

확률밀도함수(probability density distribution) 연속확률변수의 확률을 계산할 때 사용되는 함수. 어느 구간의 확률밀도함수 그래프 아래의 면적은 확률변수가 그 구간의 값을 가질 확률을 의미한다.

주요 식

균일 확률밀도함수

$$f(x) = \begin{cases} \frac{1}{b-a} & \text{for } a \leq x \leq b \\ 0 & \text{elsewhere} \end{cases} \qquad \textbf{6-1}$$

정규확률밀도함수

$$f(x) = \frac{1}{\sigma\sqrt{2\pi}} e^{-\frac{1}{2}\left(\frac{x-\mu}{\sigma}\right)^2} \qquad \textbf{6-2}$$

표준정규확률변수로의 변환

$$z = \frac{x-\mu}{\sigma} \qquad \textbf{6-3}$$

지수확률밀도함수

$$f(x) = \frac{1}{\mu} e^{-x/\mu} \qquad \text{for } x \geq 0 \qquad \textbf{6-4}$$

지수분포의 누적확률

$$P(x \leq x_0) = 1 - e^{-x_0/\mu} \qquad \textbf{6-5}$$

보충 연습문제

33. 시카고에서 애틀랜타로 전임하는 회사 임원이 있는데, 그녀의 시카고 집을 빨리 팔아야 할 형편이다. 회사 사장이 $210,000에 집을 사겠다고 제안했으나 주말이 지나면 그 제안은 파기된다. 더 좋은 대안이 현재로서는 없지만 한 달 동안 시장에 집을 내놓을 여유가 있다. 그녀의 부동산 중개업자에 의하면 한 달 동안 시장에 집을 내놓으면 받을 수 있는 가격은 $200,000에서 $225,000 사이의 균일분포를 따른다고 한다.

a. 한 달 동안 시장에 집을 내놓고 떠나는 경우 판매가격의 확률밀도함수를 수학적 표현으로 적어라.

b. 한 달 동안 시장에 집을 내놓고 떠난다면 그녀가 판매가격으로 적어도 $215,000 이상 받을 확률은 무엇인가?

c. 한 달 동안 시장에 집을 내놓고 떠난다면 그녀가 $210,000보다 적게 받을 확률은 무엇인가?

d. 이 중역은 한 달 동안 시장에 집을 내놓는 것이 좋은가? 그 이유는 무엇인가?

34. NCAA(전미대학체육협회)는 주(州) 내의 공립대학교에서 선수의 전액 장학금은 연간 $19,000로 추정한다[출처]. 장학금은 표준편차 $2100인 정규분포를 따른다고 가정하자.

a. 하위 10% 선수가 받는 장학금은 얼마인가?

b. $22,000 이상의 장학금을 받는 선수는 전체의 몇 퍼센트를 차지하는가?

c. 상위 3%에 해당하는 선수 장학금은 얼마인가?

35. 모토롤라는 생산 공정에서 예상되는 결함 수와 결함 발생확률을 정규분포를 사용하여 결정하였다. 생산 공정에서 평균 중량이 10온스인 품목을 생산한다고 하자. 다음의 각 상황에서 1000개 단위 생산에 대한 결함 확률과 예상되는 결함 제품 수를 계산하라.

a. 공정 표준편차는 .15이며 공정관리 범위는 ±1 표준편차로 설정하였다. 무게가 9.85온스 미만이거나 10.15온스 이상인 장치는 결함으로 분류된다.

b. 공정 설계 개선을 통해 공정 표준편차를 .05로 줄일 수 있다. 공정관리 범위가 동일하게 유지되고 무게가 9.85보다 작거나 10.15온스보다 큰 경우 결함으로 분류된다고 가정하라. 결함 발생 확률과 예상되는 결함 제품 수를 계산하라.

c. 공정변동이 작아짐으로써 공정관리한계가 평균으로부터 더 많은 표준편차의 수만큼 멀어지면 얻는 이점은 무엇인가?

36. 2012년 초, 경제난은 프랑스 복지 시스템의 한계를 넘어섰다. 경제난 수준을 나타내는 지표 중 하나는 파리의 전당포에 물건을 가져 오는 사람들의 수가 증가했다는 것이다. 이 숫자는 하루에 658명으로 증가했다[출처]. 2012년에 전당포에 물건을 가져오는 사람 수가 하루 평균 658명의 정규분포를 따른다고 하자.

a. 관찰일수 중 3%에 해당하는 날에 610명 이하의 사람들이 전당포에 물건을 가지고 온 것을 알게 되었다. 전당포에 물건을 가져오는 사람 수의 표준편차는 얼마인가?

b. 어느 날 전당포에 물건을 가져오는 사람 수가 600명에서 700명 사이일 확률은 얼마인가?

c. 가장 바쁜 3%에 해당하는 날에 전당포에 물건을 가지고 오는 사람 수는 몇 명인가?

37. New Orleans와 Baton Rouge 사이의 미시시피 강 54마일을 따라 위치한 South Louisiana 항구는 세계에서 가장

큰 벌크화물(bulk cargo) 항구이다. 미 육군 공병대는 이 항구가 주당 평균 450만 톤의 화물을 처리한다고 보고했다[출처]. 일주일에 처리되는 화물은 표준편차 82만 톤의 정규분포를 따른다고 한다.

a. 주당 처리하는 화물이 5백만 톤보다 적을 확률은 얼마인가?

b. 주당 처리하는 화물이 3백만 톤 이상일 확률은 얼마인가?

c. 주당 3백만 톤 이상 4백만 톤 이하의 화물을 처리할 확률은 얼마인가?

d. 전체 시간 중 85%는 운영시간 연장 없이 화물을 처리할 수 있다고 한다. 항구가 운영시간을 연장해야 하는 주당 화물 처리량은 몇 톤인가?

38. Ward Doering Auto Sales는 리스 차량에 필요한 모든 서비스를 커버하는 특별 서비스 계약을 고려하고 있다. 경험에 비추어 볼 때, 연간 서비스 비용이 근사적으로 평균 $150, 표준편차 $25인 정규분포를 따른다고 추정한다.

a. 회사가 고객에게 연간 $200로 서비스계약을 하는 경우, 어떤 고객의 발생비용이 계약가격 $200를 초과할 확률은 얼마인가?

b. Ward의 서비스 계약 건당 예상이익은 얼마인가?

39. XO Group Inc.는 미국에서 결혼한 13,000명의 신랑과 신부를 대상으로 설문조사를 실시하여 평균 결혼비용이 $29,858이라는 것을 알아냈다[출처]. 결혼비용은 평균이 $29,858이고 표준편차 $5600인 정규분포를 따른다고 가정하자.

a. 결혼비용이 $20,000 미만일 확률은 얼마인가?

b. 결혼비용이 $20,000에서 $30,000 사이일 확률은 얼마인가?

c. 결혼비용이 상위 5% 안에 든다면 얼마나 비용을 지불했겠는가?

40. 대학 입학시험의 점수가 평균 450이고 표준편차가 100인 정규분포를 따른다고 한다.

a. 400에서 500 사이의 점수를 받는 사람들은 응시자의 몇 퍼센트를 차지하는가?

b. 누가 630점을 받았다고 하자. 이보다 시험을 더 잘 본 사람은 몇 퍼센트인가? 더 못 본 사람은 몇 퍼센트인가?

c. 특정 대학교에서 480점보다 적은 점수를 받은 학생의 입학을 허가하지 않는다면, 응시자 중에 몇 퍼센트가 이 대학교에 합격할 수 있는가?

41. National Colleges and Employers Association에 의하면 보건과학 분야의 대학 졸업생의 초임연봉의 평균이 $51,541이라고 한다. 비즈니스 분야 대학 졸업생의 평균연봉은 $53,901이다[출처]. 보건과학 분야의 초임연봉은 정규분포를 따르며 표준편차는 $11,000이라고 가정한다. 비즈니스 분야 대학 졸업생 초임연봉의 표준편차는 $15,000이라고 하자.

a. 비즈니스 분야 대학 졸업생이 적어도 $65,000 이상의 초임연봉을 받을 확률은 얼마인가?

b. 보건과학대학 졸업생이 적어도 $65,000 이상의 초임연봉을 받을 확률은 얼마인가?

c. 보건과학대학 졸업생이 $40,000 미만의 초임연봉을 받을 확률은 얼마인가?

d. 보건과학 분야의 대학졸업생 99%의 초임연봉보다도 더 많은 연봉을 받으려면 비즈니스 분야 대학 졸업생은 얼마를 벌어야 하는가?

42. 용기에 특정 제품을 주입하는 어떤 기계가 있다. 충전용량의 표준편차는 과거 데이터로부터 .6온스로 알려져 있다. 18온스 미만으로 충전되는 용기가 2%밖에 안 된다면 기계의 평균 충전용량은 얼마인가? 즉 μ는 얼마인가? 충전용량은 정규분포를 따른다고 가정하라.

43. *The American Time Use Study*는 미국 사람들이 일상적인 하루 동안 여러 가지 활동에 소비하는 시간에 관한 설문조사이다. 어느 날 미국 남성의 22%가 스포츠, 운동, 또는 레크레이션 활동을 하였다. 그들이 이러한 활동에 참여한 날엔 남자들은 평균 1.8시간을 스포츠, 운동 또는 레크레이션에 사용했다[출처]. 스포츠, 운동, 또는 레크레이션에 참여한 날, 이에 사용한 시간은 지수분포를 따른다고 하자.

a. 어떤 남자가 스포츠, 운동, 또는 레크레이션에 참여했는데 여기에 사용한 시간이 1시간 이하일 확률은 얼마인가?

b. 어떤 남자가 스포츠, 운동, 또는 레크레이션에 참여했는데 여기에 2시간보다 더 많은 시간을 사용할 확률은 얼마인가?

44. 숙박 및 조식을 제공하는 숙소(inn)를 모아 놓은 웹사이트에 분당 약 7명이 방문한다. 분당 웹사이트 방문자 수가 포아송확률분포를 따른다고 하자.

a. 이 웹사이트의 평균 방문간격은 얼마인가?

b. 이 웹사이트 방문간격에 대한 지수확률밀도함수를 보여라.

c. 이 웹사이트에 1분 동안 아무도 접속하지 않을 확률은 얼마인가?

d. 이 웹사이트에 12초 동안 아무도 접속하지 않을 확률은 얼마인가?

45. 줄 서서 기다리는 것을 싫어하는가? 슈퍼마켓 체인인 Kroger는 2300개의 매장에서 고객들의 평균대기시간을 줄이기 위해 컴퓨터 시뮬레이션과 정보기술을 사용하고 있다. Kroger가 고객의 체크아웃 시간을 더 잘 예측할 수 있는 시스템인 QueVision을 사용하여 고객들의 평균대기시간을 단 26초로 줄일 수 있었다[출처].

a. Kroger의 대기시간이 지수분포를 따른다고 가정하자. Koger에서 대기하는 시간의 확률밀도함수를 보여라.

b. 어떤 고객의 대기시간이 15초에서 30초 사이일 확률은 얼마인가?

c. 어떤 고객이 2분 이상 기다려야 할 확률은 얼마인가?

46. 보험사의 불만접수 창구에 걸려오는 전화 통화 간격(단위: 분)이 다음과 같은 지수분포를 따른다고 한다.

$$f(x) = .50e^{-.50x} \qquad \text{for } x \geq 0$$

a. 평균 통화간격은 몇 분인가?

b. 통화간격이 30초 이하일 확률은 얼마인가?

c. 통화간격이 1분 이하일 확률은 얼마인가?

d. 5분 이상 전화가 안 걸려올 확률은 얼마인가?

사례문제 1. Specialty Toys

Specialty Toys, Inc.는 새롭고 혁신적인 어린이 장난감을 다양하게 만들어 판매한다. 경영진은 연휴를 앞둔 기간이 새로운 장난감을 소개하기에 가장 좋은 시기라는 것을 알게 되었다. 많은 가족들이 이 시간을 이용해 12월 공휴일 선물을 위한 새로운 아이디어를 찾기 때문이다. Specialty는 시장 잠재력이 있는 새로운 장난감을 발견하면 시장진입 날짜를 10월 중으로 선택한다.

10월까지 장난감을 매장에 준비하기 위해 Specialty는 매년 6월 또는 7월에 제조업체에 일회성 주문을 한다. 어린이 장난감 수요는 매우 변동이 크다. 새로운 장난감의 인기가 좋으면 물건이 다 팔리고 없을지도 모른다는 생각에 종종 수요가 급등하고 회사는 큰 이윤을 실현할 수 있다. 그러나 새 장난감은 실패할 수도 있고, 그때는 재고가 쌓여서 할인가로 팔아야 하는 일이 생길 수도 있다. 회사가 직면한 가장 중요한 질문은 예상 판매 수요에 맞추어서 새 장난감을 얼마나 많이 주문할 것인지 수량을 결정하는 것이다. 너무 적게 구매하면 판매 손실이 발생한다. 너무 많이 구매하면 재고정리를 위해 싼 가격으로 팔아야 하고 이로 인해 이익이 줄어든다.

다가오는 시즌에 Specialty는 Weather Teddy라는 신제품을 출시할 계획이다. 말하는 테디 베어 인형은 대만의 한 회사가 만든 것인데, 아이가 테디의 손을 누르면 곰이 말하기 시작한다. 내장된 압력 감지계는 "날씨가 아주 좋을 것 같아요! 즐거운 하루 보내세요", "오늘 비가 올 수도 있어요. 우산 챙기세요"와 같이 기상 조건을 예측하는 다섯 가지 응답 중 하나를 선택한다. 시험결과에 따르면 완벽한 일기 예보는 아니지만 놀라울 정도로 예측이 잘 맞다. Specialty의 몇몇 관리자는 Teddy가 여러 지역 TV 일기예보만큼이나 정확한 예측을 한다고 주장한다.

다른 제품들과 마찬가지로 Specialty는 다가오는 연휴 시즌에 대비하여 Weather Teddy 수량을 결정하게 되었다. 제품관리팀의 팀원 중 한 명은 15000, 18000, 24000, 28000개 중 하나를 골라서 주문 수량을 결정하자고 제안했다. 제안된 다양한 주문 수량은 시장 잠재력과 관련하여 상당한 의견 차이가 있음을 나타낸다. 제품관리팀은 여러분에게 주문 수량에 대하여 재고부족 확률의 분석, 잠재적 수익의 추정치, 그리고 주문수량 결정을 위한 도움을 요청하였다. Specialty는 Weather Teddy를 개당 비용 $16를 기준으로 하여 $24에 판매하려고 한다. 연휴기간이 지난 후에도 재고가 남아 있으면 Specialty는 모든 잉여재고를 개당 $5에 판매한다. 비슷한 제품의 판매 이력을 검토한 후 Specialty의 수요예측 고참팀에서는 평균수요를 20,000개로, 수요가 10,000에서 30,000 사이일 확률은 .95로 예측하였다.

경영 보고서

다음 이슈들을 언급하면서 Weather Teddy 제품의 주문수량을 제안하는 경영 보고서를 준비하라.

1. 수요예측 팀의 예측내용을 참고하여 수요분포를 정규분포로 표현하라. 분포의 그래프를 그리고 평균과 표준편차를 표시하라.
2. 제품관리팀의 팀원이 제안한 주문량에 대하여 품절확률을

계산하라.

3. 관리팀이 제안한 주문수량에 대하여 다음 세 가지 시나리오의 기대이익을 계산하라: 최악의 경우 판매량 10,000개, 가장 가능성이 높은 경우 판매량 20,000개, 최상의 경우 30,000개.
4. Specialty의 관리자 중 한 명은 잠재이익이 너무 커서, 주문한 수량으로 수요를 충족할 확률이 70%는 되어야 하고 재고가 없을 확률(품절확률)은 30%이어야 한다고 생각했다. 이 정책에 따르면 몇 개를 주문해야 하며, 세 가지 판매 시나리오의 기대이익은 얼마인가?
5. 여러분 스스로 주문수량을 제안하고, 해당 수량을 주문하였을 때 기대이익을 계산하라. 제안한 주문량에 대한 이론적 근거를 제시하라.

사례문제 2. Gebhardt Electronics

Gebhardt Electronics는 다양한 변압기(transformer)를 생산하여 전자장비 제조업체에 직접 판매한다. 변압기의 여러 모델은 모두 순수한 무산소(Oxygen-Free Electronic: OFE) 구리로 된 길이 3피트, 직경 .20mm의 솔리드 전선을 감아서 만든 권선을 공통적으로 사용한다. 구리선에 결함이 있으면 전도성이 떨어지고 파손될 가능성이 높아지며 이 권선 부품은 변압기를 만들고 난 후에는 접근하여 수리하는 것이 어렵다. 따라서 Gebhardt는 구리전선을 감을 때는 흠이 없는 것을 사용한다. 이 회사는 스풀(spool: 전선을 말아놓은 단위)에서 잘라 온 3피트 길이의 전선에서 결함이 없을 확률이 1/20 이하이면 합격으로 처리한다. Gebhardt는 다른 부품을 제조할 때도 같은 전선을 잘라서 사용하므로 이 부품에 사용되는 3피트짜리 전선은 직경이 .20mm인 솔리드 OFE 구리전선의 스풀에서 무작위로 취하는 것을 원칙으로 한다.

Gebhardt는 현재 새로운 구리전선 공급업체를 고려하고 있다. 이 공급업체는 .20mm 직경의 솔리드 OFE 구리전선 스풀에 결함 사이의 간격이 평균 50인치라고 주장한다. 이 공급업체의 주장이 유효하다면 새로 공급되는 이 전선이 Gebhardt의 기준을 충족하는지 여부를 확인해서 결정해야 한다.

경영 보고서

이 평가를 수행함에 있어 다음 세 가지 질문을 고려하라.

1. 새로운 공급업체가 결함 간격이 평균 50인치인 직경 .20mm의 솔리드 OFE 구리전선 스풀을 공급한다면, 연속하는 두 결함 사이의 전선길이는 어떤 분포를 따르는가?
2. 1의 확률분포를 사용하여 Gebhardt의 기준(즉, 새로운 공급업체가 공급한 구리선에서 무작위로 선택한 3피트 전선조각에 결함이 있을 확률이 1/20)을 충족시킬 확률을 계산하면 얼마인가?
3. Gebhardt의 기준을 충족시키기 위해서는 연속된 결함 사이의 최소 평균길이는 몇 인치인가?
4. 새로운 공급업체의 구리선에서 무작위로 선택한 3피트 전선조각에서 결함이 없을 확률이 1/100이라면, 이때 연속하는 두 결함 사이의 최소 평균 길이는 몇 인치인가?

7 표본 추출과 표집분포

SAMPLING AND SAMPLING DISTRIBUTIONS

STATISTICS *in* PRACTICE

MEADWESTVACO CORPORATION*

Stamford, Connecticut

포장지, 코팅지 및 특수용지, 특수 화학제품의 선두 생산업체인 MeadWestvaco Corporation에는 17,000명 이상의 직원들이 일하고 있다. 이들은 전 세계 30개국에서 약 100개국의 고객에게 서비스를 제공한다. MeadWestvaco의 국제 컨설팅그룹은 표본 추출(샘플링)을 사용하여 상당한 생산성 이점을 얻고 있으며 경쟁력을 유지할 수 있도록 다양한 정보를 제공한다.

예를 들어, MeadWestvaco는 원료를 공급하는 큰 삼림지대와 나무를 보유하고 있다. 경영진은 미래의 원자재 수요

© Robert Crum/Shutterstock.com

무작위로 추출한 수목의 표본을 사용하여 MeadWestvaco Corporation은 미래의 원자재 수요를 충족시킬 수 있도록 관리하고 있다.

* 이 사례는 Edward P. Winkofsky 박사의 도움을 받아 소개한 내용임을 밝힌다.

STATISTICS *in* PRACTICE

를 충족시킬 수 있는 회사의 능력을 가늠하기 위해 삼림지와 숲에 대한 신뢰성 있고 정확한 정보가 필요하다. 숲은 현재 어느 정도의 크기인가? 과거에 어느 정도 자라왔는가? 미래에는 어느 정도 자랄 것인가? 이러한 중요한 질문에 대한 답변으로 MeadWestvaco의 경영진은 장기적인 나무심기와 수확일정을 포함하는 미래에 대한 일정계획을 세울 수 있다.

MeadWestvaco는 광대한 산림을 유지하는 데 필요한 정보를 어떻게 얻을까? 산림 전체에 걸쳐 있는 표본 구역에서 수집하는 데이터는 회사가 소유한 나무의 전체 모집단을 파악하는 데 기초가 된다. 표본 구역을 식별하기 위해 삼림지를 위치와 나무 유형에 따라 세 개의 구역으로 나눈다. 지도와 난수를 사용하여 숲의 각 구역에서 1/5~1/7 에이커의 무작위 표본을 정하고, 산림관리자는 이 표본 구역에서 데이터를 수집하여 전체 숲을 관리한다.

조직 전체에 걸쳐 산림관리자는 현장의 데이터 수집 프로세스에 참여한다. 정기적으로 두 사람으로 팀을 구성하여 모든 표본 구역에서 각 나무에 대한 정보를 수집한다. 표본 데이터는 회사의 CFI(Continuous Forest Inventory·연속형 수목재고) 컴퓨터 시스템에 입력된다. CFI 시스템의 보고서에는 나무의 종류, 현재 수목량, 수목의 과거 성장률과 미래 성장률, 미래 수목량에 대한 통계를 포함하는 수많은 도수분포표가 요약되어 담겨 있다. 표본 데이터의 추출과 관련통계 요약은 MeadWestvaco의 산림과 목재를 효과적으로 관리하는데 있어 필수적인 보고서를 제공한다.

이 장에서는 단순 무작위 추출과 표본 선택 프로세스들을 다룬다. 또한 표본평균, 표본비율과 같은 통계량(statistic)을 사용하여 모평균과 모비율을 추정하는 방법에 대해 살펴본다. 표집분포의 중요한 개념도 함께 소개한다.

우리는 1장에서 원소, 모집단과 표본에 대하여 다음과 같이 정의하였다.

- 원소(element)는 데이터가 수집되는 개체이다.
- 모집단(population)은 관심을 두고 있는 모든 원소의 집합이다.
- 표본(sample)은 모집단의 부분 집합이다.

표본을 추출하는 이유는 데이터를 수집하여 모집단에 대한 추론(추측)을 하고 연구문제에 관한 답을 얻기 위함이다.

모집단에 관한 연구문제의 답을 얻기 위해 표본을 사용하는 다음 두 가지의 사례를 살펴보면서 시작하자.

1. 텍사스의 한 정당은 미국 상원선거에서 특정 후보를 지지하는 것을 고려하고 있으며, 정당 지도자들은 주에 등록된 유권자 중에서 그 후보를 선호하는 사람들의 비율을 추정하려고 한다. 텍사스에 등록된 400명의 유권자 표본이 선발되었고 400명의 유권자 중 160명이 그 후보를 선호하고 있다. 따라서 등록된 전체 유권자 모집단에서 그 후보를 지지하는 사람의 비율의 추정치는 160/400 = .40이다.
2. 한 타이어 제조업체는 현재의 타이어들보다 마일리지가 증가하도록 새로 설계한 타이어의 생산을 고려하고 있다. 새 타이어의 평균 유효수명을 추정하기 위해 검사용으로 120개의 타이어 표본을 생산하였다. 검사결과 36,500마일의 표본평균을 얻었다. 따라서 새 타이어 모집단의 평균 유효수명의 추정치는 36,500마일이다.

표본평균은 모평균의 추정치를, 표본비율은 모비율의 추정치를 제공한다. 이러한 추정에는 일부 추정오차가 발생할 수 있다. 이 장에서는 해당 오차의 크기를 결정하는 기초를 제공한다.

표본의 결과는 해당 모집단의 특성 값의 추정치(estimates)만 제공함을 인식하는 것이 중요하다. 표본에서 선호비율이 .40이라고 해서 등록된 모든 유권자 모집단에서 정확히 .40 또는 40%가 그 후보를 선호할 것으로 기대하지 않으며, 표본평균이 36,500마일이라고 하여 생산된 모든 새로운 타이어 모집단의 평균 마일리지도 정확히 같을 것으로 기대하지는 않는다. 표본에는 단순히 모집단의 일부만 포함되어 있기 때문이다. 일부 샘플링 오차가 예상된다. 적절한 표본 추출 방법을 사용하면 표본결과가 모집단 모수의 '좋은' 추정치가 된다. 그러나 표본결과가 얼마나 좋은지 예상할 수 있는가? 다행히도 이 질문에 답을 줄 수 있는 통계적인 절차가 있다.

표본 추출(샘플링, 표집)에서 사용되는 몇몇 용어를 정의하자. **표집모집단**(sampled population)은 표본을 추출하는 모집단이며 **프레임**(frame)은 표본을 선택할 원소들의 목록이다. 첫 번째 예에서 표집모집단은 텍사스의 모든 등록 유권자이며 프레임은 등록된 모든 유권자의 목록이다. 텍사스에 등록된 유권자 수는 유한하므로 첫 번째 예는 유한모집단에서 표본을 추출하는 예이다. 7.2절에서는 유한모집단에서 단순 무작위 표본(simple random sample)을 선택하는 방법에 대해 설명한다.

타이어 마일리지 예제의 표집모집단은 120개의 타이어 표본이 특정 시점의 생산 공정에서 얻어지기 때문에 정의하기가 더 어렵다. 개념적인 표집모집단은 특정 시점 생산 공정을 사용하여 만들어지는 모든 타이어라고 볼 수 있다. 이러한 의미에서 표집모집단은 무한한 것으로 간주되어 표본을 추출할 프레임을 구성할 수 없다. 이러한 상황에서 무작위 표본을 선택하는 방법에 대해 7.2절에서 논의한다.

이 장에서는 유한모집단에서 단순 무작위 표본을 추출하는 방법과 진행 중인 프로세스에서 생성되는 무한모집단에서 무작위 표본을 추출하는 방법을 설명한다. 그런 다음 표본에서 얻은 데이터를 사용하여 모평균, 모표준편차, 모비율의 추정값을 계산하는 방법을 살펴본다. 또한 표집분포의 중요한 개념을 소개한다. 앞으로 살펴보겠지만 적절한 표집분포에 대한 지식을 통해 표본 추정치가 해당 모집단 모수에 얼마나 가까운지에 대해 진술할 수 있다. 7.7절에서는 실제로 자주 사용하는 단순 무작위 표본에 대한 대안을 논의한다. 마지막 절에서는 샘플링 오차, 비(非)샘플링 오차와 이러한 오류가 표본의 크기와 어떤 관련이 있는지 살펴본다.

7.1 표본 추출의 사례

Electronics Associates, Inc.(EAI)의 인사 담당자는 직원 2500명의 프로필을 작성하는 임무를 맡았다. 식별해야 하는 특성에는 직원의 평균연봉과 사내 경영교육 프로그램 수료 비율이 포함된다.

2500명의 직원을 이 연구의 모집단으로 사용하여 회사의 인사기록을 참조하면 각 직원의 연봉과 교육 프로그램 상태를 확인할 수 있다. 모집단의 모든 직원 2500명에 대한 정보는 EAI라는 DATA 파일에 담겨 있다.

DATA file
EAI

EAI 데이터와 3장에 제시된 공식을 사용하여 연봉 데이터에 대한 모평균과 모표준편차를 계산하자.

$$\text{모평균: } \mu = \$51{,}800$$

$$\text{모표준편차: } \sigma = \$4000$$

교육훈련 프로그램 상태에 대한 자료는 2500명의 직원 중 1500명이 교육 프로그램을 수료했음을 보여준다.

모집단의 특성을 수치로 표현한 것을 **모수**(parameters)라고 한다. 교육 프로그램을 마친 모집단의 비율을 p라고 하면, $p = 1500/2500 = .60$임을 알 수 있다. 모집단 평균연봉(μ = \$51,800), 연봉의 모표준편차(σ = \$4000)와 교육 프로그램을 완료한 모비율(p = .60) 등은 EAI 직원 모집단의 모수이다.

종종 정보를 수집하기 위해 개인 인터뷰를 하는 경우에는 표본에서 정보를 수집하는 비용이 모집단 전체를 인터뷰하는 것보다 훨씬 적다.

이제 EAI 직원 전체에 대한 정보를 회사 데이터베이스에서 즉시 사용할 수 없다고 가정해 보자. 우리가 고려해야 할 문제는 회사의 인사담당자가 2500명의 모집단이 아닌 표본을 사용하여 어떻게 모집단 모수의 추정치를 얻는가이다. 직원 30명으로 이루어진 표본을 사용한다고 하자. 분명히, 전체 모집단에 대한 프로파일 작성시간과 비용보다 30명의 직원에 대한 것이 실제로 적게 걸릴 것이다. 30명의 직원으로 구성된 표본이 2500명의 직원 모집단에 대한 적절한 정보를 제공할 것이라고 인사담당자가 확신할 수 있는 경우라면 전체 모집단을 대상으로 작업하는 것보다 표본으로 작업하는 것이 더 좋다. 30명의 직원 표본을 결정하는 방법을 먼저 고려하여 EAI 연구에 표본을 사용할 수 있을지 살펴보자.

7.2 표본 추출

이 절에서는 표본을 선택하는 방법에 대해 살펴본다. 먼저 유한모집단에서 표본을 추출하는 방법을 설명하고 무한모집단에서 표본을 선택하는 방법을 설명한다.

유한모집단에서의 표본 추출

확률표본을 사용하면 모집단에 대한 유효한 통계적 추론을 할 수 있으므로 유한모집단에서 표본을 추출할 때 확률표본을 선택하는 것을 추천한다. 가장 간단한 유형의 확률표본은 크기가 n으로서 각각 선택될 확률을 동일하게 한 것이다. 이를 단순 무작위 표본이라고 한다. 크기가 N인 유한모집단에서 크기 n의 단순 무작위 표본은 다음과 같이 정의된다.

단순 무작위 표본(유한모집단에서)

크기 N의 유한모집단으로부터 추출한 크기 n의 **단순 무작위 표본**(simple random sample)은 크기가 n인 각각의 표본으로서 선택될 확률이 모두 동일한 표본 중의 하나를 말한다.

확률표본의 다른 추출 방법은 7.7에서 다룬다.

유한모집단에서 단순 무작위 표본을 추출하는 절차는 난수(random number)를 기반으로 한다. 엑셀의 RAND 함수를 워크시트의 셀에 =RAND()로 입력하면 0과 1 사이의 난수를 생성할 수 있다. RAND 함수는 0과 1 사이의 모든 숫자가 선택될 확률이 동일하다는 것을 수학적으로 보장하므로 이를 통해 생성된 숫자를 난수라고 한다. 이 난수를 사용하여 단순 무작위 표본을 추출하는 방법을 살펴보자.

크기가 N인 모집단에서 크기 n의 단순 무작위 표본을 추출하는 절차는 두 단계로 구성된다.

엑셀의 RAND 함수를 사용하여 생성된 난수는 0과 1 사이의 균일 분포를 따른다.

1단계. 모집단의 각 원소에 난수를 할당한다.

2단계. 가장 작은 난수부터 시작해서 처음 n개의 난수에 해당하는 원소 n개를 고른다.

모집단에서 n개의 원소를 갖는 집합마다 n개의 가장 작은 난수 n개가 할당될 확률은 같기 때문에, n개의 원소를 갖는 각 집합은 표본으로 선택될 확률이 똑같다. 이 두 단계 절차를 사용하여 표본을 고르면, 크기 n의 모든 표본은 선택될 확률이 모두 똑같다. 따라서 선택된 표본은 단순 무작위 표본의 정의를 만족한다.

크기가 $N = 16$인 모집단에서 크기 $n = 5$인 단순 무작위 표본을 선택해 보자. 〈표 7-1〉에는 2012년 내셔널 리그의 16개 팀 목록이 포함되어 있다. 5개의 팀으로 구성된 단순 무작위 표본을 선택하여 그들이 어떻게 자신의 마이너리그 팀을 관리하는지 심층 인터뷰를 수행한다고 가정하자.

단순 무작위 추출법의 1단계에서는 모집단 16개 팀 각각에 난수를 할당해야 한다. 〈그림 7-1〉은 모집단 16개 팀 각각에 해당하는 난수를 생성하는 워크시트를 보여준다. 야구팀은 A열에, 생성된 난수는 B열에 있다. 식이 적힌 뒤쪽 워크시트에는 수식 =RAND()를 B2:B17 셀에 입력하고, 값이 적힌 앞쪽 워크시트에는 Arizona에 난수 .850862가, Atlanta에

〈표 7-1〉 2012 내셔널 리그 야구팀

애리조나	애틀랜타	시카고	신시내티
콜로라도	플로리다	휴스턴	로스앤젤레스
밀워키	뉴욕	필라델피아	피츠버그
샌디에고	샌프란시스코	세인트루이스	워싱턴

〈그림 7-1〉 각 팀에 해당하는 난수생성에 사용하는 워크시트

DATA file
National League

	A	B	C
1	Team	Random Numbers	
2	Arizona	=RAND()	
3	Atlanta	=RAND()	
4	Chicago	=RAND()	
5	Cincinnati	=RAND()	
6	Colorado	=RAND()	
7	Florida	=RAND()	
8	Houston	=RAND()	
9	Los Angeles	=RAND()	
10	Milwaukee	=RAND()	
11	New York	=RAND()	
12	Philadelphia	=RAND()	
13	Pittsburgh	=RAND()	
14	San Diego	=RAND()	
15	San Francisco	=RAND()	
16	St. Louis	=RAND()	
17	Washington	=RAND()	
18			

	A	B	C
1	Team	Random Numbers	
2	Arizona	0.850862	
3	Atlanta	0.706245	
4	Chicago	0.724789	
5	Cincinnati	0.614784	
6	Colorado	0.553815	
7	Florida	0.857324	
8	Houston	0.179123	
9	Los Angeles	0.525636	
10	Milwaukee	0.471490	
11	New York	0.523103	
12	Philadelphia	0.851552	
13	Pittsburgh	0.806185	
14	San Diego	0.327713	
15	San Francisco	0.374168	
16	St. Louis	0.066942	
17	Washington	0.158452	
18			

난수 .706245가 지정되었음을 알 수 있다.

두 번째 단계는 5개의 가장 작은 난수에 해당하는 5개 팀을 표본으로 선택하는 것이다. 〈그림 7-1〉의 난수를 살펴보면 가장 작은 난수(.066942)에 해당하는 팀이 St. Louise이고 다음 네 개의 가장 작은 난수에 해당하는 4개의 팀이 Washington, Houston, San Diego, San Francisco이다. 따라서 이 다섯 팀은 단순 무작위 표본이 된다.

5개의 가장 작은 숫자를 찾으려고 〈그림 7-1〉의 난수 리스트를 검색하는 것은 지루하며 실수하기 쉽다. 엑셀의 정렬(sorting) 기능은 이를 해결해 준다. 〈그림 7-1〉의 야구 팀 목록을 정렬하여 5개의 가장 작은 난수에 해당하는 5개의 팀을 찾아보자. 관련 설명은 〈그림 7-1〉의 앞쪽 워크시트를 참조하라

1단계. B2:B17 범위에서 아무 셀을 하나 선택한다.

2단계. 리본 메뉴에서 **홈** 탭을 클릭한다.

〈그림 7-2〉 엑셀의 SORT 기능을 사용하여 5개 팀으로 이루어진 단순 무작위 표본 추출

	A	B	C
1	Team	Random Numbers	
2	St. Louis	0.066942	
3	Washington	0.158452	
4	Houston	0.179123	
5	San Diego	0.327713	
6	San Francisco	0.374168	
7	Milwaukee	0.471490	
8	New York	0.523103	
9	Los Angeles	0.525636	
10	Colorado	0.553815	
11	Cincinnati	0.614784	
12	Atlanta	0.706245	
13	Chicago	0.724789	
14	Pittsburgh	0.806185	
15	Arizona	0.850862	
16	Philadelphia	0.851552	
17	Florida	0.857324	
18			

3단계. 편집 그룹에서 **정렬 및 필터**를 클릭한다.

4단계. 오름차순 정렬을 선택한다.

이 단계들을 완료하면 〈그림 7-2〉의 워크시트를 얻는다.[1] 2~6행에 나열된 팀은 가장 작은 난수 5개에 해당하는 팀이다. 이들은 우리가 구하고자 하는 단순 무작위 표본이다. 〈그림 7-2〉에 표시된 난수는 오름차순이며 팀은 원래 순서가 아니다. 예를 들어 St. Louis는 〈그림 7-1〉에서는 마지막에서 두 번째에 있지만 단순 무작위 표본에서는 처음으로 선택된 팀이다. 표본의 두 번째 팀인 Washington은 원래 목록에서 16번째 팀이다.

30개의 가장 작은 난수에 해당하는 직원을 식별해야 할 때, 엑셀의 정렬 기능은 매우 유용하다.

이제 이 단순표본 추출법을 사용하여 2500명의 EAI 직원 모집단에서 30명의 직원으로 구성된 단순 무작위 표본을 골라보자. 모집단의 각 직원마다 하나씩 총 2500개의 난수를 생성하는 것으로 시작한다. 그런 다음 가장 작은 난수 30개에 해당하는 30명의 직원을 표본으로 선택한다. 관련 설명은 〈그림 7-3〉을 참조하라.

자료 입력: EAI라는 DATA 파일을 연다. 뒤에 있는 워크시트의 첫 3열에는 2500명의 EAI 직

1 〈그림 7-1〉의 난수들이 함수 =RAND()로 되어 있으면 정렬하기 전에 자동재계산 옵션을 해제하여야 한다(리본의 파일 → 옵션 → 수식을 차례로 클릭하여 '통합 문서 계산'에서 '자동'을 '수동'으로 바꾸면 된다). 자동재계산 옵션을 해제하지 않으면 정렬할 때마다 새로운 난수가 생성된다. 그러나 '수동'으로 바꾸면 매번 동일한 5개의 팀이 선택될 것이다.

〈그림 7-3〉 엑셀을 사용한 단순 무작위 표본 추출

	A	B	C	D
1	Manager	Annual Salary	Training Program	Random Numbers
2	1	55769.50	No	0.613872
3	2	50823.00	Yes	0.473204
4	3	48408.20	No	0.549011
5	4	49787.50	No	0.047482
6	5	52801.60	Yes	0.531085
7	6	51767.70	No	0.994296
8	7	58346.60	Yes	0.189065
9	8	46670.20	No	0.020714
10	9	50246.80	Yes	0.647318
11	10	51255.00	No	0.524341
12	11	52546.60	No	0.764998
13	12	49512.50	Yes	0.255244
14	13	51753.00	Yes	0.010923
15	14	53547.10	No	0.238003
16	15	48052.20	No	0.635675
17	16	44652.50	Yes	0.177294
18	17	51764.90	Yes	0.415097
19	18	45187.80	Yes	0.883440
20	19	49867.50	Yes	0.476824
21	20	53706.30	Yes	0.101065
22	21	52039.50	Yes	0.775323
23	22	52973.60	No	0.011729
24	23	53372.50	No	0.762026
25	24	54592.00	Yes	0.066344
26	25	55738.10	Yes	0.776766
27	26	52975.10	Yes	0.828493
28	27	52386.20	Yes	0.841532
29	28	51051.60	Yes	0.899427
30	29	52095.60	Yes	0.486284
31	30	44956.50	No	0.264628

The formula in cells D2:D2501 is =RAND().

	A	B	C	D
1	Manager	Annual Salary	Training Program	Random Numbers
2	812	49094.30	Yes	0.000193
3	1411	53263.90	Yes	0.000484
4	1795	49643.50	Yes	0.002641
5	2095	49894.90	Yes	0.002763
6	1235	47621.60	No	0.002940
7	744	55924.00	Yes	0.002977
8	470	49092.30	Yes	0.003182
9	1606	51404.40	Yes	0.003448
10	1744	50957.70	Yes	0.004203
11	179	55109.70	Yes	0.005293
12	1387	45922.60	Yes	0.005709
13	1782	57268.40	No	0.005729
14	1006	55688.80	Yes	0.005796
15	278	51564.70	No	0.005966
16	1850	56188.20	No	0.006250
17	844	51766.00	Yes	0.006708
18	2028	52541.30	No	0.007767
19	1654	44980.00	Yes	0.008095
20	444	51932.60	Yes	0.009686
21	556	52973.00	Yes	0.009711
22	2449	45120.90	Yes	0.010595
23	13	51753.00	Yes	0.010923
24	2187	54391.80	No	0.011364
25	1633	50164.20	No	0.011603
26	22	52973.60	No	0.011729
27	1530	50241.30	No	0.013570
28	820	52793.90	No	0.013669
29	1258	50979.40	Yes	0.014042
30	2349	55860.90	Yes	0.014532
31	1698	57309.10	No	0.014539

주) 32~2501행은 숨겨져 있다.

원 모집단 중 처음 30명에 대한 직원번호, 연봉 데이터, 교육 프로그램 이수상태가 표시되어 있다. (전체 워크시트에는 2500명의 직원 정보가 모두 포함되어 있다.)

함수/수식: 뒤쪽에 있는 워크시트에서 **난수** 레이블을 D1셀에 입력하고 식 =RAND()를 D2:D2501 셀에 입력하여 EAI 직원 2500명 각각에 대해 0과 1 사이의 난수를 생성한다. 첫 번째 직원에 대해 생성된 난수는 .613872이고, 두 번째 직원에 대해 생성된 난수는 .473204 이다.

툴 적용: 남은 일은 가장 작은 난수 30개에 해당하는 직원을 찾는 것이다. 이를 위해 A열에서 D열의 데이터를 D열의 난수에 따라 오름차순으로 정렬한다.

1단계. D2:D2501 범위의 셀을 하나 선택한다.
2단계. 리본에서 **홈** 탭을 클릭한다.
3단계. 편집 그룹에서 **정렬 및 필터**를 클릭한다.
4단계. 오름차순 정렬을 선택한다.

이 단계를 완료하면 〈그림 7-3〉에서 앞쪽에 있는 워크시드를 읻는다. 2~31행에 나열된 직원은 생성된 난수 중 제일 작은 30개에 해당한다. 따라서 이 30명의 직원 그룹은 단순 무작위 표본이다. 〈그림 7-3〉의 앞에 표시된 난수는 오름차순이며 직원은 원래 순서가 아니다. 예를 들어 모집단의 812번 직원은 가장 작은 난수에 해당하고 표본에서는 첫 번째 원소이며, 모집단에서 13번 직원은(뒤쪽 워크시트의 14행 참조) 표본에서 22번째 관측치로 포함되었다(앞쪽 워크시트의 23행).

무한모집단에서의 표본 추출

모집단에서 표본을 추출하려고 하지만 때때로 모집단이 무한히 크다든지 프로세스가 진행 중이라서 생성 가능한 원소의 수에 제한을 둘 수 없는 경우가 있다. 이런 경우에는 모집단에 있는 모든 원소들의 목록을 만들 수 없다. 이를 무한모집단 경우로 간주한다. 무한모집단을 사용하면 모든 원소로 구성된 프레임을 만들 수가 없으므로 단순 무작위 표본을 추출할 수 없다. 모집단의 크기가 무한한 경우 통계학자들은 무작위 표본(random sample)을 선택하는 것을 권한다.

무작위 표본(무한모집단에서)

무한모집단에서 추출된 크기 n의 **무작위 표본**(random sample)은 다음 조건들을 만족한다.

1. 각 원소는 동일한 모집단에서 추출된다.
2. 각 원소는 독립적으로 추출된다.

무한모집단에서 무작위 표본을 추출할 때는 주의와 판단이 필요하다. 경우에 따라 선택 절차가 다를 수 있다. 두 가지 예를 통해 각 조건이 의미하는 바를 살펴보자: (1) 선택한 각각의 원소는 동일한 모집단에서 나왔으며 (2) 각 원소는 독립적으로 선택되었다.

일반적으로 품질관리를 다룰 때는 생산 공정에서 생산 가능한 원소의 수에 제한이 없다. 우리가 표본을 추출하고자 하는 개념적 모집단은 (생산된 것뿐만 아니라) 진행 중인 생산 공정으로 만들 수 있는 모든 원소의 집합이다. 생산 가능한 모든 원소의 목록을 만들 수 없으므로 무한모집단으로 간주한다. 좀 더 구체적으로 말하면, 아침식사 대용 시리얼 상자에 평균 24온스의 시리얼을 채우도록 설계된 생산라인을 고려해 보자. 품질관리 검사관이 이 공정으로 만들어진 12개의 상자 표본을 주기적으로 선택하여 공정이 제대로 작동하는지 또는 기계 오작동으로 인해 상자에 적게 담거나 넘게 담는 일이 발생하는지 확인한다.

이러한 생산 공정에서 무작위 표본을 선택하는 데 가장 큰 관심사는 첫 번째 조건(표본의 각 원소는 동일한 모집단에서 선택된다)을 충족시키는 것이다. 이 조건을 만족하려면 **거의 같은 시점에** 상자를 골라내야 한다. 이렇게 하면 검사관은 프로세스가 제대로 작동할 때 상자를 몇 개 선택하고, 프로세스가 제대로 작동하지 않아서 시리얼을 더 적게 또는 더 많이 채우고 있을 때 나머지 상자를 선택하는 상황을 피할 수 있다. 그렇지 않으면 동일한 모집단에서 선택한 것으로 볼 수 없다. 이와 같은 공정에서는, 각 시리얼 박스가 독립적으로 충전되도록 공정을 설계함으로써 두 번째 조건(각 원소는 독립적으로 선택된다)을 충족할 수 있다. 그러면 품질관리 검사관은 표본이 동일한 모집단에서 나온 것이어야 한다는 조건만 만족시키도록 신경쓰면 된다.

무한모집단에서 무작위 표본을 선택하는 또 다른 예로, 패스트푸드 식당에 도착하는 고객 집단을 생각하자. 식당을 방문하는 고객의 프로파일을 만들기 위해 고객 표본을 선택하고 인터뷰를 요청했다고 가정하자. 고객 도착 프로세스가 진행 중인데 모집단의 고객 목록을 얻을 방법이 없다. 따라서 진행 중인 프로세스의 모집단은 무한하다고 간주한다. 표본의 원소가 모두 식당의 고객이 되고, 독립적으로 선택되도록 표본 추출 절차를 설계하면 무작위 표본을 얻을 수 있다. 이 경우 표본을 수집하는 직원은 식당에 음식을 먹으러 들어온 사람들로부터 표본을 선택하되 동일한 모집단 조건이 충족되도록 해야 한다. 예를 들어, 화장실을 사용하려고 식당에 들어온 사람을 표본의 원소로 하나 선택하면 그 사람은 고객이 아니며 동일 모집단 조건을 위반하게 된다. 따라서 식당에 음식을 먹으러 오는 사람들을 표본으로 선택하는 한 첫 번째 조건은 충족한다고 볼 수 있다. 오히려 이 경우에는 고객을 독립적으로 선택하는 것이 더 어려울 수 있다.

무작위 표본 추출의 두 번째 조건(각 원소는 독립적으로 선택됨)의 목적은 **선택편향**(selection bias)을 방지하기 위함이다. 직원이 표본을 얻는 데 고객을 자유롭게 선택할 수 있게 하면 선택편향이 발생한다. 특정 연령대의 고객을 선택하는 것이 더 편해서 다른 연령대의 고객을 피할 수 있다. 식당에 함께 들어온 5명의 고객 집단을 선택해서 모두 표본에 참여하도록 인터뷰를 요청한 경우에도 선택편향이 발생한다. 이러한 고객 그룹은 유사한 특성을 보일 수 있으며, 이는 고객 모집단에 대한 잘못된 정보를 제공할 수 있다. 이와 같은 선택편향을 방지하려면 특정 고객의 선택이 다른 고객의 선택에 영향을 미치지 않도록 하면 된다.

즉, 원소(고객)를 독립적으로 선택하면 된다.

패스트푸드 식당의 선두주자인 맥도날드는 위와 같은 상황에서 무작위 표본을 추출하였는데, 표본 추출 절차는 일부 고객이 할인쿠폰을 제시한다는 것을 활용하였다. 고객이 할인쿠폰을 제시할 때마다, 바로 다음 고객에게 고객 프로필 설문지를 작성하도록 요청하였던 것이다. 고객은 무작위로 도착하고, 다른 고객과 독립적으로 도착하여 할인쿠폰을 제시했으므로 이 표본 추출 절차를 통해 선택된 고객은 독립적이다. 결과적으로, 표본은 무한모집단의 무작위 표본의 요건을 충족하였다.

무한모집단의 표본 추출 상황은 일반적으로 시간에 걸쳐 작동하는 프로세스와 관련이 있다. 생산 라인에서 제조되는 부품, 실험실에서 반복되는 실험, 은행에서 발생하는 거래, 기술지원센터에 도착하는 전화, 소매점에 들어오는 고객이 그러한 예이다. 각각의 경우, 상황은 무한모집단로부터 원소를 생성하는 프로세스로 볼 수 있다. 표본으로 사용할 원소가 동일한 모집단에서 독립적으로 선택된다면 이렇게 얻은 표본은 무한모집단의 무작위 표본으로 본다.

7.2 보충 설명

1. 이 절에서는 유한모집단의 단순 무작위 표본과 무한모집단의 무작위 표본이라는 두 가지 유형의 표본을 정의하는 데 주의를 기울였다. 책의 나머지 부분에서는 일반적으로 이 두 가지를 '무작위 표본(random sample)' 또는 간략하게 '표본'이라고 할 것이다. 연습문제나 토론에서 표본과 '단순' 무작위 표본을 따로 구분하지 않는다.
2. 유한모집단의 표본조사를 전문으로 하는 통계학자는 확률표본(probability sample)을 뽑는 표집 방법을 사용한다. 확률표본의 경우, 각각의 가능한 표본은 알려진 선택 확률을 가지며 확률 과정(a random process)으로 표본의 원소를 선택한다. 단순 무작위 표본 추출은 이러한 방법 중 하나이다. 7.7절에서 (계)층화 무작위 샘플링, 군집 샘플링, 체계적인 샘플링과 같은 여러 가지 확률표본 추출법에 대해 설명한다. 단순 무작위 추출법은 단순(simple)이라는 용어를 사용하여 그것이 크기 n의 각 표본이 동일한 선택 확률을 갖도록 보장하는 확률표본 추출법 중 하나임을 명확히 한다.
3. 크기 N의 유한모집단에서 선택할 수 있는 크기 n의 서로 다른 단순 무작위 표본의 수는 다음과 같다.

$$\frac{N!}{n!(N-n)!}$$

이 식에서 $N!$ 그리고 $n!$ 은 4장에서 다룬 팩토리얼이다. EAI 문제에서 $N=2500$, $n=30$이므로 이 식을 사용하면 30명의 EAI 직원으로 이루어진 서로 다른 단순 무작위 표본의 수가 약 2.75×10^{69}개임을 알 수 있다.

연습문제

기본문제

1. A, B, C, D, E가 적힌 다섯 개의 원소를 갖는 유한모집단을 생각하자. 표본 크기가 2인 단순 무작위 표본 10개를 골랐다.
   a. AB, AC 등과 같이 표현하여 10개의 표본을 나열하라.

b. 단순 무작위 추출을 사용하면 표본 크기가 2인 각 표본을 선택할 확률은 얼마인가?

c. 엑셀의 RAND 함수를 사용하여 다섯 개의 원소에 난수를 할당하였다고 하자. A (.7266), B (.0476), C (.2459), D (.0957), E (.9408). 이 난수들을 사용하여 크기가 2인 단순 무작위 표본을 적어라.

2. 10개의 원소를 갖는 유한모집단이 있다. 원소는 1에서 10까지 숫자가 매겨 있다. 나음 10개의 난수를 사용하여 크기가 4인 표본을 적어라.

.7545 .0936 .0341 .3242 .1449 .9060 .2420 .9773 .5428 .0729

3. 2012 아메리칸 리그는 14개의 야구팀으로 구성되어 있다. 선수 인터뷰를 하기 위해 5개 팀의 표본을 선택한다고 하자. 다음 표에는 14개 팀과 엑셀의 RAND 함수로 할당된 난수가 나와 있다. 이 난수를 사용하여 크기가 5인 표본을 추출하라.

팀	난수	팀	난수
New York	0.178624	Boston	0.290197
Baltimore	0.578370	Tampa Bay	0.867778
Toronto	0.965807	Minnesota	0.811810
Chicago	0.562178	Cleveland	0.960271
Detroit	0.253574	Kansas City	0.326836
Oakland	0.288287	Anaheim	0.895267
Texas	0.500879	Seattle	0.839071

4. 미국골프협회는 롱퍼터를 배나 가슴에 대고 퍼팅하는 것(long and belly putters)을 금지하기로 했다. 이것은 아마추어골퍼들과 프로골프협회(PGA) 회원들 사이에서 많은 논란을 일으켰다. 다음은 최근 PGA Tour McGladrey Classic 골프 토너먼트에서 상위 10위권 선수들의 이름이다.

1. Tommy Gainey
2. David Toms
3. Jim Furyk
4. Brendon de Jonge
5. D. J. Trahan
6. Davis Love III
7. Chad Campbell
8. Greg Owens
9. Charles Howell III
10. Arjun Atwal

이 선수 중 3명을 단순 무작위 표본으로 선택하여 롱퍼터를 배나 가슴에 대고 퍼팅하는 것에 대한 의견을 물어보라. 표본을 어떻게 뽑아야 하는가?

5. 이 절에서는 2단계 절차를 사용하여 30명의 EAI 직원을 대상으로 단순 무작위 표본을 추출하였다. 이 절차를 사용하여 50명의 EAI 직원으로 구성된 단순 무작위 표본을 추출하라.

6. 다음을 가지고 유한모집단에서의 표본 추출과 무한모집단에서의 표본 추출로 구분하라. 그 표집모집단이 유한한 경우 프레임을 어떻게 구성하는지 설명하라.

a. 뉴욕주에서 운전면허를 발급받은 운전자 중에서 표본을 추출하는 것

b. Breakfast Choice Company의 생산라인에서 시리얼 상자 표본을 추출하는 것
c. 평일에 금문교를 건너는 차량 표본을 추출하는 것
d. 인디애나 대학교의 통계 수업에서 학생들의 표본을 고르는 것
e. 우편 주문을 받는 회사에서 현재 처리 중인 주문에서 표본을 선택하는 것

7.3 점 추정

단순 무작위 표본을 어떻게 고르는지 설명했으므로 EAI 문제로 돌아가 보자. 30명의 직원으로 구성된 단순 무작위 표본과 연봉, 경영 교육 프로그램 참여에 대한 해당 데이터는 〈표 7-2〉에 나와 있다. 기호 $x_1, x_2, \cdots$은 표본에서 첫 번째 직원의 연봉, 두 번째 직원의 연봉, …을 나타낸다. 경영 교육 프로그램 참여는 경영 교육 프로그램 열에 '예/아니오'로 표시하였다.

모집단의 모수 값을 추정하기 위해 **표본 통계량**(sample statistic)이라고 하는 표본의 특성값을 계산한다. 예를 들어 EAI 직원의 연봉에 대한 모평균 μ와 모표준편차 σ를 추정하기 위해 〈표 7-2〉의 데이터를 사용하여 해당 표본 통계량인 표본평균과 표본표준편차 s를 계산한다. 3장에 다룬 표본평균과 표본 표준편차에 대한 공식을 사용하면 표본평균은 다음과 같다.

$$\bar{x} = \frac{\Sigma x_i}{n} = \frac{1,554,420}{30} = \$51,814$$

〈표 7-2〉 EAI 직원 30명으로 구성된 단순 무작위 표본의 연봉과 교육 프로그램 이수 여부

연봉(달러)	교육 프로그램 이수	연봉(달러)	교육 프로그램 이수
x_1 = 49,094.30	Yes	x_{16} = 51,766.00	Yes
x_2 = 53,263.90	Yes	x_{17} = 52,541.30	No
x_3 = 49,643.50	Yes	x_{18} = 44,980.00	Yes
x_4 = 49,894.90	Yes	x_{19} = 51,932.60	Yes
x_5 = 47,621.60	No	x_{20} = 52,973.00	Yes
x_6 = 55,924.00	Yes	x_{21} = 45,120.90	Yes
x_7 = 49,092.30	Yes	x_{22} = 51,753.00	Yes
x_8 = 51,404.40	Yes	x_{23} = 54,391.80	No
x_9 = 50,957.70	Yes	x_{24} = 50,164.20	No
x_{10} = 55,109.70	Yes	x_{25} = 52,973.60	No
x_{11} = 45,922.60	Yes	x_{26} = 50,241.30	No
x_{12} = 57,268.40	No	x_{27} = 52,793.90	No
x_{13} = 55,688.80	Yes	x_{28} = 50,979.40	Yes
x_{14} = 51,564.70	No	x_{29} = 55,860.90	Yes
x_{15} = 56,188.20	No	x_{30} = 57,309.10	No

표본 표준편차는

$$s = \sqrt{\frac{\Sigma(x_i - \bar{x})^2}{n-1}} = \sqrt{\frac{325{,}009{,}260}{29}} = \$3348\text{이다.}$$

경영 교육 프로그램을 완료한 모집단의 직원 비율인 p를 추정하기 위해 표본비율 $\bar{p}$를 사용한다. 표본에서 경영 교육 프로그램을 완료한 직원 수를 x라고 하자. 〈표 7-2〉의 데이터는 $x = 19$임을 나타낸다. 따라서 표본 크기가 $n = 30$인 경우 표본비율은 다음과 같다.

$$\bar{p} = \frac{x}{n} = \frac{19}{30} = .63$$

위와 같은 통계적 절차를 점 추정(point estimation)이라고 한다. 표본평균 $\bar{x}$를 모평균 μ의, 표본 표준편차 s를 모표준편차 σ의, 표본비율 $\bar{p}$를 모비율 p의 **점 추정량**(point estimator)이라고 한다. $\bar{x}$, s, $\bar{p}$를 계산하여 구한 값을 **점 추정치**(point estimate)라 한다. 따라서 〈표 7-2〉의 EAI 직원 30명의 단순 무작위 표본으로부터 계산한 \$51,814는 μ의, \$3348은 σ의, .63은 p의 점 추정치이다. 〈표 7-3〉에서는 표본의 결과를 요약하고 점 추정치를 모집단 모수의 실제값과 비교하였다.

〈표 7-3〉에서 알 수 있듯이 점 추정치는 해당 모집단의 모수와 약간 다르다. 이 차이는 전체 모집단의 전수 조사가 아니라 표본을 추출하여 점 추정치를 구했기 때문에 생긴다고 보면 된다. 다음 장에서는 점 추정치가 모집단 모수에 얼마나 가까운지에 대한 정보를 제공하기 위해 구간 추정을 하는 방법을 다룬다.

〈표 7-3〉 EAI 직원 30명으로 구성된 단순 무작위 표본에서 얻은 점 추정치들의 요약

모집단 모수	모수 값	점 추정량	점 추정치
μ=모집단의 평균연봉	\$51,800	$\bar{x}$=표본의 평균연봉	\$51,814
σ=모집단 연봉의 표준편차	\$4,000	s=표본 연봉의 표준편차	\$3,348
p=모집단의 경영 교육 프로그램 완료 비율	.60	$\bar{p}$=표본의 경영 교육 프로그램을 완료비율	.63

실용적인 조언

이 책 나머지의 대부분 주제는 통계적 추론과 관련이 있다. 점 추정은 통계적 추론의 한 형태이다. 모집단 모수에 대해 유추하기 위해 표본 통계량을 사용한다. 표본을 기준으로 모집단에 대해 추론할 때 표집모집단과 목표모집단 간에 밀접한 관계를 유지하는 것은 중요하다. **목표모집단**(target population)은 우리가 추론하고자 하는 모집단이며, 표집모집단은 표본

을 실제로 추출하는 모집단이다. 이 절에서는 EAI 직원 모집단에서 단순 무작위 표본을 추출하고 동일한 모집단의 특성을 평가하는 과정을 설명하였다. 따라서 표집모집단과 목표모집단이 동일하며 바람직한 상황이다. 그러나 다른 경우에는 표집모집단과 목표모집단 간의 밀접한 관계를 찾기가 쉽지 않다.

놀이공원에서 고객의 표본을 선택하여 공원을 찾은 사람들의 나이와 공원에서 보낸 시간과 같은 특성에 대해 알아본다고 하자. 공원 입장이 대기업의 직원으로 제한된 날에 표본 원소가 추출되었다고 가정하자. 표집모집단은 해당 회사의 직원과 가족 구성원이 된다. 추론하고자 하는 목표모집단이 만일 전형적인 여름 날씨에 놀이공원을 찾은 고객이라면, 표집모집단과 목표모집단 사이에는 상당한 차이가 발생할 수 있다. 이러한 경우에, 우리는 점 추정의 타당성을 의심할 것이다. 특정 날에 구한 표본이 목표모집단을 대표하는지에 대해 여부를 파악하기 위해서는 공원 관리팀에 물어보면 가장 좋을 것이다.

요약하면, 모집단을 추론하기 위해 표본을 사용할 때마다 표집모집단과 목표모집단이 밀접하게 일치하도록 연구가 설계되었는지 확인해야 한다. 올바른 판단은 올바른 통계 실습의 필수 요소이다.

연습문제

기본문제

7. 다음 데이터는 어떤 단순 무작위 표본에서 얻은 것이다.

5 8 10 7 10 14

a. 모평균의 점 추정치는 얼마인가?

b. 모표준편차의 점 추정치는 얼마인가?

8. 150명의 표본을 대상으로 한 설문조사에서 75개의 '예', 55개의 '아니오', 20개의 '의견 없음'을 얻었다.

a. '예'라고 응답한 모비율의 점 추정치는 얼마인가?

b. '아니오'로 응답한 모비율의 점 추정치는 얼마인가?

응용문제

9. 5개월간의 판매 데이터로 된 단순 무작위 표본이다.

월:	1	2	3	4	5
판매 단위:	94	100	85	94	92

a. 모집단의 매월 평균판매량의 점 추정치를 구하라.

b. 모표준편차의 점 추정치를 구하라.

DATA *file*
Morningstar

10. Morningstar는 1208개 회사의 주식에 대한 등급 데이터를 게시한다. 이 주식 중 40개 표본이 Morningstar라는 DATA 파일에 있다. 데이터를 사용하여 다음 질문에 답하라.
   a. Morningstar의 최고 등급인 별 5개를 받은 주식의 비율의 점 추정치를 구하라.
   b. 비즈니스 위험과 관련하여 평균보다 높은 등급을 받은 Morningstar 주식의 비율에 대한 점 추정치를 구하라.
   c. 별 2개 이하로 평가된 Morningstar 주식의 비율에 대한 점 추정치를 계산하라.
11. NFL(National Football League)은 각 풋볼 경기에 대한 등급을 매기기 위해 팬들에게 투표를 실시하였다[출처]. 각 게임의 등급은 0(잊기 쉬운)에서 100(잊지 못할)까지이다. 무작위 표본으로 추출된 12개 경기의 팬 등급은 다음과 같다.

57	61	86	74	72	73
20	57	80	79	83	74

   a. NFL 경기 모집단에 대한 평균 팬 등급의 점 추정치를 구하라.
   b. NFL 경기 모집단의 등급에 대한 표준편차의 점 추정치를 구하라.
12. 50세 이상의 미국 성인 426명에게 최근 대통령 선거에서 투표할 후보를 선택하는 데 있어 여러 가지 이슈를 얼마나 중요하게 고려하였는지 물었다.
   a. 이 연구의 표집모집단은 무엇인가?
   b. 350명의 응답자들이 사회보장과 의료보험을 '매우 중요하게' 생각한다고 하였다. 50세 이상의 미국 성인 모집단에서 이 문제를 매우 중요하게 생각하는 사람들의 비율을 추정하라.
   c. 응답자의 74%가 교육을 '매우 중요하게' 생각한다고 하였다. 이 문제가 매우 중요하다고 생각하는 응답자의 수를 추정하라.
   d. 354명의 응답자가 일자리 증가를 '매우 중요하게' 생각한다고 하였다. 일자리 증가를 매우 중요하다고 생각하는 50세 이상의 미국 성인의 비율을 추정하라.
   e. b와 d에서 추론의 목표모집단은 무엇인가? a에서 식별한 표집모집단과 동일한가? 표본이 AARP 구성원으로 제한하여 추출되었다는 것을 나중에 알았다고 하자. b와 d의 추론이 여전히 유효하다고 생각하는가? 그 이유는 무엇인가?
13. Pew Internet & American Life Project에서는 성인들에게 적어도 가끔 이상은 인터넷을 사용하는지 물었다[출처]. 결과는 18~29세의 성인 478명 중 454명이, 30~49세의 성인 833명 중 741명이, 50세 이상 성인 1644명 중 1058명이 '예'라고 응답했다.
   a. 18~29세의 성인 중에서 인터넷을 사용하는 비율에 대한 점 추정치를 구하라.
   b. 30~49세의 성인 중에서 인터넷을 사용하는 비율에 대한 점 추정치를 구하라.
   c. 50세 이상 성인 중에서 인터넷을 사용하는 비율에 대한 점 추정치를 구하라.
   d. 나이와 인터넷 사용 사이에 명백히 드러나는 관계에 대해 설명하라.

e. 목표모집단이 모든 성인(18세 이상)이라고 하자. 인터넷을 사용하는 모비율을 추정하라.

DATA file EAI

14. 이 절에서 우리는 EAI 직원 중에서 단순 무작위 표본으로 30명을 추출하여 모집단의 평균연봉, 연봉에 대한 모표준편차, 경영 교육 프로그램을 완료한 모비율의 점 추정치를 구하는 방법을 보였다.

a. 엑셀을 사용하여 50명의 EAI 직원으로 구성된 단순 무작위 표본을 추출하라.

b. 평균연봉의 점 추정치를 구하라.

c. 연봉에 대한 모표준편차의 점 추정치를 구하라.

d. 경영 교육 프로그램을 완료한 모비율의 점 추정치를 구하라.

7.4 표집분포 소개

앞 절에서 우리는 표본평균 $\bar{x}$가 모평균 μ의 점 추정량이고 표본비율 $\bar{p}$가 모비율 p의 점 추정량이라고 하였다. 〈표 7-2〉에 있는 EAI 직원 30명으로 구성된 단순 무작위 표본의 경우 μ의 점 추정치 $\bar{x}$는 \$51,814이고 p의 점 추정치 $\bar{p}$는 .63이다. 또 다른 30명을 무작위로 추출하고 다음과 같은 점 추청치를 얻었다고 하자.

$$\text{표본평균: } \bar{x} = \$52{,}670$$
$$\text{표본비율: } \bar{p} = .70$$

$\bar{x}$와 $\bar{p}$의 값이 달라졌다는 것에 주목하라. 실제로, 30명의 EAI 직원으로 구성된 두 번째 단순 무작위 표본은 첫 번째 표본과 동일한 점 추정치를 제공할 것으로 기대할 수는 없다.

이제 30명의 EAI 직원으로 구성된 무작위 표본을 선택할 때마다 $\bar{x}$와 $\bar{p}$의 값을 계산한다고 가정하자. 〈표 7-4〉는 500개의 단순 무작위 표본에서 얻은 결과 중 일부이며, 〈표 7-5〉는 500개의 $\bar{x}$값에 대한 빈도와 상대도수분포를 보여준다. 〈그림 7-4〉는 $\bar{x}$값에 대한 상대도

〈표 7-4〉 30명의 EAI직원으로 구성된 500개의 단순 무작위 표본에서 얻은 $\bar{x}$와 $\bar{p}$의 값

표본번호	표본평균 $\bar{x}$	표본비율 $\bar{p}$
1	51,814	.63
2	52,670	.70
3	51,780	.67
4	51,588	.53
⋮	⋮	⋮
500	51,752	.50

〈표 7-5〉 30명 EAI 직원으로 구성된 500개 단순 무작위 표본의 $\bar{x}$의 도수와 상대도수 분포

평균연봉(달러)	도수	상대도수
49,500.00~49,999.99	2	.004
50,000.00~50,499.99	16	.032
50,500.00~50,999.99	52	.104
51,000.00~51,499.99	101	.202
51,500.00~51,999.99	133	.266
52,000.00~52,499.99	110	.220
52500.00~52,999.99	54	.108
53,000.00~53,499.99	26	.052
53,500.00~53,999.99	6	.012
합계	500	1.000

〈그림 7-4〉 크기 30인 500개의 단순 무작위 표본에서 얻은 $\bar{x}$의 값들로 그린 상대도수 히스토그램

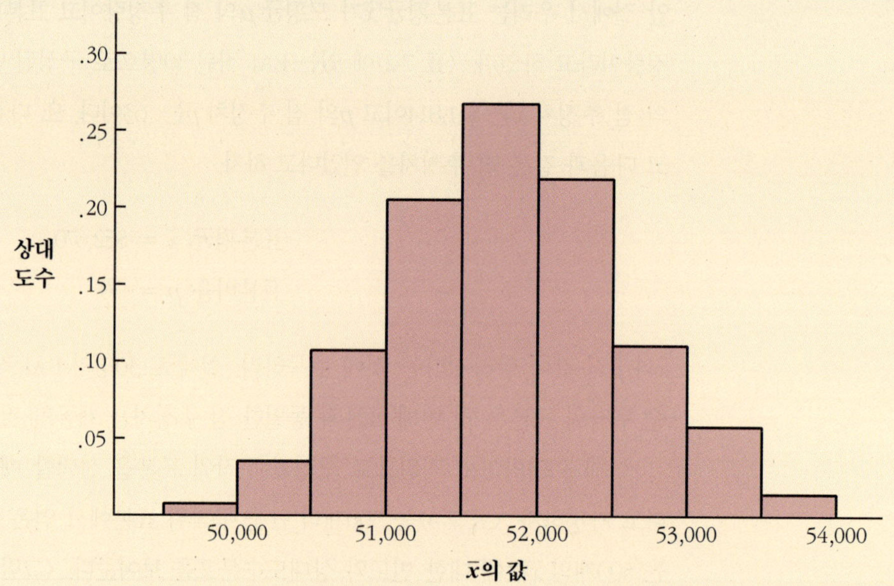

수 히스토그램이다.

5장에서 우리는 확률변수를 실험결과를 가지고 수치로 나타낸 것으로 정의했다. 단순 무작위 표본을 선택하는 과정을 하나의 실험(experiment)으로 생각하면 표본평균 $\bar{x}$는 실험결과(outcomes)에서 계산한 것이다. 따라서 표본평균 $\bar{x}$도 하나의 확률변수이다. 결과적으로 다른 확률변수와 마찬가지로 $\bar{x}$도 그 평균 또는 기댓값, 표준편차를 계산할 수 있고 자신의 확률분포를 갖는다.

다음 장에 대한 이해는 이 장에서 다루는 표집분포를 이해하고 사용하는 능력에 따라 크게 영향을 받는다.

$\bar{x}$의 여러 가지 가능한 값은 서로 다른 단순 무작위 표본의 결과이므로 $\bar{x}$의 확률분포를

$\bar{x}$의 **표집분포**(sampling distribution)라고 한다. 이 표집분포와 그 특성에 대한 지식을 통해 표본평균 $\bar{x}$가 모평균 μ에 얼마나 가까운지에 대한 확률을 설명할 수 있다.

표본원소(x_i, i = 1, 2, …, n)를 가지고 계산한 수치(예: 통계량 $\bar{x}$, $\bar{p}$)도 하나의 확률변수이며, 그것의 확률분포를 **표집분포**라고 부른다. 표집분포는 표본원소(x_i)의 분포와 구분된다. 책에 따라서 표본의 원소는 확률변수 X_i로, 모집단의 원소 값은 x_i로 표기를 구분하기도 한다.—역자

〈그림 7-4〉로 돌아가 보자. $\bar{x}$의 표집분포를 완전히 결정하려면 직원 30명을 가능한 모든 경우의 수만큼 나열하고 각 표본평균을 계산해야 한다. 그러나 500개의 $\bar{x}$값으로 그린 히스토그램을 보면 이 표집분포가 근사적으로 어떤 모양을 갖는지 알 수 있다. 근사적으로 종 모양의 분포를 관찰할 수 있다. $\bar{x}$값의 최대빈도와 500개 $\bar{x}$값의 평균은 모평균 μ = \$51,800에 가깝다. 다음 절에서 $\bar{x}$의 표집분포가 갖는 특성에 대해 자세히 설명한다.

표본비율 $\bar{p}$의 값 500개도 〈그림 7-5〉의 상대도수 히스토그램으로 나타낼 수 있다. $\bar{x}$와 마찬가지로 $\bar{p}$도 확률변수이다. 크기 30의 가능한 모든 표본이 모집단에서 선택되고 각 표본에서 결과적으로 계산한 $\bar{p}$값의 확률분포는 $\bar{p}$의 표집분포를 이루게 된다. 〈그림 7-5〉의 500개 표본으로부터 구한 값의 상대도수 히스토그램은 $\bar{p}$의 표집분포가 어떤 분포 모양인지 일반적인 아이디어를 보여준다.

실제로는 모집단에서 하나의 단순 무작위 표본만 추출한다. 이 절에서는 표본 추출을 500번 반복하여 여러 가지 다른 표본이 가능하고, 각 표본이 표본 통계량 $\bar{x}$와 $\bar{p}$에 대해 다양한 값을 생성함을 보여준다. 특정 표본 통계량의 확률분포를 그 통계량의 표집분포라고 한다. 7.5절에서 $\bar{x}$의 표집분포 특성에 대해 논의한다. 7.6절에서는 $\bar{p}$의 표집분포 특성에 대해 논의한다.

〈그림 7-5〉 각각의 크기가 30인 500개의 단순 무작위 표본으로부터 구한 $\bar{p}$의 상대도수 히스토그램

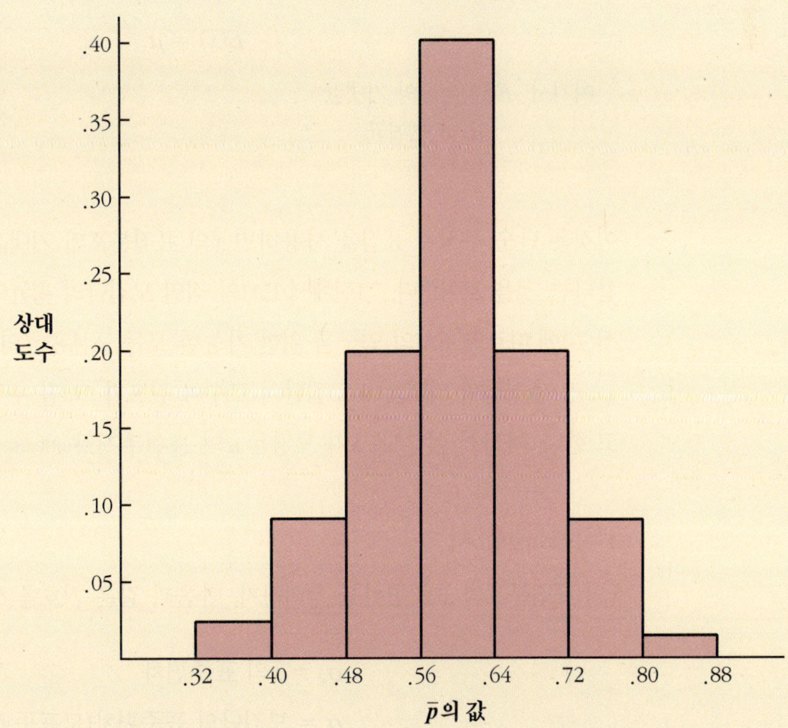

7.5 $\bar{x}$의 표집분포

앞절에서 표본평균 $\bar{x}$는 확률변수이고 이 확률변수의 확률분포를 $\bar{x}$의 표집분포라고 하였다.

$\bar{x}$의 표집분포

$\bar{x}$의 표집분포는 표본평균 $\bar{x}$의 모든 가능한 값에 대한 확률분포이다.

이 절에서는 $\bar{x}$의 표집분포의 특성에 대해 살펴본다. 앞에서 살펴본 다른 확률분포와 마찬가지로 $\bar{x}$의 표집분포도 기댓값 또는 평균, 표준편차와 특징이 있는 모양 또는 형태를 갖는다. 가능한 모든 $\bar{x}$값의 평균($\bar{x}$의 기댓값)을 먼저 생각해 보자.

$\bar{x}$의 기댓값

EAI의 표본 추출 문제에서 우리는 단순 무작위 표본이 여러 가지 표본평균 $\bar{x}$의 값을 만든다는 것을 알게 되었다. 확률변수 $\bar{x}$의 값이 다양하므로 단순 무작위 표본들에 의해 생성되는 $\bar{x}$값의 평균을 알 필요가 있다. 확률변수 $\bar{x}$의 평균은 $\bar{x}$의 기댓값이다. $\bar{x}$의 기댓값은 $E(\bar{x})$로 나타내고, 단순 무작위 표본의 출처인 모집단의 평균은 μ로 나타낸다. 단순 무작위 표집에서는 $E(\bar{x})$와 μ가 서로 같다는 것을 알 수 있다.

$\bar{x}$의 기댓값

$$E(\bar{x}) = \mu \quad \text{7-1}$$

여기서 $E(\bar{x})$ = $\bar{x}$의 기댓값

μ = 모평균

이것은 단순 무작위 표집을 사용하면 $\bar{x}$의 표집분포의 기댓값 또는 평균은 모집단의 평균과 같다는 것을 보여준다. 7.1절에서 EAI의 직원 모집단의 평균연봉 μ = \$51,800이었다. 따라서 식 7-1에 따르면, EAI의 연구를 위한 가능한 모든 표본평균의 평균도 \$51,800이다.

점 추정량의 기댓값이 모집단의 모수와 같으면 그 점 추정량은 편향되지 않았다(unbiased)고 한다. 따라서 식 7-1은 $\bar{x}$가 모평균 μ의 **불편추정량**(unbiased estimator)이라는 것을 보여준다.

$\bar{x}$의 표준편차

$\bar{x}$의 표집분포의 표준편차를 정의하자. 다음과 같은 기호를 사용한다

$\sigma_{\bar{x}}$ = $\bar{x}$의 표준편차

σ = 모집단의 표준편차(모표준편차)

$$n = \text{표본의 크기}$$
$$N = \text{모집단의 크기}$$

$\bar{x}$의 기댓값은 표집모집단의 평균과 같다.

$\bar{x}$의 표준편차에 대한 식은 모집단의 크기에 따라 달라진다. $\bar{x}$의 표준편차에 대한 두 가지 공식은 다음과 같다.

$\bar{x}$의 표준편차

유한모집단

$$\sigma_{\bar{x}} = \sqrt{\frac{N-n}{n-1}}\left(\frac{\sigma}{\sqrt{n}}\right)$$

무한모집단

$$\sigma_{\bar{x}} = \frac{\sigma}{\sqrt{n}} \qquad \textbf{7-2}$$

식 7-2의 두 식을 비교해 보면, 유한모집단의 경우에는 요인 $\sqrt{(N-n)/(N-1)}$이 필요하지만 무한모집단의 경우에는 필요하지 않다. 이 요인을 일반적으로 **유한모집단 보정계수**(finite population correction factor)라고 한다. 실제로 여러 가지 표본 추출 상황에서 보면 모집단은 비록 유한하지만 "큰" 반면에 표본 크기는 상대적으로 "작다"는 것을 발견한다. 이 경우 유한모집단 보정계수 $\sqrt{(N-n)/(N-1)}$은 1에 가까워진다. 결과적으로 유한모집단과 무한모집단에 대하여 $\bar{x}$의 표준편차 값의 차이는 무시할 수 있다. 따라서 모집단이 유한하더라도 $\sigma_{\bar{x}} = \sigma/\sqrt{n}$은 $\bar{x}$의 표준편차에 대한 근사값이 된다. 이러한 관찰은 $\bar{x}$의 표준편차를 계산하기 위한 다음의 일반적인 지침 또는 경험법칙으로 이어진다.

$\bar{x}$의 표준편차 계산을 위해 다음 식을 사용하라.

$$\sigma_{\bar{x}} = \frac{\sigma}{\sqrt{n}} \qquad \textbf{7-3}$$

1. 무한모집단이거나
2. 유한모집단이고 표본의 크기가 모집단 크기의 5%보다 작거나 같을 때, 즉 $n/N \leq .05$ 일 때

연습문제 17번은 $n/N \leq .05$일 때 유한모집단 보정계수가 $\sigma_{\bar{x}}$값에 거의 영향을 미치지 않음을 보여준다.

$n/N > .05$인 경우에는 $\sigma_{\bar{x}}$의 계산에 식 7-2의 유한모집단 버전을 사용해야 한다. 따로 언급하지 않는 이상 우리는 모집단 크기가 "크고", $n/N \leq .05$이며 식 7-3을 사용하여 $\sigma_{\bar{x}}$를 계산할 수 있다고 가정한다.

$\sigma_{\bar{x}}$를 계산하려면 모표준편차 σ를 알아야 한다. $\sigma_{\bar{x}}$와 σ의 차이를 더 강조하기 위해 $\bar{x}$의 표준편차 $\sigma_{\bar{x}}$를 평균의 **표준오차**(standard error)라고 한다. 일반적으로 표준오차라는 용어는 점 추정량의 표준편차를 나타낸다. 표본평균이 모평균에서 얼마나 멀리 떨어져 있는지 확인하는 데 표본평균의 표준오차 값을 사용한다는 것을 나중에 알게 될 것이다. 이제 EAI

표준오차라는 용어는 점 추정량의 표준편차를 나타내기 위해 통계적 추론 전반에 걸쳐 사용된다.

예제로 돌아가서 크기가 30명인 EAI 직원의 단순 무작위 표본과 관련된 평균의 표준오차를 계산해 보자.

7.1절에서 EAI 직원 모집단 2500명에 대한 연봉의 표준편차가 $\sigma = 4000$이라는 것을 살펴보았다. 이 경우 모집단은 유한하고 N은 2500이다. 그러나 표본 크기가 30이면 $n/N = 30/2500 = .012$이다. 표본 크기가 모집단 크기의 5%보다 작으므로 유한모집단 보정계수를 무시하고 식 7-3을 사용하여 표준오차를 계산할 수 있다.

$$\sigma_{\bar{x}} = \frac{\sigma}{\sqrt{n}} = \frac{4000}{\sqrt{30}} = 730.3$$

$\bar{x}$의 표집분포의 형태

앞에서 살펴본 $\bar{x}$의 표집분포에 대한 기댓값과 표준편차의 결과는 모든 모집단에 적용된다. $\bar{x}$의 표집분포의 특성을 확인하는 마지막 단계는 표집분포의 형태 또는 모양을 결정하는 것인데 두 가지 경우를 고려할 것이다: (1) 모집단이 정규분포를 따른다, (2) 모집단이 정규분포가 아니다.

모집단이 정규분포를 따르는 경우. 무작위 표본을 선택하는 여러 가지 상황에서 모집단이 정규분포를 따르거나 정규분포에 근사한 분포를 따른다고 가정하는 것이 합리적이다. 모집단이 정규분포를 따르면 $\bar{x}$의 표집분포는 표본 크기에 상관없이 정규분포를 따른다.

모집단이 정규분포가 아닌 경우. 무작위 표본의 출처가 되는 모집단이 정규분포가 아닌 경우, **중심극한정리**(central limit theorem: CLT)는 $\bar{x}$의 표집분포 분포의 모양을 식별하는 데 도움이 된다. $\bar{x}$의 표집분포에 적용되는 중심극한정리는 다음과 같다.

n이 커질수록 중심극한정리에 의해 근접하는 정규분포의 평균은 $\mu_{\bar{x}} \to \mu$이고 표준편차는 $\sigma_{\bar{x}} \to \sigma/\sqrt{n}$이다.—역자

중심극한정리

모집단에서 크기 n의 무작위 표본을 선택할 때, 표본평균 $\bar{x}$의 표집분포는 표본 크기가 커질수록 정규분포에 근시(근접)하게 된다.

〈그림 7-6〉은 중심극한정리가 세 가지 다른 모집단 그룹에서 어떻게 작동하는지를 보여준다. 각 열은 모집단 중 하나를 나타낸다. 그림의 상단 1행은 각 모집단이 정규분포가 아니라는 것을 보여준다. 모집단 I은 균일분포를 따른다. 모집단 II는 종종 토끼 귀(rabbit-eared) 분포라고 부르며, 좌우대칭이지만 분포의 꼬리에 더 많은 값이 분포한다. 모집단 III은 지수분포 모양을 가지며 오른쪽으로 비스듬히 기울어 있다.

〈그림 7-6〉의 하단 3개의 행은 크기가 $n = 2$, $n = 5$, $n = 30$인 표본의 표집분포의 모양을 보여준다. 표본 크기가 2인 경우 각 표집분포의 모양이 해당 모집단 분포의 모양과 다르

〈그림 7-6〉 3개의 모집단 I, II, III의 중심극한정리의 도해

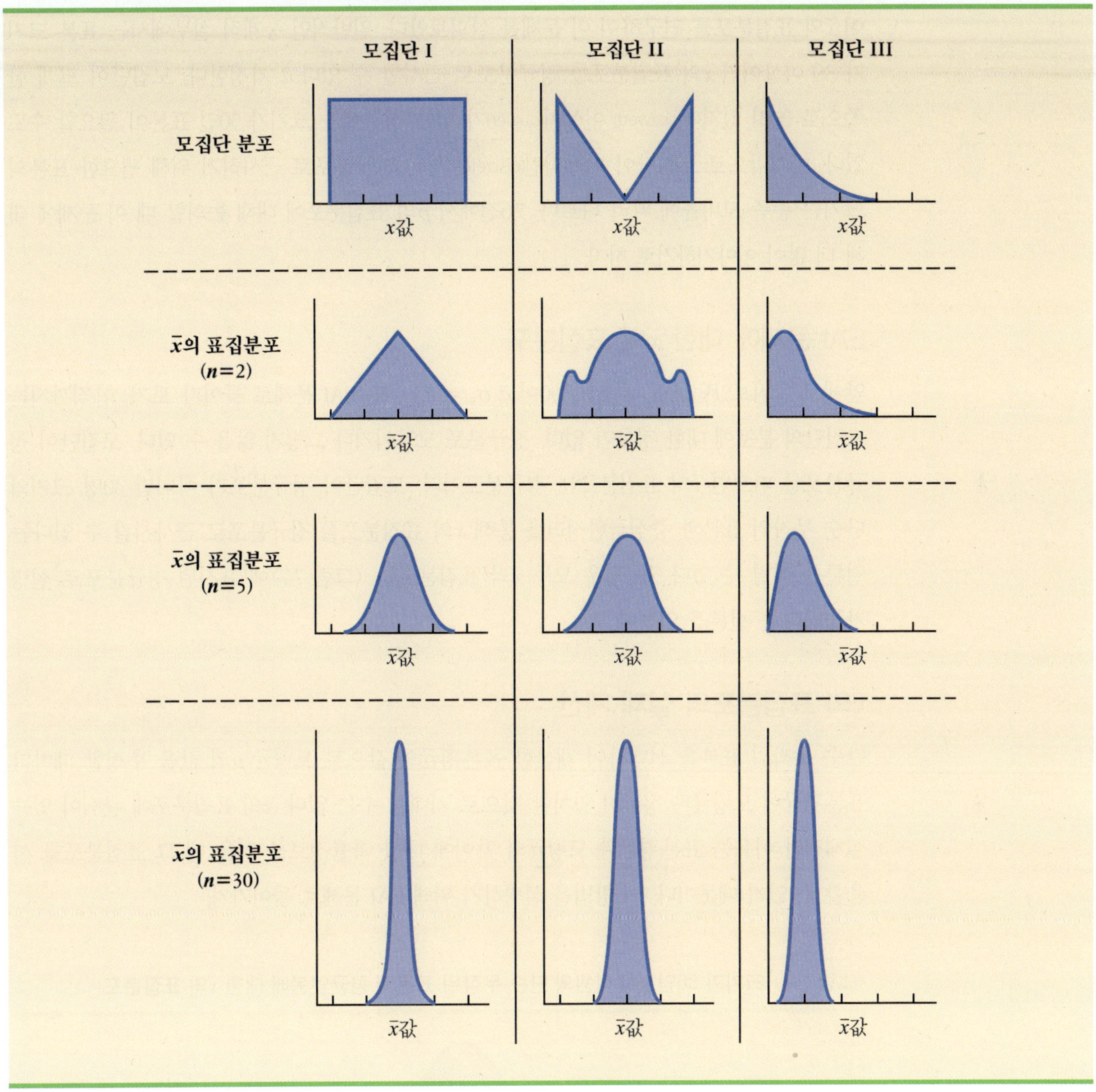

다는 것을 알 수 있다. 크기가 5인 표본의 경우 모집단 I, II에 대한 표집분포의 모양은 정규분포와 비슷해지기 시작한다. 모집단 III에 대한 표집분포는 정규분포의 형태와 유사하지만 오른쪽으로 약간의 치우침이 여전히 존재한다. 마지막으로, 크기가 30이면 세 가지 표집분포 모두 근사적으로 정규분포 형태임을 확인할 수 있다.

실제로 적용을 하는 실무자의 관점에서, 종종 중심극한정리를 적용하기 전에 표본 크기를 얼마나 크게 해야 하는지 결정해야 하며, 그렇게 해야 표집분포의 모양이 근사적으로

정규분포라고 가정할 수 있다. 통계학자들은 다양한 모집단과 여러 가지 표본 크기에 대하여 $\bar{x}$의 표집분포를 연구하여 이 문제를 살펴보았다. 일반적인 통계적 실무에서는 표본 크기가 30 이상이면 $\bar{x}$의 표집분포를 정규분포로 근사할 수 있다고 가정한다. 모집단이 크게 한쪽으로 쏠려 있거나(skewed) 이상치(outlier)가 있는 경우에는 크기가 50인 표본이 필요할 수도 있다. 마지막으로 모집단이 이산적인(discrete) 경우 정규분포로 근사하기 위해 필요한 표본의 크기는 종종 모비율에 따라 다르다. 7.6절에서 $\bar{p}$의 표집분포에 대해 논의할 때 이 문제에 대해 더 많이 이야기하기로 하자.

EAI 문제에 대한 $\bar{x}$의 표집분포

앞에서 살펴보았던 $E(\bar{x})$ = \$51,800이고 $\sigma_{\bar{x}} = 730.3$인 EAI 문제로 돌아가 보자. 아직까지는 모집단의 분포에 대한 정보가 없다. 정규분포 모양이거나 그렇지 않을 수 있다. 모집단이 정규분포를 따르면 $\bar{x}$의 표집분포는 정규분포이다. 모집단이 정규분포가 아니면 30명 크기의 단순 무작위 표본과 중심극한정리를 통해 $\bar{x}$의 표집분포를 정규분포로 근사시킬 수 있다는 결론을 내릴 수 있다. 두 경우 모두 $\bar{x}$의 표집분포는 〈그림 7-7〉에 표시된 정규분포로 설명 가능하다는 결론을 얻는다.

$\bar{x}$의 표집분포의 실제 계산

단순 무작위 표본을 선택하여 계산한 표본평균의 값으로 모평균 μ의 값을 추정할 때마다 표본평균이 모평균과 정확히 일치할 것으로 기대할 수는 없다. $\bar{x}$의 표집분포에 관심이 있는 실제적인 이유는 표본평균과 모평균의 차이에 대한 확률정보를 얻을 때 그 표집분포를 사용할 수 있기 때문이다. 이 방법을 설명하기 위해 EAI 문제로 돌아가자.

〈그림 7-7〉 크기가 30인 EAI 직원의 단순 무작위 표본의 평균연봉에 대한 $\bar{x}$의 표집분포

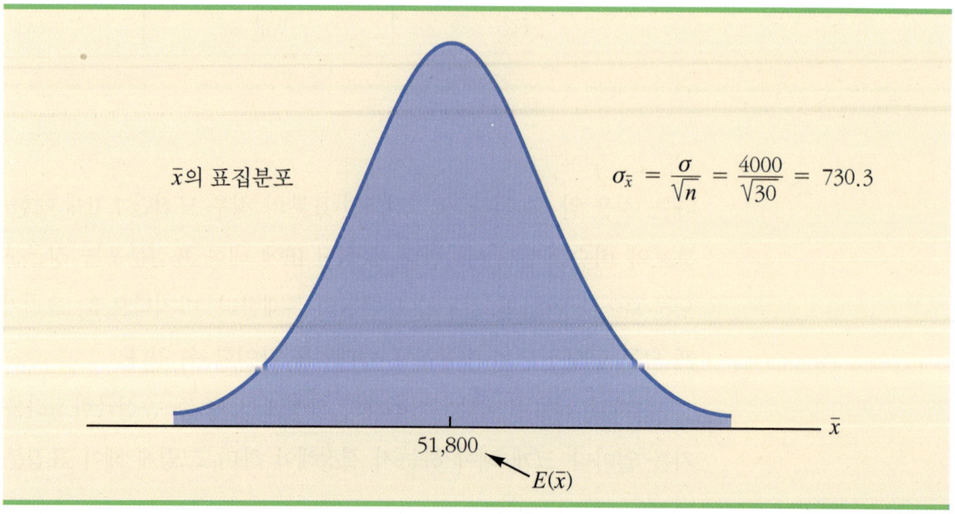

인사담당자가 표본평균이 모평균으로부터 \$500 이내에 있다면 허용 가능한 추정치라고 생각한다고 하자. 그러나 표본평균이 모평균의 \$500 이내에 있다는 것을 보장할 수는 없다. 실세로 〈표 7-5〉와 〈그림 7-4〉는 500개의 표본평균 중 일부는 모평균과 \$2000 이상 차이가 있음을 보여준다. 따라서 인사담당자의 요구사항을 확률적으로 생각해야 한다. 즉, 인사담당자는 다음과 같은 질문을 할 것이다. 크기 30명의 EAI 직원으로 구성된 단순 무작위 표본을 사용하여 계산한 표본평균이 모평균으로부터 \$500 이내에 있을 확률은 얼마인가?

$\bar{x}$의 표집분포의 특성을 확인했으므로(그림 7-7 참조) 이 분포를 사용하여 확률 질문에 대하여 답을 구해 보자. 〈그림 7-8〉에 표시된 $\bar{x}$의 표집분포를 다시 참조하라. 인사담당자는 모평균이 \$51,800인 $\bar{x}$가 \$51,300에서 \$52,300 사이에 있을 확률을 알고 싶다. 이 확률은 〈그림 7-8〉의 표집분포에서 음영으로 표시된 영역의 면적이다. 표집분포는 평균이 51,800이고 표준오차가 730.3인 정규분포이므로 표준정규확률표를 사용하여 면적 또는 확률을 구한다.

먼저 구간의 상한(52,300)에서의 z-값을 계산하고 표를 사용하여 해당 누적확률을 찾는다(52,300의 왼쪽 영역). 그런 다음 구간 하한(51,300)의 z-값을 계산하고 표를 사용하여 해당 점의 왼쪽에 있는 곡선 아래 영역(51,300의 왼쪽 영역)을 찾는다. 첫 번째 왼쪽 영역의 누적확률에서 에서 두 번째 꼬리영역을 빼면 원하는 확률을 구할 수 있다.

$\bar{x} = 52{,}300$에서 z-값은 다음과 같다.

$$z = \frac{52{,}300 - 51{,}800}{730.30} = .68$$

표준정규확률표를 참조하면 누적확률($z = .68$의 왼쪽 영역)이 .7517임을 알 수 있다.

〈그림 7-8〉 크기가 30인 EAI 직원의 단순 무작위 표본에서 표본평균이 모평균으로부터 \$500 사이에 있을 확률

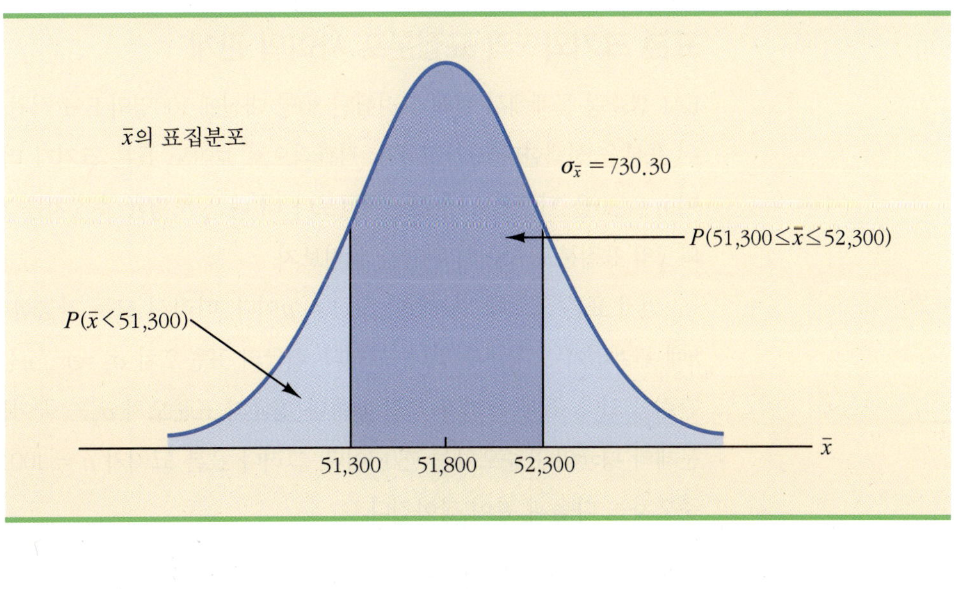

$\bar{x} = 51{,}300$에서 z-값은 다음과 같다.

$$z = \frac{51{,}300 - 51{,}800}{730.30} = -.68$$

$z = -.68$ 왼쪽의 곡선 아래 영역은 .2483이다. 따라서 $P(51{,}300 \leq \bar{x} \leq 52{,}300) = P(z \leq .68) - P(z < -.68) = .7517 - .2483 = .5034$.

z의 반올림값이 있는 표를 사용하는 것보다 엑셀의 NORM.DIST 함수를 사용하는 것이 더 쉽고 정확한 결과를 제공한다.

엑셀의 NORM.DIST 함수를 사용하여 원하는 확률을 계산할 수도 있다. NORM.DIST 함수를 사용하면 z-값을 별도로 계산할 필요가 없다는 장점이 있다. 구간의 상한에서 NORM.DIST 함수는 곡선 아래 52,300 왼쪽의 누적확률을 계산해 준다. 엑셀 워크시트의 셀에 식 =NORM.DIST(52300,51800,730.30, TRUE)을 입력하면 이 누적확률 .7532를 얻는다. 구간의 하한에서 NORM.DIST 함수를 사용하면 51,300 왼쪽의 곡선 아래 면적을 얻는다. 엑셀 워크시트의 셀에 식 =NORM.DIST(51300,51800,730.30, TRUE)를 입력하면 이 누적확률 .2468을 얻는다. $\bar{x}$가 51,300에서 52,300 사이에 있을 확률은 .7532−.2468 = .5064이다. 이 결과는 표를 사용하여 얻은 확률과 약간 다르다. 일반적으로 표를 사용할 때는 z-값을 계산에서 소수점 이하 두 자리까지 반올림했기 때문이다. 따라서 NORM.DIST를 사용하여 얻은 결과가 더 정확하다.

앞의 계산에 따르면 30명의 EAI 직원으로 구성된 단순 무작위 표본의 표본평균 $\bar{x}$가 모평균의 \$500 이내에 있을 확률이 .5064이다. 따라서 샘플링 오차가 \$500를 초과할 확률은 1−.5064 = .4936이다. 다시 말하면 30명의 EAI 직원으로 구성된 단순 무작위 표본은 허용 가능한 \$500 이내에서 표본평균을 제공할 확률이 대략 반반이라는 것이다. 아마도 표본 크기를 더 크게 하는 것을 고려해야 할 것이다. 표본 크기와 $\bar{x}$의 표집분포 사이의 관계를 고려하여 이 가능성을 살펴보자.

$\bar{x}$의 표집분포는 표본평균 $\bar{x}$가 모평균 μ에 얼마나 가까운지에 대한 확률정보를 얻을 때 사용할 수 있다.

표본 크기와 $\bar{x}$의 표집분포 사이의 관계

EAI 샘플링 문제에서 원래 고려했던 30명 대신에 100명의 EAI 직원으로 구성된 임의의 무작위 표본을 선택한다고 가정하자. 직관적으로 보아도 표본 크기가 더 큰 $n = 100$인 표본평균이 $n = 30$을 기준으로 한 표본평균보다 더 나은 모평균 추정치를 제공해야 한다. 표본 크기와 $\bar{x}$의 표집분포 사이의 관계를 살펴보자.

먼저 표본 크기에 관계없이 $E(\bar{x}) = \mu$이다. 따라서 모든 가능한 $\bar{x}$값의 평균은 표본 크기 n에 관계없이 모평균과 같다. 그러나 평균의 표준오차 $\sigma_{\bar{x}} = \sigma/\sqrt{n}$는 표본 크기의 제곱근과 관련이 있다. 표본 크기가 커질 때마다 평균의 표준오차 $\sigma_{\bar{x}}$는 줄어든다. $n = 30$인 경우 EAI 문제의 평균의 표준오차는 730.3이다. 그러나 표본 크기가 $n = 100$으로 증가하면 평균의 표준오차는 다음과 같이 작아진다.

$$\sigma_{\bar{x}} = \frac{\sigma}{\sqrt{n}} = \frac{4000}{\sqrt{100}} = 400$$

$n = 30$, $n = 100$인 $\bar{x}$의 표집분포는 〈그림 7-9〉에 나와 있다. $n = 100$인 표집분포는 표준오차가 더 작기 때문에 $\bar{x}$값의 변동이 적고 $n = 30$인 $\bar{x}$의 값보다 모평균에 더 가까이 분포하는 경향이 있다.

$n = 100$인 경우 $\bar{x}$의 표집분포를 사용하여 100명의 EAI 직원의 단순 무작위 표본이 모평균의 \$500 내에 있는 표본평균($\bar{x}$)을 제공할 확률을 계산할 수 있다. 이 경우 표집분포는 평균 51,800이고 표준편차는 400이다(그림 7-10 참조). 적절한 z-값을 계산하고 표준정규분포 표를 사용하여 이 확률을 구할 수 있다. 그러나 엑셀의 NORM.DIST 기능은 사용하기 쉽

〈그림 7-9〉 n=30, n=100인 EAI 직원의 단순 무작위 표본에 의한 $\bar{x}$의 표집분포 비교

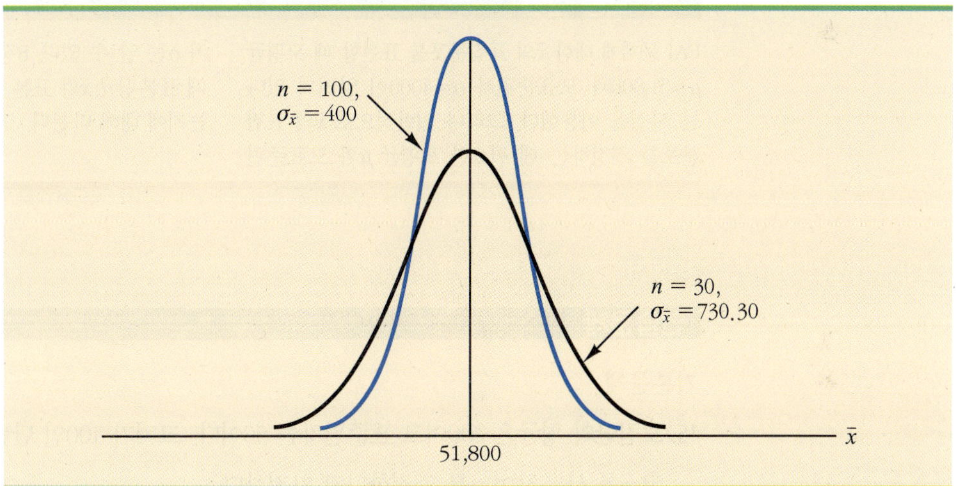

〈그림 7-10〉 n=100인 EAI 직원의 단순 무작위 표본에서 표본평균이 모평균 \$500 이내일 확률

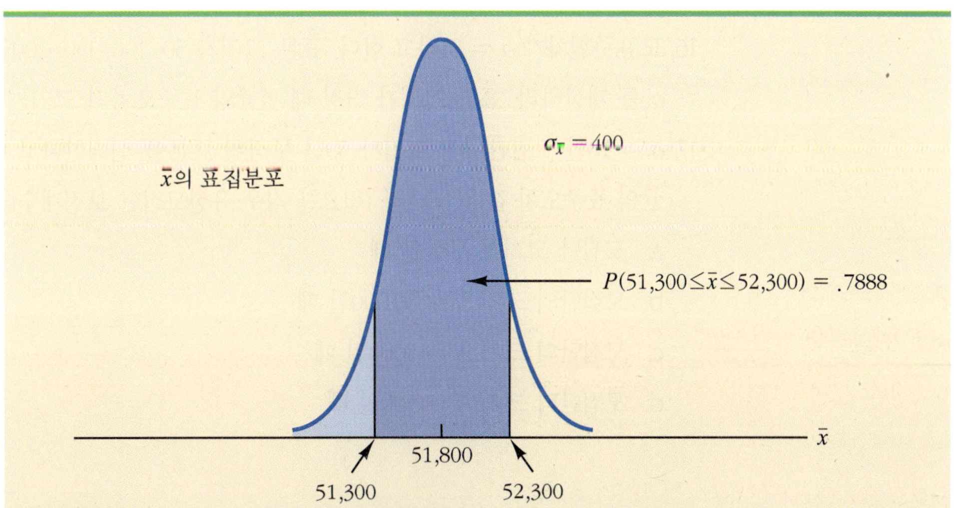

고 보다 정확한 결과를 제공한다. 엑셀 워크시트의 셀에 식 =NORM.DIST (52300,51800,400, TRUE)를 입력하면 $\bar{x}$ = 52,300에 해당하는 누적확률이 계산된다. 엑셀에서 구한 값은 .8944이다. 엑셀 워크시트의 셀에 식 =NORM.DIST(51300,51800,400, TRUE)를 입력하면 $\bar{x}$ = 51,300에 해당하는 누적확률이 계산된다. 엑셀에서 구한 값은 .1056이다. 따라서 $\bar{x}$가 51,300에서 52,300 사이에 있을 확률은 .8944−.1056 = .7888이다. EAI 직원의 표본 크기를 30명에서 100명으로 늘리면 표본의 샘플링 오차가 \$500 이하가 될 가능성이 높아진다. 즉, 모평균의 \$500 이내에서 표본평균을 얻을 확률이 .5064에서 .7888로 증가한다.

오차 $\bar{x}-\mu$는 표집오차 또는 샘플링 오차(sampling error)에 해당한다.—역자

이 논의에서 중요한 점은 표본 크기가 증가함에 따라 평균의 표준오차가 감소한다는 것이다. 결과적으로 표본 크기가 클수록 표본평균이 모평균의 지정된 거리 내에 있을 확률이 높아진다.

7.5 보충 설명

EAI 문제에 대한 $\bar{x}$의 표집분포를 표현할 때 모평균 μ=51,800과 모표준편차 σ=4000이 알려져 있다는 사실을 이용했다. 그러나 일반적으로 $\bar{x}$의 표집분포를 결정하는 데 필요한 모평균 μ와 모표준편차 σ는 알 수 없다. 8장에서는 μ와 σ를 알 수 없을 때 표본평균 $\bar{x}$와 표본 표준편차 s를 어떻게 사용하는지에 대해 다룬다.

연습문제

기본문제

15. 모집단의 평균은 200이고 표준편차는 50이다. 크기가 100인 단순 무작위 표본을 선택하고 $\bar{x}$를 사용하여 μ를 추정한다고 가정한다.
   a. 표본평균이 모평균으로부터 ±5 이내에 있을 확률은 얼마인가?
   b. 표본평균이 모평균으로부터 ±10 이내에 있을 확률은 얼마인가?
16. 모표준편차가 σ = 25라고 한다. 표본 크기가 50, 100, 150, 200인 경우 평균의 표준오차 $\sigma_{\bar{x}}$를 계산하라. 표본 크기가 커질 때 평균의 표준오차의 크기는 어떻게 되는가?
17. σ = 10인 모집단에서 크기가 50인 무작위 표본을 선택한다고 하자. 다음 각 경우에 평균의 표준오차 값을 구하라 (필요한 경우 유한모집단 보정계수를 사용하라).
   a. 모집단 크기가 무한할 때
   b. 모집단의 크기 N = 50,000일 때
   c. 모집단의 크기 N = 5000일 때
   d. 모집단의 크기 N = 500일 때

응용문제

18. EAI 샘플링 문제를 참조하라. 직원 60명의 단순한 무작위 표본을 사용한다고 가정하자.
    a. 크기가 60인 난순 무작위 표본을 사용할 때 $\bar{x}$의 표집분포를 개략적으로 그려라.
    b. 크기가 120인 단순 무작위 표본을 사용하면 $\bar{x}$의 표집분포는 어떻게 되는가?
    c. 표본 크기가 증가하면 $\bar{x}$의 표집분포에 일반적으로 어떤 일이 발생하는지 설명하라. 이러한 일반화가 논리적이라고 생각하는가? 그 이유를 설명하라.
19. EAI 샘플링 문제(그림 7-8 참조)에서 $n = 30$의 경우 표본평균이 모평균의 ±$500 이내의 값을 가질 확률이 .5064인 것으로 나타났다.
    a. 크기가 60인 표본을 사용할 경우 $\bar{x}$가 모집단의 $500 이내에 있을 확률은 얼마인가?
    b. 크기가 120인 표본에 대하여 a 질문에 답하라.
20. Barron의 보고서에 따르면 실직한 사람은 평균 17.5주 실직상태에 있는 것으로 나타났다. 모든 실업자를 원소로 갖는 모집단에 대해 실업기간의 모평균은 17.5주이고 모표준편차는 4주라고 한다. 후속 연구를 위해 실직자 50명을 무작위로 선택한다고 가정하자.
    a. 실직자 50명에 대한 표본평균인 $\bar{x}$의 표집분포를 보여라.
    b. 실직자 50명으로 구성된 단순 무작위 표본의 표본평균이 모평균에서 1주일 이내의 값을 가질 확률은 얼마인가?
    c. 실직자 50명으로 구성된 단순 무작위 표본의 표본평균이 모평균에서 1/2주일 이내의 값을 가질 확률은 얼마인가?
21. 대용량 전면적재(front-loading)형 Energy Star 의류 세탁기는 한 번 세탁에 평균 15갤런의 물을 사용한다[출처]. 이 기계로 세탁을 하는 데 사용되는 물의 양에 대한 모표준편차는 3.0갤런이라고 가정하라.
    a. 90개의 세탁표본이 사용한 물의 표본평균이 모평균 15갤런에서 1/2갤런 이내일 확률은 얼마인가?
    b. 50개의 무작위 표본이 사용한 물의 표본평균이 모평균 15갤런보다 3/4갤런 이상일 확률은 얼마인가?
22. *Wall Street Journal*은 총소득이 $30,000에서 $60,000 사이인 납세자의 33%가 연방소득세 신고 시 항목별로 공제를 받는 것으로 보고했다. 이 납세자 집단의 평균 공제액은 $16,642였다. 표준편차는 $\sigma = \$2400$이라고 가정하자.
    a. 항목별로 공제받는 이 소득그룹의 납세자 표본이 표본 크기 각각 30, 50, 100 및 400에 대해 표본평균을 구할 경우 이 값이 모평균에서 $200 이내일 확률은 얼마인가?
    b. 모평균을 추정할 때 표본 크기가 더 크면 좋은 점은 무엇인가?
23. 경제정책 연구소(The Economic Policy Institute)는 정기적으로 신입사원의 임금보고서를 발행한다. 이 기관은 2011년 대학 졸업생의 초급 임금은 남성의 경우 시간당 $21.68이고, 여

성은 시간당 $18.80라고 보고했다[출처]. 졸업생 임금의 표준편차는 남자는 $2.30이고 여자는 $2.05라고 가정한다.

a. 남자 졸업생 50명으로 구성된 표본의 표본평균이 모평균 $21.68에서 $.50 이내의 값을 가질 확률은 얼마인가?

b. 여자 졸업생 50명으로 구성된 표본의 표본평균이 모평균 $18.80에서 $.50 이내의 값을 가질 확률은 얼마인가?

c. a, b 중에 모평균의 $.50 이내에서 표본 추정치를 얻을 확률이 더 높은 것은 어느 경우인가? 그 이유는 무엇인가?

d. 120명의 여성 졸업생 표본의 표본평균이 모평균보다 $.30 이상 높은 값을 가질 확률은 얼마인가?

24. Current Results 웹사이트에 따르면, 1년 동안의 평균 강우량이 캘리포니아주는 22인치이고 뉴욕주는 42인치이다. 두 주의 연 강우량의 표준편차는 4인치라고 가정하라. 캘리포니아의 경우 30년 동안의 강우량과 뉴욕의 경우 45년 동안의 강우량의 표본이 선택되었다.

a. 캘리포니아 연간 강우량에 대하여 표본평균의 확률분포를 보여라.

b. 표본평균이 캘리포니아주 강우량 모평균으로부터 1인치 이내에 있을 확률은 얼마인가?

c. 표본평균이 뉴욕주 강우량 모평균으로부터 1인치 이내에 있을 확률은 얼마인가?

d. b, c 중 표본평균값이 모평균으로부터 1 인치 이내로 나올 확률이 더 높은 것은 어느 쪽인가? 그 이유는 무엇인가?

25. 2012년 H&R Block(세금신고 대행사)가 소매고객에게 청구한 평균 준비비용은 $183이었다[출처]. 이 가격을 모평균으로 사용하고 준비 비용의 모표준편차가 $50이라고 가정하라.

a. 크기가 30인 고객 표본의 평균비용이 모평균으로부터 $8 이내일 확률은 얼마인가?

b. 크기가 50인 고객 표본의 평균비용이 모평균으로부터 $8 이내일 확률은 얼마인가?

c. 크기가 100인 고객 표본의 평균비용이 모평균으로부터 $8 이내일 확률은 얼마인가?

d. a, b, c 중 표본평균이 모평균으로부터 $8 이내일 가능성이 .95 이상이어야 한다면 추천하고 싶은 표본 크기는 얼마인가?

26. 직원 4000명의 평균연령을 추정하기 위해 직원 40명의 단순 무작위 표본을 추출하였다.

a. 평균의 표준오차를 계산할 때 유한모집단 보정계수를 사용하겠는가? 그 이유를 설명하라.

b. 모표준편차가 $\sigma = 8.2$살인 경우 유한모집단 보정계수를 사용한 것과 사용하지 않은 것의 표준오차를 계산하라. $n/N \leq .05$일 때 유한모집단 보정계수를 무시하는 이유는 무엇인가?

c. 직원의 표본평균 연령이 모평균 연령의 ±2살 이내의 값을 가질 확률은 얼마인가?

7.6 $\bar{p}$의 표집분포

표본비율 $\bar{p}$는 모비율 p의 점 추정량이다. 표본비율을 계산하는 공식은 다음과 같다.

$$\bar{p} = \frac{x}{n}$$

여기서 x = 관심 특성을 가지는(모집단의 성질을 반영하는) 표본의 원소 개수
n = 표본 크기

7.4 절에서 언급하였듯이 표본비율 $\bar{p}$는 확률변수이며 표본비율의 확률분포를 $\bar{p}$의 표집분포라고 부른다.

$\bar{p}$의 표집분포

$\bar{p}$의 표집분포는 표본비율 $\bar{p}$가 가질 수 있는 모든 값의 확률분포를 말한다.

표본비율 $\bar{p}$가 모비율 p에 얼마나 가까운지 확인하려면 $\bar{p}$의 표집분포, 기댓값, 표준편차 및 표집분포의 모양(형태)을 이해해야 한다.

$\bar{p}$의 기댓값

$\bar{p}$의 가능한 모든 값들의 평균인 $\bar{p}$의 기댓값은 모비율 p와 같다.

$\bar{p}$의 기댓값

$$E(\bar{p}) = p \qquad (7\text{-}4)$$

여기서 $E(\bar{p})$ = $\bar{p}$의 기댓값
p = 모비율

$E(\bar{p}) = p$이므로 $\bar{p}$는 p의 불편추정량(unbiased estimator)이다. 7.1절을 상기하면 회사의 경영교육 프로그램에 참여한 EAI 직원의 모비율 $p = .60$이었다. 따라서 EAI 샘플링 문제의 $\bar{p}$의 기댓값은 .60이다.

$\bar{p}$의 표준편차

$\bar{x}$의 표준편차와 같이 $\bar{p}$의 표준편차는 모집단이 유한한지 여부에 따라 다르게 구한다. $\bar{p}$의 표준편차를 계산하는 두 가지 공식은 다음과 같다.

$\bar{p}$의 표준편차

유한모집단 무한모집단

$$\sigma_{\bar{p}} = \sqrt{\frac{N-n}{N-1}}\sqrt{\frac{p(1-p)}{n}} \qquad \sigma_{\bar{p}} = \sqrt{\frac{p(1-p)}{n}} \tag{7-5}$$

식 7-5의 두 공식을 비교하면 유일한 차이점은 유한모집단 보정계수 $\sqrt{(N-n)/(N-1)}$의 사용 여부이다.

표본평균 $\bar{x}$의 경우와 마찬가지로, 유한모집단의 크기가 표본 크기에 비해 큰 경우에는 유한모집단과 무한모집단의 차이는 무시할 수 있다. 표본평균의 표준편차를 구할 때 권장한 것과 동일한 경험법칙을 따른다. 즉, 모집단의 크기가 유한하고 $n/N \le .05$이면 $\sigma_{\bar{p}} = \sqrt{p(1-p)/n}$을 사용한다. 그러나 모집단이 유한하지만 $n/N > .05$인 경우에는 유한모집단 보정계수를 사용해야 한다. 다시 말하지만, 이 책에서는 모집단 크기가 표본 크기에 비해 크다고 가정하므로 특별히 언급하지 않는 이상 유한모집단 보정계수가 필요하지 않다고 가정한다.

7.5절에서 $\bar{x}$의 표준편차를 나타내기 위해 평균의 표준오차라는 용어를 사용하였다. 일반적으로 표준오차라는 용어는 점 추정량의 표준편차를 나타낸다. 따라서 비율에 대해서도 비율의 표준오차란 말을 사용한다. 이제 EAI 예제로 돌아가서 30명의 EAI 직원의 단순 무작위 표본과 관련된 비율의 표준오차를 계산해 보자.

EAI 문제에서 우리는 경영교육 프로그램에 참여한 직원의 모비율이 $p = .60$임을 알고 있다. $n/N = 30/2500 = .012$이므로 비율의 표준오차 $\sigma_{\bar{p}}$를 계산할 때 유한모집단 보정계수를 무시할 수 있다. 30명의 단순 무작위 표본에 대하여 표본비율의 표준오차는 다음과 같다.

$$\sigma_{\bar{p}} = \sqrt{\frac{p(1-p)}{n}} = \sqrt{\frac{.60(1-.60)}{30}} = .0894$$

$\bar{p}$의 표집분포의 모양

$\bar{p}$의 표집분포의 평균과 표준편차를 살펴보았으므로 마지막 단계는 표집분포의 형태(모양)를 결정하는 것이다. 표본비율은 $\bar{p} = x/n$이다. 대규모 모집단의 단순 무작위 표본에서 관심 특성을 가지고 있는 원소의 수를 나타내는 x는 이항확률변수이다. n은 상수이므로 x/n의 확률은 x의 이항확률과 동일하다. 따라서 $\bar{p}$의 표집분포 역시 이산 확률분포이며 x/n의 각 값에 대한 확률은 x의 확률과 동일하다.

모집단은 실질적으로 원소가 가진 값(values)을 모아 놓은 것이다. 표본에서 yes/no의 원소값을 1/0로 바꾸고 그것의 합을 x로 하면, x는 확률변수이고 n으로 나눈 표본비율 $\bar{p}$도 확률변수이다.—역자

통계학자들은 표본 크기가 충분히 크고 다음의 두 가지 조건을 만족하는 이항분포를 정규분포로 근사 계산을 할 수 있음을 보였다.

$$np \geq 5 \qquad n(1-p) \geq 5$$

이 두 조건을 만족한다고 가정하면, 표본비율 $\bar{p} = x/n$에서 x의 확률분포는 정규분포로 근사시킬 수 있다. 그리고 n은 상수이므로 $\bar{p}$의 표집분포 역시 정규분포로 근사시킬 수 있다. 이 근사 계산(approximation)은 다음과 같다.

> $\bar{p}$의 표집분포는 $np \geq 5$, $n(1-p) \geq 5$이면 정규분포로 근사(계산을)할 수 있다.

실제 응용에서 모비율의 추정이 필요한 경우, 표본 크기는 거의 항상 $\bar{p}$의 표집분포에 대하여 정규근사를 사용할 수 있을 만큼 충분히 크다는 것을 알 수 있다.

EAI 샘플링 문제의 경우 훈련 프로그램에 참여한 직원의 모비율이 $p = .60$임을 알고 있다. 크기가 30인 단순 무작위 표본의 경우 $np = 30(.60) = 18$이고 $n(1-p) = 30(.40) = 12$이다. 따라서 $\bar{p}$의 표집분포는 〈그림 7-11〉과 같이 정규분포에 의해 근사할 수 있다.

$\bar{p}$의 표집분포의 실제 계산

$\bar{p}$의 표집분포는 표본비율과 모비율의 차이에 대한 확률정보를 제공하는 데 사용할 수 있다. 예를 들어, EAI 문제에서 인사담당자가 교육 프로그램에 참여한 EAI 직원의 모집단 비율의 .05 내에 있는 $\bar{p}$-값을 얻을 확률을 알고 싶다고 하자. 즉, 표본비율 $\bar{p}$가 .55와 .65 사이인 표본을 얻을 확률은 얼마인가? 〈그림 7-12〉의 음영부분은 이 확률을 나타낸다. $\bar{p}$의 표집분포는 평균 .60, 표준오차 $\sigma_{\bar{p}} = .0894$인 정규분포로 근사할 수 있다는 사실로부터 엑셀의 NORM.DIST 함수를 사용하여 계산할 수 있다. 엑셀의 셀에 식 =NORM.DIST(.65, .60,

〈그림 7-11〉 경영 교육 프로그램에 참여한 EAI 직원의 비율 $\bar{p}$의 표집분포

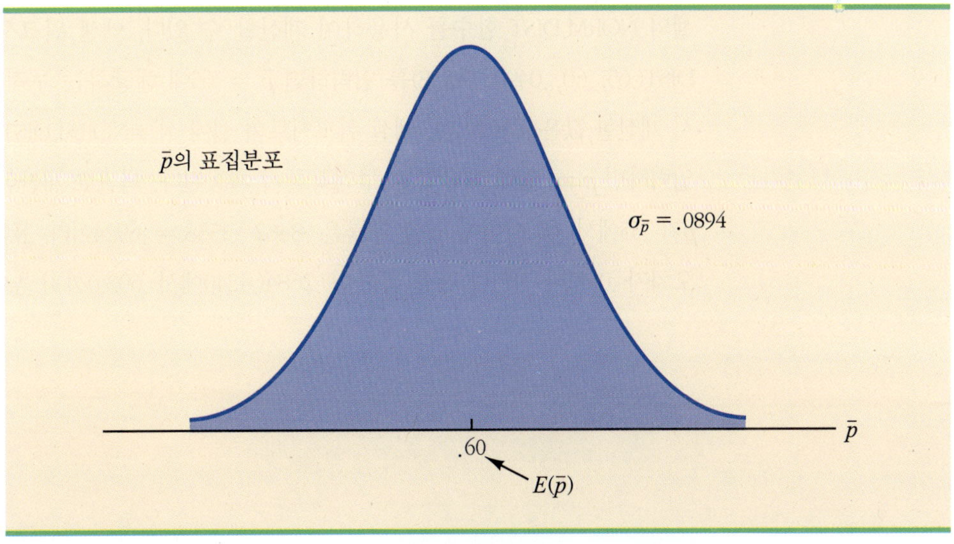

〈그림 7-12〉 .55와 .65 사이의 $\bar{p}$를 얻을 확률

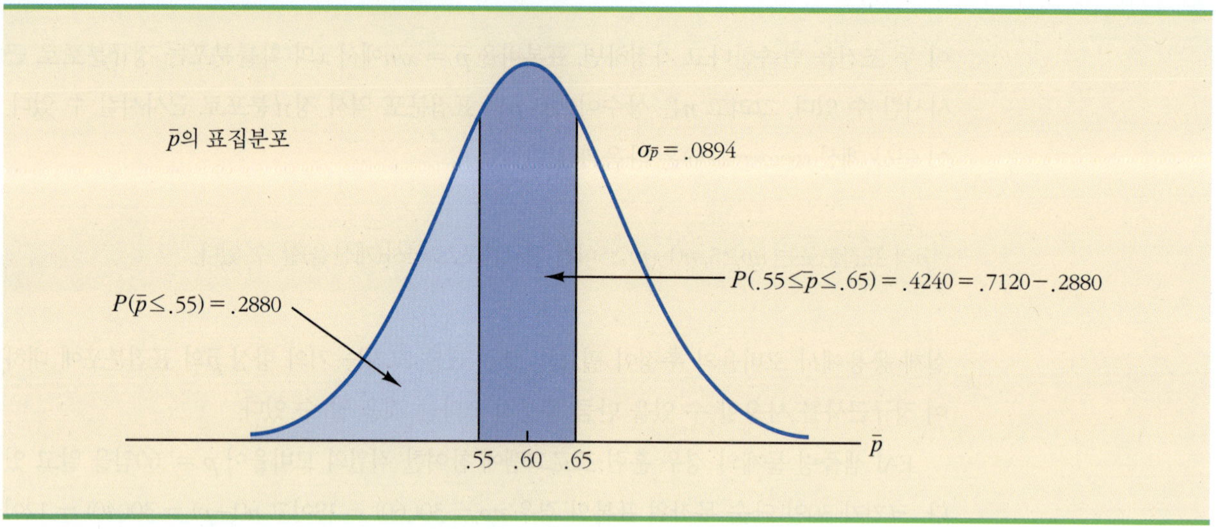

.0894, TRUE)를 입력하면 $\bar{p}$ = .65에 해당하는 누적확률이 계산된다. 엑셀로 얻은 계산값은 .7120이다. 엑셀의 셀에 식 =NORM.DIST(.55, .60, .0894, TRUE)를 입력하면 $\bar{p}$ = .55에 해당하는 누적확률이 제공된다. 엑셀로 얻은 값은 .2880이다. 따라서 $\bar{p}$가 .55에서 .65 사이에 있을 확률은 .7120−.2880 = .4240이다.

표본 크기를 n = 100으로 증가시키면 비율의 표준오차는 다음과 같다.

$$\sigma_{\bar{p}} = \sqrt{\frac{.60(1-.60)}{100}} = .0490$$

표본 크기가 100명인 EAI 직원의 표본비율이 모비율의 .05 이내의 값을 가질 확률을 계산할 수 있다. 평균 .60, 표준편차 .0490으로 표집분포가 근사적으로 정규분포를 따르므로 엑셀의 NORM.DIST 함수를 사용하여 계산할 수 있다. 엑셀 워크시트의 셀에 식 =NORM.DIST(.65, .60, .0490, TRUE)를 입력하면 $\bar{p}$ = .65에 해당하는 누적확률이 제공된다. 엑셀에서 계산한 값은 .8462이다. 엑셀 워크시트의 셀에 식 =NORM.DIST(.55, .60, .0490, TRUE)를 입력하면 $\bar{p}$ = .55에 해당하는 누적확률이 제공된다. 엑셀로 계산한 값은 .1538이다. 따라서 $\bar{p}$가 .55에서 .65 사이에 있을 확률은 .8462−.1538 = .6924이다. 표본 크기를 늘리면 샘플링 오차가 .05보다 작거나 같을 확률이 .2684(.4240에서 .6924)까지 높아진다.

연습문제

기본문제

27. 크기가 100인 무작위 표본을 $p = .40$인 모집단에서 선택하였다.
    a. $\bar{p}$의 기댓값은 얼마인가?
    b. $\bar{p}$의 표준오차는 무엇인가?
    c. $\bar{p}$의 표집분포를 보여라.
    d. $\bar{p}$의 표집분포는 무엇을 보여주는가?
28. 모비율이 .40이다. 크기가 200인 무작위 표본을 취하고 표본비율 $\bar{p}$를 사용하여 모비율을 추정하려고 한다.
    a. 표본비율이 모비율로부터 $\pm.03$ 이내의 값을 가질 확률은 얼마인가?
    b. 표본비율이 모비율로부터 $\pm.05$ 이내의 값을 가질 확률은 얼마인가?
29. 모비율이 .55라고 가정하자. 100, 200, 500, 1000의 표본 크기에 대해 비율의 표준오차 $\sigma_{\bar{p}}$를 계산하라. 표본 크기가 증가함에 따라 비율의 표준오차 크기는 어떻게 변하는가?
30. 모비율이 .30이다. 다음 표본 크기의 표본비율이 모비율로부터 $\pm.04$ 이내에 있을 확률은 얼마인가?
    a. $n = 100$
    b. $n = 200$
    c. $n = 500$
    d. $n = 1000$
    e. 표본 크기가 더 클 때의 장점은 무엇인가?

응용문제

31. Doerman Distributors, Inc.의 사장은 회사 주문의 30%가 처음 방문한 고객으로부터 나온 것이라고 생각한다. 100명의 무작위 주문 샘플을 사용하여 최초 고객의 비율을 추정한다.
    a. 사장의 생각이 맞고 $p = .30$이라고 가정하라. 이 연구에서 $\bar{p}$의 표집분포는 무엇인가?
    b. 표본비율 $\bar{p}$가 .20과 .40 사이일 확률은 얼마인가?
    c. 표본비율이 .25와 .35 사이일 확률은 얼마인가?
32. *Wall Street Journal*은 기업가의 55%가 29세 이하일 때 기업경영을 시작하였고, 45%가 30세 이상일 때 경영을 처음 시작했다고 보고했다.
    a. 기업가의 가장 중요한 자질을 알아보기 위해서 기업가 200명의 표본을 선택한다고 하자. $\bar{p}$가 29세 이하일 때 경영을 처음 시작한 기업가의 표본비율일 때 $\bar{p}$의 표집분포를 설명하라.
    b. a의 표본비율이 모비율에서 $\pm.05$ 이내에 있을 확률은 얼마인가?
    c. 기업가의 가장 중요한 자질을 알아보기 위해서 기업가 200명의 표본을 선택한다고

하자. $\bar{p}$가 30세 이상일 때 경영을 처음 시작한 기업가의 표본비율일 때 $\bar{p}$의 표집분포를 보여라.

d. c의 표본비율이 모비율로부터 ±.05 이내에 있을 확률은 얼마인가?

e. b와 d의 확률이 다른가? 그 이유는 무엇인가?

f. 크기가 400인 표본을 가지고 b에 답하라. 확률이 더 커졌는가? 그 이유는 무엇인가?

33. 미국 성인의 72%가 지난 1년 동안 책을 읽었다고 한다[출처]. 이것이 모집단의 실제 비율이라고 가정하고, 그들의 행동습성을 더 조사하기 위해 540명의 미국 성인을 대상으로 하여 표본조사를 할 계획이라고 하자.

a. 표본에서 작년에 책을 읽은 응답자의 비율 $\bar{p}$의 표집분포를 보여라.

b. 설문조사 결과 표본비율이 모비율로부터 ±.03 이내의 값을 가질 확률은 얼마인가?

c. 설문조사 결과 표본비율이 모비율로부터 ±.015 이내의 값을 가질 확률은 얼마인가?

34. *Reader's Digest*에 따르면 1차 진료의사의 42%는 환자가 불필요한 치료를 받는다고 생각한다.

a. 1차 진료의사 300명의 표본을 선택했다고 하자. 환자가 불필요한 치료를 받고 있다고 생각하는 의사의 비율의 표집분포를 보여라.

b. 표본비율이 모비율로부터 ±.03 이내의 값을 가질 확률은 얼마인가?

c. 표본비율이 모비율로부터 ±.05 이내의 값을 가질 확률은 얼마인가?

d. b와 c의 확률에 대해 더 큰 표본을 취하면 이는 어떤 영향을 미치는가? 그 이유는 무엇인가?

35. 모든 미국인의 36%가 일주일에 한 번 이상 생수를 마신다[출처]. 미네소타 St. Paul의 생수 소비량을 조사하기 위해 Natural Resources Defense Council에 고용되었다고 하자. 일주일에 한 번 이상 생수를 마시는 사람들의 비율을 추정하기 위해 St. Paul에 사는 사람들 중 표본을 선택할 계획이다. St. Paul에 사는 사람들로 이루어진 모집단 중에서 생수를 일주일에 한 번 이상 마시는 사람들의 비율은 .36이라고 하자. 이는 일주일에 한 번 이상 생수를 마시는 미국인의 전체 비율과 같다.

a. 540명의 표본을 선택한다고 가정하자. $\bar{p}$의 표집분포를 보여라.

b. 540명의 St. Paul의 표본을 바탕으로 얻은 표본비율이 모비율의 .04 이내에 있을 확률은 얼마인가?

c. 200명의 표본을 선택한다고 가정하자. $\bar{p}$의 표집분포를 보여라.

d. 200명의 작은 표본을 골랐을 때 표본비율이 모비율의 .04 이내일 확률은 얼마인가?

e. 정밀도를 확률의 증가량으로 측정한다면 c와 d의 작은 표본보다 a와 b의 더 큰 표본을 사용할 때 정밀도가 얼마나 좋아지는가?

36. 미국의 식료품 제조업체는 소비자의 76%가 제품 라벨에 표시된 성분을 읽는다고 보고

하였다. 모비율 $p = .76$이고 모집단에서 400명의 소비자 표본이 선택되었다고 가정하자.

a. 표본비율 $\bar{p}$의 표집분포를 보여라. 여기서 $\bar{p}$는 제품 라벨에 표시된 성분을 읽는 표본 소비자의 비율이다.

b. 표본비율이 모비율로부터 $\pm.03$ 이내에 있을 확률은 얼마인가?

c. 750명의 소비자 표본에 대하여 b에 답하라.

37. 식품 마케팅 연구소에 따르면 가구의 17%가 식료품에 주당 \$100 이상을 소비하는 것으로 나타났다. 모비율이 $p = .17$이라고 가정하고 모집단에서 800가구의 단순 무작위 표본을 선택하였다고 하자.

a. 식료품에 주당 \$100 이상을 소비하는 가구의 표본비율인 $\bar{p}$의 표집분포를 보여라.

b. 표본비율이 모비율로부터 $\pm.02$ 이내에 있을 확률은 얼마인가?

c. 1600가구의 표본에 대하여 b에 답하라.

7.7 기타 표본 추출 기법

이 절에서는 단순 무작위 추출법 이외의 샘플링 방법에 대해 간략하게 소개한다.

앞에서는 유한모집단에서 표본을 추출하는 방법으로 단순 무작위 추출법을 설명하였고, 단순 무작위 표본을 사용할 때 $\bar{x}$와 $\bar{p}$의 표집분포의 성질에 대해 살펴보았다. 그러나 층화 무작위 추출법, 군집 추출법, 체계적 추출법과 같은 기타 표본 추출 기법들이 어떤 상황에서는 단순 무작위 추출법보다 장점을 가지고 있다. 이 절에서는 이러한 표본 추출법을 간략하게 소개한다.

층화 무작위 추출법

층화 무작위 추출법은 각 계층의 원소들 사이에 분산이 비교적 작을 때 가장 잘 작동한다.

층화 무작위 추출법(stratified random sampling)에서는 먼저 모집단의 원소가 계층(strata)이라고 불리는 그룹으로 나뉘고, 모집단의 각 원소는 하나의 계층(또는 층)에만 속한다. 부서, 위치, 연령, 산업 유형 등과 같은 계층 구분의 기준은 표본 설계자의 재량에 달려 있다. 그러나 각 계층 내의 원소들이 서로 최대한 비슷할 때 최상의 결과를 얻을 수 있다. 〈그림 7-13〉은 H 계층으로 나눈 모집단의 다이어그램이다.

계층으로 나눈 후, 각 층에서 단순 무작위 표본을 취한다. 각 계층의 표본결과들을 관심 있는 모집단 모수의 하나의 추정치로 결합하는데 기존 공식들을 사용할 수 있다. 층화 무작위 추출법의 가치는 계층 내의 원소들이 얼마나 동질(homogeneous)인가에 따라 달라진다. 계층 내의 원소가 유사하면 계층 내 원소들의 분산이 작다. 따라서 비교적 작은 표본 크기를 사용하여 계층 특성에 대한 우수한 추정치를 얻을 수 있다. 계층이 균질한 경우 층화 무작위 추출법은 전체 크기가 더 작은 표본을 사용하면서도 단순 무작위 추출법의 결과와 동일한 결과를 얻는다.

〈그림 7-13〉 층화 무작위 추출법을 위한 다이어그램

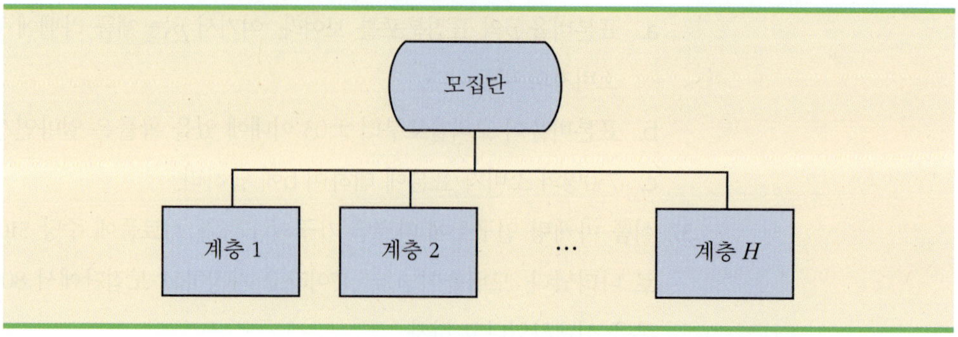

군집 추출법

군집 추출법은 각 군집이 모집단의 소규모 대표집단을 나타내는 경우에 가장 효과적이다.

군집 추출법(cluster sampling)에서는 모집단의 원소를 먼저 군집(cluster)이라는 별도의 그룹으로 나눈다. 모집단의 각 원소는 하나의 군집에만 속한다(그림 7-14 참조). 다음으로 군집들을 대상으로 해서 단순 무작위 표본을 하나 수집한다. 선택된 군집 내의 모든 원소가 표본이 된다. 군집 추출법은 군집 내의 원소가 같지 않을 때 최상의 결과를 제공하는 경향이 있다. 이상적인 경우, 각 군집은 대표성을 갖는 소규모 버전의 모집단이다. 군집 추출법의 가치는 각 군집이 전체 모집단을 얼마나 잘 대표하는지에 달려 있다. 모든 군집이 이런 점에서 비슷하다면 규모가 작은 군집을 골라 모집단 모수에 대한 추정치를 얻을 수 있다.

군집 추출법의 주요 응용분야 중 하나는 영역(지역) 샘플링(area sampling)이다. 여기서 군집은 도시 블록 또는 다른 잘 정의된 영역이다. 군집 추출법에서는 일반적으로 단순 무작위 추출법이나 층화 무작위 추출법보다 더 큰 표본이 요구된다. 그러나 조사자가 선택된 군집(예: 선택된 도시 블록) 안에서 비교적 짧은 시간 내에 많은 표본을 얻을 수 있기 때문에 비용을 절감할 수 있다. 따라서 비용을 크게 낮추면서 많은 표본을 얻을 수 있다.

〈그림 7-14〉 군집 추출법을 위한 다이어그램

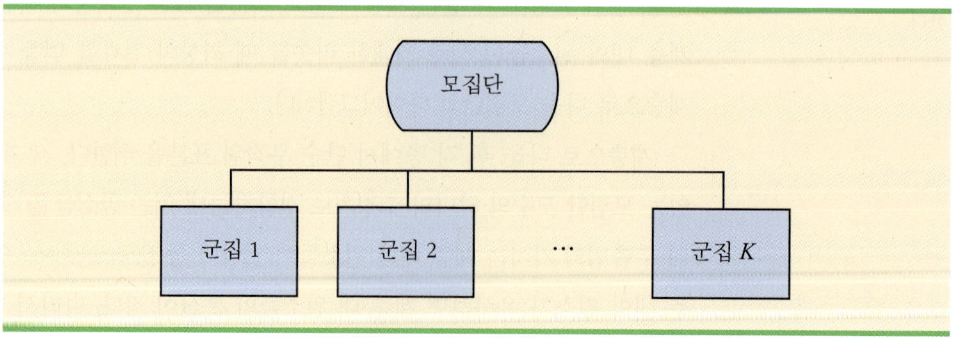

체계적 추출법

어떤 상황, 특히 모집단의 크기가 큰 경우에 난수를 찾고 그에 해당하는 원소를 찾기 위해 모집단 목록을 검색해가며 단순 무작위 표본을 추출하는 것은 시간이 많이 드는 작업이다. 이때 단순 무작위 추출법의 대안으로 사용할 수 있는 것이 **체계적 추출법**(systematic sampling)이다. 예를 들어 5000개의 원소를 갖는 모집단에서 크기가 50인 표본을 선택하는 경우 모집단의 5000/50 = 100개 원소마다 하나씩 원소를 추출한다. 이 경우의 체계적인 표본은 모집단 목록에서 처음 100개 원소 중 하나를 임의로 선택한다. 표본의 다른 원소들은 첫 번째 추출한 원소로 시작하여 모집단 목록의 매 100번째에 해당하는 원소를 선택하여 정한다. 실제로, 크기가 50인 표본은 첫 번째 원소를 무작위로 선택한 후에 모집단 전체에 걸쳐 체계적으로 움직이면서 100번째 원소마다 하나씩 남은 원소들을 추출하면 된다. 일반적으로 단순 무작위 추출법을 사용하는 것보다 이 방법으로 구하기가 더 쉽다. 첫 번째 원소는 무작위로 선택하므로, 일반적으로 체계적 추출법은 단순 무작위 표본의 속성을 갖는 것으로 가정한다. 이 가정은 특히 모집단의 원소가 임의의 순서로 나열되어 있을 때 적용 가능하다.

편의 추출법

지금까지 논의한 표본 추출 방법을 확률 샘플링(probability sampling) 기법이라고 한다. 모집단에서 선택된 원소가 표본에 포함될 확률을 알고 있다. 확률 샘플링의 장점은 일반적으로 적절한 표본 통계량의 표집분포가 정해져 있다는 것이다. 표집분포의 특성을 결정하기 위해 이 장에 제시한 단순 무작위 표본을 다룰 때 배웠던 공식을 사용할 수 있다. 그런 다음 이 표집분포를 사용하여 표본결과로부터 모집단에 대한 추론을 하는 데 생기는 오류에 대한 확률을 이야기할 수 있다.

편의 추출법(convenience sampling)은 비확률적 샘플링 기법이다. 이름에서 알 수 있듯이 표본을 편의에 의해 선택한다. 사전에 정해졌거나 알려진 확률에 따라 원소를 선택하지 않는다. 예를 들어, 대학교에서 연구를 수행하는 교수는 학생지원자들로 간단히 표본을 구성할 수 있다. 이들은 이미 준비되어 있고 비용이 거의 들지 않거나 무료로 구새에 참여하기 때문이다. 마찬가지로, 검사관은 여러 과일상자 중에서 되는대로 오렌지 상자를 선택하여 출하되는 오렌지를 샘플링 할 수 있다. 이 때 오렌지 하나하나에 라벨을 붙여서 확률 샘플링 방법을 사용하는 것은 비현실적이다. 포획된 야생 동물 및 소비자 연구를 위한 자원 봉사 패널과 같은 표본도 편의 표본이다.

편의 표본은 표본 선택과 데이터 수집이 비교적 쉽다는 장점이 있다. 그러나 모집단의 대표성 측면에서 표본의 "우수성(goodness)"을 평가하는 것은 불가능하다. 편의 표본은 좋은 결과를 제공할 수도 그렇지 않을 수도 있다. 통계적 정당성이 증명되지 않은 절차로서는 표본 결과의 품질(quality)에 대한 확률적 분석이나 추론을 할 수 없다. 때때로 연구자들은 편의 표본을 확률표본처럼 취급할 수 있다고 주장하면서 확률표본을 위해 설계된 통계적 방법을 편의 표본에도 적용한다. 그러나 이 주장은 뒷받침될 수 없으며 모집단에 대한 추론에 편의 표본의 결과를 사용할 때는 해석에 주의를 기울여야 한다.

판단 추출법

추가로 살펴볼 비확률적 샘플링 기법 중 하나는 **판단 추출법**(judgement sampling)이다. 이 접근방법에서는 연구 주제에 대해 지식이 가장 풍부한 사람이 모집단을 가장 잘 대표한다고 판단되는 원소들을 표본으로 선택한다. 종종 이 방법은 표본을 고르는 비교적 쉬운 방법이 된다. 예를 들어, 기자는 자신이 생각하기에 상원의원의 일반적인 의견을 반영한다고 판단하는 상원의원 2~3명을 표본으로 고를 수 있다. 그러나 표본 결과의 품질은 전적으로 표본을 선택한 사람의 판단에 달려 있다. 다시 말하지만 판단 표본을 가지고 모집단에 대한 추론의 결론을 내릴 때에는 각별히 주의하여야 한다.

7.7 보충 설명

유한모집단에서 표본을 추출할 때는 단순 무작위 추출법, 층화 무작위 추출법, 군집 추출법, 체계적 추출법과 같은 확률 샘플링 방법을 사용하는 것이 좋다. 이러한 방법의 경우, 추정하고자 하는 모집단 모수에 대하여 표본 결과가 얼마나 근접한지를 보는 측면에서 표본 결과의 "우수성"을 평가하는 공식들이 개발되었다. 그러나 편의 추출법이나 판단 추출법으로는 우수성을 평가할 수 없다. 따라서 비확률적 샘플링 기법을 기반으로 결과를 해석할 때는 각별한 주의를 기울여야 한다.

7.8 실용적인 조언: 빅데이터와 샘플링의 오차

표본을 수집하는 목적은 모집단에 대한 추론을 하고 연구 문제의 답을 찾기 위함이다. 따라서 표본은 조사 대상 집단과 유사하거나 대표성을 가져야 한다. 실제로 샘플링 오차(sampling error)나 비샘플링 오차(nonsampling error)로 인해 표본이 관심을 두고 있는 모집단을 잘 표현하지 못할 수 있다.

샘플링 오차

표본을 사용하여 모집단 모수의 값을 추정할 때 표본 통계량의 값이 추정하는 모집단 모수와 같을 가능성은 거의 없다. 예를 들어 표본평균 $\bar{x}$가 모평균 μ이 정확히 같은 값을 가질 것이라고 예상하지 않는다. 표본 통계량의 값과 해당 모집단 모수 값의 차이를 **샘플링 오차**(sampling error, 표집오차)라고 한다. 앞에서 언급한 네 가지 확률 샘플링 방법(단순 무작위 추출법, 층화 무작위 추출법, 군집 추출법, 체계적 추출법) 중 하나를 사용하여 동일한 크기로 독립인 무작위 표본을 모집단에서 반복하여 수집하면 평균적으로 표본은 모집단을 대표하게 될 것이나.

그러나 무작위 표본 추출을 사용한다고 해서 어떤 표본 하나가 모집단을 나타내는 것은 아니다. 이 장(章)의 도입부에서 논의하였듯이 무작위 표본을 수집할 때 샘플링 오차는 피할 수 없다. 모집단을 전수조사하기 위해 관련 비용이 발생하는 것보다 무작위 표본을 수집하기로 선택했을 때는 감수해야 할 위험이 있다.

표본평균 $\bar{x}$(식 7-2)와 표본비율 $\bar{p}$(식 7-5)의 표집분포의 표준오차는 모평균 μ와 모비율 p를 추정하는 데 생기는 샘플링 오차를 말한다. 표본 크기가 커지면 표집분포의 표준오차는 작아진다. 이러한 표준오차는 표본 데이터를 사용하여 모평균 μ와 모비율 p를 추정할 때 샘플링 오차의 가능성을 반영하므로, 표본이 매우 크면 샘플링 오차는 매우 작을 것이라는 것을 알 수 있다.

예를 들어 온라인 뉴스 서비스 PenningtonDailyTimes.com(PDT)을 생각해 보자. PDT의 주요 수입원은 광고 수익이다. 광고주가 되고자 하는 사람은 방문시간이 긴 웹사이트에 광고를 올리기를 바라며 프리미엄을 기꺼이 지불하기 때문에 PDT의 경영진은 고객이 PDT 웹사이트를 방문하여 보내는 시간에 큰 관심을 둔다. 과거 데이터를 기반으로 PDT는 고객이 자사의 웹사이트를 방문할 때 소비한 시간의 모표준편차를 $\sigma = 20$초로 가정하자. 〈표 7-6〉은 $\sigma = 20$일 때, 표본 크기가 증가함에 따라 고객이 PDT 웹사이트를 방문할 때 소비하는 평균시간에 대한 표집분포의 표준오차가 어떻게 감소하는지 보여준다.

PDT는 또한 웹사이트 방문자가 웹사이트에 게재된 광고를 클릭했는지 여부에 대한 정보를 이 표본에서 수집할 수 있다. 과거 데이터에서 PDT는 웹사이트 방문자의 50%가 웹사이트에 게재된 광고를 클릭했음을 알고 있다. 이 데이터를 바탕으로 PDT는 $p = .50$을 가정한다. 〈표 7-7〉은 $p = .50$일 때 표본 크기가 증가함에 따라 PenningtonDailyTimes.com에 게재된 광고를 클릭 한 표본비율의 표준오차가 어떻게 감소하는지 보여준다.

PDT 예제는 표준오차와 표본 크기 사이의 관계를 보여준다. 〈표 7-6〉을 보면 표본 크기가 증가함에 따라 표본평균의 표준오차가 감소함을 알 수 있다. $n = 10$인 표본의 경우 표본평균의 표준오차는 6.32456이다. 표본 크기를 $n = 100{,}000$으로 늘리면 표본평균의 표준오차는 .06325로 감소한다. $n = 1{,}000{,}000{,}000$의 표본 크기에서 표본평균의 표준오차는 .00063으로 감소한다. 〈표 7-7〉에서는 표본 크기가 증가함에 따라 표본비율의 표준오차도 감소함을 알 수 있다. $n = 10$인 표본의 경우 표본비율의 표준오차는 .15811이다. 표본 크기를 $n = 100{,}000$으로 늘리면 표본비율의 표준오차가 .00158로 감소한다. $n = 1{,}000{,}000{,}000$의 표본 크기에서 표본평균의 표준오차는 .00002로 감소한다. 두 경우 모두 $n = 1{,}000{,}000{,}000$일 때 표준오차는 $n = 10$일 때 표준오차의 1만분의 1밖에 안 된다!

백만 명 이상의 방문자 표본은 비현실적인 것처럼 보일 수 있지만, 2016년 3월 amazon.com의 방문자 수는 9천 100만 명을 넘었다(quantcast.com, 2016년 5월 13일 자료).

〈표 7-6〉 크기가 n인 표본에서 구한 표본평균 $\bar{x}$의 표준오차

표본 크기 n	표준오차 $\sigma_{\bar{x}}=\sigma/\sqrt{n}$
10	6.32456
100	2.00000
500	0.89443
1,000	0.63246
10,000	0.20000
100,000	0.06325
1,000,000	0.02000
10,000,000	0.00632
100,000,000	0.00200
1,000,000,000	0.00063

〈표 7-7〉 크기가 n인 표본에서 구한 표본비율 $\bar{p}$의 표준오차

표본 크기 n	표준오차 $\sigma_{\bar{p}}=\sqrt{p(1-p)/n}$
10	.15811
100	.05000
500	.02236
1,000	.01581
10,000	.00500
100,000	.00158
1,000,000	.00050
10,000,000	.00016
100,000,000	.00005
1,000,000,000	.00002

비샘플링 오차

표본 크기가 클수록 표집분포의 표준오차는 감소한다. 표본이 클수록 표본이 추출된 모집단을 더 잘 나타내기 때문이다. 그러나 이렇다고 해서 매우 큰 표본이 항상 모집단에 대한 신뢰할 수 있는 정보를 제공할 것이라는 결론을 내릴 수 있는 것은 아니다. 표본이 목표모집단을 나타내지 못하는 유일한 이유가 샘플링 오차만은 아니기 때문이다. 무작위 표본 추출 이외의 이유로 발생하는 표본의 모집단 편차를 **비샘플링 오차**(nonsampling error)라고 한다. 비샘플링 오차는 체계적으로 표본 데이터에 포함되며 여러 가지 이유로 발생할 수 있다.

표본 또는 통계조사(census)에서 비샘플링 오차가 발생할 수 있다.

예를 들어 표본의 데이터가 관심 있는 모집단에서 추출되지 않았을 수 있다. PDT는 누구로부터 데이터를 수집해야 하는가? 현재 PenningtonDailyTimes.com 방문의 데이터를 수집해야 하는가? 새로운 방문자를 유치하고 이들의 방문에 대하여 데이터를 수집해야 하는가? 그렇다면 웹사이트에서 보낸 시간을 측정할 때, 경쟁사의 웹사이트에서 유치해 온 사람들이 우리 웹사이트에서 보낸 시간을 측정해야 하는가 아니면 정기적으로 온라인 뉴스 사이트를 방문하지 않는 방문자가 웹사이트에서 보낸 시간을 측정해야 하는가? 답은 PDT의 연구 목표에 달려 있다. 회사가 현재 시장을 평가하려고 하는지, 경쟁업체로부터 유치해 올 수 있는 고객을 평가하려고 하는지, 아니면 완전히 새로운 시장(온라인 뉴스 서비스에서 일상적으로 뉴스를 보지 않는 개인)의 가능성을 탐색하려고 하는지에 따라 다르다. 연구 목표와 표본을 추출할 모집단이 일치하지 않으면 PDT가 데이터를 수집하였다 하더라도 회사의 연구 목표를 달성하는 데 도움이 되지 않는다. 이러한 유형의 오차를 적용범위의 오차(coverage error)라고 한다.

적절한 모집단에서 표본을 선택했다 하더라도 목표모집단의 조각들(segments)이 표본에

서 체계적으로 덜 표현되거나 너무 과도하게 표현되면 비샘플링 오차가 발생할 수 있다. 이는 연구 설계에 결함이 있거나 모집단의 일부 조각들이 응답할 가능성이 높거나 낮기 때문에 발생할 수 있다. 방문자가 PenningtonDailyTimes.com을 떠날 때 열리는 팝업 설문지를 만든다고 하자. 팝업 차단기능을 설치한 방문자는 저평가될 것이며, 팝업 차단기능을 설치하지 않은 방문자는 고평가될 것이다. 팝업 차단기를 설치한 방문자의 행태가 팝업 차단기를 설치하지 않은 방문자의 행태와 다른 경우, PDT 웹사이트의 모든 방문자가 어떻게 행동하는지에 대하여 결론을 도출하려다 보면 오해의 소지가 생길 수 있다. 이러한 유형의 오차를 무응답 오차(non-response error)라고 한다.

비샘플링 오차가 발생하는 또 다른 잠재적인 원인은 관심 대상 특성을 잘못 측정하였기 때문이다. PDT가 모호하거나 이해하기 어려운 질문을 하면 응답자의 응답하려는 의도를 정확하게 반영하지 못할 수 있다. 예를 들어, PDT가 "PenningtonDailyTimes.com의 뉴스가 강력하고 정확합니까?"라고 물으면 응답자가 어떻게 응답해야 할지 잘 모를 수 있다. 방문자가 느끼기에 PenningtonDailyTimes.com의 뉴스기사는 강력하지만 정확하지 않다고 생각하는 경우 어떻게 응답해야 하는가? PenningtonDailyTimes.com의 뉴스기사는 정확하지만 설득력이 없다고 생각하는 경우 응답자는 어떻게 응답하는 것이 적절한가? 편향적이거나 유도적인 방식으로 질문하면 비슷한 문제가 발생할 수 있다. "많은 독자가 PenningtonDailyTimes.com의 뉴스기사가 강력하고 정확하다고 생각하고 있습니다! PenningtonDailyTimes.com에 관한 뉴스기사가 강력하고 정확한다고 생각하십니까?"라고 묻는다면 실제 질문에 앞서 PDT가 제시한 진술은 긍정적인 응답을 유도하여 편향된 결과로 이어질 것이다. 응답자가 잘못된 답변을 하게 되면 관심 특성을 잘못 측정할 수도 있다. 이는 응답자의 불충분한 응답, 정직하게 답변하기를 꺼리거나 "납득할만한" 답변을 제공하려고 했기 때문일 수 있다. 이러한 유형의 오차를 측정 오차(measurement error)라고 한다.

조사자 또는 데이터 기록, 준비 과정에서 발생하는 오차는 또 다른 유형의 비응답 오차이다. 이러한 유형의 오차를 각각 조사자 오차, 처리 오차라고 한다.

빅데이터의 의미

작년에 PDT 웹사이트 방문자가 웹사이트에서 보낸 평균시간이 84초라고 하자. 또한 작년 이후 평균시간이 변경되지 않았고 PDT는 이제 웹사이트 방문자 1,000,000명의 표본을 수집한다고 가정하자(1장에서 우리는 매우 크거나 복잡한 데이터 집합을 빅데이터라고 불렀다). $n = 1{,}000{,}000$이고 모표준편차가 $\sigma = 20$초로 알려진 경우 표준오차는 $\sigma_{\bar{x}} = \sigma/\sqrt{n} = 20/\sqrt{1{,}000{,}000} = .02$이다. 표본 크기가 매우 크기 때문에 표본평균 $\bar{x}$의 표집분포는 정규분포를 따른다. PDT는 이 정보를 사용하여 표본평균 $\bar{x}$가 모평균으로부터 .15 이내, 즉 $84 \pm .15$ 구간 안에 있을 확률을 계산할 수 있다. $\bar{x} = 83.85$일 때

$$z = \frac{83.85 - 84}{.02} = -7.5$$

그리고 $\bar{x} = 84.15$일 때

$$z = \frac{84.15 - 84}{.02} = 7.5$$

이다. $P(z \leq -7.5) \approx .0000$이고 $P(z \leq 7.5) \approx 1.0000$이므로 표본평균 $\bar{x}$가 모평균 μ로부터 .15 이내에 포함될 확률은 다음과 같다.

$$p(-7.5 \leq z \leq 7.5) \approx 1.0000 - .0000 = 1.0000$$

엑셀을 사용하면 다음과 같이 구할 수 있다.

NORM.DIST(84.15,84,.02, TRUE)−NORM.DIST(83.85,84,.02,TRUE) = 1.000

이제 PDT 웹사이트에 방문한 1,000,000명의 새로운 표본의 방문자가 보낸 시간의 표본평균이 88초라고 하자. PDT는 어떤 결론을 내릴 수 있는가? 계산 결과에 따르면 표본평균이 83.85에서 84.15 사이일 확률은 약 1.0000이지만 PDT의 표본평균은 88이다. PDT의 표본평균이 작년의 모평균과 크게 다른 이유가 세 가지 있다.

- 샘플링 오차
- 비샘플링 오차
- 작년 이후 모평균이 변경되었기 때문

표본 크기가 매우 크기 때문에 표본에 샘플링 오차가 거의 없어야 하므로 샘플링 오차로는 PDT의 표본평균 $\bar{x} = 88$초와 작년의 모평균 $\mu = 84$초 사이의 실질적인 차이를 설명할 수 없다. 비샘플링 오차는 설명이 가능하므로 조사해 보아야 한다. 표본 데이터에 비샘플링 오차가 거의 또는 전혀 개입되지 않았다고 판단하였다면, PDT의 표본평균과 작년의 모평균 간의 실질적인 차이에 대하여 유일하게 남아있는 그럴듯한 설명은 작년 이후 모평균이 바뀌었다는 것이다. 올바르게 수집되었다면, 그 표본은 웹사이트 방문자의 행동에 잠재적으로 중요한 변화의 증거가 되며, 그것은 PDT에 중대한 의미를 가져다 줄 수 있다.

표본의 크기가 크든 작든 표본 데이터를 사용하여 관심 있는 모집단에 대한 것을 알아내려고 하면 항상 표본 추출의 한계에 맞서야 한다. 표본 크기가 증가함에 따라 샘플링 오차는 줄어들지만, 매우 큰 표본이라도 실제로 비샘플링 오차로 인해 모집단을 대표하지 못하는 문제를 겪을 수 있다. 따라서 표본을 추출할 때는 비샘플링 오차가 데이터 수집 프로세스에 포함되는 것을 최소화하도록 주의를 기울여야 한다. 이것은 다음 단계를 통해 해결할 수 있다.

- 표본 데이터를 수집하기 전에 목표모집단을 신중하게 정의하고, 확률표본이 이 목표모집단으로부터 추출되도록 데이터 수집 절차를 설계하라.

- 데이터 수집 절차를 신중하게 설계하고 데이터 수집가를 훈련하라.
- 최종 데이터 수집 전에 잠재적인 비샘플링 오차 원인을 식별하고 수정할 수 있도록 데이터 수집 절차를 사전에 테스트한다.
- 중요한 어떤 정성적 변수에 관한 모집단 수준의 정보를 사용할 수 있을 때에는 층화 무작위 추출법을 사용하여 모집단의 정성적 특성에 대한 표본의 대표성을 확보하라.
- 중요한 어떤 정량적 변수에 관하여 모집단 수준의 정보를 이용할 수 있을 때에는 체계적 추출법을 사용하여 모집단의 정성적 특성에 대한 표본의 대표성을 확보하라.

마지막으로, 모든 무작위 표본(심지어 큰 샘플이라도)은 어느 정도의 샘플링 오차를 가지게 마련이며, 비샘플링 오차의 모든 잠재적 원인을 제거하는 것은 비현실적일 수 있다. 표본 추출의 이러한 한계를 이해하게 되면, 표본 데이터를 해석하고 이를 사용하여 목표모집단에 대한 결론을 도출할 때 우리는 더욱 현실적으로 접근할 수 있다. 다음 장에서는 이러한 문제를 보다 자세히 다루기 위한 통계적 방법들을 살펴볼 것이다.

7.8 보충 설명

1. 앞 절에서 확률 샘플링이 비확률 샘플링보다 일반적으로 선호되는 한 가지 이유는 확률표본 추출법을 사용하여 수집한 표본 데이터가 추정하려는 모집단 모수에 얼마나 근접한지의 측면에서 표본 결과의 "우수성"을 평가해 주는 공식을 사용할 수 있기 때문이라고 설명하였다. 편의 추출법이나 판단 추출법으로는 표본의 우수성을 평가할 수 없다. 일반적으로 비확률 샘플링보다 확률 샘플링이 선호되는 또 다른 이유는 확률 샘플링이 비확률 샘플링보다 비샘플링 오차를 포함할 가능성이 낮기 때문이다. 확률 샘플링이나 비확률 샘플링 모두에 비샘플링 오차가 발생할 수 있지만, 편의 추출법이나 판단 추출법과 같은 비확률 샘플링은 종종 표본 데이터에 비샘플링 오차를 발생시킨다. 이는 비확률 샘플링을 사용할 때 표본 데이터가 수집되는 방식 때문이다.
2. 다음 장에서는 통계적 추론(구간 추정과 가설 검정)에 대한 여러 가지 접근방법을 소개한다. 이러한 접근법은 비샘플링 오차가 표본 데이터에 포함되지 않았다고 가정한다. 표본 데이터에 비샘플링 오차가 크게 개입되면 통계적 추론 결과의 신뢰성이 떨어진다.

연습문제

응용문제

38. 메시징 앱 Spontanversation의 마케팅 담당자인 Martina Levitt는 이 앱의 사용자를 분석하는 작업을 할당받았다. Spontanversation을 다운로드한 사람들의 앱 사용횟수는 하루에 평균 30회이고, 표준편차가 6이라고 하자.
    a. Spontanversation을 다운로드한 50명을 무작위 표본으로 사용할 경우 $\bar{x}$의 표집분포는 무엇인가?

b. Spontanversation을 다운로드한 500,000명의 무작위 표본을 사용한다면 $\bar{x}$의 표집분포는 무엇인가?

c. 표본 크기가 극도로 커짐에 따라 $\bar{x}$의 표집분포가 어떻게 변하는지 일반적으로 내릴 수 있는 결론은 무엇인가? 이 일반화는 논리적으로 보이는가? 그 이유를 설명하라.

39. Spontanversation을 다운로드한 사람의 앱 사용횟수가 하루 평균 30회, 표준편차 6인 경우 Spontanversation 샘플링 문제를 생각해 보자.

a. Spontanversation을 다운로드한 50명의 표본을 사용하는 경우 $\bar{x}$가 모평균으로부터 .5 이내의 값을 가질 확률은 얼마인가?

b. a에서 수집한 표본의 평균이 30.2라면 어떤 결론을 내릴 수 있는가?

c. Spontanversation을 다운로드한 500,000명의 표본이 사용된 경우 $\bar{x}$가 모평균으로부터 .5 이내의 값을 가질 확률은 얼마인가?

d. c에서 수집한 표본의 평균이 30.2라면 그 오차나 모집단에 대해서 어떤 결론을 내릴 수 있는가?

40. *Wall Street Journal*은 전년도에 미국에서 새로운 사업을 시작한 기업가의 37%가 여성인 것으로 보고했다[출처].

a. 전년도에 미국에서 새로운 사업을 시작한 기업가 300명을 무작위 표본으로 추출하여 기업가들이 어떤 산업에 가장 매력을 느끼는지 알아보고자 한다. 전년도에 미국에서 새로운 사업을 시작한 기업가 중 여성의 표본비율을 $\bar{p}$라고 할 때, $\bar{p}$의 표집분포를 보여라.

b. a의 표본비율이 모비율로부터 $\pm$ .05 이내에 있을 확률은 얼마인가?

c. 전년도에 미국에서 새로운 사업을 시작한 30,000명의 기업가를 무작위 표본으로 추출하여 기업가들이 어떤 산업에 가장 매력을 느끼고 있는지 알아보려고 한다. 전년도에 미국에서 새로운 사업을 시작한 기업가 중 여성의 표본비율을 $\bar{p}$라고 할 때, $\bar{p}$의 표집분포를 보여라.

d. c의 표본비율이 모비율로부터 $\pm$.05 이내에 있을 확률은 얼마인가?

e. b와 d의 확률이 다른가? 그 이유는 무엇인가?

41. Blasterman Cosmetics, Inc.의 영업 부사장은 회사주문의 40%가 30세 미만인 고객이 주문한 것이라고 생각한다. 이것을 확인하기 위해서 10,000개의 주문을 무작위 표본으로 추출하여 30세 미만의 고객 비율을 추정하려고 한다.

a. 영업 부사장의 생각이 맞고 p = .40이라고 가정하자. $\bar{p}$의 표집분포는 무엇인가?

b. 표본비율이 .37과 .43 사이일 확률은 얼마인가?

c. 표본비율이 .39와 .41 사이일 확률은 얼마인가?

d. 표본비율이 .36이면 어떤 결론을 내릴 수 있는가?

요약

이 장에서는 표본 추출과 표집분포의 개념을 소개하였다. 유한모집단에서 단순 무작위 표본을 선택하는 방법과 무한모집단에서 무작위 표본을 선택하는 방법을 살펴보았다. 이러한 표본에서 수집한 데이터를 사용하여 모집단 모수의 점 추정치를 계산할 수 있다. 서로 다른 표본은 각자 다른 점 추정량의 값을 만들어내므로 $\bar{x}$와 $\bar{p}$ 같은 점 추정량은 확률변수이다. 이러한 확률변수의 확률분포를 표집분포라고 한다. 이 장에서는 특히 표본평균 $\bar{x}$와 표본비율 $\bar{p}$의 표집분포를 자세히 설명하였다.

$\bar{x}$와 $\bar{p}$의 표집분포 특성을 고려하면 $E(\bar{x}) = \mu$, $E(\bar{p}) = p$이다. 이러한 추정량의 표준편차인 표준오차의 공식을 소개하고, $\bar{x}$와 $\bar{p}$의 표집분포가 정규분포를 따르는 데 필요한 조건을 설명하였다. 층화 추출법, 군집 추출법, 체계적 추출법, 편의 추출법, 판단 추출법을 포함한 기타 표본 추출기법들을 살펴보았다. 마지막으로, 매우 큰 표본으로 작업을 할 때 실제로 고려해야 할 사항에 대해 논의하였다.

용어

군집 추출법(cluster sampling) 모집단을 군집으로 먼저 나눈 후에 군집을 대상으로 해서 단순 무작위 표본을 추출하는 확률 샘플링 기법. 각 군집은 최대한 모집단과 유사해야 함.

단순 무작위 추출법(simple random sample) 크기 N의 유한모집단에서 각 표본이 선택될 확률이 동일하도록 크기 n의 표본을 추출하는 방법.

모수(parameter) 모평균 μ, 모표준편차 σ, 모비율 p와 같이 모집단의 특성을 나타내는 수치.

목표모집단(target population) 점 추정치와 같은 통계적 추론을 이끌어낼 연구 대상의 모집단. 목표모집단은 가능한 한 해당하는 표집모집단과 일치하는 것이 중요하다.

무작위 표본(random sample) 다음의 두 가지 조건을 만족하도록 무한모집단으로부터 추출한 표본. (1) 동일한 모집단에서 원소를 추출하고 (2) 각 원소들은 독립적으로 선택된다.

불편, 치우치지 않은(unbiased) 점 추정량의 기댓값이 모집단의 모수와 같을 때 하는 말로서 점 추정량이 갖추어야 할 성질.

비샘플링 오차(nonsampling error) 적용 범위의 오차, 무응답 오차, 측정 오차, 조사자 오차, 처리 오차 등 샘플링 오차가 아닌 모든 유형의 오차.

샘플링 오차(sampling error) 모집단의 모수를 추정하는데 모집단 전체 데이터를 사용하지 않고 표본을 사용하기 때문에 발생하는 오차.

유한모집단 보정계수(finite population correction factor) 유한모집단에서 추출한 표본의 $\sigma_{\bar{x}}$와 $\sigma_{\bar{p}}$를 구하는 공식에서 사용하는 $\sqrt{(N-n)/(N-1)}$. 일반적인 경험상 $n/N \leq .05$일 때 유한모집단 보정계수를 무시하는 것이 허용된다.

점 추정량(point estimator) 모집단 모수의 점 추정치를 계산할 수 있는 $\bar{x}, s, \bar{p}$와 같은 표본 통계량.

점 추정치(point estimate) 특정 시점에서 모집단 모수의 추정치로 사용하는 점 추정량의 값.

중심극한정리(central limit theorem) 표본의 크기가 클 때, $\bar{x}$의 표집분포를 정규분포로 근사하여(approximate) 사용할 수 있는 정리.

체계적 추출법(systematic sampling) 모집단을 k개씩 n등분 한 후에 처음 k개의 원소 중 하나를 무작위로 선택한 후, 그 이후로 차례대로 k번째에 해당하는 원소들을 추출하는 확률 샘플링 기법.

층화 무작위 추출법(stratified random sampling) 모집단을 먼저 계층으로 나누고 각각의 계층에서 단순 무작위 표본을 추출하는 확률 샘플링 기법. 각 계층은 최대한 동질적이어야 함.

판단 추출법(judgement sampling) 연구자의 판단에 근거하여 원소를 선택하는 비확률 샘플링 기법.

편의 추출법(convenience sampling) 편의성(편리성)을 기반으로 표본의 원소를 선택하는 비확률 샘플링 기법.

표본 통계량(sample statistic) 표본평균 $\bar{x}$, 표본표준편차 s, 표본비율 $\bar{p}$와 같이 표본의 특성을 나타내는 값. 표본 통계량의 값은 해당하는 모집단 모수의 값을 추정할 때 사용된다.

표준오차(standard error) 점 추정량의 표준편차.

표집모집단(sampled population) 표본이 추출된 모집단.

표집분포(sampling distribution) 표본 통계량이 가질 수 있는 값들의 확률분포.

프레임(frame) 표본을 선택할 모집단 원소들의 목록.

주요 식

$\bar{x}$의 기댓값

$$E(\bar{x}) = \mu \quad \text{7-1}$$

$\bar{x}$의 표준편차, 표준오차

유한모집단 무한모집단

$$\sigma_{\bar{x}} = \sqrt{\frac{N-n}{n-1}}\left(\frac{\sigma}{\sqrt{n}}\right) \qquad \sigma_{\bar{x}} = \frac{\sigma}{\sqrt{n}} \quad \text{7-2}$$

$\bar{p}$의 기댓값

$$E(\bar{p}) = p \quad \text{7-4}$$

$\bar{p}$의 표준편차

유한모집단 무한모집단

$$\sigma_{\bar{p}} = \sqrt{\frac{N-n}{N-1}}\sqrt{\frac{p(1-p)}{n}} \qquad \sigma_{\bar{p}} = \sqrt{\frac{p(1-p)}{n}} \quad \text{7-5}$$

보충 연습문제

42. [DATA*file* ShadowStocks] 재무 분석가 Jack Lawler는 미국 개인투자자협회(AAII)가 만든 Shadow Stock 포트폴리오에 관한 기사를 준비하려고 한다. 2014년 3월 기준으로 Shadow Stock 포트폴리오에 있는 30개 회사의 목록은 데이터 파일 ShadowStocks[출처]에 포함되어 있다. Jack은 경영관행에 관한 인터뷰를 위해 이들 회사로부터 크기가 5인 단순 무작위 표본을 추출하고자 한다.

a. 데이터 파일에서 Shadow Stock 회사들은 엑셀 워크시트의 A열에 나열되어 있다. B열에서는 각 회사에 대해 난수를 생성하였다. 이 난수를 사용하여 이들 회사의 단순 무작위 표본을 선택하라.

b. 새로운 난수 세트를 생성하고 이를 사용하여 새로운 단순 무작위 표본을 추출하라. 같은 회사가 선택되었는가?

43. 최신 데이터에 따르면 미국의 1인당 건강 관련 지출은 $8080로 국내총생산(GDP)의 17.6%로 나타났다[출처]. $8086을 모평균으로 사용하고, 한 리서치회사가 100명의 표본을 추출하여 그들의 건강 관련 지출실태를 조사한다고 하자. 모표준편차는 $2500이라고 가정한다.

a. 100명의 표본에 대하여 건강관리에 지출하는 평균비용의 표집분포를 보여라.

b. 표본평균이 모평균으로부터 ±$200 이내일 확률은 얼마인가?

c. 표본평균이 $9000보다 클 확률은 얼마인가? 리서치 회사가 표본평균이 $9000를 넘는다고 보고했다면 이 회사가 올바른 샘플링 절차를 따랐는지 의문을 제기할 수 있는가? 그 이유는 무엇인가?

44. *Wall Street Journal*의 보고서에 따르면 Foot Locker는 평방피트당 판매금액을 매장 생산성의 측도로 사용한다. 현재 평방피트당 연간 $406의 매출을 올리고 있다. 경영진으로부터 64곳의 Foot Locker 매장을 표본으로 해서 조사해달라는 요청을 받았다. 모든 3400개의 Foot Locker 매장 모집단의 평방피트당 연간 매출의 표준편차는 $80이라고 가정하라.

a. Foot Locker 매장 64개를 표본으로 하였을 때 표본의 평방피트당 연간 평균 판매량인 $\bar{x}$의 표집분포를 보여라.

b. 표본평균이 모평균으로부터 $15달러 이내에 있을 확률은 얼마인가?

c. 표본평균이 $380라고 하자. $380 이하의 표본평균을 얻을 확률은 얼마인가? 이러한 표본은 비정상적으로 생산성이 낮은 매장 그룹에 속한다고 생각하는가?

45. Allegiant Airlines는 항공편의 기본요금으로 평균 $89를 청구한다. 또한 항공사는 웹사이트, 수하물 및 기내 음료 예약을 위해 요금을 추가로 부과한다. 이러한 추가요금은 승객당 평균 $39이다[출처]. Allegiant Airlines의 총항공비용을 결정하기 위해 무작위로 60명의 승객을 표본으로 선택한다고 하자. 총항공비용의 모표준편차는 $40로 알려져 있다.

a. 모집단의 항공편당 평균비용은 얼마인가?

b. 표본평균이 모평균 항공비용으로부터 $10 이내에 있을 확률은 얼마인가?

c. 표본평균이 모평균 항공비용으로부터 $5 이내에 있을 확률은 얼마인가?

46. *U.S. News & World Report*의 *America's Best Colleges*에 따르면, USC(University of Southern California)에 다니는 데 드는 평균비용은 학비 보조금을 공제한 후 $27,175이다. 모표준편차는 $7400이라고 한다. 이 모집단에서 60명의 USC 학생들을 무작위로 선택한다고 가정하자.

a. 평균의 표준오차 값은 얼마인가?

b. 표본평균이 $27,175를 초과할 확률은 얼마인가?

c. 표본평균이 모평균으로부터 $1000 이내에 있을 확률은 얼마인가?

d. 표본 크기를 100으로 늘리면 c의 확률은 어떻게 변하는가?

47. 대·중·소 기업의 3개의 회사는 각기 다른 규모의 재고량을 보유하고 있다. 회사 A의 창고에는 2000개의 품목이 있고 회사 B의 창고에는 5000개의 품목이 있으며 회사 C는 창고에 10,000개의 품목을 가지고 있다. 각 회사의 재고 품목들의 비용의 모표준편차는 $\sigma = 144$이다. 통계 컨설턴트는 각 회사의 재고에서 50개의 품목을 표본으로 추출하여 품목당 평균비용의 통계적으로 유효한 추정치를 구해놓도록 권하였다. 소규모 기업의 직원은 모집단이 가장 작기 때문에 대기업이 요구하는 것보다 훨씬 작은 표본으로 추정할 수 있어야 한다고 말하였다. 그러나 컨설턴트는 표본 결과에서 동일한 표준오차와 동일한 정밀도를 얻으려면 모든 회사가 모집단 크기에 상관없이 동일한 표본 크기를 사용해야 한다고 말한다.

a. 3개의 회사에 대하여 각각 표본 크기가 50인 표본의 표준오차를 유한모집단 보정계수를 사용하여 계산하라.

b. 각 기업에 대해 표본평균 $\bar{x}$가 모평균 μ로부터 ±25 이내에 있을 확률은 얼마인가?

48. 한 연구원은 평균의 표준오차가 20이라고 설문조사 결과를 보고하였다. 모표준편차는 500이다.

a. 이 설문조사에서 사용한 표본의 크기는 얼마인가?

b. 점 추정치가 모평균으로부터 ±25 이내일 확률은 얼마인가?

49. 품질관리 검사관이 정기적으로 생산 공정을 점검한다. 검사관은 완제품 중 30개의 단순 무작위 표본을 골라 표본의 제품평균무게 $\bar{x}$를 계산한다. 장기간의 테스트 결과 $\bar{x}$값의 5%가 2.1 파운드를 초과하고 5%가 1.9 파운드 미만으로 나타났다면, 이 공정으로 생산된 제품의 평균과 표준편차는 얼마인가?

50. 호주 사람의 15%는 흡연을 한다. 로이터 통신은 담배 포장에 브랜드 라벨을 금지하는 엄격한 법률을 도입함으로써 2018년까지 흡연자의 비율을 10%로 줄이길 희망하고 있다. 호주 사람 중 240명을 표본으로 골라 다음 질문에 답하라.

a. 표본의 흡연자의 비율 $\bar{p}$의 표집분포를 보여라.

b. 표본비율이 모비율로부터 ±.04 이내에 있을 확률은 얼마인가?

c. 표본비율이 모비율로부터 ±.02 이내에 있을 확률은 얼마인가?

51. 한 시장조사 회사는 과거 경험상 40%의 응답률을 갖는 전화조사를 실시한다. 크기가 400개인 새로운 전화번호 표본에서 최소 150명이 협조하여 조사에 응할 확률은 얼마인가? 다시 말해, 표본비율이 150/400 = .375 이상일 확률은 얼마인가?

52. 인터넷 서비스 제공업체 혹은 검색엔진과 계약하여 웹사이트에 광고를 올릴 수 있다. 광고주들은 광고를 클릭한 잠재고객 수에 따라 요금을 지불한다. 불행히도 오로지 광고수익만을 위해서 광고를 클릭하는 행위인 클릭사기(click fraud)가 문제가 되었다. *BusinessWeek*에 따르면, 광고주의 40%가 클릭사기의 피해를 경험하였다고 주장한다. 380명의 광고주로 구성된 단순 무작위 표본을 추출하여 이 관행에 의해 어떠한 영향을 받는지 알아보고자 한다.

a. 표본비율이 클릭사기를 경험하는 모비율의 ±.04 이내일 확률은 얼마인가?

b. 표본비율이 .45보다 클 확률은 얼마인가?

53. AllDriver Automotive Insurance Company에 보험을 가입한 사람들 중 5년 동안 적어도 한 개 이상의 위반 딱지를 받은 사람들의 비율은 .15이다.

a. 150명의 피보험자로 구성된 무작위 표본을 사용하여 하나 이상의 딱지를 받은 비율을 추정하는 경우 $\bar{p}$의 표집분포를 보여라.

b. 표본비율이 모비율로부터 ±.03 이내에 있을 확률은 얼마인가?

54. Lori Jeffrey는 대학 교과서를 만드는 어느 출판사의 성공적인 영업 대표이다. 과거 Lori가 판매콜(전화)을 하면 그 중 25%는 교재로 채택되었다. 한 달 동안의 그녀의 판매콜 데이터를 표본으로 삼아서 통계분석 한 결과 비율의 표준오차는 .0625로 나왔다고 한다.

a. 이 분석에 사용한 표본의 크기는 얼마인가? 즉, 한 달 동안 Lori가 몇 건의 판매콜을 하였는가?

b. 한 달 동안 교재로 채택된 표본비율을 $\bar{p}$라고 하자. $\bar{p}$의 표집분포를 보여라.

c. $\bar{p}$의 표집분포를 사용하여 Lori가 한 달 동안 판매콜 한 곳 중 30% 이상이 교재로 채택하였을 확률을 계산하라.

사례문제 1. Marion Dairies

작년 Marion Dairies는 요기트 시장에 진출하기로 결정하여 Blugurt라는 블루베리 단일 향이 나는 요거트 제품의 생산과 판매, 마케팅을 신중하게 시작하였다. 요거트 시장에 진출한 이 회사의 초기투자는 매우 성공적이었다. Blugurt의 판매는 예상보다 높았으며 소비자의 제품 점수는 100점 만점에 평균 80점, 표준편차는 25이었다. 과거 경험에 따르면 Marion Dairies는 제품에 75점을 초과한 점수를 준 소비자들은 제품구매를 고려하고 75점 이하이면 제품구매를 고려하지 않는 것으로 나타났다.

Marion Dairies의 경영진은 블루베리 향 요거트의 성공과 인기에 힘입어 두 번째 제품을 시장에 내놓으려고 하고 있다. Marion의 마케팅 부서는 Strawgurt라는 딸기 향이 나는 요거트를 도입하여 제품라인을 확장하기 위해 노력하고 있지만 최고경영진은 Blugurt를 좋아하지 않는 잠재 고객들에게 Strawgurt를 어필하여 그것이 Marion의 시장점유율을 높여줄지 우려하고 있다. 즉, 신제품을 출시하는 목표는 기존의 Blugurt 시장을 잠식하는 것이 아니라 Marion의 시장 점유율을 높이고자 하는 것이다. 마케팅 부서는 50명의 고객을 무작위로 추출하여 Blugurt와 Strawgurt의 맛을 보여주고 각각의 요거트를 100점 척도의 점수로 평가하도록 하였다. 이 소비자 표본에서 Blugurt에 대한 평균점수가 75점 이하이면 Marion의 최고경영진은 Blugurt를 좋아하지 않는 잠재고객에게 Strawgurt가 어필할 수 있을 것인지를 평가하는 데 이 표본을 사용할 수 있다고 생각한다.

경영 보고서

다음 문제를 다루는 경영 보고서를 준비하라.

1. Marion Dairies 고객의 단순 무작위 표본이 제공한 Blugurt의 평균점수가 75 이하일 확률을 계산하라.
2. 마케팅 부서에서 표본 크기를 150으로 늘리면 Marion Dairies의 단순 무작위 표본 고객이 제공한 Blugurt의 평균점수가 75 이하일 확률은 얼마인가?
3. Marion Dairies의 최고경영진에게 무작위 고객표본에 대한 Blugurt의 평균점수가 75점 이하일 확률이 표본 크기가 50명일 때와 150명일 때 왜 다르게 나타나는지 그 이유를 설명하라.

구간 추정 8

INTERVAL ESTIMATION

STATISTICS *in* PRACTICE

푸드 라이온*

Salisbury, North Carolina

1957년 푸드 타운(Food Town)으로 시작한 푸드 라이온(Food Lion)은 남동부 및 동부 연안 11개 주에 1,300개의 매장을 가지고 있는 미국 대형 수퍼 마켓 체인점 중 하나이다. 이 업체는 24,000여 가지가 넘는 품목을 판매하며, 미국 전역 및 각 지역에 광고되는 유명 브랜드 제품뿐만 아니라 특별히 고품질로 제조한 푸드 라이온 자체 브랜드 제품(private label products)도 판매한다. 푸드 라이온은 매장 표준화, 혁신적 창고 디자인, 에너지 고효율 시설, 공급자와 정보 공유 같은 관리 효율화를 통해 가격 경쟁력과 품질 경쟁력을 유지하고 있다. 푸드 라이온은 지속적 혁신, 가격 우위, 소비자에게 양질의 서비스제공을 추구한다.

재고 부담이 큰 푸드 라이온은 후입 선출법(last-in, first-out: LIFO)으로 재고 자산을 평가한다. 이 방법은 현재 비용을 현재 수입에 대응시키는 방법으로서 급격한 가격 변동이 손실과 이익에 미치는 영향을 최소화시켜준다. 후입 선출법은 회계상 순이익을 낮추어주기 때문에 인플레이션이 발생할 경우 소득세 절감 효과도 발생한다.

© Davis Turner/Bloomberg/Getty Images

푸드 라이온은 식료품, 종이/생활용품, 애완동물용품, 건강/미용용품, 유제품, 담배, 맥주/와인 등 7가지 품목으로 나누어 후입 선출법 지수를 설정한다. 예를 들어 식료품 품목의 후입 선출법 지수가 1.008이라면, 현재 구매단가로 평가된 회사 식료품의 재고 가치가 지난 한 해 동안 물가 상승으로 인해 .8% 증가하였음을 의미한다.

* 이 사례의 통계 자료는 Food Lion의 세무 책임자 Keith Cunningham과 세무 회계 담당자 Bobby Harkey가 제공해 주었다.

STATISTICS in PRACTICE

각 품목별로 후입 선출법 지수(LIFO 지수)는 모든 제품의 연말 재고량을 당해 연말 구매단가와 전년도 연말 구매단가로 평가해서 구한다. 푸드 라이온은 1100개 매장의 재고를 파악하는 데 드는 시간과 비용을 줄이기 위해 무작위 추출법을 사용해 50개 매장만 표본으로 추출한다. 각 표본 매장을 대상으로 연말 재고를 조사하고 모든 제품에 대해 당해 연말 구매단가와 전년도 구매단가 자료를 이용해 각 품목별 후입 선출법 지수를 계산한다.

최근 일 년 동안 건강 및 미용 용품의 후입 선출법 지수의 표본추정값은 1.015이었다. 95% 신뢰수준에서 표본추정값의 오차범위는 .006으로 나타났다. 따라서 95% 신뢰수준에서 전체 모집단의 후입 선출법 지수는 1.009~1.021 사이 값을 갖는다. 매우 훌륭한 수준의 정확도라고 할 수 있다.

이 장에서는 표본추정값의 오차범위를 계산하는 방법을 학습할 것이다. 또한 이것을 활용하여 모집단 평균과 모집단 비율에 대한 구간 추정 방법과 그 결과를 해석하는 방법을 설명한다.

점 추정량(point estimator)은 모집단의 모수를 추정하기 위한 표본 통계량(sample statistic)이라고 7장에서 살펴보았다. 예를 들어, 표본평균 $\bar{x}$는 모집단 평균 μ의 점 추정량이며, 표본비율 $\bar{p}$는 모집단 비율 p의 점 추정량이다. 점 추정량이 모집단의 모수와 정확히 일치하는 추정값을 제공하는 것은 아니기 때문에 점 추정량에 **오차범위**(margin of error)라고 불리는 값을 가감하여 구간 추정을 하는 경우가 많다. **구간 추정**(interval estimate)의 일반적 형태는 다음과 같다.

margin of error는 오차범위, 오차한계, 허용오차로 번역하여 사용한다.—역자

$$\text{점 추정값} \pm \text{오차범위}$$

구간 추정의 목적은 표본으로부터 구한 점 추정값이 모집단의 모수 값에 얼마나 근접한가에 대한 정보를 얻기 위함이다.

이 장에서는 모집단 평균 μ와 모집단 비율 p의 구간 추정을 어떻게 계산하는지 살펴본다. 모평균에 대한 구간 추정의 일반적 형태는 다음과 같다.

$$\bar{x} \pm \text{오차범위}$$

이와 비슷하게, 모비율에 대한 구간 추정의 일반적 형태는 아래와 같다.

$$\bar{p} \pm \text{오차범위}$$

$\bar{x}$와 $\bar{p}$의 표집분포는 구간 추정을 하는 데 중요한 역할을 한다.

8.1 모집단 평균의 구간 추정: σ가 알려져 있는 경우

모집단 평균의 구간 추정값을 구하기 위해 모집단 표준편차 σ 또는 표본 표준편차 s를 사용하여 오차범위를 구해야 한다. 일반적으로 σ가 알려져 있지 않으므로 오차범위를 계산할

때 s를 사용한다. 그러나 방대한 과거 자료를 사용하면 표본 추출 전에 모집단 표준편차를 추정할 수 있는 특별한 경우도 있다. 또한, 품질관리 분야에서 어떤 공정이 올바르게 운영되고 있다면(in control), 모집단의 표준편차가 알려진 것으로 가정하는 것이 합당하다. 이러한 경우를 **σ가 알려진 경우**(σ known)라고 한다. 이 절에서 σ가 알려진 것으로 가정하기 좋은 적절한 사례를 소개하고, 이때 구간 추정 계산에 대해 알아본다.

Lloyd's 백화점은 고객의 매주 쇼핑에 지출한 금액을 알아보기 위해 단순 무작위 추출 방법을 사용하여 100명의 고객 표본을 추출한다고 하자. 고객이 쇼핑할 때마다 지출한 금액을 x로 나타내면, 표본평균 $\bar{x}$는 Lloyd's 백화점 모든 지점에서 매주 쇼핑에 지출하는 모집단의 평균 금액 μ의 점 추정값이 된다. Lloyd's는 지난 수년간 매주 이렇게 표본조사를 실시하였다. 이 과거 자료를 근거로 하여, Lloyd's는 모집단의 표준편차가 $\sigma = \$20$으로 알려져 있다고 가정한다. 또한 과거 자료에 따라 모집단이 정규분포를 따른다고 하자.

DATA file
Lloyd's

최근 일주일 기간 동안 Lloyd's는 100명의 고객($n = 100$)을 조사하여, 표본평균 $\bar{x} = \$82$를 구하였다. 쇼핑의 표본평균 금액은 매 쇼핑에 지출하는 모집단의 평균 금액 μ의 점 추정값이 된다. 다음에 논의할 내용은 추정값의 오차범위를 구하고, 모집단 평균의 구간 추정을 구하는 방법이다.

오차범위와 구간 추정

7장에서 $\bar{x}$의 표집분포를 사용하여 μ로부터 일정한 거리 구간에 $\bar{x}$가 있을 확률을 계산할 수 있다고 하였다. Lloyd's 사례에서, 과거의 자료에 따르면 모집단의 쇼핑 지출액은 $\sigma = 20$의 표준편차를 가지는 정규분포를 따른다. 따라서 7장에서 배운 내용을 바탕으로, $\bar{x}$의 표집분포가 $\sigma_{\bar{x}} = \sigma/\sqrt{n} = 20/\sqrt{100} = 2$의 표준오차를 가진 정규분포를 따른다는 것을 알 수 있다. 이 표집분포를 〈그림 8-1〉에 제시하였다.[1] 표집분포는 $\bar{x}$의 값들이 어떻게 모집단 평균 μ 주위에 분포하는지 보여주기 때문에, $\bar{x}$의 표집분포는 $\bar{x}$와 μ값의 차이에 대한 정보를 알려준다.

표준정규분포 확률표를 보면, 정규분포를 따르는 모든 확률변수는 그 값의 95%는 평균의 $\pm1.96\sigma_{\bar{x}}$ 이내에 있어야 한다. Lloyd's의 예에서, $\bar{x}$의 표집분포는 $\sigma_{\bar{x}} = 2$의 표준오차를 갖는 정규분포를 따른다. 여기서 $\pm1.96\sigma_{\bar{x}} = 1.96(2) = 3.92$이므로, 표본 크기 $n = 100$에서 얻은 모든 $\bar{x}$값의 95%는 모집단 평균 μ에서 ±3.92 이내에 있다고 할 수 있다. 〈그림 8-2〉를 참고하라.

---

1 지출금액의 모집단이 정규분포를 따른다는 사실을 토대로 $\bar{x}$의 표집분포가 정규분포를 따른다는 결론을 내렸다. 모집단이 정규분포를 따르지 않는다면, 중심극한정리와 표본의 크기가 100이라는 점을 토대로 $\bar{x}$의 표집분포가 근사적으로 정규분포와 닮았다고 할 수 있다. 어떤 경우이든 $\bar{x}$의 표집분포는 〈그림 8-1〉과 같다.

〈그림 8-1〉 단순 무작위 추출한 고객 100명의 평균 지출금액에 대한 표집분포

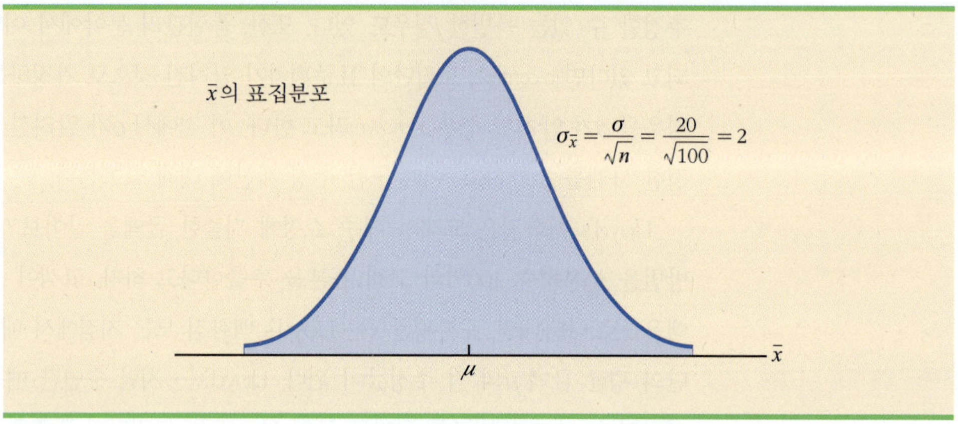

〈그림 8-2〉 $\mu \pm 3.92$ 안에 있는 표본평균의 위치를 표시하는 $\bar{x}$의 표집분포

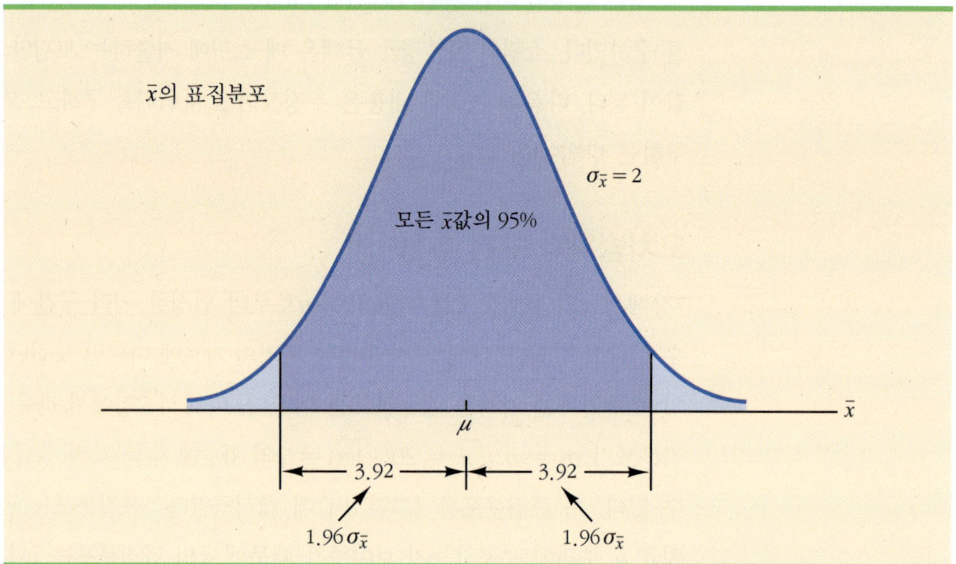

이 장의 처음 부분에서 모집단 평균 μ에 대한 구간 추정의 일반적인 형태는 $\bar{x} \pm$ 오차범위라고 하였다. Lloyd's 사례에서, 오차범위가 3.92라고 가정하고, $\bar{x} \pm 3.92$를 이용하여 μ의 구간 추정을 구해 보자. 구간 추정에 대한 해석을 위해서 Lloyd's 고객에 대해 100명씩의 단순 무작위 추출을 3번 수행하여 3개의 $\bar{x}$를 생각해 보자. 첫 번째 표본평균이 〈그림 8-3〉의 $\bar{x}_1$과 같다고 하자. 이 경우 〈그림 8-3〉은 $\bar{x}_1$로부터 3.92만큼 가감하여 만들어진 구간이 모집단 평균 μ를 포함한다는 것을 나타낸다. 이제 두 번째 표본평균이 〈그림 8-3〉의 x_2이라면 어떤 일이 발생할지 생각해 보자. 두 번째 표본평균이 첫 번째 표본평균과 다를지라도 $\bar{x}_2$에서 3.92를 가감함으로써 만들어진 구간 역시 모집단 평균 μ를 포함하고 있음을 알 수 있다. 그러나 세 번째 표본평균이 〈그림 8-3〉에 표시된 $\bar{x}_3$이라면 어떤 일이 발생하는지 생각

〈그림 8-3〉 위치가 $\bar{x}_1$, $\bar{x}_2$, $\bar{x}_3$인 표본평균들로 이루어진 구간

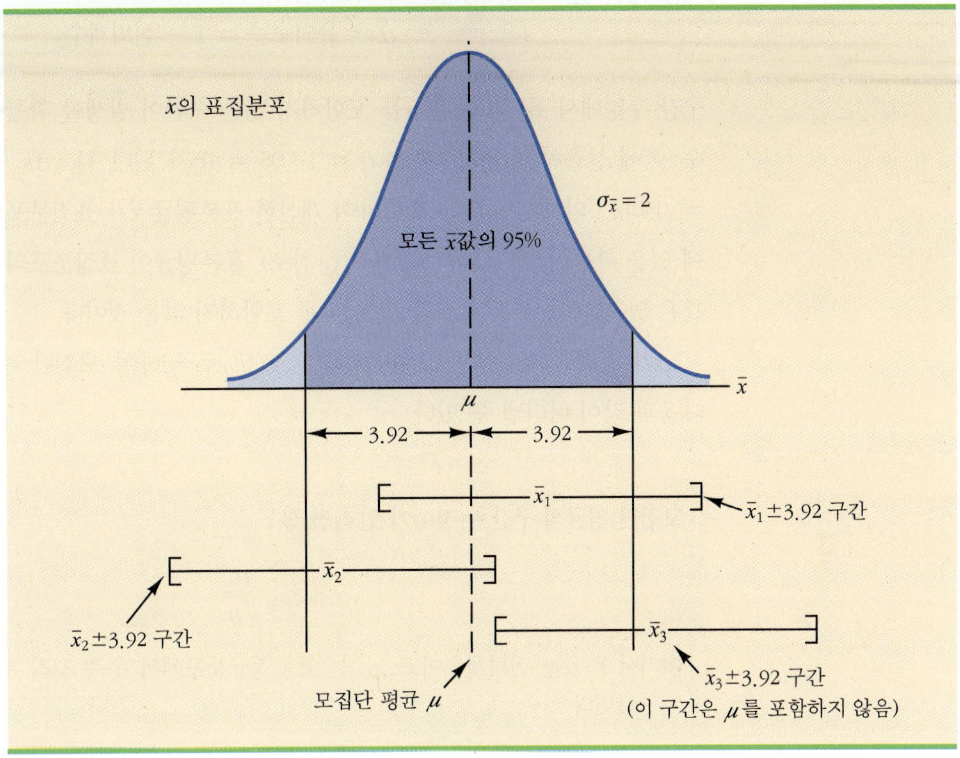

해 보자. 이 경우 $\bar{x}_3$에서 3.92를 가감하여 만들어진 구간은 모집단 평균 μ를 포함하지 않는다. $\bar{x}_3$가 표집분포의 우측 꼬리에 위치하고 있고 μ로부터 3.92보다 더 멀리 떨어져 있기 때문에 $\bar{x}_3$에서 3.92를 더하고 뺀 값은 μ를 포함하지 않는 구간을 생성하게 된다.

〈그림 8-3〉의 짙은 색 영역의 구간에 있는 표본평균 $\bar{x}$는 모집단 평균 μ를 포함하는 구간을 생성할 것이다. 표본평균의 95%가 진한 색 영역 안에 있기 때문에 $\bar{x}$에서 3.92를 더하고 빼서 형성된 구간의 95%는 모집단 평균 μ를 포함하게 된다.

이 논의는 구간을 왜 95% 신뢰구간이라고 부르는지에 대한 시사점을 제공한다.

최근 일주일 동안 Lloyd's의 품질 보증팀은 고객 100명을 조사하여 $\bar{x} = 82$라는 쇼핑 지출 금액의 표본평균을 얻었다는 것을 다시 기억해 보자. $\bar{x} \pm 3.92$를 이용하여 구간 추정 82 ± 3.92를 도출하였다. 그러므로 최근 일주일 동안의 자료로 구한 μ에 대한 구간 추정은 $82 - 3.92 = 78.08$에서 $82 + 3.92 = 85.92$가 된다. $\bar{x} \pm 3.92$를 사용하여 계산된 모든 구간의 95%는 모집단 평균을 포함하기 때문에, 78.08에서 85.92까지의 구간은 모집단 평균 μ를 포함한다고 95% 신뢰할 수 있다. 그리고 이 구간은 95%의 **신뢰수준**(confidence level)에서 설정되었다고 말한다. 이때 값 .95는 **신뢰계수**(confidence coefficient)라고 말하고, 78.08에서 85.92까지의 구간을 95% **신뢰구간**(confidence interval)이라고 말한다.

구간 추정과 관련하여 **유의수준**(level of significance)이란 용어가 종종 사용된다. 구간 추정과 관련한 유의수준은 그리스 문자 α(알파)라고 칭한다. 유의수준과 신뢰계수의 관계는 아래

와 같다.

$$\alpha = \text{유의수준} = 1 - \text{신뢰계수}$$

구간 추정에서 유의수준은 μ를 포함하지 않는 구간이 발생할 확률이다. 예를 들어, 신뢰계수 .95에 상응하는 유의수준은 $\alpha = 1-.95 = .05$가 된다. Lloyd's 사례의 경우, 유의수준 $\alpha = .05$라는 의미는 표본을 추출하여 계산한 표본평균 $\bar{x}$가 표집분포의 어느 한쪽 꼬리 부분에 있을 확률이 된다(그림 8-3에서 $\bar{x}_3$ 참조). 표본평균이 표집분포의 꼬리에 있는 경우(그 확률은 5%임)에는 설정된 신뢰구간이 μ를 포함하지 않을 것이다.

σ가 알려진 경우에는 오차범위를 $z_{\alpha/2}\sigma/\sqrt{n}$로 구하여, 모집단 평균에 대한 구간 추정을 다음과 같이 나타낼 수 있다.

모집단 평균의 구간 추정: σ가 알려진 경우

$$\bar{x} \pm z_{\alpha/2}\frac{\sigma}{\sqrt{n}} \quad \text{8-1}$$

여기서 $1-\alpha$는 신뢰계수이고, $z_{\alpha/2}$는 표준정규분포에서 우측 꼬리 부분의 면적이 $\alpha/2$가 되는 z-값이다.

식 8-1을 보고 Lloyd's 사례에 대한 95% 신뢰구간을 계산해 보자. 95% 신뢰구간에서 신뢰계수는 $1-\alpha = .95$이고 유의수준 $\alpha = .05$이다. 표준정규분포의 확률분포표를 사용하면 우측 꼬리의 $\alpha/2 = .05/2 = .025$의 면적에 해당하는 $z_{.025} = 1.96$이라는 것을 구할 수 있다. Lloyd's 사례의 표본평균 $\bar{x} = 82$, $\sigma = 20$, 표본 크기 $n = 100$을 사용하여 아래와 같이 신뢰구간을 구한다.

$$82 \pm 1.96\frac{20}{\sqrt{100}}$$

$$82 \pm 3.92$$

따라서 식 8-1을 이용하면 오차범위는 3.92이고, 95% 신뢰구간은 $82-3.92 = 78.08$에서 $82+3.92 = 85.92$의 구간이다.

주로 95% 신뢰수준이 사용되지만 90%나 99%와 같은 다른 신뢰수준도 생각할 수 있다. 빈번하게 사용되는 신뢰수준에 대한 $z_{\alpha/2}$값은 〈표 8-1〉에 있다. 이 값들과 식 8-1을 사용하면 Lloyd's 사례의 90% 신뢰구간을 다음과 같이 구할 수 있다.

$$82 \pm 1.645\frac{20}{\sqrt{100}}$$

$$82 \pm 3.29$$

〈표 8-1〉 일반적으로 사용되는 신뢰수준에 대한 $z_{\alpha/2}$값

신뢰수준	α	$\alpha/2$	$z_{\alpha/2}$
90%	.10	.05	1.645
95%	.05	.025	1.960
99%	.01	.005	2.576

따라서 90% 신뢰수준에서 오차범위는 3.29이고 신뢰구간은 82−3.29 = 78.71에서 82+3.29 = 85.29의 범위이다. 마찬가지로 99% 신뢰구간은 다음과 같이 구한다.

$$82 \pm 2.576 \frac{20}{\sqrt{100}}$$

$$82 \pm 5.15$$

99% 신뢰수준에서 오차범위는 5.15이고 신뢰구간은 82−5.15 = 76.85에서 82+5.15 = 87.15 범위이다.

90%, 95%, 99% 신뢰수준에 대한 결과를 서로 비교해 보면 더 높은 신뢰수준을 얻고자 하면 오차범위는 더 크고 신뢰구간 폭은 더 커야 함을 알 수 있다.

엑셀 활용하기

Lloyd's 백화점 예시에서 σ가 알려져 있는 경우에 엑셀을 활용하여 모평균 구간을 추정하는 방법을 알아보자. 〈그림 8-4〉를 보면서 그 과정을 설명할 것이다. 수식 워크시트는 뒤에 있으며, 결과 워크시트가 앞에 있다.

자료 입력: 데이터 파일 Lloyd's를 열면 이름과 판매 자료가 셀 A1:A101에 입력되어 있다.

함수/수식: 표본 크기와 표본평균은 엑셀의 COUNT와 AVERAGE 함수를 사용하여 각 셀 D4와 D5에서 계산한다. 결과 워크시트에는 표본 크기가 100이고 표본평균이 82로 나타나 있다. 알려진 모표준편차 값 20을 셀 D7에, 신뢰계수 .95를 셀 D8에 입력한다. 유의수준은 수식 =1−D8을 입력하면 셀 D9에 계산되는데, 결과 워크시트에 신뢰계수 .95와 연관된 유의수준 .05가 표시되어 있다. 오차범위는 엑셀의 CONFIDENCE.NORM 함수를 사용하여 셀 D11에 계산한다. CONFIDENCE.NORM 함수에는 유의수준(셀 D9), 모표준편차(셀 D7) 그리고 표본 크기(셀 D4) 등 세 가지 사항을 입력해야 한다. 따라서 95% 신뢰구간의 오차범위를 계산하기 위해서는 다음 수식을 셀 D11에 입력한다.

=CONFIDENCE.NORM(D9, D7, D4)

〈그림 8-4〉 엑셀 워크시트: Lloyd's 백화점 사례에서 95 % 신뢰구간 구축

	A	B	C	D	E
1	**Amount**		**Interval Estimate of a Population Mean:**		
2	72		**σ Known Case**		
3	91				
4	74		**Sample Size**	=COUNT(A1:A101)	
5	115		**Sample Mean**	=AVERAGE(A1:A101)	
6	71				
7	120		**Population Standard Deviation**	20	
8	37		**Confidence Coefficient**	0.95	
9	96		**Level of Significance**	=1-D8	
10	91				
11	105		**Margin of Error**	=CONFIDENCE.NORM(D9,D7,D4)	
12	104				
13	89		**Point Estimate**	=D5	
14	70		**Lower Limit**	=D13-D11	
15	125		**Upper Limit**	=D13+D11	
16	43				
17	61				
100	71				
101	84				
102					

	A	B	C	D	E
1	**Amount**		**Interval Estimate of a Population Mean:**		
2	72		**σ Known Case**		
3	91				
4	74		**Sample Size**	100	
5	115		**Sample Mean**	82	
6	71				
7	120		**Population Standard Deviation**	20	
8	37		**Confidence Coefficient**	0.95	
9	96		**Level of Significance**	0.05	
10	91				
11	105		**Margin of Error**	3.92	
12	104				
13	89		**Point Estimate**	82	
14	70		**Lower Limit**	78.08	
15	125		**Upper Limit**	85.92	
16	43				
17	61				
100	71				
101	84				
102					

주) 18~99행은 숨김.

결괏값 3.92는 일주일 지출액의 모평균에 대한 구간 추정의 오차범위이다.

셀 D13부터 D15까지는 점 추정값과 신뢰구간의 하한과 상한을 나타낸다. 점 추정값은 표본평균이므로 수식 =D5를 셀 D13에 입력한다. 95% 신뢰구간의 하한, $\bar{x}-$오차범위를 계산하기 위해 수식 =D13−D11을 셀 D14에 입력한다. 95% 신뢰구간의 상한, $\bar{x}+$오차범위를 계산하기 위해 수식 =D13+D11을 셀 D15에 입력한다. 결과 워크시트는 하한 78.08과 상한 85.92를 보여준다. 다시 말하면, 모평균에 대한 95% 신뢰구간은 78.08부터 85.92까지 범위이다.

다른 문제를 위한 템플릿. 워크시트를 이용해서 이러한 유형의 문제를 풀기 위해서는 먼저 열 A에 새로운 문제의 자료를 입력해야 한다. 그 후 수식을 입력했던 셀 D4와 D5는 신규 자료로 수정하고 알려진 모표준편차는 셀 D7에 입력한다. 그러면 점 추정값과 95% 신뢰구간이 셀 D13:D15에 표시된다. 다른 신뢰구간을 설정하려면 셀 D8에 있는 신뢰계수 값을 바꾸면 된다.

다음과 같이하면 셀 D4와 D5에 새로운 자료의 값들을 입력할 필요 없이 간단하게 〈그림 8-4〉를 템플릿으로 하여 다른 문제를 풀 수 있다. 셀 공식을 다음과 같이 수정한다.

셀 D4: = COUNT(A:A)

셀 D5: = AVERAGE(A:A)

자료 범위를 A : A와 같이 지정하면 엑셀의 COUNT 함수는 A열에 있는 숫자의 개수를 세고, 엑셀의 AVERAGE 함수는 A열의 모든 숫자의 평균을 계산한다. 따라서 새로운 문제를 풀기 위해서는 A열에 새로운 자료와 셀 D7에 알려진 모표준편차 값만 입력하면 된다.

또한 이 워크시트는 표본 크기와 표본평균, 모표준편차가 주어져 있는 교재의 연습문제에도 이용할 수 있다. 이러한 유형은 셀 D4, D5 그리고 D7에 표본 크기와 표본평균, 모표준편차 값만 바꾸어 주면 된다.

실제 활용을 위한 조언

만약 모집단이 정규분포를 따르면, 식 (8.1)에 의해 계산된 신뢰구간은 정확하다. 즉, 식 8-1로 95% 신뢰구간을 여러 차례 구한다면, 계산된 구간의 정확히 95%는 모집단 평균을 포함할 것이다. 만약 모집단이 정규분포를 따르지 않는다면, 식 8-1에 의한 신뢰구간은 근사치가 될 것이다. 이 경우 근사치의 정확성은 모집단의 분포와 표본 크기에 달려있다.

대부분의 경우 표본의 크기가 $n \geq 30$이라면 식 8-1을 사용하여 모집단 평균의 구간 추정을 계산하기에 충분하다. 만약 모집단이 정규분포를 따르지 않더라도 대칭에 가깝다면, 15개 정도의 작은 표본에서도 신뢰구간의 근사치를 구할 수 있다. 표본 크기가 더 작을 경우는 연구자가 모집단 분포가 정규분포를 따른다고 믿거나 그렇다고 가정할 수 있는 경우에만 식 8-1을 사용하여야 한다.

8.1 보충 설명

1. 이 절에서 논의한 구간 추정 절차는 모집단 표준편차 σ를 안다는 가정에 기초하였다. σ를 안다는 것은 과거 자료나 다른 정보를 이용하여, 모집단 평균 추정을 위한 표본 추출 이전에 모집단 표준편차를 꽤 정확히 추정할 수 있다는 것을 의미한다. 그러므로 따지고 보면 σ의 값이 확실히 알려져 있다는 것을 의미하지는 않는다. 단지, 표본 추출 이전에 표준편차의 추정값을 갖고 있다는 것으로서, 모집단 평균과 모집단 표준편차를 추정하는 데 **동일한 표본**을 사용하지 않는다는 것을 의미할 뿐이다.
2. 표본 크기 n은 구간 추정 식 8-1의 분모에 나타난다. 그러므로 만약 어떤 표본 크기에서 구간이 너무 넓게 나타나서 실용적이지 않다면 표본 크기를 늘리는 것을 고려할 필요가 있다. n이 분모에 있기 때문에 더 큰 표본 크기는 더 작은 오차범위, 더 좁은 구간, 그리고 더 높은 정밀성을 제공할 것이다. 단순 무작위 추출에서 원하는 정밀성을 얻기 위해 필요한 최소 표본 수를 설정하는 절차는 3절에서 논한다.
3. 표본 크기가 모집단 크기의 5% 이상(즉, $n/N \geq .05$)인 경우는, 평균의 대한 신뢰구간을 구할 때, σ가 알려져 있는 경우 $\bar{x}$의 표준오차를 계산할 때 사용하는 유한모집단 보정계수를 사용해야 한다. 예를 들어, $\sigma_{\bar{x}} = \sqrt{\frac{N-n}{N-1}}\left(\frac{\sigma}{\sqrt{n}}\right)$.

연습문제

기본문제

1. 단순 무작위로 추출한 40개 크기의 표본에서 구한 표본평균은 25이다. 모집단 표준편차 σ는 5이다.
   a. 표본평균의 표준오차 $\sigma_{\bar{x}}$를 구하라.
   b. 95% 신뢰수준에서 오차범위를 구하라.
2. $\sigma = 6$인 모집단에서 단순 무작위 표본으로 50개를 추출한 결과 그 평균은 32이다.
   a. 모집단 평균에 대한 90%신뢰구간을 구하라.
   b. 모집단 평균에 대한 95%신뢰구간을 구하라.
   c. 모집단 평균에 대한 99%신뢰구간을 구하라.
3. 60개를 단순 무작위로 추출한 표본에서 표본평균은 80이다. 모집단 표준편차 σ는 15이다.
   a. 모집단 평균에 대한 95% 신뢰구간을 구하라.
   b. 120개의 표본에서 동일한 표본을 얻었다고 가정하고, 모집단 평균의 95% 신뢰구간을 구하라.
   c. 표본 크기가 더 커지면 구간 추정에 어떠한 영향을 주는가?
4. 모집단 평균의 95% 신뢰구간이 152에서 160라고 한다. 만약 $\sigma = 15$이면 이 연구에 사용된 표본 크기는 얼마인가?

응용문제

DATA *file* Houston

5. 휴스턴의 한 대형 음식점에서 64명의 고객이 점심 식사에 지불한 비용을 수집하였다. 이 자료는 Houston 파일에 담겨있다. 과거 연구에 의하면 모집단의 표준편차 σ는 \$6로 알려져 있다.
   a. 99% 신뢰도에서 오차범위는 얼마인가?
   b. 점심 식사에 대한 평균 지불 비용의 99% 신뢰구간을 구하라.

DATA *file* TravelTax

6. 여러 도시의 총 일일 여행세(travel taxes)를 산정하기 위해, Global Business Travel Association에서는 숙박, 렌터카, 식사에 대한 일일 여행 세금을 조사하였다. TravelTax 파일 안에 있는 자료는 시카고행 출장에서 지불한 세금이다. 모집단 표준편차가 \$8.50이라고 가정하고, 시카고의 총 일일 여행세 모집단 평균의 95% 신뢰구간을 구하라.
7. 국가화재예방협회(National Fire Protection Association)는 미국에서 가정 화재로 인해 매년 68억 달러의 손실이 발생한다고 보고했다[출처]. 샌안토니오에서 무작위 표본으로 조사한 50건의 화재에서 평균 18,503 달러의 손실이 발생한다고 가정해 보자. 모집단 표준편차 σ가 \$3300인 경우 95% 신뢰구간의 오차범위는 얼마인가? 연구에서 300달러 이하의 오차범위가 필요한 경우 당신은 어떤 제안을 하겠는가?

8. 마시지 치료법은 여러 방면에서 건강에 도움을 주며 비용도 비싸지 않다고 *Wall Street Journal*이 보도하였다. 1시간짜리 마사지 치료 세션 10개의 가격에 대한 표본평균은 가격 \$59로 나타났다. 1시간짜리 세션에 대한 모집단의 표준편차 σ는 \$5.50이다.
   a. 오차범위를 설정해야 한다면 모집단에 대해 어떠한 가정이 필요한가?
   b. 95% 신뢰도를 사용하면, 오차범위는 얼마인가?
   c. 99% 신뢰도를 사용하면, 오차범위는 얼마인가?

9. 다양한 원인으로 발생하는 가정 화재의 피해 복구 평균 비용은 \$11,389이다[출처]. 담뱃불로 인한 가정 화재로 인한 피해는 어느 정도인가? TobaccoFires 파일에는 담배로 인한 55건의 화재 표본에 관련된 화재 피해 복구 비용 자료가 있다. 지난 몇 년 간의 데이터를 활용하여 모집단 표준편차 σ를 \$3027로 가정할 수 있다. 담뱃불로 인한 가정 화재의 피해 복구 평균 비용의 95% 신뢰구간 추정치는 얼마인가? 이 값을 모든 원인의 가정 화재로 인한 화재 피해 복구 평균 비용과 비교하라.

DATA *file*
TobaccoFires

10. 최근 의료 서비스 비용이 증가하고 있다. *Wall Street Journal*에 따르면 요양 시설의 월 평균 이용료가 과거 5년 동안 17% 증가한 \$3486로 보고되었다. 이러한 비용 추정은 120개 시설의 표본에서 계산한 것이다. 과거 연구를 보면 모집단 표준편차 σ는 \$650이다.
   a. 모집단에 대한 월 평균 이용료의 90% 신뢰구간을 구하라.
   b. 모집단에 대한 월 평균 이용료의 95% 신뢰구간을 구하라.
   c. 모집단에 대한 월 평균 이용료의 99% 신뢰구간을 구하라.
   d. 신뢰수준이 높아지면 신뢰구간의 범위는 어떻게 변화하는가? 타당성이 있다고 생각하는가? 설명하라.

8.2 모집단 평균의 구간 추정: σ가 알려져 있지 않은 경우

모집단 평균의 구간 추정을 하는데 모집단 표준편차 σ의 정확한 추정값을 알지 못하는 것이 일반적이다. σ를 모를 경우에는 동일한 표본에서 μ와 σ를 모수 추정해야 한다. 이 상황을 **σ가 알려져 있지 않은 경우**(σ unknown)라고 한다. σ를 추정하기 위하여 표본의 표준편차 s를 사용할 경우, 모집단 평균의 오차범위와 구간 추정은 **t-분포**(t distribution)로 알려진 확률분포에 의존하게 된다. t-분포의 수학적 정의는 표본 추출 대상이 되는 모집단이 정규분포를 따른다는 가정에 기반을 두지만, 그 이후 연구들은 모집단이 정규분포에서 현저히 벗어나는 경우에도 t-분포를 성공적으로 적용할 수 있음을 보여주고 있다. 이 절의 후반부에서는 모집단이 정규분포를 따르지 않을 때 t-분포 사용 방법을 설명할 것이다.

t-분포는 어떤 유사한 확률분포들의 집합을 지칭하는데, **자유도**(degrees of freedom)라는 모

〈그림 8-5〉 표준정규분포와 자유도 10과 20인 t-분포의 비교

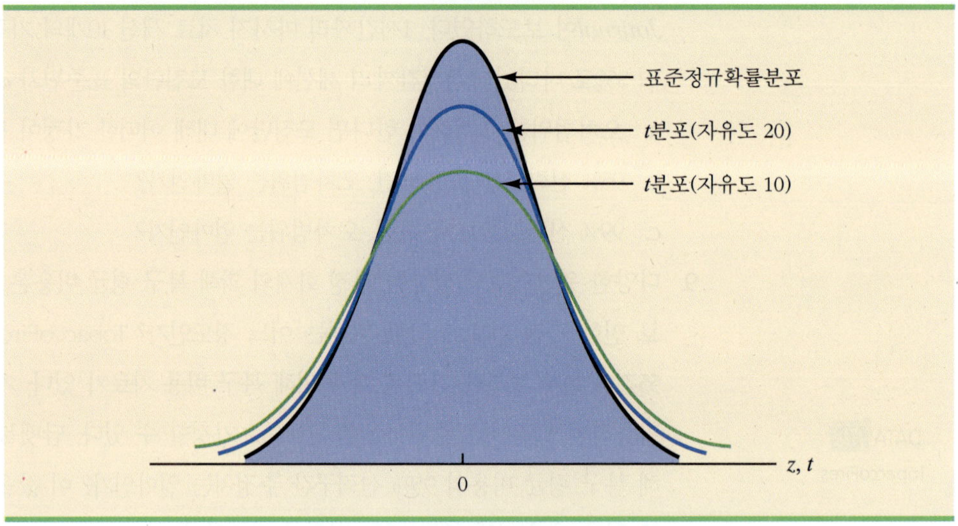

'Student'라는 이름으로 알려진 William Sealy Gosset은 t-분포의 창시자이다. 옥스퍼드에서 수학을 전공한 Gosset은 아일랜드 더블린의 Guinness Brewer에서 일했다. 그는 소규모의 재료와 온도에 대한 실험을 하면서 t-분포를 개발하였다.

수에 따라 그 분포가 특정한 형태로 결정된다. 자유도 1을 가지는 t-분포는 오직 하나로 정해진다. 자유도 2, 자유도 3, 기타 자유도를 가지는 t-분포도 마찬가지로 각각 하나씩 존재한다. 자유도가 증가함에 따라 t-분포와 표준정규분포 간 차이는 점점 더 줄어들게 된다. 〈그림 8-5〉는 자유도가 각각 10과 20인 t-분포와 표준정규분포와의 관계를 보여 준다. 더 높은 자유도를 갖는 t-분포는 분산이 작아지고 표준정규분포에 더 근사한다는 점을 기억하자. t-분포의 평균이 0이라는 것 또한 유념하자.

t-분포의 우측 꼬리 면적은 t에 아래첨자를 사용하여 표기한다. 예를 들어, 표준정규분포의 우측 꼬리 확률 .025에 해당하는 면적의 z-값을 나타내기 위하여 $z_{.025}$를 사용한 것처럼, t-분포의 우측 꼬리 확률 .025에 해당하는 면적의 t-값을 나타내기 위하여 $t_{.025}$를 사용한다. 일반적으로 분포의 우측 꼬리에 속하는 확률값 $\alpha/2$의 면적에 해당하는 t-값을 나타내기 위하여 $t_{\alpha/2}$로 표기한다. 〈그림 8-6〉을 참조하면 된다.

자유도가 증가함에 따라 t-분포는 표준정규분포에 접근한다.

부록 B의 〈표 2〉에 t-분포가 수록되어 있다. 이 표의 일부가 〈표 8-2〉에 소개되어 있다. 표의 각 행은 각각 자유도에 따른 t-분포 값이다. 예를 들어, 자유도가 9인 t-분포의 $t_{.025}$ = 2.262이며, 자유도가 60인 t-분포의 $t_{.025} = 2.000$이다. 자유도가 증가하면 $t_{.025}$는 $z_{.025} = 1.96$에 가까워진다. 실제로, 표준정규분포 z-값은 t-분포표에서 자유도가 무한대(∞)인 행에서 찾을 수 있다. 자유도가 100을 초과하면 자유도가 무한대인 행의 t-값을 근사값으로 이용할 수 있다. 다시 말해, 자유도가 100 이상이 되면 표준정규분포의 z-값이 t-값의 근사값이 된다.

〈그림 8-6〉 우측 꼬리의 면적 또는 확률이 $\alpha/2$인 t의 위치: $t_{\alpha/2}$

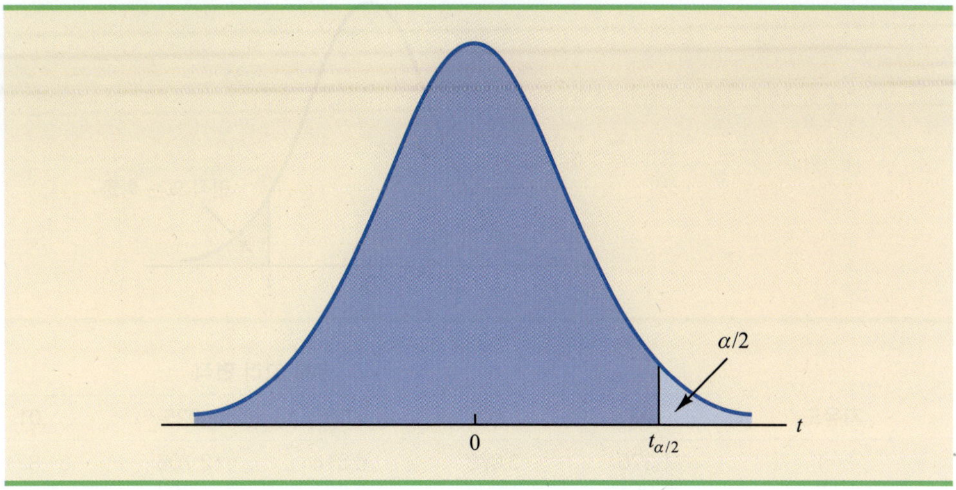

오차범위와 구간 추정

σ가 알려진 경우의 모집단 평균의 구간 추정은 다음과 같다고 1절에서 설명한 바 있다.

$$\bar{x} \pm z_{\alpha/2}\frac{\sigma}{\sqrt{n}}$$

σ를 알 수 없는 경우에 μ의 구간 추정치는 표본 표준편차 s를 사용하여 σ를 추정하고 $z_{\alpha/2}$를 t-분포값 $t_{\alpha/2}$로 대체한다. 그러면 오차범위는 $t_{\alpha/2}s/\sqrt{n}$으로 주어진다. 이 오차범위를 가지고 모집단 평균 μ의 구간을 추정하는 표현식은 다음과 같다.

모집단 평균의 구간 추정: σ가 알려져 있지 않은 경우

$$\bar{x} \pm t_{\alpha/2}\frac{s}{\sqrt{n}} \qquad \textbf{8-2}$$

여기서 s는 표본 표준편차, $1-\alpha$는 신뢰계수, $t_{\alpha/2}$는 $n-1$의 자유도를 갖는 t-분포의 우측 꼬리 $\alpha/2$ 면적을 가리키는 t-값이다.

식 8-2에서 t-값의 자유도는 $n-1$이다. n에서 1을 빼는 이유는 모집단 표준편차 σ의 추정값으로 s를 대신해서 사용했기 때문이다. 표본 표준편차의 식은 다음과 같다.

$$s = \sqrt{\frac{\Sigma(x_i - \bar{x})^2}{n-1}}$$

자유도는 $\Sigma(x_i - \bar{x})^2$를 계산하는 데 사용된 독립적인 정보의 개수를 의미한다. $\Sigma(x_i - \bar{x})^2$를 계산하는 데 포함된 n개의 정보는 $x_1 - \bar{x}, x_2 - \bar{x}, \cdots, x_n - \bar{x}$이다. 3장 2절을 보면 어떤 데이터 세트

〈표 8-2〉 t-분포표의 일부

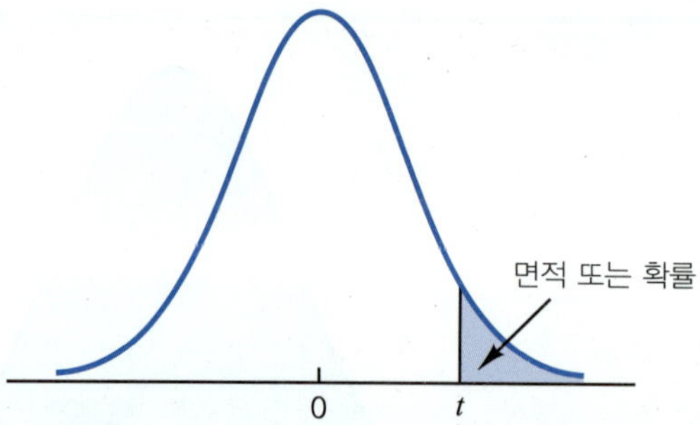

자유도	우측 꼬리 면적					
	.20	.10	.05	.025	.01	.005
1	1.376	3.078	6.314	12.706	31.821	63.656
2	1.061	1.886	2.920	4.303	6.965	9.925
3	.978	1.638	2.353	3.182	4.541	5.841
4	.941	1.533	2.132	2.776	3.747	4.604
5	.920	1.476	2.015	2.571	3.365	4.032
6	.906	1.440	1.943	2.447	3.143	3.707
7	.896	1.415	1.895	2.365	2.998	3.499
8	.889	1.397	1.860	2.306	2.896	3.355
9	.883	1.383	1.833	2.262	2.821	3.250
⋮	⋮	⋮	⋮	⋮	⋮	⋮
60	.848	1.296	1.671	2.000	2.390	2.660
61	.848	1.296	1.670	2.000	2.389	2.659
62	.847	1.295	1.670	1.999	2.388	2.657
63	.847	1.295	1.669	1.998	2.387	2.656
64	.847	1.295	1.669	1.998	2.386	2.655
65	.847	1.295	1.669	1.997	2.385	2.654
66	.847	1.295	1.668	1.997	2.384	2.652
67	.847	1.294	1.668	1.996	2.383	2.651
68	.847	1.294	1.668	1.995	2.382	2.650
69	.847	1.294	1.667	1.995	2.382	2.649
⋮	⋮	⋮	⋮	⋮	⋮	⋮
90	.846	1.291	1.662	1.987	2.368	2.632
91	.846	1.291	1.662	1.986	2.368	2.631
92	.846	1.291	1.662	1.986	2.368	2.630
93	.846	1.291	1.661	1.986	2.367	2.630
94	.845	1.291	1.661	1.986	2.367	2.629
95	.845	1.291	1.661	1.985	2.366	2.629
96	.845	1.290	1.661	1.985	2.366	2.628
97	.845	1.290	1.661	1.985	2.365	2.627
98	.845	1.290	1.661	1.984	2.365	2.627
99	.845	1.290	1.660	1.984	2.364	2.626
100	.845	1.290	1.660	1.984	2.364	2.626
∞	.842	1.282	1.645	1.960	2.326	2.576

주) 더 자세한 표는 부록 B의 표 2에 있음.

에서도 $\Sigma(x_i - \bar{x}) = 0$이다. 따라서 $n-1$개의 $x_i - \bar{x}$값만이 독립적이 된다. 즉 $n-1$개의 $x_i - \bar{x}$값이 정해진다면 $x_i - \bar{x}$값들의 합이 0이라는 조건에 의해 나머지 하나의 값은 자동적으로 결정된다. 그러므로 $\Sigma(x_i - \bar{x})^2$의 자유도는 $n-1$이 되며, 식 8-2에서 $n-1$이 t 분포의 자유도가 된다.

σ를 모를 때의 구간 추정 과정을 설명하기 위해 미국 내 가구를 모집단으로 하여 신용카드 평균 부채를 추정한 연구를 사례로 살펴보자. 70가구($n = 70$) 표본의 신용카드 대금이 〈표 8-3〉에 나와 있다. 이 경우, 모집단 표준편차 σ의 사전 추정값이 나타나 있지 않다. 따라서 이 표본 자료를 가지고 모집단 평균과 모집단 표준편차를 추정해야 한다. 〈표 8-3〉에서 표본평균을 계산하면 $\bar{x} = \$9312$이고 표본 표준편차는 $s = \$4007$이다. 95% 신뢰수준에서 자유도 $n-1 = 69$의 $t_{.025}$값을 〈표 8-2〉에서 확인할 수 있다. 자유도가 69인 행과 우측 꼬리 .025에 해당하는 열이 교차하는 부분의 t-값은 $t_{.025} = 1.995$이다.

식 8-2를 이용하면 모집단의 신용카드 대금의 평균의 구간 추정값을 계산할 수 있다.

$$9312 \pm 1.995 \frac{4007}{\sqrt{70}}$$

$$9312 \pm 955$$

모집단 평균의 점 추정값은 \$9312, 오차범위는 \$955이며, 95% 신뢰구간은 \$9312−\$955 = \$8357에서 \$9312+\$955 = \$10,267까지이다. 따라서 95% 신뢰수준에서 모집단 가구의 신용카드 결제 대금의 평균은 \$8357와 \$10,267 사이에 있다.

엑셀 활용하기

σ가 알려져 있지 않은 경우에 〈표 8-3〉의 신용카드 대금을 가지고 엑셀을 활용하여 모평균 구간 추정값을 구하는 방법에 대해 알아보자. 3장에서 설명한 엑셀 기술 통계법 도구를 사

DATA file
NewBalance

〈표 8-3〉 가구 표본의 신용카드 대금(n=70)

9430	14661	7159	9071	9691	11032
7535	12195	8137	3603	11448	6525
4078	10544	9467	16804	8279	5239
5604	13659	12595	13479	5649	6195
5179	7061	7917	14044	11298	12584
4416	6245	11346	6817	4353	15415
10676	13021	12806	6845	3467	15917
1627	9719	4972	10493	6191	12591
10112	2200	11356	615	12851	9743
6567	10746	7117	13627	5337	10324
13627	12744	9465	12557	8372	
18719	5742	19263	6232	7445	

〈그림 8-7〉 엑셀 워크시트: 신용카드 대금의 95% 신뢰구간

	A	B	C	D	E
1	NewBalance		*NewBalance*		
2	9430				
3	7535		Mean	9312	
4	4078		Standard Error	478.9281	
5	5604		Median	9466	
6	5179		Mode	13627	
7	4416		Standard Deviation	4007	
8	10676		Sample Variance	16056048	
9	1627		Kurtosis	-0.2960	
10	10112		Skewness	0.1879	
11	6567		Range	18648	
12	13627		Minimum	615	
13	18719		Maximum	19263	
14	14661		Sum	651840	
15	12195		Count	70	
16	10544		Confidence Level(95.0%)	955	
17	13659				
18	7061		**Point Estimate**	=D3	
19	6245		**Lower Limit**	=D18-D16	
20	13021		**Upper Limit**	=D3+D16	
70	9743				
71	10324				
72					

	A	B	C	D	E	F
1	NewBalance		*NewBalance*			
2	9430				Point Estimate	
3	7535		Mean	9312		
4	4078		Standard Error	478.9281		
5	5604		Median	9466		
6	5179		Mode	13627		
7	4416		Standard Deviation	4007		
8	10676		Sample Variance	16056048		
9	1627		Kurtosis	-0.2960		
10	10112		Skewness	0.1879		
11	6567		Range	18648		
12	13627		Minimum	615		
13	18719		Maximum	19263		
14	14661		Sum	651840		
15	12195		Count	70	Margin of Error	
16	10544		Confidence Level(95.0%)	955		
17	13659					
18	7061		**Point Estimate**	9312		
19	6245		**Lower Limit**	8357		
20	13021		**Upper Limit**	10267		
70	9743					
71	10324					
72						

주) 21~69행은 숨김.

용할 것이며 〈그림 8-7〉을 보면서 설명할 것이다. 수식 워크시트는 뒤에 있고, 결과 워크시트는 앞에 있다.

자료 입력: NewBalance 파일을 연다. 데이터의 이름(label)과 신용카드 대금이 셀 A1부터 A71에 입력되어 있다.

툴 적용: 이 자료를 가지고 엑셀의 기술 통계법 도구(툴)를 사용하는 단계이다.

1단계. 엑셀 리본에서 **데이터** 탭을 클릭한다.

2단계. **분석** 그룹에서 **데이터 분석**을 클릭한다.

3단계. 분석도구 목록에서 **기술 통계법**을 선택한다.

4단계. 기술 통계법 대화상자가 나타나면:

입력 범위 상자에 A1:A71을 입력한다.

자료방향은 **열**로 선택한다.

첫째 행 이름표 사용을 체크한다.

출력 범위를 선택한다.

　출력 범위 상자에 C1을 입력한다.

요약 통계량을 선택한다.

평균에 대한 신뢰수준을 체크하고

　평균에 대한 신뢰수준 상자에 95를 입력한다.

확인을 누른다.

표본평균($\bar{x}$)은 셀 D3에 있다. 오차범위는 '신뢰수준(95%)'로 표시된 셀 D16에 있다. 결과 워크시트에 점 추정치 $\bar{x}$ = 9312와 오차범위 955가 표시되어 있다.

함수/수식: 셀 D18:D20에는 점 추정값과 신뢰구간의 하한과 상한이 있다. 점 추정값은 표본평균이며 수식 =D3을 셀 D18에 입력한다. 95% 신뢰구간의 하한인 $\bar{x}$−오차범위를 계산하기 위하여 수식 =D18−D16을 셀 D19에 입력한다. 95% 신뢰구간의 상한인 $\bar{x}$+오차범위를 계산하기 위하여 수식 =D8+D16을 셀 D20에 입력한다. 결과 워크시트에 하한값 8357과 상한값 10,267이 나타난다. 즉, 모집단 평균에 대한 95% 신뢰구간은 8357부터 10,267까지이다.

실제 활용을 위한 조언

모집단이 정규분포를 따른다면 t-분포를 이용한 식 8-2의 신뢰구간은 명확하게 정해지는 값이며, 표본 크기와 상관없이 적용할 수 있다. 모집단이 정규분포를 따르지 않는다면 식 8-2에 의한 신뢰구간은 근사값(approximate)이 될 수 있다. 이 경우, 근사값의 정확도는 모집단의 분포 모양과 표본 크기에 따라 달라진다.

대부분의 경우, 표본 크기가 $n \geq 30$인 조건에서는 모집단 평균의 구간 추정을 계산하는 데 식 8-2를 사용해도 문제가 없다. 그러나 모집단 분포의 비대칭 정도가 심하거나 이상치(outliers)를 포함하는 경우라면, 대부분의 통계학자들은 최소한 표본 크기 50개 이상을 수집할 것을 권한다. 이와 다르게 모집단이 정규분포를 따르지 않더라도, 대략적으로 대칭분포 형태를 가지는 경우 표본 크기가 15개 정도뿐이더라도 신뢰구간의 훌륭한 근사값을 제공할 수 있다. 만약 표본 크기가 더 작다면, 모집단 분포가 정규분포와 유사하다고 연구자가 믿을 수 있거나 가정할 수 있을 때에만 식 8-2를 사용해야 한다.

모집단 분포가 왜도가 심하거나 이상치를 포함하고 있다면 더 큰 크기의 표본이 필요하다.

소규모 표본 사용

다음 예에서는 소규모 표본에서 모집단 평균의 구간 추정을 구하는 방법에 대해 살펴본다. 앞에서 이미 언급한 바와 같이, 모집단 분포를 이해하는 것은 구간 추정 절차가 만족할 만한 결과를 제시하는지 여부를 확인할 수 있게 하는 중요한 요인이 된다.

Scheer Industries는 유지 보수 담당 종업원이 기계 수리 관련 교육 훈련을 받을 때 컴퓨터를 활용하도록 하는 새로운 교육 훈련 프로그램 도입을 검토 중이다. 생산 부문의 한 임원은 신규 프로그램의 효과를 평가하기 위해 유지 보수 담당이 컴퓨터 훈련 교육 프로그램을 수료할 때까지 걸리는 시간의 모집단 평균에 대한 추정값을 요청하였다.

당사는 20명의 종업원을 표본으로 추출하고 교육 프로그램을 수료하도록 하였다. 〈표 8-4〉는 20명의 종업원이 교육을 수료하는 데 걸린 시간의 자료이고 〈그림 8-8〉은 표본 자료의 히스토그램이다. 히스토그램은 모집단 분포에 대해 무엇을 보여 주는가? 먼저, 표본 자료를 보면 모집단의 분포가 정규분포라고 보기는 어렵지만, 비정상적인 왜도나 이상치는 보이지 않는다. 따라서 앞에서 제시한 가이드라인을 바탕으로 t-분포를 사용하여 구간 추정을 할 수 있다. 계속해서 표본평균과 표본 표준편차를 구해 보면 아래와 같다.

$$\bar{x} = \frac{\Sigma x_i}{n} = \frac{1030}{20} = 51.5\text{일}$$

$$s = \sqrt{\frac{\Sigma(x_i - \bar{x})^2}{n-1}} = \sqrt{\frac{889}{20-1}} = 6.84\text{일}$$

〈표 8-4〉 Scheer Industires의 종업원 20명의 교육 시간(단위: 일)

DATA *file*
Scheer

52	59	54	42	44	50	42	48	55	54
60	55	44	62	62	57	45	46	43	56

〈그림 8-8〉 Sheer Industires 표본의 교육 시간 히스토그램

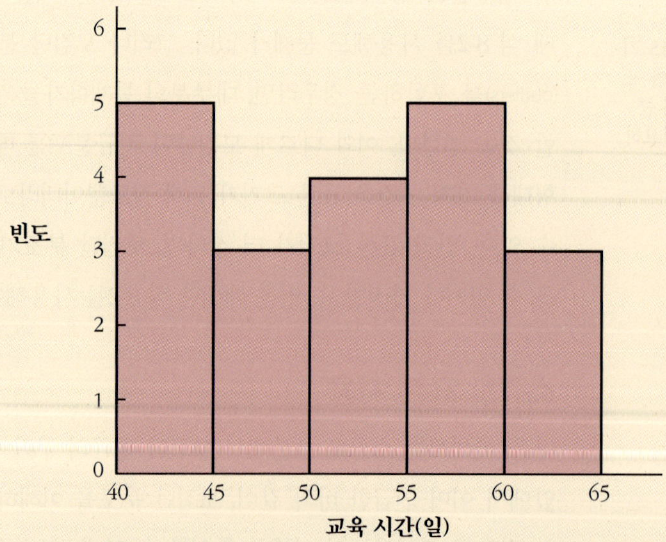

부록 B의 〈표 2〉를 보면 자유도 $n-1 = 19$일 때 $t_{.025} = 2.093$이다. 식 8-2를 통해 모집단 평균의 95% 신뢰구간 추정을 계산할 수 있다.

$$51.5 \pm 2.093\left(\frac{6.84}{\sqrt{20}}\right)$$

$$51.5 \pm 3.2$$

모집단 평균의 점 추정값은 51.5일이다. 오차범위는 3.2일이고, 95% 신뢰구간은 51.5−3.2 = 48.3일에서 51.5+3.2 = 54.7일까지이다.

모집단 분포를 파악하는 데 있어 표본 자료의 히스토그램을 확인하는 것이 항상 적절한 것은 아니지만, 대다수의 경우 히스토그램이 주는 정보가 유일한 정보인 경우가 많다. 식 8-2를 이용해서 구간 추정을 계산해도 되는지를 결정할 때 분석가들은 전문적 판단과 함께 이러한 히스토그램을 종종 사용한다.

구간 추정 요약

지금까지 모집단 평균에 대한 구간 추정을 계산하는 두 가지 방법에 대하여 설명하였다. σ가 알려진 경우는 식 8-1과 같이 σ와 표준정규분포를 이용하여 오차범위를 구하고 구간 추정을 한다. σ가 알려져 있지 않은 경우 식 8-2와 같이 표본 표준편차 s와 t-분포를 이용하여 오차범위를 구하고 구간 추정을 한다.

〈그림 8-9〉에 두 가지 경우의 구간 추정 과정이 정리되어 있다. 대부분 경우 $n \geq 30$의 표

〈그림 8-9〉 모집단 평균에 대한 구간 추정 과정의 요약

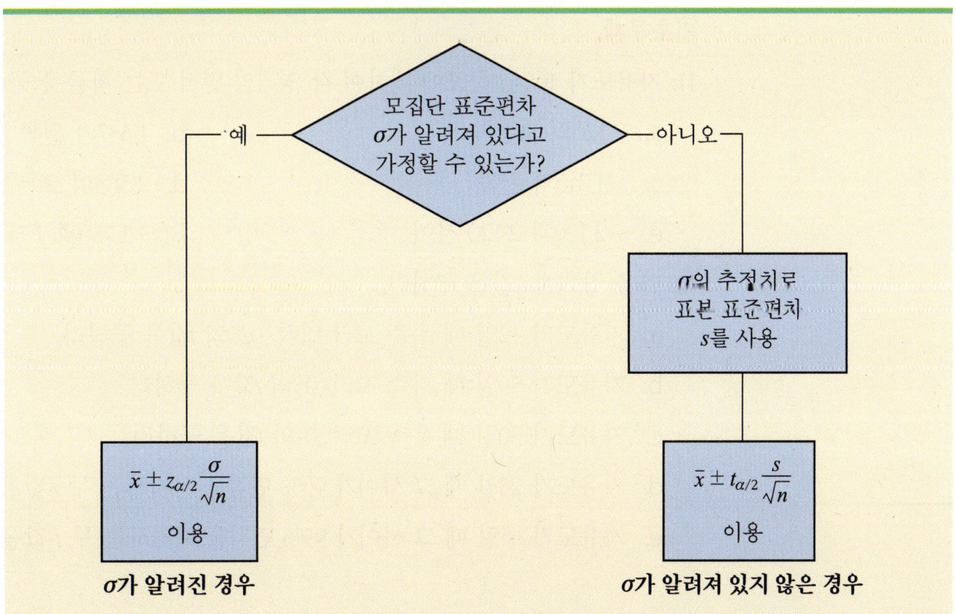

본 크기가 적절하다. 하지만 모집단이 정규분포이거나 정규분포에 가깝다면 더 작은 크기의 표본도 사용할 수 있다. σ가 알려져 있지 않은 경우 모집단 분포의 모양이 많이 기울어져 있거나 이상치가 포함되어 있다면 $n \geq 50$의 큰 표본 크기를 사용하는 것이 바람직하다.

8.2 보충 설명

1. σ가 알려진 경우 오차범위는 표본 크기 n에 상관없이 확정된 값 $z_{\alpha/2}(\sigma/\sqrt{n})$가 된다. 그러나 σ가 알려져 있지 않은 경우 오차범위 $t_{\alpha/2}(s/\sqrt{n})$는 표본마다 다르다. 표본 표준편차 s값이 선택되는 표본마다 다르기 때문이다. s값이 크면 오차범위가 크며, s값이 작으면 오차범위는 작아진다.
2. 모집단이 심한 비대칭인 경우 신뢰구간 추정에 어떠한 영향을 주는가? 예를 들어, 평균값보다 큰 값을 갖는 자료들이 모집단에 포함되어 있어서 꼬리가 우측으로 길게 치우친 형태의 분포를 가정해 보자. 꼬리가 오른쪽으로 기울어진 왜도를 갖는 경우 표본평균 $\bar{x}$와 표본 표준편차 s는 양의 상관관계를 갖게 된다. $\bar{x}$값이 커지면 s값도 커지는 경향이 있다. 그러므로 $\bar{x}$가 모집단 평균보다 클 경우 s는 σ보다 큰 값을 가지는 경향을 보인다. 이러한 왜도는 σ가 알려져 있을 때 계산되는 오차범위보다 $t_{\alpha/2}(s/\sqrt{n})$로 계산된 오차범위를 더 크게 만든다. 신뢰구간의 오차범위가 더 커지면 신뢰구간에 모집단 평균 μ가 포함될 가능성이 σ의 실제값을 사용하는 경우보다 더 커진다. 이와 다르게 $\bar{x}$가 모집단 평균보다 작을 경우 $\bar{x}$와 s 사이의 상관관계로 인해 오차범위는 더욱 작아진다. 이 경우에는 신뢰구간의 오차범위가 작아지고, 알려진 σ를 이용할 때보다 모평균을 포함하지 않을 가능성이 높다. 따라서 모집단 분포의 왜도가 클수록 표본 크기를 늘리는 것이 좋다.
3. 표본 크기가 모집단 크기의 5% 이상(즉, $n/N \geq .05$)인 경우 평균의 신뢰구간을 구할 때, σ가 알려져 있지 않은 경우의 $\bar{x}$의 표준오차를 계산할 때 사용하는 유한모집단 보정계수를 사용해야 한다. 예를 들어, $s_{\bar{x}} = \sqrt{\frac{N-n}{N-1}}\left(\frac{s}{\sqrt{n}}\right)$.

연습문제

기초문제

11. 자유도가 16인 t-분포에 대하여 각 영역의 면적 또는 확률을 구하라.
    a. 2.120의 오른쪽
    b. 1.337의 왼쪽
    c. −1.746의 왼쪽
    d. 2.583의 오른쪽
    e. −2.120과 2.120 사이
    f. −1.746과 1.746 사이
12. 다음 경우에 t-값을 구하라.
    a. 자유도가 12일 때 우측 꼬리 면적 .025의 t값을 구하라.
    b. 자유도가 50일 때 좌측 꼬리 .05의 t값을 구하라.
    c. 자유도가 30일 때 우측 꼬리 .01의 t값을 구하라.
    d. 자유도가 25일 때 그 사이가 90% 면적을 차지하는 두 t-값을 구하라.
    e. 자유도가 45일 때 그 사이가 95% 면적을 차지하는 두 t-값을 구하라.

13. 다음 표본 자료는 정규분포를 따르는 모집단으로부터 구한 것이다.

10 8 12 15 13 11 6 5

a. 모집단 평균의 점 추정값을 구하라.

b. 모집단 표준편차의 점 추정값을 구하라.

c. 95%의 신뢰구간일 때 모집단 평균 추정의 오차범위를 구하라.

d. 모집단 평균의 95% 신뢰구간을 구하라.

14. 표본 크기 $n = 54$인 어느 단순 무작위 표본의 평균은 22.5이고, 표준편차는 4.4이다.

a. 모집단 평균의 90% 신뢰구간을 구하라.

b. 모집단 평균의 95% 신뢰구간을 구하라.

c. 모집단 평균의 99% 신뢰구간을 구하라.

d. 신뢰수준이 높아지면 오차범위와 신뢰구간은 어떻게 변하는가?

응용문제

15. Skillings 대리점의 영업사원이 만든 주간 고객 현황의 65주치 목록 표본을 보니 주간 고객접촉 건수의 표본평균은 19.5로 나타났다. 표본 표준편차는 5.2이다. 영업사원의 주간 고객접촉 건수의 모집단 평균의 90%, 95% 신뢰구간을 구하라.

16. Barron's가 제공한 40개 회사채의 만기(년) 수익률 자료가 CorporateBonds 파일에 들어 있다.

DATA file
CorporateBonds

a. 회사채에 대한 만기(년)의 표본평균과 표본 표준편차는 무엇인가?

b. 만기(년)에 대한 모집단 평균의 95% 신뢰구간을 구하라.

c. 회사채 수익률의 표본평균과 표본 표준편차는 무엇인가?

d. 회사채 수익률의 모집단 평균에 대한 95% 신뢰구간을 구하라.

17. International Air Transport Association이 대서양 쪽의 공항 만족도를 측정하기 위해 사업상 출장을 떠나는 사람들에게 설문조사를 하였다. 최고 점수는 10이다. 무작위 추출로 출장자 50명을 선택해 마이애미 국제공항에 대한 점수 부여를 요청하였다. 출장자 50명의 표본에서 얻은 점수는 다음과 같다.

DATA file
Miami

6	4	6	8	7	7	6	3	3	8	10	4	8
7	8	7	5	9	5	8	4	3	8	5	5	4
4	4	8	4	5	6	2	5	9	9	8	4	8
9	9	5	9	7	8	3	10	8	9	6		

마이애미 공항의 모집단의 만족도 평균에 대한 95% 신뢰구간을 추정하라.

18. 장년층은 종종 구직에 어려움을 겪는다. 미국은퇴자협회(AARP)는 55세 이상의 근로자들이 구직하는데 몇 주가 걸리는지 조사하였다. 구직하는 데 소요되는 시간에 대한 AARP의 연구 결과가 JobSearch 파일에 있다.

DATA file
JobSearch

a. 55세 이상의 근로자들이 구직을 하는 데 소요되는 주 단위 시간의 모집단 평균의 점 추정값을 구하라.

b. 95% 신뢰수준에서 오차범위를 구하라.

c. 모집단 평균의 95% 신뢰구간을 구하라.

d. 이 표본에서 발견되는 왜도에 대하여 논하라. 이 연구를 다시 실시한다면 어떤 제안을 할 수 있는가?

19. 도쿄의 중급 레스토랑에서 2인분의 평균 식사 비용은 $40이다[출처]. 홍콩에서 비슷한 류의 식사 비용을 비교하라. HongKongMeals라고 되어 있는 데이터 파일을 보면 홍콩 중급 음식점 2곳에 대한 최근 42회의 식사 비용에 대한 자료가 있다.

DATA file HongKongMeals

a. 95% 신뢰수준에서 오차범위는 얼마인가?

b. 모집단의 95% 신뢰구간 추정치는 얼마인가?

c. 홍콩 중급 음식점 2곳의 식사 요금과 도쿄 식당의 식사 요금을 비교하면 어떠한가?

20. 미국의 연평균 자동차 보험료는 $1,503이다[출처]. 아래 연간 보험료(단위: $)는 미시간주에 대한 웹사이트의 조사 결과이다.

DATA file AutoInsurance

1905	3112	2312	2725	2524	2981
2677	2525	2627	2600	2370	2857
2962	2545	2675	2184	2529	2115
2332	2442				

모집단은 근사적으로 정규분포를 따른다고 가정한다.

a. 미시간주 연간 자동차 보험료의 평균의 점 추정량을 구하라.

b. 미시간주 연간 자동차 보험료의 평균의 95% 신뢰구간을 구하라.

c. 미시간주 연간 자동차 보험료의 평균의 95% 신뢰구간은 미국 전 지역 평균을 포함하고 있는가? 미시간주와 미국 전지역 평균 연납 자동차 보험료의 상관관계에 대해 설명하라.

21. 건강보험회사는 환자가 병원에 내원하는 대신 온라인으로 받을 수 있는 의료 서비스를 제공하기 시작했다. Wellpoint사는 서비스 가입자와 의료진을 온라인으로 연결해주고, 처방도 받을 수 있는 화상 서비스를 제공하고 있다[출처]. Wellpoint사는 자사의 LiveHealth Online 서비스가 환자가 내원할 때 발생하는 비용을 상당히 절감하는 효과가 있다고 한다. Wellpoint사가 제시한 아래 자료는 온라인 의료 검진에 대한 20개 표본의 내원당 절감된 비용이다(단위: $).

DATA file TeleHealth

92	34	40	105	83	55
56	49	40	76	48	96
93	74	73	78	93	100
53	82				

모집단의 분포는 대략 대칭이라고 가정하여, 내원 대비 온라인 진료로 절감되는 평균 비용의 95% 신뢰구간을 구하라.

DATA file
Guardians

22. Marvel Studio의 영화 가디언즈 오브 갤러시는 2014년 노동절 주말 첫 2일 동안 북미에서 티켓 판매 수익 94.3백만 달러를 달성했다[출처]. 30개의 극장 샘플의 티켓 판매 수익은 Guardians 파일에 있다.

a. 극장당 평균 티켓 판매 수익의 95% 신뢰구간 추정치는 얼마인가? 이 결과를 해석하라.

b. 영화 티켓 가격 $8.11을 사용하면의 극장당 평균 고객 수는 몇 명인가?

c. 이 영화는 4,080개의 극장에서 상영되었다. 주말에 가디언즈 오브 갤럭시를 본 총 고객 수와 총 박스 오피스 티켓 판매 수익을 추정하라.

8.3 표본 크기 결정

표본 수집 전에 바람직한 오차범위를 정해 놓았다면, 그 오차범위를 충족시킬 수 있는 표본 크기를 정할 수 있다.

앞 두 절의 실제적 조언 부분에서 모집단이 정규분포를 따르지 않을 경우에는 적절한 신뢰구간의 근사값을 얻기 위해서는 표본 크기가 중요하다고 언급하였다. 이 절에서는 표본 크기 이슈의 다른 측면에 초점을 맞추어, 바람직한 범위의 오차를 보장하는 표본 크기를 결정하는 방법에 대해 설명한다. 이 과정이 어떻게 이루어지는지를 보기 위해, 8.1절에 제시된 σ가 알려진 경우로 돌아가 보자. 식 8-1을 사용하면 구간 추정값은 아래와 같다.

$$\bar{x} \pm z_{\alpha/2}\frac{\sigma}{\sqrt{n}}$$

$z_{\alpha/2}(\sigma/\sqrt{n})$ 값은 오차범위이다. 따라서 $z_{\alpha/2}$와 모집단 표준편차, 그리고 표본 크기 n에 따라서 오차범위가 결정된다. 일단 신뢰계수 $1-\alpha$를 선택하면 $z_{\alpha/2}$는 결정된다. 다음으로, α값이 주어지면 원하는 오차범위에 적합한 표본 크기 n을 정할 수 있다. 표본 크기 n을 계산하는 공식을 전개하면 다음과 같다.

E를 요구되는 오차범위라 하면 수식은 아래와 같고

$$E = z_{\alpha/2}\frac{\sigma}{\sqrt{n}}$$

$\sqrt{n}$에 대해 정리하면

$$\sqrt{n} = \frac{z_{\alpha/2}\sigma}{E}$$

양변을 제곱하면 표본 크기에 대해 아래의 수식을 얻을 수 있다.

수식 8-3은 적합한 표본 크기를 추천해 줄 수 있다. 그러나 최종 표본 크기를 상향 조정할 것인지 여부를 결정할 때는 분석가의 판단을 활용하는 것이 좋다.

모집단 평균의 구간 추정을 위한 표본규모

$$n = \frac{(z_{\alpha/2})^2\sigma^2}{E^2} \quad (8\text{-}3)$$

이렇게 정한 표본 크기는 선택된 신뢰수준에서 원하는 오차범위(margin of error)를 보장해 준다.

식 8-3에서 E는 허용될 수 있는 오차범위를 의미하며 $z_{\alpha/2}$값은 구간 추정을 계산하는 데 사용되는 신뢰수준에 의해 결정된다. 경우에 따라 다르지만 95% 신뢰수준이 일반적으로 사용된다($z_{.025} = 1.96$).

마지막으로, 식 8-3을 사용하려면 모집단 표준편차(σ) 값을 알아야 한다. 하지만 σ값이 알려져 있지 않더라도 연구자가 값을 가정하거나 계획값(planning value)을 활용하면 식 8-3을 사용할 수 있다. 실제로는 σ값을 결정할 때 다음 방법 중 하나를 선택할 수 있다.

표본 크기를 결정하기 전에 모집단 표준 편차에 대한 계획값을 정해야 한다. σ에 대한 계획값을 얻는 세 가지 방법이 여기에 나와 있다.

1. σ에 대한 계획값으로 이전 자료로부터 계산된 모집단 표준편차를 사용한다.
2. 예비 조사를 통해 예비 표본을 선택한다. 예비 표본에서 얻은 표본 표준편차를 σ에 대한 계획값으로 사용할 수 있다.
3. 전문가 판단이나 적합한 추측에 의존하여 σ값을 정할 수 있다. 예를 들면, 모집단의 최대값과 최소값을 이용할 수 있다. 여기서 두 값의 차이는 모집단 자료의 범위(R)가 된다. 마지막으로, 이 범위 값을 4로 나누면 대략적 근사치에 가까운 모집단 표준편차를 구할 수 있고, 이는 σ에 대한 적절한 계획값이 될 수 있다(σ의 계획값 $= R/4$).

표본 크기를 결정하는 데 있어서 식 8-3을 사용하는 방법을 다음 사례로 살펴보자. 과거 한 연구를 보면 중형차 일일 대여 시 평균 $55의 비용이 발생하는 것으로 나와 있다. 이 연구를 갱신하기 위해 중형차 하루 대여 비용의 모집단 평균을 새롭게 추정하려고 한다. 신규 조사를 설계하면서 프로젝트 담당 임원은 모집단의 일일 대여비 평균이 95% 신뢰수준에서 오차범위가 $2 이하가 되기를 기대하고 있다.

신규 조사 담당 임원이 요구하는 오차범위는 $E = 2$이며, 95% 신뢰수준에서 $z_{.025} = 1.96$이다. 요구되는 표본 크기를 정하는 데 필요한 것은 모집단 표준편차 σ값이다. 기존 조사 자료를 살펴보니 하루 대여비의 표본 표준편차가 $9.65라고 하자. 그러면 σ에 대한 계획값으로 9.65를 이용하면 필요한 표본 크기는 다음과 같이 계산할 수 있다.

수식 8-3은 원하는 오차범위를 만족하는 데 필요한 최소한의 표본 크기를 제공한다. 계산된 표본 크기가 정수가 아닌 경우 이를 올림하면 원래 계산된 값보다 크기 때문에 필요한 오차범위보다 약간 작아진다.

$$n = \frac{(z_{\alpha/2})^2\sigma^2}{E^2} = \frac{(1.96)^2(9.65)^2}{2^2} = 89.43$$

따라서 프로젝트 담당 임원이 요구하는 오차범위 $2를 만족시키기 위해서는 중형차 대여비 조사에서 표본 크기가 89.43보다 커야 한다. 계산된 n이 정수가 아닐 경우, 정숫값으로 올림한다. 따라서 이 조사에서 적정한 표본의 크기는 90건이다.

8.3 보충 설명

식 8-3은 무한모집단이거나 모집단의 크기가 유한하지만 상대적으로 큰 N인 경우, 즉 $n/N \leq .05$의 조건을 만족하는 유한모집단일 경우 바람직한 표본의 크기를 제공해 준다. 이 식은 대부분의 통계 조사에서 적용 가능하다. 하지만 만약에 $n/N > .05$이고 유한모집단인 경우에는 요구되는 오차범위의 값을 얻기 위한 표본의 크기를 더 작게 사용할 수 있다. 더 작은 표본의 크기를 n'이라고 한다면, 아래와 같은 식으로 더 작은 표본 크기를 구할 수 있다.

$$n' = \frac{n}{(1+n/N)}$$

위에서 본 예제에서 크기가 N=500인 모집단에 대한 표본 크기는 n=89.43이다. 조건이 n/N= 89.43/500=.18>.05인 경우에는, 더 작은 표본 크기를 다음과 같이 계산할 수 있다.

$$n' = \frac{n}{(1+n/N)} = \frac{89.43}{1+89.43/500} = 75.86$$

따라서 N=500인 유한모집단에서는, 오차범위 E=2를 얻기 위해 요구되는 표본의 크기가 90에서 76으로 줄어든다.

연습문제

기초문제

23. 95%의 신뢰수준에서 오차범위가 10일 때 표본 크기는 얼마인가? 모집단 표준편차는 40이라 가정하라.

24. 자료의 범위가 36으로 추정되었다.
    a. 모집단 표준편차의 계획값을 구하라.
    b. 95% 신뢰수준에서 오차범위를 3으로 하려면 표본 크기는 얼마인가?
    c. 95% 신뢰수준에서 오차범위를 2로 하려면 표본 크기는 얼마인가?

응용문제

25. 8.2절에서 Scheer Industires의 사례를 다시 살펴보자. 모집단 표준편차의 계획값으로 6.84일을 이용하라.
    a. 95% 신뢰수준에서 오차범위 1.5일을 얻기 위해 필요한 표본 크기는?
    b. 만약 90% 신뢰수준이라면, 오차범위 2일을 얻기 위해 필요한 표본 크기는?

26. 미국에너지정보관리국(U.S. Energy Information Administration: US EIA)에 따르면, 보통 휘발유는 1갤런당 평균 가격이 \$3.94이다. US EIA는 휘발유 평균 가격의 추정값을 주 단위로 갱신한다. 보통 휘발유 가격에 대한 표준편차를 \$.25로 가정하고, US EIA가 95% 신뢰도에서 각각 아래와 같은 오차범위 값을 갖기를 기대한다면, 이에 적합한 표본 크기를 제시하라.
    a. 요구되는 오차범위는 \$.10.
    b. 요구되는 오차범위는 \$.07.
    c. 요구되는 오차범위는 \$.05.

27. 경영학과 졸업생의 첫해 연봉은 보통 \$30,000에서 \$45,000 사이로 보인다. 졸업생 첫해

연봉의 모집단 평균을 95% 신뢰수준에서 추정하고자 한다.

a. 모집단 표준편차의 계획값을 구하라.

b. 다음의 오차범위에 적합한 표본 크기는 얼마인가? \$500, \$200, \$100

c. 오차범위를 \$100로 권하겠는가? 그 이유를 설명하라.

webMD 웹사이트에서는 건강에 관한 다양한 뉴스, 정보, 논문 등을 볼 수 있다.―역자

28. 의학 전문가들은 붉은색 고기(소·양·돼지고기 등 육류)를 너무 많이 섭취하는 것이 심장질환과 암 발생 위험을 증가시키는 원인이라고 한다[출처]. 미국인의 연간 소고기 소비량이 궁금하다고 하자. 모집단의 연간 소고기 소비량에 대한 신뢰구간을 추정하기 위한 오차범위를 3파운드로 하려고 한다. 모집단 표준편차의 계획값으로 25파운드를 사용하고, 아래에 제시된 상황의 요구에 맞는 각각의 적절한 표본의 크기를 제시하라.

a. 소고기 소비량에 대한 90%의 신뢰구간 요구

b. 소고기 소비량에 대한 95%의 신뢰구간 요구

c. 소고기 소비량에 대한 99%의 신뢰구간 요구

d. 요구되는 오차범위가 고정되어 있을 때, 신뢰수준이 점차 증가함에 따라 표본의 크기는 어떻게 되는가? 이 사례에서 99%의 신뢰수준을 사용하는 것이 바람직한가.

29. 영화 상영 시간에 맞추어 영화관에 도착한 관객들은 영화 시작 전에 예고편과 광고를 관람하게 된다. 이 때문에 예고편이 너무 길다는 불평이 발생하고 있다[출처]. *Wall Street Journal*에서 수행한 예비 표본조사에서 예고편에 할애되는 시간의 표준편차는 4분으로 나타났다. 다음과 같은 물음에 대답하되 표준편차의 계획값으로 예비 조사의 값을 사용하라.

a. 오차범위 75초에서 영화관의 예고편 상영 시간에 대한 모집단 평균을 추정할 경우 표본 크기는 얼마인가? 95% 신뢰도를 사용하라.

b. 오차범위 1분을 사용하여 영화관의 예고편 상영 시간의 모집단 평균 시간을 추정할 경우 표본 크기는 얼마인가? 95%의 신뢰도를 사용하라.

30. 미국인들은 매우 자주 외식을 한다. 미국 성인은 일주일 평균 5.8번 식당에서 식사나 간식을 구입한다[출처]. 미국 성인이 주당 식당에서 하는 식사나 간식 횟수의 표준편차가 1.5라고 가정하자. 미국 성인이 주당 식당에서 하는 식사나 간식 횟수의 95% 신뢰구간 추정치를 구하기 위해 설문조사를 수행하려고 한다. 오차범위는 .5이다. 설문소사의 표본 크기는 얼마인가?

8.4 모집단 비율

이 장 서두에서 소개한 모집단 비율 p의 구간 추정의 일반식은 아래와 같다.

$$\bar{p} \pm \text{오차범위}$$

〈그림 8-10〉 $\bar{p}$의 표집분포 정규 근사

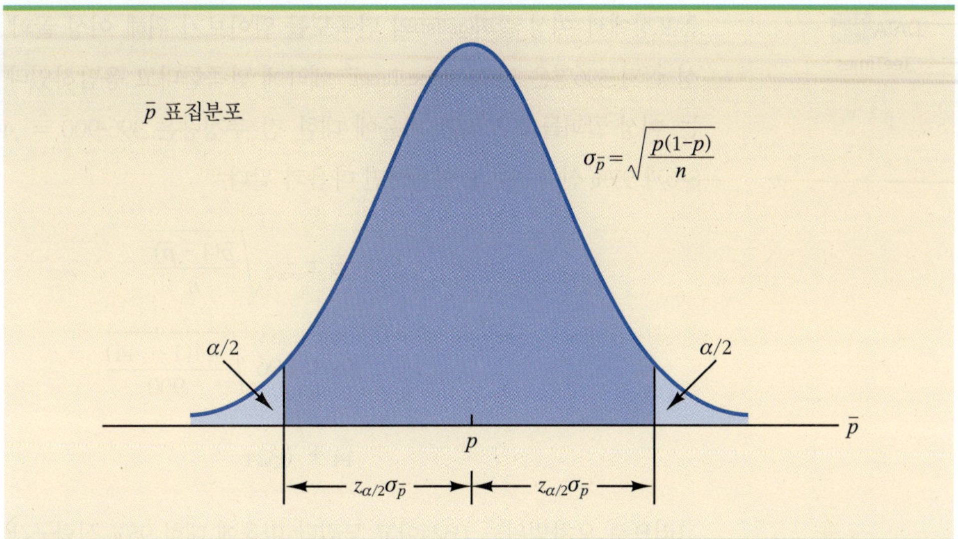

$\bar{p}$의 표집분포는 구간 추정의 오차범위를 계산하는 데 중요한 역할을 한다.

7장에서 $np \geq 5$이고 $n(1-p) \geq 5$이면 $\bar{p}$의 표집분포는 정규분포와 유사하다고 설명하였다. 〈그림 8-10〉은 $\bar{p}$의 표집분포가 정규분포에 근접함(normal approximation)을 보여준다. 표집분포에서 $\bar{p}$의 평균은 모집단 비율 p와 같고 $\bar{p}$의 표준오차는 다음과 같다.

$$\sigma_{\bar{p}} = \sqrt{\frac{p(1-p)}{n}} \qquad \textbf{8-4}$$

$\bar{p}$의 표집분포가 정규분포이므로, 모집단 비율의 구간 추정에서 오차범위를 $z_{\alpha/2}\sigma_{\bar{p}}$로 한다면, 추정된 구간의 $100(1-\alpha)\%$는 실제 모집단 비율 p를 포함할 것이다. 그러나 p를 알 수 없기 때문에 오차범위를 계산할 때 $\sigma_{\bar{p}}$를 바로 사용할 수는 없다. 따라서 p 대신에 $\bar{p}$를 사용하여 모집단 비율의 구간 추정의 오차범위는 아래 수식처럼 계산하여 대신 사용한다.

$$\text{오차범위} = z_{\alpha/2}\sqrt{\frac{\bar{p}(1-\bar{p})}{n}} \qquad \textbf{8-5}$$

이 오차범위를 이용하여 모집단 비율의 구간 추정식은 아래와 같다.

모집단 비율의 구간 추정값

$$\bar{p} \pm z_{\alpha/2}\sqrt{\frac{\bar{p}(1-\bar{p})}{n}} \qquad \textbf{8-6}$$

여기서 $1-\alpha$는 신뢰계수, $z_{\alpha/2}$는 표준정규분포의 우측 꼬리 안에 속하는 면적 $\alpha/2$에 해당하는 z-값이다.

비율의 신뢰구간을 구할 때 오차범위는 $z_{\alpha/2}\sqrt{\bar{p}(1-\bar{p})/n}$으로 한다.

DATA file
TeeTimes

다음 사례는 모집단 비율의 오차범위와 구간 추정을 구하는 절차를 보여준다. 미국 내 골프장에서 여성 골퍼(golfer)의 만족도를 알아보기 위해 여성 골퍼 900명을 조사하였다. 여성 골퍼 396명은 티-타임(Tee Time)[2] 예약에 만족한다고 응답하였다. 티-타임 예약에 만족하는 여성 골퍼들의 모집단 비율에 대한 점 추정량은 396/900 = .44로 계산할 수 있다. 식 8-6과 95% 신뢰수준을 이용하면 다음과 같다.

$$\bar{p} \pm z_{\alpha/2}\sqrt{\frac{\bar{p}(1-\bar{p})}{n}}$$

$$.44 \pm 1.96\sqrt{\frac{.44(1-.44)}{900}}$$

$$.44 \pm .0324$$

그러므로 오차범위는 .0324이고 모집단 비율에 대한 95% 신뢰구간 추정은 .4076 에서 .4724이다. 백분율로 구하면 95% 신뢰수준에서 여성 골퍼 중 40.76%에서 47.24%까지는 티-타임 예약에 만족한다고 할 수 있다.

엑셀 활용하기

엑셀을 이용하여 티-타임 이용에 만족하는 여성 골퍼들의 모비율에 대한 구간 추정을 할 수 있다. 설문조사 응답은 '예'와 '아니오'로 기록되어 있다. 〈그림 8-11〉에 95% 신뢰구간을 구하는 방법이 나와 있다. 수식 워크시트는 뒤에 있고, 결과 워크시트는 앞에 있다.

자료 입력: TeeTime 파일을 연다. 여성 골퍼 900명의 'Yes', 'No' 응답 자료는 셀 A1부터 A901에 입력되어 있다.

표본에서 yes/no의 원소값을 1/0로 바꾼 후 그것의 합을 x로 구하여 표본비율 $\bar{p} = x/n$를 엑셀로 구하는 과정과 같다.—역자

함수/수식: 표본 크기와 'Yes' 응답에 대한 기술 통계 계산을 셀 D3부터 D6에 입력한다. 엑셀의 COUNT 함수는 정량 자료에만 사용 가능한 명령이기 때문에 표본 수를 계산하려면 셀 D3에 COUNTA 함수를 사용한다. 구간 추정을 위한 응답 'Yes', 'No'를 셀 D4에 입력한다. 〈그림 8-11〉에서 'Yes'라는 응답은 셀 D4에 입력되어 있는데, 이는 여성 골퍼들의 티-타임 이용에 만족하는 모집단 비율의 구간 추정이라는 뜻이다. 만약 티-타임 이용에 불만족 하는 여성 골퍼들의 모집단 비율의 구간 추정을 하고자 한다면 셀 D4에 'No'를 입력하면 된다. 셀 D5에 있는 COUNTIF 함수는 셀 D4에 입력된 'Yes'라고 응답한 개수를 알려준다. 셀 D6에 셀 D5에서 계산된 값에 D3에 있는 표본 수로 나누어 표본비율을 계산한다.

2 첫 라운드 시작을 위한 첫 타, 즉 티(tee)의 예약 시간을 말하며, 예제에서는 예약을 쉽게 잘 할 수 있는지에 대한 만족도를 조사한 것이다.

〈그림 8-11〉 엑셀 워크시트: 여성 골퍼 표본조사에 의한 95% 신뢰구간

	A	B	C	D	E
1	Response		Interval Estimate of a Population Proportion		
2	Yes				
3	No		Sample Size	=COUNTA(A2:A901)	
4	Yes		Response of Interest	Yes	
5	Yes		Count for Response	=COUNTIF(A2:A901,D4)	
6	No		Sample Proportion	=D5/D3	
7	No				
8	No		Confidence Coefficient	0.95	
9	Yes		Level of Significance (alpha)	=1-D8	
10	Yes		*z* Value	=NORM.S.INV(1-D9/2)	
11	Yes				
12	No		Standard Error	=SQRT(D6*(1-D6)/D3)	
13	No		Margin of Error	=D10*D12	
14	Yes				
15	No		Point Estimate	=D6	
16	No		Lower Limit	=D15-D13	
17	Yes		Upper Limit	=D15+D13	
18	No				
900	Yes				
901	Yes				
902					

	A	B	C	D	E	F	G
1	Response		Interval Estimate of a Population Proportion				
2	Yes						
3	No		Sample Size	900	Enter Yes as the Response of Interest		
4	Yes		Response of Interest	Yes			
5	Yes		Count for Response	396			
6	No		Sample Proportion	0.44			
7	No						
8	No		Confidence Coefficient	0.95			
9	Yes		Level of Significance	0.05			
10	Yes		*z* Value	1.96			
11	Yes						
12	No		Standard Error	0.0165			
13	No		Margin of Error	0.0324			
14	Yes						
15	No		Point Estimate	0.44			
16	No		Lower Limit	0.4076			
17	Yes		Upper Limit	0.4724			
18	No						
900	Yes						
901	Yes						
902							

셀 D8부터 D10까지는 z-값을 계산하는 데 사용된다. 신뢰계수(.95)는 셀 D8에 입력하고 유의수준(α)은 셀 D9에 수식 =1−D8을 입력한다. 우측 꼬리 면적 $\alpha/2$에 해당하는 z-값은 셀 D10에 수식 =NORM.S.INV(1−D9/2)를 입력하여 계산한다. 결과 워크시트에서 $z_{.025}$ = 1.96임을 알 수 있다.

셀 D12부터 D13에는 표준오차의 추정값과 오차범위가 나와 있다. 셀 D12에는 표본 크기와 표본비율을 가지고 표준오차의 추정값을 구하는 수식 =SQRT(D6*(1−D6)/D3)을 입력한다. 그리고 D13에는 오차범위를 계산하는 수식 =D10*D12를 입력한다.

셀 D15부터 D17에는 점 추정값과 신뢰구간의 하한과 상한을 입력한다. 셀 D15에 있는 점 추정값은 표본비율이다. 셀 D16과 D17에는 점 추정값에서 오차범위를 가감하여 구한 하한과 상한이 계산된다. 티-타임 이용에 만족하는 여성 골퍼의 모비율에 대한 95% 신뢰구간은 .4076에서 .4724이다.

다른 문제를 위한 템플릿. 〈그림 8-11〉에 있는 워크시트는 모비율 p의 신뢰구간을 추정하는 템플릿으로 사용할 수 있다. 이 워크시트를 이용하여 비슷한 유형의 다른 문제를 풀려면 A열에 자료만 입력하면 된다. 조사하려는 응답 값을 셀 D4에 입력하고 셀 D3과 D5에 있는 수식에 새로운 자료의 범위를 지정해 준다. 이 후 점 추정값과 95% 신뢰구간이 셀 D15부터 D17에 나타나는 것을 확인할 수 있다. 만약 다른 신뢰계수의 신뢰구간을 구하려면 셀 D8의 신뢰계수 값만 수정하면 된다.

표본 크기 결정

모집단 비율 추정값이 어떤 일정 수준의 정밀성(precision)을 유지하기 위해서는 표본 크기가 얼마가 되어야 좋은지 알아보자. p의 구간 추정에서 적정한 표본 크기를 결정하는 데 사용되는 논리는 8.3절의 모평균 추정에서 적정 표본 크기를 결정하는 논리와 비슷하다.

모집단 비율의 구간 추정에 사용하는 오차범위는 $z_{\alpha/2}\sqrt{\bar{p}(1-\bar{p})/n}$이다. 오차범위는 $z_{\alpha/2}$ 값, 표본비율은 $\bar{p}$, 표본 크기 n에 달려 있다. 표본 크기가 커질수록 오차범위는 작아지며 추정의 정확도는 높아진다.

연구자가 원하는 오차범위 E를 표현하면 아래와 같다.

$$E = z_{\alpha/2}\sqrt{\frac{\bar{p}(1-\bar{p})}{n}}$$

이 식을 n에 대해 풀면 오차범위 E를 만족하는 표본 크기의 아래 수식을 얻을 수 있다.

$$n = \frac{(z_{\alpha/2})^2\bar{p}(1-\bar{p})}{E^2}$$

그런데 표본을 선택하기 전에는 $\bar{p}$를 알 수 없기 때문에, 오차범위를 제공하는 표본 크기를 계산할 때 이 공식을 적용할 수 없다. 이 경우 필요한 것은 $\bar{p}$에 대한 계획값이다. $\bar{p}$의 계획값을 p^*로 나타내면 E의 오차범위를 갖는 표본 크기는 다음 공식을 사용할 수 있다.

모집단 비율의 구간 추정을 위한 표본 크기

$$n = \frac{(z_{\alpha/2})^2 p^*(1-p^*)}{E^2} \qquad \textbf{8-7}$$

실무에서 $\bar{p}$의 계획값 p^*는 다음과 같은 방법들을 사용할 수 있다.

1. 동일하거나 유사한 집단을 대상으로 수행되었던 과거 연구의 표본비율을 사용한다.
2. 예비 표본을 대상으로 먼저 조사를 하고, 여기서 얻은 표본비율을 $\bar{p}$의 계획값 p^*로 사용한다.
3. 전문가 판단으로 p^*를 정한다.
4. 위 방법들이 모두 불가능한 경우 계획값으로 $p^* = .50$를 사용한다.

여자 골퍼들에 대한 조사로 돌아가서, 티-타임 이용에 만족하는 여자 골퍼들의 모집단 비율을 새롭게 추정하고자 한다고 가정하자. 만약 조사자가 95% 신뢰수준에서 .025의 오차범위를 갖는 모집단 비율을 추정하기를 바란다면 표본 크기는 얼마여야 하는가? $E = .025$와 $z_{\alpha/2} = 1.96$이 주어졌다면, 표본 크기를 구하기 위해 계획값 p^*가 필요하다. 과거 조사 결과에서 얻은 $\bar{p}$ = .44를 계획값 p^*로 사용하면 식 8-7을 이용해 계산할 수 있다.

$$n = \frac{(z_{\alpha/2})^2 p^*(1-p^*)}{E^2} = \frac{(1.96)^2(.44)(1-.44)}{(.025)^2} = 1514.5$$

따라서 오차범위를 만족하는 여자 골퍼의 표본 크기는 최소 1,514.5이다. 정수로 올림하면 원하는 오차범위를 만족시키는 여자 골퍼 표본 크기는 1,515명이다.

계획값 p^*의 마지막 대안은 p^* = .50을 사용하는 것이다. 다른 이용 가능한 정보가 없을 때 이 값을 사용할 수 있다. 이는 식 8-7을 보면, 표본 크기는 수식의 분자에 있는 $p^*(1-p^*)$ 값에 비례한다. 따라서 $p^*(1-p^*)$이 커지면 표본 크기도 커진다. 〈표 8-5〉는 $p^*(1-p^*)$의 계산 값이다. p^* = .50일 때 $p^*(1-p^*)$ 값이 가장 큰 값임을 알 수 있다. 따라서 계획값이 확실하지 않은 경우는 p^* = .50를 사용하면 가장 큰 표본 크기를 구할 수 있다. 필요한 표본 크기 중 가장 큰 값을 제시하는 보수적인 접근이 가능하다. 만일 표본비율이 계획값 .50과 다르다고 판명되면, 표본에서 얻을 수 있는 오차범위는 예상보다 작은 값일 것이다. 따라서 p^* = .50을 이용하면 원하는 오차범위를 보장할 수 있는 표본 크기가 된다.

여자 골퍼에 대한 조사에서 계획값 p^* = .50를 사용하면 표본 크기는 다음과 같이 계산할 수 있다.

$$n = \frac{(z_{\alpha/2})^2 p^*(1-p^*)}{E^2} = \frac{(1.96)^2(.50)(1-.50)}{(.025)^2} = 1,536.6$$

올림하여 정수로 만들면 1,537명의 여자 골퍼를 표본으로 뽑으면 된다.

〈표 8-5〉 $p^*(1-p^*)$의 추정값

p^*	$p^*(1-p^*)$	
.10	(.10)(.90) = .09	
.30	(.30)(.70) = .21	
.40	(.40)(.60) = .24	
.50	(.50)(.50) = .25	← $p^*(1-p^*)$의 가장 큰 값
.60	(.60)(.40) = .24	
.70	(.70)(.30) = .21	
.90	(.90)(.10) = .09	

8.4 보충 설명

1. 모집단 비율 추정에 있어서 요구되는 오차범위는 대부분 .10 이하다. Gallup이나 Harris 같은 조사기관이 수행하는 전국 여론조사에서는 .03 또는 .04 같은 오차범위가 일반적으로 사용된다. 그 정도의 오차범위라면 식 8-7에 의해 계산된 표본 크기는 $\bar{x}$의 표집분포의 근사분

포인 정규분포를 사용하는 데 필요한 $np \geq 5$와 $n(1-p) \geq 5$ 조건을 충족한다.

2. 모집단 크기의 최소 5%가 넘는 표본 크기($n/N \geq .05$)를 가지고 모집단 비율에 대한 신뢰구간을 추정할 때는, $\bar{p}$의 표준편차를 계산할 때 사용하는 유한모집단 보정계수를 사용하는 것이 좋다. 예를 들어:

$$s_{\bar{p}} = \sqrt{\frac{N-n}{N-1}}\sqrt{\frac{\bar{p}(1-\bar{p})}{n}}$$

3. 식 8-7은 무한모집단이거나 모집단 크기가 유한하면서 상대적으로 큰 N인 경우, 즉 $n/N < .05$의 조건을 만족하는 유한모집단일 경우 바람직한 표본 크기를 제공한다. 하지만 $n/N \geq .05$인 유한모집단인 경우에는, 요구되는 오차범위의 값을 얻기 위해 더 작은 크기의 표본을 사용할 수 있다. 작은 표본 크기를 n'이라고 한다면 수식은 아래와 같다.

$$n' = \frac{n}{(1+n/N)}$$

예를 들어, 본 절에서 제시한 사례에서 크기가 N=2500인 모집단에 대한 표본 크기는 n=1536.6이다. 조건이 n/N=1536.6/2500=.61≥.05인 경우, 작은 표본 크기는 다음처럼 계산한다.

$$n' = \frac{n}{(1+n/N)} = \frac{1536.6}{1+1536.6/2500} = 951.67$$

따라서 N=2500인 유한모집단에서는 오차범위 E=.025를 얻기 위해 요구되는 표본의 크기가 1,537에서 952로 줄어든다.

연습문제

기초문제

31. 단순 무작위 추출 표본 400명에서 100개의 '예' 응답이 나왔다.
    a. '예'로 응답한 모집단의 비율의 점 추정값을 구하라.
    b. 비율의 표준오차 추정값 $\sigma_{\bar{p}}$를 구하라.
    c. 모집단 비율의 95% 신뢰구간을 구하라.

32. 800개 원소로 된 단순 무작위 표본에서 표본비율 $\bar{p} = .70$을 얻었다.
    a. 90% 신뢰수준에서 모집단 비율의 신뢰구간을 구하라.
    b. 95% 신뢰수준에서 모집단 비율의 신뢰구간을 구하라.

33. 한 설문조사에서, 모집단 비율의 계획값은 $p^* = .35$이다. 오차범위 .05로 95% 신뢰구간을 정하려면 표본 크기는 얼마인가?

34. 95% 신뢰수준에서 모집단 비율의 추정에 대한 오차범위를 .03으로 하기 위해서는 얼마의 표본 크기가 필요한가? 계획값 p^*의 계산에 필요한 과거 데이터는 사용할 수 없는 상황이다.

응용문제

35. Pew Research Center는 미래에 대한 주요 관심사를 파악하기 위해 40개 국가 45,535명 성인을 대상으로 설문조사를 실시했다[출처]. 설문조사 결과에 따르면 20,901명의 응답자들이 기후 변화에 대해 매우 우려하는 것으로 나타났다.
    a. 기후 변화에 관심이 많은 성인의 모집단 비율 추정치는 얼마인가?

b. 90% 신뢰수준에서 오차범위는 얼마인가?

c. 기후 변화에 매우 관심 있는 성인의 모집단 비율에 대해 90% 신뢰구간을 구하라.

d. 기후 변화에 매우 관심 있는 성인의 모집단 비율에 대해 95% 신뢰구간을 구하라.

36. CNBC의 통계에 따르면 보험에 가입하지 않은 차량이 상당히 많다. 한 표본조사 결과 차량 200대 중 46대가 보험에 가입하지 않은 것으로 나타났다.

a. 보험에 가입되지 않은 자동차 비율의 점 추정값은 얼마인가?

b. 모집단 비율에 대한 95% 신뢰구간을 구하라.

DATA file
ChildOutlook

37. 성인 1,000명을 대상으로 설문조사를 하였다. 설문 문항 중 '현재 자식들은 부모보다 더 잘 살 것인가'라는 항목이 있다[출처]. 이에 관한 자료는 ChildOutlook 파일에 있다. 위 질문에 동의하면 '예'를, 그렇지 않으면 '아니오'로 응답했다. 그리고 '확실하지 않다'는 23%로 나타났다.

a. 자식들이 부모보다 더 잘 살 것이라고 생각하는 성인의 모집단 비율에 대한 점 추정값은 얼마인가?

b. 95% 신뢰도에서 오차범위는 얼마인가?

c. 자식들이 부모보다 더 잘 살 것이라고 생각하는 성인의 모집단 비율에 대한 95% 신뢰구간은 얼마인가?

d. 자식들이 부모보다 더 잘 살 것이라고 생각하지 않는 성인의 모집단 비율에 대한 95% 신뢰구간은 얼마인가?

e. 문항 c와 문항 d 중에서 어느 것이 오차범위가 더 작은가? 그 이유는 무엇인가?

38. Thomson Financial 보고에 의하면 지난달 많은 기업이 예상보다 더 좋은 수익을 기록하였다. 162개 기업 중 104개 기업은 예상 보다 더 좋은 수익을 냈고, 29개사는 예상과 비슷하였으며, 나머지 29개사는 기대치에 못 미친 것으로 나타났다.

a. 예상에 못 미친 비율에 대한 점 추정값는 얼마인가?

b. 예상보다 더 좋은 수익을 낸 기업의 모집단 비율의 95% 신뢰구간을 구하고, 오차범위를 적어라.

c. 요구되는 오차범위가 .05라고 하면 표본 크기는 얼마가 되어야 하는가?

39. 2015년에 건강보험이 없는 텍사스 주민의 비율은 17%였다[출처]. HHSC(Texas Health and Human Services Commission)는 최신 정보를 얻기 위해 다시 설문조사를 실시했다.

a. 의료보험이 없는 텍사스 주민의 비율을 .03의 오차범위로 추정하는 것이 HHSC의 목표라면 표본 크기 얼마를 추천하는 것이 적절한가? 95% 신뢰수준을 사용하라.

b. 99% 신뢰수준을 사용하여 a를 다시 구하라.

40. 최근 몇 년간 기업들은 의료 서비스 비용이 증가하여 힘들어하고 있다. 그러나 최근 의료 서비스 가격의 인플레이션이 낮고, 종업원들이 지불하는 의료 서비스 부담액이 높아

진 탓에 기업의 부담 증가 추세는 다소 주춤하고 있다. 최근 Mercer의 설문조사 결과를 보면 미국 고용주 중 52%는 의료보험에 대하여 종업원에게 더 많은 부담금을 요구할 가능성이 있는 것으로 나타났다. 이 설문조사의 표본 수가 800개 기업이라고 가정하자. 의료보험에 대한 종업원 부담금을 더 많이 요구할 가능성이 있는 기업의 비율에 대한 오차범위와 95%의 신뢰구간을 구하라.

41. 운전면허증을 보유한 젊은 연령 숫자가 점점 줄고 있다. 1983년에는 19세 기준 87%가 면허증을 가지고 있었고, 25년이 지난 후 75%로 낮아졌다[출처], 이러한 결과는 19세 청년 1,200명의 무작위 표본을 바탕으로 하였으며, 1983년도와 2008년에 각각 한 번씩 조사했다고 가정하자.
   a. 95% 신뢰수준에서, 1983년도에 19세 중에서 운전자 비율에 대한 구간 추정과 오차범위는 얼마인가?
   b. 95% 신뢰수준에서, 2008년도의 19세 중에서 운전자의 비율에 대한 구간 추정과 오차범위는 얼마인가?
   c. 문항 a와 문항 b에서 오차범위는 같은가? 같은지 혹은 다른지에 대한 이유를 설명하라.

42. 491명의 유권자를 표본으로 대통령 선거 유세에 대한 여론조사가 6월에 수행되었다. 여론조사의 목표는 대통령 후보에 대한 유권자의 지지율을 파악하는 것이다. 계획값 $p^* =$ .50이고, 신뢰수준은 95%이다.
   a. $p^* =$ .50일 때 6월의 지지율의 오차범위는 얼마인가?
   b. 11월 선거에 가까워질수록 정확도는 높아지고 오차범위는 줄어들어야 한다. 대통령 선거 유세 기간 중 실시될 여론조사에서 아래의 오차범위가 요구된다고 할 때 월별 조사의 권장 표본 크기는 얼마인가?

조사	오차범위
9월	.04
10월	.03
11월 초	.02
선거 전 날	.01

43. 인터넷 25주년 기념을 맞아 Pew Research Center는 인터넷 사용자 857명을 대상으로 설문조사를 수행하였다[출처]. 이 조사는 인터넷 사용자에 대한 여러 가지 통계를 제공하고 있다. 예를 들면, 2014년 미국 성인의 87%가 인터넷을 사용하는 것으로 나타나 있다. 과거 1995년에는 미국 성인이 14%만이 인터넷을 사용하였다.
   a. 이 조사에 따르면, 응답자 90%가 인터넷은 유용하다고 응답하였다. 인터넷이 유용하다고 응답하는 모집단 비율의 95% 신뢰구간은 얼마인가?

b. 이 조사에 따르면, 인터넷 사용자의 67%가 인터넷이 가족이나 친구와 유대관계를 강화시키는 역할을 했다고 응답했다. 이러한 응답자의 모집단 비율의 95% 신뢰구간은 얼마인가?

c. 인터넷 사용자의 56%가 개인이나 커뮤니티의 문제 해결에 온라인 모임이 도움이 된다고 응답한 반면, 25%는 불쾌한 경험 때문에 온라인 모임을 떠났다고 응답하였다. 온라인 모임이 문제 해결에 도움이 된다고 생각하는 인터넷 사용자 비율에 대한 95% 신뢰구간을 구하라.

d. 문항 a, b, c의 구간 추정에 대한 오차범위를 비교하라. 오차범위는 표본비율에 따라 어떻게 변하는가?

8.5 실제 활용을 위한 조언: 빅데이터와 구간 추정

모집단 모수를 추측하는 데 신뢰구간은 강력한 도구가 된다. 그러나 사용된 자료의 품질에 따라 구간 추정의 타당성(validity)이 달라진다. 표본 크기에 상관없이, 표본이 모집단을 대표하지 못하는 경우에는 그 자료를 가지고 추정한 신뢰구간은 모집단 모수에 대한 유용한 정보를 제공하지 못한다. 이러한 상황에서는 통계적 추론이 잘못될 가능성이 높다.

빅데이터와 신뢰구간의 정확성

7.8절에서 모집단의 모수를 추정할 때 사용하는 표본평균 $\bar{x}$(식 7-2 참고) 및 표본비율 $\bar{p}$(식 7-5 참고)의 표준오차에는 표집오차를 반영하고 있다고 하였다. 이들의 표준오차가 감소하면 표집오차(sampling error)의 가능성도 감소한다. 식 8-1, 8-2 및 8-3을 보면 표준오차가 감소하면 신뢰구간 크기가 작아지고 구간 추정은 더욱 정확해진다. 그러나 주어진 유의 수준에서 표준오차가 감소하면 이러한 구간 추정치의 폭이 얼마나 빨리 좁아지는가? 이 질문을 해결하기 위해 7.8절에서 논의한 PDT(PenningtonDailyTimes.com)의 예를 다시 보자.

PDT의 주요 수입원은 광고 판매이며, 잠재 광고주는 방문 시간이 긴 웹사이트에 광고하기 위해 프리미엄을 지불할 의사가 있다고 하였다. PDT의 경영진이 고객이 PDT 웹사이트를 방문할 때 머무는 평균 시간의 95% 신뢰구간 추정치를 구한다고 가정하자. 과거 데이터를 기반으로 PDT는 개별 고객이 소비 한 시간의 표준 편차가 $\sigma = 20$이라고 가정한다. 〈표 8-6〉은 95% 신뢰수준에서 $\sigma = 20$초일 때 표본 크기가 증가함에 따라 오차범위가 어떻게 감소하는지 보여준다.

PDT 웹사이트를 방문한 고객의 체류 시간의 평균을 추정하는 것 외에도, PDT는 웹사이트에 게시된 광고를 클릭하는 방문자의 비율을 95% 신뢰구간으로 추정하고자 한다. 〈표

〈표 8-6〉 다양한 표본 크기 n의 95% 신뢰수준에서 모집단의 체류 시간 평균의 구간 추정치에 대한 오차범위

표본 크기 n	오차범위 $z_{\alpha/2}\sigma_{\bar{x}}$
100	3.92000
500	1.75308
1,000	1.23961
10,000	.39200
100,000	.12396
1,000,000	.03920
10,000,000	.01240
100,000,000	.00392
1,000,000,000	.00124

〈표 8-7〉 다양한 표본 크기 n의 95% 신뢰수준에서 모집단의 광고 클릭 비율의 구간 추정치에 대한 오차범위

표본 크기 n	오차범위 $z_{\alpha/2}\sigma_{\bar{p}}$
100	.09800
500	.04383
1,000	.03099
10,000	.00980
100,000	.00310
1,000,000	.00098
10,000,000	.00031
100,000,000	.00010
1,000,000,000	.00003

8-7〉은 표본비율이 $\bar{p} = .50$일 때 표본 크기가 증가함에 따라 모집단 비율의 95% 신뢰구간의 오차범위가 어떻게 감소하는지 보여 준다.

PDT 예제는 구간 추정의 정밀도와 표본 크기 사이의 관계를 보여준다. 〈표 8-6〉과 〈표 8-7〉을 보면 주어진 신뢰수준에서 표본 크기가 증가함에 따라 오차범위가 감소하는 것을 볼 수 있다. 결과적으로 고객이 PDT 웹사이트를 방문하여 체류한 평균 시간이 84.5인 경우, PDT 웹사이트를 방문하여 체류하는 모집단 평균 시간의 95% 신뢰구간 추정값은 표본 크기 $n = 100$일 때 (80.58, 88.42)에서 표본 크기 $n = 100,000$일 때 (84.37604, 84.62396), 표본 크기 $n = 1,000,000,000$일 때 (84.49876, 84.50124)로 감소한다. 마찬가지로 웹사이트에 게재된 광고를 클릭한 방문자의 표본비율이 .50인 경우, 광고를 클릭하는 모집단 비율의 95% 신뢰구간 추정치는 표본 크기 $n = 100$일 때 (.4020, .5980), 표본 크기 $n = 100,000$일 때 (.4969, .5031)이고 표본 크기 $n = 1,000,000,000$일 때 (.49997, .50003)이다. 두 경우 모두 표본 크기가 커질수록 오차범위는 작아지며, 그 결과 신뢰구간은 매우 좁아지고 정밀해진다.

빅데이터의 의미

작년 기준 PenningtonDailyTimes.com 사이트를 방문한 모든 고객의 평균 체류시간은 84초였다. PDT는 작년 이후 모집단의 평균 시간이 변경되었는지 평가하려고 한다. PDT는 웹사이트 방문자 1,000,000명에 대한 자료를 새로 수집하고 웹사이트 방문자 평균 체류 시간 $\bar{x} = 84.5$초를 얻었다. 모집단 표준 편차는 $\sigma = 20$이므로 표준오차는 $\sigma_{\bar{x}} = \sigma/\sqrt{n} = .02$이다. 또한, 표본평균은 정규 분포가 될 만큼 표본 크기가 충분히 크다.

$$\bar{x} \pm z_{\alpha/2}\sigma_{\bar{x}} = 84.5 \pm 1.96(.02) = 84.5 \pm .0392 = (84.4608, 84.5392)$$

PDT는 어떤 결론을 낼 수 있나? 모집단 평균의 95% 신뢰구간 추정값에는 작년 자료에 의한 평균 시간값(84초)이 포함되지 않는다. 따라서 새 표본의 PDT의 표본평균(84.5초)과 작년 평균(84초) 간 차이는 표집오차(sampling error)에 의한 것으로만 생각할 수 없어 보인다.

그렇다면 비표집오차(nonsampling error)일 가능성이 있으므로 이를 조사하는 것이 좋다. 만약 PDT가 표본 자료에 비표집오차가 개입될 가능성이 없다고 판단했다면, 이 평균들의 차이를 설명할 수 있는 마지막 단서는 작년 이후 모집단 평균이 변경되었다고 보는 것이다. 이 표본이 충분히 신뢰할 만하고 작년 이후 모집단 평균이 변경된 것이 정확하다고 결론 내린 경우에도, 여전히 금년 표본평균과 작년 평균 간 차이가 어떤 잠재적 영향을 주는지 경영진은 생각해 보아야 한다. PDT.com 방문자가 체류하는 평균 시간의 차이 .5초는 PDT 웹사이트 광고에 부과할 광고비에 영향을 미치는가? 만약 그렇다면, 이 결과는 PDT에 엄청난 의미를 가진다. 만약 그렇지 않다면, 이 평균의 차이가 유의할지라고 현업에서는 실질적 의미를 갖지 않는다.

신뢰구간은 매우 유용하지만 다른 통계 도구와 마찬가지로 이것이 올바르게 적용되는 경우에만 효과적이다. 표본 크기가 증가함에 따라 구간 추정치의 폭은 점점 작아지므로 표본이 매우 크면 그만큼 정확한 추정치를 산출한다. 그러나 표본에서 비표집오차가 그만큼 없어지지 않으면 모집단 모수를 정확히 나타내지 못한다. 따라서 구간 추정을 사용할 때는 항상 관심 있는 모집단의 표본이 무작위로 추출되었는지 여부를 고려해야 한다. 또한 표본 크기가 큰 경우가 통계적으로 유의한 차이를 나타낼 수 있지만, 그 차이가 실제로 중요한지도 판단해야 한다. 현업에서 의사결정은 통계적 추론에 전적으로 의존하면 안된다. 통계적 추론은 의사결정에 다른 정보들과 함께 활용하는 것이 현명한 방법이다.

8.5 보충 설명

매우 큰 표본을 수집할 때는 표본 크기가 모집단 크기의 5% 이상, 즉 $n/N \geq .05$가 되지 않는지 살펴보아야 한다. 이러한 조건에서는 표집분포의 표준오차를 계산할 때 유한모집단 보정계수를 사용하는 것이 좋다.

연습문제

응용문제

DATA file FedTaxErrors

44. 작년에 작성된 오류가 있는 10,001개의 연방 소득세 신고서가 데이터 파일 FedTaxErrors에 들어 있다. 양수 값은 납세자가 적게 지불한 금액을 나타내고 음수 값은 납세자가 초과 지불한 금액을 의미한다. IRS가 연방 소득세 신고에서 발생한 오차의 표준 편차는 σ = 12,300이라고 가정하자.

a. 작년 연방 소득세 신고의 평균 오차에 대한 추정값은 얼마인가?

b. 95% 신뢰수준에서 오차범위는 어떻게 되는가?

c. 위 문제 a와 b의 결과를 사용하여 연방 소득세 신고의 평균 오차의 95% 신뢰구간 추정치를 구하라.

45. 미국 인구 조사국에 따르면 미국 연방정부는 2,475,780명의 직원을 고용하고 있다[출처]. 이 연방 직원 3,500명을 무작위 표본으로 추출하여 작년 한 해 직원들이 사용한 병가 시간에 대한 자료를 수집하였다. 이 조사에서 수집한 자료는 FedSickHours 파일에 있다. 과거 자료에서 파악한 모집단 표준편차는 $\sigma = 34.5$로 알려져 있다.

DATA file
FedSickHours

a. 작년 연방 직원이 사용한 평균 병가 시간에 대한 추정치는 얼마인가?

b. 99% 신뢰를 사용하면 오차범위는 얼마인가?

c. 문항 a와 b의 결과를 이용하여 평균 병가 시간에 대한 99% 신뢰구간 추정값을 구하라.

d. 작년보다 한 해 전인 2년 전 연방 직원이 사용한 평균 병가가 62.2라고 한다면, c에서 구한 신뢰구간은 작년에 대해 어떤 결론을 내릴 수 있는가?

46. 인터넷 사용자를 대상으로 온라인에서 가장 자주 사용하는 웹 브라우저에 대한 만족도 조사를 진행하였다. 102,519명의 응답자 중 65,120명이 가장 빈번히 사용하는 웹 브라우저에 매우 만족한다고 응답했다.

a. 가장 빈번히 사용하는 웹 브라우저에 대해 매우 만족하는 사용자 비율의 추정치는 얼마인가?

b. 95% 신뢰를 사용하면 오차범위는 얼마인가?

c. a, b의 결과를 사용하여 가장 빈번히 사용하는 웹 브라우저에 대해 매우 만족한다고 응답하는 사용자 비율의 95% 신뢰구간 추정치를 구하라.

47. ABC 뉴스에 따르면 미국 운전자의 58%가 과속을 인정한다고 한다[출처]. 새로운 위성 기술에 의해 도로 위 모든 차량의 속도를 즉시 측정할 수 있다고 하자. 위성 기술을 이용하여 화요일 오후 6시에 20,000대의 차량 표본을 수집하였다. 이 20,000대의 차량 중 9,252는 과속이었다.

a. 미국 도로에서 과속하는 차량 비율에 대한 추정치는 얼마인가?

b. 99% 신뢰를 사용하면 오차범위는 얼마인가?

c. a와 b의 결과를 사용하여 과속인 차량의 99% 신뢰구간 추정치를 구하라.

d. c의 신뢰구간 추정치는 ABC 뉴스의 값을 포함하는가? 당신의 결론은 무엇인가?

요약

이 장에서는 모집단 평균과 모집단 비율의 구간 추정에 대해 계산하는 방법을 알아보았다. 점 추정량은 모집단 모수에 대해 좋은 추정값을 제공할 수도 있고 그렇지 못할 수도 있다. 구간 추정치를 사용하면 추정치가 얼마나 정밀한지를 알 수 있다. 모집단 평균과 모집단 비율의 구간 추정은 둘 다 점 추정값±오차범위로 표현할 수 있다.

지금까지 모평균의 구간 추정치에 대해 두 가지 경우를 설명하였다. σ가 알려진 경우는 표본 추출을 하기 전에 과거 경험적 자료나 기타 정보를 이용하여 추정한 σ를 사용한다. 그 후 σ가 알려져 있다는 가정을 전제로 표본 자료를 분석한다. σ가 알려져 있지 않은 경우는 모집단 평균과 모집단 표준편차 두 가지 모두를 동일한 표본 자료를 가지고 추정한다. 이 두 가지 중 어느 것을 선택할지는 σ의 가장 좋은 추정값을 제시하는 방법이 무엇인지에 대한 분석가들의 판단에 달려 있다.

σ가 알려진 경우는 가정된 σ값과 표준정규분포를 이용해 구간 추정을 한다. σ가 알려져 있지 않은 경우는 표본 표준편차 s와 t-분포를 사용하여 구간 추정을 한다. 두 경우에서 얻은 구간 추정값의 정확도는 모집단 분포와 표본 크기에 좌우된다. 모집단이 정규분포를 따르면 구간 추정은 표본이 소규모일지라도 두 경우 모두 정확히 정해진다. 만약 모집단이 정규분포를 따르지 않는다면 구간 추정값은 근사치이다. 표본 크기가 클수록 더 좋은 근사치를 제공할 수 있다. 모집단 분포의 모양이 어느 한 쪽으로 많이 기울어져 있을수록 표본 크기가 더 커야 더 나은 근사치를 구할 수 있다. 더 나은 근사치를 얻기 위해 필요한 표본 크기에 대한 설명은 1절과 2절에 나와 있다. 대부분 경우 표본 개수 30개 이상일수록 좋다.

모집단 비율에 대한 구간 추정의 일반적 형태는 $\bar{p}$±오차범위이다. 실제로 모집단 비율의 구간 추정에 사용되는 표본 크기는 일반적으로 큰 편이다. 따라서 구간 추정 과정에서 표준정규분포를 사용한다.

표본조사 계획을 세우기 전에 원하는 오차범위를 결정하는 경우가 종종 있다. 정해진 오차범위를 만족시키는 표본 크기를 결정하는 방법에 대해서도 설명하였다. 마지막으로, 매우 큰 표본(빅데이터)을 가지고 신뢰구간을 정할 때의 실질적인 고려사항을 논의하였다.

용어

구간 추정(interval estimate) 모집단 모수 추정값의 일종으로 모수값을 포함할 것으로 여겨지는 구간을 구하는 것. 구간 추정은 점 추정값±오차범위로 표현된다.

신뢰수준(confidence level) 구간 추정에 대해 신뢰할 수 있는 정도. 구간 추정값의 95%가 모집단 모수를 포함하는 것으로 추정할 수 있다면 구간 추정은 95% 신뢰수준에서 계산한 것.

신뢰계수(confidence coefficient) 신뢰수준을 소수로 나타낸 것이다. 예를 들면 .95는 95% 신뢰수준에 대한 신뢰계수.

신뢰구간(confidence interval) 구간 추정과 같은 말임.

오차범위(margin of error) 모집단 모수에 대한 구간 추정을 계산하기 위해 점 추정값에 더하거나 빼는 값. 오차한계라고도 함.

유의수준(level of significance) 구간 추정 과정에서 구간 내에 μ가 포함되지 않을 확률.

자유도(degrees of freedom) t-분포의 형태를 결정하는 모수. 모집단 평균의 구간 추정에서 t-분포가 사용될 때 t-분포는 $n-1$의 자유도를 갖는다. 이때 n은 표본 크기이다.

σ가 알려져 있는 경우(σ known) 표본 수집 전에 과거 자료나 다른 정보원을 통해 모집단 표준편차를 알고 있는 상황. 구간 추정 과정에서 오차범위를 계산할 때 알려진 σ값을 사용.

σ가 알려져 있지 않은 경우(σ unknown) 일반적인 경우로서 표본을 정하기 전에 모집단 표준편차를 추정할 수 없는 경우. 구간 추정 과정에서 오차범위를 계산할 때 표본의 표준편차 s를 활용.

t-분포(t distribution) 모집단 표준편차 σ가 알려져 있지 않고 표본 표준편차 s에 의해 추정될 때 모집단 평균에 대한 구간 추정에서 사용하는 확률분포.

주요 식

모집단 평균의 구간 추정: σ가 알려진 경우

$$\bar{x} \pm z_{\alpha/2}\frac{\sigma}{\sqrt{n}} \quad \text{8-1}$$

모집단 평균의 구간 추정: σ가 알려져 있지 않은 경우

$$\bar{x} \pm t_{\alpha/2}\frac{s}{\sqrt{n}} \quad \text{8-2}$$

모집단 평균의 구간 추정을 위한 표본규모

$$n = \frac{(z_{\alpha/2})^2\sigma^2}{E^2} \quad \text{8-3}$$

모집단 비율의 구간 추정

$$\bar{p} \pm z_{\alpha/2}\sqrt{\frac{\bar{p}(1-\bar{p})}{n}} \quad \text{8-6}$$

모집단 비율의 구간 추정을 위한 표본 크기

$$n = \frac{(z_{\alpha/2})^2 p^*(1-p^*)}{E^2} \quad \text{8-7}$$

보충 연습문제

48. 디스카운트 증권사의 표본 54곳의 조사에 따르면 주당 $50인 주식으로 따져서 100주에 대한 거래 수수료는 평균 $33.77이라고 한다. 이 조사는 매년 수행한다. 과거 자료에 접근이 가능하여 모집단 표준 편차는 $15로 알려져 있다.

a. 주어진 표본 자료를 이용하여, 95% 신뢰구간의 오차범위를 구하라.

b. 주당 $50인 주식 100주 거래 평균 수수료에 대한 95% 신뢰구간을 구하라.

49. 미국자동차협회(AAA)가 조사한 바에 따르면 휴가 동안 하루 평균 4인 가족이 지출하는 비용은 $215.6으로 나타났다. 나이아가라 폭포에서 휴가를 보낸 64가족(가족당 4인 구성)을 표본으로 추출한 결과, 표본평균은 하루당 $252.45이고, 표본 표준편차는 $74.50으로 나타났다.

a. 나이아가라 폭포를 찾는 4인 가족의 하루 평균 지출액의 95% 신뢰구간 추정치는 얼마인가?

b. a의 신뢰구간에서 나이아가라 폭포를 찾는 4인 가족이 하루에 지출한 모평균 금액이 미국 자동차 협회가 조사한 평균과 다른가? 설명하라.

50. 50세 이상 미국인 9,200만 명은 총재량소득(discretionary income)의 50%를 지출한다. AARP는 이 연령층이 식당 음식과 테이크아웃 음식에 연평균 $1,873을 소비하는 것으로 추정했다. 80명의 표본에서 이 값을 얻었고, 표본 표준편차는 $550이라고 가정하자.

a. 95% 신뢰수준에서 오차범위를 구하라.

b. 식당 음식과 테이크아웃 음식에 지출하는 금액에 대한 모집단 평균의 95% 신뢰구간을 구하라.

c. 50세 이상의 미국인이 식당 음식과 테이크아웃 음식에 지출하는 비용의 총액의 추정값은 얼마인가?

d. 식당 음식과 테이크아웃 음식의 지출액의 분포가 오른쪽으로 긴 꼬리를 형성하고 있다면 지출액의 중앙값이 $1,873보다 작은가?

51. [DATA file Russia] 러시아는 최근 서양 국가에서 시행하는 규제와 비슷하게 담배 광고 및 공공장소 흡연 등에 대해 강하게 규제하기 시작했다. Russia 파일에는 *Wall Street Journal*에서 보고한 러시아인의 흡연 습관에 관한 300명의 표본 자료가 있다[출처]. 엑셀을 이용하여 자료를 분석하고 아래의 물음에 답하라.

a. 러시아인 흡연자 비율의 점 추정값과 95% 신뢰구간을 구하라.

b. 러시아인 일인당 담배 소비량(단위: 개비)의 연평균에 대한 점 추정값과 95% 신뢰구간을 구하라.

c. 러시아인 흡연자의 경우, 하루에 몇 개비를 피우는지 추정하라.

52. [DATA file DrugCost] 보건 비용 연구소는 고용주가 부담하는 개인건강보험의 65세 이하의 수혜자에 대한 보건 지출을 조사하고 있다. DrugCost 파일에 직원 한 명당 연간 처방 비용을 조사한 자료가 있다. 여기에는 처방 비용 총액과 개인이 부담한 비용이 들어있다. 엑셀을 이용하여 자료를 분석하고 아래의 물음에 답하라.

a. 연간 처방약 비용의 90% 신뢰구간을 구하라.

b. 종업원당 본인 부담 경비의 90% 신뢰구간을 구하라.

c. 처방 비용이 발생하지 않는 직원의 비율에 대한 점 추정

값은 얼마인가?

d. a와 b의 신뢰구간에서, 만약 오차범위가 서로 다르다면 어느 쪽이 더 큰 오차범위 값을 가지는가? 이 값이 서로 다른 이유를 설명하라.

53. [DATA file SocialMedia] GlobalWebIndex(Global Web Index는 소비자에 대한 여러 가지 정보와 데이터를 제공한다.—역자)에 따르면 미국 인터넷 사용자는 소셜 미디어 플랫폼에서 하루 평균 1.72시간을 소비하는 것으로 나타났다[출처]. 10대 청소년 인터넷 사용자 75명을 표본으로 수집하였다고 하자. 자료는 SocialMedia 파일에 있다. 이 파일에는 최근 응답자가 소셜 미디어 플랫폼에서 보낸 시간이 들어있다.

a. SocialMedia 자료를 사용하여 10대 청소년의 인터넷 사용자가 소셜 미디어 플랫폼에서 하루에 소비하는 시간을 추정하라. 이 값과 일반 인터넷 사용자가 소셜 미디어 플랫폼에서 하루에 소비하는 실제 시간과 비교하라. 어떤 놀라운 것이 있는가?

b. 표본 표준 편차는 얼마인가?

c. 10대 미국인 인터넷 사용자가 하루에 소셜 미디어 플랫폼에서 보내는 시간에 대해 95% 신뢰구간을 구하라.

54. 특정 자동차 모델의 연비를 검사하고 있다. 요구되는 연비의 오차범위는 갤런당 1마일로 해서 98%의 신뢰구간을 추정하려고 한다면 자동차 몇 대를 검사해야 하는가? 예비 연비검사 결과에서 얻은 표준 편차는 갤런당 2.6마일이었다.

55. 한 메디컬 센터는 진료 예약 일정을 계획하기 위해 환자 한 명당 의사가 진료하는 데 걸리는 평균 시간을 추정하려 한다. 95%의 신뢰수준에서 요구되는 오차범위가 2분이라면 표본 크기는 얼마나 필요한가? 99% 신뢰수준에서 필요한 표본 크기는 얼마인가? 모집단 표준 편차 계획값을 8분으로 하라.

56. 어떤 연봉 조사 보고서에 최고경영자들의 연봉과 상여금에 대한 자료가 있다고 하자. 예비 표본조사 결과 표준 편차는 $675(제공된 자료 단위: $1,000)로 나타났다. 오차범위를 $100,000로 하여 연봉과 상여금 총합의 모집단 평균을 추정하려면 최고경영자들의 표본의 크기는 얼마나 필요한가? (자료 단위가 $1,000이기 때문에 요구되는 오차범위는 $E = 100$이다.) 95% 신뢰수준을 사용하라.

57. 국립교육통계센터의 보고서를 보면, 대학생의 47%가 등록금과 생활비를 벌기 위해 일하는 것으로 나타났다. 이 연구에서 대학생 450명의 표본이 사용하였다.

a. 등록금과 생활비를 벌기 위해 일을 하는 대학생의 모집단 비율에 대한 95% 신뢰구간을 구하라.

b. 등록금과 생활비를 벌기 위해 일을 하는 대학생의 모집단 비율에 대한 99% 신뢰구간을 구하라.

c. 신뢰수준이 95%에서 99%로 증가함에 따라 오차범위는 어떻게 변화하는가?

58. 369쌍의 맞벌이 부부에 대한 *USA Today*/CNN/Gallup의 조사에 의하면, 200쌍은 일 때문에 아이들과 보내는 시간이 매우 적다고 대답하였다.

a. 일 때문에 아이들과 보내는 시간이 매우 적다고 느끼는 맞벌이 부모의 모집단 비율에 대한 점 추정값은 얼마인가?

b. 95% 신뢰수준에서 오차범위는 얼마인가?

c. 일 때문에 아이들과 보내는 시간이 매우 적다고 느끼는 맞벌이 부모의 모집단 비율에 대한 95% 신뢰구간을 추정하라.

59. Pew Research Center는 청년층에 대한 광범위한 연구를 수행하였다[출처]. 한 연구를 분석한 결과, 18~29세 성인 중 93%가 인터넷을 사용하는 것으로 나타났다. 다른 연구 결과에서는 18~28세 성인 중 21%가 혼인한 것으로 나타났다. 두 연구 결과는 모두 500명의 표본을 사용했다고 가정하자.

a. 18~29세 성인 중에서 인터넷을 사용하는 비율의 95% 신뢰구간은 얼마인가?

b. 18~28세 기혼 성인 비율에 대한 99% 신뢰구간은 얼마인가?

c. a, b의 오차범위 중 큰 값을 가지는 것은 어느 것인지, 왜 더 큰지 설명하라.

60. 라스무센(Rasmussen) 여론 기관은 총선을 앞두고 오하이오주 유권자 750명에 대한 조사를 실시하였다[출처]. 이 조사에서 경제 상황이 유권자의 표심을 결정짓는 중요한 요인인 것으로 나타났다. 자세히 보면 응답자 165명이 경제 상황을 좋음 또는 아주 좋음으로 평가하였고, 315명은 나쁨으로 평가하였다.

a. 경제 상황을 좋음 또는 아주 좋음으로 평가한 오하이오주 유권자의 비율에 대한 점 추정값은 얼마인가?

b. 경제 상황을 좋음 또는 아주 좋음으로 평가한 오하이오주 유권자의 비율에 대한 95% 신뢰구간은 얼마인가?

c. 경제 상황을 나쁨으로 평가한 오하이오주 유권자의 비율에 대한 95% 신뢰구간은 얼마인가?

d. b와 c 중에서 신뢰구간이 더 큰 것은 어느 것인가? 그 이유는 무엇인가?

61. 2003년 판 미국의 통계 백서를 보면 18세 이상의 흡연자 비율이 나와 있다. 흡연자와 비흡연자에 관한 조사를 시작하는데, 흡연자 비율에 대한 계획값으로 .30을 사용한다고 하자.

a. 오차범위를 .02로 하여 모집단 흡연자 비율을 추정하려면 표본 크기는 얼마가 되어야 하는가? 95% 신뢰구간을 구하라.

b. a에서 얻은 표본 크기로 조사를 수행한 결과 520명의 흡연자가 나왔다. 모집단의 흡연자 비율의 점 추정값은 얼마인가?

c. 모집단의 흡연자 비율에 대한 95% 신뢰구간은 얼마인가?

62. 한 유명한 은행 신용카드 회사가 월말 미결제 금액이 발생하여 이자를 지불해야 하는 신용카드 보유자의 비율을 추정하려 한다. 98% 신뢰수준에서 요구되는 오차범위를 .03이라고 가정하자.

a. 월말 미결제 금액이 남아있는 카드 보유자가 약 70%로 예상된다면 얼마나 많은 수의 표본을 수집해야 하는가?

b. 비율에 대한 계획값이 없을 경우 표본 크기는 얼마가 필요한가?

63. 미국기업기관(AEI)에서 실시한 대중 의견 조사를 보면 86%의 미국인들이 자신의 직업에 만족하는 것으로 나타났다[출처, AEI.org]. 이러한 조사 결과는 모든 연령대에서 동일하게 나타날 것인가? 후속 조사를 보면, 18~30세는 72%가 자신의 직업에 만족하는 것으로 나타났고, 31~50세는 85%가, 51~70세는 93%가 자신의 직업에 만족하는 것으로 나타났다.

a. 각 연령대에서, 자신의 직업에 만족하는 비율의 95% 신뢰구간은 얼마인가? 이 값에 대해 어떻게 생각하는가?

b. 각 연령대 집단에 대해 표본 크기를 같게 적용한다면, 오차범위가 .05 이하의 값을 가지려면 얼마나 큰 표본이 필요한가?

64. 비즈니스 여행객들은 항공사를 선택할 때 비행 스케줄과 요금이 중요한 요인임에도 불구하고, *USA Today* 조사 결과를 보면 비즈니스 여행객들이 가장 중요하게 생각하는 것은 항공사의 마일리지 혜택 프로그램으로 나타났다. 비즈니스 여행객 표본 $n = 1993$명 중에서 618명은 마일리지 프로그램을 가장 중요한 요인이라고 응답했다.

a. 항공사 선택 시 마일리지 프로그램이 가장 중요하다고 생각하는 비즈니스 여행객의 모집단 비율에 대한 점 추정값을 구하라.

b. 모집단 비율에 대한 95% 신뢰구간을 추정하라.

c. 95% 신뢰구간에서 오차범위를 .01로 하려면 표본 크기는 얼마로 해야하는가? *USA Today*의 조사가 이 정도의 높은 정확성을 확보해야할 필요가 있는가? 당신의 생각은 어떠한가?

사례문제 1. Young Professional 잡지

[DATA *file* Professional] *Young Professional* 잡지는 비즈니스/전문직에 종사한 지 10년 이하의 대학 졸업생을 대상으로 출간되었다. 첫 출간 이후 2년 동안은 성공적이었다. 출판사에서는 이제 잡지에 광고 지면을 더 늘리려고 한다. 잠재 광고주들은 이 잡지 구독자의 인구통계자료와 독자들의 관심 분야에 대한 정보를 요구하고 있다. 이 정보를 얻기 위하여, 구독자의 프로파일 정보를 수집하기 위해 설문조사를 실시하였다. 이 조사를 통해서 독자들이 흥미로워 할 기사를 선택하거나, 궁금해 하는 광고주에게 구독자의 프로파일을 제공할 수 있을 것이다. 이 출판사 신입사원인 당신이 설문조사 결과를 분석해달라는 요청을 받았다고 하자. 설문지 문항의 일부분은 오른쪽과 같다.

1. 당신의 연령은? ________세
2. 당신의 성별은? 남성________ 여성________
3. 당신은 향후 2년 이내에 부동산을 구입할 계획이 있는가?
   네________ 아니오________
4. 당신 또는 가족 구성원의 대략적인 총 금융 투자액(단, 집값은 제외)은 얼마인가?
5. 작년에 거래한 주식/채권/뮤추얼 펀드 규모는 얼마인가?
6. 집에서 초고속 인터넷을 사용하는가?
   네________ 아니오________
7. 작년 총 가계수입은 얼마입니까?
8. 당신은 자녀가 있습니까?
   네________ 아니오________

〈표 8-8〉 *Young Professional* 잡지의 설문 결과

나이	성별	부동산 투자 계획	가계수입($)	거래 건수	인터넷 사용	가계수입($)	자녀
38	여성	아니오	12200	4	예	75200	예
30	남성	아니오	12400	4	예	70300	예
41	여성	아니오	26800	5	예	48200	아니오
28	여성	예	19600	6	아니오	95300	아니오
31	여성	예	15100	5	아니오	73300	예
⋮	⋮	⋮	⋮	⋮	⋮	⋮	⋮

Professional 파일에 위 질문에 대한 응답이 들어 있다. 〈표 8-8〉은 이 파일의 일부분인데, 응답자 다섯 명에 대한 응답이 나와 있다.

경영 보고서

이 설문 결과를 요약하여 경영 보고서를 작성하라. 통계 요약과 더불어 어떻게 광고주의 관심을 끌 것인지에 대해 논하라. 이 자료를 활용하여 독자가 흥미 있어 할 기사가 어떤 것인지에 대해서도 논하라. 경영 보고서에 아래 문항들을 작성하고, 그 밖에 추가할 내용이 있으면 작성하라.

1. 자료 요약에 필요한 기술 통계표를 작성하라.
2. 독자 평균 연령과 가계 수입에 대한 95% 신뢰구간을 추정하라.
3. 인터넷에 가입되어 있는 구독자의 비율과 자녀를 둔 구독자 비율에 대하여 95% 신뢰구간을 추정하라.
4. *Young Professional* 잡지는 온라인 증권 중개인에게 적합한 광고처가 될 수 있는가? 통계자료를 바탕으로 설명하라.
5. 이 잡지는 교육용 소프트웨어와 유아용 컴퓨터 게임을 판매하는 회사에게 좋은 광고 매체가 될 수 있는가?
6. *Young Professional*의 독자들이 관심을 가질만한 기사 종류에 대하여 조언하라.

사례문제 2. 걸프 부동산

[DATA file GulfProp] 걸프 부동산(Gulf Real Estate Properties)은 플로리다 남서부에 위치한 부동산 전문 기업이다. 이 업체는 자사를 '부동산시장 전문업체'라고 광고하며 콘도미니엄 아파트의 입지, 권장판매가, 실판매가, 판매 소요일수 등에 대한 자료를 수집하여 아파트 매매를 모니터한다. 아파트가 멕시코만(Gulf of Mexico)에 바로 위치하고 있으면 '걸프 전망'으로 분류하고, 멕시코만 근처지만 멕시코만이 아닌 작은 만이거나 골프 코스를 전망하면 '비걸프 전망'으로 분류한다. 〈표 8-9〉는 걸프 전망 아파트 40개와 비걸프 전망 아파트 18개에 관한 최신 매매 자료이며, 가격 단위는 $1000이다(아파트 판매 자료는 네이플스 MLS에 보고된 자료다[출처]).

경영 보고서

1. 기술 통계를 활용하여 40개 걸프 전망 아파트에 대한 세 변수를 각각 요약하라.
2. 기술 통계를 활용하여 18개의 비걸프 전망 아파트에 대한 세 가지 변수를 요약하라.
3. 요약 결과를 가지고 두 종류 아파트를 비교하고, 부동산 중개업자가 아파트 시장을 이해하는 데 도움이 될 수 있는 구체적인 통계 결과를 제시하라.
4. 걸프 전망 아파트 매매 가격과 매매 소요일수의 모집단 평균을 95% 신뢰구간을 추정하고, 그 결과를 해석하라.
5. 비걸프 전망 아파트 매매 가격과 매매 소요일수의 모집단 평균을 95% 신뢰구간을 추정하고, 그 결과를 해석하라.
6. 지점장이 오차범위 $40,000에서 걸프 전망 아파트 매매 가격의 평균과 오차범위 $15,000에서 비걸프 전망 아파트 매매가격 평균에 대한 추정값을 요구하였다. 95%의 신뢰수준에서 표본 크기는 얼마이어야 하는가?
7. 걸프 부동산은 권장판매가격 $589,000인 걸프 아파트와 권장판매가격 $285,000인 비걸프 전망 아파트 두 매물에 대한 계약을 체결하였다. 각 매물에 대한 최종 매매가와 매매 소요일수에 대한 추정치를 구하라.

〈표 8-9〉 걸프 부동산 매매 자료

걸프 전망 아파트			비걸프 전망 아파트		
권장판매가	실판매가	판매 소요 일수	권장판매가	실판매가	판매 소요 일수
495.0	475.0	130	217.0	217.0	182
379.0	350.0	71	148.0	135.5	338
529.0	519.0	85	186.5	179.0	122
552.5	534.5	95	239.0	230.0	150
334.9	334.9	119	279.0	267.5	169
550.0	505.0	92	215.0	214.0	58
169.9	165.0	197	279.0	259.0	110
210.0	210.0	56	179.9	176.5	130
975.0	945.0	73	149.9	144.9	149
314.0	314.0	126	235.0	230.0	114
315.0	305.0	88	199.8	192.0	120
885.0	800.0	282	210.0	195.0	61
975.0	975.0	100	226.0	212.0	146
469.0	445.0	56	149.9	146.5	137
329.0	305.0	49	160.0	160.0	281
365.0	330.0	48	322.0	292.5	63
332.0	312.0	88	187.5	179.0	48
520.0	495.0	161	247.0	227.0	52
425.0	405.0	149			
675.0	669.0	142			
409.0	400.0	28			
649.0	649.0	29			
319.0	305.0	140			
425.0	410.0	85			
359.0	340.0	107			
469.0	449.0	72			
895.0	875.0	129			
439.0	430.0	160			
435.0	400.0	206			
235.0	227.0	91			
638.0	618.0	100			
629.0	600.0	97			
329.0	309.0	114			
595.0	555.0	45			
339.0	315.0	150			
215.0	200.0	48			
395.0	375.0	135			
449.0	425.0	63			
499.0	465.0	86			
439.0	428.5	158			

사례문제 3. 메트로폴리탄 연구소

[DATA file Auto] 메트로폴리탄 연구소(Metropolitan Reasearch Inc.)는 소비자 조사기관으로서 다양한 제품과 서비스를 평가하는 조사를 시행하는 기관이다. 메트로폴리탄 연구소는 디트로이트의 주요 자동차 제조사가 만든 자동차 성능에 대한 소비자 만족도를 조사 하였다. 특정 브랜드의 중형차 소유자들에게 변속기 조기 이상에 대한 불만을 파악하였다. 변속기 불량에 대하여 더 자세히 알아보기 위해 디트로이트 지역 정비소에서 제공한 실제 변속기의 수리기록을 표본으로 하였다. 다음 자료는 50대의 자동차 변속기가 처음 고장이 날 때까지 주행거리다.

85,092	32,609	59,465	77,437	32,534	64,090	32,464	59,902	39,323	89,641
94,219	116,803	92,857	63,436	65,605	85,861	64,342	61,978	67,998	59,817
101,769	95,774	121,352	69,568	74,276	66,998	40,001	72,069	25,066	77,098
69,922	35,662	74,425	67,202	118,444	53,500	79,294	64,544	86,813	116,269
37,831	89,341	73,341	85,288	138,114	53,402	85,586	82,256	77,539	88,798

경영 보고서

1. 기술 통계를 활용하여 변속기 고장에 대한 자료를 요약하라.
2. 변속기 고장 자동차의 모집단에 대해서 변속기가 고장 날 때까지 평균 주행거리에 대한 95% 신뢰구간을 구하라. 구간 추정치가 주는 시사점은 무엇인가?
3. 변속기 조기 이상을 경험한 차주의 입장에서 통계적 결과가 주는 시사점은 무엇인가?
4. 오차범위 5,000마일을 기준으로 변속기 고장 발생 시점까지 주행한 거리의 모집단 평균을 추정할 때 표본은 몇 개가 필요한가? 95% 신뢰수준에서 구하라.
5. 변속기 조기 고장 문제를 더 정확하게 평가하려면 어떤 정보가 추가적으로 필요한가?

가설 검정 9

HYPOTHESIS TESTS

STATISTICS *in* PRACTICE

존 모렐 앤 컴퍼니*

CINCINNATI, OHIO

존 모렐 앤 컴퍼니(John Morrell & Company)는 미국에서 가장 오래된 육류가공회사로서 1827년에 설립되었다. 이 회사는 버지니아주 스미스필드에 있는 스미스필드 푸드가 전액 출자하여 독립적으로 운영하는 지회사이다. 존 모렐 앤 컴퍼니는 존 모렐(John Morrell), 이지컷(E-Z-Cut), 토빈스 퍼스트 프라이즈(Tobin's First Prize), 디너 벨(Dinner Bell), 헌터(Hunter), 크리츠마(Kretschmer), 래쓰(Rath), 로데오(Rodeo), 센슨(Shenson), 파머스 힉토리 브랜드(Farmer's Hictory Brand), 아이오와 퀄리티(Iowa Quality), 페톤스(Peyton's) 등을 포함하여 13개 지역 브랜드로 소비자에게 광범위한 가공육류와 신선한 돼지고기를 제공하고 있었다. 각각의 지역 브랜드는 고객들 사이에서 높은 브랜드 인지도와 충성도를 나타내고 있었다.

RosalreneBetancourt 1/Alamy Stock Photo

가설 검정은 존 모렐 앤 컴퍼니가 자사 제품에 대한 시장조사 결과를 분석하는 데 도움을 준다.

모렐의 시장 조사팀은 회사의 다양한 제품에 관한 새로운 정보를 관리하고 비슷한 제품을 생산하는 경쟁사들에 대한 대응방안을 모색하고 있었다. 최근 조사에서 모렐의 소고기구이 제품과 주요 경쟁사인 두 회사의 유사 제품을 비교하였다. 세 가지 제품의 비교를 위해 표본으로 선정된 소비자들은 맛,

* 이 사례의 자료를 제공해 준 John Morrell & Company의 마케팅 부사장 Marty Butler에게 감사드린다.

STATISTICS in PRACTICE

모양, 향 그리고 전반적인 선호도의 관점에서 비교하여 평가하였다.

조사의 주관심은 모렐 제품의 선호도가 소비자 모집단의 50% 이상이 되느냐에 관한 것이었다. 모집단에서 모렐 제품 선호비율을 p라 하면, 가설 검정에서 연구자의 관심을 다음과 같이 표현할 수 있다.

$$H_0: p \le .50$$
$$H_a: p > .50$$

귀무가설 H_0는 모렐 제품의 선호도가 50%와 같거나 작다는 것을 의미한다. 표본 자료에서 H_0를 기각하고 H_a를 채택한다면 세 가지 제품을 비교하는 연구에서 모렐 제품의 소비자 모집단 선호도는 50% 이상이라고 결론을 내릴 수 있다.

신시내티, 밀워키, 로스앤젤러스에서 224명의 소비자를 대상으로 맛에 대한 테스트를 실시한 결과, 150명의 소비자들이 선호하는 제품으로 모렐의 소고기 구이 제품을 선택하였다. 통계적 가설 검정을 통해 귀무가설 H_0가 기각됨에 따라 H_a를 지지함과 동시에 모렐 제품의 소비자 선호도가 50% 이상이라는 결론을 도출하였다.

모비율의 점 추정값 $\bar{p} = 150/224 = .67$이다. 결과적으로 이 표본 자료는 세 가지 제품의 맛 비교에서 모렐이 만든 소고기구이 제품이 "다른 경쟁제품보다 2:1로 더 선호된다"는 푸드 매거진의 광고를 지지한다.

이 장에서는 모렐이 사용한 것과 같이 어떻게 가설을 수립하고 검정할 수 있는지에 대해 논의할 것이다. 표본 데이터의 분석을 통해 우리는 가설의 기각 및 채택 여부를 결정할 수 있을 것이다.

7장과 8장에서는 표본을 사용해서 모수의 점 추정과 구간 추정을 어떻게 하는지에 대해 살펴보았다. 통계적 추론에 대한 공부를 계속하여, 이번 장에서는 가설 검정을 통해서 모수에 대한 주장을 기각해야 하는지 또는 기각하지 않아야 하는지에 대해 살펴본다.

가설 검정은 모수에 대한 잠정적인 가정에서부터 시작한다. 이 잠정적인 가정을 **귀무가설**(null hypothesis)이라고 하고, H_0라고 표시한다. 다음으로 이 귀무가설에 반대되는 다른 가설을 **대립가설**(alternative hypothesis)이라고 하고, H_a로 표시한다. 서로 상반되는 두 가지 가설인 H_0와 H_a를 검정하기 위해서 표본으로 추출한 자료를 이용한다.

이번 장은 모평균과 모비율의 가설 검정을 어떻게 하는지를 설명할 것이다. 먼저 예제를 통해 귀무가설과 대립가설을 수립하는 방법을 제시하고자 한다.

9.1 귀무가설과 대립가설의 수립

귀무가설과 대립가설을 어떻게 수립해야 하는지가 항상 명확하게 정해져 있는 것은 아니다. 연구자나 의사결정자가 원하는 정보를 얻기 위해서는 주의를 기울여 가설을 적절하게 설정해야 한다. 특정 상황에서 가설을 어떻게 설정해야 하는지를 판단하는 것이 매우 중요하다. 모든 가설 검정 과정은 표본 자료를 수집하고 그 표본 자료의 결과를 바탕으로 결론을 이끌어낸다. 따라서 귀무가설과 대립가설을 수립할 때 좋은 질문은 "표본 자료를 수집하는 목적은 무엇인가?" 또는 "우리가 얻고자 하는 결론은 무엇인가?"이다.

모평균 또는 모비율과 같은 모수에 대한 잠정적인 가정을 귀무가설 H_0라고 하였다. 또한 귀무가설과 상반되는 가설을 대립가설 H_a라고 하였다. 경우에 따라, 대립가설을 먼저 수립하고 귀무가설을 수립하는 것이 쉬울 수도 있고, 반대로 귀무가설을 먼저 세우고 대립가설을 수립하는 더 쉬울 수도 있다. 다음의 예제에서 이러한 상황을 다룰 것이다.

연구가설로써 대립가설 수립

가설 검정은 연구가설을 지지할 수 있는 증거를 수집하는 데서 시작한다. 따라서 연구자가 원하는 결론을 대립가설로 세워서 시작하는 것이 최선이다. 현재 시내 주행 연비가 갤런당 24마일인 어떤 자동차를 생각해 보자. 제품개발팀에서 그 자동차의 연비를 향상시킬 수 있는 새로운 연료분사시스템을 개발하였다고 하자. 새로운 연료분사시스템이 현재 시스템보다 연비를 증가시킬수 있다는 통계적인 증거를 수집하려면 새로운 연료분사시스템을 설치한 후 시험주행을 해 보아야 한다.

새로운 연료분사시스템을 설치한 시험용 자동차를 여러 대 제조하여 연구 목적에 맞도록 주행 조건을 만들어서 주행해 본다. 여기서 계산한 연비의 표본평균을 가설 검정에 사용하면 새로운 시스템의 연비가 24마일보다 큰지 판정할 수 있다. 갤런당 연비의 모평균을 μ라고 하고, μ를 가지고 **연구가설**을 수립하면 $\mu > 24$이고 이것이 대립가설이 된다. 현재의 연료분사시스템은 갤런당 평균 24마일인데, 새로운 연료분사시스템이 현재 연료분사시스템과 같다고 가정하여(또는 더 좋아지지 않는다고 가정하여) 귀무가설을 수립하면 $\mu \leq 24$가 된다. 그러므로 귀무가설과 대립가설은 다음과 같다.

$$H_0: \mu \leq 24$$
$$H_a: \mu > 24$$

표본 데이터에서 귀무가설을 기각할 만한 충분한 근거를 찾을 수 있으면 연구가설이 진실이라는 결론을 내린다.

표본을 통해 H_0를 기각한다는 결론을 얻게 되면 $H_a: \mu > 24$이 참이라는 추론을 할 수 있다. 제품개발팀은 새로운 연료분사시스템이 갤런당 평균 연비를 향상시킨다는 통계적 증거를 얻은 셈이다. 새로운 연료분사시스템을 장착한 자동차의 생산을 고려하여야 한다. 그러나 표본 결과에서 H_0를 기각할 수 없다면 제품개발팀은 새로운 연료분사시스템이 현재보다 더 좋다고 결론을 내릴 수 없다. 연비가 향상될 것으로 예상하고 새로운 연료분사시스템을 장착한 자동차를 생산하려는 것은 정당성이 없다. 추가적인 연구와 테스트가 실시되어야 할 것이다.

성공하는 회사는 현재보다 더 나은 신제품, 새로운 방법, 새로운 시스템 등을 개발하여 경쟁력을 유지한다. 새로운 어떤 것을 수용하기 전에 새로운 접근 방법이 더 낫다는 결론을 통계적으로 뒷받침할 수 있는 연구를 수행하는 것이 바람직하다. 이러한 경우에는 연구가설을 대립가설로 삼는다. 예를 들어, 새롭게 개발된 교수법이 현재의 방법보다 더 좋다고 확신한다고 하자. 대립가설은 새로운 교수법이 더 좋다는 것이고, 이에 대응하는 귀무가설은 새로운 교수법이 예전 방법과 같다는(또는 더 좋지 않다는) 것이다. 판매량을 올리기 위해서 영업 조직에게 새로운 성과급을 고려한다고 해 보자. 이때 귀무가설은 새로운 성과급이 판매를 증가시키지 못한다는 것이다. 신약 개발의 목표는 현재보다 혈압을 낮추는 것이라면, 신약이 현재의 약보다 혈압을 더 낮출 수 있다는 것이 대립가설이나, 신약이 현재의 약보다 혈압을 더 낮출 수 없다는 것이 귀무가설이다. 이러한 각각의 경우에, 귀무가설 H_0를 기각하는 것은 반대로 연구가설을 지지하는 통계적 근거를 얻는 것이 된다. 이 장 전체와 교재의 나머지 부분에서 이와 같은 연구 상황에 대한 가설 검정의 많은 예시를 보게 될 것이다.

도전받고 있는 가정으로서 귀무가설

물론, 모든 가설 검정에 연구가설이 관련되는 것은 아니다. 가설 검정은 모수의 값에 대한 어떤 진술이 참(true)이라고 생각하는 가정이나 믿음에서부터 출발한다. 그러한 믿음이나 가정에 반하여 그것이 옳지 않다는 결론을 내리는 통계적 근거가 있는지 판단하기 위하여 가설 검정을 한다. 이러한 상황에서는 귀무가설을 수립하는 것이 중요하다. 귀무가설 H_0는 모수에 대한 가정 혹은 믿음이 옳다는 것을 나타내고, 대립가설 H_a는 그 가정 혹은 믿음이 옳지 않다는 것을 의미한다.

예를 들어, 청량음료를 제조하는 기업을 생각해 보자. 청량음료 병에는 용량이 67.6온스로 표시되어 있다. 그 표시를 보면 우리는 모평균이 적어도 67.6온스 이상 될 것이라고 생각한다. 달리 의심할 이유 없이, 우리는 제조기업의 표시가 정확하다고 가정할 것이다. 따라서 병당 용량에 대한 모집단 평균과 관련한 가설 검정에서 우리는 용량 표시가 옳고 $\mu \geq 67.6$ 라는 귀무가설을 가정하고 시작할 것이다. 이 가정에 대한 도전은 표시가 부정확하고 용량이 충분히 채워지지 않았다는 것을 의미한다. 여기에서 대립가설은 $\mu < 64.6$으로 표현할 수 있다. 따라서 귀무가설과 대립가설은 다음과 같이 수립할 수 있다.

$$H_0: \mu \geq 67.6$$
$$H_a: \mu < 67.6$$

제조업자의 제품 정보는 보통 진실로 간주되고, 귀무가설로 쓰인다. 그 귀무가설이 기각되었을 때 그 정보가 잘못됐다는 결론을 내릴 수 있다.

제조 라벨의 유효성 검사를 담당하는 정부 기관은 청량음료 병의 샘플을 선택하고, 표본평균을 계산하여 가설을 검정할 수 있다. 표본 결과가 H_0를 기각하는 결론으로 나타나면 H_a: $\mu < 67.6$이 참이라는 추론을 할 수 있다. 이러한 통계적 결과를 통해 정부 기관은 라벨이 부정확하고 병의 용량이 부족하다고 결론 지을 수 있다. 이에 따라 제조업체가 라벨링 표준을 준수하도록 강제하는 적절한 조치를 고려할 것이다. 그러나 표본 결과에 따라 H_0가 기각될 수 없는 경우는 제조업체의 라벨이 올바르다는 가정은 기각될 수 없다. 이 결론으로 어떠한 조치도 취해지지 않을 것이다.

그렇다면 제조업체의 관점에서 청량음료 용량을 다르게 살펴보자. 청량음료 병의 용량은 라벨에 표신된 67.6온스에 맞게 채우도록 설계되어 있다. 제조업체는 고객 혹은 정부 기관으로부터 항의를 받을 수 있기 때문에 용량보다 덜 채워지는 것을 원하지 않는다. 그렇다고 표시된 양보다 더 많은 청량음료를 채우는 것도 불필요한 비용이 발생한다. 이 제조업체의 목표는 용기에 표시된 대로 병당 67.6온스의 모평균만큼만 채우는 것이다.

비록 이것이 제조업체의 목표이지만, 때로는 제품의 제조 과정의 설정이 달라질 수 있고, 청량음료 병에 음료를 더 채우거나 덜 채우는 일이 발생한다. 그럴 경우에는 제조업체가 그것을 알아내어서 잘못된 상황을 바로잡아 67.6온스를 채울 수 있는지 방법을 알고 싶어할 것이다. 이러한 경우에 가설 검정을 적용하면, 생산 과정의 올바른 운영 상태는 귀무가설 $\mu = 67.6$가 채워지는 것이다. 대립가설은 이 가정에 이의를 제기하는 것으로 $\mu \neq 67.6$, 즉 더 채우거나 덜 채우는 것을 의미한다. 제조업체 입장에서 귀무가설과 대립가설을 세우면 다음과 같다.

$$H_0: \mu = 67.6$$
$$H_a: \mu \neq 67.6$$

청량음료 주입공정에서 주기적으로 표본을 추출하여 병당 주입량의 평균을 계산하는 품질관리를 한다고 하자. 표본조사 결과, H_0를 기각한다면 $H_a: \mu \neq 67.6$는 참이라고 추론할 수 있다. 그러면 그 공정이 정상적으로 주입하지 않는다고 결론을 내리고 모집단의 평균이 한 병당 67.6온스로 회복하도록 공정을 조정하여야 한다. 그러나 표본 결과를 가지고 H_0를 기각할 수 없다면 병에 청량음료를 담는 기계가 제대로 작동한다는 제조업체의 가정을 기각할 수 없다. 이 경우에는 더 이상의 조치는 필요하지 않기 때문에 계속 생산하면 된다.

청량음료 생산과 관련된 두 가지 가설 검정을 보면 귀무가설과 대립가설은 조사자나 의사 결정자의 관심이 어디에 있느냐에 따라 달라질 수 있음을 알 수 있다. 가설을 정확하게 세우기 위해서 상황을 파악하고 조사자나 의사결정자가 원하는 정보를 제공할 수 있도록 가설을 설정하는 것이 중요하다.

귀무가설과 대립가설의 형태 요약

이 장에서는 두 모수, 즉 모집단 평균과 모집단 비율에 대한 가설 검정에 대해 살펴볼 것이다. 가설 검정은 모수의 상황에 따라 세 가지 형식 중 하나가 된다. 두 가지는 귀무가설에 부등호를 사용하고, 나머지 한 가지는 등호를 사용한다. 모집단 평균에 대한 가설 검정은 귀무가설에서 설정한 값 μ_0를 기준으로 다음 세 가지 형태 중에서 하나를 선택한다.

가능한 세 가지 귀무가설과 대립가설의 형태를 보여주고 있다. 귀무가설에는 항상 등호(=)가 포함됨을 유의하라.

$$H_0: \mu \geq \mu_0 \qquad H_0: \mu \leq \mu_0 \qquad H_0: \mu = \mu_0$$
$$H_a: \mu < \mu_0 \qquad H_a: \mu > \mu_0 \qquad H_a: \mu \neq \mu_0$$

나중에 다시 설명하겠지만, 왼쪽에서 두 가지 형식을 단측 검정(one-tailed test), 나머지 형식을 양측 검정(two-tailed test)이라고 한다.

대부분의 경우에 H_0와 H_a의 적절한 형식을 선택하는 것이 명확하지 않고 적절한 판단이 필요하다. 그러나 앞에서 살펴본 것과 같이 귀무가설은 항상 등호를(≥, ≤, =)포함한다. H_0와 H_a의 형식을 정하기 전에 가설 검정으로 새롭게 주장할 내용이 종종 대립가설이 된다는 것을 기억하자. 이런 이유로 $\mu < \mu_0, \mu > \mu_0, \mu \neq \mu_0$ 중에서 조사자가 어느 것을 지지하는 증거를 찾고 있는지를 생각하면 H_a를 정하는 데 도움이 된다. 연습문제에서 모집단 평균에 대한 세 가지 형식의 가설 중에서 어떤 형식을 선택해야 하는지 연습해 보자.

연습문제

1. 댄버스 힐튼 리조트 호텔의 매니저는 주말 평균 숙박료가 600달러 이하라고 주장하였다. 이 호텔의 회계 담당 직원은 최근 몇 달 동안 객실 요금 총액이 증가하고 있다는 것을 확인하였다. 따라서 회계 담당자는 앞으로 주말에 투숙할 고객들의 영수증을 표본으로 호텔 지배인의 주장을 검정하려고 한다.
   a. 호텔 지배인의 주장을 검정하기 위해서 다음 중 어떤 형식을 선택할 것인가? 그 이유를 설명하라.

   H_0: $\mu \geq 600$ H_0: $\mu \leq 600$ H_0: $\mu = 600$
   H_a: $\mu < 600$ H_a: $\mu > 600$ H_a: $\mu \neq 600$

   b. H_0를 기각할 수 없을 때 결론은 무엇인가?
   c. H_0를 기각한다면 결론은 무엇인가?
2. 자동차 대리점의 매니저는 판매량을 늘리기 위해 새로운 보너스 계획을 고려하고 있다. 현재 평균 판매량은 월 14대이고 매니저는 새로운 보너스 제도가 판매량을 증가시키는지를 알아보기 위하여 조사를 하려고 한다. 자료를 수집하기 위해 새로운 성과급 체제를 몇 명의 판매원에게 적용하여 한 달간 판매하도록 하였다.
   a. 이 상황에 가장 적합한 귀무가설과 대립가설을 수립하라.
   b. 귀무가설이 기각될 수 없을 때 결론에 대해 설명하라.
   c. 귀무가설을 기각할 수 있을 때 결론에 대해 설명하라.
3. 세탁 세제의 생산라인은 상자에 평균 32온스를 넣도록 설계되어 있다. 상자들을 주기적으로 표본으로 추출하여 용량이 정확한지 확인한다. 표본조사 결과, 세탁 세제를 더 채웠거나 덜 채웠다면 생산라인을 중단하고 정확한 양을 넣도록 조정을 한다.
   a. 생산라인을 중단시키고 조정할 것인지를 결정할 때 도움을 줄 수 있는 귀무가설과 대립가설을 수립하라.
   b. 귀무가설을 기각할 수 없을 때 결론에 대해 설명하라.

c. 귀무가설을 기각할 수 있을 때 결론에 대해 설명하라.

4. 현재의 생산 방법이 생산설비의 교체에 시간과 비용이 너무 많이 소요되기 때문에 새로운 생산 방법으로 원가를 줄여야 한다고 경영진을 설득하려고 한다. 현재의 생산 방법으로는 시간당 $220의 비용이 발생한다. 조사에서는 일정 기간을 표본으로 선택하여 새로운 생산 방법으로 비용을 측정할 것이다.
   a. 이 연구에 가장 적합한 귀무가설과 대립가설을 수립하라.
   b. 귀무가설을 기각할 수 없을 때 결론에 대해 설명하라.
   c. 귀무가설을 기각할 수 있을 때 결론에 대해 설명하라.

9.2 제1종 오류와 제2종 오류

귀무가설과 대립가설은 모집단에 대해 서로 대립하는 주장이다. 귀무가설 H_0가 참이거나 대립가설 H_a가 참인 두 가지 중 하나이지 둘 다 참일 수는 없다. 이상적인 가설 검정은 H_0가 참이면 H_0를 채택하고, H_a가 참이면 H_0를 기각하는 것이다. 그러나 불행하게도 항상 옳은 결론을 내릴 수는 없다. 가설 검정은 표본 정보에 기초하기 때문에 항상 오류의 가능성을 가지고 있다. 〈표 9-1〉은 가설 검정에서 나타날 수 있는 두 가지 오류를 보여준다.

〈표 9-1〉의 첫 번째 행은 H_0를 채택했을 때 어떤 일이 생길 수 있는지 보여준다. 만약 H_0가 참(true)이라면 올바른 결정이다. 그러나 H_a가 참이라면 **제2종 오류**(Type II error), 즉 귀무가설이 거짓인데도 채택하는 오류를 범하게 된다. 〈표 9-1〉의 두 번째 행은 H_0를 기각할 때 무슨 일이 생길 수 있는지 보여준다. 만약 H_0가 참이라면 **제1종 오류**(Type I error), 즉 귀무가설이 참인데도 기각하는 오류를 범하게 된다. 그러나 H_a가 참이라면 H_0를 기각하는 것이 옳다

1절에서 살펴본 가설 검정 사례 중에서 자동차 연비를 높이기 위해 연구자들이 개발한 새로운 연료분사시스템을 다시 생각해 보자. 현재 연비가 갤런당 평균 24마일을 주행한다는 것을 이용해서 가설을 세우면 다음과 같다.

$$H_0: \mu \leq 24$$
$$H_a: \mu > 24$$

〈표 9-1〉 가설 검정에서 오류와 옳은 결론

		모집단 상태	
		H_0 참	H_a 참
결론	H_0 채택	옳은 결론	제2종 오류
	H_0 기각	제1종 오류	옳은 결론

대립가설을 H_a: $\mu > 24$으로 수립하였다는 것은 연구자가 새로운 연료분사시스템의 연비의 모평균이 갤런당 24마일보다 높다는 결론을 뒷받침하는 증거를 찾고 있다는 것을 말한다.

이 검정에서 H_0가 참인데 기각하는 제1종 오류는 새로운 연료분사시스템이 현재 시스템보다 더 좋지 않음에도 불구하고 연구자가 새로운 시스템이 연비를 개선하였다($\mu > 24$)고 주장하는 것을 의미한다. 이와는 반대로, H_0가 거짓임에도 채택하는 제2종 오류는 새로운 연료분사시스템이 갤런당 연비를 향상시켰음에도 불구하고 연구자가 새로운 시스템이 현재 시스템보다 좋아지지 않았다($\mu \leq 24$)고 결론을 내리는 것을 의미한다.

유의수준은 H_0: $\mu = \mu_0$가 참일 때 $1-\alpha$ 확률의 일어나기 쉬운 사건과 α 확률의 일어나기 어려운 사건(오류)으로 구분한다. 따라서 가설 수립의 세 가지 형태에서 귀무가설을 모두 H_0: $\mu = \mu_0$으로 수립하여도 검정의 효과와 결론은 변함이 없다.—역자

갤런당 연비를 측정하는 가설 검정에서 귀무가설은 H_0: $\mu \leq 24$이다. $\mu = 24$, 즉 귀무가설이 등식으로서 참인 경우를 생각해 보자. 귀무가설이 등식으로서 참일 때 제1종 오류를 범할 확률을 **유의수준**(level of significance)이라고 한다. 위 가설 검정에서 유의수준은 $\mu = 24$일 때 H_0: $\mu \leq 24$을 기각할 확률이다. 이 개념은 중요하기 때문에 유의수준에 대하여 다시 정의해 보겠다.

유의수준

유의수준은 귀무가설이 등호(=)로써 참일 때 제1종 오류를 범할 확률이다.

유의수준은 그리스 문자 α(알파)로 표시하고 일반적으로 .05와 .01을 많이 사용한다.

실제로, 가설 검정의 책임자가 유의수준을 설정한다. 책임자는 유의수준을 설정하여 제1종 오류를 범할 확률을 통제한다. 일반적으로 제1종 오류로 인한 비용이 크다면 α값을 작게 설정하고, 제1종 오류로 인한 비용이 크지 않다면 α값을 크게 설정한다. 단지 제1종 오류만 통제하여 실시하는 가설 검정을 **유의성 검정**(significance test)이라고 한다. 대부분의 가설 검정은 여기에 해당된다.

표본 데이터가 귀무가설 H_0를 지지하면 우리는 "H_0를 기가하지 않는다."라는 관행적인 표현의 결론을 따른다. 그 이유는 "H_0를 채택한다."라는 결론은 제2종 오류의 위험을 안고 있기 때문이다.

대부분의 가설 검정은 제1종 오류를 범할 확률은 통제하지만, 제2종 오류를 범할 확률은 항상 통제하는 것은 아니다. 그렇기 때문에 H_0를 채택한다고 결정한다면, 그 결정에 대해 얼마나 확신할 수 있는지 알 수 없다. 그러므로 유의성 검정에서는 제2종 오류에 대한 불확실성 때문에 통계학자들은 "H_0를 채택한다"고 표현하지 않고, "H_0를 기각하지 않는다"고 표현한다. 이러한 표현은 판단과 행동의 유보를 추천하는 것이다. 사실상 통계학자들은 H_0를 채택한다고 직접적으로 표현하지 않음으로써 제2종 오류를 범할 위험을 피하는 것이다. 제2종 오류를 범할 확률을 정하고 통제할 수 없을 때에는 "H_0를 채택한다"는 표현을 사용하지 않으려는 것이다. 이런 경우에는 "**H_0를 기각하지 않는다**(do not reject H_0)" 또는 "**H_0를 기각한다**(reject H_0)"는 두 가지 결론만 가능하다.

가설 검정에서 제2종 오류를 통제하는 것이 일반적인 것은 아니지만 할 수는 있다. 더 고급 교재에서는 제2종 오류를 범할 위험을 통제하고 결정하는 절차를 자세히 설명하고 있

다.[1] 제2종 오류가 적절히 통제되었다면, "H_0를 채택한다(accept H_0)"라는 결론을 내리고 그에 따라 어떤 조치가 적절해질 수 있다.

9.2 보충 설명

컬럼니스트이자 조지 메이슨 대학교의 경제학과 교수인 월터 윌리엄은 의사결정 시에 제1종 오류와 제2종 오류를 범할 확률은 항상 존재한다고 언급하였다(*The Cincinnati Enquirer*, 2005년 8월 14일). 그는 식품의약품안전청(FDA)에서 약을 승인할 때 이러한 오류를 범할 위험이 존재한다고 보고하였다. FDA는 신약을 승인하거나 거부하거나 둘 중의 하나를 선택해야 한다. 따라서 신약이 안전하지 않고 효과가 없는데도 승인할 수 있는 제1종 오류를 범할 위험과, 신약이 안전하고 효과가 있는데도 승인을 거부하는 제2종 오류를 범할 위험을 늘 가지고 있다. 의사결정이 어찌 되었든 간에 값비싼 오류 비용이 발생할 가능성을 제거할 수는 없다.

연습문제

5. 듀크에너지는 오하이오주 신시내티 부근의 특정 지역에서 가구당 월 평균 전기료가 $104라고 보고하였다[출처]. 한 연구자는 일리노이주 시카고가 신시내티와 비교할 만한데, 시카고의 전기료가 더 높다고 믿고 있다. 시카고에서 표본을 추출하여 월 평균 전기료를 계산하고 다음의 귀무가설과 대립가설을 검정하려고 한다.

$$H_0: \mu \leq 104$$
$$H_a: \mu > 104$$

   a. 표본 자료를 가지고 검정한 결과, 귀무가설을 기각하는 것으로 나타났다고 해보자. 시카고 부근의 전기료에 대한 당신의 결론은 무엇인가?
   b. 여기에서 제1종 오류는 무엇인가? 이 오류를 범하면 어떤 결과가 발생하는가?
   c. 여기에서 제2종 오류는 무엇인가? 이 오류를 범하면 어떤 결과가 발생하는가?

6. 용량이 3쿼터인 오렌지 쥬스의 용기에는 지방 함유량이 평균 1g 이하라고 표시되어 있다. 상표에 표시된 내용을 확인하기 위한 가설 검정에서 다음 물음에 답하라.
   a. 귀무가설과 대립가설을 수립하라.
   b. 여기에서 제1종 오류는 무엇인가? 이 오류를 범하면 어떤 결과가 발생하는가?
   c. 여기에서 제2종 오류는 무엇인가? 이 오류를 범하면 어떤 결과가 발생하는가?

7. 카펫랜드 영업사원의 주당 평균 매출액은 $8000이다. 이 회사의 부사장인 스티브 콘토이스는 영업실적에 따른 보상으로 새로운 판매성과급을 계획하고 제안하였다. 스티브는

---

[1] See, for example, D. R. Anderson, D. J. Sweeney, and T. A. Williams, Statistics for Business and Economics, 13th edition(Cincinnati: Cengage Learning, 2018).

이 계획을 통해 영업사원당 평균 매출액에 증가하기를 희망하고 있다.

a. 귀무가설과 대립가설을 수립하라.

b. 여기에서 제1종 오류는 무엇인가? 이 오류를 범하면 어떤 결과가 발생하는가?

c. 여기에서 제2종 오류는 무엇인가? 이 오류를 범하면 어떤 결과가 발생하는가?

8. 가설 검정에서 새로운 생산 방법이 시간당 평균 운영비를 절감한다는 결론이 지지를 받으면, 새로운 방법이 적용된다고 해 보자.

a. 현재 생산 방법의 운영비가 시간당 평균 $220일 때 귀무가설과 대립가설을 수립하라.

b. 여기에서 제1종 오류는 무엇인가? 이 오류를 범하면 어떤 결과가 발생하는가?

c. 여기에서 제2종 오류는 무엇인가? 이 오류를 범하면 어떤 결과가 발생하는가?

9.3 모집단 평균의 검정: σ를 알고 있을 경우

8장에서 σ를 알고 있다는 것은 표본을 추출하기 전에 경험적 자료나 다른 정보를 통해서 적절한 모집단 표준편차를 추정할 수 있는 경우라고 하였다. 이런 경우 실제 적용에서는 모집단 표준편차를 알고 있다고 간주한다. 이번 절에서는 σ를 알고 있을 때, 모평균에 대한 가설 검정 방법을 살펴볼 것이다.

정규분포를 따르는 모집단에서 표본이 추출되었다면 이 절에서 설명하는 방법은 모두 정확하다(exact). 모집단이 정규분포라는 가정을 충족시킬수 없더라도 표본의 크기가 충분하면 이 방법을 적용할 수 있다. 이 절의 마지막에는 모집단 분포와 표본 크기에 대한 실용적인 방법을 몇 가지 제시할 것이다.

단측 검정

모평균에 대한 **단측 검정**(one-tailed test)은 다음의 두 가지 형태 중 하나를 따른다.

좌측 검정	우측 검정
$H_0: \mu \geq \mu_0$	$H_0: \mu \leq \mu_0$
$H_a: \mu < \mu_0$	$H_a: \mu > \mu_0$

H_a를 기준으로 좌측 검정과 우측 검정을 구분한다. 좌측 검정의 예를 살펴보자.

미연방무역위원회(Federal Trade Commission)는 각 제조업체가 자신의 제품에 대해 주장하는 것을 확인하기 위해 정기적으로 통계조사를 실시한다. 예를 들어, 힐탑 커피의 큰 캔에는 3파운드의 커피가 함유되어 있다고 표시되어 있다. FTC는 힐탑의 생산 공정에서 캔 한 개당 평균 3파운드의 커피를 정확하게 넣을 수 없다는 것을 알고 있다. 그러나 모평균 함량이 적어도 3파운드 이상이라면 소비자의 권리는 보호되는 것이다. 따라서 FTC는 큰 캔커피 상표에 표시된 내용을, 평균 함량이 적어도 3파운드 이상이라고 힐탑이 주장하는 것으로 해석한다. FTC가 힐탑의 주장을 좌측 단측 검정으로 확인하는 방법을 살펴보자.

첫 번째 단계는 가설 검정을 위한 귀무가설과 대립가설을 수립하는 것이다. 만일 모평균 함량이 적어도 3파운드 이상이면 힐탑의 주장이 옳기 때문에 이것을 귀무가설로 수립한다. 그러나 모평균이 3파운드 미만이라면 힐탑의 주장은 잘못된 것이므로 이를 대립가설로 수립한다. 함량의 모평균을 μ라고 한다면 귀무가설과 대립가설은 다음과 같다.

$$H_0: \mu \geq 3$$
$$H_a: \mu < 3$$

가설에서 설정한 모평균값이 $\mu_0 = 3$인 것을 확인하자.

표본 자료에서 H_0를 기각할 수 없다면 상표 표시가 잘못되었다는 결론에 대한 통계적 증거가 될 수 없다. 그렇기 때문에 힐탑에 대한 어떠한 조치도 이루어지지 않는다. 그러나 표본 자료에서 H_0를 기각할 수 있다면 대립가설 $H_a: \mu < 3$가 참이라고 결론 지을 수 있다. 이 경우에는 함량이 미달되고 힐탑에 대해 상표 표시를 위반했다는 결론이 정당화될 것이다.

36개의 캔커피를 표본으로 추출하여 표본평균 $\bar{x}$를 계산하고, 이를 모평균 μ의 추정값이라고 하자. 표본 결과에서 표본평균 $\bar{x}$의 값이 3파운드보다 작게 나타났다면 귀무가설에 대한 의심이 생기게 된다. 그것이 얼마나 적어야 그 차이가 통계적으로 심각하게 유의하다고 할 것인지, 그리고 힐탑의 상표가 과장되었다고 잘못 판단하는 제1종 오류를 범할 위험을 감수할 것인지를 알아야 한다. 여기서 중요한 핵심은 의사결정자가 유의수준을 얼마로 결정하느냐이다.

앞 절에서 설명한 것과 같이 α로 표시되는 유의수준은 귀무가설의 등식이 참임에도 불구하고 귀무가설을 기각하는 제1종 오류를 범할 확률이다. 이때 유의수준은 의사결정자가 결정해야 한다. 제1종 오류로 인하여 발생하는 비용이 크다면 유의수준을 낮게 결정하고, 반대로 비용이 크지 않다면 좀 더 높은 유의수준이 적당하다. 힐탑의 사례에서 FTC 검정 프로그램 담당자는 다음과 같이 진술하였다. "만일 회사가 함량 표시대로 $\mu = 3$을 지키고 있다면 나는 별나른 조치를 취하지 않을 것이다. 그렇지만 내가 잘못 판단할 1%의 위험은 기꺼이 감수할 것이다." 이와 같은 담당자의 진술을 통해서 가설 검정을 위한 유의수준을 $\alpha = .01$로 설정하였음을 알 수 있다. 따라서 $\mu = 3$일 때 제1종 오류를 발생시킬 수 있는 확률이 .01이 되도록 가설 검정을 설계하여야 한다.

힐탑 커피 사례를 통해서, 가설을 검정할 때 첫 번째 단계는 귀무가설과 대립가설을 수립하고, 두 번째 단계로 유의수준을 결정하는 것을 살펴보았다. 이제 가설 검정의 세 번째 단계로 표본 자료 수집과 검정 통계량 값 계산에 대해 살펴보자.

검정 통계량. 힐탑 커피의 사례에서 FTC가 검정을 실시할 때 모집단 표준편차를 $\sigma = .18$로 알고 있고 모집단 함량이 저 정규분포를 따른다고 가정하자. 7장에서 표집이 이루어진 모집단이 정규분포이면 $\bar{x}$의 표집분포 역시 정규분포를 따른다는 것을 알고 있다. 따라서 힐탑 커피 사례에서도 $\bar{x}$의 표집분포도 정규분포이다. $\sigma = .18$로 알려져 있고 표본의 크기가 36이라고 하자. 〈그림 9-1〉은 귀무가설이 참일 때, 즉 $\mu = \mu_0 = 3$일 때 $\bar{x}$의 표집분포를 보여주고 있다.[2] $\bar{x}$의 표준오차는 $\sigma_{\bar{x}} = \sigma/\sqrt{n} = .18/\sqrt{36} = .03$이다.

$\bar{x}$의 표준오차는 $\bar{x}$의 표집분포의 표준편차이다.

$\bar{x}$의 표집분포는 정규분포이므로 정규분포를 표준화시킨 z의 표집분포 역시 하나의 표준정규분포이다.

$$z = \frac{\bar{x} - \mu_0}{\sigma_{\bar{x}}} = \frac{\bar{x} - 3}{.03}$$

$z = -1$은 가설에서 설정한 평균값($\mu = 3$)보다 $\bar{x}$값이 표준오차의 1배만큼 좌측에 있다는 것이고, $z = -2$는 $\bar{x}$값이 가설에서 설정한 평균값($\mu = 3$)보다 표준오차의 2배만큼 좌측에 있다는 것이다. 여기서 표준정규분포표를 이용하면 z에 해당하는 좌측 꼬리 확률을 찾을 수 있다. 예를 들어 $z = -3$의 좌측 꼬리 면적은 .0013이다. 즉, 평균에서 좌측으로 표준오차의 3배 이상 차이 나는 z-값을 얻을 확률은 .013이 된다. 결과적으로 가설에서 설정한 모평균 $\mu_0 = 3$에서 좌측으로 표준오차의 3배 이상 차이 나는 $\bar{x}$값을 얻을 확률 역시 .0013이다. 귀무가설이 참이라면 이러한 결과가 나올 가능성은 매우 희박하다.

$\bar{x}$가 표본마다 변하므로 검정 통계량 z도 변량(확률변수)이다. 표본에서 계산된 z-값을 검정 통계량 값으로 표기하였다.—역자

σ를 알고 있을 때 모평균에 대한 가설 검정에서, 우리는 표준정규확률변수 z를 **검정 통계량**(test statistic)으로 사용하여 귀무가설에서 세운 μ값(μ_0)에서 $\bar{x}$값이 귀무가설을 기각할 수 있을만큼 충분히 차이 나는지 여부를 결정할 수 있다. $\sigma_{\bar{x}} = \sigma/\sqrt{n}$인 검정 통계량은 다음과 같다.

〈그림 9-1〉 힐탑 커피 사례에서 귀무가설이 등호(=)로서 참일 때 $\bar{x}$의 표집분포

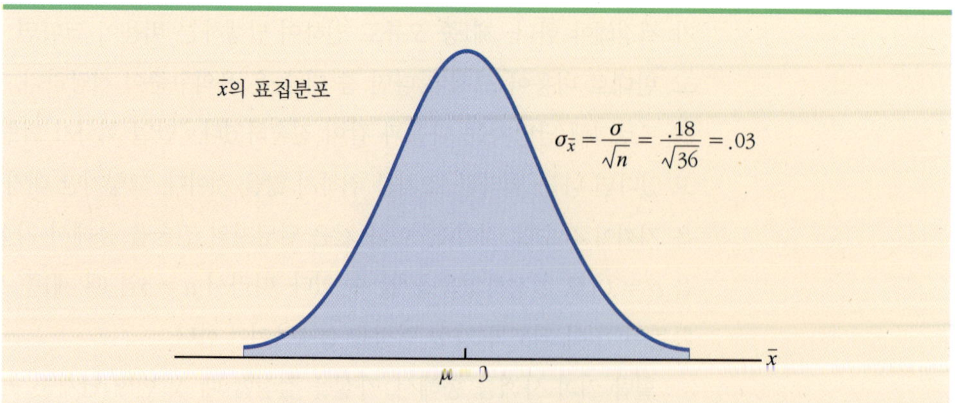

2 가설 검정에서 표집분포를 결정할 때 H_0가 등식으로서 만족하는 것(true)으로 가정한다.

σ를 알고 있을 때: 모평균 가설 검정을 위한 검정 통계량

$$z = \frac{\bar{x} - \mu_0}{\sigma/\sqrt{n}} \quad \textbf{9-1}$$

좌측 검정에서 가장 중요한 문제는 귀무가설을 기각하기 위하여 검정 통계량 z-값이 얼마나 작아야 하는가이다. 이 질문에 대한 해답은 p-값 방식과 임계치 방식, 두 가지이다.

p-값 방식. p-값 방식은 검정 통계량을 이용하여 **p-값**(p-value)이라는 확률을 계산하는 것이다.

H_0가 참이라면, 아주 작은 어떤 p-값은 검정 통계량의 값이 매우 이상함(unusual)을 뜻한다.

p-값 방식

계산된 p-값은 확률인데 표본이 귀무가설에 얼마나 상반되는지를 측정하는 증거의 측도가 된다. p-값이 작을수록 H_0와 상반된다는 강한 증거가 된다.

p-값은 귀무가설을 기각해야 하는지를 결정할 때 사용된다.

p-값이 어떻게 계산되고 사용되는지 살펴보도록 하자. 검정 통계량 값을 가지고 p-값을 계산한다. 이 방법은 좌측 검정, 우측 검정 혹은 양측 검정이냐에 따라 달라진다. 좌측 검정의 경우 p-값은 검정 통계량이 표본에서 계산된 검정 통계량 값보다 더 작을 확률을 의미한다. σ를 알고 있을 때 좌측 검정에서 p-값은 반드시 정규분포를 이용하여 검정 통계량이 계산된 z-값보다 작을 확률을 계산한 것이다. p-값을 계산한 후에는 p-값이 귀무가설을 기각할 수 있을만큼 충분히 작은지를 유의수준과 p-값을 비교하여 확인해야 한다.

DATA *file*
Coffee

힐탑 커피의 사례를 가지고 좌측 검정에서 p-값을 계산해 보자. 힐탑 캔커피 36개를 표본으로 하여 계산한 표본평균 $\bar{x} = 2.92$이다. 이것은 H_0를 기각할수 있을만큼 충분히 작은가? 좌측 검정에서 p-값은 표준정규분포에서 검정 통계량의 좌측 면적이다. $\bar{x} = 2.92$, $\sigma = .18$, $n = 36$을 이용하여 계산하면 검정 통계량 값 z는 다음과 같다.

$$z = \frac{\bar{x} - \mu_0}{\sigma/\sqrt{n}} = \frac{2.92 - 3}{18/\sqrt{36}} = -2.67$$

식 9-1의 검정 통계량 변수를 z, 그것의 계산된 값을 z_c라고 하면, p-값은 $P(z \leq z_c) = P(z \leq -2.67)$의 확률이다(좌측 검정에서).—역자

그러므로 p-값은 z가 -2.67 이하일 확률이다(검정 통계량 계산값 -2.67의 좌측에 해당하는 부분).

표준정규분포표에서 $z = -2.67$의 좌측에 해당하는 부분은 .0038이다. 〈그림 9-2〉는 $\bar{x} = 2.92$은 $z = -2.67$에 해당하고 p-값 $= .0038$임을 보여주고 있다. 이 p-값은 $\mu = 3$인 모집단에서 표본을 추출하였을 때 표본평균 $\bar{x}$가 2.92(검정 통계치 -2.67) 이하일 확률을 의미한다. 계산된 p-값 .0038은 귀무가설을 지지하는 것이 아니라, H_0를 기각할 수 있을만큼 충분히

〈그림 9-2〉 $\bar{x}$=2.92, z=−2.67일 때, 힐탑 커피 사례에서의 p-값

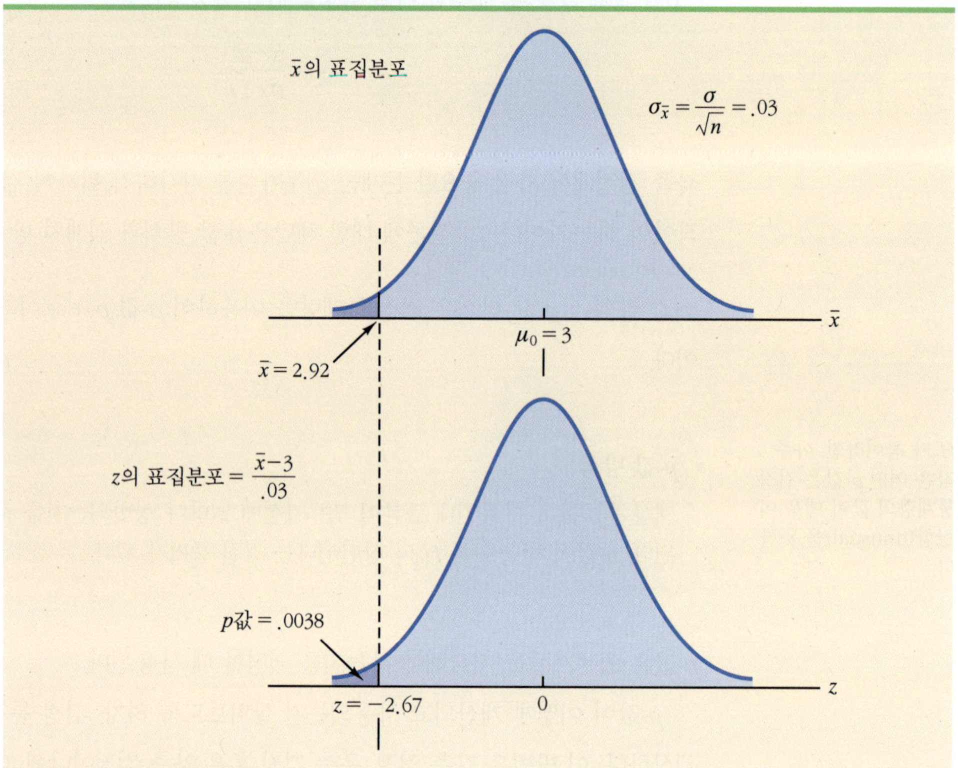

작은지를 따져보아야 할 정도로 작다. 이에 대한 답은 유의수준의 수준에 따라 결정된다.

앞에서 살펴본 것처럼 FTC의 담당자는 조사 프로그램을 위한 유의수준을 .01로 선택하였다. $\alpha = .01$로 선택했다는 것은 $\mu_0 = 3$이라는 등호(=)가 참일 경우 귀무가설을 기각할 확률을 .01로 하겠다는 것을 의미한다. 힐탑에서 캔커피 36개를 조사한 결과, p-값 = .0038이라는 것은 귀무가설이 참일 때 $\bar{x} \leq 2.92$일 확률이 .0038이라는 것을 의미한다. .0038은 $\alpha = .01$보다 작기 때문에 H_0를 기각한다. 따라서 유의수준 $\alpha = .01$에서 귀무가설을 기각할 수 있는 통계적 증거가 충분함을 알 수 있다.

이제 p-값 방식으로 귀무가설을 기각할 수 있는지 여부를 결정하는 일반적인 규칙을 제시할 수 있다.

p-값을 이용한 기각 규칙

$$p\text{-값} \leq \alpha\text{이면 } H_0\text{를 기각}$$

힐탑 커피의 조사에서 p-값 = .038로 귀무가설을 기각하였다. FTC 담당자가 결정한 유의수준과 p-값을 비교하여 $\alpha \geq .0038$이기 때문에 H_0를 기각한 것이다. 따라서 p-값을 관측

된 유의수준(observed level of significance)이라고도 한다.

제1종 오류를 범하는 비용에 관한 의견이 다른 의사결정자들은 유의수준을 다르게 선택할 수 있다. 가설 검정 결과로 p 값이 주어지면 다른 의사결정자는 그들이 정한 유의수준과 p-값을 비교하여 H_0의 기각에 대하여 다른 결정을 할 수 있다.

임계치 방식. 임계치 방식은 우선 **임계치**(critical value)라고 부르는 검정 통계량 값을 결정해야 한다. 좌측 검정의 경우 임계치는 검정 통계량 값이 귀무가설을 기각할만큼 충분히 작은지를 결정하는 기준이 된다. 이 임계치는 검정 통계량의 표집분포에서 좌측 꼬리 면적이 α(유의수준)인 위치에 해당한다. 다시 말해, 임계치는 귀무가설을 기각할 수 있는 검정 통계량의 최대값이다. 힐탑 커피 사례로 돌아가서 이 접근 방법을 살펴보자.

σ를 알고 있을 때 검정 통계량 z의 표집분포는 표준정규분포이다. 따라서 임계치는 표준정규분포에서 좌측 면적이 $\alpha = .01$에 해당하는 검정 통계량 값이다. 표준정규분포에서 좌측 면적이 .01에 해당하는 $z = -2.33$라는 것을 알 수 있다(그림 9-3 참조). 표본 결과에서 검정 통계량 값이 -2.33 이하이면 이에 해당하는 p-값은 .01 이하가 된다. 이러한 경우에 우리는 귀무가설을 기각한다. 그러므로 힐탑 커피 조사에서 유의수준이 .01일 때 임계치 기각 규칙은 다음과 같다.

$$z \leq -2.33 \text{이면 } H_0\text{를 기각}$$

힐탑 커피 사례에서 $\bar{x} = 2.92$이고, 검정 통계량 값은 $z = -2.67$이다. $z = -2.67 < -2.33$이기 때문에 H_0를 기각하고 힐탑 커피 캔은 함량이 미달된다고 결론 내릴 수 있다.

우리는 유의수준에 따라 달라지는 임계치에 의한 기각 규칙을 일반화할 수 있다. 좌측 검정에서 기각 규칙은 다음과 같다.

〈그림 9-3〉 힐탑 커피 가설 검정에서의 임계치 = −2.33

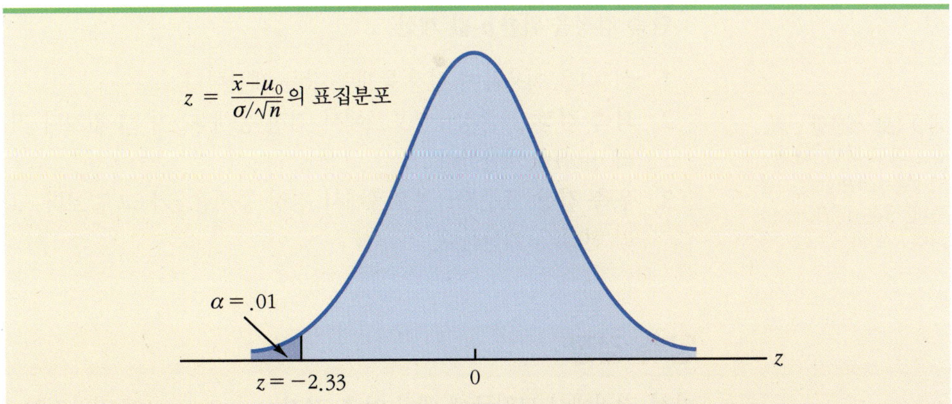

좌측 검정에서의 기각 규칙: 임계치 방식

$$z \le -z_\alpha \text{이면 } H_0\text{를 기각}$$

여기서 $-z_\alpha$는 임계치, 즉 표준정규분포의 좌측에서 면적이 α인 위치의 z-값이다.

요약. p-값 방식과 임계치 방식은 항상 동일하게 기각 여부를 결정한다. 즉 p-값이 α 이하라면 검정 통계량 값도 임계치 이하가 된다. p-값 방식은 검정 결과가 통계적으로 얼마나 유의한가를 p-값(관측된 유의수준)으로 표현한다는 장점이 있다. 그러나 임계치 방식은 단지 정해진 유의수준에서 검정 결과가 유의한지를 알수 있을 뿐이다.

이 절을 시작할 때 모평균에 대한 단측 검정은 다음과 같이 두 가지 형태 중에서 하나를 취할 수 있다고 하였다.

좌측 검정	우측 검정
$H_0: \mu \ge \mu_0$	$H_0: \mu \le \mu_0$
$H_a: \mu < \mu_0$	$H_a: \mu > \mu_0$

지금까지 힐탑 커피 사례를 이용하여 좌측 검정 방법을 살펴보았다. 우측 검정도 좌측 검정과 동일한 방법으로 할 수 있다. 검정 통계량 z는 동일하게 식 9-1로 계산할 수 있다. 그러나 우측 검정에서 p-값은 검정 통계량(변수)이 표본에서 계산된 검정 통계량 값과 같거나 클 확률을 의미한다. 따라서 σ를 알고 있을 때 우측 검정에서 p-값을 계산하기 위해서는 표준정규분포표에서 z가 검정 통계량 값 이상일 확률을 계산한다. 임계치 방식을 사용하면 검정 통계량 값이 임계치 z_α 이상일 때, 즉 $z \ge z_\alpha$에서 귀무가설 H_0를 기각을 기각할 수 있다.

단측 가설 검정에서 p-값을 계산하는 단계를 요약하면 다음과 같다.

단측 검정을 위한 p-값 계산

1. 식 9-1을 이용하여 검정 통계량 값을 계산한다.
2. **좌측 검정:** 표준정규분포표에서 검정 통계량 z가 그 값보다 작거나 같은 확률(좌측 꼬리 면적)을 계산한다.
3. **우측 검정:** 표준정규분포표에서 검정 통계량 z가 그 값보다 크거나 같은 확률(우측 꼬리 면적)을 계산한다.

식 9-1로 계산한 z-값을 z_c라고 하면, 좌측 검정은 $p=P(z \le z_c)$, 우측 검정은 $p=P(z \ge z_c)$이다.—역자

양측 검정

가설 검정에서 모평균에 대한 **양측 검정**(two-tailed test)의 일반적인 형태는 다음과 같다.

$$H_0: \mu = \mu_0$$
$$H_a: \mu \neq \mu_0$$

여기에서는 σ를 알고 있을 때 모평균에 대한 양측 검정 방법에 대해 알아보자. 지금부터 맥스플라이트사(MaxFlight, Inc)가 직면하고 있는 상황을 가지고 가설 검정을 설명할 것이다.

미국골프협회(USGA)는 협회가 주최하는 대회에서 사용하는 골프장비에 대한 생산 기준을 만들었다. 맥스플라이트사는 첨단 공법을 사용하여 평균 비거리가 295야드인 골프공을 생산하였다. 그러나 때때로 생산 공정이 설정을 벗어나서 평균 비거리가 295야드와 다르게 생산되기도 한다. 평균 비거리가 295야드 밑으로 떨어지면 골프공 광고와 다르기 때문에 매출이 감소할 수 있다. 맥스플라이트사 골프공의 평균 비거리가 295야드보다 길어지면 (비행거리와 구름거리에 관련된) USGA의 기준을 초과하여 USGA가 주관하는 대회에 사용할 수 없다.

맥스플라이트사의 품질관리 프로그램은 정기적으로 50개의 골프공을 표본으로 선택하여 제조공정을 확인한다. 50개의 표본마다 공정을 조정할 것인지의 여부를 결정하기 위해서 가설 검정을 하는 것이다. 이에 대한 귀무가설과 대립가설을 수립해 보자. 우리는 생산 공정이 정상적이고 생산된 골프공의 평균 비거리는 295야드라고 가정하고 출발한다. 이 가정을 귀무가설로 수립한다. 골프공의 평균 비거리는 295야드가 아니라는 것을 대립가설로 수립한다. 가설에서 $\mu_0 = 295$로 설정하면 맥스플라이트사의 귀무가설과 대립가설은 다음과 같다.

$$H_0: \mu = 295$$
$$H_a: \mu \neq 295$$

표본평균 $\bar{x}$가 295야드보다 통계적으로 유의하게 작거나 크다면 H_0를 기각한다. 이러한 경우에 생산 과정의 조정이 이루어질 것이다. 반면에 $\bar{x}$가 가설에서 설정한 $\mu_0 = 295$에서 통계적으로 유의하게 벗어나지 않았다면 H_0는 기각되지 않고, 생산 공정을 수정하지 않아도 된다.

품질관리팀은 검정을 위해 유의수준 $\alpha = .05$를 선택하였다. 생산 공정이 정상적일 때 수집된 자료를 통해 모집단 표준편차는 $\sigma = 12$로 알고 있다고 가정하자. 따라서 표본 크기 $n = 50$일 때 $\bar{x}$의 표준오차는 다음과 같다.

$$\sigma_{\bar{x}} = \frac{\sigma}{\sqrt{n}} = \frac{12}{\sqrt{50}} = 1.7$$

표본 크기가 크기 때문에 중심극한정리(7장 참조)에 따라 $\bar{x}$의 표집분포는 정규분포에 근접해짐을 알 수 있다. 〈그림 9-4〉는 맥스플라이트사 가설 검정의 가설에서 설정한 모평균

〈그림 9-4〉 맥스플라이트사의 가설 검정을 위한 $\bar{x}$의 표집분포

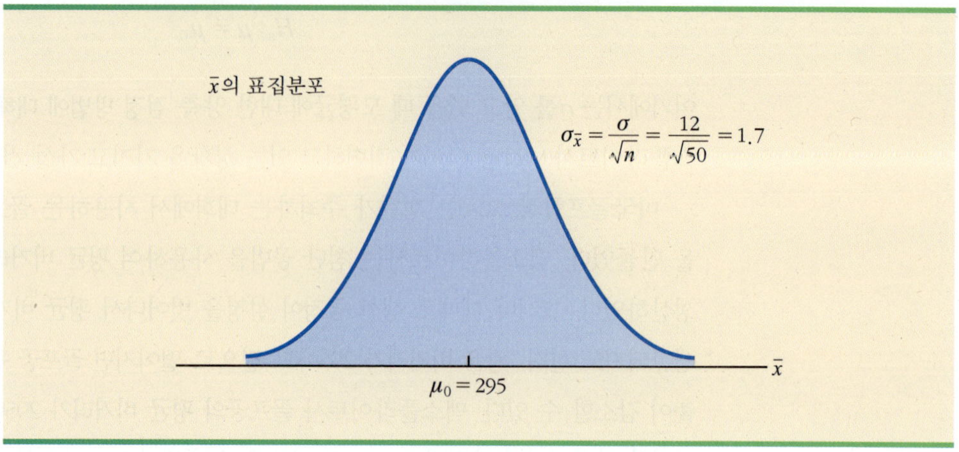

$\mu_0 =$ 295인 경우의 $\bar{x}$의 표집분포를 보여주고 있다.

DATA file GolfTest

50개의 골프공을 하나의 표본으로 추출하고 그 표본평균이 $\bar{x} = 297.6$야드라고 하자. 이 표본평균은 모평균이 295야드보다 크다는 결론을 지지해 주고 있다. $\bar{x}$값은 유의수준 .05에서 H_0를 기각할 수 있을만큼 295보다 충분히 큰가? 앞 절에서 이 질문에 대한 답을 구하는데 p-값 방식과 임계치 방식을 살펴보았다.

p-값 방식. p-값은 귀무가설을 기각해야 할지 여부를 결정할 때 사용하는 확률임을 생각하자. 양측 검정에서 검정 통계량 값이 어느 한쪽 꼬리에 있다는 것은 그 표본이 귀무가설에 반하는 증거가 된다. 양측 검정에서 p-값은 검정 통계량(z)이 표본에서 계산한 검정 통계량 값만큼 일어나지 않을 또는 더 일어나기 어려울 확률이다. 이제 맥스플라이트사의 가설 검정에서 p-값을 계산하는 방법을 살펴보자.

우선 검정 통계량 값을 계산해 보자. σ를 알고 있을 때 검정 통계량 z는 표준정규확률변수이다. 식 9-1을 이용하여 $\bar{x} = 297.6$의 검정 통계량 계산값은 다음과 같다.

$$z = \frac{\bar{x} - \mu_0}{\sigma/\sqrt{n}} = \frac{297.6 - 295}{12/\sqrt{50}} = 1.53$$

p-값을 계산하기 위하여 검정 통계량이 $z = 1.53$ 또는 그보다 더 일어나기 어려운 값을 가질 확률을 찾는다. $z \geq 1.53$ 값이면 더 일어나기 어렵다는 것이 확실하다. 그러나 양측 검정이기 때문에, 표본에서 얻은 검정 통계량으로서는 $z \leq -1.53$ 값도 일어나기 어렵다. 〈그림 9-5〉를 보면 양측 검정에서 p-값은 $P(z \leq -1.53) + P(z \geq 1.53)$이다. 정규분포 곡선은 좌우 대칭이기 때문에 $P(z \geq 1.53)$를 찾아서 2배를 해 주면 그 확률을 계산할 수 있다. 표준정규분포에서 $P(z < 1.53) = .9371$이다. 따라서 우측 면적 $P(z \geq 1.53) = 1.0000 - .9370 = .0630$이다. 이 값을 2배하면 맥스플라이트사의 양측 검정의 p-값 $= 2(.0630) = .1260$이다.

〈그림 9-5〉 맥스플라이트사의 가설 검정을 위한 p-값

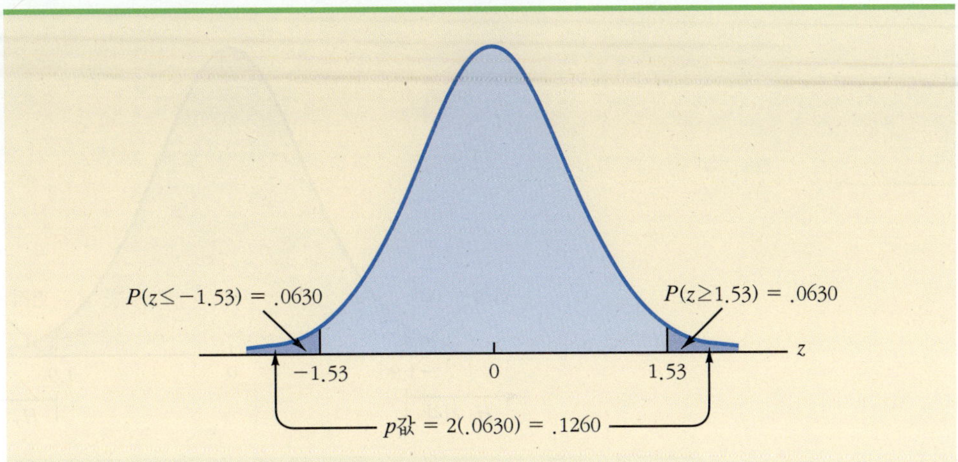

그 다음 단계로 p-값과 유의수준을 비교하여 귀무가설을 기각할 수 있는지를 확인한다. 유의수준 $\alpha = .05$에서 p-값$= .1260 > .05$이기 때문에 귀무가설을 기각하지 않는다. 귀무가설을 기각하지 않기 때문에 맥스플라이트사의 생산 공정은 조정하지 않아도 된다.

양측 검정에서 p-값을 계산하는 단계를 요약하면 다음과 같다.

양측 검정에서, 식 9-1에서 계산한 값을 z_c라고 하면, z_c가 0 또는 양수이면 $p=2P(z \geq z_c)$이고, z_c가 음수이면 $p=2P(z \leq z_c)$이다.—역사

양측 검정을 위한 p-값 계산

1. 식 9-1을 이용하여 검정 통계량 값 계산.
2. 검정 통계량 값이 우측에 있으면, 검정 통계량 z가 그 값 이상일 확률을 계산(우측 꼬리 면적). 검정 통계량 값이 좌측에 있으면, 검정 통계량 z가 그 값 이하일 확률을 계산(좌측 꼬리 면적).
3. 2단계에서 계산한 값(꼬리 면적)을 두 배함.

임계치 방식. 이번 절을 마치기 전에 검정 통계량 값 z와 임계치를 비교하여 어떻게 양측 검정의 가설 검정 결정을 내릴 수 있는지 알아보자.

〈그림 9-6〉은 임계치가 표준정규분포곡선의 좌측과 우측 양쪽 꼬리 부분에 있는 것을 보여주고 있다. 유의수준 $a = .05$에서 임계치의 각 꼬리에 해당하는 면적은 $a/2 = .05/2 = .025$이다. 표준정규분포표에서 검정 통계량 값의 임계치는 $-z_{.025} = -1.96$과 $z_{.025} = 1.96$이다. 따라서 양측 검정에서 임계치 방식을 이용한 기각 규칙은 다음과 같다.

$$z \leq -1.96 \text{ 이거나 } z \geq 1.96\text{이면 } H_0\text{를 기각한다.}$$

맥스플라이트사의 조사에서 검정 통계량 값이 $z = 1.53$이기 때문에, 유의수준 $\alpha = .05$에서 귀무가설을 기각하지 않는다.

〈그림 9-6〉 맥스플라이트사 가설 검정의 임계치

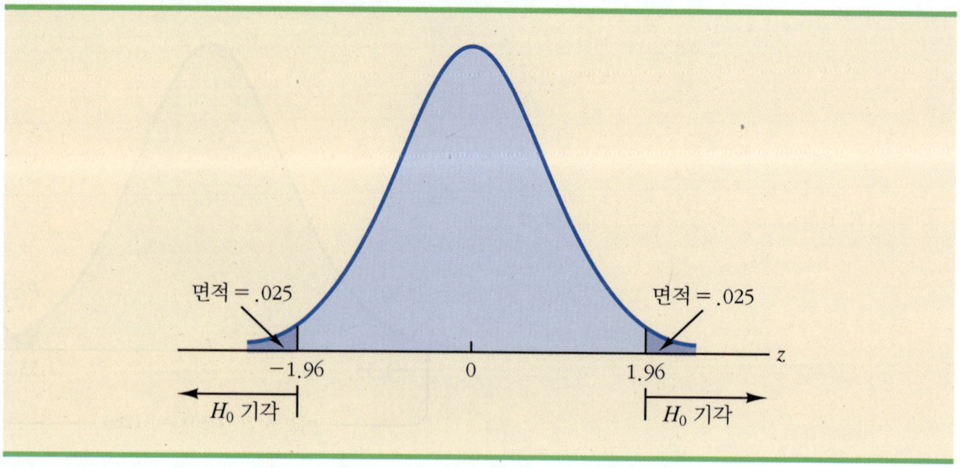

엑셀 활용

σ를 알고 있을 때 엑셀을 활용하여 p-값 방식으로 모평균에 대한 단측 및 양측 검정을 할 수 있다. p-값을 계산하는 방법은 좌측 검정, 우측 검정, 양측 검정에 따라 달라진다. 따라서 표본 결과를 가지고 엑셀에서 p-값(좌측 꼬리), p-값(우측 꼬리), p-값(양측 꼬리)을 계산해 보자. 먼저 α값을 결정하고 가설 검정 유형에 적합한 p-값을 이용하여 결론을 이끌어 낼 수 있다. 맥스플라이트사의 양측 검정을 살펴보자. 〈그림 9-7〉에서 설명하고 있는 것처럼 뒤쪽은 수식 워크시트이고, 앞쪽은 결과 워크시트이다.

자료 입력: 데이터 파일 GolfTest를 열면 셀 A1:A51에는 데이터 라벨과 표본으로 선택된 50개 골프공의 비거리 자료가 입력되어 있다.

함수/수식: 엑셀의 COUNT 함수와 AVERAGE 함수를 이용하여 셀 D4와 D5에 표본 크기와 표본평균을 계산한다. 결과 워크시트에서 표본 크기 50이고, 표본평균이 297.6임을 보여주고 있다. 이미 알고 있는 모집단 표준편차(12)를 셀 D7에 입력하고 가설에서 필요한 모평균값(295)는 셀 D8에 입력한다.

셀 D10에 수식 =D7/SQRT(D4)를 입력하여 표준오차를 계산한다. 셀 D11에 수식 =(D5−D8)/D10을 입력하여 검정 통계량 z(1.5321)를 계산한다. 셀 D13에 수식 =NORM.S.DIST(D11, TRUE)을 입력하여 좌측 검정을 위한 p-값을 계산한다. 셀 D14에 수식 =(1−D13)을 입력하여 우측 검정을 위한 p-값을 계산한다. 마지막으로 양측 검정을 위한 p-값은 셀 D15에 좌측과 우측 검정을 위한 p 값 중에서 작은 값을 선택하고 이를 2배하여 계산한다.

이제 워크시트 작업이 완성되었다. 양측 검정 맥스플라이트사의 문제에서 양측 p-값은

〈그림 9-7〉 엑셀 워크시트: σ를 알고 있을 때의 가설 검정

DATA *file*
GolfTest

	A	B	C	D	E
1	Yards		Hypothesis Test about a Population Mean:		
2	303		σ Known Case		
3	282				
4	289		Sample Size	=COUNT(A2:A51)	
5	298		Sample Mean	=AVERAGE(A2:A51)	
6	283				
7	317		Population Standard Deviation	12	
8	297		Hypothesized Value	295	
9	308				
10	317		Standard Error	=D7/SQRT(D4)	
11	293		Test Statistic z	=(D5-D8)/D10	
12	284				
13	290		p-value (Lower Tail)	=NORM.S.DIST(D11,TRUE)	
14	304		p-value (Upper Tail)	=1-D13	
15	290		p-value (Two Tail)	=2*(MIN(D13,D14))	
16	311				
50	301				
51	292				
52					

	A	B	C	D	E
1	Yards		Hypothesis Test about a Population Mean:		
2	303		σ Known Case		
3	282				
4	289		Sample Size	50	
5	298		Sample Mean	297.6	
6	283				
7	317		Population Standard Deviation	12	
8	297		Hypothesized Value	295	
9	308				
10	317		Standard Error	1.6971	
11	293		Test Statistic z	1.5321	
12	284				
13	290		p-value (Lower Tail)	0.9372	
14	304		p-value (Upper Tail)	0.0628	
15	290		p-value (Two Tail)	0.1255	
16	311				
50	301				
51	292				
52					

주) 17~49행은 숨겨져 있다.

.1225로 α보다 크기 때문에 $\alpha = .05$에서 H_0: $\mu = 295$를 기각할 수 없다. 따라서 품질관리자는 생산 공정에서 모평균 비거리가 295야드인 골프공이 생산된다는 것을 의심할 필요가 없다.

다른 문제를 위한 템플릿. 〈그림 9-7〉의 워크시트는 σ를 알고 있을 때 단측과 양측 검정의 다른 문제에서 템플릿으로 사용할 수 있다. A열에 적합한 자료를 입력한 후 셀 D4와 셀 D5의 수식에서 범위를 조정하고, 셀 D7에는 모집단 표준편차를, 셀 D8에는 가설에서 설정한 값을 입력한다. 표준오차, 검정 통계량, 그리고 세 가지 p-값이 나타날 것이다. 기각 여부를 결정하기 위해서 가설설정 유형(좌측, 우측, 양측)에 따라 p-값을 선택한다.

〈그림 9-7〉의 템플릿을 사용할 때 셀 D4와 D5에 새로운 자료의 범위를 입력하지 않고 쉽게 사용하는 방법이 있다. 셀에 다음과 같이 입력하면 된다.

셀 D4: =COUNT(A:A)

셀 D5: =AVERAGE(A:A)

자료 범위를 A:A 방식으로 지정하면 엑셀의 COUNT함수는 A열에서 숫자로 입력된 자료의 수를 세고, AVERAGE함수는 A열에서 숫자 값의 평균을 계산한다. 따라서 새로운 문제를 풀 때는 A열에 새로운 자료를 입력하고, 셀 D7에는 알고 있는 모집단 표준편차 값을 그리고 셀 D8에는 가설에서 설정한 모평균값을 입력하면 된다.

이 워크시트는 n, $\bar{x}$, σ가 주어졌을 때, 교재에 있는 연습문제를 해결하는 템플릿으로 이용할 수 있다. A열에 있는 자료는 무시하고 n, $\bar{x}$, σ값을 셀 D4, D5, D7에 각각 입력한다. 그

리고 셀 D8에는 가설에 설정한 모평균값을 입력한다. 좌측, 우측, 양측 검정에 해당하는 p-값이 셀 D13:D15에 나타날 것이다.

요약 및 실용적 조언

모평균에 대한 좌측 검정과 우측 검정 방법을 예를 가지고 설명하였다. 이러한 예를 바탕으로 σ를 알고 있을 경우, 가설 검정 과정을 〈표 9-2〉에서 요약하고 있다. 가설에서 설정한 모평균값은 μ_0로 표시하였다.

이 절에서 두 가지 예를 가지고 살펴본 가설 검정의 단계는 모든 가설 검정에서 공통적으로 사용할 수 있다.

가설 검정 단계

1단계. 귀무가설과 대립가설을 수립한다.
2단계. 유의수준을 결정한다.
3단계. 표본 자료를 수집하고 검정 통계량 값을 계산한다.

p-값 방식

4단계. 검정 통계량 값을 이용하여 p-값을 계산한다.
5단계. p-값$\leq\alpha$이면 H_0를 기각한다.
6단계. 통계적인 결론을 해석한다.

임계치 방식

4단계. 유의수준에 따라 임계치와 기각 규칙을 결정한다.
5단계. 검정 통계량 값과 기각 규칙을 이용하여 H_0의 기각 여부를 결정한다.
6단계. 통계적인 결론을 해석한다.

가설 검정에서 표본의 크기에 대한 실질적인 조언은 8장에서 구간 추정을 할 때 구한 표

〈표 9-2〉 모평균에 대한 가설 검정 요약: σ를 알고 있을 때

	좌측 검정	우측 검정	양측 검정
가설	$H_0: \mu \geq \mu_0$ $H_a: \mu < \mu_0$	$H_0: \mu \leq \mu_0$ $H_a: \mu > \mu_0$	$H_0: \mu = \mu_0$ $H_a: \mu \neq \mu_0$
검정 통계량	$z = \dfrac{\bar{x}-\mu_0}{\sigma/\sqrt{n}}$	$z = \dfrac{\bar{x}-\mu_0}{\sigma/\sqrt{n}}$	$z = \dfrac{\bar{x}-\mu_0}{\sigma/\sqrt{n}}$
기각 규칙: P-값 방식	p-값$\leq\alpha$이면 H_0 기각	p-값$\leq\alpha$이면 H_0 기각	p-값$\leq\alpha$이면 H_0 기각
기각 규칙: 임계치 방식	$z\leq -z_{\alpha}$이면 H_0 기각	$z\geq z_{\alpha}$이면 H_0 기각	$z\leq -z_{\alpha/2}$이거나 $z\geq z_{\alpha/2}$이면 H_0 기각

본 크기와 유사하다. 이 절에서 설명한 가설 검정 절차는 표본 크기 $n \geq 30$이면 적용할 수 있다. 표본 크기가 30 미만이면 표본을 추출할 모집단 분포를 중요하게 고려해야 한다. 모집단이 정규분포를 따르게 되면 표본 크기와 상관없이 설명한 가설 검정 절차를 적용하면 된다. 그러나 모집단이 정규분포는 아니지만 대략적으로 대칭이기만 하면 15개 이상의 작은 표본 크기에서도 검정 결과를 받아들일 수 있다.

가설 검정과 구간 추정의 관계

8장에서 모평균에 대한 신뢰구간을 어떻게 추정하는지 살펴보았다. σ를 알고 있을 때 모평균의 $(1-\sigma)\%$ 신뢰구간의 추정값은 다음과 같다.

$$\bar{x} \pm z_{\alpha/2}\frac{\sigma}{\sqrt{n}}$$

이 장에서 모평균에 대한 양측 검정의 가설은 다음과 같았다.

$$H_0: \mu = \mu_0$$
$$H_a: \mu \neq \mu_0$$

여기서 μ_0는 가설에서 설정한 모평균값이다.

8장에서 설명한 대로 모평균에 대한 $100(1-\alpha)\%$ 신뢰구간을 추정하였다고 하자. 이렇게 추정한 구간 가운데 $100(1-\alpha)\%$에는 모평균이 포함되어 있고, $100\alpha\%$에는 모평균이 포함되어 있지 않다는 것을 이미 알고 있다. 만일 추정된 신뢰구간이 μ_0를 포함하지 않을 때마다 H_0를 기각한다면, 우리가 참(true)인 귀무가설 H_0: $\mu = \mu_0$를 기각할 확률은 α이다. 유의수준 α가 귀무가설이 참인데 그것을 기각할 확률이다. 그러므로 $100(1-\alpha)\%$ 신뢰구간을 구축하고 거기에 μ_0가 포함되지 않을 때마다 H_0를 기각하는 것은 유의수준 α로 양측 검정을 하는 것과 동등하다. 그러므로 신뢰구간을 이용하여 양측 검정을 하는 절차를 요약하면 다음과 같다.

신뢰구간을 이용하여 다음 양측 검정을 하기

$$H_0: \mu = \mu_0$$
$$H_a: \mu \neq \mu_0$$

1. 모집단에서 단순 무작위 표본을 추출하고 표본평균 $\bar{x}$값으로 모평균 μ에 대하여 신뢰구간을 결정한다.

$$\bar{x} \pm z_{\alpha/2}\frac{\sigma}{\sqrt{n}}$$

구축된 신뢰구간 안에 μ_0가 포함되지 않으면 양측 검정의 귀무가설은 기각된다.

2. 가설에서 설정한 μ_0가 신뢰구간에 포함되어 있다면 H_0를 기각하지 않는다. 그렇지 않다면 H_0를 기각한다.[3]

맥스플라이트사의 가설 검정을 신뢰구간 방법으로 살펴보자. 맥스플라이트사의 가설 검정에서 가설은 다음과 같다.

$$H_0: \mu = 295$$
$$H_a: \mu \neq 295$$

유의수준 $\alpha = .05$ 수준에서 가설 검정을 위해 50개의 골프공을 표본으로 추출하고 표본평균을 계산하여 $\bar{x} = 297.6$야드로 나타났다. 모집단 표준편차 $\sigma = 12$이다. 이 결과와 $z_{.025} = 1.96$을 이용하여 계산한 모평균에 대한 95% 신뢰구간 추정값은 다음과 같다.

$$\bar{x} \pm z_{.025}\frac{\sigma}{\sqrt{n}}$$
$$297.6 \pm 1.96\frac{12}{\sqrt{50}}$$
$$297.6 \pm 3.3$$

또는 294.3부터 300.9까지이다.

이 결과는 품질 관리자가 95% 신뢰수준에서 골프공 모집단의 평균 비거리가 294.3야드와 300.9야드 사이에 있다고 결론지을 수 있도록 해 준다. 가설에서 설정한 모평균값 $\mu_0 = 295$는 이 신뢰구간에 포함되기 때문에 가설 검정에서도 귀무가설 $H_0: \mu = 295$를 기각할 수 없다.

위에서 살펴본 예제의 신뢰구간은 모평균에 대한 양측 검정과 관계가 있다. 또한 신뢰구간과 양측 검정의 관계는 다른 모수에서도 동일하게 적용할 수 있다. 이 관계는 모수에 대한 단측 검정으로도 확장시킬 수 있다. 그러나 이를 위해서는 단측 신뢰구간을 설명해야 하기 때문에 실제로는 거의 사용하지 않는다.

9.3 보충 설명

1. p-값을 어떻게 사용하는지 살펴보았다. 계산된 p-값이 작을수록 데이터에 H_0에 불리하고 H_a에 유리한 증거가 많음을 뜻한다. 작은 p-값에 대하여 통계학자들은 다음과 같이 해석하기를 제안한다.
   - .01보다 작을 때: H_a가 참이라고 결론 내릴 수 있는 압도적인 증거를 확보함.
   - .01과 .05 사이: H_a가 참이라고 결론 내릴 수 있는 강력한 증거
   - .05와 .1 사이: H_a가 참이라고 결론 내릴 수 있는 약한 증거
   - .1보다 클 때: H_a가 참이라고 결론 내릴 수

[3] p-값 $\leq \alpha$일 때 H_0를 기각하는 규칙과 일치하려면 신뢰구간 방식에서도 μ_0가 $100(1-\alpha)$% 신뢰구간의 양 끝점에 있을 때도 H_0를 기각하여야 한다.

있는 불충분한 증거

2. 표본 크기가 모집단 크기의 최소 5%(즉, $n/N \geq .05$)인 모집단 평균의 가설 검정을 실시하는 경우, σ를 알고 있고 $\bar{x}$의 표집분포의 표준오차를 계산할 때 유한모집단 보정계수를 사용하여야 한다.

$$\sigma_{\bar{x}} = \sqrt{\frac{N-n}{N-1}}\left(\frac{\sigma}{\sqrt{n}}\right)$$

연습문제

학생에게 알림: 다음 연습 문제의 일부는 p-값 방식을 사용하는 문제이고, 나머지는 임계치 방식을 사용하는 문제이다. 두 가지 방식의 가설 검정 결과는 같다. 두 방식을 모두 연습할 수 있도록 두 가지 방식으로 문제를 출제하였다. 이후의 절과 장에서는 일반적으로 p-값 방식을 사용할 것이나 각 개인의 선호도에 따라 어느 것을 선택해도 상관없다.

기본문제

9. 다음의 가설 검정을 생각해 보자.

$$H_0: \mu \geq 20$$
$$H_a: \mu < 20$$

$n = 50$개의 표본에서 계산된 표본평균은 19.4이고 모집단 표준편차는 2이다.

a. 검정 통계량 값을 계산하라.

b. p-값은 얼마인가?

c. $\alpha = .05$에서 결론은 무엇인가?

d. 임계치를 이용한 기각 규칙은 무엇인가? 결론은 무엇인가?

10. 다음의 가설 검정을 생각해 보자.

$$H_0: \mu \leq 25$$
$$H_a: \mu > 25$$

$n = 40$개의 표본에서 계산한 표본평균은 26.4이고, 모집단 표준편차는 6이다.

a. 검정 통계량 값을 계산하라.

b. p-값은 얼마인가?

c. $\alpha = .01$에서 결론은 무엇인가?

d. 임계치를 이용한 기각 규칙은 무엇인가? 결론은 무엇인가?

11. 다음의 가설 검정을 생각해 보자.

$$H_0: \mu = 15$$
$$H_a: \mu \neq 15$$

$n = 50$개의 표본에서 계산한 표본평균은 14.15이고 모집단 표준편차는 3이다.

a. 검정 통계량 값을 계산하라.

b. p-값은 얼마인가?

c. $\alpha = .05$에서 결론은 무엇인가?

d. 임계치를 이용한 기각 규칙은 무엇인가? 결론은 무엇인가?

12. 다음의 가설 검정을 생각해 보자.

$$H_0: \mu \geq 80$$
$$H_a: \mu < 80$$

$n = 100$개의 표본을 추출하였고, 모집단 표준편차는 12이다. 다음 각 표본평균으로 p-값을 계산하고 결론을 내려라. $\alpha = .01$을 이용한다.

a. $\bar{x} = 78.5$
b. $\bar{x} = 77$
c. $\bar{x} = 75.5$
d. $\bar{x} = 81$

13. 다음의 가설 검정을 생각해 보자.

$$H_0: \mu \leq 50$$
$$H_a: \mu > 50$$

$n = 60$개의 표본을 추출하였고, 모집단 표준편차는 8이다. 다음 각 표본평균으로 임계치 방식으로 결론을 내려라. $\alpha = .05$를 이용한다.

a. $\bar{x} = 52.5$
b. $\bar{x} = 51$
c. $\bar{x} = 51.8$

14. 다음의 가설 검정을 생각해 보자.

$$H_0: \mu = 22$$
$$H_a: \mu \neq 22$$

$n = 75$개의 표본을 추출하였고, 모집단 표준편차는 10이다. 각 표본평균으로 p-값을 계산하고 결론을 적어라. $\alpha = .01$을 이용한다.

a. $\bar{x} = 23$
b. $\bar{x} = 25.1$
c. $\bar{x} = 20$

응용문제

15. 3월 31일까지 연방소득세를 신고한 개인 납세자들은 평균적으로 $1,056를 환급받았다. 소득세 납부 마감 5일 전부터 마감일(일반적으로 4월 10일에서 15일)까지 소득을 신고한 개인 납세자들을 모집단으로 생각하고 답하라.

a. 개인 납세자들이 마지막 5일까지 기다리는 이유는 먼저 신고한 사람들보다 평균 환급금이 적기 때문이라고 한 연구자는 주장하고 있다. H_0를 기각하여 이 연구자의 주장을 지지할 수 있도록 가설을 수립하라.

b. 4월 10일부터 15일까지 소득세를 신고한 개인 납세자 중에서 표본으로 선택한 400명의 환급금 표본평균은 $910이었다. 이전 경험에 따라 모집단 표준편차 $\sigma = \$1,600$이라고 가정할 때 p-값은 얼마인가?

c. $\alpha = .05$일 때 결론은 무엇인가?

d. 앞의 가설 검정 저차를 임계치 방식으로 반복하라.

16. '대학생들은 신용카드를 얼마나 사용하는가?'라는 제목의 조사에 따르면 대학생들은 평균적으로 $3173를 신용카드로 사용하는 것으로 나타났다. 이 수치는 지난 5년간 44%가 증가한 것으로 사상 최고치로 증가한 것이다. 이러한 2009년의 조사와 비교하였을 때 대학생들의 신용카드 사용액이 계속 증가하고 있는지를 확인하기 위한 연구가 현재 진행 중이다. 지난 연구를 기초로 하여 모집단 표준편차를 $\sigma = \$1000$이라고 하자.

a. 귀무가설과 대립가설을 수립하라.

b. 180명의 대학생을 표본으로 추출한 표본평균이 $3325일 때 p-값은 얼마인가?

c. 유의수준 .05를 사용할 때 결론은 무엇인가?

17. 상품 생산업 근로자의 시간당 평균 임금은 $24.57이다[출처]. 이들과 비교하여 제조업체 근로자의 시간당 평균 임금이 차이가 있는지를 확인하기 위해 제조업체에서 일하는 근로자를 표본으로 추출하였다고 하자.

a. 제조업체 근로자의 시간당 임금의 모평균이 상품 생산업의 시간당 임금의 모평균과 다른지를 확인하기 위한 귀무가설과 대립가설을 수립하라.

b. 제조업체에서 30명의 근로자를 표본으로 추출했을 때, 표본평균은 시간당 $23.89로 나타났다. 모집단 표준편차는 시간당 $2.40이라 할 때 p-값을 계산하라.

c. 유의수준 $\alpha = .05$일 때 결론은 무엇인가?

d. 임계치 방식을 사용하여 가설 검정을 다시 진행하라.

18. 밀레니엄세대인 성인 18세부터 34세는 외식 산업의 주역이다. 시장조사 기관인 NPD 그룹의 조사에 의하면 이 세대는 2011년에 1인당 평균 192회의 외식을 하였다[출처]. 2012년에 침체된 경제로 인해 밀레니엄세대의 외식 횟수의 빈도에 변화가 생겼는지 검정하려고 한다.

a. 2012년에 밀레니엄세대 1인당 연평균 외식 횟수가 변화했는지를 결정하기 위한 가설을 수립하라.

b. 표본을 기초로 하여, NPD 그룹은 2012년에 밀레니엄세대의 평균 외식 횟수는 182회라고 하였다. 2012년 표본 크기는 150이고 지난 연구를 기초로 하여 모집단 표준편차 $\sigma = 55$라고 하자. 표본 결과를 이용하여 가설 검정을 위한 검정 통계량과 p-값을 계산하라.

c. $\alpha = .05$에서 결론은 무엇인가?

19. 미국 국세청(IRS)에서는 소득세 신고를 위한 납세자들의 질문에 수신자 부담으로 전화 상담해 주고 있다. 최근 몇 년간 IRS에는 납세자들의 문의전화가 폭주하여 질문의 빈도가 높은 문의사항은 홈페이지에 답을 올리도록 하고 전화상담도 다시 설계하였다[출처]. 납

세자 옹호자의 보고에 따르면 납세자들은 새로운 시스템을 이용하여 국세청 직원에게 연결되는 데 12분이나 기다려야 하는 것으로 예상된다. 납세자 50명을 표본으로 선택하여 새로운 전화 상담을 시행하였다. 표본조사 결과 국세청 직원과 연결되기 전에 평균 10분 정도 대기하는 것으로 나타났다. 지난 몇 년간의 자료를 기초로 하여 평균 대기 시간의 표준편차를 8분으로 하는 것이 합리적이라고 가정하자. 표본결과를 이용하여 납세자 옹호자가 주장한 12분보다 실제 평균 대기 시간이 유의하게 작다고 결론 내릴 수 있는가? 유의수준 $\alpha = .05$를 사용하라.

20. 병원 진료비 연구소에 따르면 북동부 지역에서는 처방약으로 1인당 연간 $838을 지출하였다. 중서부 지역에서 추출한 표본 60명이 개별적으로 지출한 1인당 처방약은 연간 $745로 나타났다. 모집단 표준편차 $300을 이용하여 다음 질문에 답하라.
    a. 중서부 지역의 표본으로부터 연간 1인당 처방약 금액이 북동부 지역보다 낮다는 결론을 지지할 수 있는지를 결정하기 위한 가설을 수립하라.
    b. 검정 통계량 값은 얼마인가?
    c. p-값은 얼마인가?
    d. $\alpha = .05$에서 결론은 무엇인가?

DATA *file*
Fowle

21. Fowle 마케팅 리서치 회사는 평균 15분 이내에 통화를 마칠 수 있다는 가정하에, 전화 설문조사를 의뢰하는 고객에게 요금을 청구한다. 설문조사 시간이 더 길어지면 할증료를 청구한다. Fowle 파일을 열면 35개 표본의 설문조사 시간이 있다. 지난 연구를 기초로 모집단 표준편차는 $\sigma = 4$분으로 알고 있다고 가정하자. 이때 할증료를 청구하는 것이 정당한가?
    a. 이 문제에 적용할 귀무가설과 대립가설을 수립하라.
    b. 검정 통계량 값을 계산하라.
    c. p-값은 얼마인가?
    d. $\alpha = .01$에서 결론은 무엇인가?

22. CCN과 ActMedia는 수퍼마켓 계산대에서 줄 서서 기다리는 개인을 대상으로 텔레비전 채널을 제공한다. 이 채널은 뉴스, 짧은 영상과 광고를 보여준다. 프로그램의 길이는 쇼핑객이 수퍼마켓 계산대에서 기다리는 모평균 시간이 8분이라는 가정을 기초로 한다. 실제 기다리는 시간을 표본으로 조사하여 이 가정을 검정하여 실제 기다리는 평균 시간이 이 기준과 차이가 있는지로 확인하고자 한다.
    a. 이 문제에 적용할 수 있는 가설을 수립하라.
    b. 12명의 쇼핑객을 표본으로 선택했을 때 표본에서 기다리는 시간이 평균 8.4분으로 나타났다. 모집단 표준편차 $\sigma = 3.2$분이라고 가정하자. p-값은 얼마인가?
    c. $\alpha = .05$에서 결론은 무엇인가?

d. 모평균에 대한 95% 신뢰구간을 계산하라. 이 신뢰구간은 결론을 뒷받침할 수 있는가?

9.4 모집단 평균의 검정: σ를 모를 경우

이번 절에서는 σ를 모를 때, 모평균에 대한 가설 검정을 설명하고자 한다. σ를 모르고 있을 경우는 표본을 추출하기 전에 모집단 표준편차와 모평균의 추정값을 알 수 없기 때문에 표본에서 μ와 σ를 동시에 추정해야 한다. 따라서 σ를 모르고 있을 경우는 모평균에 대한 가설 검정을 수행하기 위해서 표본평균 $\bar{x}$로 μ를 추정하고 표본 표준편차 s로 σ를 추정한다.

σ를 모르고 있을 경우 가설 검정의 단계는 9.3절에서 설명한 σ를 알고 있을 경우와 같다. 그러나 σ를 모르기 때문에 검정 통계량과 p-값의 계산이 조금 다르다. σ를 알고 있을 경우의 가설 검정에서는 검정 통계량의 표집분포가 표준정규분포를 따른다는 것을 기억하자. 그러나 σ를 모르고 있을 경우는 검정 통계량의 표집분포가 t-분포를 따르게 된다. 표본에서 μ와 σ를 추정하기 때문에 t-분포는 변동성이 약간 더 커진다.

8.2절에서 σ를 모를 때 모평균의 구간 추정은 t-분포라고 알려진 확률분포에 기초한다는 것을 설명하였다. σ를 모를 때 모평균에 대한 가설 검정도 t-분포에 기초한다. 이때 검정 통계량은 자유도가 $n-1$인 t-분포를 따르게 된다.

모평균 가설 검정을 위한 검정 통계량: σ를 모를 때

$$t = \frac{\bar{x} - \mu_0}{s/\sqrt{n}} \quad (9\text{-}2)$$

8장에서 t-분포는 표본을 추출한 모집단이 정규분포라는 가정이 필요하다고 설명하였다. 그러나 표본의 크기가 충분히 크다면 이 가정을 상당히 완화시킬 수 있다는 연구결과가 있다. 이 절의 끝에서는 모집단 분포와 표본 크기에 관한 실질적인 조언을 할 것이다.

단측 검정

DATA file AirRating

σ를 모르고 있는 경우 모평균에 대한 단측 검정을 생각해 보자. 한 비즈니스 여행 잡지는 비즈니스 여행객의 평가에 따라 공항의 등급을 구분하고자 한다. 등급 척도는 최저 0점에서 최고 10점까지이며, 모집단 평균 점수가 7보다 큰 공항은 우수 서비스 공항으로 선정된다. 공항 평가 자료를 얻기 위해서 잡지사 직원은 각 공항에서 60명의 비즈니스 여행객을 표본으로 조사하였다. 표본조사 결과, 런던의 히드로 공항은 표본평균 $\bar{x} = 7.25$, 표본 표준편차 $s = 1.052$였다. 이 자료를 바탕으로 히드로 공항을 우수 서비스 공항으로 선정할 수 있는가?

이를 위해 H_0를 기각하여 히드로 공항이 모집단 평균 점수인 7점보다 높다는 결론이 나오도록 가설을 수립해야 한다. 즉, $H_a: \mu > 7$인 우측 검정을 실시해야 한다. 우측 검정을 위한 귀무가설과 대립가설을 다음과 같다.

$$H_0: \mu \leq 7$$
$$H_a: \mu > 7$$

유의수준 $\alpha = .05$로 가설 검정을 한다.

식 9-2에 $\bar{x} = 7.25$, $\mu_0 = 7$, $s = 1.052$, $n = 60$을 대입하면 검정 통계량 값은 다음과 같다.

$$t = \frac{\bar{x} - \mu_0}{s/\sqrt{n}} = \frac{7.25 - 7}{1.052/\sqrt{60}} = 1.84$$

표집분포 t는 자유도 $n-1 = 60-1 = 59$를 갖는다. 우측 꼬리 검정이기 때문에 p-값은 $P(t \geq 1.84)$, 즉 검정 통계량 값의 우측 면적에 해당한다.

대부분의 교재에 있는 t-분포표에서는 $t = 1.84$에 해당하는 정확한 p-값을 찾을 수 없다. 예를 들어, 부록 B의 〈표 2〉를 보면 자유도 59인 t-분포의 값을 다음과 같이 표시하고 있다.

우측 꼬리 면적	.20	.10	.05	.025	.01	.005
t-값 (59 df)	.848	1.296	1.671	2.001	2.391	2.662

$t = 1.84$

여기에서 $t = 1.84$는 1.671과 2.001 사이에 있다. 여기서 정확한 p-값을 알 수는 없지만 '우측 꼬리 면적' 행에서 p-값이 .05보다 작고 .025보다 큰 것을 알 수 있다. 그러므로 유의수준 $\alpha = .05$에서 귀무가설을 기각하고 히드로 공항을 우수 서비스 공항으로 선정할 수 있다.

t-분포표에서 p-값을 계산하는 것은 번거롭고 근사값만 얻을 수 있다. 그래서 엑셀의 T.DIST 함수로 정확한 p-값을 계산하는 방법을 설명할 것이다. 히드로 공항의 가설 검정에서 우측 꼬리의 정확한 p-값은 .0354이다. $.0354 < .05$이기 때문에 귀무가설을 기각하고 히드로 공항이 우수 서비스 공항으로 분류되어야 한다고 결론을 내릴 수 있다.

σ를 모르고 있을 경우 임계치 방식으로도 귀무가설 기각 여부를 결정할 수 있다. 임계치는 $\alpha = .05$일 때, 자유도가 59인 t-분포에서 $t_{.05} = 1.671$이 된다. 임계치에 의한 기각 규칙은 $t \geq 1.671$에서 H_0를 기각하는 것이다. 따라서 $t = 1.84 > 1.671$이므로 H_0를 기각하고 히드로 공항은 우수 서비스 공항으로 분류된다는 결론을 내릴 수 있다.

양측 검정

σ를 모르고 있을 때 모평균에 대한 양측 검정 방법을 홀리데이 토이즈의 사례를 가지고 살펴보자. 이 회사는 제품을 만들어서 1000개 이상의 소매 아울렛에 유통하고 있다. 다가오

는 겨울 시즌을 대비해서 생산계획을 세워야 하는데, 소매 단계의 실제 수요를 제대로 파악하지 못한 채 각 제품의 생산량을 결정해야 한다. 홀리데이의 마케팅 담당 이사는 올해의 새 장난감에 대해서 각 아울렛에서 평균 40개의 수요를 예상하고 있다. 그러나 최종 생산량을 결정하기에 앞서, 새 장난감의 수요에 대한 더 많은 정보를 수집하기 위해 25개의 소매업체를 표본으로 하여 조사를 하기로 하였다. 각 소매업체에게는 새 장난감의 원가, 추천 판매가격과 함께 새 장난감의 특징에 대한 정보를 알려 주었다. 그 후 각 소매업자에게 예상 주문량을 물어보았다.

소매 아울렛의 모집단 평균 주문량을 μ로 표시하고 표본 자료를 가지고 다음과 같은 양측 검정을 수행하려고 한다.

$$H_0: \mu = 40$$
$$H_a: \mu \neq 40$$

H_0를 기각할 수 없다면 홀리데이는 소매 아울렛당 모평균 주문량이 $\mu = 40$일 것이라는 마케팅 이사의 추정에 따라 생산계획을 세울 것이다. 그러나 H_0를 기각할 수 있다면 즉시 생산계획을 조정할 것이다. 홀리데이는 소매 아울렛의 모평균 주문량이 예상보다 적거나 많다면 생산계획을 재조정해야 하기 때문에 양측 검정이 요구된다. 사용 가능한 과거의 데이터가 없기 때문에(장난감이 신제품이므로) 모집단 평균과 모집단 표준편차는 모두 표본 데이터에서 구한 $\bar{x}$와 s를 사용하여 추정해야 한다.

DATA *file*
Orders

25개 소매업체의 표본평균은 $\bar{x} = 37.4$이고 표본 표준편차는 $s = 11.79$이다. 분석자는 t-분포를 적용하기에 앞서, 모집단 분포를 파악하기 위하여 표본 자료의 히스토그램을 그려보았다. 표본 자료의 히스토그램에서 왜도나 극단적인 이상값은 발견되지 않았다. 분석자는 $n-1 = 24$의 자유도를 가진 t-분포를 이용하는 것이 바람직하다고 결론 내렸다. 식 9-2에 $\bar{x} = 37.4$, $\mu_0 = 40$, $s = 11.79$, $n = 25$를 대입하면 검정 통계량 값은 다음과 같다.

$$t = \frac{\bar{x} - \mu_0}{s/\sqrt{n}} = \frac{37.4 - 40}{11.79/\sqrt{25}} = -1.10$$

양측 검정을 실시하기 때문에 p-값은 t-분포에서 $t \leq -1.10$의 좌측에 있는 t-분포 곡선 아래 면적의 두 배가 된다. 부록 B의 t-분포표에서 자유도가 24일 때의 t-값은 다음과 같다.

우측 꼬리 면적	.20	.10	.05	.025	.01	.005
t-값 (24 *df*)	.857	1.318	1.711	2.064	2.492	2.797

$t = 1.10$

t-분포표는 정(+)의 값만 나타낸다(우측 꼬리에 해당하는 부분). 그러나 t-분포는 좌우 대칭이기 때문에 $t = 1.10$의 우측 꼬리 부분과 $t = -1.10$의 좌측 꼬리 부분의 면적이 같다. $t = 1.10$은 .857과 1.318 사이에 있다. 우측 꼬리 영역에서 $t = 1.10$의 우측 꼬리의 면적은 .20

과 .10 사이에 있다. 그 사이에 있는 값을 2배하면 p-값은 .4와 .2 사이가 된다. 유의수준 $\alpha = .05$에서 보면 p-값이 α보다 큰 것을 확인할 수 있다. 그러므로 H_0를 기각할 수 없다. 이는 홀리데이가 다가오는 시즌을 대비해서 생산계획을 변경해야 한다는 주장을 뒷받침할 만한 충분한 증거를 제시하지 못한 것이다.

다음의 엑셀 활용 절에서는 엑셀을 활용하여 가설 검정에서 p-값을 정확하게 계산하는 것을 보여준다. p-값은 .2811이다. 유의수준 $\alpha = .05$에서 $.2811 > .05$이기 때문에 H_0를 기각할 수 없다.

양측 검정에서도 검정 통계량을 임계치와 비교해서 의사결정을 내릴 수 있다. $\alpha = .05$인 경우 자유도 24인 t-분포에서 양측 검정의 임계치는 $-t_{.025} = -2.064$와 $t_{.025} = 2.064$이다. 검정 통계량을 이용한 기각 규칙은 다음과 같다.

$$t \leq -2.064 \text{이거나 } t > 2.064 \text{이면 } H_0 \text{ 기각}$$

검정 통계량이 $t = -1.10$이기 때문에 H_0를 기각할 수 없다. 이 결과는 홀리데이가 다가오는 시즌에 대비하면서 $\mu = 40$으로 예측한 생산계획을 유지해야 한다는 것을 나타낸다.

엑셀 활용

σ를 모르고 있을 경우 엑셀을 활용해서 모평균에 대한 단측 검정과 양측 검정을 할 수 있다. 이 방법은 σ를 알고 있을 경우와 유사하다. 표본 자료에서 계산한 검정 통계량(t)을 이용해서 좌측 검정 p-값, 우측 검정 p-값, 양측 검정 p-값과 같은 세 가지 p-값을 계산할 수 있다. 그런 다음 α값을 선택하고 가설 검정의 형태에 적합한 p-값을 선택하여 결론을 내릴 수 있다.

엑셀의 T.DIST 함수로 어떻게 좌측 검정 p-값을 계산하는지 살펴보자. 엑셀의 T.DIST 함수에는 세 가지를 입력해야 하는데 일반적인 형식은 다음과 같다.

T.DIST(검정 통계량, 자유도, 누적)

첫 번째 입력란에는 검정 통계량 값을 입력한다. 두 번째 입력란에는 자유도를 입력한다. 세 번째 입력란에는 누석분포함수를 원하면 TRUE, 확률밀도함수 곡선의 높이를 원하면 FALSE를 입력한다. 좌측 꼬리의 p-값을 계산하고 싶으면 TRUE를 입력한다.

좌측 검정 p-값을 계산했다면 우측 검정 p-값과 양측 검정 p-값을 계산하는 것은 쉽다. 우측 검정 p-값은 1에서 좌측 검정 p-값을 빼고, 양측 검정 p-값은 좌측 검정 p-값과 우측 검정 p-값 중 작은 값을 2배하면 된다.

엑셀 시트를 활용하여 홀리데이 토이즈 사례에 대한 양측 검정을 해 보자. 가설 검정과 관련된 내용을 보면서 〈그림 9-8〉을 참조하면 된다. 뒤쪽은 수식 워크시트이고, 앞쪽은 결과 워크시트이다.

〈그림 9-8〉 엑셀 워크시트: σ를 모를 때의 가설 검정

DATA file
Orders

	A	B	C	D	E
1	Units		Hypothesis Test about a Population Mean:		
2	26		σ Unknown Case		
3	23				
4	32		Sample Size	=COUNT(A2:A26)	
5	47		Sample Mean	=AVERAGE(A2:A26)	
6	45		Sample Standard Deviation	=STDEV.S(A2:A26)	
7	31				
8	47		Hypothesized Value	40	
9	59				
10	21		Standard Error	=D6/SQRT(D4)	
11	52		Test Statistic *t*	=(D5-D8)/D10	
12	45		Degrees of Freedom	=D4-1	
13	53				
14	34		*p*-value (Lower Tail)	=T.DIST(D11,D12,TRUE)	
15	45		*p*-value (Upper Tail)	=1-D14	
16	39		*p*-value (Two Tail)	=2*MIN(D14,D15)	
17	52				
25	30				
26	28				
27					

	A	B	C	D	E	F
1	Units		Hypothesis Test about a Population Mean:			
2	26		σ Unknown Case			
3	23					
4	32		Sample Size	25		
5	47		Sample Mean	37.4		
6	45		Sample Standard Deviation	11.79		
7	31					
8	47		Hypothesized Value	40		
9	59					
10	21		Standard Error	2.3580		
11	52		Test Statistic *t*	-1.1026		
12	45		Degrees of Freedom	24		
13	53					
14	34		*p*-value (Lower Tail)	0.1406		
15	45		*p*-value (Upper Tail)	0.8594		
16	39		*p*-value (Two Tail)	0.2811		
17	52					
25	30					
26	28					
27						

주) 18~24행은 숨겨져 있다.

자료 입력: Orders 파일을 열어라. 셀A1:A26에는 25개 표본 소매점 번호와 주문량이 입력되어 있다.

함수/수식: 엑셀의 COUNT, AVERAGE, STDEV.S 함수를 이용하여 표본 크기, 표본평균, 표본 표준편차를 셀 D4:D6에 계산한다. 결과 워크시트를 보면 표본 크기는 25, 표본평균은 37.4, 표본 표준편차는 11.79임을 확인할 수 있다. 가설에서 설정한 모평균값 40은 D8에 있다.

모집단 표준편차의 추정치로서 표본 표준편차를 사용하여, 셀 D6의 표본 표준편차를 셀 D4의 표본 크기의 제곱근으로 나누어서 표준오차를 셀 D10에 계산한다. D11에는 수식 =(D5−D8)/D10을 입력하여 검정 통계량 t의 값 −1.1026을 계산한다. 자유도는 D4에 있는 표본 크기에서 −1을 하여 D12에 =D4−1을 입력하여 계산한다.

좌측 검정의 p-값을 계산하기 위해 다음 수식을 셀 D14에 입력한다.

=T.DIST(D11, D12, TRUE)

우측 검정 p-값은 1에서 좌측 검정 p-값을 빼서 셀 D15에 계산한다. 마지막으로 양측 검정을 위한 p-값은 2개의 단측 검정 p-값 중에서 작은 값을 선택하여 2배 하는 식 =2*MIN(D14,D15)을 셀 D16에 입력하여 계산한다. 결과 워크시트에는 p-값 3개, 즉 좌측 검정 p-값 = .1406, 우측 검정 p-값 = .8594, 양측 검정 p-값 = .2811이 있다.

워크시트 작업은 완료되었다. 홀리데이 토이즈의 양측 검정 p-값(양측 검정) = .2811이

다. 이것은 유의수준 $\alpha = .05$보다 크기 때문에 $H_0: \mu = 40$을 기각할 수 없다. 따라서 홀리데이가 다가오는 시즌에 대비하여 $\mu = 40$이라고 예측한 것을 가지고 생산계획을 계속 진행시켜야 한다는 것을 의미한다. 〈그림 9-8〉의 워크시트는 t-분포를 따르는 단측 검정에도 이용할 수 있다. 좌측 검정을 위해서는 p-값(좌측 꼬리)와 α를 비교하고, 우측 검정을 위해서는 p-값(우측 꼬리)와 α를 비교하여 기각 여부를 결정한다.

다른 문제를 위한 템플릿. 다른 문제에서도 σ를 모르면 〈그림 9-8〉의 워크시트를 활용하여 모평균에 대한 가설 검정을 할 수 있다. 자료는 A열에 입력하고 셀 D4:D6의 수식에는 자료의 범위를 수정하고 가설에서 설정한 값은 셀 D8에 입력한다. 그러면 표준오차, 검정 통계량 값, 그리고 세 가지 p-값이 나타난다. 가설 검정의 형태(좌측 꼬리, 우측 꼬리, 양측 꼬리)에 따라 적합한 p-값을 선택하여 기각 여부를 결정한다.

〈그림 9-8〉의 템플릿에서 새로운 자료의 범위를 셀 D4:D6에 입력하지 않고 더 간단히 해결하는 방법도 있다. 셀에 다음과 같이 수식을 바꾸어서 입력하면 된다.

셀 D4: =COUNT(A:A)

셀 D5: =AVERAGE(A:A)

셀 D6: =STDEV(A:A)

자료의 범위를 A:A방법으로 지정하면 엑셀의 COUNT 함수는 A열에서 숫자로 입력된 자료의 수를 세고, AVERAGE 함수는 A열에서 숫자 값의 평균을 구한다. 그리고 STDEV 함수는 A열에 있는 값의 표준편차를 계산한다. 따라서 새로운 문제의 가설 검정은 A열에 새로운 자료를 입력하고 가설에서 설정한 모평균값만 셀 D8에 입력하면 된다.

요약과 실질적 조언

〈표 9-3〉은 σ를 모를 때 모평균에 대한 가설 검정 절차를 보여주고 있다. σ를 알고 있을 때

〈표 9-3〉 모평균에 대한 가설 검정 요약: σ를 모를 때

	좌측 검정	우측 검정	양측 검정
가설	$H_0: \mu \geq \mu_0$ $H_a: \mu < \mu_0$	$H_0: \mu \leq \mu_0$ $H_a: \mu > \mu_0$	$H_0: \mu = \mu_0$ $H_a: \mu \neq \mu_0$
검정 통계량	$t = \frac{\bar{x} - \mu_0}{s/\sqrt{n}}$	$t = \frac{\bar{x} - \mu_0}{s/\sqrt{n}}$	$t = \frac{\bar{x} - \mu_0}{s/\sqrt{n}}$
기각 규칙: *P*-값 방식	p-값$\leq\alpha$이면 H_0 기각	p-값$\leq\alpha$이면 H_0 기각	p-값$\leq\alpha$이면 H_0 기각
기각 규칙: 임계치 방식	$t \leq -t_\alpha$이면 H_0 기각	$t \geq t_\alpha$이면 H_0 기각	$t \leq -t_{\alpha/2}$이거나 $t \geq t_{\alpha/2}$이면 H_0 기각

와 모를 때의 가설 검정 절차에서 중요한 차이는 σ 대신 s를 사용하여 검정 통계량 값을 계산한다는 점이다. 이 때문에 검정 통계량 값은 t-분포를 따르게 된다.

이 절에서 설명한 가설 검정 절차의 적용은 표본이 추출된 모집단 분포와 표본 크기에 달려 있다. 모집단이 정규분포이면 표본의 크기와 상관없이 이 절에서 설명한 가설 검정은 정확한 결과를 준다. 그러나 모집단이 정규분포가 아니면 가설 검정의 과정은 근사치이다. 그러나 표본의 크기가 30 이상이면 대부분 좋은 결과가 나타난다. 모집단이 정규분포에 근접하면 표본의 크기가 작아도(예를 들어, $n < 15$) 결과를 채택할 수 있다. 모집단의 비대칭이 심하거나 이상치가 있다고 한다면 표본 크기는 50개 정도가 바람직하다.

9.4 보충 설명

표본 크기가 모집단 크기의 최소 5% 이상인 경우에(즉, $n/N \geq .05$) 모집단 평균의 가설 검정을 실시할 때는 σ를 모르고 있는 경우, $\bar{x}$의 표집분포의 표준오차를 계산할 때 유한모집단 보정계수를 사용하여야 한다.

$$s_{\bar{x}} = \sqrt{\frac{N-n}{N-1}}\left(\frac{s}{\sqrt{n}}\right)$$

연습문제

기본문제

23. 다음의 가설 검정을 생각해 보자.

$$H_0: \mu \leq 12$$
$$H_a: \mu > 12$$

25개 크기의 표본의 표본평균 $\bar{x} = 14$, $s = 4.32$일 때,

a. 검정 통계량 값을 계산하라.

b. t-분포표(부록 B의 표 2)를 이용하여 p-값을 계산하라.

c. $\alpha = .05$일 때 결론은 무엇인가?

d. 임계치를 이용한 기각 규칙은 무엇인가? 결론은 무엇인가?

24. 다음의 가설 검정을 생각해 보자.

$$H_0: \mu = 18$$
$$H_a: \mu \neq 18$$

48개 크기의 표본의 표본평균 $\bar{x} = 17$, $s = 4.5$일 때,

a. 검정 통계량 값을 계산하라.

b. t-분포표(부록 B의 표 2)를 이용하여 p-값을 계산하라.

c. $\alpha = .05$일 때 결론은 무엇인가?

d. 임계치를 이용한 기각 규칙은 무엇인가? 결론은 무엇인가?

25. 다음의 가설을 생각해 보자.

$$H_0: \mu \geq 45$$
$$H_a: \mu < 45$$

36개 크기의 표본을 사용한 표본 결과가 다음과 같다. p-값을 계산하고, $\alpha = .01$일 때 결론은 무엇인가?

a. $\bar{x} = 44, s = 5.2$
b. $\bar{x} = 43, s = 4.6$
c. $\bar{x} = 46, s = 5.0$

26. 다음의 가설 검정을 생각해 보자.

$$H_0: \mu = 100$$
$$H_a: \mu \neq 100$$

65개 크기의 표본을 사용한 표본 결과가 다음과 같다. p-값을 계산하고, $\alpha = .05$일 때 결론은 무엇인가?

a. $\bar{x} = 103, s = 11.5$
b. $\bar{x} = 96.5, s = 11.0$
c. $\bar{x} = 102, s = 10.5$

응용문제

27. 집에서 식사하는 것과 외식하는 것 중에서 어느 것이 더 저렴한가? 식료품점에서 프랭크 스테이크, 브로콜리, 쌀을 구입하는 평균 비용은 \$13.04이다[출처]. 외식과 비교하기 위해 근처 100개의 음식점을 표본으로 선택하여 계산한 평균가격은 \$12.75, 표준편차는 \$2였다.

a. 평균 외식 비용이 집에서 먹는 것보다 더 저렴하다는 것을 표본 자료가 뒷받침하는지를 결정할 수 있도록 적합한 가설을 수립하라.

b. 100개의 레스토랑 표본을 이용하여 p-값은 계산하라.

c. $\alpha = .05$일 때, 결론은 무엇인가?

d. 임계치 방식으로 다시 가설 검정을 하라.

28. 일부 기업의 주주는 자사의 최고경영자(CEO)의 재임기간이 적어도 9년이라고 주장하며 항의를 제기하였다. *Wall Street Journal*에서 표본으로 조사한 기업체 최고경영자의 평균 재임기간은 $\bar{x} = 7.27$년, 표준편차 $s = 6.38$년으로 나타났다.

a. 주주들의 주장이 타당한지를 확인하기 위한 가설을 수립하라.

b. 표본으로 선택한 기업이 85개라고 하자. p-값은 얼마인가?

c. $\alpha = .01$일 때 결론은 무엇인가?

29. 학교 관리자의 전국 평균 연봉은 \$9000이다[출처]. 학교 관계자들은 현재 연봉이 전국 평균

DATA file
Administrator

과 다른지를 확인하기 위해 오하이오주에 있는 학교 관리자 25명을 표본으로 선택하였다.

a. 오하이오주에 있는 학교 관리자의 모평균 연봉이 전국 평균 연봉 $9000과 다른지를 결정하기 위한 가설을 수립하라.

b. 오하이오주의 학교 관리자의 표본 25명 자료가 Administrator 파일에 있다. a의 가설 검정에서 p-값은 얼마인가?

c. $\alpha = .05$일 때 귀무가설을 기각할 수 있는가? 결론은 무엇인가?

d. 임계치 방식으로 가설을 다시 검정하라.

DATA file
ChildCare

30. *Time*지는 결혼한 남성들은 주당 평균 6.4시간 동안 아이를 돌보는 것으로 나타났다고 보도했다. 당신이 거주하는 지역의 기혼 남성이 아이를 돌보는 데에 소비하는 시간이 보고된 주당 평균 6.4시간과 다른지 여부를 판단하기 위해 자체적인 연구를 수행하고자 한다. 40명의 부부를 표본으로 선택하여 매주 남편이 아이 돌보는 시간을 조사하였다. 표본 자료는 ChildCare 파일에 있다.

a. 당신이 거주하는 지역의 결혼한 남성이 아이들을 돌보는 주당 평균시간이 *Time*지에 보고된 것과 다른지를 결정하기 위한 가설은 무엇인가?

b. 표본평균과 p-값은 얼마인가?

c. 유의수준을 선택하고 결론을 적어라.

31. 미국은 1인당 초콜릿 소비량에서 세계 9위를 차지하고 있다. 평균적인 미국인은 매년 9.5 파운드의 초콜릿을 먹는다[출처]. 당신은 Hershey의 본사가 위치한 펜실베이니아 허쉬(Hershey)에서 초콜릿 소비가 더 높은지를 궁금하다. 허쉬 지역의 36명의 소비자를 표본으로 선택하여 표본평균은 10.05 파운드, 표본 표준편차 $s = 1.5$파운드라는 것을 확인하였다. 유의수준 $\alpha = .05$일 때, 허쉬 지역의 연간 평균 초콜릿 소비량이 미국 전체 지역보다 높다고 할 수 있는가?

DATA file
UsedCars

32. 전국자동차딜러협회에 따르면 중고차 평균가격은 $10,192이다. 캔자스시티의 한 중고차 대리점의 매니저는 자신의 대리점에서의 중고차 모평균 가격이 전국 평균과 다른지를 확인하기 위해서 최근 50대의 중고차 가격을 표본으로 선택하였다. 50대의 표본은 UsedCars 파일에 있다.

a. 대리점의 중고차 평균 가격에 차이가 있는지를 결정하기 위한 가설을 수립하라.

b. p-값은 얼마인가?

c. $\alpha = .05$일 때 결론은 무엇인가?

33. 미국에서 자동차 보험료는 평균 연간 $1503이다[출처]. 당신은 펜실베이니아 출신인데, 그곳의 자동차 보험료가 저렴하다는 의견을 통계적으로 지지받을 수 있기를 바란다. 펜실베이니아주의 자동차 보험 증권 25개를 표본으로 선택한 결과, 평균 보험료는 연간 $1440, 표준편차는 $s = \$165$이다.

a. 전국 연간 평균 보험료보다 펜실베이니아주의 연간 평균 보험료가 낮은지를 결정하기 위한 가설을 수립하라.

b. 전국 평균과 펜실베이니아주의 연간 평균 보험료 차이에 대한 점 추정값은 얼마인가?

c. $\alpha = .05$일 때, 보험료의 차이가 유의한지를 검정하라.

34. 존스 너서리(John's Nursery)는 주거지역의 주문제작 조경 사업을 하고 있다. 조경에 따른 인건비는 나무, 관상수 등 나무를 몇 그루 심는지에 따라 달라진다. 인건비 추정의 기준은 중간 크기의 나무를 심는 데 2시간이 걸리는 것으로 하고 있다. 다음은 지난 한달 동안 10그루의 나무를 심었을 때 걸린 시간의 표본이다(시간단위).

1.7 1.5 2.6 2.2 2.4 2.3 2.6 3.0 1.4 2.3

유의수준 .05일 때 나무를 심는 시간이 모집단 2시간과 차이가 있는지를 검정하자.

a. 귀무가설과 대립가설을 수립하라.

b. 표본평균을 계산하라.

c. 표본 표준편차를 계산하라.

d. p-값은 얼마인가?

e. 결론은 무엇인가?

9.5 모집단 비율의 검정

이 절에서는 모비율 p에 대한 가설 검정 방법을 설명하고자 한다. p_0를 가설에서 설정한 모비율이라고 하자. 모비율에 대한 가설 검정 형태는 다음 세 가지이다.

$$H_0: p \geq p_0 \qquad H_0: p \leq p_0 \qquad H_0: p = p_0$$
$$H_a: p < p_0 \qquad H_a: p > p_0 \qquad H_a: p \neq p_0$$

첫 번째 유형은 좌측 검정, 두 번째 유형은 우측 검정, 그리고 세 번째 유형은 양측 검정이라고 한다.

모비율의 가설 검정은 가설에서 설정한 모비율 p_0와 표본비율 $\bar{p}$의 차이를 기초로 한다. 가설 검정 방법은 모평균에 대한 가설 검정과 유사하다. 한 가지 차이점은 표본비율과 그것의 표준오차를 사용하여 표본 통계량을 계산한다는 것이다. 그리고 p-값 방식과 임계치 방식을 통해 귀무가설의 기각 여부를 결정한다.

파인크릭(Pine Creek) 골프 코스가 직면하고 있는 문제를 생각해 보자. 지난 1년 동안 파인크릭에서 골프를 친 사람의 20%가 여성이었다. 파인크릭은 여성 골퍼의 비율을 높이기 위해 여성 골퍼 유치를 위한 특별 판촉 행사를 실시하였다. 실시 후 한 달이 지났을 때, 골프장 관리자는 파인크릭의 여성 골퍼 비율이 늘었는지를 확인하기 위해 통계적 조사를 요청하였다. 이 조사의 목적은 여성 골퍼의 비율이 증가했는지를 판단하는 것이므로 H_a: $p > .20$인 우측 검정이 적합하다. 파인크릭을 위한 귀무가설과 대립가설은 다음과 같다.

$$H_0: p \le .20$$
$$H_a: p > .20$$

H_0를 기각할 수 있다면, 검정의 결과는 여성 골퍼 비율이 증가했고 판촉행사가 유익했다는 결론에 대한 통계적 지지를 확보하게 된다. 골프장 관리자는 가설 검정을 위한 유의수준을 $\alpha = .05$로 하였다.

가설 검정을 위한 다음 단계는 표본을 선택하고 적절한 검정 통계량 값을 계산하는 것이다. 파인크릭의 우측 검정에서 이 단계를 살펴보기 위해 모비율의 가설 검정을 위한 검정 통계량 값을 계산하는 것부터 살펴보자. 검정 통계량 값의 기초는 모집단 모수 p의 점 추정량인 $\bar{p}$의 표집분포에서 시작한다.

귀무가설이 등호(=)로써 참이면 $\bar{p}$의 기댓값은 가설에서 설정한 값 p_0와 같다. 즉 $E(\bar{p}) = p_0$이다. $\bar{p}$의 표준오차는 다음과 같다.

$$\sigma_{\bar{p}} = \sqrt{\frac{p_0(1-p_0)}{n}}$$

7장에서 $n \ge 5$이고 $n(1-p) \ge 5$이면 $\bar{p}$의 표집분포는 정규분포를 가지고 근사하게 나타낼 수 있다고 하였다.[4] 일반적으로 이 조건이 만족되면 아래의 변량 z는 표준정규분포를 따르게 된다.

$$z = \frac{\bar{p} - p_0}{\sigma_{\bar{p}}} \tag{9-3}$$

모비율에 대한 가설 검정에서 사용할 검정 통계량 값은 $\sigma_{\bar{p}} = \sqrt{p_0(1-p_0)/n}$를 갖는 표준 정규확률변수이다.

모비율의 가설 검정을 위한 검정 통계량

$$z = \frac{\bar{p} - p_0}{\sqrt{\frac{p_0(1-p_0)}{n}}} \tag{9-4}$$

---

4 모비율에 대한 가설 검정을 적용할 때에는 대부분 정규분포 근사 계산을 적용할 만큼 표본 크기가 충분히 크다고 가정한다. $\bar{p}$의 표집분포는 정확하게 말하면 이산적(discrete)이며, 각각의 $\bar{p}$값의 확률은 이항분포로 주어진다. 그래서 정규분포 근사 계산을 적용할 수 없을 만큼 표본이 작다면 가설 검정은 좀 더 복잡해진다.

DATA *file*
WomenGolf

이제 파인크릭 가설 검정의 검정 통계량 값을 계산할 수 있다. 무작위 표본 400명 가운데 100명이 여성이라고 하자. 표본에서 여성골퍼 비율은 다음과 같다.

$$\bar{p} = \frac{100}{400} = .25$$

이 비율을 식 9-4에 대입하여 검정 통계량 값을 계산하면 다음과 같다.

$$z = \frac{\bar{p} - p_0}{\sqrt{\frac{p_0(1-p_0)}{n}}} = \frac{.25 - .20}{\sqrt{\frac{.20(1-.20)}{400}}} = \frac{.05}{.02} = 2.50$$

파인크릭 사례는 우측 검정이기 때문에 p-값은 z가 $z = 2.50$보다 크거나 같을 확률이다. 즉, $z = 2.50$의 우측에 해당하는 면적이다. 표준정규분포표에서 $z = 2.50$의 좌측 면적은 .9938이다. 따라서 파인크릭 가설 검정의 p-값은 $1.0000 - .9938 = .0062$이다. 〈그림 9-9〉는 p-값 계산 과정을 보여주고 있다.

다시 말하면, 골프장 관리자가 $\alpha = .05$로 정하였다. 계산한 p-값 $= .0062 < .05$이다. 따라서 유의수준 .05에서 통계적으로 H_0를 기각할 수 있다는 충분한 증거가 된다. 이 검정 결과는 파인크릭 골프장 판촉 행사가 여성골퍼 비율을 증가시켰다는 결론을 지지하는 통계적 증거가 된다.

귀무가설의 기각 여부는 임계치 방식으로도 결정할 수 있다. 표준정규분포의 우측 면적 .05에 해당하는 임계치는 $z_{.05} = 1.645$이다. 따라서 $z \geq 1.645$ 라면 임계치 방식에서는 H_0를 기각할 수 있다. 계산한 z값이 $z = 2.50 > 1.645$이기 때문에 H_0를 기각할 수 있다.

가설 검정에서 p-값 방식과 임계치 방식이 동일한 결론을 보이지만, p-값 방식이 더 많은 정보를 제공한다. p-값 $= .0062$이기 때문에 귀무가설은 유의수준 .0062 이상에서 기각할 수 있다.

〈그림 9-9〉 파인크릭 가설 검정을 위한 p-값 계산

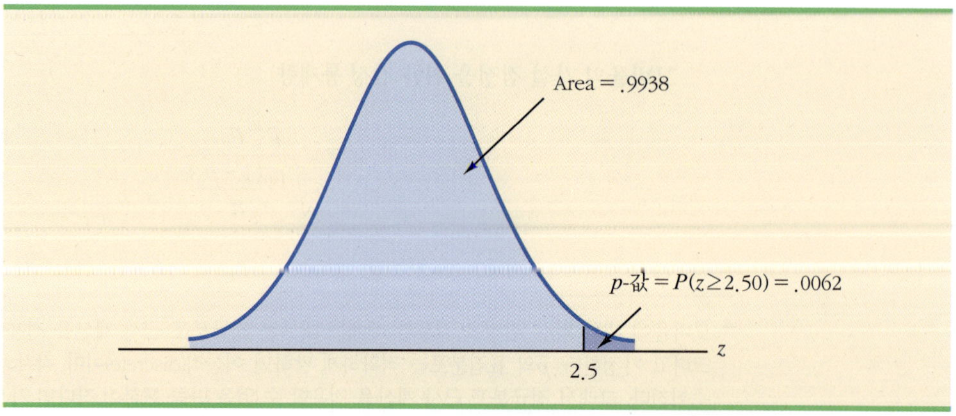

〈그림 9-10〉 엑셀 워크시트: 파인크릭 골프장 사례의 가설 검정

DATA file
WomenGolf

	A	B	C	D	E
1	Golfer		Hypothesis Test about a Population Proportion		
2	Female				
3	Male		Sample Size	=COUNTA(A2:A401)	
4	Female		Response of Interest	Female	
5	Male		Count for Response	=COUNTIF(A2:A401,D4)	
6	Male		Sample Proportion	=D5/D3	
7	Female				
8	Male		Hypothesized Value	0.2	
9	Male				
10	Female		Standard Error	=SQRT(D8*(1-D8)/D3)	
11	Male		Test Statistic *z*	=(D6-D8)/D10	
12	Male				
13	Male		*p*-value (Lower Tail)	=NORM.S.DIST(D11,TRUE)	
14	Male		*p*-value (Upper Tail)	=1-D13	
15	Male		*p*-value (TwoTail)	=2*MIN(D13,D14)	
16	Female				
400	Male				
401	Male				
402					

	A	B	C	D	E	F
1	Golfer		Hypothesis Test about a Population Proportion			
2	Female					
3	Male		Sample Size	400		
4	Female		Response of Interest	Female		
5	Male		Count for Response	100		
6	Male		Sample Proportion	0.25		
7	Female					
8	Male		Hypothesized Value	0.20		
9	Male					
10	Female		Standard Error	0.02		
11	Male		Test Statistic *z*	2.5000		
12	Male					
13	Male		*p*-value (Lower Tail)	0.9938		
14	Male		*p*-value (Upper Tail)	0.0062		
15	Male		*p*-value (TwoTail)	0.0124		
16	Female					
400	Male					
401	Male					
402						

주) 17~399행은 숨겨져 있다.

엑셀 활용

엑셀에서도 p-값 방식으로 모비율에 대한 단측 또는 양측 검정을 실시할 수 있다. 그 과정은 모평균에 대한 가설 검정 과정과 유사하다. 가장 주요한 차이는 검정 통계량 값의 계산 근거이다. 모평균 가설 검정은 $\bar{x}$의 표집분포에서, 모비율 가설 검정은 $\bar{p}$의 표집분포에서 검정 통계량을 각각 계산한다. 가설 검정의 검정 통계량 값을 계산하는 수식은 다르지만, 임계치와 p-값의 계산 방법은 꼭 같다.

파인크릭 골프장의 사례에서 엑셀을 활용하여 우측 가설 검정을 살펴보자. 〈그림 9-10〉은 가설 검정 과정을 보여주고 있다. 뒤쪽은 수식 워크시트이고, 앞쪽은 결과 워크시트이다.

자료 입력: WomenGolf 파일을 연다. 셀A1:A401에 데이터 라벨과 골퍼의 성별이 있다.

함수/수식: 표본 크기, 응답 수, 표본비율은 셀 D3, D5, D6에 있다. 자료가 숫자가 아니기 때문에 셀 D3에서 COUNT 함수가 아니라 COUNTA 함수를 사용한다. 비율 계산의 응답자를 구분하기 위해 셀 D4에 Female을 입력한다. 셀 D5에는 COUNTIF(A2:A401,D4)라고 입력하여 셀 D4의 Female이라고 응답한 수를 계산한다. 그리고 표본비율은 셀 D6에 응답수를 표본 수로 나누어서 계산한다.

셀 D8에는 가설에서 설정한 모비율 값(.20)을 입력한다. 표준오차는 셀 D10에 수식 = SQRT(D8*(1−D8)/D3)을 입력하여 계산한다. 셀 D11에 수식 =(D6−D8)/D10을 입력하여 검정 통계량 z(2.50)을 계산한다. 좌측 검정을 위한 p-값은 셀 D13에 수식 =NORM.S.DIST(D11, TRUE)을 입력한다. 우측 검정을 위한 p-값은 셀 D14에 1에서 좌측 검정을 위한

p-값을 빼서 계산한다. 마지막으로 양측 검정을 위한 p-값은 단측 검정을 위한 2개의 p-값 중에서 작은 값을 2배하여 셀 D15에 계산한다. 결과 워크시트에서 3개의 p-값은 p-값(좌측 검정) = .9938, p-값(우측 검정) = .0062, p-값(양측 검정) = .0124이다.

워크시트 작업이 완료됐다. 파인크릭의 우측 검정에서 p-값(우측 검정) = .0062는 α = .05보다 작기 때문에 모비율이 .20 이하라는 귀무가설을 기각한다. 사실, 유의수준 α가 p-값 .0062보다 크다면 귀무가설은 모두 기각할 수 있다.

다른 문제를 위한 템플릿. 〈그림 9-10〉의 워크시트는 $np \geq 5$이고 $n(1-p) \geq 5$일 때 모비율에 대한 가설 검정의 템플릿으로 활용할 수 있다. A열에 자료를 입력하고 셀 D3와 D5의 수식에서 범위를 수정하고 셀 D4에 원하는 응답을 입력하고 가설에서 설정한 값은 셀 D8에 입력한다. 그러면 표준오차, 검정 통계량 값, 3개의 p-값이 계산된다. 가설 검정의 유형(좌측, 우측, 양측)에 따라 적합한 p-값을 선택하면 기각 여부를 결정할 수 있다.

요약

모집단 비율에 대한 가설 검정을 수행하는 데 사용되는 절차는 모집단 평균에 대한 가설 검정을 수행하는 데 사용되는 절차와 유사하다. 비록 모비율에 대한 우측 검정 방법만 설명했지만, 좌측 검정과 양측 검정에서도 이 절차를 사용할 수 있다. 〈표 9-4〉는 모비율에 대한 가설 검정을 요약하고 있다. $np \geq 5$이고 $n(1-p) \geq 5$를 가정하고 $\bar{p}$의 표집분포를 정규분포로 근사 계산하였다.

〈표 9-4〉 모비율에 대한 가설 검정 요약

	좌측 검정	우측 검정	양측 검정
가설	$H_0: p \geq p_0$ $H_a: p < p_0$	$H_0: p \leq p_0$ $H_a: p > p_0$	$H_0: p = p_0$ $H_a: p \neq p_0$
검정 통계량	$z = \dfrac{\bar{p}-p_0}{\sqrt{\dfrac{p_0(1-p_0)}{n}}}$	$z = \dfrac{\bar{p}-p_0}{\sqrt{\dfrac{p_0(1-p_0)}{n}}}$	$z = \dfrac{\bar{p}-p_0}{\sqrt{\dfrac{p_0(1-p_0)}{n}}}$
기각 규칙: P-값 방식	p-값$\leq\alpha$이면 H_0 기각	p-값$\leq\alpha$이면 H_0 기각	p-값$\leq\alpha$이면 H_0 기각
기각 규칙: 임계치 방식	$z \leq -z_{\alpha}$이면 H_0 기각	$z \geq z_{\alpha}$이면 H_0 기각	$z \leq -z_{\alpha/2}$이거나 $z \geq z_{\alpha/2}$이면 H_0 기각

9.5 보충 설명

표본 크기가 모집단 크기의 최소 5%(즉, $n/N \geq .05$)로 넘어가면, 모비율의 가설 검정을 하는 경우, $\bar{p}$의 표집분포의 표준오차를 계산할 때 유한모집단 보정계수를 사용하여야 한다. 즉

$$s_{\bar{p}} = \sqrt{\frac{N-n}{N-1}}\sqrt{\frac{p_0(1-p_0)}{n}}$$

연습문제

기본문제

35. 다음의 가설설정을 생각해 보자.

$$H_0: p = .20$$
$$H_a: p \neq .20$$

크기 400개의 표본에서 표본비율 $\bar{p} = .175$이다.

a. 검정 통계량 값을 계산하라.

b. p-값은 얼마인가?

c. $\alpha = .05$일 때 결론은 무엇인가?

d. 임계치를 이용한 기각 규칙은 무엇인가? 결론은 무엇인가?

36. 다음의 가설을 생각해 보자.

$$H_0: p \geq .75$$
$$H_a: p < .75$$

300개 아이템을 표본으로 선택하였다. 표본비율이 각각 다음과 같을 때 $\alpha = .05$에서 p-값을 계산하고 결론을 내려라.

a. $\bar{p} = .68$

b. $\bar{p} = .72$

c. $\bar{p} = .70$

d. $\bar{p} = .77$

응용문제

37. 미국 노동통계국은 미국 노동자의 11.3%가 노동조합에 가입되어 있다고 보고하였다[출처]. 노동조합의 노력이 노조원 수를 증가시켰는지를 알아보기 위해 2014년에 400명의 미국 노동자를 대상으로 조사하였다.

a. 2014년에 노동조합원이 증가했다고 할 수 있는지를 검정하기 위한 가설을 수립하라.

b. 표본조사 결과, 근로자 중에서 52명이 조합에 가입했다면 p-값은 얼마인가?

c. 유의수준 $\alpha = .05$일 때 결론은 무엇인가?

38. 컨슈머 리포트의 연구에 따르면 수퍼마켓 이용자의 64%는 수퍼마켓 브랜드도 제조업자 브랜드만큼 좋다고 믿고 있다고 한다. 제조업자 브랜드의 한 케첩 제조회사가 자사 제품에도 이 결과가 해당되는지를 조사하기 위하여 수퍼마켓 이용자들에게 수퍼마켓 상표가 붙은 케첩과 제조업자 자신의 브랜드의 케첩을 똑같이 좋다고 믿는지를 표본조사 하였다.

a. 수퍼마켓 브랜드 케첩과 제조업자 브랜드 케첩을 똑같이 좋다고 믿는 수퍼마켓 이용자의 비율이 64%인지를 결정하기 위한 가설을 수립하라.

b. 100명의 수퍼마켓 이용자 중에서 수퍼마켓 브랜드와 제조업자 브랜드를 동일하게 취급하는 고객이 52명이라면 p-값은 얼마인가?

c. 유의수준 $\alpha = .05$일 때 결론은 무엇인가?

d. 제조업자 브랜드 케첩 제조회사가 이러한 결론에 만족하는가? 이에 대해 설명하라.

DATA *file* HomeState

39. 자신이 태어난 주에서 계속 거주하는 비율이 몇 퍼센트인가? 미국 인구조사국의 전국인구현황조사에 따르면, 거주비율은 네바다주 25%부터 루이지애나주 78.7%까지의 범위로 나타났다[출처]. 각 주와 컬럼비아 특별구에 걸친 평균 비율은 57.5%이다. HomeState 파일은 전국인구현황조사와 같은 자료이다. 이 자료는 아칸소주에서 120명의 거주자를, 버니지아주에서 180명의 거주자를 무작위로 선택한 표본이다.

a. 두 주에서 거주자의 비율이 전국의 평균 57.5%와 다른지를 결정하기 위한 가설을 수립하라.

b. 아칸소주에서 거주자 비율을 추정하라. 이 비율은 각 주의 평균 비율과 유의하게 다른 것인가? $\alpha = .05$를 사용하라.

c. 버지니아주에서 거주자 비율을 추정하라. 이 비율은 모든 주의 평균 비율과 유의하게 다른가? $\alpha = .05$를 사용하라.

d. 아칸소주보다 버지니아주에서 거주자의 비율이 높다고 예상할 수 있는가? b와 c에 나타난 결과를 결론이라고 가정하자.

40. 작년에 기업주의 46%가 직원들에게 명절 선물을 주었다. 올해 기업주들을 대상으로 한 조사에서 35%가 직원들에게 명절 선물을 줄 것이라고 밝혔다. 조사 결과는 60명의 사업주 표본에서 얻은 것이다.

a. 설문에 참여한 기업 중 명절 선물을 줄 계획인 기업주는 몇 명인가?

b. 표본의 기업주들이 계획대로 실행한다고 했을 때 명절 선물을 주는 기업주의 비율이 작년보다 감소했는지 여부를 결정하려고 한다. 가설 검정의 p-값은 얼마인가?

c. 유의수준 .05일 때 선물을 주는 기업주의 비율이 감소했다고 결론 내릴 수 있는가? 그런 결론을 내릴 수 있는 가장 작은 유의수준은 무엇인가?

41. 10년 전 미국 가정의 53%는 주식이나 주식형 펀드를 소유하고 있었다. 자산운용협회에 의한 표본조사에서는 2012년 현재 46%로 나타났다[출처].

a. H_0를 기각하여 주식이나 주식형 펀드를 소유한 미국 가정의 비율이 10년 전보다 2012년에 더 작아졌다는 결론을 내릴 수 있도록 적합한 가설을 수립하라.

b. 자산운용협회에서 미국 가정 300개를 선택하여 추정한 결과, 2012년에 주식이나 주식형 펀드의 소유 비율이 46%였다. 가설 검정의 p-값은 얼마인가?

c. $\alpha = .05$일 때 결론은 무엇인가?

42. 네바다 대학교 물류센터 학과에 따르면, 미국에서 판매되는 모든 상품의 6%가 반품된다고 한다. 휴스턴의 한 백화점은 1월에 판매된 상품 중에서 표본으로 선택한 80개에서 12개가 반품된 것을 확인하였다.

a. 휴스턴 매장에서 판매된 상품을 모집단으로 할 때, 반품된 상품의 점 추정값을 계산하라.

b. 휴스턴 매장 반품 비율의 95% 신뢰구간을 계산하라.

c. 휴스턴 매장 반품 비율은 국가 전체 반품 비율과 유의하게 다른가? 이 답변에 대한 통계적 근거를 제시하라.

DATA file
Eagle

43. Eagle Outffiters는 아웃도어 의류와 캠핑 장비에 특화되어 있는 체인점이다. 자신의 신용카드 사용고객을 대상으로 할인쿠폰을 우송하는 판촉행사를 고려하고 있다. 이 판촉행사는 쿠폰을 받은 고객 중에서 10% 이상이 사용하면 성공적이라고 간주한다. 전국적인 판촉행사를 하기 전에 신용카드 사용 고객 중에서 100명을 표본으로 선택하여 쿠폰을 발송하였다.

a. 판촉행사를 전국적으로 시행할만큼 쿠폰을 사용하는 고객의 비율이 충분히 높은지를 결정하기 위한 가설을 수립하라.

b. Eagle 파일은 표본 자료이다. 모비율에 대한 점 추정값을 계산하라.

c. $\alpha = .05$를 사용하여 가설을 검정하라. Eagle은 판촉행사를 전국적으로 시행해야 하는가?

DATA file
LawSuit

44. 최근 몇 년 동안 건강관리 비용이 빠르게 증한 이유 중의 하나는 의사의 의료과실 보험 비용이 증가했기 때문이다. 고소에 대한 두려움 때문에 의사들은 불필요한 검사를 더 많이 실시하는데 이는 단지 그들에게 죄가 없다는 것을 증명하기 위한 수단에 불과하다[출처]. 이러한 검사들은 모두 의료 비용에 추가된다. LawSuit 파일의 데이터는 리더스 다이제스트의 기사와 부합하는데, 한 번 이상 고소를 당한 경험이 있는 55세 이상의 의사 비율을 추정하는 데 사용될 수 있다.

a. 이 자료에서 적어도 한 번 이상 고소를 당한 55세 이상 의사 비율이 절반을 넘는지를 확인하기 위한 가설을 수립하라.

b. LawSuit 파일의 자료를 가지고 엑셀을 활용하여 적어도 한 번 이상 고소를 당한 55세 이상의 의사 비율을 구하라. 가설 검정의 p-값을 구하라.

c. $\alpha = .01$에서 결론은 무엇인가?

45. 미국투자자협회는 향후 6개월간 주식시장을 강세, 약세, 보합세로 평가하는 비율을 측정하기 위해서 회원들을 대상으로 주간 설문조사를 실시하고 있다. 2012년 11월 7일 주말에 실시한 조사결과에 따르면, 강세 38.5%, 보합세 21.6%, 약세 39.9%로 나타났다[출처]. 이 결과는 AAII 회원 300명을 대상으로 표본조사 한 것이다.

a. AAII 회원 중에서 장기적으로 강세일 것이라고 생각한 비율은 .39이다. 현재 표본에서 나타난 강세 심리는 장기평균 .39와 차이가 있는지를 확인하기 위하여 유의주순 5%에서 가설 검정을 실시하라. 그 결과는 무엇인가?

b. AAII 회원 중에서 장기적으로 약세일 것이라고 생각한 비율은 .30이다. 현재 표본에서 나타난 약세 심리는 장기평균 .30보다 높은지를 확인하기 위하여 유의수준 1%에서 가설 검정을 실시하라. 그 결과는 무엇인가?

c. 이 가설 검정의 목표모집단은 무엇이었는가? 이 결과를 모든 투자자에게 확장시키는 것을 편안하게 받아들 수 있는가? 받아들이거나 받아들이지 못한다면 그 이유는 무엇인가?

9.6 실질적 조언: 빅데이터와 가설 검정

데이터 수집의 측면에서 기술적인 발전과 개선을 통해 수백만 혹은 수십억 개의 관측치를 자동으로 혹은 전자적 방법으로 비교적 짧은 시간에 쉽게 수집할 수 있게 되었다. 이 절에서는 가설 검정에 대규모 표본을 사용하는 것과 관련한 실질적 조언을 제공한다. 다른 통계적인 방법과 마찬가지로, 가설 검정의 타당성은 추론 과정에서 사용되는 데이터의 질에 따라 달라진다. 가설을 검정하는 데 사용된 표본이 아무리 크다고 하더라도, 우리는 모집단에서 추출한 표본을 다루기 때문에 여전히 표본 추출의 한계와 싸워야 한다. 만일 표본 데이터가 모집단의 특성을 대표하지 못한다면 그러한 표본 데이터에 기반한 가설 검정은 소득이 없거나 아무것도 밝혀내지 못하고, 또 실제로 오해를 일으킨다.

빅데이터와 *p*-값

8.5절에서 구한 모집단 평균 μ(식 8-1과 8-2 참조)와 모비율 p(식 8-4 참조)의 구간 추정값은 표본의 크기가 커짐에 따라 좁아진다는 것을 확인하였다. 이것은 표본 크기가 커짐에 따라 관련 표집분포의 표준오차가 감소하기 때문이다. 유사한 이유로 가설 검정에서 점 추정치와 가설에서 주어진 모수의 가설값(또는 가설치) 사이의 차이와 관련된 확률 p-값도 표본 크기가 증가함에 따라 감소한다. 그러나 표본 크기가 증가함에 따라 점 추정치($\bar{x}$ 또는 $\bar{p}$)와 가설값(μ_0 또는 p_0) 사이의 차이와 관련된 p 값은 얼마나 빠르게 감소하는가?

7장과 8장에서 논의되었던 온라인 뉴스 서비스 PDT(PenningtonDailyTimes.com)에 대해 다시 한 번 생각해 보자. PDT의 주요 수익원은 광고 판매라는 점을 상기하고, 예비 광고주들은 고객의 방문 시간이 긴 웹사이트에 광고를 하기 위해 기꺼이 프리미엄을 지불한다는 것도 상기하자. PDT 경영진은 뉴스 서비스를 홍보하기 위해 고객이 PenningtonDailyTimes.com을 방문하여 머무는 시간이 84초를 초과한다고 잠재 광고주들에게 약속하기를 원한다. 그래서 PDT는 표본 자료를 수집하고 귀무가설 $H_0: \mu \leq 84$을 검정하기로 결정하였다. 과거 데이터를 통해 개인 고객이 PDT의 웹사이트를 방문하여 머무는 시간의 표준편차는 $\sigma = 20$이

〈표 9-5〉 귀무가설 H_0: $\mu \leq 84$의 검정 통계량 z-값과 p-값, 다양한 표본 크기 n에 대하여 표본평균이 84.5초일 때

표본 크기 n	z	p-값
100	0.25	0.4013
500	0.56	0.2877
1,000	0.79	0.2148
10,000	2.50	0.0062
100,000	7.91	1.29E−15
1,000,000	25.00	3.06E−138
10,000,000	79.06	< 0.00E−200
100,000,000	250.00	< 0.00E−200
1,000,000,000	790.57	< 0.00E−200

라고 알고 있다. 〈표 9-5〉는 PDT의 표본평균이 84.5초일 때 귀무가설 H_0: $\mu \leq 84$을 검정하기 위한 검정 통계량 값 z-값과 p-값을 보여주고 있다. 이 가설 검정의 p-값은 〈표 9-5〉에서 보듯이 표본 크기가 $n = 100,000$ 이상이 되면 거의 0이 된다.

이러한 관계는 모집단 비율 p에 대한 가설 검정에도 적용된다. 표본비율 $\bar{p}$와 가설에서 주어진 모집단 비율 p_0와의 차이에 관련된 확률 p-값은 표본 크기가 증가함에 따라 감소한다. 일반적으로 모든 가설에 대해서도 같은 말을 할 수 있다. 즉 점 추정치와 가설에서 주어진 모수 사이의 차이에 관련된 확률 p-값은 표본 크기가 증가함에 따라 감소한다.

빅데이터의 시사점

PDT가 자사 웹사이트 방문자 1,000,000의 샘플을 수집하여 이 데이터를 사용하여 .05의 유의수준에서 H_0: $\mu \leq 84$을 검정한다고 생각해 보자. 또한 표본평균은 84.5이고 귀무가설이 기각된다고 하자. 이에 따라 PDT는 웹사이트를 방문하는 개별 고객의 평균 소요 시간이 84초를 초과한다고 잠재적 광고주들에게 약속할 수 있다. 이러한 결과는 점 추정치와 가설에서 주어진 모수의 가설치와의 차이(84.5−84=.5)가 표집오차(sampling error)만으로 발생할 가능성이 높지 않다는 것을 시사한다. 그러나 어떤 가설 검정의 결과는, 표본 크기에 관계없이, 표본에 비표집오차(nonsampling error)가 상대적으로 없는 경우에만 신뢰할 수 있다. 자료 수집 과정에서 비표집오차가 발생하는 경우, 표본 데이터에 비표집오차가 없는 경우보다 제1종 오류나 제2종 오류가 발생할 가능성이 더 높을 수 있다. 따라서 가설을 검정할 때, 모집단에서 무작위 표본(random sample)이 추출됐는지에 대해 신중하게 생각하는 것이 중요하다.

PDT가 표본을 추출함에 있어 비표집오차가 거의 혹은 전혀 없다고 판단하는 경우, 가설 검정의 결과에 대해 유일하게 신뢰할 수 있는 설명은 이 귀무가설이 거짓이라는 것

이다. 이런 맥락에서 PDT와 PenningtonDailyTimes.com에 광고를 하는 기업들은 통계적 유의한 차이가 **실제로 유의한지**(practical significance)를 고려해야 한다. 즉, 방문자들이 PenningtonDailyTimes.com에서 머무는 표본평균 시간과 가설에서 주어진 평균 시간 사이에 .5초의 차이가 주는 파급 효과를 고려해야 한다.

통계적으로 유의미함과 그것이 실질적으로 유의미한지를 구분해야 한다. 특히 표본 크기가 큰 경우는 그것이 실질적으로 의미가 있는지 생각해 보아야 한다(연습문제 46~49 참조).—역자

이 질문에 대한 대답은 PDT와 광고주들이 이러한 통계적으로 유의미한 차이가 후속 사업 결정에 의미 있는 영향을 미치는지 여부를 더 잘 평가하는 데 도움이 될 것이다.

궁극적으로 어떠한 사업적 결정도 통계적 추론에만 근거해서는 안 된다. 실제적 유의미함은 항상 통계적 유의미함과 함께 고려되어야 한다. 이것은 극단적으로 큰 표본을 대상으로 가설 검정할 때 특히 중요하다. 그러한 경우 유의미한 최소한의 차이가 극단적으로 작을 수 있기 때문이다. 통계적 검정이 적절하게 수행된 경우, 통계적 추론의 증거를 다른 출처에서 수집한 정보와 함께 고려하여서 가능한 최선의 정보를 가지고 결정하여야 한다.

9.6 보충 설명

극단적으로 큰 표본을 추출하면 표본 크기가 모집단 크기의 최소 5%를 넘을 것이라고 생각할 수 있다(즉, $n/N \geq .05$). 이러한 경우에는 표집분포의 표준오차를 계산할 때 유한모집단 보정계수를 사용할 필요가 있다.

연습문제

응용문제

DATA file FedEmail

46. 연방정부의 큰 부서는 직원들이 하루 주고받는 업무용 이메일의 평균 개수가 일반 기업의 직원들이 하루 주고받는 평균 이메일 수와 다른지 여부를 판단하고자 한다. 해당 부서가 무작위로 선정된 직원 10,163명을 대상으로 지난 1년 동안 무작위로 선정된 업무일에 송수신된 업무용 이메일의 수에 대한 정보를 수집하였다고 가정하자. 자료는 FedEmail 파일에 있다. 부서 직원이 송수신하는 이메일 수의 표준편차는 $\sigma = 25$이다. 일반 기업 직원이 하루 송수신하는 평균 이메일 수가 101.5일 때 유의수준 $\alpha = .05$에서 가설 검정하라. 결과가 실질적으로 유의한지 토론하라.

DATA file SocialNetwork

47. 비즈니스용으로 인기 있는 SNS 서비스를 제공하는 기업에 속한 최고경영자들은 평균 930개의 인맥을 보유하고 있다. 다른 멤버들은 최고경영자보다 더 적은 인맥을 가지고 있는가? 최고경영자가 아닌 회원 7,515명의 무작위 표본의 인맥 수가 SocialNetwork 파일에 있다. 과거 자료에 기초하여 모집단 표준편차는 $\sigma = 250$으로 파악되었다. 이 표본을 사용하여 $\alpha = .01$일 때, 다른 멤버의 인맥 수가 최고경영자들보다 더 적다는 가설을 검정하라. 그 결과가 실질적으로 유의한지 토론하라.

48. 미국감자재배자협회(APGA)는 올해 패스트푸드 주문에서 감자튀김을 포함하는 비율이 지난해 감자튀김을 포함한 패스트푸드 주문의 비율을 초과한다는 주장을 검정하고자 한다. 올해 패스트푸드 주문에 대한 49,581개의 전자 영수증을 무작위로 추출한 표본에서 31,038개가 감자튀김을 포함하고 있다고 생각해 보자. 작년에 감자튀김을 포함한 패스트푸드 주문의 비율이 62%라고 가정하고, 유의수준 $\alpha = .05$일 때 APGA의 주장을 검정하라. 그 결과가 실제적으로 유의한지 토론하라.

49. CNN에 따르면, 미국 스마트폰 사용자의 55%가 GPS 기능을 이용하였다고 한다[출처]. 캐나다의 한 무선전화 서비스 제공업체가 고객의 GPS 사용량이 미국 스마트폰 사용자와 다른지 알고 싶어한다. 이 회사는 고객 54만 78,192명의 무작위 표본에 대한 올해 사용기록을 수집해 이들 고객 중 30만 2050명이 올해 전화기의 GPS 기능을 사용했다고 판단하였다. 이 정보를 활용하여 캐나다 회사의 주장을 유의수준 $\alpha = .01$에서 검정하라. 그 결과가 실제적으로 유의한지 토론하라.

요약

가설 검정은 표본 자료를 수집하여 모집단의 모수에 대한 진술이 채택될지, 기각될지의 여부를 결정하는 통계적 과정이다. 가설은 모집단의 모수에 대한 상반되는 기술이다. 하나는 귀무가설(H_0)이라고 하고, 나머지 하나는 대립가설(H_a)라고 한다. 9.1절에서는 실제 자주 마주치는 상황에 대한 가설을 수립하기 위한 가이드를 제시하였다.

과거 데이터나 다른 정보로부터 모집단 표준편차를 알고 있다고 가정할 때는 모평균에 대한 가설 검정 절차는 표준정규분포를 기반으로 한다. σ를 모를 때는 표본 표준편차 s를 사용하여 추정하며 가설 검정 절차는 t-분포를 기반으로 한다. 이러한 두 가지 경우는 모두 결과의 품질은 모집단의 분포와 표본의 크기에 따라 결정된다. 모집단이 정규 분포를 갖는 경우는 표본의 크기가 작더라도 두 가지 가설 검정 절차는 모두 적용할 수 있다. 그러나 모집단이 정규분포가 아니라면 더 큰 표본 크기가 필요하다. 표본의 크기와 관련된 일반적 가이드라인은 9.3절과 9.4절에 있다. 모집단 비율에 대한 가설 검정의 경우도 가설 검정 절차는 표준정규분포를 기반으로 한 검정 통계를 사용한다.

모든 경우에, 검정 통계(량) 값을 가지고 가설 검정의 p-값을 계산한다. p-값은 귀무가설을 기각해야 하는지 여부를 결정하는 데 사용하는 확률이다. p-값이 유의수준보다 작거나 같으면 귀무가설은 기각될 수 있다.

가설 검정의 결론은 검정 통계량과 임계치를 비교함으로써 내릴 수도 있다. 좌측 검정의 경우 검정 통계량 값이 임계치보다 작거나 같으면 귀무가설은 기각된다. 우측 검정의 경우 검정 통계량 값이 임계치보다 크거나 같으면 귀무가설은 기각된다. 양측 검정의 경우 두 개의 임계치로 구성된다. 하나는 표집분포의 좌측에 위치하고, 또 다른 하나는 표집분포의 우측에 위치한다. 이 경우에는 검정 통계량 값이 좌측 임계치보다 작거나 같거나 혹은 우측 임계치보다 크거나 같으면 귀무가설은 기각된다. 마지막으로 매우 큰 표본으로 가설 검정을 할 때 해야 할 실질적인 고려사항에 대해 논의하였다.

용어

검정 통계량(test statistic) 귀무가설을 기각해야 하는지 여부를 결정하는 데 사용하는 통계량.

귀무가설(null hypothesis) 가설 검정 과정에서 잠정적으로 진실로 받아들여지는 가설.

단측 검정(one-tailed test) 표집분포의 한쪽 꼬리에 있는 검정 통계량 값에서 귀무가설의 기각이 발생하는 가설 검정.

대립가설(alternative hypothesis) 귀무가설이 기각되면 진실로 결론 내려지는 가설.

실제적 유의함(practical significance) 의사결정자에게 제공되는 것으로 점 추정치와 가설치(가설에서 주어진 모수의 값) 사이의 차이의 유용성 또는 유의미함.

양측 검정(two-tailed test) 표집분포의 양쪽 꼬리에 있는 검정 통계량 값에서 귀무가설의 기각이 발생하는 가설 검정.

유의수준(level of significance) 귀무가설이 등호(=)로써 진실일 때 제1종 오류가 발생할 확률.

임계치(critical value) H_0의 기각 여부를 결정하기 위해 검정 통계량 값과 비교하는 값.

제1종 오류(type 1 error) 귀무가설이 진실임에도 불구하고 귀무가설을 기각하는 오류.

제2종 오류(type ii error) 귀무가설이 거짓임에도 불구하고 귀무가설을 채택하는 오류.

최소 유의차(minimum significant difference) 특정 유의수준 α에서 귀무가설을 기각하는 점 추정치와 가설치(가설에서 설정된 모수의 값)의 가장 작은 차이.

p-값(p-value) 확률값으로서 표본이 귀무가설에 얼마나 상반되는지를 측정하는 증거의 척도이다. p-값이 작을수록 귀무가설에 반하는 더 많은 증거를 뜻한다. 좌측 검정의 경우 p-값은 표본에서 계산된 검정 통계량 값보다 검정 통계량이 작거나 같은 확률이다. 우측 검정의 p-값은 표본에서 계산된 검정 통계량 값보다 검정 통계량이 더 크거나 같을 확률을 말한다. 어느 경우나 p-값이 유의수준 α보다 작으면 귀무가설을 기각한다. 양측 검정의 p-값은 검정 통계량(z)이 표본에서 계산한 검정 통계량 값만큼 (표본에서) 일어나기 어려울 확률이다.

주요 식

모평균 가설 검정을 위한 검정 통계량: σ를 알고 있을 때

$$z = \frac{\bar{x} - \mu_0}{\sigma/\sqrt{n}} \qquad \textbf{9-1}$$

모평균 가설 검정을 위한 검정 통계량: σ를 모를 때

$$t = \frac{\bar{x} - \mu_0}{s/\sqrt{n}} \qquad \textbf{9-2}$$

모비율의 가설 검정을 위한 검정 통계량

$$z = \frac{\bar{p} - p_0}{\sqrt{\dfrac{p_0(1 - p_0)}{n}}} \qquad \textbf{9-4}$$

보충 연습문제

50. 어떤 생산라인이 있는데, 용기당 평균 16온스를 채워야 한다. 평균보다 더 채우거나 덜 채우면 심각한 문제가 발생하기 때문에 관리자는 라인을 중지시켜 용량을 조정해야 한다. 모집단의 표준편차는 과거 자료를 통해 σ는 .8온스라고 한다. 품질 관리 관리자는 매시간 30개를 표본으로 선택하여 라인을 중지시켜 재조정할 것인가를 결정하고자 한다. $\alpha = .05$이다.

a. 품질 관리 상황에 적용될 가설을 수립하라.

b. 표본평균이 $\bar{x} = 16.32$온스로 나타났다면 p-값은 얼마인가? 어떤 조치를 취할 것인가?

51. 웨스턴 대학에서 장학금을 받은 신입생의 시험점수가 평균이 900점이었다. 과거 모집단의 표준편차는 $\sigma = 180$이라고 하자. 부학장은 매년 평균 시험점수가 달라졌는지를 확인하기 위하여 신입생을 대상으로 표본을 추출하였다.

a. 가설을 수립하라.

b. 표본 200명의 평균 $\bar{x}$가 935라면 모집단의 평균 시험 점수의 95% 신뢰구간 추정값을 얼마인가?

c. 신뢰구간을 이용하여 유의수준 $\alpha = .05$에서 가설 검정을 하라. 결론은 무엇인인가?

d. p-값은 얼마인가?

52. 미국에서 아이들은 하루 평균 4시간씩 TV에 노출되어 있다[출처]. 아이들이 다른 활동을 할 때 TV가 켜져 있다면 아이의 웰빙에 부정적인 영향을 미칠 수 있다. 이에 따라 저소득층 가구의 아이들은 하루 평균 4시간 이상 TV에 노출되어 있다고 가설을 수립하였다. 이 가설 검정을 위해 표본으로 선택한 저소득층 가구의 아이들 60명은 평균 4.5시간 동안 TV에 노출된 것으로 나타났다.

a. 연구가설을 검정하기 위한 가설을 설정하라.

b. 이전의 연구를 바탕으로 모집단의 표준편차가 $\sigma = .5$시간이라고 하자. 저소득층 가구에서 표본으로 선택한 아이들 60명을 기초로 한 p-값은 얼마인가?

c. 유의수준 $\alpha = .01$에서 결론은 무엇인가?

53. *Wall Street Journal*은 2012년도에 경영학 학사 학위를 받은 사람들의 평균 소득이 $53,900라고 발표하였다[출처]. 2013년도에 경영학 학사학위를 받은 사람들 중에서 100명을 표본으로 선택하여 초봉을 계산해 보니, 표본평균이 $55,144, 표준편차는 $5200이었다. 경영학 학사학위 취득자의 초봉이 2012년보다 2013년에 더 많아졌는지를 유의수준 $\alpha = .01$에서 확인하라.

54. [DATA file BritainMarriages] 영국 통계청에 따르면, 2013년 영국 남성이 결혼하는 평균 연령은 30.8세이다[출처]. 한 뉴스 기자는 이를 가지고 결혼 나이가 더 늦어지는 추세가 계속되고 있다고 보도하였다. 최근 결혼한 47명의 영국 남성의 결혼 연령을 살펴보았다. 이 데이터는 BritishMarriges 파일에 있다. 이 자료는 결혼 시점에 영국 남성의 평균 연령이 2013년의 평균 연령을 초과한다는 것을 나타내는가? 이 가설을 유의수준 $\alpha = .05$에서 가설 검정하라. 결론은 무엇인가?

55. [DATA file YearsToGrad] 학사 학위 취득의 평균 소요 기간은 5.8년이다[출처]. 사립 대학에 다니는 학생들의 평균 학사 학위 취득 기간이 현저히 적은지 여부를 결정하고자 한다. 최근 사립 대학에서 학사 학위를 취득한 50명의 무작위 표본의 학사학위 취득 기간의 자료가 YearsToGrad 파일에 있다.

a. 사립대학에 다니는 학생들의 평균 학위 취득 기간이 현저히 적은지 여부를 가설 검정하는 데 사용할 수 있는 가설을 수립하라.

b. 표본평균을 YearsToGrad 파일 자료에서 계산하고, 검정 통계량과 p-값을 계산하라.

c. $\alpha = .05$에서 결론은 무엇인가?

d. 임계치 방식을 이용하여 가설 검정을 하라.

56. 플로리다 해안 지역의 상공회의소는 지역 주거용 부동산을 1개 구획(lot)당 $125,000 이하의 평균 비용으로 구할 수 있다고 광고한다. 32개 부동산의 표본평균이 $130,000, 표준편차가 $12,500이라고 가정하자. 유의수준 $\alpha = .05$에서 광고에서의 주장의 타당성을 검정하라.

57. 오하이오주 해밀턴 카운티에서는 주택을 매매하려면 평균 86일이 걸린다[출처]. 인근 지역의 표본 자료에서는 주택 매매에 평균 80일이 걸리고, 표본 표준편차는 20일로 나타났다. 인근 지역에서 주택이 매매될 때까지 걸리는 기간이 해밀턴 카운티의 평균 86일과 차이가 있는지를 가설을 검정하라. 유의수준 $\alpha = .05$에서 신뢰구간을 구하고 결론을 적어라.

58. 미국인의 52%는 일반적으로 비행 중에 잠을 잘 수 있다고 한다[출처]. 비행을 자주 하는 사람들이 비행 중에 잠을 잘 수 있는 가능성이 더 높은가? 작년에 무작위로 추출한 표본 510명을 보니, 최소한 25,000마일을 비행하였고, 285명이 비행 중에 잘 수 있었다고 답했다.

a. 결과가 자주 비행하는 사람들이 비행 중에 더 잘 잘 수 있는지를 정당화할 수 있는지 여부를 판단하기 위한 가설 검정을 유의수준 $\alpha = .05$에서 하라.

b. 유의수준 $\alpha = .01$에서 a와 같은 가설을 검정하라. 결론은 무엇인가?

59. 노동 통계국은 최종 학력이 고졸인 미국인의 실업률은 6.0%라고 보고하였다[출처]. 최종 학력이 대졸인 미국인의 실업률은 크게 다른가? 최종 학력이 대졸인 미국인 500명을 무작위로 추출하여 18명의 실업자를 발견했다고 가정하자. 이러한 표본 결과를 사용하여 최종 학력이 대졸인 실업률이 최종 학력이 고졸인 실업률과 유의하게 차이가 있는지 가설 검정을 하라.

a. 유의성 검정을 위한 적절한 가설을 수립하라.

b. 표본 자료를 이용하여 검정 통계량과 p-값을 구하라.

c. $\alpha = .10$에서 결론은 무엇인가?

60. 밀레니엄세대는 부모에게 계속해서 의존하고(부모와 같이 살거나, 부모의 지원을 받음) 있다[출처]. 가족 연구 기관은 과거 세대에서는 18~32세에 계속해서 부모에게 의존하는 비율이 단지 30%에 지나지 않았다고 주장한다. 18~32세의 표본 400명 중에서 136명이 계속해서 부모에게 의존하는 것

으로 나타났다고 하자.

a. 밀레니엄세대가 과거 세대보다 18~32세에도 계속해서 부모님에게 의존하는 비율이 더 높은지를 결정하기 위한 가설을 수립하라.

b. 밀레니엄세대가 계속해서 부모에게 의존하는 비율의 점 추정치는 얼마인가?

c. 표본 자료에서 p-값은 얼마인가?

d. 유의수준 $\alpha = .05$에서 가설 검정의 결론은 무엇인가?

61. 18~34세의 실업률은 10.8%로 보고되었다[출처]. 이 보고서는 18~34세에서 무작위로 표본 400명을 기초로 하였다고 가정하자.

a. 어느 정치 선거의 관리자는 표본의 결과로 18~34세 실업률이 모든 성인 실업률보다 유의하게 높다고 결론을 내릴 수 있는지 궁금하다. 미국 노동부 통계청에 따르면 성인 실업률은 7.9%이다. 18~34세 실업률이 더 높다는 것을 확인하기 위한 가설 검정을 하라.

b. 18~34세에서 선택한 표본으로 a의 가설 검정을 위한 p-값을 계산하라. 유의수준 $\alpha = .05$일 때 결론은 무엇인가?

c. p-값을 이용한 가설 검정 결과에서 관찰된 유의수준에 대하여 선거 관리자에게 설명하라.

62. 머틀비치(Myrtle Beach)에 있는 라디오 방송국은 독립기념일 주말에 적어도 숙박 시설의 90% 이상이 예약될 것이라고 보도하였다. 방송국은 주말을 휴양지에서 보낼 계획이라면 미리 예약하라고 청취자에게 권고하였다. 토요일 밤에 숙박 시설 58개를 표본으로 선택하여 조사한 결과 49개는 예약이 됐고, 9개는 비어 있는 것으로 나타났다. 표본 결과를 본 후 라디오 방송국의 주장에 대해 어떻게 생각하는가? 유의수준 $\alpha = .05$에서 가설 검정을 하라. p-값은 얼마인가?

63. 최근 몇 년간을 보면, 65세가 지났는데도 많은 사람이 일하고 있다. 2005년에는 65~69세의 27%가 일을 했다[출처]. 최근 OECD가 보고한 주장에 따르면, 일하는 비율이 증가하고 있다. OECD 보고와 일치하는지를 확인하기 위하여 65~69세에서 표본 600명을 선택하고, 그 중에서 180명이 일치하는 것으로 나타났다.

a. 65~69세에서 일하는 비율의 점 추정치를 구하라.

b. H_0를 기각한다면 65~69세에서 일하는 비율이 2005년보다 증가하였다고 결론을 내릴 수 있도록 가설을 수립하라.

c. 유의수준 $\alpha = .05$에서 가설 검정을 하고 결론을 적어라.

사례문제 1. 품질협회

[DATA *file* **Quality**] 품질협회(Quality Associates, Inc.)는 생산 공정 관리에 활용할 수 있는 표본 수집과 통계적 절차에 대해 고객에게 자문을 하고 있다. 한 고객이 자신의 공정이 정상적으로 운영되고 있을 때에 관찰된 표본 800개를 품질협회에 보냈다. 이 표본의 표준편차는 .21이었는데 표본의 크기가 크기 때문에 모집단의 표준편차를 .21로 가정하였다. 품질협회는 그 공정을 계속 관찰하기 위해 주기적으로 30개씩 무작위 표본을 추출하라고 제안하였다. 고객은 새로운 표본을 분석하면 공정이 정상적으로 운영되고 있는지를 금방 알 수 있다. 공정이 정상적으로 작동되지 않았다면, 그 문제를 해결하기 위해 공정을 수정해야 한다. 공정의 설계 사양은 공정 평균이 12가 되어야 하는 것이다. 품질협회에서는 다음과 같이 가설을 수립하였다.

$$H_0: \mu = 12$$
$$H_a: \mu \neq 12$$

H_0를 기각하면 언제라도 즉시 공정을 수정할 것이다.

다음 표본은 새로운 통계적 공정 관리 절차를 실시한 첫째 날에 한 시간 간격으로 수집한 것이다. 이 자료는 Quality 파일에 있다.

표본 1	표본 2	표본 3	표본 4	표본 1	표본 2	표본 3	표본 4
11.55	11.62	11.91	12.02	11.93	12.00	12.01	12.35
11.62	11.69	11.36	12.02	11.85	11.92	12.06	12.09
11.52	11.59	11.75	12.05	11.76	11.83	11.76	11.77
11.75	11.82	11.95	12.18	12.16	12.23	11.82	12.20
11.90	11.97	12.14	12.11	11.77	11.84	12.12	11.79
11.64	11.71	11.72	12.07	12.00	12.07	11.60	12.30
11.64	11.71	11.72	12.07	12.04	12.11	11.95	12.27
11.80	11.87	11.61	12.05	11.98	12.05	11.96	12.29
12.03	12.10	11.85	11.64	12.30	12.37	12.22	12.47
11.94	12.01	12.16	12.39	12.18	12.25	11.75	12.03
11.92	11.99	11.91	11.65	11.97	12.04	11.96	12.17
12.13	12.20	12.12	12.11	12.17	12.24	11.95	11.94
12.09	12.16	11.61	11.90	11.85	11.92	11.89	11.97
11.93	12.00	12.21	12.22	12.30	12.37	11.88	12.23
12.21	12.28	11.56	11.88	12.15	12.22	11.93	12.25
12.32	12.39	11.95	12.03				

경영 보고서

1. 각 표본을 가지고 유의수준 .01에서 가설 검정을 하고 검정 결과에 따라 어떤 조치를 해야 하는지 결정하라. 각 검정의 검정 통계량 값과 p-값을 구하라.
2. 각 표본의 표준편차를 구하라. 모집단의 표준편차가 .21이라는 가정은 합리적인가?
3. μ=12일 때, 표본평균 $\bar{x}$의 상한치와 하한치를 계산하라. 새로운 표본평균이 두 값 사이에 있다면 공정은 정상적으로 작동하고 있다는 뜻이다. $\bar{x}$가 상한치와 하한치를 벗어났다면 공정을 수정해야 할 것이다.
4. 유의수준을 크게 한다는 것이 어떤 의미인지 토론하라. 유의수준이 커질 때 어떤 오류나 실수가 증가하는가?

사례문제 2. 베이뷰 대학 경영학과 학생들의 윤리적 행동

[DATA file Bayview] 2008년과 2009년의 글로벌 경기 불황 기간에 월가의 임원이나 재무이사 및 기타 임원들의 비윤리적 행동으로 많은 비난이 있었다. 그 당시 어느 기사에서는 기업의 비윤리적인 행동의 이유 중의 하나로 경영학과 학생들 사이에 부정행위가 확산되고 있다는 사실에서 찾을 수 있다고 설명하였다 [출처]. 그 기사에서 비경영학과 학생들의 47%와 비교할 때 경영학과 학생들의 56%가 부정행위를 인정하였다고 보고하였다.

베이뷰 대학의 경영대 학장은 몇 년동안 부정행위 문제로 고민하고 있었다. 그 대학의 일부 교직원은 다른 대학보다 베이뷰 대학에서 부정행위가 더 확산되었다고 믿고 있는 반면에, 다른 교직원들은 경영대학에서의 부정행위가 그렇게 큰 문제는 아니라고 생각하였다. 이러한 문제를 해결하기 위해 학장은 현재 베이뷰의 경영학과 학생들의 윤리적 행동에 대한 평가조사를 의뢰했다. 이 조사의 일환으로 올해 졸업한 90명의 경영학과 학생들을 표본으로 선택하여 익명의 출구조사를 실시하였다. 다음 질문에 대한 응답을 가지고 세 가지 유형의 부정행위의 데이터를 수십하였다.

베이뷰 대학에 다니는 동안, 과제를 할 때 인터넷에서 그대로 복사하여 자신의 것으로 한 적이 있는가?

네_________ 아니오_________

베이뷰 대학에 다니는 동안, 시험을 볼 때 다른 학생의 답안지를 베낀 적이 있는가?

네_________ 아니오_________

베이뷰 대학에 다니는 동안, 프로젝트를 할 때 개별적으로 완성해야 하는 것을 다른 학생들과 같이 한 적이 있는가?

네_________ 아니오_________

이 질문에 1개 이상 예라고 대답한 학생들을 부정행위를 한 것으로 간주하였다. 수집된 자료의 일부는 다음과 같다. 완성된 자료는 Bayview 파일에 있다.

학생	인터넷에서 복사	답안지 베낌	개별 프로젝트를 같이 함	성별
1	아니오	아니오	아니오	여성
2	아니오	아니오	아니오	남성
3	예	아니오	예	남성
4	예	예	아니오	남성
5	아니오	아니오	예	남성
6	예	아니오	아니오	여성
⋮	⋮	⋮	⋮	⋮
88	아니오	아니오	아니오	남성
89	아니오	예	예	남성
90	아니오	아니오	아니오	여성

경영 보고서

베이뷰 대학의 경영학과 학생들의 부정행위 현상에 대한 평가를 요약하여 단과대학 학장에게 제출할 보고서를 작성하라. 보고서는 다음 항목을 포함하여야 한다.

1. 기술 통계를 이용하여 자료를 요약하고 설명하라.
2. 부정행위 유형별로 여학생 비율, 남학생 비율, 전체 학생 비율에 대한 9% 신뢰구간을 구하라.
3. *Chronical of Higher Education*[출처]에 보도된 것과 같이 다른 대학의 경영학과 학생들보다 베이뷰 대학의 경영학과 학생들의 부정행위 비율이 적다면 이것을 확인하기 위한 가설 검정을 하라.
4. 베이뷰 대학의 경영학과 학생들의 부정행위 비율이 *Chronical of Higher Education*이 보도한 바와 같이 다른 대학의 비경영학과 학생들의 부정행위 비율보다 낮은지를 결정하기 위한 가설 검정을 하라.
5. 자료 분석을 기초로 하여 학장에게 어떤 조언을 할 것인가?

두 모집단의 평균과 비율에 대한 추론 10

INFERENCE ABOUT MEANS AND PROPORTIONS WITH TWO POPULATIONS

STATISTICS *in* PRACTICE

미국 식품의약청

WASHINGTON, D.C.

미국 식품의약청(Food and Drug Administration: FDA)은 FDA 산하의 약물평가연구센터(CDER)를 통해서 약의 효능과 안전성을 확인하는 책임을 지고 있다. 그러나 CDER은 약의 효능과 안전성을 실제로 검사하지는 않는다. 신약을 출시하고자 하는 제약회사가 그 신약을 검사하기 때문에 검사 결과에 대한 책임은 제약회사가 지고, 제약회사는 신약의 안전성과 효능에 대한 증거 자료를 제출한다. 그 후에 약물평가연구센터에서는 통계학자와 과학자들이 제약회사가 제출한 자료를 검토한다.

제약회사에서는 신약의 효능을 승인받기 위해 폭넓은 통계조사를 실시한다. 제약회사의 검사 과정은 항상 다음과 같은 3단계를 거친다. (1) 임상 전 시험, (2) 장기간 사용에 대한 안전성 시험, (3) 임상 효능 시험. 각 단계를 지날 때마다 임격한 시험을 통과하는 약은 감소하게 된다. 그러나 향후 실시되는 시험검사비용은 급격히 증가한다. 업계의 조사에 따르면 신약의 연구와 개발에 12년이 걸리고 $25,000만 정도의 비용이 든다고 한다. 그러므로 실패할 가능성이 있는 신약은 검사 초기 단계에서 걸러내는 것이 이후의 검사에서 성공할 신약을 찾는 것만큼이나 중요하다.

© Lisa S./ShutterStock.com

통계적 방법은 신약을 테스트하고 개발하는 데도 사용된다.

정부의 규제가 강력하고 엄격하게 시행되기 때문에 통계학은 제약 연구에서 중요한 역할을 한다. 장기간 복용과 안전성 측면에서 약에 대한 연구를 지속해야 하는지를 결정하기 위하여 두 개 혹은 세 개의 모집단을 대상으로 임상 전 시험을

STATISTICS in PRACTICE

하는 것이 일반적이다. 모집단은 신약, 통제하는 약, 그리고 표준 약으로 구성된다. 임상 전 시험 과정은 신약의 효능을 평가하기 위해 약을 약리학 연구실에 보내는 것으로부터 시작된다. 통계적 절차의 하나로 통계학자에게 신약의 검사를 위한 실험 설계를 요구한다. 설계에는 표본 크기, 분석을 위한 통계적 분석 방법이 명시되어야 한다. 두 모집단의 연구에서 첫 번째 표본(모집단 1)은 신약의 효능 자료를 얻기 위한 것이고, 두 번째 표본(모집단 2)은 표준약의 효능에 대한 자료를 얻기 위한 것이다. 신약과 표준약은 용도에 따라 신경학, 심장학, 면역학과 같은 분야에서 시험한다. 대부분의 연구에서 통계적 방법은 신약의 모집단과 표준 약의 모집단의 평균 차이에 대한 가설 검정을 한다. 신약의 효능이 표준약과 비교하여 떨어지거나 부작용이 나타난다면, 신약의 개발은 중단되고 남은 시험도 취소된다. 신약은 표준약과 비교했을 때 효과가 있다고 나타날 경우에만 장기 복용과 안전성 시험으로 진행될 수 있다.

장기 복용의 안전성 시험과 임상 시험을 다중 모집단에서 실시하여 더 많은 자료를 수집한다. FDA는 자료와 관련된 편향(bias)을 방지하기 위하여 이런 시험 전에 미리 정의된 통계적 방법을 요구한다. 그리고 사람에 의한 편향을 없애기 위해서 몇몇 임상 시험에서는 이중, 삼중의 블라인드 시험을 실시한다. 즉, 피실험자나 연구자가 신약을 누구에세 투여할 것인지를 알아서도 안 된다. 신약을 표준약과 비교했을 때, 모든 요건이 충족되면 FDA에 신약 신청서(NDA)를 제출한다. FDA는 신청서를 받으면 통계학자와 과학자에게 엄격한 조사를 의뢰한다.

이 장에서는 2개의 모집단의 평균과 비율에 대하여 구간 추정하는 방법과 가설 검정하는 방법을 배울 것이다. 그리고 무작위 독립표본뿐만 아니라 대응표본(matched samples)을 위한 방법도 제시할 것이다.

8장과 9장에서는 한 개 모집단의 평균과 비율이 관련된 상황에서 구간 추정과 가설 검정에 대해 살펴보았다. 이번 장에서는 모집단이 두 개인 경우 평균의 차이 또는 비율의 차이가 있을 때, 그 차이에 대한 구간 추정과 가설 검정을 어떻게 개발할 수 있는지를 보여줌으로써 통계적 추론에 대한 논의를 계속하고자 한다. 예를 들어, 남성의 초봉과 여성의 초봉으로 된 두 개의 모집단이 있는 경우 초봉 평균의 차이에 대한 구간 추정, 혹은 공급자 A가 생산한 부품 모집단의 불량 비율과 공급자 B가 생산한 부품 모집단의 불량 비율 사이에 차이가 있는지의 여부를 판단하기 위한 가설 검정을 하려고 한다. 우선, 두 모집단의 표준편차를 알고 있다고 가정하고, 두 모집단의 평균 간의 차이에 대한 가설 검정을 하는 방법을 통해 두 모집단에 대한 통계적 추론에 대한 논의를 시작하겠다.

10.1 두 모집단 평균의 차이에 대한 추론: σ_1과 σ_2를 아는 경우

μ_1을 모집단 1의 평균, μ_2를 모집단 2의 평균이라고 하고, 그 평균의 차이 $\mu_1-\mu_2$에 대한 추론을 살펴보자. 모집단 1에서 n_1개, 모집단 2에서 n_2개의 표본을 각각 무작위로 추출하였다. 이와 같이 서로 독립적으로 추출한 표본을 **단순 무작위 독립표본**(independent simple random samples)이라고 한다. 본 절에서는 표본 추출 전에 두 모집단 표준편차 σ_1과 σ_2를 알고 있다고 가정한다. 다음의 예를 통해 두 모집단 평균의 차이에 대한 오차범위를 계산하고 신뢰구간을 추정해 보자.

$\mu_1-\mu_2$의 구간 추정

홈스다일사는 도심과 교외 쇼핑센터의 두 매장에서 가구를 판매하고 있다. 매장 관리자는 어떤 상품이 한 매장에서 잘 팔린다고 해서 다른 매장에서도 잘 팔리는 건 아니라는 것을 알게 되었다. 이는 두 지역의 인구통계학적 차이, 즉 고객의 나이나 교육수준, 수입 등에 의한 차이 때문이라고 생각하였다. 그래서 두 매장 고객의 평균 나이 차이에 대해 조사를 요청했다고 하자.

모집단 1은 도심에 있는 매장의 고객, 모집단 2는 교외에 있는 매장의 고객이라고 하자.

μ_1 = 모집단 1의 평균(도심 매장 고객의 평균 나이)

μ_2 = 모집단 2의 평균(교외 매장 고객의 평균 나이)

두 모집단 평균 차이는 $\mu_1-\mu_2$로 표시한다.

$\mu_1-\mu_2$를 추정하기 위해 단순 무작위로 모집단 1에서 고객 n_1명, 모집단 2에서 n_2명을 추출하고 두 개의 표본평균을 계산한다.

$\bar{x}_1$ = 표본 1의 평균(도심 매장 고객 표본 1의 평균 나이)

$\bar{x}_2$ = 표본 2의 평균(교외 매장 고객 표본 2의 평균 나이)

두 모집단 평균 차이에 대한 점 추정량은 두 표본의 표본평균 차이가 된다.

두 모집단 평균의 차이에 대한 점 추정량

$$\bar{x}_1 - \bar{x}_2 \qquad \text{10-1}$$

〈그림 10-1〉은 단순 무작위로 추출한 두 표본으로 두 모집단 평균 차이를 추정하는 절차를 보여준다.

$\bar{x}_1-\bar{x}_2$의 표준오차는 $\bar{x}_1-\bar{x}_2$의 표집분포의 표준편차이다.

$\bar{x}_1-\bar{x}_2$의 점 추정량도 다른 점 추정량과 마찬가지로, 추정량의 표집분포의 변동성을 나타내는 표준오차를 갖는다. 독립적인 무작위 표본이 2개일 때 $\bar{x}_1-\bar{x}_2$의 표준오차는 다음과 같다.

$\bar{x}_1-\bar{x}_2$의 표준오차

$$\sigma_{\bar{x}_1-\bar{x}_2} = \sqrt{\frac{\sigma_1^2}{n_1}+\frac{\sigma_2^2}{n_2}} \qquad \text{10-2}$$

두 모집단이 정규분포이거나, 중심극한정리를 적용할 수 있을 만큼 표본 크기가 커서 $\bar{x}_1$과

〈그림 10-1〉 두 모집단의 평균의 차이 추정

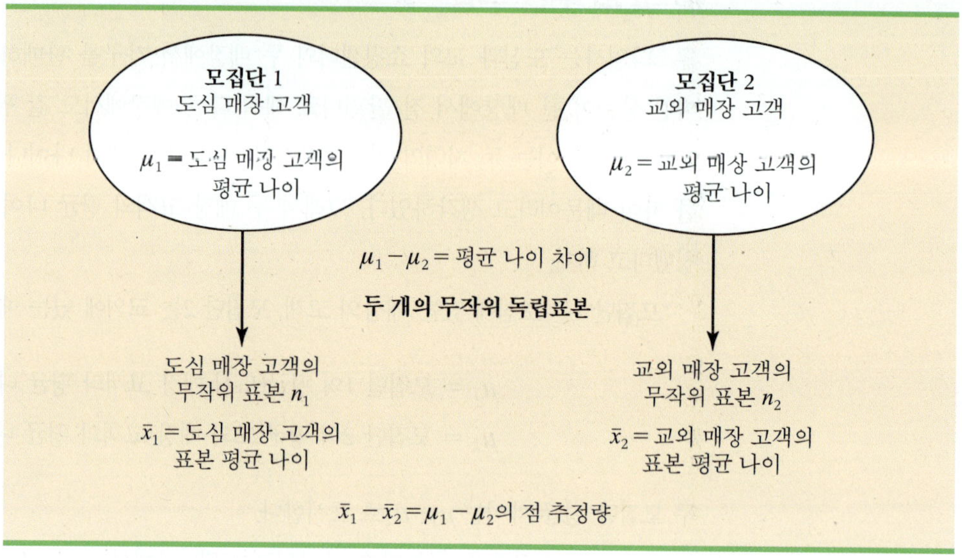

$\bar{x}_2$의 표집분포가 정규분포에 근사한다면, $\bar{x}_1 - \bar{x}_2$의 표집분포는 평균이 $\mu_1 - \mu_2$인 정규분포가 될 것이다.

8장에서 살펴본 것과 같이 구간 추정은 점 추정치±오차범위이므로 두 모집단 평균의 차이의 구간 추정은 다음 식과 같다.

$$\bar{x}_1 - \bar{x}_2 \pm \text{오차범위}$$

$\bar{x}_1 - \bar{x}_2$의 표집분포가 정규분포일 때 오차범위는 다음 식과 같다.

오차범위(margin of error)는 표준오차(standard error)에 $z_{\alpha/2}$를 곱한 값이다.

$$\text{오차범위} = z_{\alpha/2}\sigma_{\bar{x}_1 - \bar{x}_2} = z_{\alpha/2}\sqrt{\frac{\sigma_1^2}{n_1} + \frac{\sigma_2^2}{n_2}} \quad \text{10-3}$$

따라서 두 모집단 평균 차이에 대한 구간 추정은 다음 식과 같다.

두 모집단 평균의 차이에 대한 구간 추정: σ_1과 σ_2를 아는 경우

$$\bar{x}_1 - \bar{x}_2 \pm z_{\alpha/2}\sqrt{\frac{\sigma_1^2}{n_1} + \frac{\sigma_2^2}{n_2}} \quad \text{10-4}$$

여기서 $1-\alpha$는 신뢰계수이다.

다시 홈스타일사의 예로 돌아가자. 이전에 실시한 고객의 인구통계조사를 바탕으로 두 모집단 표준편차가 $\sigma_1 = 9$, $\sigma_2 = 10$임을 알고 있다고 하자. 두 표본의 자료는 다음과 같다.

DATA file
HomeStyle

	도심매장	교외매장
표본 크기	$n_1 = 36$	$n_2 = 49$
표본평균	$\bar{x}_1 = 40$	$\bar{x}_2 = 35$

식 10-1을 이용하여 두 모집단 평균 나이의 차이의 점 추정값은 $\bar{x}_1-\bar{x}_2 = 40-35 = 5$년임을 알 수 있다. 따라서 도심 매장 고객의 평균나이가 교외 매장 고객의 평균 나이보다 5살 많다고 추정할 수 있다. 식 10-4를 이용하여 오차범위와 구간 추정을 계산하면 $\mu_1-\mu_2$의 신뢰구간 추정값도 계산할 수 있다. 95% 신뢰수준에서 $z_{\alpha/2} = z_{.025} = 1.96$이다.

$$\bar{x}_1 - \bar{x}_2 \pm z_{\alpha/2}\sqrt{\frac{\sigma_1^2}{n_1}+\frac{\sigma_2^2}{n_2}}$$

$$40 - 30 \pm 1.96\sqrt{\frac{9^2}{36}+\frac{10^2}{49}}$$

$$5 \pm 4.06$$

여기서 오차범위는 4.06세가 되고 두 모집단 평균 차이의 신뢰구간 추정값은 5−4.06 = .94에서 5+4.06 = 9.06이다.

엑셀을 활용한 신뢰구간 추정

엑셀의 데이터 분석 도구에는 모집단이 두 개일 때 구간 추정을 계산하는 기능이 없다. 그러나 엑셀의 워크시트를 이용하여 구간 추정을 계산하는 템플릿을 만들 수 있다. 이제 홈스타일 가구점 사례를 가지고 모평균 차이의 구간 추정을 구하는 방법을 살펴보자. 이 방법은 〈그림 10-2〉에 나타나 있다. 뒤쪽에 수식 워크시트가 있고, 앞쪽에 결과 워크시트가 있다.

자료 입력: HomeStyle 파일을 열어보자. A열에는 36명의 도심 고객 표본의 나이가, B열에는 49명의 교외 고객 표본의 나이가 입력되어 있다.

함수/수식: 표본과 관련된 기술 통곗값은 셀 E5:F6에 있다. 두 모집단의 표준편차는 셀 E8과 F8에 입력하였다. 두 모집단의 표준편차와 표본 크기를 사용하여 셀 E9에 식 10-2의 수식을 다음과 같이 입력하여 $\bar{x}_1-\bar{x}_2$의 점 추정량의 표준오차를 계산한다.

=SQRT(E8^2/E5+F8^/F5)

셀 E11:E14에는 z-값과 오차범위를 계산한다. 셀 E11에는 신뢰계수(.95)를 입력하고 그에 해당하는 유의수준(α = 1−신뢰계수)은 셀 E12에 계산한다. 셀 E13에는 NORM.S.INV 함수를 사용하여 구간 추정에 필요한 z-값을 계산한다. 셀 E14에는 z-값에 표준오차를 곱하여 오

〈그림 10-2〉 엑셀 워크시트: 홈스타일 가구 매장의 95% 신뢰구간

	A	B	C	D	E	F	G	H
1	Inner City	Suburban		Interval Estimate of Difference in Population Means:				
2	38	29		σ_1 and σ_2 Known Case				
3	46	35						
4	32	39			Inner City	Suburban		
5	23	10		Sample Size	=COUNT(A2:A37)	=COUNT(B2:B50)		
6	39	37		Sample Mean	=AVERAGE(A2:A37)	=AVERAGE(B2:B50)		
7	40	52						
8	35	40		Population Standard Deviation	9	10		
9	35	37		Standard Error	=SQRT(E8^2/E5+F8^2/F5			
10	36	43						
11	41	38		Confidence Coefficient	0.95			
12	32	28		Level of Significance	=1-E11			
13	38	37		z Value	=NORM.S.INV(1-E12/2)			
14	44	51		Margin of Error	=E13*E9			
15	50	23						
16	47	25		Point Estimate of Difference	=E6-F6			
17	59	37		Lower Limit	=E16-E14			
18	38	38		Upper Limit	=E16+E14			
36	44	19						
37	62	40						
49		22						
50		47						
51								

	A	B	C	D	E	F	G	H
1	Inner City	Suburban		Interval Estimate of Difference in Population Means:				
2	38	29		σ_1 and σ_2 Known Case				
3	46	35						
4	32	39			Inner City	Suburban		
5	23	10		Sample Size	36	49		
6	39	37		Sample Mean	40	35		
7	40	52						
8	35	40		Population Standard Deviation	9	10		
9	35	37		Standard Error	2.07			
10	36	43						
11	41	38		Confidence Coefficient	0.95			
12	32	28		Level of Significance	0.05			
13	38	37		z Value	1.960			
14	44	51		Margin of Error	4.06			
15	50	23						
16	47	25		Point Estimate of Difference	5			
17	59	37		Lower Limit	0.94			
18	38	38		Upper Limit	9.06			
36	44	19						
37	62	40						
49		22						
50		47						
51								

주) 19~35행, 38~48행은 숨겨져 있다.

차범위를 계산한다.

셀 E16에는 두 모평균 차이의 점 추정값을 두 표본의 평균 차이로 계산한다. 셀 E17에는 신뢰구간의 하한값 .94, 셀 E18에는 상한값 9.06을 계산한다. 그러므로 두 모집단 평균 차이의 95% 신뢰구간 추정값은 .94부터 9.06까지이다.

다른 문제를 위한 템플릿. 이 워크시트는 모집단의 표준편차를 알고 있다고 가정하고, 모평균 차이의 구간 추정을 하는 템플릿으로 사용할 수 있다. 이와 같은 유형의 다른 문제를 풀 경우, 새로운 자료는 반드시 A열과 B열에 입력해야 한다. 셀 E5:F6에는 새로운 자료의 표본평균과 표본 크기를 계산할 수 있도록 수정한다. 셀 E8과 F8에는 알고 있다고 가정한 모집단의 표준편차를 입력한다. 이렇게 하면 점 추정값과 95% 신뢰구간이 셀 E16:E18에 나타난다. 여기서 셀 E11의 값을 바꾸면 다른 신뢰계수를 가진 구간 추정을 계산할 수 있다.

셀의 수식을 다음과 같이 변경하면 〈그림 10-2〉에서 새로운 자료를 셀 E5:F6에 입력하지 않고 간단하게 사용할 수 있다. 셀의 수식을 다시 쓰면 다음과 같다.

Cell E5: =COUNT(A:A)

Cell F5: =COUNT(B:B)

Cell E6: =AVERAGE(A:A)

Cell F6: =AVERAGE(B:B)

셀 E5와 E6에 자료의 범위를 지정하는 A:A 방식을 사용하면 COUNT 함수는 A열에 있는 표

데이터 파일 HomeStyle에 Template 워크시트에는 A:A 또는 B:B 방식으로 데이터 영역이 입력되어 있다.

본 개수를 계산하고, AVERAGE 함수는 A열의 표본평균을 계산한다. 유사하게 셀 F5와 F6에 B:B 방식으로 자료범위를 지정하면 COUNT 함수는 B열에 있는 표본의 개수를 계산한다. 그러므로 새로운 문제를 풀려면 A열과 B열에 새로운 자료를 입력하고 셀 E8과 F8에는 알고 있다고 가정한 모집단의 표준편차를 입력하면 된다.

이 워크시트는 교재의 연습문제 중에서 표본 크기와 표본평균, 모집단의 표준편차가 주어져 있을 때의 템플릿으로 이용할 수 있다. 이때 자료는 바꿀 필요 없이 단지 셀 E5:F6과 E8:F8에 표본 크기와 표본평균, 모집단의 표준편차를 입력하면 된다. 또한 셀 E11에 있는 신뢰계수를 수정하면 95% 신뢰구간이 아닌 다른 신뢰구간을 계산할 수 있다.

$\mu_1-\mu_2$에 대한 가설 검정

두 모집단 평균의 차이에 대한 가설 검정을 살펴보자. D_0를 μ_1과 μ_2의 차이의 가설치라고 하자. 다음의 세 가지 형태로 가설 검정을 할 수 있다.

$$H_0: \mu_1-\mu_2 \ge D_0 \qquad H_0: \mu_1-\mu_2 \le D_0 \qquad H_0: \mu_1-\mu_2 = D_0$$
$$H_a: \mu_1-\mu_2 < D_0 \qquad H_a: \mu_1-\mu_2 > D_0 \qquad H_a: \mu_1-\mu_2 \ne D_0$$

많은 경우에 $D_0=0$이 된다. 양측 검정에서 D_0가 0이면 귀무가설은 $H_0: \mu_1-\mu_2=0$으로 μ_1과 μ_2는 같다고 보는 것이다. 귀무가설을 기각한다는 것은 $H_a: \mu_1-\mu_2 \ne D_0$가 참이라는 것이기 때문에 μ_1과 μ_2는 다르다는 것이다.

가설 검정은 9장에서 살펴본 가설 검정의 절차와 동일하다. 유의수준을 결정하고 검정 통계량을 계산한 후 p-값을 구해서 귀무가설의 기각 여부를 결정한다. 두 개의 단순 무작위 독립표본에서 점 추정량 $\bar{x}_1-\bar{x}_2$의 표준오차 $\sigma_{\bar{x}_1-\bar{x}_2}$는 식 10-2로 계산할 수 있고, 표본 크기가 충분히 크다면 $\bar{x}_1-\bar{x}_2$의 표집분포는 정규분포로 볼 수 있다. 그러므로 σ_1과 σ_2을 알고 있을 때, 두 모집단 평균의 차이에 대한 검정 통계량은 다음 식과 같다.

$\mu_1-\mu_2$에 대한 가설을 검정하는 검정 통계량: σ_1과 σ_2를 아는 경우

$$z = \frac{(\bar{x}_1-\bar{x}_2)-D_0}{\sqrt{\frac{\sigma_1^2}{n_1}+\frac{\sigma_2^2}{n_2}}} \qquad \text{10-5}$$

다음의 가설 검정의 예에서 검정 통계량을 어떻게 사용하는지 알아보자

두 훈련센터의 교육에 질적인 차이가 있는지를 평가하기 위해 훈련생을 대상으로 표준화된 시험을 실시하였다. 이 시험의 평균 점수의 차이를 가지고 두 훈련센터 교육의 질적 차이로 판단할 수 있다. 두 센터의 모평균은 다음과 같다.

μ_1 = A 훈련센터에서 교육받는 전체 교육생의 평균 점수

μ_2 = B 훈련센터에서 교육받는 전체 교육생의 평균 점수

두 훈련센터의 교육에 질적인 차이가 없다는 가정에서 출발하면 평균 점수 차이에 대한 귀무가설은 $\mu_1 - \mu_2 = 0$이다. 만일 표본의 결과로 귀무가설을 기각할 수 있다고 한다면, 두 모집단에서 평균 차이가 있다고 결론 내릴 수 있다. 이러한 결론은 훈련센터에 따라 교육의 질에 차이가 있다는 것을 의미하기 때문에 가설 검정 후에 차이가 나타나는 이유를 파악하기 위한 조사를 건의할 수 있다. 양측 검정을 위한 귀무가설과 대립가설은 다음과 같다.

$$H_0: \mu_1 - \mu_2 = 0$$
$$H_a: \mu_1 - \mu_2 \neq 0$$

여러 가지 환경에서 실시한 시험점수의 표준편차는 항상 10점에 가까웠다. 이를 통해 모집단의 표준편차를 알고 있다고 가정할 수 있기 때문에 $\sigma_1 = 10$, $\sigma_2 = 10$이 된다. 유의수준 $\alpha = .05$로 한다.

DATA file ExamScores

단순 무작위 독립표본으로 A 훈련센터에서 $n_1 = 30$명, B 훈련센터에서 $n_2 = 40$명을 각각 추출하였다. 각 표본평균은 $\bar{x}_1 = 82$, $\bar{x}_2 = 78$이다. 이 자료에서 두 모집단 사이에 유의한 차이가 있다는 것을 알 수 있는가? 이 문제를 해결하기 위해서 식 10-5를 이용하여 검정 통계량 값을 계산해야 한다.

$$z = \frac{(\bar{x}_1 - \bar{x}_2) - D_0}{\sqrt{\dfrac{\sigma_1^2}{n_1} + \dfrac{\sigma_2^2}{n_2}}} = \frac{(82 - 78) - 0}{\sqrt{\dfrac{10^2}{30} + \dfrac{10^2}{40}}} = 1.66$$

다음으로, 양측 검정에서의 p-값을 계산한다. 검정 통계량 값 z가 우측 꼬리에 있기 때문에 $z = 1.66$의 우측 꼬리 면적을 계산한다. 표준정규분포표에서 $z = 1.66$의 좌측 면적은 .9515이다. 따라서 분포의 우측 꼬리 면적은 $1.0000 - .9515 = .0485$이다. 양측 검정에서는 이 꼬리 면적을 2배 하면 p-값 $= 2(.0485) = .0970$이다. p-값$\leq \alpha$이면 H_0를 기각한다는 규칙에 따라 p-값 .0970이 유의수준 .05보다 크므로 귀무가설을 기각할 수 없다. 따라서 표본에서 나타난 결과는 두 훈련센터의 교육의 질에 차이가 있다는 충분한 근거를 제시하지 못한다.

검정 통계량의 계산값을 z_c로 표기하면 z_c=1.66이다. 양측 검정에서 p-값=$2\times P(z \geq z_c) < \alpha$이면, 혹은 $z_c > z_{\alpha/2}$이거나 $z_c < -z_{\alpha/2}$이면 H_0를 기각한다.—역자

이 장에서는 9장에서 설명한 p-값 방식으로 가설 검정을 하였다. 그러나 검정 통계량 값을 비교하는 임계치 방식을 이용해도 무방하다. 유의수준 $\alpha = .05$에서 $z_{\alpha/2} = z_{.025} = 1.96$이기 때문에 임계치 방식에서는 $z \leq -1.96$이거나 $z \geq 1.96$일 때 귀무가설을 기각하게 된다. 여기에서 $z = 1.66$이기 때문에 귀무가설을 기각할 수 없다는 동일한 결과가 나타난다.

앞선 예에서 두 모집단 평균의 차이에 대한 양측 검정을 설명하였다. 가설 검정은 좌측 검정과 우측 검정도 가능하다. 이러한 단측 검정에서도 식 10-5와 동일한 검정 통계량을 사

용한다. 단측 검정에서 p-값을 계산하고 기각규칙을 적용하는 절차는 9장과 같다.

엑셀을 이용한 가설 검정

두 모집단 평균에 대한 z-검정은, σ_1과 σ_2을 알고 있는 경우 모평균 차이가 유의한지를 알아보기 위한 가설 검정이고, 엑셀을 이용하여 할 수 있다. A 훈련센터와 B 훈련센터의 시험점수 표본 자료를 살펴보자. 각 센터의 표준편차는 10점이므로 두 모집단 분산은 $10^2 = 100$이다. 모든 과정은 〈그림 10-3〉의 엑셀 워크시트의 대화상자와 〈그림 10-4〉에 나타나 있다.

자료 입력: ExamScores 파일을 열어보자. 〈그림 10-3〉과 같이 A열에는 A 훈련센터에서 교육 받은 무작위 표본 30명의 시험점수, B열에는 B 훈련센터에서 교육 받은 무작위 표본 40명의 시험점수가 입력되어 있다.

툴 적용: 다음은 두 센터의 시험점수에 유의한 차이가 있는지를 확인하는 가설 검정 단계이다.

1단계. 리본에서 **데이터** 탭 선택

2단계. **분석** 그룹에서 **데이터 분석** 선택

3단계. 분석 도구 목록에서 **z-검정: 평균에 대한 두 집단** 선택

4단계. 'z-검정: 평균에 대한 두 집단' 대화상자가 나타나면(그림 10-3)

〈그림 10-3〉 엑셀의 대화상자 'z-검정: 평균에 대한 두 집단'

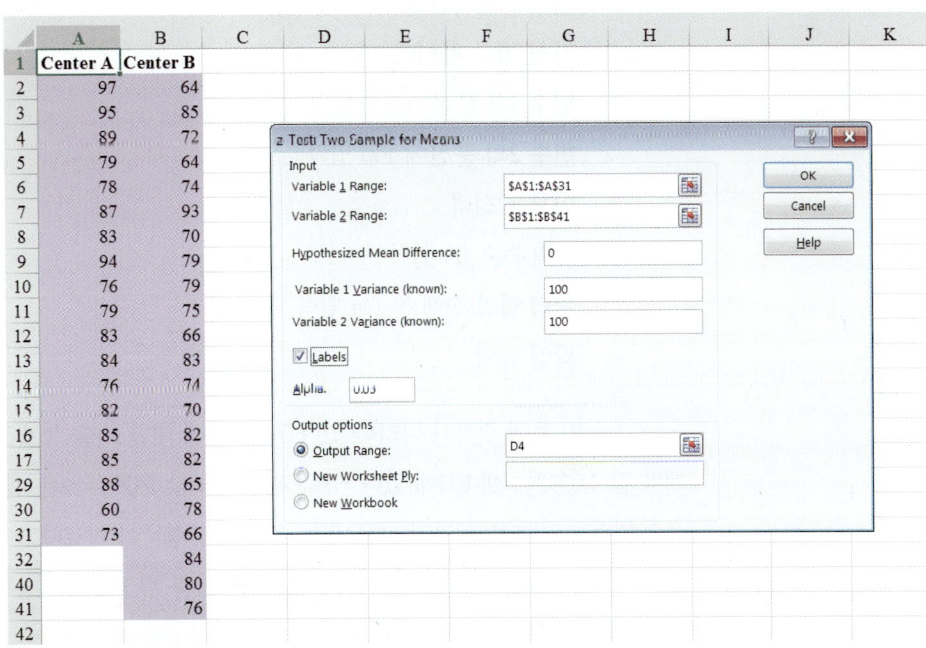

주) 18~28행, 33~39행은 숨겨져 있다.

〈그림 10-4〉 두 훈련센터의 시험성적이 같은지에 대한 가설 검정

	A	B	C	D	E	F	G
1	Center A	Center B					
2	97	64					
3	95	85					
4	89	72		z-Test: Two Sample for Means			
5	79	64					
6	78	74			*Center A*	*Center B*	
7	87	93		Mean	82	78	
8	83	70		Known Variance	100	100	
9	94	79		Observations	30	40	
10	76	79		Hypothesized Mean Difference	0		
11	79	75		z	1.6562		
12	83	66		P(Z<=z) one-tail	0.0488		
13	84	83		z Critical one-tail	1.6449		
14	76	74		P(Z<=z) two-tail	0.0977		
15	82	70		z Critical two-tail	1.9600		
16	85	82					
17	85	82					
29	88	65					
30	60	78					
31	73	66					
32		84					
40		80					
41		76					
42							

주) 18~28행, 33~39행은 숨겨져 있다.

변수 1 입력범위에 A1:A31 입력

변수 2 입력범위에 B1:B41 입력

가설 평균 차이에 0 입력

변수 1의 분산에 100 입력

변수 2의 분산에 100 입력

이름표 선택

유의수준 .05 입력

출력 범위 선택 후 D4 입력

확인 클릭

〈그림 10-4〉에 결과가 나타나 있다. 두 표본에 대한 기술 통계값은 E7:F9에 있다. 검정 통계량 값 1.6592는 셀 E11에 있다. 양측 검정의 p-값 $P(Z<=z)$은 셀 E14에 있다. p-값 .0977이 유의수준 $\alpha = .05$보다 크기 때문에 두 모집단의 평균이 다르다고 할 수 없다.

'z-검정: 평균에 대한 두 집단' 분석도구는 단측 검정에도 이용할 수 있다. 양측 검정과의 차이점은 '$P(Z<=z)$ 단측 검정' p-값(셀 E12)을 사용하는 것이다.

실제적 조언

이 절에서 살펴본 구간 추정과 가설 검정의 대부분은 $n_1 \geq 30$, $n_2 \geq 30$일 때 적합하다. 만일 하나 또는 두 표본의 크기가 30 미만이면 모집단의 분포가 중요하다. 일반적으로 표본이 작으면 두 모집단의 분포가 최소한 정규분포에 근접한다는 가정이 필요하다.

연습문제

기본문제

1. 다음은 두 모집단에서 단순 무작위로 추출한 표본이다.

표본 1	표본 2
$n_1 = 50$	$n_2 = 35$
$\bar{x}_1 = 13.6$	$\bar{x}_2 = 11.6$
$\sigma_1 = 2.2$	$\sigma_2 = 3.0$

a. 두 모집단 평균 차이의 점 추정값은 얼마인가?

b. 두 모집단 평균 차이에 대한 90% 신뢰구간을 구하라.

c. 두 모집단 평균 차이에 대한 95% 신뢰구간을 구하라.

2. 가설 검정을 위해 다음과 같이 가설을 설정하였다.

$$H_0: \mu_1 - \mu_2 \leq 0$$
$$H_a: \mu_1 - \mu_2 > 0$$

다음은 두 모집단에서 단순 무작위로 추출한 표본 자료이다.

표본 1	표본 2
$n_1 = 40$	$n_2 = 50$
$\bar{x}_1 = 25.2$	$\bar{x}_2 = 22.8$
$\sigma_1 = 5.2$	$\sigma_2 = 6.0$

a. 검정 통계량 값은 얼마인가?

b. p-값은 얼마인가?

c. $\alpha = .05$일 때 가설 검정 결과는 무엇인가?

3. 가설 검정을 위해 다음과 같이 가설을 설정하였다.

$$H_0: \mu_1 - \mu_2 = 0$$
$$H_a: \mu_1 - \mu_2 \neq 0$$

다음은 두 모집단에서 단순 무작위로 추출한 표본 자료이다.

표본 1	표본 2
$n_1 = 80$	$n_2 = 70$
$\bar{x}_1 = 104$	$\bar{x}_2 = 106$
$\sigma_1 = 8.4$	$\sigma_2 = 7.6$

a. 검정 통계량 값은 얼마인가?

b. p-값은 얼마인가?

c. $\alpha = .05$일 때 가설 검정 결과는 무엇인가?

응용문제에 데이터 파일이 있는 경우는 엑셀의 데이터 ▸ 데이터 분석에 있는 '통계 데이터 분석' 기능을 활용하기 바란다.—역자

응용문제

4. *Condé Nast Traveler*에서는 매년 독자들의 크루즈 선호도를 조사하였다. 모든 선박은 서비스를 100점 만점으로 평가한다. 승객 수 500명 이하의 선박 37척의 표본평균은 85.36, 승객 수 500명 이상의 선박 44척의 표본평균은 81.40이다. 모집단의 표준편차는 승객 수 500명 미만일 때는 4.55, 승객 수 500명 이상일 때는 3.97이라고 가정하자.
   a. 승객 수 500명 이하와 500명 이상의 두 모집단 평균 차이에 대한 점 추정값은 얼마인가?
   b. 95% 신뢰수준에서 오차범위는 얼마인가?
   c. 95% 신뢰수준에서 선박 크기에 따른 두 모집단 평균 차이의 구간 추정을 정하라.

5. *USA Today*지는 발렌타인데이의 평균 지출액이 $100.89라고 예상하였다. 남성과 여성 소비자의 지출액에 차이가 있을까? 여성 소비자 표본 40명의 평균 지출액은 $135.67이고, 남성 소비자 표본 30명의 평균 지출액은 $68.64였다. 과거 조사에 따르면 여성 소비자의 표준편차는 $35, 남성 소비자의 표준편차는 $20라고 하자.
   a. 두 집단의 평균 지출액 차이에 대한 점 추정값은 얼마인가?
   b. 99% 신뢰수준에서 오차범위는 얼마인가?
   c. 두 모집단 평균의 차이에 대한 99% 신뢰구간을 구하라.

DATA *file*
Hotel

6. 당신이 업무회의를 준비할 책임이 있다고 하자. 경기침체로 인한 예산 삭감으로 가장 저렴한 호텔이 있는 도시를 선택해야만 한다. 후보지는 애틀랜타와 휴스톤이다. Hotel 파일에는 애틀랜타와 휴스턴의 객실 가격 표본이 있는데 스미스 트래블 리서치가 보고한 것과 같은 것이다. 두 도시의 과거 객실 가격 자료에서 구한 모집단의 표준편차는 애틀랜타 $20, 휴스턴 $25이라고 하자. 표본 자료를 기초로 호텔 객실의 평균 가격이 휴스턴보다 애틀랜타가 더 저렴하다고 할 수 있는가?

7. *Consumer Report*는 미국 주요 소매업체에 대한 고객 만족도를 파악하기 위해 독자들을 대상으로 설문조사를 실시하였다[출처]. 설문조사 응답자는 상품의 품질, 선택, 가치, 결제의 효율성, 서비스, 매장 구성 등의 여섯 가지 관점에서 각 소매업체를 평가하였다. 조사 응답자가 여섯 가지 요소에서 모두 만족하였을 때를 100으로 하여 전반적인 만족

도를 요약하였다. 목표 대상과 월마트 고객을 대표하는 독립표본 자료는 다음과 같다.

목표 대상	월마트
$n_1 = 25$	$n_2 = 30$
$\bar{x}_1 = 79$	$\bar{x}_2 = 71$

a. 두 소매업체의 고객 만족도에서 모집단 평균 차이 검정을 위한 귀무가설 및 대립가설을 수립하라.

b. 컨슈머 리포트의 과거 자료를 바탕으로 두 소매업체의 모집단 표준편차는 12라고 하자. 가설 검정을 하고 p-값을 계산하라. 유의수준 .05에서 결과는 무엇인가?

c. 어느 소매업체의 고객 만족도가 더 큰가? 두 모집단의 평균 차이에 대한 95% 신뢰구간을 구하라.

8. 더 좋은 서비스를 제공하는 기업이 고객 서비스를 개선하면 주가가 상승할까? 기업의 만족도가 작년보다 개선되고, 그것이 전국 평균(75.7)보다 높다면, 장기적으로 주가가 오를 것이라는 연구 결과가 나왔다. 다음 3개 회사에 대해서 앞선 2년 동안 4분기의 회사의 만족도 점수를 '미국 고객 만족도 지수'에서 얻었다. 이 점수는 각 기업에서 60명의 고객을 대상으로 조사한 것이다. 과거 몇 년간의 자료에서 구한 각각의 표준편차는 6점이라고 하자.

기업	1년차 점수	2년차 점수
라이트 에이드	73	76
익스피디아	75	77
제이씨페니	77	78

a. 라이트 에이드는 1차년도부터 2차년도 사이에 만족도가 증가하였는데 이는 통계적으로 유의한가? $\alpha = .05$일 때 결과는 무엇인가?

b. 라이트 에이드의 2년차 점수는 전국 평균 75.7보다 높다고 할 수 있는가? $\alpha = .05$를 사용하라.

c. 익스피디아의 만족도는 1차년도부터 2차년도 사이에 통계적으로 유의하게 증가하였는가? $\alpha = .05$를 사용하라.

d. 문제에 주어진 표준편차와 표본 크기를 이용하여 가설 검정을 한다면, 1차년도부터 2차년도 사이에 만족도의 증가가 통계적으로 유의하려면 α는 얼마로 하여야 하는가?

e. 1차년도부터 2차년도 사이에 제이씨페니의 만족도 증가가 통계적으로 유의한지를 확인하기 위하여 d의 결과를 이용하라.

10.2 두 모집단 평균의 차이에 대한 추론: σ_1과 σ_2를 모르는 경우

이번 절에서는 두 모집단의 표준편차 σ_1과 σ_2를 모르는 경우, 두 모집단 평균의 차이를 추정하는 방법에 대해 논의할 것이다. 여기서는 모집단 표준편차의 점 추정값으로서 두 표본의 표준편차 s_1과 s_2를 사용한다. 표본의 표준편차를 사용하면 구간 추정과 가설 검정은 표준정규분포 대신에 t-분포를 기반으로 한다.

$\mu_1-\mu_2$의 구간 추정

σ_1과 σ_2를 모르는 경우 두 모집단 평균의 차이에 대한 오차범위의 계산과 구간 추정 방법을 살펴보자. 클리어워트 국립은행은 두 지점의 고객의 당좌예금의 차이를 조사하려고 한다. 체리그로브 지점으로부터 28개의 당좌예금을, 비치몬트 지점으로부터 22개의 당좌예금을 표본으로 추출하였다. 당좌예금 잔액 상태는 다음과 같다.

	체리그로브	비치몬트
표본 크기	$n_1 = 28$	$n_2 = 22$
표본평균	$\bar{x}_1 = \$1,025$	$\bar{x}_2 = \$910$
표본 표준편차	$s_1 = \$150$	$s_2 = \$125$

클리어워터 국립은행은 체리그로브와 비치몬트 두 지점의 모집단 고객이 거래하고 있는 당좌예금의 평균 잔액의 차이를 추정하고자 한다. 이제 두 모집단 평균의 차이에 대한 오차범위와 구간 추정을 구해 보자.

1절에서 모집단의 표준편차 σ_1과 σ_2를 알고 있을 경우의 구간 추정은 다음과 같았다.

$$\bar{x}_1 - \bar{x}_2 \pm z_{\alpha/2}\sqrt{\frac{\sigma_1^2}{n_1}+\frac{\sigma_2^2}{n_2}}$$

σ_1과 σ_2를 s_1과 s_2로 추정하면 두 모집단 평균의 차이에 대한 추론은 t-분포를 사용한다.

σ_1과 σ_2를 모르는 경우에는 σ_1과 σ_2의 점 추정치인 표본 표준편차 s_1과 s_2를 사용하고 $z_{\alpha/2}$ 대신 $t_{\alpha/2}$를 사용한다. 결과적으로 두 모집단 평균의 차이의 구간 추정은 다음과 같다.

두 모집단 평균의 차이의 구간 추정: σ_1과 σ_2를 모르는 경우

$$\bar{x}_1 - \bar{x}_2 \pm t_{\alpha/2}\sqrt{\frac{s_1^2}{n_1}+\frac{s_2^2}{n_2}} \quad (10\text{-}6)$$

여기서 $1-\alpha$는 신뢰계수이다.

이 식에서 t-분포를 사용하면 근사값을 구하는 것이지만, 아주 훌륭한 결과를 제공하고 상대적으로 사용하기도 쉽다. 식 10-6을 이용할 때 한 가지 어려운 것은 $t_{\alpha/2}$에 해당하는 자유도를 결정하는 것이다. 통계 소프트웨어는 적절한 자유도를 자동으로 계산한다. 자유도 계산에 사용되는 공식은 다음과 같다.

자유도: 두 개의 무작위 독립표본에서 *t*-분포

$$df = \frac{\left(\frac{s_1^2}{n_1} + \frac{s_2^2}{n_2}\right)^2}{\frac{1}{n_1-1}\left(\frac{s_1^2}{n_1}\right)^2 + \frac{1}{n_2-1}\left(\frac{s_2^2}{n_2}\right)^2} \quad \text{10-7}$$

클리어워터 국립은행의 사례로 돌아가서, 식 10-6을 이용하여 95% 신뢰수준에서 두 지점의 당좌예금 잔액 평균의 차이에 대한 구간 추정을 해 보자. 체리그로브 지점의 표본 자료는 $n_1 = 28$, $\bar{x}_1 = \$1,025$, $s_1 = \$150$이고, 비치몬트 지점의 표본 자료는 $n_2 = 22$, $\bar{x}_2 = \$910$, $s_2 = \$125$ 이다. $t_{\alpha/2}$의 자유도 계산은 다음과 같다.

$$df = \frac{\left(\frac{s_1^2}{n_1} + \frac{s_2^2}{n_2}\right)^2}{\frac{1}{n_1-1}\left(\frac{s_1^2}{n_1}\right)^2 + \frac{1}{n_2-1}\left(\frac{s_2^2}{n_2}\right)^2} = \frac{\left(\frac{150^2}{28} + \frac{125^2}{22}\right)^2}{\frac{1}{28-1}\left(\frac{150^2}{28}\right)^2 + \frac{1}{22-1}\left(\frac{125^2}{22}\right)^2} = 47.8$$

t-값을 좀 더 크게 하여 구간 추정을 보수적으로 하기 위해 자유도의 소수점을 버리고 47까지 조정하였다. *t*-분포표에서 자유도가 47일 때 $t_{.025} = 2.012$이다. 식 10-6을 이용하여 95% 신뢰수준에서 두 모집단 평균의 차이의 구간 추정은 다음과 같다.

$$\bar{x}_1 - \bar{x}_2 \pm t_{.025}\sqrt{\frac{s_1^2}{n_1} + \frac{s_2^2}{n_2}}$$

$$1025 - 910 \pm 2.012\sqrt{\frac{150^2}{28} + \frac{125^2}{22}}$$

$$115 \pm 78$$

두 지점의 당좌예금의 모평균 차이의 점 추정치는 \$115이다. 오차범위는 \$78이므로 두 모집단 평균 차이에 대한 구간 추정은 115−78 = \$37부터 115+78 = \$193까지이다.

자유도 식 10-7은 수기로 계산한다면 복잡하지만 컴퓨터 소프트웨어를 이용하면 쉽게 구할 수 있다. 그러나 식 10-6과 식 10-7에 공통으로 포함된 s_1^2/n_1과 s_2^2/n_2, 이 두 값은 한 번 구하면 식 10-6과 식 10-7의 계산에 모두 이용할 수 있다.

엑셀을 활용하여 신뢰구간 구하기

엑셀의 데이터 분석 도구에는 모집단이 두 개일 때, 구간 추정을 계산하는 기능이 없다. 그러나 엑셀의 워크시트를 이용하여 구간 추정을 계산할 수 있는 템플릿을 만들 수 있다. 이제 클리어워터 국립은행의 모평균의 차이에 대한 구간 추정을 구해 보자. 이 자업을 〈그림 10-5〉에서 보여주고 있다. 뒤에 있는 것은 수식 워크시트이고, 앞에 있는 것은 결과 워크시트이다.

자료 입력: CheckAcct 파일을 열어보자. A열에는 28명의 체리그로브 지점 고객의 예금 잔액, B열에는 22명의 비치몬트 지점 고객의 예금 잔액이 있다.

함수/수식: 표본의 기술 통곗값은 셀 E5:F6에 있다. 셀 E9에는 $\bar{x}_1 - \bar{x}_2$의 분산에 대한 점 추정치를 계산한다. 두 표본의 표준편차와 표본 크기를 사용하고 입력할 공식은 다음과 같다.

=E7^2/E5+F7^2/F5

표준오차의 추정치는 분산의 제곱근으로 분산에 루트를 씌어서 셀 E10에 계산한다.

셀 E12:E16에는 t-값과 오차범위를 계산한다. 셀 E12에는 신뢰계수 .95를 입력하고 그에 해당하는 유의수준($\alpha = .05$)은 셀 E13에서 계산한다. 셀 E14에는 식 10-7을 이용하여 자유도 47.8을 계산한다. 구간 추정에 사용할 t-값을 계산하기 위하여 셀 E15에 T.INV.2T 함수를

〈그림 10-5〉 엑셀 워크시트: 클리어워터 국립은행에 대한 95% 신뢰구간 구하기

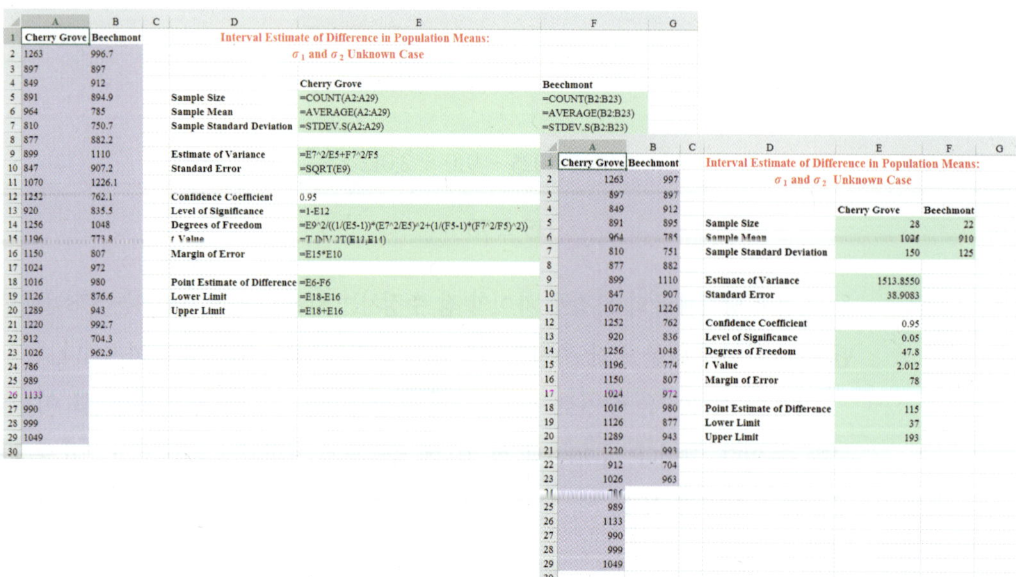

T.INV(누적확률, 자유도)는 누적확률에 해당하는 t-값을, T.INV.2T(확률, 자유도)는 우측 꼬리 면적이 .5×확률에 해당하는 위치의 t-값을 계산해 준다. t-분포의 누적확률은 T.DIST(), 우측 꼬리의 확률은 T.DIST.RT()로 구할 수 있다.—역자

사용한다. 오차범위는 t-값과 표준오차를 곱하여 E16에 계산한다.

셀 E18에는 모평균 차이의 점 추정치인 표본평균 차이를 계산한다. 셀 E19에는 신뢰구간의 하한치(37), E20에는 상한치(193)를 계산한다. 따라서 모집단 평균 차이의 95% 신뢰구간 추정치는 37부터 193까지이다.

다른 문제를 위한 템플릿. 이 워크시트는 모집단의 표준편차를 모를 때 모평균 차이의 구간 추정을 구하는 템플릿으로 사용될 수 있다. 이와 같은 유형의 다른 문제를 풀 경우, 새로운 자료는 반드시 A열과 B열에 입력해야 한다. 셀 E5:E7에는 새로운 자료의 표본평균과 표본 크기, 표본 표준편차를 계산할 수 있도록 수정한다. 이를 통해 점 추정값과 95% 신뢰구간이 셀 E18:E20에 나타나게 된다. 여기서 셀 E12의 신뢰계수 값을 수정하면 다른 신뢰계수를 가진 구간 추정을 계산할 수 있다.

셀 수식을 다음과 같이 바꾸면 〈그림 10-5〉에 새로운 자료 범위를 셀 E5:F7에 입력하지 않고 간단하게 사용할 수 있다.

Cell E5: =COUNT(A:A)

Cell F5: =COUNT(B:B)

Cell E6: =AVERAGE(A:A)

Cell F6: =AVERAGE(B:B)

Cell F7: =STDEV.S(A:A)

Cell F7: =STDEV.S(B:B)

셀 E5와 E7에 자료의 범위를 지정하는 A:A 방법을 사용하면 COUNT 함수는 A열에 있는 표본 개수를 계산하고, AVERAGE 함수는 A열의 표본평균을 계산한다. STDEV.S 함수는 A열의 표준편차를 계산한다. 이와 같이 셀 F5:F7에 B:B 방법을 사용하여 자료의 범위를 지정하면 COUNT 함수는 B열에 있는 표본 크기를 계산하고, AVERAGE 함수는 B열의 평균을 계산한다. STDEV.S함수는 B열의 표준편차를 계산한다. 따라서 새로운 문제를 풀기 위하여 A열과 B열에 새로운 자료만 입력하면 된다.

이 워크시트는 교재의 연습문제 중에서 표본 크기와 표본평균, 표본 표준편차가 주어졌을 때의 템플릿으로도 사용할 수 있다. 이때는 자료는 변경할 필요 없이 셀 E5:E7에 표본 크기, 표본평균, 표본 표준편차를 문제에서 주어진 대로 입력하면 된다. 또한 셀 E12에 있는 신뢰계수를 수정하여 95% 신뢰구간이 아닌 다른 신뢰구간을 계산할 수도 있다.

$\mu_1 - \mu_2$의 가설 검정

두 모집단의 표준편차 σ_1과 σ_2를 모르는 경우, 두 모집단 평균의 차이의 가설 검정 방법을 설명하기로 하자. D_0를 가설에서 세운 μ_1과 μ_2의 차이라고 한다면, 10.1절에서 설명한 σ_1과 σ_2를 아는 경우에 사용하는 검정 통계량은 다음과 같다.

$$z = \frac{(\bar{x}_1 - \bar{x}_2) - D_0}{\sqrt{\frac{\sigma_1^2}{n_1} + \frac{\sigma_2^2}{n_2}}}$$

검정 통계량 z는 표준정규분포를 따른다.

σ_1과 σ_2를 모르기 때문에 s_1으로 σ_1를, s_2으로 σ_2를 추정한다. 추정한 표본 표준편차를 σ_1과 σ_2 대신 사용하여 다음의 검정 통계량을 구한다.

$\mu_1 - \mu_2$에 대한 가설을 검정하는 검정 통계량: σ_1과 σ_2를 모르는 경우

$$t = \frac{(\bar{x}_1 - \bar{x}_2) - D_0}{\sqrt{\frac{s_1^2}{n_1} + \frac{s_2^2}{n_2}}} \qquad (10\text{-}8)$$

t의 자유도는 식 10-7에 주어졌다.

다음 가설 검정의 사례를 가지고 위의 검정 통계량을 사용하는 방법을 살펴보자.

시스템 분석가를 위하여, 정보 시스템의 디자인, 개발, 구축에 소요되는 시간을 줄일 수 있는 새로운 소프트웨어 패키지를 개발했다. 새로운 소프트웨어 패키지의 효과를 평가하기 위해 무작위로 24명의 시스템 분석가를 표본으로 선정하고 각 분석가에게 가상의 정보 시스템에 대하여 설명하였다. 24명 중 12명은 기존의 기술로 정보 시스템을 개발하고, 나머지 12명은 새로운 소프트웨어 패키지의 사용 방법을 배운 후에 새로운 소프트웨어 패키지를 사용하여 정보 시스템을 개발하였다.

이 연구에서 하나의 모집단은 현재의 기술을 사용하는 시스템 분석가들이고, 다른 모집단은 새로운 소프트웨어 패키지를 사용하는 시스템 분석가들이다. 가상의 정보 시스템 디자인 프로젝트를 완성하는 데 소요된 시간의 모집단 평균은 다음과 같다.

μ_1 = 현재의 기술을 사용하는 분석가들의 평균 프로젝트 완성 시간

μ_2 = 새로운 소프트웨어 패키지를 사용하는 분석가들의 평균 프로젝트 완성 시간

새로운 소프트웨어를 평가하는 담당자는 이 프로그램으로 평균 프로젝트 완성 시간이

단축되는 것을 기대하고 있다. 그래서 μ_2가 μ_1보다 작다는 증거를 찾는다. 이 경우에는 두 모집단 평균의 차이 $\mu_1-\mu_2$는 0보다 크다는 증거를 찾기 때문에 $\mu_1-\mu_2>0$을 대립가설로 설정한다. 따라서 가설은 다음과 같다.

$$H_0: \mu_1-\mu_2 \le 0$$
$$H_a: \mu_1-\mu_2 > 0$$

유의수준 $\alpha = .05$를 사용한다.

〈표 10-1〉은 24명의 분석가가 프로젝트를 완성한 시간이다. 식 10-8을 사용한 검정 통계량 값은 다음과 같다.

$$t = \frac{(\bar{x}_1-\bar{x}_2)-D_0}{\sqrt{\dfrac{s_1^2}{n_1}+\dfrac{s_2^2}{n_2}}} = \frac{(325-286)-0}{\sqrt{\dfrac{40^2}{12}+\dfrac{44^2}{12}}} = 2.27$$

식 10-7을 사용하여 계산한 자유도는 다음과 같다.

$$df = \frac{\left(\dfrac{s_1^2}{n_1}+\dfrac{s_2^2}{n_2}\right)^2}{\dfrac{1}{n_1-1}\left(\dfrac{s_1^2}{n_1}\right)^2+\dfrac{1}{n_2-1}\left(\dfrac{s_2^2}{n_2}\right)^2} = \frac{\left(\dfrac{40^2}{12}+\dfrac{44^2}{12}\right)^2}{\dfrac{1}{12-1}\left(\dfrac{40^2}{12}\right)^2+\dfrac{1}{12-1}\left(\dfrac{44^2}{12}\right)^2} = 21.8$$

〈표 10-1〉 새로운 소프트웨어 패키지 검정 연구에 대한 완료시간 자료와 요약 통곗값

DATA file
SoftwareTest

	현재 기술	새로운 소프트웨어
	300	274
	280	220
	344	308
	385	336
	372	198
	360	300
	288	315
	321	258
	376	318
	290	310
	301	332
	283	263
요약 통계		
표본 크기	n_1 = 12	n_2 = 12
표본평균	$\bar{x}_1$ = 325 hours	$\bar{x}_2$ = 286 hours
표본 표준편차	s_1 = 40	s_2 = 44

소수점 이하를 버리고 자유도 21인 t-분포를 이용한다. t-분포표는 다음과 같다.

우측 꼬리 면적	.20	.10	.05	.025	.01	.005
t-값 (21 df)	.859	1.323	1.721	2.080	2.518	2.831

$t = 2.27$

t-분포표를 이용하면 p-값의 범위를 정할 수 있다. 엑셀 함수 T.DIST.RT(t-값, 자유도)를 사용하면 정확한 p-값 .0169를 구할 수 있다. 〈그림 10-7〉에서는 자유도를 22로 하여 .0166으로 계산하였다.

우측 검정이기 p-값은 $t = 2.27$의 우측 꼬리 면적이 된다. 이 p-값은 .025와 .01 사이에 있기 때문에 $\alpha = .05$보다 작다. 따라서 H_0는 기각된다. 이 표본의 결과는 $\mu_1 - \mu_2 > 0$, 즉 $\mu_1 > \mu_2$이다. 이 결과는 새로운 소프트웨어 패키지를 사용할 때 프로젝트 평균 완료 시간이 단축된다는 것을 의미한다.

엑셀을 이용한 가설 검정

이분산은 두 개의 모분산이 서로 다름을 뜻한다. 두 모집단의 분산이 서로 다른지에 대한 가설 검정은 11장에서 공부한다.—역자

σ_1과 σ_2를 모르는 경우 엑셀을 사용하여 모평균의 차이가 유의한지를 검정하려면 t-검정의 '이분산을 가정한 두 집단'이라는 도구를 이용하면 된다. 소프트웨어 평가 예제의 표본 자료를 가지고 그림을 통해 살펴보자. 12명의 시스템 분석가는 현재의 기술로 정보 시스템을 만들었다. 나머지 12명의 시스템 분석가는 새로운 소프트웨어 패키지를 사용하여 정보 시스템을 만들었다. 새로운 소프트웨어 패키지를 사용할 때 완료 시간이 단축되는지를 확인하기 위하여 단측 검정을 실시하였다. 〈그림 10-6〉과 〈그림 10-7〉의 워크시트를 보면서 설명한다.

자료 입력: SoftwareTest 파일을 열어보자. 〈그림 10-6〉과 같이 A열에서는 현재의 기술을 이

〈그림 10-6〉 엑셀의 대화상자, t-검정: 이분산 가정 두 집단

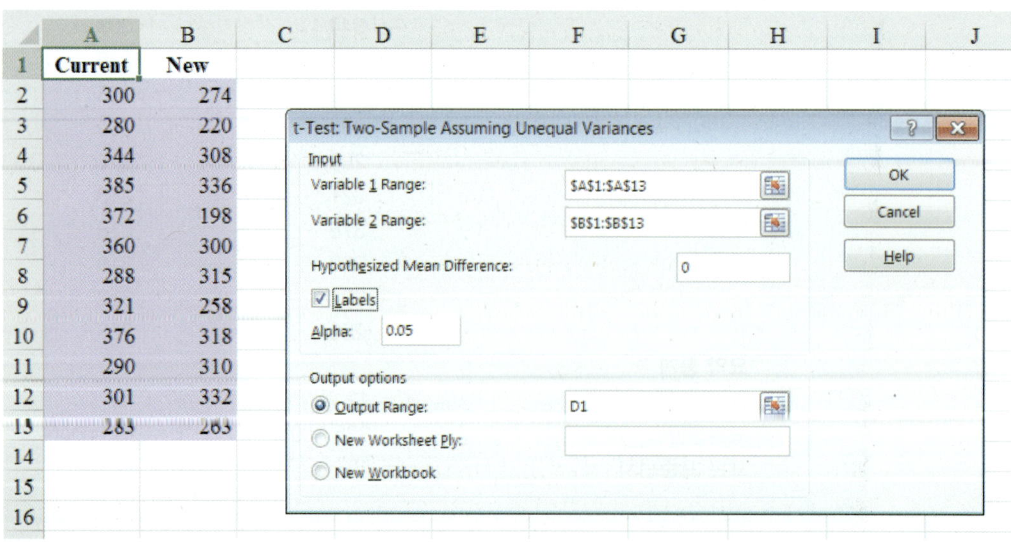

〈그림 10-7〉 프로젝트 평균 완료 시간이 같은지에 대한 가설 검정: 엑셀 결과

	A	B	C	D	E	F	G
1	Current	New		t-Test: Two-Sample Assuming Unequal Variances			
2	300	274					
3	280	220			*Current*	*New*	
4	344	308		Mean	325	286	
5	385	336		Variance	1599.6364	1935.8182	
6	372	198		Observations	12	12	
7	360	300		Hypothesized Mean Difference	0		
8	288	315		df	22		
9	321	258		t Stat	2.2721		
10	376	318		P(T<=t) one-tail	0.0166		
11	290	310		t Critical one-tail	1.7171		
12	301	332		P(T<=t) two-tail	0.0332		
13	283	263		t Critical two-tail	2.0739		
14							

용한 무작위 표본 12명의 완료 시간 자료, B열에는 새로운 소프트웨어 패키지를 이용한 무작위 표본 12명의 완료 시간 자료가 입력되어 있다.

툴 적용: 새로운 소프트웨어 패키지의 사용이 유의한 차이를 나타내는지를 확인할 가설 검정 단계는 다음과 같다.

1단계. 리본에서 **데이터** 탭 선택

2단계. **분석** 그룹에서 **데이터 분석** 선택

3단계. 분석 도구 목록에서 **t-검정: 이분산 가정 두 집단** 선택

4단계. t-검정: 이분산 가정 두 집단 대화상자가 나타나면(그림 10-6)

- **변수 1 입력 범위**에 A1:A13 입력
- **변수 2 입력 범위**에 B1:B13 입력
- **가설 평균 차이**에 0 입력
- **이름표** 선택
- **유의수준** .05 입력
- **출력 범위** 선택 후 D1 입력
- **확인** 클릭

〈그림 10-7〉은 엑셀 결과이다. 두 표본에 대한 기술 통계는 셀 E4:F6에 있다. 검정 통계량 값 2.2721이 셀 E9에 있다. $P(T <= t)$ 단측 검정의 p-값 .0166은 셀 E10에 나타난다. 이 p-값 .0166이 유의수준 $\alpha = .05$보다 작기 때문에 귀무가설 H_0을 기각하고 새로운 소프트웨어 패키지를 사용하는 모집단의 평균 완료 시간이 더 짧다고 결론 내릴 수 있다.

't-검정: 이분산 가정 두 집단' 도구는 양측 검정에도 이용할 수 있다. 양측 가설 검정을 위해서는 셀 E12에 있는 $P(T<=t)$ 양측 검정 p-값을 사용하면 된다.

실제적 조언

이 절에서 보여준 구간 추정과 가설 검정은 매우 로버스트(robust)하기 때문에 상대적으로 작은 표본으로도 가능하다. 전체 표본 수 n_1+n_2가 적어도 20 이상이고 n_1과 n_2가 같거나 대략 같으면 대부분 적용할 수 있으며, 모집단이 정규분포를 따르지 않는다고 하더라도 매우 좋은 결과가 예상된다. 모집단의 분포에 비대칭 정도가 심하거나 이상치가 있다면 표본의 크기가 더 커야 한다. 표본 크기가 작다면 모집단이 대략적으로 정규분포에 근접한다는 조건이 만족되어야 한다.

10.2 보충 설명

σ_1과 σ_2를 모르는 경우 두 모집단의 평균 차이를 추정하는 두 번째 방법은 두 모집단 표준편차인 σ_1과 σ_2가 같다고 가정하는 것이다($\sigma_1=\sigma_2=\sigma$). 이러한 가정 아래에서 두 표본 표준편차를 결합하여 다음과 같은 합동 표본분산 s^2_p을 제공한다.

$$s_p^2 = \frac{(n_1-1)s_1^2+(n_2-1)s_2^2}{n_1+n_2-2}$$

t-검정 통계량은 다음과 같다.

$$t = \frac{(\bar{x}_1-\bar{x}_2)-D_0}{s_p\sqrt{\dfrac{1}{n_1}+\dfrac{1}{n_2}}}$$

그리고 n_1+n_2-2의 자유도를 갖는다. 이때 p-값 계산과 표본 결과의 해석은 앞에서 설명한 것과 같다.

두 모집단의 표준편차가 동일하다는 가정을 증명하는 것이 매우 어렵다. 왜냐하면, 대부분의 경우에 모집단 표준편차는 다르기 때문이다. 이 합동 방법은 두 표본의 크기 n_1과 n_2의 차이가 클 경우에는 만족스러운 결과를 얻기 어렵다.

여기서 설명한 t-분포 활용은 모집단의 표준편차가 같다는 가정이 필요하지 않으므로 모집단의 표준편차가 같거나 다를 때에 모두 적용할 수 있다. 따라서 대부분의 경우에 적용될 수 있는 일반적인 방법이라고 할 수 있다.

연습문제

기본문제

9. 두 모집단에서 추출한 독립적인 무작위 표본의 결과가 다음과 같다.

표본 1	표본 2
$n_1 = 20$	$n_2 = 30$
$\bar{x}_1 = 22.5$	$\bar{x}_2 = 20.1$
$s_1 = 2.5$	$s_2 = 4.8$

a. 두 모집단 평균 차이의 점 추정치는 얼마인가?

b. t-분포의 자유도는 얼마인가?

c. 95% 신뢰수준에서 평균 차이의 오차범위는 얼마인가?

d. 두 모집단의 평균 차이에 대한 95% 신뢰구간은 얼마인가?

10. 다음 가설 검정을 보자.

$$H_0: \mu_1 - \mu_2 = 0$$
$$H_a: \mu_1 - \mu_2 \neq 0$$

두 모집단에서 추출한 독립 무작위 표본의 결과가 다음과 같다.

표본 1	표본 2
$n_1 = 35$	$n_2 = 40$
$\bar{x}_1 = 13.6$	$\bar{x}_2 = 10.1$
$s_1 = 5.2$	$s_2 = 8.5$

a. 검정 통계량 값은 얼마인가?
b. t-분포의 자유도는 얼마인가?
c. p-값은 얼마인가?
d. $\alpha = .05$일 때, 결론은 무엇인가?

11. 다음 자료는 정규분포를 따르는 두 모집단에서 추출한 독립적인 무작위 표본이다.

표본 1	10	7	13	7	9	8
표본 2	8	7	8	4	6	9

a. 두 표본의 평균을 각각 계산하라.
b. 두 표본의 표준편차를 각각 계산하라.
c. 두 모집단의 평균 차이의 점 추정치는 얼마인가?
d. 90% 신뢰수준에서 두 모집단의 평균 차이의 구간 추정은 얼마인가?

응용문제

12. 미국 교통부는 75개 대도시 거주자들이 하루에 차로 이동하는 거리를 발표했다. 버팔로에 거주하는 사람들 중 무작위 표본 50명은 하루 평균 22.5마일을 이동하고, 표준편차는 8.4마일이다. 보스턴에 거주하는 사람들 중 무작위 표본 40명은 하루 평균 18.6마일을 이동하고 표준편차는 7.4마일이다.
    a. 버팔로와 보스턴 두 지역에 거주하는 사람들의 하루 평균 이동 거리의 차이에 대한 점 추정치는 얼마인가?
    b. 두 모집단의 평균 차이에 대한 95% 신뢰구간은 얼마인가?

DATA file
CollegeCosts

13. 공립대학에 다니는 연 평균 비용(등록금, 기숙사비, 책 값등 포함)은 대학생 나이의 자녀를 둔 일반적인 가정의 연 소득에서 1/3을 차지한다[출처]. 사립대학에 다니는 연 평균 비용은 일반적인 가정의 소득의 60%를 차지한다. 다음은 무작위로 추출한 표본으로 사립대학과 공립대학에 다니는 연간 비용이다. 자료의 단위는 $1000이다.

사립 대학					
52.8	43.2	45.0	33.3	44.0	
30.6	45.8	37.8	50.5	42.0	
공립 대학					
20.3	22.0	28.2	15.6	24.1	28.5
22.8	25.8	18.5	25.6	14.4	21.8

a. 사립대학과 공립대학의 표본평균과 표준편차를 구하라.

b. 두 모평균 차이에 대한 점 추정치는 얼마인가? 이 값을 사립과 공립 대학에 다니기 위한 연간 비용의 관점에서 해석하라.

c. 두 모평균 차이에 대한 95% 신뢰구간은 얼마인가?

14. 간호사의 급여가 텍사스주의 댈러스보다 플로리다주의 템파에서 더 낮은가? *Tampa Tribune*의 보고에 따르면 댈러스보다 템파의 간호사 급여가 낮게 나타나 있다. 이에 대한 후속 연구로서 템파의 간호사 40명과 댈러스의 간호사 50명에 대한 자료는 다음과 같다.

템파	댈러스
n_1 = 40	n_2 = 50
$\bar{x}_1$ = \$56,100	$\bar{x}_2$ = \$59,400
s_1 = \$6000	s_2 = \$7000

a. 귀무가설을 기각했을 경우 템파가 댈러스보다 낮다고 결론 내릴 수 있도록 $\alpha = .05$에서 가설을 수립하라.

b. 검정 통계량 값을 계산하라.

c. p-값은 얼마인가?

d. 결론은 무엇인가?

DATA *file*
IntHotels

15. 전 세계 호텔 가격은 내년에 3% 인상될 것으로 예상되는데[출처], 유럽과 미국 사이에는 차이가 있을까? 무작위로 선정된 47개의 유럽 주요 도시와 53개의 미국 주요 도시의 호텔 비용의 변화를 예측해 보았다. 이 자료는 IntHotels 파일에 있다.

a. 표본 결과에 기초하여 유럽과 미국의 호텔 숙박료의 평균 변화가 다르다고 할 수 있는가? 적절한 귀무가설과 대립가설을 수립하라.

b. $\alpha = .01$일 때, 결론은 무엇인가?

DATA *file*
SATMath

16. 대학 위원회는 수험생 부모들의 교육 수준에 따른 SAT 점수를 비교하였다. 연구가설은 더 높은 수준의 교육을 받은 부모의 학생들이 SAT에서 평균보다 더 높은 점수를 받을 것이라는 것이다. 전체적인 평균 SAT 수학 점수는 514점이었다. 독립표본으로 선정된 학생들의 SAT 수학 점수는 다음과 같다. 첫 번째 표본은 학부모가 대졸인 학생들의 SAT 수학 점수를 보여준다. 두 번째 표본은 학부모가 고졸인 학생들의 SAT 수학 점수를 보여준다.

학생의 부모			
대졸		고졸	
485	487	442	492
534	533	580	478
650	526	479	425
554	410	486	485
550	515	528	390
572	578	524	535
497	448		
592	469		

a. 부모가 더 높은 수준의 교육을 받았을수록 모집단의 평균 SAT 수학 점수가 더 높아진다는 것을 검정하는 가설을 수립하라.

b. 두 모집난 평균 차이의 점 추정치는 얼마인가?

c. p-값은 얼마인가?

d. $\alpha = .05$일 때, 결론은 무엇인가?

17. 메릴린치 고객들은 금융 컨설턴트와 서비스에 대한 평가를 주기적으로 하도록 요청받는다. 고객 만족도 조사에서 7등급은 최대 서비스 등급을 의미한다. 다음은 두 명의 금융 컨설텅트에 대한 서비스 등급의 평가 결과이다. A 컨설턴트는 10년의 경력을 가지고 있고, B 컨설턴트는 1년의 경력을 가지고 있다. $\alpha = .05$를 사용하고, 경험이 많은 컨설턴트의 평가 등급이 더 높은지 검정하라.

컨설턴트 A	컨설턴트 B
$n_1 = 16$	$n_2 = 10$
$\bar{x}_1 = 6.82$	$\bar{x}_2 = 6.25$
$s_1 = .64$	$s_2 = .75$

a. 귀무가설과 대립가설을 수립하라.

b. 검정 통계량 값을 계산하라.

c. p-값은 얼마인가?

d. 결론은 무엇인가?

DATA file AirDelay

18. 퍼듀대학과 위치타주립대학의 연구원들은 항공사들이 승객을 정해진 시간에 목적지에 잘 노착시키는 것을 발견하였다. 에어트랜항공사와 사우스웨스트항공사는 정시 노착의 선두 주자이며, 이들 항공기의 88%는 정시 도착을 한다. 그러나 연착에 해당하는 12%에 대해 몇 분이나 늦었는지 알고자 한다. 두 항공사의 연착에 대한 지연 시간을 보여주는 표본 자료는 AirDelay 파일에 있다.

a. 이 두 항공사의 연착에 대한 모집단의 평균 차이에 대한 검정을 하는 가설을 수립하라.

b. 이 두 항공사의 연착에 대한 표본평균 시간은 얼마인가?

c. $\alpha = .05$일 때 p-값은 얼마인가? 결론은 무엇인가?

10.3 두 모집단 평균의 차이에 대한 추론: 대응표본

어떤 제조기업에서 노동자들이 제품을 생산할 때 두 가지 방법을 사용한다고 하자. 제조기업은 생산량을 극대화하기 위해서 제품의 평균 생산 시간을 줄일 수 있는 방법을 원할 것이다. 첫 번째 생산 방법으로 생산한 제품의 모집단 평균 생산 시간을 μ_1이라고 하고, 두 번째 생산 방법으로 생산한 제품의 모집단 평균 생산 시간을 μ_2라고 하자. 어떤 방법의 생산 시간이 더 빠르다고 알려진 것이 없기 때문에 두 방법의 모집단 평균 생산 시간을 같다고 하자. 따라서 귀무가설은 H_0: $\mu_1-\mu_2=0$이 된다. 이 가설을 기각한다면 모집단의 평균 생산 시간은 다르다고 결론 내릴 수 있을 것이다. 그렇다면 평균 생산 시간이 짧은 생산 방법을 사용할 것이다. 귀무가설과 대립가설을 다음과 같다.

$$H_0: \mu_1-\mu_2 = 0$$
$$H_a: \mu_1-\mu_2 \neq 0$$

가설 검정을 위한 표본 추출 방법은 두 가지가 있다. 하나는 독립표본을 추출하는 방법이고, 다른 하나는 **대응표본**(matched samples)을 추출하는 방법이다.

1. 독립표본 설계: 단순 무작위로 선정된 근로자들은 첫 번째 생산 방법으로 생산하고, 그 다음 단순 무작위로 선정된 근로자들은 두 번째 생산 방법으로 생산한다. 모평균 차이는 10.2절에서 설명한 절차에 따라 검정한다.
2. 대응표본 설계: 단순 무작위로 근로자 표본을 선정한 후, 근로자들이 첫 번째 생산 방법으로 생산하고, 다시 두 번째 생산 방법으로 생산한다. 생산 방법의 사용 순서는 근로자마다 무작위로 적용한다. 다시 말해, 첫 번째 생산 방법으로 먼저 생산하는 근로자가 있고, 두 번째 생산 방법으로 먼저 생산하는 근로자도 있는 것이다. 이런 방법으로 각 근로자로부터 첫 번째 생산 방법과 두 번째 생산 방법의 한 쌍의 자료를 얻게 된다.

대응표본 설계는 두 가지 생산 방법이 동일한 조건에서(예를 들어, 같은 근로자) 이루어진다. 따라서 독립표본보다 표집오차가 작을 때가 많다. 이는 같은 근로자가 두 가지 생산 방법을 사용하기 때문에 근로자 간의 변동(variation)이 없어지기 때문이다.

대응표본 설계를 통해 두 가지 생산 방법의 모집단 평균의 차이를 검정해 보자. 무작위로 선정된 6명의 자료는 〈표 10-2〉와 같다. 생산 방법에 따라 각 근로자의 생산 시간은 한 쌍으로 나타나고, 근로자별로 두 가지 생산 방법에 따른 한 쌍의 자료가 있으며, 마지막 열에는 두 가지 생산 방법의 시간 차이 d_i가 있다.

대응표본에서 중요한 것은 마지막 열에 있는 차이이다. 두 가지 생산 방법의 모평균의

〈표 10-2〉 대응표본 설계에서의 생산 시간

DATA file
Matched

근로자	첫 번째 방법 생산 시간 (분)	두 번째 방법 생산 시간 (분)	생산 시간 차이(d_i)
1	6.0	5.4	.6
2	5.0	5.2	−.2
3	7.0	6.5	.5
4	6.2	5.9	.3
5	6.0	6.0	.0
6	6.4	5.8	.6

차이를 분석하기 위해서는 6개의 차이 값(.6, −.2, .5, .3, .0, .6)을 이용한다.

근로자들의 모집단 차이의 평균을 μ_d라고 할 때, 귀무가설과 대립가설은 다음과 같이 바꿀 수 있다.

$$H_0: \mu_d = 0$$

$$H_a: \mu_d \neq 0$$

귀무가설을 기각한다면 두 모집단의 평균 생산 시간은 서로 다르다고 할 수 있다.

d라고 표시한 것만 제외하면, 이 책의 앞부분에서 표본평균과 표본 표준편차를 사용한 공식과 같다.

d는 대응표본에서 차이를 자료로 나타낸 것이다. 〈표 10-2〉의 차이에 대한 표본평균과 표본 표준편차는 다음과 같다.

$$\bar{d} = \frac{\Sigma d_i}{n} = \frac{1.8}{6} = .30$$

$$s_d = \sqrt{\frac{\Sigma(d_i - \bar{d})^2}{n-1}} = \sqrt{\frac{.56}{5}} = .335$$

표본 크기가 크다면 모집단이 정규분포라는 가정이 필요하지 않다. t-분포를 사용할 수 있는 표본 크기의 기준은 8장과 9장에서 살펴보았다.

표본 수가 $n=6$으로 작기 때문에 차이 d의 모집단이 정규분포를 따른다고 가정해야 한다. 가설 검정과 구간 추정을 할 때 t-분포를 이용하기 위해서는 이 가정이 필요하기 때문이다. 이러한 가정에서 아래의 검정 통계량은 자유도가 $n-1$인 t-분포이다.

대응표본의 검정 통계량

$$t = \frac{\bar{d} - \mu_d}{s_d/\sqrt{n}} \qquad \text{10-9}$$

식 10-9를 이용하여 $\alpha = .05$에서 H_0: $\mu_d = 0$과 H_a: $\mu_d \neq 0$라는 가설을 검정해 보자. 식 10-9에 $\bar{d} = .30$, $s_d = .335$, $n=6$을 대입하면 검정 통계량 값은 다음과 같다.

$$t = \frac{\bar{d} - \mu_d}{s_d/\sqrt{n}} = \frac{.30 - 0}{.335/\sqrt{6}} = 2.20$$

양측 검정에서 검정통계량의 계산값을 t_c로 표기하면, $t_c \geq t_{\alpha/2}$ 혹은 $t_c \leq -t_{\alpha/2}$이면 H_0를 기각한다. 또 $t_c > 0$이면, p-값$=2 \times P(t \geq t_c) \leq \alpha$이면 H_0를 기각한다. 역자

양측 검정을 위해 p-값을 계산해 보자. $t = 2.20 > 0$이기 때문에 검정 통계량은 t-분포의 우측 꼬리에 있다. $t = 2.20$일 때 검정 통계량의 우측 꼬리 면적은 t-분포표의 자유도 $n-1 = 6-1 = 5$에서 찾는다. 자유도 5인 행의 t-분포표는 다음과 같다.

우측 꼬리 면적	.20	.10	.05	.025	.01	.005
t-값 (5 df)	.920	1.476	2.015	2.571	3.365	4.032

$t = 2.20$

이와 같이 우측 꼬리 면적은 .05부터 .025 사이에 있다. 양측 검정이기 때문에 이 값에 2를 곱하면 .10부터 .05 사이에 있다. p-값은 $\alpha = .05$보다 크기 때문에 귀무가설 H_0: $\mu_d = 0$을 기각할 수 없다. 〈표 10-2〉의 자료로 엑셀을 이용하면 p-값 = .0795이다.

추가적으로 두 모집단 평균의 차이에 대한 구간 추정은 8장에서 설명한 단일 모집단에 적용한 방법으로 구할 수 있다. 95% 신뢰수준에서 구간 추정은 다음과 같이 계산할 수 있다.

$$\bar{d} \pm t_{.025}\frac{s_d}{\sqrt{n}}$$

$$.3 \pm 2.571\left(\frac{.335}{\sqrt{6}}\right)$$

$$.3 \pm .35$$

이와 같이 오차범위는 .35이고, 두 생산 방법의 모집단 평균의 차이에 대한 95% 신뢰구간은 −.05부터 .65까지이다.

엑셀을 이용한 가설 검정

엑셀의 't-검정: 쌍체비교(Paired Two Sample for Means)'를 사용하여 모평균의 차이에 대한 가설 검정을 할 수 있다. 두 가지 생산 방법에 대한 가설 검정을 예로 들어 보자. 구체적인 과정은 〈그림 10-8〉과 〈그림 10-9〉의 엑셀 워크시트에 있다.

자료 입력: Matched 파일을 열어보자. 〈그림 10-8〉과 같이 A열에는 연구에 참여한 6명의 근로자가 있다. B열에는 첫 번째 생산 방법을 이용한 생산 시간 자료가 있고, C열에는 두 번째 생산 방법을 이용한 생산 시간 자료가 있다.

툴 적용: 다음 단계는 엑셀의 t-검정을 어떻게 하는지를 보여주고 있다. 다음은 쌍체비교를 이용하여 두 가지 생산 방법의 평균 차이에 대한 가설 검정을 실시하는 단계이다.

1단계. 리본에서 **데이터** 탭 선택

2단계. **분석** 그룹에서 **데이터 분석** 선택

〈그림 10-8〉 엑셀의 대화상자 t-검정: 쌍체비교

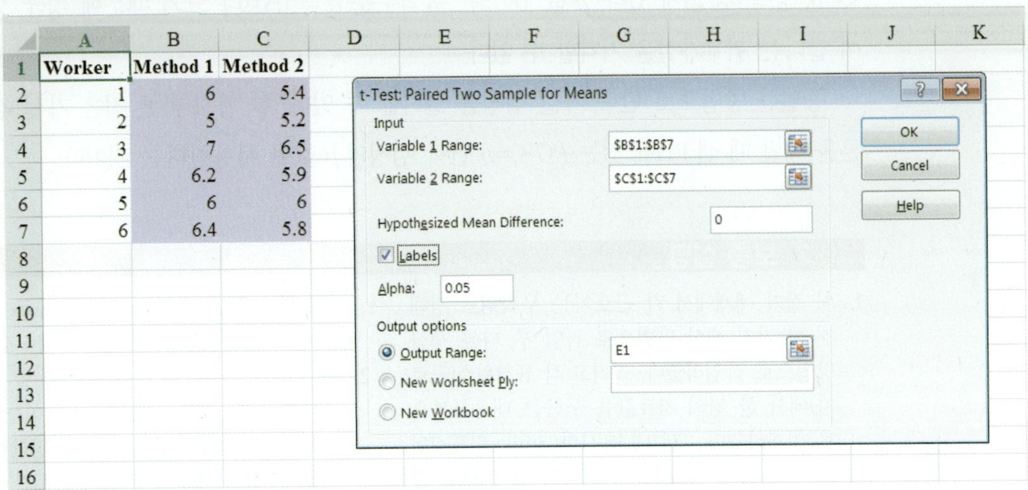

〈그림 10-9〉 엑셀에서 대응표본으로 가설 검정

Worker	Method 1	Method 2
1	6	5.4
2	5	5.2
3	7	6.5
4	6.2	5.9
5	6	6
6	6.4	5.8

t-Test: Paired Two Sample for Means

	Method 1	*Method 2*
Mean	6.1	5.8
Variance	0.428	0.212
Observations	6	6
Pearson Correlation	0.8764	
Hypothesized Mean Difference	0	
df	5	
t Stat	2.196	
P(T<=t) one-tail	0.0398	
t Critical one-tail	2.015	
P(T<=t) two-tail	0.0795	
t Critical two-tail	2.571	

3단계. 분석 도구 목록에서 **t-검정: 쌍체비교** 선택

4단계. t-검정: 쌍체비교 대화상자가 나타나면(그림 10-8)

변수 1 입력 범위에 B1:B7 입력

변수 2 입력 범위에 C1:C7 입력

가설 평균 차이에 0 입력

이름표 선택

유의수준 .05 입력

출력 범위 선택 후 E1 입력(출력 결과가 나타나는 왼쪽 위 셀을 지정)

확인 클릭

결과는 〈그림 10-9〉와 같이 워크시트의 E11:G14에 있다. 양측 검정의 p-값은 셀 F13(*P*(*T* <=*t*), 양측 검정)에 있다. p-값 .0975는 유의수준 $\alpha = .05$보다 크기 때문에 평균 생산 시간이 같다는 귀무가설을 기각할 수 없다.

동일한 방법으로 단측 가설 검정을 실시할 수 있다. 한 가지 다른 점은 가설 검정의 결론을 내릴 때 셀 F11에 있는 *P*(*T*<=*t*) 단측 검정의 p-값을 사용한다는 것이다.

10.3 보충 설명

1. 이 절의 예제에서 각 근로자는 무작위로 정해진 한 가지 생산 방법으로 작업 후, 다른 생산 방법으로 작업하였다. 그리고 각 표집원소(근로자)에서 한 쌍의 자료값을 구하는 대응표본으로 설계하였다. 그런데 '유사한(similar)' 표집원소에 한 쌍의 자료값을 구할 수도 있다. 예를 들어, 어떤 지역의 노동자 한 명을 나이, 교육수준, 경력 등이 유사한 다른 지역의 노동자 한 명과 대응시킬 수도 있다. 두 지역의 노동자를 한 쌍으로 하여 대응표본 자료를 구하는 것이다.
2. 두 모집단의 평균에 대한 추론을 할 때는 대응표본으로 할 것을 권하고 있다. 이는 독립적인 무작위 표본 추출보다 비교적 정확한 결과를 얻을 수 있기 때문이다. 그러나 시간과 비용 때문에 대응표본을 얻을 수가 없다면 무작위 독립표본을 사용해야 할 것이다.

연습 문제

기본문제

19. 다음과 같은 가설 검정을 생각해 보자.

$$H_0: \mu_d \le 0$$
$$H_a: \mu_d > 0$$

다음 자료는 모집단에서 추출한 대응표본이다.

원소	모집단 1	모집단 2
1	21	20
2	28	26
3	18	18
4	20	20
5	26	24

a. 각 원소값의 차이를 계산하라.

b. $\bar{d}$를 계산하라.

c. s_d를 계산하라.

d. 유의수준 $\alpha = .05$에서 가설 검정을 하라. 결론은 무엇인가?

20. 다음 자료는 두 모집단에서 추출한 대응표본이다.

원소	모집단 1	모집단 2
1	11	8
2	7	8
3	9	6
4	12	7
5	13	10
6	15	15
7	15	14

a. 각 원소값의 차이를 계산하라.

b. $\bar{d}$를 계산하라.

c. 표준편차 s_d를 계산하라.

d. 두 모평균 차이에 대한 점 추정값은 얼마인가?

e. 두 모평균 차이에 대한 95% 신뢰구간을 구하라.

응용문제

21. 한 시장조사 회사는 어떤 상품에 대한 새로운 TV 광고의 전과 후의 구매 잠재력을 평가할 목적으로 표본을 추출하였다. 구매 잠재력은 0에서 10까지 10점 척도이고 점수가 높을수록 구매 잠재력이 크다. 귀무가설은 광고 시청 후 평가한 구매 잠재력의 평균 점수가 광고 시청 전에 평가한 구매 잠재력의 평균 점수와 같거나 작다로 하였다. 이 가설을 기각하면 광고가 구매 잠재력을 높인다고 할 수 있다. 다음은 응답자료이다. 다음 자료를 이용하여 $\alpha = .05$에서 가설 검정을 하고 광고의 효과에 대하여 결론을 적어라.

응답자	구매 잠재력 광고 전	구매 잠재력 광고 후	응답자	구매 잠재력 광고 전	구매 잠재력 광고 후
1	6	5	5	3	5
2	6	4	6	9	8
3	7	7	7	7	5
4	4	3	8	6	6

DATA *file*
StockPrices

22. 25개 표본 회사의 주당 가격을 2012년 연초와 2012년 1분기 말에 기록하였다. 1분기 동안 주식이 어떻게 성과를 내느냐가 향후 주식 시장과 경제의 지표가 된다. StockPrices 파일을 사용하여 다음의 질문에 답하라.

a. i기업의 주당 가격 변화를 d_i라고 표시하자. 여기서 d_i는 2012년 1분기 말의 주식 가격에서 2012년 연초의 주식 가격을 뺀 것이다. 표본평균을 이용하여 1분기 동안 주당 가격 변화를 추정하라.

b. 1분기 동안 주당 가격 변화의 모평균에 대한 95% 신뢰구간 추정치를 구하라. 수익률

의 95% 신뢰구간을 추정하고 그 결과를 해석하라.

23. 뱅크 오브 아메리카의 소비자 지출 보고서는 소비자의 연간 신용카드 결제액을 교통비, 식료품비, 외식비, 관리비, 가구 구입비, 의류비, 문화 생활비 등 일곱 가지 범주로 분류하여 분석하였다. 42개의 신용카드 계좌 표본을 연간 식료품비 신용카드 결제액(모집단 1)과 연간 외식비 신용카드 결제액(모집단 2)으로 구분하였다. 두 집단의 차이에 대한 표본평균은 $\bar{d} = \$850$이고, 표본 표준편차는 $s_d = \$1123$이었다.
   a. 식료품비와 외식비의 신용카드 평균 결제액 사이에 차이가 없다는 것을 검정하기 위한 귀무가설과 대립가설을 수립하라.
   b. 유의수준 $\alpha = .05$에서 모평균이 다르다고 할 수 있는가? p-값은 얼마인가?
   c. 식료품비와 외식비 중에서 모집단의 신용카드 연간 결제액이 많은 것은 무엇인가? 모평균 차이에 대한 점 추정치는 얼마인가? 95% 신뢰수준에서 모평균 차이에 대한 구간 추정은 얼마인가?

DATA *file*
BusinessTravel

24. 글로벌비즈니스트래블협회(The Global Business Travel Association)는 올해와 작년의 출장으로 이용한 국내선 항공료를 보고하였다. 다음은 2년간의 항공편 표본 12편의 항공료이다.

올해	작년	올해	작년
345	315	635	585
526	463	710	650
420	462	605	545
216	206	517	547
285	275	570	508
405	432	610	580

   a. 출장으로 이용한 국내선 평균 항공료가 1년 동안 상승한 것이 유의한지를 가설 검정하라. p-값은 얼마인가? 유의수준 $\alpha = .05$에서 결론은 무엇인가?
   b. 매년 출장으로 이용한 국내선 항공료의 표본평균은 얼마인가?
   c. 1년간 항공료 변동의 백분율(퍼센티지)을 구하라.

DATA *file*
TestScores

25. 칼리지 보드(College Board)가 주관하는 대입입학 시험 SAT는 수학, 작문, 비평적 독해 세 가지 영역으로 나누어져 있다[출처]. 표본 학생 12명의 수학과 작문 SAT 점수는 다음과 같다.

학생	수학 점수	작문 점수	학생	수학 점수	작문 점수
1	540	474	7	480	430
2	432	380	8	499	459
3	528	463	9	610	615
4	574	612	10	572	541
5	448	420	11	390	335
6	502	526	12	593	613

   a. 수학 점수와 작문 점수의 모평균의 차이가 있는지 유의수준 $\alpha = .05$에서 가설 검정

을 하라. p-값은 얼마인가? 유의수준 $\alpha = .05$에서 결론은 무엇인가?

b. 모평균 점수 차이의 점 추정치는 얼마인가? 수학과 작문 두 시험의 모집단 평균 추정치는 각각 얼마인가? 평균 점수가 높은 과목은 무엇인가?

DATA file GolfScores

26. PGA 토너먼트 경기에 출전한 골프 선수 중에서 표본으로 추출한 20명의 첫 번째 라운드와 네 번째(최종) 라운드의 타수는 다음 표와 같다. PGA 투어 이벤트의 첫 번째 라운드의 평균 타수가 네 번째이자 마지막 라운드의 평균 타수보다 유의하게 다른지를 확인해 보자. 최종 라운드에서 경기에 대한 부담 때문에 타수가 올라가는가? 아니면 선수의 집중력이 증가하면서 타수가 내려가는가?

선수	첫 번째 라운드	마지막 라운드	선수	첫 번째 라운드	마지막 라운드
Michael Letzig	70	72	Aron Price	72	72
Scott Verplank	71	72	Charles Howell	72	70
D. A. Points	70	75	Jason Dufner	70	73
Jerry Kelly	72	71	Mike Weir	70	77
Soren Hansen	70	69	Carl Pettersson	68	70
D. J. Trahan	67	67	Bo Van Pelt	68	65
Bubba Watson	71	67	Ernie Els	71	70
Reteif Goosen	68	75	Cameron Beckman	70	68
Jeff Klauk	67	73	Nick Watney	69	68
Kenny Perry	70	69	Tommy Armour III	67	71

a. 첫 번째와 네 번째 라운드 점수의 모평균의 차이가 통계적으로 유의한지 $\alpha = .01$에서 검정하라. p-값은 얼마인가? 결론은 무엇인가?

b. 모집단 평균의 차이에 대한 점 추정치는 얼마인가? 어떤 라운드의 모집단 평균 타수가 낮은가?

c. 90% 신뢰수준에서 모평균 차이에 대한 구간 추정의 오차범위는 얼마인가? 이 신뢰구간을 이용하여 위 문항 a의 가설 검정을 할 수 있었는지를 설명하라.

27. 어느 제조기업은 가정용으로 디자인한 자동샌더(automatic sander)를 고급형과 표준형 두 가지로 생산하고 있다. 각 소매점 표본에서 조사한 판매가격은 다음과 같다.

	모델 가격($)			모델 가격($)	
소매점	고급형	표준형	모델 가격($)	고급형	표준형
1	39	27	5	40	30
2	39	28	6	39	34
3	45	35	7	35	29
4	38	30			

a. 제조기업의 권장 가격에 따르면 두 모델의 소매 가격 차이는 $10이다. 유의수준 $\alpha = .01$에서 실제 두 모델의 평균 가격 차이가 $10인지를 검정하라.

b. 두 모델의 평균 가격의 차이에 대한 95% 신뢰구간은 얼마인가?

10.4 두 모집단 비율의 차이에 대한 추론

p_1은 모집단 1의 비율을 나타내고, p_2는 모집단 2의 비율을 나타낸다고 하자. 이제 두 모집단 비율의 차이 p_1-p_2에 대한 추론을 살펴보자. 먼저 그 차이의 크기를 추정하기 위해 모집단 1에서 n_1, 모집단 2에서 n_2개의 독립된 무작위 표본을 선정한다고 가정하자.

p_1-p_2의 구간 추정

다음 예제에서는 두 모집단 비율의 차이에 대한 오차범위를 계산하고 구간 추정치를 계산하는 방법을 보여준다.

어떤 세무서는 지역 사무소 두 곳을 두고 있는데 그 업무 품질을 비교하는 데 관심이 있다. 각 사무실에서 작성된 세금 신고서의 표본을 무작위로 선정하고, 표본 신고서의 정확도를 확인하면 각 사무실에서 작성된 세무 오류의 비율을 추정할 수 있다. 특히 관심이 있는 것은 모집단 사이의 비율 차이이다.

p_1 = 모집단 1의 잘못된 세무 오류의 비율 (사무실 1)
p_2 = 모집단 2의 잘못된 세무 오류의 비율 (사무실 2)
$\bar{p}_1$ = 모집단 1로부터 무작위 추출된 표본의 표본비율
$\bar{p}_2$ = 모집단 2로부터 무작위 추출된 표본의 표본비율

두 모집단 비율 사이의 차이는 p_1-p_2를 말하는데, p_1-p_2의 점 추정치는 다음과 같다.

두 모집단 비율의 차이의 점 추정량

$$\bar{p}_1 - \bar{p}_2 \quad \text{(10-10)}$$

따라서 두 모집단 비율의 차이의 점 추정량은 두 개의 독립적인 무작위 표본의 표본비율 사이의 차이이다.

다른 점 추정량과 마찬가지로, 점 추정량 $\bar{p}_1-\bar{p}_2$는 두 개의 무작위 독립표본을 반복 추출하면서 관찰되는 $\bar{p}_1-\bar{p}_2$의 가능한 값의 표집분포를 따르게 된다. 표집분포의 평균은 p_1-p_2이고, 그것의 표준편차는 다음과 같다.

$\bar{p}_1-\bar{p}_2$의 표준편차

$$\sigma_{\bar{p}_1-\bar{p}_2} = \sqrt{\frac{p_1(1-p_1)}{n_1}+\frac{p_2(1-p_2)}{n_2}} \quad \text{(10-11)}$$

비율에 관련된 표본의 크기는 보통 충분하게 커서 정규분포 근사 계산을 사용할 수 있다.

표본 크기가 충분히 커서 n_1p_1, $n_1(1-p_1)$, n_2p_2, $n_2(1-p_2)$가 모두 5보다 크거나 같으면 $\bar{p}_1-\bar{p}_2$의 표집분포는 정규분포를 사용하여 근사 계산을 할 수 있다.

앞시 설명한 것과 같이 구간 추정치는 점 추정치±오차범위이다. 모집단 비율의 차이를 추정하는 구간 추정치도 다음과 같다.

$$(\bar{p}_1 - \bar{p}_2) \pm \text{오차범위}$$

$\bar{p}_1-\bar{p}_2$의 표집분포를 정규분포로 근사 계산하게 되면 오차범위도 $z_{\alpha/2}\sigma_{\bar{p}_1-\bar{p}_2}$를 사용할 수 있다. 그러나 p_1과 p_2를 알지 못하는 경우, 식 10-11에 의해 구한 $\sigma_{\bar{p}_1-\bar{p}_2}$를 직접 사용할 수는 없다. p_1을 추정하는 표본비율 $\bar{p}_1$, p_2를 추정하는 표본비율 $\bar{p}_2$를 사용하면 오차범위는 다음과 같다.

$$\text{오차범위} = z_{\alpha/2}\sqrt{\frac{\bar{p}_1(1-\bar{p}_1)}{n_1}+\frac{\bar{p}_2(1-\bar{p}_2)}{n_2}} \qquad \text{10-12}$$

모비율 차이에 대한 구간 추정의 일반적인 형태는 다음과 같다.

두 개의 모집단 비율의 차이에 대한 구간 추정

$$\bar{p}_1 - \bar{p}_2 \pm z_{\alpha/2}\sqrt{\frac{\bar{p}_1(1-\bar{p}_1)}{n_1}+\frac{\bar{p}_2(1-\bar{p}_2)}{n_2}} \qquad \text{10-13}$$

여기서 $1-\alpha$는 신뢰계수이다.

세금 신고 사례로 돌아와서, 두 사무실로부터 추출된 무작위 독립표본의 정보는 다음과 같디.

사무실 1	사무실 2
$n_1 = 250$	$n_2 = 300$
잘못된 신고 수 = 35	잘못된 신고 수 = 27

두 사무실의 표본의 오류 비율은 다음과 같다.

$$\bar{p}_1 = \frac{35}{250} = .14, \qquad \bar{p}_2 = \frac{27}{300} = .09$$

두 모집단의 잘못된 신고 비율 사이의 차이에 대한 점 추정치 $\bar{p}_1-\bar{p}_2 = .14-.09 = .05$이다. 따라서 사무실 1은 오류 비율이 사무실 2보다 .05 혹은 5% 더 크다고 할 수 있다.

식 10-13을 사용해서 두 모집단 비율 사이의 차이에 대한 오차범위와 구간 추정을 할 수 있다. 90% 신뢰구간을 구하면 $z_{\alpha/2} = z_{.05} = 1.645$이고 다음과 같다.

$$\bar{p}_1 - \bar{p}_2 \pm z_{\alpha/2}\sqrt{\frac{\bar{p}_1(1-\bar{p}_1)}{n_1}+\frac{\bar{p}_2(1-\bar{p}_2)}{n_2}}$$

$$.14 - .09 \pm 1.645\sqrt{\frac{.14(1-.14)}{250}+\frac{.09(1-.09)}{300}}$$

$$.05 \pm .045$$

따라서 오차범위는 .045이고 90% 신뢰구간은 .005부터 .095까지이다.

엑셀을 활용한 신뢰구간

워크시트를 사용해서 모집단 비율의 차이에 대한 구간 추정을 할 수 있다. 세무서의 두 사무실의 잘못된 세금 신고 비율에 대한 구간 추정 예를 바탕으로 설명하자. 〈그림 10-10〉 뒤에는 수식 워크시트가 있고, 앞에는 결과 워크시트가 있다.

자료 입력: TaxPrep 파일을 열어보자. A열과 B열은 제목이 있고, 각 사무실의 세금 신고 중 어느 것이 오류를 포함하고 있는지 나타내는 Yes 혹은 No 데이터가 있다.

함수/수식: 필요한 기술 통계는 E5:F5와 E7:F8에 나타나 있다. 셀 E5와 F5에는 COUNT 함수를 사용하여 각 표본의 개수를 계산한다. 결과 워크시트에 사무실 1에서 250개, 사무실 2에

〈그림 10-10〉 두 사무실의 잘못된 세금 환급 비율의 차이에 대한 90% 신뢰구간

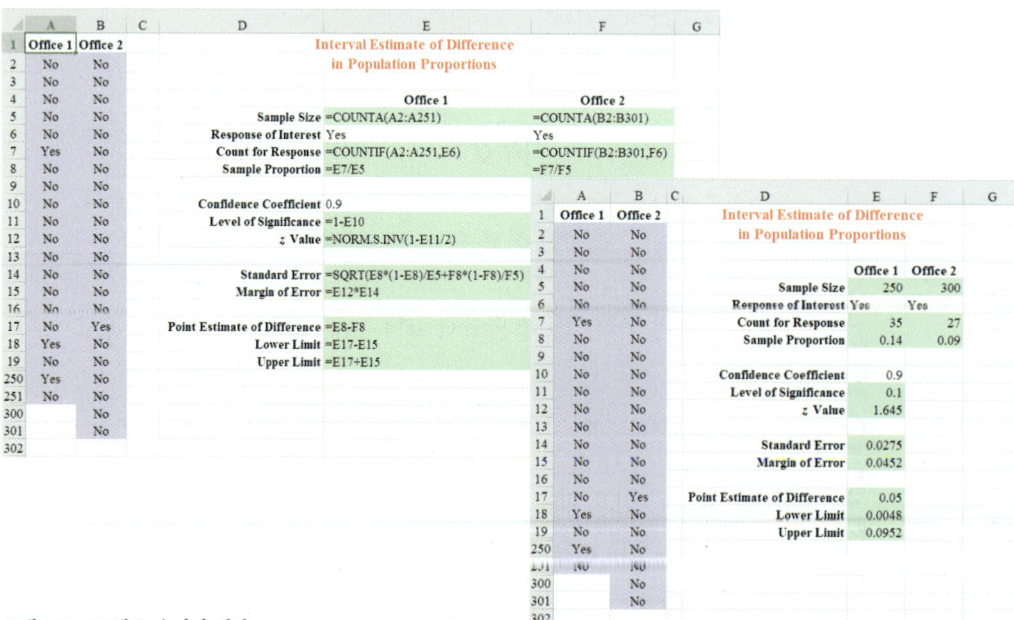

주) 20~249행, 252~299행은 숨겨져 있다.

서 300개의 관찰이 있음을 보여준다. E6와 F6에는 관심의 표현(오류 환급)을 나타내는 'Yes'을 입력한다. E7과 F7에는 COUNTIF 함수를 사용하여 'Yes'라는 응답의 개수를 계산한다. 셀 E8과 F8에는 표본비율을 계산하는 공식을 입력한다. 셀 E10에는 신뢰계수 .9를 입력하고, 셀 E11에는 상응하는 신뢰수준($\alpha = .10$)을 계산한다. 셀 E12에는 구간 추정의 오차범위를 계산하는 데 필요한 z-값을 계산하기 위하여 NORM.S.INV 함수를 입력한다.

셀 E14에는 두 표본비율(E8과 F8)과 표본 크기(E5와 F5)를 바탕으로 점 추정량인 $\bar{p}_1 - \bar{p}_2$의 표준오차 $\sigma_{\bar{p}_1 - \bar{p}_2}$의 추정값을 계산한다. 셀 E15에는 표준오차 추정값에 z-값을 곱하여 오차범위를 계산한다.

두 모집단 비율의 차이의 점 추정치는 표본비율의 차이로 셀 E17에서 계산한다. 결과 워크시트에 표시된 결과는 .05이다. 신뢰구간의 하한치는 점 추정치에서 오차범위를 빼서 셀 E18에 계산한다. 신뢰구간의 상한치는 점 추정치에서 오차범위를 더해서 셀 E19에 계산한다. 결과 워크시트는 두 모집단 비율의 차이에 대한 90% 신뢰구간 추정치가 .0048부터 .0952까지임을 보여준다.

다른 문제를 위한 템플릿. 이 워크시트는 모집단 비율의 차이에 대한 구간 추정을 구하는 템플릿으로 사용할 수 있다. 새로운 데이터는 A열과 B열에 입력해야 한다. 표본 크기를 계산하는 셀(E5:F5)에 입력하는 데이터 범위는 새로운 데이터 범위로 변경하고, 관심 반응 수를 계산하는 셀(E7:F7)에도 새로운 데이터의 범위를 변경해서 입력한다. 관심 반응은 셀 E6:F6에 입력한다. 새로운 데이터에 대한 90% 신뢰구간이 E17:E19에 나타난다. 만일 다른 신뢰계수의 구간 추정을 하고 싶으면 셀 E10의 신뢰계수 값을 변경하기만 하면 된다.

이 워크시트는 표본 자료가 이미 요약되어 있는 교재의 연습문제의 신뢰구간을 정하는 템플릿으로도 사용할 수 있다. 셀 E5:F5에 주어진 표본 크기를 입력하고 셀 E8:F8에 표본비율을 입력하면 된다. 90% 신뢰구간은 셀 E17:E19에 나타나 있다. 신뢰계수가 다른 구간 추정을 구할 때에는 셀 E10의 항목을 변경하기만 하면 된다.

$p_1 - p_2$에 대한 가설 검정

두 모집단 비율의 차이에 대한 가설 검정을 살펴보자. 두 모집단 비율의 차이가 없는지에 대한 검정에 초점을 맞춘다. 이 경우 가설 검정의 세 가지 형태는 다음과 같다.

이 세 가지 가설 형태는 모두 비율의 차이가 0인 경우이다. 0이 아닌 임의값 p_0인 경우도 그대로 적용하며, 식 10-16의 분자를 $(\bar{p}_1 - \bar{p}_2) - p_0$로 하면 된다. —역자

$H_0: p_1 - p_2 \geq 0$	$H_0: p_1 - p_2 \leq 0$	$H_0: p_1 - p_2 = 0$
$H_a: p_1 - p_2 < 0$	$H_a: p_1 - p_2 > 0$	$H_a: p_1 - p_2 \neq 0$

H_0가 등호(=)로써 참이라면 $p_1 - p_2 = 0$은 모집단 비율이 같다($p_1 = p_2$)고 말하는 것과 같다.

검정 통계량은 점 추정량 $p_1 - p_2$의 표집분포를 바탕으로 한다. 식 10-11과 같이 $\bar{p}_1 - \bar{p}_2$의

표준편차는 다음과 같다.

$$\sigma_{\bar{p}_1-\bar{p}_2} = \sqrt{\frac{p_1(1-p_1)}{n_1} + \frac{p_2(1-p_2)}{n_2}}$$

H_0가 등호(=)로써 참이라고 가정하면 모집단의 비율은 $p_1=p_2=p$이다. 이런 경우에 $\sigma_{\bar{p}_1-\bar{p}_2}$는 다음과 같다.

$p_1=p_2=p$일 때 $\bar{p}_1-\bar{p}_2$의 표준편차

$$\sigma_{\bar{p}_1-\bar{p}_2} = \sqrt{\frac{p(1-p)}{n_1} + \frac{p(1-p)}{n_2}} = \sqrt{p(1-p)\left(\frac{1}{n_1}+\frac{1}{n_2}\right)} \quad \text{10-14}$$

p를 모르는 경우 두 표본으로부터의 점 추정치($\bar{p}_1$과 $\bar{p}_2$)를 결합하여 다음과 같이 p의 단일 점 추정량을 얻는다.

$p_1=p_2=p$일 때 p의 합동추정량

$$\bar{p} = \frac{n_1\bar{p}_1+n_2\bar{p}_2}{n_1+n_2} \quad \text{10-15}$$

p의 합동추정량(pooled estimator of p)은 $\bar{p}_1$와 $\bar{p}_2$의 가중평균이다.

식 10-14에서 p를 $\bar{p}$로 대체하여 $\bar{p}_1-\bar{p}_2$의 표준편차의 추정치를 구할 수 있다. 이 표준편차 추정치를 검정 통계량에 적용한다. 두 모집단 비율의 차이에 대한 가설 검정의 검정 통계량의 일반적인 형태는 $\bar{p}_1-\bar{p}_2$의 점 추정량을 $\sigma_{\bar{p}_1-\bar{p}_2}$의 추정치로 나눈다.

p_1-p_2에 대한 가설 검정의 검정 통계량

$$z = \frac{(\bar{p}_1-\bar{p}_2)}{\sqrt{\bar{p}(1-\bar{p})\left(\frac{1}{n_1}+\frac{1}{n_2}\right)}} \quad \text{10-16}$$

이 검정 통계량은 n_1p_1, $n_1(1-p_1)$, n_2p_2, $n_2(1-p_2)$가 모두 5보다 크거나 같을 때 사용할 수 있다.

세무서 사례로 돌아가서, 세무서는 두 사무실 사이에 세무 신고에서 오류의 비율에 차이가 있는지를 정하기 위해 가설 검정을 하려고 한다. 이 경우는 양측 검정이 필요하다. 이를 위한 귀무가설과 대립가설은 다음과 같다.

$$H_0: p_1 - p_2 = 0$$
$$H_a: p_1 - p_2 \neq 0$$

H_0가 기각된다면 세무 신고 오류의 비율이 두 사무실에 차이가 있다고 결론 내릴 수 있다. 유의수준 $\alpha = .01$을 사용한다.

앞서 수집된 표본 자료를 보면 $\bar{p}_1 = .14$, 사무실 1에서 추출된 표본 크기는 $n_1 = 250$, 사무실 2에서 $\bar{p}_2 = .09$, 추출된 표본 크기는 $n_2 = 300$이다. p의 합동추정치를 계산하면 다음과 같다.

$$\bar{p} = \frac{n_1\bar{p}_1 + n_2\bar{p}_2}{n_1 + n_2} = \frac{250(.14) + 300(.09)}{250 + 300} = .1127$$

이 합동추정치와 표본비율 사이의 차이를 대입하여 검정 통계량의 값을 구하면 다음과 같다.

검정 통계량의 계산값을 z_c로 표기하면 $z_c = 1.85$이다. 양측 검정에서 $z_c > 0$이면 p-값$= 2 \times P(z \geq z_c) \leq \alpha$이거나 $z_c \geq z_{\alpha/2}$ 또는 $z_c \leq -z_{\alpha/2}$이면 H_0를 기각한다. —역자

$$z = \frac{(\bar{p}_1 - \bar{p}_2)}{\sqrt{\bar{p}(1-\bar{p})\left(\frac{1}{n_1} + \frac{1}{n_2}\right)}} = \frac{(.14 - .09)}{\sqrt{.1127(1 - .1127)\left(\frac{1}{250} + \frac{1}{300}\right)}} = 1.85$$

양측 검정을 위한 p-값을 계산할 때, 먼저 $z = 1.85$가 표준 정규분포의 우측 꼬리에 있다는 것을 주목하자. $z = 1.85$와 표준정규분포표를 이용하여 우측 꼬리 부분의 면적은 $1.0000 - .9678 = .0322$이다. 양측 검정을 위하여 이 면적을 두 배로 곱하면 p-값$= 2(.0322) = .0644$이다. p-값이 $\alpha = .10$보다 작기 때문에 H_0는 유의수준 .10에서 기각된다. 이 회사는 두 사무실 사이에 잘못된 비율에 차이가 있다고 결론 내릴 수 있다. 이 가설 검정의 결론은 앞에서 구간 비율 차이의 구간 추정의 결과와 일치한다. $p_1 - p_2$의 구간 추정은 .005에서 .095로서 사무실 1의 오류 비율이 더 높았다.

엑셀을 활용한 가설 검정

모비율의 차이에 대한 가설 검정을 하는 워크시트를 만들 수 있다. 세무서 두 사무실의 세무 오류 비율에 유의미한 차이가 있는를 검정해 보면서 살펴보자. 관련된 작업을 설명하는 〈그림 10-11〉을 참조하자. 뒤에는 수식 워크시트가 있고, 앞에는 결과 워크시트가 있다.

자료 입력: TaxPrep 파일을 열어보자. A열과 B열은 제목이 있고, 각 사무실의 세금 신고 건수 중에 오류를 포함하고 있는지를 나타내는 Yes 혹은 No 데이터가 있다.

함수/수식: 가설 검정의 기술 통곗값은 셀 E5:F5와 셀 E7:F8에 있다. 이는 구간 추정에 사용된 것과 동일하다(그림 10-10 참조). 두 모집단 사이의 차이의 가설값은 0이다. 이것을 셀 E10에 입력한다. 셀 E11에 있는 표본비율의 차이는 두 모집단 비율의 차이의 점 추정치를 계

〈그림 10-11〉 두 사무실의 세무 오류 비율의 차이에 대한 가설 검정

	A	B	C	D	E	F	G
1	Office 1	Office 2			Hypothesis Test Concerning Difference		
2	No	No			Between Population Proportions		
3	No	No					
4	No	No			Office 1	Office 2	
5	No	No		Sample Size	=COUNTA(A2:A251)	=COUNTA(B2:B301)	
6	No	No		Response of Interest	Yes	Yes	
7	Yes	No		Count for Response	COUNTIF(A2:A251,F6)	=COUNTIF(B2:B301,F6)	
8	No	No		Sample Proportion	=E7/E5	=F7/F5	
9	No	No					
10	No	No		Hypothesized Value	0		
11	No	No		Point Estimate of Difference	=E8-F8		
12	No	No					
13	No	No		Pooled Estimate of *p*	=(E5*E8+F5*F8)/(E5+F5)		
14	No	No		Standard Error	=SQRT(E13*(1-E13)*(1/E5+1/F5))		
15	No	No		Test Statistic	=(E11-E10)/E14		
16	No	No					
17	No	Yes		*p*-value (Lower Tail)	=NORM.S.DIST(E15,TRUE)		
18	Yes	No		*p*-value (Upper Tail)	=1-NORM.S.DIST(E15,TRUE)		
19	No	No		*p*-value (Two Tail)	=2*MIN(E17,E18)		
250	Yes	No					
251	No	No					
300		No					
301		No					
302							

	A	B	C	D	E	F	G
1	Office 1	Office 2			Hypothesis Test Concerning Difference		
2	No	No			Between Population Proportions		
3	No	No					
4	No	No			Office 1	Office 2	
5	No	No		Sample Size	250	300	
6	No	No		Response of Interest	Yes	Yes	
7	Yes	No		Count for Response	35	27	
8	No	No		Sample Proportion	0.14	0.09	
9	No	No					
10	No	No		Hypothesized Value	0		
11	No	No		Point Estimate of Difference	0.05		
12	No	No					
13	No	No		Pooled Estimate of *p*	0.1127		
14	No	No		Standard Error	0.0271		
15	No	No		Test Statistic	1.8462		
16	No	No					
17	No	Yes		*p*-value (Lower Tail)	0.9676		
18	Yes	No		*p*-value (Upper Tail)	0.0324		
19	No	No		*p*-value (Two Tail)	0.0649		
250	Yes	No					
251	No	No					
300		No					
301		No					
302							

주) 20~249행, 252~299행은 숨겨져 있다.

산하는 식이다. 두 표본비율과 표본 크기를 사용하여 모집단 비율 p의 합동추정치를 셀 E13에서 계산한다. 그 값은 .1127이다. 그러고 나서 셀 E14에 식 10-14의 $\sigma_{\bar{p}_1-\bar{p}_2}$의 추정치를 계산한다.

검정 통계량 z(1.8462)를 계산하는 식 =(E11−E10)/E14를 셀 E15에 입력한다. 셀 E17과 E18에 p-값(좌측 검정)과 p-값(우측 검정)을 계산하는 NORM.S.DIST 함수를 입력한다. p-값(양측 검정)은 단측 검정의 p-값 중에서 작은 값을 두 배하여 셀 E19에 계산한다. 결과 워크시트는 p-값(양측 검정) = .0649로 나타나 있다. p-값 =.0649가 유의수준 α =.10보다 작기 때문에 귀무가설을 기각하고 모집단 비율이 같지 않다는 결론을 내릴 수 있는 충분한 증거를 가질 수 있다.

p-값 .0649는 표준정규분포표의 누적확률 값 .0644의 차이는 반올림에 의한 것이다.

이 워크시트는 모집단 비율의 차이에 관한 가설 검정 문제의 템플릿으로 사용할 수 있다. 새로운 데이터는 A열과 B열에 입력한다. 새로운 데이터의 범위와 관심 대상 응답(Yes, No와 같은 범주 자료값)은 셀 E5:E7에 수정한다. 그런 다음 가설 검정을 실시하기 위해 워크시트의 나머지 부분을 업데이트한다. 0이 아닌 가설적 차이를 검정하려면 새로운 가설값을 셀 E10에 입력한다.

표본 통계가 주어진 연습문제에 이 워크시트를 사용하려면, 셀 E5:F5와 셀 E7:F8에 주어진 값을 입력하면 된다. 그런 다음 워크시트의 나머지 부분을 업데이트하여 가설 검정을 수행한다. 0이 아닌 가설적 차이에 대해 검정하려면 그 새로운 값을 셀 E10에 입력하면 된다.

연습문제

기본문제

28. 다음 두 모집단으로부터 추출된 독립표본의 결과를 생각해 보자.

표본 1	표본 2
$n_1 = 400$	$n_2 = 300$
$\bar{p}_1 = .48$	$\bar{p}_2 = .36$

a. 두 모집단 비율 사이의 차이에 대한 점 추정치는 얼마인가?

b. 두 모집단 비율 사이의 차이에 대한 90% 신뢰구간을 구하라

c. 두 모집단 비율 사이의 차이에 대한 95% 신뢰구간을 구하라.

29. 다음 가설 검정을 생각해 보자.

$$H_0: p_1 - p_2 \leq 0$$
$$H_a: p_1 - p_2 > 0$$

다음은 두 모집단으로부터 추출한 독립표본의 결과이다.

표본 1	표본 2
$n_1 = 200$	$n_2 = 300$
$\bar{p}_1 = .22$	$\bar{p}_2 = .16$

a. p-값은 얼마인가?

b. $\alpha = .05$에서 위의 가설을 검정하라.

응용문제

30. 비즈니스 위크/해리스 조사에서는 대기업의 고위 임원들에게 향후 경제 전망에 대한 의견을 물었다. 한 가지 질문은 "앞으로 12개월 동안 당신 회사의 정규직 직원 수가 증가될 것이라고 생각하는가?"이다. 이번 조사에서 임원 400명 중 220명이 "그렇다"고 대답했고 전년도 조사에서 임원 400명 중 192명이 "그렇다"라고 답했다. 두 시점의 비율 차이에 대한 95% 신뢰구간 추정을 구하라. 구간 추정에 대한 당신의 해석은 무엇인가?

31. *Forbes*는 여성이 다른 소셜 네트워크 플랫폼의 권고 사항보다 Pinterest의 권고를 더 신뢰한다고 보고한다[출처]. 그러나 관심사에 대한 신뢰가 성별에 따라 다른가? 다음 표본 데이터는 최근 Pinterest의 권고 사항을 신뢰한다고 진술한 여성과 남성의 수를 보여준다.

	여성	남성
표본	150	170
Pinterest의 권고를 신뢰	117	102

a. Pinterest의 권고를 신뢰하는 여성의 비율에 대한 점 추정치는 얼마인가?

b. Pinterest의 권고를 신뢰하는 남성의 비율에 대한 점 추정치는 얼마인가?

c. Pinterest의 권고 사항을 신뢰하는 여성과 남성의 비율 차이에 대한 95% 신뢰구간 추정을 구하라.

32. 해양 생태계 보전을 목적으로 하는 단체인 오세아나(Oceana)의 연구원들은 미국 전역의 소매점, 식료품점, 스시바에서 판매되는 생선의 33%가 라벨을 잘못 붙였다고 보고했다[출처]. 잘못 붙인 라벨이 생선의 종류에 따라 차이가 있는가? 다음 데이터는 참치와 마히마히(Mahi Mahi)의 표본에 대해 잘못 표기된 갯수를 보여준다.

	참치	마히마히
표본	220	160
오기 수	99	56

a. 라벨이 잘못 붙어 있는 참치의 비율에 대한 점 추정치는 얼마인가?

b. 라벨이 잘못 붙어 있는 마히마히의 비율에 대한 점 추정치는 얼마인가?

c. 참치와 마히마히 사이에 라벨이 잘못 표시된 비율 차이의 95% 신뢰구간을 구하라.

33. 미네소타는 2012년 대통령 선거의 어느 주보다도 높은 투표율을 보였다[출처]. 정치 분석가들은 미네소타주 시골 지역의 투표율이 미네소타주의 도심 지역의 투표율보다 높았는지 궁금해 한다. 2012년 대선에서 미네소타주 시골 지역의 등기 유권자 884명 중에서 663명이 투표한 반면, 미네소타 주의 도시 지역의 등기 유권자 575명 중에서 414명이 투표한 것으로 나타났다.

a. 2012년 대선에서 미네소타주의 시골 지역 등록 유권자가 도시 지역에 등록된 유권자보다 투표할 가능성이 더 높은지 여부를 검정하는 귀무가설 및 대립가설을 수립하라.

b. 2012년 대선에서 미네소타주의 시골 지역에 등록된 유권자 중에서 투표한 비율은 얼마인가?

c. 2012년 대선에서 미네소타주의 도시 지역에 등록된 유권자 중에서 투표한 비율은 얼마인가?

d. $\alpha = .05$에서 정치 분석가들의 가설을 검정하라. p-값은 얼마인가? 결과로부터 도출한 결론은 무엇인가?

34. 유전은 굴착하는 데 비용이 많이 든다. 또한 그 유전을 건조시키는 것은 석유 탐사 회사들에게 큰 걱정거리다. 국내 석유 및 천연가스 생산업체인 이지스유(Aegis Oil, LLC)는 웹사이트를 통해 3차원 지진영상 등의 기술 개선으로 건식 유전(dry wells)의 숫자를 어떻게 줄일 수 있는지 설명하고 있다. 다음 데이터는 2005년과 2012년에 매년 개발된 건식 유전의 수를 보여준다.

	2005년	2012년
개발된 유전	119	162
건식 유전	24	18

a. 2005년에 개발된 유전이 2012년에 개발된 유전보다 더 건조될 가능성이 높은지 여부를 검정하는 귀무가설과 대립가설을 수립하라.

b. 2005년에 개발된 유전의 건조 비율의 점 추정치는 얼마인가?

c. 2012년에 개발된 유전의 건조 비율의 점 추정치는 얼마인가?

d. p-값은 얼마인가? $\alpha = .05$에서 결과로부터 도출한 결론은 무엇인가?

35. 두 개의 텔레비전 광고에 대한 품질 테스트에서, 각 광고를 1주일 동안 여섯 번 별개의 시험 구역에서 보였다. 그 다음주에는 이 광고를 본 사람들을 확인하기 위해 전화 조사를 실시하였다. 이에 각 개인은 광고에 주요 메시지를 진술하도록 요청받았다. 결과는 다음과 같다.

	광고 A	광고 B
광고를 본 사람 수	150	200
회상된 메시지의 수	63	60

a. $\alpha = .05$에서 두 광고에 대한 회상 비율에 차이가 없다는 가설을 검정하라.

b. 두 모집단의 회상 비율의 차이에 대한 95% 신뢰구간을 구하라.

36. 겨울 시즌 방문객은 플로리다 남서부의 경제에 매우 중요하다. 호텔 투숙 객실 수를 방문자 수와 활동을 측정하는 것으로 자주 사용한다[출처]. 2년 연속 2월의 호텔 투숙 자료는 다음과 같다.

	올해	작년
투숙 객실	1470	1458
총객실	1750	1800

a. 1년 동안 투숙한 객실의 비율이 증가했는지 여부를 판단하는 가설을 검정하라.

b. 각 해의 투숙한 객실이 차지하는 비율은 얼마인가?

c. $\alpha = .05$에서 가설 검정의 결론은 무엇인가? p-값은 얼마인가?

d. 1년간 투숙률 변화에 대한 95% 신뢰구간을 구하라. 당신은 지역 공무원들이 그 결과에 대해 만족할 것이라고 생각하는가?

37. 아데코 워크플레이스 인사이트 서베이(Adecco Workplace Insights Survey)는 남성과 여성 노동자를 표본조사 하여 올해 임금 인상이나 승진을 기대하고 있는지 물어보았다[출처]. 이 실문소사에서 200명의 남성과 여성을 표본으로 조사했다고 하자. 만약 남성 중에 104명이 그렇다고 대답했고 여성 중 74명이 그렇다고 대답했다면, 그 결과는 여성보다 남성이 올해 봉급이나 승진을 더 많이 기대하고 있다고 결론 지을 수 있는가?

a. 남성과 여성의 모집단 비율에 대한 가설 검정을 설명하라.

b. 남성의 표본비율은 얼마인가? 여성의 표본비율은 얼마인가?

c. $\alpha = .01$을 사용하여 p-값은 얼마인가? 결론은 무엇인가?

요약

본 장에서는 두 모집단이 관련된 구간 추정과 가설 검정의 절차를 학습하였다. 첫째, 무작위 독립표본을 선택할 때 두 모집단 평균 사이의 차이에 대한 추론을 하는 방법을 학습하였다. 우선, 모집단 표준편차 σ_1과 σ_2가 알려져 있는 경우는 표준정규분포 z를 구간 추정을 하는 데 사용하였고, 가설 검정의 검정 통계량으로도 사용하였다. 그리고 σ_1과 σ_2를 모르는 경우에는 표본 표준편차 s_1과 s_2를 가지고 그것을 추정하였다. 이 경우에는 t-분포를 사용하여 구간 추정을 하고 그 t-값을 검정 통계량으로 사용하였다.

두번 째는 대응표본을 설계하여 두 모집간 평균 사이의 차이에 대한 추론을 살펴보았다. 대응표본의 각 원소는 각 모집단으로부터 관찰한 한 쌍의 데이터이다. 그런 다음 쌍으로 구성된 데이터 사이의 차이를 통계분석에 사용한다. 대응표본 설계는 일반적으로 독립표본 설계보다 더 선호된다. 그 이유는 대응표본 절차가 종종 추정치의 정밀도를 더 향상시키기 때문이다.

마지막으로, 두 모집단 간 비율의 차이에 대한 구간 추정과 가설 검정에 대해 논의하였다. 두 모집단 비율의 차이를 분석하는 통계적 절차는 두 모집단 평균 사이의 차이를 분석하는 절차와 비슷하다.

이번 장에서는 엑셀을 활용하여 구간 추정을 하고 가설 검정을 수행하는 방법에 대해서도 보여주었다. 여기서 공부한 워크시트를 템플릿으로 사용하면 교재에 있는 연습 문제와 사례문제, 그리고 실제 문제도 해결할 수 있다.

용어

대응표본(matched samples) 한 표본의 각 데이터 값이 다른 표본의 해당 데이터 값과 대응하는 표본.

무작위 독립표본(independent random samples) 하나의 표본을 구성하는 원소가 다른 표본을 구성하는 원소와 서로 독립적으로 선택되도록 두 모집단에서 선택한 표본.

***p*의 합동추정치**(pooled estimator of *p*) 두 개의 독립표본에서 얻은 비율의 점 추정치의 가중평균을 계산하여 얻은 모집단 비율의 추정치.

주요 식

두 모집단 평균의 차이에 대한 점 추정량

$$\bar{x}_1 - \bar{x}_2 \tag{10-1}$$

$\bar{x}_1 - \bar{x}_2$의 표준오차

$$\sigma_{\bar{x}_1-\bar{x}_2} = \sqrt{\frac{\sigma_1^2}{n_1}+\frac{\sigma_2^2}{n_2}} \tag{10-2}$$

두 모집단 평균 차이에 대한 구간 추정: σ_1과 σ_2를 아는 경우

$$\bar{x}_1 - \bar{x}_2 \pm z_{\alpha/2}\sqrt{\frac{\sigma_1^2}{n_1}+\frac{\sigma_2^2}{n_2}} \tag{10-4}$$

$\mu_1-\mu_2$의 가설 검정의 검정 통계량: σ_1과 σ_2를 아는 경우

$$z = \frac{(\bar{x}_1-\bar{x}_2)-D_0}{\sqrt{\frac{\sigma_1^2}{n_1}+\frac{\sigma_2^2}{n_2}}} \tag{10-5}$$

두 모집단 평균의 차이의 구간 추정: σ_1과 σ_2를 모르는 경우

$$\bar{x}_1 - \bar{x}_2 \pm t_{\alpha/2}\sqrt{\frac{s_1^2}{n_1}+\frac{s_2^2}{n_2}} \tag{10-6}$$

자유도: 두 개의 무작위 독립표본의 t-분포

$$df = \frac{\left(\frac{s_1^2}{n_1}+\frac{s_2^2}{n_2}\right)^2}{\frac{1}{n_1-1}\left(\frac{s_1^2}{n_1}\right)^2+\frac{1}{n_2-1}\left(\frac{s_2^2}{n_2}\right)^2} \tag{10-7}$$

$\mu_1-\mu_2$의 가설 검정의 검정 통계량(값): σ_1과 σ_2를 모르는 경우

$$t = \frac{(\bar{x}_1-\bar{x}_2)-D_0}{\sqrt{\frac{s_1^2}{n_1}+\frac{s_2^2}{n_2}}} \tag{10-8}$$

대응표본의 검정 통계량

$$t = \frac{\bar{d}-\mu_d}{s_d/\sqrt{n}} \tag{10-9}$$

두 모집단 비율의 차이의 점 추정량(값)

$$\bar{p}_1 - \bar{p}_2 \tag{10-10}$$

$\bar{p}_1-\bar{p}_2$의 표준편차

$$\sigma_{\bar{p}_1-\bar{p}_2} = \sqrt{\frac{p_1(1-p_1)}{n_1}+\frac{p_2(1-p_2)}{n_2}} \tag{10-11}$$

두 모집단 비율의 차이의 구간 추정

$$\bar{p}_1 - \bar{p}_2 \pm z_{\alpha/2}\sqrt{\frac{\bar{p}_1(1-\bar{p}_1)}{n_1}+\frac{\bar{p}_2(1-\bar{p}_2)}{n_2}} \tag{10-13}$$

$p_1=p_2=p$일 때 $\bar{p}_1-\bar{p}_2$의 표준편차

$$\sigma_{\bar{p}_1-\bar{p}_2} = \sqrt{\frac{p(1-p)}{n_1}+\frac{p(1-p)}{n_2}} = \sqrt{p(1-p)\left(\frac{1}{n_1}+\frac{1}{n_2}\right)} \tag{10-14}$$

$p_1=p_2=p$일 때 p의 합동추정치

$$\bar{p} = \frac{n_1\bar{p}_1+n_2\bar{p}_2}{n_1+n_2} \tag{10-15}$$

p_1-p_2에 대한 가설 검정의 검정 통계량(값)

$$z = \frac{(\bar{p}_1-\bar{p}_2)}{\sqrt{\bar{p}(1-\bar{p})\left(\frac{1}{n_1}+\frac{1}{n_2}\right)}} \tag{10-16}$$

보충 연습문제

38. 세이프게이트 푸드사(Safegate Foods, Inc)는 전국에 걸쳐 있는 자사의 수퍼마켓 계산대를 재설계하면서 두 가지 디자인을 고려하고 있다. 수퍼마켓 두 곳을 선정하여 새로운 두 가지 시스템을 운영하여 고객의 계산 시간을 측정하고 그에 따른 결과를 요약한 자료는 다음과 같다.

시스템 1	시스템 2
$n_1 = 120$	$n_2 = 100$
$\bar{x}_1 = 4.1$분	$\bar{x}_2 = 3.4$분
$\sigma_1 = 2.2$분	$\sigma_2 = 1.5$분

유의수준 $\alpha = .05$에서 두 계산대 사이에 계산 시간의 차이가 있는지에 대한 가설 검정을 하라. 어느 계산대가 더 나은가?

39. [DATA file SUVLease] Statista는 미국에서 자동차의 월평균 임대(lease) 지불액이 감소하고 있다고 보고했다[출처]. 그러나 이것이 모든 등급의 자동차에 적용되는가? 이러한 추세가 스포츠 유틸리티 차량(SUV)에도 적용되는지 여부에 관심이 있다고 가정해 보자. SUVLease 파일에는 2015년 무작위로 선정된 33개 SUVs와 2016년 무작위로 선정된 46개 SUVs에 대한 월별 임대료 데이터가 들어있다.

a. 모집단의 월 평균 임대료의 차이에 대한 2년간의 점 추정치를 계산하고 해석하라.

b. 2015년과 2016년의 월 평균 임대료의 차이에 대한 99% 신뢰구간을 추정하라.

c. 월 임대료가 2015년보다 2016년에 감소했다고 결론 내리는 것은 정당하다고 생각하는가? 그 이유는 무엇인가? 혹은 왜 그렇지 않은가?

40. [DATA file Mutual] 뮤추얼펀드는 로드(load)와 노로드(no-load)로 구분된다. 로드펀드는 투자 초기에 투자금액의 일정 비율을 수수료로 지불하고, 노로드 펀드는 초기 수수료가 없다. 어떤 재무 컨설턴트는 로드펀드가 노로드펀드보다 평균 수익률이 높기 때문에 추가 수수료를 지불할만한 가치가 있다고 주장한다. 로드펀드 30개와 노로드 펀드 30개를 표본을 추출하였다. 자료는 5년간의 연간 수익률을 조사한 것이다. 이 중에서 로드펀드 상위 5개와, 노로드펀드 상위 5개의 자료는 다음과 같다.

뮤추얼펀드—로드	수익률
American National Growth	15.51
Arch Small Cap Equity	14.57
Bartlett Cap Basic	17.73
Calvert World International	10.31
Colonial Fund A	16.23

뮤추얼펀드—노로드	수익률
Amana Income Fund	13.24
Berger One Hundred	12.13
Columbia International Stock	12.17
Dodge & Cox Balanced	16.06
Evergreen Fund	17.61

a. H_0를 기각하여 로드뮤추얼 펀드가 더 높은 평균 수익률을 실현한다라고 결론을 내릴 수 있도록 H_0와 H_a를 수립하라.

b. Mutual 파일에 있는 60개의 뮤추얼펀드에 대한 자료를 이용하여 가설 검정을 수행하라. p-값은 얼마인가? $\alpha = .05$에서 통계적 결론은 무엇인가?

41. 전국주택건설자협회는 가장 인기 있는 주택 리모델링 사업의 비용 자료를 제공한다. 리모델링 두 종류의 사업비 계획안 자료는 다음과 같다. 단위는 $1000이다.

부엌	침실	부엌	침실
25.2	18.0	23.0	17.8
17.4	22.9	19.7	24.6
22.8	26.4	16.9	21.0
21.9	24.8	21.8	
19.7	26.9	23.6	

a. 두 종류의 계획에 대한 모집단 평균 비용 차이에 대한 점추정치를 구하라.

b. 두 종류의 계획에 대한 모집단 평균 비용 차이에 대한 90% 신뢰구간을 추정하라.

42. [DATA *file* Twins] 랜드마크 미네소타 쌍둥이 연구(2012년)에서 낸시 시걸은 별도로 자란 쌍둥이를 연구함으로써 쌍둥이의 유사점과 차이점을 이해하기 위한 미네소타 대학의 심리학자들의 연구 노력에 대해 논의하고 있다. 아래는 일란성 쌍둥이(유전자를 모두 공유하는 쌍둥이) 학생의 비평적 읽기 과목의 SAT 점수를 쌍별로 적은 것이다. 쌍둥이는 따로 자랐다. 그중 한 아이는 다른 아이가 없는 가정(형제자매가 없는 가정)에서, 다른 아이는 다른 아이가 있는 가정(형제자매가 있는 가정)에서 양육되었다.

형제자매가 없는 가정		형제자매가 있는 가정	
이름	SAT 점수	이름	SAT 점수
Bob	440	Donald	420
Matthew	610	Ronald	540
Shannon	590	Kedriana	630
Tyler	390	Kevin	430
Michelle	410	Erin	460
Darius	430	Michael	490
Wilhelmina	510	Josephine	460
Donna	620	Jasmine	540
Drew	510	Kraig	460
Lucinda	680	Bernadette	650
Barry	580	Larry	450
Julie	610	Jennifer	640
Hannah	510	Diedra	460
Roger	630	Latishia	580
Garrett	570	Bart	490
Roger	630	Kara	640
Nancy	530	Rachel	560
Sam	590	Joey	610
Simon	500	Drew	520
Megan	610	Annie	640

a. 형제자매 없이 자란 쌍둥이와 형제자매와 함께 자란 쌍둥이를 서로 비교하여 비평적 읽기 과목의 SAT 점수의 차이는 얼마인가?

b. 형제자매 없이 자란 쌍둥이와 형제자매와 함께 자란 쌍둥이의 비평적 읽기 과목의 SAT 점수 차이의 90% 신뢰구간을 추정하라.

c. 형제자매 없이 자란 쌍둥이와 형제자매와 함께 자란 쌍둥이의 비평적 읽기 과목의 SAT 점수가 같은지를 확인하기 위한 가설 검정을 유의수준 $\alpha = .01$에서 하라. 결론은 무엇인가?

43. 금융 서비스 회사인 컨트리 파이낸셜은 18세 이상 성인을 대상으로 한 설문조사를 통해 시간이 지남에 따라 개인의 재정 안정성이 변화하고 있는지 여부를 판단하고자 한다[출처]. 2012년 2월 성인 1,000명을 대상으로 실시한 표본에서 410명이 재정 안전성이 충분함을 보여주었다. 2010년 2월, 900명의 성인을 대상으로 한 표본에서 315명이 그들의 재정 안정성이 충분함을 보여주었다.

a. 2년 동안의 모집단 비율 간의 유의한 차이가 있는지를 검정하는 가설을 수립하라.

b. 2012년에 재정적으로 안전한 표본비율은 얼마인가? 2010년에는 얼마나인가?

c. 가설 검정을 수행하고 p-값은 얼마인가? $\alpha = .05$에서 통계적 결론은 무엇인가?

d. 두 모집단 비율의 차이에 대한 95% 신뢰구간을 추정하라.

44. 한 대형 자동차 보험회사는 미혼 남성 및 기혼 남성의 보험 가입자의 표본을 선별해 이전 3년간 보험을 청구한 사람의 수를 기록했다.

미혼 보험 가입자	기혼 보험 가입자
$n_1 = 400$	$n_2 = 900$
보험금 청구 건수 = 76	보험금 청구 건수 = 90

a. $\alpha = .05$에서 미혼남성과 기혼남성의 보험금 청구 비율에 차이가 있는지를 검정하라.

b. 미혼남성과 기혼남성의 보험금 청구 비율에 차이에 대한 95% 신뢰구간을 추정하라.

45. 약물 내성 결핵에 대해 알아보기 위하여 의학적인 검사를 실시하였다. 뉴저지주에서 검사한 142건 중 9건은 약물에 내성이 있는 것으로 밝혀졌다. 텍사스주에서 검사한 268건 중 5건은 약물에 내성이 있는 것으로 나타났다. 이 자료로 볼 때 두 주에서 약물 내성의 비율 사이에 통계적으로 유의미한 차이가 있는가? $\alpha = .02$에서 p-값을 구하고, 결론을 내려라.

46. [DATA *file* ComputerNews] 아메리칸 프레스 인스티튜트는 서의 70%의 미국 성인이 컴퓨터를 통해서 뉴스를 접한다고 보고했다. 컴퓨터를 사용하여 뉴스를 접하는 30세 미만의 미

국 성인의 비율이 컴퓨터를 사용하여 뉴스를 보는 미국인의 비율을 초과한다고 가정해 보자. ComputerNews 파일의 데이터는 30세 미만의 미국 성인과 30세 이상의 미국 성인을 무작위로 추출된 표본에 대해 "당신은 뉴스를 접하기 위해 컴퓨터를 사용하는가?"라는 질문에 대한 응답을 보여주고 있다.

a. 뉴스를 접하기 위해 컴퓨터를 사용하는 30세 미만의 미국 성인의 비율과 30세 이상의 미국인의 비율을 추정하라.

b. 이 비율의 차이에 대해 95% 신뢰구간을 구하라.

c. 뉴스에 접근하기 위해 컴퓨터를 사용하는 30세 이하의 미국 성인들의 비율이 30세 이상의 미국인들의 비율을 초과하는 것으로 보이는가?

47. 2009년 1월 15일에 마감한 한 주 동안 강세 김리의 개인 투자자들의 비율은 27.6%였다[출처]. 강세 심리는 1주일 전 48.7%, 한 달 전 39.7%로 나타났다. 이 같은 결과는 미국 개인투자자자협회에 의한 것이다. 각각의 강세 심리 측도는 표본 크기 240에 근거한다고 가정하자.

a. 최근 2주 동안 강세 심리의 차이에 대해 95% 신뢰구간을 추정하라.

b. 귀무가설을 기각하여 가장 최근의 강세 심리가 한 달 전보다 약하다는 결론을 내릴 수 있도록 가설을 수립하라.

c. $\alpha = .01$을 사용하여 b의 가설 검정을 수행하라. 결론은 무엇인가?

사례문제 1. 파 주식회사

[DATA file Golf] 파 주식회사(Par, Inc.)는 골프 장비를 생산하는 메이저급 제조기업이다. 경영자는 골프 클럽에 맞을 때 생기는 손상에 강하면서 수명이 오래 지속되는 공을 생산하다면 시장 점유율을 높일 수 있다고 생각한다. 그래서 연구진은 좀 더 내구성이 강하고, 클럽 손상이 생기지 않도록 코딩이 된 새로운 골프공을 연구하였다. 그리고 코딩의 효과를 검사하였더니 매우 고무적이었다.

연구원 중에서 한 명은 비거리에서 새로운 코딩의 효과에 대해 의심을 하였다. 파 주식회사는 기존의 골프공보다 새롭게 코팅된 공이 더 먼 비거리를 제공할 것이라고 생각한다. 두 공의 비거리를 비교하기 위해 새로운 공과 현재 공에서 각가 40개를 선택하고 비거리 검사를 실시하였다. 이 검사는 자동으로 타격하는 기계를 이용하였다. 그래서 두 모델의 평균 거리가 다르다면 이 차이는 골프공 두 모델의 차이라고 할 수 있다. 비거리를 야드 단위로 측정한 결과는 다음과 같다. 이 자료는 데이터 파일 Golf에 있다.

모델		모델		모델		모델	
현재 공	새로운 공	현재 공	새로운 공	현재 공	새로운 공	현재 공	새로운 공
264	277	270	272	263	274	281	283
261	269	287	259	264	266	274	250
267	263	289	264	284	262	273	253
272	266	280	280	263	271	263	260
258	262	272	274	260	260	275	270
283	251	275	281	283	281	267	263
258	262	265	276	255	250	270	261
266	289	260	269	272	263	274	255
259	286	278	268	266	278	276	263
270	264	275	262	268	264	262	279

모집단 분산에 대한 추론

11

INFERENCES ABOUT POPULATION VARIANCES

STATISTICS *in* PRACTICE

미국 회계감사원

WASHINGTON, D.C.

미국 회계감사원(GAO)은 연방정부의 입법부에 있는 독립적이고 비정치적인 감사 기관이다. GAO 평가자는 제안된, 또는 현재 진행되고 있는 여러 가지 연방 프로그램의 효과를 확인한다. 이들이 직무를 수행하려면 기록의 검토, 입법에 대한 연구 및 통계분석 기술 등에 능숙해야 한다.

한 예로, GAO 평가자들은 강과 호수를 정화하기 위해 마련한 내무부의 프로그램을 연구하였다. 이 프로그램의 일환으로 미국 전역의 소도시에 연방 보조금이 지급되었다. 의회는 GAO에 프로그램이 얼마나 효과적으로 운영되고 있는지를 물었다. 이를 위해 GAO는 기록을 조사하고 폐기물 처리 공장의 현장을 여러 곳 방문하였다.

GAO 감사의 한 가지 목표는 공장의 폐수(처리된 하수)가 특정 표준을 충족시키는지를 확인하는 것이었다. 무엇보다도 감사는 산소 함량, pH 수준 및 폐수 내 부유 고형물 양에 대한 샘플 데이터를 검토하였다. 이 프로그램의 요구 사항은 각 공장에서 매일 여러 가지 테스트를 수행하고 수집된 데이터를 정기적으로 주(州)의 시설부서로 보내라는 것이다. GAO가 감사한 데이터 조사 결과 폐수의 여러 가지 특성이 허용 가능한 한계 내에 있는지 여부가 밝혀졌다.

예를 들어, 폐수의 pH 수준의 평균을 주의 깊게 검사했다.

ZUMA Wire Service/Alamy Stock Photo

이 시설의 폐수는 통계적으로 결정된 pH 범위 내에 있어야 한다.

또한, pH 수준의 분산도 검토하였다. 폐수 집단에 대한 pH 수준 변화에 대해 다음과 같은 가설 테스트를 수행하였다.

$$H_0: \sigma^2 = \sigma_0^2$$
$$H_a: \sigma^2 \neq \sigma_0^2$$

이 시험에서 σ_0^2는 정상 작동하는 폐수처리 시설에서 기대되는 pH 수준의 모집단 분산이다. 한 특정 시설에서는 귀무가설이 기각되었다. 추가 분석 결과, 이 시설의 pH 수준의 분산이 정상보다 현저히 낮다는 것을 보여 주었다.

감사관은 폐수처리 시설을 방문하여 측정 장비를 조사하고 자신의 통계 결과를 공장 관리자와 논의하였다. 감사관은

* 이 사례의 자료를 제공해 준 GAO의 Art Foreman과 Dale Ledman에게 감사드린다.

STATISTICS in PRACTICE

측정 담당자가 측정 장비를 사용하는 방법을 몰라서 측정 장비를 사용하지 않은 것을 알아냈다. 대신에, 엔지니어가 측정 담당자에게 어느 수준의 pH가 수용되는지를 알려주고 담당자는 실제로 시험하지 않고 그와 유사한 값을 기록했다. 결과적으로 이 시설 데이터의 분산은 비정상적으로 낮았고 H_0를 기각하는 결과로 이어졌다. GAO는 다른 시설도 유사한 문제를 가지고 있을 것으로 의심하고 오염 제어 프로그램의 데이터 수집 방법을 개선하기 위해 운영자 교육 프로그램을 추천했다.

이 장에서는 한 개 모집단과 두 개 모집단의 분산에 대한 통계적 추론을 수행하는 방법을 배운다. 카이제곱분포와 F-분포의 두 가지 새로운 분포가 도입되고, 이들 분포를 사용해서 모집단 분산에 대한 구간 추정 및 가설 검정을 수행한다.

앞의 4개 장에서 모집단 평균과 모집단 비율에 관한 통계적 추론 방법을 살펴보았다. 이 장에서는 모집단 분산에 대한 추론에 대해 살펴본다. 분산이 중요한 의사결정 정보를 제공하는 예로서, 포장 용기에 액체 세제를 채우는 생산 공정을 생각해 보자. 생산 공정에서 충전하는 메커니즘은 평균 충전 중량이 용기당 16온스가 되도록 설정되어 있다. 평균 16온스가 되는 것도 바람직하지만 충전 중량의 분산도 중요하다. 즉, 평균 16온스가 담길 수 있도록 충전 장치를 올바르게 세팅하더라도 모든 용기에 정확히 16온스가 될 것으로 기대하기는 어렵다. 이를 관리하기 위해서 포장 용기 샘플을 선택하고, 그 용기에 충전된 세제의 온스 단위 중량의 샘플 분산을 계산한다. 이 값은 생산되는 용기들 모집단의 분산 추정치가 된다. 표본분산이 적절하면 생산 프로세스는 계속된다. 그러나 표본분산이 크면, 평균이 16온스로 정확히 나타나더라도, 과충전되거나 부족충전이 발생할 수 있다. 그러한 경우는 용기의 충전 중량의 분산을 감소시키기 위해 충전 메커니즘을 재조정해야 한다.

제조 분야의 응용에서 제조 공정의 분산을 제어하는 것은 품질 유지에 매우 중요하다.

첫 번째 절에서는 단일 모집단의 분산에 대한 추론을 살펴본다. 이어서, 두 모집단 분산의 추론에 대한 절차를 살펴볼 것이다.

11.1 모집단 분산에 대한 추론

표본분산

$$s^2 = \frac{\Sigma(x_i - \bar{x})^2}{n-1} \qquad \text{11-1}$$

은 모집단 분산 σ^2의 점 추정량이다. 이 표본분산을 모집단 분산에 대한 추론의 기초로 사용하는 데는 $(n-1)s^2/\sigma^2$의 표집분포가 큰 역할을 한다. 이 표집분포는 다음과 같이 설명된다.

$(n-1)s^2/\sigma^2$의 표집분포

어떤 정규 모집단에서 크기가 n인 임의의 표본을 추출할 때, 거기서 계산한 카이제곱분포는 정규 모집단의 표본 추출을 기반으로 한다.

$$x^2 = \frac{(n-1)s^2}{\sigma^2} \qquad \text{11-2}$$

의 표집분포는 자유도가 $n-1$인 카이제곱분포를 따른다.

〈그림 11-1〉은 $(n-1)s^2/\sigma^2$의 표집분포의 몇 가지 가능한 형태를 보여준다.

정규 모집단에서 크기 n의 랜덤 표본을 선택하면, $(n-1)s^2/\sigma^2$의 표집분포는 카이제곱분포를 갖는 것으로 알려져 있으므로, 카이제곱분포를 사용하여 구간 추정값을 정하고 모집단 분산에 대한 가설 검정을 수행할 수 있다.

〈그림 11-1〉 $(n-1)s^2/\sigma^2$의 표집분포의 예시(카이제곱분포)

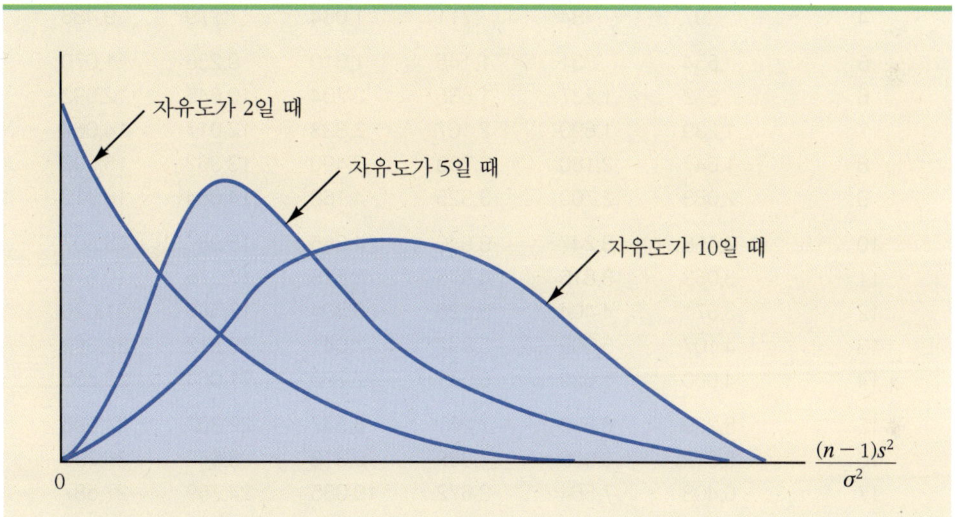

구간 추정

카이제곱분포를 사용하여 모집단 분산 σ^2의 신뢰구간 추정치를 산정하는 방법을 보자. 이 장의 시작 부분에서 언급한 세제 충전 공정의 모집단 분산을 추정하는 데 관심이 있다고 가정하자. 20개의 용기 표본을 취하고, 거기서 구한 충전량의 표본분산은 $s^2 = .0025$인 것으로 나타났다. 그러나 20개 용기 표본의 분산이 충전 공정을 거치는 용기 전체의 모집단에 대한 정확한 분산값을 제공할 것으로 기대할 수는 없다. 따라서 모집단 분산의 구간 추정치를 산정하는 것이 필요하다.

$\chi^2_{.025}=32.852$는 $p(\chi^2 \geq 32.852)=.025$을 뜻한다. 일반적인 표기로 χ^2_α는 $p(\chi^2 \geq \chi^2_\alpha)=\alpha$를 뜻하는데, 여기서 α는 우측 꼬리의 면적(확률)이다.—역자

χ^2_α 표기는 χ^2_α값의 우측에 있는 면적 또는 확률이 α라는 것을 나타낸다. 예를 들어, 〈그림 11-2〉를 보면 자유도가 19인 카이제곱분포에서는 $\chi^2_{.025} = 32.852$이며, 이는 카이제곱값의 2.5%가 32.852의 우측에 있음을 뜻한다. 또 $\chi^2_{.975} = 8.907$은 카이제곱값의 97.5%는 8.907의

〈표 11-1〉 카이제곱분포표의 일부

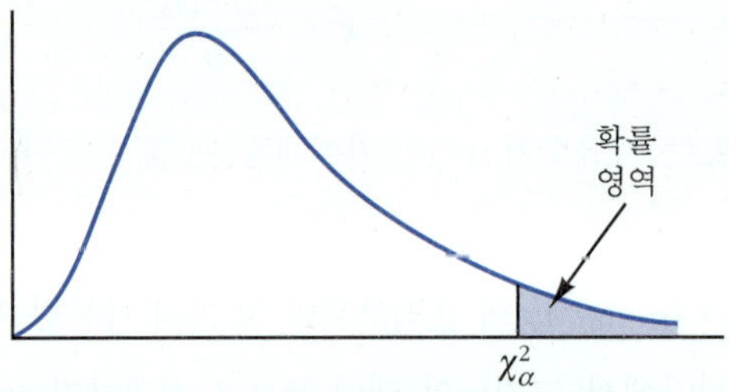

자유도 수준	우측 꼬리 영역 확률							
	.99	.975	.95	.90	.10	.05	.025	.01
1	.000	.001	.004	.016	2.706	3.841	5.024	6.635
2	.020	.051	.103	.211	4.605	5.991	7.378	9.210
3	.115	.216	.352	.584	6.251	7.815	9.348	11.345
4	.297	.484	.711	1.064	7.779	9.488	11.143	13.277
5	.554	.831	1.145	1.610	9.236	11.070	12.832	15.086
6	.872	1.237	1.635	2.204	10.645	12.592	14.449	16.812
7	1.239	1.690	2.167	2.833	12.017	14.067	16.013	18.475
8	1.647	2.180	2.733	3.490	13.362	15.507	17.535	20.090
9	2.088	2.700	3.325	4.168	14.684	16.919	19.023	21.666
10	2.558	3.247	3.940	4.865	15.987	18.307	20.483	23.209
11	3.053	3.816	4.575	5.578	17.275	19.675	21.920	24.725
12	3.571	4.404	5.226	6.304	18.549	21.026	23.337	26.217
13	4.107	5.009	5.892	7.041	19.812	22.362	24.736	27.688
14	4.660	5.629	6.571	7.790	21.064	23.685	26.119	29.141
15	5.229	6.262	7.261	8.547	22.307	24.996	27.488	30.578
16	5.812	6.908	7.962	9.312	23.542	26.296	28.845	32.000
17	6.408	7.564	8.672	10.085	24.769	27.587	30.191	33.409
18	7.015	8.231	9.390	10.865	25.989	28.869	31.526	34.805
19	7.633	8.907	10.117	11.651	27.204	30.144	32.852	36.191
20	8.260	9.591	10.851	12.443	28.412	31.410	34.170	37.566
21	8.897	10.283	11.591	13.240	29.615	32.671	35.479	38.932
22	9.542	10.982	12.338	14.041	30.813	33.924	36.781	40.289
23	10.196	11.689	13.091	14.848	32.007	35.172	38.076	41.638
24	10.856	12.401	13.848	15.659	33.196	36.415	39.364	42.980
25	11.524	13.120	14.611	16.473	34.382	37.652	40.646	44.314
26	12.198	13.844	15.379	17.292	35.563	38.885	41.923	45.642
27	12.878	14.573	16.151	18.114	36.741	40.113	43.195	46.963
28	13.565	15.308	16.928	18.939	37.916	41.337	44.461	48.278
29	14.256	16.047	17.708	19.768	39.087	42.557	45.722	49.588
30	14.953	16.791	18.493	20.599	40.256	43.773	46.979	50.892
40	22.164	24.433	26.509	29.051	51.805	55.758	59.342	63.691
60	37.485	40.482	43.188	46.459	74.397	79.082	83.298	88.379
80	53.540	57.153	60.391	64.278	96.578	101.879	106.629	112.329
100	70.065	74.222	77.929	82.358	118.498	124.342	129.561	135.807

〈그림 11-2〉 자유도가 19인 카이제곱분포

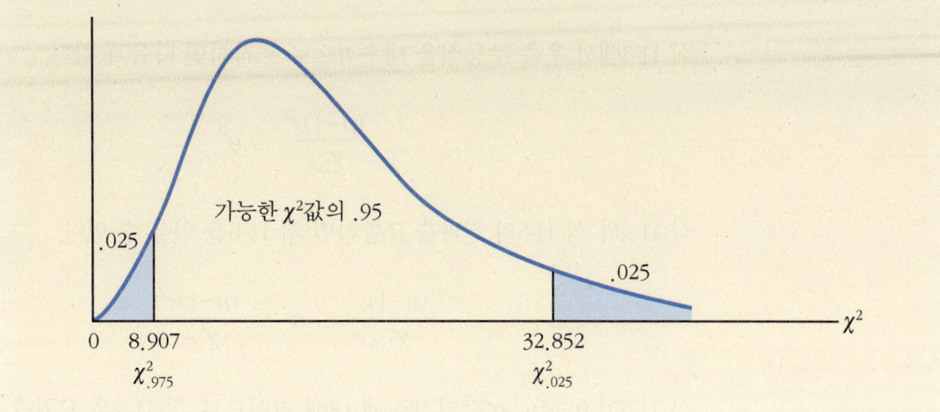

우측에 있다. 카이제곱분포의 범위와 확률은 카이제곱분포표에서 찾을 수 있다. 〈표 11-1〉에서 자유도가 19(표의 19행)인 행을 보면 앞에서 언급한 카이제곱값이 올바른지 확인할 수 있다. 부록 B의 〈표 3〉은 카이제곱값에 대한 광범위한 확률분포를 제공한다.

〈그림 11-2〉의 그래프를 보면 수평축의 카이제곱값은 .95 또는 95%가 $\chi^2_{.975}$와 $\chi^2_{.025}$ 사이에 있음을 알 수 있다. 즉 카이제곱값이 아래 부등식의 범위 안에 있을 확률이 .95이다.

$$\chi^2_{.975} \le \chi^2 \le \chi^2_{.025}$$

$(n-1)s^2/\sigma^2$가 카이제곱분포를 따른다는 식 11-2를 이용하여 χ^2를 $(n-1)s^2/\sigma^2$로 대체하면 다음 식 11-3과 같아진다.

$$\chi^2_{.975} \le \frac{(n-1)s^2}{\sigma^2} \le \chi^2_{.025} \tag{11-3}$$

실제로 식 11-3은 $(n-1)s^2/\sigma^2$의 가능한 모든 값 중에서 .95 또는 95%가 $\chi^2_{.975}$에서 $\chi^2_{.025}$ 사이 간격 안에 있다는 것을 말하며, 이는 결국 그것의 구간 추정이 된다. 이제 모집단 분산 σ^2에 대한 구간 추정을 표현하려면 식 11-3을 대수적으로 조작하면 된다. 식 11-3의 좌측 부등식을 보면 아래와 같고,

$$\chi^2_{.975} \le \frac{(n-1)s^2}{\sigma^2}$$

부등호 양변에 σ^2을 곱하고,

$$\sigma^2\chi^2_{.975} \le (n-1)s^2$$

양변을 $\chi^2_{.975}$로 나누면 다음과 같다.

$$\sigma^2 \le \frac{(n-1)s^2}{\chi^2_{.975}} \quad \text{11-4}$$

식 11-3에서 우측 부등식을 대수적으로 조작하면 다음과 같다.

$$\frac{(n-1)s^2}{\chi^2_{.025}} \le \sigma^2 \quad \text{11-5}$$

식 11-4와 식 11-5의 결과를 조합하면 식 11-6을 얻을 수 있다.

$$\frac{(n-1)s^2}{\chi^2_{.025}} \le \sigma^2 \le \frac{(n-1)s^2}{\chi^2_{.975}} \quad \text{11-6}$$

식 11-3이 $(n-1)s^2/\sigma^2$값의 95%에 대해 참이므로 식 11-6은 모집단 분산 σ^2의 95% 신뢰구간 추정치가 된다.

세제 충전량의 모집단 분산에 대한 구간 추정치를 찾는 문제로 돌아가보자. 20개의 세제 용기의 분산은 $s^2 = .0025$였다. 표본 크기가 20이면 자유도가 19이다. 〈그림 11-2〉와 같이 $\chi^2_{.975} = 8.907$이고 $\chi^2_{.025} = 32.852$이다. 이제 식 11-6에서 $s^2 = .0025$를 대입하면 모집단 분산 σ^2의 구간 추정은 다음과 같다.

$$\frac{(19)(.0025)}{32.852} \le \sigma^2 \le \frac{(19)(.0025)}{8.907}$$

$$.0014 \le \sigma^2 \le .0053$$

모집단 분산의 신뢰구간의 하한 및 상한의 제곱근을 계산하면 모집단 표준편차에 대한 신뢰구간을 찾을 수 있다.

이 값에 제곱근을 취하면 모집단 표준편차의 95% 신뢰구간을 얻을 수 있다.

$$.0380 \le \sigma \le .0730$$

지금까지 모집단 분산과 모집단 표준편차의 구간 추정에 카이제곱분포를 사용하는 과정을 살펴보았다. 특히 $\chi^2_{.975}$ 및 $\chi^2_{.025}$를 사용하였기 때문에 구간 추정의 신뢰계수는 .95이다. 식 11-6을 임의의 신뢰계수 $1-\alpha$에 적용하면 모집단 분산에 대해 아래와 같은 구간 추정을 정할 수 있다.

모집단 분산의 구간 추정

$$\frac{(n-1)s^2}{\chi^2_{\alpha/2}} \le \sigma^2 \le \frac{(n-1)s^2}{\chi^2_{(1-\alpha/2)}} \quad \text{11-7}$$

여기서 χ^2값은 자유도가 $n-1$인 카이제곱분포의 값이며, $1-\alpha$는 신뢰계수이다.

엑셀을 사용한 분산의 신뢰구간 추정

엑셀을 사용하여 액체 세제의 용기 채우기 사례에 대한 모집단 분산의 95% 신뢰구간을 구축할 수 있다. 관련 작업은 〈그림 11-3〉의 엑셀시트를 참조하면 된다. 수식 워크시트는 뒤쪽에 있고 값 워크시트는 앞쪽에 있다.

DATA *file*
Detergent

자료 입력: Detergent 파일을 연다. 열 A는 20개의 각 용기 세제의 온스 중량이다.

함수/수식: 필요한 기술 통계는 D3:D4 셀에 있다. 엑셀의 COUNT 및 VAR.S 함수는 표본 크기와 표본분산을 계산한다.

셀 D6:D9는 카이제곱값을 계산한다. 셀 D6에 신뢰계수를 입력하고, 셀 D7에는 수식 =1−D6을 입력하여 유의수준(α)을 계산한다. 엑셀의 CHISQ.INV 함수는 그래프 좌측 꼬리의 누적확률에 해당하는 카이제곱값을 계산한다. CHISQ.INV 함수의 입력은 CHISQ.INV(그래프 좌측 꼬리 확률, 자유도)이다. 셀 D8에 식 =CHISQ.INV(D7/2,D3−1)를 입력하여 그래프 좌측 꼬리 확률이 .025인 카이제곱값 8.9065를 계산했는데, 자유도 19의 카이제곱값 $\chi^2_{.975}$ = 8.9065를 뜻한다. 그래프 우측 꼬리 확률 .025에 해당하는 카이제곱값은 셀 D9에 함수 =CHISQ.INV.RT(D7/2,D3−1)를 입력한다. 값 워크시트는 카이제곱값 $\chi^2_{.025}$ = 32.8523을 보여주고 있다.

셀 D11:D13은 점 추정치와 신뢰구간의 하한 및 상한 값을 계산한다. 점 추정치는 표본분산이기 때문에 셀 D11에 식 =D4를 입력했다. 식 11-7의 95% 신뢰구간의 하한은 아래와 같다.

〈그림 11-3〉 액체 세제 충전 공정의 구간 추정 엑셀 워크시트

	A	B	C	D	E
1	Ounces		Interval Estimate of a Population Variance		
2	15.92				
3	16.02		Sample Size	=COUNT(A2:A21)	
4	15.99		Variance	=VAR.S(A2:A21)	
5	16.02				
6	15.91		Confidence Coefficient	0.95	
7	15.98		Level of Significance (alpha)	=1-D6	
8	16.06		Chi-Square Value (lower tail)	=CHISQ.INV(D7/2,D3-1)	
9	15.97		Chi-Square Value (upper tail)	=CHISQ.INV.RT(D7/2,D3-1)	
10	15.97				
11	16.07		Point Estimate	=D4	
12	15.94		Lower Limit	=((D3-1)*D4)/D9	
13	15.96		Upper Limit	=((D3-1)*D4)/D8	
14	16.04				
15	16.01				
16	16.07				
17	16.01				
18	15.9				
19	15.96				
20	16				
21	15.99				
22					

	A	B	C	D	E
1	Ounces		Interval Estimate of a Population Variance		
2	15.92				
3	16.02		Sample Size	20	
4	15.99		Variance	0.0025	
5	16.02				
6	15.91		Confidence Coefficient	0.95	
7	15.98		Level of Significance (alpha)	0.05	
8	16.06		Chi-Square Value (lower tail)	8.9065	
9	15.97		Chi-Square Value (upper tail)	32.8523	
10	15.97				
11	16.07		Point Estimate	0.0025	
12	15.94		Lower Limit	0.0014	
13	15.96		Upper Limit	0.0053	
14	16.04				
15	16.01				
16	16.07				
17	16.01				
18	15.90				
19	15.96				
20	16.00				
21	15.99				
22					

$$\frac{(n-1)s^2}{\chi^2_{\alpha/2}} = \frac{(n-1)s^2}{\chi^2_{.025}}$$

따라서 95% 신뢰구간의 하한은 셀 D12에 식 =((D3−1)*D4)/D9를 입력한다. 식 11-7의 신뢰구간의 상한은 아래 수식과 같다.

$$\frac{(n-1)s^2}{\chi^2_{(1-\alpha/2)}} = \frac{(n-1)s^2}{\chi^2_{.975}}$$

따라서 95% 신뢰구간의 상한은 셀 D13에 식 =((D3−1)*D4)/D8을 입력한다. 값 워크시트는 하한 .0014와 상한 .0053을 보여준다. 다시 말해서 모집단 분산의 95% 신뢰구간 추정은 .0014에서 .0053이다.

가설 검정

모집단 분산의 가정값을 σ_0^2라고 하면 모집단 분산에 대한 가설 검정은 다음의 세 가지 형태로 표현된다.

$$H_0: \sigma^2 \geq \sigma_0^2 \qquad H_0: \sigma^2 \leq \sigma_0^2 \qquad H_0: \sigma^2 = \sigma_0^2$$
$$H_a: \sigma^2 < \sigma_0^2 \qquad H_a: \sigma^2 > \sigma_0^2 \qquad H_a: \sigma^2 \neq \sigma_0^2$$

이 세 가지 형태는 9장과 10장의 모집단의 평균과 비율에 대한 단측 및 양측 가설 검정을 수행하는 데 사용한 세 가지 형태와 유사하다.

모집단 분산에 대한 가설 검정에서는 모집단 분산의 가정값 σ_0^2과 표본분산 s^2를 사용하여 χ^2 검정 통계량의 값을 계산한다. 모집단이 정규분포라고 가정하면 검정 통계량은 다음과 같다.

모집단 분산에 대한 가설 검정의 검정 통계량

$$\chi^2 = \frac{(n-1)s^2}{\sigma_0^2} \tag{11-8}$$

여기서 χ^2값은 자유도가 $n-1$인 카이제곱분포이다.

χ^2-검정 통계량의 값을 계산한 후, 귀무가설을 기각할 수 있는지 여부는 p-값을 확인하거나 임계값을 확인하는 방식을 사용한다.

다음 예를 살펴보자. St. Louis Metro Bus Company는 버스 운행 일정을 일관성 있게 유지하여 신뢰할 수 있는 이미지를 마케팅하고자 한다. 회사는 버스 운행 일정을 지키기 위해서 버스 정류장에 버스가 도착하는 시간의 변동성을 낮추고 싶어 한다. 도착 시간에 관한 회사의 기준은 도착 시간을 분 단위로 측정하여 도착 시간의 분산을 4 이하로 하는 것이다. 아래는 도착 시간에 대한 모집단 분산이 과도하지 않은지를 판단하도록 가설을 수립한 것이다.

$$H_0: \sigma^2 \leq 4$$
$$H_a: \sigma^2 > 4$$

우선 H_0를 참이라고 가정하고 버스 도착 시간에 대한 모집단 분산이 회사 기준 범위 안에 있다고 가정하자. 만약 표본에서 구한 통계치를 볼 때 모집단 분산이 기준 범위를 초과하는 것으로 나타나면 H_0를 기각한다. 이 경우 모집단 분산을 줄이는 후속 조치가 필요하다. 이제 $\alpha = .05$의 유의수준에서 가설 검정을 수행해 보자.

DATA file
BusTimes

시내 교차로에서 운행 중인 버스 24대를 무작위로 추출해서 얻은 분산이 $s^2 = 4.9$라고 하자. 도착 시간에 대한 모집단 분포가 대체적으로 정규분포라고 가정하면 검정 통계량 값은 다음과 같다.

$$\chi^2 = \frac{(n-1)s^2}{\sigma_0^2} = \frac{(24-1)(4.9)}{4} = 28.18$$

자유도가 $n-1 = 24-1 = 23$인 카이제곱분포는 〈그림 11-4〉와 같다. 이 가설 검정은 우측 꼬리 검정이므로 검정 통계량 $\chi^2 = 28.18$의 오른쪽에 있는 곡선 아래 면적이 검정의 p-값이다.

t-분포표와 마찬가지로 카이제곱분포표는 p-값을 정확하게 정할 수 있을 만큼 상세하지 않다. 그러나 카이제곱분포표를 사용하여 p-값의 범위를 얻을 수 있다. 예를 들어, 〈표 11-1〉을 사용하면 자유도가 23인 카이제곱분포 행에서 다음 정보를 찾을 수 있다.

우측 꼬리 면적	.10	.05	.025	.01
χ^2값 (23 df)	32.007	35.172	38.076	41.638

$\chi^2 = 28.18$ (32.007의 왼쪽)

〈그림 11-4〉 St. Louis Metro Bus Company 예제의 카이제곱분포

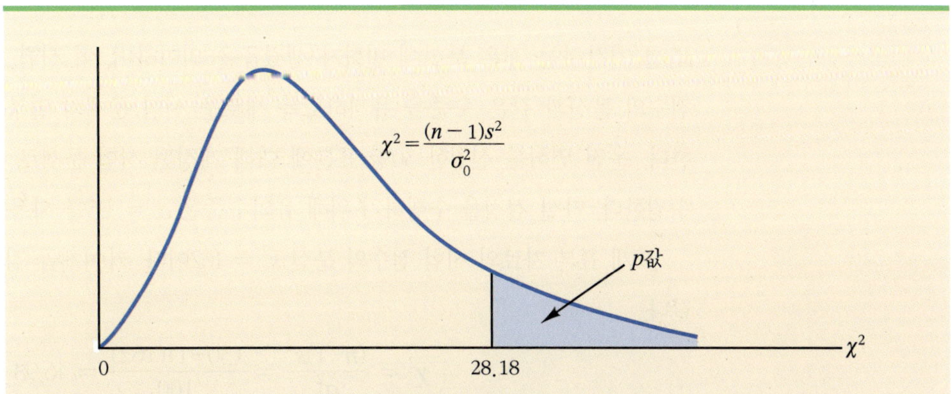

엑셀을 활용하면 p-값 =CHISQ.DIST.RT(28.18,23)=.2091

우측 검정에서 계산된 검정 통계량 값을 χ_c^2라고 표기하여 p-값 $=P(\chi^2 \geq \chi_c^2) \leq \alpha$이면, 혹은 $\chi_c^2 \geq \chi_\alpha^2$이면 H_0를 기각한다.—역자

$\chi^2 = 28.18$이 32.007보다 작기 때문에 우측 꼬리의 면적(p-값)이 .10보다 크다. p-값 > $\alpha = .05$이므로, 귀무가설을 기각할 수 없다. 이 표본은 도착 시간에 대한 모집단 분산이 과도하다는 결론을 지지하지 않는다.

다른 가설 검정 절차와 마찬가지로 임계치 방식을 사용하여 가설 검정 결론을 도출할 수도 있다. $\alpha = .05$인 경우 우측 꼬리 가설 검정의 임계값은 $\chi^2_{.05}$이다. 〈표 11-1〉에서 자유도 23을 사용하면 $\chi^2_{.05} = 35.172$이다. 따라서 버스 도착 시간 사례에서 기각 규칙은 다음과 같다.

$$\text{만약 } \chi^2 \geq 35.172\text{이면 } H_0 \text{ 기각}$$

검정 통계량의 값이 $\chi^2 = 28.18$이므로 귀무가설을 기각할 수 없다.

실제로, 여기 제시된 우측 꼬리 가설 검정은 모집단 분산에 대해 가장 자주 수행하는 검정이다. 도착 시간, 생산 시간, 충전 중량, 부품 치수 등이 포함된 상황은 낮은 분산(variance)이 바람직하며 큰 분산은 허용되지 않는다. 최대 허용 모집단 분산($=\sigma_0^2$)이란 말을 사용하면, 모집단 분산이 최대 허용값보다 크다는 대립가설에 대항해서 모집단 분산이 최대 허용값보다 작거나 같다는 귀무가설을 검정하는 것이 된다. 이런 개념의 검정을 사용하면 모집단 분산이 과도하게 나타나서 귀무가설을 기각할 때마다 수정 조치를 해야 한다는 것을 이해할 수 있다.

모집단 평균과 비율에서 보았듯이 다른 형태의 가설 검정을 개발할 수도 있다. 자동차 관리국의 상황을 가지고 모집단 분산에 대한 양측 검정을 해 보자. 과거 자료를 보면, 운전 면허를 신청하는 개인의 시험 점수의 분산은 $\sigma^2 = 100$이다. 그동안 새로운 시험 문제를 개발하여 시험을 실시해 왔다. 자동차 관리국의 관리자는 새로운 시험 문제에 의한 시험 점수의 분산이 과거 수준을 유지하기를 원한다. 새로운 시험 문제의 점수의 분산을 평가하기 위해서 다음과 같이 양측 가설 검정을 수립한다.

$$H_0\colon \sigma^2 = 100$$
$$H_a\colon \sigma^2 \neq 100$$

H_0를 기각하는 것은 분산에 변화가 생겼음을 의미하며, 이 시험 점수의 분산이 과거 시험 점수의 분산과 같은 수준을 유지하도록 새로운 시험 문제의 일부에 수정이 필요함을 의미한다. 운전 면허를 신청한 30명 표본에 대해 개정된 시험 문제로 시험을 치게 하여 자료를 수집한다. 가설 검정을 수행하기 위해 유의수준은 $\alpha = .05$를 사용한다.

30개 표본 자료의 시험 점수의 분산 $s^2 = 162$이다. 카이제곱 검정 통계량의 값은 다음과 같다.

$$\chi^2 = \frac{(n-1)s^2}{\sigma_0^2} = \frac{(30-1)(162)}{100} = 46.98$$

이제 p-값을 계산해 보자. 〈표 11-1〉에서 자유도 $n-1 = 30-1 = 29$인 행을 보면 아래의 값을 확인할 수 있다.

우측 꼬리 면적	.10	.05	.025	.01
χ^2값 (29 *df*)	39.087	42.557	45.722	49.588

$\chi^2 = 46.98$

엑셀을 활용하면 p-값 =2*CHISQ.DIST.RT(46.98,29)=.0374

따라서 검정 통계량 $\chi^2 = 46.98$의 값은 카이제곱분포의 우측 꼬리에서 .025와 .01 사이의 면적을 제공한다. 이 값을 두 배로 하면 양측의 p-값이 .05와 .02 사이임을 알 수 있다. 엑셀을 사용하면 $\chi^2 = 46.98$에 해당하는 p-값 = .0374를 계산할 수 있다. p-값 $\leq \alpha = .05$이므로 H_0를 기각하고, 새로운 시험 점수는 과거 시험 점수의 분산 $\sigma^2 = 100$과 다른 모집단 분산을 갖는다는 결론을 내릴 수 있다. 모집단 분산에 대한 가설 검정 절차를 〈표 11-2〉와 같이 요약하였다.

〈표 11-2〉 모집단 분산에 관한 가설 검정 요약

	좌측 검정	우측 검정	양측 검정
가설	$H_0: \sigma^2 \geq \sigma_0^2$ $H_a: \sigma^2 < \sigma_0^2$	$H_0: \sigma^2 \leq \sigma_0^2$ $H_a: \sigma^2 > \sigma_0^2$	$H_0: \sigma^2 = \sigma_0^2$ $H_a: \sigma^2 \neq \sigma_0^2$
검정 통계량	$\chi^2 = \frac{(n-1)s^2}{\sigma_0^2}$	$\chi^2 = \frac{(n-1)s^2}{\sigma_0^2}$	$\chi^2 = \frac{(n-1)s^2}{\sigma_0^2}$
기각 규칙: p-값 방식	p-값$\leq\alpha$이면 H_0 기각	p-값$\leq\alpha$이면 H_0 기각	p-값$\leq\alpha$이면 H_0 기각
기각 규칙: 임계치 방식	$\chi^2 \leq \chi^2_{(1-\alpha)}$이면 H_0 기각	$\chi^2 \geq \chi^2_{\alpha}$이면 H_0 기각	$\chi^2 \leq \chi^2_{(1-\alpha)/2}$이거나 $\chi^2 \geq \chi^2_{\alpha/2}$이면 H_0 기각

엑셀을 활용한 가설 검정

9장과 10장에서 엑셀을 사용하여 여러 가지 가설 검정을 수행하였다. 검정 통계량 값이 계산되면, 그 값을 기준으로 p-값(좌측 꼬리), p-값(우측 꼬리) 및 p-값(양측 꼬리)의 세 가지 p-값을 얻는다. 그 다음 가설 검정의 형태에 따라 적절한 p-값을 사용하여 기각 결정을 내렸다. 이제 이러한 접근 방식을 적용하고 엑셀을 사용하여 모집단 분산에 대한 가설 검정을 수행해 보자. 세인트루이스 메트로 버스 예제를 그림으로 나타내었다. 〈그림 11-5〉를 참조하면서 설명을 보기 바란다. 뒤쪽 시트가 수식 워크시트이고, 앞쪽 시트가 값 워크시트다.

DATA *file*
BusTimes

자료 입력: BusTime 파일을 연다. 12:00 정오 이후부터 24개 도착 시간이 분 단위로 A열에 입력되어 있다.

〈그림 11-5〉 버스 도착 시간의 분산에 대한 가설 검정

	A	B	C	D	E
1	Times		Hypothesis Test About a Population Variance		
2	15.7				
3	16.9		Sample Size	=COUNT(A2:A25)	
4	12.8		Sample Mean	=AVERAGE(A2:A25)	
5	15.6		Sample Variance	=VAR.S(A2:A25)	
6	14				
7	16.2		Hypothesized Value	4	
8	14.8				
9	19.8		Test Statistic	=(D3-1)*D5/D7	
10	13.2		Degrees of Freedom	=D3-1	
11	15.3				
12	14.7		*p*-value (Lower Tail)	=CHISQ.DIST(D9,D10,TRUE)	
13	10.2		*p*-value (Upper Tail)	=CHISQ.DIST.RT(D9,D10)	
14	16.7		*p*-value (Two Tail)	=2*MIN(D12,D13)	
15	13.6				
25	12.7				
26					

	A	B	C	D	E	F
1	Times		Hypothesis Test About a Population Variance			
2	15.7					
3	16.9		Sample Size	24		
4	12.8		Sample Mean	14.76		
5	15.6		Sample Variance	4.9		
6	14.0					
7	16.2		Hypothesized Value	4		
8	14.8					
9	19.8		Test Statistic	28.18		
10	13.2		Degrees of Freedom	23		
11	15.3					
12	14.7		*p*-value (Lower Tail)	0.7909		
13	10.2		*p*-value (Upper Tail)	0.2091		
14	16.7		*p*-value (Two Tail)	0.4181		
15	13.6					
25	12.7					
26						

주) 16~24행은 숨겨져 있다.

함수/수식: 자료의 기술 통계는 D3:D5 셀에 있다. 엑셀의 COUNT 함수는 표본 크기를 계산한다. 엑셀의 AVERAGE 및 VAR.S 함수는 표본평균 및 표본분산을 계산한다. 값 워크시트에 $n = 24, \bar{x} = 14.76$ 및 $s^2 = 4.9$가 나타나 있다.

모집단 분산의 가정된 값인 $\sigma_0^2 = 4$를 셀 D7에 입력했다. 셀 D9에 식 =(D3−1)*D5/D7을 입력하여 χ^2-검정 통계량(28.18)을 계산하고, 식 =D3−1을 셀 D10에 입력하여 검정 통계량의 자유도를 계산했다.

좌측 및 우측 꼬리 p-값은 셀 D12 및 D13에서 계산한다. 기각 영역이 좌측 꼬리에 있는 단측 가설 검정의 p-값은 셀 D12에 수식 =CHISQ.DIST(D9,D10,TRUE)로 계산했다. 셀 D13의 CHISQ.DIST.RT 함수는 우측 꼬리 p-값을 계산한다. 기각 영역이 우측 꼬리에 있는 단측 가설 검정의 p-값은 셀 D13에 수식 =CHISQ.DIST.RT(D9,D10)으로 계산한다. 마지막으로 양측 검정에 대한 p-값은 =2*MIN(D12,D13) 함수를 셀 D14에 입력한다. 값 워크시트는 p-값(하단) = .7909, p-값(상단) = .2091 및 p-값(양측 꼬리) = .4181임을 보여준다. 세인트루이스 메트로 버스 사례의 기각 영역은 우측에 있다. 따라서 p-값은 .2091이다. 유의수준 .05에서 .2091 > .05이므로 H_0를 기각할 수 없다. 따라서 표본분산 $s^2 = 4.9$는 도착 시간의 분산(변동)이 회사 기준을 충족하지 않는다는 결론을 내릴 증거로서는 충분하지 않다.

셀 D3:D5의 함수에 대한 셀 범위를 수정하지 않아도 되도록 셀 범위를 지정하는 A:A 방법을 사용할 수 있다.

이 워크시트는 모집단 분산에 대한 여러 가지 다른 가설 검정의 템플릿으로 사용할 수 있다. 열 A에 데이터를 입력하고, 데이터에 따라 D3:D5 셀의 함수 범위를 수정한 다음, D7 셀에 가정된 값 σ_0^2을 입력한다. 검정에 적합한 p-값은 D12:D14 셀에서 선택할 수 있다. 워크시트는 표본 크기, 표본분산 및 가정된 분산값이 있으면 사용할 수 있다. 예를 들어, 앞에서 우리는 자동차 관리국의 새로운 시험에서 점수 차이에 대한 양측 가설 검정을 수행했다. 표

본 크기는 30이고 표본분산은 $s^2 = 162$이고 모집단 분산에 대한 가정된 값은 $\sigma_0^2 = 100$이다. 〈그림 11-5〉의 워크시트를 사용하여 셀 D3에 30을 입력하고 셀 D5에 162를 입력하고 셀 D7에 100을 입력한다. 그러면 양측 p-값이 셀 D14에 나타난다. 시도해 보기 바란다. p-값으로 .0374을 얻어야 한다.

연습문제

기본문제

1. 〈표 11-1〉이나 부록 B의 〈표 3〉에서 아래 문제의 카이제곱분포값을 찾아라.
   a. $\chi^2_{.05}$, 자유도 5
   b. $\chi^2_{.025}$, 자유도 15
   c. $\chi^2_{.975}$, 자유도 20
   d. $\chi^2_{.01}$, 자유도 10
   e. $\chi^2_{.95}$, 자유도 18
2. 표본 크기 20인 표본 자료에서 표준편차가 5이다.
   a. 모집단 분산의 90% 신뢰구간 추정값을 계산하라.
   b. 모집단 분산의 95% 신뢰구간 추정값을 계산하라.
   c. 모집단 표준편차의 95 % 신뢰구간 추정값을 계산하라.
3. 크기가 16인 표본에서 표준편차가 9.5이다. $\alpha = .05$를 사용하여 다음 가설을 검정하라. 당신의 결론은 무엇인가? p-값 방식과 임계치 방식을 모두 사용하라.

$$H_0: \sigma^2 \leq 50$$
$$H_a: \sigma^2 > 50$$

응용문제

4. 의약품의 중량의 분산(variance)은 제약산업에서 중요하다. 중량을 그램으로 측정한 어떤 약품의 경우, 크기가 18인 표본의 분산은 $s^2 = .36$으로 나타났다.
   a. 이 약품의 중량에 대한 모집단 분산의 90% 신뢰구간 추정치를 구하라.
   b. 모집단 표준편차의 90% 신뢰구간 추정값을 구하라.
5. 2012년 전국 챔피언인 켄터키 대학 와일드캣츠의 농구 코치인 John Calipari는 연봉이 540만 달러로서[출처] 대학 농구에서 가장 높은 연봉을 받는 코치이다. 다음 표본은 NCAA Division I에 소속된 10개 학교의 표본에 대한 수석 농구 코치의 급여를 보여준

대학	코치 급여	대학	코치 급여
Indiana	2.2	Syracuse	1.5
Xavier	.5	Murray State	.2
Texas	2.4	Florida State	1.5
Connecticut	2.7	South Dakota State	.1
West Virginia	2.0	Vermont	.2

다. 급여 데이터의 단위는 백만 달러이다.

a. 10개 학교의 표본평균을 사용하여 NCAA Division I에 소속된 대학의 수석 코치에 대한 모집단 평균 연봉을 추정하라.

b. 이 데이터를 사용하여 수석 코치의 연봉에 대한 모집단 표준편차를 추정하라.

c. 모집단 분산의 95% 신뢰구간은 얼마인가?

d. 모집단 표준편차에 대한 95% 신뢰구간은 얼마인가?

DATA file
Halloween

6. 월스트리트 저널은 미국인들이 할로윈 의상과 장식에 거의 70억 달러를 소비한다고 보고했다. 다음 표본은 16명의 성인이 할로윈 의상에 소비한 금액을 달러 단위로 나타낸 것이다.

12	69	22	64	33	36	31	44
52	16	13	98	45	32	63	26

a. 성인이 할로윈 의상에 소비하는 금액의 모집단 평균의 추정치는 얼마인가?

b. 표본 표준편차는 얼마인가?

c. 성인이 할로윈 의상에 소비하는 금액의 모집단 표준편차의 95% 신뢰구간 추정치는 얼마인가?

7. General Electric의 보통 주식 투자와 관련된 위험(risk) 또는 변동성(volatility)을 분석하기 위해 총 8개 분기 동안 분기별 수익률 표본을 아래와 같이 조사하였다[출처]. 총수익률에는 주식 가격 변동과 해당 분기의 배당금 지급을 합한 것이다.

20.0	−20.5	12.2	12.6	10.5	−5.8	−18.7	15.3

a. 표본평균값은 무엇인가? 해석하라.

b. General Electric의 분기별 수익률의 변동성 측정값으로 표본분산 및 표본 표준편차를 계산하라.

c. 모집단 분산의 95% 신뢰구간을 구하라.

d. 모집단 표준편차의 95% 신뢰구간을 구하라.

DATA file
PriceChange

8. 다우존스 산업평균이 149.82포인트 올랐던 날을 생각해 보자. 다음 표는 그날 12개 회사에 대한 주가 변동을 보여준다.

기업	주가 변동($)	기업	주가 변동($)
Aflac	0.81	John.&John.	1.46
Bank of Am.	−0.05	Loews Cp	0.92
Cablevision	0.41	Nokia	0.21
Diageo	1.32	SmpraEngy	0.97
Fluor Cp	2.37	Sunoco	0.52
Goodrich	0.3	Tyson Food	0.12

a. 일일 주가 변동의 표본분산을 계산하라.

b. 가격 변동의 표본 표준편차를 계산하라.

c. 모집단 분산 및 모집단 표준편차의 95% 신뢰구간 추정값을 계산하라.

9. 어느 자동차 부품이 있는데, 고객이 수용할 수 있는 허용치 범위 내에서 가공되어야 한다. 고객의 생산 사양은 부품 길이에 대한 최대 분산을 .0004에 맞추도록 요구한다. 부품 30개의 표본분산이 $s^2 = .0005$이라고 하자. $\alpha = .05$를 사용하여 이 부품이 모집단 분산 사양을 위반하는지 검정하라.

DATA file
Costco

10. *Consumer Reports*는 100점 만점의 고객 만족도 점수를 사용하여 미국 내 주요 체인점을 평가한다. 만족도 점수에 대한 과거 경험으로부터 모집단 표준편차가 $\sigma = 12$로 예상된다고 가정하자. 2012년, 40개 주에 432개의 창고가 있는 Costco는 전체 품질에서 뛰어난 등급을 받은 유일한 체인점이었다. 15개의 Costco 고객 만족도 점수 표본이 아래에 나와 있다.

95	90	83	75	95	98	80	83
82	93	86	80	94	64	62	

a. Costco 고객 만족도 점수의 표본평균은 얼마인가?

b. 표본분산은 얼마인가?

c. 표본 표준편차는 얼마인가?

d. Costco에 대해 모집단 표준편차 $\sigma = 12$를 기각해야 하는지 여부를 결정하는 가설을 검정하라. 유의수준 .05에서 당신의 결론은 무엇인가?

DATA file
EconGMAT

11. GMAT 시험 점수의 분산은 14,660이다[출처]. 경제학 교수 그룹은 최근 경제학을 전공하는 학부생의 GMAT 성과에 대해 논의하기 위해 회의에서 만났다. 일부는 경제학을 전공하는 학부생의 GMAT 점수의 변동성이 일반 전공자의 GMAT 시험 응시자 집단의 GMAT 점수의 변동성보다 클 것으로 예상했다. 하지만 다른 교수들은 반대 견해를 취했다. EconGMAT 파일에 무작위로 뽑은 경제학 전공 학부생 51명에 대한 GMAT 점수가 포함되어 있다.

a. 무작위로 뽑은 경제학을 전공자 학부생 51명의 GMAT 점수의 평균, 분산 및 표준편차를 계산하라.

b. 표본 데이터가 경제학을 전공하는 학부생의 GMAT 점수의 분산이 일반 GMAT 시험 응시자와 다르다는 것을 나타내는 가설을 설정하라.

c. 유의수준 $\alpha = .05$를 사용하여 b에서 설정한 가설을 검정하라. 당신의 결론은 무엇인가?

12. *Fortune* 연구에 따르면 *Fortune* 잡지 구독자가 소유하거나 임대한 차량 수의 분산은 .94이다. 다른 어떤 잡지의 12명의 구독자 표본이 소유하거나 임대한 차량 수의 데이터가 있다고 하자.

2 1 2 0 3 2 2 1 2 1 0 1

a. 12명의 구독자가 소유하거나 임대한 차량 수의 표본분산을 계산하라.

b. 가설 H_0: σ^2 = .94를 검정하여 다른 잡지의 구독자가 소유하거나 임대한 차량 수의 분산이 *Fortune*의 σ^2 = .94와 다른지 여부를 판별하라. 유의수준 .05에서 당신의 결론은 무엇인가?

11.2 두 모집단의 분산에 대한 추론

통계적 응용사례를 보면 두 가지 생산 공정의 품질 수준의 분산, 두 가지 조립 방법의 조립 시간의 분산, 또는 두 가열 장치의 온도의 분산을 비교할 때가 있다. 두 모집단의 분산을 비교할 때 모집단 1과 모집단 2에서 각각 독립적인 두 개의 무작위 표본을 추출하여 수집한 데이터를 사용한다. 두 표본의 분산 s_1^2와 s_2^2는 두 모집단 분산 σ_1^2와 σ_2^2에 대한 추론의 기초가 된다. 정규 모집단의 분산이 같다면($\sigma_1^2 = \sigma_2^2$) 두 표본분산의 비율 s_1^2/s_2^2의 표집분포는 다음과 같다.

σ_1^2=σ_2^2인 경우 s_1^2/s_2^2의 표집분포

동일한 분산을 갖는 두 정규 모집단에서 크기 n_1과 n_2의 독립적 무작위 표본을 선택하면,

$$\frac{s_1^2}{s_2^2} \tag{11-9}$$

이 비율의 표집분포는 분자에 대해 n_1-1 자유도, 분모에 대한 n_2-1 자유도를 갖는 *F*-분포를 갖는다. s_1^2은 모집단 1에서 추출한 n_1개의 무작위 표본의 표본분산이고, s_2^2는 모집단 2에서 추출한 n_2개의 무작위 표본의 표본분산이다.

F-분포는 두 개의 정규 모집단에서 추출한 표본을 기반으로 한다.

〈그림 11-6〉은 분자와 분모 모두에 대해 자유도가 20인 *F*-분포의 그래프다. 이 그래프에서 알 수 있듯이 *F*-분포는 대칭이 아니며 *F*-값은 음수를 갖지 않는다. *F*-분포의 모양은 분자 및 분모의 자유도에 따라 다르다.

F-분포의 우측 꼬리에서 면적 또는 확률 α에 해당하는 *F*-값을 F_α로 표기한다. 예를 들어, 〈그림 11-6〉에 표시된 것처럼 $F_{.05}$는 분자의 자유도 20, 분모의 자유도 20을 갖는 *F*-분포에서 우측 꼬리 영역 .05에 해당하는 위치이다. $F_{.05}$의 값은 *F*-분포표를 참조하여 찾을 수 있으며, 그 일부는 〈표 11-3〉에 나와 있다. 분자의 자유도 20, 분모의 자유도 20 및 우측 꼬리의 .05 영역에 해당하는 행을 확인하면 $F_{.05}$ = 2.12를 찾을 수 있다. 표를 사용하여 .10, .05, .025 및 .01의 우측 꼬리 영역에 대한 위치 *F*-값을 찾을 수 있다. *F*-분포의 상세한 값은 부록

〈그림 11-6〉 자유도 20인 분자와 분모에 대한 F-분포

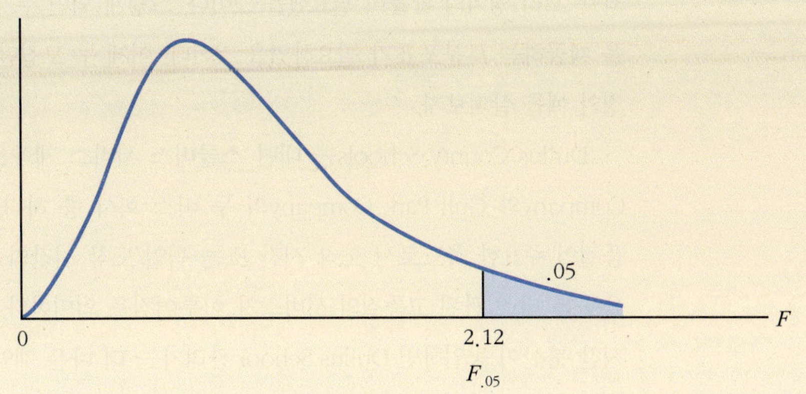

B의 〈표 4〉를 참조하라.

F-분포를 사용하여 두 모집단의 분산에 대한 가설 검정을 수행하는 방법을 살펴보자. 두 모집단 분산은 같다는 것에 대한 검정으로 시작한다. 가설은 다음과 같다.

$$H_0: \sigma_1^2 = \sigma_2^2$$
$$H_a: \sigma_1^2 \neq \sigma_2^2$$

잠정적으로 모집단 분산이 동일하다고(H_0이 참이라고) 가정한다. H_0가 기각되면 모집단 분산이 같지 않다는 결론을 내릴 수 있다.

가설 검정을 수행할 때 각 모집단에서 하나씩 2개의 독립적인 무작위 표본이 필요하다. 그런 다음 두 개 표본에 대한 표본분산을 계산한다. 표본분산이 더 큰 모집단을 모집단 1이라고 하자. 따라서 표본 크기 n_1과 표본분산 s_1^2은 모집단 1에 해당하고, 표본 크기 n_2와 표본분산 s_2^2는 모집단 2에 해당한다. 두 모집단이 정규분포를 따른다고 가정하면 표본분산 비율은 다음 F-검정 통계량을 제공한다.

$\sigma_1^2 = \sigma_2^2$인 두 개 모집단의 분산에 대한 가설 검정의 검정 통계량

$$F = \frac{s_1^2}{s_2^2} \qquad \textbf{11-10}$$

표본분산이 더 큰 모집단을 모집단 1로 하고, 검정 통계량은 분자의 자유도를 n_1-1, 분모의 자유도를 n_2-1로 하는 F-분포를 따른다.

표본분산이 더 큰 모집단을 항상 모집단 1로 표시한다.

F-검정 통계량의 분자에 더 큰 표본분산 s_1^2을 두게 되면 검정 통계량의 값은 F-분포의 우측에 있게 된다. 따라서 〈표 11-3〉 및 부록 B의 〈표 4〉에 나와 있는 F-분포표는 우측 꼬

리 영역의 확률만 확인하면 된다. 우리가 이런 방식으로 검정 통계량을 구성하지 않았다면 좌측 꼬리 영역의 확률이 필요했을 것이다. 그렇게 되면 추가 계산이 필요하거나 더 많은 값을 제공하는 F-분포표가 필요하였을 것이다. 이제 두 모집단 분산의 동일성에 대한 가설 검정의 예를 살펴보자.

Dullus County Schools는 내년 스쿨버스 서비스 계약을 갱신하려고 하는데, Milbank Company와 Gulf Park Company의 두 버스 회사 중 하나를 선택해야 한다. 버스 서비스 품질의 주요한 측도로서 도착 시간 또는 픽업/도착 시간의 분산을 사용한다. 분산값이 낮을수록 더 일관된 고품질의 서비스가 이루어짐을 의미한다. 두 서비스 회사와 관련된 도착 시간 분산이 동일하면 Dullus School 관리자는 더 나은 계약 조건을 제공하는 회사를 선택하면 된다. 그러나 표본 자료에서 두 회사의 버스 도착 시간의 분산이 유의미한 차이를 나타낸다면, 관리자는 서비스 품질이 더 좋은, 즉 제공하는 서비스의 분산이 더 작은 업체를 고려하면 된다. 아래의 가설을 보자.

$$H_0: \sigma_1^2 = \sigma_2^2$$
$$H_a: \sigma_1^2 \neq \sigma_2^2$$

H_0를 기각할 수 있다면, 서비스 품질이 동일하지 않다고 보는 것이 적절하다. 가설 검정을 수행하기 위해 $\alpha = .10$의 유의수준을 사용한다.

DATA *file*
SchoolBus

Milbank 회사의 26개 도착 시간 표본의 분산은 48이고, Gulf Park 회사의 16개의 도착 시간 표본의 분산은 20이다. Milbank 표본의 분산이 더 크므로 Milbank를 모집단 1로 표시한다. 식 11-10을 사용하여 검정 통계량의 값을 찾는다.

$$F = \frac{s_1^2}{s_2^2} = \frac{48}{20} = 2.40$$

해당 F-분포는 $n_1-1 = 26-1 = 25$의 분자 자유도와 $n_2-1 = 16-1 = 15$의 분모 자유도를 갖는다.

다른 가설 검정 절차와 마찬가지로 p-값 방식 또는 임계치 방식을 사용하여 가설 검정을 할 수 있다. 〈표 11-3〉은 우측 꼬리 면적(확률)과 자유도 25의 분자와 자유도 15의 분모를 갖는 F-분포에 대한 해당하는 F-값을 보여준다.

우측 꼬리 면적	.10	.05	.025	.01
F-값 ($df_1 = 25$, $df_2 = 15$)	1.89	2.28	2.69	3.28

$F = 2.40$

$F = 2.40$이 2.28과 2.69 사이에 있으므로 분포의 우측 꼬리 면적은 .05와 .025 사이이다. 이 양측 검정의 경우 우측 꼬리 면적을 두 배로 하여 p-값이 .10에서 .05 사이이다. 유의수준 α

〈표 11-3〉 F-분포표(일부)

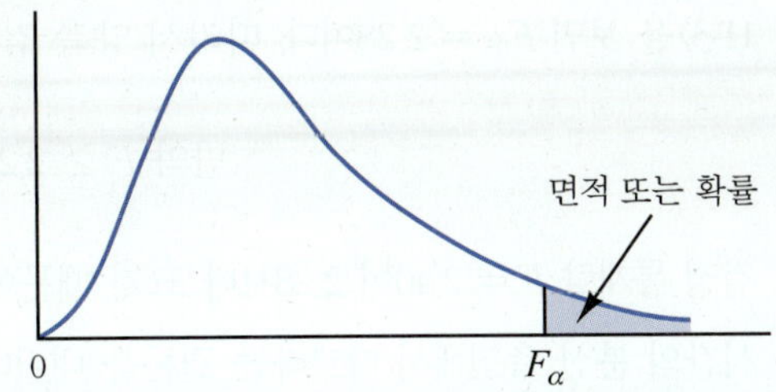

분모의 자유도	우측 꼬리 면적	분자의 자유도				
		10	15	20	25	30
10	.10	2.32	2.24	2.20	2.17	2.16
	.05	2.98	2.85	2.77	2.73	2.70
	.025	3.72	3.52	3.42	3.35	3.31
	.01	4.85	4.56	4.41	4.31	4.25
15	.10	2.06	1.97	1.92	1.89	1.87
	.05	2.54	2.40	2.33	2.28	2.25
	.025	3.06	2.86	2.76	2.69	2.64
	.01	3.80	3.52	3.37	3.28	3.21
20	.10	1.94	1.84	1.79	1.76	1.74
	.05	2.35	2.20	2.12	2.07	2.04
	.025	2.77	2.57	2.46	2.40	2.35
	.01	3.37	3.09	2.94	2.84	2.78
25	.10	1.87	1.77	1.72	1.68	1.66
	.05	2.24	2.09	2.01	1.96	1.92
	.025	2.61	2.41	2.30	2.23	2.18
	.01	3.13	2.85	2.70	2.60	2.54
30	.10	1.82	1.72	1.67	1.63	1.61
	.05	2.16	2.01	1.93	1.88	1.84
	.025	2.51	2.31	2.20	2.12	2.07
	.01	2.98	2.70	2.55	2.45	2.39

주) 상세한 자료는 부록 B의 〈표 4〉 참조.

= .10이므로 p-값 < α = .10이다. 따라서 귀무가설은 기각된다. 이 결과는 두 버스 서비스가 픽업/도착 시간의 분산이 다르다는 것을 의미한다. Dullus County School 관리자는 분산이 더 낮은 Gulf Park 회사의 서비스를 고려하는 것이 적절할 것이다.

엑셀 활용 2*F.DIST.RT(2.40,25,15) = .0812

엑셀을 사용하여 검정 통계량 F = 2.40의 양측 p-값 = .0812임을 알 수 있다. .0812 < α = .10이므로 모집단 분산이 동일할 것이라는 귀무가설은 기각된다.

임계치 방식을 사용하여 α = .10 유의수준에서 양측 가설 검정을 해 보자. 먼저 분포의 각 꼬리에서 $\alpha/2$ = .10/2 = .05의 면적을 갖는 임계값을 선택한다. 식 11-10을 사용하여 계산된 검정 통계량 값은 항상 우측 꼬리에 있으므로 우측 꼬리 임계값만 결정하면 된다. 〈표 11-3〉을 보면 $F_{.05} = 2.28$이다. 따라서 양측 검정을 사용하면 기각 기준은 다음과 같다.

$$\text{만약 } F \geq 2.28\text{이면 } H_0 \text{ 기각}$$

검정 통계량 $F = 2.40$이 2.28보다 크기 때문에 H_0를 기각하고, 두 버스 서비스가 픽업/도착 시간의 분산 측면에서 다르다는 결론을 내린다.

두 모집단 분산에 대한 단측 검정도 가능하다. 이 경우 F-분포를 사용하여 어떤 모집단의 분산이 다른 모집단 분산보다 유의하게 큰지 여부를 확인한다. 두 모집단 분산에 대한 단측 가설 검정도 항상 우측 꼬리 검정으로 수립할 수 있다.

$$H_0: \sigma_1^2 \leq \sigma_2^2$$
$$H_a: \sigma_1^2 > \sigma_2^2$$

두 모집단 분산에 대한 단측 가설 검정은 항상 우측 꼬리 검정으로 수립할 수 있다. 이 접근법은 좌측 꼬리 F-값을 필요로 하지 않는다.

이러한 형태의 가설 검정은 항상 p-값과 임계값을 F-분포의 우측 꼬리에 위치시킨다. 결과적으로 우측 꼬리 F-값만 사용하여 F-분포에 대한 계산과 표를 단순화하여 살펴보자.

두 분포의 분산에 대한 단측 검정을 여론 조사의 예를 가지고 살펴보자. 31명의 남성과 41명의 여성으로 된 표본을 가지고 현재의 정치 문제에 대한 남녀의 태도에 대해 연구하려고 한다. 이 연구를 맡은 연구원은 표본 자료가 여성이 남성보다 정치적 문제에 대한 태도의 변동이 더 큰지를 검정하기를 원한다. 앞서 주어진 단측 가설 검정의 형태에서 여성을 모집단 1로 표시하고 남성은 모집단 2로 표시한다. 이 연구의 가설 검정은 다음과 같다.

$$H_0: \sigma_{\text{women}}^2 \leq \sigma_{\text{men}}^2$$
$$H_a: \sigma_{\text{women}}^2 > \sigma_{\text{men}}^2$$

H_0를 기각하면 연구자들은 여성이 정치 문제에 대한 태도 변동이 더 크다는 결론을 내리는 데 필요한 통계적 근거를 마련할 수 있다. 여성의 표본분산을 분자로, 남성의 표본분산을 분모로 하면, F-분포는 분자 자유도 $n_1-1 = 41-1 = 40$, 분모 자유도 $n_2-1 = 31-1 = 30$을 갖는다. 가설 검정의 유의수준 $\alpha = .05$를 사용한다. 설문 결과는 여성의 표본분산은 $s_1^2 = 120$이고, 남성의 표본분산은 $s_2^2 = 80$이다. 그러면 검정 통곗값은 다음과 같다.

$$F = \frac{s_1^2}{s_2^2} = \frac{120}{80} = 1.50$$

엑셀 활용 p-값
F.DIST.RT(1.5,40,30)
=.1256

부록 B의 〈표 4〉를 참조하면 분자 자유도가 40이고 분모 자유도가 30인 F 분포는 $F_{.10} = 1.57$이다. 검정 통계량 $F = 1.50$이 1.57보다 작기 때문에 우측 꼬리의 면적이 .10보다 크다. 따라서 p-값이 .10보다 크다는 결론을 내릴 수 있다. $F = 1.50$의 p-값 $= .1256$임을 엑셀에

〈표 11-4〉 두 모집단 분산에 대한 가설 검정 요약

	우측 단측 검정	양측 검정
가설	$H_0: \sigma_1^2 \le \sigma_2^2$ $H_a: \sigma_1^2 > \sigma_2^2$	$H_0: \sigma_1^2 = \sigma_2^2$ $H_a: \sigma_1^2 \ne \sigma_2^2$ 주) 모집단 1의 분산이 더 큼
검정 통계	$F = \frac{s_1^2}{s_2^2}$	$F = \frac{s_1^2}{s_2^2}$
기각 기준: p-값 방식	p-값$\le\alpha$이면 H_0 기각	p-값$\le\alpha$이면 H_0 기각
기각 기준: 임계치 방식	$F \ge F_\alpha$이면 H_0 기각	$F \ge F_{\alpha/2}$이면 H_0 기각

서 확인할 수 있다. p-값 $> \alpha = .05$이기 때문에 H_0를 기각할 수 없다. 따라서 표본의 결과는 여성이 남성보다 정치적 문제에 대한 태도 변동이 더 크다는 대립가설의 결론을 지지하지 않는다. 〈표 11-4〉는 두 모집단 분산에 대한 가설 검정을 요약한 것이다.

엑셀을 활용한 가설 검정

엑셀의 F-검정은 "F-검정: 두 모집단의 분산에 대한 검정"이다.—역자

엑셀의 F-검정 도구를 사용하면 두 모집단의 분산을 비교하는 가설 검정을 수행할 수 있다. Dullus County School의 버스에 대한 양측 가설 검정을 엑셀을 활용하여 설명한다. 관련 작업에 대한 설명은 〈그림 11-7〉 및 〈그림 11-8〉의 엑셀 워크시트를 참조하라.

〈그림 11-7〉 F-검정: 두 모집단의 분산을 비교하는 가설 검정 대화상자

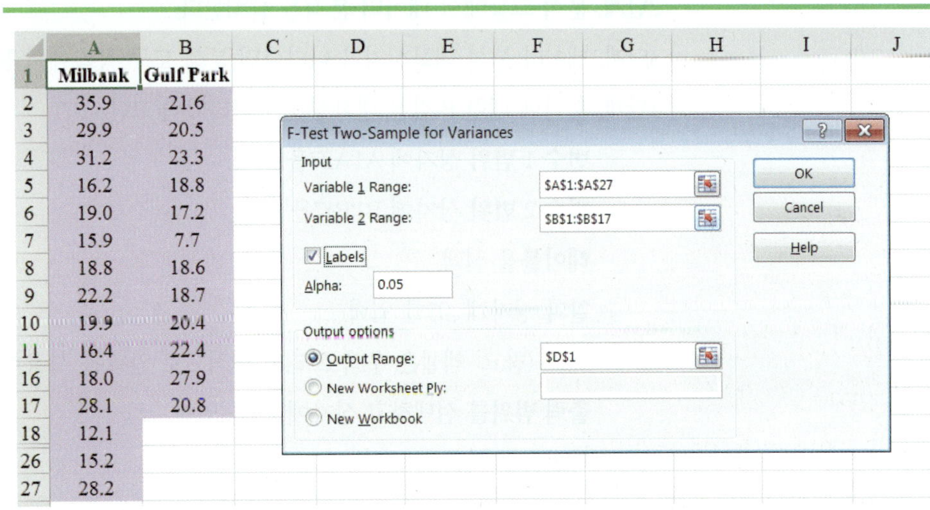

주) 12~15행, 19~25행은 숨겨져 있다.

〈그림 11-8〉 학교 버스 픽업 시간 분산에 대한 가설 검정의 엑셀 결과

	A	B	C	D	E	F	G
1	**Milbank**	**Gulf Park**		F-Test Two-Sample for Variances			
2	35.9	21.6					
3	29.9	20.5			*Milbank*	*Gulf Park*	
4	31.2	23.3		Mean	20.2308	20.2438	
5	16.2	18.8		Variance	48.0206	20.0000	
6	19.0	17.2		Observations	26	16	
7	15.9	7.7		df	25	15	
8	18.8	18.6		F	2.4010		
9	22.2	18.7		P(F<=f) one-tail	0.0405		
10	19.9	20.4		F Critical one-tail	2.2797		
11	16.4	22.4					
16	18.0	27.9					
17	28.1	20.8					
18	12.1						
26	15.2						
27	28.2						
28							

DATA *file*
SchoolBus

자료 입력: SchoolBus 파일을 연다. A열에는 Milbank Company의 도착 시간 표본 26개가 포함되어 있고 B열에는 Gulf Park Company의 도착 시간 표본의 자료가 입력되어 있다.

툴 적용: 다음 단계에서는 엑셀의 *F*-검정 도구를 사용하는 방법에 대해 설명한다.

1단계. 리본에서 **데이터** 탭을 클릭한다.

2단계. **분석** 그룹에서 **데이터 분석**을 클릭한다.

3단계. 데이터 분석 대화상자가 나타나면 분석 도구 목록에서 **분산에 대한 F-검정** 선택.

4단계. 분산에 대한 F-검정 대화상자가 나타나면(그림 11-7)

변수 1 범위 상자에 A1:A27을 입력.

변수 2 범위 상자에 B1:B17을 입력.

레이블을 선택.

알파 상자에 .05를 입력.

(참고: 엑셀은 우측 꼬리의 면적으로 알파를 사용한다.)

출력 범위를 선택하고 상자에 D1을 입력.

확인을 클릭.

엑셀의 *F*-검정의 결과 표기는 P(F>=f)로 고쳐야 한다. 여기서 단측 검정은 H_0: $\sigma_1^2 \le \sigma_2^2$, H_a: $\sigma_1^2 > \sigma_2^2$을 말한다.—역자

출력 'P(F>=f) 단측' = .0405는 검정 통계량 $F = 2.401$의 우측 면적이다. 따라서 양측 p 값은 2(.0405) = .081이고, .10 유의수준에서 귀무가설을 기각한다. 가설 검정이 단측 검정($\alpha = .05$)을 할 때는 셀 E9의 단측 영역 면적이 p-값이 된다. 여기서 이 값을 두 배로 할 필요는 없다.

11.2 보충 설명

연구에 따르면 *F*-분포는 모집단 정규분포 가정에 민감하다는 사실이 확인되었다. *F*-분포는 두 모집단이 정규분포를 따른다는 전제가 주어지지 않는 한 사용하지 않는 것이 좋다.

연습문제

기본문제

13. 부록 B의 〈표 4〉에서 다음 *F*-분포값을 찾아라. (분자의 자유도와 분모의 자유도 순서로 적는다.)

a. $F_{.05}$ 자유도 5와 10

b. $F_{.025}$ 자유도 20과 15

c. $F_{.01}$ 자유도 8과 12

d. $F_{.10}$ 자유도 10과 20

14. 모집단 1에서 추출한 16개 항목 표본의 표본분산은 $s_1^2 = 5.8$이고, 모집단 2에서 추출한 21개 항목 표본의 표본분산은 $s_2^2 = 2.4$이다. 유의수준 .05에서 다음 가설을 검정하라.

$$H_0: \sigma_1^2 \le \sigma_2^2$$
$$H_a: \sigma_1^2 > \sigma_2^2$$

a. *p*-값 방식을 활용한 결론은 무엇인가?

b. 임계치 방식으로 검정을 수행하라.

15. 아래 가설을 검정하라.

$$H_0: \sigma_1^2 = \sigma_2^2$$
$$H_a: \sigma_1^2 \ne \sigma_2^2$$

a. 만약 $n_1 = 21$, $s_1^2 = 8.2$, $n_2 = 26$, $s_2^2 = 4.0$인 경우 검정 결과는 무엇인가? $\alpha = .05$인 *p*-값 방식을 활용하라.

b. 임계치 방식으로 검정을 수행하라.

응용문제

16. 투자자는 일반적으로 펀드 위험의 척도로서 뮤추얼 펀드의 일별 수익률의 표준편차를 사용한다. 표준편차가 큰 펀드는 표준편차가 낮은 펀드보다 더 위험하다고 간주한다. American Century Equity Growth 펀드의 표준편차와 Fidelity Growth Discovery 펀드의 표준편차는 최근 각각 15.0%와 18.9 %로 나타나 있다. 이러한 각 표준편차는 60개월의 수익률 표본에서 구한 것으로 가정한다. 표본 결과가 Fidelity 펀드가 American Century 펀드보다 모집단 분산이 더 크다는 결론을 지지하는가? 어떤 펀드가 더 위험한가?

17. 사람들은 자동차 평균 연간 수리 비용이 자동차 연식에 달려 있다는 사실을 알고 있다. 한 연구자는 자동차 연식에 따라 연간 수리 비용의 분산이 증가하는지 여부에 관심이 있다. 4년 된 26대의 자동차 표본에서 연간 수리 비용의 표본 표준편차가 $170이고, 2년 된 25대의 자동차 표본의 연간 수리 비용의 표본 표준편차가 $100이다.
    a. 오래된 자동차의 연간 수리 비용의 분산이 더 크다는 연구가설에 대한 귀무가설과 대립가설을 적어라.
    b. 유의수준 .01에서 당신의 결론은 무엇인가? p-값은 무엇인가? 당신의 결론이 합리적인지에 대해 논하라.
18. Barron's에서 재무 컨설턴트 상위 1,000명에 관한 데이터를 수집하였다. Merrill Lynch는 239명, Morgan Stanley는 121명이 거기에 포함되었다. Merrill Lynch 재무 컨설턴트 16명과 Morgan Stanley 재무 컨설턴트 10명의 두 개 표본을 보면 컨설턴트가 관리하는 금액도 크고 그 분산도 큰 계정을 관리하는 것을 알 수 있다. Merrill Lynch 컨설턴트가 관리하는 금액의 표준편차는 s_1 = 5억 8700만 달러이다. Morgan Stanley 컨설턴트가 관리하는 금액의 표준편차는 s_2 = 4억 8900만 달러이다. $\alpha = .10$에서 가설 검정을 하여 두 회사가 관리하는 금액의 모집단 분산에 유의한 차이가 있는지 확인하라. 두 회사의 재무 컨설턴트가 관리하는 펀드 금액의 분산에 대한 당신의 결론은 무엇인가?

DATA file
Bags

19. 생산 공정의 분산은 공정 품질의 중요한 척도이다. 분산이 크다는 의미는 종종 공정프로세스 분산을 줄일 수 있는 방법을 찾아 프로세스를 개선할 수 있는 기회를 의미한다. 통계적 검정을 수행하여 두 기계에서 생산하는 가방의 무게 분산에 유의한 차이가 있는지를 판별하라. 유의수준 .05를 사용하라. 당신의 결론은 무엇인가? 어느 기계가 품질 개선 효과가 더 크게 나타날 것인가?

기계 1	2.95	3.45	3.50	3.75	3.48	3.26	3.33	3.20
	3.16	3.20	3.22	3.38	3.90	3.36	3.25	3.28
	3.20	3.22	2.98	3.45	3.70	3.34	3.18	3.35
	3.12							
기계 2	3.22	3.30	3.34	3.28	3.29	3.25	3.30	3.27
	3.38	3.34	3.35	3.19	3.35	3.05	3.36	3.28
	3.30	3.28	3.30	3.20	3.16	3.33		

20. Romac 급여 조사에서 제공한 데이터를 보면, 공공 회계 회사의 상급자 연봉의 분산은 약 2.1이고 공공 회계 회사의 관리자 연봉의 분산은 약 11.1이다. 급여 데이터의 단위는 천 달러이다. 급여 데이터가 25명의 상급자 및 26명의 관리자 표본이라고 가정할 경우 급여의 모집단 분산이 동일하다는 가설을 검정하라. 유의수준 .05에서 당신의 결론은 무엇인가?

DATA file
BatteryTime

21. 스마트폰 중 LTE 지원이 되는 스마트폰은 배터리 수명이 매우 열악하다는 비판을 받았다. Motorola Droid Razr Max의 배터리 수명은 주된 사용 시간이 통화인 경우 평균 20

시간, 인터넷 응용 프로그램인 경우 7시간이다[출처]. 통화 시간 사용량의 평균 시간이 인터넷 사용량의 평균 시간보다 크기 때문에 주된 사용이 통화일 때 배터리 수명의 분산이 더 큰지에 대한 의문이 제기되었다. 배터리 사용 시간을 보여주는 표본 자료는 다음과 같다.

주된 사용: 통화	35.8	22.2	4.0	32.6	8.5	42.5
	8.0	3.8	30.0	12.8	10.3	35.5
주된 사용: 인터넷	14.0	12.5	16.4	1.9	9.9	
	5.4	1.0	15.2	4.0	4.7	

a. 배터리 사용 시간의 모집단 분산이 통화 사용에서 더 크게 나타나는지 여부를 확인하는 데 필요한 두 모집단 분산에 대한 가설을 세워라.

b. 두 표본에서 배터리 사용 시간의 표준편차는 얼마인가?

c. 가설 검정을 수행하고 p-값을 계산하라. 유의수준 .05에서 당신의 결론은 무엇인가?

22. 젖어 있는 포장 도로에서 자동차 정지 거리의 분산이 말라 있는 포장 도로에서 자동차 정지 거리의 분산보다 크다는 것을 연구하려고 한다. 이 연구에서 같은 속도로 주행하는 16대의 자동차를 가지고 젖은 포장 도로에서 정지 거리를 시험한 다음 건조한 포장 도로에서도 정지 거리를 시험하였다. 젖은 포장에서 정지 거리의 표준편차는 32피트이다. 건조한 포장에서 표준편차는 16피트이다.

a. 유의수준 .05에서, 표본 자료는 젖은 도로의 정지 거리 분산이 건조한 도로의 정지 거리 분산보다 크다는 결론을 정당화할 수 있나? p-값은 얼마인가?

b. 안전 운전 권장 측면에서 통계적 결론의 의미는 무엇인가?

요약

이 장에서는 모집단 분산의 추론에 대한 통계 절차에 대해 다루었다. 이 과정에서 카이제곱분포와 F-분포라는 두 가지 새로운 확률 분포를 활용하였다. 카이제곱분포는 정규 모집단의 분산에 대한 구간 추정 및 가설 검정의 기초로 사용할 수 있다.

두 정규 모집단의 분산에 대한 가설 검정에서 F-분포의 사용을 설명했다. 특히, 우리는 동일한 분산 $\sigma_1^2 = \sigma_2^2$를 갖는 두 정규 모집단에서 크기가 n_1과 n_2인 무작위 독립표본을 선택한 경우, 두 표본분산 s_1^2/s_2^2의 비율의 표집분포는 분자의 n_1-1 자유도 및 분모의 n_2-1 자유도를 갖는 F-분포를 갖는다.

주요 식

모집단 분산의 구간 추정

$$\frac{(n-1)s^2}{\chi^2_{\alpha/2}} \le \sigma^2 \le \frac{(n-1)s^2}{\chi^2_{(1-\alpha/2)}} \qquad \textbf{11-7}$$

모집단 분산에 대한 가설 검정의 검정 통계량

$$\chi^2 = \frac{(n-1)s^2}{\sigma_0^2} \qquad \textbf{11-8}$$

$\sigma_1^2=\sigma_2^2$인 모집단 분산에 대한 가설 검정의 검정 통계량

$$F = \frac{s_1^2}{s_2^2} \qquad \textbf{11-10}$$

보충 연습문제

23. Gibson-Marimont Hotel의 관리자는 일 년 중 특정 시즌 중 하루에 사용되는 객실 수의 변동에 관심이 있다. 20일 동안 운영한 객실에 대한 표본 자료를 보니 하루 평균 290실이 사용되었고, 표본 표준편차는 30실로 나타났다.

a. 모집단 분산의 점 추정치는 얼마인가?

b. 모집단 분산의 90% 신뢰구간 추정치를 구하라.

c. 모집단 표준편차의 90% 신뢰구간 추정치를 구하라.

24. 주식의 최초 공모(IPOs) 가격은 평균적으로 저평가된다. 공모 가격의 저평가-고평가 지표에서 구한 표준편차를 가지고 산포도 또는 변동을 측정한다. 이후 토론토 증권 거래소에서 거래된 13개의 캐나다 IPOs 표본의 표준편차가 14.95이다. 공모 가격의 저평가-고평가 지표에 대한 모집단 표준편차의 95% 신뢰구간 추정값을 구하라.

25. [DATA file Travel] 여러 도시로 여행하는 임원의 일일 여비의 예상은 다음과 같다. 견적에는 4성급 호텔의 싱글룸, 음료, 아침 식사, 택시 요금 및 부대 비용이 포함된다.

도시	일일 여비($)	도시	일일 여비($)
방콕	242.87	멕시코시티	212.00
보고타	260.93	밀란	284.08
카이로	194.19	뭄바이	139.16
더블린	260.76	파리	436.72
프랑크푸르트	355.36	리우데 자네이루	240.87
홍콩	346.32	서울	310.41
요하네스버그	165.37	텔 아비브	223.73
리마	250.08	토론토	181.25
런던	326.76	바르샤바	238.20
마드리드	283.56	워싱턴D.C	250.61

a. 표본평균을 계산하라.

b. 표본 표준편차를 계산하라.

c. 모집단 표준편차의 95% 신뢰구간을 계산하라.

26. 볼베어링 제조에는 부품 변동성이 중요하다. 볼베어링 크기의 분산이 크면 베어링의 고장이나 마모가 빨라진다. 생산 표준은 베어링 크기를 인치 단위로 측정할 때 최대 분산 .0001 수준을 요구한다. 15개의 베어링 표본을 보니 표본 표준편차가 .014인치로 나타나 있다.

a. α = .10을 사용하여 표본이 최대 허용 분산을 초과했는지 여부를 나타내는지 확인하라.

b. 볼베어링 모집단의 분산에 대한 90% 신뢰구간 추정값을 계산하라.

27. 시리얼 박스의 충전량의 분산은 .02 이하로 설계되었다. 41개의 시리얼 박스를 표본으로 뽑았더니 표준편차가 .16온스였다. 유의수준 α = .05를 사용하여 시리얼 박스 분산이 설계 사양을 초과하는지 확인하라.

28. City Trucking, Inc.는 일상적인 고객 배송에 대해서는 배송 시간을 일정하게 지키려 하고 있다. 22개의 트럭 배송 표본에서 표본분산이 1.5로 나타났다. H_0: $\sigma^2 \leq 1$을 기각할 수 있는지 여부를 검정하라. 유의수준은 α = .10이다.

29. 지난 6개월 중 9일치 표본을 보면 치과의사가 22, 25, 20, 18, 15, 22, 24, 19, 26명의 환자를 치료한 것으로 나타났다. 하루 환자의 수가 정규분포를 따른다고 보고, 이 표본자료를 분석하면 하루에 본 환자 수의 분산이 10이라는 가설을 기각할 수 있는가? 유의수준 .10에서 당신의 결론은 무엇인가?

30. 어떤 항공편을 이용하는 승객 수에 대한 표본 표준편차는 8이다. 모집단 표준편차의 95% 신뢰구간 추정치는 5.86명에서 12.62명이다.

a. 통계분석에 표본 크기는 10 또는 15 중 어느 것인가?

b. s = 8의 표본 표준편차가 25개의 비행 표본을 기반으로 했다고 가정하자. 모집단 표준편차에 대한 신뢰구간에서 어떤 변화가 있는가? 표본 크기가 25인 95% 신뢰구간 추정값을 계산하라.

31. LPGA투어(여자 프로골프 투어) 선수와 PGA투어(남자 프로골프 투어) 선수의 골프 스코어의 변동성에 차이가 있는가? LPGA 이벤트에서 20번의 토너먼트 스코어 표본의 표준편차는 2.4623스트로크로 나타났고, PGA 이벤트에서 30번의 토너먼트 스코어 표본의 표준편차는 2.2118로 나타났다 [출처]. 남성과 여성 프로 골퍼의 골프 스코어 변동성에 통계적으로 유의한 차이가 있는지 확인하기 위해 모집단 분산의 동일성에 대한 가설 검정을 수행하라. α = .10일 때 당신의 결론은 무엇인가?

32. 재무 회계 전공에서 학사 과정을 이수한 학생 352명의 평점 평균(GPA)의 표준편차는 .940이다. 같은 과정에서 탈락한 학생 73명의 GPA의 표준편차는 .797이다. 이 자료는 재무 회계 과정을 수료한 학생과 중퇴한 학생들의 평점 평균의 분

산이 서로 차이가 있음을 나타내는가? .05의 유의수준을 사용하라. (참고: 자유도 351 및 72일 때 $F_{.025}$는 1.466이다.)

33. 회계 부서는 두 생산 부서에서 보고 한 주간 단위 비용(단가)의 분산을 분석한다. 두 부서 각각의 16개의 비용 보고서 표본을 보면 각각 그 분산이 2.3과 5.4였다. 이 표본은 두 생산 부서가 단가의 분산 측면에서 서로 다르다는 결론을 내리기에 충분한가? $\alpha = .10$을 사용하라.

34. 두 가지 새로운 조립 방법을 테스트하여 그 조립 시간의 분산을 얻었다. $\alpha = .10$에서 두 모집단 분산이 동일한지 검정하라.

	방법 A	방법 B
표본 크기	$n_1 = 31$	$n_2 = 25$
표본분산	$s_1^2 = 25$	$s_2^2 = 12$

사례문제 1. 공군 훈련 프로그램

[DATA file Training] 공군 교육 과정 중에 전자학 입문 코스는 개인별 학습 시스템으로 되어 있는데, 먼저 비디오 강의를 시청한 다음 프로그래밍 된 학습 안내문을 따르게 된다. 개별 학생은 각자 훈련을 마치고 시험을 통과할 때까지 이 학습 안내문을 따라가게 된다. 연구자는 학생들이 훈련 프로그램을 완수하는 속도에 관심이 있다. 일부 학생들은 프로그래밍 된 학습 안내문을 비교적 빠르게 학습하지만, 다른 학생들은 학습 안내문을 훨씬 더 오래 보게 되며 코스를 마치는 데 추가 시간이 필요하다. 전체 수강생이 다른 훈련 코스를 함께 진행할 수 있도록 속도가 빠른 학생들은 그렇지 않은 학생들이 전자학 입문 코스를 마칠 때까지 기다리게 된다.

새롭게 제안된 대안 시스템은 컴퓨터를 보조로 사용하게 된다. 이 방법에서 모든 학생은 비디오 녹화 강의를 시청한 후, 추가 수업을 받기 위해 컴퓨터 터미널에 각각 배치된다. 학생들이 각각 자가 훈련 과정을 거칠 수 있도록 컴퓨터가 학생들을 안내한다.

새롭게 제안된 교육 방법과 현재의 교육 방법을 비교하기 위해 122명의 학생을 두 가지 방법 중 하나에 무작위로 배정하였다. 61명의 학생 한 그룹은 현재 프로그래밍 된 학습 안내문을 통한 방법을 사용했고, 다른 61명의 학생은 새로 제안된 컴퓨터 보조 시스템을 사용했다. 학습한 각 학생에 대한 시간이 기록되어 있다. 다음 자료는 Training 파일에 있다.

현재 교육 방법을 통한 코스 완료 시간 (단위: 시간)

76	76	77	74	76	74	74	77	72	78	73
78	75	80	79	72	69	79	72	70	70	81
76	78	72	82	72	73	71	70	77	78	73
79	82	65	77	79	73	76	81	69	75	75
77	79	76	78	76	76	73	77	84	74	74
69	79	66	70	74	72					

컴퓨터 보조 시스템 방법을 통한 코스 완료 시간 (단위: 시간)

74	75	77	78	74	80	73	73	78	76	76
74	77	69	76	75	72	75	72	76	72	77
73	77	69	77	75	76	74	77	75	78	72
77	78	78	76	75	76	76	75	76	80	77
76	75	73	77	77	77	79	75	75	72	82
76	76	74	72	78	71					

경영 보고서

1. 적절한 기술 통계량을 사용하여 각 방법에 의한 훈련 시간 자료를 요약하라. 표본 자료에서 어떤 유사점이나 차이점이 관찰되는가?
2. 10장의 방법을 사용하여 두 방법에 대한 모집단 평균의 차이에 대해 언급하라. 발견한 내용을 토론하라.
3. 각 훈련 방법에 의한 자료의 표준편차와 분산을 계산하라. 두 가지 훈련 방법에 대한 모집단 분산의 동일성에 대한 가설 검정을 수행하라. 발견한 내용을 토론하라.
4. 두 방법의 차이점에 대해 어떤 결론을 내릴 수 있습니까? 당신의 추천은 무엇인지 설명하라.
5. 향후 사용할 훈련 프로그램의 선택에 대한 최종 결정을 내리기 전에 바람직한 다른 자료나 다른 검정을 제안할 수 있는가? (힌트: 학습 시간도 중요하지만, 학습 성과도 중요하다.)

사례문제 2. Meticulous Drill & Reamer

[DATA file MeticulousDrills] Meticulous Drill & Reamer(MD&R)는 초경합금(예: 강철 합금, 텅스텐 카바이드 및 티타늄)에 정밀한 홀을 드릴링 및 천공하는 데에 특화되어 있다. 이 회사는 최근 대형 탄소강 합금 디스크에 직경 3센티미터의 구멍을 뚫는 계약을 맺었으며 이 작업을 완료하려면 특수 드릴을 구입해야 한다. MD&R은 Davis Drills의 T2005와 Worth Industrial Tools의 AZ100이라는 두 가지 드릴을 최종 후보군에 넣었다. 이 업체들은 MD&R에게 1주일 동안 T2005와 AZ100을 사용해 보고 구매할 수 있도록 해 주었다. 1주일의 시험 기간 동안 MD&R은 각 드릴을 사용하여 큰 탄소강 합금 디스크에서 직경이 3cm인 31개의 구멍을 뚫은 다음 각 구멍의 직경을 측정하고 결과를 기록하였다. MD&R의 결과는 다음 표와 같이 MeticulousDrills 파일에 자료가 있다.

MD&R은 구매할 모델을 결정할 때 T2005와 AZ100이 뚫은 구멍의 정확도(직경 3cm에 근접도)와 구멍의 정밀도(직경의 분산)를 모두 고려하려고 한다.

구멍 직경

T2005	AZ100	T2005	AZ100	T2005	AZ100
3.06	2.91	3.05	2.97	3.04	3.06
3.04	3.31	3.01	3.05	3.01	3.25
3.13	2.82	2.73	2.95	2.95	2.82
3.01	3.01	3.12	2.92	3.14	3.22
2.95	2.94	3.04	2.71	3.31	2.93
3.02	3.17	3.10	2.77	3.01	3.24
3.02	3.25	3.02	2.73	2.93	2.77
3.12	3.39	2.92	3.18	3.00	2.94
3.00	3.22	3.01	2.95	3.04	3.31
3.04	2.97	3.15	2.86		
3.03	2.93	2.69	3.16		

경영 보고서

MD&R에서 이러한 평가를 수행할 때 다음 네 가지 질문을 고려하라.

1. T2005와 AZ100에서 뚫은 구멍 중 어느 것이 더 정확한가? 즉 어떤 드릴이 평균 직경 3센티미터에 가까운 구멍을 만들어주는가?
2. T2005와 AZ100에서 뚫은 구멍 중 어느 것이 더 정확한가? 즉 어떤 드릴이 분산이 작은 구멍을 만들어 주는가?
3. 유의수준 $\alpha = .05$에서 T2005와 AZ100이 똑같이 정확하다(즉, 동일한 분산을 가짐)는 가설을 검정하라. 발견한 내용을 토론하라.
4. MD&R에 어떤 드릴을 권장하겠는가? 그 이유는 무엇인가?

12 적합도, 독립성, 다중비율 검정

TESTS OF GOODNESS OF FIT, INDEPENDENCE, AND MULTIPLE PROPORTIONS

STATISTICS *in* PRACTICE

유나이티드 웨이*

Rochester, New York

Greater Rochester에 있는 유나이티드 웨이(United Way)는 지역사회에서 인도적 봉사를 하는 비영리 조직으로서 인근 7개 주의 주민의 삶을 개선시키고 있다.

매년 봄에 개최되는 United Way/Red Cross의 기금 조성 캠페인을 통하여 200개 이상의 자선단체가 추진하는 수백 가지 프로그램에 기금을 제공한다. 이들은 나이, 출신, 경제수준에 관계없이 주민들 모두를 대상으로 다양한 인도적 요구, 즉 물질적, 정신적, 사회적 요구를 충족시키고 있다.

유나이티드 웨이는 자선사업에 대한 지역사회의 인식을 알아보기 위해 설문조사를 실시하기로 결정했다. 사전 정보를 얻기 위해 전문직 집단, 서비스업 종사자 집단, 그리고 일반 근로자 집단을 구분한 후 이들을 상대로 집단심층면접(Focus-group interview)을 진행하였다. 그런 다음 이로부터 얻은 정보를 기반으로 설문지가 작성되었다. 사전 조사를 거친 후 수정된 설문지 440부가 주민에게 개별적으로 배포되어 이 중 323부가 회수되었다.

수집된 설문자료로부터 도수분포표와 교차분석표를 포함한 다양한 기술 통계가 작성되었다. 이 분석에서 가장 중요한 부분은 독립성에 대한 카이제곱 검정(χ^2-test)이다. 이 통계적 검정방법으로 관리비용에 대한 응답자의 인식이 직업에 따라 달라지는지를 판단할 수 있다.

Jim West/age fotostock
United Way의 프로그램은 성인뿐만 아니라 어린이의 요구도 충족시킨다.

독립성 검정을 위한 가설들은 다음과 같다.

H_0: United Way의 관리비용에 대한 인식은 응답자의 직업과 독립적이다.

H_a: United Way의 관리비용에 대한 인식은 응답자의 직업과 독립적이지 않다.

* 이 사례는 United Way의 Dr. Philip R. Tyler의 도움을 받아 소개한 내용임을 밝힌다.

STATISTICS *in* PRACTICE

두 개의 설문문항에서 통계적 검정을 위한 범주형 자료를 얻었다. 한 설문문항은 기금 중 관리비용의 비율(10% 이하, 11~20%, 21% 이상)에 대한 응답자의 인식에 관한 것이며, 다른 문항은 응답자의 직업에 관한 설문이다.

독립성 검정의 결과로 귀무가설이 기각되어 United Way의 관리비용에 대한 인식이 응답자의 직업에 따라 다른 것으로 나타났다. 실제 United Way의 관리비용은 9% 미만이었지만, 응답자의 35%가 관리비용이 21% 이상이라고 인식하고 있었다. 따라서 다수의 응답자가 관리비용의 비율을 잘못 인식하고 있었다. 특히 생산직, 사무직, 판매직, 그리고 전문 기술직 종사자가 속한 응답자 집단이 더 부정확한 인식을 지니고 있었다.

지역사회의 인식 조사는 United Way의 프로그램과 기금 조성 활동을 수정하는 데 도움을 주었다. 이 장에서 당신은 이 사례와 같은 검정 방법에 대해 학습할 것이다.

11장에서는 χ^2분포를 이용하여 구간을 추정하고 모집단 분산에 대한 가설을 검정하는 방법을 설명했다. 이 장에서는 χ^2분포를 이용한 세 가지 가설 검정을 추가적으로 소개한다. 이들 검정은, 관측된 표본의 결과와 귀무가설이 참일 경우 기대되는 결과를 서로 비교한다. 가설 검정의 결론은 표본의 결과가 기대되는 결과와 얼마나 "근접한지"를 결정하는 χ^2-검정 통계량을 이용한다.

세 가지 가설 검정은 모두 범주형 자료를 사용한다. 12.1절의 적합도 검정은 범주형 자료의 도수분포가 가설화된 모집단의 확률분포에 적합한지의 여부를 검정할 때 유용하다. 12.2절은 독립성에 대한 χ^2-검정을 이용하여 하나의 모집단에서 추출한 두 개의 범주형 자료가 독립적인지의 여부를 결정하는 방법을 설명한다. 12.3절은 3개 이상의 모집단에서 추출한 표본 자료를 가지고 각 모집단의 비율이 동일한지의 여부를 확인하는 다중 모집단(multiple populations)에 대한 χ^2-검정을 기술한다.

12.1 적합도 검정

카이제곱(χ^2)의 **적합도 검정**(goodness of fit test)은 확률변수가 특정 확률분포를 갖는지의 여부를 결정하는 데 이용된다. 이 절에서 우리는 다항확률분포를 갖는 확률변수에 대한 적합도 검정이 어떻게 실행되는지를 설명한다.

다항확률분포

다항확률분포(multinomial probability distribution)는 이항확률분포를 특정 시행의 결과가 세 개 이상의 범주인 경우로 확장한 것이다. 다항분포에서는 범주 확률(category probability)이 주요 모수가 된다. 우리는 적합도 검정에 다항확률분포를 적용하기 위하여 Scott Marketing Reaserach의 시정점유율에 관한 연구를 고려한다. 과거 몇 년을 거치면서 어떤 제품의 시장 점유율이 A사가 30%, B사가 50%, 그리고 C사가 20%로 안정화되었다고 하자. 각 고객은 이들 회사의 제품을 구매함으로써 분류되는데, 고객의 구매에 따라 우리는 세 가지 범주를 갖는 다항확률분포를 정의할 수 있다. 다음은 세 가지 범주 각각의 확률이다.

P_A = 고객이 A사 제품을 구매할 확률
P_B = 고객이 B사 제품을 구매할 확률
P_C = 고객이 C사 제품을 구매할 확률

다항확률분포에서 확률들의 합은 1이다.

우리는 기존 시장점유율로부터 $P_A = .30, P_B = .50, P_C = .20$인 다항확률분포를 가정한다.

C사는 현재의 시장상황에 변화를 주기 위해 새롭게 개선된 제품을 출시할 계획이다. C사는 이 신제품이 세 회사의 기존 시장점유율을 변경시킬 수 있을지의 여부를 Scott Marketing Research에게 의뢰하였다. Scott Marketing Research는 C사의 신제품을 고객 표본에게 소개한 후, 그들에게 A사 제품, B사 제품, 그리고 C사의 신제품 중 선호하는 제품을 선택하라고 요청할 것이다. 이로부터 얻은 표본 자료를 기반으로, 다음과 같은 가설을 검정하여 C사의 신제품이 세 회사의 기존 시장점유율을 변경할 가능성이 있는지의 여부를 확인할 수 있다.

H_0: $P_A = .30, P_B = .50, P_C = .20$이다.
H_a: $P_A = .30, P_B = .50, P_C = .20$이 아니다.

귀무가설은 시장점유율이 기존의 다항확률분포를 따른다는 것이다. 표본 결과가 H_0를 기각한다면, Scott Marketing Research는 C사의 신제품 도입으로 시장점유율(다항분포의 범주 확률)이 변할 것이라는 증거를 확보하게 될 것이다.

Scott Marketing Research가 200명의 고객으로 구성된 고객 패널을 이용한다고 가정하자. 각 고객은 세 가지 대안, 즉 A사 제품, B사 제품, 그리고 C사의 신제품 중 구매가 선호되는 제품을 지정하도록 요청받았다. 200명의 응답이 다음과 같은 도수분포로 정리되었다.

범주	관찰도수
A사	48
B사	98
C사	54
합계	200

이제 구매 선호도 표본이 귀무가설과 일치하는지를 알아보기 위해 적합도 검정을 활용해 보자. 적합도 검정은 귀무가설이 참이라는 가정하의 기대도수를 표본으로부터의 관찰도수와 비교하는 것이다. 따라서 다음 단계는 $P_A = .30, P_B = .50, P_C = .20$이 참이라는 가정하에서 200명의 고객에 대하여 기대되는 구매 선호도를 계산하는 것이다. 다음과 같이 기

대도수 분포를 얻을 수 있다.

범주	기대도수
A사	200(.30) = 60
B사	200(.50) = 100
C사	200(.20) = 40
합계	200

각 범주의 기대도수는 표본의 크기 200을 가설의 범주 확률에 곱하여 계산한다.

적합도 검정은 관찰도수와 기대도수의 차이에 초점을 맞춘다. 관찰도수와 기대도수의 차이가 '큰'지 또는 '작은'지에 관한 질문은 χ^2-검정 통계량을 통해 해결된다.

식 12-1에서 관찰도수(f_i)와 기대도수(e_i)의 차이는 제곱되었다. 따라서 χ^2은 항상 양수이다.

적합도 검정을 위한 검정 통계량

$$\chi^2 = \sum_{i=1}^{k} \frac{(f_i - e_i)^2}{e_i} \qquad \textbf{12-1}$$

여기서, f_i = 범주 i의 관찰도수(observed frequency)
e_i = 범주 i의 기대도수(expected frequency)
k = 범주의 수

주) 범주의 기대도수가 모두 5 이상이면 검정 통계량은 자유도가 $k-1$인 χ^2분포를 따른다.

표본 자료를 사용하여 다항분포의 시장점유율 확률이 $P_A = .30$, $P_B = .50$, $P_C = .20$이라는 가설을 검정하자. 유의수준 $\alpha = .05$를 사용하자. 우리는 관찰도수와 기대도수를 이용하여 검정 통계량 값을 계산한다. 〈표 12-1〉은 기대도수가 모두 5 이상인 경우 χ^2-검정 통계량이 계산되는 과정을 보여준다. 이로부터 $\chi^2 = 7.34$이다.

적합도 검정은 항상 χ^2 분포의 우측 꼬리에 기각영역이 있는 단측 검정이다.

우리는 관찰도수와 기대도수의 차이가 크면 귀무가설을 기각한다. 따라서 적합도 검정은 항상 우측 검정이다. 우리는 검정 통계량의 우측 면적과 p-값을 사용하여 귀무가설의 기각 여부를 결정한다. 자유도 $k-1 = 3-1 = 2$를 사용하여 부록 B의 χ^2분포표로부터 다음

〈표 12-1〉 Scott Marketing Research의 시장점유율 연구에서 χ^2-검정 통계량의 계산

범주	가설의 확률	관찰도수(f_i)	기대도수(e_i)	차이($f_i - e_i$)	차이제곱$(f_i - e_i)^2$	차이제곱/기대도수$(f_i - e_i)^2/e_i$
A사	.30	48	60	−12	144	2.40
B사	.50	98	100	−2	4	0.04
C사	.20	54	40	14	196	4.90
합계		200				$\chi^2 = 7.34$

을 얻을 수 있다.

우측 면적	.10	.05	.025	.01	.005
χ^2값(자유도 2)	4.605	5.991	7.378	9.210	10.597

$\chi^2=7.34$

검정 통계량 $\chi^2 = 7.34$는 5.991과 7.378 사이에 있다. 따라서 우측 면적 또는 p-값은 .05와 .025 사이의 값이 될 것이다. 유의수준을 $\alpha = .05$로 가정하면 p-값 $\leq .05$이면 H_0를 기각하고, C사의 신제품 출시가 기존 시장점유율을 변화시킬 것이라는 결론을 내릴 수 있다. 엑셀을 이용하면 p-값 $= .0255$라는 것을 알 수 있다.

p-값을 이용하는 대신 임계값 방식을 이용하여 동일한 가설 검정 결과를 얻을 수 있다. $\alpha = .05$와 자유도 2에서 검정 통계량의 임계값은 $\chi^2_{.05} = 5.991$이다. 우측 기각영역 규칙은 다음과 같다.

$$\text{만약 } \chi^2 \geq 5.991\text{이면 } H_0\text{를 기각한다.}$$

$7.34 > 5.991$이므로 H_0를 기각한다. p-값 방식과 임계값 방식은 동일한 검정 결과를 준다.

우리는 C사의 신제품 도입이 세 회사의 시장점유율에 변화를 줄 것이라는 결론을 내렸으므로, 이제 시장점유율이 어떻게 변화될 것인지에 더욱 관심을 갖게 된다. 기존 시장점유율과 표본 자료로부터, 우리는 다음과 같이 자료를 요약한다.

회사	기존 시장점유율(%)	표본 자료 시장점유율
A사	30	48/200 = .24 또는 24%
B사	50	98/200 = .49 또는 49%
C사	20	54/200 = .27 또는 27%

〈그림 12-1〉 C사의 신제품 출시 전과 후의 시장점유율

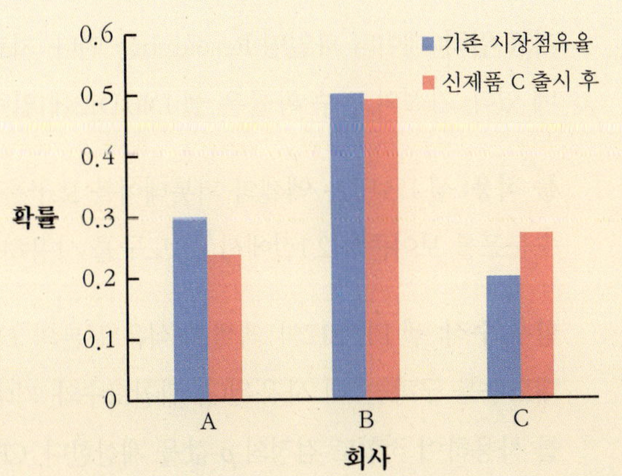

〈그림 12-1〉은 기존 시장점유율과 표본 시장점유율을 바차트로 비교한 것이다. 바차트는 신제품이 C사의 시장점유율을 증가시킬 가능성을 보여준다. 다른 두 회사를 비교할 경우 C사의 시장점유율 상승은 B사보다 A사에 더욱 큰 위협이 될 것으로 보인다.

다항확률분포의 가설에 대한 적합도 검정의 절차를 요약하면 다음과 같다.

다항확률분포 적합도 검정

1. 귀무가설과 대립가설을 설정한다.

   H_0: 모집단은 각각의 k개 범주에 대해 특정 확률을 갖는 다항확률분포를 따른다.

   H_a: 모집단은 각각의 k개 범주에 대해 특정 확률을 갖는 다항확률분포를 따르지 않는다.
2. 무작위 표본을 선정하고 각 범주의 관찰도수 f_i를 기록한다.
3. 귀무가설이 참이라고 가정하고, 표본의 크기와 가설의 범주 확률을 곱하여 범주별 기대도수 e_i를 구한다.
4. 각 범주의 기대도수 e_i가 5이상이면 검정 통계량 값을 계산한다.

$$\chi^2 = \sum_{i=1}^{k} \frac{(f_i - e_i)^2}{e_i}$$

5. 기각규칙

   p-값 방식: p-값 $\le \alpha$이면 H_0를 기각

   임계값 방식: $\chi^2 \ge \chi^2_\alpha$이면 H_0를 기각

   여기서, 검정의 유의수준은 α이고 자유도는 $k-1$이다.

엑셀을 사용한 적합도 검정

엑셀을 사용하여 Scott Marketing Research의 시장점유율 연구에 대한 적합도 검정을 할 수 있다. 〈그림 12-2〉를 참조하여 수행할 작업들을 설명한다. 수식 워크시트는 뒤에 있고 결과 워크시트가 앞에 있다.

DATA file Research

자료 입력: 데이터 파일명 Research를 연다. 자료는 셀 B2:C201에 있고 라벨은 열 A와 셀 B1에 있다. 가설의 범주 확률은 셀 D10:D12에 입력되어 있다.

툴 적용: 셀 D3:E7은 엑셀의 피봇테이블 도구를 사용하여 얻은 구매 선호도 자료에 대한 도수분포를 보여준다(2.1절에서 이 도구를 사용하는 방법을 참조한다).

함수/수식: 셀 E10:E12의 엑셀 수식은 표본의 크기와 가설의 범주 확률을 곱하여 범주별 기대도수를 구하는 데 사용된다. 관찰도수와 기대도수가 계산되면, 엑셀의 CHISQ.TEST 함수를 사용하여 적합도 검정의 p-값을 계산한다. CHISQ.TEST 함수의 입력에서 관찰도수와 기대도수의 범위를 지정한다. 이 검정의 p-값은 다음 엑셀 함수를 셀 E14에 입력하여 계산한다.

〈그림 12-2〉 Scott Marketing Research의 시장점유율 연구에서 적합도 검정을 위한 엑셀 워크시트

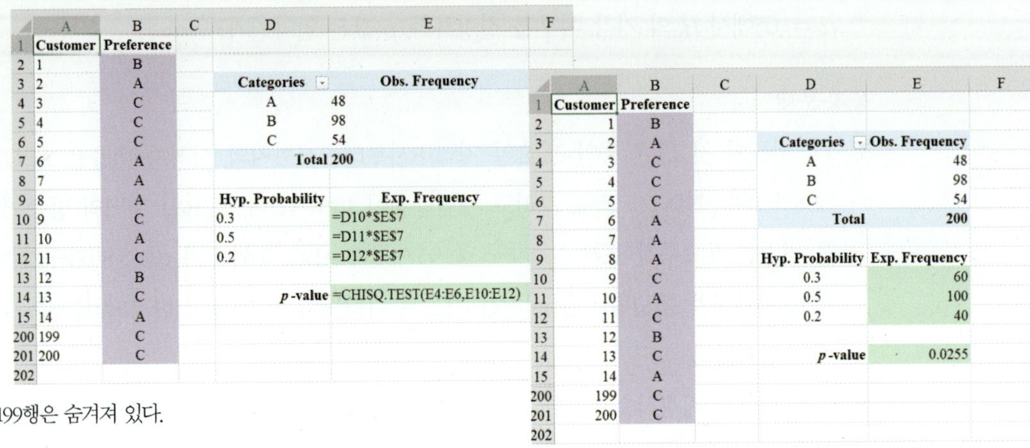

	A	B	C	D	E	F
1	Customer	Preference				
2	1	B				
3	2	A		Categories	Obs. Frequency	
4	3	C		A	48	
5	4	C		B	98	
6	5	C		C	54	
7	6	A		Total	200	
8	7	A				
9	8	A		Hyp. Probability	Exp. Frequency	
10	9	C		0.3	=D10*$E$7	
11	10	A		0.5	=D11*$E$7	
12	11	C		0.2	=D12*$E$7	
13	12	B				
14	13	C		*p*-value	=CHISQ.TEST(E4:E6,E10:E12)	
15	14	A				
200	199	C				
201	200	C				
202						

	A	B	C	D	E	F
1	Customer	Preference				
2	1	B				
3	2	A		Categories	Obs. Frequency	
4	3	C		A	48	
5	4	C		B	98	
6	5	C		C	54	
7	6	A		Total	200	
8	7	A				
9	8	A		Hyp. Probability	Exp. Frequency	
10	9	C		0.3	60	
11	10	A		0.5	100	
12	11	C		0.2	40	
13	12	B				
14	13	C		*p*-value	0.0255	
15	14	A				
200	199	C				
201	200	C				
202						

주) 16~199행은 숨겨져 있다.

=CHISQ.TEST(E4:E6,E10:E12)

결과 워크시트는 p-값이 .0255임을 보여준다. 따라서 α = .05에서 H_0를 기각하고 C사의 신제품 도입이 현재의 시장점유율 구조를 변화시킬 것이라는 결론을 내린다.

연습문제

기본문제

1. χ^2의 적합도 검정을 이용하여 다음의 다항확률분포에 대한 가설을 검정하라.

$$H_0:\ P_A = .40, P_B = .40, P_C = .20 \text{이다.}$$
$$H_a:\ P_A = .40, P_B = .40, P_C = .20 \text{이 아니다.}$$

표본의 크기 200은 범주 A에서 60, 범주 B에서 120, 그리고 범주 C에서 20이 추출된 것이다. H_0에서 설정된 확률이 맞는지 여부를 α = .05에서 검정하라.

a. p-값 방식을 이용하라.

b. 임계값 방식을 이용하여 다시 검정하라.

2. 네 가지 범주 A, B, C, D를 갖는 다항모집단을 가정하자. 다음의 귀무가설은 항목 비율이 모든 범주에서 동일하다는 것이다.

$$H_0: P_A = P_B = P_C = P_D = .25$$

표본의 크기 300이 다음과 같은 비율로 나뉘어 있다.

A: 85 B: 95 C:50 D: 70

$\alpha = .05$에서 H_0의 기각 여부를 결정하라. p-값은 얼마인가?

응용문제

3. TV 시즌의 첫 13주 동안 토요일 저녁 8시부터 9시까지의 시청자 비율은 ABC가 29%, CBS가 28%, NBC가 25%, 그리고 독립방송이 18%이었다. 토요일 저녁의 방송편성 일정을 변경한 후 2주간 표본 300가구 중 95가구가 ABC, 70가구가 CBS, 89가구가 NBC, 그리고 46가구가 독립방송을 시청한 것으로 나타났다. 시청률이 변경되었는지를 $\alpha = .05$에서 검정하라.

DATA file
M&M

4. Mars, Inc.는 세계적으로 인기 있는 사탕인 M&M을 생산한다. 이 중 밀크 초콜릿 사탕은 청색, 갈색, 녹색, 오렌지색, 빨간색, 노란색의 색상으로 만들어진다[출처]. 색상의 전체 비율은 청색이 .24, 갈색이 .13, 녹색이 .16, 오렌지색이 .13, 적색이 .14, 그리고 노란색이 .14이다. 표본조사를 통해 일부 M&M 밀크 초콜릿 사탕의 봉지를 열어본 결과 다음과 같은 색상의 개수가 확인되었다.

청색	갈색	녹색	오렌지색	적색	노란색
105	72	89	84	70	80

유의수준 .05로 표본 자료를 이용하여 색상의 전체 비율이 위에서 설명한 것과 같다는 가설을 검정하라. 당신의 결론은 무엇인가?

5. Harris Poll은 최소 한 가지 이상의 스포츠를 선호하는 미국인을 대상으로 그들이 선호하는 스포츠를 조사하였다. 조사결과에 따르면 미국인의 33%가 프로 미식축구를 가장 좋아하는 것으로 나타났으며, 야구는 15%, 대학 미식축구는 10%, 자동차경주는 6%, 프로농구는 5%, 아이스하키는 5%, 기타 스포츠는 26%인 것으로 나타났다[출처]. 최소 한 가지 이상의 스포츠를 선호하는 344명의 대학생을 대상으로 본인이 선호하는 스포츠를 선택하도록 요청한 설문조사에서 다음과 같은 결과를 얻었다.

프로 미식축구	야구	대학 미식축구	자동차경주	프로농구	아이스하키	기타
111	39	46	14	6	20	108

대학생이 선호하는 스포츠는 일반인과 차이가 있는가? $\alpha = .05$를 사용하라.

6. National Highway Traffic Safety Administration은 한 주의 요일별 교통사고의 비율을 기록한다. 420건의 교통사고 표본으로부터 다음과 같은 자료가 제공되었다고 가정하자.

일요일	월요일	화요일	수요일	목요일	금요일	토요일
66	50	53	47	55	69	80

a. 가설 검정을 통해 교통사고의 비율이 모든 요일에서 동일한지를 확인하라. p-값은 얼마인가? 유의수준 .05에서, 당신의 결론은 무엇인가?

b. 요일별 교통사고의 비율을 계산하라. 교통사고의 비율이 가장 높은 요일은 언제인가? 이는 합리적인 것으로 보이는가? 이에 대해 논의하라.

12.2 독립성 검정

이 절은 χ^2-검정을 이용하여 단일 모집단에서 추출된 표본에서 관찰되는 두 개의 범주변수가 서로 독립적인지를 알아보는 방법을 설명한다. 적합도 검정과 마찬가지로, 독립성 검정 역시 관찰도수와 기대도수의 비교를 기반으로 한다. 이 검정을 위해 단일 모집단에서 하나의 표본을 추출하고 이 표본으로부터 두 개 범주변수에 대한 관찰 값들을 기록한다. 그런 후에 범주변수 1과 범주변수 2의 각 조합에 해당하는 관찰 값의 개수를 각각 세어서 자료를 요약한다. 이 검정의 귀무가설은 "두 범주변수는 독립적이다"이다. 따라서 이 검정을 **독립성 검정**(test of independence)이라고 한다. 다음의 예를 통해서 이 검정을 살펴볼 것이다.

맥주산업협회는 연한 맥주, 보통 맥주, 흑맥주에 대한 소비자의 선호도를 알아보기 위해 조사를 실시하였다. 이 조사에서 표본으로 선정된 200명의 맥주 소비자로 하여금 세 가지 종류의 맥주, 즉 연한, 보통, 흑 맥주 중 선호하는 맥주 하나를 선택하도록 하였다. 또한 이 조사의 설문지 마지막 부분에는 응답자의 성별을 포함한 인구통계적 문항들이 포함되어 있었다. 이 조사의 연구문제는 세 가지 종류의 맥주에 대한 선호도가 맥주 소비자의 성별과 관련이 있는지 또는 없는지에 관한 것이다. 만약 두 개의 범주변수, 즉 맥주 선호도와 성별이 독립이라면, 맥주 선호도는 성별에 의존하지 않으며, 남성 맥주 소비자와 여성 맥주 소비자의 연한, 보통, 흑 맥주에 대한 맥주 선호도는 같을 것이라고 예상할 수 있다. 하지만 두 범주변수가 독립이 아니라는 검정 결과가 나온다면, 우리는 맥주 선호도는 맥주 소비자의 성별과 관련이 있거나 의존한다는 증거를 얻게 된다. 이 경우 맥주 회사는 이 정보를 이용하여 남성과 여성 맥주 소비자별 목표시장에 따라 광고와 판매 촉진을 다르게 할 수 있다.

이 예에서 독립성 검정을 위한 가설은 다음과 같다.

H_0: 맥주 선호도는 성별과 독립적이다.

H_a: 맥주 선호도는 성별과 독립적이지 않다.

교차분석표는 자료를 요약하는 데 이용되며, 분할표(contingency table)라고 부르기도 한다.

표본 자료를 연한, 보통, 흑 맥주의 선호도에 관한 변수와 남성 및 여성의 성별에 관한 변수로 구성된 교차분석표로 정리한다. 이 조사의 목적은 맥주 소비자의 성별에 따라 선호도에 차이가 있는지 또는 없는지를 알아내는 것이므로, 우리는 성별을 설명변수로 하고, 이 설명변수를 교차분석표의 열 변수로 놓는 통상적 방식을 따른다. 맥주 선호도는 응답변수이고 교차분석표에서 행 변수로 놓는다. 이 조사의 맥주 소비자 200명의 표본 자료를 〈표

〈표 12-2〉 남성과 여성의 맥주 선호도의 표본 결과(관찰도수)

		성별		
		남성	여성	합계
맥주 선호도	연한	51	39	90
	보통	56	21	77
	흑	25	8	33
	합계	132	68	200

12-2〉에서 정리하였다.

표본 자료는 개별 응답자의 맥주 선호도와 성별의 조합으로 요약되었다. 예를 들어, 연한 맥주를 선호하는 남성은 51명이고, 보통 맥주를 선호하는 남성은 56명이다. 이제 표의 자료를 분석하고, 맥주 선호도와 성별의 독립성에 대하여 검정하자.

우리는 맥주 소비자를 표본으로 선정했기 때문에 각 변수를 분리해서 요약하면 맥주 소비자 모집단의 특성에 관한 몇몇 통찰력을 얻을 수 있다. 범주변수 성별에서 맥주 소비자 200명의 표본 중 132명이 남성이다. 따라서 우리는 맥주 소비자 모집단 중 132/200 = .66, 즉 66%가 남성이라고 추정한다. 이와 마찬가지로 맥주 소비자 모집단 중 68/200 = .34, 즉 34%가 여성이라고 추정한다. 표본 자료는 남성 맥주 소비자가 여성 맥주 소비자보다 약 2배 정도 많다는 것을 보여준다. 세 종류 맥주의 표본비율 또는 백분율은 다음과 같다.

연한 맥주 선호	90/200 = .450, 즉 45.0%
보통 맥주 선호	77/200 = .385, 즉 38.5%
흑맥주 선호	33/200 = .165, 즉 16.5%

표본의 맥주 소비자를 보면 연한 맥주의 선호가 가장 많고 흑맥주의 선호가 가장 적다.

이제 맥주 선호도와 성별이 독립적인지를 알아보기 위해 χ^2-검정을 실시하자. 〈표 12-2〉의 자료는 성별에 관한 두 개 범주와 맥주 선호도에 관한 세 개 범주에 대한 관찰도수이다.

기대도수에 관한 표를 귀무가설의 내용, 즉 맥주 선호도와 성별은 독립적이다라는 가정을 기반으로 작성할 수 있다. 우리는 위에서 200명의 맥주 소비자 표본에 대하여 연한, 보통, 흑 맥주의 선호 비율이 각각 .450, .385, .165임을 보였다. 만약 독립성 가정이 타당하다면, 이들 비율이 남성 맥주 소비자와 여성 맥주 소비자 모두에 적용될 수 있어야 한다고 결론을 내릴 수 있다. 따라서 독립성 가정하에서, 우리는 132명의 남성 맥주 소비자 표본 중 .450(132) = 59.40명이 연한 맥주를 선호하고, .385(132) = 50.82명이 보통 맥주를 선호하며, .165(132) = 21.78명이 흑맥주를 선호할 것으로 기대할 수 있다. 여성 맥주 소비자에 대해서

〈표 12-3〉 맥주 선호도와 소비자의 성별이 독립일 때 기대도수

		성별		
		남성	여성	합계
맥주 선호도	연한	59.40	30.60	90
	보통	50.82	26.18	77
	흑	21.78	11.22	33
	합계	132.00	68.00	200

도 동일한 비율을 적용하여 이들의 기대도수를 구할 수 있으며, 이를 〈표 12-3〉에서 볼 수 있다.

기대도수 표에서 i행과 j열의 기대도수 e_{ij}를 구하자. 이 표기를 이용하여, 연한 맥주(1행)이면서 남성 맥주 소비자(1열)의 기대도수 e_{11}을 구해 보자.

90은 연한 맥주 응답자의 총수(1행의 합계)이고, 132는 표본에서 남성 응답자의 총수(1열의 합계)이며, 그리고 200은 전체 표본의 크기이다. 다음과 같은 절차에 따라 1행이면서 1열의 기대도수를 구할 수 있다.

$$e_{11} = \frac{\text{1행의 합계}}{\text{표본 크기}}(\text{1열의 합계}) = \frac{90}{200}(132) = 59.40$$

이 식을 다음과 같이 변경할 수 있다.

$$e_{11} = \frac{(\text{1행의 합계})(\text{1열의 합계})}{\text{표본 크기}} = \frac{(90)(132)}{200} = 59.40$$

이 식을 일반화한 다음의 식이 H_0의 가정하에서 기대도수를 구하게 한다.

$$e_{ij} = \frac{(i\text{행의 합계})(j\text{열의 합계})}{\text{표본 크기}} \tag{12-2}$$

예를 들어 만약 맥주 선호도가 성별과 독립이라면, 연한 맥주를 선호하는 남성 맥주 소비자에 대한 기대도수 $e_{11} = (90)(132)/200 = 59.40$이고, 연한 맥주를 선호하는 여성 맥주 소비자에 대한 기대도수 $e_{12} = (90)(68)/200 = 30.60$이다. 식 12-2를 이용한 다른 기대도수들도 〈표 12-3〉에서 확인할 수 있다.

이제 관찰도수 표(표 12-2)와 기대도수 표(표 12-3)를 이용하여 독립성 검정을 위한 χ^2-검정 통계량 값을 구한다. 독립성 검정에는 r행과 c열이 있기 때문에 χ^2을 구하는 식은 다음과 같은 2중의 합이 된다.

$$\chi^2 = \sum_i \sum_j \frac{(f_{ij} - e_{ij})^2}{e_{ij}} \qquad \text{12-3}$$

r행과 c열로 구성된 표에서 각각의 기대도수가 모두 5 이상이면 χ^2분포는 $(r-1)(c-1)$의 자유도를 갖는다. 따라서 이 예에서 우리는 자유도 $(3-1)(2-1) = 2$를 갖는 χ^2분포를 이용한다. 〈표 12-4〉는 χ^2-검정 통계량을 구하는 과정을 정리한 것이다.

우리는 자유도가 2인 χ^2분포의 우측 면적과 표본에서 구한 p-값을 비교하여 맥주 선호도가 성별과 독립적이라는 귀무가설의 기각 여부를 결정할 수 있다. 부록 B의 χ^2분포표로부터 다음을 얻을 수 있다.

우측 면적	.10	.05	.025	.01	.005
χ^2값(자유도 2)	4.605	5.991	7.378	9.210	10.597

$\chi^2=6.45$

따라서 $\chi^2 = 6.45$의 우측 면적은 .05와 .25 사이에 있고, 이에 우측 면적 또는 p-값도 .05와 .025 사이에 있다. 따라서 p-값 $\leq$ .05이므로 H_0를 기각하고, 맥주 선호도와 맥주 소비자의 성별은 독립적이지 않다고 결론을 내릴 수 있다. 다르게 말하면, 이 연구는 남성 맥주 소비자와 여성 맥주 소비자 간에 맥주 선호도가 다르다는 것을 보여주게 된다. 엑셀을 이용하면 p-값 = .0398이라는 것을 알 수 있다.

p-값을 이용하는 대신 임계값 방식을 이용하여 동일한 가설 검정 결과를 얻을 수 있다. $\alpha = .05$이고 자유도 2에서 χ^2-검정 통계량의 임계값은 $\chi^2_{.05} = 5.991$이다. 우측 기각영역에 의한 결정 규칙은 다음과 같다.

$$\chi^2 \geq 5.991\text{이면 } H_0\text{를 기각한다.}$$

6.45 > 5.991이므로 H_0를 기각한다. p-값 방식과 임계값 방식은 동일한 가설 검정 결과를 제공한다.

〈표 12-4〉 맥주 선호도와 성별의 독립성 검정을 위한 χ^2-검정 통계량의 계산

맥주 선호도	성별	관찰도수 f_{ij}	기대도수 e_{ij}	차이 $f_{ij}-e_{ij}$	차이제곱 $(f_{ij}-e_{ij})^2$	차이제곱/기대도수 $(f_{ij}-e_{ij})^2/e_{ij}$
연한	남성	51	59.40	−8.40	70.56	1.19
연한	여성	39	30.60	8.40	70.56	2.31
보통	남성	56	50.82	5.18	26.83	.53
보통	여성	21	26.18	−5.18	26.83	1.02
흑	남성	25	21.78	3.22	10.37	.48
흑	여성	8	11.22	−3.22	10.37	.92
	합계	200	200.00			$\chi^2=6.45$

우리는 맥주 선호도와 성별이 독립적이지 않다는 증거를 가지게 되었지만, 이들 두 변수의 관계를 나타내는 특성을 파악하려면 자료로부터 추가적인 통찰력을 얻을 필요가 있다. 그중 하나는 남성과 여성을 구분하여 맥주 선호도에 대한 응답 확률을 구하는 것이다. 이는 다음과 같이 구할 수 있다.

맥주 선호도	남성	여성
연한	51/132 = .3864, 또는 38.64%	39/68 = .5735, 또는 57.35%
보통	56/132 = .4242, 또는 42.42%	21/68 = .3088, 또는 30.88%
흑	25/132 = .1894, 또는 18.94%	8/68 = .1176, 또는 11.76%

〈그림 12-3〉 성별에 따른 맥주 선호도 비교

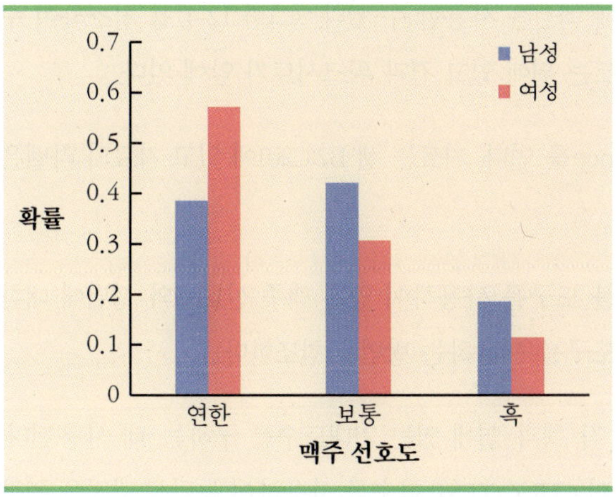

〈그림 12-3〉은 남성 및 여성 맥주 소비자의 맥주 선호도를 보여주는 바차트이다.

맥주 선호도와 성별 사이의 관계에 대해서 무엇을 살펴볼 수 있는가? 표본에서 여성 맥주 소비자의 경우 연한 맥주에 대한 선호도가 57.35%로 가장 높았다. 표본에서 남성 맥주 소비자의 경우 보통 맥주에 대한 선호도가 42.42%로 가장 높았다. 여성 맥주 소비자의 연한 맥주에 대한 선호도가 남성 맥주 소비자의 선호도보다 높은 반면, 남성 맥주 소비자의 보통 맥주와 흑맥주에 대한 선호도가 여성 맥주 소비자의 선호도보다 더 높았다. 〈그림 12-3〉과 같은 바차트는 두 개의 범주변수가 어떻게 관련되는지에 관한 통찰력을 얻는 데 도움을 준다.

이 논의를 마치기 전에 독립성 검정의 절차를 다음과 같이 요약한다.

χ^2-검정을 이용한 두 개 범주변수의 독립성 검정

1. 귀무가설과 대립가설을 설정한다.

   H_0: 두 범주변수는 독립적이다.

   H_a: 두 범주변수는 독립적이지 않다.

2. 모집단에서 무작위 표본을 선정하고 표본의 각 원소에 대하여 두 범주변수의 자료를 수집한다. r행과 c열을 갖는 표에 관찰도수 f_{ij}를 기록한다.
3. 귀무가설이 참이라고 가정하고, 기대도수 e_{ij}를 구한다.
4. 표의 각 셀에서 기대도수 e_{ij}가 5 이상이면 검정 통계량 값을 계산한다.

$$\chi^2 = \sum_i \sum_j \frac{(f_{ij} - e_{ij})^2}{e_{ij}}$$

χ^2-검정이 타당하기 위해서는 기대도수가 모두 5 이상 되어야 한다.

H_0의 기각을 위한 χ^2-검정은 $(r-1)(c-1)$의 자유도를 갖는 χ^2분포에서의 우측 검정이다.

5. 기각규칙

$$p\text{-값 방식: } p\text{-값} \leq \alpha \text{이면 } H_0\text{를 기각}$$

$$\text{임계값 방식: } \chi^2 \geq \chi^2_\alpha \text{이면 } H_0\text{를 기각}$$

여기서, χ^2분포는 $(r-1)(c-1)$의 자유도를 가지며 검정의 유의수준은 α이다.

마지막으로, 독립성에 대한 귀무가설이 기각되면, 맥주 선호도 예에서 살펴보았던 것처럼 확률을 구해 보면 두 개 범주변수가 어디서 관련되는지 또는 종속적이 되는지를 알아보는 데 도움이 된다.

엑셀을 사용한 독립성 검정

맥주 선호도에 대한 독립성 검정의 예에 엑셀을 사용할 수 있다. 〈그림 12-4〉를 참조하여 수행할 작업들을 설명한다. 수식 워크시트는 뒤에 있고 결과 워크시트가 앞에 있다.

DATA *file*
BeerPreference

자료 입력: 데이터 파일명 BeerPreference를 연다. 자료는 셀 B2:C201에 있고 자료의 라벨은 열 A와 셀 B1:C1에 있다.

툴 적용: 셀 E3:H8은 엑셀의 피봇테이블 도구를 사용하여 얻은 맥주 선호도와 성별에 대한 교차분석표를 보여준다(2.3절에서 이 도구를 사용하는 방법을 참조한다).

함수/수식: 셀 F12:G14의 엑셀 수식은 각 행과 열에 있는 기대도수를 구하는 데 사용된다. 관찰도수와 기대도수가 계산되면, 엑셀의 CHISQ.TEST 함수를 사용하여 독립성 검정을 위한 p-값을 계산한다. CHISQ.TEST 함수의 입력에서 관찰도수와 기대도수에 대한 값의 범위를 지정한다. 이 독립성 검정을 위한 p-값을 계산하기 위하여, 다음 함수를 셀 G16에 입력한다.

〈그림 12-4〉 맥주 선호도 독립성 검정을 위한 엑셀 워크시트

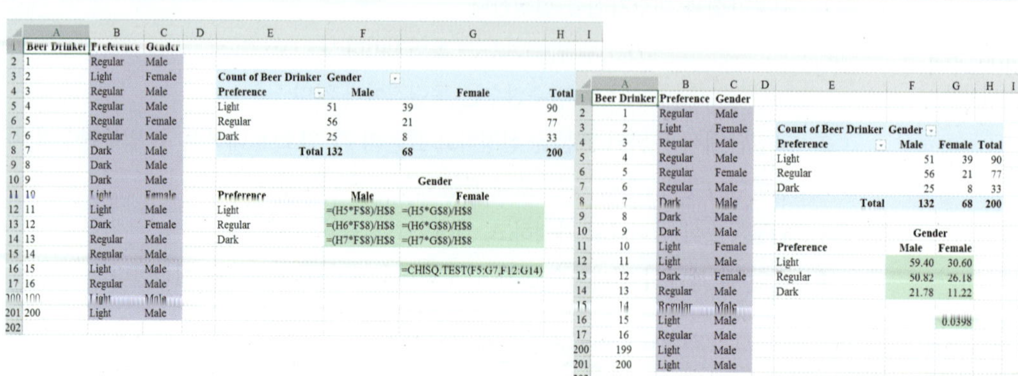

주) 18~199행은 숨겨져 있다.

=CHISQ.TEST(F5:G7,F12:G14)

결과 워크시트는 p-값이 .0398임을 보여준다. 따라서 $\alpha = .05$에서 H_0를 기각하고 맥주 선호도는 맥주 소비자의 성별과 독립적이지 않다라는 결론을 내린다.

12.2 보충 설명

χ^2-검정을 위한 검정 통계량은 각 범주에서 5 이상의 기대도수를 필요로 한다. 어느 범주에서 기대도수가 5 미만인 경우, 인접한 두 범주를 결합하여 각 범주의 기대도수가 5 이상이 되도록 하는 것이 적절하다.

연습문제

기초문제

7. 다음 표는 200개 표본의 관찰도수이다. $\alpha = .05$에서 행 변수와 열 변수의 독립성을 검정하라.

		열 변수		
		A	B	C
행 변수	P	20	44	50
	Q	30	26	30

8. 다음 표는 240개 표본의 관찰도수이다. $\alpha = .05$에서 행 변수와 열 변수의 독립성을 검정하라.

		열 변수		
		A	B	C
행 변수	P	20	30	20
	Q	30	60	25
	R	10	15	30

응용문제

9. *Bloomberg Businessweek*는 구독자를 대상으로 "지난 12개월 동안 업무 출장 시 가장 많이 구매한 항공 티켓은 어떤 유형입니까?"와 "이 항공 티켓이 국내선입니까 또는 국제선입니까"를 설문조사 하였다. 다음은 수집한 표본 자료를 정리한 것이다.

		노선 유형	
		국내선	국제선
티켓 유형	일등석	29	22
	비즈니스석	95	121
	일반석	518	135

a. 유의수준 .05에서 구매한 티켓 유형과 노선 유형은 독립적인가? 당신의 결론은 무엇인가?

b. 티켓 유형과 노선 유형 사이에 종속성이 있는지에 대해 논의하라.

DATA file
WorkforcePlan

10. Deloitte는 인사팀 임원들을 대상으로 하는 고용조사에서 자신의 회사가 향후 12개월 동안 어떤 인사조정을 계획하고 있는지를 물었다. 범주별 응답은 세 가지, 즉 회사가 추가적으로 직원을 채용하는 것, 직원 수에 변화를 주지 않는 것, 그리고 직원 수를 감소시키는 것이다. 또 다른 범주변수는 그 회사가 사기업인지 또는 공기업인지에 관한 것이다. 180개 회사로부터 수집한 표본 자료를 요약하면 다음과 같다.

		회사	
		사기업	공기업
고용 계획	추가 고용	37	32
	변화 없음	19	34
	직원 감소	16	42

a. 향후 12개월 동안의 고용 계획과 회사 유형은 서로 독립적인지를 유의수준 .05에서 검정하라. 당신의 결론은 무엇인가?

b. 향후 12개월 동안 사기업과 공기업의 고용 계획에서의 차이를 논의하라.

11. 건강보험 혜택은 회사의 규모에 따라 달라진다[출처]. 아래의 표본 자료는 건강보험을 제공하는 소기업, 중견기업, 대기업의 수를 보여준다. 이 조사에서 직원 수 100명 미만을 소기업, 100명 이상 999명 이하는 중견기업, 그리고 1000명 이상을 대기업으로 분류하였다. 225명의 직원을 대상으로 자신의 회사가 건강보험을 제공하는지의 여부와 회사의 규모를 조사하였다.

		회사 규모		
		소기업	중견기업	대기업
건강 보험	제공	36	65	88
	제공하지 않음	14	10	12

a. 회사의 건강보험 제공이 회사의 규모와 독립적인지를 검정하라. p-값은 얼마인가? 유의수준 .05에서 당신의 결론은 무엇인가?

b. 뉴스 기사에서 소기업의 직원들은 회사의 건강보험 혜택을 덜 받는다는 보도가 있었다. 위의 자료를 이용하여 백분율을 구하고 그것이 이 보도 내용을 지지하는지에 대해 논의하라.

DATA file
AutoQuality

12. J. D. Power and Associations는 자동차품질 조사에서 신규 소유자를 대상으로 그들이 최근에 구매한 자동차에 관한 여러 가지 설문을 하였다. 설문문항 중 하나는 소유자가 평가하는 자동차의 품질 등급에 관한 것으로 평균, 우수, 최우수로 응답할 수 있다. 다른 하나는 소유자의 교육 수준에 관한 것으로 고교중퇴, 고졸, 대학중퇴, 대졸로 응답할

수 있다. 최근에 자동차를 구매한 500명의 소유자로부터 다음과 같은 표본 자료를 수집했다고 하자.

		교육 수준			
		고교 중퇴	고졸	대학 중퇴	대졸
품질 등급	평균	35	30	20	60
	우수	45	45	50	90
	최우수	20	25	30	50

a. 유의수준 .05에서, 소유자의 신규 자동차품질 등급이 교육 수준과 독립적인지를 검정하라. *p*-값은 얼마인가? 당신의 결론은 무엇인가?

b. 평균, 우수, 최우수 등급의 백분율을 이용하여 신규 소유자가 최근 구매한 자동차의 품질 등급에 대해 논의하라.

13. *Wall Street Journal*은 연간 기업인지도 조사에서 독자들을 대상으로 250개 이상의 세계적 기업에 대한 경영 품질과 평판을 묻는 설문을 하였다[출처]. 기업의 경영 품질과 평판에 관한 설문은 탁월, 우수, 보통과 같은 범주척도로 응답된다. 200명의 응답자로부터 수집한 다음과 같은 표본 자료를 이 조사에 적용하자.

		기업 평판		
		탁월	우수	보통
경영 품질	탁월	40	25	5
	우수	35	35	10
	보통	25	10	15

a. 유의수준 .05에서, 기업의 경영 품질과 평판에 대한 독립성을 검정하라. *p*-값은 얼마이고, 당신의 결론은 무엇인가?

b. 두 범주변수 사이에 종속성 또는 연관성이 있다면, 당신의 결론이 정당화될 수 있도록 확률을 이용하여 논의하라.

14. 원유 가격이 오르면서 대체 에너지원에 대한 세계적 관심이 높아지고 있다. *Financial Times*/Harris Poll은 여러 가지 형태의 에너지에 대한 태도를 평가하기 위해 6개 국가의 국민을 대상으로 여론조사를 실시하였다. 다음 표의 자료는 각 국가의 국민이 새로운 원전 건설에 호의적인지 또는 반대하는지에 관한 조사 결과의 일부이다.

		국가					
		영국	프랑스	이탈리아	스페인	독일	미국
태도	강한 호의	141	161	298	133	128	204
	약한 호의	348	366	309	222	272	326
	약한 반대	381	334	219	311	322	316
	강한 반대	217	215	219	443	389	174

a. 이 여론조사에서 표본의 크기는 얼마인가?

b. 새로운 원전의 건설에 대한 국민의 태도가 국가별로 서로 독립적인지를 검정하라. 당신의 결론은 무엇인가?

c. '강한 호의'와 '약한 호의'의 응답자 비율을 이용할 경우, 어느 나라가 새로운 원전 건설에 가장 호의적인 태도를 보이는가? 어느 나라가 가장 호의적이지 않은가?

15. Carnegie Classification of Institutes of Higher Education은 연구활동과 학위수여를 가지고 대학을 분류한다. 이 분류에 따르면, 박사학위를 수여하는 공립대학과 비영리 사립대학을 최고 연구활동, 상당 연구활동, 적정 연구활동 대학으로 분류한다.

		카네기 분류		
		최고 연구활동	상당 연구활동	적정 연구활동
대학 유형	공립대학	81	76	38
	비영리 사립대학	34	31	58

유의수준 .05에서, 박사학위를 수여하는 대학의 유형과 카네기 분류가 독립적인지를 검정하라. p-값은 얼마이고, 당신의 결론은 무엇인가?

16. 신디케이트 텔레비전에서 두 진행자는 어떤 영화가 최고인지에 대해 종종 완전히 상반된다는 인상을 준다. 각 영화는 '엄지 올림', '엄지 내림', '보통'으로 분류되어 비평된다. 160편의 영화에 대한 두 진행자의 비평 결과는 다음과 같다.

		진행자 B		
		엄지 올림	엄지 내림	보통
진행자 A	엄지 올림	24	8	13
	엄지 내림	8	13	11
	보통	10	9	64

이 자료를 유의수준 .01에서 독립성 검정으로 분석하라. 당신의 결론은 무엇인가?

12.3 여러 모집단 비율의 동일성 검정

우리는 10.4절에서 z-검정 통계량으로 두 모집단 모비율에 관한 가설을 검정하는 통계적 추론방법을 소개하였다. 이제 우리는 χ^2-검정 통계량을 이용하여 3개 이상의 모집단 모비율의 동일성을 통계적으로 추론하는 방법을 설명한다. 이 방법은 12.2절에서 관찰도수 표와 기대도수 표를 비교하여 독립성을 검정하는 방법과 비슷하다.

다음의 표기를 이용한다.

$$p_1 = \text{모집단 1의 모비율}$$
$$p_2 = \text{모집단 2의 모비율}$$
$$\vdots$$
$$p_k = \text{모집단 } k\text{의 모비율}$$

k가 3개 이상인 모집단 모비율의 동일성에 대한 가설은 다음과 같다.

$$H_0: p_1 = p_2 = \cdots = p_k$$
$$H_a: \text{모비율이 모두 같지는 않다.}$$

만약 표본 자료와 χ^2-검정이 H_0를 기각할 수 없다면, 우리는 k개 모비율 사이의 차이를 발견할 수 없게 된다. 그러나 만약 표본 자료와 χ^2-검정이 H_0를 기각할 수 있다면, 우리는 k개 모비율이 모두 같지는 않다는 통계적 증거를 가지게 된다. 즉, 하나 이상의 모비율이 다른 모비율과 다르다는 것이다. 추가적인 분석을 하면 어느 모비율이 다른 어느 모비율과 다른지를 확인할 수 있다. 다음의 예를 통해 χ^2-검정을 설명한다.

J. D. Power and Associates는 특정 자동차에 대한 고객의 충성도를 나타내는 지표로써 그 자동차를 재구매하려는 고객 비율을 사용한다. 이 재구매하려는 고객 비율이 높을수록 고객의 충성도가 높다고 할 수 있다. 세 종류의 자동차, 즉 Chevrolet Impala, Ford Fusion, 그리고 Honda Accord에 대한 고객의 충성도를 알아보자. 세 종류 자동차를 각각 현재 보유하고 있는 고객이 이 조사의 3개 모집단이 된다. 3개 모집단에서의 모비율은 다음과 같다.

$$p_1 = \text{Chevrolet Impala 소유 고객 모집단 중 재구매 의향의 고객 비율}$$
$$p_2 = \text{Ford Fusion 소유 고객 모집단 중 재구매 의향의 고객 비율}$$
$$p_3 = \text{Honda Accord 소유 고객 모집단 중 재구매 의향의 고객 비율}$$

가설을 다음과 같이 설정한다.

$$H_0: p_1 = p_2 = p_3$$
$$H_a: \text{모비율이 모두 같지는 않다.}$$

이와 같은 조사는 종종 각 모집단에서 동일한 크기로 추출된 표본을 이용한다. 여기서 우리는 k개 모집단에서 서로 다른 크기로 추출된 표본을 이용하였다. χ^2-검정은 모집단의 크기가 동일해야 한다는 제약이 없다.

가설 검정에 앞서 각 모집단에서 고객 표본을 추출해야 한다. 따라서 Chevrolet Impala의 고객 표본, Ford Fusion의 고객 표본, 그리고 Honda Accord의 고객 표본을 얻는다. 각 표본으로부터 그 자동차를 재구매할 것인지 또는 재구매하지 않을 것인지의 범주자료를 수집한다. Chevrolet Impala의 고객 125명, Ford Fusion의 고객 200명, 그리고 Honda Accord의 고객 175명으로부터 수집한 표본 자료를 〈표 12-5〉에서 정리하였다. 이 표의 두 개의 행은 예와 아니오라는 응답을 나타내고, 세 개의 열은 각각 자동차 소유 고객의 모집단을 나

〈표 12-5〉 관찰도수: 3개 자동차 소유 고객 모집단의 재구매 의향에 관한 표본 결과

		자동차 소유 고객			
		Chevrolet Impala	Ford Fusion	Honda Accord	합계
재구매 의향	예	69	120	123	312
	아니오	56	80	52	188
	합계	125	200	175	500

타낸다. 세 개 모집단과 재구매 의향 응답의 조합으로 구성된 6개 범주의 관찰도수들이 요약되어 있다.

〈표 12-5〉에서 125명의 Chevrolet Impala 고객 중 69명, 200명의 Ford Fusion 고객 중 120명, 그리고 175명의 Honda Accord 고객 중 123명이 재구매할 의향이 있다는 것을 알 수 있다. 또한, 세 표본을 합해서 보면 이 조사의 500명 고객 중 312명이 현재의 자동차를 재구매할 의향이 있다는 것을 알 수 있다. 이제 귀무가설 H_0: $p_1 = p_2 = p_3$의 기각 여부를 판단하기 위해 〈표 12-5〉의 자료를 어떻게 분석할 것인가가 과제이다.

〈표 12-5〉의 자료는 세 개 모집단과 재구매 의향 응답의 6개 조합을 나타내는 6개 범주 각각의 **관찰도수**(observed frequencies)이다. 만약 '귀무가설이 참이라는 가정하에서 **기대도수**(expected frequencies)를 알 수 있다면' χ^2-검정 통계량을 이용하여 관찰도수와 기대도수 사이에 유의한 차이가 있는지를 확인할 수 있다. 만약 관찰도수와 기대도수 사이에 유의한 차이가 있다면 귀무가설 H_0를 기각할 수 있고, 모비율이 모두가 같지는 않다는 증거를 얻게 된다.

표의 6개 범주에 대한 기대도수는 다음과 같은 근거로 구한다. 우선, 모비율은 같다라는 귀무가설이 참이라고 가정한다. 그런 다음, 세 표본의 고객 총합은 500명이고 이들 중 312명의 고객은 현재의 자동차를 재구매할 의향이 있다는 것을 참고한다. 따라서 312/500 = .624는 현재의 자동차를 재구매할 의향이 있는 고객의 전체 비율이다. 만약 H_0: $p_1 = p_2 = p_3$이 참이라면 .624는 각 자동차 고객 모집단에서 재구매 의향의 비율에 대한 최선의 추정값이 된다. 즉, 귀무가설 H_0가 참이라고 가정하면 125명의 Chevrolet Impala 고객 중 .624 또는 .624(125) = 78명이 Chevrolet Impala를 재구매할 의향이 있는 것으로 기대할 수 있다. 이 전체 비율 .624를 이용하여 200명의 Ford Fusion 고객 중 .624(200) = 124.8명, 그리고 Honda Accord 고객 중 .624(175) = 109.2명이 각자 자신의 자동차 모델로 재구매할 의향이 있음을 기대할 수 있다.

여러 모집단의 비율을 비교하는 다중비율의 검정을 위해 기대도수 표를 작성하는 방식은 12.2절의 기대도수 작성과 본질적으로 같다. 모비율들이 동일하다는 귀무가설이 참이라는 가정하에서 기대도수를 구하는 데 다음의 식을 이용한다.

〈표 12-6〉 기대도수: H_0가 참일 때 3개 자동차 고객 모집단의 재구매 의향의 기대도수

		자동차 소유 고객			
		Chevrolet Impala	Ford Fusion	Honda Accord	합계
재구매 의향	예	78	124.8	109.2	312
	아니오	47	75.2	65.8	188
	합계	125	200.0	175.0	500

H_0가 참이라는 가정하에서 기대도수

$$e_{ij} = \frac{(i\text{행의 합계})(j\text{열의 합계})}{\text{총표본의 크기}} \qquad \textbf{12-4}$$

식 12-4를 이용하여 Honda Accord 고객(3열) 가운데 예라고 응답한 고객(1행)의 기대도수 e_{13} = (1행의 합계)(3열의 합계)/(총표본의 크기) = (312)(175)/500 = 109.2명을 구한다. 식 12-4를 이용하면 〈표 12-6〉처럼 기대도수들도 구할 수 있다.

〈표 12-5〉의 관찰도수를 〈표 12-6〉의 기대도수와 비교하는 검정 절차는 다음과 같은 χ^2-검정 통계량을 이용한다.

χ^2-검정 통계량

$$\chi^2 = \sum_i \sum_j \frac{(f_{ij} - e_{ij})^2}{e_{ij}} \qquad \textbf{12-5}$$

여기서, f_{ij} = i행이면서 j열에서의 관찰도수

e_{ij} = H_0가 참이라는 가정하에서 i행이면서 j열에서의 기대도수

주) k개 모비율의 동일성에 관한 χ^2-검정은 각 셀 (i, j)의 기대도수가 5 이상이어야 하며, 식 12-5의 검정 통계량은 자유도가 k−1인 χ^2분포를 따른다.

〈표 12-6〉에서 기대도수를 다시 살펴보면, 각 셀의 기대도수가 5 이상인 것을 볼 수 있다. 따라서 우리는 χ^2-검정 통계량을 계산할 수 있다. 〈표 12-7〉은 검정 통계량 값을 구하는 계산 과정을 보여준나. 이 예세에서 검정 통계량 값은 χ^2 = 7.89이다.

이 점에서 χ^2-검정은 H_0의 기각이 항상 χ^2 분포의 우측에서 발생하는 단측 검정이다.

우리는 χ^2분포의 우측 면적과 p-값 방식을 사용하여 귀무가설의 기각 여부를 결정할 수 있다. 자동차 브랜드에 대한 충성도의 예에서 고객 모집단이 3개라는 것은 χ^2분포가 k−1 = 3−1 = 2의 자유도를 갖는다는 것을 말한다. 부록 B의 χ^2분포표로부터 다음을 얻을 수 있다.

우측 면적	.10	.05	.025	.01	.005
χ^2값(자유도 2)	4.605	5.991	7.378	9.210	10.597

χ^2=7.89

〈표 12-7〉 모비율 동일성 검정을 위한 χ^2-검정 통계량의 계산

재구매 의향	자동차 고객	관찰도수 f_{ij}	기대도수 e_{ij}	차이 $f_{ij}-e_{ij}$	차이제곱 $(f_{ij}-e_{ij})^2$	차이제곱/기대도수 $(f_{ij}-e_{ij})^2/e_{ij}$
예	Impala	69	78.0	−9.0	81.00	1.04
예	Fusion	120	124.8	−4.8	23.04	0.18
예	Accord	123	109.2	13.8	190.44	1.74
아니오	Impala	56	47.0	9.0	81.00	1.72
아니오	Fusion	80	75.2	4.8	23.04	0.31
아니오	Accord	52	65.8	−13.8	190.44	2.89
	합계	500	500.0			χ^2=7.89

χ^2 = 7.89의 우측 면적이 .025와 .01 사이이다. 따라서 이에 대응하는 우측 면적 또는 p-값은 .025와 .01 사이에 있어야 한다. p-값≤.05이므로 H_0를 기각하고, 3개 모비율은 모두 같지는 않으며, 이에 따라 Chevrolet Impala, Ford Fusion, Honda Accord 고객 사이에 브랜드 충성도에 차이가 있다는 결론을 내린다. 다음 절에서 소개하는 엑셀을 이용하면 p-값 = .0193이라는 것을 확인할 수 있다.

p-값을 이용하는 대신 임계값 방식을 이용하여 동일한 결론을 얻을 수 있다. 자유도 2에서 $\alpha = .05$인 χ^2-검정 통계량의 임계값은 $\chi^2 = 5.991$이다. 우측 기각영역은 다음과 같다.

$$\text{계산된 } \chi^2 \geq 5.991\text{이면 } H_0\text{를 기각한다.}$$

7.89 ≥ 5.991이므로 H_0를 기각한다. p-값 방식과 임계값 방식이 동일한 가설 검정 결과를 제공하고 있다.

3개 이상의 모집단 모비율의 동일성 검정을 위한 χ^2-검정의 절차를 다음과 같이 요약한다.

3개 이상의 모집단($k \geq 3$) 모비율의 동일성 검정을 위한 χ^2-검정

1. 귀무가설과 대립가설을 설정한다.

$$H_0: p_1 = p_2 = \cdots = p_k$$

H_a: 모비율이 모두 같지는 않다.

2. 각 모집단에서 무작위 표본을 선정하고 관찰도수 f_{ij}를 2개의 행과 k개의 열을 갖는 표에 기록한다.
3. 귀무가설이 참이라고 가정하고, 기대도수 e_{ij}를 구한다.
4. 각 셀의 범주에서 기대도수 e_{ij}가 5 이상이면 검정 통계량 값을 계산한다.

$$\chi^2 = \sum_i \sum_j \frac{(f_{ij} - e_{ij})^2}{e_{ij}}$$

5. 기각규칙

$$p\text{-값 방식: } p\text{-값} \le \alpha \text{이면 } H_0\text{를 기각}$$
$$\text{임계값 방식: } \chi^2 \ge \chi^2_\alpha \text{이면 } H_0\text{를 기각}$$

여기서, χ^2분포는 $k-1$의 자유도를 가지며 검정의 유의수준은 α이다.

다중비교절차

우리는 χ^2-검정을 이용하여 3개 자동차 고객 모집단의 모비율이 모두 같지는 않다는 결론을 내렸다. 이는 모비율들 사이에 어느 정도 차이가 있고, Chevrolet Impala, Ford Fusion, Honda Accord에 대한 고객 충성도가 모두 동일하지는 않다는 것을 나타낸다. 모비율들 사이의 이 차이가 어디서 나타나는지를 알아보기 위해, 우선 다음과 같이 3개의 표본비율을 계산한다.

브랜드 충성도의 표본비율

Chevrolet Impala	$\bar{p}_1 = 69/125 = .5520$
Ford Fusion	$\bar{p}_2 = 120/200 = .6000$
Honda Accord	$\bar{p}_3 = 123/175 = .7029$

χ^2-검정에서 모비율 모두가 같지는 않다는 것을 알게 되었으므로, 모비율들 사이에 차이가 어디서 나타나는지를 확인하는 과정이 필요하다. 이를 위해 모비율 모두를 한 쌍씩 짝을 지어준 후, 모든 쌍에서 통계적 검정을 하는 다중비교절차를 이용한다. 우리는 **Marascuilo 과정**(Marascuilo procedure)이라고 알려진 이 다중비교절차를 설명한다. 이 절차는 모비율들의 모든 쌍에 대하여 쌍대비교하는 상대적으로 쉬운 과정이다.

우선, 이 예제의 모집단 각각의 쌍에서 표본비율 간의 차이의 절대값을 계산한다. 3개 모집단의 자동차 브랜드 충성도에 관한 예제에서 다음과 같은 표본비율들을 이용하여 모집단 1과 2, 모집단 1과 3, 그리고 모집단 2와 3을 비교한다.

Chevrolet Impala와 Ford Fusion

$$|\bar{p}_1 - \bar{p}_2| = |.5520 - .6000| = .0480$$

Chevrolet Impala와 Honda Accord

$$|\bar{p}_1 - \bar{p}_3| = |.5520 - .7029| = .1509$$

Ford Fusion과 Honda Accord

$$|\bar{p}_2 - \bar{p}_3| = |.6000 - .7029| = .1029$$

두 번째 단계로, 유의수준을 선택하고 다음의 식을 이용하여 각각의 쌍대비교에 상응하는 임계값들을 계산한다.

k개 모비율의 Marascuilo 쌍대비교과정을 위한 임계값

각 쌍대비교에 대한 임계값(critical value)을 다음과 같이 계산한다.

$$CV_{ij} = \sqrt{\chi^2_\alpha}\sqrt{\frac{\bar{p}_i(1-\bar{p}_i)}{n_i} + \frac{\bar{p}_j(1-\bar{p}_j)}{n_j}} \quad (12\text{-}6)$$

여기서, χ^2_α = 유의수준 α와 자유도 $k-1$에서의 카이제곱값

$\bar{p}_i$와 $\bar{p}_j$ = 모집단 i와 j의 각 표본비율

n_i와 n_j = 모집단 i와 j의 각 표본 크기

부록 B의 χ^2분포표에서 자유도는 $k-1 = 3-1 = 2$이고 유의수준이 .05인 카이제곱 값 $\chi^2_{.05} = 5.991$이다. 또한 표본비율 $\bar{p}_1 = .5520, \bar{p}_2 = .6000, \bar{p}_3 = .7029$를 사용하여 3개의 쌍대비교 검정을 위한 임계값을 다음과 같이 구할 수 있다.

Chevrolet Impala와 Ford Fusion

$$CV_{12} = \sqrt{5.991}\sqrt{\frac{.5520(1-.5520)}{125} + \frac{.6000(1-.6000)}{200}} = .1380$$

Chevrolet Impala와 Honda Accord

$$CV_{13} = \sqrt{5.991}\sqrt{\frac{.5520(1-.5520)}{125} + \frac{.7029(1-.7029)}{175}} = .1379$$

Ford Fusion과 Honda Accord

$$CV_{23} = \sqrt{5.991}\sqrt{\frac{.6000(1-.6000)}{200} + \frac{.7029(1-.7029)}{175}} = .1198$$

이러한 쌍대비교의 계산은 엑셀을 이용하면 쉽게 할 수 있다.

만약 어느 쌍의 표본비율의 차이 $|\bar{p}_i-\bar{p}_j|$가 상응하는 임계값 CV_{ij}보다 크면 그 쌍의 차이는 유의수준 .05에서 유의하며, 따라서 이 쌍에 해당하는 두 모비율이 다르다는 결론을 내릴 수 있다. 〈표 12-8〉은 이 쌍대비교과정의 마지막 절차를 정리한 것이다.

쌍대비교과정의 결론은 고객 충성도에서 유의한 차이는 오직 Chevrolet Impala와

〈표 12-8〉 자동차 브랜드 충성도 예제에서 쌍대비교 검정

쌍대비교	$\|\bar{p}_i-\bar{p}_j\|$	CV_{ij}	$\|\bar{p}_i-\bar{p}_j\| > CV_{ij}$이면 유의하다
Chevrolet Impala 대 Ford Fusion	.0480	.1380	유의하지 않다
Chevrolet Impala 대 Honda Accord	.1509	.1379	유의하다
Ford Fusion 대 Honda Accord	.1029	.1198	유의하지 않다

Honda Accord 사이에서 나타난다는 것이다. 표본 결과는 Honda Accord가 재구매 의향 고객의 비율이 더 높다는 것을 것을 보여준다. 따라서 우리는 Honda Accord의 고객($\bar{p}_3$ = .7209)이 Chevrolet Impala의 고객(p_1 = .5520)보다 충성도가 더 높다는 결론을 내릴 수 있다.

DATA file
PairwiseComparisons

이 예제에서 Ford Fusion 고객의 상대적 충성도에 대한 결론을 내릴 수 없다. Ford Fusion을 Chevrolet Impala 또는 Honda Accord와 비교할 때 유의한 차이가 나타나지 않았지만, 표본의 크기가 커지면 Ford Fusion과 다른 자동차 사이에 고객 충성도에서 유의한 차이가 드러날 수도 있다. 다중비교절차를 통해 일부 쌍대비교에서 유의한 차이를 나타내면서 다른 쌍대비교에서는 유의한 차이가 발생하지 않는 것은 드문 경우가 아니다.

엑셀을 사용한 다중비율 검정

3개 이상의 모비율에 대한 동일성 검정에 사용되는 엑셀 절차는 독립성 검정을 위한 엑셀 절차와 기본적으로 같다. CHISQ.TEST 함수는 관찰도수를 입력한 표와 기대도수를 입력한 표를 이용한다. 함수는 검정을 위한 p-값을 계산해 준다. 자동차 브랜드 충성도에 관한 예제를 살펴보자. 〈그림 12-5〉를 참조하여 수행할 작업들을 설명한다. 수식 워크시트는 뒤에 있고 결과 워크시트는 앞에 있다.

DATA file
AutoLoyalty

자료 입력: 데이터 파일명 AutoLoyalty를 연다. 자료는 셀 B2:C501에 있고 라벨은 열 A와 셀 B1:C1에 있다.

툴 적용: 셀 F5:H6은 엑셀의 피봇테이블 도구를 사용하여 얻은 관찰도수를 보여준다(2.3절에서 이 도구를 사용하는 방법을 참조한다).

함수/수식: 셀 F12:H13의 엑셀 수식은 각 범주의 기대도수를 구해 준다. 관찰도수와 기대도

〈그림 12-5〉 자동차 충성도 예제를 위한 엑셀 워크시트

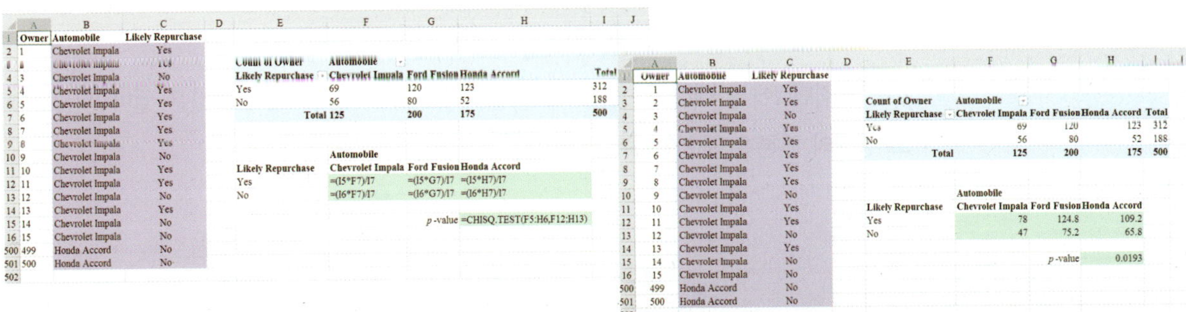

주) 17~199행은 숨겨져 있다.

수가 계산되면, 셀 H15에 입력된 엑셀의 CHISQ.TEST 함수를 사용하여 동일성 검정을 위한 p-값을 계산한다. 결과 워크시트는 p-값이 .0193임을 보여준다. 따라서 $\alpha = .05$에서 3개 모비율은 같다라는 귀무가설을 기각한다.

12.3 보충 설명

1. 10장에서 두 모집단의 비율에 관한 가설을 검정하기 위하여 표준정규분포와 z-검정 통계량을 이용하였다. 그러나 이 절에서 소개한 χ^2-검정 역시 두 모집단의 비율은 같다라는 가설을 검정하는 데 이용될 수 있다. 이들 두 검정 절차의 결과는 동일하며, χ^2-검정 통계량 값은 z-검정 통계량 값의 제곱과 같다. 10장에서 다룬 방법론은 두 모집단의 비율에 관한 단측 가설과 양측 가설을 검정하는 데 모두 이용될 수 있다는 장점이 있는 반면, 이 절의 χ^2-검정은 오직 양측 가설을 검정하는 데 이용된다. 연습문제 22는 두 모집단의 비율은 같다라는 가설에 대하여 χ^2-검정을 이용하는 문제이다.
2. 이 절에서 k개 모집단 모두는 2개의 응답 결과, 즉 예와 아니오를 갖는다. 사실 이들 모집단 각각은 예라는 응답 결과의 모비율이 p인 이항분포를 갖는다. 이 절의 χ^2 절차를 k개 모집단 각각이 3개 이상의 응답 결과를 갖는 경우로 확장하여 적용할 수 있다. 이 경우 각 모집단이 다항분포(multinomial distribution)를 갖는다고 말한다. 기대도수 e_{ij}와 검정 통계량 χ^2를 위한 카이제곱 계산은 식 12-4 및 식 12-5와 같다. 유일한 차이는 귀무가설이 응답 결과에 대한 다항분포가 모집단 모두에서 같다고 가정하는 것이다. k개 모집단 각각에 대한 응답 결과가 r개인 경우, χ^2-검정 통계량의 자유도는 $(r-1)(k-1)$이다. 연습문제 24는 다항분포를 갖는 3개 모집단을 비교하기 위하여 χ^2-검정을 이용하는 문제이다.
3. 다중비율의 검정을 위한 기대도수의 계산과정과 12.2절의 독립성 검정을 위한 기대도수의 계산과정은 동일하며, 두 검정 모두 동일한 χ^2-검정 통계량을 사용한다. 그러나 중요한 차이점은 독립성 검정은 단일 모집단으로부터 추출된 하나의 표본을 기반으로 한다는 것이다. 다중비율의 검정은 k개 모집단으로부터 추출된 k개의 독립 표본들을 기반으로 한다. 따라서 우리는 다중비율의 검정에서 k개 모집단 각각의 범주에 대하여 표본 크기를 통제할 수 있다. 독립성 검정에서는 전체 표본 크기만 통제할 수 있다.

연습문제

기초문제

17. 아래의 표본 자료를 사용하여 다음 가설을 검정하라.

$$H_0: p_1 = p_2 = p_3$$

H_a: 모비율이 모두 같지는 않다.

p_i는 모집단 i에서 예라는 응답의 모비율이다. 유의수준 .05에서 p-값은 얼마인가? 그리고 당신의 결론은 무엇인가?

		모집단		
		1	2	3
응답	예	150	150	96
	아니오	100	150	104

18. 연습문제 17의 관찰도수를 다시 살펴보자.

a. 각 모집단의 표본비율을 구하라.

b. 다중비교절차를 이용하여, 어느 모비율이 유의하게 다른지를 확인하라. 유의수준 .05를 사용하라.

응용문제

19. 다음은 Delta, United, US Airway의 지연 및 정시 비행횟수를 보여주는 표본 자료이다[출처].

		항공사		
		Delta	United	US Airway
비행	지연	39	51	56
	정시	261	249	344

a. 지연 비행에 대한 세 항공사의 모비율이 모두 같은지를 검정하는 가설을 수립하라.

b. 유의수준 .05에서 가설을 검정하라. p-값은 얼마인가? 당신의 결론은 무엇인가?

c. 항공사별로 지연 비행의 표본비율을 구하라. 세 항공사 전체의 지연 비행 비율은 얼마인가?

20. Benson Manufacturing은 세 곳의 공급업체에게 전자 부품을 주문하려고 한다. 공급업체들은 품질 측면에서 서로 다른 양상을 보이는데, 이는 불량품의 비율 또는 백분율이 공급업체에 따라 다르기 때문이다. Benson Manufacturing은 공급업체들의 불량품 비율을 평가하기 위하여 각 공급업체에게 500개 부품의 표본 출하를 요청했다. 각 출하에서 나온 불량품의 수와 양품의 수는 다음과 같다.

		공급업체		
		A	B	C
부품	불량	15	20	40
	양호	485	480	460

a. 세 공급업체의 불량품의 비율이 모두 같은지를 검정하는 가설을 수립하라.

b. 유의수준 .05에서 가설을 검정하라. p-값은 얼마인가? 당신의 결론은 무엇인가?

c. 다중비교 검정을 실시하여 전체적으로 최상의 공급업체가 있는지를 확인하라. 낮은 품질로 인하여 제외할 공급업체가 있는지 확인하라.

21. IPFW대학 생물학과의 연구자 Kate Sanders는 농업 오염물질이 인디애나주 북동시역의 하천에 분포하는 물고기 개체에 영향을 미치는지를 연구하였다(2012년 4월). 특별히 고안된 덫을 이용하여 4개 하천지역에서 물고기 표본을 채취하였다. 연구주제는 4개 지역에서 발견된 농업 오염물질의 차이로 그 지역 물고기 개체의 성비가 바뀌었는가이다. 관찰도수는 다음과 같다.

		하천지역			
		A	B	C	D
성별	수컷	49	44	49	39
	암컷	41	46	36	44

a. 각 지역의 수컷 물고기 비율에 초점을 맞추자. 네 지역의 모비율이 모두 같다라는 가설을 유의수준 .05에서 검정하라. p-값은 얼마인가? 당신의 결론은 무엇인가?

b. 4개 지역에서 발견된 농업 오염물질의 차이가 물고기 성비를 바꿨다고 보이는가?

연습문제 22는 χ^2-검정이 두 모비율의 동일성에 관한 가설에 이용될 수 있다는 것을 보여준다.

22. 한 세무대행사는 자사의 2개 지역사무소의 업무 품질을 비교하려고 한다. 사무소별로 오류가 있는 세무신고서 표본과 정확한 세무신고서 표본에 대한 관찰도수를 다음과 같이 기록하였다.

		지역사무소	
		사무소 1	사무소 2
세무 신고서	오류	35	27
	정확	215	273

a. 두 지역사무소에서 오류가 있는 세무신고서의 표본비율은 얼마인가?

b. 두 지역사무소의 오류율 사이에 유의한 차이가 있는지를 확인하는 데 χ^2-검정을 이용하라. 유의수준 .05에서 귀무가설 H_0: $p_1 = p_2$를 검정하라. p-값은 얼마인가? 그리고 당신의 결론은 무엇인가? (참고: 우리는 일반적으로 3개 이상 모집단의 비율들의 동일성에 대하여 χ^2-검정을 이용하지만, 이 문제는 두 모집단의 비율들의 동일성에 대하여도 χ^2-검정이 사용될 수 있다는 것을 보여준다.)

c. 10.4절에서 위 검정을 위해 z-검정을 이용하였다. χ^2-검정 통계량 또는 z-검정 통계량이 이 가설을 검정하는 데 이용될 수 있다. 그러나 두 모집단의 모비율에 관한 추론에서 일반적으로 z-검정 통계량 방식이 선호된다. 이 절의 마지막에 있는 보충설명을 참고하여 두 모집단의 모비율에 관한 추론에서 왜 z-검정 통계량이 사용자에게 더 많은 선택지를 제공하는지에 대해 논의하라.

23. 소셜네트워킹이 전 세계적으로 점점 더 인기를 얻고 있다. Pew Research Center는 소셜네트워킹 사이트를 사용하는 성인의 비율을 알아보기 위해 몇몇 국가의 성인을 대상으로 조사를 실시하였다[출처]. 영국, 이스라엘, 러시아, 미국에서의 조사결과가 다음과 같다.

		국가			
		영국	이스라엘	러시아	미국
소셜네트워킹 사용	예	344	265	301	500
	아니오	456	235	399	500

a. 소셜네트워킹 사이트를 이용하는 성인 비율이 4개 국가 모두에서 동일한지에 대해 가설 검정하라. 유의수준 .05에서 p-값은 얼마인가? 그리고 당신의 결론은 무엇인가?

b. 각 국가의 표본비율은 얼마인가? 소셜네트워킹 사이트를 이용하는 성인의 비율이 가장 큰 국가는 어디인가?

c. 유의수준 .05에서 4개 국가에 대한 다중쌍대비교 검정을 하라. 결론은 무엇인가?

연습문제 24는 χ^2-검정이 범주변수가 3개 이상의 응답 결과를 갖는 다중 모집단 검정에서도 이용될 수 있다는 것을 보여준다.

24. 한 제조업체가 세 개의 서로 다른 공급업체로부터 부품을 구매하려고 한다. 이들 공급업체로부터 제공받은 부품을 작은 결함, 큰 결함, 정상으로 구분한다. 아래는 세 개 공급업체로부터 공급받은 각 부품 표본을 테스트한 결과이다. 범주변수가 3개의 응답 결과를 갖기 때문에, 이들 자료를 이용하는 검정은 3개 공급업체 모집단의 모비율에 대한 검정이 아니다.

		공급업체		
		A	B	C
부품 테스트 결과	작은 결함	15	13	21
	큰 결함	5	11	5
	정상	130	126	124

이 자료를 사용하여 세 공급업체의 부품 결함의 분포가 서로 같은지에 대해 가설 검정하라. 이 절에서 기술한 χ^2-검정 절차를 이용하라. r개의 행과 k개의 열을 갖는 표로부터 자유도가 $(r-1)(k-1)$인 χ^2-검정 통계량을 구할 수 있다. 유의수준 .05를 사용하라. p-값은 얼마인가? 그리고 당신의 결론은 무엇인가?

요약

우리는 이 장에서 가설 검정을 다음과 같이 적용하였다.

1. 적합도 검정. 표본의 관찰도수분포가 각 범주의 기대확률과 유의하게 다른지를 결정하기 위한 검정이다.
2. 독립성 검정. 동일한 모집단으로부터 추출된 두 개의 범주 변수를 갖는 표본의 관찰도수표가 이 두 변수가 독립이라는 귀무가설을 유의하게 기각할 수 있는지를 결정하기 위한 검정이다.
3. 3개 이상 모비율에 대한 동일성 검정. 3개 이상 모비율이 서로 같다라는 귀무가설하에서 구한 각각의 표본에서 구한 기대비율과 표본의 관찰비율이 유의하게 다른지를 결정하기 위한 검정이다.

적합도 검정과 독립성 검정은 단일 모집단에서 추출된 하나의 표본을 기반으로 한다. 3개 이상 모비율에 대한 동일성 검정은 서로 다른 3개 이상의 모집단에서 추출된 독립 표본들을 기반으로 한다. 이 검정들은 표본의 관찰도수와 귀무가설이 참이라는 가정하에서의 기대도수와의 차이를 나타내는 χ^2-검정 통계량을 이용한다. 관찰도수와 기대도수의 차이가 크면 χ^2-검정 통계량의 값이 커서 귀무가설을 기각시키므로, 이들의 χ^2-검정은 우측 검정이다.

용어

다항확률분포(multinomial probability distribution) 실험의 결과가 세 개 이상의 범주 중 하나에 속하는 확률분포이다. 다항확률분포는 어떤 실험의 결과가 2개인 이항확률분포를 3개 이상인 경우로 확장한 것이다.

독립성 검정(test of independence) 두 개의 확률변수가 독립적인지를 검정하는 데 이용되는 χ^2-검정이다. 독립성에 대한 가설이 기각되면 이 확률변수들은 서로 관련되어 있거나 또는 종속적이라는 결론을 내릴 수 있다.

적합도 검정(goodness of fit test) 어떤 확률분포가 기존의 특정 확률분포 또는 이론적 확률분포를 갖는지를 검정하는 데 이용되는 χ^2-검정이다. 이 검정은 다항확률분포로 나타난다.

Marascuilo 과정(Marascuilo procedure) 모비율들의 쌍대 사이에 유의한 차이가 있는지를 검정하는 데 이용되는 다중비교 절차이다. 이 검정은 모비율들의 동일성 가정이 기각되는 경우 모비율들의 쌍대 간 차이를 확인하는 데 도움이 된다.

주요 식

적합도 검정을 위한 검정 통계량

$$\chi^2 = \sum_{i=1}^{k} \frac{(f_i - e_i)^2}{e_i} \quad \text{12-1}$$

독립성 검정에서 기대도수

$$e_{ij} = \frac{(i\text{행의 합계})(j\text{열의 합계})}{\text{표본 크기}} \quad \text{12-2}$$

독립성 검정과 3개 이상 모비율의 동일성 검정을 위한 χ^2-검정 통계량

$$\chi^2 = \sum_i \sum_j \frac{(f_{ij} - e_{ij})^2}{e_{ij}} \quad \text{12-3, 12-5}$$

3개 이상 모비율의 동일성 검정에서 기대도수

$$e_{ij} = \frac{(i\text{행의 합계})(j\text{열의 합계})}{\text{총표본의 크기}} \quad \text{12-4}$$

Marascuilo 쌍대비교과정을 위한 임계값

$$CV_{ij} = \sqrt{\chi^2_\alpha}\sqrt{\frac{\bar{p}_i(1-\bar{p}_i)}{n_i} + \frac{\bar{p}_j(1-\bar{p}_j)}{n_j}} \quad \text{12-6}$$

보충 연습문제

25. [DATA file BBB] 2011년 Better Business Bureau에 불만이 가장 많이 제기된 업종은 은행, 케이블 및 위성 TV 기업, 전시대행사, 휴대폰 판매점, 그리고 자동차 영업점이었다[출처]. 200건의 불만에 대한 표본 결과가 데이터 파일 BBB에 저장되어 있다.

a. 업종별 불만 건수에 대한 도수분포를 작성하라.

b. 5개 업종의 불만 확률이 서로 같은지를 α = .01에서 검정하라. 결론은 무엇인가?

c. 불만이 가장 많은 업종을 제외하자. 나머지 4개 업종의 불만 확률이 같은지를 α=.05에서 가설 검정하라.

26. Bistro 65는 오하이오주와 켄터키주에 위치한 이탈리안 레스토랑 체인점이다. Bistro 65에는 네 가지 범주의 메뉴, 즉 파스타, 스테이크, 해산물, 그리고 피자와 샌드위치 등과 같은 기타 메뉴가 있다. 이 체인점의 과거 자료에 따르면, 고객이 네 가지 범주 중 한 가지를 주문할 확률은 파스타가 .4, 스테이크가 .1 해산물 요리가 .2 기타는 .3인 것으로 나타났다. 오하이오주의 데이턴에 새로운 Bistro 65가 영업을 시작했는데, 첫 고객 200명이 구매한 메뉴가 오른쪽과 같은 빈도로 관찰되었다.

범주	빈도
파스타	70
스테이크	30
해산물 요리	50
기타	50
합계	200

a. 데이턴의 새로운 레스토랑의 주문 패턴이 기존 Bistro 65 레스토랑의 기존 패턴과 같은지를 검정하라. α = .05를 사용하라.

b. a에서 유의한 차이가 있다면, 이 차이가 어디서 발생하는지를 바차트로 설명하라. 이렇게 밝혀진 차이에 대해 설명하라.

27. Chevy Cruze, Ford Focus, Hyundai Elantra, Honda Civic, 그리고 Toyota Corolla가 6개월 판매량 기준으로 상위 5종의 소형차였다[출처]. 총판매량을 기준으로 이 5종 소형차의 시장 점유율은 Chevy Cruze가 24%, Ford Focus가 21%, Hyundai Elantra가 20%, Honda Civic이 18%, 그리고 Toyota Corolla가 17%였다. 시카고에서 판매된 소형차 표본 400대의 차종은 오른쪽과 같았다.

Chevy Cruze	108
Ford Focus	92
Hyundai Elantra	64
Honda Civic	84
Toyota Corolla	52

시카고에서 판매된 소형차 5종의 시장점유율은 *Moter Trend*가 공개한 시장점유율과 차이가 있는지를 알아보는 적합도 검정을 하라. 유의수준 .05에서 p-값은 얼마인가? 그리고 당신의 결론은 무엇인가? 만약 차이가 있다면, 시카고

에서 판매된 소형차 중 시장점유율에서 차이를 보이는 차종은 무엇인가?

28. Pew Research Center의 설문조사에서 삶의 속도가 느린 곳과 삶의 속도가 빠른 곳 중 어느 곳을 선호하는지를 응답자들에게 물었다. 또한 이 설문조사에서 응답자의 성별에 대해서도 질문하였다. 다음의 표본 자료를 고려하라.

		성별	
		남성	여성
선호하는 삶의 속도	느린	230	218
	선호 없음	20	24
	빠른	90	48

a. 선호하는 삶의 속도는 성별과 독립적인가? 유의수준 .05에서 p-값은 얼마인가? 그리고 당신의 결론은 무엇인가?

b. 남성과 여성의 선호도 사이의 차이에 대하여 논의하라.

29. Bara Research Group은 교회 참석에 대한 설문조사를 실시하였다. 설문 응답자들에게 교회 참석 여부와 나이에 관하여 질문하였다. 표본 자료를 사용하여 교회 참석과 나이가 독립적인지를 확인하라. 유의수준 .05에서 p-값은 얼마인가? 그리고 당신의 결론은 무엇인가? 나이가 들수록 교회에 더 참석할 것이라는 의견에 대해 당신은 어떤 결론을 내리겠는가?

		나이			
		20~29세	30~39세	40~49세	50~59세
교회 참석	예	31	63	94	72
	아니오	69	87	106	78

30. [DATA file Ambulance] 구급차 서비스가 버지니아주 내 2개 카운티의 응급전화에 대처하고 있다. 한 카운티는 도시지역이고 다른 카운티는 시골지역이다. 다음은 지난 2년간 471건의 응급전화 표본을 카운티별 그리고 요일별로 정리한 자료이다.

		요일						
		일	월	화	수	목	금	토
카운티	도시	61	48	50	55	63	73	43
	시골	7	9	16	13	9	14	10

카운티와 요일의 독립성에 대해 검정하라. 유의수준 .05에서 p-값은 얼마인가? 그리고 당신의 결론은 무엇인가?

31. Dabco Corporation이 제조한 부품에 대한 품질관리 시험을 목적으로 엔지니어는 첫 번째, 두 번째, 세 번째 공정에서 생산된 부품으로부터 표본을 추출하였다. 이 시험조사는 3개 공정의 양품에 대한 모비율이 모두 같은지를 결정할 수 있게 설계되었다. 표본 자료는 다음과 같다.

		생산 공정		
		첫 번째	두 번째	세 번째
품질	적합	285	368	176
	불량	15	32	24

a. 유의수준 .05에서, 양품의 모비율이 3개 공정에서 모두 같은지를 검정하라. p-값은 얼마인가? 그리고 당신의 결론은 무엇인가?

b. 만약 모비율들이 모두 같지는 않다는 결론이면, 다중비교절차를 이용하여 품질 측면에서 공정들이 어떤 차이가 있는지를 확인하라. 부품의 품질을 향상시키기 위해서 어느 공정을 개선할 필요가 있는가?

32. Phoenix Marketing International은 미국에서 백만장자의 비율이 가장 높은 4개 도시로 코네티컷주의 Bridgeport, 뉴멕시코주의 Los Alamos, 플로리다주의 Naples, 그리고 Washington, DC를 확인하였다. 이 조사와 관련된 다음 자료는 4개 도시 표본에서의 백만장자의 수를 보여준다.

		도시			
		Bridgeport	Los Alamos	Naples	Washington, DC
백만장자	예	44	35	36	34
	아니오	456	265	364	366

a. 각 도시에서 백만장자 비율의 추정값은 얼마인가?

b. 유의수준 .05에서 4개 도시의 백만장자 모비율에 대한 동일성을 검정하라. p-값은 얼마인가? 그리고 당신의 결론은 무엇인가?

33. 세계 유명 박물관 상위 5곳은 Musée du louvre, the Metropolitan Museum of Art, British Museum, National Gallery, Tate Modern이다[출처]. 방문자가 웅장하다고 가장 많이 평가하는 박물관은 이들 중 어디일까? 이 박물관들의 최근 방문자 표본을 추출하여 이들로부터 다음의 결과를 얻었다.

	Musée du louvre	Metropolitan Museum of Art	British Museum	National Gallery	Tate Modern
웅장하다는 평가 있음	113	94	96	78	88
웅장하다는 평가 없음	37	46	64	42	22

a. 표본 자료를 이용하여 이들 5개 박물관의 각각에 대해 웅장하다고 평가한 방문자의 모비율에 대한 점 추정값을

구하라.

b. 이들 5개 박물관이 웅장하다고 평가한 방문자의 모비율이 같은지를 알아보는 가설을 검정하라. 유의수준 .05에서 p-값은 얼마인가? 결론은 무엇인가?

사례문제 1. 변화를 위한 초당파적 의제

[DATA file NYReform] 민주당 계열의 Zogby International은 700명 이상의 뉴욕시민을 대상으로 뉴욕 주정부가 일을 제대로 하는지에 대한 여론조사를 실시하였다. 응답자에게 주의회 의원들의 급여 삭감, 로비스트에 대한 규제, 주의회 의원의 임기 제한, 그리고 안건에 대한 시민의 직접 상정에 관하여 설문하였다. 몇 가지 제안된 개혁안은 인구통계적 및 정치적 성향을 넘어서 폭넓은 지지를 받았다.

뉴욕의 서부지역 거주자 100명을 대상으로 후속 조사가 진행되었다고 하자. 응답자가 민주당, 공화당, 무소속 중 어느 정당에 소속되어 있는지에 대한 설문 응답과 함께, 다음 세 가지 설문에 대한 응답이 기록되었다.

1. 주의원의 급여를 주 예산의 통과가 늦어지는 날짜 수만큼 삭감해야 하는가?

   예 ________ 아니오 ________

2. 로비스트에 대한 규제를 더 늘려야 하는가?

   예 ________ 아니오 ________

3. 주의원의 제임한도를 정해진 연수 이내로 임기를 제한해야 하는가?

   예 ________ 아니오 ________

설문 응답을 예는 1로, 아니오는 2로 입력하였다. 입력이 완료된 자료가 데이터 파일 NYReform에 저장되어 있다.

경영 보고서

1. 기술 통계를 이용하여 자료를 요약하라. 세 가지 설문문항별로 문항의 응답(예 또는 아니오)과 소속 정당의 독립성에 대한 당신의 예비적 결론은 무엇인가?
2. 설문문항 1에서 응답(예 또는 아니오)과 소속 정당 간의 독립성을 검정하라. $\alpha = .05$를 사용하라.
3. 설문문항 2에서 응답(예 또는 아니오)과 소속 정당 간의 독립성을 검정하라. $\alpha = .05$를 사용하라.
4. 설문문항 3에서 응답(예 또는 아니오)과 소속 정당 간의 독립성을 검정하라. $\alpha = .05$를 사용하라.
5. 변화에 대한 지지가 정치적 노선을 넘어 폭넓게 나타나는가? 이에 대하여 설명하라.

사례문제 2. Fuentes Salty Snacks, Inc.

[DATA file FuentesChips] 6개월 전 Fuentes Salty Snacks, Inc.는 감자칩 라인에 새로운 맛을 추가했다. 달콤한 베이컨의 맛을 가진 새로운 감자칩은 광범위한 판촉활동을 통해 전국적으로 출시되었다. 이 회사의 경영진은 식품매장에 빠르게 진출하는 것이 이 새로운 감자칩의 성공 요인이라고 확신하며, 이 과자가 미국 전역에 걸쳐 식품매장에 골고루 진출되어 있는지 알고 싶어 한다. Fuentes Salty Snacks, Inc.의 마케팅 부서는 미국 내 8개 판매지역에서 각각 40개의 식품매장 표본을 무작위로 선택하였다.

- 뉴잉글랜드 지역 (Connecticut, Maine, Massachusetts, New Hampshire, Rhode Island, Vermont)
- 대서양 연안의 중부 지역 (New Jersey, New York, Pennsylvania)
- 중서부 지역 (Illinois, Indiana, Michigan, Ohio, Wisconsin)
- 대평원 지역 (Iowa, Kansas, Minnesota, Missouri, Nebraska, North Dakota, Oklahoma, South Dakota)
- 대서양 연안의 남부 지역 (Delaware, Florida, Georgia, Maryland, North Carolina, South Carolina, Virginia, Washington DC, West Virginia)
- 최남단 지역 (Alabama, Arkansas, Kentucky, Louisiana, Mississippi, Tennessee, Texas)
- 산간지역 (Arizona, Colorado, Idaho, Montana, Nevada, New Mexico, Utah, Wyoming)
- 태평양 연안 지역 (Alaska, California, Hawaii, Oregon, Washington)

각 표본 내 식품매장에 연락하여, 각 식품매장 관리자에게 현재 Fuentes Salty Snacks, Inc.의 달콤한 베이컨 맛의 감자칩의 입고 여부에 대해 질문하였다. 응답 결과를 입력한 자료가 데이터 파일 FuentesChips에 저장되어 있다.

Fuentes Salty Snacks, Inc.의 경영진은 이 자료를 사용하여 달콤한 베이컨 맛의 감자칩의 식품매장 내 진출이 미국 내 8개 판매지역에 걸쳐 일관되는지를 평가하고자 한다. 만약 식품매장 내 진출이 8개 판매지역에 따라 다르다면, 경영진은 더 나아가 식품매장 내 진출이 기대보다 높거나 낮은 지역이 어디인지를 파악하고자 한다.

경영 보고서

다음과 같은 쟁점을 다루는 경영 보고서를 준비하라.

1. 기술 통계를 이용하여 자료를 요약하라. 이 기술 통계를 기반으로, 8개 판매지역의 식품매장 내 달콤한 베이컨 맛의 감자칩의 진출에 관한 당신의 예비적 결론은 무엇인가?
2. 자료를 이용하여 현재 달콤한 베이컨 맛의 감자칩을 입고한 식품매장의 비율은 8개 지역 모두에서 같다라는 가설을 검정하라. $\alpha = .05$를 사용하라.
3. 당신의 가설 검정 결과는 달콤한 베이컨 맛의 감자칩을 입고한 식품매장의 비율이 8개 판매지역에 따라 다르다는 증거를 보여주는가? 달콤한 베이컨 맛의 감자칩의 입고가 기대보다 낮거나 높은 판매지역은 어디인가? $\alpha = .05$에서 Marascuilo 쌍대비교과정을 이용하여 판매지역 사이의 차이를 검정하라.

사례문제 3. 프레스노 보드게임

[DATA *file* BBG] 프레스노 보드게임(Fresno Board Games)은 여러 종류의 보드게임을 만들어 온라인과 전국의 백화점을 통해 판매하고 있다. 이 중 가장 인기가 있는 게임은 ¡Cabestrillo Cinco! 인데, 이는 6면 주사위 5개를 가지고 하는 게임이다. 프레스노는 지난 25년 동안 이 게임을 위한 주사위를 Box Cars, Ltd.로부터 구매하고 있지만, Big Boss Gaming, Inc.(BBG)로부터 이 업체보다 상당히 낮은 가격으로 주사위를 판매하겠다는 제안을 받았다. 프레스노의 경영진은 BBG가 제안한 잠재적 이익에 관심이 있지만, 한편으로는 이 업체가 생산하는 주사위의 품질에 대해서도 우려하고 있다. 프레스노는 높은 도덕성으로 명성을 얻고 있으며, 경영진은 ¡Cabestrillo Cinco!의 주사위 역시 공정성이 있어야 한다고 생각한다.

BBG가 생산하는 주사위의 품질에 대한 경영진의 우려가 완화될 수 있는지를 확인하기 위해, 프레스노의 제품품질 관리자는 BBG가 가장 최근에 생산한 주사위 5개를 무작위로 추출하였다. BBG의 관리팀원이 지켜보는 가운데, 프레스노의 제품품질 관리자는 무작위로 추출된 5개의 주사위 표본을 각각 500회씩 굴린 후 이 결과들을 기록하였다. 무작위로 추출된 5개의 주사위 각각에 대한 결과가 데이터 파일 BBG에 저장되어 있다.

이제 프레스노의 경영진은 결과 자료를 이용하여 이들 5개의 6면 주사위가 공정하지 않은지의 여부, 즉 한 가지 숫자가 다른 숫자들보다 더 자주 또는 덜 자주 발생하는지를 평가하고자 한다.

경영 보고서

다음과 같은 쟁점을 다루는 경영 보고서를 준비하라.

1. 프레스노의 제품품질 관리자가 무작위로 추출된 5개의 주사위 각각에 대하여 수집한 자료를 기술 통계를 이용하여 요약하라. 이 기술 통계를 기반으로, 추출된 5개 주사위의 공정성에 관한 당신의 예비적 결론은 무엇인가?
2. 5개의 주사위 중 첫 번째 주사위가 공정한지, 즉 무작위로 추출된 5개의 주사위 중 첫 번째 주사위의 실험 결과 분포가 $p_1 = p_2 = p_3 = p_4 = p_5 = p_6 = 1/6$을 갖는 다항분포라는 가설을 검정하라. 나머지 4개의 주사위 각각에 대해서도 이 과정을 반복하라. $\alpha = .01$를 사용하라. 당신의 가설 검정 결과는 BBG가 불공정한 주사위를 생산한다는 증거를 보여주는가?

13 실험설계와 분산분석

EXPERIMENTAL DESIGN AND ANALYSIS OF VARIANCE

STATISTICS *in* PRACTICE

버크 마케팅 서비스*

Cincinnati, Ohio

Burke Marketing Services, Inc.는 업계에서 경험이 매우 풍부한 시장조사 회사로 통한다. Burke는 세계의 어떤 시장조사 회사보다도 제안서와 프로젝트를 더 많이 작성한다. Burke는 최신 기술을 이용하여 마케팅에 관한 모든 문제에 해법을 제공할 수 있는 여러 가지 조사역량을 지니고 있다.

한 제조업체가 새로운 어린이용 시리얼의 잠재성을 평가하기 위해 Burke에게 조사를 의뢰했다. 우리는 이 업체에 대한 비밀보장을 위해 회사명을 Anon Company로 대신한다. Anon의 제품개발자는 다음의 네 가지 주요 요인이 시리얼의 맛을 향상시킨다고 생각하고 있었다.

1. 시리얼의 밀과 옥수수의 구성비율
2. 감미료의 종류: 설탕, 꿀, 인조 감미료
3. 과일 맛의 향신료 유무
4. 짧거나 긴 조리시간

Burke는 맛에 대한 실험을 하여 고객이 특정 제품에서 원하는 것이 무엇인지에 관한 가치 있는 통계적 정보를 제공한다.

* 이 사례는 Burke Marketing Services의 Dr. Ronald Tatham의 도움을 받아 소개한 내용임을 밝힌다.

STATISTICS in PRACTICE

Burke는 시리얼 맛에 대한 이 네 가지 요인의 영향을 알아내기 위한 실험을 설계하였다. 예를 들어, 밀과 옥수수의 특정 구성비율, 감미료로서 설탕, 향신료, 그리고 조리시간을 짧게 하여 하나의 실험 시리얼을 만들었다. 또 다른 실험 시리얼은 밀과 옥수수의 비율을 다르게 하면서 나머지 세 가지 요인을 그대로 혼합한 것이었다. 그런 다음 어린이 집단을 대상으로 실험 시리얼들에 대한 맛을 보게 하여 그들로 하여금 각 실험 시리얼의 맛에 대해서 어떤 생각이 드는지를 말하도록 하였다.

맛에 대한 실험으로부터 수집된 자료를 분석하기 위한 통계적 방법으로 분산분석을 사용하였다. 분석 결과는 다음과 같다.

- 시리얼의 구성비율과 감미료의 종류가 맛 평가에 큰 영향을 미쳤다.
- 실제로 향신료는 시리얼의 맛을 떨어뜨렸다.
- 조리시간은 맛에 영향을 미치지 않았다.

이 정보는 Anon으로 하여금 최고 맛의 시리얼을 이끄는 주요 요인들을 식별하는 데 도움이 되었다.

Burke의 실험설계와 이에 따른 분산분석이 제품설계에 대한 권장사항을 제시하는 데 도움을 주었다. 이 장에서 우리는 이 과정이 어떻게 실시되는지를 살펴본다.

1장에서 우리는 통계적 연구를 실험연구과 관찰연구로 분류할 수 있다고 하였다. 실험연구는 실험을 통해서 자료를 생성한다. 실험은 관심 변수를 식별하는 것으로부터 시작된다. 그런 다음, 관련이 있다고 생각되는 하나 이상의 변수를 식별하고 통제한 후, 이 변수들이 관심 변수에 어떻게 영향을 미치는지에 관한 자료가 수집된다.

관찰연구는 보통 표본조사를 통하여 자료를 획득하며, 통제된 실험을 하지는 않는다. 적절한 설계원칙을 따르더라도 실험연구와 같은 엄격한 통제는 불가능하다.

HLFC사(High Lumens Flashlight Company)가 새롭게 출시하는 고강도 손전등의 옵션에 관한 예를 가지고 관찰연구와 실험연구의 차이를 살펴보자. HL5로 불리는 이 새로운 모델은 충전이 가능한 리튬이온 배터리를 사용한다. 전국의 대형 스포츠용품 매장들이 HLFC의 이 새로운 손전등을 홍보하기 위한 전략을 수립하는 것을 돕기로 하였다. HLFC는 세 가지 홍보 전략을 고려하고 있는데, HL5를 구매한 고객에게 계산대에서 20% 할인을 제공하는 방법, HL5를 구매한 고객에게 충전용 배터리 무료쿠폰을 제공하는 방법, 특별한 판촉 활동을 하지 않는 것이다. HLFC는 이 세 가지 전략이 판매에 미치는 영향을 평가하기 위해 무작위로 선정된 60곳의 스포츠용품 매장을 조사에 참여시켰다. 이들 각 매장에서 사용할 홍보 전략은 다음과 같은 두 가지 방법으로 정할 수 있다.

- 각 매장이 세 가지 홍보 전략 중 하나를 스스로 선택하게 한 후 30일의 실험기간 동안 판매를 기록한다.
- 60개의 매장을 20개씩 무작위로 나눈 후, 세 가지 홍보 전략 가운데 하나를 임의로 할당한 후 30일의 실험기간 동안 판매를 기록한다.

첫 번째 방법은 **관찰연구**(observational study)에 해당한다. 조사에 참여하는 60곳의 매장에 홍보 전략이 무작위로 할당되지 않았기 때문이다. 첫 번째 방법을 이용하면 홍보 전략보다는 다른 요인들에 의해 판매액에 체계적 편의가 발생할 수 있다. 예를 들어, 어떤 매장관리자는 그러한 홍보 전략에서 성공을 거두지 못한 경험이 있어서 20% 할인이라는 홍보 전략을 사용하는 네 대한 반내 편견을 가지고 있을 수 있다. 또 다른 매장관리자는 서류 작업이 번거로워서 충전용 배터리 무료쿠폰 발행을 반대하는 편견을 가질 수 있다. 따라서 HLFC는 매출액의 차이가 홍보 전략의 유형에 따라 설명될 수 있는지를 밝힐 수 없게 된다.

두 번째 방법은 **실험연구**(experimental study)이다. 조사에 참여하는 60곳의 매장에 세 가지 홍보 전략 중 하나가 무작위로 할당되기 때문이다. 실험 연구 방법을 사용하면 판매에 영향을 미치는 체계적 편의(systematic biases)가 발생할 가능성이 크게 감소된다. 만일 세 가지 전략의 각 매출액에 차이가 있다면, HLFC는 그 차이가 홍보 전략의 유형에 따라 설명될 수 있다는 결론을 내리는 강력한 사례를 가지게 된다.

어떤 두 변수 사이의 연관성이 이들 변수 사이의 인과관계를 확증하는 데 필수적이지만 충분한 것은 아니다.

어떤 연구문제에는 실험연구를 설계하고 실시하는 것은 어렵고 비용이 많이 들 수 있다. 어떤 경우는 비현실적이거나 심지어 불가능할 수도 있다. 예를 들어, 흡연과 폐암의 관계에 관한 연구에서 연구자는 각 대상자에게 무작위로 흡연습관을 할당할 수 없다. 연구 설계는 이미 담배를 피우고 있는 사람들의 결과와 아직 담배를 피우지 않은 사람들의 결과를 관찰하고, 이 두 집단 각각에서 폐암에 걸린 빈도수를 관찰하는 것으로 한정된다. 결국 이 연구 설계는 흡연이 폐암을 유발하는지에 대한 결론을 도출할 수 없으며, 오직 흡연과 폐암의 연관성(association)에 대해서만 평가할 수 있다.

로널드 에일머 피셔 경(Sir Ronald Aylmer Fisher, 1890~1962)이 통계학의 한 분야인 실험설계를 고안했다. 통계학에서의 업적 외에도 유전학 분야의 저명한 과학자였다.

이 장은 세 가지 유형의 실험설계, 즉 완전무작위설계, 무작위 블록설계, 그리고 팩토리얼 실험을 소개한다. 이 세 가지 설계에 분산분석(ANOVA: analysis of variance)이라는 통계적 과정이 자료를 분석하는 데 어떻게 이용되는지를 보여준다. 또한 분산분석(ANOVA)은 관찰연구를 통해 획득한 자료를 분석하는 데 이용될 수 있다. 예를 들어, 관찰연구로부터 획득한 자료를 통해 3개 이상의 모집단의 평균의 동일성을 검정하고자 할 때는 완전무작위 실험설계에 이용되는 분산분석 절차가 효과적임을 알 수 있을 것이다. 다음 장에서도 분산분석이 실험자료와 관찰 자료를 모두 포함하는 회귀분석에서도 중요한 역할을 한다는 것을 알 수 있을 것이다.

첫 번째 절에서는 실험연구의 기본 원리를 소개하고, 이들 원리가 어떻게 완전무작위설계에 적용되는지를 설명한다. 그런 다음 두 번째 절에서 분산분석을 이용하여 완전무작위 실험설계로부터 획득한 자료를 분석하는 방법을 보여준다. 나머지 절들에서 다중비교절차를 논의하고, 널리 사용되는 두 가지 실험설계로써 무작위 블록설계와 팩토리얼 실험에 대해 설명한다.

13.1 실험설계 소개와 분산분석

관찰연구에서 인과관계를 찾는 것은 어렵지만, 실험연구에서는 보다 쉽게 인과관계를 찾을 수 있다.

실험연구의 한 가지 예로서 도시에 물을 공급하는 케미텍사(Chemitech, Inc.)가 직면한 문제를 고려해 보자. 케미텍은 새로운 여과장치를 개발하였다. 케미텍은 이 새로운 여과장치에 들어가는 부품을 몇몇 공급업체로부터 구매하여 조립을 하는데, 산업공학부서가 최적의 조립방법을 책임지고 결정한다. 이 부서는 최종적으로 방법 A, 방법 B, 방법 C 등 세 가지 조립방법을 대안으로 압축하였다. 이 방법들은 여과장치를 조립하는 과정에서 서로 차이가 있다. 케미텍 의사결정자는 주당 생산량이 최대가 되는 조립방법을 찾기를 바란다.

케미텍 실험연구에서는 조립방법이 독립변수 또는 **요인**(factor)이다. 세 가지 조립방법이 그 변동의 요인에 해당하므로, 이 실험에는 세 가지 처리가 관련되어 있다고 말하고, 각 **처리**(treatment)는 세 가지 조립방법 중 하나에 해당한다. 케미텍의 의사결정문제는 **단일요인실험**(single-factor experiment)의 예를 보여주는 것으로, 조립방법이라는 하나의 범주 요인이 있다. 보다 복잡한 실험은 다중요인으로 구성될 수 있는데, 범주적 요인과 양적 요인이 섞여있을 수도 있다.

종업원 한 명이 조립을 완성하는 것으로 간주하면, 모집단은 그 종업원이 일주일 동안 완성한 여과장치 개수를 원소로 한다.—역자

케미텍 실험의 조립방법 또는 처리는 3개의 모집단을 정의한다. 첫 번째 모집단은 방법 A를 사용하여 조립하는 종업원이고, 두 번째 모집단은 방법 B를 사용하여 조립하는 종업원이며, 세 번째 모집단은 방법 C를 사용하여 조립하는 종업원이다. 각 모집단에서 종속변수 또는 **반응변수**(response variable)는 주당 조립되는 여과장치의 수량이고, 이 실험의 주된 통계적 목적은 주당 여과장치의 평균 생산량이 3개의 모집단에서, 즉 세 가지 방법 모두에서 동일한지를 확인하는 것이다.

무작위성(randomization)은 특정 처리를 특정 실험단위에 무작위로 할당하는 과정이다. 로널드 에일머 피셔 경(Sir R. A. Fisher)의 연구 이전에는 처리가 체계적 또는 주관적 기준에 따라 할당되었다.

케미텍의 생산설비에서 조립에 참여하는 모든 종업원 중에서 무작위로 3명의 종업원 표본이 추출되었다고 가정하자. 실험설계에서는 무작위로 추출된 3명의 표본을 **실험단위**(experimental unit)라고 한다. 케미텍의 의사결정문제를 위한 실험설계를 **완전무작위설계**(completely randomized design)라고 일컫는다. 완전무작위 실험설계에서는 각각의 조립방법 또는 처리가 무작위로 실험단위들 또는 종업원들 중 하나에 할당되도록 한다. 예를 들어, 방법 A는 무작위적으로 두 번째 종업원에, 방법 B는 첫 번째 종업원에, 그리고 방법 C는 세 번째 종원원에 할당한다. 〈그림 13-1〉에서 설명한 것처럼, 랜덤화(randomization)의 개념은 모든 실험설계에서 중요한 원리가 된다.

이 실험의 결과는 처리방법에 따른 조립량(개수)이라는 것에 유의하자. 실험과정을 반복하면 각 조립방법에 따른 자료를 추가적으로 획득할 수 있다. 예를 들어, 3명의 종업원을 추출하는 대신에 15명의 종업원을 무작위로 추출한 다음, 세 가지 처리에 각각 5명씩 무작위로 할당한다고 가정해 보자. 각 조립방법에 5명의 종업원을 할당하였기 때문에, 우리는 실험을 5회 반복했다고 말할 수 있다. 이 반복실험(replication)의 과정이 실험설계에서 또 하나의

〈그림 13-1〉 케미텍의 조립방법 실험을 평가하는 완전무작위설계

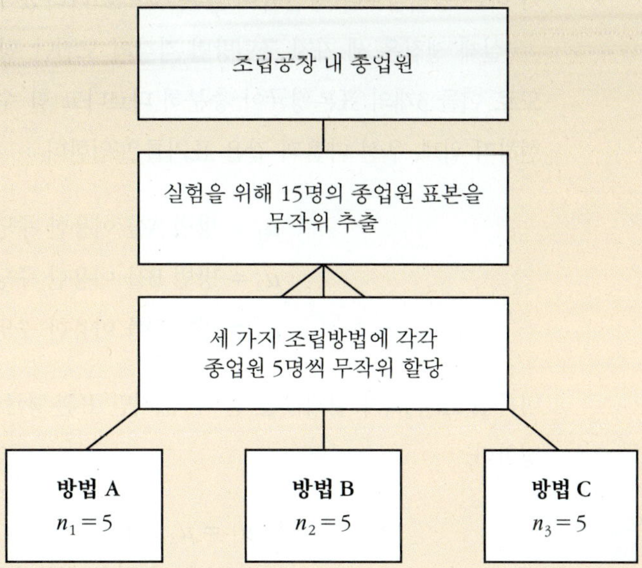

중요한 원리가 된다. 〈그림 13-1〉은 케미텍 실험의 완전무작위설계를 보여준다.

자료수집

일단 실험설계에 만족한다면 자료의 수집과 분석을 진행한다. 케미텍 사례에서 종업원들은 자신에게 할당된 조립방법에 대한 훈련을 받은 후에 그 방법으로 새로운 여과장치를 조립하기 시작한다. 이러한 할당과 훈련 후에 각 종업원이 1주일 동안 조립한 여과장치의 수량을 〈표 13-1〉에서 볼 수 있다. 또한 이 표는 조립방법별로 표본평균, 표본분산, 표본 표준편차를 보여준다. 따라서 방법 A로 생산된 여과장치의 표본평균 수량은 62단위, 방법 B의 표본평

〈표 13-1〉 종업원 15명에 의한 생산량

	방법 A	방법 B	방법 C
	58	58	48
	64	69	57
	55	71	59
	66	64	47
	67	68	49
표본평균	62	66	52
표본분산	27.5	26.5	31.0
표본 표준편차	5.244	5.148	5.568

균 수량이 66단위, 그리고 방법 C의 표본평균 수량은 52단위이다. 이들 자료로부터 방법 B가 다른 방법들보다 생산율이 높은 것으로 나타났다.

실제 쟁점은 세 가지 조립방법 각각의 모집단 평균이 다르다고 결론을 내릴 수 있을 정도로 이들 3개의 표본평균이 충분히 다르다고 할 수 있느냐이다. 이 쟁점을 통계적으로 표현하기 위해, 우선 다음과 같은 표기를 도입한다.

μ_1 = 방법 A를 이용한 주당 평균 생산량

μ_2 = 방법 B를 이용한 주당 평균 생산량

μ_3 = 방법 C를 이용한 주당 평균 생산량

비록 μ_1, μ_2, μ_3의 실제값을 알 수 없지만 표본평균들을 이용하여 다음과 같은 가설을 검정한다.

H_0가 기각된다고 모든 모집단의 평균이 다르다는 결론을 내릴 수 없다. H_0가 기각된다는 것은 적어도 2개 모집단의 평균이 상이한 값을 가진다는 것을 의미한다.

H_0: $\mu_1 = \mu_2 = \mu_3$

H_a: 모집단 평균이 모두 같은 것은 아니다.

간단히 말하면, 분산분석(ANOVA)은 3개의 표본평균들 사이의 차이가 H_0를 기각할 수 있을 정도로 큰가를 결정하기 위한 통계적 절차이다.

분산분석의 가정

분산분석을 이용하기 위해 다음과 같은 세 가지 가정이 필요하다.

만약 표본의 크기가 같다면, 분산분석은 모집단이 정규분포라는 가정에 그렇게 민감하지 않다.

1. **각 모집단의 반응변수는 정규분포를 따른다.** 함의: 케미텍 실험에서 각 조립방법에 따른 주당 생산량(반응변수)은 정규분포를 따라야 한다.
2. **반응변수의 분산 σ^2은 모집단마다 동일하다.** 함의: 케미텍 실험에서 각 조립방법에 따른 주당 생산량의 분산들은 모두 같아야 한다.
3. **관찰값들은 서로 독립이다.** 함의: 케미텍 실험에서 종업원 각각의 주당 생산량은 다른 종업원의 주당 생산량과 서로 독립이어야 한다.

분산분석: 개념

만약 3개 모집단의 평균이 같다면, 3개의 표본평균도 서로 비슷할 것이라고 예측할 수 있다. 사실 3개 표본평균이 서로 비슷할수록 모집단 평균들은 다르다는 결론을 내리는 증거가 되기는 어렵다. 반대로, 3개 표본평균이 서로 다를수록 모집단 평균들은 다르다는 결론을 내리기에 충분한 증거가 될 수 있다. 다른 말로 표현하면, 표본평균들 사이의 변동성이 "작다"면 H_0를 지지하는 것이고, 표본평균들 사이의 변동성이 "크다"면 H_a를 지지하는 것이 된다.

만약 귀무가설 H_0: $\mu_1 = \mu_2 = \mu_3$이 참이라면, 표본평균들 사이의 변동성을 이용하여 σ^2의 추정값을 찾을 수 있다. 첫째, 만약 분산분석의 가정이 충족되고 귀무가설이 참이라면, 각 표본은 평균이 μ이고 분산이 σ^2인 동일한 정규분포를 따를 것이다. 이는 7장에서 정규분포를 갖는 모집단으로부터 크기가 n개인 표본을 단순 무작위로 추출하는 경우, 표본평균 $\bar{x}$의 표집분포는 평균이 μ이고 분산이 σ^2/n인 정규분포를 따른다고 설명한 내용이다. 〈그림 13-2〉가 이러한 표집분포를 보여주고 있다.

따라서 만약 귀무가설이 참이라면 〈표 13-1〉의 3개 표본평균, 즉 $\bar{x}_1 = 62$, $\bar{x}_2 = 66$, $\bar{x}_3 = 52$는 〈그림 13-2〉의 표집분포로부터 무작위로 추출된 값이라고 생각할 수 있다. 이 경우 3개 $\bar{x}$값의 평균과 분산을 이용하여 표집분포의 평균과 분산을 추정할 수 있다. 케미텍 실험과 같이 표본의 크기가 같을 경우, 표본평균 $\bar{x}$의 표집분포의 평균에 대한 가장 좋은 추정값은 표본평균들의 평균이다. 케미텍 실험에서 표본평균 $\bar{x}$의 표집분포의 평균의 추정값은 $(62+66+52)/3 = 60$이다. 이 추정값을 **총괄 표본평균**(overall sample mean)이라고 한다. 표본평균 $\bar{x}$의 표집분포의 분산 $\sigma^2_{\bar{x}}$에 대한 추정값은 3개 표본평균들의 분산으로부터 구할 수 있다.

$$s^2_{\bar{x}} = \frac{(62-60)^2+(66-60)^2+(52-60)^2}{3-1} = \frac{104}{2} = 52$$

$\sigma^2_{\bar{x}} = \sigma^2/n$이므로 σ^2에 대하여 풀면

$$\sigma^2 = n\sigma^2_{\bar{x}}$$

이다. 따라서 다음과 같다.

$$\sigma^2\text{의 추정값} = n(\sigma^2_{\bar{x}}\text{의 추정값}) = ns^2_{\bar{x}} = 5(52) = 260$$

〈그림 13-2〉 H_0가 참일 때 $\bar{x}$의 표집분포

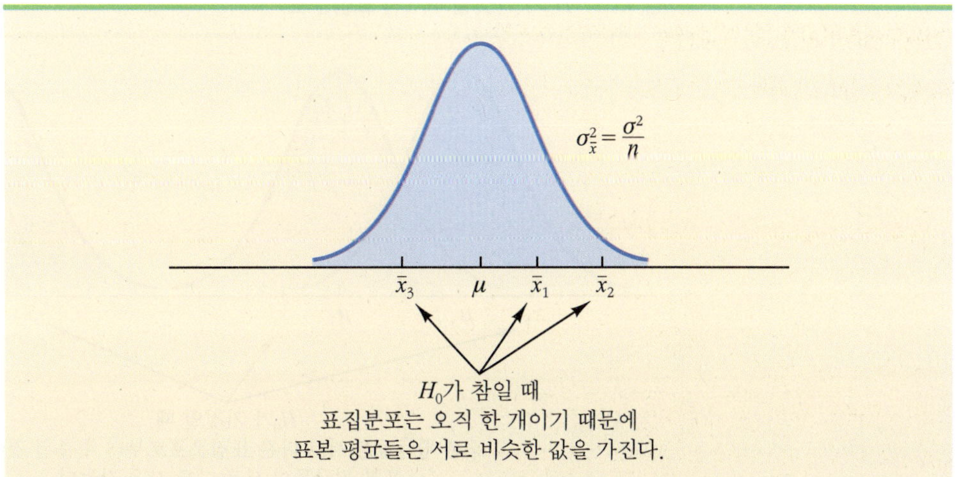

여기서 $ns_{\bar{x}}^2 = 260$을 σ^2의 처리 간 추정값(between-treatments estimate)이라고 한다.

σ^2의 처리 간 추정값은 귀무가설이 참이라는 가정을 근거로 한다. 이 경우에 각 표본은 동일한 모집단에서 추출된 것이고, 결국 표본평균 $\bar{x}$의 표집분포는 오직 한 개만 있게 된다. H_0가 거짓인 경우 어떻게 되는지를 설명하기 위해 모집단 평균들이 모두 다르다고 가정해 보자. 3개 표본들은 평균이 다른 정규모집단들로부터 추출된 것이므로, 이들 3개의 표집분포도 서로 다를 것이다. 이 경우에 H_0가 참일 때와는 다르게, 표본평균들이 서로 비슷하지 않다는 것을 〈그림 13-3〉에서 확인할 수 있다. 따라서 $s_{\bar{x}}^2$이 커질수록 σ^2의 처리 간 추정값도 커지게 된다. 일반적으로, 모집단 평균들이 같지 않을 경우, 처리 간 추정값은 모집단의 분산 σ^2을 과대추정하게 된다.

각 표본 안의 변동성 역시 분산분석의 결과에 영향을 미친다. 각 모집단으로부터 무작위 표본이 추출된 경우, 각각의 표본분산은 σ^2의 불편추정값(unbiased estimate)이 된다. 따라서 σ^2의 개별 추정값들을 하나의 총괄 추정값으로 결합시키거나 합동(병합)시킬 수 있다. 이 방식으로 얻은 σ^2의 추정값을 σ^2의 합동 추정값(pooled estimate) 또는 처리 내 추정값(within-treatments estimate)이라고 한다. 각각의 표본분산은 오직 각 표본 내의 변동성을 기반으로 σ^2의 값을 추정하기 때문에, σ^2의 처리 내 추정값은 모집단 평균들이 같은지의 여부에 영향을 받지 않는다. 표본의 크기가 같은 경우, σ^2의 처리 내 추정값은 개별 표본분산들의 평균으로 구할 수 있다. 케미텍 실험에서 σ^2의 처리 내 추정값은 다음과 같다.

$$\sigma^2\text{의 처리 내 추정값} = \frac{27.5+26.5+31.0}{3} = \frac{85}{3} = 28.33$$

케미텍 실험에서 σ^2의 처리 간 추정값 260은 σ^2의 처리 내 추정값 28.33보다 매우 크다. 사실, 이 두 추정값의 비율은 260/28.33 = 9.18이나 된다. 그런데 처리 간 추정의 접근방식

〈그림 13-3〉 H_0가 거짓일 때 $\bar{x}$의 표집분포

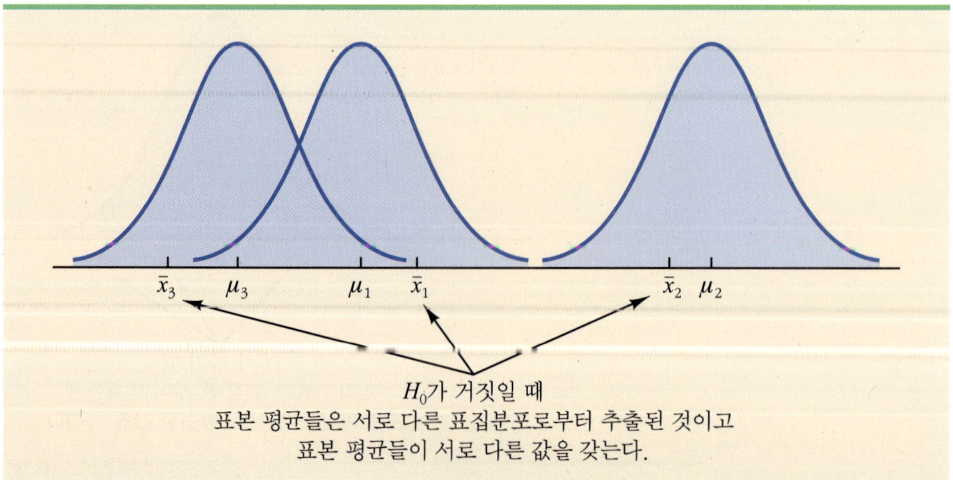

은 귀무가설이 참인 경우는 σ^2의 좋은 추정값이 되지만, 귀무가설이 거짓인 경우는 σ^2을 과대추정한다는 것을 기억하자. 처리 내 추정의 접근방식은 두 경우 모두에서 σ^2의 좋은 추정값이 된다. 따라서 귀무가설이 참이라면 두 추정값은 비슷하고 이들의 비율은 1에 가까워진다. 만약 귀무가설이 거짓이라면, 처리 간 추정값이 처리 내 추정값보다 커지게 되어 이들의 비율 또한 더 커지게 된다. 다음 절에서 이들의 비율이 얼마나 커야 귀무가설 H_0을 기각할 수 있는지 설명한다.

정리하면, 분산분석(ANOVA)의 논리는 공통의 모집단 분산 σ^2에 대한 독립적인 두 개의 추정값을 기반으로 한다. 이들 중 어느 한 추정값은 표본평균들 사이의 변동성에 관한 것이고, 또 다른 추정값은 각 표본 내 자료의 변동성에 관한 것이다. σ^2에 대한 이들 두 개의 추정값을 비교함으로써 모집단 평균들이 같은지를 밝힐 수 있다.

13.1 보충 설명

1. 실험설계의 랜덤화는 관찰연구에서 확률표집(랜덤표집)과 유사하다고 할 수 있다.
2. 여러 의학 실험에서, 이중맹검 실험설계(double-blind experimental design)를 이용하여 잠재적 편의(bias)를 제거하고 있다. 이 실험설계에서 환자는 치료하는 의사가 누구인지 모를 뿐만 아니라 어떤 치료를 하고 있는지에 대해서도 알지 못한다. 다른 많은 종류의 실험 역시 이런 유형의 설계를 유용하게 활용하고 있다.
3. 이 절에서는 완전무작위설계로 k개 모평균의 동일성을 검정하는 분산분석의 개념을 설명하였다. 관찰연구 또는 비실험연구에서도 동일한 분석과정을 이용하여 k개 모평균의 동일성을 검정할 수 있음을 알 수 있게 될 것이다.
4. 10.1절과 10.2절에서 두 모집단의 평균은 같다라는 가설을 검정하는 통계적 방법을 소개하였다. 분산분석도 두 모집단의 평균은 같다라는 가설을 검정하는 데 이용될 수 있다. 그러나 실제로 분산분석은 3개 이상의 모집단 평균들을 다룰 때를 제외하고는 이용되지 않는 것이 일반적이다.

13.2 분산분석과 완전무작위설계

이 절에서는 완전무작위설계에서 k개 모집단의 평균이 동일한지를 검정하는 데 분산분석이 어떻게 이용되는지를 설명한다. 가설의 형태는 다음과 같다.

$$H_0: \mu_1 = \mu_2 = \cdots = \mu_k$$

H_a: 모집단 평균이 모두 같은 것은 아니다.

여기서, $\mu_j = j$번째 모집단의 평균이다.

k개 모집단 또는 처리로부터 크기가 n_j인 표본이 무작위로 추출되었다고 가정하자. 표본 자료는 다음과 같다.

x_{ij} = 처리 j에서 표본 i의 관측값

n_j = 처리 j에서 관측값의 수

$\bar{x}_j$ = 처리 j에서 표본평균

s_j^2 = 처리 j에서 표본분산

s_j = 처리 j에서 표본 표준편차

처리 j에서 표본평균과 표본분산을 다음과 같이 구할 수 있다.

$$\bar{x}_j = \frac{\sum_{i=1}^{n_j} x_{ij}}{n_j} \qquad \textbf{13-1}$$

$$s_j^2 = \frac{\sum_{i=1}^{n_j} (x_{ij} - \bar{x}_j)^2}{n_j - 1} \qquad \textbf{13-2}$$

총괄 표본평균 $\bar{\bar{x}}$는 모든 관측값의 합을 총 관측값의 수로 나눈 값이다.

$$\bar{\bar{x}} = \frac{\sum_{j=1}^{k} \sum_{i=1}^{n_j} x_{ij}}{n_T} \qquad \textbf{13-3}$$

$$n_T = n_1 + n_2 + \cdots + n_k \qquad \textbf{13-4}$$

만약 각 표본의 크기가 n으로 같으면 $n_T = kn$이 되고, 이 경우 식 13-3은 다음과 같이 간단해진다.

$$\bar{\bar{x}} = \frac{\sum_{j=1}^{k} \sum_{i=1}^{n_j} x_{ij}}{kn} = \frac{\sum_{j=1}^{k} \sum_{i=1}^{n_j} x_{ij}/n}{k} = \frac{\sum_{j=1}^{k} \bar{x}_j}{k} \qquad \textbf{13-5}$$

다시 말해서, 표본의 크기가 같은 경우 총괄 표본평균은 k개 표본평균의 평균과 같다.

케미텍 실험에서 각 표본은 $n = 5$의 관측값들로 구성되어 있으므로 식 13-5를 이용하여 총괄 표본평균을 구할 수 있다. 〈표 13-1〉의 자료로부터 다음과 같은 결과를 얻을 수 있다.

$$\bar{\bar{x}} = \frac{62+66+52}{3} = 60$$

만약 귀무가설이 참이면, 즉 $\mu_1 = \mu_2 = \mu_3 = \mu$이면 총괄 표본평균 60은 모집단 평균 μ의 가장 좋은 추정값이 된다.

모분산의 처리 간 추정값

앞 절에서 σ^2의 처리 간 추정값의 개념을 소개하고, 표본의 크기가 같은 경우 이 추정값을 어떻게 구하는지를 살펴보았다. 이 σ^2의 추정값을 **처리제곱평균**(mean square due to treatments)이라 하고 MSTR로 표기한다. MSTR을 구하는 일반식은 다음과 같다.

$$\text{MSTR} = \frac{\sum_{j=1}^{k} n_j(\bar{x}_j - \bar{\bar{x}})^2}{k-1} \qquad \textbf{13-6}$$

식 13-6에서 분자를 **처리제곱합**(sum of squares due to treatments)이라 하고 SSTR로 표기한다. 분모 $k-1$은 SSTR의 자유도이다. 따라서 다음의 식으로 처리제곱평균을 구할 수 있다.

처리제곱평균

$$\text{MSTR} = \frac{\text{SSTR}}{k-1} \qquad \textbf{13-7}$$

여기서

$$\text{SSTR} = \sum_{j=1}^{k} n_j(\bar{x}_j - \bar{\bar{x}})^2 \qquad \textbf{13-8}$$

만약 귀무가설이 참이면 MSTR은 σ^2의 불편추정값이 된다. 그러나 k개의 모집단 평균이 같지 않다면, MSTR은 σ^2의 불편추정값이 아니다. 실제로 이러한 경우에 MSTR은 σ^2을 과대추정하게 된다.

〈표 13-1〉의 케미텍 자료에서 다음과 같은 결과를 얻을 수 있다.

$$\text{SSTR} = \sum_{j=1}^{k} n_j(\bar{x}_j - \bar{\bar{x}})^2 = 5(62-60)^2 + 5(66-60)^2 + 5(52-60)^2 = 520$$

$$\text{MSTR} = \frac{\text{SSTR}}{k-1} = \frac{520}{2} = 260$$

모분산의 처리 내 추정값

앞에서, σ^2의 처리 내 추정값의 개념을 소개하고, 표본의 크기가 같은 경우 이 추정값을 어떻게 구하는지를 설명하였다. 이 σ^2의 처리 내 추정값을 **잔차제곱평균**(mean square due to error)이라 하고 MSE로 표기한다. MSE를 구하는 일반식은 다음과 같다.

$$\text{MSE} = \frac{\sum_{j=1}^{k} (n_j - 1)s_j^2}{n_T - k} \qquad \textbf{13-9}$$

식 13-9에서 분자를 **잔차제곱합**(sum of squares due to error)이라 하고 SSE로 표기한다. MSE의 분모는 SSE의 지유도이다. 따라서 MSE를 다음과 같이 정리할 수 있다.

잔차제곱평균

$$\text{MSE} = \frac{\text{SSE}}{n_T - k} \qquad \textbf{13-10}$$

여기서

$$\text{SSE} = \sum_{j=1}^{k}(n_j - 1)s_j^2 \qquad \textbf{13-11}$$

MSE는 각 처리 내의 변동성을 기반으로 한다는 것을 기억하자. 이는 귀무가설이 참인지의 여부에 의해 영향을 받지 않는다는 것이다. 따라서 MSE는 항상 σ^2의 불편추정값이다. 〈표 13-1〉의 케미텍 자료에서 다음과 같은 결과를 얻을 수 있다.

$$\text{SSE} = \sum_{j=1}^{k}(n_j - 1)s_j^2 = (5-1)27.5 + (5-1)26.5 + (5-1)31 = 340$$

$$\text{MSE} = \frac{\text{SSE}}{n_T - k} = \frac{340}{15-3} = \frac{340}{12} = 28.33$$

11.2절에서 F-분포에 대한 소개와 F-분포표의 이용을 설명하였다.

분산 추정값의 비교: F-검정

만약 귀무가설이 참이면, MSTR과 MSE는 σ^2에 대한 독립적인 두 개의 불편추정값이 된다. 11장에서 설명한 바처럼, 모집단이 정규분포인 경우, σ^2에 대한 독립적인 두 개의 추정값의 비율에 관한 표집분포는 F-분포를 따른다. 따라서 귀무가설이 참이고 분산분석의 가정이 유효하다면, MSTR과 MSE의 비율 MSTR/MSE의 표집분포는 분자의 자유도가 $k-1$이고 분모의 자유도가 n_T-k인 F-분포이다. 다시 말하면, 귀무가설이 참이라면 MSTR/MSE의 값은 이 F-분포에서 추출된 것이어야 한다.

그러나 만약 귀무가설이 거짓이면 MSTR은 σ^2을 과대추정하게 되므로, MSTR/MSE의 값은 과장될 것이다. 따라서 분자의 자유도가 $k-1$이고 분모의 자유도가 n_T-k인 F-분포에서 추출된 것으로 생각하기에는 MSTR/MSE의 값이 지나치게 크면 귀무가설을 기각하게 될 것이다. 귀무가설의 기각 여부가 MSTR/MSE의 값을 기준으로 하기 때문에, k개 모집단의 평균에 대한 동일성을 검정하기 위한 검정 통계량은 다음과 같다.

***k*개 모집단 평균의 동일성에 대한 검정 통계량**

$$F = \frac{\text{MSTR}}{\text{MSE}} \qquad \textbf{13-12}$$

검정 통계량은 분자의 자유도가 $k-1$이고 분모의 자유도가 n_T-k인 F-분포를 따른다.

케미텍 실험으로 돌아가서, 유의수준 $\alpha = .05$에서 가설을 검정하자. 검정 통계량의 값은 다음과 같다.

〈그림 13-4〉 MSTR/MSE의 표집분포를 이용한 p-값의 계산

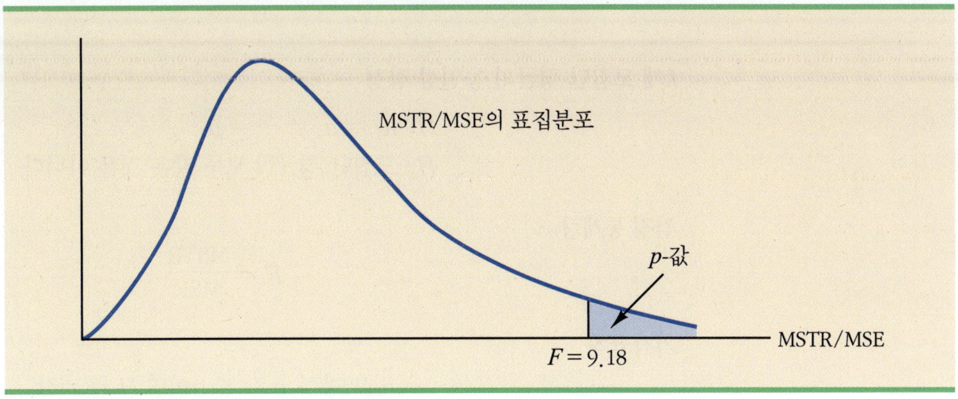

$$F = \frac{\text{MSTR}}{\text{MSE}} = \frac{260}{28.33} = 9.18$$

분자의 자유도는 $k-1 = 3-1 = 2$이고 분모의 자유도는 $n_T - k = 15-3 = 12$이다. 검정 통계량의 값이 클 경우에 귀무가설을 기각하므로 p-값은 검정 통계량 $F = 9.18$의 우측에 있는 F-분포의 꼬리 면적이 된다. 〈그림 13-4〉는 F = MSTR/MSE의 표집분포, 검정 통계량의 값, 그리고 가설 검정을 위한 p-값의 우측 꼬리 면적을 보여준다.

부록 B의 〈표 4〉에서 다음과 같이 분자의 자유도가 2이고 분모의 자유도가 12인 F-분포의 우측 꼬리 면적을 찾을 수 있다.

우측 면적	.10	.05	.025	.01
F-값(분자의 자유도=2, 분모의 자유도=12)	2.81	3.89	5.10	6.93

F=9.18

$F = 9.18$은 6.93보다 크므로 $F = 9.18$의 우측 꼬리 면적은 .01보다 작다. 따라서 p-값은 .01보다 작다. 엑셀을 사용하면 p-값이 .004임을 알 수 있다. p-값 $\leq \alpha = .05$이므로 귀무가설을 기각한다. 이 검정은 3개의 모집단 평균이 같지 않다는 결론을 내리기에 충분한 통계적 증거를 제공한다. 다시 말하면, 분산분석의 결과는 세 가지 조립방법에 따른 주당 생산량이 같지 않다는 결론을 시사한다.

다른 검정방식으로써 임계값 방식을 이용할 수도 있다. $\alpha = .05$에서 F-검정 통계량의 임계값은 $\alpha = .05$이고 자유도 2와 12를 갖는 F-분포의 우측 꼬리에 있다. F-분포표에서 $F_{.05} = 3.89$을 찾을 수 있다. 따라서 케미텍 실험에서 우측 기각규칙은 다음과 같다.

$$\text{만약 } F \geq 3.89 \text{이면 } H_0 \text{를 기각한다.}$$

$F = 9.18$이므로 귀무가설을 기각하고 3개 모집단의 평균은 같지 않다는 결론을 내린다. k

개 모집단 평균의 동일성 검정에 대한 전반적인 절차를 정리하면 다음과 같다.

k개 모집단 평균의 동일성 검정

$$H_0\text{: } \mu_1 = \mu_2 = \cdots = \mu_k$$
H_a: 모집단 평균이 모두 같은 것은 아니다.

검정 통계량

$$F = \frac{\text{MSTR}}{\text{MSE}}$$

기각규칙

p-값 방식: p-값 $\leq \alpha$이면 H_0를 기각
임계값 방식: $F \geq F_\alpha$이면 H_0를 기각

여기서 F-값은 분자의 자유도가 $k-1$이고 분모의 자유도가 n_T-k인 F-분포를 따른다.

분산분석표

앞에서 설명한 계산의 결과는 **분산분석표**(ANOVA table)라고 불리는 표로 간편하게 정리할 수 있다. 〈표 13-2〉는 완전무작위설계의 분산분석표의 일반 형식이고, 〈표 13-3〉은 이를 적용한 케미텍 실험의 분산분석표이다. 분산분석표에서 "계"로 표시된 것은 각 요인에 의한 변동의 제곱합으로서 총제곱합(total sum of squares)이며, SST로 표기한다. 케미텍 실험 결과에서 SST = SSTR+SSE이고, 총제곱합의 자유도는 처리제곱합의 자유도와 잔차제곱합의 자유도를 합한 것이 된다.

〈표 13-2〉 완전무작위설계의 분산분석표(ANOVA 테이블)

변동요인	제곱합	자유도	제곱평균	F	p-값
처리	SSTR	$k-1$	$\text{MSTR}=\frac{\text{SSTR}}{k-1}$	$\frac{\text{MSTR}}{\text{MSE}}$	
잔차	SSE	n_T-k	$\text{MSE}=\frac{\text{SSE}}{n_T-k}$		
계	SST	n_T-1			

〈표 13-3〉 케미텍 실험의 분산분석표

변동요인	제곱합	자유도	제곱평균	F	p-값
처리	520	2	260.00	9.18	.004
잔차	340	12	28.33		
계	860	14			

SST를 자유도 n_T-1로 나눈 값은, 관찰값 15개 전체를 하나의 데이터 세트로 간주하여 계산한 총체적 표본분산과 같다. 전체 데이터 세트를 하나의 표본으로 간주할 경우, 총제곱합 SST를 다음의 식으로 구할 수 있다.

$$\text{SST} = \sum_{j=1}^{k}\sum_{i=1}^{n_j}(x_{ij}-\bar{\bar{x}})^2 \qquad \textbf{13-13}$$

케미텍 실험의 분산분석표는 다른 문제에도 적용할 수 있다. 즉,

$$\text{SST} = \text{SSTR} + \text{SSE} \qquad \textbf{13-14}$$

분산분석은 총제곱합을 각 구성요소로 분할하는 통계적 절차라고 할 수 있다.

이다. 다시 말해서, SST를 두 개의 제곱합, 즉 처리제곱합과 잔차제곱합으로 분할할 수 있다. 또한 SST의 자유도 n_T-1도 SSTR의 자유도 $k-1$과 SSE의 자유도 n_T-k로 분할할 수 있다. 분산분석은 총제곱합과 자유도를 두 개의 변동요인, 즉 처리와 잔차로 **분할**(partitioning)하는 과정이라고 할 수 있다. 제곱합들을 적절한 자유도로 나누면, 모집단 평균들의 동일성 검정에 필요한 분산 추정값, F-값, 그리고 p-값을 알 수 있다.

엑셀 활용

엑셀의 '분산분석: 일원 배치법' 도구를 활용하여 케미텍 실험에서 모집단 평균들의 차이에 대한 가설 검정을 실시할 수 있다.

자료 입력: 데이터 파일명 Chemitech을 연다. 데이터는 셀 A2:C6에 있고 라벨은 셀 A1:C1에 있다.

툴 적용: 다음의 단계는 주당 평균 생산량이 세 가지 조립방법 모두에서 동일하다는 가설을 검정하는 엑셀의 '분산분석: 일원 배치법' 도구를 활용하는 과정이다.

1단계. 메뉴 디렉토리에 있는 **데이터** 탭을 클릭한다.
2단계. **분석**에서 **데이터 분석**을 클릭한다.
3단계. 분석도구 목록에서 **분산분석: 일원 배치법**을 선택한다.
4단계. '분산분석: 일원 배치법' 대화상자가 나타나면(그림 13.5 참고)
 입력 범위에 A1:C6을 입력한다.
 데이터 방향: 열을 선택한다.
 첫째 행 이름표를 선택한다.
 유의수준에 .05를 입력한다.
 출력 범위를 선택한다.
 출력 범위 상자에 A8을 입력한다.(출력 결과가 나타나는 워크시트 섹션의 왼쪽

〈그림 13-5〉 케미텍 실험에 대한 엑셀의 '분산분석: 일원 배치법' 도구의 대화상자

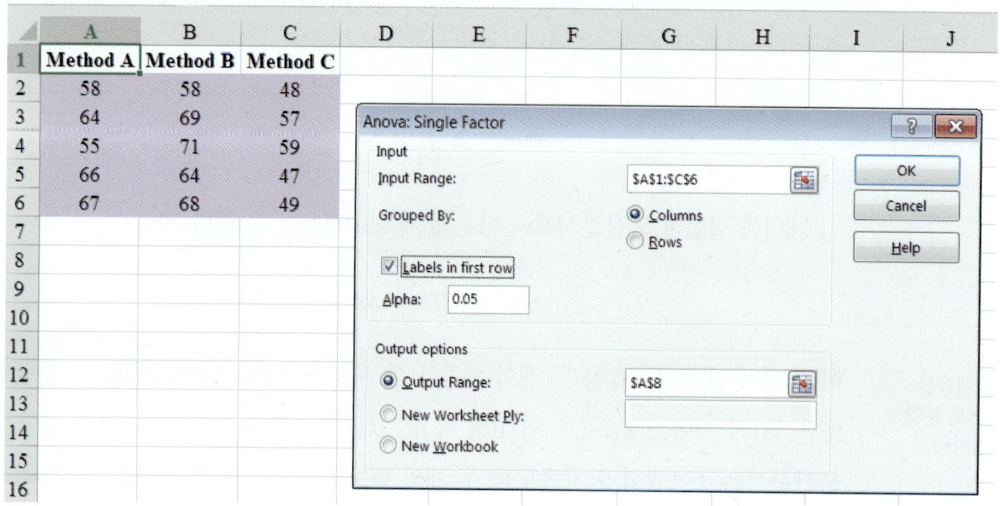

상단 모서리를 지정하기 위해서다.)

확인을 클릭한다.

〈그림 13-6〉에서 보는 바와 같이 셀 A8:G22에 '분산분석: 일원 배치법'이라는 이름의 출력 결과가 나타난다. 셀 A10:E14는 자료를 요약한 것이다. 각 조립방법에 대한 표본평균과 표본분산은 〈표 13-1〉에 있는 값과 같다. 셀 A17:G22에 있는 분산분석표는 〈표 13-2〉의 분산분석표와 기본적으로 동일하다. 엑셀은 처리 변동요인을 처리(Between Groups)로, 그리고 잔차 변동요인을 잔차(Within Groups)로 표시한다. 추가적으로 엑셀은 검정과 관련한 p-값뿐만 아니라 F-분포의 임계값도 제공한다.

셀 F19의 p-값 .0038을 보고 가설 검정의 결론을 내릴 수 있다. 따라서 유의수준 $\alpha = .05$에서 보면 p-값 $= .0038 < \alpha = .05$이므로 H_0를 기각한다. 그러므로 p-값 방식을 이용함으로써 주당 평균 생산량이 세 가지 조립방법에서 동일하지 않다는 결론을 내릴 수 있다.

k개 모평균의 동일성 검정: 관찰연구에서도

지금까지 분산분석을 이용하여 완전무작위설계에서 k개 모집단 평균의 동일성을 검정하는 방법을 다루었다. 더 나아가, 분산분석은 관찰연구로부터 획득한 자료에 대해서도 3개 이상의 모집단 평균의 동일성을 검정하는 데 이용될 수도 있다. 예를 들어, NCP(National Computer Products, Inc.)의 상황을 고려해 보자.

NCP는 Atlanta, Dalls, 그리고 Seattle의 공장에서 프린터와 팩스기기를 생산한다. 이들 공장의 종업원들이 품질관리에 대해 얼마나 알고 있는지를 평가하기 위해, 각 공장에서 6명

〈그림 13-6〉 케미테크 실험에 대한 엑셀의 '분산분석: 일원 배치법' 도구의 결과

	A	B	C	D	E	F	G	H
1	**Method A**	**Method B**	**Method C**					
2	58	58	48					
3	64	69	57					
4	55	71	59					
5	66	64	47					
6	67	68	49					
7								
8	Anova: Single Factor							
9								
10	SUMMARY							
11	*Groups*	*Count*	*Sum*	*Average*	*Variance*			
12	Method A	5	310	62	27.5			
13	Method B	5	330	66	26.5			
14	Method C	5	260	52	31			
15								
16								
17	ANOVA							
18	*Source of Variation*	*SS*	*df*	*MS*	*F*	*P-value*	*F crit*	
19	Between Groups	520	2	260	9.1765	0.0038	3.8853	
20	Within Groups	340	12	28.3333				
21								
22	Total	860	14					
23								

의 종업원을 무작위로 표본 추출한 후, 이들을 대상으로 품질 인식에 관한 시험을 보게 하였다. 〈표 13-4〉는 이들 18명의 시험점수와 함께 각 공장의 표본평균, 표본분산, 표본 표준편차를 정리한 것이다. 관리자는 이 자료를 이용하여 3개 공장의 평균 시험점수들은 모두 같다는 가설을 검정하려고 한다.

Atlanta 공장의 전체 종업원을 모집단 1, Dalls 공장의 전체 종업원을 모집단 2, Seattle 공장의 전체 종업원을 모집단 3이라고 하면, 다음과 같이 정의할 수 있다.

μ_1 = 모집단 1의 평균 시험점수

μ_2 = 모집단 2의 평균 시험점수

μ_3 = 모집단 3의 평균 시험점수

비록 μ_1, μ_2, μ_3의 실제값을 알 수 없지만 표본 결과들을 이용하여 다음과 같은 가설을 검정하고자 한다.

H_0: $\mu_1 = \mu_2 = \mu_3$

H_a: 모집단 평균이 모두 같은 것은 아니다.

〈표 13-4〉 종업원 18명의 시험점수

	공장 1 Atlanta	공장 2 Dalls	공장 3 Seattle
	85	71	59
	75	75	64
	82	73	62
	76	74	69
	71	69	75
	85	82	67
표본평균	79	74	66
표본분산	34	20	32
표본 표준편차	5.83	4.47	5.66

연습문제 8번은 분산분석 절차를 이용하여 NCP의 자료를 분석하는 문제이다.

NCP 관찰연구의 가설 검정은 케미텍 실험의 가설 검정과 정확하게 같다. 실제로, 케미텍 실험을 분석하는 분산분석 방법론은 NCP의 관찰연구로부터 획득한 자료를 분석하는 방법론과 같다.

두 연구의 분석에 이용되는 분산분석 방법론은 같더라도, NCP 관찰연구와 케미텍 실험연구가 어떻게 다른지를 주목할 필요가 있다. NCP 연구는 각 종업원을 각 공장에 할당하는 방식으로 종업원들을 통제하지 않았다. 즉, 각 공장은 이미 운영 중이었고, 특히 각 종업원은 3개 공장 중 한 곳에서 이미 작업 중이었다. NCP가 한 것은 각 공장에서 표본으로 6명의 종업원을 무작위로 선택한 후 이들을 대상으로 품질 인식에 관한 시험을 보게 한 것이 전부이다. NCP 연구가 실험연구(experimental study)로 분류되려면 무작위로 18명의 종업원을 선택한 다음에 이들을 각 공장에 무작위로 할당해야 한다.

13.2 보충 설명

1. 총괄 표본평균을 k개 표본평균의 가중평균으로 구할 수 있다.

$$\bar{\bar{x}} = \frac{n_1x_1 + n_2x_2 + \cdots + n_kx_k}{n_T}$$

표본평균들이 주어진 문제에서는 이 식으로 총괄 평균을 구하는 것이 식 13-3을 이용하는 것보다 더 간단하다.

2. 각 표본이 n개의 관측값을 가질 때, 식 13-6을 다음과 같이 전환할 수 있다.

$$\text{MSTR} = \frac{n\sum_{j=1}^{k}(\bar{x}_j - \bar{\bar{x}})^2}{k-1} = n\left[\frac{n\sum_{j=1}^{k}(\bar{x}_j - \bar{\bar{x}})^2}{k-1}\right] = ns_{\bar{x}}^2$$

이 결과는 13.1절에서 σ^2의 처리 간 추정값의 개념을 소개하면서 제시한 식과 같다. 식 13-6은 표본의 크기가 다를 경우의 결과를 단순하게 일반화한 것이다.

3. 각 표본이 n개의 관측값을 가질 때 $n_T=kn$이 된다. 따라서 $n_T-k=k(n-1)$이고, 식 13-9를 다음과 같이 전환할 수 있다.

$$\text{MSE} = \frac{\sum_{j=1}^{k}(n-1)s_j^2}{k(n-1)} = \frac{(n-1)\sum_{j=1}^{k}s_j^2}{k(n-1)} = \frac{\sum_{j=1}^{k}s_j^2}{k}$$

다시 말하면, 표본의 크기가 같은 경우, MSE는 k개 표본분산의 평균이다. 이는 13.1절에서 σ^2의 처리 내 추정값의 개념을 소개하면서 이용한 결과와 같다.

연습문제

기초문제

1. 다음은 완전무작위설계로부터 획득한 자료이다.

	처리 A	처리 B	처리 C
	162	142	126
	142	156	122
	165	124	138
	145	142	140
	148	136	150
	174	152	128
표본평균	156	142	134
표본분산	164.4	131.2	110.4

   a. 처리 간 제곱합을 구하라.

   b. 처리 간 제곱평균을 구하라.

   c. 잔차의 제곱합을 구하라.

   d. 잔차의 제곱평균을 구하라.

   e. 이 문제를 위한 분산분석표를 작성하라.

   f. 유의수준 $\alpha = .05$에서 세 가지 처리의 평균이 같은지를 검정하라.

2. 완전무작위설계에서 요인의 다섯 가지 수준에 대해 7개의 실험단위가 활용되었다. 다음의 분산분석표를 완성하라.

변동요인	제곱합	자유도	제곱평균	F	p-값
처리	300				
잔차					
계	460				

3. 연습문제 2에서

   a. 이 문제의 가설은 무엇인가?

   b. 유의수준 $\alpha = .05$에서 문항 a의 귀무가설을 기각할 수 있는가? 이를 설명하라.

4. 세 가지 처리에 따른 자료를 검정하기 위한 실험설계로 다음과 같은 결과를 얻었다. SST = 400, SSTR = 150, n_T = 19. 분산분석표를 작성하고, 세 가지 처리의 평균들 사이에 유의한 차이가 있는지를 검정하라. $\alpha = .05$를 사용하라.

5. 완전무작위설계에서 첫 번째 처리에 대해 12개의 실험단위를, 두 번째 처리에 대해 15개의 실험단위를, 그리고 세 번째 처리에 대해 20개의 실험단위를 배정하였다. 다음의 분산분석표를 완성하라. 유의수준 .05에서 이 처리들 사이에 유의한 차이가 있는가?

변동요인	제곱합	자유도	제곱평균	F	p-값
처리	1200				
잔차					
계	1800				

6. 다음의 자료를 가지고 완전무작위설계에 따른 분산분석을 실시하라. α = .05에서 처리의 평균들 사이에 유의한 차이가 있는가?

DATA file
Exer6

	처리 A	처리 B	처리 C
	136	107	92
	120	114	82
	113	125	85
	107	104	101
	131	107	89
	114	109	117
	129	97	110
	102	114	120
		104	98
		89	106
$\bar{x}_j$	119	107	100
s_j^2	146.86	96.44	173.78

응용문제

7. 어느 산업공학자가 어떤 제품을 조립하는 데 세 가지 방법을 제안하였다. 각 방법에 따른 조립량을 정확히 조사하기 위해, 30명의 종업원을 무작위로 추출한 후 제안된 각 방법에 10명씩 무작위로 할당하였다. 각 방법에 따른 종업원별 조립량을 정확히 기록한 다음, 이 자료를 이용하여 분산분석을 실시하였다. 이에 따른 SST = 10,800, SSTR = 4,560이었다.
   a. 이 문제에 대한 분산분석표를 작성하라.
   b. α = .05에서 세 가지 조립방법에 따른 평균 조립량이 서로 유의한 차이가 있는지를 검정하라.
8. 〈표 13-4〉의 NCP 자료를 활용하자. 분산분석표를 작성하고, 3개 공장의 평균 시험점수들에 유의한 차이가 있는지를 검정하라. α = .05를 사용하라.
9. 어느 화학 공정에서 온도가 수율에 미치는 영향을 연구하기 위해 3개의 온도 수준별로 5회씩 생산하였다. 그 결과는 다음과 같다. 분산분석표를 작성하라. 온도 수준이 공정의 평균 수율에 영향을 미치는지를 유의수준 .05에서 검정하라.

50℃	60℃	70℃
34	30	23
24	31	28
36	34	28
39	23	30
32	27	31

10. 감사인은 직접 경험, 간접 경험, 또는 이들 두 가지의 결합을 판단 기반으로 하여 감사의 여러 가지 측면에 대한 판단을 내려야 한다. 한 연구에서, 감사인은 감사에서 발견되는 오류의 빈도에 대해 판단하도록 요청받았다. 그런 다음 감사인의 판단과 실제 결과를 비교하였다. 이에 따라 다음과 같은 자료가 수집되었다. 점수가 낮을수록 더 나은 판단을 하였음을 나타낸다.

DATA file
AudJudg

직접 경험	간접 경험	결합
17.0	16.6	25.2
18.5	22.2	24.0
15.8	20.5	21.5
18.2	18.3	26.8
20.2	24.2	27.5
16.0	19.8	25.8
13.3	21.2	24.2

판단 기반이 판단의 질에 영향을 미치는지를 α = .05에서 검정하라. 당신의 결론은 무엇인가?

11. 한 제조업체는 네 가지 유형의 서로 다른 페인트에 대해서 건조시간이 모두 같다고 광고하고 있다. 이 제조업체의 주장을 확인하기 위해 각 페인트에 대해 5개의 표본을 검사하였다. 이 검사에서 페인트가 두 번째 덧칠을 할 수 있을 정도로 충분히 마를 때까지 몇 분이 걸리는지를 기록하였다. 이에 따라 다음과 같은 자료가 수집되었다. 유의수준 α = .05에서 볼 때 네 가지 유형의 페인트가 건조되는 평균 시간이 같은지를 검정하라.

DATA file
Paint

페인트 1	페인트 2	페인트 3	페인트 4
128	144	133	150
137	133	143	142
135	142	137	135
124	146	136	140
141	130	131	153

12. Consumer Reports는 풀서비스 식당체인를 방문한 148,599명을 대상으로 이들 식당에 대한 고객만족도 조사를 실시하고 있다[출처]. 이 조사에서 변수 중 하나는 식사 가격인데, 이는 저녁 식사와 음료로 지불된 금액에서 팁을 차감한 1인당 평균 금액을 말한다. *Sun Coast Times*의 한 기자가 독자에게 흥미를 주기 위해 South Carolina주의 Myrtle Beach에 있는 Grand Strand 부근 식당들을 대상으로 유사한 조사를 하였다. 기자는 해산물 식당 중 8곳, 이탈리안 식당 중 8곳, 스테이크하우스 중 8곳을 표본으로 선택했다. 이들 24곳 식당 표본에서 수집한 식사 가격(단위: $)은 다음과 같다. 세 가지 유형별로 식당에서 지불되는 평균 식사 가격 사이에 유의한 차이가 있는지를 α = .05에서 검정하라.

DATA file
GrandStrand

이탈리안	해산물	스테이크하우스
$12	$16	$24
13	18	19
15	17	23
17	26	25
18	23	21
20	15	22
17	19	27
24	18	31

13.3 다중비교절차

분산분석을 이용하여 *k*개 모집단의 평균이 동일한지 여부를 검정하는 경우, 귀무가설의 기각은 '모집단 평균들이 모두 동일하지는 않다'는 결론만을 내릴 수 있게 한다. 어떤 경우에는 모집단 평균들 사이의 차이가 어디서 나타나는지를 확인하는 과정이 필요하다. 이 절에서 모집단 평균들의 쌍대 간 통계적 비교를 위한 **다중비교절차**(multiple comparison procedure)를 설명한다.

Fisher의 최소유의차

분산분석은 모집단 평균들이 동일하다는 귀무가설을 기각하기 위한 통계적 증거를 제공한다. 이 경우에 이들 차이가 어디서 발생했는지를 밝히기 위해 Fisher의 최소유의차(Least Significant Difference: LSD) 절차를 이용한다. Fisher의 LSD를 이용하여 모집단 평균들의 쌍대 비교를 설명하기 위해 13.1절의 케미텍 실험으로 돌아가자. 분산분석을 이용하여 세 가지 조립방법에 따른 주당 평균 생산량들이 같지 않다는 결론을 내렸다. 이 경우에 세 가지 조립방법들이 다르다면 이 차이는 어디서 발생하는가와 같은 질문이 뒤따른다. 즉, 모집단 1과 모집단 2의 평균이 다른가? 또는 모집단 1과 모집단 3의 평균이 다른가? 또는 모집단 2와 모집단 3의 평균이 다른가? 다음은 모집단 평균들의 쌍대비교를 위한 Fisher의 LSD 절차를 정리한 것이다.

Fisher의 LSD 절차

$$H_0: \mu_i = \mu_j$$

$$H_a: \mu_i \neq \mu_j$$

검정 통계량

$$t = \frac{\bar{\bar{x}}_i - \bar{\bar{x}}_j}{\sqrt{\text{MSE}\left(\frac{1}{n_i} + \frac{1}{n_j}\right)}} \quad (13\text{-}16)$$

기각규칙

$$p\text{-값 방식: } p\text{-값} \le \alpha \text{이면 } H_0\text{를 기각}$$

$$\text{임계값 방식: } t \le -t_{\alpha/2} \text{ 또는 } t \ge t_{\alpha/2}\text{이면 } H_0\text{를 기각}$$

여기서 $t_{\alpha/2}$의 값은 자유도가 $n_T - k$인 t-분포를 따른다.

이 절차를 사용해서 유의수준 $\alpha = .05$에서 모집단 1(조립방법 A)의 평균과 모집단 2(조립방법 B)의 평균 사이에 유의한 차이가 있는지를 알아보자. 〈표 13-1〉에서 조립방법 A의 표본평균은 62이고 조립방법 B의 표본평균은 66이다. 〈표 13-3〉에서 MSE는 28.33이며, 이는 자유도 12에서 σ^2의 추정값이다. 따라서 케미텍 자료의 검정 통계량의 값은 다음과 같다.

$$t = \frac{62 - 66}{\sqrt{28.33\left(\frac{1}{5} + \frac{1}{5}\right)}} = -1.19$$

양측 검정이므로 p-값은 t-분포에서 $t = -1.19$부터 왼쪽으로 위치한 곡선 아래 면적의 2배이다. 부록 B의 〈표 2〉에서 다음과 같이 자유도가 12인 t-분포의 우측 꼬리 면적을 찾을 수 있다.

우측 면적	.20	.10	.05	.025	.01	.005
t-값(자유도 12)	.873	1.356	1.782	2.179	2.681	3.055

$t = 1.19$

t-분포표는 양수의 t-값만 보여준다. 그러나 t-분포는 좌우대칭의 분포이므로 $t = 1.19$에서 우측으로 곡선 아래 면적을 찾아서 이를 2배 하면 $t = -1.19$에 해당하는 p-값을 구할 수 있다. $t = 1.19$에 해당하는 p-값은 .20과 .10 사이에 있다. 여기에 2배를 곱하면 p-값은 .40과 .20 사이에 있다. 엑셀을 사용하면 p-값이 .2571임을 알 수 있다. 이 p-값은 $\alpha = .05$보다 크므로 귀무가설을 기각할 수 없다. 따라서 조립방법 A에 따른 주당 생산량의 모집단 평균은 조립방법 B에 따른 모집단 평균과 다르다는 결론을 내릴 수 없다.

실무자들은 표본평균들 사이의 차이가 얼마나 되어야 귀무가설을 기각할 수 있는지를 이용한다. 이 경우 검정 통계량은 $\bar{x}_i - \bar{x}_j$이고, 검정 절차는 다음과 같다.

검정 통계량 $\bar{x}_i - \bar{x}_j$을 기반으로 한 Fisher의 LSD 절차

$$H_0: \mu_i = \mu_j$$

$$H_a: \mu_i \ne \mu_j$$

검정 통계량

$$\bar{x}_i - \bar{x}_j$$

유의수준 α에서 기각규칙

$$|\bar{x}_i - \bar{x}_j| \geq \text{LSD}\text{이면 } H_0\text{를 기각}$$

여기서

$$\text{LSD} = t_{\alpha/2}\sqrt{\text{MSE}\left(\frac{1}{n_i}+\frac{1}{n_j}\right)} \quad \textbf{13-17}$$

케미텍 실험에서 LSD의 값은 다음과 같다.

$$\text{LSD} = 2.179\sqrt{28.33\left(\frac{1}{5}+\frac{1}{5}\right)} = 7.34$$

표본의 크기가 동일할 경우 LSD는 오직 하나의 값만 갖는다. 이 경우에 두 표본평균의 차이와 LSD 값을 간단하게 비교할 수 있다. 예를 들어, 모집단 1(조립방법 A)의 표본평균과 모집단 3(조립방법 C)의 표본평균의 차이는 62−52 = 10이다. 이 차이는 LSD = 7.34보다 크므로, 조립방법 A에 따른 주당 생산량의 모집단 평균은 조립방법 C에 따른 모집단 평균과 같다는 귀무가설을 기각할 수 있다. 이와 마찬가지로, 모집단 2와 모집단 3의 표본평균의 차이가 66−52 = 14이므로, 조립방법 B에 따른 주당 생산량의 모집단 평균은 조립방법 C에 따른 모집단 평균과 같다는 귀무가설도 기각할 수 있다. 결과적으로, 조립방법 A와 B는 모두 조립방법 C와 다르다는 결론을 얻었다.

또한, Fisher의 LSD는 두 개 모집단의 평균 차이에 대한 신뢰구간을 추정하는 데 이용될 수 있다. 일반적인 절차는 다음과 같다.

Fisher의 LSD 절차를 이용한 두 모집단 평균 차이에 대한 신뢰구간 추정

$$\bar{x}_i - \bar{x}_j \pm \text{LSD} \quad \textbf{13-18}$$

여기서

$$\text{LSD} = t_{\alpha/2}\sqrt{\text{MSE}\left(\frac{1}{n_i}+\frac{1}{n_j}\right)} \quad \textbf{13-19}$$

이고, $t_{\alpha/2}$는 자유도가 n_T-k인 t-분포를 따른다.

만약 식 13-18의 신뢰구간에 0이 포함되면 두 모집단의 평균은 같다는 가설을 기각할 수 없다. 그러나 신뢰구간이 0을 포함하지 않으면 모집단의 평균들 사이에 차이가 있다는 결론을 내릴 수 있다. 케미텍 실험에서 $t_{.025}$ = 2.179에 해당하는 LSD = 7.34이다. 따라서 모집단 1과 모집단 2의 평균 차이에 대한 95% 신뢰구간은 62−66±7.34 = −4±7.34 = −11.34에서 3.34 사이로 추정된다. 이 구간에 0이 포함되므로, 두 모집단의 평균이 같다는 가설을 기각할 수 없다.

제1종 오류율

지금까지, 분산분석이 모집단들의 평균은 같다는 귀무가설을 기각할 수 있는 통계적 증거를 제시한다는 것을 전제로 Fisher의 LSD 절차에 대하여 논의했다. Fisher의 LSD 절차를 이용하여 모집단 평균의 차이가 어디서 발생하는지를 알 수 있었다. 구체적으로는 이를 한정된 최소유의차 검정 또는 제한 내 최소유의차 검정(protected or restricted LSD test)이라고 부른다. 이는 분산분석에서 *F*-검정으로 총체적으로 유의한 경우에만 적용할 수 있기 때문이다. 이와 같은 구분이 다중비교검정에서 중요한 이유를 이해하기 위해서는 개별 비교 1종 오류율과 총괄적 1종 오류율의 차이점에 관한 설명이 필요하다.

케미텍 실험에서 Fisher의 LSD 절차를 이용하여 다음과 같은 세 가지 쌍대비교를 하였다.

검정 1	**검정 2**	**검정 3**
$H_0: \mu_1 = \mu_2$	$H_0: \mu_1 = \mu_3$	$H_0: \mu_2 = \mu_3$
$H_a: \mu_1 \neq \mu_2$	$H_a: \mu_1 \neq \mu_3$	$H_a: \mu_2 \neq \mu_3$

각 검정에서 유의수준 $\alpha = .05$를 이용하였다. 따라서 개별 검정에서 귀무가설이 참이라면, 제1종 오류를 범할 확률은 $\alpha = .05$이고 제1종 오류를 범하지 않을 확률은 $1-.05 = .95$이다. 다중비교에서는 이러한 제1종 오류의 확률, 즉 $\alpha = .05$를 **개별 비교 1종 오류율**(comparisonwise type Ⅰ error rate)이라고 한다. 개별 비교 1종 오류율은 하나의 쌍대비교와 관련된 유의수준을 나타낸다.

조금 다른 질문을 생각해 보자. 세 번의 쌍대비교에서, 세 가지 검정 중 적어도 한 번 이상 제1종 오류를 범할 확률은 얼마인가? 이 질문에 대한 답을 위해, 우선 세 가지 검정 모두에서 제1종 오류를 범하지 않을 확률은 $(.95)(.95)(.95) = .8574$라는 것에 주목하자.[1] 따라서 적어도 하나 이상에서 제1종 오류를 범할 확률은 $1-.8574 = .1426$이다. 그러므로 세 번의 쌍대비교 모두에 대해 Fisher의 LSD 절차를 적용하면, 이 절차의 제1종 오류율은 .05가 아니라 실제는 .1426이 된다. 이 오류율을 총괄적 1종 오류율(overall type I error rate) 또는 **전체실험 1종 오류율**(experimentwise type Ⅰ error rate)이라 하고 α_{EW}로 표기한다.

총괄적 1종 오류율은 모집단이 많은수록 더욱 커진다. 예를 들어, 모집단이 5개인 경우 10가지의 쌍대비교가 가능하다. 개별 비교 1종 오류율 $\alpha = .05$에서 Fisher의 LSD를 이용하여 이들 10가지 모두에 대한 쌍대비교를 검정하는 경우, 총괄적 1종 오류율은 $1-(1-.05)^{10} = .40$이 된다. 이처럼 오류율(확률)이 너무 크기 때문에 실무자들은 총괄적 1종 오류율을

---

1 세 가지 검정이 독립이라고 가정하기 때문에 세 가지 사건의 결합확률은 각 사건의 개별 확률을 단순하게 곱하여 구할 수 있다는 것이다. 사실 이들 세 가지 검정은 독립이 아니다. 이는 각 검정에서 MSE가 이용되었기 때문이다. 따라서 이와 관련한 오류는 계산된 것보다 더 크다.

통제하기 위한 대안을 찾게 된다.

총괄적 1종 오류율을 통제하기 위한 한 가지 대안은 본페로니 조정(Bonferroni adjustment)으로, 이는 각 검정에서 더 작은 개별 비교 1종 오류율을 적용하는 것이다. 예를 들어, 만약 C번의 쌍대비교를 검정하면서 총괄적 1종 오류율 α_{EW}을 제1종 오류율의 최대 확률로 통제되기를 바란다면 개별 비교 1종 오류율을 단순하게 α_{EW}/C로 설정한다. 케미텍 실험에서, 만약 최대의 총괄적 1종 오류율 $\alpha_{EW} = .05$로 Fisher의 LSD 절차를 이용하여 세 가지 쌍대비교를 모두 검정한다면 개별 비교 1종 오류율을 $\alpha = .05/3 = .017$로 설정한다. 모집단이 5개인 경우의 10가지 쌍대비교를 하는 예에서, 본페로니 조정은 개별 비교 1종 오류율을 .05/10 = .005로 제안한다. 표본의 크기가 고정된 경우에서 가설 검정을 논의한 9장으로 돌아가자. 제1종 오류를 범할 확률이 감소하면 제2종 오류를 범할 확률이 증가되고, 이는 두 모집단의 평균이 실제로 같지 않음에도 이들 모평균이 같다는 귀무가설이 채택되는 결과를 가져온다. 결과적으로, 개별 검정의 경우 제2종 오류를 범할 위험성이 증가될 수 있기 때문에 낮은 개별 비교 1종 오류율이 선호되지 않는다.

이와 같은 상황에서 Tukey의 절차와 Duncan의 다중범위검정과 같은 절차들이 도움이 될 수 있다. 그러나 통계학 연구자들 사이에 어떤 절차가 가장 적합한가에 대한 논의가 진행 중에 있다. 한 가지 진실은 모든 유형의 문제에 적용할 수 있는 절차란 없다는 것이다.

연습문제

기초문제

13. 다음은 어떤 완전무작위설계로부터 획득한 자료이다.

	처리 A	처리 B	처리 C
	32	44	33
	30	43	36
	30	44	35
	26	46	36
	32	48	40
표본평균	30	45	36
표본분산	6.00	4.00	6.50

a. 유의수준 $\alpha = .05$에서 세 가지 처리의 평균은 같다는 귀무가설을 기각할 수 있는가?

b. Fisher의 LSD 절차를 이용하여 처리 A와 처리 B, 처리 A와 처리 C, 처리 B와 처리 C 사이에 평균의 차이가 유의한지를 검정하라. $\alpha = .05$를 사용하라.

c. Fisher의 LSD 절차를 이용하여 처리 A와 처리 B의 평균 차이에 대한 95% 신뢰구간을 추정하라.

14. 다음은 어떤 완전무작위설계로부터 획득한 자료이다. 각 문항에서 $\alpha = .05$를 사용하라.

	처리 1	처리 2	처리 3
	63	82	69
	47	72	54
	54	88	61
	40	66	48
$\bar{x}_j$	51	77	58
s_j^2	96.67	97.34	81.99

a. 분산분석을 이용하여 세 가지 처리의 평균 차이에 대한 유의성을 검정하라.

b. Fisher의 LSD 절차를 이용하여 어느 평균들이 서로 다른지를 밝혀라.

응용문제

15. Jacobs Chemical Company는 제조업체 3곳에서 만들어진 각각의 기계가 재료를 혼합하는 데 걸리는 평균 시간이 같은지를 검정하기 위해, 다음과 같이 재료 혼합에 소요된 시간(단위: 분) 자료를 수집하였다.

제조업체 1	제조업체 2	제조업체 3
20	28	20
26	26	19
24	31	23
22	27	22

a. 이 자료를 이용하여 제조업체 3곳의 기계가 재료를 혼합하는 데 걸리는 평균 시간이 다른지를 검정하라. $\alpha = .05$를 사용하라.

b. 유의수준 $\alpha = .05$에서 Fisher의 LSD 절차를 이용하여 제조업체 1과 3의 평균에 대한 동일성을 검정하라. 당신은 이 검정의 결과로부터 어떤 결론을 내릴 수 있는가?

16. 연습문제 15를 참조하라. Fisher의 LSD 절차를 이용하여 제조업체 1과 제조업체 2의 평균 차이에 대한 95% 신뢰구간을 추정하라.

17. 다음은 마케팅 분야의 전문가 집단을 대상으로 기업의 윤리적 가치에 대한 인식을 조사하기 위한 실험설계로부터 획득한 자료이다(점수가 높을수록 윤리적 가치가 높다는 것을 나타낸다).

마케팅 관리자	마케팅 조사자	광고 전문가
0	5	6
5	5	7
4	4	6
5	4	5
6	5	6
4	4	6

a. $\alpha = .05$에서 3개 집단을 비교해서 인식에 대한 차이가 유의한지를 검정하라.

b. 유의수준 $\alpha = .05$에서 마케팅 관리자, 마케팅 조사자, 광고 전문가의 인식에 차이가

있다고 결론을 내릴 수 있다. 이 절에서 설명한 절차들을 이용하여 이 차이가 어디서 발생하는지를 밝혀라. $\alpha = .05$를 사용하라.

18. 기계 4대의 고장간격 시간에 대한 유의한 차이가 있는지 검정하기 위하여 다음과 같은 자료를 수집하였다.

기계 1	기계 2	기계 3	기계 4
6.4	8.7	11.1	9.9
7.8	7.4	10.3	12.8
5.3	9.4	9.7	12.1
7.4	10.1	10.3	10.8
8.4	9.2	9.2	11.3
7.3	9.8	8.8	11.5

a. $\alpha = .05$에서 기계 4대의 모집단 평균 시간에 차이가 있는가?

b. Fisher의 LSD 절차를 이용하여 기계 2와 기계 4의 평균에 대한 동일성을 검정하라. 유의수준 $\alpha = .05$를 사용하라.

19. 연습문제 18을 참조하라. 본페로니 조정을 사용하여 모든 쌍대 사이의 평균에 대한 유의한 차이를 검정하라. 총괄적 1종 오류율을 최대 .05로 하는 것이 바람직하다고 가정한다. 단, $t_{.004,\,20} = 2.845$로 하여 계산하라.

20. 미국 프로야구에서 트리플 A 마이너리그는 3개 지구, 즉 북부, 남부, 서부의 14개 팀으로 구성되어 있다. 다음 자료는 14개 팀의 평균 관중을 보여준다[출처]. 또한 각 팀의 기록도 정리되어 있는데, 승수는 이긴 경기의 수, 패수는 패한 경기의 수, 그리고 승률은 이긴 경기의 비율을 나타낸다.

DATA file
Triple-A

팀명	지구	승수	패수	승률	평균 관중
Buffalo Bisons	북부	66	77	.462	8812
Lehigh Valley IronPigs	북부	55	89	.382	8479
Pawtucket Red Sox	북부	85	58	.594	9097
Rochester Red Wings	북부	74	70	.514	6913
Scranton-Wilkes Barre Yankees	북부	88	56	.611	7147
Syracuse Chiefs	북부	69	73	.486	5765
Charlotte Knights	남부	63	78	.447	4526
Durham Bulls	남부	74	70	.514	6995
Norfolk Tides	남부	64	78	.451	6286
Richmond Braves	남부	63	78	.447	4455
Columbus Clippers	서부	69	73	.486	7795
Indianapolis Indians	서부	68	76	.472	8538
Louisville Bats	서부	88	56	.611	9152
Toledo Mud Hens	서부	75	69	.521	8234

a. $\alpha = .05$에서 3개 지구의 평균 관중에 차이가 있는지를 검정하라.

b. Fisher의 LSD 절차를 이용하여 이 차이가 어디서 발생하는지를 밝혀라. $\alpha = .05$를 사용하라.

13.4 무작위 블록설계

지금까지 완전무작위 실험설계를 설명하였다. 처리들 사이의 평균 차이에 대한 검정을 위해 다음과 같은 비율을 사용하여 F-값을 구했다.

$$F = \frac{\text{MSTR}}{\text{MSE}} \tag{13-20}$$

완전무작위설계는 실험단위가 동질적일 때 유용하다. 만약 실험단위가 이질적이면, **블록화**(blocking)를 통해 동질적 집단으로 형성되기도 한다.

그런데 실험에서 고려하지 않은 외생요인 때문에 생기는 차이가 이 비율의 분모 MSE를 커지게 할 때는 언제나 문제가 발생할 수 있다. 이 경우에 식 13-20의 F-값은 작아지고, 이에 따라 처리 평균들 사이에 실제로는 차이가 있음에도 검정의 결과는 차이가 없는 것으로 나타날 수 있다.

이 절에서 **무작위 블록설계**(randomized block design)로 알려진 실험설계를 소개한다. 목적은 몇몇 외부 변동성의 원천들을 MSE 항에서 제거함으로써 이들을 통제하기 위함이다. 이 설계는 실제로 처리 내의 잔차 분산에 대하여 더 좋은 추정값을 제공하고, 처리 간의 평균의 차이를 찾아내는 데 있어서 더욱 유효한 가설 검정이 되도록 한다. 항공관제사 스트레스 실험에 관한 예를 활용하여 이 실험설계를 설명한다.

항공관제사의 스트레스 실험

항공관제사의 피로와 스트레스를 측정한 연구 결과에 따라 관제사의 작업장을 재설계하자는 제안이 나왔다. 작업장에 대한 여러 가지 설계안 가운데 관제사의 스트레스를 줄일 수 있는 최상의 잠재력을 지닌 세 가지 대안이 구체화되었다. 주요 질문은 다음과 같다. 관제사의 스트레스에 대한 세 가지 대안의 효과는 어느 정도 차이가 있는가? 이 질문을 해결하기 위해서는 각각의 대안에서 항공관제사의 스트레스를 측정하기 위한 실험설계가 필요하다.

완전무작위설계에서 관제사들에 대한 무작위 표본이 각각의 작업장에 할당된다. 그러나 관제사들은 스트레스 상황을 조절하는 능력이 서로 다르다고 생각하고 있다. 한 관제사에게 높은 스트레스가 다른 관제사에게는 중간 또는 심지어 낮은 스트레스일 수 있다. 따라서 집단 내 변동요인(MSE)을 고려할 경우, 이 변동에는 무작위 오차뿐만 아니라 관제사별 차이에 의한 오차가 동시에 포함되어 있다는 것을 알아야 한다. 실제로 관리자들은 관제사의 변동성이 MSE의 주요 원인이 될 것으로 예상하고 있다.

경영학에서의 실험연구는 종종 매우 이질적인 실험단위를 포함하며, 이에 따라 무작위 블록설계가 자주 이용된다.

개인 차이로 발생하는 영향을 분리하기 위한 한 가지 방법은 무작위 블록설계를 사용하는 것이다. 이 설계는 관제사 개개인의 차이에 의한 변동성을 확인하고 MSE에서 이 변동성을 제거한다. 무작위 블록설계에서는 관제사들에 대한 단일 표본을 사용한다. 표본 내 각 관제사는 모두 세 가지 작업장에서 실험된다. 실험설계의 용어로 표현하면, 작업장은 관심 요인(factor of interest)이며 관제사는 블록(block)이다. 작업장 요인과 관련된 세 가지 처리방법 또는 모집단은 세 가지 작업장 대안에 해당한다. 간단히 말해서, 세 가지 작업장을 각각 시스템 A, 시스템 B, 시스템 C로 명명한다.

실험설계에서 블록화(blocking)는 표본 추출에서의 계층화와 유사하다. 블록 안에서 실험이 무작위이기 때문이다.

무작위 블록설계에서 무작위적(randomized)이라는 말은 관제사들에게 할당되는 처리의 순서, 즉 시스템의 순서가 무작위적이라는 데 있다. 만약 모든 관제사에게 세 가지 시스템을 동일한 순서로 실험한다면(실험 순서가 무작위가 아니면), 시스템들에서 관찰의 차이는 시스템들에서의 실제 차이가 아닌 실험 순서에 의한 것일 수 있다.

Ohio주의 Oberlin에 위치한 Cleveland 통제센터에 세 가지 작업장을 설치하여 실험에 필요한 자료를 획득하였다. 6명의 관제사를 무작위로 추출한 후 이들이 각 시스템을 무작위 순서로 운영하도록 할당하였다. 이 실험에 참여한 관제사들에 대한 후속 인터뷰와 건강검진을 통해 시스템별 각 관제사의 스트레스를 측정하였다. 이에 따른 자료가 〈표 13-5〉와 같이 보고되었다.

〈표 13-6〉은 수집된 스트레스 자료를 요약한 것이다. 이 표는 열(처리)의 합계와 행(블록)

DATA file
AirTraffic

〈표 13-5〉 항공관제사 스트레스 실험을 위한 무작위 블록설계

		처리		
		시스템 A	시스템 B	시스템 C
블록	관제사 1	15	15	18
	관제사 2	14	14	14
	관제사 3	10	11	15
	관제사 4	13	12	17
	관제사 5	16	13	16
	관제사 6	13	13	13

〈표 13-6〉 항공관제사 스트레스 실험을 위한 스트레스 자료의 요약

		처리			행 또는 블록 합계	블록 평균
		시스템 A	시스템 B	시스템 C		
블록	관제사 1	15	15	18	48	$\bar{x}_1. = 48/3 = 16.0$
	관제사 2	14	14	14	42	$\bar{x}_2. = 42/3 = 14.0$
	관제사 3	10	11	15	36	$\bar{x}_3. = 36/3 = 12.0$
	관제사 4	13	12	17	42	$\bar{x}_4. = 42/3 = 14.0$
	관제사 5	16	13	16	45	$\bar{x}_5. = 45/3 = 15.0$
	관제사 6	13	13	13	39	$\bar{x}_6. = 39/3 = 13.0$
열 또는 처리 합계		81	78	93	252	$\bar{\bar{x}} = 252/18 = 14.0$
처리 평균		$\bar{x}._1 = 81/6 = 13.5$	$\bar{x}._2 = 78/6 = 13.0$	$\bar{x}._3 = 93/6 = 15.5$		

의 합계뿐만 아니라 분산분석에서 제곱합을 구하는 데 이용될 몇 가지 표본평균들을 포함하고 있다. 스트레스 값은 낮을수록 더 좋다는 것을 의미하기 때문에, 표본 자료는 평균 스트레스 값이 13인 시스템 B를 선호하는 것처럼 보여준다. 그러나 다음과 같은 일반적 질문이 남는다. 표본 결과가 세 가지 시스템에 대한 모집단의 평균 스트레스가 다르다는 결론을 정당화할 수 있는가? 즉, 이 차이는 통계적으로 유의한가? 이 통계적 질문은 완전무작위설계에서 실시한 분산분석과 유사한 절차를 이용하여 답할 수 있다.

분산분석 절차

무작위 블록설계의 분산분석 절차는 우선 총제곱합(SST)을 세 가지 항, 즉 처리제곱합(SSTR), 블록제곱합(SSBL), 잔차제곱합(SSE)으로 분할한다.

$$\text{SST} = \text{SSTR} + \text{SSBL} + \text{SSE} \tag{13-21}$$

〈표 13-7〉은 무작위 블록설계의 분산분석표이고, 사용한 표기는 다음과 같다.

k = 처리의 수

b = 블록의 수

n_T = 총 표본의 크기($n_T = kb$)

분산분석표는 전체 자유도 n_T-1이 처리 자유도 $k-1$, 블록 자유도 $b-1$, 그리고 잔차 자유도 $(k-1)(b-1)$로 분할된 것을 보여준다. 제곱합을 자유도로 나눈 것이 제곱평균 열이고, F = MSTR/MSE는 처리 평균들 사이의 유의한 차이를 검정하는 데 사용되는 F 비율이다. 무작위 블록설계의 주요 의의는 블록을 포함시킴으로써 MSE에서 관제사별 개인 차이를 제거하여 세 가지 작업장에서의 스트레스 차이에 대한 검정을 보다 강력하게 실시할 수 있다는 것이다.

〈표 13-7〉 k개 처리와 b개 블록을 갖는 무작위 블록설계의 분산분석표

변동요인	제곱합	자유도	제곱평균	F	p-값
처리	SSTR	$k-1$	$\text{MSTR}=\frac{\text{SSTR}}{k-1}$	$\frac{\text{MSTR}}{\text{MSE}}$	
블록	SSBL	$b-1$	$\text{MSBL}=\frac{\text{SSBL}}{b-1}$		
잔차	SSE	$(k-1)(b-1)$	$\text{MSE}=\frac{\text{SSE}}{(k-1)(b-1)}$		
계	SST	n_T-1			

계산과 결론

무작위 블록설계에서 처리 간의 평균의 차이를 검정하는 F 통계량을 구하기 위해서는 MSTR과 MSE가 계산되어야 한다. 이들 두 가지 제곱평균을 계산하려면 우선 SSTR과 SSE를 구해야 하며, 이를 위해 SSBL과 SST도 계산되어야 한다. 이 설명을 단순화하기 위해 4개 단계로 계산한다. 이전의 k, b, n_T에 관한 정의와 함께 다음과 같은 표기를 사용한다.

x_{ij} = 블록 i의 처리 j에 대한 관측값
$\bar{x}_{\cdot j}$ = 처리 j의 표본평균
$\bar{x}_{i\cdot}$ = 블록 i의 표본평균
$\bar{\bar{x}}$ = 총괄 표본평균

1단계. 총제곱합(SST)을 구한다.

$$\text{SST} = \sum_{i=1}^{b}\sum_{j=1}^{k}(x_{ij} - \bar{\bar{x}})^2 \qquad \textbf{13-22}$$

2단계. 처리제곱합(SSTR)을 구한다.

$$\text{SSTR} = b\sum_{j=1}^{k}(\bar{x}_{\cdot j} - \bar{\bar{x}})^2 \qquad \textbf{13-23}$$

3단계. 블록제곱합(SSBL)을 구한다.

$$\text{SSBL} = k\sum_{i=1}^{b}(\bar{x}_{i\cdot} - \bar{\bar{x}})^2 \qquad \textbf{13-24}$$

참고로 SSE = $\sum_{i=1}^{b}\sum_{j=1}^{k}(x_{ij}-\bar{x}_{i\cdot}-\bar{x}_{\cdot j}+\bar{\bar{x}})^2$ 이다.—역자

4단계. 잔차제곱합(SSE)을 구한다.

$$\text{SSE} = \text{SST} - \text{SSTR} - \text{SSBL} \qquad \textbf{13-25}$$

이 단계들을 〈표 13-6〉의 항공관제사 자료에 적용하면 같은 제곱합이 도출된다.

1단계. $\text{SST} = (15 - 14)^2 + (15 - 14)^2 + (18 - 14)^2 + \cdots + (13 - 14)^2 = 70$

2단계. $\text{SSTR} = 6[(13.5 - 14)^2 + (13.0 - 14)^2 + (15.5 - 14)^2] = 21$

3단계. $\text{SSBL} = 3[(16 - 14)^2 + (14 - 14)^2 + (12 - 14)^2 + (14 - 14)^2 + (15 - 14)^2 + (13 - 14)^2] = 30$

4단계. $\text{SSE} = 70 - 21 - 30 = 19$

〈표 13-8〉에서 이들 제곱합을 자유도로 나눈 값인 제곱평균값을 각각 확인할 수 있나.

가설 검정의 유의수준을 $\alpha = .05$으로 하자. 검정 통계량의 값은 다음과 같다.

〈표 13-8〉 항공관제사 스트레스 실험을 위한 분산분석표

변동요인	제곱합	자유도	제곱평균	F	p-값
처리	21	2	10.5	10.5/1.9 = 5.53	.024
블록	30	5	6.0		
잔차	19	10	1.9		
계	70	17			

$$F = \frac{\text{MSTR}}{\text{MSE}} = \frac{10.5}{1.9} = 5.53$$

분자의 자유도는 $k-1 = 3-1 = 2$이고 분모의 자유도는 $(k-1)(b-1) = (3-1)(6-1) = 10$이다. 검정 통계량의 값이 기각 임계치보다 클 경우에 귀무가설이 기각되기 때문에 p-값은 F-분포에서 $F = 5.53$의 우측 면적이다. 부록 B의 F-분포표로부터 자유도 2와 10을 갖는 $F_{.025} = 5.46$과 $F_{.01} = 7.56$ 사이에 $F = 5.53$이 있음을 확인할 수 있다. 결국 우측 꼬리의 면적 또는 p-값은 .01과 .025 사이에 있다. 엑셀을 사용하면 $F = 5.53$에서 p-값이 .024임을 알 수 있다. p-값$\leq \alpha = .05$이므로 H_0: $\mu_1 = \mu_2 = \mu_3$를 기각하고 세 가지 작업장에 따라 모집단의 스트레스 평균 수준들이 다르다는 결론을 내린다.

무작위 블록설계에 대한 몇몇 일반적 의견이 있다. 이 절에서 설명한 실험설계는 완전 블록설계(complete block design)이다. 여기서 "완전"이란 각 블록이 모든 k개 처리에 대해 실험이 되었다는 것을 나타낸다. 즉, 전체 관제사들(블록)이 세 가지 시스템들(처리) 모두에서 실험이 되었다. 모든 처리가 아닌 일부 처리가 각 블록에 적용되는 실험설계를 불완전 블록설계(incomplete block design)라고 한다. 불완전 블록설계에 관한 논의는 본서의 범위를 벗어난다.

항공관제사 스트레스 실험에서 각 관제사가 세 가지 시스템을 모두 사용했으므로 이 접근방식은 완전 블록설계이다. 그러나 일부 경우에는 각 블록에서 "유사한" 실험단위들로 블록화를 한다. 예를 들어, 항공관제사에 대한 사전 실험에서 관제사 모집단을 스트레스가 극도로 높은 개인부터 극도로 낮은 개인에 이르는 여러 집단으로 범주화한다고 가정하자. 이 실험에서도 예를 들면 각각의 스트레스 범주에 3명의 관제사가 포함되는 블록화를 할 수 있다. 이에 따라 각 블록은 동일한 스트레스 범주의 관제사 3명으로 구성된 집단이 된다. 블록설계에서 무작위적 측면은 각 블록의 관제사 3명이 세 가지 시스템에 무작위로 할당된다는 것을 말한다.

마지막으로, 〈표 13-7〉의 분산분석표는 블록 효과가 아닌 처리 효과에 대한 검정으로써 값을 보여준다. 이는 실험이 단일 요인, 즉 작업장 설계를 검정하기 위해 설계되었기 때문이다. 스트레스에 대한 개인별 차이를 기반으로 하는 블록화는 MSE로부터 개인별 변동성을 제거하기 위한 것이다. 그러나 이 실험은 스트레스에 대한 개인별 차이를 구체적으로 검정

하기 위해 설계된 것은 아니다.

몇몇 분석가는 F = MSBL/MSE를 구한 후 이를 블록들의 유의성을 검정하기 위한 통계량으로 이용한다. 이에 따른 결과가 동일한 유형의 블록화가 향후 실험에서 필요한지의 여부를 판단하는 데 활용된다. 그러나 스트레스에 대한 개인별 차이를 실험의 요인(a factor)으로 삼으려면 별개의 실험설계가 이용되어야 한다. 블록들에 대한 유의성 검정을 수행하여 두 번째 요인에 관한 결론의 근거로 삼을 수 없다.

엑셀 활용

엑셀의 '분산분석: 반복없는 이원배치법' 도구를 활용하여 항공관제사의 스트레스 평균 수준이 세 가지 시스템 모두에서 동일한지를 검정하여 보자.

자료 입력: 데이터 파일명 AirTraffic을 연다. 데이터는 셀 B2:D7에 있고 라벨은 열 A와 셀 B1:D1에 있다.

툴 사용: 다음의 단계는 '분산분석: 반복없는 이원 배치법' 도구를 활용하여 스트레스 수준의 평균 점수가 세 가지 시스템 모두에서 동일하다는 가설을 검정하는 과정이다.

1**단계.** 메뉴 디렉토리에 있는 **데이터** 탭을 클릭한다.

〈그림 13-7〉 항공관제사 스트레스 실험을 위한 엑셀의 '분산분석: 반복없는 이원 배치법'의 대화상자

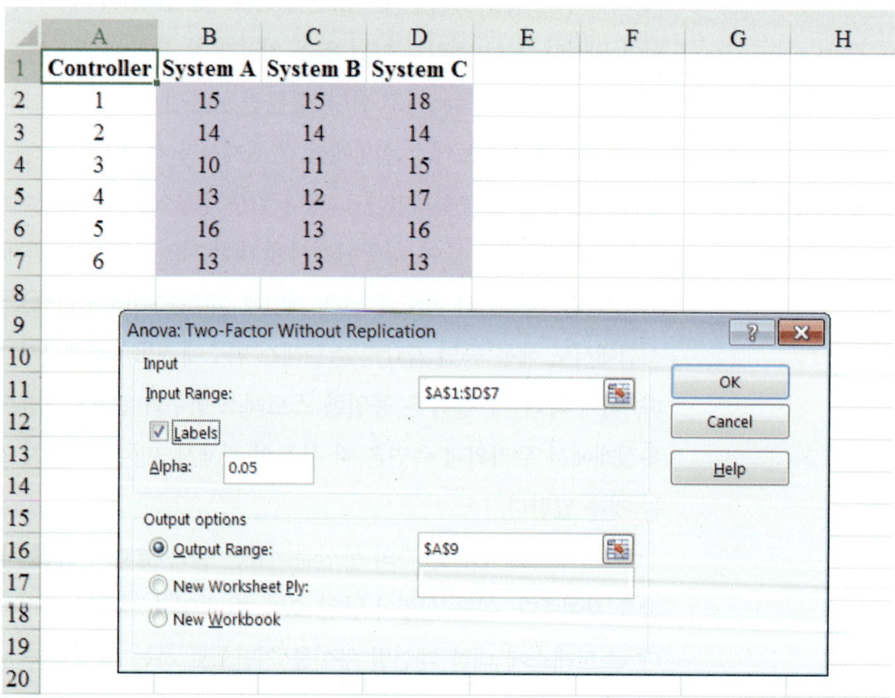

2단계. 분석에서 **데이터 분석**을 클릭한다.

3단계. 분석도구 목록에서 **분산분석: 반복없는 이원 배치법**을 선택한다.

4단계. '분산분석: 반복없는 이원 배치법' 대화상자가 나타나면(그림 13-7 참조)

입력 범위에 A1:D7을 입력한다.

이름표를 선택한다.

유의수준에 .05를 입력한다.

출력 범위를 선택한다.

출력 범위 상자에 A9를 입력한다. (출력 결과가 나타나는 워크시트 섹션의 왼쪽 상단 모서리를 정하기 위해서다.)

확인을 클릭한다.

〈그림 13-8〉에서 보는 바와 같이 워크시트의 셀 A9:G30에 '분산분석: 반복없는 이원 배

〈그림 13-8〉 항공관제사 스트레스 실험을 위한 엑셀의 '분산분석: 반복없는 이원 배치법'의 결과

	A	B	C	D	E	F	G	H
1	Controller	System A	System B	System C				
2	1	15	15	18				
3	2	14	14	14				
4	3	10	11	15				
5	4	13	12	17				
6	5	16	13	16				
7	6	13	13	13				
8								
9	Anova: Two-Factor Without Replication							
10								
11	*SUMMARY*	*Count*	*Sum*	*Average*	*Variance*			
12	1	3	48	16	3			
13	2	3	42	14	0			
14	3	3	36	12	7			
15	4	3	42	14	7			
16	5	3	45	15	3			
17	6	3	39	13	0			
18								
19	System A	6	81	13.5	4.3			
20	System B	6	78	13	2			
21	System C	6	93	15.5	3.5			
22								
23								
24	ANOVA							
25	*Source of Variation*	*SS*	*df*	*MS*	*F*	*P-value*	*F crit*	
26	Rows	30	5	6	3.1579	0.0574	3.3258	
27	Columns	21	2	10.5	5.5263	0.0242	4.1028	
28	Error	19	10	1.9				
29								
30	Total	70	17					
31								

치법'이라는 이름의 출력 결과가 나타난다. 셀 A11:E21은 자료를 요약한 것이다. 셀 A24:G30에 있는 분산분석표는 〈표 13-8〉의 분산분석표와 기본적으로 같다. 이 문제의 블록 변동요인은 행이라고 표기되어 있고, 처리 변동요인은 열이라고 표기되어 있다. 엑셀은 검정과 관련한 p-값뿐만 아니라 F-분포의 임계값도 제공한다.

셀 F27의 p-값 .0242를 이용하여 가설 검정의 결론을 내릴 수 있다. 유의수준 $\alpha = .05$에서 p-값 $= .0242 < \alpha = .05$이므로 H_0를 기각한다. 그러므로 세 가지 시스템의 스트레스 평균 점수가 다르다고 결론을 내릴 수 있다.

13.4 보충 설명

무작위 블록설계에서 b개의 블록에 대하여 자유도 $b-1$을 잃기 때문에, 무작위 블록설계에서의 잔차의 자유도가 완전무작위설계에서의 잔차의 자유도보다 적다. n이 작은 경우, 잔차의 자유도를 잃기 때문에 블록에 의한 잠재적 영향이 감춰질 수 있다. 이에 반하여 n이 큰 경우 그 영향이 최소화된다.

연습문제

기초문제

21. 다음은 무작위 블록설계에 의한 실험 결과이다. 분산분석표를 작성하라.

	처리 A	처리 B	처리 C
블록 1	10	9	8
블록 2	12	6	5
블록 3	18	15	14
블록 4	20	18	18
블록 5	8	7	8

처리 간에 유의한 차이가 있는지 $\alpha = .05$에서 검정하라.

22. 다섯 가지 처리와 3개의 블록으로 된 무작위 블록설계로부터 SST = 430, SSTR = 310, SSBL = 85을 얻었다. 분석분석표를 작성하고, 유의한 차이가 있는지를 검정하라. $\alpha = .05$를 사용하라.

23. 8개의 블록으로 네 가지 처리에 대한 실험이 수행되었다. 다음의 분산분석표를 완성하라.

변동요인	제곱합	자유도	제곱평균	F
처리	900			
블록	400			
잔차				
계	1800			

유의한 차이가 있는지 $\alpha = .05$에서 검정하라.

응용문제

24. 자동차 판매업체가 자동차의 엔진 튠업을 완료하는 데 걸리는 시간(단위: 분)이 컴퓨터 엔진분석기와 전자식 분석기의 사용에 따라 다른지를 알아보는 실험을 하였다. 엔진 튠업 시간은 세 가지 유형의 차종, 즉 소형, 중형, 대형에 따라 상이하므로 이들 차종을 이 실험에서의 블록으로 이용하였다. 수집된 자료는 다음과 같다.

	컴퓨터 분석기	전자식 분석기
소형 자동차	50	42
중형 자동차	55	44
대형 자동차	63	46

유의한 차이가 있는지 $\alpha = .05$에서 검정하라.

25. 운전자가 지불하는 휘발유 가격은 지역에 따라 차이가 크다. 다음 자료는 미국의 중서부 지역 내 11개 대도시로부터 무작위로 추출한 주유소 표본에서 세 가지 휘발유 브랜드, 즉 Shell, BP, Marathon의 갤런당 일반휘발유 가격이다[출처].

DATA file
MidwestGas

대도시	Shell	BP	Marathon
Ohio주 Akron	3.77	3.83	3.78
Ohio주 Cincinnati	3.72	3.83	3.87
Ohio주 Cleveland	3.87	3.85	3.89
Ohio주 Columbus	3.76	3.77	3.79
Indiana주 Ft. Wayne	3.83	3.84	3.87
Indiana주 Indianapolis	3.85	3.84	3.87
Michigan주 Lansing	3.93	4.04	3.99
Kentucky주 Lexington	3.79	3.78	3.79
Kentucky주 Louisville	3.78	3.84	3.79
Indiana주 Muncie	3.81	3.84	3.86
Ohio주 Toledo	3.69	3.83	3.86

세 가지 휘발유 브랜드의 가격 평균에 유의한 차이가 있는지 $\alpha = .05$에서 검정하라.

26. 미국의 학업적성 검사(Scholastic Aptitude Test: SAT)는 3가지 과목, 즉 비판적 독해, 수학, 작문으로 치러진다. 각 과목은 800점 만점으로 채점된다. 2009학년도 SAT 시험점수에 대한 정보를 College Board 웹사이트에서 확인할 수 있다. 다음의 표본 자료는 6명 학생의 SAT 시험점수이다.

DATA file
SATScores

학생	비판적 독해	수학	작문
1	526	534	530
2	594	590	586
3	465	464	445
4	561	566	553
5	436	478	430
6	430	458	420

a. 유의수준 .05에서 세 가지 과목에 대한 학생들의 시험점수는 다른가?

b. 학생들은 어느 과목을 가장 어려워하는가? 이에 대하여 설명하라.

27. 미국의학협회 학술지에 게재된 한 논문은 삽으로 폭설을 치울 때 심장의 부하를 조사하였다. 이 연구에서 건강한 남성 10명이 런닝머신과 팔 크랭킹을 개조한 사이클 에르고미터로 운동 검사를 받았다. 그런 다음에 이들은 가벼운 플라스틱으로 된 눈 치우는 삽과 선기식 제설기를 사용하여 눈이 무겁게 내려앉은 두 곳의 길을 치웠다. 제설시 각 피실험자의 심박수, 혈압, 산소섭취량, 지각된 운동량을 런닝머신과 에르고미터로 검사한 값들과 비교하였다. 다음은 10명의 피실험자 각각의 분당 심박수에 관한 자료이다.

DATA file
SnowShoveling

피실험자	런닝머신	팔 크랭킹 에르고미터	삽으로 눈 치우기	제설기
1	177	205	180	98
2	151	177	164	120
3	184	166	167	111
4	161	152	173	122
5	192	142	179	151
6	193	172	205	158
7	164	191	156	117
8	207	170	160	123
9	177	181	175	127
10	174	154	191	109

이들 간에 유의한 차이가 있는지 유의수준 .05에서 검정하라.

13.5 팩토리얼 실험

지금까지 논의한 실험설계에서는 한 개의 요인에 대한 통계적 결론을 도출할 수 있었다. 그러나 일부 실험에서는 두 개 이상의 변수 또는 요인에 대한 결론의 도출이 요구된다. **팩토리얼 실험**(factorial experiment)은 두 개 이상의 요인에 대한 결론을 동시에 도출할 수 있는 실험설계이다. 실험조건에 요인들의 가능한 조합이 모두 포함되기 때문에 팩토리얼(factorial)이라는 용어가 사용되고 있다. 예를 들어, 요인 A의 수준이 a개이고 요인 B의 수준이 b개이면, 실험을 통해서 $a \times b$개의 처리 조합에 대한 자료를 수집한다. 이 절에서 이원 팩토리얼 실험(two-factor factorial experiment)에 대한 분석을 설명한다. 이 분석의 접근방법은 두 개 이상의 요인이 포함된 실험에도 적용될 수 있다.

미국의 경영대학원 입학시험(Graduate Management Admissions Test: GMAT)과 관련된 연구를 이원 팩토리얼 실험의 예로써 사용하자. 이 입학시험은 미국의 경영대학원들이 경영학 분야의 대학원 과정에 입학하려는 지원자들의 능력을 평가하는 표준화된 시험이다. GMAT 점수는 200점에서 800점까지의 범위이며, 이 점수가 높을수록 능력이 높다는 의미이다. Texas의 한 대학은 학생들의 GMAT 점수를 향상시키기 위하여 다음과 같은 세 가지 GMAT 준비프로그램을 고려하고 있다.

1. GMAT의 문제 유형에 대비하는 3시간 리뷰 세션
2. 모의시험을 실시하고 그 결과를 함께 검토하는 1일 프로그램
3. 학생 개인별 취약점 확인과 개선프로그램이 포함된 10주 집중과정

따라서 이 연구에서 한 가지 요인은 GMAT 준비프로그램이며, 이는 3시간 세션, 1일 프로그램, 10주 과정이라는 세 가지 '처리'를 가진다. 어떤 준비프로그램을 선택할 것인가에 앞서, GMAT 점수에 미치는 세 가지 준비프로그램의 영향에 관한 연구를 진행한다.

GMAT는 일반적으로 경영대학, 공학대학, 그리고 예술과학대학의 학부 졸업생을 대상으로 한다. 이에 따른 두 번째 실험요인은 학부생의 대학에 따라 GMAT 점수에 차이가 있는가이다. 따라서 두 번째 요인인 대학 역시 세 가지 '처리', 즉 경영, 공학, 예술과학을 갖는다. 이 실험을 위한 팩토리얼 설계는 요인 A에 해당하는 준비프로그램의 세 가지 처리와 요인 B에 해당하는 대학의 세 가지 처리로 총 3×3 = 9가지의 처리 조합을 갖는다. 이들 처리 조합 또는 실험조건이 〈표 13-9〉에 요약되어 있다.

〈표 13-9〉에서의 9개 처리 조합 각각에 대하여 2명의 학부생들을 표본으로 선정한다고 가정하자. 경영대학 학부생 2명씩이 3시간 세션, 1일 프로그램, 10주 과정을 수강한다. 이와 마찬가지로 공학대학 학부생 2명씩과 예술과학대학 학부생 2명씩이 3개의 준비프로그램 각각을 수강한다. 실험설계에서는 각 처리 조합에 대한 2개의 표본 크기를 2회 **반복**(replication)이라는 용어로 표기한다. 반복의 추가와 표본 크기의 증가를 쉽게 할 수 있지만, 이 절에서는 계산을 최소화하기 위한 예제를 선택하였다.

이 실험설계에서 경영대학원에 진학할 계획이 있는 학부생 6명씩을 3개 대학으로부터 각각 무작위로 선정한다. 그런 다음 각 대학의 학부생 2명씩을 각 준비프로그램에 무작위로 할당하여 총 18명의 학생이 실험에 참여하도록 해야 한다.

무작위로 선정된 학생들이 준비프로그램에 참여한 다음 GMAT를 치렀다고 가정하자. 이에 따른 각 학부생의 GMAT 점수를 〈표 13-10〉에서 확인할 수 있다.

〈표 13-10〉의 자료를 가지고 분산분석 계산 결과가 다음과 같은 질문에 대하여 대답

〈표 13-9〉 이원 GMAT 실험을 위한 9개의 처리 조합: 1~9

		요인 B: 대학		
		경영	공학	예술과학
요인 A: 준비 프로그램	3시간 세션	1	2	3
	1일 프로그램	4	5	6
	10주 과정	7	8	9

〈표 13-10〉 이원 실험을 위한 GMAT 점수

DATA file
GMATStudy

		요인 B: 대학		
		경영	공학	예술과학
요인 A: 준비 프로그램	3시간 세션	500	540	480
		580	460	400
	1일 프로그램	460	560	420
		540	620	480
	10주 과정	560	600	480
		600	580	410

할 수 있을 것이다.

- **주효과(요인 A)**: 준비프로그램에 따라 GMAT 점수가 다른가?
- **주효과(요인 B)**: 대학에 따라 GMAT 점수가 다른가?
- **상호작용효과(요인 A와 B)**: 어떤 유형의 준비프로그램에 대해 특정 대학 학부생이 더 높은 점수를 보이는 반면 다른 유형의 준비프로그램에서는 다른 대학 학부생이 더 높은 점수를 나타내는가?

상호작용(interaction)은 팩토리얼 실험을 이용할 경우에 조사될 수 있는 새로운 효과를 말한다. 만약 상호작용 효과가 GMAT 점수에 유의한 영향을 미친다면 준비프로그램 유형의 영향이 학부생의 대학에 따라 달라진다는 결론을 내릴 수 있다.

분산분석 절차

이원 팩토리얼 실험을 위한 분산분석 절차에서 우선 총제곱합(SST)을 네 가지 항, 즉 요인 A의 제곱합(SSA), 요인 B의 제곱합(SSB), 상호작용의 제곱합(SSAB), 잔차제곱합(SSE)으로 분할한다. 이러한 분할 식은 다음과 같다.

$$\text{SST} = \text{SSA} + \text{SSB} + \text{SSAB} + \text{SSE} \tag{13-26}$$

제곱합의 분할과 자유도가 〈표 13-11〉에 요약되어 있다. 이 표에서 사용하는 표기는 다음과 같다.

a = 요인 A의 수준의 수

b = 요인 B의 수준의 수

r = 반복의 수

n_T = 실험에 포함된 총 관측의 수, 즉 $n_T = abr$

〈표 13-11〉 r회 반복의 이원 팩토리얼 실험을 위한 분산분석표

변동요인	제곱합	자유도	제곱평균	F	p-값
요인 A	SSA	$a-1$	$\text{MSA}=\dfrac{\text{SSA}}{a-1}$	$\dfrac{\text{MSA}}{\text{MSE}}$	
요인 B	SSB	$b-1$	$\text{MSB}=\dfrac{\text{SSB}}{b-1}$	$\dfrac{\text{MSB}}{\text{MSE}}$	
상호작용	SSAB	$(a-1)(b-1)$	$\text{MSAB}=\dfrac{\text{SSAB}}{(a-1)(b-1)}$	$\dfrac{\text{MSAB}}{\text{MSE}}$	
잔차	SSE	$ab(r-1)$	$\text{MSE}=\dfrac{\text{SSE}}{ab(r-1)}$		
계	SST	n_T-1			

계산과 결론

요인 A, 요인 B, 그리고 상호작용의 유의성을 검정하기 위한 F 통계량을 구하기 위해서는 MSA, MSB, MSAB, 그리고 MSE가 계산되어야 한다. 이들 네 가지 제곱평균을 계산하려면 우선 SSA, SSB, SSAB, 그리고 SSE를 구해야 하며, 이를 위해 SST도 계산되어야 한다. 이 설명을 단순화하기 위해 다섯 단계로 계산한다. 이전의 a, b, r, n_T에 관한 정의와 함께 다음과 같은 표기를 사용한다.

x_{ijk} = 요인 A의 i번째 처리와 요인 B의 j번째 처리의 영향을 받는 k번째 반복의 관측값
$\bar{x}_{i\cdot}$ = 요인 A의 i번째 처리에 있는 관측값의 표본평균
$\bar{x}_{\cdot j}$ = 요인 B의 j번째 처리에 있는 관측값의 표본평균
$\bar{x}_{ij}$ = 요인 A의 i번째 처리와 요인 B의 j번째 처리의 조합에 있는 관측값의 표본평균
$\bar{\bar{x}}$ = 총 n_T개 관측값의 총괄 표본평균

1단계. 총제곱합을 구한다.

$$\text{SST} = \sum_{i=1}^{a}\sum_{j=1}^{b}\sum_{k=1}^{r}(x_{ijk}-\bar{\bar{x}})^2 \tag{13-27}$$

2단계. 요인 A의 제곱합을 구한다.

$$\text{SSA} = br\sum_{i=1}^{a}(\bar{x}_{i\cdot}-\bar{\bar{x}})^2 \tag{13-28}$$

3단계. 요인 B의 제곱합을 구한다.

$$\text{SSB} = ar\sum_{j=1}^{b}(\bar{x}_{\cdot j}-\bar{\bar{x}})^2 \tag{13-29}$$

4단계. 상호작용의 제곱합을 구한다.

$$\text{SSAB} = r\sum_{i=1}^{a}\sum_{j=1}^{b}(\bar{x}_{ij} - \bar{x}_{i.} - \bar{x}_{.j} + \bar{\bar{x}})^2 \tag{13-30}$$

5단계. 잔차제곱합을 구한다.

$$\text{SSE} = \text{SST} - \text{SSA} - \text{SSB} - \text{SSAB} \tag{13-31}$$

〈표 13-12〉는 실험에서 수집된 자료와 제곱합의 계산에 도움이 되는 여러 가지 합계를 보여준다. 식 13-27에서 식 13-31까지의 식을 이용하여 GMAT의 이원 팩토리얼 실험의 제곱합들을 다음과 같이 도출한다.

1단계. $\text{SST} = (500 - 515)^2 + (580 - 515)^2 + (540 - 515)^2 + \cdots + (410 - 515)^2$
$= 82{,}450$

2단계. $\text{SSA} = (3)(2)[(493.33 - 515)^2 + (513.33 - 515)^2 + (538.33 - 515)^2] = 6100$

3단계. $\text{SSB} = (3)(2)[(540 - 515)^2 + (560 - 515)^2 + (445 - 515)^2] = 45{,}300$

4단계. $\text{SSAB} = 2[(540 - 493.33 - 540 + 515)^2 + (500 - 493.33 - 560 + 515)^2 + \cdots$
$+ (445 - 538.33 - 445 + 515)^2] = 11{,}200$

5단계. $\text{SSE} = 82{,}450 - 6{,}100 - 45{,}300 - 11{,}200 = 19{,}850$

이들 제곱합을 해당 자유도로 나눈 제곱평균값은 2개의 주효과(준비프로그램과 대학)와 상호작용효과를 검정하기 위한 것이다.

요인 A: $\text{MSA} = \dfrac{\text{SSA}}{a-1} = \dfrac{6{,}100}{3-1} = 3050$

요인 B: $\text{MSB} = \dfrac{\text{SSB}}{b-1} = \dfrac{45{,}300}{3-1} = 22{,}650$

상호작용: $\text{MSAB} = \dfrac{\text{SSAB}}{(a-1)(b-1)} = \dfrac{11{,}200}{(3-1)(3-1)} = 2800$

잔차: $\text{MSE} = \dfrac{\text{SSE}}{ab(r-1)} = \dfrac{19{,}850}{(3)(3)(2-1)} = 2205.5556$

엑셀에서 F.DIST.RT 함수가 각각의 F-값에 대한 p-값을 구해 준다. 예를 들어, 요인 A에서 p-값=F.DIST.RT(1.3829,2,9)=0.2994이다.

GMAT 이원 실험의 가설 검정 유의수준은 $\alpha = .05$를 사용하자. 준비프로그램(요인 A)의 차이에 대한 검정에 사용되는 F 비율은 $F = \text{MSA}/\text{MSE} = 3050/2205.5556 = 1.3829$이다. 엑셀을 이용하면 $F = 1.3829$에 해당하는 p-값이 .2994임을 알 수 있다. p-값 $> \alpha = .05$이므로 귀무가설을 기각할 수 없으며, 이에 따라 세 가지 준비프로그램 사이에 유의한 차이가 없다는 결론을 내린다. 그러나 대학(요인 B)의 효과에 대하여 $F = \text{MSB}/\text{MSE} = 22{,}650/2205.5556 = 10.2695$에 해당하는 p-값은 .0048이다. 따라서 이 분산분석의 결과로부

〈표 13-12〉 이원 실험을 위한 GMAT 자료 요약

		요인 B: 대학				
		경영	공학	예술과학	행 합계	요인 A의 평균
요인 A: 준비 프로그램	3시간 세션	500 580 1080 $\bar{x}_{11} = \frac{1080}{2} = 540$	540 460 1000 $\bar{x}_{12} = \frac{1000}{2} = 500$	480 400 880 $\bar{x}_{13} = \frac{880}{2} = 440$	2960	$\bar{x}_{1\cdot} = \frac{2960}{6} = 493.33$
	1일 프로그램	460 540 1000 $\bar{x}_{21} = \frac{1000}{2} = 500$	560 620 1180 $\bar{x}_{22} = \frac{1180}{2} = 590$	420 480 900 $\bar{x}_{23} = \frac{900}{2} = 450$	3080	$\bar{x}_{2\cdot} = \frac{3080}{6} = 513.33$
	10주 과정	560 600 1160 $\bar{x}_{31} = \frac{1160}{2} = 580$	600 580 1180 $\bar{x}_{32} = \frac{1180}{2} = 590$	480 410 890 $\bar{x}_{33} = \frac{890}{2} = 445$	3230	$\bar{x}_{3\cdot} = \frac{3230}{6} = 538.33$
열 합계		3240	3360	2670	9270	$\bar{\bar{x}} = \frac{9270}{18} = 515$
요인 B의 평균		$\bar{x}_{\cdot 1} = \frac{3240}{6} = 540$	$\bar{x}_{\cdot 2} = \frac{3360}{6} = 560$	$\bar{x}_{\cdot 3} = \frac{2670}{6} = 445$		

처리 조합의 합계 (→ 1080)

전체 합계 (→ 9270)

터 GMAT 점수가 대학별로 다르다는 결론을 내릴 수 있다. 즉 3개 대학별 GMAT 성적은 동일하지 않다. 마지막으로, 상호작용 *F*-값은 F = MSAB/MSE = 2800/2205.5556 = 1.2695이고 이에 해당하는 *p*-값이 .3503이기 때문에 유의한 상호작용효과를 확인할 수 없다. 따라서 세 가지 준비프로그램에 따라 GMAT을 대비하여 학부생을 준비시키는 3개 대학의 역량에 차이가 있다고 할 수 없다. 〈표 13-13〉의 분산분석표는 이원 GMAT 실험에 대해 앞서 설명한 결과들을 정리한 것이다.

〈표 13-13〉 이원 GMAT 실험을 위한 분산분석표

변동요인	제곱합	자유도	제곱평균	*F*	*p*-값
요인 A	6,100	2	3,050	3,050/2,205.5556 = 1.3829	.2994
요인 B	45,300	2	22,650	22,650/2,205.5556 = 10.2695	.0048
상호작용	11,200	4	2,800	2,800/2,205.5556 = 1.2695	.3503
잔차	19,850	9	2,205.5556		
계	82,450	17			

소속 대학이 유의적인 요인인 것으로 밝혀졌다. 〈표 13-12〉의 계산을 살펴보면, 경영대학 학부생의 평균은 $\bar{x}._1 = 540$이고, 공학대학 학부생의 평균은 $\bar{x}._2 = 560$이며, 예술과학대학 학부생의 평균은 $\bar{x}._3 = 445$이다. 각 처리의 개별 평균들에 대한 검정을 실시할 수 있지만, 우선 이들 3개의 표본평균을 검토하면 경영대학 학부생과 공학대학 학부생의 GMAT에 대한 준비에 차이가 없을 것으로 예측된다. 그러나 예술과학대학 학부생은 다른 대학의 학부생보다 GMAT에 대한 준비가 현저히 부족한 것으로 보인다. 이와 같은 관찰은 대학으로 하여금 경영대학원 입학시험을 준비하는 학부생을 위해 또 다른 지원방안을 고려하도록 할 것이다.

엑셀 활용

엑셀의 '분산분석: 반복 있는 이원 배치법' 도구를 활용하여 이원 GMAT 실험에 대한 자료를 분석할 수 있다. 이를 위한 활용 방법을 〈그림 13-9〉와 〈그림 13-10〉을 참조하여 설명한다.

자료 입력: 데이터 파일명 GMATStudy를 연다. 데이터는 셀 B2:D7에 있고 라벨은 셀 A2, A4, A6, 그리고 B1:D1에 있다.

툴 적용: 다음은 이원 GMAT 실험의 자료를 분석하는 엑셀의 '분산분석: 반복 있는 이원 배치법' 도구를 활용하는 과정이다.

〈그림 13-9〉 GMAT 실험을 위한 엑셀의 '분산분석: 반복 있는 이원 배치법'의 대화상자

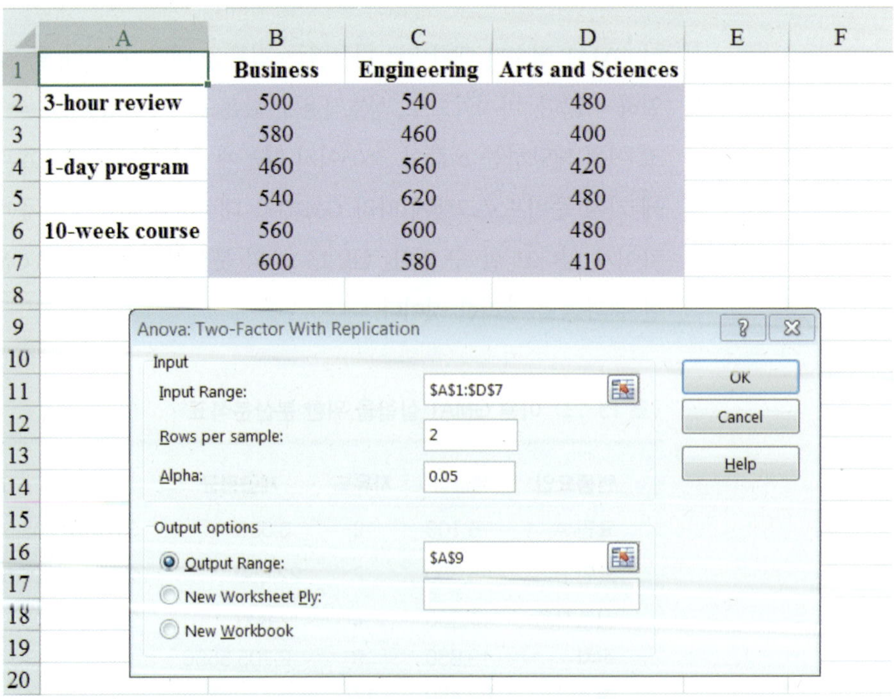

〈그림 13-10〉 GMAT 실험을 위한 엑셀의 '분산분석: 반복 있는 이원 배치법'의 결과

	A	B	C	D	E	F	G	H
1		**Business**	**Engineering**	**Arts and Sciences**				
2	**3-hour review**	500	540	480				
3		580	460	400				
4	**1-day program**	460	560	420				
5		540	620	480				
6	**10-week course**	560	600	480				
7		600	580	410				
8								
9	Anova: Two-Factor With Replication							
10								
11	SUMMARY	Business	Engineering	Arts and Sciences	Total			
12	*3-hour review*							
13	Count	2	2	2	6			
14	Sum	1080	1000	880	2960			
15	Average	540	500	440	493.3333			
16	Variance	3200	3200	3200	3946.667			
17								
18	*1-day program*							
19	Count	2	2	2	6			
20	Sum	1000	1180	900	3080			
21	Average	500	590	450	513.3333			
22	Variance	3200	1800	1800	5386.667			
23								
24	*10-week course*							
25	Count	2	2	2	6			
26	Sum	1160	1180	890	3230			
27	Average	580	590	445	538.3333			
28	Variance	800	200	2450	5936.667			
29								
30	*Total*							
31	Count	6	6	6				
32	Sum	3240	3360	2670				
33	Average	540	560	445				
34	Variance	2720	3200	1510				
35								
36								
37	ANOVA							
38	*Source of Variation*	*SS*	*df*	*MS*	*F*	*P-value*	*F crit*	
39	Sample	6100	2	3050	1.3829	0.2994	4.2565	
40	Columns	45300	2	22650	10.2695	0.0048	4.2565	
41	Interaction	11200	4	2800	1.2695	0.3503	3.6331	
42	Within	19850	9	2205.5556				
43								
44	Total	82450	17					
45								

1단계. 메뉴 디렉토리에 있는 **데이터** 탭을 클릭한다.

2단계. **분석**에서 **데이터 분석**을 클릭한다.

3단계. 분석도구 목록에서 **분산분석: 반복 있는 이원 배치법**을 선택한다.

4단계. '분산분석: 반복 있는 이원 배치법' 대화상자가 나타나면(그림 13-9 참조) **입력 범위**에 A1:D7을 입력한다.

표본당 행수에 2를 입력한다.

유의수준에 .05를 입력한다.

출력 범위를 선택한다.

출력 범위 상자에 A9를 입력한다. (출력 결과가 나타나는 워크시트 섹션의 왼쪽 상단 모서리를 정하기 위해서다.)

확인을 클릭한다.

〈그림 13-10〉에서 보는 바와 같이 워크시트의 셀 A9:G44에 '분산분석: 반복 있는 이원 배치법'이라는 이름의 출력 결과가 나타난다. 셀 A11:E34는 자료를 요약한 것이다. 셀 A37:G44에 있는 분산분석표는 〈표 13-13〉의 분산분석표와 기본적으로 동일하다. 〈표 13-13〉의 요인 A가 인자 A(행)이라고 표기되어 있고, 요인 B는 인자 B(열)이라고 표기되어 있으며, 상호작용이 교호작용이라고 표기되어 있다. 엑셀의 결과는 각각의 F-검정을 위한 p-값뿐만 아니라 F-분포의 임계값도 제공한다.

셀 F39의 p-값 .2994를 이용하여 요인 A(준비프로그램)에 대한 가설 검정의 결론을 내릴 수 있다. 유의수준 $\alpha = .05$에서 p-값 $= .2994 > \alpha = .05$이므로 H_0를 기각할 수 없다. 셀 F40의 p-값 .0048을 이용하여 요인 B(대학)에 대한 가설 검정의 결론을 내릴 수 있다. 유의수준 $\alpha = .05$에서 p-값 $= .0048 < \alpha = .05$이므로 H_0를 기각한다. 마지막으로, 셀 F41의 교호작용 p-값 .3503은 유의적인 상호작용효과가 나타나지 않았다는 것이다.

연습문제

기초문제

28. 2개 수준의 요인 A와 3개 수준의 요인 B로 구성된 팩토리얼 실험으로부터 다음과 같은 자료를 수집하였다.

		요인 B		
		수준 1	수준 2	수준 3
요인 A	수준 1	135 165	90 66	75 93
	수준 2	125 95	127 105	120 136

주효과와 상호작용효과에 대한 유의성을 검정하라. $\alpha = .05$를 사용하라.

29. 4개 수준의 요인 A, 3개 수준의 요인 B, 그리고 3회 반복으로 구성된 팩토리얼 실험으로부터 SST = 280, SSA = 26, SSB = 23, SSAB = 175를 얻었다. 분석분석표를 작성하고, 유의적인 주효과와 상호작용효과가 있는지를 검정하라. $\alpha = .05$를 사용하라.

응용문제

30. 한 우편주문 카탈로그 회사가 잡지 광고의 크기와 디자인이 카탈로그 요청 건수(단위: 1000건)에 미치는 영향을 조사하기 위해 팩토리얼 실험을 설계했다. 세 가지 광고 디자인과 두 가지 크기의 광고를 고려하였다. 이 실험으로부터 수집된 자료는 다음과 같다. 팩토리얼 설계의 분산분석을 이용하여 광고 디자인의 유형과 광고 크기에 의한 유의적인 효과가 있는지, 또는 상호작용효과가 있는지를 검정하라. α = .05를 사용하라.

		광고 크기	
		소형	대형
광고 디자인	A	8 12	12 8
	B	22 14	26 30
	C	10 18	18 14

31. 한 놀이공원은 놀이기구에 대한 고객의 대기시간(단위: 분)을 줄이기 위하여 놀이기구의 고객 입장 및 퇴장을 보다 효율적으로 운영할 수 있는 방법들을 조사하였다. 고객의 입장 및 퇴장에 관한 두 가지 방법이 제안되었다. 놀이기구의 유형에 따라 대기시간에 차이가 있는지 그리고 대기시간의 차이에 대하여 고객의 입장 및 퇴장 방법과 놀이기구의 유형 사이에 상호작용효과가 있는지를 알아보기 위하여 팩토리얼 실험을 설계하였다. 다음의 자료를 사용하여 입장 및 퇴장 방법의 효과, 놀이기구 유형의 효과, 그리고 상호작용효과에 대한 유의성을 검정하라. α = .05를 사용하라.

	놀이기구의 유형		
	롤러 코스터	악령의 집	통나무 플룸
방법 1	42 43	52 44	50 46
방법 2	49 51	50 46	48 44

32. *Consumer Reports*는 하이브리드 차량과 가솔린 차량의 연비(단위: 갤런당 마일)를 비교하기 위해 여러 종류의 하이브리드 자동차 및 가솔린 자동차와 스포츠 유틸리티 자동차(Sport Utility Vehicle: SUV)를 검사하였다. 다음은 *Consumer Reports*로부터 획득한 2대의 하이브리드 소형 자동차, 2대의 하이브리드 중형 자동차, 2대의 하이브리드 소형 SUV, 2대의 하이브리드 중형 SUV의 연비에 관한 자료이다. 또한 자료 속에는 이와 동일한 방식으로 검사된 가솔린 자동차 8대의 연비도 나와 있다.

유의수준 α = .05에서 등급, 유형, 그리고 상호작용의 효과에 대한 유의성을 검정하라.

제조사/모델	등급	유형	갤런당 마일
Honda Civic	소형차	하이브리드	37
Honda Civic	소형차	가솔린	28
Toyota Prius	소형차	하이브리드	44
Toyota Corolla	소형차	가솔린	32
Chevrolet Malibu	중형차	하이브리드	27
Chevrolet Malibu	중형차	가솔린	23
Nissan Altima	중형차	하이브리드	32
Nissan Altima	중형차	가솔린	25
Ford Escape	소형 SUV	하이브리드	27
Ford Escape	소형 SUV	가솔린	21
Saturn Vue	소형 SUV	하이브리드	28
Saturn Vue	소형 SUV	가솔린	22
Lexus RX	중형 SUV	하이브리드	23
Lexus RX	중형 SUV	가솔린	19
Toyota Highlander	중형 SUV	하이브리드	24
Toyota Highlander	중형 SUV	가솔린	18

33. *The Accounting Review*에 게재된 한 논문은 세무조사에 대한 2개 수준의 시간압박(낮음과 적정)과 3개의 수준의 지식(순수한, 선언적, 절차적)이 핵심어 선택행동에 미치는 개별 효과 및 상호작용 효과를 연구한 것이다. 이 연구에서, 피실험자에게 특정 세무사건이 주어졌는데, 이 사건은 일련의 사실(facts), 세무쟁점(issues), 1336개의 핵심어로 구성된 색인을 포함하고 있다. 피실험자는 세무당국이 이 세무사건을 해결하기 위해 참조할 것으로 믿어지는 핵심어를 골라내도록 요청받았다. 이 실험에 앞서 세무 전문가집단을 대상으로 한 사전조사에서 그들은 이 사건에 19개의 핵심어가 관련되어 있다고 판단하였다. 순수한 지식집단의 피실험자들은 선언적 지식 또는 절차적 지식이 거의 없거나 전혀 없었으며, 선언적 지식집단의 피실험자들은 상당한 선언적 지식을 가지고 있지만 절차적 지식은 거의 없거나 전혀 없었고, 절차적 지식집단의 피실험자들은 선언적 지식과 절차적 지식을 상당히 가지고 있었다. 선언적 지식은 적용 세법과 이 법을 설명하는 데 사용되는 기술적 용어에 관한 지식이다. 절차적 지식은 관련 핵심어에 대한 세무조사자의 검색을 안내하는 규정에 관한 지식이다. 시간압박이 낮은 상황에서 피실험자에게 이 사건을 완료하기 위한 25분의 시간이 주어졌는데, 그들은 이 시간이 사건을 완료하는 데 매우 충분한 시간이라고 응답하였다. 시간압박이 적정한 상황에서 피실험자는 이 사건을 완료하는 데 단지 11분밖에 소요되지 않을 것이라고 응답하였다. 여섯 가지 처리 조합 각각에 대하여 25명의 피실험자를 선정하였다고 하자. 다음은 처리 조합 각각의 표본평균을 보여준다(괄호 안은 표준편차이다).

		지식		
		순수한	선언적	절차적
시간압박	낮음	1.13 (1.12)	1.56 (1.33)	2.00 (1.54)
	적정	0.48 (0.80)	1.68 (1.36)	2.86 (1.80)

분산분석 절차를 이용하여 시간압박, 지식, 그리고 상호작용에 따라 핵심어를 골라내는 데 유의한 차이가 있는지를 검정하라. 유의수준 .05를 사용하라. 이 실험에서 총제곱합은 327.50이라고 가정한다.

요약

이 장에서 분산분석을 사용하여 여러 모집단 또는 여러 처리의 평균 차이에 대하여 검정하는 방법을 설명하였으며, 이와 관련한 완전무작위설계, 무작위 블록설계, 그리고 이원 팩토리얼 실험을 도입하였다. 완전무작위설계와 무작위 블록설계를 이용하여 단일 요인에 따른 평균의 차이에 관한 결론을 도출하였다. 무작위 블록설계에서 블록화의 주요 목적은 잔차 항에서 외생적 변동원인을 제거하는 것이다. 이러한 블록화를 통해 잔차 분산에 대하여 더 좋은 추정값을 얻게 됨으로써, 요인에 따른 모집단 또는 처리 평균들이 유의적으로 다른지에 대하여 보다 개선된 검정을 할 수 있다.

분산분석과 실험설계를 이용한 통계적 검정의 기준은 모집단 분산 σ^2에 대한 두 개의 독립적인 추정값을 구하는 것이다. 단일 요인의 경우, 첫 번째 추정량은 처리 간 변동을 기반으로 한다. 처리의 평균 $\mu_1, \mu_2, \ldots, \mu_k$이 모두 같을 때만 이 추정량으로부터 σ^2의 불편추정값을 구할 수 있다. σ^2의 두 번째 추정량은 각 표본 내 관측값의 변동을 기반으로 한다. 이 추정량으로부터는 항상 σ^2의 불편추정값을 구할 수 있다. 이 두 개 추정량의 비율, 즉 F 통계량을 계산함으로써, 모집단 또는 처리의 평균들이 같다는 귀무가설을 기각할 것인지를 결정하기 위한 기각규칙을 전개할 수 있다. 실험설계 모두에서 제곱합과 자유도를 다양한 변동요인으로 분할함으로써 분산분석 및 검정에 적합한 값들을 구할 수 있다. 또한 Fisher의 최소유의차(LSD) 절차와 본페로니 조정을 이용하여 어떤 평균이 서로 다른지를 알아내기 위한 쌍대 비교를 설명하였다.

용어

개별 비교 1종 오류율(comparisonwise type 1 error rate) 하나의 쌍대비교에 관련된 제1종 오류의 확률이다.

관찰연구(observational study) 조사자가 관심을 갖는 변수의 결과를 관찰하되, 그 변수와 관련이 있다고 생각되는 하나 이상의 변수들을 통제하지 않은 상황에서 그 관심 변수의 결과를 측정하고 기록하는 연구이다. 관심 변수의 결과와 관련이 있다고 생각되는 변수들의 값을 통제하지 않음으로써, 관심 변수의 결과와 관련 변수들 사이의 연관성에 관한 결론만을 내릴 수 있다.

다중비교절차(multiple comparison procedures) 모집단 평균 간의 통계적 쌍대 비교를 목적으로 하는 통계적 과정이다.

단일요인실험(single-factor experiment) 한 개의 요인에 대한 k개의 모집단 또는 k개의 처리를 갖는 실험이다.

무작위 블록설계(randomized block design) 각 처리의 반복에 블록화를 이용하는 실험설계이다.

반복(replication) 실험에서 각 실험조건을 되풀이하여 관찰하는 횟수이다.

반응변수(response variable) 조사자가 관심을 갖는 종속변수의 또 다른 용어이다.

분산분석표(ANOVA table) 분산의 계산과 결과에 대한 분석을 요약하기 위해 사용하는 표이다. 이 표의 열은 변동의 원천, 제곱합, 자유도, 제곱 평균, F-값, p-값을 보여준다.

분할(partitioning) 총제곱합과 자유도를 몇 가지 성분으로 배분하는 과정이다.

블록화(blocking) 각 처리에 대하여 동일한 또는 유사한 실험단위들을 할당하는 과정이다. 블록화의 목적은 잔차 항에서 변동원인을 제거하여 모집단 또는 처리의 평균 차이에 대한 검정을 보다 효과적으로 하는 데 있다.

상호작용(interaction) 한 요인의 수준들과 다른 요인의 수준들이 서로 작용하여 반응변수에 영향을 미칠 때 발생하는 효과이다.

실험단위(experimental unit) 특정 실험에서 관심의 대상이다.

완전무작위설계(completely randomized design) 각 처리에 실험단위들을 무작위로 할당하는 실험설계이다.

요인(factor) 조사자가 관심을 갖는 독립변수의 또 다른 용어이다.

처리(treatment) 한 요인의 여러 가지 수준을 말한다.

총괄적 1종 오류율(experimentwise type 1 error rate) 적어도 하나 이상의 쌍대비교 전체에서 제1종 오류를 범할 확률이다.

통계적 실험연구(experimental statistical study) 조사자가 관심을 갖는 변수에 대하여 그것에 관련이 있다고 생각하는 하나 이상의 변수들을 통제한 후, 그 관심 변수의 결과를 측정하고 기록하는 연구이다. 조사자가 관심 변수의 결과와 관련이 있다고 생각하는 변수들의 값을 통제함으로써, 조사자에 의해 통제 조정된 변수들 중 어느 변수가 관심 변수와 인과관계를 갖는지에 관한 결론을 내릴 수 있다.

팩토리얼 실험(factorial experiment) 두 개 이상의 요인에 관한 결론을 동시에 내릴 수 있는 실험설계이다.

주요 식

완전무작위설계

처리 j의 표본평균

$$\bar{x}_j = \frac{\sum_{i=1}^{n_j} x_{ij}}{n_j} \quad (13\text{-}1)$$

처리 j의 표본분산

$$s_j^2 = \frac{\sum_{i=1}^{n_j} (x_{ij} - \bar{x}_j)^2}{n_j - 1} \quad (13\text{-}2)$$

총괄 표본평균

$$\bar{\bar{x}} = \frac{\sum_{j=1}^{k} \sum_{i=1}^{n_j} x_{ij}}{n_T} \quad (13\text{-}3)$$

$$n_T = n_1 + n_2 + \cdots + n_k \quad (13\text{-}4)$$

처리제곱평균

$$\text{MSTR} = \frac{\text{SSTR}}{k-1} \quad (13\text{-}7)$$

처리제곱합

$$\text{SSTR} = \sum_{j=1}^{k} n_j (\bar{x}_j - \bar{\bar{x}})^2 \quad (13\text{-}8)$$

잔차제곱평균

$$\text{MSE} = \frac{\text{SSE}}{n_T - k} \quad (13\text{-}10)$$

잔차제곱합

$$\text{SSE} = \sum_{j=1}^{k} (n_j - 1) s_j^2 \quad (13\text{-}11)$$

k개 모집단 평균의 동일성에 대한 검정 통계량

$$F = \frac{\text{MSTR}}{\text{MSE}} \quad (13\text{-}12)$$

총제곱합

$$\text{SST} = \sum_{j=1}^{k} \sum_{i=1}^{n_j} (x_{ij} - \bar{\bar{x}})^2 \quad (13\text{-}13)$$

제곱합의 분할

$$\text{SST} = \text{SSTR} + \text{SSE} \quad (13\text{-}14)$$

다중비교절차

Fisher의 최소유의차(LSD) 절차를 위한 검정 통계량

$$t = \frac{\bar{x}_i - \bar{x}_j}{\sqrt{\text{MSE}\left(\frac{1}{n_i} + \frac{1}{n_j}\right)}} \quad (13\text{-}16)$$

Fisher의 최소유의차(LSD)

$$\text{LSD} = t_{\alpha/2} \sqrt{\text{MSE}\left(\frac{1}{n_i} + \frac{1}{n_j}\right)} \quad (13\text{-}17)$$

무작위 블록설계

총제곱합

$$\text{SST} = \sum_{i=1}^{b} \sum_{j=1}^{k} (x_{ij} - \bar{\bar{x}})^2 \quad (13\text{-}22)$$

처리제곱합

$$\text{SSTR} = b \sum_{j=1}^{k} (\bar{x}_{.j} - \bar{\bar{x}})^2 \quad (13\text{-}23)$$

블록제곱합

$$SSBL = k\sum_{i=1}^{b}(\bar{x}_{i\cdot} - \bar{\bar{x}})^2 \quad \text{13-24}$$

잔차제곱합

$$SSE = SST - SSTR - SSBL \quad \text{3-25}$$

팩토리얼 실험

총제곱합

$$SST = \sum_{i=1}^{a}\sum_{j=1}^{b}\sum_{k=1}^{r}(x_{ijk} - \bar{\bar{x}})^2 \quad \text{13-27}$$

요인 A의 제곱합

$$SSA = br\sum_{i=1}^{a}(\bar{x}_{i\cdot} - \bar{\bar{x}})^2 \quad \text{13-28}$$

요인 B의 제곱합

$$SSB = ar\sum_{j=1}^{b}(\bar{x}_{\cdot j} - \bar{\bar{x}})^2 \quad \text{13-29}$$

상호작용의 제곱합

$$SSAB = r\sum_{i=1}^{a}\sum_{j=1}^{b}(\bar{x}_{ij} - \bar{x}_{i\cdot} - \bar{x}_{\cdot j} + \bar{\bar{x}})^2 \quad \text{13-30}$$

잔차제곱합

$$SSE = SST - SSA - SSB - SSAB \quad \text{13-31}$$

보충 연습문제

34. 완전무작위설계에 따라 세 가지 브랜드의 키친타월에 대한 물 흡수력을 검사하였다. 각 브랜드별로 동일 크기의 키친타월 4장씩이 검사에 사용되었다. 물 흡수력에 관한 평가 자료는 다음과 같다. 유의수준 .05에서 브랜드에 따라 물 흡수력에 차이가 있는가?

브랜드 x	브랜드 y	브랜드 z
91	99	83
100	96	88
88	94	89
89	99	76

35. [DATA file SatisJob] *Journal of Small Business Management*에 게재된 한 논문에 따르면, 자영업자의 직업 만족도가 비자영업자보다 높지 않은 것으로 나타났다. 이 논문은 직업 만족도를 18개의 문항으로 측정하였는데, 각 문항은 강한 부정에서 강한 긍정에 이르는 1점부터 5점까지의 리커트(Likert) 척도를 사용하였다. 이 척도에서 높은 점수는 직업 만족도가 높다는 것을 의미한다. 이들 18개 문항의 점수를 모두 더한 점수인 18점~90점을 직업 만족도의 측정 지표로서 이용하였다. 이러한 측정방법을 이용하여 변호사, 물리 치료사, 가구 제작자, 시스템 분석가를 대상으로 직업 만족도를 측정하였다고 하자. 각 직업별 10명씩의 표본으로부터 얻은 결과는 다음과 같다.

네 가지 직업의 직업 만족도에 차이가 있는지를 유의수준 $\alpha = .05$에서 검정하라.

변호사	물리 치료사	가구 제작자	시스템 분석가
44	55	54	44
42	78	65	73
74	80	79	71
42	86	69	60
53	60	79	64
50	59	64	66
45	62	59	41
48	52	78	55
64	55	84	76
38	50	60	62

36. 미국의 환경보호국(Environmental Protection Agency: EPA)은 전국의 도시를 대상으로 대기 중 오염물질의 수치를 감시한다. 오존 오염수준은 500점 척도를 사용하여 측정되고 있다. 점수가 낮을수록 건강에 덜 위험하고 점수가 높을수록 건강에 대한 위험이 높다는 것을 나타낸다. 다음은 작년에 4개 도시(앨라배마주 버밍햄, 테네시주 멤피스, 아칸소주 리틀록, 미시시피주 잭슨)에서 오존 오염수준이 높았던 열흘에 대한 자료이다.

날짜	버밍햄	멤피스	리틀록	잭슨
1월 9일	18	20	18	14
1월 17일	23	31	22	30
1월 18일	19	25	22	21
1월 31일	29	36	28	35
2월 1일	27	31	28	24
2월 6일	26	31	31	25
2월 14일	31	24	19	25
2월 17일	31	31	28	28
2월 20일	33	35	35	34
2월 29일	20	42	42	21

4개 도시의 평균 오존 오염수준에 유의한 차이가 있는지를 $\alpha = .05$에서 검정하라.

37. [DATA *file* CollegeRates] 다음의 자료는 미국의 4개 지역 내의 대도시에 있는 대학에 다니는 17세에서 24세까지의 학생 비율을 보여준다[출처].

북동부	중서부	남부	서부	북동부	중서부	남부	서부
28.6	36.7	59.9	16.4		58.2	54.2	27.6
39.9	33.4	37.2	33.5		21.0	31.0	31.5
31.9	22.8	28.0	22.3		28.8	41.9	22.8
46.3	43.8	41.1	12.4		25.5	70.2	34.6
32.5	32.1	33.9	43.7		73.9	22.7	33.0
14.9	58.3	18.8	26.8		36.8	30.7	37.0
36.8	31.1	30.3	57.3		28.4	30.8	33.8
36.3	64.0	67.4	14.3		27.2	21.6	28.7
37.7	27.6	32.6	37.0		31.8	31.5	21.8
58.4	55.5	30.0	28.1		56.8	38.2	
60.6	78.8	39.1	17.5		28.3	40.2	
	42.2	29.7	32.3		33.3	35.4	
	74.7	29.8	52.4		39.4	21.6	
	36.5	23.7	51.5		39.2	35.5	
	28.7	34.0	25.4			26.1	
	60.4	24.5	29.6			32.7	

$\alpha = .05$를 사용하여 17세에서 24세 중에서 대학에 다니는 학생의 비율이 4개 지역에서 동일한지를 검정하라.

38. [DATA *file* Assembly] 어느 신제품을 생산하는 데 세 가지 조립방법이 제안되었다. 완전무작위설계에 따라 시간당 제품을 가장 많이 생산하는 조립방법을 선택하기로 결정하였다. 이를 위해 30명의 작업자를 무작위로 선정하여 제안된 조립방법들 중 하나에 할당하였다. 각 작업자에 의한 제품 생산량은 다음과 같다.

방법 A	방법 B	방법 C
97	93	99
73	100	94
93	93	87
100	55	66
73	77	59
91	91	75
100	85	84
86	73	72
92	90	88
95	83	86

이 자료를 사용하여 조립방법별로 평균 생산량이 동일한지를 검정하라. $\alpha = .05$를 사용하라.

39. [DATA *file* Browsing] 쇼핑객의 상품탐색 행동을 조사하는 한 연구는 우선 각 쇼핑객들을 비탐색자, 가벼운 탐색자, 꼼꼼한 탐색자로 분류하였다. 이 연구는 각 쇼핑객에 대하여 매장에서 얼마나 편안함을 느끼는지를 측정하였다. 점수가 높을수록 더 많이 편안하다는 것을 나타낸다. 다음과 같은 자료가 수집되었다고 하자.

비탐색자	가벼운 탐색자	꼼꼼한 탐색자
4	5	5
5	6	7
6	5	5
3	4	7
3	7	4
4	4	6
5	6	5
4	5	7

a. $\alpha = .05$를 사용하여 세 가지 유형의 탐색자들이 편안함을 느끼는 정도가 다른지를 검정하라.

b. Fisher의 LSD 절차를 이용하여 비탐색자와 가벼운 탐색자의 편안함 정도를 비교하라. $\alpha = .05$를 사용하라. 당신의 결론은 무엇인가?

40. 한 조사업체가 세 가지 휘발유 브랜드의 연비(단위: 갤런당 마일)를 검사하였다. 자동차 브랜드별로 휘발유 연비 특성이 다르기 때문에, 다섯 가지 브랜드의 자동차를 선정하여 블록화하였다. 즉, 각 자동차 브랜드별로 세 가지 휘발유를 무작위 블록설계로 검사하였다.

a. $\alpha = .05$에서 세 가지 휘발유 브랜드별로 갤런당 평균 마일에 유의한 차이가 있는지를 검정하라.

b. 완전무작위설계의 분산분석으로 이 실험의 자료를 분석하자. a의 결과와 비교하라. 블록효과의 제거에 따른 이점은 무엇인가?

		휘발유 브랜드		
		I	II	III
자동차	A	18	21	20
	B	24	26	27
	C	30	29	34
	D	22	25	24
	E	20	23	24

41. [DATA *file* TalkShows] ABC 방송사의 지미 키멜 라이브, NBC 방송사의 지미 펄론 투나잇 쇼, 그리고 CBS 방송사의 스티븐 콜버트의 심야 쇼는 인기 있는 심야 토크쇼이다. 다음의 표는 지난 봄 10주 동안 이들 쇼의 시청자수(단위: 백

만 명)를 보여준다[출처].

주	지미 키멜 라이브	지미 펄론 투나잇 쇼	스티븐 콜버트의 심야 쇼
6월 13일 ~ 6월 17일	2.67	3.24	2.27
6월 6일 ~ 6월 10일	2.58	3.32	2.05
5월 30일 ~ 6월 3일	2.64	2.66	2.08
5월 23일 ~ 5월 27일	2.47	3.30	2.07
5월 16일 ~ 5월 20일	1.97	3.10	2.31
5월 9일 ~ 5월 16일	2.21	3.31	2.45
5월 2일 ~ 5월 6일	2.12	3.20	2.57
4월 25일 ~ 4월 29일	2.24	3.15	2.45
4월 18일 ~ 4월 22일	2.10	2.77	2.56
4월 11일 ~ 4월 15일	2.21	3.24	2.16

유의수준 $\alpha = .05$에서 3개 심야 토크쇼의 주당 평균 시청자 수의 차이에 대하여 검정하라.

42. [DATA file HoustonAstros] 미국 메이저리그의 야구팀들은 전체 수익의 많은 부분을 야구 관중에 의존하고 있으며, 이에 따라 주말 경기가 특히 중요하다. 다음의 표는 2011년 시즌의 첫 3개월(4월, 5월, 6월) 동안 휴스턴 애스트로스의 7개 주말 시리즈에 입장한 관중 수를 보여준다[출처].

상대 팀	금요일	토요일	일요일
플로리다 말린스	41,042	25,421	22,299
샌디에이고 파드리스	23,755	28,100	22,899
밀워키 브루어스	25,734	26,514	23,908
뉴욕 메츠	28,791	31,140	28,406
애리조나 다이아몬드백스	21,834	31,405	21,882
애틀랜타 브레이브스	29,252	32,117	23,765
탬파베이 레이스	26,682	27,208	23,965

유의수준 .05에서, 3개 요일별 평균 관중 수가 동일한지를 검정하라. 휴스턴 애스트로스가 후반기 시즌 동안 각 주말 시리즈의 경기에서 관중 수를 늘리기 위한 특별 홍보활동을 고려하고 있다. 이들 자료는 휴스턴 애스트로스로 하여금 이 홍보활동을 특정 요일에 맞추어야 함을 보여주는가?

43. 두 종류의 언어번역기를 사용하여 영어를 다른 나라의 언어로 번역하는 데 걸리는 시간에 유의한 차이가 있는지를 검정하기 위하여 팩토리얼 실험을 설계하였다. 언어의 유형 역시 유의적인 요인이기 때문에, 두 종류의 번역기를 사용하여 3개국의 언어, 즉 스페인어, 프랑스어, 독일어를 번역하였다. 다음은 번역 시간(단위: 시간)에 대한 자료이다.

	언어		
	스페인어	프랑스어	독일어
번역기 1	8	10	12
	12	14	16
번역기 2	6	14	16
	10	16	22

언어번역기, 언어의 유형, 그리고 상호작용에 따라 유의한 차이가 있는지를 검정하라. $\alpha = .05$를 사용하라.

44. 한 제조업체는 두 기계에서 발생되는 불량품의 수에 차이가 있는지, 그리고 이 불량품의 수는 각 기계에 자재가 수동으로 적재되는가 또는 자동시스템에 의해 적재되는가에 따라 다른지를 확인하기 위하여 팩토리얼 실험을 설계하였다. 다음의 자료는 산출된 불량품의 수를 보여준다. $\alpha = .05$를 사용하여 기계, 적재시스템, 그리고 상호작용에 따라 유의한 차이가 있는지를 검정하라.

	적재시스템	
	수동	자동
기계 1	30	30
	34	26
기계 2	20	24
	22	28

사례문제 1. 웬트워스 의료센터

[DATA file Medical1, Medical2] 미국의 뉴욕 북부에 위치한 웬트워스 의료센터(Wentworth Medical Center)의 사회학자들과 의사들이 65세 이상의 고령자를 대상으로 한 장기적 연구의 일환으로 지리적 위치와 우울증 사이의 관계를 조사하였다. 플로리다, 뉴욕, 노스캐롤라이나에 각각 거주하는, 비교적 신체적으로 건강한 20명씩을 선정하여 총 60명을 표본으로 선정하였다. 표본으로 선정된 고령자들은 각각 우울증을 측정하는 표준화된 검사를 받았다. 점수가 높을수록 우울증이 심하다는 것을 나타낸다. 이 자료는 데이터 파일 Medical1에 저장되어 있다.

이 연구의 두 번째 주제는, 관절염, 고혈압, 심장병 등 만성질환을 앓고 있는 65세 이상의 고령자를 대상으로 지리적 위치와 우울증 사이의 관계를 조사하는 것이다. 이러한 조건을 가진 60명의 표본이 선정되었다. 앞서와 마찬가지로 20명은 플로리다의 주민이었고, 20명은 뉴욕의 주민이었으며, 20명은 노스캐롤라이나의 주민이었다. 이 연구에 따른 우울증의 정도가 기록되었다. 이 자료는 데이터 파일 Medical2에 저장되어 있다.

Medical1 자료			Medical2 자료		
플로리다	뉴욕	노스캐롤라이나	플로리다	뉴욕	노스캐롤라이나
3	8	10	13	14	10
7	11	7	12	9	12
7	9	3	17	15	15
3	7	5	17	12	18
8	8	11	20	16	12
8	7	8	21	24	14
8	8	4	16	18	17
5	4	3	14	14	8
5	13	7	13	15	14
2	10	8	17	17	16
6	6	8	12	20	18
2	8	7	9	11	17
6	12	3	12	23	19
6	8	9	15	19	15
9	6	8	16	17	13
7	8	12	15	14	14
5	5	6	13	9	11
4	7	3	10	14	12
7	7	8	11	13	13
3	8	11	17	11	11

경영 보고서

1. 기술 통계를 이용하여 두 연구에서 수집된 자료를 요약하라. 우울증 점수에 관한 당신의 예비적 의견은 무엇인가?
2. 두 자료에 대한 분산분석을 수행하라. 각 연구에 대한 가설을 검정하라. 당신의 결론은 무엇인가?
3. 각각의 처리 평균에 대한 적절한 통계적 추론을 적어라. 당신의 결론은 무엇인가?

사례문제 2. 영업 전문가에 대한 보상

[DATA file SalesSalary] 미국 샌프란시스코 전역의 영업전문가협회의 한 지부가 회원들을 대상으로 사내영업직과 외부영업직에 따라 경력(단위: 년)과 연봉(단위: $) 사이의 관계를 조사했다고 가정하자. 설문조사에서 응답자에게 3개 수준의 경력 중 하나를 선택하도록 요청하였다. 여기서 3개 수준은 경력이 1~10년이면 낮음이고, 11~20년이면 중간이며, 21년 이상이면 높음이다. 120명의 응답자들로부터 수집된 자료가 데이터 파일 SalesSalary에 저장되어 있다.

응답자	연봉	직급	경력
1	53,938	사내	중간
2	52,694	사내	중간
3	70,515	외부	낮음
4	52,031	사내	중간
5	62,283	외부	낮음
⋮	⋮	⋮	⋮
115	58,080	사내	높음
116	78,702	외부	중간
117	83,131	외부	중간
118	57,788	사내	높음
119	53,070	사내	중간
120	60,259	외부	낮음

경영 보고서

1. 기술 통계를 이용하여 자료를 요약하라.
2. 경력과 직급에 관계없이 모든 영업직의 평균 연봉의 95% 신뢰구간을 추정하라.
3. 사내영업직의 평균 연봉에 대한 95% 신뢰구간을 추정하라.
4. 외부영업직의 평균 연봉에 대한 95% 신뢰구간을 추정하라.
5. 분산분석을 이용하여 직급에 따라 연봉에 유의한 차이가 있는지를 검정하라. 유의수준 .05를 사용하고, 경력의 효과를 무시한다.
6. 분산분석을 이용하여 경력에 따라 연봉에 유의한 차이가 있는지를 검정하라. 유의수준 .05를 사용하고, 직급의 효과를 무시한다.
7. 유의수준 .05에서 직급, 경력, 그리고 상호작용에 따라 연봉에 유의한 차이가 있는지를 검정하라.

사례문제 3. 투어리스토피아 여행사

[DATA file TourisTopia] 투어리스토피아 여행사(TourisTopia Travel)는 10명 이상의 단체 여행객을 대상으로 전 세계의 이국적 장소로의 여행을 전문적으로 하는 온라인 여행사이다. 이 여행사의 마케팅관리자가 자사 웹사이트의 홈페이지를 대부분 수정하고 있다. 홈페이지에 들어갈 콘텐츠를 선정한 후에 남은 것은 배경색(흰색, 녹색, 분홍색)과 글꼴(에이리얼, 칼리브리, 타호마)을 정하는 것뿐이다.

이 여행사의 전산팀이 이들 배경색과 글꼴을 모두 조합한 견본 홈페이지들을 설계하고 있으며, 이 여행사의 웹사이트 방문자를 각각 이들 견본 홈페이지 중 하나에 무작위로 접속되도록 컴퓨터 코드를 구현하고 있다. 3주일에 걸쳐 방문자가 견본 홈페이지에 접속할 때마다 이들이 웹사이트에서 머무른 시간(단위: 초)을 기록하였다. 그런 다음에 각각의 견본 홈페이지별로 10명의 방문자를 무작위로 선정하였다. 이들 방문자에 대한 자료가 데이터 파일 TourisTopia에 저장되어 있다.

투어리스토피아 여행사는 이 자료를 가지고 자사의 웹사이트 방문자가 머무는 시간이 배경색 또는 글꼴에 따라 다른지를 확인하고자 한다. 또한 이 여행사의 웹사이트 방문자가 머무는 시간이 배경색과 글꼴의 다양한 조합에 따라 달라지는지를 알고 싶어 한다.

경영 보고서

다음과 같은 쟁점을 다루는 경영 보고서를 준비하라.

1. 기술 통계를 이용하여 투어리스토피아 여행사의 조사에서 수집된 자료를 요약하라. 기술 통계를 참조할 경우, 이 여행사의 웹사이트 방문자들이 머무는 시간이 배경색 또는 글꼴에 따라 다른지에 관한 당신의 예비적 결론은 무엇인가? 이 여행사의 방문자들이 머무는 시간이 배경색과 글꼴의 다양한 조합에 따라 다른지에 관한 당신의 예비적 결론은 무엇인가?
2. 투어리스토피아 여행사는 관찰연구를 이용하였는가 또는 통제된 실험연구를 이용하였는가? 이에 대해 설명하라.
3. 투어리스토피아 여행사의 조사에서 수집된 자료를 사용하여 이 여행사의 웹사이트 방문자가 머무는 시간은 세 가지 배경색에 대하여 서로 같다는 가설을 검정하라. 분산분석 모형에 요인들과 이들의 상호작용을 포함시키고, $\alpha = .05$를 사용하라.
4. 3의 분산분석을 가지고 이 여행사의 웹사이트 방문자가 머무는 시간은 세 가지 글꼴에 대하여 서로 같다는 가설을 검정하라.
5. 3의 분산분석을 가지고 이 여행사의 웹사이트 방문자가 머무는 시간은 배경색과 글꼴의 아홉 가지 조합에 의한 상호작용에 대하여 서로 같다는 가설을 검정하라.
6. 당신의 분석결과에서 투어리스토피아 여행사의 웹사이트 방문자가 머무는 시간은 배경색, 글꼴, 배경색과 글꼴의 조합에 따라 서로 다르다는 증거가 발견되는가? 최종적으로 당신의 추천은 무엇인가?

단순선형회귀분석 14

SIMPLE LINEAR REGRESSION

STATISTICS *in* PRACTICE

얼라이언스 데이터 시스템스*

Dallas, Texas

얼라이언스 데이터 시스템스(Alliance Data Systems: ADS)는 빠르게 성장하는 고객관계관리(Customer Relationship Management: CRM) 산업 분야에서 고객을 위한 거래처리, 신용 서비스, 그리고 마케팅 서비스를 제공하는 기업이다. ADS의 주요 고객은 소매업, 주유소 및 편의점, 전기·가스, 운송산업 분야에 집중되어 있다. ADS는 1983년부터 소매점, 주유소, 대중음식점 등에서 이들의 고객을 잇는 신용처리 서비스를 제공하기 시작했다. 현재는 6500명 이상의 종업원이 전 세계 고객에게 서비스를 제공하며, 미국에서만 14만 대 이상의 계산대 단말기를 운영하면서 매년 25억 건이 넘는 거래를 처리한다. 이 회사는 7200만 명의 카드 가입자에게 49개 브랜드로 카드서비스를 제공하여 미국 내 업계 2위에 올라있다. ADS는 2001년에 주식을 신규 공모하여 지금은 뉴욕 증권거래소 상장기업이 되었다.

* 이 사례는 Alliance Data Systems의 Philip Clemance의 도움을 받아 소개한 내용임을 밝힌다.

STATISTICS *in* PRACTICE

ADS는 마케팅 서비스 중 하나로 우편물 발송 캠페인과 홍보물을 디자인한다. ADS는 1억 명 이상의 소비자의 지출습관에 관한 정보 데이터베이스를 가지고 우편물 홍보에 반응이 높을 것으로 보이는 고객을 찾아낼 수 있다. 이 회사의 분석개발그룹(Analytical Development Group)은 우편물 홍보에 대한 고객의 반응을 측정하고 예측하기 위해 회귀분석을 이용한다. 이 중 어떤 회귀모형은 홍보물을 받은 사람의 구매확률을 예측하고, 또 다른 회귀모형은 구매고객의 지출규모를 예측한다.

한 소매점 체인이 특정 홍보 캠페인을 통해 새로운 고객을 유치하고자 했다. ADS의 분석가는 이 캠페인의 효과를 예측하기 위해, 고객 데이터베이스에서 표본을 추출하고, 선정된 사람에게 홍보물을 보낸 다음, 그 고객의 반응에 관한 자료를 수집하였다. 표본 자료에는 고객이 캠페인에 반응하여 구매하는 금액뿐만 아니라, 매출액을 예측하는 데 유용한 고객의 여러 가지 고유특성 변수에 관한 정보가 들어있다. 구매금액을 예측하는 데 가장 큰 도움이 되는 고객 고유특성 변수는 지난 39개월간 관련 매장에서 신용카드로 지출한 금액의 합계이다. ADS의 분석가는 구매금액을 관련 매장에서 지출한 금액과 관련시키는 다음과 같은 추정회귀식을 개발하였다.

$$\hat{y} = 26.7 + 0.00205x$$

Courtesy of Alliance Data Systems

ADS의 분석가들이 다이렉트 마케팅에 의한 매출을 예측하기 위하여 회귀모형의 이용을 논의하고 있다.

여기서 $\hat{y}$ = 구매금액

x = 고객이 관련 매장에서 지출한 금액

이 식을 이용해서, 그 매장에서 지난 39개월 동안 $10,000를 지출한 사람은 우편물 홍보를 보고 $47.2를 지출할 것이라고 예측할 수 있었다. 이 장에서는 이러한 유형의 회귀식을 추정하는 방법에 관해 배운다.

ADS의 분석가들이 개발한 회귀모형은 앞서의 식의 예측력을 높여주는 여러 가지 변수를 포함하고 있다. 예를 들어, 이러한 변수들에는 은행 신용카드 소지 여부, 추정 소득, 특정 매장 방문 시 평균 지출금액 등이 포함된다. 다음 장에서는 이러한 추가 변수들이 어떻게 다중회귀모형에 적용되는지에 대해서도 배운다.

경영 관련 의사결정을 보면 두 개 이상 변수의 관계에서 출발하는 경우가 있다. 예를 들어, 마케팅 관리자는 광고비와 매출액의 관계를 가지고 특정 광고비 수준에서의 매출액을 예측한다. 또 다른 예로, 공공기관은 일별 최고 기온과 전력수요 사이의 관계를 이용하여 다음 달에 예상되는 일별 최고 기온을 바탕으로 전력 사용량을 예측한다. 관리자는 종종 두 변수가 어떤 관계인지에 대해 직관적으로 판단하기도 한다. 그러나 자료가 주어진다면 회귀분석(regression analysis)이라고 불리는 통계적 방법을 이용하여 이들 변수가 어떻게 연관성을 갖는지를 밝힐 수 있다.

두 변수 사이의 관계를 연구하는 데 이용되는 통계적 방법은 프랜시스 골튼(Francis Galton, 1822~1911) 경에 의해 처음으로 개발되었다. 골튼 경은 아버지의 키와 그 아들의 키 사이의 관계에 관심이 있었다. 골튼 경의 제자인 칼 피어슨(Karl Pearson, 1857~1936)은 1,078 쌍의 아버지와 아들을 대상으로 이들의 키 사이의 관계를 분석하였다.

회귀분석에서, 예측되는 변수를 **종속변수**(dependent variable)라고 하고, 종속변수 값을 예측하는 데 사용되는 변수들을 **독립변수**(independent variable)라고 한다. 예를 들어, 광고비가 매출액에 미치는 영향을 분석할 때, 마케팅 관리자는 매출액을 종속변수로 하여 예측할 것이고, 광고비는 매출액을 예측하는 독립변수가 된다. 통계학은 종속변수를 y로, 그리고 독립변수를 x로 표기한다.

이 장에서는 우선 하나의 독립변수와 하나의 종속변수가 있고, 이들 두 변수 사이의 관계를 직선으로 나타낼 수 있는 단순한 형태의 회귀분석에 대해서 살펴본다. 이를 **단순선형회귀분석**(simple linear regression)이라고 한다. 두 개 이상의 독립변수가 포함되는 상황을 고려한 다중회귀분석(multiple regression analysis)은 15장에서 설명한다. 이 주제의 영역은 단순선형회귀분석보다 더 많은 독립변수를 고려함으로써 좀 더 좋은 예측을 가능하게 한다.

14.1 단순선형회귀모형

아르만즈 피자 팔로스(Armmand's Pizza Parlors)는 미국 내 5개 주에 걸쳐 있는 이탈리안 식당 체인이다. 아르만즈의 가장 좋은 입지는 대학교 캠퍼스 근처이다. 아르만즈의 경영자들은 이들 식당의 분기별 매출액(y로 표기)이 학생 모집단의 크기(x로 표기)와 양의 관계에 있다고 생각한다. 즉, 학생이 많은 캠퍼스 근처의 식당이 학생이 적은 캠퍼스 근처의 식당보다 매출액이 높다는 것이다. 우리는 회귀분석을 이용하여 종속변수 y가 독립변수 x와 어떠한 관계에 있는지를 보여주는 식을 유도할 수 있다.

회귀모형과 회귀식

아르만즈 피자 예에서 모집단은 모든 아르만즈 식당이다. 모집단의 모든 식당에 대해서 학생 수 x값과 이에 대응하는 분기별 매출액 y값이 있다. y가 x 및 오차항(error term)과 어떻게 관련이 있는지를 보여주는 식이 **회귀모형**(regression model)이다. 단순선형회귀분석에서 사용되는 x에 관한 y의 회귀모형은 다음과 같다.

단순선형회귀모형

$$y = \beta_0+\beta_1 x+\varepsilon \tag{14-1}$$

β_0와 β_1을 이 모형의 모수(parameters)라고 부르고, ε(그리스 문자 epsilon)은 오차항을 나타내는 확률변수이다. 오차항은 x와 y 사이의 선형관계로 설명할 수 없는 y의 변동성이다.

아르만즈의 모집단은 하위 모집단(subpopulation)의 모음으로 생각하는데, 하위 모집단은 각자의 x값을 갖는다. 예를 들어, 하나의 하위 모집단은 학생 수 8000명 정도의 대학 캠퍼스 근처에 위치한 아르만즈 식당들로 구성되고, 다른 하위 모집단은 학생 수 9000명 정도의 대학 캠퍼스 근처에 위치한 아르만즈 식당들로 구성되는 방식이다. 각 하위 모집단에는 그에 대응하는 y값의 분포가 존재한다. 그러므로 하나의 y값의 분포는 학생 수 8000명 정도인 대학 캠퍼스와 연관되어 있고, 다른 y값의 분포는 학생 수 9000명 정도인 대학 캠퍼스와 연관되어 있다. 각 y값의 분포는 자신의 평균, 즉 기댓값을 갖는다. y값의 기댓값인 $E(y)$가 x와 어떤 관계가 있는지를 설명하는 식을 **회귀식**(regression equation)이라고 부른다. x에 관한 y의 단순선형회귀분석의 회귀식은 다음과 같다.

단순선형회귀식

$$E(y) = \beta_0 + \beta_1 x \quad (14\text{-}2)$$

이 단순선형회귀식의 그래프는 직선이다. β_0는 회귀선의 y절편이고 β_1은 기울기이다. $E(y)$는 주어진 x값에 대응하는 y의 기댓값, 즉 평균이다.

〈그림 14-1〉은 다양한 회귀선의 예를 보여준다. 그림 중 A의 회귀선은 y의 평균이 x와 양의 관계로서, x값이 커질수록 $E(y)$도 커지는 관계에 있음을 보여준다. B의 회귀선은 y의 평균이 x와 음의 관계로서, x값이 커질수록 $E(y)$가 작아지는 관계에 있음을 나타낸다. C의 회귀선은 y의 평균이 x와 관계가 없는, 즉 모든 x값에 대하여 y의 평균이 동일한 경우를 보여준다.

추정회귀식

만약 모수 β_0와 β_1의 값이 알려져 있다면 식 14-2를 이용하여 주어진 x값에 대한 y의 평균을 계산할 수 있다. 현실은, 모수 값들은 알려져 있지 않으며 표본 자료를 이용하여 추정해야 한다. 표본 통계량을 계산하여 b_0와 b_1을 각각 모수 β_0와 β_1의 추정값으로 삼는다(기호로는 b_0와 b_1으로 표기함). 회귀식의 β_0, β_1에 표본 통계량 b_0, b_1의 값을 각각 대입함으로써 **추정회귀식**(estimated regression equation)이 얻어진다. 단순선형회귀식에 대한 추정회귀식은 다음과 같다.

단순선형 추정회귀식

$$\hat{y} = b_0 + b_1 x \quad (14\text{-}3)$$

〈그림 14-1〉 단순선형회귀분석의 회귀선

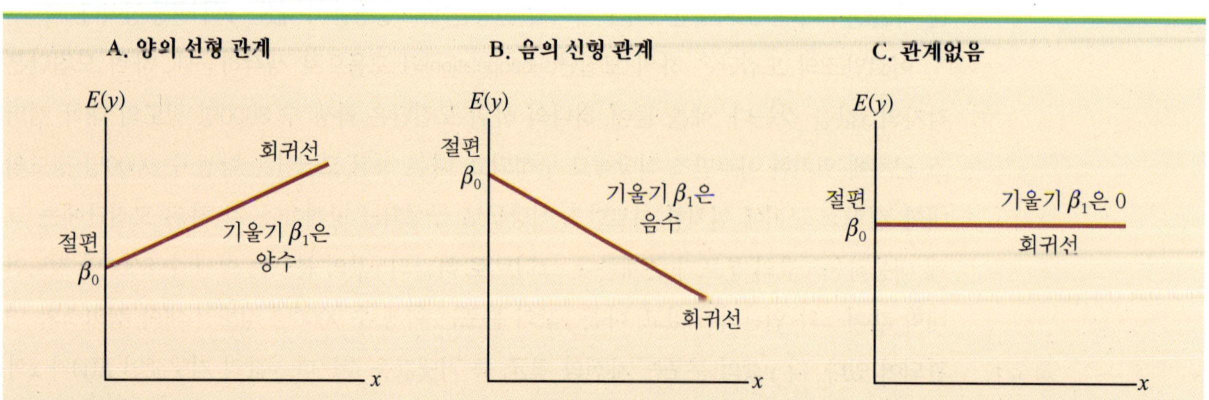

〈그림 14-2〉 단순선형회귀분석의 추정 과정

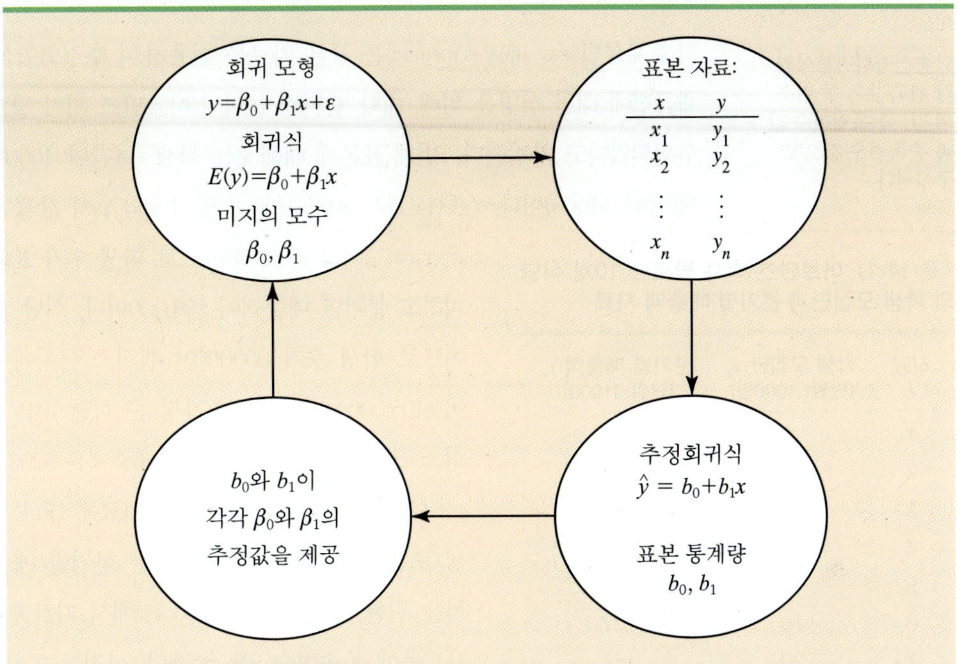

β_0와 β_1의 추정은 7장에서 논의한 μ의 추정과 매우 유사한 통계적 과정이다. 관심 대상 β_0와 β_1은 미지의 모수이며, b_0와 b_1은 이 모수를 추정하기 위한 표본 통계량이다.

〈그림 14-2〉는 단순선형회귀분석에서의 추정 과정을 정리한 것이다.

추정된 단순선형회귀식의 그래프를 **추정회귀선**(estimated regression line)이라고 하며, 이 추정회귀선에서 b_0가 y절편이고 b_1은 기울기이다. 다음 절에서 최소제곱법이 추정회귀식의 b_0와 b_1의 값을 어떻게 산출하는지를 살펴볼 것이다.

$\hat{y}$의 값은 주어진 x값에 대한 $E(y)$의 점 추정값뿐만 아니라 주어진 x값에 대한 y의 개별 예측값을 제공한다.

일반적으로 $\hat{y}$은 주어진 x값에 대한 y의 평균값, 즉 $E(y)$의 점 추정량이다. 따라서 아르만즈는 학생 수가 10,000명인 대학 캠퍼스 근처의 모든 아르만즈 식당의 분기별 매출액의 평균 또는 기댓값의 추정은 식 14-3의 x에 10,000을 대입하면 된다. 예를 들어, 아르만즈가 학생 10,000명인 톨봇대학(Talbot College) 근처에 아르만즈 식당을 개점하려고, 그 식당의 분기별 매출액을 예측한다고 하자. 주어진 x값에 대한 y의 최우량추정량(the best predictor)은 $\hat{y}$이다. 따라서 아르만즈 역시 톨봇대학 근처에 위치하는 식당의 분기별 매출액을 예측하려면 식 14-3의 x에 10,000을 대입하면 된다.

14.1 보충 설명

1. 회귀분석은 변수들 사이의 인과관계를 입증하기 위한 방법으로 간주될 수 없다. 회귀분석은 단지 변수들이 어떻게 그리고 어느 정도로 다른 변수와 관련되는지(associated)를 나타낸다. 원인과 결과에 대한 결론은 해당 분야에서 많은 지식을 보유한 전문가의 판단에 따라야 한다.
2. 단순선형회귀분석에서 회귀식은 $E(y)=\beta_0+\beta_1x$이다. 고급 회귀분석 교재는 종종 회귀식을 $E(y|x)=\beta_0+\beta_1x$로 기술하여 주어진 값에 대한 y의 평균값이 산출된다는 것을 강조한다.

14.2 최소제곱법

단순선형회귀분석의 각 관측값은 두 변수의 값, 즉 독립변수 값과 종속변수 값으로 구성된다.

최소제곱법(least squares method)은 표본 자료를 이용하여 추정회귀식을 얻는 방법이다. 최소제곱법에 대한 설명을 위해, 대학 캠퍼스 근처의 아르만즈 피자 팔로스 식당 10개의 표본이 수집되었다고 가정한다. i번째 표본에 대해 x_i는 학생 수(단위: 1000명)이고 y_i는 분기별 매출액(단위: \$1000)이다. 〈표 14-1〉은 10개 표본 식당의 x_i와 y_i의 값들을 정리한 것이다. 식당 1은 $x_1 = 2$이고 $y_1 = 58$이므로 학생 수가 2000명인 캠퍼스 근처에 위치하고 분기별 매출액이 \$58,000이다. 식당 2는 $x_2 = 6$이고 $y_2 = 105$이므로 학생 수가 6000명인 캠퍼스 근처에 위치하고 분기별 매출액이 \$105,000이다. 매출이 가장 큰 식당 10은 학생 수가 26,000명인 캠퍼스 근처에 위치하고 분기별 매출액은 \$202,000이다.

〈표 14-1〉 아르만즈 피자 팔로스 10개 식당의 학생 모집단과 분기별 매출액 자료

식당 i	학생 모집단 x_i (단위: 1000명)	분기별 매출액 y_i (단위:\$1000)
1	2	58
2	6	105
3	8	88
4	8	118
5	12	117
6	16	137
7	20	157
8	20	169
9	22	149
10	26	202

DATA file
Armand's

〈그림 14-3〉은 〈표 14-1〉의 자료에 대한 산점도이다. 가로축은 학생 모집단을 나타내고 세로축은 분기별 매출액을 나타낸다. 회귀분석을 위한 **산점도**(scatter diagram)에서 가로축에 독립변수 x를, 그리고 세로축에 종속변수 y를 놓는다. 산점도는 자료를 시각적으로 관찰하고 변수들 사이의 관계에 대한 잠정적 결론을 내릴 수 있게 한다.

〈그림 14-3〉으로부터 어떤 잠정적 결론을 내릴 수 있을까? 분기별 매출액을 보면 학생 모집단이 큰 캠퍼스일수록 높아지는 것처럼 보인

〈그림 14-3〉 아르만즈 피자 팔로스 10개 식당의 학생 모집단과 분기별 매출액의 산점도

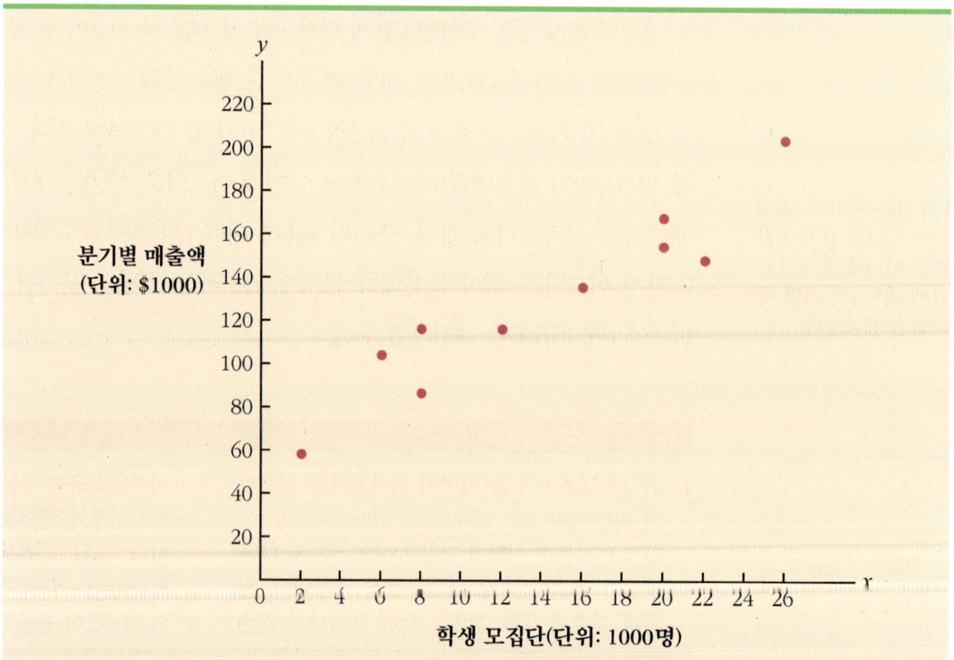

다. 더구나 이 자료에서 학생 모집단의 크기와 분기별 매출액은 직선의 관계처럼 보이고, 실제로 x와 y 사이에 양의 선형관계가 나타난다. 그러므로 우리는 학생 모집단과 분기별 매출액의 관계를 단순선형회귀모형을 선택하여 나타낸다. 그런 다음 〈표 14-1〉의 표본 자료를 이용하여 단순선형 추정회귀식의 b_0와 b_1의 값을 알아낸다. 다음은 식당 i에 대한 추정회귀식이다.

$$\hat{y} = b_0 + b_1 x_i \quad \text{14-4}$$

여기서, $\hat{y}$ = 식당 i의 분기별 매출액(단위: \$1000) 추정값
b_0 = 추정회귀선의 y절편
b_1 = 추정회귀선의 기울기
x_i = 식당 i의 학생 모집단(단위: 1000명) 크기

y_i는 식당 i의 관측(실제) 매출액이고, 식 14-4의 $\hat{y}_i$는 식당 i의 매출액 추정값을 나타내며, 표본 내 모든 식당은 매출액 관측값 y_i와 매출액 추정값 $\hat{y}_i$을 가질 것이다. 추정회귀선이 표본 자료에 적합하기 위해서는 매출액 관측값과 매출액 추정값 사이의 차이가 작아야 한다.

최소제곱법은 표본 자료를 이용하여 관측값 y_i와 종속변수 추정값 $\hat{y}_i$ 사이의 오차(편차) 제곱합(sum of the squares of the deviation)을 최소화시켜 주는 b_0와 b_1의 값을 찾는 방법이다. 식 14-5는 최소제곱법의 기준을 보여준다.

칼 프리드리히 가우스(Carl Friedrich Gauss, 1777~1855)가 최소제곱법을 제안했다.

최소제곱 기준

$$\min \sum (y_i - \hat{y}_i)^2 \quad \text{14-5}$$

여기서, y_i = 관측값 i에 대한 종속변수의 관측값
$\hat{y}_i$ = 관측값 i에 대한 종속변수의 추정값

식 14-5를 최소화하는 b_0와 b_1의 값은 미분 계산을 이용하여 식 14-6과 식 14-7로부터 구할 수 있다(부록 14-1 참조).

계산기로 b_1을 계산하는 과정에서 가능하면 많은 소수점 자리를 포함시켜야 한다. 최소한 소수점 아래 넷째 자릿수 이상을 계산할 것을 추천한다.

추정회귀식의 기울기와 y절편[1]

$$b_1 = \frac{\sum (x_i - \bar{x})(y_i - \bar{y})}{\sum (x_i - \bar{x})^2} \quad \text{14-6}$$

$$b_0 = \bar{y} - b_1 \bar{x} \quad \text{14-7}$$

---

1 b_1의 다른 공식은 다음과 같다.

$$b_1 = \frac{\sum x_i y_i - (\sum x_i \sum y_i)/n}{\sum x_i^2 - (\sum x_i)^2/n}$$

이 공식은 계산기로 b_1을 계산할 때 자주 추천된다.

여기서, x_i = 관측값 i에 대한 독립변수의 값
y_i = 관측값 i에 대한 종속변수의 값
$\bar{x}$ = 독립변수의 평균값
$\bar{y}$ = 종속변수의 평균값
n = 관측값의 수

〈표 14-2〉는 아르만즈 피자 팔로스에 대한 최소제곱 추정회귀식을 전개할 때 필요한 계산의 일부를 보여준다. 식당 10개가 표본이므로 $n = 10$이다. 식 14-6과 14-7에서 $\bar{x}$와 $\bar{y}$가 필요하기 때문에 이들 계산부터 시작한다.

$$\bar{x} = \frac{\sum x_i}{n} = \frac{140}{10} = 14$$

$$\bar{y} = \frac{\sum y_i}{n} = \frac{1300}{10} = 130$$

식 14-6 및 14-7과 〈표 14-2〉의 계산 결과를 이용하여 아르만즈 피자 팔로스의 추정회귀식의 기울기와 절편을 구할 수 있다. 기울기(b_1)의 계산은 다음과 같다.

$$b_1 = \frac{\sum(x_i - \bar{x})(y_i - \bar{y})}{\sum(x_i - \bar{x})^2} = \frac{2840}{568} = 5$$

y절편(b_0)의 계산은 다음과 같다.

$$b_0 = \bar{y} - b_1\bar{x} = 130 - 5(14) = 60$$

〈표 14-2〉 아르만즈 피자 팔로스에 대한 최소제곱 추정회귀식의 계산

식당 i	x_i	y_i	$x_i-\bar{x}$	$y_i-\bar{y}$	$(x_i-\bar{x})(y_i-\bar{y})$	$(x_i-\bar{x})^2$
1	2	58	−12	−72	864	144
2	6	105	−8	−25	200	64
3	8	88	−6	−42	252	36
4	8	118	−6	−12	72	36
5	12	117	−2	−13	26	4
6	16	137	2	7	14	4
7	20	157	6	27	162	36
8	20	169	6	39	234	36
9	22	149	8	19	152	64
10	26	202	12	72	864	144
합계	140	1300			2840	568
	$\sum x_i$	$\sum y_i$			$\sum(x_i-\bar{x})(y_i-\bar{y})$	$\sum(x_i-\bar{x})^2$

〈그림 14-4〉 아르만즈 피자 팔로스의 추정회귀식의 그래프: $\hat{y}=60+5x$

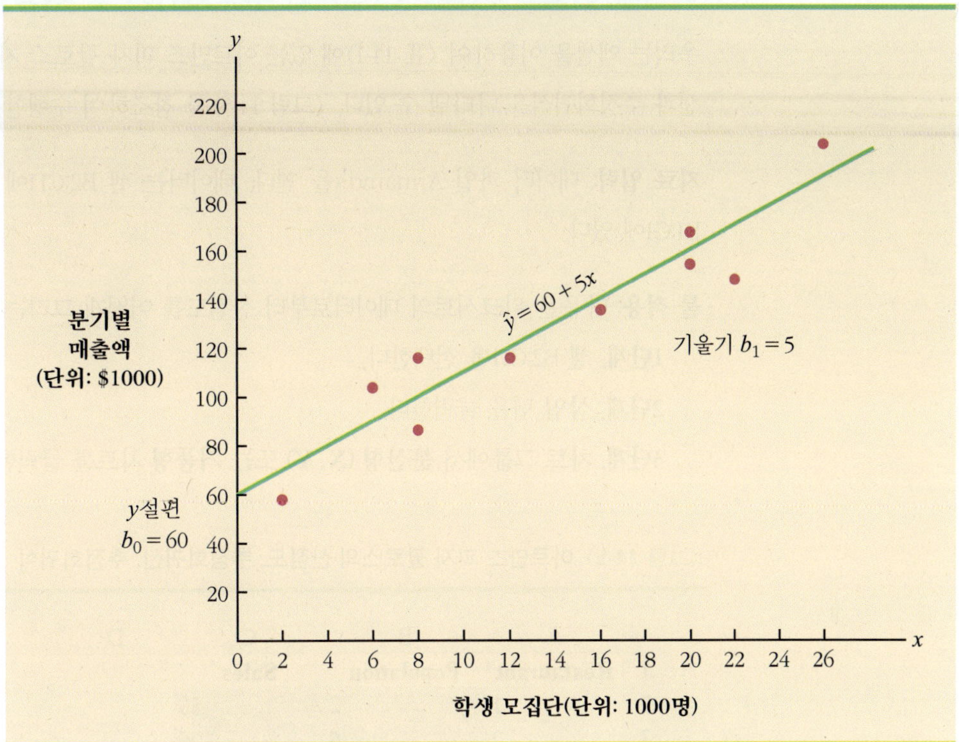

따라서 추정회귀식은 다음과 같다.

$$\hat{y} = 60 + 5x$$

〈그림 14-4〉는 이 식의 그래프를 산점도상에서 보여준다.

추정회귀식의 기울기($b_1 = 5$)는 양수이며, 이는 학생 모집단이 커지면 매출액이 증가한다는 것을 의미한다. 실제로 (1000명 단위의 학생 모집단과 $1000 단위로 측정한 매출액을 기반으로) 학생 모집단이 1000명 증가하면 기대 매출액이 평균 $5000 증가하는 관계에 있다고 결론을 내릴 수 있다. 즉, 학생 한 명당 분기별 매출액은 $5 증가하는 것으로 기대된다.

독립변수 값의 범위 밖에서 추정회귀식을 이용하여 예측할 때는 신중해야 하는데, 이는 범위 밖에서도 동일한 관계가 타당하다고 확신할 수 없기 때문이다.

만약 최소제곱 추정회귀식이 x와 y 사이의 관계를 적절하게 설명한다고 믿는다면, 주어진 x값에 대한 y값을 예측하는 데 추정회귀식을 이용하는 것이 합리적이라고 생각할 수 있다. 예를 들어, 학생 수 16,000명의 캠퍼스 근처에 위치한 식당의 분기별 매출액을 예측하길 원한다면, 우리는 다음과 같이 계산하면 된다.

$$\hat{y} = 60 + 5(16) = 140$$

따라서 우리는 이 식당의 분기별 매출액을 $140,000로 예측할 수 있다. 다음 절에서 추정과 예측에 추정회귀식을 사용하는 것이 적절한지를 평가하는 방법을 논의할 것이다.

엑셀을 이용한 산점도 그리기와 추정회귀선 및 추정회귀식 표현하기

우리는 엑셀을 이용하여 〈표 14-1〉에 있는 아르만즈 피자 팔로스 자료의 산점도와 추정회귀선과 추정회귀식을 나타낼 수 있다. 〈그림 14-5〉를 참조하여 수행할 작업들을 설명한다.

자료 입력: 데이터 파일 Armamd's을 연다. 데이터는 셀 B2:C11에 있고 라벨은 열 A와 셀 B1:C1에 있다.

툴 적용: 다음은 워크시트의 데이터로부터 산점도를 어떻게 그리는지를 설명한다.

1단계. 셀 B2:C11을 선택한다.

2단계. **삽입** 탭을 클릭한다.

3단계. **차트** 그룹에서 **분산형 (X, Y)** 또는 **거품형 차트**를 클릭한다.

〈그림 14-5〉 아르만즈 피자 팔로스의 산점도, 추정회귀선, 추정회귀식

	A	B	C	D	E	F
1	Restaurant	Population	Sales			
2	1	2	58			
3	2	6	105			
4	3	8	88			
5	4	8	118			
6	5	12	117			
7	6	16	137			
8	7	20	157			
9	8	20	169			
10	9	22	149			
11	10	26	202			

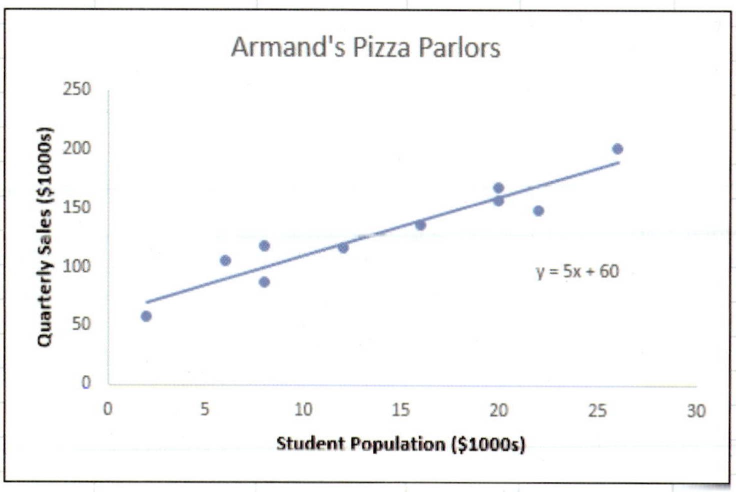

4단계. 산점도 모양의 목록이 나타나면 **분산형**(맨 왼쪽 상단 모서리에 있는 차트)을 클릭한다.

옵션 편집: 차트 제목의 추가, 축 제목의 추가, 그리고 추세선과 추정회귀식을 표현하기 위해 산점도를 편집할 수 있다. 예를 들어, 차트 제목을 "아르만즈 피자 팔로스"로, 가로축에 "학생 모집단(단위: 1000명)"을, 그리고 세로축에 "분기별 매출액(단위: $1000)"을 삽입한다고 가정하자.

1단계. **차트제목**을 클릭하고 **아르만즈 피자 팔로스**로 변경한다.

2단계. **차트요소 버튼** +(차트의 오른쪽 상단에 위치)을 클릭한다.

3단계. 차트요소 목록이 나타날 때

축 제목을 클릭한다(축 제목을 생성).

눈금선을 클릭한다(눈금선 옵션을 제거).

추세선을 클릭한다.

4단계. **가로축(범주) 제목**을 클릭하고 **학생 모집단(단위: 1000명)**으로 변경한다.

5단계. **세로축(값) 제목**을 클릭하고 **분기별 매출액(단위: $1000)**으로 변경한다.

6단계. 추세선을 점선에서 실선으로 바꾸기 위해 추세선 위에서 마우스 오른쪽 버튼을 클릭하고 **추세선서식**을 선택한다.

7단계. 추세선서식 상자가 나타날 때

스크롤을 내리고 **수식을 차트에 표시**를 클릭한다.

채우기 및 선 버튼을 클릭한다.

대시 유형 상자에서 실선을 선택한다.

추세선서식 상자를 닫는다.

〈그림 14-5〉의 워크시트는 산점도, 추정회귀선, 그리고 추정회귀식을 보여준다.

14.2 보충 설명

최소제곱법은 종속변수 관측값과 종속변수 추정값 사이의 편차 제곱의 합을 최소화시켜 주는 추정회귀식을 구해 준다. 이 최소제곱 기준은 가장 적합한 식(the best fit)을 선택하는 데 이용된다. 만약에 y_i와 $\hat{y}_i$의 차이의 절댓값을 최소로 하는 것처럼 다른 기준을 적용하면 또 다른 식이 얻어진다. 하지만 실제로 최소제곱법이 가장 널리 이용된다.

연습문제

기본문제

1. 다음은 두 변수 x와 y의 5개의 관측값이다.

x_i	1	2	3	4	5
y_i	3	7	5	11	14

a. 이 자료를 산점도로 나타내라.

b. a의 산점도는 두 변수 사이의 관계에 대해 무엇을 말해 주는가?

c. 자료에 직선을 그려서 x와 y 사이의 관계를 대략적으로 판단하라.

d. 식 14-6과 식 14-7을 통해 b_0와 b_1을 계산하여 추정회귀식을 구하라.

e. 추정회귀식을 이용하여 $x = 4$일 때 y의 값을 예측하라.

2. 다음은 두 변수 x와 y에 대한 5개의 관측값이다.

x_i	3	12	6	20	14
y_i	55	40	55	10	15

a. 이 자료를 산점도로 나타내라.

b. a의 산점도는 두 변수 사이의 관계에 대해 무엇을 말해 주는가?

c. 자료에 직선을 그려서 x와 y 사이의 관계를 대략적으로 판단하라.

d. 식 14-6과 식 14-7을 통해 b_0와 b_1을 계산하여 추정회귀식을 구하라.

e. 추정회귀식을 이용하여 $x = 10$일 때 y의 값을 예측하라.

3. 다음은 두 변수에 대한 회귀분석을 위해 수집한 5개의 관측값이다.

x_i	2	6	9	13	20
y_i	7	18	9	26	23

a. 이 자료를 산점도로 나타내라.

b. 이 자료를 가지고 추정회귀식을 구하라.

c. 추정회귀식을 이용하여 $x = 6$일 때 y의 값을 예측하라.

응용문제

4. 다음 자료는 소매 및 무역업 5개 회사의 종업원 중 여성의 비율이다. 각 회사의 관리직에 있는 여성의 비율도 다음과 같다.

종업원 중 여성의 비율(%)	67	45	73	54	61
관리자 중 여성의 비율(%)	49	21	65	47	33

a. 이 자료를 이용하여 종업원 중 여성의 비율을 독립변수로 하는 산점도를 그려라.

b. a의 산점도는 두 변수 사이의 관계에 대해 무엇을 말해 주는가?

c. 종업원 중 여성의 비율과 관리자 중 여성의 비율 사이의 관계를 대략적으로 추정하라.

d. b_0와 b_1을 계산하여 추정회귀식을 구하라.

e. 종업원 중 여성의 비율이 60%인 회사에서 여성 관리자의 비율을 예측하라.

5. Brawdy Plastics, Inc.는 뉴욕의 버팔로에 있는 공장에서 General Motors의 플라스틱 안전벨트 고정 장치를 생산한다. 조립과 도장을 마친 후에 부품들은 최종 검사장을 통과하는 컨베이어 벨트에 실린다. 부품이 얼마나 빠르게 이동하는지는 컨베이어 벨트의 라인 속도(단위: 분당 피트)에 달려있다. 라인 속도는 빠른 것이 바람직하지만 관리자는 라인 속도가 빠르면 실제로 결함이 있는 부품을 식별할 수 있는 시간이 충분하지 못할 것을 걱정한다. 이 논리를 시험하기 위해, 브래디 플라스틱스사는 동일한 크기의 배치(batch)를 결함이 있는 부품의 개수를 알고 있는 상태에서 여러 가지 속도로 라인을 흐르게 하여 관찰하는 실험을 실시하였으며, 그 결과 다음의 자료가 수집되었다.

라인 속도	20	20	30	30	40	40	50	50
발견된 결함부품의 수	23	21	19	16	15	17	14	11

a. 라인 속도를 독립변수로 하는 산점도를 그려라.

b. a의 산점도는 두 변수 사이의 관계에 대해 무엇을 말해 주는가?

c. 최소제곱법을 이용하여 추정회귀식을 구하라.

d. 라인 속도가 분당 25피트일 때 발견되는 결함부품의 수를 예측하라.

6. NFL(National Football League)은 선수와 팀에 대한 여러 가지 성과 자료를 기록하고 있다. 팀의 승률에서 차지하는 패스의 중요성을 조사하기 위해 NFL은 무작위 표본 10개 팀에 대하여 2011년 시즌 동안 패스 시도당 평균 패스거리(단위: 패스 시도당 야드)와 승률에 관한 자료를 수집하였다[출처].

DATA file
NFLPassing

팀	패스 시도당 평균 패스거리	승률
Arizona Cardinals	6.5	50
Atlanta Falcons	7.1	63
Carolina Panthers	7.4	38
Chicago Bears	6.4	50
Dallas Cowboys	7.4	50
New England Patriots	8.3	81
Philadelphia Eagles	7.4	50
Seattle Seahawks	6.1	44
St. Louis Rams	5.2	13
Tampa Bay Buccaneers	6.2	25

a. 패스 시도당 평균 패스거리를 가로축으로 하고 승률을 세로축으로 하는 산점도를 작성하라.

b. a의 산점도는 두 변수 사이의 관계에 대해 무엇을 말해 주는가?

c. 패스 시도당 평균 패스거리가 주어질 때 승률을 예측하는 추정회귀식을 구하라.

d. 추정회귀식의 기울기에 대해 해석하라.

e. 2011년 시즌 동안 Kansas City Chiefs의 패스 시도당 평균 패스거리는 6.2야드였다. c의 추정회귀식을 이용하여 Kansas City Chiefs의 승률을 예측하라. 당신이 예측한 승률을 Kansas City Chiefs의 실제 승률과 비교하라. (참고로, 2011시즌에 Kansas City Chiefs의 경기 기록은 7승 9패였다.)

7. 한 영업 관리자는 영업사원 10명의 경력(단위: 년)과 이들의 신규 고객을 통한 연간 매출액에 대한 자료를 다음과 같이 수집하였다.

DATA file
Sales

영업사원	경력 (단위: 년)	연간 매출액 (단위: $1,000)	영업사원	경력 (단위: 년)	연간 매출액 (단위: $1,000)
1	1	80	6	8	111
2	3	97	7	10	119
3	4	92	8	10	123
4	4	102	9	11	117
5	6	103	10	13	136

a. 경력을 독립변수로 하는 산점도를 그려라.

b. 주어진 경력으로 연간 매출액을 예측할 수 있는 추정회귀식을 구하라.

c. 추정회귀식을 이용하여 9년 경력의 영업사원의 연간 매출액을 예측하라.

8. American Association of Individual Investors(AAII)는 온라인 할인 중개사 조사를 통해 할인 중개사들의 경력에 대한 여론 조사를 실시하였다. 조사의 한 부분으로, 응답 대상자들에게 거래처리 속도와 전자거래에 대한 전반적인 만족도를 조사하였다. 가능한 응답(점수)은 의견없음(0), 불만족(1), 다소 만족(2), 만족(3), 매우 만족(4)이었다. 각각의 중개사들의 합계점수를 각각의 응답 점수의 가중평균으로 계산한 결과, 다음과 같은 자료가 정리되었다[출처].

DATA file
BrokerRatings

중개사	거래처리 속도	전반적 만족도	중개사	거래처리 속도	전반적 만족도
Scottrade, Inc.	3.4	3.5	Vanguard Brokerage Services	3.8	2.8
Charles Schwab	3.3	3.4	USAA Brokerage Services	3.8	3.6
Fidelity Brokerage Services	3.4	3.9	Thinkorswim	2.6	2.6
TD Ameritrade	3.6	3.7	Wells Fargo Investments	2.7	2.3
E*Trade Financial	3.2	2.9	Interactive Brokers	4.0	4.0
			Zecco.com	2.5	2.5

a. 거래처리 속도를 독립변수로 하는 산점도를 그려라.

b. a의 산점도는 두 변수 사이의 관계에 대해 무엇을 말해 주는가?

c. 최소제곱 추정회귀식을 구하라.

d. 추정회귀식의 기울기에 대해 해석하라.

e. Zecco.com이 거래처리 속도를 높이기 위해 새로운 소프트웨어를 개발했다고 가정하자. 만약 새로운 소프트웨어가 Zecco.com의 거래처리 속도를 현재의 수준인 2.5

에서 다른 10개 중개사들의 평균만큼 증가시킬 수 있다고 한다면, 전반적인 만족도는 얼마가 될 것이라고 예측할 수 있는가?

9. 미국의 자동차 렌터카 시장의 회사들은 자동차 대수, 지점의 수, 연간 수익 면에서 매우 상이한 모습을 보인다. 2011년 Hertz는 32만 대의 자동차를 서비스하여 약 42억 달러의 매출을 달성하였다. 다음 자료는 6개 소형차 렌터카 회사의 서비스 중인 자동차 대수(단위: 1000대)와 연간 매출액(단위: $백만)을 보여준다[출처].

회사	자동차 대수	매출액
U-Save Auto Rental System, Inc.	11.5	118
Payless Car Rental System, Inc.	10.0	135
ACE Rent A Car	9.0	100
Rent-A-Wreck of America	5.5	37
Triangle Rent-A-Car	4.2	40
Affordable/Sensible	3.3	32

a. 서비스 중인 자동차 대수를 독립변수로 하는 산점도를 작성하라.
b. a의 산점도는 두 변수 사이의 관계에 대해 무엇을 말해 주는가?
c. 최소제곱법을 이용하여 추정회귀식을 구하라.
d. 자동차를 1단위(1000대) 추가하면 연간 매출액은 얼마나 증가하는지($백만) 측정하라.
e. Fox Rent A Car는 11,000대의 자동차를 서비스하고 있다. c의 추정회귀식을 이용하여 Fox Rent A Car의 연간 매출액을 예측하라.

10. 다음 자료는 750ml 용량의 레드와인의 에이지(age)와 경매 가격에 관한 것이다[출처].

에이지(단위: 년)	가격(단위: $)	에이지(단위: 년)	가격(단위: $)
36	256	27	173
20	142	30	209
29	212	45	297
33	255	34	237
41	331	22	182

a. 에이지를 독립변수로 하는 산점도를 작성하라.
b. a의 산점도는 두 변수 사이의 관계에 대해 무엇을 말해 주는가?
c. 최소제곱법을 이용하여 추정회귀식을 구하라.
d. 추정회귀식의 기울기를 해석하라.

DATA *file* WinePrices

11. *Consumer Reports*는 랩탑 컴퓨터를 구매하려는 소비자를 돕기 위해 각 컴퓨터들의 인체공학, 휴대성, 성능, 디스플레이, 그리고 배터리 수명과 같은 평가요인에 대한 테스트를 거쳐서 전반적인 점수를 산출하였다. 전체적으로 높은 점수는 더 나은 테스트 결과를 보여준다. 다음의 자료는 13인치 모델 10개에 대한 소매가격과 전반적인 점수를 보여준다[출처].

브랜드와 모델	가격(단위: $)	전반적 점수
Samsung Ultrabook NP900X3C-A01US	1250	83
Apple MacBook Air MC965LL/A	1300	83
Apple MacBook Air MD231LL/A	1200	82
HP ENVY 13-2050nr Spectre XT	950	79
Sony VAIO SVS13112FXB	800	77
Acer Aspire S5-391-9880 Ultrabook	1200	74
Apple MacBook Pro MD101LL/A	1200	74
Apple MacBook Pro MD313LL/A	1000	73
Dell Inspiron I13Z-6591SLV	700	67
Samsung NP535U3C-A01US	600	63

DATA *file*
Computer

a. 가격을 독립변수로 하는 산점도를 그려라.

b. a의 산점도는 두 변수 사이의 관계에 대해 무엇을 말해 주는가?

c. 최소제곱법을 이용하여 추정회귀식을 구하라.

d. 추정회귀식의 기울기를 해석하라.

e. *Consumer Reports*가 다른 랩탑 컴퓨터 Acer Aspire S4-951-6646 Ultrabook을 테스트 하였는데, 그 가격은 $700이다. c에서 구한 추정회귀식을 이용하여 이 랩탑 컴퓨터의 전반적인 점수를 예측하라.

12. *Yahoo Finance*는 Coca-Cola의 베타 값이 .82라고 보고했다[출처]. 개별 주식의 베타는 단순선형회귀분석에 의해 결정된다. 종속변수는 주식의 총수익률이며, 독립변수는 S&P 500 수익률 등과 같은 주식시장의 총수익률이다. 이 회귀식의 기울기를 주식의 베타(beta)라고 한다. 다수의 금융 분석가들은 주식의 베타 값을 계산하여 주식의 위험을 측정하는 것을 선호한다.

이 장의 마지막에 있는 사례문제 1은 주식의 베타 추정에 관하여 자세하게 설명하고 있다.

월	S&P 500 수익률(단위: %)	Coca-Cola 수익률(단위: %)
8월	−3	3
9월	8	6
10월	0	1
11월	−2	1
12월	−5	0
1월	0	0
2월	7	8
3월	0	−3
4월	2	0
5월	−5	−1

DATA *file*
CocaCola

a. S&P500 수익률을 독립변수로 하는 산점도를 그려라.

b. a의 산점도를 보고 S&P 500 수익률과 Coca-Cola 수익률의 관계를 적어라.

c. 최소제곱 추정회귀식을 구하라.

d. 추정회귀식의 기울기, 즉 베타를 해석하라.

e. 당신이 추정한 베타 값은 .82에 가까운가? 만약 아니라면, 왜 당신의 추정이 다른지 가능한 이유를 적어라.

13. 대도시의 한 병원이 직장인의 집과 직장까지 거리(단위: 마일)와 연간 무단결근 일수의 관계를 소사하는 연구를 실시하였다. 표본으로 선정된 10명의 직장인으로부터 다음과 같은 자료가 수집되었다.

직장까지 거리(단위: 마일)	연간 결근 일수	직장까지 거리(단위: 마일)	연간 결근 일수
36	256	27	173
20	142	30	209
29	212	45	297
33	255	34	237
41	331	22	182

a. 이 자료의 산점도를 그려라. 선형관계를 보이는가? 이에 대해 설명하라.

b. 직장까지 거리와 결근 일수에 대한 최소제곱 추정회귀식을 구하라.

c. 직장과 5마일 떨어져 있는 곳에 살고 있는 직장인의 연간 결근 일수를 예측하라.

14. 자동차의 위성항법장치(Global-Positioning-System: GPS) 기반의 내비게이터에 목적지를 입력하면 이 시스템은 경로를 계획하고 방향을 음성으로 제공하며 경로의 진행 상황을 보여준다. 하지만 요즘은 이전의 비싼 모델에서만 사용 가능한 기능이 많이 보편화되었다. *Consumer Reports*는 GPS를 기반으로 한 내비게이터에 대해 용이성, 운전자의 정보, 디스플레이, 배터리 수명과 같은 요소를 종합적으로 테스트하였다. 다음의 자료는 *Consumer Reports*가 테스트한 4.3인치 화면의 GPS 20개 표본의 가격과 평점을 보여주고 있다[출처].

DATA *file*
GPS

브랜드와 모델	가격 (단위: $)	평점	브랜드와 모델	가격 (단위: $)	평점
Garmin Nuvi 3490LMT	400	82	Garmin Nuvi 755T	260	70
Garmin Nuvi 3450	330	80	Motorola Motonab TN565t	200	68
Garmin Nuvi 3790T	350	77	Motorola Motonab TN555	200	67
Garmin Nuvi 3790LM	400	77	Garmin Nuvi 1350T	150	65
Garmin Nuvi 3750	250	74	Garmin Nuvi 1350LMT	180	65
Garmin Nuvi 2475LT	230	74	Garmin Nuvi 2300	160	65
Garmin Nuvi 2455LT	160	73	Garmin Nuvi 1350	130	64
Garmin Nuvi 2370LT	270	71	Tom Tom VIA 1435T	200	62
Garmin Nuvi 2360LT	250	71	Garmin Nuvi 1300	140	62
Garmin Nuvi 2360LMT	220	71	Garmin Nuvi 1300LM	180	62

a. 가격을 독립변수로 하여 산점도를 그려라.

b. a의 산점도는 두 변수 사이의 관계에 대해 무엇을 말해 주는가?

c. 최소제곱법을 이용하여 추정회귀식을 구하라.

d. 가격이 $200인 4.3인치 화면의 GPS 기반 모델의 평점을 예측하라.

14.3 결정계수

우리는 아르만즈 피자 팔로스 예제에서 학생 모집단의 크기 x와 분기별 매출액 y 사이의 선형관계를 근사 계산하는 추정회귀식 $\hat{y} = 60+5x$를 전개하였다. 이제 질문은, 추정회귀식이 자료에 얼마나 잘 맞는가(fit)이다. 이 절은 추정회귀식의 적합도가 **결정계수**(coefficient of determination)에 의해 평가된다는 것을 설명한다.

i번째 관측값에 관한 종속변수 관측값 y_i와 종속변수 추정값 $\hat{y}_i$ 사이의 차이를 ***i*번째 잔차**(*i*th residual)라고 부른다. i번째 잔차는 y_i를 추정하기 위해서 $\hat{y}_i$를 사용했을 때의 오차이다. 따라서 i번째 관측값의 잔차는 $y_i-\hat{y}_i$이다. 이들 잔차 또는 오차의 제곱들의 합은 최소제곱법으로 최소화되는 양이다. 이러한 양을 오차제곱의 합(sum of squares due to error)이라고 하며 SSE로 표기한다.

오차제곱합

$$SSE = \Sigma(y_i-\hat{y}_i)^2 \tag{14-8}$$

SSE값은 추정회귀식을 사용하여 표본의 종속변수 값을 예측할 때 발생하는 오차의 정도이다.

〈표 14-3〉은 아르만즈 피자 팔로스 예제에서 오차제곱합의 계산과정을 보여준다. 예를 들어, 식당 1의 독립변수 값 $x_1 = 2$이고 종속변수 값 $y_1 = 58$이다. 추정회귀식을 이용하면 식당 1의 분기별 매출액 추정값 $\hat{y}_1 = 60+5(2) = 70$이 된다. 따라서 식당 1의 y_1을 예측하기 위해 $\hat{y}_1$을 사용할 때의 오차는 $y_1-\hat{y}_1 = 58-70 = -12$이다. 이 오차의 제곱, 즉 $(-12)^2 =$

〈표 14-3〉 아르만즈 피자 팔로스의 오차제곱합 계산

식당 i	학생 모집단 x_i (단위: 1,000명)	분기별 매출액 y_i (단위: $1,000)	예상 매출액 $\hat{y}=60+5x_i$	오차 $y_i-\hat{y}_i$	오차제곱 $(y_i-\hat{y})^2$
1	2	58	70	−12	144
2	6	105	90	15	225
3	8	88	100	−12	144
4	8	118	100	18	324
5	12	117	120	−3	9
6	16	137	140	−3	9
7	20	157	160	−3	9
8	20	169	160	9	81
9	22	149	170	−21	441
10	26	202	190	12	144
					SSE = 1530

144는 〈표 14-3〉의 마지막 열에서 확인할 수 있다. 표본 내 각 식당들에 대한 잔차를 계산하고 제곱한 후 이들 모두를 더해 주면 SSE = 1530이 된다. 따라서 SSE = 1530은 추정회귀식 $\hat{y} = 60+5x$으로 분기별 매출액을 예측했을 때 발생하는 오차의 정도를 측정한 것이다.

이제, 학생 모집단의 크기를 모르는 상태에서 분기별 매출액을 추정하라는 요구를 받았다고 가정하자. 관련 변수에 대한 지식이 없으므로 어떤 식당의 분기별 매출액의 추정값으로써 표본평균을 사용할 수 있을 것이다. 〈표 14-2〉에서 분기별 매출액 자료를 보면 $\Sigma y_i = 1300$이다. 따라서 아르만즈의 10개 표본 식당의 분기별 매출액의 평균은 $\bar{y} = \Sigma y_i/n = 1300/10 = 130$이다. 〈표 14-4〉는 표본의 각 식당의 분기별 매출액을 표본평균 $\bar{y} = 130$으로 추정할 때의 편차제곱의 합을 보여준다. i번째 표본 식당에서의 차이 $y_i-\bar{y}$는 분기별 매출액을 $\bar{y}$라고 추정할 때 생기는 오차의 정도이다. 이에 해당되는 제곱합을 **총제곱합**(total sum of squares)이라고 하며 SST로 표기한다.

총제곱합

$$SST = \Sigma(y_i - \bar{y})^2 \tag{14-9}$$

SST=15,730이고 SSE=1530이면 추정회귀선이 $y=\bar{y}$선보다 자료에 대해 훨씬 더 적합하다.

〈표 14-4〉에서 마지막 열의 밑에 있는 합이 아르만즈 피자 팔로스의 총제곱합 SST = 15,730이다.

〈그림 14-6〉은 추정회귀선 $\hat{y} = 60+5x$와 $\bar{y} = 130$에 해당하는 직선을 각각 보여준다. 관측점들이 $\bar{y} = 130$선 주변보다는 추정회귀선 주변에 더 가까이 모여 있다는 것에 주목하자. 예를 들어, 이 표본의 10번째 식당을 보면 $\hat{y}_{10} = 60+5(26) = 190$ 대신에 $\bar{y} = 130$을 y_{10}의

〈표 14-4〉 아르만즈 피자 팔로스의 총제곱합 계산

식당 i	학생 모집단 x_i (단위: 1,000명)	분기별 매출액 y_i (단위: $1,000)	편차 $y_i-\bar{y}$	편차제곱 $(y_i-\bar{y})^2$
1	2	58	−72	5184
2	6	105	−25	625
3	8	88	−42	1764
4	8	118	−12	144
5	12	117	−13	169
6	16	137	7	49
7	20	157	27	729
8	20	169	39	1521
9	22	149	19	361
10	26	202	72	5184
				SST = 15,730

〈그림 14-6〉 아르만즈 피자 팔로스의 추정회귀선 및 $y=\bar{y}$ 선으로부터의 편차

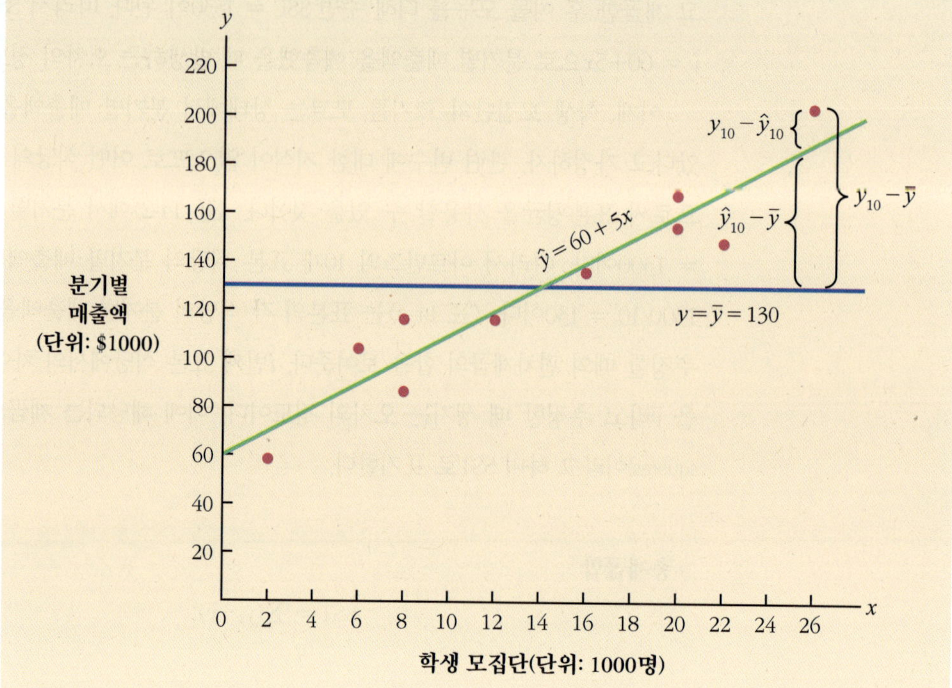

추정값으로 삼으면 오차가 훨씬 더 커진다. SST는 관측값들이 $\bar{y}$선의 주변에 밀집된 정도의 척도이고 SSE는 관측값들이 $\hat{y}$선의 주변에 밀집한 정도의 척도라고 할 수 있다.

추정회귀선상의 $\hat{y}$값이 $\bar{y}$로부터 얼마나 멀리 떨어져 있는지를 측정하기 위해서 또 다른 제곱합을 계산한다. 이를 회귀제곱합(sum of squares due to regression)이라고 하며 SSR로 표기한다.

회귀제곱합

$$SSR = \sum(\hat{y}_i-\bar{y})^2 \tag{14-10}$$

앞에서의 설명으로부터 SST, SSR, SSE는 서로 관련되어 있음을 알 수 있다. 실제로 이들 세 가지 제곱합 사이의 관계는 통계학에서 매우 중요한 결과물 중 하나이다.

SSR은 SST에서 설명되는 부분, 그리고 SSE는 SST에서 설명되지 않는 부분이라고 할 수 있다.

SST, SSR, SSE 사이의 관계

$$SST = SSR + SSE \tag{14-11}$$

여기서, SST = 총제곱합(오차$(y_i-\bar{y})$의 제곱합)
SSR = 회귀제곱합(회귀오차$(\hat{y}_i-\bar{y})$의 제곱합)
SSE = 오차제곱합(잔차오차$(y_i-\hat{y})$의 제곱합)

식 14-11은 총제곱합이 회귀제곱합과 오차제곱합의 두 가지 구성요소로 분리될 수 있음을 보여준다. 따라서 이 중 두 가지 제곱합을 알면 나머지 세 번째 제곱합은 쉽게 계산된다. 예를 들어, 아르만즈 피자 팔로스 예제에서 SSE = 1530이고 SST = 15,730임을 알고 있다. 그러므로 식 14-11로부터 SSR에 내해서 정리하면 회귀제곱합은 다음과 같다.

$$SSR = SST - SSE = 15,730 - 1530 = 14,200$$

이제 SST, SSR, SSE라는 세 가지 제곱합이 어떻게 추정회귀식의 적합도(goodness of fit)를 위한 척도로 이용되는지 살펴보자. 만약 y_i의 모든 값이 추정회귀선상에 위치한다면 추정회귀식은 자료와 완전히 적합하게 된다. 이 경우, 모든 관측값에 대하여 $y_i-\hat{y}_i$는 0이 되고, 그 결과 SSE = 0이 된다. SST = SSR+SSE이기 때문에 완전 적합이면 SSR은 SST와 같게 되며, 이들의 비율(SSR/SST)은 1이 된다. 적합도가 낮으면 SSE가 커진다. 식 14-11을 SSE에 대해 정리하면 SSE = SST−SSR이다. SSE의 값이 가장 크게 되면, SSR = 0이 되어 SSE = SST가 되어서 결국 가장 낮은 적합도를 가지게 된다.

0과 1 사이의 값을 갖는 비율 SSR/SST는 추정회귀식의 적합도를 평가하는 데 이용된다. 이 비율을 **결정계수**(coefficient of determination)라고 하며 R^2으로 표기한다.

원서에서는 결정계수를 r^2로 표기했으나, 여기서는 R^2로 통일하여 표기하였다.—역자

결정계수

$$R^2 = \frac{SSR}{SST} \qquad (14\text{-}12)$$

아르만즈 피자 팔로스 예제에서 결정계수의 값은 다음과 같다.

$$R^2 = \frac{SSR}{SST} = \frac{14,200}{15,730} = .9027$$

결정계수를 백분율로 나타내면 R^2을 총제곱합 중 추정회귀식으로 설명되는 백분율(%)이라고 해석할 수 있다. 우리는 아르만즈 피자 팔로스에 대해, 총제곱합 중에서 90.27%가 추정회귀식 $\hat{y} = 60+5x$로 설명된다고 결론을 내릴 수 있다. 다시 말해서 분기별 매출액의 변동성 중 90.27%는 학생 모집단의 크기와 분기별 매출액 사이의 선형관계에 의해 설명될 수 있다. 추정회귀식의 적합도가 이 정도라면 우리는 매우 만족해야 할 것이다.

엑셀을 이용한 결정계수 계산하기

14.2절에서 엑셀을 이용하여 〈표 14-1〉에 있는 아르만즈 피자 팔로스 자료의 산점도와 추정회귀선을 나타내고 추정회귀식을 구했다. 이제 〈그림 14-5〉의 산점도를 이용하여 결정계수를 어떻게 계산하는지 살펴볼 것이다.

〈그림 14-7〉 엑셀 차트 도구에서 아르만즈 피자의 결정계수 계산하기

	A	B	C	D	E	F
1	Restaurant	Population	Sales			
2	1	2	58			
3	2	6	105			
4	3	8	88			
5	4	8	118			
6	5	12	117			
7	6	16	137			
8	7	20	157			
9	8	20	169			
10	9	22	149			
11	10	26	202			

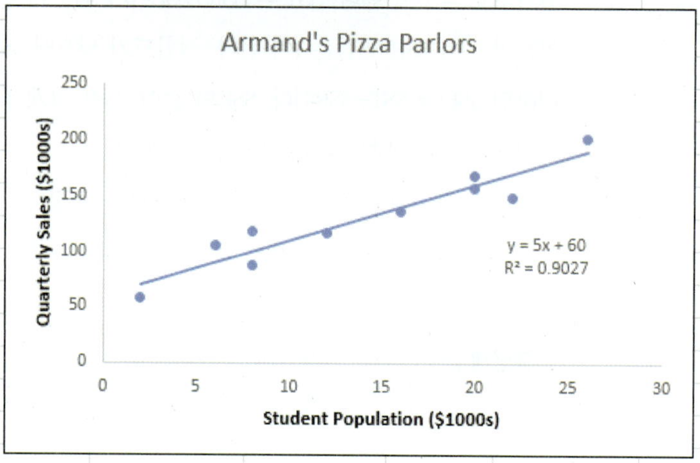

1단계. 추세선 위에서 마우스의 오른쪽 버튼을 클릭하고 **추세선서식** 옵션을 선택한다.

2단계. 추세선서식 상자가 나타나면

스크롤을 내리고 **R-제곱 값을 차트에 표시**를 선택한다.

추세선서식 상자를 닫는다.

〈그림 14-7〉의 워크시트는 산전도, 추정회귀선, 그리고 추정회귀식을 보여준다.

상관계수

앞서 3장에서 두 변수 x와 y 사이의 선형 관계의 정도를 나타내는 기술적 측도로써 **상관계수**(correlation coefficient)를 소개했다. 상관계수 값은 항상 −1과 +1 사이에 있다. +1값은 두 변수 x와 y가 완전한 양의 선형관계에 있음을 말해 준다. 즉, 자료의 모든 점이 양의 기울기를 갖는 직선 위에 위치한다. −1의 값은 두 변수 x와 y가 완전한 음의 선형관계에 있기에, 자료

의 모든 점이 음의 기울기를 갖는 직선 위에 있다는 의미이다. 상관계수의 값이 0에 가까우면 x와 y가 선형관계에 있지 않다는 것을 의미한다.

3.5절에서는 표본상관계수를 계산하는 식에 대해 살펴보았다. 만약에 이미 회귀분석을 실시하여 결정계수 R^2을 계산하였다면, 표본상관계수는 다음과 같이 계산된다.

표본상관계수

$$r_{xy} = (b_1\text{의 부호})\sqrt{\text{결정계수}} = (b_1\text{의 부호})\sqrt{R^2} \qquad \textbf{14-13}$$

여기서, b_1 = 추정회귀식 $\hat{y} = b_0+b_1x$의 기울기

추정회귀식의 기울기가 양수이면($b_1>0$) 표본상관계수의 부호도 양수이고, 추정회귀식의 기울기가 음수이면($b_1<0$) 표본상관계수의 부호도 음수이다.

아르만즈 피자 팔로스 예제에서 추정회귀식 $\hat{y} = 60+5x$에 대응하는 결정계수의 값은 .9027이다. 추정회귀식의 기울기가 양수이므로 식 14-13을 이용할 때 표본상관계수는 $+\sqrt{.9027} = +.9501$이다. 표본상관계수 $r_{xy} = +.9501$이므로 x와 y는 강한 선형관계를 갖는다고 결론을 내릴 수 있다.

두 변수가 선형관계에 있는 경우 결정계수와 표본상관계수 모두 이 관계의 강도를 나타내는 척도가 된다. 결정계수의 값은 0과 1 사이에 있는 반면, 표본상관계수는 −1과 +1 사이에 있다. 표본상관계수는 두 변수 사이의 선형관계를 말해 주는 데 반해서, 결정계수는 비선형관계에서도 활용되고 독립변수가 2개 이상인 관계에도 이용된다. 따라서 결정계수가 응용의 폭이 더 넓다.

14.3 보충 설명

1. 최소제곱 추정회귀식을 유도하고 결정계수를 계산할 때, 우리는 오차항 ε에 대한 확률적 가정을 전혀 하지 않았으며, x와 y의 관계의 유의성에 대한 통계적 검정을 실시하지도 않았다. R^2의 값이 크면 최소제곱으로 추정된 회귀식이 자료에 잘 적합된다는 것을 의미한다. 즉, 관측값들이 최소제곱 회귀선의 주변에 좀 더 가까이 모여 있다는 것이다. 하지만 R^2의 값만으로는 x와 y의 관계가 통계적으로 유의한지의 여부에 대해서 결론을 내릴 수 없다. 그러한 결론에는 표본의 크기와 최소제곱추정량들의 표집분포의 특성에 대한 고려가 포함되어야 한다.
2. 실제 적용에서 보면, 사회과학 분야의 전형적 자료에서는 R^2의 값이 .25보다 작더라도 유용하다고 간주한다. 물리학이나 생명과학에서는 R^2의 값이 .6 이상인 경우도 많으며, 어떤 경우에는 R^2의 값이 .9 이상인 경우가 발견되기도 한다. 경영학에서는 각 분야의 고유한 특성에 따라 R^2의 값은 큰 차이를 보인다.

연습문제

기초문제

15. 앞서 풀었던 연습문제 1의 자료이다.

x_i	1	2	3	4	5
y_i	3	7	5	11	14

이 자료의 추정회귀식은 $\hat{y} = .20+2.60x$이다.

a. 식 14-8, 14-9, 14-10을 이용하여 SSE, SST, SSR을 구하라.

b. 결정계수 R^2을 구하라. 적합도를 평가하라.

c. 표본상관계수를 구하라.

16. 앞서 풀었던 연습문제 2의 자료이다.

x_i	3	12	6	20	14
y_i	55	40	55	10	15

이 자료의 추정회귀식은 $\hat{y} = 68-3x$이다.

a. SSE, SST, SSR을 구하라.

b. 결정계수 R^2을 구하라. 적합도를 평가하라.

c. 표본상관계수를 구하라.

17. 앞서 풀었던 연습문제 3의 자료이다.

x_i	2	6	9	13	20
y_i	7	18	9	26	23

이 자료의 추정회귀식은 $\hat{y} = 7.6+.9x$이다. 총제곱합 중에서 추정회귀식으로 설명되는 비율은 얼마인가? 표본상관계수 값은 얼마인가?

응용문제

18. 다음 자료는 *Consumer Reports*에서 테스트한 스테레오 헤드폰 6개의 브랜드 이름과 가격(단위: $), 그리고 총괄 점수이다[출처]. 헤드폰의 총괄 점수는 음질과 주위 소음 차감 효과를 가지고 평가되었다. 이 점수의 범위는 0점부터 100점이다. 이 자료의 추정회귀식은 $\hat{y} = 23.194+.318x$이며, 여기서 x는 가격이고 y는 총괄 점수이다.

브랜드	가격(단위: $)	총괄 점수
Bose	180	76
Skullcandy	150	71
Koss	95	61
Phillips/O'Neill	70	56
Denon	70	40
JVC	35	26

a. SST, SSR, SSE를 구하라.

b. 결정계수 R^2을 구하라. 적합도를 평가하라.

c. 표본상관계수는 얼마인가?

19. 연습문제 7의 영업 관리자는 다음과 같은 자료를 수집하였다. 여기서 x는 경력이고 y는 연간 매출액이며, 이 자료의 추정회귀식은 $\hat{y} = 80+4x$이다.

DATA file
Sales

영업사원	경력(단위: 년)	연간 매출액(단위: $1,000)
1	1	80
2	3	97
3	4	92
4	4	102
5	6	103
6	8	111
7	10	119
8	10	123
9	11	117
10	13	136

a. SST, SSR, SSE를 구하라.

b. 결정계수 R^2을 구하라. 적합도를 평가하라.

c. 표본상관계수는 얼마인가?

20. 세계적으로 권위 있는 자전거 잡지인 *Bicycling*은 일 년 내내 수백 대의 사전거를 리뷰한다. 이 잡지의 로드-경주(Road-Race) 면에는 경주에 관심이 있는 라이더들의 자전거에 대한 리뷰가 있다. 경주용 자전거를 선택할 때 중요한 요소 중 하나는 자전거의 무게이다. 다음의 자료는 이 잡지에 의해 리뷰된 경주용 자전거 10개 종류에 대한 무게(단위: 파운드)와 가격(단위: $)을 보여준다[출처].

DATA file
RacingBicycles

브랜드	무게	가격(단위: $)
FELT F5	17.8	2100
PINARELLO Paris	16.1	6250
ORBEA Orca GDR	14.9	8370
EDDY MERCKX EMX-7	15.9	6200
BH RC1 Ultegra	17.2	4000
BH Ultralight 386	13.1	8600
CERVELO S5 Team	10.2	6000
GIANT TCR Advanced 2	17.1	2580
WILIER TRIESTINA Gran Turismo	17.6	3400
SPECIALIZED S-Works Amira SL4	14.1	8000

a. 이 자료를 이용하여 자전거 무게에 의해 가격을 예측할 수 있는 추정회귀식을 구하라.

b. 결정계수 R^2을 구하라. 이 추정회귀식은 좋은 적합도를 보이는가?

c. 무게가 15파운드인 자전거의 가격을 예측하라.

21. 회계 분야에서 회귀분석의 주요 용도는 비용 추정이다. 생산량과 비용에 관한 자료를 수집하여 생산량과 비용에 대한 추정회귀식을 최소제곱법으로 구하면, 회계사는 특정 생산량에 관련된 비용을 예측할 수 있다. 다음은 어느 제조 공장의 생산량과 총비용에 관한 자료이다.

생산량(단위: 개)	400	450	550	600	700	750
총비용(단위: $)	4000	5000	5400	5900	6400	7000

a. 이 자료를 이용하여 주어진 생산량에 대한 총비용을 예측할 수 있는 추정회귀식을 구하라.

b. 생산 단위당 비용은 얼마인가?

c. 결정계수를 구하라. 생산량에 의해 설명될 수 있는 총비용의 변동 비율은 얼마인가?

d. 회사의 운영 일정에 따라 다음 달에 500개를 생산해야 한다고 하자. 이 생산에 대한 총비용을 예측하라.

22. 다음은 연습문제 9의 자료로, 6개 소형차 렌터카 회사의 서비스 중인 자동차 대수(단위: 1000대)와 연간 매출액(단위: $백만)이다[출처].

회사	**자동차 대수**	**매출액**
U-Save Auto Rental System, Inc.	11.5	118
Payless Car Rental System, Inc.	10.0	135
ACE Rent A Car	9.0	100
Rent-A-Wreck of America	5.5	37
Triangle Rent-A-Car	4.2	40
Affordable/Sensible	3.3	32

여기서 x는 서비스 중인 자동차 대수이고 y는 연간 매출액이며, 이 자료의 추정회귀식은 $\hat{y} = -17.005+12.966x$이고, SSE $= 1043.03$이다.

a. 결정계수 R^2을 구하라.

b. 이 추정회귀식은 좋은 적합도를 보이는가? 이에 대해 설명하라.

c. 표본상관계수는 얼마인가? 서비스 중인 자동차 대수와 연간 매출액은 강한 관계인가 또는 약한 관계인가?

14.4 회귀분석 모형의 가정

어떤 회귀분석을 할 때 우리는 종속변수와 독립변수 사이의 관계를 설명하는 적절한 모형이 있다고 가정하고 시작한다. 단순선형회귀분석에서 이 가정의 모형은 다음과 같다.

$$y = \beta_0 + \beta_1 x + \varepsilon$$

그리고 최소제곱법을 사용하여 이 모형의 모수 β_0와 β_1 각각의 추정값 b_0와 b_1을 구하였다. 그 결과가 다음과 같은 추정회귀식이다.

$$\hat{y} = b_0 + b_1 x$$

우리는 결정계수(R^2)의 값이 추정회귀식의 적합도를 평가한다고 하였다. 하지만 R^2값이 크다고 하더라도, 가정된 모형에 대해 추가적인 타당성 분석을 수행한 후에 추정회귀식을 사용해야 한다. 가정한 모형이 타당한지 또는 아닌지에 대한 여부를 결정하는 중요한 단계는 변수간 관계에 대한 유의성 검정이다. 회귀분석에서 유의성 검정은 오차항 ε에 관한 다음의 가정을 기반으로 한다.

회귀모형에 있는 오차항 ε에 관한 가정

$$y = \beta_0 + \beta_1 x + \varepsilon$$

1. 회귀모형의 식에서 오차항 ε은 확률변수이고 그것의 평균 또는 기댓값은 0이다. 즉, $E(\varepsilon)=0$.
   의미: β_0와 β_1은 상수이며, 그러므로 $E(\beta_0)=\beta_0$이고 $E(\beta_1)=\beta_1$이다. 따라서 주어진 x값에 대한 y의 기댓값은 다음과 같다.

   $$E(y) = \beta_0 + \beta_1 x \qquad \textbf{14-14}$$

   앞서 설명한 바와 같이, 식 14-14를 회귀식(regression equation)이라고 한다.
2. ε의 분산은 모든 x값에 대해 동일하며 σ^2으로 표기한다.
   의미: 회귀선을 중심으로 한 y의 분산은 모든 x값에 대해 동일하며 σ^2이다.
3. ε값들은 독립이다.
   의미: 특정 x값에 대한 ε값은 어떤 다른 x값에 대한 ε값과 관련이 없다. 따라서 특정 x값에 대한 y값은 어떤 다른 x값에 대한 y값과 관련이 없다.
4. 오차항 ε은 모든 x값에서 정규분포를 따르는 확률변수이다.
   의미: 회귀모형 식에서 y는 ε의 선형함수이고 ε가 정규분포이기 때문에, y 역시 모든 x값에서 정규분포를 따르는 확률변수이다.

〈그림 14-8〉은 회귀모형의 가정과 그에 따른 의미를 나타낸다. 그래프에서 $E(y)$의 값은 특정 x값에 따라 달라진다는 데 주목하자. 하지만 x값에 관계없이 ε의 확률분포와 그에 따른 y의 확률분포도 정규분포이며 모두 동일한 분산을 갖는다. 특정 점에서 오차 ε의 값은 y의 실제 값이 $E(y)$보다 큰지 또는 작은지에 따라 달라진다.

여기서 우리는 x와 y의 관계 형태에 관하여 가정 또는 가설을 만들고 있다는 점을 명심해야 한다. 즉, 우리는 $\beta_0+\beta_1 x$로 표현되는 직선이 변수들 사이의 관계를 나타내는 기초가

〈그림 14-8〉 회귀모형의 가정

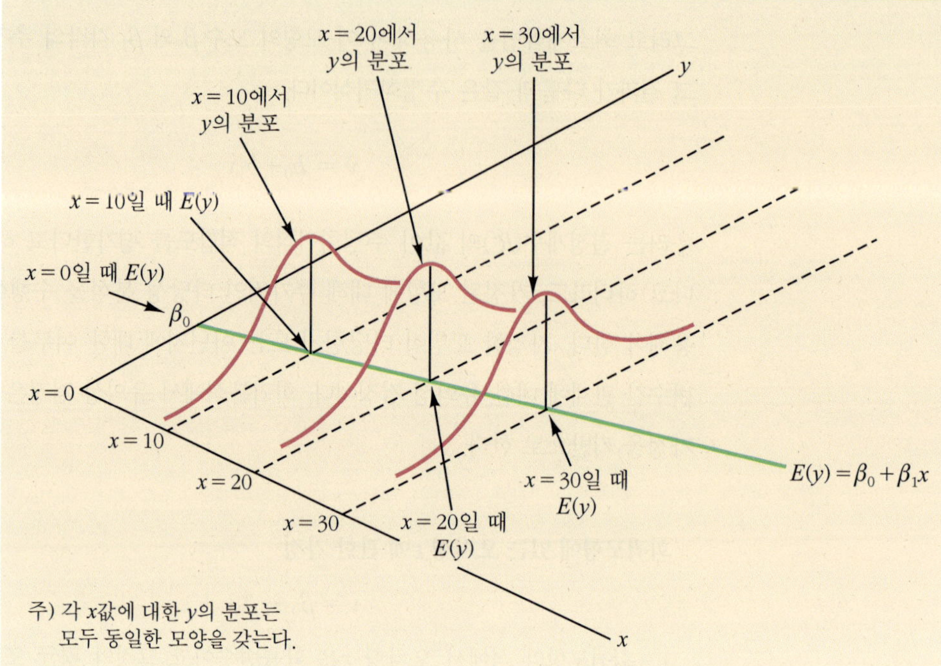

된다고 가정하고 있다. 다른 모형이, 예를 들면 $y = \beta_0+\beta_1x^2+\varepsilon$이 변수들 사이의 관계를 보다 더 잘 설명하는 모형이 될 수도 있다는 점을 놓치지 말아야 한다.

14.5 유의성 검정

단순선형회귀식에서 y의 평균 혹은 기댓값 $E(y)$는 x의 선형함수 $E(y) = \beta_0+\beta_1x$이다. 만약 β_1의 값이 0이면 $E(y) = \beta_0+(0)x = \beta_0$이다. 이 경우 y의 평균값은 x값에 종속되어 있지 않으며, 따라서 x와 y는 선형관계가 아니다. 대신에 β_1의 값이 0이 아니면 두 변수가 관련이 있다는 결론을 내리게 된다. 따라서 회귀관계의 유의성을 검정하기 위해서는 β_1의 값이 0인지 또는 0이 아닌지에 대한 여부를 결정하는 가설 검정을 실시해야 한다. 일반적으로 두 가지 검정이 사용된다. 둘 다 회귀모형에서의 ε의 분산, 즉 σ^2의 추정값을 필요로 한다.

σ^2의 추정

회귀모형과 그것의 가정으로부터 σ^2은 ε의 분산인데, 회귀선으로부터 y의 분산이 된다. 추정회귀선과 y값의 차이를 잔차(residuals)라고 부른 것을 기억하자. 따라서 잔차제곱의 합인 SSE는 추정회귀선으로부터 실제 관측값의 변동성을 나타내는 척도가 된다. **평균제곱오차**(mean square error: MSE)는 σ^2의 추정값이 되는데, SSE를 자유도로 나눈 값이다.

$\hat{y}_i = b_0+b_1x_i$에서 SSE는 다음과 같이 쓸 수 있다.

$$\text{SSE} = \Sigma(y_i - \hat{y}_i)^2 = \Sigma(y_i - b_0 - b_1x_i)^2$$

잔차오차제곱의 총합은 자유도라고 불리는 수와 관련되어 있다. 통계학자들은 SSE의 자유도가 $n-2$라고 제시하는데, 그 이유는 SSE를 계산하는 데 두 개의 모수(β_0과 β_1)가 추정되기 때문이다. 따라서 평균제곱오차는 SSE를 $n-2$로 나누어서 구한다. 이 평균제곱오차는 σ^2의 불편추정량(unbiased estimator)이 되고, 또 평균제곱오차의 값이 σ^2의 추정값이기 때문에 s^2으로도 표기한다

평균제곱오차(σ^2의 추정값)

$$s^2 = \text{MSE} = \frac{\text{SSE}}{n-2} \qquad \text{14-15}$$

14.3절에서 아르만즈 피자 팔로스 예제의 SSE = 1530이었다. 따라서

$$s^2 = \text{MSE} = \frac{1530}{8} = 191.25$$

이고, 이 값은 σ^2의 하나의 불편추정값이 된다.

우리는 σ를 추정하기 위해 s^2의 제곱근 s를 구한다. 이 s값을 회귀에 의한 추정값의 **표준오차**(standard error of the estimate)라고 한다.

추정값의 표준오차

$$s = \sqrt{\text{MSE}} = \sqrt{\frac{\text{SSE}}{n-2}} \qquad \text{14-16}$$

아르만즈 피자 팔로스 예제에서 $s = \sqrt{\text{MSE}} = \sqrt{191.25} = 13.829$이다. 계속되는 다음 논의에서, x와 y 사이의 관계가 유의한지를 검정하는 데 이 추정값의 표준오차 s를 사용한다.

t-검정

단순선형회귀모형은 $y = \beta_0+\beta_1x+\varepsilon$이다. 만약 x와 y가 선형관계에 있다면 $\beta_1 \neq 0$이 되어야만 한다. $\beta_1 \neq 0$이라고 결론을 내릴 수 있는지 또는 없는지를 알아보는 것이 t-검정의 목적이다. 우리는 표본 자료를 이용하여 모수 β_1에 대한 다음의 가설을 검정한다.

$$H_0: \beta_1 = 0$$
$$H_a: \beta_1 \neq 0$$

만약 H_0가 기각된다면, $\beta_1 \neq 0$이고 두 변수 사이에 통계적으로 유의한 어떤 관계가 있다는 결론을 내릴 수 있다. 그렇지만 만약 H_0가 기각되지 않는다면 두 변수 사이에 유의한 관계가 존재한다는 결론을 내리기에는 근거가 충분하지 않다고 할 수 있다. β_1의 최소제곱 추정량인 b_1의 표집분포의 특성이 가설 검정의 기초가 된다.

먼저, 동일한 회귀분석에서 상이한 무작위 표본을 사용하면 어떻게 되는지 생각해 보자. 예를 들어, 아르만즈 피자 팔로스가 새로운 10개 식당 표본의 매출액 기록을 사용한다고 하자. 새로운 표본으로 회귀분석을 하면 우리가 앞에서 추정한 회귀식 $\hat{y} = 60+5x$와 유사한 추정회귀식을 얻을 수 있다. 그렇지만 절편이 정확히 60이고 기울기도 정확히 5인 동일한 식이 나오기는 어려울 것이다. 실제로, b_0와 b_1은 최소제곱 추정량인데 각자 고유한 자신의 표집분포를 갖는 표본 통계량이다. b_1의 표집분포의 특성은 다음과 같다.

b_1의 표집분포

기댓값 $E(b_1) = \beta_1$

표준편차 $$\sigma_{b_1} = \frac{\sigma}{\sqrt{\Sigma(x_i - \bar{x})^2}} \qquad \text{14-17}$$

분포 형태 정규분포

b_1의 기댓값이 β_1과 같으므로, b_1은 β_1의 불편추정량이라는 점을 유의하자.

우리는 σ값을 알지 못하기 때문에 식 14-17에 있는 σ를 s로 추정함으로써 σ_{b_1}의 추정값을 찾아야 한다. 따라서 우리는 다음과 같이 σ_{b_1}의 추정값을 얻는다. σ_{b_1}을 추정값을 기호로는 s_{b_1}으로 나타낸다.

b_1의 표준편차를 b_1의 표준오차라고 부르기도 한다. 따라서 s_{b_1}은 b_1의 표준오차의 추정값이 된다.

b_1의 추정 표준편차

$$s_{b_1} = \frac{s}{\sqrt{\Sigma(x_i - \bar{x})^2}} \qquad \text{14-18}$$

아르만즈 피자 팔로스의 예에서 s = 13.829이다. 따라서 〈표 14-2〉에서 보는 바와 같은 $\Sigma(x_i - \bar{x})^2 = 568$을 이용하여 다음과 같이 b_1의 추정 표준편차를 가진다.

$$s_{b_1} = \frac{13.829}{\sqrt{568}} = .5803$$

x와 y의 관계가 유의한지에 대한 t-검정은 다음의 검정 통계량이 자유도 $n-2$의 t-분포를 따른다는 사실을 기반으로 한다.

$$\frac{b_1 - \beta_1}{s_{b_1}}$$

귀무가설이 참이라면 $\beta_1 = 0$이고 $t = b_1/s_{b_1}$이 된다.

아르민즈 피자 팔로스에 대해 유의수준 $\alpha = .01$에서 이러한 유의성 검정을 실시해 보자. 검정 통계량은 다음과 같다.

$$t = \frac{b_1}{s_{b_1}} = \frac{5}{.5803} = 8.62$$

t-분포표(부록 B의 표 2)에서, 자유도가 $n-2 = 10-2 = 8$이면 우측 꼬리의 면적이 .005인 t-값은 3.355이다. 따라서 검정 통계량 $t = 8.62$에 해당하는 t-분포의 우측 꼬리의 면적은 .005보다 작다. 이 검정은 양측 검정이므로 $t = 8.62$일 때의 p-값도 2(.005) = .01보다 작다. 엑셀을 이용하면 p-값 = .000임을 확인할 수 있다. 이 p-값이 $\alpha = .01$보다 작기 때문에, 우리는 H_0를 기각하고 β_1은 0이 아니라는 결론을 내릴 수 있다. 이는 학생 모집단 크기 x와 분기별 매출액 y 사이에는 유의한 관계가 있다는 결론을 내리기에 충분한 증거가 된다. 단순선형회귀분석에서 유의성을 검정하는 t-검정을 요약하면 다음과 같다.

단순선형회귀분석에서 t-검정을 이용한 유의성 검정

$$H_0: \beta_1 = 0$$
$$H_a: \beta_1 \neq 0$$

검정 통계량

$$t = \frac{b_1}{s_{b_1}} \qquad \textbf{14-19}$$

기각규칙

p-값 방식: p-값 $\leq \alpha$이면 H_0를 기각
임계값 방식: $t \leq -t_{\alpha/2}$ 또는 $t \geq t_{\alpha/2}$이면 H_0를 기각

여기서, $t_{\alpha/2}$는 자유도가 $n-2$인 t-분포를 따른다.

β_1의 신뢰구간

β_1의 신뢰구간 형태는 다음과 같다.

$$b_1 \pm t_{\alpha/2} s_{b_1}$$

점 추정량은 b_1이고 오차범위는 $t_{\alpha/2} s_{b_1}$이다. 이 신뢰구간과 연관된 신뢰계수는 $1-\alpha$이고, $t_{\alpha/2}$는 자유도가 $n-2$인 t-분포의 우측 꼬리에서 $\alpha/2$의 면적을 가지는 t-값이다. 예를 들어, 아르만즈 피자 팔로스에 대해 β_1의 99% 신뢰구간의 추정값을 구한다고 가정하자. 부록 B의 표

2에서 $\alpha = .01$이고 자유도 $n-2 = 10-2 = 8$에 해당하는 t-값은 $t_{.005} = 3.355$이다. 따라서 β_1의 99% 신뢰구간 추정값은 다음과 같다.

$$b_1 \pm t_{\alpha/2} s_{b_1} = 5 \pm 3.355(.5803) = 5 \pm 1.95$$

즉 3.05에서 6.95 사이이다.

유의성 검정에 t-검정을 사용할 때의 가설은 다음과 같았다.

$$H_0: \beta_1 = 0$$
$$H_a: \beta_1 \neq 0$$

아르만즈 피자 팔로스의 자료에서 유의수준 $\alpha = .01$의 가설 검정의 대안으로서 99% 신뢰구간을 사용할 수 있다. 99% 신뢰구간(3.05에서 6.95)에, 가설에서 설정한 β_1의 값 0이 포함되지 않으므로 우리는 H_0를 기각하고 학생 모집단의 크기와 분기별 매출액 사이에는 통계적으로 유의한 관계가 존재한다는 결론을 내릴 수 있다. 일반적으로 신뢰구간은 β_1에 관한 양측 검정을 할 때 이용될 수 있다. 만약 가설에서 설정한 β_1의 값(여기서는 0)이 신뢰구간에 포함된다면 H_0를 기각할 수 없다. 그렇지 않다면 H_0를 기각한다.

F-검정

F확률분포를 기반으로 하는 F-검정도 회귀분석의 유의성 검정에 사용된다. 독립변수가 하나일 경우는 F-검정과 t-검정은 동일한 결과를 가져온다. 즉, t-검정에서 $\beta_1 \neq 0$이기 때문에 유의한 관계로 나온다면 F-검정에서도 유의한 관계가 있다는 결론이 나온다. 하지만 독립변수가 1개보다 많으면 오직 F-검정만이 어떤 전반적인 유의적 관계를 검정하는 데 사용될 수 있다.

회귀관계가 통계적으로 유의한지의 여부를 결정하는 데 F-검정을 사용하는 논리적 근거는 σ^2에 대한 두 개의 독립적인 추정값을 유도하는 과정에 있다. 앞서, MSE가 어떻게 σ^2의 추정값이 되는지는 설명하였다. 만약 귀무가설 H_0: $\beta_1 = 0$이 참이라면, 회귀제곱합 SSR을 자유도로 나눈 값도 σ^2의 또 다른 독립적인 추정값이 된다. 이 추정값을 회귀에 의한 오차 **제곱합의 평균**(mean square due to regression) 또는 간단히 **평균제곱회귀**(mean square regression)라고 부르고 MSR로 표기한다. 일반적으로 다음의 관계와 같다.

$$\text{MSR} = \frac{\text{SSR}}{\text{회귀 자유도}}$$

이 책에서 다루는 모형에서 **회귀 자유도**(regression degrees of freedom)는 항상 모형 내 독립변수의 수와 동일하다.

$$\text{MSR} = \frac{\text{SSR}}{\text{독립변수의 수}} \quad \text{14-20}$$

이 장에서는 독립변수의 수가 1개인 회귀모형만을 다루었기 때문에 MSR = SSR/1 = SSR이다. 따라서 아르만스 피자 팔로스의 경우 MSR = SSR = 14,200이 된다.

만약 귀무가설(H_0: $\beta_1 = 0$)이 참이라면, MSR과 MSE는 두 개의 독립적인 σ^2의 추정값이 된다. 그리고 MSR/MSE의 표집분포는 분자의 자유도는 1이고 분모의 자유도는 $n-2$인 F-분포를 따르게 된다. 따라서 $\beta_1 = 0$이며 MSR/MSE의 값은 1에 가까워져야 한다. 그렇지만 귀무가설이 거짓이라면($\beta_1 \neq 0$), MSR은 σ^2을 과다하게 추정하여 MSR/MSE의 값이 부풀려지게 된다. 따라서 MSR/MSE의 값이 커지면 H_0를 기각으로 이끌게 되어 x와 y의 관계는 통계적으로 유의하다는 결론을 얻을 수 있다.

아르만즈 피자 팔로스의 예제에 대해서 F-검정을 생각해 보자. 검정 통계량 값은 다음과 같다.

$$F = \frac{\text{MSR}}{\text{MSE}} = \frac{14,200}{191.25} = 74.25$$

단순선형회귀분석에서는 F-검정과 t-검정은 동일한 결과를 얻는다.

F-분포표(부록 B의 표 4)는 분자의 자유도가 1이고 분모의 자유도가 $n-2 = 10-2 = 8$일 때 $F = 11.26$의 우측 꼬리의 면적이 .01임을 보여준다. 따라서 검정 통계량 $F = 74.25$에 해당하는 F-분포의 우측 꼬리의 면적은 더 작다. 그러므로 p-값은 .01보다 작다는 결론을 내릴 수 있다. 엑셀을 이용하면 p-값은 .000이다. p-값이 .01보다 작기 때문에, 우리는 H_0를 기각하고 학생 모집단의 크기와 분기별 매출액 사이에 통계적으로 유의한 관계가 존재한다고 결론을 내릴 수 있다. 단순선형회귀분석에서 F-검정을 이용한 유의성 검정을 요약하면 다음과 같다.

만약 H_0가 거짓이면, MSE는 σ^2의 불편추정값이고 MSR은 σ^2을 과다하여 추정하게 된다. 만약 H_0가 참이면 MSE와 MSR 모두 σ^2의 불편추정값이 된다. 이 경우 MSR/MSE의 값은 1과 가까워진다.

단순선형회귀분석에서 F-검정을 이용한 유의성 검정

$$H_0: \beta_1 = 0$$
$$H_a: \beta_1 \neq 0$$

검정 통계량

$$F = \frac{\text{MSR}}{\text{MSE}} \quad \text{14-21}$$

기각규칙

p-값 방식: p-값 $\leq \alpha$이면 H_0를 기각
임계값 방식: $F \geq F_\alpha$이면 H_0를 기각

여기서, F_α는 분자의 자유도가 1이고 분모의 자유도가 $n-2$인 F-분포를 따른다.

우리는 13장에서 분산분석을 다루면서 **분산분석표**(ANOVA table)가 분산분석의 계산결과를 보여주는 데 얼마나 편리한 요약인지를 설명하였다. 회귀분석에서 유의성을 검정하는 F-

〈표 14-5〉 단순선형회귀분석에서 분산분석표의 일반적 형식

모든 분산분석표에서 총제곱합은 회귀제곱합과 오차제곱합의 합계이다. 총제곱합의 자유도는 회귀 자유도와 잔차 자유도를 합한 값이다. (표에서 잔차는 오차를 말한다.)

변동요인	제곱합	자유도	제곱 평균	F	p-값
회귀	SSR	1	$\text{MSR}=\frac{\text{SSR}}{1}$	$F=\frac{\text{MSR}}{\text{MSE}}$	
잔차	SSE	$n-2$	$\text{MSE}=\frac{\text{SSE}}{n-2}$		
합계	SST	$n-1$			

〈표 14-6〉 아프만즈 피자 팔로스 예제에 대한 분산분석표

변동요인	제곱합	자유도	제곱 평균	F	p-값
회귀	14,200	1	$\frac{14{,}200}{1}=14{,}200$	$\frac{14{,}200}{191.25}=74.25$	.000
잔차	1,530	8	$\frac{1530}{8}=191.25$		
합계	15,730	9			

검정의 결과를 요약할 때도 유사한 분산분석표가 이용된다. 〈표 14-5〉는 단순선형회귀분석에서 일반적 형식의 분산분석표이다. 〈표 14-6〉은 아르만즈 피자 팔로스에 대하여 F-검정을 실시한 분산분석표이다. 세 가지 변동요인을 회귀, 잔차, 합계로 표시하였는데, 이에 대응하는 각각의 제곱합, 즉 SSR, SSE, SST를 둘째 열에서 볼 수 있다. SSR의 자유도 1, SSE의 자유도 $n-2$, 그리고 SST의 자유도 $n-1$은 셋째 열에서 볼 수 있다. 넷째 열에는 MSR과 MSE의 값이, 다섯째 열에는 F = MSR/MSE의 값이 있다. 컴퓨터를 이용한 회귀분석 결과의 출력에는 유의성 검정의 F-검정 결과를 요약한 분산분석표를 포함하고 있다.

유의성 검정 결과 해석에 대한 주의사항

회귀분석은 어떤 변수가 다른 변수와 관련이 있는지를 확인하는 데 이용될 수 있지만, 인과관계의 증거로 사용될 수 없다.

귀무가설 H_0: $\beta_1 = 0$를 기각하고 x와 y 사이의 관계가 유의하다는 결론을 내린다고 하더라도 x와 y 사이에 인과관계가 존재한다고 말할 수는 없다. 인과관계는 분석가가 그 관계가 원인-결과라는 이론적 정당성을 부여하는 경우에만 인과관계가 있다는 결론을 내릴 수 있다. 아르만즈 피자 팔로스의 예에서 학생 모집단의 크기 x와 분기별 매출액 y 사이에는 유의한 관계가 있다는 결론을 내릴 수 있다. 더구나 추정회귀식 $\hat{y} = 60+5x$는 x와 y의 관계에 의한 최소제곱 추정값을 제공한다. 그렇지만 통계적으로 유의한 관계를 확인했다고 해서 학생 모집단 크기 x의 변동이 분기별 매출액 y의 변동을 유발한다(cause)고 결론을 내릴 수는 없다. 인과관계가 있다는 결론의 타당성은 이론적 정당성으로부터 찾거나 분석가의 탁월한 판단에 맡겨야 한다. 아르만즈 피자 팔로스의 관리자는 학생 모집단의 증가가 분기별 매출

액 증가의 원인이 될 가능성이 높다고 생각할 것이다. 따라서 유의성 검정의 결과는 관리자로 하여금 인과관계가 존재한다는 결론을 내릴 수 있게 해 준다.

추가적으로, H_0: $\beta_1 = 0$를 기각하고 통계적 유의성을 보여준다고 해서 x와 y의 관계가 신형이라고 결론지을 수도 없다. 우리가 말할 수 있는 것은 x와 y 사이에 관계가 있고 표본에서 관측된 x값의 범위 안에서는 y의 변동성의 상당 부분을 설명하는 것이 선형관계라는 것뿐이다. 〈그림 14-9〉는 이 상황을 보여주고 있다. 유의성 검정에서 귀무가설 H_0: $\beta_1 = 0$이 기각되어 x와 y는 유의한 관계에 있다는 결론이 나왔지만, 그림은 x와 y의 실제 관계가 선형이 아님을 보여준다. 관측된 x값의 범위 안에서는 $\hat{y} = b_0+b_1x$로 훌륭한 선형 근사를 이루지만, x값이 그 범위를 벗어나면 좋지 않은 근사가 된다.

유의한 관계가 주어지면 표본에서 관측된 x값의 범위 내에서 x값에 대응하는 예측값을 추정하는 데 추정회귀식을 자신 있게 사용해도 된다. 아르만즈 피자 팔로스에서 이 범위에 해당하는 x값은 2에서 26이다. 이 범위 밖에서도 모형이 타당하다고 말할 수 있는 다른 이유가 없다면 독립변수의 범위 밖에서의 예측은 주의 깊게 이루어져야 한다. 아르만즈 피자 팔로스에서 회귀관계는 유의수준 .01에서 유의하다는 것이 발견되었기 때문에, 학생 모집단이 2000명에서 26,000명 사이의 크기를 가지는 경우에만 식당의 매출액을 예측하는 데 이 모형을 자신 있게 사용해도 된다.

〈그림 14-9〉 비선형관계에서 선형 근사의 예

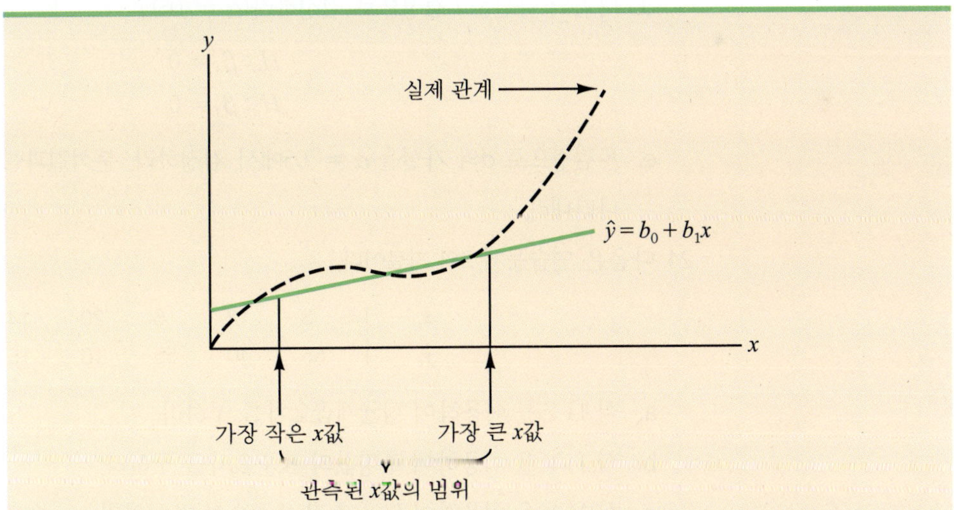

14.5 보충 설명

1. 14.4절의 오차항에 대한 가정은 이 절에서 통계적 유의성 검정을 가능하게 한다. b_1의 표집분포의 성질과, 그로부터 연유한 t-검정과 F-검정은 바로 이러한 오차항에 대한 가정을 기반으로 한다.
2. 통계적 유의성을 실제적 유의성과 혼동하지 말

자. 표본의 크기가 매우 크면 작은 값의 b_1에 대해서도 통계적 유의성이 얻어진다. 이와 같은 경우에는 관계가 실제적 유의성을 가진다는 결론을 내리는 데 주의해야 한다. 14.8절에서 이를 더 자세하게 논의한다.

3. x와 y의 선형관계에 대한 유의성 검정은 표본상관계수 r_{xy}를 통해 실시할 수 있다. 모집단의 상관계수를 나타내는 ρ_{xy}를 이용한 가설은 다음과 같다.

$$H_0: \rho_{xy}=0$$
$$H_a: \rho_{xy}\neq 0$$

H_0가 기각되면 유의한 관계가 있다고 결론지을 수 있다. 이 검정의 자세한 내용은 부록 14-2에 있다. 그렇지만 이 절에서 다룬 t-검정과 F-검정은 상관계수를 사용한 유의성 검정과 동일한 결과를 제공한다. 따라서 t-검정 또는 F-검정이 이미 실시되었다면 상관계수를 사용한 유의성 검정은 불필요하다.

연습문제

기초문제

23. 다음은 연습문제 1의 자료이다.

x_i	1	2	3	4	5
y_i	3	7	5	11	14

a. 식 14-15를 이용하여 평균제곱오차를 구하라.

b. 식 14-16을 이용하여 추정값의 표준오차를 구하라.

c. 식 14-18을 이용하여 b_1의 추정 표준오차를 구하라.

d. 다음의 가설을 t-검정으로 검정하라($\alpha = .05$).

$$H_0: \beta_1 = 0$$
$$H_a: \beta_1 \neq 0$$

e. F-검정으로 d의 가설을 $\alpha = .05$에서 검정하라. 분석결과를 분산분석표의 형식으로 나타내라.

24. 다음은 연습문제 2의 자료이다.

x_i	3	12	6	20	14
y_i	55	40	55	10	15

a. 식 14-15를 이용하여 평균제곱오차를 구하라.

b. 식 14-16을 이용하여 추정값의 표준오차를 구하라.

c. 식 14-18을 이용하여 b_1의 추정 표준오차를 구하라.

d. 다음의 가설을 t-검정으로 검정하라($\alpha = .05$).

$$H_0: \beta_1 = 0$$
$$H_a: \beta_1 \neq 0$$

e. F-검정으로 d의 가설을 $\alpha = .05$에서 검정하라. 분석결과를 분산분석표의 형식으로

나타내라.

25. 다음은 연습문제 3의 자료이다.

x_i	2	6	9	13	20
y_i	7	18	9	26	23

a. 추정값의 표준오차는 얼마인가?

b. t-검정으로 유의한 관계인지를 검정하라($\alpha = .05$).

c. F-검정으로 유의한 관계인지를 $\alpha = .05$에서 검정하라. 당신의 결론은 무엇인가?

응용문제

26. 다음 자료는 연습문제 18의 *Consumer Reports*에서 테스트한 스테레오 헤드폰 6개의 브랜드, 가격(단위: $), 그리고 전반적 점수에 대한 것이다[출처].

브랜드	가격(단위: $)	전반적 점수
Bose	180	76
Skullcandy	150	71
Koss	95	61
Phillips/O'Neill	70	56
Denon	70	40
JVC	35	26

a. t-검정으로 가격과 전반적 점수 사이에 유의한 관계가 나타나는가? 당신의 결론은 무엇인가? $\alpha = .05$를 사용하라.

b. F-검정으로 유의한 관계가 있는지 검정하라. 당신의 결론은 무엇인가? $\alpha = .05$를 사용하라.

c. 이 자료에 대한 분석결과를 분산분석표로 제시하라.

27. 다음 자료는 스트레스를 원하지 않는 사람들을 위한 고임금 일자리를 식별하기 위한 것으로, 여러 가지 직업의 평균 연봉(단위: $1000)과 스트레스 내성을 보여준다[출처].

DATA file SalaryStress

직업	평균 연봉(단위: $1000)	스트레스 내성
Art directors	81	69.0
Astronomers	96	62.0
Audiologists	70	67.5
Dental hygienists	70	71.3
Economists	92	63.3
Engineers	92	69.5
Law teachers	100	62.8
Optometrists	98	65.5
Political scientists	102	60.1
Urban and regional planners	65	69.0

각 직업의 스트레스 내성은 0에서 100으로 평가되었으며, 여기서 낮은 평가 점수는 스트

레스가 적다는 것을 의미한다.

a. 평균 연봉을 독립변수로 하는 산점도를 그려라. 산점도는 두 변수 사이에 어떤 관계가 있다는 것을 보여주는가?

b. 이 자료를 이용하여 평균 연봉이 주어졌을 때 스트레스 내성을 예측할 수 있는 추정회귀식을 구하라.

c. α = .05에서 두 변수 사이에 통계적으로 유의한 관계가 있는 것으로 보이는가?

d. 특정 직업의 평균 연봉이 주어졌을 때, 그 직업에 대한 스트레스 내성을 예측하는 것이 타당하다고 생각하는가? 이에 대해 설명하라.

e. 이 자료로부터 평균 연봉과 스트레스 내성 사이의 관계가 합리적이라고 판단하는가? 이에 대해 설명하라.

DATA file
BrokerRatings

28. 연습문제 8에서 전자거래에 대한 추정회귀식 $\hat{y}$ = .2046+.9077x을 얻었다[출처]. 여기서 x는 거래처리 속도이고 y는 전반적 만족도이다. 거래처리 속도와 전반적 만족도 사이에 관련이 있는지를 유의수준 .05에서 검정하라. 분산분석표를 작성하라. 당신의 결론은 무엇인가?

29. 연습문제 21의 자료를 가지고, 어떤 제조 부문의 운영에서 생산량과 비용 사이의 관계를 나타내는 추정회귀식을 구하였다. 생산량이 총비용과 유의한 관계가 있는지를 유의수준 .05에서 검정하라. 분산분석표를 작성하라. 당신의 결론은 무엇인가?

30. 다음은 연습문제 9의 자료이다. 6개 소형차 렌터카 회사의 서비스 중인 자동차 대수(단위: 1000대)와 연간 매출액(단위: $백만)이다[출처].

회사	자동차 대수	매출액
U-Save Auto Rental System, Inc.	11.5	118
Payless Car Rental System, Inc.	10.0	135
ACE Rent A Car	9.0	100
Rent-A-Wreck of America	5.5	37
Triangle Rent-A-Car	4.2	40
Affordable/Sensible	3.3	32

여기서 x는 서비스 중인 자동차 대수이고 y는 연간 매출액이며, 이 자료의 추정회귀식은 $\hat{y}$ = −17.005+12.966x이고, SSE = 1043.03, SST = 10,568이다. 이러한 결과는 서비스 중인 자동차 대수와 연간 매출액의 관계가 유의하다는 것을 보여주는가?

DATA file
RacingBicycles

31. 연습문제 20에서 경주용 자전거 10개 종류에 대한 추정회귀식은 $\hat{y}$ = 28,574−1439x이다[출처]. 여기서 x는 무게(단위: 파운드)이고 y는 가격(단위: $)이다. 자료로부터 SSE = 7,102,922.54이고 SST = 52,120,800을 구했다. 자전거의 무게와 가격이 관련이 있는지 또는 없는지를 유의수준 .05에서 F-검정으로 결정하라.

14.6 추정과 예측을 위한 추정회귀식의 이용

단순선형회귀모형은 x와 y 사이의 관계에 대하여 선형의 관계를 가정한다. 그런 다음에, 우리는 최소제곱법을 이용하여 단순선형회귀식을 추정한다. 만약 x와 y 사이에 유의한 관계가 있고 결정계수의 적합도가 좋다면 추정된 회귀식은 추정과 예측에 유용하게 사용될 수 있을 것이다.

아르만즈 피자 팔로스의 예제에서 추정회귀식은 $\hat{y} = 60+5x$이다. 14.1절 마지막 부분에서 $\hat{y}$는 주어진 x값에 대한 y의 평균 또는 기댓값인 $E(y)$의 **점 추정량**(point estimator)으로, 또 $\hat{y}$는 y의 개별값에 대한 예측량(predictor)으로 이용될 수 있다고 설명하였다. 예를 들어, 아르만즈 피자 팔로스의 관리자가 학생 수 10,000인 대학교 캠퍼스 근처에 위치한 모든 식당의 분기별 매출액의 평균을 예측하려 한다고 하자. 추정회귀식 $\hat{y} = 60+5x$를 이용하면 $x = 10$(학생 수 10,000명)일 때 $\hat{y} = 60+5(10) = 110$을 얻는다. 따라서 학생 수 10,000인 대학교 캠퍼스 근처에 위치한 모든 식당의 분기별 매출액의 평균의 **점 추정값**(point estimate)은 $110,000이다. 이 경우 $\hat{y}$는 $x = 10$일 때의 y의 평균값에 대한 점 추정량으로서 사용되고 있다.

또한 우리는 주어진 x값에 대한 y의 개별값을 예측하는 데도 추정회귀식을 사용할 수 있다. 예를 들어, 학생이 10,000명인 톨봇대학교(Talbot College) 근처에 개점하려는 어떤 아르만즈 피자 팔로스 식당이 있다면, 그 분기별 매출액을 예측하기 위해 $\hat{y} = 60+5(10) = 110$을 계산한다. 따라서 우리는 이 새로운 식당의 분기별 매출액이 $110,000이 될 것이라고 예측할 수 있다. 이 경우 우리는 $\hat{y}$을 $x = 10$일 때의 새로운 관측에 대한 y의 예측으로 사용하고 있다.

우리가 추정회귀식을 가지고 y의 평균값을 추정하고, 또는 y의 개별값을 예측한다면, 이 추정과 예측은 주어진 x값에 의존한다는 것은 분명하다. 이와 같은 이유 때문에 우리는 추정과 예측에 관한 이슈들을 보다 심도 있게 논의하고자 한다. 다음의 표기들은 문제를 명확히 하는 데 도움이 된다.

x^* = 독립변수 x의 주어진 값

y^* = 종속변수 y의 가능한 값을 나타내는 확률변수, $x = x^*$일 때

$E(y^*)$ = 종속변수 y의 평균 또는 기댓값, $x = x^*$일 때

$\hat{y}^* = b_0+b_1x^*$ = $E(y^*)$의 점 추정량 또는 y^*의 개별값에 대한 예측량, $x = x^*$일 때

이들 표기를 사용하여 학생이 10,000명인 대학교 캠퍼스 근처에 위치한 아르만즈 피자 팔로스 식당 **전부**(all)의 분기별 매출액의 평균을 예측해 보자. 이 경우 $x^* = 10$이고, 그때 $E(y^*)$은 현재 알려지지 않은 전체 식당의 분기별 매출액의 평균값을 나타낸다. 따라서 $E(y^*)$의 점 추정값은 $\hat{y}^* = 60+5(10) = 110$으로부터 얻어진다. 하지만 이 표기를 사용하면 $\hat{y}^* = 110$은

학생 10,000명의 톨봇대학교 캠퍼스 근처에 새로 지은 식당의 분기별 매출액의 예측값이 되기도 한다.

구간 추정

신뢰구간과 예측구간은 회귀분석 결과의 정확도를 알려준다. 이 들 구간이 좁아질수록 정확도가 더욱 높아진다.

점 추정량과 예측량은 추정과 예측의 정확도에 관한 정보를 제공하지는 못한다. 이에 우리는 신뢰구간과 예측구간을 찾아야 한다. **신뢰구간**(confidence interval)은 x의 어떤 값에 대한 y의 평균값의 구간 추정값이다. **예측구간**(prediction interval)은 x의 어떤 값에 대응하는 새로운 관측으로서 y의 개별값을 예측하고자 할 때마다 이용된다. 주어진 어떤 x값에 대한 y의 예측량(predictor)이 주어진 x값에 대한 y의 평균값의 점 추정량(point estimator)과 같을지라도, 이 두 가지 경우의 구간 추정값들은 서로 다르다. 곧 알게 되겠지만, 예측구간의 오차범위가 더 크다. 이제 y의 평균값의 구간 추정값을 얻는 방법부터 살펴보자.

y 평균값의 신뢰구간

일반적으로 $\hat{y}^*$이 $E(y^*)$와 일치한다고 예상하기는 어렵다. $\hat{y}^*$의 값이 참 평균값인 $E(y^*)$에 얼마나 가까운지를 추론하기 위해서는 $\hat{y}^*$의 분산을 추정해야 한다. $\hat{y}^*$의 분산은 $s^2_{\hat{y}^*}$로 표기하며, 다음 식으로 추정한다.

$$s^2_{\hat{y}^*} = s^2\left[\frac{1}{n} + \frac{(x^* - \bar{x})^2}{\sum(x_i - \bar{x})^2}\right] \quad \textbf{14-22}$$

식 14-22의 양변에 제곱근을 취하면 $\hat{y}^*$의 표준편차가 추정된다.

$$s_{\hat{y}^*} = s\sqrt{\frac{1}{n} + \frac{(x^* - \bar{x})^2}{\sum(x_i - \bar{x})^2}} \quad \textbf{14-23}$$

14.5절에서 아르만즈 피자 팔로스의 계산결과에 따르면 $s = 13.829$이다. 또한 $x^* = 10$이고 $\bar{x} = 14$, $\sum(x_i - \bar{x})^2 = 568$이므로, 식 14-23을 이용하여 다음을 얻을 수 있다.

$$t_{\alpha/2}s_{\hat{y}^*} = 13.829\sqrt{\frac{1}{10} + \frac{(10-14)^2}{568}} = 13.829\sqrt{.1282} = 4.95$$

신뢰구간의 일반적인 표현은 다음과 같다.

이 신뢰구간에 해당하는 오차범위는 $t_{\alpha/2}s_{\hat{y}^*}$이다.

$E(y^*)$의 신뢰구간

$$\hat{y}^* \pm t_{\alpha/2}s_{\hat{y}^*} \quad \textbf{14-24}$$

여기서 신뢰계수는 $1-\alpha$이고 $t_{\alpha/2}$는 자유도가 $n-2$인 t 분포의 값이다.

식 14-24를 이용하여 학생 10,000명인 대학교 캠퍼스 근처에 위치한 아르만즈 피자 팔로스의 식당 전부에 대한 분기별 매출액 평균의 95% 신뢰구간을 구하려면 $\alpha/2 = .025$이고 자유도 $n-2 = 10-2 = 8$에 해당하는 t-값을 알아야 한다. 부록 B의 〈표 2〉에서 $t_{.025} = 2.306$이다. 따라서 $\hat{y}^* = 110$이고 오차범위 $t_{\alpha/2}s_{\hat{y}^*} = 2.306(4.95) = 11.415$가 되며, 95% 신뢰구간 추정값은 다음과 같다.

$$110 \pm 11.415$$

이를 금액으로 보면, 학생 수 10,000명인 대학교 캠퍼스 근처에 위치한 식당 모두의 분기별 매출액 평균의 95% 신뢰구간은 \$110,000±\$11,415이다. 따라서 학생 모집단이 10,000명인 경우 분기별 매출액 평균의 95% 신뢰구간은 \$98,585에서 \$121,415가 된다.

식 14-23으로부터 추정된 $\hat{y}^*$의 표준편차는 $x^*-\bar{x} = 0$일 때 가장 작다는 것에 주목하자. 이 경우 $\hat{y}^*$의 표준편차의 추정은 다음과 같다.

$$s_{\hat{y}^*} = s\sqrt{\frac{1}{n}+\frac{(\bar{x}-\bar{x})^2}{\sum(x_i-\bar{x})^2}} = s\sqrt{\frac{1}{n}}$$

이는 $x^* = \bar{x}$일 때에 y의 평균값의 추정이 가장 정확하다는 것을 의미한다. 사실 x^*가 $\bar{x}$로부터 멀어지면 $x^*-\bar{x}$도 커진다. 결과적으로 x^*와 $\bar{x}$의 차이가 클수록 y의 평균값의 신뢰구간도 넓어진다. 이와 같은 경향은 〈그림 14-10〉의 그래프를 통해 확인할 수 있다.

〈그림 14-10〉 학생 모집단 x의 각 값에 대한 평균 매출액 y의 신뢰구간

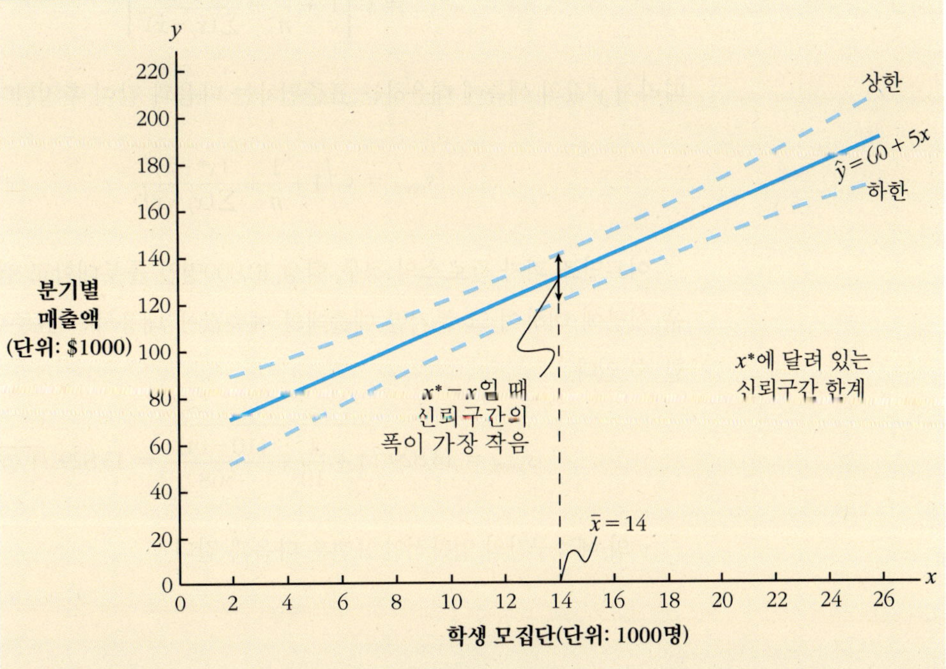

y 개별값의 예측구간

학생이 10,000명인 대학교 캠퍼스 근처에 위치한 아르만즈 피자 팔로스의 식당 전체의 분기별 매출액의 평균을 추정하는 대신에, 학생 10,000명인 톨봇대학교 캠퍼스 근처에서 새로 개업하는 아르만즈 식당의 분기별 매출액을 예측한다고 가정해 보자. 앞에서 살펴본 것처럼, 주어진 어떤 x^*에 대응하는 y값, 즉 y^*의 예측량(predictor)은 $\hat{y}^* = b_0+b_1x^*$이다. 톨봇대학교에 근처에서 개점하는 아르만즈 식당은 $x^* = 10$이고 이에 대응하는 분기별 매출액 예측값은 $\hat{y}^* = 60+5(10) = 110$, 즉 $110,000이다. 톨봇대학교 근처에서 개점하는 아르만즈 식당의 분기별 매출액에 대한 이 예측값은 학생 10,000명 대학교 캠퍼스 근처에 위치한 아르만즈의 식당 모두에 대하여 분기별 매출액의 평균의 점 추정값과 동일하다는 것에 유의하자.

이제 예측구간을 구해 보자. 먼저 $x = x^*$에 대응한 y의 예측변수로서 $\hat{y}^*$을 사용하는 데 관련된 분산을 정해야 한다. 이 분산은 다음과 같은 두 가지 구성요인의 합으로 구해진다.

1. 평균 $E(y^*)$에 대한 y^*값의 분산: 그것의 추정값은 s^2이다.
2. $\hat{y}^*$로서 $E(y^*)$을 추정하는 데 관련된 분산: 그것의 추정값은 $s^2_{\hat{y}^*}$이다.

$x = x^*$일 때 y값의 예측에 관한 분산의 추정은 s^2_{pred}로 표기하며 다음과 같다.

$$\begin{aligned} s^2_{\text{pred}} &= s^2 + s^2_{\hat{y}^*} \\ &= s^2 + s^2\left[\frac{1}{n} + \frac{(x^*-\bar{x})^2}{\sum(x_i-\bar{x})^2}\right] \\ &= s^2\left[1 + \frac{1}{n} + \frac{(x^*-\bar{x})^2}{\sum(x_i-\bar{x})^2}\right] \end{aligned} \tag{14-25}$$

따라서 y^*값의 예측에 대응하는 표준편차는 다음과 같이 추정된다.

$$s_{\text{pred}} = s\sqrt{1+\frac{1}{n}+\frac{(x^*-\bar{x})^2}{\sum(x_i-\bar{x})^2}} \tag{14-26}$$

아르만즈 피자 팔로스의 경우, 학생 10,000명인 톨봇대학교 캠퍼스 근처에 위치한 새로운 식당에 대하여 그 분기별 매출액의 예측값에 대응하는 표준편차는 다음과 같이 추정할 수 있다.

$$s_{\text{pred}} = 13.829\sqrt{1+\frac{1}{10}+\frac{(10-14)^2}{568}} = 13.829\sqrt{1.282} = 14.69$$

y^*의 예측구간의 일반적인 표현은 다음과 같다.

이 예측구간에 해당하는 오차범위는 $t_{\alpha/2}s_{\text{pred}}$이다.

y^*의 예측구간

$$\hat{y}^* \pm t_{\alpha/2}s_{\text{pred}} \qquad \text{14-27}$$

여기서 신뢰계수는 $1-\alpha$이고 $t_{\alpha/2}$는 자유도가 $n-2$인 t-분포의 값이다.

톨봇대학교 캠퍼스 근처에 개점하는 아르만즈 식당의 분기별 매출액의 95% 예측구간은 $t_{\alpha/2} = t_{.025} = 2.306$과 $s_{\text{pred}} = 14.69$를 이용하여 얻을 수 있다. $\hat{y}^* = 110$에서 오차범위 $t_{.025}s_{\text{pred}} = 2.306(14.69) = 33.875$이므로 95% 예측구간은 다음과 같다.

$$110 \pm 33.875$$

이를 금액으로 보면, 이 예측구간은 \$110,000±\$33,875 또는 \$76,125에서 \$143,875가 된다. 학생 10,000명인 톨봇대학교 캠퍼스 근처에 위치한 새 식당에 대한 예측구간이 학생 10,000명인 대학교 캠퍼스 근처에 위치한 식당 전체의 분기별 매출액 평균의 신뢰구간보다 넓다는 데 유의하자. 이러한 차이는 y의 개별값을 예측하는 것보다 y의 평균값을 더 정확하게(precisely) 추정할 수 있다는 사실을 반영한다.

일반적으로 신뢰구간의 한계선과 예측구간의 한계선 모두 곡률을 가진다.

신뢰구간과 예측구간 둘 다 독립변수의 값 x^*이 $\bar{x}$에 더 가까워질 때 더 정밀하다. 〈그림 14-11〉은 신뢰구간과 이보다 더 넓은 예측구간의 일반적 모습을 함께 보여주고 있다.

〈그림 14-11〉 학생 모집단 x에 대한 매출액 y의 신뢰구간과 예측구간

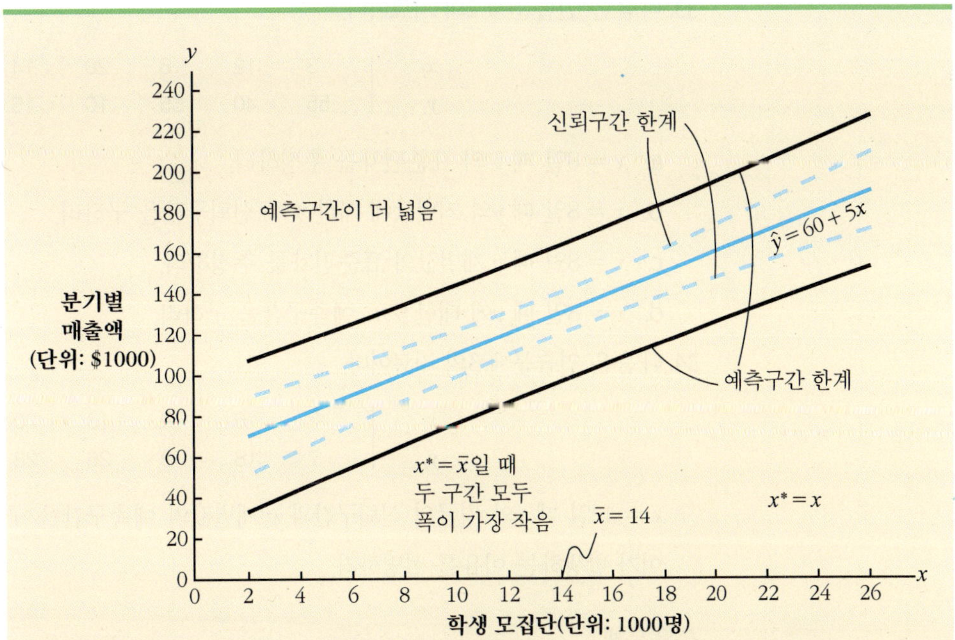

14.6 보충 설명

예측구간은 새로운 관측값에 대한 종속변수 y의 값을 예측하는 데 사용된다. 우리는 예제를 통해 학생 10,000명의 톨봇대학교 캠퍼스 근처에서 개점하는 아르만즈 식당의 분기별 매출액의 예측구간을 어떻게 구하는지를 살펴보았다. 〈표 14-1〉의 아르만즈 피자 팔로스의 표본 자료를 보면 학생 모집단 $x=10$은 존재하지 않는다. 그렇다고 해서 표본 자료에 있는 x값에 대해서 예측구간을 구할 필요가 없다는 것을 의미하지는 않는다. 하지만 이미 〈표 14-1〉의 표본 자료 내 10개의 식당에서 이들 각각의 분기별 매출액을 알고 있기 때문에, 이 식당들 중 하나의 분기별 매출액의 예측구간을 구하는 것은 의미가 없다. 다시 말하면, 예측구간은 오직 새로운 것에 대해서만 의미를 지니며, 이 경우 표본의 x값과 같거나 나른 것에 관계없이 어떤 x값에 대응하는 새로운 관측값에 대한 예측구간이다.

연습문제

기초문제

32. 다음은 연습문제 1의 자료이다. 회귀식을 구한 후 다음 질문에 답하라.

x_i	1	2	3	4	5
y_i	3	7	5	11	14

a. 식 14-23을 이용하여 $x = 4$일 때 $\hat{y}^*$의 표준편차($s_{\hat{y}^*}$)를 추정하라.

b. 식 14-24를 이용하여 $x = 4$일 때 y의 기댓값에 대한 95% 신뢰구간을 구하라.

c. 식 14-26을 이용하여 $x = 4$일 때 y 개별값의 표준편차(s_{pred})를 추정하라.

d. 식 14-27을 이용하여 $x = 4$일 때 y에 대한 95% 예측구간을 구하라.

33. 다음은 연습문제 2의 자료이다.

x_i	3	12	6	20	14
y_i	55	40	55	10	15

a. $x = 8$일 때 $\hat{y}^*$의 표준편차를 추정하라.

b. $x = 8$일 때 y의 기댓값에 대한 95% 신뢰구간을 구하라.

c. $x = 8$일 때 y 개별값의 표준편차를 추정하라.

d. $x = 8$일 때 y에 대한 95% 예측구간을 구하라.

34. 다음은 연습문제 3의 자료이다.

x_i	2	6	9	13	20
y_i	7	18	9	26	23

$x = 12$일 때 y의 평균의 신뢰구간과 y 개별값의 예측구간을 구하라. 두 구간 사이에 차이가 발생하는 이유를 설명하라.

응용문제

35. 다음은 경영학 학사학위를 받은 학생들의 평균학점 x와 월급 y에 관한 자료이다.

평균학점	2.6	3.4	3.6	3.2	3.5	2.9
월급(단위: $)	3600	3900	4300	3800	4200	3900

이 자료의 추정회귀식은 $\hat{y} = 2090.5 + 581.1x$이고, MSE = 21,284이다.

a. 평균학점이 3.0인 어떤 학생의 첫 월급의 점 추정값을 구하라.

b. 평균학점이 3.0인 모든 학생의 첫 월급 평균에 대한 95% 신뢰구간을 구하라.

c. 평균학점이 3.0인 Ryan Dailey라는 학생의 첫 월급에 대한 95% 예측구간을 구하라.

d. b와 c의 결과가 다른 이유를 설명하라.

DATA *file* Sales

36. 연습문제 7에서, 영업사원 10명의 y = 신규고객 계정의 연간 매출액(단위: $1000)과 x = 담당 영업사원의 경력(단위: 년)에 관한 표본 자료로부터 추정회귀식이 $\hat{y} = 80 + 4x$임을 알았다. 이 자료에서 $\bar{x} = 7$, $\Sigma(x_i - \bar{x})^2 = 142$, $s = 4.6098$이다.

a. 경력 9년인 모든 영업사원의 연간 매출액의 평균에 대한 95% 신뢰구간을 구하라.

b. 이 회사는 9년 경력의 Tom Smart의 채용을 고려하고 있다. Tom Smart의 연간 매출액에 대한 95% 예측구간을 구하라.

c. a와 b의 결과가 다른 이유를 설명하라.

37. 연습문제 5의 Brawdy Plastics, Inc.의 생산 공정 자료로부터, x = 발견된 결함부품의 수와 y = 라인 속도(단위: 분당 피트)에 관한 추정회귀식이 $\hat{y} = 27.5 - .3x$임을 알았다.

라인 속도	20	20	30	30	40	40	50	50
발견된 결함부품의 수	23	21	19	16	15	17	14	11

이 자료의 SSE = 16이다. 라인 속도가 분당 25피트인 라인에서 찾아내는 결함부품 수의 평균에 대한 95% 신뢰구간을 구하라.

38. 연습문제 21에서 어떤 제조 공정 운영 자료로부터 x = 생산량(단위: 개)과 y = 총비용(단위: $)에 관한 추정회귀식이 $\hat{y} = 1246.67 + 7.6x$임을 알았다.

a. 다음 달에 500개를 생산해야 한다고 하자. 다음 달의 총비용을 예측하라.

b. 다음 달의 총비용에 대한 99% 예측구간을 구하라.

c. 만약 다음 달 말의 회계원가보고서가 그 달의 실제 총비용이 $6000이었음을 보여주고 있다면, 총비용이 이렇게 높게 발생된 것에 대하여 관리자는 걱정해야 하는가? 이에 대해 논의하라.

39. x = 호텔의 하루 객실 요금(단위: $)과 y = 엔터테인먼트 비용(단위: $)에 관한 다음의 자료로부터 추정회귀식이 $\hat{y} = 17.49 + 1.0334x$이고 SSE = 1541.4임을 알았다[출처].

DATA file
BusinessTravel

도시	객실 요금(단위: $)	엔터테인먼트 비용(단위: $)
Boston	148	161
Denver	96	105
Nashville	91	101
New Orleans	110	142
Phoenix	90	100
San Diego	102	120
San Francisco	136	167
San Jose	90	140
Tampa	82	98

a. 하루 객실 요금이 $89인 어떤 도시의 엔터테인먼트 비용을 예측하라.

b. 하루 객실 요금이 $89인 모든 도시의 엔터테인먼트 비용의 평균에 대한 95% 신뢰구간을 구하라.

c. Chicago의 평균 객실 요금은 $128이다. Chicago의 엔터테인먼트 비용의 95% 예측구간을 구하라.

14.7 엑셀의 회귀분석 도구

앞 절에서 엑셀의 차트 도구를 사용하여 회귀분석과 관련된 여러 가지 작업을 수행하는 방법을 살펴보았다. 차트 도구 외에도 엑셀은 매우 포괄적인 회귀분석 도구를 제공한다. 이 장에서는 엑셀의 회귀분석 도구를 사용하여, 〈표 14-2〉의 아르만즈 피자 팔로스 자료에 대한 통계적 유의성을 검정하는 것을 포함하여 회귀분석의 전반적인 방법을 다룬다.

아르만즈 피자 팔로스 예제에 엑셀의 회귀분석 도구 사용하기

〈그림 14-12〉와 〈그림 14-13〉을 참조하여 엑셀의 회귀분석 도구를 사용하여 아르만즈 자료에 대하여 회귀분석을 실시하는 과정을 보자.

자료 입력: 데이터 파일 Armand's을 연다. 데이터는 셀 B2:C11에, 라벨은 열 A와 셀 B1:C1에 있다.

툴 적용: 다음의 단계는 14.2절에서 14.5절까지의 회귀분석의 여러 가지 계산을 하는 방법이다.

1단계. 메뉴 디렉토리에 있는 **데이터** 탭을 클릭한다.

2단계. **분석**에서 **데이터 분석**을 클릭한다.

3단계. 분석도구 목록에서 **회귀분석**을 선택한다.

4단계. 회귀분석 도구 대화상자(그림 14-12를 참조)가 나타나면

Y축 입력 범위에 C1:C11 입력한다.

〈그림 14-12〉 아르만즈 피자 팔로스 예제에 대한 회귀분석 도구 대화상자

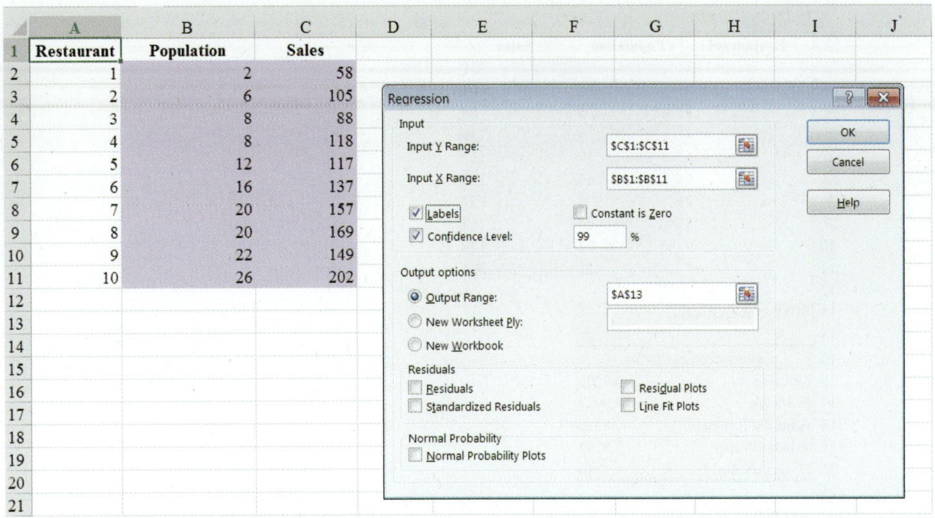

X축 입력 범위에 B1:B11 입력한다.

이름표를 선택한다.

신뢰수준을 선택한다.

신뢰수준 상자에 99를 입력한다.

출력 범위를 선택한다.

출력 범위 상자에 A13을 입력한다.(출력이 나타나는 워크시트 섹션의 왼쪽 상단 모서리를 정하기 위해서다.)

확인을 클릭한다.

엑셀의 출력은 가독성이 개선되도록 형식을 변경할 수 있다.

회귀분석의 출력은 〈그림 14-13〉의 13행에 '요약 출력'이라는 이름으로 시작한다. 엑셀은 출력을 열의 표준 폭으로 보여주기 때문에 읽기 힘든 행과 열이 많이 나올 수 있다. 우리는 값이 소수점 넷째 자리까지 표시되도록 셀들을 수정하였다. 과학적 표기법으로 표시된 숫자는 수정하지 않았다(예: 2.55E−05). 앞으로 나올 그림의 회귀분석 출력 역시 이와 유사한 방법으로 읽기 좋게 수정할 것이다.

'회귀분석 통계량'이라고 이름이 붙은 출력의 첫 부분에는 결정계수(R^2)와 같은 요약통계량이 있다. 출력의 두 번째 부분에는 '분산분석'이라고 이름이 붙은 분산분석표를 볼 수 있다. 이름이 없는 마지막 부분에는 추정회귀식의 계수와 관련된 정보가 나온다. 우리는 행 29와 30의 정보들을 이용하여 회귀분석 출력을 해석하는 것부터 시작한다.

〈그림 14-13〉 아르만즈 피자 팔로스에 대한 회귀분석 도구 출력

	A	B	C	D	E	F	G	H	I	J
1	Restaurant	Population	Sales							
2	1	2	58							
3	2	6	105							
4	3	8	88							
5	4	8	118							
6	5	12	117							
7	6	16	137							
8	7	20	157							
9	8	20	169							
10	9	22	149							
11	10	26	202							
12										
13	SUMMARY OUTPUT									
14										
15	*Regression Statistics*									
16	Multiple R	0.9501								
17	R Square	0.9027								
18	Adjusted R Square	0.8906								
19	Standard Error	13.8293								
20	Observations	10								
21										
22	ANOVA									
23		*df*	*SS*	*MS*	*F*	*Significance F*				
24	Regression	1	14200	14200	74.2484	2.55E-05				
25	Residual	8	1530	191.25						
26	Total	9	15730							
27										
28		*Coefficients*	*Standard Error*	*t Stat*	*P-value*	*Lower 95%*	*Upper 95%*	*Lower 99.0%*	*Upper 99.0%*	
29	Intercept	60	9.2260	6.5033	0.0002	38.7247	81.2753	29.0431	90.9569	
30	Population	5	0.5803	8.6167	2.55E-05	3.6619	6.3381	3.0530	6.9470	
31										

추정회귀식 출력의 해석

29행에는 추정회귀선의 y절편에 대한 정보가 있고, 30행에는 추정회귀선의 기울기에 대한 정보가 있다. 추정회귀선의 y절편 $b_0 = 60$은 셀 B29에, 기울기 $b_1 = 5$는 셀 B30에 있다. 셀 A29에는 y절편, 그리고 셀 A30에는 학생 모집단(Population)이라는 이름으로 이 두 값을 구분해 주고 있다.

우리는 14.5절에서 b_1의 추정 표준편차 $s_{b_1} = .5803$인 것을 보았다. 셀 C30은 b_1의 추정 표준편차이다. 앞에서 설명한 것처럼 b_1의 표준편차를 b_1의 표준오차라고도 한다. 따라서 s_{b_1}은 b_1의 표준오차 추정값이다. 셀 C28에 있는 표준오차라는 이름은 셀 C30에 있는 값이 b_1의 표준오차 또는 표준편차 추정값임을 보여주는 엑셀 회귀분석 도구의 표시 방식이다.

우리는 14.5절에서 학생 모집단과 매출액 사이에 유의한 관계가 있는지를 검정하는 데 귀무가설과 대립가설을 다음과 같이 설정하였다.

$$H_0: \beta_1 = 0$$
$$H_a: \beta_1 \neq 0$$

관계의 유의성에 관한 t-검정에는 t통계량 $t = b_1/s_{b_1}$이 필요하다는 것을 기억하자. 아르만즈

자료에서 계산된 t-값은 t = 5/.5803 = 8.62이다. 셀 D30의 값을 반올림하면 8.62가 된다. t통계량이라고 이름 붙여진 셀 D28은 셀 D30에 t통계량의 값이 있음을 알려준다.

t-검정 셀 E30에 있는 정보는 유의성 검정을 실시하는 수단을 제공한다. 셀 E30의 값은 유의성 t-검정의 p-값이다. 엑셀은 셀 E30에 과학적 표기법으로 p-값 2.55E−05을 보여준다. 소수점을 찾기 위해 소수점을 왼쪽으로 다섯 자리 이동시키면 그 값은 .0000255의 p-값을 얻는다. 유의수준 α가 주어질 때 H_0를 기각할지 여부의 결정은 다음을 따른다.

$$p\text{-값} \leq \alpha\text{이면 } H_0 \text{ 기각}$$

유의수준 α = .01이라고 가정하면 p-값 = .0000255 < α = .01이므로, 우리는 H_0를 기각하고 학생 모집단과 매출액 사이에 유의한 관계가 있다고 결론을 내릴 수 있다. p-값은 회귀분석 출력의 일부로 주어지므로 회귀분석의 가설 검정에서는 p-값 방식이 빈번히 사용된다.

셀 F28:I30에 있는 정보는 y절편의 신뢰구간 추정값과 기울기의 신뢰구간 추정값을 구하는 데 이용된다. 엑셀은 항상 95% 신뢰구간의 상한과 하한을 제공한다. 우리는 회귀분석 대화상자에서 신뢰수준을 선택했고 신뢰수준을 99로 입력한 것을 기억한다. 그 결과로 엑셀의 회귀분석 도구는 99% 신뢰구간의 상한과 하한도 함께 제공한다. 예를 들어, 셀 H30의 값은 β_1의 99% 신뢰구간의 하한이고 셀 I30의 값은 상한이다. 이 값들을 반올림하면 β_1의 신뢰구간은 3.05에서 6.95이다. 셀 F30과 셀 G30에 있는 값은 각각 95% 신뢰구간의 하한과 상한이다. 95% 신뢰구간은 3.66에서 6.34이다.

분산분석(ANOVA) 출력의 해석

엑셀에서는 오차제곱합을 잔차제곱합으로 이름붙이고 있다.

셀 A22:F26에 있는 정보는 아르만즈 자료의 분산분석 결과를 요약한 것이다. 세 가지 변동요인이 각각 회귀, 잔차, 계로 명명되어 있다. 차례대로 셀 B23은 자유도, 셀 C23은 제곱합, 셀 D23은 제곱 평균으로 이름이 붙여져 있다. 셀 C24:C26을 보면 회귀제곱합은 14,200, 잔차제곱합, 즉 오차제곱합은 1530, 그리고 총제곱합은 15,730이다. 셀 B24:B26에 있는 값은 각 제곱합의 자유도이다. 회귀제곱합의 자유도는 1, 잔차제곱합의 자유도는 8, 총제곱합의 자유도는 9이다. 앞서 논의된 바처럼 총제곱합의 자유도는 회귀 자유도와 잔차 자유도의 합이다.

14.5절에서 설명한 것처럼, 제곱 평균으로 명명된 잔차의 제곱 평균은 잔차(오차)제곱합을 잔차(오차) 자유도로 나누어 구하며, 이는 σ^2의 추정값이 된다. 셀 D25에 있는 값 191.25가 잔차의 제곱 평균이다. 또한 우리는 회귀제곱의 평균은 회귀제곱합을 회귀 자유도로 나누어 구한다고 설명한 바 있다. 셀 D24의 값 14,200이 회귀제곱의 평균이다.

F-검정 우리는 14.5절에서 F확률분포를 기반으로 하는 F-검정 역시 회귀분석의 유의성 검정에 사용될 수 있음을 살펴보았다. 셀 F24의 값 .0000255는 유의성 대한 F-검정의 p-

값이다. 유의수준 $\alpha = .01$이라고 하자. p-값 $= .0000255 < \alpha = .01$이므로, H_0를 기각하고 학생 모집단과 분기별 매출액 사이에 유의한 관계가 있다고 결론을 내릴 수 있다. 이는 유의성에 대한 t-검정을 p-값 방식으로 한 것과 동일한 결론임을 유의하자. 사실 단순선형회귀분석에서 유의성에 대한 t-검정과 F-검정은 동일하기 때문에, 두 검정방법에 의한 p-값은 같다. 엑셀은 유의성에 대한 F-검정임을 확인시켜주기 위해 셀 F23에 표기된 것처럼 유의한 F라는 이름을 사용한다. 우리는 9장에서 p-값을 종종 관측된 유의수준으로 불린다고 했었다. 따라서 유의한 F라는 이름은 셀 F24에 있는 값이 F-검정에서 관측된 유의수준이라고 생각하면 더욱 의미가 있을 것이다.

회귀분석 통계량 출력의 해석

셀 A15:B20에 있는 출력은 회귀분석 통계량의 요약이다. 회귀분석에 이용된 표본의 크기, 즉 관측값의 수 10을 셀 B20에서 볼 수 있다. 셀 B17에서 결정계수 .9027을 확인할 수 있다. 이에 해당하는 이름표는 셀 A17에 있다. 결정계수의 제곱근을 구하면 셀 B16이 보여주는 표본상관계수 값 .9501이 된다. 엑셀은 이 값을 확인시켜주기 위해서 셀 A16에 다중 상관계수(Multiple R)라는 이름을 사용하고 있다. 셀 A19에는 표준오차라는 이름을 사용하여 σ의 추정값인 s값을 나타낸다. 셀 B19는 이 s값이 13.8293임을 보여준다. 엑셀 출력에는 표준오차(Standard Error)라는 이름이 서로 다른 두 곳에서 나온다는 점을 주의하자. 회귀분석 통계량 출력에 있는 표준오차는 σ의 추정값 s를 말한다. 추정회귀식 출력에 있는 표준오차는 기울기 b_1의 표집분포의 추정표준편차 s_{b_1}이다.

연습문제

응용문제

40. 한 부동산 회사의 영업부서가 아파트의 판매가격(단위: \$1000)과 연간 총임대료(단위: \$1000) 사이의 관계의 정도를 알아보기 위한 분석을 진행하였다. 판매에 관한 자료를 수집하였고, 엑셀의 회귀분석 도구를 이용하여 이 자료에 대한 추정회귀식을 도출하였다. 다음은 회귀분석 출력의 일부를 보여주고 있다.

ANOVA					
	df	*SS*	*MS*	*F*	*Significance F*
Regression	1	41587.3			
Residual	7				
Total	8	51984.1			

	Coefficients	*Standard Error*	*t Stat*	*P-value*
Intercept	20.000	3.2213	6.21	
Annual Gross Rents	7.210	1.3626	5.29	

a. 표본 내 아파트의 수는 몇 채인가?

b. 추정회귀식을 적어라.

c. $\alpha = .05$에서 판매가격이 연간 총 임대료와 관련이 있는지 t-검정으로 결정하라.

d. $\alpha = .05$에서 판매가격이 연간 총 임대료와 관련이 있는지 F-검정으로 결정하라.

e. 연간 총 임대료가 $50,000인 아파트의 판매가격을 예측하라.

41. 다음은 어느 특정 브랜드의 컴퓨터 단말기 사용량(단위: 주당 시간)에 대한 응용프로그램의 유지보수 비용(단위: 월당 $)의 회귀분석 출력의 일부를 보여준다.

ANOVA					
	df	*SS*	*MS*	*F*	*Significance F*
Regression	1	1575.76			
Residual	8	349.14			
Total	9	1924.90			

	Coefficients	*Standard Error*	*t Stat*	*P-value*
Intercept	6.1092	0.9361		
Usage	0.8951	0.149		

a. 추정회귀식을 적어라.

b. $\alpha = .05$에서 월간 유지보수 비용이 사용량에 관련이 있는지 t-검정으로 결정하라.

c. 추정회귀식의 적합도는 어느 정도인가? 이에 대해 설명하라.

42. 다음은 영업지점의 직원 수를 그 지점의 연간 매출액(단위: $1000)에 관련시킨 회귀모형을 분석한 출력의 일부이다.

ANOVA					
	df	*SS*	*MS*	*F*	*Significance F*
Regression		6828.6			
Residual					
Total		9127.4			

	Coefficients	*Standard Error*	*t Stat*	*P-value*
Intercept	80.0	11.333		
Number of Salespersons	50.0	5.482		

a. 추정회귀식을 적어라.

b. F-검정 통계량을 계산하고, $\alpha = .05$에서 두 변수의 관계에 대한 유의성을 검정하라.

c. t-검정 통계량을 계산하고, $\alpha = .05$에서 두 변수의 관계에 대한 유의성을 검정하라.

d. Memphis 영업지점의 직원 수는 12명이다. 연간 매출액을 예측하라.

43. Idea Works는 2012년 고객이 무료 여행을 위해 포인트 또는 마일리지를 사용하려고 할 때 이용 가능한 좌석의 비율을 조사하였다. 각 항공사별 2011 백분율은 2011년에 사용할 수 있는 좌석의 백분율을 나타내며, 2012 백분율은 2012년에 사용할 수 있는 백분율이다[출처].

a. 2011 백분율을 독립변수로 하는 산점도를 작성하라.

b. a의 산점도는 두 변수 사이의 관계에 대해 무엇을 말해 주는가?

c. 추정회귀식을 구하라.

d. 유의수준 .05에서 두 변수의 관계에 대한 유의성을 검정하라.

DATA file
AirlineSeats

항공사	2011 백분율	2012 백분율	항공사	2011 백분율	2012 백분율
AirBerlin	96.4	100.0	JetBlue	79.3	86.4
Air Canada	82.1	78.6	Lan (Chile)	75.7	78.6
Air France, KLM	65.0	55.7	Lufthansa, Swiss, Austrian	85.0	92.1
AirTran Airways	47.1	87.1	Qantas	75.0	78.6
Alaska Airlines	64.3	59.3	SAS Scandinavian	52.9	57.9
American Airlines	62.9	45.7	Singapore Airlines	90.7	90.7
British Airways	61.4	79.3	Southwest	99.3	100.0
Cathay Pacific	66.4	70.7	Turkish Airways	49.3	38.6
Delta Air Lines	27.1	27.1	United Airlines	71.4	87.1
Emirates	35.7	32.9	US Airways	25.7	33.6
GOL Airlines (Brazil)	100.0	97.1	Virgin Australia	91.4	90.0
Iberia	70.7	63.6			

e. 추정회귀식의 적합도는 어느 정도인가?

44. 자동차 클럽에서 운영하는 자동차경주, 고성능 운전학교, 그리고 운전자 교육프로그램에 대한 인기가 계속 올라가고 있다. 이와 같은 활동들에서 참가자들은 헬멧 안전기준에 관한 연구, 교육, 검사, 개발에 전념하는 비영리조직인 스넬기념재단(Snell Memorial Foundation)이 인증한 안전모를 착용해야 한다. 스넬의 스포츠 애플리케이션(Sports Application: SA) 전용 안전모는 자동차경주를 위해 설계되어 큰 충격과 고열로부터 운전자를 보호한다. 안전모 선택을 위한 주요 요인들 중 하나가 무게인데, 이는 안전모가 가벼울수록 목에 부담을 덜 주는 경향이 있기 때문이다. 다음은 SA 안전모 18개의 무게와 가격에 관한 자료이다[출처].

안전모	무게 (단위: 온스)	가격 (단위: $)	안전모	무게 (단위: 온스)	가격 (단위: $)
Pyrotect Pro Airflow	64	248	Zamp RZ-2	58	299
Pyrotect Pro Airflow Graphics	64	278	Zamp RZ-2 Ferrari	58	299
RCi Full Face	64	200	Zamp RZ-3 Sport	52	479
RaceQuip RidgeLine	64	200	Zamp RZ-3 Sport Painted	52	479
HJC AR-10	58	300	Bell M2	63	369
HJC Si-12	47	700	Bell M4	62	369
HJC HX-10	49	900	Bell M4 Pro	54	559
Impact Racing Super Sport	59	340	G Force Pro Force 1	63	250
Zamp FSA-1	66	199	G Force Pro Force 1 Grafx	63	280

a. 무게를 독립변수로 하는 산점도를 그려라.

b. 두 변수의 관계가 나타나는가?

c. 무게가 주어질 때 가격을 예측할 수 있는 추정회귀식을 구하라.

d. 유의수준 .05에서 두 변수의 관계에 대한 유의성을 검정하라.

e. 추정회귀식의 적합도는 어느 정도인가? 이에 대해 설명하라.

14.8 잔차분석: 회귀모형의 검증

잔차분석(Residual Analysis)은 회귀분석의 모형 자체가 데이터에 적합한지 판정하는 주된 도구이다.

잔차(residuals)는 관찰 i의 종속변수 값(y_i)과 그것의 예측값($\hat{y}_i$)의 차이를 말한다.

i번째 관찰의 잔차

$$y_i - \hat{y}_i \tag{14-28}$$

여기서 y_i는 종속변수의 관찰 데이터이고, $\hat{y}_i$는 종속변수의 예측값이다.

다르게 말하면, 잔차는 추정된 회귀식으로 종속변수를 예측할 때 생기는 오차를 말한다. 〈표 14-7〉은 추정회귀식 $y_i = 60 + 5x_i$를 사용하여 아르만즈 피자의 매출액을 예측하고, 그때 생기는 잔차를 적은 것이다. 네번째 열의 잔차를 분석해 보면 회귀모형의 가정이 데이터에 적합한지 알 수 있게 된다.

아르만즈 피자의 회귀모형의 가정을 다시 보자. 아래와 같이 단순선형회귀모형을 가정하였다.

$$y = \beta_0 + \beta_1 x + \varepsilon \tag{14-29}$$

이 회귀모형은, 분기별 매출액(y)을 학생 모집단 크기(x)의 선형함수와 오차항 ε의 합으로 가정하고 있다는 것을 뜻하고 있다. 14.4절에서는 오차항 ε에 대해서 다음과 같이 가정하였다.

1. $E(\varepsilon) = 0$
2. ε의 분산은 x값에 관계없이 일정하다(등분산 가정).
3. ε의 값은 서로 독립적이다(독립성 가정).
4. 오차항 ε는 정규분포를 따른다.

〈표 14-7〉 아르만즈 피자의 잔차 계산

학생 모집단 x_i	매출액 y_i	매출액 예측 y_i=60+5x_i	잔차 $y_i-\hat{y}_i$
2	58	70	−12
6	105	90	15
8	88	100	12
8	118	100	18
12	117	120	−3
16	137	140	−3
20	157	160	−3
20	169	160	9
22	149	170	−21
26	202	190	12

이 가정을 근거로 t-검정과 F-검정으로 x, y 관계의 유의성을 판단하였고, 14.6절에서 신뢰구간과 예측구간을 추정하였다. 만일 오차항 ε에 대한 가정에 의문이 생기면, 유의성에 대한 가설 검정과 구간 추정은 모두 유효하지 않을 수 있다.

ε의 분산이 일정하다는 것을 '등분산', 그것이 x값에 따라 일정하지 않는 것을 '이분산'이라고 줄여서 표현한다. 오차항의 가정 두 번째를 '등분산 가정'이라고 한다.—역자

잔차에는 오차항 ε에 대한 최고의 정보가 들어 있다. 따라서 그 잔차를 분석하면 ε에 대한 가정이 수집한 자료에 적합한지 판단할 수 있다. 그런데 이 잔차분석은 산점도(scatter plot) 그래프에서 시작한다. 몇 가지의 잔차도(residual plot)를 살펴보자.

1. 독립변수 x의 값에 대응한 잔차도
2. 종속변수 y의 예측값에 대응한 잔차도
3. 표준화된 잔차도
4. 정규확률 플롯

x에 대응한 잔차도

x에 대응한 **잔차도**(residual plot)는 독립변수 x를 수평축에 놓고 그에 대응하는 잔차 크기를 수직축에 나타낸 그래프이다. 각각의 잔차를 점으로 표시한다. 각 잔차 점 (x, y)의 X 좌표값은 x_i값을, Y 좌표값은 그 잔차 $y_i - \hat{y}_i$값을 나타낸다. 아르만즈 피자의 첫 번째 관찰점에 대응한 잔차도의 점 (2, −12) 는 $x_1 = 2, y_1 - \hat{y}_1 = -12$를 말하고, 두 번째 점 (6. 15)는 $x_2 = 6$, $y_2 - \hat{y}_2 = 15$를 말한다. 〈그림 14-15〉는 이렇게 표시한 잔차도이다.

그림을 보면 잔차 0의 수평선(점선)을 중심으로 아래 위의 주변에 분포하는 것을 알 수 있다. 그래서 잔차 ε를 모두 합하여 평균을 구하면 0이 될 것으로 기대된다. 즉, 가정 $E(\varepsilon)$

〈그림 14-15〉 독립변수 x에 대응한 잔차도(아르만즈 피자)

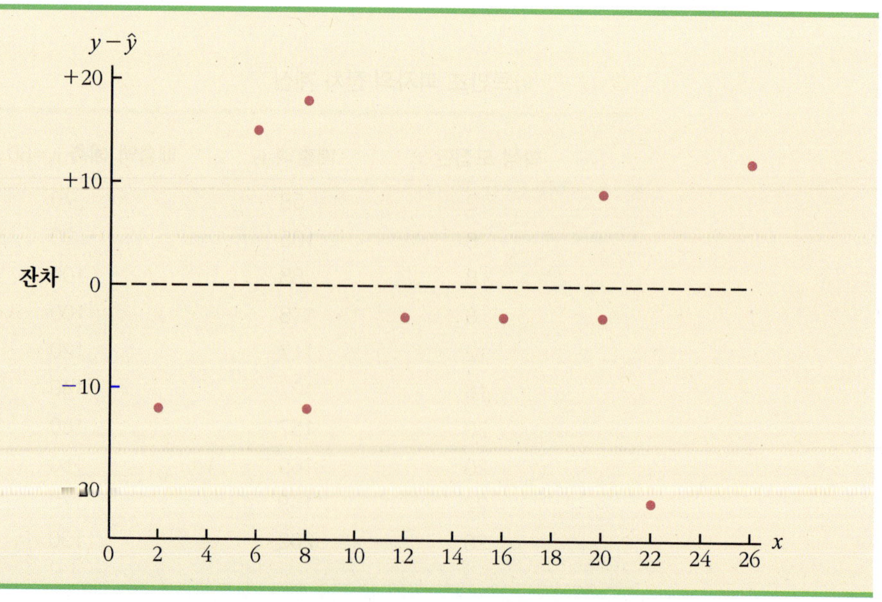

= 0이 만족되어 보인다. 또, x축을 따라서 잔차의 변동(분산)이 크게 변하지 않는다. 또한, 잔차 0의 수평선 근처에 잔차점이 많이 분포하고 멀어질수록 잔차점들이 성글다. 〈그림 14-15〉를 시계 반대 방향으로 90도 회전한 잔차의 도트플롯(dot plot)을 생각할 수 있는데, 그것을 보면 대략 좌우대칭의 종모양이 되어서 정규분포 가정이 만족된다. 잔차 상호 간의 독립성은 이 잔차도로는 알 수 없지만, 회귀모형의 네 가지 가정을 의심할 만한 증거가 없기 때문에 아르몬즈 피자의 단순선형회귀모형 가정이 유효하다고 믿을 수 있다.

〈그림 14-16〉은 잔차도의 유형을 보여준다. 잔차의 변동(분산)이 x값을 따라서 일정하고 설정한 회귀모형이 두 변수의 관계를 잘 나타내면, 잔차도는 〈그림 14-16〉의 A처럼 수평의 띠모양으로 나타난다. 그러나 잔차 ε의 변동(분산)이 x값을 따라서 일정함을 유지하지 못하면, 예를 들어서, x가 커짐에 따라서 변동이 커지면 〈그림 14-16〉의 B와 같이 관찰된다. 이 경우는 잔차의 분산이 일정하다는 등분산 가정을 어기게 된다. 잔차도의 또 다른 모양은 〈그림 14-16〉의 C와 같은 분포이다. 이 경우는 가정한 회귀모형이 변수 간의 관계를 나타내는 데 부적합하다.

잔차도를 해석하는 데는 경험과 좋은 판단이 필요하다. 잔차도가 〈그림 14-16〉의 유형에

〈그림 14-16〉 잔차도의 세 가지 유형(각기 다른 회귀분석을 가정하여)

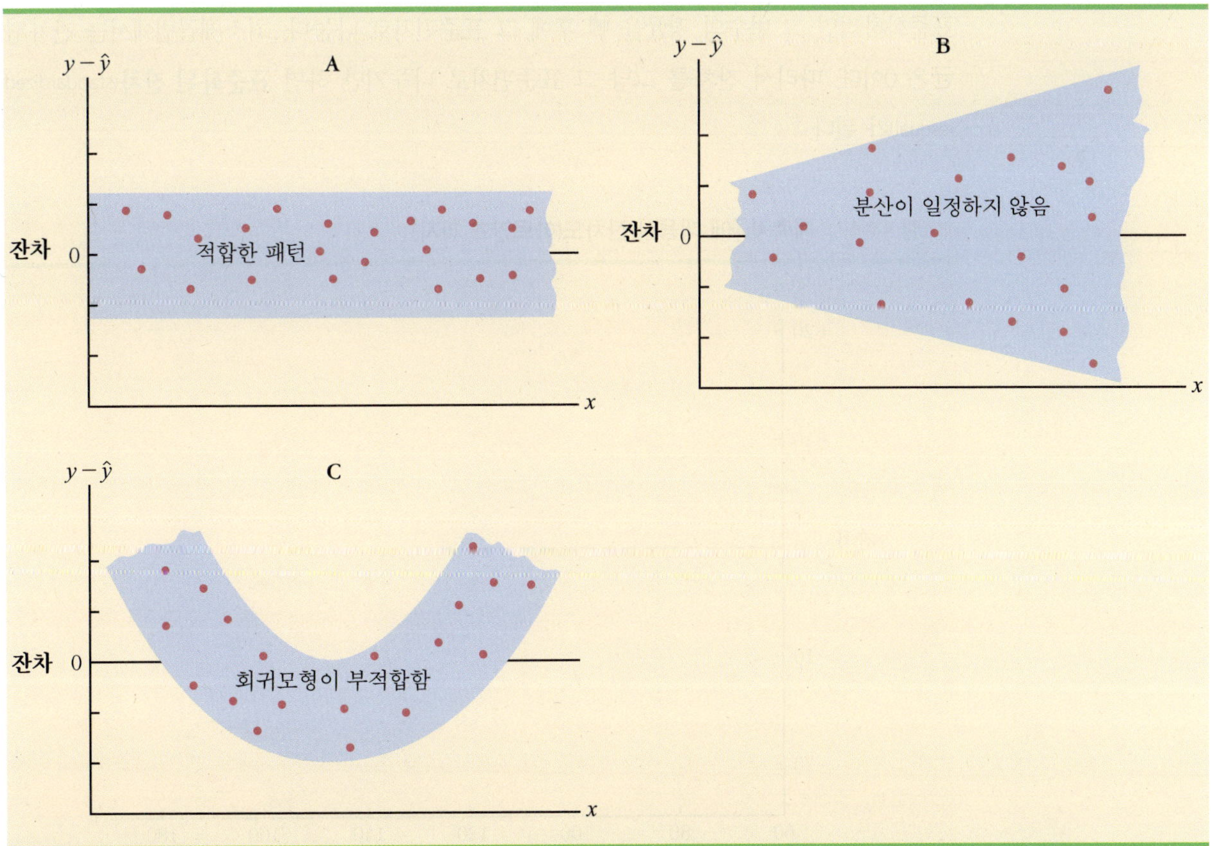

정확히 일치하는 경우는 드물다. 그러나 회귀분석 연구를 자주 수행해 보면 잔차도가 적절한지 아니면 회귀모형의 가정이 의심스러운지 잘 구분할 수 있게 된다. 잔차도는 회귀모형의 가정이 타당한지 평가하는 하나의 우수한 기법이다.

$\hat{y}$에 대응한 잔차도

또 다른 잔차도로서, 종속변수 예측값 $\hat{y}$을 수평축으로 하고 잔차 크기를 수직축에 나타낸 잔차도를 그릴 수 있다. 〈그림 14-17〉은 예측값 $\hat{y}$에 대응한 잔차를 각각의 점으로 찍어서 그린 것이다. 즉, $(\hat{y}_i, y_i - \hat{y}_i)$를 점으로 그린 산점도이다. 〈표 14-7〉에서 아르만즈 피자의 첫 번째 좌표점 (70, −12)는 예측값 $\hat{y}_1 = 7$과 $y_1 - \hat{y}_1 = -12$이고, 두 번째 좌표점은 (90, 15)이다. 〈그림 14-17〉의 잔차도의 패턴은 독립변수 x에 대응한 잔차도 〈그림 14-15〉의 패턴과 꼭 같다. 여기서도 회귀모형의 가정에 대해서 의문을 제기할 만한 것은 없다. 단순선형회귀를 가지고 그린 x에 대응한 잔차도와 $\hat{y}$에 대응한 잔차도 둘 다 동일한 패턴을 보여준다. 그러나 독립변수가 여럿인 다중회귀모형에서는 $\hat{y}$에 대응한 잔차도가 더 많이 쓰인다.

표준화된 잔차

통계소프트웨어에서 제공하는 잔차도는 잔차의 표준화 값을 사용한다. 어떤 확률변수를 표준화하려면 그 변수의 평균을 뺀 후에 그 표준편차로 나눈다. 최소제곱법에서는 잔차평균은 0이다. 따라서 잔차를 그냥 그 표준편차로 나누기만 하면 **표준화된 잔차**(standardized resdual)가 된다.

〈그림 14-17〉 예측치 $\hat{y}$에 대응한 잔차도(아르만즈 피자)

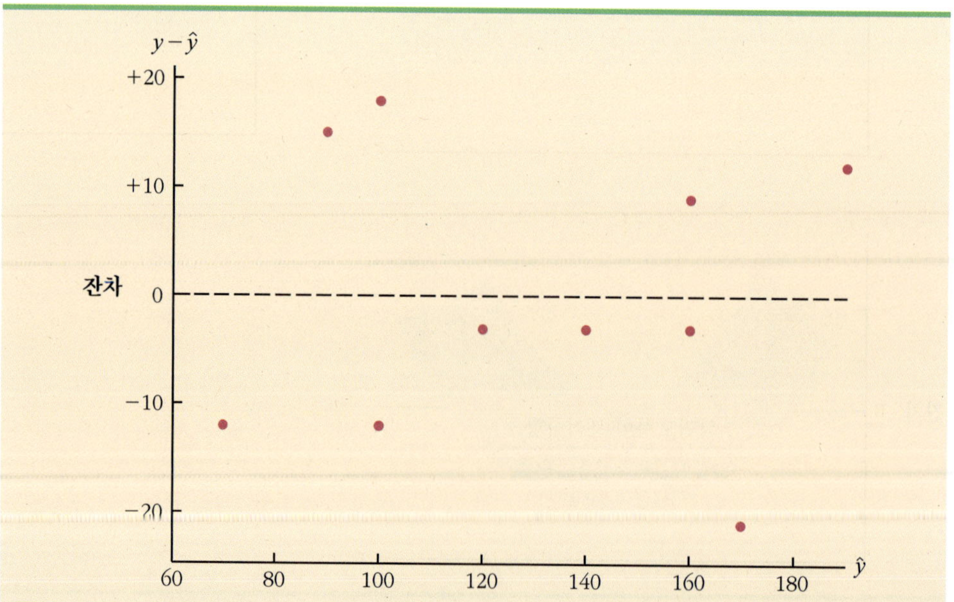

잔차 i의 표준편차는 추정값의 표준오차 s와 독립변수 x_i값에 달려 있다.

i번째 잔차의 표준편차[2]

$$s_{y_i-\hat{y}_i} = s\sqrt{1-h_i} \tag{14-30}$$

여기서, s = 회귀 추정값의 표준오차(식 14-16)

$s_{y_i-\hat{y}_i}$ = 잔차 i의 표준편차

$$h_i = \frac{1}{n} + \frac{(x_i-\bar{x})^2}{\sum(x_i-\bar{x})^2} \tag{14-31}$$

식 14-30에서 i번째 잔차의 표준편차가 x_i에 의존되어 있는 것은 그 공식에 h_i가 있기 때문이다.[3] 각 잔차의 표준편차를 구하고 나면, 표준화된 잔차는 각 잔차를 해당 표준편차로 나누면 된다.

i번째 관찰의 표준화된 잔차

$$\frac{y_i-\hat{y}_i}{s_{y_i-\hat{y}_i}} \tag{14-32}$$

〈표 14-8〉은 아르만즈 피자의 표준화된 잔차의 계산을 보여준다. 앞에서 s = 13.829였다.

〈표 14-8〉 표준화된 잔차 계산하기(아르만즈 피자)

식당 i	x_i	$x_i-\bar{x}$	$(x_i-\bar{x})^2$	$\frac{(x_i-\bar{x})^2}{\sum(x_i-\bar{x})^2}$	h_i	$s_{y_i-\hat{y}_i}$	$y_i-\hat{y}_i$	표준화된 잔차 i
1	2	−12	144	.2535	.3535	11.1193	−12	−1.0792
2	6	−8	64	.1127	.2127	12.2709	15	1.2224
3	8	−6	36	.0634	.1634	12.6493	−12	−.9487
4	8	−6	36	.0634	.1634	12.6493	18	1.4230
5	12	−2	4	.0070	.1070	13.0682	−3	−.2296
6	16	2	4	.0070	.1070	13.0682	−3	−.2296
7	20	6	36	.0634	.1634	12.6493	−3	−.2372
8	20	6	36	.0634	.1634	12.6493	9	.7115
9	22	8	64	.1127	.2127	12.2709	21	1.7114
10	26	12	144	.2535	.3535	11.1193	12	1.0792
		합계	568					

주: 잔차 $y_i-\hat{y}_i$는 〈표 14-17〉에서 계산한 것임.

2 식 14-30은 σ 대신 s를 사용하기 때문에 i번째 잔차의 표준편차에 대한 하나의 추정이다.

3 h_i는 관찰의 레버리지(leverage, 지렛대)라고 한다. 레버리지는 14.9절에서 관찰의 영향력에서 논의한다.

〈그림 14-18〉 독립변수 x에 대응한 표준화된 잔차도(아르만즈 피자)

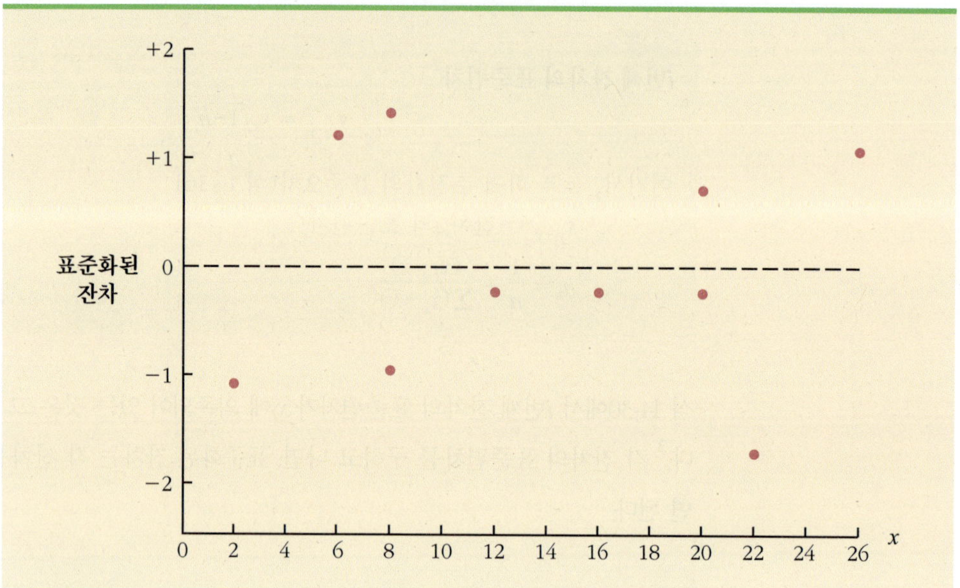

〈그림 14-18〉은 독립변수 x에 대응한 표준화된 잔차의 플롯이다.

자료가 정규성에 조금 벗어나는 것은 회귀분석의 통계적 검정에 큰 영향을 미치지 않는다.

표준화된 잔차도를 통해서 회귀모형의 오차항 ε의 정규분포 가정을 통찰적으로 관찰할 수 있다. 만일 정규분포 가정이 맞다면 표준화된 잔차도는 마치 표준정규분포에서 관찰된 것처럼 보여야 한다.[4] 예를 들면 −2.0~2.0에 전체 분포의 95% 정도가 분포할 것으로 기대할 수 있어야 한다. 실제 〈그림 14-18〉을 보면 표준화된 잔차들 모두 −2.0~2.0에 들어있다. 그러므로 이 표준화된 잔차도를 보면 회귀모형의 오차항(ε)의 정규분포 가정에 의문을 가질 이유가 없다.

회귀분석에서 $\hat{y}$의 추정값을 계산하거나, 잔차의 계산, 표준화된 잔차의 계산은 대부분 통계 패키지에서는 옵션기능으로 제공하고 있고, 잔차도도 쉽게 그릴 수 있다. 그러나 대규모 문제라면 여기서 공부한 잔차도는 통계패키지를 사용해야 한다.

엑셀을 사용하여 잔차도 그리기

14.7절에서는 엑셀의 회귀분석 도구를 설명하였다. 회귀분석 도구를 사용하면 독립변수 x에 대응한 잔차도를 그릴 수 있다. 또, 회귀분석의 잔차출력을 가지고 엑셀의 차트도구를 사용하면 $\hat{y}$에 대응한 잔차도를 그릴 수 있고, 또, 잔차출력에 있는 표준잔차를 가지고 표준화된 잔차도도 그릴 수 있다. 14.7절의 회귀분석 도구 절차를 따라 회귀분석을 하는데, 회귀분석

[4] 식 14-30에서 σ 대신에 s를 사용하였기 때문에, 표준화된 잔차의 확률분포는 엄밀하게 말하면 정규분포가 아니다. 그러나 대부분 회귀분석에서는 표본크기가 충분히 크기 때문에 정규분포로 근사하게 생각하여도 좋다.

도구 대화창 〈그림 14-13〉의 '잔차' 옵션에서 잔차(R), 잔차도(D), 표준잔차(T), 선적합도(I), 그리고 '정규확률' 옵션에서 정규확률도(N)를 체크한다.

x에 대응한 잔차도 〈그림 14-19〉와 같이 독립변수에 대응한 잔차도를 그려준다. 또, y의 예측값과 잔차를 계산한 '잔차출력'도 보여준다. 아르만즈 피자의 잔차도는 〈그림 14-15〉와 같다.

$\hat{y}$에 대응한 잔차도 〈그림 14-19〉의 잔차출력을 가지고 엑셀의 차트도구의 '분산형(x, y)' 차트를 사용해서 산점도를 그리면 예측값 $\hat{y}$에 대응한 잔차도를 그릴 수 있다. 이는 〈그림 14-17〉의 잔차도와 일치한다.

표준화된 잔차도 엑셀에서도 표준화된 전차도를 그릴 수 있다. 그런데 엑셀의 표준잔차는 실제의 표준화된 잔차의 근사값(approximation)이다. 그 이유는 각 잔차 $y_i - \hat{y}_i$의 표준편차를 식 14-30으로 구하지 않고, n개의 잔차 $y_i - \hat{y}_i$를 대상으로 그것의 표준편차를 구하여 대신 사용하였기 때문이다. 〈표 14-9〉에 계산한 것을 보면 그 차이를 알 수 있다.

〈표 14-9〉는 아르만즈 피자의 회귀분석에서 각 레스토랑의 잔차를 적은 것이다. 오른쪽 엑셀의 계산을 보면, 10개의 잔차 $y_i - \hat{y}_i$의 표준편차를 계산하여 $s_{y_i - \hat{y}_i}$의 추정값으로서 13.0384를 적어 놓고, 잔차 $y_i - \hat{y}_i$를 13.0384로 나누어서 표준잔차를 적어놓았다. 엑셀의 표준잔차와 실제 표준화된 잔차 사이에 큰 차이는 없다. 그 차이는 표본크기 n이 커짐에 따라

〈그림 14-19〉 회귀분석 도구의 잔차 출력(아르만즈 피자)

	A	B	C
1	Restaurant	Population	Sales
2	1	2	58
3	2	6	105
4	3	8	88
5	4	8	118
6	5	12	117
7	6	16	137
8	7	20	157
9	8	20	169
10	9	22	149
11	10	26	202
33			
34	RESIDUAL OUTPUT		
35			
36	*Observation*	*Predicted Sales*	*Residuals*
37	1	70	-12
38	2	90	15
39	3	100	-12
40	4	100	18
41	5	120	-3
42	6	140	-3
43	7	160	-3
44	8	160	9
45	9	170	-21
46	10	190	12
47			

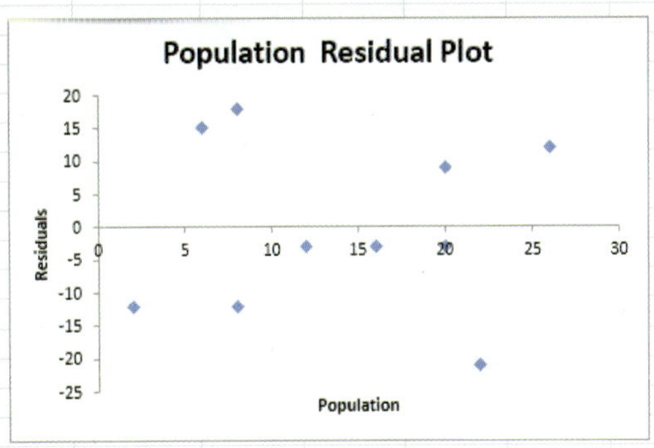

주) 12~32행은 숨겨져 있다.

〈표 14-9〉 엑셀의 표준잔차 계산

식당 i	〈표 14-18〉의 계산값			엑셀의 계산값	
	$y_i-\hat{y}_i$	$s_{y_i-\hat{y}_i}$	표준화된 잔차	$s_{y_i-\hat{y}_i}$의 추정값	표준잔차
1	−12	11.1193	−1.0792	13.0384	−0.9204
2	15	12.2709	1.2224	13.0384	1.1504
3	−12	12.6493	−.9487	13.0384	−0.9204
4	18	12.6493	1.4230	13.0384	1.3805
5	−3	13.0682	−.2296	13.0384	−0.2301
6	−3	13.0682	−.2296	13.0384	−0.2301
7	−3	12.6493	−.2372	13.0384	−0.2301
8	9	12.6493	.7115	13.0384	0.6903
9	−21	12.2709	−1.7114	13.0384	−1.6106
10	12	11.1193	1.0792	13.0384	0.9204

점차 줄어든다. 우리는 표준화된 잔차의 패턴을 관찰하는 것이 목적인데, 그 차이가 패턴에 미치는 영향은 미미하고, 회귀모형의 가정을 검증하는 데는 영향을 미치지 않는다.

엑셀에서 표준화된 잔차도를 그려 보자. 엑셀의 회귀분석 도구의 대화창 〈그림 14-12〉에서 '표준잔차(T)'를 체크하여 '잔차출력'에서 '표준잔차'를 구한다. 독립변수 x(여기서는 피자 시장의 모집단 크기)를 복사하여 〈그림 14-20〉의 F36:F46에 복사하여 붙이고, 앞에서 구한 표준잔차를 복사하여 G36:G46에 복사하여 붙인 잔차표를 〈그림 14-20〉과 같이 만들어서 그것의 산점도를 그리면 된다. 이렇게 구한 엑셀의 표준잔차도를 실제 표준화된 잔차도 〈그림 14-17〉과 비교해 보면 동일한 패턴을 볼 수 있다. 두 개의 잔차도 모두 −2.0~2.0에 잔차들이 분포한다. 이는 회귀모형의 오차항 ε이 하나의 정규분포라는 가정에 의문을 제기할 이유가 없다는 것을 보여준다.

정규확률도

회귀모형의 오차(ε) 부분의 정규성을 검증하는 또 한 가지 방법은 **정규확률도**(normal probability plot)를 그려보는 방법이다. 먼저 **정규점수**(normal scores)를 소개한다.

표준정규분포 모집단에서 무작위로 10개 값을 추출한 후 그것을 가장 작은 값에서 가장 큰 값의 순서로 정렬한다. 이러한 표집과 정렬을 무수히 반복한다고 하자. 크기순으로 정렬된 각각의 표본에서 가장 작은 값을 나타내는 확률변수를 제1순서 통계량(first-order statistic)이라고 부른다. 크기가 10개인 표본들에서 제1순서 통계량의 평균값을 통계학자들이 구해 놓은 것을 보면 −1.55이다. 이 기대값은 정규점수라고 부른다.

표본 크기가 10이면 모두 10개의 순서 통계량을 생각할 수 있고 그것의 기대값인 10개

〈그림 14-20〉 독립변수에 대응한 표준화된 잔차도(아르만즈 피자)

	A	B	C	D	E	F	G	H
34	RESIDUAL OUTPUT							
35								
36	*Observation*	*Predicted Sales*	*Residuals*	*Standard Residuals*		**Population**	**Standard Residuals**	
37	1	70	-12	-0.9204		2	-0.9204	
38	2	90	15	1.1504		6	1.1504	
39	3	100	-12	-0.9204		8	-0.9204	
40	4	100	18	1.3805		8	1.3805	
41	5	120	-3	-0.2301		12	-0.2301	
42	6	140	-3	-0.2301		16	-0.2301	
43	7	160	-3	-0.2301		20	-0.2301	
44	8	160	9	0.6903		20	0.6903	
45	9	170	-21	-1.6106		22	-1.6106	
46	10	190	12	0.9204		26	0.9204	

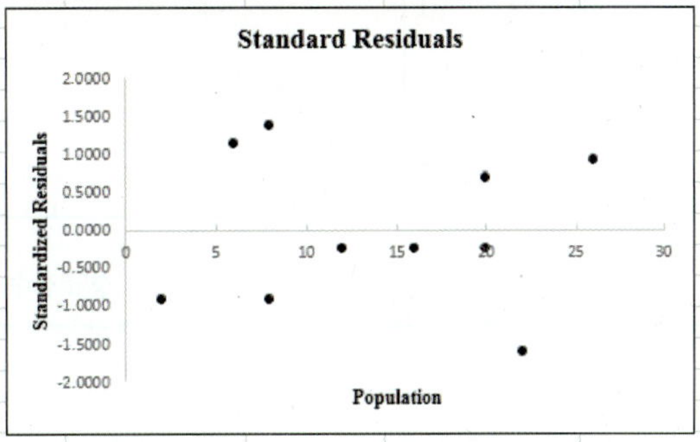

주) 1~33행은 숨겨져 있다.

〈표 14-10〉 $n = 10$의 정규점수

순서 통계량	정규 점수
1	−1.55
2	−1.00
3	−.65
4	−.37
5	−.12
6	.12
7	.37
8	.65
9	1.00
10	1.55

〈표 14-11〉 정규점수와 표준화된 잔차의 크기순으로 정렬(아르만즈 피자)

정규 점수	표준화된 잔차
−1.55	−1.7114
−1.00	−1.0792
−.65	−.9487
−.37	−.2372
−.12	−.2296
.12	−.2296
.37	.7115
.65	1.0792
1.00	1.2224
1.55	1.4230

정규점수가 있다. 〈표 14-10〉은 그것을 표로서 적은 것이다. 일반적으로 정규분포에서 추출한 크기 n의 관찰에는 n개 순서 통계량이 있고, n개 정규점수가 있다.

이제, 이 10개의 정규점수를 가지고 아르만즈 피자의 표준화된 잔차가 표준정규분포에서 나온 것인지 확인해 보자. 먼저 10개의 정규점수를 〈표 14-11〉의 첫 번째 열에 적는다. 그 옆에는 〈표 14-8〉의 표준화된 잔차를 크기순으로 정렬하여 적는다. 만일 오차의 정규성이 만족되어 있다면 제일 작은 표준화된 잔차는 제일 작은 정규점수에 아주 근접해야 한다. 그 다음으로 작은 표준화된 잔차는 그 다음 정규점수에 가까워야 한다. 이 두 개의 열을 가지고 〈그림 14-21〉과 같은 산점도를 그려보자. 만일 표준화된 잔차가 표준정규분포에서 나온 것이라면, 〈그림 14-21〉처럼 기울기 45도 직선에 근접하여 플로팅된다. 이러한 플로팅을 정규확률도라고 한다.

〈그림 14-21〉의 정규확률도에서, 점들이 45도 직선에서 벗어나는 편차들의 패턴을 보고 표준정규확률분포가 아닌지를 판단하여야 한다. 점들이 45도 직선에 밀집할수록 정규분포

〈그림 14-21〉 정규확률도(아르만즈 피자)

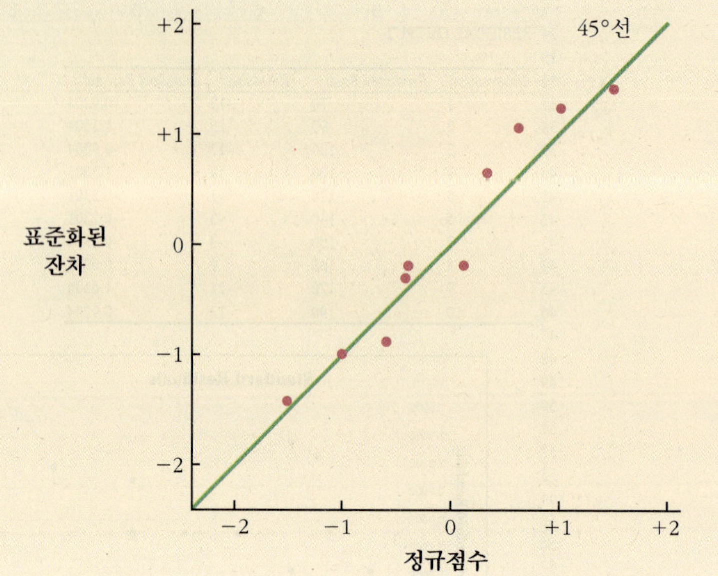

의 가정을 더 강하게 지지하게 된다. 점들이 현저한 곡선으로 보이면 그것은 잔차들이 정규분포에서 온 것이 아니라는 증거가 된다.

14.8 보충 설명

1. 우리는 잔차도와 정규확률도를 보고 회귀모형의 가정들을 검증하였다. 만일 우리의 검토에서 그 가정에 의문이 가는 것이 있으면, 어떤 다른 회귀모형이나 그 자료의 변환(transformation)을 고려해 보아야 한다. 가정을 위배한다면, 모형을 어떻게 수정할 것인지는 전적으로 좋은 판단에 의존할 수밖에 없다. 경험 많은 통계학자의 추천을 받는 것도 좋은 방법이다.
2. 회귀모형의 가정을 검증하는 데는 잔차분석이 주된 방법이다. 검증을 통해서 가정에 위배되는 것이 없다고 하더라도 그것으로 회귀모형이 훌륭한 예측을 해준다는 것은 아니다. 추가적인 통계적 검정으로 회귀식의 유의성에 대한 지지를 받고 결정계수가 충분히 크면 비로소 추정된 회귀식을 가지고 훌륭한 추정과 예측을 할 수 있게 된다.

연습문제

기초문제

45. 두 개의 변수 x, y에 관한 자료이다.

x_i	6	11	15	18	20
y_i	6	8	12	20	30

a. 이 자료에 맞는 회귀식을 추정하라.

b. 잔차를 계산하라.

c. 독립변수 x에 대한 잔차도를 그려라. 오차에 관한 가정이 만족되는가?

d. 표준화된 잔차를 계산하라.

e. $\hat{y}$에 대응하는 표준화된 잔차도를 그려라. 잔차도에서 어떤 결론을 내릴 수 있는가?

46. 다음 자료를 가지고 회귀분석을 하고자 한다.

관찰	x_i	y_i	관찰	x_i	y_i
1	2	4	6	7	6
2	3	5	7	7	9
3	4	4	8	8	5
4	5	6	9	9	11
5	7	4			

a. 이 자료에 맞는 회귀식을 추정하라.

b. 잔차도를 작성하라. 오차에 관한 가정이 만족되는가?

응용문제

47. 어느 레스토랑의 광고비와 매출액($1000) 자료이다.

광고비	매출액
1	19
2	32
4	44
6	40
10	52
14	53
20	54

a. x = 광고비, y = 매출액으로 하여, 두 변수의 관계를 나타내는 직선식을 최소제곱법으로 구하라.

b. 매출액과 광고비가 연관되어 있는지 .05의 유의수준에서 검정하라.

c. $\hat{y}$에 대한 $y-\hat{y}$의 잔차도를 작성하라. $\hat{y}$의 값은 a를 이용하라.

d. 잔차분석에서 어떤 결론을 내릴 수 있는가? 이 모형을 사용하여도 되는가? 아니면 더 나은 모형을 찾아보아야 하는가?

48. 연습문제 7에서, 근무경험 연수와 매출액의 관계를 회귀식으로 추정하였다.

a. 잔차를 계산하고, 잔차도를 그려라.

b. 잔차도를 볼때, 오차항에 관한 가정이 합당한가?

DATA file CostLiving

49. CostLiving 데이터 파일은 61개 도시의 생활비 지수와 인구밀집도(제곱마일당 인구수)를 조사한 것이다. 생활비 지수는 뉴욕시를 기준으로 구한 것이다. 샌프란시스코의 지수는 112.15인데, 이것은 뉴욕보다 생활비가 12.15% 더 비싸다는 것을 말하고, 워싱턴 DC는 84.64인데, 생활비가 뉴욕의 84.64%만 든다는 뜻이다[출처].

a. 인구 밀집도를 가지고 생활비를 예측하는 회귀식을 추정하라.

b. 독립변수에 대응한 잔차도를 그려라.

c. b의 잔차도를 볼 때, 오차항의 가정과 모형의 가정이 합당한가?

14.9 이상점과 영향점

이 절에서는 관찰 자료 중에서 이상치(outlier)로 구분되는 점과, 회귀식을 추정는 데 영향력이 특별히 큰 점을 어떻게 찾아낼 수 있는 점에 관해서 공부한다. 반드시 거쳐야 할 몇 가지 단계를 제시한다.

이상점 찾아내기

〈표 14-12〉 이상점이 있는 데이터

x_i	y_i
1	45
1	55
2	50
3	75
3	40
3	45
4	30
4	35
5	25
6	15

이상점(outlier)은 다른 나머지 점(관찰)이 보여주는 경향에 맞지 않는 점으로서 의심스럽고 주의해서 살펴보아야 할 데이터 포인트(관찰)를 말한다. 이상점이 데이터 수집과정의 에러로 판명되면 당연히 정정하여야 한다. 만일 그것이 모형의 가정을 벗어나는 것을 알리는 시그널이면 다른 새로운 회귀모형을 고려해 보아야 한다. 마지막으로, 그 이상점이 우연히 생길 수 있는 관찰이지만 그러나 일상적인 값이 아니라면(unusual), 그 점들은 그대로 유지해야 한다.

이상점을 찾아내는 예를 보자. 〈표 14-12〉는 자료이고, 〈그림 14-22〉는 그 자료를 가지고 그린 산점도와 추세선을 보여주고, 회귀분석의 출력과 표준잔차 출력을 보여준다. 추정회귀식은 $\hat{y} = 64.95 - 7.330x$이고 결정계수 R^2은 .4968이다. 그래서 y의 변동 가운데 49.68%만

〈그림 14-22〉 이상점이 있는 경우 회귀분석 출력

x	y
1	45
1	55
2	50
3	75
3	40
3	45
4	30
4	35
5	25
6	15

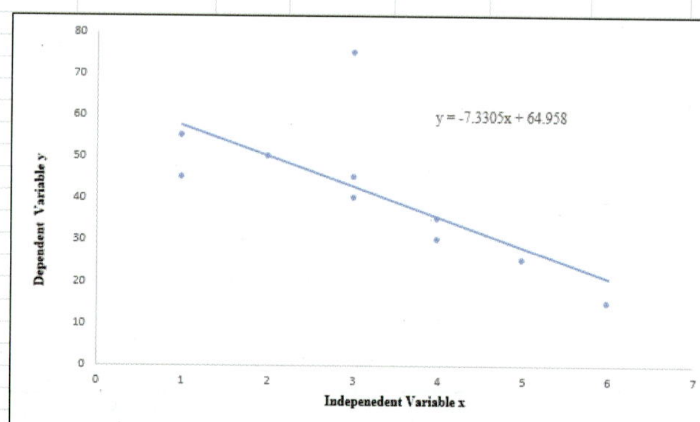

SUMMARY OUTPUT

Regression Statistics	
Multiple R	0.7049
R Square	0.4968
Adjusted R Square	0.4339
Standard Error	12.6704
Observations	10

RESIDUAL OUTPUT

Observation	*Predicted y*	*Residuals*	*Standard Residuals*
1	57.6271	-12.6271	-1.0570
2	57.6271	-2.6271	-0.2199
3	50.2966	-0.2966	-0.0248
4	42.9661	32.0339	2.6816
5	42.9661	-2.9661	-0.2483
6	42.9661	2.0339	0.1703
7	35.6356	-5.6356	-0.4718
8	35.6356	-0.6356	-0.0532
9	28.3051	-3.3051	-0.2767
10	20.9746	-5.9746	-0.5001

The standardized residual for observation 4 is greater than +2. Hence we consider observation 4 to be an outlier.

주) 22~33행은 숨겨져 있다.

이 추정회귀식으로 설명이 된다. 그러나 4번째 관찰점($x_4 = 3, y_4 = 75$)을 제외하면 아주 강한 음의 선형관계 패턴이 두드러진다. 나머지 점들의 패턴대로이라면 y_4는 훨씬 작은 값이 되어야 한다. 그래서 우리는 4번째 관찰점을 이상점이라고 생각할 수 있다. 이처럼 단순선형회귀분석에서는 산점도만 간단히 살펴보아도 이상점을 종종 알 수가 있다.

표준화된 잔차도를 보고도 이상점을 구분할 수 있다. 만일 어떤 관찰점이 나머지 점들의 패턴을 크게 벗어나면, 그 점의 표준화된 잔차는 절대값이 아주 큰 값을 가지게 된다. 표준화된 잔차가 −2.0보다 작거나 2.0보다 크면 이상점으로 구별할 것을 추천한다. 회귀모형의 오차가 정규분포라면, 표준화된 잔차가 이 경계선을 벗어나는 경우는 약 5% 정도에 불과하다. 〈그림 14-22〉의 잔차 출력을 보면 4번째 관찰점의 표준화된 잔차는 2.68인데, 이 값은 4번째 관찰점을 이상점으로 취급할 것을 제시한다.

이상점을 어떻게 처리해야 할까? 먼저 그 점이 유효한 관찰인지 체크해 보아야 한다. 초기에 데이터를 기록하는 데 에러가 발생하거나 그것을 워크시트에 입력하는 데 오류가 생길 수 있다. 〈그림 14-23〉과 같이, 4번째 관찰점의 올바른 데이터가 ($x_4 = 3, y_4 = 30$)이라고 하자.

〈그림 14-23〉의 회귀분석 출력은 올바른 데이터를 사용한 것이다. 추정회귀식은 $\hat{y} = 59.23 - 6.949x$이고 $R^2 = .8380$이다. 표준잔차에서도 −2.0~2.0의 범위를 벗어나는 것이 없

〈그림 14-23〉 수정된 이상점 데이터로 그린 산점도

	A	B
1	*x*	*y*
2	1	45
3	1	55
4	2	50
5	3	30
6	3	40
7	3	45
8	4	30
9	4	35
10	5	25
11	6	15
12		
13	SUMMARY OUTPUT	
14		
15	*Regression Statistics*	
16	Multiple R	0.9154
17	R Square	0.8380
18	Adjusted R Square	0.8177
19	Standard Error	5.2481
20	Observations	10
21		

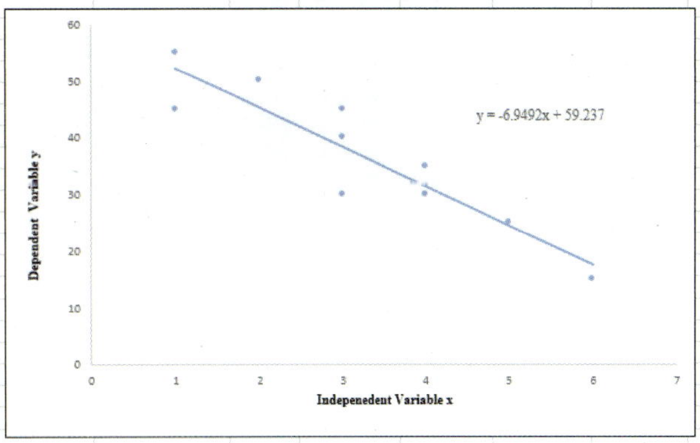

	A	B	C	D
34	RESIDUAL OUTPUT			
35				
36	*Observation*	*Predicted y*	*Residuals*	*Standard Residuals*
37	1	52.2881	-7.2881	-1.4730
38	2	52.2881	2.7119	0.5481
39	3	45.3390	4.6610	0.9420
40	4	38.3898	-8.3898	-1.6956
41	5	38.3898	1.6102	0.3254
42	6	38.3898	6.6102	1.3359
43	7	31.4407	-1.4407	-0.2912
44	8	31.4407	3.5593	0.7194
45	9	24.4915	0.5085	0.1028
46	10	17.5424	-2.5424	-0.5138
47				

주) 22~33행은 숨겨져 있다.

고, 수정된 자료에는 이상점은 없다. 올바르지 못한 데이터 값이 회귀식의 적합도에 아주 심각한 영향을 미치는 것을 알 수 있다. 결정계수 R^2값은 .4968에서 .8380으로 커지고, b_0값은 64.95에서 59.23으로, 회귀식의 기울기 b_1은 −7.330에서 −6.949으로 바뀌었다. 이처럼 이상점을 구별하여 바로 잡으면 회귀분석의 결과는 개선된다.

영향점 찾아내기

영향점(influential observation)은 회귀분석에서 영향력이 강한 데이터 포인트 관찰점을 말한다. 이상점(outlier)(나머지 데이터의 추세경향에서 현저히 벗어나는 y값이 있는 관찰점)이나, 극단적인 x값(x의 평균에서 아주 떨어진)의 관찰점, 혹은 이 두 가지의 조합(추세를 벗어난 y값, 극단적인 x값)은 모두 영향점이 될 수 있다. 이러한 영향점은 추정회귀식에 아주 극적인 효과를 미치기 때문에 면밀히 살펴보아야 한다. 먼저, 수집된 자료에 에러가 없어야 한다. 에러가 있다면 정정하고 새로 추정회귀식을 구하여야 한다. 관찰이 모두 유효하다면, 우리는 매우 운이 좋은 것으로 생각해야 한다.

〈표 14-13〉 영향점이 있는 자료

x_i	y_i
10	125
10	130
15	120
20	115
20	120
25	110
70	100

영향점이 포함된 〈표 14-13〉의 자료와 〈그림 14-24〉을 가지고 영향점을 찾는 과정을 설명해 보자. 그림의 위에 있는 산점도의 추정회귀식은 $\hat{y} = 127.4 - .425x$이다. 아래에 있는 것

〈그림 14-24〉 영향점이 있는 자료의 산점도

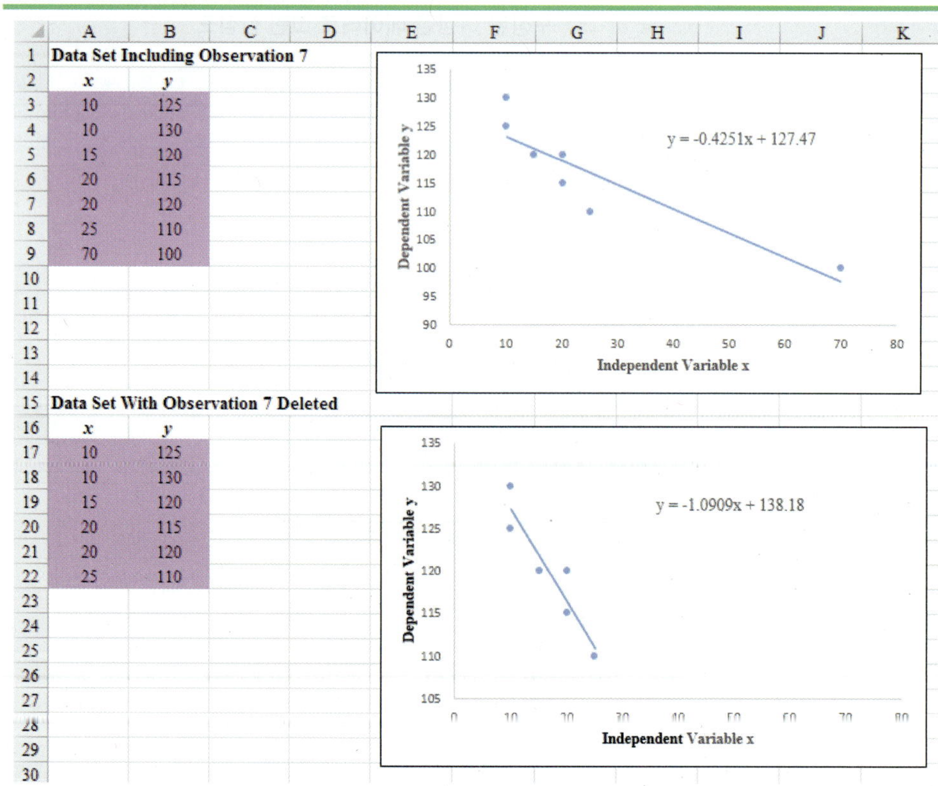

은 7번째 관찰점(x_7 = 70, y_7 = 100)을 삭제하고 그린 산점도와 그것의 추정회귀식은 $\hat{y}$ = 138.1 − 1.090x이다. 7번째 관찰점을 삭제하면 b_0값이 127.4에서 138.1으로 증가하고, 직선의 기울기도 −.425에서 −1.090으로 변하였다. 이처럼 7번째 관찰점이 미치는 영향은 매우 극적이다. 7번째 점은 영향력이 매우 크다.

독립변수의 값이 극단적인 관찰을 **고레버리지 점**(high leverage point)이라고 한다. 〈표 14-13〉의 7번째 관찰점은 고레버리지 점이다(앞에서는 영향력이 큰 점이라고 하였음), 어떤 관찰점의 레버리지는 독립변수의 값이 그 평균에서 얼마나 멀리 있는지로 결정한다. 독립변수가 한개인 경우의 i번째 관찰의 레버리지 h_i는 식 14-33으로 계산한다.

i번째 관찰의 레버리지

$$h_i = \frac{1}{n} + \frac{(x_i - \bar{x})^2}{\sum (x_i - \bar{x})^2} \qquad \text{14-33}$$

식을 보면 x_i가 그 평균에서 멀리 있을수록 레버리지는 더 커진다는 것을 알수있다. 〈표 14-13〉의 자료에서 7번째 관찰점의 레버리지는 다음과 같다.

$$h_i = \frac{1}{n} + \frac{(x_i - \bar{x})^2}{\sum (x_i - \bar{x})^2} = \frac{1}{7} + \frac{(70 - 24.286)^2}{2621.43} = .94$$

단순선형회귀에서는 $h_i > 6/n$이면 고레버리지 관찰점으로 간주하는데, 여기서는 $6/n = 6/7 = .86$이다. 7번째 관찰점은 $h_7 = .94 > .86$이므로 레버리지가 높은 점으로 구분할 수 있다. 레버리지가 높은 관찰점은 종종 영향력도 크다. 큰 잔차와 높은 레버리지가 상호작용하여 영향력이 크게 나타나는 경우는 그 관찰점을 발견해 내기가 어렵다. 이 두 가지를 함께 고려하여 그 관찰점이 영향력이 큰지를 진단하는 절차가 있다. 회귀분석에 관한 고급 수준의 책에서는 다루고 있다. 엑셀에서는 이상점과 고레버리지 점을 찾아내는 기능은 없다. 따라서 적합한 회귀선을 구한 후 산점도를 다시 검토하기를 추천한다. 회귀선을 현저히 벗어나는 점이 있으며 그것을 제외하고 회귀분석을 다시 해보라. 만일 결과의 변화가 아주 크면 그 문제의 점이 하나의 영향점(influential point)이다.

14.9 보충 설명

잔차가 크거나 레버리지가 높아서 그 관찰이 잠재적으로 영향력이 크다고 밝혀지면, 그것이 추정회귀식에 어떤 영향을 미치는지 따져보아야 한다. 좀 더 고급의 텍스트를 보면 그것의 진단과정을 찾을 수 있다. 그러나 그러한 고급의 내용을 모른다 할지라도, 그 관찰점을 포함시키기거나 제외하고 회귀분석을 각각 해보는 것이다. 이러한 간단한 방법으로도 회귀분석 결과에 그 관철점이 미치는 영향이 나타나게 된다.

연습문제

기초문제

50. 두 개의 변수 x와 y의 자료이다.

x_i	135	110	130	145	175	160	120
y_i	145	100	120	120	130	130	110

a. 이 데이터의 산점도를 그려라. 산점도를 보면 어떤 이상점이 드러나는가? 그것은 단순선형회귀에 어떤 의미가 있는가?

b. 이 데이터의 표준화된 잔차를 계산하라. 데이터에 이상점이 있는가? 설명하라.

51. 두 개의 변수 x와 y의 다음 자료를 보고 답하라.

x_i	4	5	7	8	10	12	12	22
y_i	12	14	16	15	18	20	24	19

a. 이 데이터의 산점도를 그려라. 산점도를 보면 어떤 영향점의 관찰이 드러나는가? 설명하라

b. 이 데이터의 표준화된 잔차를 계산하라. 데이터 속에 어떤 이상점이 있는가? 설명하라.

c. 이 데이터의 레버리지를 각각 계산하라. 이상점이 발견되는가? 설명하라.

응용문제

52. Charity Navigator는 자선단체를 평가하는 독립 기관이다. 다음은 이 기관이 평가한 자료로서 자선단체가 지출한 총지출($), 관리비 비율(%), 기금조성비 비율(%), 프로그램 지출비 비율(%)이다[출처]. 관리비는 관리인원 인건비, 회의비 등의 간접비를 말한다.

DATA *file*
Charities

자선단체	총지출	관리비 비율	기금조성비 비율	프로그램 지출비 비율
American Red Cross	3,354,177,445	3.9	3.8	92.1
World Vision	1,205,887,020	4.0	7.5	88.3
Smithsonian Institution	1,080,995,083	23.5	2.6	73.7
Food For The Poor	1,050,829,851	.7	2.4	96.8
American Cancer Society	1,003,781,897	6.1	22.2	71.6
Volunteers of America	929,158,968	8.6	1.9	89.4
Dana-Farber Cancer Institute	877,321,613	13.1	1.6	85.2
AmeriCares	854,604,824	.4	.7	98.8
ALSAC—St. Jude Children's Research Hospital	829,662,076	9.6	16.9	73.4
City of Hope	736,176,619	13.7	3.0	83.1

a. 기금조성비 비율(%)을 수평축, 프로그램 지출비 비율(%)을 수직축으로 하여 산점도를 그려라. 이상점이나 영향점이 보이는가?

b. 관리비 비율(%)을 가지고 프로그램 지출비 비율(%)을 예측하는 회귀식을 추정하라.

c. 이 문제의 상황에서 추정회귀식의 기울기 값은 의미가 있는가?

d. 잔차분석을 활용하여 이상점이나 영향점이 있는지 판정하라. 발견한 내용에 관한 결론을 요약하여 적어라.

53. 특히 유럽의 국가를 비롯한 여러 나라는 상당량의 금을 보유하고 있다. 그런데 이러한 국가들은 부채도 상당하다. 오른쪽 자료는 금 보유량(십억 $)과 GDP 대비 부채비율(%)이다[출처].

국가	금 보유량	부채비율
중국	63	17.7
프랑스	146	81.7
독일	203	83.2
인도네시아	33	69.2
이탈리아	147	119.0
네덜란드	36	63.7
러시아	50	9.9
스위스	62	55.0
미국	487	93.2

DATA file
GoldHoldings

a. 금 보유량을 독립변수로 한 산점도를 그려라.

b. a의 산점도를 볼 때, 두 변수 간에 특별한 관계가 있는가? 이상점이나 영향점이 있는가? 설명하라.

c. 전체 자료를 가지고, 금 보유량으로서 부채비율을 예측하는 추정회귀식을 구하라.

d. a의 산점도를 보고 어떤 영향점의 관찰이 있는지 발견하라. 그 관찰 데이터를 데이터 세트에서 제외하고서 나머지 데이터를 가지고 추정회귀식을 구하라. 새로 구한 회귀식의 기울기를 c에서 구한 회귀식의 기울기와 비교해 보라. 이러한 접근 방법이 앞에서 발견한 영향점에 대한 결론을 지지하는가?

54. 아래 데이터는 메이저 리그 30개 야구팀의 연간 수입(백만$)과 팀의 추정가치(백만$)이다[출처].

DATA file
MLBValues

팀	수입	가치	팀	수입	가치
Arizona Diamondbacks	195	584	Milwaukee Brewers	201	562
Atlanta Braves	225	629	Minnesota Twins	214	578
Baltimore Orioles	206	618	New York Mets	232	811
Boston Red Sox	336	1312	New York Yankees	471	2300
Chicago Cubs	274	1000	Oakland Athletics	173	468
Chicago White Sox	216	692	Philadelphia Phillies	279	893
Cincinnati Reds	202	546	Pittsburgh Pirates	178	479
Cleveland Indians	186	559	San Diego Padres	189	600
Colorado Rockies	199	537	San Francisco Giants	262	786
Detroit Tigers	238	643	Seattle Mariners	215	644
Houston Astros	196	626	St. Louis Cardinals	239	716
Kansas City Royals	169	457	Tampa Bay Rays	167	451
Los Angeles Angels of Anaheim	239	718	Texas Rangers	239	764
Los Angeles Dodgers	245	1615	Toronto Blue Jays	203	568
Miami Marlins	195	520	Washington Nationals	225	631

a. 수입을 수평축에, 가치를 수직축에 놓고 산점도를 그려라. 산점도를 볼 때 이상점이나 영향점이 있는가?

b. 연간 수입을 가지고 팀의 가치를 예측할 추정회귀식을 구하라.

c. 잔차분석을 활용하여 이상점이나 영향점이 있는지 찾아라. 발견한 것을 요약하여 적어라.

14.10 실용적 권고: 단순선형회귀분석에서 빅데이터와 가설 검정

우리는 7장에서 표본 크기가 증가함에 따라 표본평균 $\bar{x}$의 표집분포의 표준오차(식 7-2)와 표본비율 $\bar{p}$의 표집분포의 표준오차(식 7-5)가 작아지는 것을 보았다. 우리는 8장과 9장에서 표본 크기가 증가함에 따라 μ와 p의 신뢰구간 추정값이 좁아지고, 가설 H_0: $\mu \leq \mu_0$와 H_0: $p \leq p_0$의 검정에 대한 p-값이 작아진다는 결과를 관찰했다. 이러한 결과들은 단순선형회귀분석으로도 확장된다. 단순선형회귀분석에서 표본 크기가 증가함에 따라,

- 종속변수와 독립변수가 유의적인 관계인지를 결정하는 t-검정의 p-값이 작아진다.
- 독립변수와 관련된 기울기 모수의 신뢰구간이 좁아진다.
- y의 평균값에 대한 신뢰구간이 좁아진다.
- y의 개별값에 대한 예측구간이 좁아진다.

따라서 표본 크기가 증가하면 종속변수와 독립변수 사이에 관계가 존재하지 않는다는 가설을 기각함으로써 관계가 존재한다는 결론을 내릴 가능성이 높다. 표본 크기가 증가함에 따라 독립변수와 관련된 기울기 모수에 대한 신뢰구간, y의 평균값에 대한 신뢰구간, 그리고 y의 개별값에 대한 예측구간의 추정값들은 더 정확해진다. 그러나 이러한 결과들이 표본 크기가 증가함에 따라 더욱 신뢰할 수 있다는 것을 의미하는 것은 아니다.

단순선형회귀식을 추정하는 데 사용된 표본의 크기에 상관없이, 우리는 자료에 비샘플링 오차(nonsampling error)가 있을 가능성에 주의해야 한다(비샘플링 오차에 대해서는 7장 8절 참조). 모집단에 대한 무작위적 표본이 실제로 추출되었는지를 신중하게 고려해야 한다. 독립변수와 종속변수에 관계가 존재하지 않는다는 가설을 검정하는 데 사용될 자료가 비샘플링 오차에 의해 오염된 경우, 제1종 오류 또는 제2종 오류가 발생할 가능성이 비샘플링 오차가 없는 표본 자료를 사용하였을 경우보다 높을 수 있다. 독립변수와 종속변수의 관계가 통계적으로 유의하다고 하더라도, 단순선형회귀식에서의 그러한 관계가 실제로도(practical) 유의한지를 검토해야 한다.

단순선형회귀분석은 매우 강력한 통계적 도구이다. 그렇지만 다른 출처로부터 수집한 정보와 결합하여 검토하여야 종합적인 훌륭한 결정이 가능하게 된다. 경영 의사결정은 단순선형회귀분석의 추론만을 기반으로 하지 않는다. 비샘플링 오차가 잘못된 결론을 유인할 수 있으므로, 항상 통계적 유의성과 함께 실제로 유의한지 고려되어야 한다. 이는 가설 검정이 매우 큰 표본을 기반으로 이루어질 때 특히 중요한데, 이 경우에 p-값이 매우 작을 수 있기 때문이다. 단순선형회귀분석이 적절하게 실시될 수 있어야 이를 기반으로 하는 추론이 경영 의사결정과정의 중요 요소가 될 수 있다.

요약

우리는 이 장에서 회귀분석이 종속변수 y를 독립변수 x에 관련시키는 데 어떻게 이용될 수 있는지를 살펴보았다(이를 x에 관한 y의 회귀분석이라고 함). 단순선형회귀분석에서 회귀모형은 $y = \beta_0+\beta_1x+\varepsilon$이다. 단순선형회귀식 $E(y) = \beta_0+\beta_1x$는 y의 평균 또는 기댓값이 x에 어떻게 관련되는지를 보여준다. 우리는 표본 자료와 최소제곱법을 이용하여 회귀식 $\hat{y} = b_0+b_1x$를 추정하였다. 실제로 b_0와 b_1은 각각 미지의 모수 β_0와 β_1을 추정하는 표본 통계량이다.

결정계수는 추정회귀식의 적합도에 대한 측도로서, 종속변수 y의 변동 중에서 추정회귀식에 의해 설명되는 비율이라고 해석할 수 있다. 우리는 두 변수의 선형관계의 정도를 설명하는 측도로서 상관관계를 재검토하였다.

회귀모형과 이와 관련한 오차항 ε에 관한 가정들을 설명하였고, 이들 가정을 기반으로 두 변수의 관계가 통계적으로 유의한지의 여부를 판정하는 방법으로써 t-검정과 F-검정을 설명하였다. 우리는 추정회귀식을 이용하여 y 평균값의 신뢰구간과 y 개별 값의 예측구간을 추정하는 방법에 관하여 살펴보았다.

이 장의 끝 부분에서 회귀 문제에 컴퓨터 도구를 이용하는 방법을 다루었고, 회귀분석의 가정이 유효한지 잔차분석으로 검증하였고, 또한 잔차분석으로 이상점(outlier)을 식별해 내고 주영향 관찰점들에 대해서 논의하였다. 마지막에는 단순선형회귀분석을 이용한 가설 검정의 해석에서 빅데이터의 영향을 논의하였다.

용어

결정계수(coefficient of determination) 추정회귀식의 적합도에 관한 측도. 종속변수 y의 변동 중 추정회귀식에 의해 설명되는 비율로 해석될 수 있다.

단순선형회귀분석(simple linear regression) 한 개의 독립변수와 한 개의 종속변수를 관련시키는 분석으로서, 두 변수 사이의 관계를 직선으로 근사한다.

독립변수(independent variable) 예측하거나 설명하는 변수. x로 표기한다.

분산분석표(ANOVA table) 유의성에 대한 F-검정과 관련된 계산 수치들을 요약한 표.

산점도(scatter diagram) 두 변수의 관계를 나타내는 그래프. 가로축이 독립변수, 그리고 세로축이 종속변수이다.

상관계수(correlation coefficient) 두 변수의 선형관계의 정도에 대한 측도(3장에서 논의되었다).

신뢰구간(confidence interval) 주어진 x값에 대한 y 평균값의 구간 추정값.

예측구간(prediction interval) 주어진 x값에 대한 y 개별값의 구간 추정값.

종속변수(dependent variable) 예측되거나 설명되는 변수. y로 표기한다.

최소제곱법(least squares method) 추정회귀식을 얻기 위한 과정. 목적은 $\sum(y_i-\hat{y}_i)^2$의 최소화이다.

추정값의 표준오차(standard error of the estimate) 오차제곱의 평균의 제곱근이며 s로 표기한다. 오차항 ε의 표준편차 σ의 추정값이다.

추정회귀식(estimated regression equation) 최소제곱법을 이용하여 표본 자료로부터 얻은 회귀식의 추정. 단순선형회귀분석에서 추정회귀식은 $\hat{y} = b_0+b_1x$이다.

오차제곱의 평균(mean square error) 오차항의 분산 σ^2의 불편추정값. MSE 또는 s^2으로 표기한다.

회귀모형(regression model) y가 x 및 오차항에 어떻게 관련되는지를 나타내는 식. 단순선형회귀분석의 회귀모형은 $y = \beta_0+\beta_1x+\varepsilon$이다.

회귀식(regression equation) 종속변수의 평균 또는 기댓값이 독립변수에 어떻게 관련되는지를 나타내는 식. 단순선형회귀분석의 회귀식은 $E(y) = \beta_0+\beta_1x$이다.

i번째 잔차(ith residual) 종속변수의 관측값과 추정회귀식에 의한 예측값 사이의 차이. i번째 관측값에 대한 i번째 잔차는 $y_i-\hat{y}_i$이다.

주요 식

단순선형회귀모형

$$y = \beta_0+\beta_1 x+\varepsilon \tag{14-1}$$

단순선형회귀식

$$E(y) = \beta_0+\beta_1 x \tag{14-2}$$

단순선형 추정회귀식

$$\hat{y} = b_0+b_1 x \tag{14-3}$$

최소제곱 기준

$$\min \sum(y_i-\hat{y}_i)^2 \tag{14-5}$$

추정회귀식의 기울기와 y절편

$$b_1 = \frac{\sum(x_i-\bar{x})(y_i-\bar{y})}{\sum(x_i-\bar{x})^2} \tag{14-6}$$

$$b_0 = \bar{y}-b_1\bar{x} \tag{14-7}$$

오차제곱합

$$\text{SSE} = \sum(y_i-\hat{y}_i)^2 \tag{14-8}$$

총제곱합

$$\text{SST} = \sum(y_i-\bar{y})^2 \tag{14-9}$$

회귀제곱합

$$\text{SSR} = \sum(\hat{y}_i-\bar{y})^2 \tag{14-10}$$

SST, SSR, SSE 사이의 관계

$$\text{SST} = \text{SSR} + \text{SSE} \tag{14-11}$$

결정계수

$$R^2 = \frac{\text{SSR}}{\text{SST}} \tag{14-12}$$

표본상관계수

$$r_{xy} = (b_1\text{의 부호})\sqrt{\text{결정계수}} = (b_1\text{의 부호})\sqrt{R^2} \tag{14-13}$$

평균제곱오차(σ^2의 추정값)

$$s^2 = \text{MSE} = \frac{\text{SSE}}{n-2} \tag{14-15}$$

추정값의 표준오차

$$s = \sqrt{\text{MSE}} = \sqrt{\frac{\text{SSE}}{n-2}} \tag{14-16}$$

b_1의 표준편차

$$\sigma_{b_1} = \frac{\sigma}{\sqrt{\sum(x_i-\bar{x})^2}} \tag{14-17}$$

b_1의 추정 표준편차

$$s_{b_1} = \frac{s}{\sqrt{\sum(x_i-\bar{x})^2}} \tag{14-18}$$

t-검정 통계량

$$t = \frac{b_1}{s_{b_1}} \tag{14-19}$$

평균제곱회귀

$$\text{MSR} = \frac{\text{SSR}}{\text{독립변수의 수}} \tag{14-20}$$

F-검정 통계량

$$F = \frac{\text{MSR}}{\text{MSE}} \tag{14-21}$$

$\hat{y}^*$의 추정 표준편차

$$s_{\hat{y}^*} = s\sqrt{\frac{1}{n}+\frac{(x^*-\bar{x})^2}{\sum(x_i-\bar{x})^2}} \tag{14-23}$$

$E(y^*)$의 신뢰구간

$$\hat{y}^* \pm t_{\alpha/2}s_{\hat{y}^*} \tag{14-24}$$

개별값의 추정 표준편차

$$s_{\text{pred}} = s\sqrt{1+\frac{1}{n}+\frac{(x^*-\bar{x})^2}{\sum(x_i-\bar{x})^2}} \tag{14-26}$$

y^*의 예측구간

$$\hat{y}^* \pm t_{\alpha/2}s_{\text{pred}} \tag{14-27}$$

i번째 관찰의 잔차

$$y_i - \hat{y}_i \tag{14-28}$$

i번째 잔차의 표준편차

$$s_{y_i-\hat{y}_i} = s\sqrt{1-h_i} \tag{14-30}$$

i번째 관찰의 표준화된 잔차

$$\frac{y_i-\hat{y}_i}{s_{y_i-\hat{y}_i}} \tag{14-32}$$

i번째 관찰의 레버리지

$$h_i = \frac{1}{n}+\frac{(x_i-\bar{x})^2}{\sum(x_i-\bar{x})^2} \tag{14-33}$$

보충 연습문제

55. [DATA file DJIAS&P500] Dow Jones Industrial Average(DJIA) 지수와 Standard & Poor's 500(S&P 500) 지수는 주식시장의 전반적인 움직임을 보여준다. DJIA는 30개 대기업의 주가 움직임을 기반으로 하고, S&P 500은 500개의 주식으로 구성된 지수이다. 혹자는 S&P 500이 기업의 주가를 보다 폭넓게 반영하기 때문에 주식시장의 성과를 더 잘 나타내는 측도라고 말한다. 다음은 2012년 1월 6일을 시작으로 DJIA와 S&P 500의 15주 동안의 종가에 관한 자료이다[출처].

날짜	DJIA	S&P 500	날짜	DJIA	S&P 500
1월 6일	12,360	1278	3월 2일	12,978	1370
1월 13일	12,422	1289	3월 9일	12,922	1371
1월 20일	12,720	1315	3월 16일	13,233	1404
1월 27일	12,660	1316	3월 23일	13,081	1397
2월 3일	12,862	1345	3월 30일	13,212	1408
2월 10일	12,801	1343	4월 5일	13,060	1398
2월 17일	12,950	1362	4월 12일	12,850	1370
2월 24일	12,983	1366			

a. DJIA를 독립변수로 하는 산점도를 그려라.
b. 추정회귀식을 구하라.
c. $\alpha = .05$에서 유의한 관계인지를 검정하라.
d. 추정회귀식의 적합도에 관하여 설명하라.
e. DJIA의 종가가 13,500이라고 가정하자. S&P 500의 종가를 예측하라.
f. e에서 S&P 500의 종가를 예측하는 데 사용된 DJIA의 종가 13,500이 회귀식을 추정하는 데 사용한 자료의 범위를 벗어나고 있다. 이것이 문제로 제기될 수 있는가?

56. [DATA file WSHouses] 주택의 크기(1000제곱피트)는 주택의 가격($1000)을 예측하는 변수가 될 수 있을까? 아래 데이터는 어느 지역의 주택의 크기와 그 가격이다[출처].

주택 크기	주택 가격	주택 크기	주택 가격
1.26	117.5	2.30	175.0
3.02	299.9	2.08	189.9
1.99	139.0	1.12	95.0
0.91	45.6	1.38	82.1
1.87	129.9	1.80	169.0
2.63	274.9	1.57	96.5
2.60	259.9	1.45	114.9
2.27	177.0		

a. 주택의 크기를 독립변수로 하고 가격을 종속변수로 하여 산점도를 그려라. 두 변수 간의 관계를 적어라.
b. 주택 크기를 가지고 그 가격을 예측하는 추정회귀식을 구하라.
c. 유의수준 .05에서, 두 변수 간에 유의한 관계가 있는가?
d. 크기가 2000제곱피트인 주택의 가격을 예측하라.
e. b의 추정회귀식은 그 지역의 어떤 집의 가격을 예측하는 데 적합하다고 생각하는가? 설명하라.
f. 다른 지역에 있는 어떤 집의 가격을 예측하는 데 b의 추정회귀식을 사용하여도 문제는 없겠는가?

57. [DATA file OnlineEdu] 최근 몇 년 동안 고등교육에서 가장 큰 변화 중 하나는 온라인 대학교의 성장이다. Online Education Database는 공인된 최고의 온라인 대학교들에 관한 종합적인 목록을 만드는 독립 단체이다. 다음은 29개 온라인 대학교의 등록률(단위: %)과 졸업률(단위: %)에 관한 자료이다.

등록률	졸업률	등록률	졸업률	등록률	졸업률
7	25	67	36	37	48
51	25	65	37	63	50
4	28	78	37	73	51
29	32	75	38	78	52
33	33	54	39	48	53
47	33	45	41	95	55
63	34	38	44	68	56
45	36	51	45	100	57
60	36	69	46	100	61
62	36	60	47		

a. 등록률을 독립변수로 하는 산점도를 그려라. 산점도는 두 변수의 관계와 관련하여 무엇을 보여주는가?
b. 추정회귀식을 구하라.
c. $\alpha = .05$에서 유의한 관계인지를 검정하라.
d. 추정회귀식은 적합한가?

58. [DATA file Jensen] Jensen Tire & Auto는 신형 컴퓨터 휠 얼라이먼트 및 밸런싱 장비를 위한 유지보수 계약을 구매할 것인지에 관한 의사결정과정에 있다. 관리자는 유지보수 비용이 사용시간과 관련이 있다고 생각하고, 다음과 같이 주간 사용시간(단위: 시간)과 연간 유지보수비용(단위: $1000)에 관한 자료를 수집하였다.

주간 사용시간	연간 유지보수비용	주간 사용시간	연간 유지보수비용
13	17.0	17	30.5
10	22.0	24	32.5
20	30.0	31	39.0
28	37.0	40	51.5
32	47.0	38	40.0

a. 연간 유지보수비용을 주간 사용시간과 관련시키는 추정회귀식을 구하라.

b. a에서 이 관계의 유의성을 $\alpha = .05$에서 검정하라.

c. 이 회사는 신형 장비를 주당 30시간 이용할 것으로 기대한다. 이 회사의 연간 유지보수비용에 대한 95% 예측구간을 구하라.

d. 유지보수 계약이 연간 $3000이면 구매계약을 추천하겠는가? 그 이유를 설명하라.

59. [DATA file AgeCost] 어느 대도시의 교통국은 버스의 운행 기간과 연간 유지보수비용 사이에 어떤 관계가 있는지를 알고 싶어 한다. 10대의 버스 표본으로부터 다음과 같은 자료를 수집하였다.

버스의 운행 기간 (단위: 년)	유지보수비용 (단위: $/년)	버스의 운행 기간 (단위: 년)	유지보수비용 (단위: $/년)
1	350	3	550
2	370	4	750
2	480	4	800
2	520	5	790
2	590	5	950

a. 최소제곱 추정회귀식을 구하라.

b. 두 변수가 유의한 관계인지를 $\alpha = .05$에서 검정하라.

c. 관찰된 자료에 대한 최소제곱 회귀선의 적합도는 어느 정도인가? 이에 대해 설명하라.

d. 운행 기간이 4년인 어떤 버스에 대한 연간 유지보수비용의 95% 예측구간을 구하라.

60. [DATA file HoursPts] Givens College의 마케팅 교수는 어느 한 교과목에서 얻은 총점과 공부시간 사이의 관계에 관심이 있다. 지난 학기에 이 교과목을 수강한 10명의 학생으로부터 수집된 자료는 다음과 같다.

공부시간 (단위: 시간)	총점	공부시간 (단위: 시간)	총점	공부시간 (단위: 시간)	총점
45	40	105	90	80	80
30	35	65	50	55	45
90	75	90	90	75	65
60	65				

a. 총점을 공부시간과 관련시키는 추정회귀식을 구하라.

b. $\alpha = .05$에서 이 모형의 유의성을 검정하라.

c. Mark Sweeney의 총점을 예측하라. 그의 공부시간은 95시간이다.

d. Mark Sweeney의 총점에 대한 95% 예측구간을 구하라.

61. [DATA file Camry] Toyota Camry는 북미에서 가장 많이 팔린 자동차들 중 하나이다. 이 자동차의 중고차 가격은 연식, 주행거리, 차량 상태 등 여러 가지 요인에 따라 달라진다. 이 자동차의 2007년식 어느 모델의 중고차 가격과 주행거리 사이에 관계가 있는지를 조사하기 위해, 다음과 같이 이 모델로 판매된 19대 자동차의 주행거리와 가격에 관한 자료를 수집하였다[출처].

주행거리 (단위: 1000마일)	판매가격 (단위: $1000)	주행거리 (단위: 1000마일)	판매가격 (단위: $1000)
22	16.2	110	8.3
29	16.0	28	12.5
36	13.8	59	11.1
47	11.5	68	15.0
63	12.5	68	12.2
77	12.9	91	13.0
73	11.2	42	15.6
87	13.0	65	12.7
92	11.8	110	8.3
101	10.8		

a. 주행거리를 가로축으로 하고 판매가격을 세로축으로 하는 산점도를 그려라.

b. a에서 산점도는 두 변수 사이에 어떤 관계를 보여주는가?

c. 이 자동차의 주행거리가 주어질 때 판매가격을 예측할 수 있는 회귀식을 추정하라.

d. 유의수준 .05에서 유의한 관계인지를 검정하라.

e. 추정회귀식의 적합도는 어느 정도인가? 이에 대해 설명하라.

f. 추정회귀식의 기울기에 대해 해석하라.

g. 당신이 60,000마일을 주행한 2007년형 중고 Toyota Camry의 구매를 고려한다고 가정하자. c에서 구한 추정회귀식을 이용하여 이 차의 가격을 예측하라. 당신은 이 가격을 이 차의 판매자에게 요구할 것인가?

사례문제 1. 주식시장 위험 측정

[DATA file Beta] 개별 주식의 위험 또는 변동성의 한 가지 측도는 여러 기간 동안의 총수익(자본이익(투자수익)과 배당금의 합)의 표준편차이다. 이 표준편차는 계산이 쉬움에도 불구하고, 주식 가격이 S&P 500과 같은 시장 표준지수의 함수로서 변동하는 부분을 (표준편차에) 반영하지 못한다. 그 결과 다수의 금융 분석가들은 **베타**(beta)라고 불리는 또 다른 측도의 사용을 선호한다.

개별 주식의 베타는 단순선형회귀분석에 의해 결정된다. 종속변수는 해당 주식의 총수익이고 독립변수는 주식시장의 총수익이다.* 우리는 이 사례문제에서 S&P 500 지수를 주식시장의 총수익에 대한 지표로 사용하고, 월별 자료를 이용하여 추정회귀식을 구한다. 주식의 베타는 추정회귀식의 기울기(b_1)이다. 데이터 파일 Beta에 포함된 자료는 36개월 동안의 상장기업 8개의 보통주의 총수익(투자수익률)과 S&P 500에 관한 것이다.

주식시장의 베타 값은 항상 1이다. 따라서 주식시장의 상승과 하락에 연동되는 경향을 보이는 주식은 1에 가까운 베타 값을 가진다. 특정 주식의 베타가 1보다 크면 그 주식이 시장보다 위험하다는 것이며, 베타가 1보다 작으면 시장보다 덜 위험하다는 것이다. 예를 들어, 주식의 베타가 1.4이면 시장보다 40% 더 위험하고, 주식의 베타가 .4라면 시장보다 60% 덜 위험하다.

경영 보고서

당신은 이들 주식에 대한 위험 특성을 분석하는 업무를 배정받았다. 다음 문항들을 포함하면서도 이 문항들에 한정되지 않은 보고서를 준비하라.

1. 개별 주식과 S&P 500의 기술 통계량들을 구하라. 이 결과에 대해 해석하라. 어떤 주식이 가장 위험한가?
2. 각 주식의 베타 값을 계산하라. 당신은 이 주식들 중 어느 주식이 상승장(up market)에서 수익이 클 것으로 기대하는가? 당신은 이 주식들 중 어느 주식이 하락장(down market)에서 투자 자산을 잘 보존할 것으로 기대하는가?
3. 개별 주식의 수익이 이 시장에 의해 얼마나 많이 설명되는지를 해석하라.

*베타는 자료 원천에 따라 다를 수 있다. 예를 들면, 어떤 원천에서는 무위험투자(예:국채)의 수익률을 독립변수와 종속변수에서 뺀 후에 추정회귀식을 구하기도 한다. 또 어떤 곳에서는 주식시장 총수익에 다른 지수를 사용하기도 한다. 예를 들면, Value Line은 뉴욕증권거래소의 종합지수를 사용해서 베타를 계산한다.

사례문제 2. 미국 교통부

[DATA file Safety] 미국 교통부는 교통안전에 관한 연구의 일환으로, 표본으로 선정된 42개 도시의 운전면허소지자 중 21세 이하의 비율(단위: %)과 운전면허소지자 1000명당 사망사고의 수(단위: 건)에 관한 자료를 수집하였다. 이 자료는 데이터 파일 Safety에 있다.

경영 보고서

1. 수치와 그래프를 이용하여 자료를 요약하라.
2. 사망사고 수와 21세 이하 운전자 비율 사이의 관계를 조사하기 위해 회귀분석을 이용하라. 당신이 발견한 것을 논의하라.
3. 당신이 이 분석으로부터 유도할 수 있는 결론과 고려사항은 무엇인가?

21세 이하의 비율	사망사고의 수	21세 이하의 비율	사망사고의 수	21세 이하의 비율	사망사고의 수	21세 이하의 비율	사망사고의 수
13	2.962	16	2.801	8	2.190	18	3.614
12	0.708	12	1.405	16	3.623	10	1.926
8	0.885	9	1.433	15	2.623	14	1.643
12	1.652	10	0.039	9	0.835	16	2.943
11	2.091	9	0.338	8	0.820	12	1.913
17	2.627	11	1.849	14	2.890	15	2.814
18	3.830	12	2.246	8	1.267	13	2.634
8	0.368	14	2.855	15	3.224	9	0.926
13	1.142	14	2.352	10	1.014	17	3.256
8	0.645	11	1.294	10	0.493		
9	1.028	17	4.100	14	1.443		

사례문제 3. 전자동 디지털카메라 선택

[DATA file Cameras] Consumer Report는 166개의 전자동 디지털카메라를 테스트했다. 메가픽셀의 수, 무게, 화질, 사용용이성과 같은 요인들을 기반으로 각 디지털카메라의 전반적 점수를 부여했다. 점수는 0점에서 100점이고 높은 점수일수록 테스트 결과가 좋다는 것을 나타낸다. 많은 옵션이 있는 경우 디지털카메라를 선택하는 것은 쉬운 일이 아니다. 대부분의 소비자에게 가격은 확실히 중요한 요소이다. 소비자가 더 높은 가격을 지불하면 뛰어난 디지털카메라를 정말 얻을 수 있는가? 화질을 결정하는 요인으로 간주되는 메가픽셀이 더 많은 디지털카메라에 더 적은 메가픽셀의 디지털카메라보다 더 비싼가? 〈표 14-7〉은 Consumer Report가 테스트한 13개의 Canon 카메라와 15개의 Nikon 소형 카메라에 대한 브랜드, 평균 소매가격(단위: $), 메가픽셀의 수, 무게(단위: 온스), 그리고 전반적 점수를 보여준다[출처].

경영 보고서

1. 수치를 이용하여 자료를 요약하라.
2. 전반적 점수를 종속변수로 하여 다음과 같은 3개의 산점도를 그려라. 하나는 소매가격을 독립변수로 하고, 또 하나는 메가픽셀의 수를 독립변수로 하며, 마지막으로 무게를 독립변수로 한다. 산점도를 보고 각각의 독립변수와 점수의 관계

〈표 14-7〉 28개의 디지털카메라에 관한 자료

관측	브랜드	소매가격	메가픽셀 수	무게	전반적 점수
1	Canon	330	10	7	66
2	Canon	200	12	5	66
3	Canon	300	12	7	65
4	Canon	200	10	6	62
5	Canon	180	12	5	62
6	Canon	200	12	7	61
7	Canon	200	14	5	60
8	Canon	130	10	7	60
9	Canon	130	12	5	59
10	Canon	110	16	5	55
11	Canon	90	14	5	52
12	Canon	100	10	6	51
13	Canon	90	12	7	46
14	Nikon	270	16	5	65
15	Nikon	300	16	7	63
16	Nikon	200	14	6	61
17	Nikon	400	14	7	59
18	Nikon	120	14	5	57
19	Nikon	170	16	6	56
20	Nikon	150	12	5	56
21	Nikon	230	14	6	55
22	Nikon	180	12	6	53
23	Nikon	130	12	6	53
24	Nikon	80	12	7	52
25	Nikon	80	14	7	50
26	Nikon	100	12	4	46
27	Nikon	110	12	5	45
28	Nikon	130	14	4	42

를 설명하라. 이 세 가지 독립변수 중에서 어떤 것이 전반적 점수를 잘 예측할 것으로 보이는가?

3. 단순선형회귀분석을 이용하여 디지털카메라의 소매가격으로 전반적 점수를 예측할 수 있는 추정회귀식을 구하라.

4. 오직 Canon 카메라에 대한 자료만을 분석하자. 단순선형회귀분석의 적용에 대한 적합도를 논의하고, 카메라의 소매가격만으로 전반적 점수를 예측하는 것을 권고할 수 있는지를 검토하라.

사례문제 4. 최고의 자동차 가치 탐색

[DATA *file* FamilySedans] 어떤 차를 구매할 것인지를 결정할 때, 자동차의 실제 가치는 당신이 초기 구매에 얼마를 지출하는지에 의해 결정되는 것은 아니다. 대신에 신뢰성이 높고 유지비가 저렴한 자동차가 종종 최고의 가치를 나타낸다. 하지만 자동차가 어느 정도 신뢰성이 있고 유지비가 저렴한지에 관계없이, 자동차는 잘 작동하여야 한다.

*Consumer Reports*는 가치 측정을 위하여 가치 점수라고 불리는 통계량을 개발하였다. 가치 점수는 5년 소유비용, 도로주행 시험점수, 예측신뢰성 평가점수 등 세 가지를 기반으로 한다. 5년간 소유비용은 감가상각, 연료, 수리 및 유지보수 등을 포함하여 소유자의 첫 5년간 발생한 비용을 기반으로 한다. 연간 12,000마일에 대한 전체 평균을 사용하여 산출된 마일당 평균 비용을 5년 소유비용의 측도로 사용한다. 도로 시험점수는 50회 이상의 테스트 및 평가 결과를 100점 만점으로 산출한 것이며, 점수가 높을수록 성능, 쾌적성, 편리성, 연비가 더 좋다는 것을 의미한다. *Consumer Reports*의 테스트에서 최고의 도로 시험점수는 Lexus LS 460L의 99점이었다. 예측신뢰성 평가점수는 *Consumer Reports*의 연간 자동차 설문조사 보고서(Consumer Report's Annual Auto Survey)의 자료를 이용하며, 1은 나쁨, 2는 적절, 3은 좋음, 4는 매우 좋음, 그리고 5는 우수함을 나타낸다.

가치 점수가 1.0인 차는 평균적 가치를 지닌 차로 간주된다. 가치 점수가 2.0인 차는 가치 점수가 1.0인 차보다 두 배의 가치를 지닌 좋은 차라는 의미이며, 가치 점수가 .5인 차는 평균의 반만큼 가치를 지닌 차로 간주된다. 다음은 가격($)이 추가된 중형차 20대의 자료이다.

차	가격 (단위: $)	비용/마일	도로 시험 점수	예측 신뢰성	가치 점수
Nissan Altima 2.5 S (4-cyl.)	23,970	0.59	91	4	1.75
Kia Optima LX (2.4)	21,885	0.58	81	4	1.73
Subaru Legacy 2.5i Premium	23,830	0.59	83	4	1.73
Ford Fusion Hybrid	32,360	0.63	84	5	1.70
Honda Accord LX-P (4-cyl.)	23,730	0.56	80	4	1.62
Mazda6 i Sport (4-cyl.)	22,035	0.58	73	4	1.60
Hyundai Sonata GLS (2.4)	21,800	0.56	89	3	1.58
Ford Fusion SE (4-cyl.)	23,625	0.57	76	4	1.55
Chevrolet Malibu LT (4-cyl.)	24,115	0.57	74	3	1.48
Kia Optima SX (2.0T)	29,050	0.72	84	4	1.43
Ford Fusion SEL (V6)	28,400	0.67	80	4	1.42
Nissan Altima 3.5 SR (V6)	30,335	0.69	93	4	1.42
Hyundai Sonata Limited (2.0T)	28,090	0.66	89	3	1.39
Honda Accord EX-L (V6)	28,695	0.67	90	3	1.36
Mazda6 s Grand Touring (V6)	30,790	0.74	81	4	1.34
Ford Fusion SEL (V6, AWD)	30,055	0.71	75	4	1.32
Subaru Legacy 3.6R Limited	30,094	0.71	88	3	1.29
Chevrolet Malibu LTZ (V6)	28,045	0.67	83	3	1.20
Chrysler 200 Limited (V6)	27,825	0.70	52	5	1.20
Chevrolet Impala LT (3.6)	28,995	0.67	63	3	1.05

경영 보고서

1. 수치를 이용하여 자료를 요약하라.
2. 회귀분석을 이용하여 차의 가격을 가지고 가치 점수를 예측할 수 있는 추정회귀식을 구하라.
3. 회귀분석을 이용하여 5년 소유비용이 주어질 때 가치 점수를 예측할 수 있는 추정회귀식을 구하라.
4. 회귀분석을 이용하여 도로 시험점수가 주어질 때 가치 점수를 예측할 수 있는 추정회귀식을 구하라.
5. 회귀분석을 이용하여 예측신뢰성이 주어질 때 가치 점수를 예측할 수 있는 추정회귀식을 구하라.
6. 당신이 이 분석들로부터 얻을 수 있는 결론은 무엇인가?

사례문제 5. Buckeye Creek 놀이공원

[DATA file FamilySedans] Buckeye Creek 놀이공원(Amusement Park)은 5월 초부터 10월 말까지 개장한다. Buckeye Creek은 시즌권의 판매에 크게 의존하고 있는데, 시즌권의 판매가 매년 개장 전에 상당한 수익을 가져다주고 있으며, 더구나 시즌권 보유자가 공원의 음식, 음료, 기념품 판매에도 상당 부분을 기여하기 때문이다. 이에 Buckeye Creek의 마케팅 책임자인 Greg Ross는 시즌권의 판매를 늘릴 수 있는 타깃 마케팅 캠페인(targeted marketing campaign)의 개발에 대한 지시를 받았다.

Greg Ross는 Buckeye Creek 근처 50마일 내 각 우편번호별 작년도 시즌권 보유자의 수에 관한 자료를 가지고 있다. 또한 그는 미국 인구조사국의 웹사이트에서 각 우편번호별 총인구에 관한 자료를 찾아냈다. Greg Ross는 우편번호별 총인구를 고려할 때 우편번호별 시즌권 보유자의 수를 예측하기 위해 회귀분석을 사용하는 것이 가능할 것으로 생각하고 있다. 만약 이것이 가능하다면, 그는 예상 시즌권 보유자의 수보다 적은 우편번호를 목표로 다이렉트메일 캠페인(direct mail campaign)을 수행할 수 있을 것이다.

경영 보고서

1. 기술 통계량들을 구하고 산점도를 그려라. 이 결과에 대해 논의하라.
2. 단순선형회귀분석을 이용하여 우편번호별 총인구가 주어질 때 시즌권 보유자의 수를 예측할 수 있는 추정회귀식을 구하라.
3. 유의수준 .05에서 이 관계에 대한 유의성을 검정하라.
4. 추정회귀식의 적합도는 어느 정도인가?
5. 추정회귀식이 마케팅 캠페인에 이용되는 것이 적절한지에 대해 논의하라.
6. 특정 우편번호의 시즌권 보유자의 수를 예측하는 데 이용될 수 있는 다른 자료로 무엇이 있겠는가?

부록 14.1 최소제곱식의 도출

이 장에서 설명한 바와 같이 최소제곱법은 오차제곱합을 최소화시키는 b_0와 b_1의 값을 찾는 절차이다. 오차제곱합은 다음과 같다.

$$\Sigma(y_i - \hat{y}_i)^2$$

이 식에 $\hat{y}_i = b_0 + b_1 x_i$을 대입하면 다음과 같은 최소화시킬 식을 얻을 수 있다.

$$\Sigma(y_i - b_0 - b_1 x_i)^2 \qquad \text{14-34}$$

식 14-34를 최소화하기 위하여 b_0와 b_1에 대하여 편미분을 한 후 0으로 놓은 다음, 아래와 같이 풀면 된다.

$$\frac{\partial \Sigma(y_i - b_0 - b_1 x_i)^2}{\partial b_0} = -2\Sigma(y_i - b_0 - b_1 x_i) = 0 \qquad \text{14-35}$$

$$\frac{\partial \Sigma(y_i - b_0 - b_1 x_i)^2}{\partial b_1} = -2\Sigma x_i(y_i - b_0 - b_1 x_i) = 0 \qquad \text{14-36}$$

식 14-35를 2로 나눈 후 각 항의 합을 전개하면 다음과 같다.

$$-\Sigma y_i + \Sigma b_0 + \Sigma b_1 x_i = 0$$

Σy_i를 이 등식의 우변으로 옮기고, $\Sigma b_0 = nb_0$이므로, 위의 식은 다음과 같다.

$$nb_0 + (\Sigma x_i)b_1 = \Sigma y_i \qquad \text{14-37}$$

식 14-36에 대하여 동일한 과정의 대수적 방법을 적용하면 다음을 얻을 수 있다.

$$(\Sigma x_i)b_0 + (\Sigma x_i^2)b_1 = \Sigma x_i y_i \qquad \text{14-38}$$

식 14-37과 식 14-38을 정규 방정식(normal equation)이라고 한다. 식 14-37을 b_0에 대하여 풀면 결과는 다음과 같다.

$$b_0 = \frac{\Sigma y_i}{n} - b_1 \frac{\Sigma x_i}{n} \qquad \text{14-39}$$

식 14-38의 b_0에 식 14-39를 다음과 같이 대입한다.

$$\frac{\Sigma x_i \Sigma y_i}{n} - \frac{(\Sigma x_i)^2}{n} b_1 + (\Sigma x_i^2)b_1 = \Sigma x_i y_i \qquad \text{14-40}$$

이 식 14-40을 b_1에 대하여 정리하면 다음을 얻을 수 있다.

b_1의 식 14-41의 분모 $\Sigma(x_i-\bar{x})^2$을 전개하면 등호 왼쪽의 분모를 n 배한 결과를 얻을 수 있다. 분자도 마찬가지이다.—역자

$$b_1 = \frac{\Sigma x_i y_i - (\Sigma x_i \Sigma y_i)/n}{\Sigma x_i^2 - (\Sigma x_i)^2/n} = \frac{\Sigma(x_i - \bar{x})(y_i - \bar{y})}{\Sigma(x_i - \bar{x})^2} \quad \text{14-41}$$

$\bar{y}=\Sigma y_i/n$이고 $\bar{x}=\Sigma x_i/n$이므로 식 14-39를 다음과 같이 표현할 수 있다.

$$b_0 = \bar{y} - b_1\bar{x} \quad \text{14-42}$$

식 14-41과 식 14-42는 각각 이 장에서 추정회귀식의 계수들을 구하기 위해 사용한 식 14-6과 식 14-7이다.

부록 14.2 상관관계를 이용한 유의성 검정

모집단 상관계수 ρ_{xy}에 관한 다음의 가설을 표본상관계수 r_{xy}를 이용하여 검정함으로써 변수 x와 y의 선형관계가 유의한지를 판단할 수 있다.

$$H_0: \rho_{xy} = 0$$
$$H_a: \rho_{xy} \neq 0$$

만약 귀무가설 H_0가 기각되면, 모집단의 상관계수는 0이 아니며 두 변수의 선형관계는 유의하다는 결론을 내릴 수 있다. 이 유의성 검정은 다음과 같다.

상관관계를 이용한 유의성 검정

$$H_0: \rho_{xy} = 0$$
$$H_a: \rho_{xy} \neq 0$$

검정 통계량

$$t = r_{xy}\sqrt{\frac{n-2}{1-r_{xy}^2}} \quad \text{14-43}$$

기각규칙

p-값 방식: p-값$\leq\alpha$이면 H_0를 기각

임계값 방식: $t\leq -t_{\alpha/2}$ 또는 $t\geq t_{\alpha/2}$이면 H_0를 기각

여기서 $t_{\alpha/2}$의 값은 자유도가 $n-2$인 t-분포를 따른다.

14.3절에서 n=10인 표본에서 학생 모집단과 분기별 매출액에 대한 표본상관계수 r_{xy}=.9501이었다. 따라서 검정 통계량은 다음과 같다.

$$t = r_{xy}\sqrt{\frac{n-2}{1-r_{xy}^2}} = .9501\sqrt{\frac{10-2}{1-(.9501)^2}} = 8.61$$

t-분포표에서 자유도가 $n-2=10-2=8$이면 $t=3.355$는 우측 꼬리의 넓이가 .005임을 알 수 있다. 따라서 검정 통계량 $t=8.61$에 해당하는 t-분포의 우측 꼬리의 넓이는 .005보다 작다. 이 검정은 양측 검정이므로 $t=8.61$일 때의 p-값은 2(.005)=.01보다 작다. 엑셀을 이용하면 p-값 =.000이나. 이 p-값이 $\alpha=.01$보다 작기 때문에 H_0를 기각하고 ρ_{xy}는 0이 아니라는 결론을 내릴 수 있다. 이는 학생 모집단과 분기별 매출액 사이에는 유의한 선형관계가 있다는 결론을 내리기에 충분한 증거가 된다.

14.5절의 t값 8.62와 여기의 t값 8.61의 차이는 계산 과정의 반올림에 의한 차이이다.—역자

반올림에 의한 차이를 제외하면, 이 검정 통계량 t와 유의적 관계의 결론은 14.5절에서 아르만즈 피자의 추정회귀식 $\hat{y}=60+5x$를 이용한 t-검정의 결과와 동일하다. 회귀분석은 변수 x와 y의 유의적 관계뿐만 아니라 이들 변수가 어떻게 관련되어 있는지를 식으로 보여준다. 따라서 대부분의 분석가들은 현대식 컴퓨터 패키지를 활용하여 회귀분석을 실시하여, 상관관계를 이용한 별도의 유의성 검정이 불필요하다는 것을 알고 있다.

다중회귀분석

15

MULTIPLE REGRESSION

STATISTICS *in* PRACTICE

인터내셔널 페이퍼*

Purchase, New York

인터내셔널 페이퍼(International Paper)는 세계 최대의 제지 및 임업제품 기업이다. 이 기업은 약 50개국에 걸쳐 117,000명 이상의 종업원을 고용하고 있으며 130개국 이상에 제품을 수출하고 있다. 인터내셔널 페이퍼는 목재나 합판과 같은 건축자재, 일회용 컵 및 용기와 같은 소비용 포장재, 골판지 상자 및 선적 컨테이너와 같은 산업용 포장재, 그리고 사진, 복사기, 프린트, 책, 광고물에 사용되는 여러 종류의 제지를 생산한다.

펄프 공장은 제지 제품을 생산하기 위해서 목재 토막과 화학물질을 섞어서 목재 펄프를 만든다. 그런 다음 목재 펄프를 이용하여 제지 제품을 생산한다. 흰색의 제지 제품을 생산하기 위해서는 목재 펄프의 얼룩이 무두 제거되도록 표백되어야 한다. 이 공정에서 사용되는 주요 표백제는 이산화염소이다. 이 물질은 연소성이 강해서 보통 펄프 공장의 설비를 이용하여 액체 상태로 파이프를 통해 펄프 공장의 표백실로 이동된다. 연구자들이 이산화염소를 사용하는 공정을 개선하기 위하여 이 공정의 관리와 효율성에 대하여 조사하였는데, 이 중

RGB Ventures/SuperStock/Alamy Stock Photo

흰색의 제지 제품을 만들기 위한 표백 공정이 다중회귀분석의 도움으로 개선되었다.

* 이 사례는 Marian Williams와 Bill Griggs의 도움을 받아 소개한 내용임을 밝힌다. 최초 원고는 2000년에 인터내셔널 페이퍼의 일부가 된 Champion International사에서 작성되었다.

STATISTICS *in* PRACTICE

하나가 이산화염소의 생산에 대한 화학물질 공급률이다.

이산화염소를 생산하기 위해서 네 가지 화학물질이 정해진 비율대로 이산화염소 발생기로 흘러들어 간다. 이 발생기에서 생성된 이산화염소가 흡수기로 흘러들어 가면 냉각수가 이산화염소 가스를 흡수하여 이산화염소 용액을 형성한다. 그런 다음에 이 용액이 파이프를 통해 제지 공장으로 간다. 이 공정을 관리하는 데 있어서 중요한 부분은 화학물질 공급률이다. 숙련된 운영담당자가 화학물질 공급률을 설정해 왔지만, 이러한 방식은 운영담당자의 과도한 제어로 이어졌다. 이에 따라 공장의 화학공학 기술자들은 화학물질 공급을 위한 각 화학물질의 비율을 제공하는 일련의 제어식을 개발할 것을 요청하였다.

통계 분석가가 다중회귀분석을 이용하여 이 공정에서 사용되는 네 가지 화학물질 각각에 대한 추정 다중회귀식을 개발하였다. 각각의 회귀식은 이산화염소의 생성에 사용되는 화학물질의 양과 이산화염소 용액의 농도를 연계한 것이다. 각 공장은 이들 4개의 회귀식을 마이크로 컴퓨터에 프로그램화하였다. 이 새로운 시스템에서 운영담당자가 이산화염소 용액의 농도와 원하는 생산율을 입력하면, 컴퓨터 소프트웨어가 생산율을 달성하기 위해 필요한 화학물질 공급량을 계산한다. 운영담당자가 이와 같은 제어식을 이용하기 시작한 이후에 이산화염소 발생기의 효율이 증가하였으며 농도가 허용 범위 내에서 관리되는 비율이 유의적으로 높아졌다.

이 예제는 다중회귀분석이 흰색의 제지 제품을 생산하기 위한 표백 공정을 개선하는 데 어떻게 이용될 수 있는지를 보여준다. 이 장에서 이와 같은 목적을 달성하기 위해 엑셀을 이용하는 방법에 대해 설명한다. 14장에서 소개한 단순선형회귀분석의 여러 가지 개념이 다중회귀분석에 전적으로 확장된다.

14장에서 단순선형회귀분석을 소개하고 두 변수 사이의 관계를 나타내는 회귀식을 추정하는 방법을 설명하였다. 예측되거나 설명되는 변수를 종속변수라고 부르고, 이 종속변수를 예측하거나 설명하는 데 이용되는 변수를 독립변수로 명명한 것을 기억하자. 이 장에서는 두 개 이상의 독립변수들이 포함되는 상황을 고려한 회귀분석을 설명한다. 이러한 주제의 영역을 **다중회귀분석**(multiple regression analysis)이라고 하며, 이는 우리로 하여금 더 많은 요인을 고려할 수 있게 하여 단순선형회귀분석보다 더 좋은 예측을 가능하게 한다.

15.1 다중회귀모형

다중회귀분석은 한 종속변수 y가 두 개 이상의 독립변수들과 어떻게 관련되는지를 분석한다. 일반적으로 독립변수의 수를 p로 표기한다.

회귀모형과 회귀식

앞 장에서 설명한 회귀모형과 회귀식의 개념을 다중회귀분석에 적용할 수 있다. 종속변수 y가 독립변수들 $x_1, x_2, \cdots, x_p$ 및 오차항과 어떻게 관련되는지를 보여주는 식이 **다중회귀모형**(multiple regression model)이다. 다중회귀모형은 다음과 같은 모양의 식을 취한다.

다중회귀모형

$$y = \beta_0 + \beta_1 x_1 + \beta_2 x_2 + \cdots + \beta_p x_p + \varepsilon \qquad \text{15-1}$$

다중회귀모형에서 $\beta_0, \beta_1, \beta_2, \cdots, \beta_p$는 모수이고 ε(그리스 문자 epsilon)은 오차항을 나타내는 확률변수이다. 이 모형을 자세히 보면 y가 $x_1, x_2, \cdots, x_p$의 선형함수(즉, $\beta_0+\beta_1x_1+\beta_2x_2+\cdots+\beta_px_p$)와 오차항 ε의 합이라는 것을 알 수 있다. 오차항은 p개 독립변수의 선형효과로 설명할 수 없는 y의 변동성을 나타낸다.

이 장의 15.4절에서 다중회귀모형과 오차항 ε의 가정들에 대하여 논의할 것이다. 이 가정들 중 하나가 ε의 평균, 즉 기댓값은 0이라는 것이다. 이 가정의 결과는 y의 평균, 즉 기댓값 $E(y)$가 $\beta_0+\beta_1x_1+\beta_2x_2+\cdots+\beta_px_p$와 같다는 것이다. y의 평균이 $x_1, x_2, \cdots, x_p$와 어떻게 관련되는지를 설명하는 식을 **다중회귀식**(multiple regression equation)이라고 부른다.

다중회귀식

$$E(y) = \beta_0 + \beta_1x_1 + \beta_2x_2 + \cdots + \beta_px_p \tag{15-2}$$

추정 다중회귀식

모수 $\beta_0, \beta_1, \beta_2, \cdots, \beta_p$의 값이 알려져 있다면 식 15-2를 이용하여 주어진 $x_1, x_2, \cdots, x_p$의 값에 대응한 y의 평균값을 계산할 수 있다. 그렇지만 실제로는 이들 모수 값이 알려져 있지 않기 때문에 표본 자료를 이용하여 추정하여야 한다. 단순 무작위 표본을 사용하여 모수 $\beta_0, \beta_1, \beta_2, \cdots, \beta_p$에 대한 각각의 점 추정량으로 사용되는 표본 통계량 $b_0, b_1, b_2, \cdots, b_p$를 계산한다. 이 표본 통계량을 사용하여 표기하면 **추정 다중회귀식**(estimated multiple regression equation)은 다음과 같다.

추정 다중회귀식

$$\hat{y} = b_0 + b_1x_1 + b_2x_2 + \cdots + b_px_p \tag{15-3}$$

여기서, $b_0, b_1, b_2, \cdots, b_p$는 $\beta_0, \beta_1, \beta_2, \cdots, \beta_p$의 추정값
$\hat{y}$ = 종속변수의 예측값

〈그림 15-1〉은 다중회귀분석에서의 추정 과정을 보여준다.

15.2 최소제곱법

14장에서 종속변수와 독립변수 사이의 직선 관계를 최적으로 근사시키는 추정회귀식을 **최소제곱법**(least squares method)으로 구하였다. 이와 동일한 접근방법이 다중회귀식을 추정하는 데도 이용된다. 최소제곱 기준이 다음과 같았다.

단순선형회귀분석에서 b_0와 b_1은 각각 β_0와 β_1을 추정하는 데 사용된 표본 통계량이다. 다중회귀분석에서도 이러한 통계적 추정 과정은 동일하여, 모수 $\beta_0, \beta_1, \beta_2, \cdots, \beta_p$를 추정하기 위해 표본 통계량 $b_0, b_1, b_2, \cdots, b_p$를 사용한다. 여기서 표본 통계량은 표본 자료에서 계산되었다는 것을 의미한다.

〈그림 15-1〉 다중회귀분석의 추정 과정

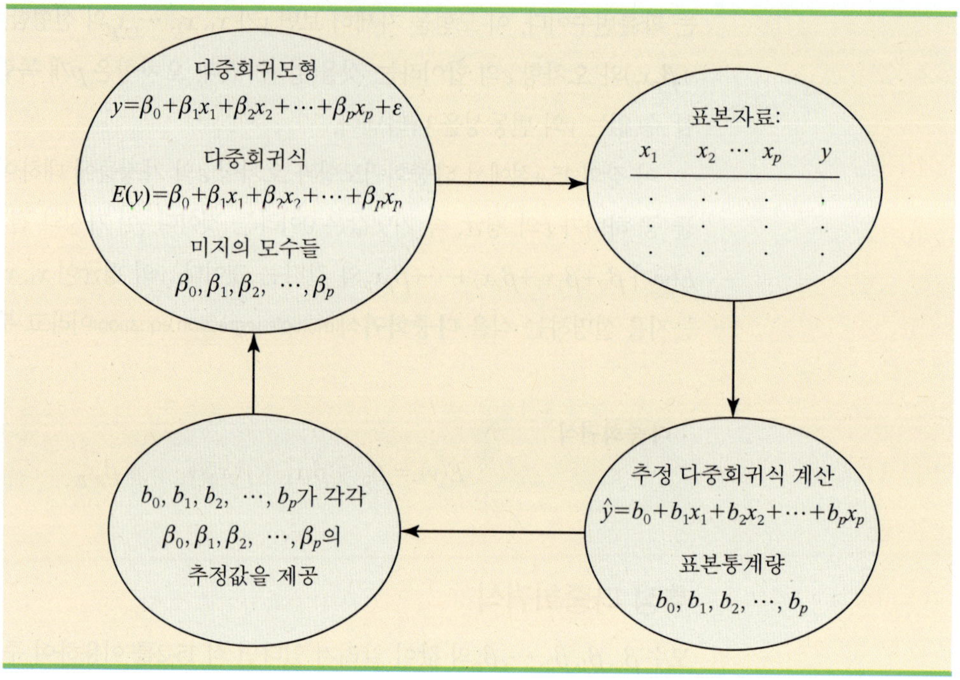

최소제곱 기준

$$\min \sum (y_i - \hat{y}_i)^2 \qquad \textbf{15-4}$$

여기서, y_i = i번째 관측에서 종속변수의 관측값
$\hat{y}_i$ = i번째 관측에서 종속변수의 추정값

종속변수의 추정값은 다음의 추정회귀식을 이용하여 얻어진다.

$$\hat{y} = b_0 + b_1x_1 + b_2x_2 + \cdots + b_px_p$$

식 15-4에서 보는 바와 같이, 표본 자료를 이용하여 잔차들(종속변수의 관측값들(y_i)과 종속변수의 추정값들($\hat{y}_i$) 사이의 편차들)의 제곱합을 최소화시켜 주는 $b_0, b_1, b_2, \cdots, b_p$의 값을 찾는 방법이 최소제곱법이다.

14장에서 추정 단순선형회귀식 $\hat{y} = b_0+b_1x$의 최소제곱 추정량 b_0와 b_1을 구하는 공식들을 제시하였다. 자료의 크기가 상대적으로 작은 경우, 이들 공식을 이용하여 손으로 직접 b_0와 b_1을 계산할 수 있다. 그러나 다중회귀분석에서 회귀계수 $b_0, b_1, b_2, \cdots, b_p$를 위한 공식들은 이 책의 범위를 벗어나는 행렬대수의 사용을 포함한다. 따라서 다중회귀분석을 위한 설명은 컴퓨터 소프트웨어패키지를 이용하여 추정회귀식 및 그 외의 정보를 얻는 방법에 초점을 맞춘다. 다중회귀분석의 계산방법보다는 컴퓨터 출력 결과를 해석하는 방법을 강조하여 설명한다.

예제: 버틀러 화물운송회사

다중회귀분석의 예로서, 미국의 남부 캘리포니아에 위치하여 트럭운송을 전문으로 하는 버틀러 화물운송회사가 직면한 문제를 살펴보자. 이 회사의 주요 사업은 각 지역으로의 배송이다. 관리자들은 작업 일정을 개선하기 위하여 운전기사들의 하루 운송시간을 예측하기를 원한다.

처음에 관리자들은 일일 운송시간이 일일 운송거리와 밀접한 관계가 있을 것으로 믿었다. 〈표 15-1〉은 운송기록에 관한 10개의 단순 무작위 표본을 보여주고 있으며, 〈그림 15-2〉

DATA file
Butler

〈표 15-1〉 버틀러 화물운송의 최초 자료

운송번호	x_1 = 운송거리(단위: 마일)	y = 운송시간(단위: 시간)
1	100	9.3
2	50	4.8
3	100	8.9
4	100	6.5
5	50	4.2
6	80	6.2
7	75	7.4
8	65	6.0
9	90	7.6
10	90	6.1

〈그림 15-2〉 버틀러 화물운송의 최초 자료의 산점도

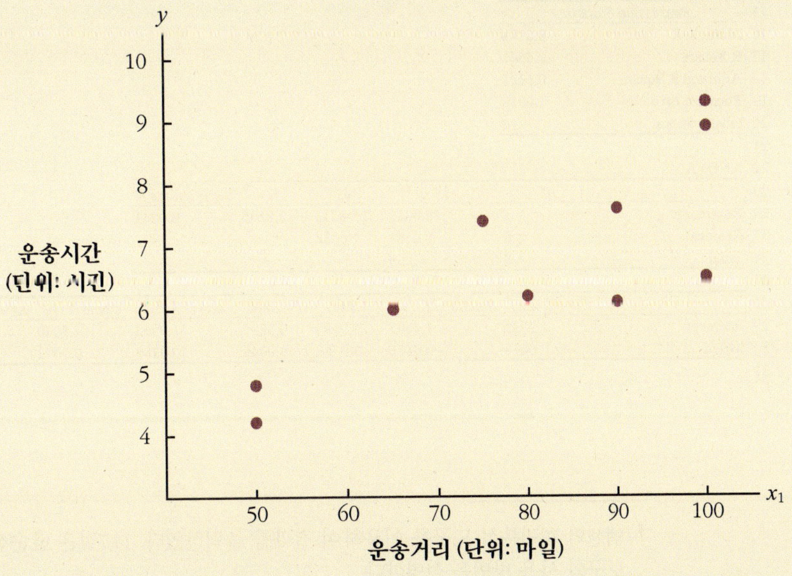

는 산점도를 나타낸다. 관리자들은 산점도를 검토한 후, 단순선형회귀모형 $y = \beta_0+\beta_1x_1+\varepsilon$을 이용하면 운송시간($y$)과 운송거리($x_1$) 사이의 관계를 설명할 수 있을 것으로 판단하였다. 모수 β_0와 β_1을 추정하기 위해 최소제곱법을 이용하여 추정회귀식을 구했다.

$$\hat{y} = b_0 + b_1x_1 \tag{15-5}$$

〈그림 15-3〉은 〈표 15-1〉의 자료에 대하여 단순선형회귀분석을 적용한 엑셀의 회귀분석 도구의 출력이다.[1] 추정회귀식은 다음과 같다.

$$\hat{y} = 1.2739 + .0678x_1$$

유의수준 .05에서 F-값 = 15.8146과 이에 해당하는 p-값 = .0041은 관계가 유의하다는 것을 나타낸다. 즉, p-값이 α = .05보다 작으므로 H_0: $\beta_1 = 0$을 기각할 수 있다. t-값 = 3.9768과 이와 관련한 p-값 = .0041로부터 동일한 결론을 얻을 수 있다. 따라서 운송시간과 운송

〈그림 15-3〉 한 개의 독립변수를 갖는 버틀러 화물운송에 대한 회귀분석 출력

	A	B	C	D	E	F	G	H	I	J
1	Assignment	Miles	Time							
2	1	100	9.3							
3	2	50	4.8							
4	3	100	8.9							
5	4	100	6.5							
6	5	50	4.2							
7	6	80	6.2							
8	7	75	7.4							
9	8	65	6							
10	9	90	7.6							
11	10	90	6.1							
12										
13	SUMMARY OUTPUT									
14										
15	*Regression Statistics*									
16	Multiple R	0.8149								
17	R Square	0.6641								
18	Adjusted R Square	0.6221								
19	Standard Error	1.0018								
20	Observations	10								
21										
22	ANOVA									
23		*df*	*SS*	*MS*	*F*	*Significance F*				
24	Regression	1	15.8713	15.8713	15.8146	0.0041				
25	Residual	8	8.0287	1.0036						
26	Total	9	23.9							
27										
28		*Coefficients*	*Standard Error*	*t Stat*	*P-value*	*Lower 95%*	*Upper 95%*	*Lower 99.0%*	*Upper 99.0%*	
29	Intercept	1.2739	1.4007	0.9095	0.3897	-1.9562	4.5040	-3.4261	5.9739	
30	Miles	0.0678	0.0171	3.9768	0.0041	0.0285	0.1072	0.0106	0.1251	
31										

[1] 엑셀의 회귀분석 도구를 이용하여 결과를 출력하였다. 14.7절은 단순선형회귀분석을 위한 엑셀의 회귀분석 도구의 사용 방법을 설명한다.

〈표 15-2〉 운송거리(x_1)와 운송 건수(x_2)를 독립변수로 하는 버틀러 화물운송의 자료

DATA file
Butler

운송번호	x_1 = 운송거리(단위: 마일)	x_2 = 운송 건수	y = 운송시간(단위: 시간)
1	100	4	9.3
2	50	3	4.8
3	100	4	8.9
4	100	2	6.5
5	50	2	4.2
6	80	2	6.2
7	75	3	7.4
8	65	4	6.0
9	90	3	7.6
10	90	2	6.1

거리 사이의 관계가 유의하다는 결론을 내릴 수 있다. 즉, 운송거리가 길수록 운송시간이 길어진다. 결정계수 R^2 = .6641은 운송시간의 변동성 중 66.41%가 운송거리의 선형효과에 의해 설명될 수 있다는 것을 말해 준다. 이러한 발견이 만족스럽지만, 관리자들이 두 번째 독립변수를 추가하여 종속변수의 변동성 중 남은 부분을 설명하기를 원할 수 있다.

관리자들이 다른 독립변수를 찾는 시도 중에, 운송 건수 역시 운송시간과 관련되어 있을 것으로 생각하였다. 〈표 15-2〉는 운송 건수가 추가된 버틀러 화물운송의 자료를 보여준다. 엑셀의 회귀분석 도구를 사용하여 독립변수로서 운송거리(x_1)와 운송 건수(x_2)가 모두 포함된 다중회귀식을 추정한다.

엑셀의 회귀분석 도구를 사용한 다중회귀식 추정하기

14.7절에서 엑셀의 회귀분석 도구를 사용하여 아르만즈 피자 팔로스의 회귀식을 추정하는 방법을 설명하였다. 이 방법에서 일부 수정된 동일한 과정을 적용하여 버틀러 화물운송의 다중회귀식을 추정할 수 있다. 〈그림 15-4〉와 〈그림 15-5〉를 참조하여 수행할 작업들을 설명한다.

자료 입력: 데이터 파일 Butler를 연다. 데이터는 셀 D2:D11에, 레벨은 열 A와 B1:D1에 있다.

툴 적용: 다음의 단계들은 다중회귀분석을 위해 엑셀의 회귀분석 도구를 활용하는 과정이다.

1**단계.** 메뉴 디렉토리에 있는 **데이터** 탭을 클릭한다.

2**단계.** 분석에서 **데이터 분석**을 클릭한다.

3**단계.** 분석도구 목록에서 **회귀분석**을 선택한다.

4**단계:** 회귀분석 도구 대화상자(그림 15-4 참조)가 나타나면

〈그림 15-4〉 버틀러 화물운송 예제에 대한 회귀분석 도구 대화상자

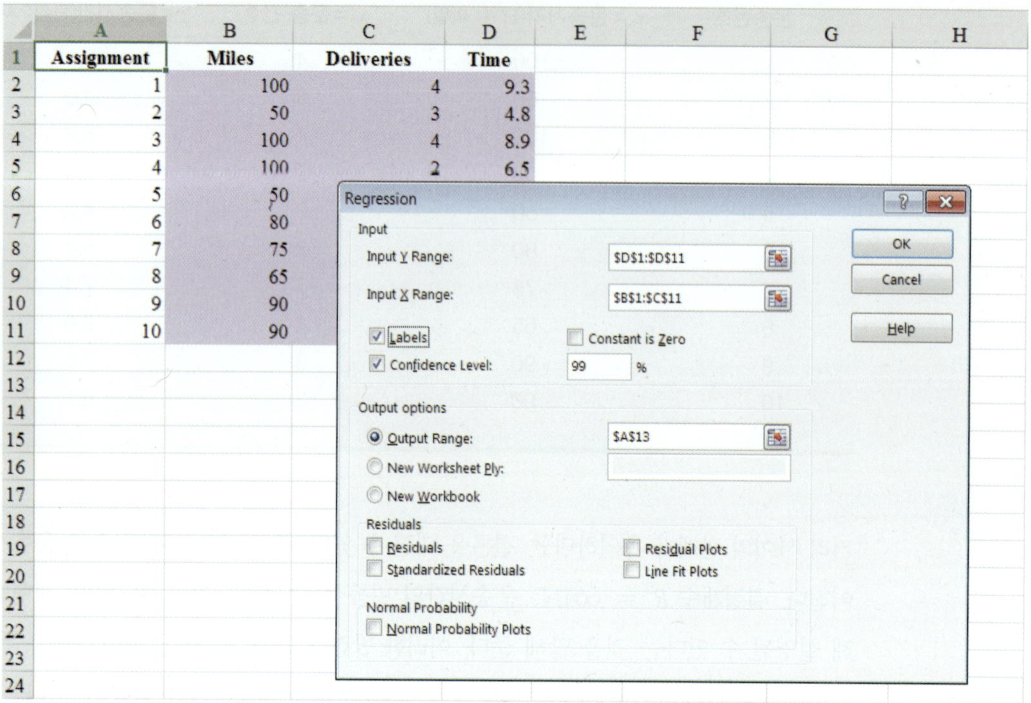

Y축 입력 범위에 D1:D11 입력한다.

X축 입력 범위에 B1:C11 입력한다.

이름표를 선택한다.

신뢰수준을 선택한다.

신뢰수준 상자에 99를 입력한다.

출력 범위를 선택한다.

출력 범위 상자에 A13을 입력한다.(출력이 나타나는 워크시트 섹션의 왼쪽 상단 모서리를 정하기 위해서다.)

확인을 클릭한다.

〈그림 15-5〉의 엑셀 출력에서 독립변수 x_1의 이름표는 운송거리(셀 A30을 참조)이고 독립변수 x_2의 이름표는 운송 건수(셀 A31을 참조)이다. 추정회귀식은 다음과 같다.

$$\hat{y} = -.8687 + .0611x_1 + .9234x_2 \qquad \text{15-6}$$

엑셀의 회귀분석 도구를 사용한 다중회귀분석은 단순선형회귀분석과 거의 동일하다. 주요 차이는 다중회귀분석의 경우 독립변수의 자료를 지정하는 셀의 범위가 더 크다는 것이다.

〈그림 15-5〉 두 개의 독립변수를 갖는 버틀러 화물운송에 대한 회귀분석 출력

	A	B	C	D	E	F	G	H	I	J
1	**Assignment**	**Miles**	**Deliveries**	**Time**						
2	1	100	4	9.3						
3	2	50	3	4.8						
4	3	100	4	8.9						
5	4	100	2	6.5						
6	5	50	2	4.2						
7	6	80	2	6.2						
8	7	75	3	7.4						
9	8	65	4	6						
10	9	90	3	7.6						
11	10	90	2	6.1						
12										
13	SUMMARY OUTPUT									
14										
15	*Regression Statistics*									
16	Multiple R	0.9507								
17	R Square	0.9038								
18	Adjusted R Square	0.8763								
19	Standard Error	0.5731								
20	Observations	10								
21										
22	ANOVA									
23		*df*	*SS*	*MS*	*F*	*Significance F*				
24	Regression	2	21.6006	10.8003	32.8784	0.0003				
25	Residual	7	2.2994	0.3285						
26	Total	9	23.9							
27										
28		*Coefficients*	*Standard Error*	*t Stat*	*P-value*	*Lower 95%*	*Upper 95%*	*Lower 99.0%*	*Upper 99.0%*	
29	Intercept	-0.8687	0.9515	-0.9129	0.3916	-3.1188	1.3813	-4.1986	2.4612	
30	Miles	0.0611	0.0099	6.1824	0.0005	0.0378	0.0845	0.0265	0.0957	
31	Deliveries	0.9234	0.2211	4.1763	0.0042	0.4006	1.4463	0.1496	1.6972	
32										

다음 절에서 다중결정계수를 이용하여 추정회귀식이 얼마나 적합한지를 논의한다. 이 논의 전에 식 15-6에서 b_1의 값인 .0611과 b_2의 값인 .9234를 자세하게 살펴보자.

계수 해석의 주의점

단순선형회귀 분석에서는 $\hat{y}$= 1.2739+.0678x_1이었다.—역자

운송거리만을 독립변수로 하는 추정회귀식과 운송 건수를 두 번째 독립변수로 추가한 추정회귀식 사이의 관계에 대하여 살펴보자. 두 경우에서 b_1의 값이 같지 않다. 단순선형회귀분석에서 b_1은 독립변수의 한 단위 변화에 대한 종속변수 y의 변화를 추정한 값으로 해석한다. 이 해석은 다중회귀분석에서 약간 수정되어야 한다. 즉, 다중회귀분석에서 각각의 회귀계수를 다음과 같이 해석한다. b_i는 다른 모든 독립변수가 불변일 때 x_i가 한 단위 변화할 때 y의 변화량을 추정한 값이다. 두 개의 독립변수를 갖는 버틀러 화물운송의 예제에서 b_1은 .0611이다. 따라서 운송 건수가 일정할 때 운송거리가 1마일 증가하면 운송시간은 .0611시간 증가할 것으로 기대된다. 이와 마찬가지로 b_2 = .9234이므로, 운송거리가 일정할 때 운송 건수 1건 증가에 대하여 기대되는 운송시간의 증가분은 .9234시간이다.

연습문제

참고: 이 장에서 자료가 포함된 연습문제들은 컴퓨터 소프트웨어패키지를 사용하여 풀 수 있도록 구성되었다.

기본문제

1. 두 개의 독립변수를 포함하는 모형에 대하여 10개의 관측값으로 구한 추정회귀식은 다음과 같다.

$$\hat{y} = 29.1270 + .5906x_1 + .4980x_2$$

 a. 이 추정회귀식의 b_1과 b_2를 해석하라.

 b. $x_1 = 180$이고 $x_2 = 310$일 때 y를 예측하라.

2. 종속변수 y와 두 개의 독립변수 x_1 및 x_2에 관한 다음의 자료를 고려하자.

DATA file
Exer2

x_1	x_2	y	x_1	x_2	y
30	12	94	51	19	175
47	10	108	74	7	170
25	17	112	36	12	117
51	16	178	59	13	142
40	5	94	76	16	211

 a. y를 x_1에 관련시키는 회귀식을 추정하라. $x_1 = 45$일 때 y를 예측하라.

 b. y를 x_2에 관련시키는 회귀식을 추정하라. $x_2 = 15$일 때 y를 예측하라.

 c. y를 x_1과 x_2에 관련시키는 회귀식을 추정하라. $x_1 = 45$이고 $x_2 = 15$일 때 y를 예측하라.

3. 30개의 관측값에 의한 회귀분석에서 다음과 같은 회귀식이 추정되었다.

$$\hat{y} = 17.6 + 3.8x_1 - 2.3x_2 + 7.6x_3 + 2.7x_4$$

 a. 이 추정회귀식의 b_1, b_2, b_3, b_4를 해석하라.

 b. $x_1 = 10$, $x_2 = 5$, $x_3 = 1$, $x_4 = 2$일 때 y를 예측하라.

응용문제

4. 한 신발매장이 매출액을 재고투자액과 광고지출액에 관련시키는 회귀식을 다음과 같이 추정하였다.

$$\hat{y} = 25 + 10x_1 + 8x_2$$

여기서, x_1 = 재고투자액(단위: \$1000)

x_2 = 광고지출액(단위: \$1000)

y = 매출액(단위: \$1000)

 a. 재고자산이 \$15,000이고 광고예산이 \$10,000일 때 y를 예측하라.

b. 이 추정회귀식의 b_1과 b_2를 해석하라.

5. Showtime Movie Theatres, Inc.의 소유주는 광고지출액의 함수로서 주간 총수익을 예측하고자 한다. 과거 자료로부터 8주간의 표본을 다음과 같이 추출하였다(단위: $1000).

DATA file
Showtime

주간 총수익	TV 광고지출액	신문 광고지출액
96	5.0	1.5
90	2.0	2.0
95	4.0	1.5
92	2.5	2.5
95	3.0	3.3
94	3.5	2.3
94	2.5	4.2
94	3.0	2.5

a. TV 광고지출액을 독립변수로 하는 회귀식을 추정하라.

b. TV 광고지출액과 신문 광고지출액을 독립변수들로 하는 회귀식을 추정하라.

c. TV 광고지출액에 대한 추정회귀식의 계수는 문항 a와 문항 b에서 같은가? 각각의 경우에서 이 계수를 해석하라.

d. TV 광고로 $3500가 지출되고 신문 광고로 $1800가 지출된 주의 주간 총수익은 얼마로 예측되는가?

6. 전미 미식축구연맹(National Football League: NFL)은 선수와 팀에 대한 다양한 성과 자료를 기록하고 있다. 팀의 승률에 대한 패스의 중요성을 조사하기 위해, NFL은 무작위 표본 16개 팀에 대하여 소속 연맹, 한 시즌 동안의 패스 시도당 평균 패스거리(단위: 패스 시도당 야드), 패스 시도당 차단횟수, 그리고 승률(단위: %)에 대한 자료를 수집하였다.

DATA file
NFLPassing

팀	연맹	패스 시도당 야드	패스 시도당 차단횟수	승률
Arizona Cardinals	NFC	6.5	.042	50.0
Atlanta Falcons	NFC	7.1	.022	62.5
Carolina Panthers	NFC	7.4	.033	37.5
Cincinnati Bengals	AFC	6.2	.026	56.3
Detroit Lions	NFC	7.2	.024	62.5
Green Bay Packers	NFC	8.9	.014	93.8
Houstan Texans	AFC	7.5	.019	62.5
Indianapolis Colts	AFC	5.6	.026	12.5
Jacksonville Jaguars	AFC	4.6	.032	31.3
Minnesota Vikings	NFC	5.8	.033	18.8
New England Patriots	AFC	8.3	.020	81.3
New Orleans Saints	NFC	8.1	.021	81.3
Oakland Raiders	AFC	7.6	.044	50.0
San Francisco 49ers	NFC	6.5	.011	81.3
Tennessee Titans	AFC	6.7	.024	56.3
Washington Redskins	NFC	6.4	.041	31.3

a. 패스 시도당 평균 패스거리가 주어졌을 때 승률을 예측할 수 있는 회귀식을 추정하라.

b. 패스 시도당 차단횟수가 주어졌을 때 승률을 예측할 수 있는 회귀식을 추정하라.

c. 패스 시도당 평균 패스거리와 차단횟수가 주어졌을 때 승률을 예측할 수 있는 회귀식을 추정하라.

d. Kansas City Chiefs의 패스 시도당 평균 패스거리는 6.2야드이었고 패스 시도당 차단횟수가 .036개였다. 문항 c에서 추정한 회귀식을 이용하여 Kansas City Chiefs의 승률을 예측하라. (참고로, 이 시즌에 Kansas City Chiefs의 경기 기록은 7승 9패였다.) 당신이 예측한 승률을 Kansas City Chiefs의 실제 승률과 비교하라.

DATA *file* Satisfaction

7. 미국 인사관리처는 연방정부의 공무원을 관리한다. 연방직원을 대상으로 설문조사를 통해 직무 만족도, 임금 만족도, 조직 만족도, 그리고 글로벌 만족도로 명명된 전반적 만족도에 대한 직원의 만족 정도가 측정되고 있다. 각각의 만족도는 만족의 정도가 클수록 점수가 커지는 100점 척도로 측정된다[출처]. 데이터 파일 Satisfaction은 65명의 직원 표본의 글로벌 만족도, 직무 만족도, 임금 만족도, 그리고 조직 만족도의 점수들을 포함하고 있다.

a. 직무 만족도, 임금 만족도, 그리고 조직 만족도의 점수들을 이용하여 글로벌 만족도를 예측할 수 있는 다중회귀식을 추정하라.

b. 직무 만족도의 점수는 72점이고 임금 만족도의 점수는 54점이며 조직 만족도의 점수는 53점을 나타내는 직원의 글로벌 만족도의 점수를 예측하라.

8. *Condé Nast Traveler*의 골드리스트는 상위 20개의 소형 유람선에 대한 평가이다. 다음의 자료는 *Condé Nast Traveler*가 연간회원을 대상으로 조사한 것으로 각 유람선에 대한 평가점수이다. 각 점수는 유람선의 기항지 여행과 음식 및 식사에 대하여 탁월하다 또는 매우 우수하다고 평가한 응답자의 비율을 나타낸다. 종합점수는 유람선의 순위를 정하는 데 이용된다. 가장 높은 순위의 유람선은 Seabourn Odyssey이며, 이 유람선의 종합점수는 94.4이고 음식 및 식사에 대한 평가점수 97.8은 유람선들 중 가장 높은 점수이다.

DATA *file* Ships

유람선	종합	기항지 여행	음식 및 식사
Seabourn Odyssey	94.4	90.9	97.8
Seabourn Pride	93.0	84.2	96.7
National Geographic Endeavor	92.9	100.0	88.5
Seabourn Sojourn	91.3	94.8	97.1
Paul Gauguin	90.5	87.9	91.2
Seabourn Legend	90.3	82.1	98.8
Seabourn Spirit	90.2	86.3	92.0
Silver Explorer	89.9	92.6	88.9
Silver Spirit	89.4	85.9	90.8
Seven Seas Navigator	89.2	83.3	90.5

유람선	종합	기항지 여행	음식 및 식사
Silver Whisperer	89.2	82.0	88.6
National Geographic Explorer	89.1	93.1	89.7
Silver Cloud	88.7	78.3	91.3
Celebrity Xpedition	87.2	91.7	73.6
Silver Shadow	87.2	75.0	89.7
Silver Wind	86.6	78.1	91.6
SeaDream II	86.2	77.4	90.9
Wind Star	86.1	76.5	91.5
Wind Surf	86.1	72.3	89.3
Wind Spirit	85.2	77.4	91.9

a. 기항지 여행 점수가 주어졌을 때 종합점수를 예측할 수 있는 회귀식을 추정하라.

b. 음식 및 식사 점수를 독립변수로 추가하는 것을 고려하여, 기항지 여행 점수와 음식 및 식사 점수가 주어졌을 때 종합점수를 예측할 수 있는 회귀식을 추정하라.

c. 한 유람선의 기항지 여행 점수가 80이고 음식 및 식사 점수가 90일 때 이 유람선의 종합점수를 예측하라.

DATA file
PGADrivingDist

9. 미국 프로골프협회(Professional Golfers Association: PGA)는 PGA 투어선수들의 기량과 수입에 관한 자료를 보유하고 있다. 2012시즌에 Bubba Watson의 드라이브 비거리는 드라이브당 평균 309.2야드로 총 드라이브 비거리 부문에서 모든 투어선수들 중 선두였다. 드라이브 비거리에 영향을 미칠 것으로 예상되는 요인에는 클럽 헤드의 속도, 공의 속도, 그리고 발사각이 있다. 2012시즌에 Bubba Watson의 경우 클럽 헤드의 평균 속도는 시속 124.69마일이었고, 공의 평균 속도는 시속 184.98마일이었으며, 평균 발사각이 8.79도였다. 데이터 파일 PGADrivingDist는 PGA 투어선수 190명의 총 드라이브 비거리 및 이와 관련된 요인들에 대한 자료를 포함하고 있다[출처]. 다음은 자료 내 변수들에 관한 설명이다.

클럽 헤드의 속도: 클럽이 골프공에 맞을 때의 속도(단위: 마일/시간)
공의 속도: 골프공이 날아가기 시작할 때의 최대 속도(단위: 마일/시간)
발사각: 골프공이 클럽에 맞은 직후의 발사각도(단위: 각도)
총비거리: 드라이브당 평균 비거리(단위: 야드)

a. 클럽 헤드의 속도를 가지고 드라이브당 평균 비거리를 예측할 수 있는 회귀식을 추정하라.

b. 공의 속도를 가지고 드라이브당 평균 비거리를 예측할 수 있는 회귀식을 추정하라.

c. 클럽 헤드의 속도와 공의 속도를 모두 사용하여 드라이브당 평균 비거리를 예측할 수 있는 회귀식이 추정되어야 한다는 제안이 있었다. 당신은 이 제안에 동의하는가? 이에 대해 설명하라.

d. 공의 속도와 발사각이 주어졌을 때 드라이브당 평균 비거리를 예측할 수 있는 회귀식을 추정하라.

e. 2013년에 PGA 투어의 한 신인 선수가 시간당 170마일의 공의 속도와 11도의 발사각을 기록했다고 가정하자. d에서 추정한 회귀식을 이용하여 이 선수의 드라이브당 평균 비거리를 예측하라.

10. 미국의 메이저리그 야구(Major League Baseball: MLB)는 아메리칸리그에서 경기하는 팀들과 내셔널리그에서 경기하는 팀들로 구성되어 있다. MLB는 팀과 선수에 관한 여러 가지 통계를 수집한다. 투수의 능력을 평가하기 위해 다음과 같은 몇몇 통계가 종종 이용되고 있다.

ERA: 투수가 9이닝당 내준 평균 자책 점수. 자책점은 실책에 의한 점수를 제외하고 특정 투수에게서 상대팀이 얻은 점수이다.

SO/IP: 투구 이닝당 평균 탈삼진의 수

HR/IP: 투구 이닝당 평균 피홈런의 수

R/IP: 투구 이닝당 평균 실점

다음은 특정 연도의 전체 시즌 동안 아메리칸리그에서 활약한 투수들 중 무작위로 선정된 20명 표본에 대한 통계 자료이다.

DATA file
MLBPitching

선수	팀	승	패	ERA	SO/IP	HR/IP	R/IP
Verlander, J	DET	24	5	2.40	1.00	.10	.29
Beckett, J	BOS	13	7	2.89	.91	.11	.34
Wilson, C	TEX	16	7	2.94	.92	.07	.40
Sabathia, C	NYY	19	8	3.00	.97	.07	.37
Haren, D	LAA	16	10	3.17	.81	.08	.38
McCarthy, B	OAK	9	9	3.32	.72	.06	.43
Santana, E	LAA	11	12	3.38	.78	.11	.42
Lester, J	BOS	15	9	3.47	.95	.10	.40
Hernandez, F	SEA	14	14	3.47	.95	.08	.42
Buehrle, M	CWS	13	9	3.59	.53	.10	.45
Pineda, M	SEA	9	10	3.74	1.01	.11	.44
Colon, B	NYY	8	10	4.00	.82	.13	.52
Tomlin, J	CLE	12	7	4.25	.54	.15	.48
Pavano, C	MIN	9	13	4.30	.46	.10	.55
Danks, J	CWS	8	12	4.33	.79	.11	.52
Guthrie, J	BAL	9	17	4.33	.63	.13	.54
Lewis, C	TEX	14	10	4.40	.84	.17	.51
Scherzer, M	DET	15	9	4.43	.89	.15	.52
Davis, W	TB	11	10	4.45	.57	.13	.52
Porcello, R	DET	14	9	4.75	.57	.10	.57

a. SO/IP가 주어졌을 때 R/IP를 예측할 수 있는 회귀식을 추정하라.

b. HR/IP가 주어졌을 때 R/IP를 예측할 수 있는 회귀식을 추정하라.

c. SO/IP와 HR/IP가 주어졌을 때 R/IP을 예측할 수 있는 회귀식을 추정하라.

d. 뉴욕양키즈 팀의 투수 A. J. Burnett는 SO/IP가 .91이고 HR/IP가 .16이었다. c에서 추정한 회귀식을 이용하여 이 투수의 R/IP를 예측하라. (참고로, 실제로 이 투수의 R/

IP는 .6이었다.)

e. c에서 R/IP를 예측하는 데 또 다른 독립변수 ERA를 추가하자는 제안이 있었다고 가정하자. 이 제안에 대한 당신의 의견은 무엇인가?

15.3 다중결정계수

단순선형회귀분석에서 총제곱합이 두 가지 구성요소, 즉 회귀제곱합과 오차제곱합으로 분리될 수 있다고 설명하였다. 이 제곱합들은 다중회귀분석에서도 같은 절차로 적용된다.

SST, SSR, SSE 사이의 관계

$$SST = SSR + SSE \quad \text{15-7}$$

여기서, SST = 총제곱합 = $\Sigma(y_i - \bar{y})^2$
SSR = 회귀제곱합 = $\Sigma(\hat{y}_i - \bar{y})^2$
SSE = 오차제곱합 = $\Sigma(y_i - \hat{y}_i)^2$

이들 세 가지 제곱합의 계산이 어렵기 때문에, 우리는 컴퓨터패키지를 활용하여 이들 값을 구한다. 〈그림 15-5〉의 엑셀 출력의 분산분석은 독립변수가 두 개인 버틀러 화물운송 예제에서 계산한 이 세 가지 값을 보여준다. 즉, SST = 23.9, SSR = 21.6006, SSE = 2.2994이다. 〈그림 15-3〉의 엑셀 출력은 독립변수(운송거리)가 한 개인 버틀러 화물운송 예제인데, 이 경우 SST=23.9, SSR=15.8713, SSE=8.0287이다. SST는 $\hat{y}$에 영향을 받지 않기 때문에 두 경우에서 같지만, 두 번째 독립변수(운송 건수)가 추가되면서 SSR은 증가하였고 SSE는 감소하였다. 이는 추정 다중회귀식이 관측된 자료에 대한 적합도가 더 좋다는 것을 말해 준다.

14장에서 추정회귀식의 적합도를 결정계수 R^2 = SSR/SST로 평가하였다. 동일한 개념이 다중회귀분석에서 적용된다. 즉, **다중결정계수**(multiple coefficient of determination)로 추정 다중회귀식의 적합도를 평가한다. 다중결정계수를 R^2으로 표기하고, 이를 다음과 같이 구한다.

엑셀의 회귀분석 도구 출력에서 결정계수라는 이름으로 R^2의 값을 보여준다. 다중상관계수(Multiple R)는 결정계수 R^2의 $\sqrt{\ }$값이다.

다중결정계수

$$R^2 = \frac{SSR}{SST} \quad \text{15-8}$$

다중결정계수는 종속변수의 변동성 중 추정 다중회귀식에 의해 설명될 수 있는 부분의 비율이라고 해석될 수 있다. 따라서 다중결정계수에 100을 곱한 값은 y의 변동성 중 추정 다중회귀식에 의해 설명될 수 있는 부분의 백분율(%)이 된다.

독립변수가 두 개인 버틀러 화물운송 예제에서 SSR = 21.6006이고 SST = 23.9이므로, 다중결정계수는 .9038이다.

$$R^2 = \frac{21.6006}{23.9} = .9038$$

따라서 운송시간 y의 변동성 중 90.38%가 독립변수인 운송거리와 운송 건수로 추정된 다중회귀식에 의해 설명된다. 〈그림 15-5〉의 엑셀 출력에서 결정계수라는 이름으로 표기된 다중결정계수 R^2 = .9038을 확인할 수 있다(셀 B17을 참조한다).

독립변수를 추가하면 예측오차(잔차)를 감소시키며, 이에 따라 오차제곱합 SSE가 작아진다. SSR=SST−SSE이므로 SSE가 작아질수록 SSR이 커지며, 이에 따라 R^2=SSR/SST은 증가한다.

〈그림 15-3〉은 한 개의 독립변수, 즉 운송거리(x_1)에 대한 추정회귀식의 R^2값이 .6641임을 보여준다. 운송 건수가 두 번째 독립변수로 추가되면서, 운송시간의 변동성 중 추정회귀식으로 설명될 수 있는 백분율이 66.41%에서 90.38%로 증가하였다. 일반적으로 독립변수가 회귀모형에 추가되면 R^2은 항상 증가한다.

실제 분석가들은 독립변수가 추가됨에 따라 추정회귀식에 의해 설명되는 변동성의 크기가 과대평가되는 것을 예방하기 위해 독립변수의 수를 고려하는 조정된 R^2를 선호한다. 관측값의 수가 n개이고 독립변수의 수가 p개일 때 **조정된 다중결정계수**(adjusted multiple coefficient of determination)를 다음과 같이 구한다.

만약 한 변수가 회귀모형에 추가되면, 이 추가된 변수가 통계적으로 유의하지 않을지라도 R^2은 커진다. 조정된 다중결정계수는 회귀모형에 포함된 독립변수의 수에 대하여 보정한다.

조정된 다중결정계수

$$R_a^2 = 1-(1-R^2)\frac{n-1}{n-p-1} \tag{15-9}$$

버틀러 화물운송 예제에서 n = 10이고 p = 2이므로 조정된 다중결정계수는 다음과 같다.

$$R_a^2 = 1-(1-.9038)\frac{10-1}{10-2-1} = .8763$$

따라서 두 개의 독립변수에 대하여 보정한 후의 조정된 다중결정계수는 .8763이 된다. 〈그림 15-5〉의 엑셀 출력에서 조정된 결정계수라는 이름으로 이 값을 확인할 수 있다(셀 B18을 참조한다.)

연습문제

기초문제

11. 연습문제 1에서, 10개의 관측값으로부터 다음과 같은 회귀식을 추정하였다.

$$\hat{y} = 29.1270 + .5906x_1 + .4980x_2$$

SST와 SSR의 값이 각각 6724.125와 6216.375이다.

a. SSE를 구하라.

b. R^2을 구하라.

c. R_a^2을 구하라.

d. 적합도를 평가하라.

12. 연습문제 2에서, 10개의 관측값을 종속변수 y와 두 개의 독립변수 x_1 및 x_2에 적용하였다. 이 자료에 대한 SST = 15,182.9이고 SSR = 14,052.2이다.

a. R^2을 구하라.

b. R_a^2을 구하라.

c. 추정회귀식이 자료의 변동성 중 많은 부분을 설명하는가? 이에 대해 설명하라.

13. 연습문제 3에서, 30개의 관측값으로부터 다음과 같은 회귀식을 추정하였다.

$$\hat{y} = 17.6 + 3.8x_1 - 2.3x_2 + 7.6x_3 + 2.7x_4$$

SST와 SSR의 값이 각각 1805와 1760이다.

a. R^2을 구하라.

b. R_a^2을 구하라.

c. 적합도를 평가하라.

응용문제

14. 연습문제 4에서, 매출액을 재고투자액과 광고지출액에 관련시키는 추정회귀식은 다음과 같다.

$$\hat{y} = 25 + 10x_1 + 8x_2$$

이 모형을 위해 10개 점포로부터 수집된 설문자료가 이용되었다. 이 자료에 대하여 SST = 16,000이고 SSR = 12,000이다.

a. 추정회귀식에 대하여 R^2을 구하라.

b. R_a^2을 구하라.

c. 추정회귀식이 자료의 변동성 중 많은 부분을 설명하는가? 이에 대해 설명하라.

DATA file
Showtime

15. 연습문제 5에서, Showtime Movie Theatres, Inc.의 소유주는 다중회귀분석을 이용하여 TV 광고지출액(x_1)과 신문 광고지출액(x_2)의 함수로서 총수익(y)을 예측하였다. 추정회귀식은 다음과 같다.

$$\hat{y} = 83.2 + 2.29x_1 + 1.30x_2$$

컴퓨터패키지를 이용하여 SST = 25.5와 SSR = 23.435를 구했다.

a. R^2와 R_a^2을 구하라.

b. TV 광고지출액이 유일한 독립변수일 경우 $R^2 = .653$이고 $R_a^2 = .595$이다. 당신은 다중회귀분석의 결과를 선택하겠는가? 이에 대해 설명하라.

DATA file NFLPassing

16. 연습문제 6에서, 전미 미식축구연맹(National Football League: NFL) 내 무작위 표본 16개 팀에 대한 자료에는 한 시즌 동안의 패스 시도당 평균 패스거리(단위: 패스 시도당 야드), 패스 시도당 차단횟수, 그리고 승률(단위: %)이 있다.

a. 패스 시도당 평균 패스거리만을 독립변수로 하여 승률을 예측하는 추정회귀식의 적합도는 적절한가?

b. 패스 시도당 평균 패스거리와 차단횟수를 모두 사용하여 승률을 예측할 때의 효과에 대하여 논의하라.

DATA file PGADrivingDist

17. 연습문제 9의 d에서, 데이터 파일 PGADrivingDist의 자료[출처]에 있는 공의 속도와 발사각을 가지고 드라이브당 평균 비거리를 예측하는 회귀식을 추정하였다.

a. 추정된 회귀식의 적합도는 적절한가? 이에 대해 설명하라.

b. 연습문제 9의 b에서는 공의 속도만을 독립변수로 하여 드라이브당 평균 비거리를 예측하는 회귀식을 추정하였다. 공의 속도만을 이용하여 구한 적합도와 공의 속도 및 발사각을 이용해서 구한 적합도를 비교하라.

DATA file MLBPitching

18. 연습문제 10에서, 미국의 메이저리그 야구(Major League Baseball: MLB)의 투수 통계는 한 시즌 동안 아메리칸리그에서 활약한 투수들 중 무작위로 선정된 20명 표본에서 구한 것이다.

a. 연습문제 10의 c에서, 투구 이닝당 평균 탈삼진의 수와 피홈런의 수가 주어졌을 때 투구 이닝당 평균 실점에 관한 회귀식을 추정하였다. R^2와 $R_a{}^2$의 값은 각각 얼마인가?

b. 이 추정회귀식은 자료에 대해 적절한 적합도를 보이는가? 이에 대해 설명하라.

c. 연습문제 10의 문항 c에서, 투구 이닝당 평균 실점 대신 평균 자책점(ERA)을 종속변수로 삼는다고 가정하자. 평균 자책점(ERA)에 관한 추정회귀식은 적절한 적합도를 보이는가? 이에 대해 설명하라.

15.4 다중회귀모형의 가정

15.1절에서 다음과 같은 다중회귀모형을 소개하였다.

다중회귀모형

$$y = \beta_0 + \beta_1 x_1 + \beta_2 x_2 + \cdots + \beta_p x_p + \epsilon \tag{15-10}$$

여기서 다중회귀모형의 오차항 ε에 관한 가정들은 단순선형회귀모형의 가정들과 유사하다.

다중회귀모형 $y=\beta_0+\beta_1x_1+\beta_2x_2+\cdots+\beta_px_p+\varepsilon$에서 오차항 ε에 관한 가정

1. 오차항 ε은 확률변수이고 그 평균 또는 기댓값은 0이다. 즉 $E(\varepsilon)=0$.
   의미: $x_1, x_2, \cdots, x_p$의 주어진 값에 대한 y의 평균 또는 기댓값은 다음과 같다.

$$E(y) = \beta_0 + \beta_1x_1 + \beta_2x_2 + \cdots + \beta_px_p \tag{15-11}$$

   식 15-11은 15.1절에서 소개한 다중회귀식이다. 이 식에서 $E(y)$는 $x_1, x_2, \cdots, x_p$의 주어진 값에 대하여 발생 가능한 y의 모든 값의 평균을 나타낸다.

2. ε의 분산을 σ^2으로 표기하고, 이 분산은 독립변수 $x_1, x_2, \cdots, x_p$의 모든 값에 대하여 동일하다.
   의미: 회귀선에 관한 y의 분산은 σ^2와 같고, $x_1, x_2, \cdots, x_p$의 모든 값에 대하여 같다.
3. ε값들은 독립이다.
   의미: 독립변수들의 특정한 세트의 값에 대한 ε값은 그 독립변수들의 다른 세트의 값에 대한 ε값과 관련이 없다.
4. 오차항 ε은 y의 실제값과 $\beta_0+\beta_1x_1+\beta_2x_2+\cdots+\beta_px_p$에 의한 y의 기댓값 사이의 편차를 반영하는 확률변수로서 정규분포를 따른다.
   의미: 주어진 $x_1, x_2, \cdots, x_p$의 값들에 대하여 $\beta_0, \beta_1, \cdots, \beta_p$는 상수이기 때문에, 종속변수 y 역시 정규분포를 따르는 확률변수이다.

식 15-11로 주어진 관계의 형태에 대한 좀 더 깊은 이해를 위해서 다음과 같이 두 개의 독립변수를 갖는 다중회귀식을 고려해 보자.

$$E(y) = \beta_0 + \beta_1x_1 + \beta_2x_2$$

이 식의 그래프는 3차원 공간에 있는 평면이다. 〈그림 15-6〉은 그러한 평면 그래프의 예를 보여준다. 그림에서 보는 바와 같이, $x_1 = x_1^*$이고 $x_2 = x_2^*$일 때 ε의 값은 이 점에서의 y의 실제값과 y의 기댓값, 즉 $E(y)$ 사이의 차이라는 것에 주목하자.

회귀분석에서 **반응변수**(response variable)라는 용어가 **종속변수**(dependent variable)라는 용어 대신 사용되기도 한다. 또 다중회귀식이 평면 또는 표면을 생성하기 때문에 이 그래프를 **반응표면**(response surface)이라고 부른다.

15.5 유의성 검정

이 절에서는 다중회귀관계에 대한 유의성을 검정하는 방법에 관하여 설명한다. 단순선형회귀분석에서 유의성 검정은 t-검정과 F-검정이었다. 단순선형회귀분석에서 이들 두 검정의 결론은 같다. 즉, 귀무가설이 기각되면 $\beta_1\neq0$이라는 결론을 내린다. 그러나 다중회귀분석에서

〈그림 15-6〉 독립변수가 두 개인 다중회귀분석에서 회귀식의 그래프

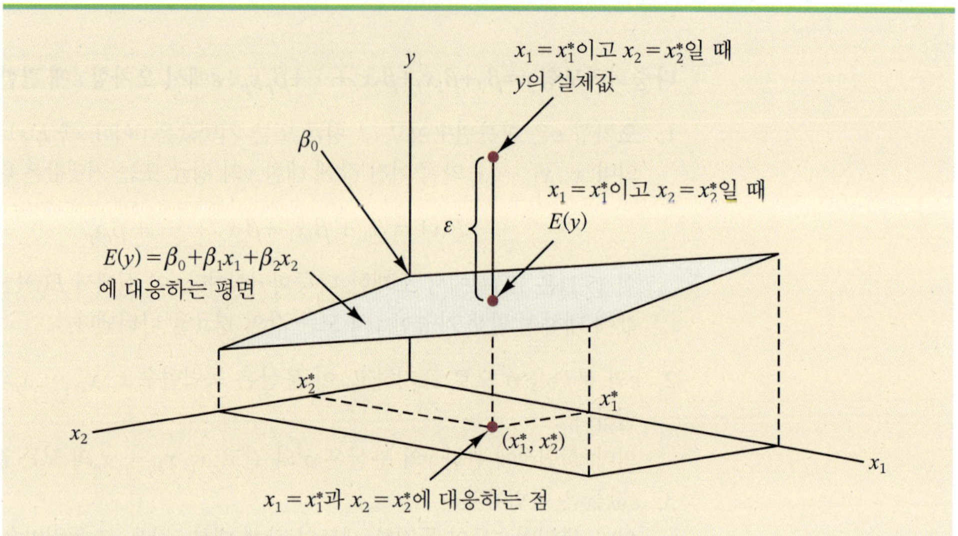

는 t-검정의 목적과 F-검정의 목적은 다르다.

1. F-검정은 종속변수와 독립변수 전체 세트 사이에 유의적인 관계가 있는지를 밝히기 위해 이용된다. 이러한 F-검정을 **총체적 유의성**(overall significance) 검정이라고 부른다.
2. 만약 F-검정으로 총체적 유의성이 나타나면 t-검정을 이용하여 독립변수들 각각이 유의한지를 알아낸다. 개개의 t-검정이 다중회귀모형 내 각각의 독립변수에 대하여 실시된다. 이러한 t-검정을 **개별적 유의성**(individual significance) 검정이라고 부른다.

다음으로 F-검정과 t-검정에 대하여 설명하고, 이들을 버틀러 화물운송회사 예제에 적용해 보자.

F-검정

15.4절에서 다중회귀모형을 다음과 같이 정의하였다.

$$y = \beta_0 + \beta_1 x_1 + \beta_2 x_2 + \cdots + \beta_p x_p + \varepsilon$$

F-검정의 가설은 다중회귀모형의 모수들에 관한 것이다.

$$H_0\colon \beta_1 = \beta_2 = \cdots = \beta_p = 0$$

H_a: 모수들 중 적어도 하나는 0이 아니다.

만약 H_0가 기각되면, 이는 하나 이상의 모수가 0이 아니며 y와 독립변수 세트 $x_1, x_2, \cdots, x_p$ 사이의 총체적 관계가 유의적이라는 결론을 내리기에 충분한 통계적 증거가 된다. 그렇지만

만약 H_0가 기각될 수 없다면 어떤 유의적인 관계가 존재한다는 결론을 내리기에는 충분한 증거가 되지 못한다.

F-검정의 단계들을 설명하기에 앞서, **평균제곱**(mean square)에 관한 개념을 재검토할 필요가 있다. 평균제곱은 제곱합을 이에 해당하는 자유도로 나눈 값이다. 다중회귀분석의 경우 총제곱합의 자유도는 $n-1$이고, 회귀제곱합(SSR)의 자유도는 p이며, 오차제곱합(SSE)의 자유도는 $n-p-1$이다. 따라서 평균제곱회귀(MSR)는 SSR/p이고 평균제곱오차(MSE)는 SSE/($n-p-1$)이다.

평균제곱오차(MSE)는 오차제곱의 평균을, 평균제곱회귀(MSR)는 회귀제곱의 평균을 뜻한다.—역자

$$\text{MSR} = \frac{\text{SSR}}{p} \tag{15-12}$$

$$\text{MSE} = \frac{\text{SSE}}{n-p-1} \tag{15-13}$$

14장에서 논의한 바처럼, MSE는 오차항 ε의 분산 σ^2에 대한 불편추정값이다. 만약 H_0: $\beta_1 = \beta_2 = \cdots = \beta_p = 0$이 참이면 MSR 역시 σ^2의 불편추정값이 되어 MSR/MSE의 값이 1에 가까워진다. 그러나 H_0가 거짓이면 MSR은 σ^2을 과도하게 추정하게 되어 MSR/MSE의 값이 커진다. 만약 H_0가 참이고 다중회귀모형의 가정이 타당하다면, MSR/MSE의 표집분포는 분자의 자유도가 p이고 분모의 자유도가 $n-p-1$인 F-분포를 따르게 되는데, 이것을 이용하면 MSR/MSE의 값이 얼마나 커야 H_0를 기각할 수 있는지를 정할 수 있다. 다중회귀분석에서 유의성에 대한 F-검정을 요약하면 다음과 같다.

총체적 유의성에 대한 F-검정

$$H_0: \beta_1 = \beta_2 = \cdots = \beta_p = 0$$

H_a: 모수들 중 적어도 하나는 0이 아니다.

검정 통계량

$$F = \frac{\text{MSR}}{\text{MSE}} \tag{15-14}$$

기각규칙

p-값 방식: p-값 $\leq \alpha$이면 H_0를 기각

임계값 방식: $F \geq F_\alpha$이면 H_0를 기각

여기서 F_α는 분자의 자유도가 p이고 분모의 자유도가 $n-p-1$인 F-분포에 의한 값이다.

F-검정을 버틀러 화물운송회사의 다중회귀문제에 적용해 보자. 독립변수가 두 개이므로 가설은 다음과 같다.

$$H_0 : \beta_1 = \beta_2 = 0$$
$$H_a : \beta_1\text{과 } \beta_2 \text{ 중 적어도 하나는 0이 아니다.}$$

〈그림 15-7〉은 앞서 〈그림 15-5〉에서 보았던 운송거리(x_1)와 운송 건수(x_2)를 독립변수로 하는 엑셀의 회귀분석 도구의 출력 중 일부이다. 이 출력 중 분산분석(ANOVA) 부분을 보면 MSR = 10.8003이고 MSE = .3285이다. 식 15-14를 이용하면 검정 통계량은 다음과 같다.

$$F = \frac{10.8003}{.3285} = 32.9$$

셀 F23의 유의한 F라는 표시는 셀 F24의 값이 p-값을 나타낸다는 뜻이다.

엑셀의 출력에서 F = 32.8784라는 것에 주의하자. 위에서 계산한 값과 차이가 나는 이유는 계산과정에서 MSR과 MSE의 값을 반올림하였기 때문이다. $\alpha = .01$을 사용하는 경우, 셀 F24의 p-값 = .0003은 $\alpha = .01$보다 작기 때문에, 우리는 $H_0 : \beta_1 = \beta_2 = 0$을 기각할 수 있다. 또는 부록 B의 〈표 4〉는 분자의 자유도가 2이고 분모의 자유도가 7일 때 $F_{.01} = 9.55$임을 보여준다. 32.9>9.55이기 때문에, 우리는 $H_0 : \beta_1 = \beta_2 = 0$를 기각하고 운송시간 y와 두 독립변수인 운송거리 및 운송 건수 사이에 유의한 관계가 존재한다고 결론을 내릴 수 있다.

앞서 논의한 바처럼, MSE는 오차항 ε의 분산 σ^2의 불편추정값이다. 따라서 σ^2의 추정값은 MSE = .3285이다. MSE의 제곱근은 오차항의 표준편차의 추정값이다. 14.5절에서 정의한 것처럼 이 표준편차가 추정값의 표준오차이고 s로 표기된다. 그러므로 표준오차는 $s = \sqrt{\text{MSE}} = \sqrt{.3285} = .5731$이 된다. 이 추정값의 표준오차 값을 〈그림 15-7〉의 셀 B19에서 확

〈그림 15-7〉 독립변수가 두 개인 버틀러 화물운송 예제의 회귀분석 출력

	A	B	C	D	E	F	G	H	I
13	SUMMARY OUTPUT								
14									
15	*Regression Statistics*								
16	Multiple R	0.9507							
17	R Square	0.9038							
18	Adjusted R Square	0.8763							
19	Standard Error	0.5731							
20	Observations	10							
21									
22	ANOVA								
23		*df*	*SS*	*MS*	*F*	*Significance F*			
24	Regression	2	21.6006	10.8003	32.8784	0.0003			
25	Residual	7	2.2994	0.3285					
26	Total	9	23.9						
27									
28		*Coefficients*	*Standard Error*	*t Stat*	*P-value*				
29	Intercept	-0.8687	0.9515	-0.9129	0.3916				
30	Miles	0.0611	0.0099	6.1824	0.0005				
31	Deliveries	0.9234	0.2211	4.1763	0.0042				
32									
33									
34									
35									

The *Significance F* value in cell F24 is the p-value used to test for overall significance.

The p-value in cell E30 is used to test for the individual significance of Miles.

The p-value in cell E31 is used to test for the individual significance of Deliveries.

〈표 15-3〉 독립변수가 p개인 다중회귀분석에서 분산분석표의 형식

변동요인	제곱합	자유도	평균제곱	F	p-값
회귀	SSR	p	$\text{MSR}=\frac{\text{SSR}}{p}$	$F=\frac{\text{MSR}}{\text{MSE}}$	
잔차	SSE	$n-p-1$	$\text{MSE}=\frac{\text{SSE}}{n-p-1}$		
합계	SST	$n-1$			

인할 수 있다.

〈표 15-3〉은 다중회귀분석에서 일반적 형식의 분산분석표이다. F-검정 통계량의 값과 이에 대응하는 마지막 열의 p-값이 가설 검정의 결론을 내리는 데 이용된다. 〈그림 15-7〉의 버틀러 화물운송회사에 대한 엑셀의 출력을 다시 살펴보면, 엑셀의 분산분석표가 이 정보를 포함하고 있음을 알 수 있다.

t-검정

만약 F-검정이 다중회귀관계가 유의하다는 것을 보여주면, 각각의 개별 모수의 유의성을 알아내기 위해 t-검정을 실시할 수 있다. 개별적 유의성에 대한 t-검정을 요약하면 다음과 같다.

개별적 유의성에 대한 t-검정

$$H_0\colon \beta_i = 0$$
$$H_a\colon \beta_i \neq 0$$

검정 통계량

$$t = \frac{b_i}{s_{b_i}} \qquad \textbf{15-15}$$

기각규칙

p-값 방식: p-값 $\leq \alpha$이면 H_0를 기각

임계값 방식: $t \leq -t_{\alpha/2}$ 또는 $t \geq t_{\alpha/2}$이면 H_0를 기각

여기서 $t_{\alpha/2}$는 자유도가 $n-p-1$인 t-분포에 의한 값이다.

검정 통계량에서 s_{b_i}는 b_i의 표준편차의 추정값이다. 컴퓨터 소프트웨어패키지를 사용하여 s_{b_i}의 값을 얻을 수 있다.

t-검정을 버틀러 화물운송의 다중회귀문제에 적용해 보자. 〈그림 15-7〉의 엑셀 출력을 참조하면 b_1, b_2, s_{b_1}, 그리고 s_{b_2}의 값은 다음과 같다.

$$b_1 = .0611 \quad s_{b_1} = .0099$$
$$b_2 = .9234 \quad s_{b_2} = .2211$$

식 15-15를 이용하면 모수 β_1과 β_2에 관한 가설의 t-검정 통계량은 다음과 같다.

$$t = .0611/.0099 = 6.1717$$
$$t = .9234/.2211 = 4.1764$$

회귀분석 도구 출력에서 t-값은 각각 6.1824와 4.1763이다. 이 차이는 반올림에 의해 발생한 것이다.

〈그림 15-7〉의 엑셀의 회귀분석 출력에서 이들 t비율의 값과 이에 대응하는 p-값 모두를 확인할 수 있다. $\alpha = .01$을 사용하는 경우, 엑셀 출력의 p-값이 각각 .0005 및 .0042이기 때문에, 우리는 H_0: $\beta_1 = 0$와 H_0: $\beta_2 = 0$을 기각할 수 있다. 따라서 두 모수 모두가 통계적으로 유의하다. 또는 부록 B의 〈표 2〉는 자유도가 $n-p-1 = 10-2-1 = 7$에서 $t_{.005} = 3.499$임을 보여준다. $6.1717 > 3.499$이기 때문에, 우리는 H_0: $\beta_1 = 0$를 기각한다. 마찬가지로, $4.1764 > 3.499$이기 때문에, 우리는 H_0: $\beta_2 = 0$을 기각한다.

다중공선성

회귀분석에서 종속변수의 값을 예측하거나 설명하는 데 사용되는 변수에 대해서 **독립변수**(independent variable)라는 용어를 사용하고 있다. 그러나 이 용어는 통계적 관점에서 독립변수들 자체가 서로 독립이라는 의미는 아니다. 오히려 다중회귀문제에서 대부분의 독립변수는 다른 독립변수들과 어느 정도 상관관계를 갖는다. 예를 들어, 독립변수가 x_1(운송거리)과 x_2(운송 건수)이었던 버틀러 화물운송 예제에서, 운송거리를 종속변수로 처리하고 운송 건수를 독립변수로 하는 회귀분석을 해보면 이들 두 변수가 자체적으로 서로 관련되어 있는지를 확인할 수 있다. 또, 표본상관계수 $r_{x_1x_2}$를 계산해 보면 두 변수가 관계되는 정도를 알아낼 수 있다. 계산하면 $r_{x_1x_2} = .16$을 얻게 된다. 따라서 두 독립변수들 사이에 선형관계가 어느 정도 있다는 것을 알 수 있다. 이처럼 다중회귀분석에서 독립변수들 사이에 있는 상관관계를 **다중공선성**(multicollinearity)이라 한다.

다중공선성의 잠재적 문제점을 더 쉽게 이해하기 위해 버틀러 화물운송의 예제를 수정해 보자. x_2를 운송 건수가 아닌 휘발유 소비량이라고 하자. 분명히 x_1(운송거리)과 x_2(휘발유 소비량)는 서로 관련이 있다. 휘발유 소비량은 운송거리에 따라 커지기 때문이다. 따라서 우리는 논리적으로 x_1과 x_2가 높은 상관관계를 가지는 독립변수들이라는 결론을 내리게 된다.

운송시간을 구하는 식 $\hat{y} = b_0+b_1x_1+b_2x_2$를 구했고 F-검정을 통해 유의한 관계가 나타났다고 가정하자. 그런 다음 β_1에 관한 t 검정을 실시하여 $\beta_1 \neq 0$인가를 알아보았으나 H_0: $\beta_1 = 0$을 기각할 수 없다고 하자. 그렇다면 이러한 결과는 운송시간이 운송거리와 관련이 없다는 것을 의미하는가? 꼭 그렇지는 않다. 이 결과의 의미는 x_2가 모형에 있으면 x_1은 y의 값에 유의한 영향을 미치지 않는다는 것이다. 이러한 해석이 타당하다고 할 수 있는데, 휘발유 소비량을 알고 있다면 y를 예측하는 데 있어서 운송거리는 유용한 추가적 정보가 되지 못한다는 것이다. 마찬가지로, x_1이 모형에 있으면 휘발유 소비량은 추가적 정보로서 유용하지 못하며, t-검정을 해보면 $\beta_2 = 0$이라는 결론에 도달하게 된다.

경험적 기준으로 보면, 두 독립변수 사이의 표본상관계수가 $+.7$보다 크거나 $-.7$보다 작으면 다중공선성의 잠재적 문제를 일으킨다.

정리하면, 개별 모수의 유의성에 대한 t-검정에서 다중공선성에 의해 야기되는 문제점은 다중회귀식에 대한 F-검정이 총체적 유의성을 보여주더라도 개별 모수 가운데 0이 아닌 것이 하나도 없을 수 있다는 것이다. 뿐만 아니라 다중공선성은 기울기 계수의 추정을 오도할 수도 있다. 이러한 문제점들은 독립변수들 사이의 상관관계가 작으면 피할 수 있다.

통계학자들이 다중공선성이 문제를 야기할 만큼 충분히 높은지를 확인하기 위한 몇 가지 검정방법을 개발하였다. 경험을 근거로 한 검정 기준에 따르면, 두 독립변수 사이의 표본상관계수의 절댓값이 .7보다 크면 다중공선성이 잠재적 문제가 된다. 다른 유형의 검정방법들은 보다 더 고급과정으로써 이 책의 범위를 벗어난다.

독립변수들이 높은 상관관계가 있는 경우, 종속변수에 대한 특정 독립변수의 개별적 영향을 확인할 수 없다.

가능하다면 상관관계가 높은 독립변수들이 포함되지 않도록 예방하여야 한다. 그러나 현실적으로 이 방법을 엄격히 따르는 것은 거의 불가능하다. 의사결정자가 볼 때, 상당한 다중공선성이 존재한다고 믿을 만한 이유가 있다면, 종속변수에 대한 독립변수들 각각의 영향을 구분하는 것이 어렵다는 것을 이해해야 한다.

15.5 보충 설명

일반적으로 다중공선성은 회귀분석을 실시하거나 분석결과를 해석하는 방식에 영향을 미치지 않는다. 그렇지만 다중공선성이 심각한 경우, 즉 두 개 이상의 독립변수들이 서로 높은 상관관계를 가지는 경우, 각각의 모수에 대한 t-검정의 결과를 해석하는 데 어려움이 있을 수 있다. 이 절에서 설명한 이러한 유형의 문제점뿐만 아니라, 다중공선성이 심각한 경우에 최소제곱 추정값의 부호가 반대로 나오는 결과로 이어질 수 있다. 즉, 연구자들이 모의실험을 통하여, 기초적 회귀모형을 가정한 다음 최소제곱법으로 $\beta_0, \beta_1, \beta_2, \cdots$의 값을 추정해 본 결과, 다중공선성이 높은 조건 하에서 최소제곱 추정값들이 해당 모수의 부호와 반대의 부호를 가질 수 있음이 밝혀졌다. 예를 들어, β_2는 실제로 +10이지만, 이의 추정값 b_2는 −2로 나타났다. 따라서 다중공선성의 정도가 높은 경우 각각의 계수를 신뢰하기 어렵다.

연습문제

기초문제

19. 연습문제 1에서, 10개의 관측값으로부터 다음과 같은 회귀식을 추정하였다.

$$\hat{y} = 29.1270 + .5906x_1 + .4980x_2$$

여기서 SST = 6724.125, SSR = 6216.375, s_{b_1} = .0813, 그리고 s_{b_2} = .0567이다.

a. MSR과 MSE를 구하라.

b. F-값을 구하고 F-검정을 적절하게 실시하라. $\alpha = .05$를 이용하라.

c. β_1의 유의성에 대하여 t-검정을 실시하라. $\alpha = .05$를 이용하라.

d. β_2의 유의성에 대하여 t-검정을 실시하라. $\alpha = .05$를 이용하라.

20. 연습문제 2에서 제시한 자료를 참조하라. 이 자료에 대한 추정회귀식은 다음과 같다.

$$\hat{y} = -18.4 + 2.01x_1 + 4.74x_2$$

여기서 SST = 15,182.9, SSR = 14,052.2, s_{b_1} = .2471, 그리고 s_{b_2} = .9484이다.

a. x_1 및 x_2와 y 사이의 관계에 대한 유의성을 검정하라. $\alpha = .05$를 이용하라.

b. β_1은 유의적인가? $\alpha = .05$를 이용하라.

c. β_2는 유의적인가? $\alpha = .05$를 이용하라.

21. 독립변수가 두 개인 어느 모형에 대하여 다음과 같은 회귀식을 추정하였다.

$$\hat{y} = 40.7 + 8.63x_1 + 2.71x_2$$

이 모형에서 x_2를 제거한 후, 최소제곱법을 이용하여 오직 x_1만을 독립변수로 하는 회귀식을 다음과 같이 추정하였다.

$$\hat{y} = 42.0 + 9.01x_1$$

a. 두 모형에서 x_1의 계수에 대하여 해석하라.

b. 두 모형에서 x_1의 계수가 다른 이유를 다중공선성으로 설명할 수 있는가? 만약 그렇다면, 어떻게 설명될 수 있는가?

응용문제

22. 연습문제 4에서, 매출액을 재고투자액과 광고지출액에 관련시키는 회귀식을 다음과 같이 추정하였다.

$$\hat{y} = 25 + 10x_1 + 8x_2$$

이 모형을 위해 10개 점포에서 조사한 자료가 이용되었다. 이 자료에 대하여 SST = 16,000이고 SSR = 12,000이다.

a. SSE, MSE, 그리고 MSR을 구하라.

b. 변수들 사이에 관계가 있는지에 대한 F-검정을 유의수준 .05에서 실시하라.

23. 연습문제 5를 참조하라.

a. α = .01에서 다음의 가설을 검정하라.

H_0: $\beta_1 = \beta_2 = 0$
H_a: β_1과 β_2 중 적어도 하나는 0이 아니다.

모형은 $y = \beta_0+\beta_1x_1+\beta_2x_2+\varepsilon$이고, 여기서

x_1 = TV 광고지출액(단위: \$1000)
x_2 = 신문 광고지출액(단위: \$1000)

b. $\alpha = .05$에서 β_1의 유의성을 검정하라. 이 모형에서 x_1은 제거되어야 하는가?

c. $\alpha = .05$에서 β_2의 유의성을 검정하라. 이 모형에서 x_2는 제거되어야 하는가?

24. 전미 미식축구연맹(National Football League: NFL)은 선수와 팀의 여러 가지 성적을 기록하고 있다. 다음 자료는 팀별로 한 시즌 동안 경기당 공격 시 평균 패스거리(OffPassYds/G, 단위: 야드), 경기당 수비 시 허용한 평균거리(DefYds/G, 단위: 야드), 그리고 승률(Win%, 단위: %)에 관한 것이다.

DATA file
NFL2011

팀	OffPassYds/G	DefYds/G	Win%
Arizona	222.9	355.1	50.0
Atlanta	262.0	333.6	62.5
Baltimore	213.9	288.9	75.0
⋮	⋮	⋮	⋮
St. Louis	179.4	358.4	12.5
Tampa Bay	228.1	394.4	25.0
Tennessee	245.2	355.1	56.3
Washington	235.8	339.8	31.3

a. 경기당 공격 시 평균 패스거리와 경기당 수비 시 허용한 평균거리가 주어졌을 때 승률을 예측할 수 있는 회귀식을 추정하라.

b. *F*-검정을 이용하여 이 관계의 총체적 유의성을 검정하라. 유의수준 .05에서 당신의 결론은 무엇인가?

c. *t*-검정을 이용하여 각 독립변수의 유의성을 검정하라. 유의수준 .05에서 당신의 결론은 무엇인가?

25. *Condé Nast Traveler*의 골드리스트는 상위 20개의 소형 유람선에 대한 평가이다. 다음의 자료는 *Condé Nast Traveler*가 회원을 대상으로 조사한 각 유람선에 대한 평가점수들이다. 각 점수는 유람선의 여정 및 일정, 기항지 여행, 그리고 음식 및 식사에 대하여 탁월하거나 매우 우수하다고 평가한 응답자의 비율을 나타낸다. 종합점수 역시 공개되며 유람선의 순위를 정하는 데 이용된다. 가장 높은 순위의 유람선은 Seabourn Odyssey이며, 이 유람선의 종합점수는 94.4이고 음식 및 식사에 대한 평가점수 97.8은 유람선들 중 가장 높은 점수이다.

유람선	종합	여정 및 일정	기항지 여행	음식 및 식사
Seabourn Odyssey	94.4	94.6	90.9	97.8
Seabourn Pride	93.0	96.7	84.2	96.7
National Geographic Endeavor	92.9	100.0	100.0	88.5
Seabourn Sojourn	91.3	88.6	94.8	97.1
Paul Gauguin	90.5	95.1	87.9	91.2
Seabourn Legend	90.3	92.5	82.1	98.8
Seabourn Spirit	90.2	96.0	86.3	92.0
Silver Explorer	89.9	92.6	92.6	88.9
Silver Spirit	89.4	94.7	85.9	90.8
Seven Seas Navigator	89.2	90.6	83.3	90.5
Silver Whisperer	89.2	90.9	82.0	88.6
National Geographic Explorer	89.1	93.1	93.1	89.7
Silver Cloud	88.7	92.6	78.3	91.3
Celebrity Xpedition	87.2	93.1	91.7	73.6
Silver Shadow	87.2	91.0	75.0	89.7
Silver Wind	86.6	94.4	78.1	91.6
SeaDream II	86.2	95.5	77.4	90.9
Wind Star	86.1	94.9	76.5	91.5
Wind Surf	86.1	92.1	72.3	89.3
Wind Spirit	85.2	93.5	77.4	91.9

DATA *file*
CruiseShips

a. 여정 및 일정, 기항지 여행, 그리고 음식 및 식사에 대한 점수가 주어졌을 때 종합점수를 예측할 수 있는 회귀식을 추정하라.

b. *F*-검정을 이용하여 이 관계의 총체적 유의성을 검정하라. 유의수준 .05에서 당신의 결론은 무엇인가?

c. *t*-검정을 이용하여 각 독립변수의 유의성을 검정하라. 유의수준 .05에서 당신의 결론은 무엇인가?

d. 추정회귀식에서 유의하지 않은 독립변수를 제거하라. 당신이 추천하는 추정회귀식은 무엇인가?

DATA *file*
MLBPitching

26. 연습문제 10에서, 미국의 메이저리그 야구(Major League Baseball: MLB)의 투수 통계는 한 시즌 동안 아메리칸리그에서 활약한 투수들 중 무작위로 선정된 20명 표본에서 구한 것이다. 이 연습문제의 c에서 투구 이닝당 평균 탈삼진의 수와 피홈런의 수가 주어졌을 때 투구 이닝당 평균 실점을 예측할 수 있는 회귀식을 추정하였다.

a. *F*-검정을 이용하여 이 관계의 총체적 유의성을 유의수준 .05에서 검정하라.

b. *t*-검정을 이용하여 각 독립변수의 유의성을 유의수준 .05에서 검정하라.

15.6 추정회귀식을 이용한 추정과 예측

다중회귀분석에서 y의 평균값을 추정하고 y의 개별값을 예측하는 절차는 독립변수가 한 개인 회귀분석에서의 절차와 비슷하다. 먼저, 추정회귀식 $\hat{y} = b_0 + b_1x$를 이용하여 주어진 x값에 대한 y의 평균값을 추정하고, 또 주어진 x값에 대한 y의 개별값을 예측하는 14장의 설명을 기억하자. 다중회귀분석에서도 동일한 절차가 사용된다. 즉 $x_1, x_2, \cdots, x_p$의 값을 추정회귀식에 대입하여 구한 $\hat{y}$의 값을 이용하여 주어진 $x_1, x_2, \cdots, x_p$에 대한 y의 평균값을 추정할 뿐만 아니라 $x_1, x_2, \cdots, x_p$에 대한 y의 개별값을 예측한다.

다중회귀분석에서의 이 절차를 설명하기 위하여, 버틀러 화물운송의 예제에서 x_1(운송거리)과 x_2(운송 건수)를 포함하는 추정회귀식을 이용하여 다음과 같은 두 개의 구간 추정값을 구한다고 가정하자.

1. 100마일을 운행하며 2건을 운송하는 트럭들 모두에 대한 평균 운송시간의 신뢰구간(confidence interval)
2. 100마일을 운행하며 2건을 운송한 어떤 트럭 한 대의 운송시간의 예측구간(prediction interval)

〈그림 15-5〉의 엑셀 출력으로부터 추정회귀식을 다음과 같이 나타낸다.

$$\hat{y} = -.8687 + .0611x_1 + .9234x_2$$

$x_1 = 100$이고 $x_2 = 2$이므로 $\hat{y}$의 값은 다음과 같다.

$$\hat{y} = -.8687 + .0611(100) + .9234(2) = 7.09$$

따라서 100마일을 운행하며 2건을 운송하는 트럭들 모두에 대한 평균 운송시간의 점 추정값은 약 7시간이다. 그리고 100마일을 운행하며 2건을 운송한 특정 트럭 한 대의 운송시간의 예측값도 역시 약 7시간이다.

신뢰구간과 예측구간은 행렬연산으로 나타낼 수 있고 엑셀에서도 쉽게 계산할 수 있다. 연습문제를 푸는 데도 필요하기 때문에 부록D에 추가하였다.—역자

다중회귀분석에서 신뢰구간과 예측구간을 구하는 공식은 이 책의 범위를 벗어난다. 또한 다중회귀분석을 손으로 직접 계산하는 것은 실용적이지도 않다. 엑셀의 회귀분석 도구는 신뢰구간 추정값을 계산하지 않지만, 몇몇 소프트웨어패키지가 신뢰구간과 예측구간을 제공하고 있다. 이 구간들에 대한 해석은 단순선형회귀분석과 동일하다. 〈표 15-4〉는 버틀러 화물운송 문제에서 특정 x_1 및 x_2의 값에 대한 95% 예측구간들을 보여준다. 100마일을 운행하며 2건을 운송한 어떤 트럭 한 대의 운송시간의 예측구간은 약 5.5시간에서 8.7시간이라는 것을 알 수 있다.

〈표 15-4〉 버틀러 화물 운송시간의 95% 예측구간

x_1값	x_2값	예측구간 하한	예측구간 상한
50	2	2.414	5.656
50	3	3.368	6.548
50	4	4.157	7.607
100	2	5.500	8.683
100	3	6.520	9.510
100	4	7.362	10.515

연습문제

번호에 * 표시가 있는 문제에서 다중회귀분석의 예측구간은 부록 D의 설명대로 엑셀에서 계산이 가능하다.

기초문제

27. 연습문제 1에서, 10개의 관측값으로부터 다음과 같은 회귀식을 추정하였다.

$$\hat{y} = 29.1270 + .5906x_1 + .4980x_2$$

a. $x_1 = 180$이고 $x_2 = 310$일 때 y의 평균값의 점 추정값을 구하라.

b. $x_1 = 180$이고 $x_2 = 310$일 때 y의 개별값을 예측하라.

28. 연습문제 2의 자료를 참조하라. 이 자료에 대한 추정회귀식은 다음과 같다.

$$\hat{y} = -18.4 + 2.01x_1 + 4.74x_2$$

a. $x_1 = 45$이고 $x_2 = 15$일 때 y의 평균값의 점 추정값을 구하라.

b.* $x_1 = 45$이고 $x_2 = 15$일 때 y에 대한 95% 예측구간을 구하라.

응용문제

29. 연습문제 5에서, Showtime Movie Theatres, Inc.의 소유주는 TV 광고지출액(x_1)과 신문 광고지출액(x_2)의 함수로서 총수익(y)을 예측하기 위해 다중회귀분석을 실시하였다. 추정회귀식은 다음과 같다.

$$\hat{y} = 83.2 + 2.29x_1 + 1.30x_2$$

a. TV 광고에 3,500달러를 지출하고($x_1 = 3.5$) 신문 광고에 1,800달러를 지출한($x_2 = 1.8$) 어느 주에 기대되는 총수익은 얼마인가?

b.* 광고지출액이 a와 같이 할당된다고 가정하자. 다음 주의 총수익에 대한 95% 예측구간을 구하라.

DATA file
NFL2011

30. 연습문제 24에서 한 시즌 동안 NFL의 팀 승률과 게임당 공격 시 평균 패스거리 및 경기당 수비 시 허용한 평균거리를 관련시키는 추정회귀식을 구했다.

a. 경기당 공격 시 평균 패스거리가 225야드이고 경기당 수비 시 허용한 평균거리가 300야드인 특정 팀의 승률을 예측하라.

b. 경기당 공격 시 평균 패스거리가 225야드이고 경기당 수비 시 허용한 평균거리가 300야드인 특정 팀의 승률에 대한 95% 예측구간을 구하라.

31. AAII(American Association of Individual Investors)는 온라인 중개사 조사를 통해 중개사들의 경력에 대한 여론 조사를 실시하였다. 조사의 한 부분으로 거래가격 및 처리속도에 대한 만족도뿐만 아니라 전자거래에 대한 전반적 만족도를 질문하였다. 가능한 응답(점수)은 의견없음(0), 불만족(1), 다소 만족(2), 만족(3), 매우 만족(4)이었다. 각 중개사에 대한 각각의 응답 점수의 가중평균을 이용하여 합계점수를 계산한 결과, 다음과 같은 자료가 정리되었다[출처].

DATA file
Broker

중개사	거래가격	처리속도	전자거래 만족도
Scottrade, Inc.	3.4	3.4	3.5
Charles Schwab	3.2	3.3	3.4
Fidelity Brokerage Services	3.1	3.4	3.9
TD Ameritrade	2.9	3.6	3.7
E*Trade Financial	2.9	3.2	2.9
(Not listed)	2.5	3.2	2.7
Vanguard Brokerage Services	2.6	3.8	2.8
USAA Brokerage Services	2.4	3.8	3.6
Thinkorswim	2.6	2.6	2.6
Wells Fargo Investments	2.3	2.7	2.3
Interactive Brokers	3.7	4.0	4.0
Zecco.com	2.5	2.5	2.5
Firstrade Securities	3.0	3.0	4.0
Banc of America Investment Services	4.0	1.0	2.0

a. 거래가격과 처리속도를 가지고 중개사의 전반적 만족도를 예측하는 회귀식을 추정하라.

b. Finger Lakes Investments는 새로운 전자거래시스템을 개발하여 거래가격과 처리속도 모두에 대하여 만족(3) 수준을 제공한다는 목표를 세우고, 그 경우의 전반적 고객 만족도를 예측하고자 한다. a에서 구한 추정회귀식을 이용하여 이 수준에서의 Finger Lakes Investments에 대한 전반적 만족도를 예측하라.

c.* Finger Lakes Investments의 거래가격과 처리속도 모두가 만족(3) 수준에 도달한 경우 Finger Lakes Investments의 전반적 만족도에 대한 95% 예측구간을 구하라.

15.7 범주형 독립변수

독립변수는 양적이거나 범주형이다.

지금까지 학생 모집단 크기, 운송거리, 운송 건수와 같은 양적인 독립변수에 관련된 예제들을 살펴보았다. 그러나 많은 상황에서 성별(남성, 여성), 지불방법(현금, 신용카드, 수표) 등과 같은 **범주형 독립변수**(categorical independent variable)가 포함된다. 이 절은 회귀분석에서 범주형 변수들을 다루는 방법에 관하여 설명한다. 이를 위해 존슨 정수기회사의 관리자가 직면한 문제를 소개하고 범주형 독립변수의 사용과 해석에 관하여 살펴본다.

예제: 존슨 정수기회사

존슨 정수기회사(Johnson Filtration, Inc.)는 플로리다주 남부 전역에서 정수기의 유지보수 서비스를 제공하고 있다. 고객이 존슨에 연락하여 자신의 정수기에 대한 유지보수 서비스를 요청한다. 존슨의 관리자는 서비스 시간과 서비스 비용을 추정하기 위해, 우선 유지보수에 소요되는 수리시간(단위: 시간)을 예측하고자 한다. 따라서 수리시간은 종속변수이다. 수리시간은 두 가지 요인, 즉 최근에 유지보수 서비스를 받은 이후에 경과된 월수와 수리대상의 유형(기계적 또는 전기적)과 관련이 있는 것으로 판단된다. 〈표 15-5〉는 10건의 서비스 요청에 관한 표본 자료이다.

수리시간을 y로 표기하고 최근의 유지보수 이후에 경과된 월수를 x_1로 표기하자. 오직 x_1만을 고려하면 y를 예측하는 회귀모형은 다음과 같다.

$$y = \beta_0 + \beta_1 x_1 + \varepsilon$$

엑셀의 회귀분석 도구를 사용하여 회귀식을 추정하면 〈그림 15-8〉에서 보는 바와 같은 엑셀 출력이 생성된다. 추정회귀식은 다음과 같다.

〈표 15-5〉 존슨 정수기회사 예제의 자료

서비스 요청	최근 서비스 이후 경과 월수	수리유형	수리시간
1	2	전기적	2.9
2	6	기계적	3.0
3	8	전기적	4.8
4	3	기계적	1.8
5	2	전기적	2.9
6	7	전기적	4.9
7	9	기계적	4.2
8	8	기계적	4.8
0	4	전기적	4.4
10	6	전기적	4.5

〈그림 15-8〉 최근 서비스 이후 경과 월수를 독립변수로 하는 존슨 정수기회사 예제의 회귀분석 출력

회귀분석 대화상자에서 출력 옵션을 새로운 출력 범위로 지정하면 엑셀의 회귀분석 출력은 새로운 워크시트에 나타난다.

	A	B	C	D	E	F	G
1	SUMMARY OUTPUT						
2							
3	*Regression Statistics*						
4	Multiple R	0.7309					
5	R Square	0.5342					
6	Adjusted R Square	0.4759					
7	Standard Error	0.7810					
8	Observations	10					
9							
10	ANOVA						
11		*df*	*SS*	*MS*	*F*	*Significance F*	
12	Regression	1	5.5960	5.5960	9.1739	0.0163	
13	Residual	8	4.8800	0.61			
14	Total	9	10.476				
15							
16		*Coefficients*	*Standard Error*	*t Stat*	*P-value*		
17	Intercept	2.1473	0.6050	3.5493	0.0075		
18	Months	0.3041	0.1004	3.0288	0.0163		
19							

$$\hat{y} = 2.1473 + .3041x_1 \qquad \textbf{15-16}$$

t-검정(또는 F-검정)의 p-값이 .0163이므로 유의수준 .05에서 최근 서비스 이후 경과 월수는 수리시간과 유의적인 관계가 있는 것으로 나타났다. 결정계수가 .5342이므로 수리시간의 변동성 중 53.42%는 x_1만으로 설명된다.

이 회귀모형에 수리유형을 포함시키기 위하여 다음과 같이 변수를 정의한다.

$$x_2 = \begin{cases} 0, \text{ 수리유형이 기계적인 경우} \\ 1, \text{ 수리유형이 전기적인 경우} \end{cases}$$

회귀분석에서 x_2를 **더미변수**(dummy variable) 또는 지시**변수**(indicator variable)라고 한다. 이 더미변수를 추가한 다중회귀모형은 다음과 같다.

$$y = \beta_0 + \beta_1 x_1 + \beta_2 x_2 + \varepsilon$$

〈표 15-6〉은 자료를 더미변수의 값으로 수정한 것이다. 〈표 15-6〉의 자료에 엑셀을 적용하면 이 모형의 모수들에 대한 추정값을 구할 수 있다. 〈그림 15-9〉의 엑셀의 회귀분석 출력에서 다음과 같이 다중회귀식을 추정할 수 있다.

$$\hat{y} = .9305 + .3876x_1 + 1.2627x_2 \qquad \textbf{15-17}$$

〈표 15-6〉 수리유형을 더미변수로 갖는(기계적이면 $x_2=0$, 전기적이면 $x_2=1$) 존슨 정수기회사 예제의 자료

DATA file
Johnson

〈표 15-5〉의 수리 유형의 범주 자료를 〈표 15-6〉과 같이 0/1 수치로 바꾸어야 한다. 데이터 파일에 더미변수 열을 추가한 다음 =IF(셀주소="전기적", 1, 0)을 입력하면, 셀주소의 데이터가 "전기적"이면 1, 아니면 0이 입력된다.—역자

서비스 요청	최근 서비스 이후 경과 월수(x_1)	수리유형(x_2)	수리시간(y)
1	2	1	2.9
2	6	0	3.0
3	8	1	4.8
4	3	0	1.8
5	2	1	2.9
6	7	1	4.9
7	9	0	4.2
8	8	0	4.8
9	4	1	4.4
10	6	1	4.5

〈그림 15-9〉 최근 서비스 이후 경과 월수와 수리유형을 독립변수로 하는 존슨 정수기회사 예제의 회귀분석 출력

	A	B	C	D	E	F	G
1	SUMMARY OUTPUT						
2							
3	*Regression Statistics*						
4	Multiple R	0.9269					
5	R Square	0.8592					
6	Adjusted R Square	0.8190					
7	Standard Error	0.4590					
8	Observations	10					
9							
10	ANOVA						
11		*df*	*SS*	*MS*	*F*	*Significance F*	
12	Regression	2	9.0009	4.5005	21.357	0.0010	
13	Residual	7	1.4751	0.2107			
14	Total	9	10.476				
15							
16		*Coefficients*	*Standard Error*	*t Stat*	*P-value*		
17	Intercept	0.9305	0.4670	1.9926	0.0866		
18	Months	0.3876	0.0626	6.1954	0.0004		
19	Type	1.2627	0.3141	4.0197	0.0051		
20							

F-검정(F-값 = 21.357)의 p-값이 .0010이므로 유의수준 .05에서 회귀관계가 유의적인 것으로 나타났다. 〈그림 15-9〉의 출력 중 t-검정에 관한 부분은 최근 서비스 이후 경과 월수(p-값 = .0004)와 수리유형(p-값 = .0051) 모두가 통계적으로 유의하다는 것을 보여준다. 더구나 결정계수는 .8952이고 조정된 결정계수가 .8190이므로 수리시간의 변동성에 대한 추정회귀식의 설명력이 높다고 할 수 있다. 따라서 식 15-17은 여러 가지 서비스에 소요되는 수리시

간을 예측하는 데 유용하다.

모수의 해석

존슨 정수기회사 예제에 대한 다중회귀식은 다음과 같다.

$$E(y) = \beta_0 + \beta_1 x_1 + \beta_2 x_2 \qquad \text{15-18}$$

범주형 변수가 포함될 때 모수 β_0, β_1, 그리고 β_2를 어떻게 해석할 것인가? 우선 $x_2 = 0$(기계적 수리)인 경우를 살펴보자. 기계적 수리가 필요할 때 수리시간의 평균, 즉 기댓값 $E(y|$기계적)을 보면 다음과 같은 결과를 얻을 수 있다.

$$E(y \mid \text{기계적}) = \beta_0 + \beta_1 x_1 + \beta_2(0) = \beta_0 + \beta_1 x_1 \qquad \text{15-19}$$

마찬가지로, 전기적 수리($x_2 = 1$)에 대한 결과는 다음과 같다.

$$E(y \mid \text{전기적}) = \beta_0 + \beta_1 x_1 + \beta_2(1) = \beta_0 + \beta_1 x_1 + \beta_2 = (\beta_0 + \beta_2) + \beta_1 x_1 \qquad \text{15-20}$$

식 15-19와 식 15-20을 비교해 보면, 평균 수리시간은 기계적 수리나 전기적 수리 모두 x_1의 선형함수라는 것을 알 수 있다. 두 식의 기울기는 β_1으로 서로 같지만 y절편은 서로 다르다. 기계적 수리의 식 15-19에서 y절편은 β_0이고, 전기적 수리의 식 15-20에서 y절편은 $\beta_0+\beta_2$이다. 여기서 β_2는 전기적 수리의 평균 수리시간과 기계적 수리의 평균 수리시간 사이의 차이를 나타낸다.

만약 β_2가 양수이면 전기적 수리의 평균 수리시간이 기계적 수리의 평균시간보다 더 길다는 것이다. 그리고 만약 β_2가 음수이면, 전기적 수리의 평균 수리시간이 기계적 수리의 평균시간보다 더 짧다는 것이다. 마지막으로, 만약 $\beta_2 = 0$이면, 전기적 수리와 기계적 수리 사이에는 평균 수리시간에 차이가 없게 되어 수리유형이 수리시간과 관련이 없을 것이다.

추정 다중회귀식 $\hat{y} = .9305 + .3876x_1 + 1.2627x_2$에서 .9305는 β_0의 추정값이고, .3876은 β_1의 추정값이며, 1.2627은 β_2의 추정값이다. 따라서 $x_2 = 0$(기계적 수리)인 경우 다음과 같게 된다.

$$\hat{y} = .9305 + .3876x_1 \qquad \text{15-21}$$

그리고 x_2=1(전기적 수리)인 경우 다음과 같게 된다.

$$\hat{y} = .9305 + .3876x_1 + 1.2627(1) = 2.1932 + .3876x_1 \qquad \text{15-22}$$

수리유형에 대한 더미변수의 사용은 사실상 두 개의 추정회귀식, 즉 기계적 수리에 해당하는 추정회귀식과 전기적 수리에 해당하는 추정회귀식을 이용하여 수리시간을 예측하는 것

〈그림 15-10〉 〈표 15-6〉의 존슨 정수기회사의 수리 유형 자료의 산점도

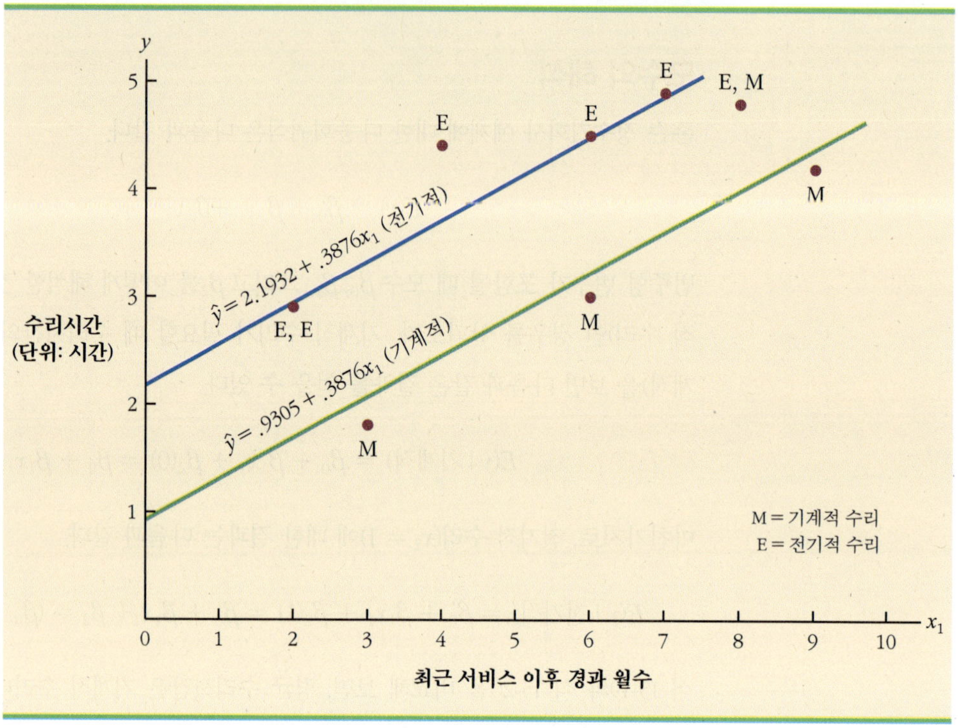

이라고 할 수 있다. 뿐만 아니라, b_2가 1.2627이므로 전기적 수리가 기계적 수리보다 평균적으로 1.2627시간을 더 필요로 한다는 것을 알 수 있다.

〈그림 15-10〉은 〈표 15-6〉의 존슨 정수기회사의 자료에 대한 산점도이다. 수직축은 수리시간(y)을 나타내고, 수평축은 최근 서비스 이후 경과 월수(x_1)를 나타낸다. M은 기계적 수리에 대한 자료 점을 표시한 것이고 E는 전기적 수리에 대한 자료 점을 나타낸다. 식 15-21과 식 15-22는 각각의 수리시간을 예측하는 두 개의 식, 즉 기계적 수리에 해당하는 식과 전기적 수리에 해당하는 식이고, 이 식들을 시각적으로 보여주기 위해 그래프로 표현하였다.

보다 복잡한 범주형 변수

k개의 수준을 갖는 범주형 변수는 $k-1$개의 더미변수들을 사용하여 모형화된다. 이 더미변수들을 정의하고 해석하는 데 주의해야 한다.

존슨 정수기회사 예제의 범주형 변수는 두 개의 수준(기계적 및 전기적)을 갖기 때문에, 더미변수를 기계적 수리를 나타내는 0과 전기적 수리를 나타내는 1로 정의하는 것이 쉬웠다. 그러나 범주형 변수의 수준이 두 개를 초과하는 경우, 더미변수를 정의하고 해석하는 데 주의해야 한다. 앞으로도 설명하겠지만, 범주형 변수의 수준이 k개이면 $k-1$개의 더미변수가 필요하고, 각각의 더미변수는 0 또는 1로 표시된다.

예를 들어, 어느 복사기 제조업체가 어느 나라의 판매지역을 A, B, C로 구분한다고 가정하자. 그리고 관리자들은 회귀분석을 이용하여 복사기의 주당 판매대수를 예측하고자 한다.

그들은 판매대수를 종속변수로 설정한 후, 몇몇 독립변수(판매원의 수, 광고지출액 등)를 고려하고 있다. 관리자들은 판매지역도 복사기의 판매대수를 예측하는 데 주요 요인으로 판단하고 있다. 판매지역은 세 개의 수준, 즉 A, B, C를 갖는 범주형 변수이기 때문에, 판매지역을 나타내는 데는 3–1 = 2개의 더미변수가 필요하다. 각 변수는 다음과 같이 0 또는 1로 표시된다.

$$x_1 = \begin{cases} 1, \text{판매지역이 B인 경우} \\ 0, \text{그렇지 않은 경우} \end{cases}$$

$$x_2 = \begin{cases} 1, \text{판매지역이 C인 경우} \\ 0, \text{그렇지 않은 경우} \end{cases}$$

이렇게 정의하면 판매지역을 구분하는 x_1과 x_2의 값은 다음과 같다.

지역	x_1	x_2
A	0	0
B	1	0
C	0	1

지역 A에 해당하는 관측값은 $x_1 = 0$ 및 $x_2 = 0$으로 표시되고, 지역 B에 해당하는 관측값은 $x_1 = 1$ 및 $x_2 = 0$으로 표시되며, 지역 C에 해당하는 관측값은 $x_1 = 0$ 및 $x_2 = 1$로 표시된다.

판매대수의 기댓값 $E(y)$을 이 더미변수들과 관련시키는 회귀식은 다음과 같다.

$$E(y) = \beta_0 + \beta_1 x_1 + \beta_2 x_2$$

모수 $\beta_0, \beta_1, \beta_2$를 해석하기 위해 다음과 같은 세 가지 유형의 회귀식을 고려해 보자.

$$E(y \mid \text{지역 A}) = \beta_0 + \beta_1(0) + \beta_2(0) = \beta_0$$
$$E(y \mid \text{지역 B}) = \beta_0 + \beta_1(1) + \beta_2(0) = \beta_0 + \beta_1$$
$$E(y \mid \text{지역 C}) = \beta_0 + \beta_1(0) + \beta_2(1) = \beta_0 + \beta_2$$

따라서 β_0는 지역 A에 대한 판매대수의 평균 또는 기댓값이다. β_1은 지역 B의 평균 판매대수와 지역 A의 평균 판매대수 사이의 차이를 나타낸다. 그리고 β_2는 지역 C의 평균 판매대수와 지역 A의 평균 판매대수 사이의 차이이다.

두 개의 더미변수가 필요한 이유는 판매지역이 세 개의 수준으로 된 범주형 변수이기 때문이다. 그러나 지역 A를 $x_1 = 0$ 및 $x_2 = 0$으로, 지역 B를 $x_1 = 1$ 및 $x_2 = 0$으로, 그리고 지역 C를 $x_1 = 0$ 및 $x_2 = 1$로 부여한 것은 임의적인 것이다. 예를 들어, 지역 A를 $x_1 = 1$ 및 $x_2 = 0$으로, 지역 B를 $x_1 = 0$ 및 $x_2 = 0$으로, 그리고 지역 C를 $x_1 = 0$ 및 $x_2 = 1$로 부여할 수도 있다. 이 경우에 β_1은 지역 A와 지역 B 사이의 평균 판매대수의 차이이고, β_2는 지역 C와 지역 B 사이의 평균 판매대수의 차이가 된다.

기억해야 할 중요한 점은 어떤 범주형 변수가 k개의 수준으로 구분되면 다중회귀분석에서 필요한 더미변수의 수는 $k-1$개라는 것이다. 따라서 판매지역에 관한 예제에 네 번째 지역 D가 추가된다면 세 개의 더미변수가 필요하다. 예를 들어, 세 개의 더미변수를 다음과 같이 표시할 수 있다.

$$x_1 = \begin{cases} 1, \text{판매지역이 B인 경우} \\ 0, \text{그렇지 않은 경우} \end{cases}$$

$$x_2 = \begin{cases} 1, \text{판매지역이 C인 경우} \\ 0, \text{그렇지 않은 경우} \end{cases}$$

$$x_3 = \begin{cases} 1, \text{판매지역이 D인 경우} \\ 0, \text{그렇지 않은 경우} \end{cases}$$

연습문제

연습문제를 풀기 위해서는 다중회귀분석을 반복적으로 적용해 보아야 한다(부록 D 참조).

기초문제

32. 종속변수 y, 양적인 독립변수 x_1, 그리고 2개의 수준(수준 1 및 수준 2)을 갖는 범주형 독립변수가 포함된 회귀분석을 고려해 보자.
   a. x_1과 범주형 변수를 y에 관련시키는 다중회귀식을 제시하라.
   b. 범주형 변수가 수준 1일 때 y의 기댓값은 무엇인가?
   c. 범주형 변수가 수준 2일 때 y의 기댓값은 무엇인가?
   d. 당신의 회귀식에서 모수를 해석하라.

33. 종속변수 y, 양적인 독립변수 x_1, 그리고 3개의 수준(수준 1, 수준 2, 수준 3)을 갖는 범주형 독립변수가 포함된 회귀분석을 고려해 보자.
   a. 몇 개의 더미변수가 범주형 변수를 나타내는 데 필요한가?
   b. x_1과 범주형 변수를 y에 관련시키는 다중회귀식을 제시하라.
   c. 당신의 회귀식에서 모수를 해석하라.

응용문제

34. 관리자가 패스트푸드 매장의 매출액을 예측하기 위하여 다음과 같은 회귀모형을 제안하였다.

$$y = \beta_0 + \beta_1 x_1 + \beta_2 x_2 + \beta_3 x_3 + \varepsilon$$

여기서, x_1 = 1마일 내 경쟁업체의 수

x_2 = 1마일 내 인구 (단위: 1000명)

$$x_3 = \begin{cases} 1, \text{드라이브 윈도가 있는 경우} \\ 0, \text{그렇지 않은 경우} \end{cases}$$

y = 매출액 (단위: \$1000)

20개 매장을 조사한 후에 다음과 같은 회귀식이 추정되었다.

$$\hat{y} = 10.1 - 4.2x_1 + 6.8x_2 + 15.3x_3$$

a. 드라이브 윈도로 인한 매출액의 기댓값은 얼마인가?

b. 1마일 내 경쟁업체의 수는 2곳이고 인구는 8000명이며 드라이브 윈도가 없는 매장의 매출액을 예측하라.

c. 1마일 내 경쟁업체의 수는 1곳이고 인구는 3000명이며 드라이브 윈도가 있는 매장의 매출액을 예측하라.

35. 이 절에서 소개한 존슨 정수기회사의 문제를 참조하자. 관리자가 최근 서비스 이후 경과 월수와 기계적 수리가 필요한지 또는 전기적 수리가 필요한지에 관한 정보뿐만 아니라 서비스를 수행한 수리공에 관한 목록을 다음과 같이 추가로 수집하였다고 가정하자.

DATA *file*
Repair

수리시간	최근 서비스 이후 경과 월수	수리유형	수리공
2.9	2	전기적	Dave Newton
3.0	6	기계적	Dave Newton
4.8	8	전기적	Bob Jones
1.8	3	기계적	Dave Newton
2.9	2	전기적	Dave Newton
4.9	7	전기적	Bob Jones
4.2	9	기계적	Bob Jones
4.8	8	기계적	Bob Jones
4.4	4	전기적	Bob Jones
4.5	6	전기적	Dave Newton

a. 최근 서비스 이후 경과 월수(x_1)와 서비스를 수행한 수리공을 무시하자. 수리유형(x_2)이 주어졌을 때 수리시간(y)을 예측하는 단순선형회귀식을 추정하라. 수리유형이 기계적이면 $x_2 = 0$이고 수리유형이 전기적이면 $x_2 = 1$이다.

b. a에서 추정한 식은 자료에 대하여 좋은 적합도를 보이는가? 이에 대해 설명하라.

c. 이제 최근 서비스 이후 경과 월수와 수리유형을 무시하자. 서비스를 수행한 수리공이 주어졌을 때 수리시간을 예측하는 단순선형회귀식을 추정하라. Bob Jones이 서비스를 수행했으면 $x_3 = 0$이고 Dave Newton이 서비스를 수행했으면 $x_3 = 1$이다.

d. c에서 추정한 식은 관측된 자료에 대하여 좋은 적합도를 보이는가? 이에 대해 설명하라.

36. 이 문제는 연습문제 35의 연장선상에 있다.

a. 최근 서비스 이후 경과 월수, 수리유형, 그리고 서비스를 수행한 수리공이 주어졌을 때 수리시간을 예측하기 위한 회귀식을 추정하라.

b. a에서 추정한 회귀식이 독립변수들과 종속변수의 관계를 유의적으로 나타내는지를 유의수준 .05에서 검정하라.

c. 독립변수 x_3, 즉 서비스를 수행한 수리공의 추가가 통계적으로 유의적인가? 관찰된 결과에 대하여 어떤 설명을 할 수 있는가?

37. Best Buy는 전자제품, 컴퓨터, 가전제품을 전국에 판매하는 소매업체이다. 다음은 이 업체가 판매하는 여러 브랜드의 냉장고에 관한 자료로서, Best Buy가 판매하는 냉장고의 가격에 관한 무작위 표본이고 모델별 용량(단위: 입방피트)과 가격(단위: $)이 주어져 있다[출처].

DATA file
Refrigerators

모델	용량	가격
Frigidaire의 Gallery Custom-Flex 일반냉장고	18.3	899.99
GE의 French Door 냉장고	24.8	1,599.99
GE의 얼음과 물이 가능한 서리제거 대형냉장고	25.4	1,599.99
Whirlpool의 일반냉장고	19.3	749.99
GE의 서리제거 일반냉장고	17.5	599.99
Whirlpool의 얼음과 물이 가능한 French Door 냉장고	19.6	1,619.99
Samsung의 French Door 냉장고	25.0	999.99
Samsung의 대형냉장고	24.5	1,299.99
Whirlpool의 얼음과 물이 가능한 대형냉장고	25.4	1,299.99
Frigidaire의 얼음과 물이 가능한 서리제거 대형냉장고	26.0	1,299.99
Frigidaire의 얼음과 물이 가능한 대형냉장고	25.6	1,099.99
Frigidaire의 일반냉장고	18.0	579.99
Whirlpool의 얼음과 물이 가능한 French Door 냉장고	25.0	2,199.99
Whirlpool의 일반냉장고	20.5	849.99
GE의 서리제거 냉장고	15.5	549.99
Samsung의 얼음과 물이 가능한 4-Door French Door 냉장고	28.2	2,599.99
Samsung의 Showcase 4-Door French Door 냉장고	27.8	2,999.99
Samsung의 얼음과 물이 가능한 3-Door French Door 냉장고	24.6	2,399.99
Frigidaire의 얼음과 물이 가능한 대형냉장고	22.6	1,099.99
GE의 얼음과 물이 가능한 대형냉장고	21.8	1,499.99
GE의 Bottom Freezer 냉장고	20.9	1,049.99

a. 가격이 독립변수 용량에 어떻게 관련되는지를 설명하는 단순선형회귀식을 추정하라.

b. a에서 추정한 회귀식이 가격과 용량의 관계를 유의적으로 나타내는지를 유의수준 .05에서 검정하라.

c. 냉장고가 얼음과 물이 가능한 도어를 가지는지의 여부를 알려주는 더미변수를 개발하라. 냉장고가 얼음과 물이 가능한 도어를 가지면 1로 표시하고, 그렇지 않으면 0으로 표시하라. 이 더미변수를 사용하여 가격이 용량뿐만 아니라 얼음과 물이 가능한

도어에 어떻게 관련되는지를 설명할 수 있는 다중회귀식을 추정하라.

d. 유의수준 .05에서, 얼음과 물이 가능한 도어가 냉장고의 가격에 유의적인 요인인가?

38. 지난 10년 동안 미국의 심장협회가 연령, 혈압, 그리고 흡연이 뇌졸중 위험도와 어떻게 연관되는지를 연구하였다. 다음은 이 연구의 일부에서 추출한 자료이다. 위험도는 환자가 향후 10년에 걸쳐 뇌졸중을 일으킬 확률(단위: 백분율)이다. 흡연변수에 대하여 흡연자이면 1로 표시하고 비흡자이면 0으로 표시하는 더미변수를 정의하였다.

DATA file
Stroke

위험도	연령	혈압	흡연자	위험도	연령	혈압	흡연자
12	57	152	아니오	22	71	152	아니오
24	67	163	아니오	36	70	173	예
13	58	155	아니오	15	67	135	예
56	86	177	예	48	77	209	예
28	59	196	아니오	15	60	199	아니오
51	76	189	예	36	82	119	예
18	56	155	예	8	66	166	아니오
31	78	120	아니오	34	80	125	예
37	80	135	예	3	62	117	아니오
15	78	98	아니오	37	59	207	예

a. 뇌졸중의 위험도를 연령, 혈압, 흡연여부와 관련시키는 회귀식을 추정하라.

b. 흡연은 뇌졸중 위험도에 대하여 유의적인 요인인가? 이에 대해 설명하라. $\alpha = .05$를 이용하라.

c. 흡연자이며 혈압이 175인 68세의 Art Speen이 향후 10년에 걸쳐 뇌졸중을 일으킬 확률은 얼마인가? 의사가 이 환자에게 권고할 처방은 무엇인가?

15.8 잔차분석

14장에서 우리는 독립변수에 대응한 잔차도를 가지고 단순선형회귀모형의 가정을 검증하는 것을 공부하였다. 다중회귀분석에서는 두 개 이상의 독립변수를 다루기 때문에, 이러한 방법을 사용하려면 독립변수마다 잔차도를 그려서 살펴보아야 한다. 다중회귀분석에서 더 많이 활용하는 방법은 예측값 $\hat{y}$에 대응한 잔차도를 살펴보는 방법이다.

$\hat{y}$에 대응한 잔차도

예측값에 대응한 잔차도는 종속변수의 예측값을 수평축으로 하고, 잔차값을 수직축으로 하여 그린 잔차도를 말한다. 각각의 잔차마다 포인트가 표시된다. 잔차도의 각 점의 좌표값에서 첫 번째 좌표는 예측값 $\hat{y}_i$이고, 두 번째 좌표는 i번째의 잔차 $y_i - \hat{y}_i$의 값이다.

〈표 15-7〉 예측값과 잔차(버틀러 화물운송회사)

운송거리(x_1)	운송 건수(x_2)	운송시간(y)	예측시간($\hat{y}$)	잔차($y-\hat{y}$)
100	4	9.3	8.9385	.3615
50	3	4.8	4.9583	−.1583
100	4	8.9	8.9385	−.0385
100	2	6.5	7.0916	−.5916
50	2	4.2	4.0349	.1651
80	2	6.2	5.8689	.3311
75	3	7.4	6.4867	.9133
65	4	6.0	6.7987	−.7987
90	3	7.6	7.4037	.1963
90	2	6.1	6.4803	−.3803

버틀러 화물운송회사의 다중회귀의 예에서 추정회귀식은 〈그림 15-5〉에서

$$\hat{y}_i = -.8687 + .0611x_1 + .9234x_2$$

이고, 여기서 x_1은 운송거리, x_2는 운송 건수이다. 〈표 15-7〉은 이 식을 가지고 구한 예측값과 그 잔차이다. 그 잔차도는 〈그림 15-11〉이다. 이 잔차도를 보면 별다른 이상이 보이지 않는다.

단순선형회귀의 잔차분석에서도 $\hat{y}$에 대응한 잔차도를 활용한다. 사실은, 단순선형회귀에서는 $\hat{y}$에 대응한 잔차도의 패턴은 변수 x에 대응한 잔차도의 패턴과 같다. 그래서 둘 다 같은 정보를 제공해 준다. 그러나 다중회귀분석에서 모형의 가정을 체크하는 데는 $\hat{y}$에 대응한 잔차도가 더 선호된다.

〈그림 15-11〉 예측시간 $\hat{y}$에 대응한 잔차도(버틀러 화물운송회사)

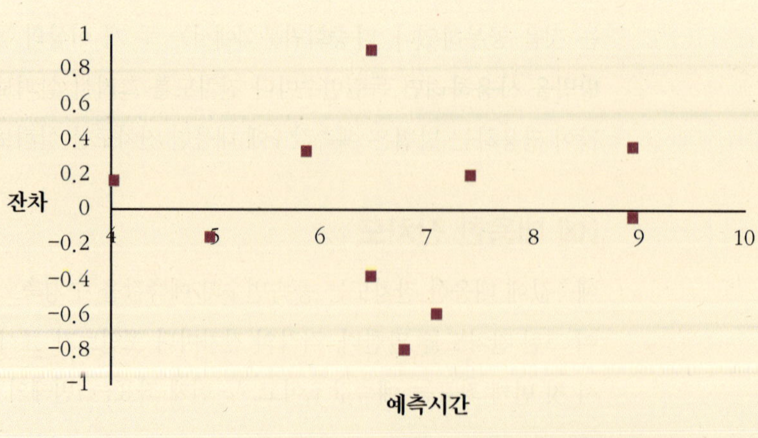

$\hat{y}$에 대응한 표준화된 잔차도

14장에서, 잔차도에 표준화된 잔차가 종종 활용된다고 언급하였다. 표준화된 잔차가 −2보다 작거나 2보다 큰 관찰 데이터는 이상점(outlier)으로 구분하도록 추천하였다. 오차가 정규분포를 따르는 경우는, 표준화된 잔차의 약 5%는 이 경계선을 벗어난다.

다중회귀분석에서는 표준화된 잔차를 손으로 직접 계산하기가 너무 복잡하다. 14.8절에서 설명하였듯이, 엑셀의 회귀분석 도구를 사용하면 표준잔차를 계산할 수 있다. 다중회귀분석에서도 꼭 같은 절차로 표준잔차를 계산한다. 각 독립변수의 표준화된 잔차도 대신에 예측값 $\hat{y}$에 대응한 표준화된 잔차도를 그려준다.

〈그림 15-12〉는 버틀러 화물운송회사 자료를 가지고 엑셀의 회귀분석에서 표준잔차를 계산하고, 엑셀의 차트도구를 사용하여 그린 $\hat{y}$(운송시간 예측)에 대응한 표준화된 잔차도를 보여준다. 표준화된 잔차도를 보면 별다른 이상(abnormalties)은 나타나지 않고, 표준잔차가 −2 ~2의 범위를 벗어난 것도 없다. 표준화된 잔차도도 〈그림 15-11〉의 잔차도와 같은 패턴

〈그림 15-12〉 예측값 $\hat{y}$에 대응한 표준화된 잔차도(버틀러 화물운송회사)

	A	B	C	D	E	F	G	H
37	Observation	Predicted Time	Residuals	Standard Residuals		Predicted Time	Standard Residuals	
38	1	8.9385	0.3615	0.7153		8.9385	0.7153	
39	2	4.9583	-0.1583	-0.3132		4.9583	-0.3132	
40	3	8.9385	-0.0385	-0.0761		8.9385	-0.0761	
41	4	7.0916	-0.5916	-1.1704		7.0916	-1.1704	
42	5	4.0349	0.1651	0.3267		4.0349	0.3267	
43	6	5.8689	0.3311	0.6550		5.8689	0.6550	
44	7	6.4867	0.9133	1.8069		6.4867	1.8069	
45	8	6.7987	-0.7987	-1.5802		6.7987	-1.5802	
46	9	7.4037	0.1963	0.3884		7.4037	0.3884	
47	10	6.4803	-0.3803	-0.7523		6.4803	-0.7523	

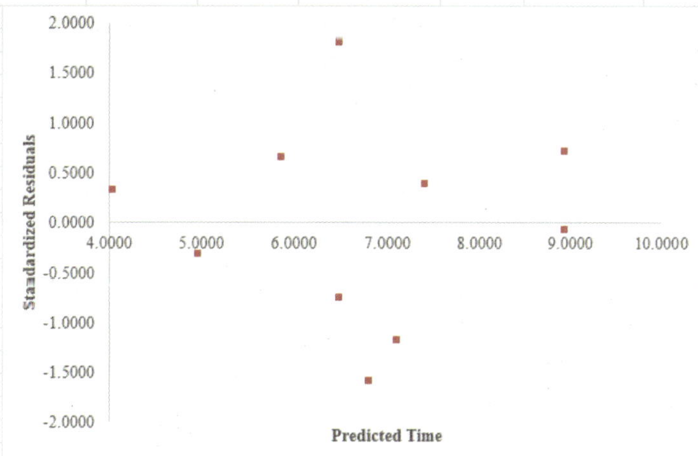

주) 1~36행은 숨겨져 있다.

을 보여준다. 그러나, 표준화된 잔차도가 더 선호되는 데 그 이유는 이상점을 체크해 낼 수 있고 회귀모형의 정규성 가정이 적합한지 판단할 수 있기 때문이다.

연습문제

기초문제

39. 두 개의 변수 x, y의 데이터이다.

x_i	1	2	3	4	5
y_i	3	7	5	11	14

a. 추정회귀식을 구축하라.

b. $\hat{y}$에 대응한 잔차도를 그려라. 이 잔차도는 오차 ε에 대한 가정을 지지하는가? 설명하라.

c. $\hat{y}$에 대응한 표준화된 잔차도를 그려라. 이 데이터에 이상점이 있는가? 설명하라.

40. 두 개의 변수 x, y의 데이터이다.

x_i	22	24	26	28	40
y_i	12	21	31	35	70

a. 추정회귀식을 구축하라.

b. 이 데이터의 표준화된 잔차를 계산하라. 이 데이터에 이상점이 있는가? 설명하라.

c. $\hat{y}$에 대응한 표준화된 잔차도를 그려라. 이 잔차도는 오차 ε에 대한 가정을 지지하는가? 설명하라.

응용문제

41. 연습문제 5의 아래 데이터는 Showtime 영화관의 한 주(week)의 총수입, TV 광고비, 신문 광고비이다(단위: $1000).

DATA *file*
Showtime

주당 총수입	TV광고비	신문광고비	주당 총수입	TV광고비	신문광고비
96	5.0	1.5	95	3.0	3.3
90	2.0	2.0	94	3.5	2.3
95	4.0	1.5	94	2.5	4.2
92	2.5	2.5	94	3.0	2.5

a. 주별 총 수입을 TV 광고비와 신문 광고비에 연관시키는 추정회귀식을 하나 정하라.

b. $\hat{y}$에 대응하는 표준화된 잔차도를 그려라. 이 잔차도는 오차 ε에 대한 가정을 지지하는가? 설명하라.

c. 이 데이터에 이상점이 있는가? 결론을 적어라.

42. 다음 표는 스포츠카와 GT카의 가격(단위: $1000)과 무게(단위: lb.), 마력, 1/4마일 지점에서 속도(단위: mph)이다.

a. 가격과 마력으로서 1/4마일 속도를 예측하는 추정회귀식을 구하라.

b. $\hat{y}$에 대응하는 표준화된 잔차도를 그려라. 이 잔차도는 오차 ε에 대한 가정을 지지하는가? 설명하라.

DATA file
Auto2

Sports & GT Car	가격	무게	마력	1/4마일속도
Accura Integra Type R	25.035	2577	195	90.7
Accura NSX-T	93.758	3066	290	108.0
BMW Z3 2.8	40.900	2844	189	93.2
Chevrolet Camaro Z28	24.865	3439	305	103.2
Chevrolet Corvette Convertible	50.144	3246	345	102.1
Dodge Viper RT/10	69.742	3319	450	116.2
Ford Mustang GT	23.200	3227	225	91.7
Honda Prelude Type SH	26.382	3042	195	89.7
Mercedes-Benz CLK320	44.988	3240	215	93.0
Mercedes-Benz SLK230	42.762	3025	185	92.3
Mitsubishi 3000GT VR-4	47.518	3737	320	99.0
Nissan 240SX SE	25.066	2862	155	84.6
Pontiac Firebird Trans Am	27.770	3455	305	103.2
Porsche Boxster	45.560	2822	201	93.2
Toyota Supra Turbo	40.989	3505	320	105.0
Volvo C70	41.120	3285	236	97.0

c. 이 데이터에 이상점이 있는가? 결론을 적어라.

DATA file
2014LPGAStats

43. LPGA 선수들의 성적과 수입에 관한 통계를 작성하고 있다. 데이터 파일 2014LPGAStats에는 선수 134명의 2014년 한 해의 성적에 관한 통계가 들어있다[출처]. 자료에서 Earnings($1000)은 총상금수입, Scoring Avg.는 전체 시합에서 계산한 평균타수, Greens in Reg.은 기준타수 빼기 2타수만에 또는 그 안에 퍼팅그린에 올라가는 비율, Putting Avg.는 평균 퍼팅횟수이다.

a. Greens in Reg.와 Putting Avg.로서 평균타수 Scoring Avg.를 예측하는 추정회귀식을 구하라.

b. $\hat{y}$에 대응하는 표준화된 잔차도를 그려라. 이 잔차도는 오차 ε에 대한 가정을 지지하는가? 설명하라.

c. 이상점이 있는지 체크하고 결론을 적어라.

d. 영향점이 있는가? 설명하라.

15.9 실용적 권고: 다중회귀분석에서 빅데이터와 가설 검정

14장에서, 단순선형회귀분석의 가설 H_0: $\beta_1 = 0$을 검정하는 p-값이 표본의 크기가 증가함에 따라 작아지는 것을 살펴보았다. 마찬가지로 표본의 크기가 증가하면, 신뢰수준(α)을 고정해 놓으면 β_1에 대한 신뢰구간, y의 평균값에 대한 신뢰구간, 그리고 y의 개별값에 대한 예측구간도 각각 좁아진다. 이러한 결과들을 다중회귀분석으로도 확장한다. 표본의 크기가 증가함에 따라,

- 회귀모형의 독립변수들이 종속변수와 유의적인 관계를 지니는지를 확인하는 F-검정의 p-값이 작아진다.
- 회귀모형의 독립변수들 각각이 종속변수와 유의적인 관계를 지니는지를 확인하는 각 t-검정들의 p-값이 작아진다.
- 각각의 개별 독립변수와 관련된 기울기 모수의 신뢰구간이 좁아진다.
- y의 평균값에 대한 신뢰구간이 좁아진다.
- y의 개별값에 대한 예측구간이 좁아진다.

따라서 표본의 크기가 증가함에 따라, 각각의 개별 독립변수와 관련된 기울기 모수, y의 평균값, 그리고 y의 개별 예측값에 대한 구간 추정값들은 더 정확해진다. 또한 표본의 크기가 증가함에 따라, 모형의 독립변수 전부와 종속변수 사이에 관계가 존재하지 않는다는 가설을 기각할 가능성이 높아진다. 그리고 각각의 개별 독립변수에 대하여, 표본의 크기가 증가함에 따라, 이 개별 독립변수와 종속변수 사이에 관계가 존재하지 않는다는 가설을 기각할 가능성이 높아진다. 심지어 심각한 다중공선성이 있더라도 표본이 충분히 크면 서로 높은 상관관계가 있는 독립변수들이 각각 개별적으로도 종속변수와 유의한 관계를 가질 수 있다. 그러나 이러한 결과들이 표본의 크기가 증가함에 따라 더욱 신뢰할 수 있다는 것을 반드시 의미하는 것은 아니다.

다중회귀모형을 추정하는 데 사용된 표본의 크기에 상관없이, 우리는 자료에 비샘플링 오차가 있을 가능성에 주의해야 한다. 관심 모집단에서 실제로 무작위 표본이 추출되었는지를 신중하게 살펴보아야 한다. 다중회귀분석에서 가설을 검정하는 데 사용된 자료가 비샘플링 오차에 의해 오염된 경우, 제1종 오류 또는 제2종 오류가 발생할 가능성이 비샘플링 오차가 없는 표본 자료를 사용하였을 경우보다 높을 수 있다. 심지어, 다중공선성이 기울기 계수들의 추정을 부정확하게 유인할 수 있다. 이 문제는 다중회귀모형을 추정하는 데 사용되는 표본의 크기가 증가하여도 계속된다. 마지막으로, 다중회귀모형에서 통계적으로 유의한 관계가 실제로도 유의한지를 검토하는 것이 중요하다.

다중회귀분석이 매우 강력한 통계적 도구일지라도, 경영 의사결정은 다중회귀분석의 검정에만 의존하지는 않는다. 비샘플링 오차가 잘못된 결론을 유인할 수 있다. 심각한 다중공선성이 존재한다면 추정된 기울기 계수들을 해석할 때 주의해야 한다. 그리고 항상 통계적 유의성과 함께 실제적 유의성이 고려되어야 하는데, 특히 가설 검정이 매우 큰 표본으로 이루어질 때는 더하다. 이 경우에 p-값이 극단적으로 작을 수 있기 때문이다. 다중회귀분석이 적절하게 실시되었다면, 다중회귀분석에서의 가설 검정에 따른 증거를 다른 출처로부터 수집한 정보와 결합시킴으로써 최대한의 정보에 근거한 의사결정이 가능하게 된다.

요약

이 장에서는 14장에서 설명한 단순선형회귀분석의 확장으로서 다중회귀분석을 살펴보았다. 다중회귀분석은 종속변수가 두 개 이상의 독립변수에 어떻게 관련되는지를 설명해 준다. 다중회귀식 $E(y) = \beta_0+\beta_1x_1+\beta_2x_2+\cdots+\beta_px_p$는 종속변수 y의 기댓값 또는 평균값이 독립변수 $x_1, x_2, \cdots, x_p$에 관련되어 있다는 것을 보여준다. 표본 자료에 최소제곱법을 적용하여 회귀식 $\hat{y} = b_0+b_1x_1+b_2x_2+\cdots+b_px_p$를 추정하였다. 실제로 $b_0, b_1, b_2, \cdots, b_p$는 미지의 모수 $\beta_0, \beta_1, \beta_2, \cdots, \beta_p$를 추정하는 표본 통계량이다. 다중회귀분석에는 많은 계산이 필요한데, 현실적으로는 컴퓨터 소프트웨어패키지를 사용하는 것이 유일한 대안이다. 이 장 전반에 걸쳐 엑셀의 출력결과를 이용하였다.

다중결정계수는 추정회귀식의 적합도에 대한 측도이다. 이는 종속변수 y의 변동 중에서 추정회귀식에 의해 설명되는 비율이라고 해석할 수 있다. 조정된 다중결정계수 역시 적합도에 대한 측도로서 독립변수의 수를 반영한 것이며, 이는 독립변수의 추가로 인하여 그 영향이 과대평가되는 것을 예방한다.

F-검정과 t-검정이 변수들 사이의 관계가 통계적으로 유의한지의 여부를 결정하는 방법으로써 제시되었다. F-검정은 모든 독립변수를 포함한 집합과 종속변수 사이의 관계가 총체적으로 유의한지를 결정하는 데 이용된다. t-검정은 회귀모형 내 개별 독립변수가, 다른 독립변수들이 주어졌을 때, 종속변수와 유의한 관계가 있는지를 결정하는 데 이용된다. 다중공선성으로 알려진 독립변수들 사이의 상관관계도 논의하였다.

범주형 독립변수에 대한 절에서는 더미변수들을 이용하여 범주형 자료를 다중회귀분석에 포함시키는 방법을 설명하였다. 잔차분석을 가지고 회귀모형의 가정을 검증하고 특이점(outliers)을 구별해 내는 것을 보였다. 마지막으로, 다중회귀분석의 적용과 해석에 대한 빅데이터의 영향을 논의하였다.

용어

다중결정계수(Multiple coefficient of determination) 추정 다중회귀식의 적합도에 관한 측도이다. 종속변수의 변동성 중 추정 다중회귀식에 의해 설명될 수 있는 비율이라고 해석할 수 있다.

다중공선성(Multicollinearity) 독립변수들 상호 간의 상관관계를 표현하기 위한 용어이다.

다중회귀모형(Multiple regression model) 종속변수 y가 독립변수들 $x_1, x_2, \cdots, x_p$ 및 오차항 ε에 어떻게 관련되는지를 보여주는 수학적 방정식이다.

다중회귀분석(Multiple regression analysis) 두 개 이상의 독립변수를 포함하는 회귀분석이다.

다중회귀식(Multiple regression equation) 종속변수의 기댓값 또는 평균값을 독립변수들의 값들에 관련시키는 수학적 방정식이다. 즉, $E(y) = \beta_0+\beta_1x_1+\beta_2x_2+\cdots+\beta_px_p$이다.

더미변수(Dummy variable) 범주형 독립변수의 영향을 모형화하는 데 사용되는 변수이다. 더미변수는 오직 0 또는 1로 표시될 수 있다.

범주형 독립변수(Categorical independent variable) 범주형 자료를 갖는 독립변수이다.

조정된 다중결정계수(Adjusted multiple coefficient of determination) 모형 내 독립변수의 수를 반영하여 추정 다중회귀식의 적합도를 측정하는 측도이고, 이는 독립변수의 추가에 따라 그 영향의 과대평가를 예방하게 한다.

최소제곱법(Least squares method) 회귀식을 추정하기 위하여 사용되는 방법이다. 잔차(종속변수의 관측값 y_i와 추정값 $\hat{y}_i$ 사이의 편차)들의 제곱합을 최소화하는 것이다.

추정 다중회귀식(Estimated multiple regression equation) 표본 자료에 최소제곱법을 적용하여 구한 다중회귀식의 추정값이다. 즉, $\hat{y} = b_0+b_1x_1+b_2x_2+\cdots+b_px_p$이다.

주요 식

다중회귀모형

$$y = \beta_0 + \beta_1 x_1 + \beta_2 x_2 + \cdots + \beta_p x_p + \varepsilon \quad \text{15-1}$$

다중회귀식

$$E(y) = \beta_0 + \beta_1 x_1 + \beta_2 x_2 + \cdots + \beta_p x_p \quad \text{15-2}$$

추정 다중회귀식

$$\hat{y} = b_0 + b_1 x_1 + b_2 x_2 + \cdots + b_p x_p \quad \text{15-3}$$

최소제곱 기준

$$\min \sum (y_i - \hat{y}_i)^2 \quad \text{15-4}$$

SST, SSR, SSE 사이의 관계

$$\text{SST} = \text{SSR} + \text{SSE} \quad \text{15-7}$$

다중결정계수

$$R^2 = \frac{\text{SSR}}{\text{SST}} \quad \text{15-8}$$

조정된 다중결정계수

$$R_a^2 = 1 - (1 - R^2)\frac{n-1}{n-p-1} \quad \text{15-9}$$

평균제곱회귀

$$\text{MSR} = \frac{\text{SSR}}{p} \quad \text{15-12}$$

평균제곱오차

$$\text{MSE} = \frac{\text{SSE}}{n-p-1} \quad \text{15-13}$$

***F*-검정 통계량**

$$F = \frac{\text{MSR}}{\text{MSE}} \quad \text{15-14}$$

***t*-검정 통계량**

$$t = \frac{b_i}{s_{b_i}} \quad \text{15-15}$$

보충 연습문제

44. Clearwater College의 입학담당자는 학생들의 대학에서의 최종 평점 GPA를 SAT 수학점수 및 고등학교 평점 GPA에 관련시키는 회귀식을 다음과 같이 추정하였다.

$$\hat{y} = -1.41 + .0235x_1 + .00486x_2$$

여기서, x_1 = 고등학교 평점
x_2 = SAT 수학점수
y = 대학 최종 평점

a. 추정회귀식의 계수들을 해석하라.

b. 고등학교 평점이 84점이고 SAT 수학점수가 540점인 어느 학생의 대학 최종 평점을 예측하라.

45. Electronics Associates의 인사담당자가 직원들의 직무만족도 검사의 점수를 경력 및 임금수준에 관련시키는 회귀식을 다음과 같이 추정하였다.

$$\hat{y} = 14.4 - 8.69x_1 + 13.5x_2$$

여기서, x_1 = 경력(단위: 년)
x_2 = 임금수준(단위: 달러/시간)
y = 직무만족도 검사 점수(점수가 높을수록 직무만족도가 높다)

a. 추정회귀식의 계수들을 해석하라.

b. 경력이 4년이고 시간당 6.50달러의 임금을 받는 어느 직원의 직무만족도 검사 점수를 예측하라.

46. 다음은 엑셀의 회귀분석 도구를 사용하여 실시한 회귀분석 결과 중 일부를 출력한 것이다.

	A	B	C	D	E	F
1	SUMMARY OUTPUT					
2						
3	*Regression Statistics*					
4	Multiple R					
5	R Square	0.923				
6	Adjusted R Square					
7	Standard Error	3.35				
8	Observations					
9						
10	ANOVA					
11		*df*	*SS*	*MS*	*F*	*Significance F*
12	Regression		1612			
13	Residual	12				
14	Total					
15						
16		*Coefficients*	*Standard Error*	*t Stat*	*P-value*	
17	Intercept	8.103	2.667			
18	X1	7.602	2.105			
19	X2	3.111	0.613			
20						

a. 이 출력에서 누락된 부분을 계산하라.

b. α = .05에서 총체적 유의성을 검정하라.

c. $\alpha = .05$에서 t-검정으로 H_0: $\beta_1 = 0$ 및 H_0: $\beta_2 = 0$을 검정하라.

47. 연습문제 44에서, Clearwater College의 입학담당자는 학생들의 대학에서의 최종 평점을 SAT 수학점수 및 고등학교 평점과 관련시키는 회귀식을 다음과 같이 추정하였다.

$$\hat{y} = -1.41 + .0235x_1 + .00486x_2$$

여기서, x_1 = 고등학교 평점
x_2 = SAT 수학점수
y = 대학 최종 평점

다음은 엑셀의 회귀분석 도구 출력의 일부이다.

	A	B	C	D	E	F
1	SUMMARY OUTPUT					
2						
3	*Regression Statistics*					
4	Multiple R					
5	R Square					
6	Adjusted R Square					
7	Standard Error					
8	Observations					
9						
10	ANOVA					
11		*df*	*SS*	*MS*	*F*	*Significance F*
12	Regression		1.76209			
13	Residual					
14	Total	9	1.88			
15						
16		*Coefficients*	*Standard Error*	*t Stat*	*P-value*	
17	Intercept	-1.4053	0.4848			
18	X1	0.023467	0.0086666			
19	X2	0.00486	0.001077			

a. 이 출력에서 누락된 부분을 계산하라.

b. $\alpha = .05$에서 총체적 유의성을 검정하라.

c. 추정회귀식은 자료에 대하여 좋은 적합도를 보이는가? 이에 대해 설명하라.

d. $\alpha = .05$에서 t-검정으로 H_0: $\beta_1 = 0$ 및 H_0: $\beta_2 = 0$을 검정하라.

48. 연습문제 45에서, Electronics Associates의 인사담당자는 직원들의 직무만족도 검사에서의 점수를 경력과 임금수준에 관련시키는 회귀식을 다음과 같이 추정하였다.

$$\hat{y} = 14.4 - 8.69x_1 + 13.5x_2$$

여기서, x_1 = 경력(단위: 년)
x_2 = 임금수준(단위: 달러/시간)
y = 직무만족도 검사 점수(점수가 높을수록 직무만족도가 높다)

다음은 엑셀의 회귀분석 도구 출력의 일부이다.

	A	B	C	D	E	F
1	SUMMARY OUTPUT					
2						
3	*Regression Statistics*					
4	Multiple R					
5	R Square					
6	Adjusted R Square					
7	Standard Error	3.773				
8	Observations					
9						
10	ANOVA					
11		*df*	*SS*	*MS*	*F*	*Significance F*
12	Regression					
13	Residual		77.17			
14	Total		720			
15						
16		*Coefficients*	*Standard Error*	*t Stat*	*P-value*	
17	Intercept	14.4	8.191			
18	X1	-8.69	1.555			
19	X2	13.517	2.085			

a. 이 출력에서 누락된 부분을 계산하라.

b. $\alpha = .05$에서 총체적 유의성을 검정하라.

c. 추정회귀식은 자료에 대하여 좋은 적합도를 보이는가? 이에 대해 설명하라.

d. $\alpha = .05$에서 t-검정으로 H_0: $\beta_1 = 0$ 및 H_0: $\beta_2 = 0$을 검정하라.

49. [DATA file FortuneBest] *Fortune* 잡지는 매년 일하기 좋은 100대 기업을 공개한다. 데이터 파일 FortuneBest의 자료는 2012년도 100대 기업 중에서 무작위로 선정된 30개 표본 기업에 관한 것이다[출처]. 순위이라는 이름의 열은 100대 기업 목록에 있는 기업들의 순위를 나타낸다. 규모라는 이름의 열은 기업을 소기업, 중견기업, 대기업으로 분류한 것이다. 정규직 연봉(단위: \$1000)이라는 이름의 열은 정규직 직원의 평균 연봉을 1000달러에서 반올림한 것이다. 그리고 비정규직 연봉(단위: \$1000)이라는 이름의 열은 비정규직 직원의 평균 연봉을 1000달러에서 반올림한 것이다. Fortune은 직원 수가 10,000명 이상이면 대기업, 2500명 이상에서 10,000명 미만이면 중견기업, 그리고 2500명 미만이면 소기업으로 정의하고 있다.

순위	기업	규모	정규직 연봉	비정규직 연봉
4	Wegmans Food Markets	대기업	56	29
6	NetApp	중견기업	143	76
7	Camden Property Trust	소기업	71	37
8	Recreational Equipment(REI)	대기업	103	28
10	Quicken Loans	중견기업	78	54
11	Zappos.com	중견기업	48	25
12	Mercedes-Benz USA	소기업	118	50
20	USAA	대기업	96	47
22	The Container Store	중견기업	71	45

순위	기업	규모	정규직 연봉	비정규직 연봉
25	Ultimate Software	소기업	166	56
37	Plante Moran	소기업	73	45
42	Baptist Health South Florida	대기업	126	80
50	World Wide Technology	소기업	129	31
53	Methodist Hospital	대기업	100	83
58	Perkins Coie	소기업	109	63
60	American Express	대기업	114	35
64	TDIndustries	소기업	93	47
66	QuikTrip	대기업	69	44
72	EOG Resources	소기업	189	81
75	FactSet Research Systems	소기업	103	51
80	Stryker	대기업	71	43
81	SRC	소기업	84	33
84	Booz Allen Hamilton	대기업	105	77
91	CarMax	대기업	57	34
93	GoDaddy.com	중견기업	105	71
94	KPMG	대기업	79	59
95	Navy Federal Credit Union	중견기업	77	39
97	Schweitzer Engineering Labs	소기업	99	28
99	Darden Restaurants	대기업	57	24
100	Intercontinental Hotels Group	대기업	63	26

a. 이 자료를 이용하여 비정규직 직원의 평균 연봉이 주어졌을 때 정규직 직원의 평균 연봉을 예측할 수 있는 회귀식을 추정하라.

b. $\alpha = .05$에서 총체적 유의성을 검정하라.

c. 세 개 수준의 범주형 변수인 기업 규모의 영향을 구체화하기 위하여 두 개의 더미변수, 즉 중견규모 및 소규모라는 변수를 사용하자. 만약 기업이 중견기업이면 중견규모의 값은 1이고, 그렇지 않으면 중견규모의 값은 0이다. 그리고 만약 기업이 소기업이면 소규모의 값은 1이고, 그렇지 않으면 소규모의 값은 0이다. 비정규직 직원의 평균 연봉과 기업의 규모가 주어졌을 때 정규직 직원의 평균 연봉을 예측할 수 있는 회귀식을 추정하라.

d. c에서 추정한 회귀식에 대하여 t-검정을 통해 독립변수들의 유의성을 검정하라. $\alpha = .05$를 이용하라.

e. d의 결과에 근거하여 비정규직 직원의 평균 연봉과 기업의 규모가 주어졌을 때 정규직 직원의 평균 연봉을 예측할 수 있는 회귀식을 추정하라.

50. [DATA file 2012FuelEcon] 미국의 에너지부와 환경보호국은 자동차와 트럭의 연비에 관한 자료를 제공하고 있다. 데이터 파일 2012FuelEcon의 자료는 309대의 자동차에 관한 것이다. Manufacturer 열은 자동차를 생산한 업체명이다. Displacement 열은 엔진의 배기량(단위: 리터)이고, Fuel 열은 필요하거나 권장되는 연료의 유형(일반 휘발유 또는 고급 휘발유)을 나타낸다. Drive 열은 구동방식(전륜 구동방식은 F, 후륜 구동방식은 R, 4륜 구동방식은 A)을 식별한 것이고, Hwy MPG 열은 고속도로 주행에서의 연비로서 갤런당 마일 단위이다.

a. 엔진의 배기량이 주어졌을 때 고속도로 주행에서의 연비를 예측할 수 있는 회귀식을 추정하라. $\alpha = .05$에서 유의성을 검정하라.

b. 연료유형이라는 더미변수를 추가로 고려하자. 권장되는 연료의 유형이 고급 휘발유이면 연료유형의 값은 1이고, 일반 휘발유이면 연료유형의 값은 0이다. 엔진의 배기량과 더미변수인 연료유형이 주어졌을 때 고속도로 연비를 예측할 수 있는 회귀식을 추정하라.

c. b에서 추가된 더미변수가 유의적인지를 $\alpha = .05$에서 결정하라.

d. 더미변수로서 전륜구동 및 후륜구동의 추가를 고려하자. 만약 자동차가 전륜 구동방식이면 전륜구동의 값은 1이고, 그렇지 않으면 전륜구동의 값은 0이다. 그리고 만약 자동차가 후륜 구동방식이면 후륜구동의 값은 1이고, 그렇지 않으면 후륜구동의 값은 0이다. 따라서 4륜 구동방식의 자동차의 경우 전륜구동의 값과 후륜구동의 값이 모두 0이 된다. 엔진의 배기량과 연료유형 더미변수, 그리고 전륜구동 및 후륜구동 더미변수가 주어졌을 때 고속도로 주행에서의 연비를 예측할 수 있는 회귀식을 추정하라.

e. d에서 추정한 회귀식에 대하여 총체적 유의성과 개별적 유의성을 $\alpha = .05$에서 검정하라.

51. 자동차 타이어와 휠을 판매하는 온라인 유통업체 Tire Rack은 고객에게 각자의 차량, 운전 스타일, 운전 여건에 가장 적합한 제품을 제공하기 위해 광범위한 검사를 실시하고 있다. 뿐만 아니라 Tire Rack은 운전자들로 하여금 오래된 타이어에 관한 경험을 공유하게 하여 서로를 도울 수 있도록 하는 소비자 조사를 자체적으로 실시하고 있다[출처]. 다음의 자료는 17개의 사계절용 고성능 타이어를 대상으로 실시한 소비자 조사에 따른 평가 점수이다(1점부터 10점까지의 척도이고 최고 점수는 10점이다). 마모율 변수는 운전자

가 예상하는 마모의 빠르기를 평가한 것이고, 건조 견인력이라는 변수는 마른 도로에서 타이어의 제동력을 측정한 것이며, 조종이라는 변수는 타이어의 방향전환에 대한 반응성을 측정한 것이고, 재구매의사라는 변수는 운전자가 동일한 타이어를 다시 구매할 의향이 있는지를 평가한 것이다.

타이어	마모율	건조 견인력	조종	재구매 의사
Sumitomo HTR A/S P02	8.6	9.0	8.5	8.0
Goodyear Eagle Sport All-Season	8.5	9.3	8.8	7.5
Michelin Pilot Sport A/S 3	7.3	9.2	8.9	7.2
Kumho Ecsta PA31	7.2	8.4	7.9	6.4
Firestone Firehawk Wide Oval AS	7.4	7.6	7.1	5.8
BFGoodrich g-Force Super Sport A/S	7.1	8.7	8.3	6.5
Yokohama AVID ENVigor	6.4	8.7	8.4	5.8
Goodyear Eagle RS-A2	6.6	8.4	7.9	5.4
Hankook Ventus V2 concept2	7.1	8.0	7.9	5.2
Firestone Firehawk GT	6.1	8.2	7.9	4.4
Firestone FR740	5.1	7.8	7.5	3.2
Dunlop SP Sport 7000 A/S	5.0	7.6	7.0	3.0
Goodyear Eagle RS-A	5.6	7.4	7.0	3.6
Bridgestone Potenza RE92A	5.7	7.1	6.5	2.6
Yokohama ADVAN A83A	4.4	8.0	7.6	1.0
Bridgestone Potenza RE92	5.4	6.9	6.3	2.5
Firestone Firehawk GTA-03	3.8	7.9	6.9	2.0

a. 마모율이 주어졌을 때 재구매의사를 예측할 수 있는 단순선형회귀식을 추정하라. 유의수준 .01에서 이들의 관계에 대한 유의성을 검정하라. 추정회귀식은 자료 적합도가 좋은가? 이에 대해 설명하라.

b. 마모율과 건조 견인력이 주어졌을 때 재구매의사를 예측할 수 있는 다중회귀식을 추정하라. 건조 견인력이라는 독립변수의 추가가 $\alpha = .01$에서 유의적인가? 이에 대해 설명하라.

c. 마모율, 건조 견인력, 조종이 주어졌을 때 재구매의사를 예측할 수 있는 다중회귀식을 추정하라. 조종이라는 독립변수의 추가가 $\alpha = .01$에서 유의적인가? 이에 대해 설명하라.

52. [DATA file NBAStats] 전미 농구연맹(National Basketball Association: NBA)은 각 팀에 대한 여러 가지 통계를 기록하고 있다. 이 통계 중 6개는 승률(Win%), 필드골 성공률(FG%), 3점골 성공률(3P%), 자유투 성공률(FT%), 경기당 공격 리바운드의 평균 수(RBOff), 경기당 수비 리바운드의 평균 수(RBDef)이다. 데이터 파일 NBAStats에 포함된 이들 통계는 한 시즌 동안 NBA의 30개 팀들에 관한 것이다. 자료의 일부는 다음과 같다.

팀	Win%	FG%	3P%	FT%	RBOff	RBDef
Atlanta	60.6	45.4	37.0	74.0	9.9	31.3
Boston	59.1	46.0	36.7	77.8	7.7	31.1
⋮	⋮	⋮	⋮	⋮	⋮	⋮
Toronto	34.8	44.0	34.0	77.0	10.6	31.4
Utah	54.5	45.6	32.3	75.4	13.0	31.1
Washington	30.3	44.1	32.0	72.7	11.7	29.9

a. 필드골 성공률이 주어졌을 때 승률을 예측할 수 있는 회귀식을 추정하라. 유의수준 .05에서 유의적인 관계인지를 검정하라.

b. a에서 추정한 회귀식의 기울기에 대하여 해석하라.

c. 필드골 성공률, 3점골 성공률, 자유투 성공률, 경기당 공격 리바운드의 평균 수, 그리고 경기당 수비 리바운드의 평균 수가 주어졌을 때 승률을 예측할 수 있는 회귀식을 추정하라.

d. c에서 추정한 회귀식에 대하여 유의수준 .05에서 유의하지 않은 독립변수들을 제거한 후, 남은 독립변수들을 사용하여 새로운 회귀식을 추정하라.

e. d에서 추정한 회귀식을 2012-2013 시즌에 적용할 수 있다고 가정하자. 필드골 성공률이 45%, 3점골 성공률은 35%, 경기당 공격 리바운드의 평균 수가 12개, 그리고 경기당 수비 리바운드의 평균 수는 30개인 어느 팀의 승률을 예측하라.

사례문제 1. 컨슈머 리서치

[DATA file Consumer] 컨슈머 리서치(Consumer Research, Inc.)는 기업들을 대신하여 소비자의 태도와 행동에 대한 조사를 실시하는 독립 대행사이다. 한 고객사가 신용카드 사용자의 결제액을 예측하는 데 이용할 수 있는 소비자 특성에 관한 조사를 의뢰하였다. 컨슈머 리서치는 50명의 소비자 표본으로부터 연간 소득, 가구원 수, 그리고 연간 신용카드 결제액의 자료를 수집하였다. 데이터 파일은 Consumer이다.

경영 보고서

1. 기술 통계량과 산점도를 이용하여 자료를 요약하라. 이 결과에 대해 해석하라.
2. 먼저 연간 소득을 독립변수로 하는 회귀식을 추정하고, 가구원 수를 독립변수로 하는 회귀식을 추정하라. 어떤 변수

소득 ($1000)	가구원 수	결제액 ($)	소득 ($1000)	가구원 수	결제액 ($)	소득 ($1000)	가구원 수	결제액 ($)	소득 ($1000)	가구원 수	결제액 ($)
54	3	4016	33	2	2514	30	1	2583	35	1	3121
30	2	3159	65	3	4214	48	2	3866	39	4	4183
32	4	5100	63	4	4965	34	5	3586	54	3	3730
50	5	4742	42	6	4412	67	4	5037	23	6	4127
31	2	1864	21	2	2448	50	2	3605	27	2	2921
55	2	4070	44	1	2995	67	5	5345	26	7	4603
37	1	2731	37	5	4171	55	6	5370	61	2	4273
40	2	3348	62	6	5678	52	2	3890	30	2	3067
66	4	4764	21	3	3623	62	3	4705	22	4	3074
51	3	4110	55	7	5301	64	2	4157	46	5	4820
25	3	4208	42	2	3020	22	3	3579	66	4	5149
48	4	4219	41	7	4828	29	4	3890			
27	1	2477	54	6	5573	39	2	2972			

가 연간 신용카드 결제액을 예측하는 데 더 좋은 예측변수인가? 결과에 대하여 논의하라.

3. 연간 소득과 가구원 수를 모두 독립변수로 하는 회귀식을 추정하라. 결과에 대하여 논의하라.
4. 연간 소득이 40,000달러이면서 가구원 수가 3명인 경우 예측되는 연간 신용카드 결제액은 얼마인가?
5. 이 모형에 추가할 필요가 있는 다른 독립변수들은 무엇이 있는가? 추가될 경우 유용할 것으로 보이는 변수들은 무엇인가?

사례문제 2. 미국 NASCAR 자동차경주 드라이버의 상금 예측

[DATA file NASCAR] Matt Kenseth는 2012년 NASCAR 시즌에서 가장 중요한 자동차경주인 Daytona 500에서 우승하였다. 그는 2011시즌에도 포인트가 2330점으로 Tony Stewart(2403점), Carl Edwards(2403점), Kevin Harvick(2345점) 다음인 4위를 하였다. 그는 2011년 시즌에 폴스(Poles)(예선에서 가장 빠른 드라이버) 3회, 우승 3회, 상위 5위 이내 입상 12회, 그리고 상위 10위 이내 입상 20회를 하였으며 총상금 6,183,580달러를 받았다. 2011년 시즌에 NASCAR의 포인트 시스템은 자동차경주를 1위로 마친 드라이버에게 43점을 배분하였고, 2위로 마친 드라이버에게 42점을 배분하였으며, 이와 같은 방식으로 1점씩 낮추면서 43위로 마친 드라이버에게는 1점을 배분하였다. 이 점수에 추가하여, 한 바퀴(lap)를 1위로 통과한 드라이버는 보너스 포인트 1점을 받았고, 가장 빨리 바퀴를 마친 드라이버는 보너스 포인트를 추가로 받았으며, 경주에서 우승한 드라이버는 보너스 포인트 3점을 더 받았다. 그렇지만 드라이버가 한 자동차경주에서 획득할 수 있는 최대 점수는 48점이었다. 〈표 15-7〉은 2011시즌 상위 35명의 드라이버에 대한 자료이다[출처].

경영 보고서

1. 당신이 폴스 횟수(Poles), 우승 횟수(Wins), 상위 5위 이내 입상 횟수(Top 5), 또는 상위 10위 이내 입상 횟수를 각각 이용하여 상금을 예측하고자 한다고 가정하자. 이들 네 개의 변수들 중 상금을 예측하는 데 가장 좋은 예측변수는 무엇인가?
2. 폴스 횟수, 우승 횟수, 상위 5위 이내 입상 횟수, 그리고 상위 10위 이내 입상 횟수가 주어졌을 때 상금을 예측하는 회귀식을 추정하라. 각각의 개별적 유의성을 검정하고 당신의 결과와 결론에 대하여 논의하라.
3. 상위 2-5와 상위 6-10이라는 두 개의 독립변수를 추가하기로 하였다. 상위 2-5는 드라이버가 상위 2위에서 5위로 입상한 횟수를 나타내고, 상위 6-10은 드라이버가 상위 6위에서 10위로 입상한 횟수를 나타낸다. 폴스 횟수, 우승 횟수, 상위 2-5, 그리고 상위 6-10을 이용하여 상금(단위: 달러)을 예측하는 회귀식을 추정하라. 개별적 유의성을 각각 검정하고 당신의 결과와 결론에 대하여 논의하라.
4. 당신의 분석 결과를 근거하여, 상금(단위: 달러)을 예측하는 데 어떤 추정회귀식을 추천하겠는가? 이 식의 회귀계수들에 대하여 해석하라.

〈표 15-8〉 2011년 시즌 NASCAR 결과

드라이버	점수	폴스 횟수	우승 횟수	상위 5위 내 입상 횟수	상위 10위 내 입상 횟수	상금 (단위: 달러)
Tony Stewart	2403	1	5	9	19	6,529,870
Carl Edwards	2403	3	1	19	26	8,485,990
Kevin Harvick	2345	0	4	9	19	6,197,140
Matt Kenseth	2330	3	3	12	20	6,183,580
Brad Keselowski	2319	1	3	10	14	5,087,740
Jimmie Johnson	2304	0	2	14	21	6,296,360
Dale Earnhardt Jr.	2290	1	0	4	12	4,163,690
Jeff Gordon	2287	1	3	13	18	5,912,830
Denny Hamlin	2284	0	1	5	14	5,401,190
Ryan Newman	2284	3	1	9	17	5,303,020
Kurt Busch	2262	3	2	8	16	5,936,470
Kyle Busch	2246	1	4	14	18	6,161,020
Clint Bowyer	1047	0	1	4	16	5,633,950
Kasey Kahne	1041	2	1	8	15	4,775,160
A. J. Allmendinger	1013	0	0	1	10	4,825,560
Greg Biffle	997	3	0	3	10	4,318,050
Paul Menard	947	0	1	4	8	3,853,690
Martin Truex Jr.	937	1	0	3	12	3,955,560
Marcos Ambrose	936	0	1	5	12	4,750,390
Jeff Burton	935	0	0	2	5	3,807,780
Juan Montoya	932	2	0	2	8	5,020,780
Mark Martin	930	2	0	2	10	3,830,910
David Ragan	906	2	1	4	8	4,203,660
Joey Logano	902	2	0	4	6	3,856,010
Brian Vickers	846	0	0	3	7	4,301,880
Regan Smith	820	0	1	2	5	4,579,860
Jamie McMurray	795	1	0	2	4	4,794,770
David Reutimann	757	1	0	1	3	4,374,770
Bobby Labonte	870	0	0	1	2	4,505,650
David Gilliland	572	0	0	1	2	3,878,390
Casey Mears	541	0	0	0	0	2,838,320
Dave Blaney	508	0	0	1	1	3,229,210
Andy Lally	398	0	0	0	0	2,868,220
Robby Gordon	268	0	0	0	0	2,271,890
J. J. Yeley	192	0	0	0	0	2,559,500

사례문제 3. 최고의 자동차 가치 탐색

[DATA file CarValues] 어떤 차를 구매할 때, 자동차의 실제 가치는 당신이 초기에 지출한 구매가격에 의해 결정되는 것은 아니다. 신뢰성이 높고 유지비가 저렴한 자동차가 종종 최고로 꼽힌다. 하지만 자동차가 얼마나 신뢰성이 있고 유지비가 얼마나 저렴한지에 관계없이 일단 자동차는 작동이 잘되어야 한다.

*Consumer Reports*는 자동차의 가치를 측정하기 위하여 가치 점수라고 불리는 통계량을 개발하였다. 가치 점수는 5년간의 소유비용, 도로시험점수, 예측신뢰성 평가 점수를 기반으로 한다. 5년 소유비용은 감가상각, 연료, 수리 및 유지보수 등을 포함하여 첫 5년간 발생한 비용을 기반으로 한다. 전국적으로 연간 평균 운행거리 12,000마일을 가지고 산출된 마일당 평균 비용을 5년 소유비용의 측도로 사용한다. 도로시험점수는 50회 이상의 테스트 및 평가 결과를 100점 만점으로 산출한 것이며, 점수가 높을수록 성능, 쾌적성, 편리성, 연비가 더 좋다는 것을 의미한다. *Consumer Reports*의 테스트에서 최고의 도로시험점수는 Lexus LS 460L의 99점이었다. 예측신뢰성 평가 점수는 *Consumer Reports*의 연간 자동차 설문조사 보고서(Consumer Report's Annual Auto Survey)의 자료를 근거로 하여, 1은 나쁨, 2는 적절, 3은 좋음, 4는 매우 좋음, 그리고 5는 우수함을 나타낸다.

가치 점수가 1.0인 자동차는 평균적 가치를 지닌 차로 간주된다. 가치 점수가 2.0인 차는 가치 점수가 1.0인 자동차보다 두 배의 가치를 지닌 좋은 차라는 의미이며, 가치 점수가 .5인 자동차는 평균의 반만큼 가치를 지닌 자동차로 간주된다. 데이터 파일 CarValues에는 각 차량의 가격(단위: 달러)과 자동차 크기(소형차 13대, 중형차 20대, 대형차 21대) 자료가 있다[출처]. 세 개의 값(소형차, 중형차, 대형차)을 갖는 범주형 변수인 자동차 크기의 영향을 포함시키기 위하여 다음과 같은 더미변수를 사용한다.

$$\text{중형세단} = \begin{cases} 1, \text{ 자동차가 중형차인 경우} \\ 0, \text{ 그렇지 않은 경우} \end{cases}$$

$$\text{대형세단} = \begin{cases} 1, \text{ 자동차가 대형차인 경우} \\ 0, \text{ 그렇지 않은 경우} \end{cases}$$

경영 보고서

1. 비용/마일을 종속변수로 삼고, 중형세단과 대형세단을 독립변수들로 하는 회귀식을 추정하라. 당신의 결과에 대하여 논의하라.
2. 가치 점수를 종속변수로 삼고, 비용/마일, 도로시험점수, 예측신뢰성, 중형세단, 그리고 대형세단을 독립변수들로 하는 회귀식을 추정하라.
3. 2번 문제에서 추정한 회귀식에 대하여 유의수준 .05에서 유의하지 않은 독립변수들을 제거한 후, 새로운 회귀식을 추정하라.
4. 누군가가 "자동차는 소형일수록 가치가 높다"라고 주장한다고 하자. 이 사례의 자료에서 소형세단은 소형 자동차를 나타내고 대형세단은 대형 자동차를 나타낸다. 당신의 분석은 이 주장을 지지하는가?
5. 회귀분석을 이용하여 도로시험점수가 주어졌을 때 가치 점수를 예측하는 회귀식을 추정하라.
6. 회귀분석을 이용하여 예측신뢰성이 주어질 때 가치 점수를 예측할 수 있는 회귀식을 추정하라.
7. 당신은 이 분석들로부터 어떤 결론을 도출할 수 있는가?

회귀분석의 모형 구축 16

REGRESSION ANALYSIS: MODEL BUILDING

STATISTICS *in* PRACTICE

몬산토*

ST. LOUIS, MISSOURi

몬산토(Monsanto Company)는 어떤 한 기업가가 \$500을 가지고 미시시피강 언저리에 있는 창고에서 시작한 회사이다. 거기서 1901년 John F. Queeney가 사카린 제조를 시작하였는데, 오늘날, 몬산토는 거대규모의 화학회사가 되었다. 몬산토는 산업용 화학물질에서부터 운동구장의 표면을 처리하는 합성물까지 천여 가지의 제품을 생산하고 있다. 몬산토는 전 세계 65개 국가에 판매망과 기술센터, 제조설비, 실험실을 갖추고 있다.

몬산토의 영양물질 사업부는 메티오닌(단백질합성에 필요한 필수 아미노산) 첨가물을 만들어서 가금류(닭)와 돼지, 소의 사료제조에 공급 하고 있다. 닭 사육은 그 규모가 큰 데 비하여 이익이 낮기 때문에 영양분을 최대로하는 비용-효과적인 사료가 절실하다. 사료를 최적으로 구성하면 빠르게 성장하여 사료 투입에 비하여 체중이 최대가 된다. 그래서 화학회사는 양계 사업자들과 긴밀히 협력하여 최적의 사료를 만들에 왔다. 궁극적으로는, 돼지나 다른 육류 제품에 비해서 양계 사료비용이 최소가 되도록 하는 것이 성공의 열쇠이다.

* 이 사례는 몬산토 Nutrition Chemical 부서의 선임연구원인 James R. Ryland과 Robert M. Schisla의 도움을 받아 소개한 내용임을 밝힌다.

몬산토의 연구자들은 회귀분석을 사용하여 최적의 양계용 사료를 개발하였다.

몬산토는 회귀분석을 사용해 체중 y와 사료에 첨가하는 메티오닌의 양 x와의 관계를 모형화 하였다. 처음에는 아래와 같이 단순선형 추정회귀식을 구축하였다.

$$\hat{y} = .21 + .42x$$

이 추정회귀식은 통계적으로는 유의하였지만, 잔차분석 결과 메티오닌과 체중의 관계 모형에는 곡선(curvilinear)이 더 나아 보였다.

STATISTICS *in* PRACTICE

몬산토가 더 조사해 본 결과 메티오닌의 양이 작을 때는 체중을 증가시켰지만, 어떤 점에서부터 체중이 증가하지 않고 메티오닌을 더 늘려도 효과가 적거나 없었다. 실제로, 메티오닌 양이 필요 영양분을 초과하면 오히려 체중이 감소하는 경향이 있었다. 그래서 아래의 추정회귀식을 사용하여 메티오닌과 체중의 곡선관계를 모형화하였다.

$$\hat{y} = -1.89 + 1.32x - .506x^2$$

이 회귀 결과를 사용하여 몬산토는 닭사료에 첨가되는 메티오닌의 최적량을 정할 수 있었다.

16장은 몬산토에서의 사례와 같이 곡선 모형을 어떻게 구축하는지를 설명하면서 회귀분석의 논의를 더 확장한다. 나아가서 최선(최량)의 추정회귀식에 포함되는 독립변수를 선택하는 여러 가지 방법을 설명한다.

모형 구축은 한 개의 종속변수와 한 개 또는 여러 개의 독립변수와의 관계를 나타내는 회귀식을 추정하는 과정을 말한다. 모형 구축 과정의 가장 주된 이슈는 모형에 포함될 독립변수를 선택하고 적합한 회귀함수의 형태를 찾는 것이다. 16.1절에서는 일반선형모형의 개념을 소개하면서 모형 구축의 프레임워크를 세운다. 16.2절은, 컴퓨터 기반의 보다 고급의 절차에 대한 기초가 되는 것인데, 언제 독립변수를 추가하고 언제 제거할 것인지를 정하는 일반적인 접근방법을 소개한다. 16.3절에서는 독립변수가 8개로서 제법 큰 회귀문제를 다루고, 16.4절에서는 변수 선택 절차로서 단계별 회귀, 전방선택 절차, 후방제거 절차, 그리고 최선의 부분집합 회귀를 설명한다. 16.5절에서는 중회귀식에서 더미(dummy) 변수를 실험설계 문제에 어떻게 사용할 수 있는지 공부하고, 16.6절에서는 자기상관관계를 위한 더빈-왓슨 검정을 설명한다.

16.1 일반선형모형

종속변수 y 한 개와 k개의 독립변수 $x_1, x_2, \cdots, x_k$로 된 자료를 수집하였다고 하자. 우리의 목적은 이 데이터를 사용하여 종속변수와 독립변수의 관계를 가장 잘나타내는 추정회귀식을 구축하는 것이다. 독립변수 간의 보다 복잡한 관계를 구축하는 하나의 일반적인 프레임워크로서, p개의 독립변수로 된 **일반선형모형**(general linear model)이라는 개념을 소개한다.

만일 어떤 회귀모형을 식 16-1과 같은 형태로 적을 수 있다면, 15장에서 설명한 표준 다중회귀 절차를 적용할 수 있다.

일반선형모형

$$y = \beta_0 + \beta_1 z_1 + \beta_2 z_2 + \cdots + \beta_p z_p + \varepsilon \quad \textbf{16-1}$$

식 16-1에서 독립변수 $z_j (j = 1, 2, \cdots, p)$는 독립변수 $x_1, x_2, \cdots, x_k$(수집한 데이터의 자료변수)의 함수이다. 어떤 경우는 z_j가 독립변수 x 한 개만의 함수일 수도 있다. 가장 심플한 케이스는 변수 한 개(x_j)만의 자료를 수집하여 직선관계를 사용해서 y를 추정하는 경우이다. 이 경우는 $z_1 = x_1$이고, 식 16-1은

$$y = \beta_0 + \beta_1 x_1 + \varepsilon \qquad \text{16-2}$$

가 된다. 식 16-2는 14장에서 공부한 단순선형 회귀모형이다. 14장의 독립변수 x 대신에 x_1으로 표기된 것뿐이다. 모형화에 관한 통계학 문헌에서는 이것을 예측변수 한 개로 된 **단순일차 모형**(simple first-order model)이라고 부른다.

곡선관계 모형화

DATA *file* Reynolds

식 16-1의 일반선형모형 식을 사용하면 보다 복잡한 관계를 모형화할 수 있다. 산업용 저울과 과학 실험실용 전자저울을 제조하는 기업 레이놀즈사(Reynolds, Inc.)가 당면한 문제를 생각해 보자. 레이놀즈사는 판매원들의 근무 개월 수(Months)와 전자저울 판매 개수(Sales)의 관계를 조사하려고 한다. 〈표 16-1〉은 무작위로 뽑은 판매원 15명의 최근의 판매 실적이다. 〈그림 16-1〉은 이것의 산점도이다. 산점도를 보면 근무 월수와 판매 개수의 관계가 곡선형(curvilinear)일 가능성이 많다. 곡선 관계를 구축하는 방법을 살펴보기에 앞서, 엑셀의 회귀분석 도구에서 구축한 단순 선형1차 모형을 먼저 보자. 〈그림 16-2〉에 보면, 추정회귀식은 다음과 같다.

$$\text{Sales} = 111.2279 + 2.3768 \text{ Months}$$

회귀분석 출력에는 판매 개수 예측값($\hat{y}$)에 대응한 표준화 잔차도도 그려준다. 엑셀의 출력을 보면 선형관계 회귀식은 판매 개수의 변동의 78.12%(R^2 = .7812)나 설명하고 있다. 표준화된 잔차도를 보면 곡선관계가 있다는 것을 제시하고 있다.

〈표 16-1〉 레이놀즈사 자료

근무 개월 수	판매 개수
41	275
106	296
76	317
104	376
22	162
12	150
85	367
111	308
40	189
51	235
9	83
12	112
6	67
56	325
19	189

〈그림 16-1〉 산점도(레이놀즈 예)

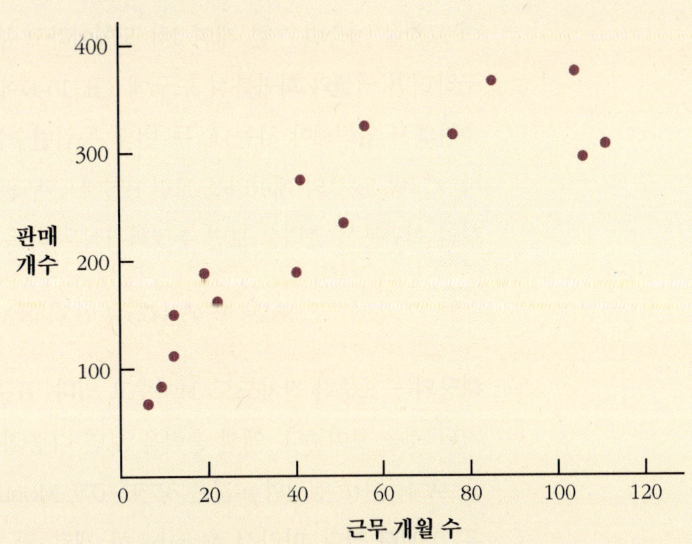

〈그림 16-2〉 회귀분석 출력 — 1차 모형(레이놀즈 예)

Months	Sales
41	275
106	296
76	317
104	376
22	162
12	150
85	367
111	308
40	189
51	235
9	83
12	112
6	67
56	325
19	189

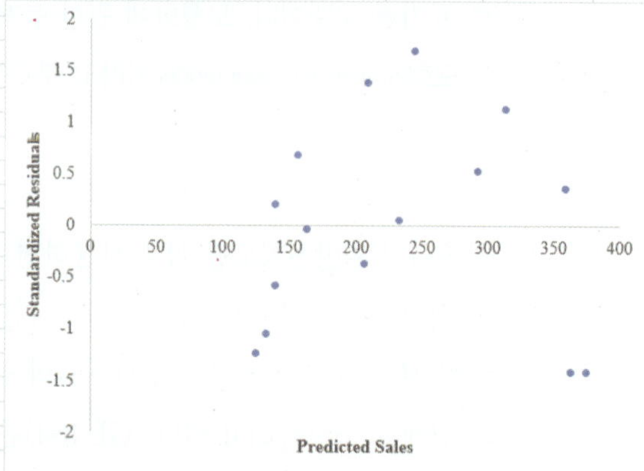

SUMMARY OUTPUT

Regression Statistics	
Multiple R	0.8838
R Square	0.7812
Adjusted R Square	0.7643
Standard Error	49.5158
Observations	15

ANOVA

	df	*SS*	*MS*	*F*	*Significance F*
Regression	1	113783.3447	113783.3447	46.4078	1.23906E-05
Residual	13	31873.5886	2451.8145		
Total	14	145656.9333			

	Coefficients	*tandard Erro*	*t Stat*	*P-value*	*Lower 95%*	*Upper 95%*	*Lower 95.0%*	*Upper 95.0%*
Intercept	111.2279	21.6280	5.1428	0.0002	64.5035	157.9524	64.5035	157.9524
Months	2.3768	0.3489	6.8123	1.2391E-05	1.6230	3.1305	1.6230	3.1305

곡선관계를 나타내기 위하여 식 16-1에 $z_1 = x_1$, $z_2 = x_1^2$을 대입하여 모형을 다음과 같이 세운다.

$$y = \beta_0 + \beta_1 x_1 + \beta_2 x_1^2 + \varepsilon \qquad \text{16-3}$$

이 모형을 예측변수 한 개의 2차 모형이라고 부른다. 이 2차 모형에 상응하는 추정회귀식을 구하려면 엑셀의 회귀분석 도구에 〈표 16-1〉에 있는 원래 데이터 외에 두 번째 독립변수를 추가해서 입력해야 하는데, 두 번째 독립변수는 이 회사에 근무한 개월 수를 제곱한 것이다. 〈그림 16-3〉의 데이터를 보면 B열에 근무월수의 제곱 데이터가 추가되어 있다. 2차식 모형의 회귀분석 출력을 보면 추정회귀식은 다음과 같다.

$$\text{Sales} = 45.3476 + 6.3448 \text{ Months} - .0345 \text{ MonthsSq}$$

해당되는 표준화 잔차도도 보여주고 있다. 표준화 잔차도는 앞에 있었던 곡선형 패턴이 제거된 것을 보여준다. 엑셀 출력을 보면 다중회귀식이 유의수준 .05에서 총체적으로 유의함을 보여주다(F-검정의 p-값은 8.75E−07). MonthsSq에 대한 t 통계값에 해당하는 p 값 .0023은 .05보다 작다. 따라서, Months 한 개로 된 회귀모형에 MonthsSq를 추가하는 것이 유의

〈그림 16-3〉 회귀분석 출력 — 2차 모형(레이놀즈 예)

Months	MonthsSq	Sales
41	1681	275
106	11236	296
76	5776	317
104	10816	376
22	484	162
12	144	150
85	7225	367
111	12321	308
40	1600	189
51	2601	235
9	81	83
12	144	112
6	36	67
56	3136	325
19	361	189

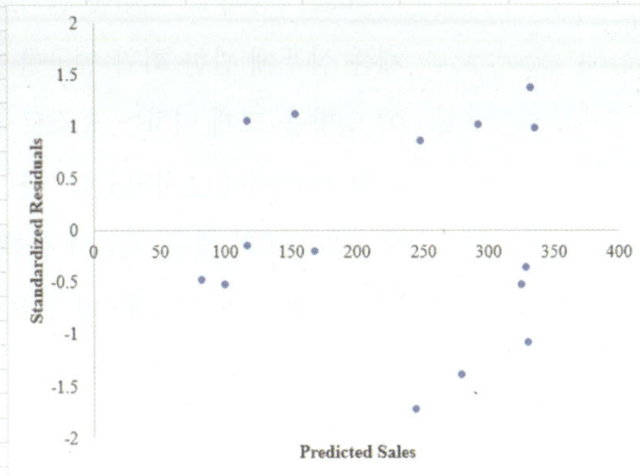

SUMMARY OUTPUT

Regression Statistics	
Multiple R	0.9498
R Square	0.9022
Adjusted R Square	0.8859
Standard Error	34.4528
Observations	15

ANOVA

	df	SS	MS	F	Significance F
Regression	2	131413.0156	65706.5078	55.3554	8.7456E-07
Residual	12	14243.9177	1186.9931		
Total	14	145656.9333			

	Coefficients	Standard Error	t Stat	P-value	Lower 95%	Upper 95%	Lower 95.0%	Upper 95.0%
Intercept	45.3476	22.7747	1.9911	0.0697	-4.2741	94.9693	-4.2741	94.9693
Months	6.3448	1.0579	5.9978	0.0001	4.0399	8.6497	4.0399	8.6497
MonthsSq	-0.0345	0.0089	-3.8539	0.0023	-0.0540	-0.0150	-0.0540	-0.0150

하다고 결론지을 수 있다. 조정된 R^2 = .8859인데, 이는 추정회귀식의 데이터 적합도를 기쁘게 받아들여야 함을 말한다. 결론적으로, 일반선형모형을 활용하면 회귀분석에서 곡선관계를 핸들하는 것이 어렵지 않다는 것을 알 수 있다.

식 16-1을 활용하면 여러 가지 유형의 관계를 모형화 할 수있다. 지금까지 살펴본 회귀기법들은 선형관계 혹은 직선관계에 국한되지 않는다. **일반선형모형**(general linear model)의 선형(linear)은 $\beta_0, \beta_1, \cdots, \beta_p$의 지수(exponent)가 1이라는 것을 말하는 것이지, 들어있는 변수 x_j와 y의 관계가 선형(1차)이라는 것을 의미하지는 않는다. 실제로, 우리는 이 절에서 일반선형모형의 식 16-1이 곡선관계 모형에 활용된 예를 하나 보았다.

교호작용

만일 데이터 세트가 y의 관찰값과 두 개의 독립변수 x_1, x_2로 되어있다면, 우리는 $z_1 = x_1$, $z_2 = x_2$, $z_3 = x_1^2$, $z_4 = x_2^2$, $z_5 = x_1x_2$를 일반선형모형 식 16-1에 대입하여 2개 예측변수로 된 2차식 모형을 구축할 수 있다. 모형은 다음과 같다.

$$y = \beta_0 + \beta_1x_1 + \beta_2x_2 + \beta_3x_1^2 + \beta_4x_2^2 + \beta_5x_1x_2 + \varepsilon \quad (16\text{-}4)$$

이 2차식 모형에서 변수 $z_5 = x_1x_2$는 두 변수가 함께 작용하여 미치는 잠재적인 효과를 반영한 것이다. 이런 유형의 효과를 **교호작용**(interaction, 상호작용)이라고 한다.

교호작용과 그 의미를 살펴보기 위해서 생활용품 회사인 타일러(Tyler Personal Care)사의 신제품 샴푸에 관한 회귀 연구를 보도록 하자. 이 샴푸의 판매에는 판매 가격과 광고비 지출이 영향을 크게 미치는 요소로 생각된다. 이 두 개 변수가 판매량에 미치는 효과를 24개 테스트 마켓에서 조사하였다. 〈표 16-2〉에는 판매 가격 \$2.00, \$2.50, \$3.00을 광고비 \$50,000과 \$100,000와 짝을 지워서 관찰하였다.

〈표 16-3〉은 이 데이터의 요약이다. 이 표의 평균 판매 개수(1000개 단위)를 잘 살펴보면, 가격을 \$2.00으로 정한 경우는 광고비가 \$50,000일 때는 461,000개, 광고비가 \$10 0,000인 경우는 판매 개수가 808,000개이다. 가격을 \$2.00으로 고정해 놓고 광고비를 올리면 그 효과가 808,000 − 461,000 = 347,000개이다. 판매 가격을 \$2.50으로 하면 평균 판매 개수의 차이가 646,000 − 364,000 = 282,000개이다. 판매 가격을 \$3.00으로 하면 평균 판매 개수의 차이는 375,000 − 332,000 = 43,000개이다. 광고비 지출이 \$50,000일 때와 \$100,000일 때의

DATA file
Tyler

〈표 16-2〉 타일러사 데이터

가격	광고비(\$1000)	판매 개수(1000개)	가격	광고비(\$1000)	판매 개수(1000개)
\$2.00	50	478	\$2.00	100	810
\$2.50	50	373	\$2.50	100	653
\$3.00	50	335	\$3.00	100	345
\$2.00	50	473	\$2.00	100	832
\$2.50	50	358	\$2.50	100	641
\$3.00	50	329	\$3.00	100	372
\$2.00	50	456	\$2.00	100	800
\$2.50	50	360	\$2.50	100	620
\$3.00	50	322	\$3.00	100	390
\$2.00	50	437	\$2.00	100	790
\$2.50	50	365	\$2.50	100	670
\$3.00	50	342	\$3.00	100	393

〈표 16-3〉 타일러사 평균 판매

		가격		
		\$2.00	\$2.50	\$3.00
광고비	\$50,000	461	364	332
	\$100,000	808	646	375

〈그림 16-4〉 가격과 광고비의 함수로서 평균 판매 개수

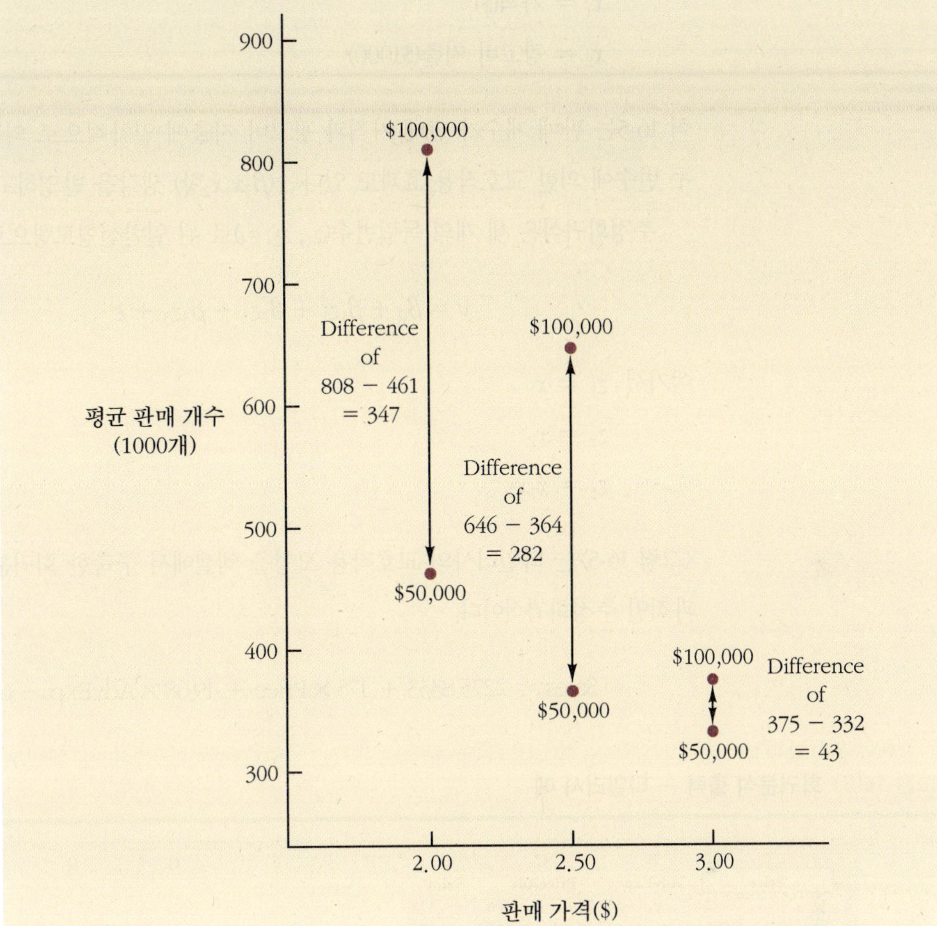

판매 개수의 차이는 판매 가격에 달려있음이 분명하다. 다르게 말하면, 판매 가격이 비싸면 광고비 지출의 효과가 줄어든다. 이러한 고찰은 판매 가격과 광고비 지출의 두 변수에 의한 교호효과가 있다는 증거이다.

교호작용의 또 다른 측면을 보자. 〈그림 16-4〉는 가격-광고비 지출의 6개 조합에 따라 판매 개수를 나타낸 것이다. 이 그래프를 보아도, 광고비 지출이 평균판매에 미치는 영향이 제품 가격에 의존되어 있음을 보여준다. 즉, 교호작용의 효과를 다시 한 번 더 볼 수 있다. 두 변수의 교호작용이 있으면, 한 변수가 반응변수 y에 미치는 영향을 다른 변수에 관계없이 독립적으로 따질 수가 없다. 달리 말하면, 반응변수에 대한 두 변수의 결합효과를 고려해야만 의미 있는 결론을 말할 수 있다.

교호작용의 효과를 설명하기 위해서 아래의 회귀모형을 이용해 보자.

$$y = \beta_0 + \beta_1 x_1 + \beta_2 x_2 + \beta_3 x_1 x_2 + \varepsilon \qquad \text{16-5}$$

여기서 y = 판매(1000개 단위)

x_1 = 가격($)

x_2 = 광고비 지출($1000)

식 16-5는 판매 개수가 판매 가격과 광고비 지출에 일차적으로 의존되어 있고($\beta_1 x_1$, $\beta_2 x_2$항), 두 변수에 의한 교호작용 효과도 있다는($\beta_3 x_1 x_2$항) 생각을 반영하고 있다.

추정회귀식은 세 개의 독립변수(z_1, z_2, z_3)로 된 일반선형모형으로 구축한다.

$$y = \beta_0 + \beta_1 z_1 + \beta_2 z_2 + \beta_3 z_3 + \varepsilon \tag{16-6}$$

여기서 $z_1 = x_1$

$z_2 = x_2$

$z_3 = x_1 x_2$

〈그림 16-5〉는 타일러사의 교호작용 모형을 엑셀에서 구축한 회귀분석 출력이다. 다음은 결과적인 추정회귀식이다.

$$\text{Sales} = 2275.8333 + 175 \times \text{Price} + 19.68 \times \text{AdvExp} - 6.08 \times \text{PriceAdv}$$

〈그림 16-5〉 회귀분석 출력 — 타일러사 예

	A	B	C	D
1	Price	AdvExp	PriceAdv	Sales
2	2	50	100	478
3	2.5	50	125	373
4	3	50	150	335
23	2	100	200	790
24	2.5	100	250	670
25	3	100	300	393

	A	B
27	SUMMARY OUTPUT	
29	*Regression Statistics*	
30	Multiple R	0.9890
31	R Square	0.9781
32	Adjusted R Square	0.9748
33	Standard Error	28.1739
34	Observations	24

	A	B	C	D	E	F
36	ANOVA					
37		*df*	*SS*	*MS*	*F*	*Significance F*
38	Regression	3	709316	236438.7	297.8692	9.26E-17
39	Residual	20	15875.3333	793.7667		
40	Total	23	725191.3333			

	A	B	C	D	E	F	G	H	I
42		*Coefficients*	*Standard Error*	*t Stat*	*P-value*	*Lower 95%*	*Upper 95%*	*Lower 99.0%*	*Upper 99.0%*
43	Intercept	-275.8333	112.8421	-2.4444	0.0239	-511.2178	-40.4488	-596.9075	45.2408
44	Price	175	44.5468	3.9285	0.0008	82.0770	267.9230	48.2492	301.7508
45	AdvExp	19.68	1.4274	13.7878	1.13E-11	16.7026	22.6574	15.6187	23.7413
46	PriceAdv	-6.08	0.5635	-10.7901	8.68E-10	-7.2554	-4.9046	-7.6833	-4.4767

주) 5~22행은 숨겨져 있다.

여기서 Sales = 판매(1000개 단위)

Price = Price가격($)

AdvExp = 광고비 지출($1000s)

PriceAdv = 교호작용 항 (Price × AdvExp)

PriceAdv 변수에 대한 t-검정의 p-값은 0.000이므로, 가격과 광고비 지출의 선형효과 전제하에 상호작용이 유의하다고 결론을 내린다. 따라서 회귀 결과는 판매에 대한 광고비 지출의 효과는 그 가격에 달려있다는 것을 보여주고 있다.

종속변수 관련 변수 변환

DATA file
Tyler

독립변수와 종속변수의 여러 가지 가능한 관계를 모형화하는 데 일반선형모형을 응용하는 방법을 살펴보았는데, 우리는 한 개 또는 여러 개의 독립변수의 변환에 주의를 집중해 왔다. 때로는 종속변수 y에 관련된 변환이 유용할 수 있다. 종속변수의 변환이 언제 필요하게 되는지의 하나의 예시로서, 12개 자동차의 중량과 연비를 적은 〈표 16-4〉의 데이터를 보도록 하자. 〈그림 16-6〉의 산점도는 두 변수의 음의 선형관계를 보여준다. 따라서 우리는 단순선형(1차) 모형을 사용해 두 변수의 관계를 구축할 수 있다. 〈그림 16-7〉은 엑셀의 회귀분석 출력인데, 추정된 회귀식은 다음과 같다.

$$\text{MPG} = 56.0957 - 0.0116\ \text{Weight}$$

여기서 MPG = 갤런당 주행마일 수

Weight = 자동차 중량(파운드 단위)

〈표 16-4〉 자동차 무게와 연비

무게	연비(MPG)
2289	28.7
2113	29.2
2180	34.2
2448	27.9
2026	33.3
2702	26.4
2657	23.9
2106	30.5
3226	18.1
3213	19.5
3607	14.3
2888	20.9

〈그림 16-6〉 산점도 지동치 연비

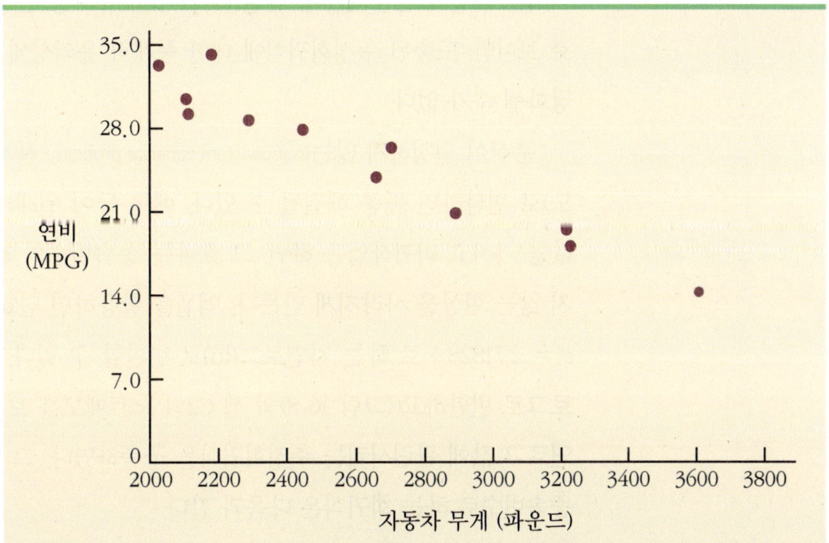

〈그림 16-7〉 회귀분석 출력 – 자동차 연비

Weight	MPG
2289	28.7
2113	29.2
2180	34.2
2448	27.9
2026	33.3
2702	26.4
2657	23.9
2106	30.5
3226	18.1
3213	19.5
3607	14.3
2888	20.9

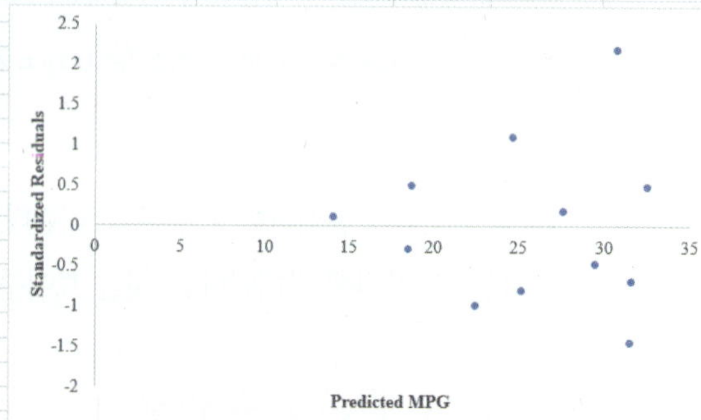

SUMMARY OUTPUT

Regression Statistics	
Multiple R	0.9672
R Square	0.9354
Adjusted R Square	0.9289
Standard Error	1.6705
Observations	12

ANOVA

	df	*SS*	*MS*	*F*	*Significance F*
Regression	1	403.9759	403.9759	144.7601	2.84997E-07
Residual	10	27.9066	2.7907		
Total	11	431.8825			

	Coefficients	*Standard Error*	*t Stat*	*P-value*	*Lower 95%*	*Upper 95%*	*Lower 95.0%*	*Upper 95.0%*
Intercept	56.0957	2.5821	21.7245	9.55E-10	50.3423	61.8490	50.3423	61.8490
Weight	-0.0116	0.0010	-12.0316	2.85E-07	-0.0138	-0.0095	-0.0138	-0.0095

이 모형은 유의하고(유의성 F-검정의 p-값은 0.000), 자료에 대한 적합도도 매우 좋다(R^2 = .9354).

표준화 잔차도도 그려져 있다. 모형의 오차항(ε)에 대한 가정이 유효하게 적용되려면 우리는 잔차도의 점들이 수평의 나란한 띠 모양으로 일정하여야 하는데, 우리가 관찰하는 패턴은 그렇지 않다. 오히려 MPG의 예측값($\hat{y}$)이 커짐에 따라 잔차의 변동성이 커지는 것을 보여준다. 14장에서 언급한 대로, 분산이 일정하지 않고 나팔 모양으로 잔차의 분포 폭이 벌어지는 패턴이 관찰되었다. 만일 (회귀식의) 유의성 검정의 기본 가정이 만족되지 않는 것으로 보이면, 도출된 추정회귀식에 대한 통계적 유의성에 관한 어떠한 결론에 이르는 것도 정당화될 수가 없다.

분산이 일정하지 않는(nonconstant variance problem) 문제는 종속변수를 어떤 다른 스케일(척도)로 변환하면 종종 해결될 수 있다. 예를 들어 원래의 종속변수 대신에 종속변수의 로그값을 가지고 회귀작업을 하면, 그 효과는 종속변수의 값을 압축하기 때문에 분산이 일정하지 않는 현상을 사라지게 만든다. 엑셀을 활용하면 밑(base)을 10으로 하는 로그(log)나 밑을 e = 2.71828…로 하는 자연로그(ln)로 변환할 수 있다. 여기서는 연비 데이터(MPG)를 자연로그로 변환하고(〈그림 16-8〉의 셀 C2의 노트메모를 보기 바람), 자동차의 무게를 연비의 자연로그 값에 관련시키는 추정회귀식을 구축하였다. 그 결과, 연비의 자연로그 값 LnMPG을 종속변수로 하는 회귀식은 다음과 같다.

〈그림 16-8〉 회귀분석 출력 — 연비의 로그 변환 예

Weight	MPG	LnMPG
2289	28.7	3.3569
2113	29.2	3.3742
2180	34.2	3.5322
2448	27.9	3.3286
2026	33.3	3.5056
2702	26.4	3.2734
2657	23.9	3.1739
2106	30.5	3.4177
3226	18.1	2.8959
3213	19.5	2.9704
3607	14.3	2.6603
2888	20.9	3.0397

The formula in cell C2 is =LN(B2); this formula was copied to cells C2:c13 to produce the values shown in column C.

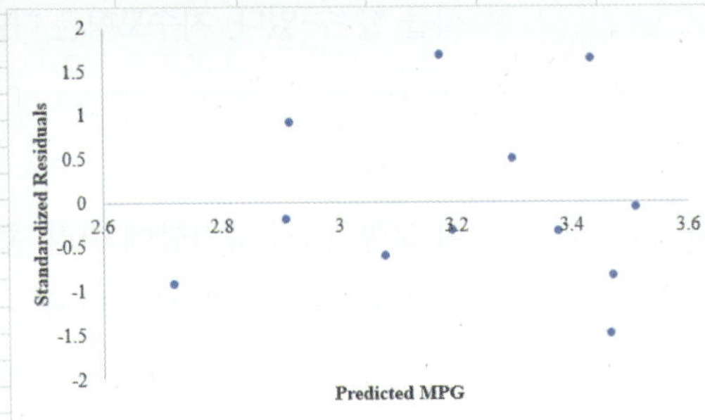

SUMMARY OUTPUT

Regression Statistics	
Multiple R	0.9735
R Square	0.9477
Adjusted R Square	0.9425
Standard Error	0.0643
Observations	12

ANOVA

	df	*SS*	*MS*	*F*	*Significance F*
Regression	1	0.7482	0.7482	181.2244	9.84167E-08
Residual	10	0.0413	0.0041		
Total	11	0.7895			

	Coefficients	*Standard Error*	*t Stat*	*P-value*	*Lower 95%*	*Upper 95%*	*Lower 95.0%*	*Upper 95.0%*
Intercept	4.5242	0.0993	45.5527	6.25734E-13	4.3029	4.7455	4.3029	4.7455
Weight	-0.0005	0.0000	-13.4620	9.84167E-08	-0.0006	-0.0004	-0.0006	-0.0004

$$\text{LnMPG} = 4.5242 - .0005\ \text{Weight}$$

이 회귀식을 가지고 그린 표준화 잔차도를 보면, 나팔 모양 패턴이 사라진 것을 알 수 있다. 갤런당 주행마일의 로그값을 종속변수로 한 모형은 통계적으로 유의하고, 또 관찰된 데이터에도 매우 우수한 적합도를 보여준다. 따라서 LnMPLG 추정회귀식을 사용하는 것을 추천하다.

2500 파운드 중량의 자동차의 연비를 추정해 보자. 연비의 로그값을 먼저 추정한다.

$$\text{LnMPG} = 4.5242 - .0005(2500) = 3.27$$

MPG의 자연로그가 3.27이므로 ln(MPG) = 3.27이다. 따라서 실제 연비는 MPG = $e^{3.27}$이다. 이것은 엑셀에서 함수 =EXP(3.27)를 사용하여 계산하면 MPG = 26.3마일/갤런을 얻을 수 있다

분산의 비일정성 문제에 대한 또 다른 방법은 y 대신에 $1/y$을 종속변수로 삼는 것이다. 이러한 유형의 변환을 역수변환이라고 부른다. 예를 들면, 종속변수가 갤런당 마일로 측정되면, 그것의 역수변환은 1/(갤런당 마일), 혹은 마일당 갤런으로 종속변수의 측정단위가 바뀐다. 로그 변환이 좋은지 역수변환이 좋은지를 일반적으로 정하는 방법은 없다. 각각을 실제로 적용해 보아야 한다.

비선형모형 — 실제는 선형모형

회귀모형의 모수$(\beta_0, \beta_1, \cdots, \beta_p)$에 지수가 1이 아닌 것이 있으면 비선형모형이라고 부른다. 그러나, 비선형모형 가운데 지수모형은 변수변환을 통해 일반선형모형의 식 (16.1)으로 회귀분석을 할 수 있다. 지수모형은 다음 회귀식을 사용한다.

$$E(y) = \beta_0 \beta_1^x \quad \textbf{16-7}$$

회귀모형에 x^n항이 포함되면 n차 모형(n^{th}-order model)이라고 하며, 여기서 말하는 비선형모형과 구분한다.—역자

이 모형은 x가 증가함에 따라 종속변수 y가, 일정량 만큼이 아니라, 일정한 퍼센티지(비율)로 증가하거나 감소할 때 적합하다.

예를 보자. 어떤 제품의 판매 y가 광고비 지출 x에 다음 회귀식으로 연관되어 있다.

$$E(y) = 500(1.2)^x$$

$x = 1$이면 기대되는 판매량은 $E(y) = 500(1.2)^1 = 600$; $x = 2$이면 $E(y) = 500(1.2)^2 = 720$; $x = 3$이면 $E(y) = 500(1.2)^3 = 864$이다. 이경 $E(y)$는 일정한 양만큼 증가하는 것이 아니라 일정한 퍼센티지로 증가하는 것을 주목할 필요가 있다. 증가 퍼센티지는 20%이다.

이 비선형모형은 식 16-7의 양변을 로그값으로 취하면 선형으로 바꿀 수 있다.

$$\log E(y) = \log \beta_0 + x \log \beta_1 \quad \textbf{16-8}$$

여기서 $y' = \log E(y)$, $\beta'_0 = \log \beta_0$, and $\beta'_1 = \log \beta_1$으로 바꾸어서 생각하면 식 16-8은 다음과 같이 새로 쓸 수 있다.

$$y' = \beta'_0 + \beta'_1 x$$

이제, 단순선형회귀의 공식을 사용하면 β'_0, β'_1의 추정값을 구할 수 있다. 그 추정값을 b'_0, b'_1으로 표기하면 아래 추정회귀식에 도달한다.

$$\hat{y}' = b'_0 + b'_1 x \quad \textbf{16-9}$$

어떤 값 x에 대한 원래 종속변수 y의 예측값을 구하려면, 먼저 그 x값을 식 16-9에 대입하여 $\hat{y}'$을 계산한다. $\hat{y}'$의 로그 역함수(antilog)를 구하면 y의 예측값, 또는 y의 기대값이 된다. (일반로그 변환이면 $E(y) = 10^{\hat{y}}$, 자연로그 변환이면 $E(y) = e^{\hat{y}}$이다.)

많은 비선형모형은 그것의 동등한 선형모형으로 변환되지 않는다. 그렇지만 선형으로 변환되지 않는 비선형모형은 비즈니스나 경제에 그 사용이 상당히 제한적이다. 또한 그러한 모형의 연구에 필요한 수학적 지식은 이 교재의 범위를 벗어난다.

연습문제

기초문제

1. 두 변수 x, y의 데이터이다.

x	22	24	26	30	35	40
y	12	21	33	35	40	36

   a. 이 데이터에 대하여 $\hat{y} = b_0 + b_1x$ 형태의 추정회귀식을 하나 구하라.
   b. a의 결과를 가지고 x, y의 관계에 대한 유의성을 $\alpha = .05$ 수준으로 검정하라.
   c. 이 데이터의 산점도를 그려라. 산점도는 $\hat{y} = b_0 + b_1x + b_2x^2$ 추정회귀식을 암시하는가? 설명하라.
   d. 이 데이터에 대하여 $\hat{y} = b_0 + b_1x + b_2x^2$ 형태의 추정회귀식을 구하라.
   e. d를 볼 때 x, x^2과 y의 관계는 유의한가? $\alpha = .05$를 사용하라.
   f. $x = 25$일 때 y의 값을 예측하라.

2. 두 변수 x, y의 데이터이다.

x	9	32	18	15	26
y	10	20	21	16	22

   a. 이 데이터에 대하여 $\hat{y} = b_0 + b_1x$ 형태의 추정회귀식을 하나 구하라. 이 회귀식으로 y를 예측하는 것이 적합한지 논하라.
   b. 이 데이터에 대하여 $\hat{y} = b_0 + b_1x + b_2x^2$ 형태의 추정회귀식을 구하라. 이 회귀식으로 y를 예측하는 것이 적합한지 논하라.
   c. $x = 20$일 때 y의 값을 예측하라.

3. 두 변수 x, y의 데이터이다.

x	2	3	4	5	7	7	7	8	9
y	4	5	4	6	4	6	9	5	11

   a. x, y 사이에 어떤 선형관계가 보이는가? 설명하라.
   b. y를 x에 연관시키는 추정회귀식을 하나 구하라.
   c. b의 추정회귀식에 대하여 $\hat{y}$에 대응하는 표준화 잔차도를 그려라. 모형의 가정이 만족되어 보이는가? 설명하라.
   d. 종속변수 y에 대한 하나의 로그 변환을 하라. 변환된 종속변수를 가지고 추정회귀식을 하나 구하라. 그것에 대한 모형의 가정이 만족되어 보이는가? 이 경우에 역수변환이 더 나아 보이는가? 설명하라.

응용문제

4. 고속도로 관리국은 교통의 흐름량과 속도의 관계를 연구하고 있다. 다음 모형을 가정하였다.

$$y = \beta_0 + \beta_1x_1 + \varepsilon$$

여기서 y = 시간당 자동차 흐름량
x = 자동차 속도(마일/시간)

오른쪽 표는 도시에 연결된 6개 고속도로의 출퇴근 시간에 수집한 자료이다.

a. 데이터에 맞는 추정회귀식을 하나 구축하라.

b. $\alpha = 0.01$에서 관계의 유의성을 검정하라.

자동차 흐름량 (y)	자동차 속도 (x)
1256	35
1329	40
1226	30
1335	45
1349	50
1124	25

5. 문제 4를 더 발전시켜서, 통계학자들이 다음과 같이 곡선형 추정회귀식을 추천하였다.

$$\hat{y} = b_0 + b_1x + b_2x^2$$

a. 이 추정회귀식의 계수를 계산하라.

b. $\alpha = 0.01$을 사용하여 관계의 유의성을 검정하라.

c. 자동차의 속도가 시속 38마일 때 자동차의 흐름량을 추정하라.

6. 오른쪽 표는 응급서비스 시설의 개수와 응급서비스 평균거리의 관계를 조사하기 위해 수집한 자료이다.

a. 평균거리를 종속변수로 하여 산점도를 그려라.

b. 단순선형모형이 적합해 보이는가? 설명하라.

c. 이 데이터의 두 변수의 관계를 가장 잘 설명한다고 생각하는 추정회귀식을 하나 구하라.

시설 개수	평균거리 (마일)
9	1.66
11	1.12
16	.83
21	.62
27	.51
30	.47

7. Home Depot는 여러 가지 브랜드의 세탁기를 판매하고 있다. 다음 데이터는 여기서 판매하는 풀사이즈 세탁기 24개 모델 표본의 용량(Capacity, Cu Ft)과 판매 가격(List Price) 데이터이다[출처].

DATA file
WashingMachines

세탁기 모델	용량	판매 가격
Maytag High–Efficiency Top Loading Washer with Steam	4.8	$749
Samsung High–Efficiency Top Loading Washer with Active Wash and Integrated Touch Controls	5.0	$999
Whirlpool High–Efficiency Front Loading Washer with Steam	4.2	$1,299
Maytag High–Efficiency Top Loading Washer	4.3	$649
Whirlpool High–Efficiency Top Loading Washer	4.3	$599
Samsung High–Efficiency Front Loading Washer	4.2	$799
Samsung High Efficiency Front Loading Washer with AddWash Door	4.5	$999
Whirlpool High–Efficiency Front Loading Washer	4.5	$799
Whirlpool High–Efficiency Top Loading Washer with Steam	4.8	$799
Samsung High–Efficiency Top Loading Washer with ActiveWash	4.8	$899
Whirlpool High Efficiency Top Loading Washer	4.8	$699
Maytag High–Efficiency Front Loading Washer with Steam	4.3	$799
Whirlpool High–Efficiency Front Loading Washer with Steam	4.5	$1,099
Maytag High–Efficiency Top Loading Washer	5.3	$899
Samsung High–Efficiency Top Loading Washer	4.8	$799
Maytag High–Efficiency Front Loading Washer with Steam	4.5	$999
Samsung High–Efficiency Top Loading Washer with ActiveWash and Integrated Touch Controls	4.5	$849
Samsung High–Efficiency Top Loading Washer	4.5	$699

세탁기 모델	용량	판매 가격
Samsung High-Efficiency Front Loading Washer with Steam	5.6	$1,599
Whirlpool High-Efficiency Front Loading Washer with Steam	4.5	$1,099
Whirlpool High Efficiency Front Loading Washer	4.2	$799
Samsung High-Efficiency Top Loading Washer with Activewash	5.2	$1,199
Maytag High-Efficiency Top Loading Washer with Steam	5.3	$1,099
Whirlpool High-Efficiency Top Loading Washer with Steam	5.3	$1,199

a. 용량을 독립변수로 하여 이 데이터의 산점도를 그려라. 단순선형 회귀모형이 적합해 보이는가?

b. 단순선형회귀모형을 사용하여 용량을 가지고 가격을 예측하는 추정회귀식을 구하라.

c. 2차 모형을 사용하여 용량을 가지고 가격을 예측하는 추정회귀식을 구하라.

d. 추정회귀식으로 a와 b 중 어느 것이 더 나은가? 설명하라,

e. 이 회귀식에 새로 추가할 독립변수로서 고려해야 할 다른 요소가 있는가?

8. Corvette, Ferrari, Jaguar는 여러 가지 클래식카를 생산하였는데. 그 가치는 계속 상승하고 있다. 아래는 수집 애장용 자동차를 평가하는 Martin 시스템의 자료인데, 15개 클래식카의 희귀성 평가점수(1-20)와 가격($1000)이다.

DATA *file* ClassicCars

제조 연도	제조사	모델	평가점수	가격 ($1000)
1984	Chevrolet	Corvette	18	1600
1956	Chevrolet	Corvette 265/225 hp	19	4000
1963	Chevrolet	Corvette coupe (340-bhp 4-speed)	18	1000
1978	Chevrolet	Corvette coupe Silver Anniversary	19	1300
1960-1963	Ferrari	250 GTE 212	16	350
1962-1964	Ferrari	250 GTL Lusso	19	2650
1962	Ferrari	250 GTO	18	375
1967-1968	Ferrari	275 GTB/4 NART Spyder	17	450
1968-1973	Ferrari	365 GTB/4 Daytona	17	140
1962-1967	Jaguar	E-type OTS	15	77.5
1969-1971	Jaguar	E-type Series II OTS	14	62
1971-1974	Jaguar	E-type Series III OTS	16	125
1951-1954	Jaguar	XK 120 roadster (steel)	17	400
1950-1953	Jaguar	XK C-type	16	250
1956-1957	Jaguar	XKSS	13	70

a. 희귀성 점수를 독립변수로하고 가격을 종속변수로 하여 이 데이터의 산점도를 그려라. 단순선형 회귀모형이 적합해 보이는가?

b. x = 희귀성 평가와 x^2을 두 개의 독립변수로 하는 추정회귀식을 구하라.

c. 식 16-7과 같은 비선형 관계를 고려하라. 로그를 사용하여 이 모형의 추정회귀식을 구하라.

d. b와 c의 추정회귀식 가운데 어느 것을 선호하는가? 설명하라.

9. 영화 「Suicide Squad」는 117,323명이 평가한 점수에서 5점 만점에 평균 3.7점을 받았다

DATA *file*
Rotten Tomatoes

[출처]. 영화 「Suicide Squad」의 평가점수가 관객의 나이와 영화 「The Secret Life of Pets」의 평가점수에 어떻게 연관되어 있는가? 나이와 두 영화의 평가점수는 데이터파일 RottenTomatoes에 있다.

a. 관객의 나이를 독립변수로 하고 「Suicide Squad」 평가점수를 종속변수로 하여 산점도를 그려라. 단순선형회귀모형이 적합해 보이는가?
b. 「Suicide Squad」의 평가점수를 측정할 수 있도록 회귀식을 구축하라.
c. b의 추정회귀식에 「The Secrets Life of Pets」의 평가점수를 독립변수로 추가하라. 「The Secret Life of Pets」 평가점수의 회귀 계수를 해석하라.
d. b와 c의 회귀식에서 어느 것이 더 우수한가? 설명하라.
e. 38세의 어떤 사람 한 명이 「The Secret Life of Pets」를 4.0점으로 평가하였다고 하자. d의 모형을 이용하여 Suicide Squad에 대한 그 사람의 평가점수를 예측하라.

16.2 변수를 추가하거나 제거하기

여기서는 다중회귀분석에 한 개 또는 여러 개의 독립변수를 추가하는 것이 유리한지 F-검정으로 판단하는 것을 보도록 한다. 이 검정은 한 개 또는 여러 개의 독립변수를 추가함으로써 오차제곱합이 감소한 양을 계산하는 것에서 출발한다. 먼저, 버틀러 화물운송회사의 예제를 기준으로 그 검정이 어떻게 활용되는지 보도록 한다.

15장에서는 버틀러사의 예제를 가지고 다중회귀분석의 활용을 설명하였다. 버틀러사의 경영자는 독립변수인 운행거리와 운송 건수를 가지고 총운행시간을 예측하는 것을 원하고 있다. 운행거리 x_1을 독립변수로 하여 최소제곱 방법으로 추정회귀식을 구하면 다음과 같다.

$$\hat{y} = 1.2739 + .0678x_1$$

〈그림 15-3〉과 〈그림 15-5〉의 ANOVA 테이블에서 Sum of Squares of Residual (Error) 8.0287, 2.2994가 여기서 말하는 SSE이다. 잔차 Residual = $y_i - \hat{y}_i$가 예측의 Error에 해당한다.—역자

15장에서는 이 모형의 오차제곱합은 SSE = 8.0287이었다. 운송 건수 x_2를 두 번째 독립변수로 추가하여 다음의 추정회귀식을 얻었다.

$$\hat{y} = -.8687 + .0611x_1 + .9234x_2$$

이 모형의 오차제곱합은 SSE = 2.2994이다. x_2를 추가해서 SSE는 분명히 줄어들었다. 우리가 알고 싶은 질문은 '변수 x_2를 추가한 것이 SSE에 유의한 감소(significant reduction)를 가져왔는가'이다.

SSE(x_1)은 독립변수 x_1만 모형에 포함시킨 때의 오차제곱합, SSE(x_1, x_2)는 x_1, x_2 둘 다 포함시킬 때의 오차제곱합을 나타낸다. 그러면 버틀러사 모형에 x_1만 포함시킬 때에 비해서 x_2

를 추가한 결과 SSE의 감소는

$$\text{SSE}(x_1) - \text{SSE}(x_1, x_2) = 8.0287 - 2.2994 = 5.7293$$

이다. 이 감소분이 유의한지 F-검정을 수행한다.

F 통계량의 분자는 SSE의 감소분을 새로 추가된 독립변수 개수로 나눈 것이다. 여기서는 x_2 한 개 변수만 추가되었으므로 1로 나눈다. 그러면 F 통계량의 분자는

$$\frac{\text{SSE}(x_1) - \text{SSE}(x_1, x_2)}{1} = 5.7293$$

이다. 이 분자는 모형에 추가된 변수 한 개당 SSE의 감소분을 뜻한다. F 통계량의 분모는 독립변수를 모두 포함할 때의 모형의 평균제곱오차(MSE)이다. 버틀러사 문제에서는 x_1, x_2 두 개를 모두 포함한 모형을 말하므로 변수 개수 $p = 2$이고 $n = 10$이므로 MSE는 다음과 같다.

$$\text{MSE} = \frac{\text{SSE}(x_1, x_2)}{n-p-1} = \frac{2.2994}{7} = .3285$$

아래의 F 통계량은 x_2를 추가하는 것이 통계적으로 유의한지 검정하는 근거가 된다.

$$F = \frac{\dfrac{\text{SSE}(x_1) - \text{SSE}(x_1, x_2)}{1}}{\dfrac{\text{SSE}(x_1, x_2)}{n-p-1}} \tag{16-10}$$

이 F 통계량의 분자의 자유도는 추가된 변수의 개수이고, 부모의 자유도는 $n-p-1$이다.

버틀러사의 예에서 F 통계량 값은 17.44이다.

$$F = \frac{\dfrac{5.7293}{1}}{\dfrac{2.2994}{7}} = \frac{5.7293}{.3285} = 17.44$$

엑셀함수를 이용하면 p-값 = F.DIST.RT(17.44,1,7) = 0.0042 이다.

엑셀을 사용하여 $F = 17.44$에 대응하는 p-값 = 0.0042을 계산할 수 있다. 유의수준 $\alpha = .05$에서 따지면, p-값 = 0.0042 < .05이므로 귀무가설을 기각한다. 여기서 귀무가설은 x_2의 추가가 통계적으로 유의하지 않다는 것이다. 귀무가설을 기각하므로, 결론적으로 x_1 변수 한 개만 있던 모형에 x_2를 추가하면 오차제곱합에 유의한 감소(significant reduction)가 있다는 것이다.

모형에 한 개 변수만 추가하는 것에 대한 유의성 검정을 원할 때에는, 방금 설명한 F-검정의 결론 대신에, 모형의 개별 모수($\beta_0, \beta_1, \cdots, \beta_p$)(15.5절 참조)에 대한 유의성 검정의 t-검정으로도 얻을 수 있다. 실은, 금방 계산한 F 통계량 값은 개별 모수의 유의성을 결정하는 데 사용된 t 통계량 값의 제곱에 해당한다.

독립변수가 한 개만 모형에 추가되는 경우는 F-검정이 t-검정과 동일하기 때문에, 개별 모수의 유의성을 점검하는 t-검정의 올바른 사용을 더 명확히 할 수 있다. 만일 t-검정으로 오직 한 개의 모수(β)가 유의하지 않다고 한다면, 그 변수를 모형에서 제거할 수 있다. 그러나 t-검정으로 두 개 이상의 모수가 유의하지 않은 것으로 나타나면, 한 번의 t-검정을 근거로 하여 두 개 이상의 변수를 동시에 제거해서는 안 된다. 한 개 변수를 제거하고 나면, 처음에 유의하지 않았던 다른 어떤 변수가 유의한 것으로 바뀔 수 있다.

이제, 두 개 이상의 변수를 하나의 세트로서 동시에 추가함으로써 생기는 오차제곱합의 감소분이 '유의한 감소'가 되는지를 한번 살펴보자.

일반적인 케이스

$q < p$인 q개의 독립변수로 된 다음 다중회귀모형을 생각해 보자.

$$y = \beta_0 + \beta_1 x_1 + \beta_2 x_2 + \cdots + \beta_q x_q + \varepsilon \qquad \text{16-11}$$

만일 이 모형에 $x_{q+1}, x_{q+2}, \cdots, x_p$의 변수를 추가하면 p개 독립변수로 된 모형을 하나 얻을 수 있다.

$$\begin{aligned} y = \beta_0 + \beta_1 x_1 + \beta_2 x_2 + \cdots + \beta_q x_q \\ + \beta_{q+1} x_{q+1} + \beta_{q+2} x_{q+2} + \cdots + \beta_p x_p + \varepsilon \end{aligned} \qquad \text{16-12}$$

변수 $x_{q+1}, x_{q+2}, \cdots, x_p$를 추가하는 것이 통계적으로 유의한지 검정하려면, 귀무가설과 대립가설을 다음과 같이 적는다.

H_0: $\beta_{q+1} = \beta_{q+2} = \cdots = \beta_p = 0$
H_a: 한 개 이상의 모수가 0이 아니다.

다음 F 통계량은 추가된 독립변수 세트가 통계적으로 유의한지를 검정하는 근거가 된다.

$$F = \frac{\dfrac{\text{SSE}(x_1, x_2, \cdots x_q) - \text{SSE}(x_1, x_2, \cdots x_q, x_{q+1}, \cdots, x_p)}{p-q}}{\dfrac{\text{SSE}(x_1, x_2, \cdots x_q, x_{q+1}, \cdots, x_p)}{n-p-1}} \qquad \text{16-13}$$

이 F 통계량은 분자의 자유도는 $p-q$이고, 분모의 자유도는 $n-p-1$이다. 만일 해당되는 p-값 $\leq \alpha$이거나 $F > F_\alpha$이면 H_0을 기각하고 추가된 독립변수 세트가 통계적으로 유의하다고 결론짓는다. 만일 $q = 1$이고 $p = 2$이면 식 16-13은 식 16-10으로 환원된다.

식 16-13은 다소 복잡하게 보인다. 이 F 통계량을 조금 더 간략하게 설명하기 위해서, 적은 개수의 독립변수로 된 모형을 간소모형(reduced model), 보다 많은 개수의 독립변수로 된 모형을 전체모형(full model)이라고 부르자. 간소모형의 오차제곱합을 SSE(reduced), 전체모형의

오차제곱합을 SSE(full)로 표기하자. 그러면 (16.13) 식의 분자는

$$\frac{\text{SSE(reduced)} - \text{SSE(full)}}{\text{추가된 항 개수}} \tag{16-14}$$

이다. 여기서 추가된 항(term) 개수는 전체모형의 독립변수 개수와 간소모형의 독립변수 개수의 차이이다. 식 16-13의 분모는 전체모형의 오차제곱합을 해당하는 자유도로 나눈 것으로 전체모형의 평균제곱오차(mean squared error; 오차제곱의 평균)이다. 그것을 MSE(full)로 적으면 F 통계량은 다음과 같다.

$$F = \frac{\dfrac{\text{SSE(reduced)} - \text{SSE(full)}}{\text{추가된 항 개수}}}{\text{MSE(full)}} \tag{16-15}$$

이제 예를 보자. 30개의 관찰 데이터를 회귀시키는 문제를 가정하자. 한 개 모형은 x_1, x_2, x_3을 독립변수로 하는데 오차제곱합(SSE)이 150이고, 다른 모형은 x_1, x_2, x_3, x_4, x_5를 독립변수로 하는데 오차제곱합(SSE)이 100이다. 독립변수 두 개 x_4, x_5를 추가해서 오차제곱합에 유의한 감소가 발생하였는가?

먼저, SST의 자유도는 $30-1 = 29$이고, 전체모형의 회귀제곱합의 자유도는 5(전체 모형의 독립변수 수)임을 기억하자. 따라서 전체모형의 오차제곱합의 자유도는 $n-p-1 = 30-5-1 = 24$이고, $\text{MSE(full)} = 100/24 = 4.17$이다. 그러므로 F 통계량은

$$F = \frac{\dfrac{150 - 100}{2}}{4.17} = 6.00$$

이다. 이 계산된 F-값을 F 분포표의 분자 자유도 2, 분모 자유도 24의 F-값과 비교를 한다. Excel의 함수를 이용하면 $F = 6.00$에 해당하는 우측꼬리 면적은 p-값 $= .0077$이다. $\alpha = .05$를 유의수준으로 삼으면 p-값 $= .0077 < .05$이므로 귀무가설을 기각하는데, 이는 변수 x_4, x_5를 추가하는 것이 통계적으로 유의하다는 것을 말한다.

엑셀 함수를 사용하면 p-값 = F.DIST.RT(6.00,2,24) = .0077이다.

16.2 보충 설명

F 통계량은 회귀제곱합의 차이로도 계산할 수 있다. SST = SSR + SSE이므로,

$$\text{SSE(reduced)} = \text{SST} - \text{SSR(reduced)}$$
$$\text{SSE(full)} = \text{SST} - \text{SSR(full)}$$

이고, 오차제곱합의 차이는

$$\begin{aligned}\text{SSE(reduced)} - \text{SSE(full)} &= [\text{SST} - \text{SSR(reduced)}] - [\text{SST} - \text{SSR(full)}] \\ &= \text{SSR(full)} - \text{SSR(reduced)}\end{aligned}$$

이다. 따라서 다음과 같다.

$$F = \frac{\dfrac{\text{SSR(full)} - \text{SSR(reduced)}}{\text{추가된 항 개수}}}{\text{MSE(full)}}$$

이와 같은 통계치들은 엑셀이나 통계 패키지를 활용한 회귀분석의 출력이 있어야 알 수 있다. 변수를 바꾸어가면서 회귀분석을 반복적으로 해야 하기 때문에 JASP, Jamovi, PSPP 등의 공유 패키지를 활용이 필요하다(부록 D 참조).—역자

연습문제

기초문제

10. 27개 관찰 데이터를 가지고 회귀분석을 하는데, 아래의 추정회귀식을 구축하였다.

$$\hat{y} = 25.2 + 5.5x_1$$

이 추정회귀식에서 구한 SST = 1550이고 SSE = 520이다.

a. $\alpha = .05$ 수준에서 x_1이 유의한지 검정하라.

모형에 x_2, x_3 두 개 변수를 추가하여 새로운 회귀식을 얻었다.

$$\hat{y} = 16.3 + 2.3x_1 + 12.1x_2 - 5.8x_3$$

이 추정회귀식의 SST = 1550이고 SSE = 100이다.

b. $\alpha = .05$ 수준에서 F-검정을 이용하여 x_2, x_3가 함께 이 모형에 공헌하는 바가 유의한지 판정하라.

11. 30개 관찰 데이터를 가지고 회귀분석을 하여 아래의 추정회귀식을 구축하였다.

$$\hat{y} = 17.6 + 3.8x_1 - 2.3x_2 + 7.6x_3 + 2.7x_4$$

이 추정회귀식에서 구한 SST = 1805이고 SSR = 1760이다.

a. $\alpha = .05$ 수준에서 변수들의 관계가 유의한지 검정하라.

모형에서 x_1, x_4 두 개 변수를 제외하고 새로운 회귀식을 얻었다.

$$\hat{y} = 11.1 - 3.6x_2 + 8.1x_3$$

이 추정회귀식의 SST = 1805, SSR = 1705이다.

b. SSE(x_1, x_2, x_3, x_4)를 계산하라.

c. SSE(x_2, x_3)를 계산하라.

d. $\alpha = .05$ 수준에서 F-검정을 이용하여 x_1, x_4가 함께 이 모형에 공헌하는 바가 유의한지 판정하라.

응용문제

DATA file
PGATour

12. 프로골프협회는 선수들의 여러 가지 데이터를 수집한다. 데이터파일은 2012년 시즌의 191명 선수의 데이터이다[출처]. 선수마다 ScoringAvg는 라운드당 평균타수, GIR 비율은 규정타수 빼기 2타수 안에 그린에 올라가는 비율, DriveDist는 드라이버 비거리(야드), PPR은 라운드당 평균 퍼팅수, BPR은 라운드당 평균 버디횟수이다. (힌트: 이 문제를 풀려면 엑셀에서 회귀분석 한 후 그 출력과 그것을 이용한 식 16-15의 적용이 필요함.)

a. GIR 비율을 가지고 ScoringAvg를 예측하는 추정회귀식을 구하라.

b. GIR 비율과 DriveDist, PPR을 가지고 ScoringAvg를 예측하는 추정회귀식을 구하라.

c. b에서 추가한 두 개 변수 DriveDist와 PPR이 a에서 구한 추정회귀식에 공헌하는 바가 있는지 α = .05 유의수준으로 검정하라. 그리고 설명하라.

13. 연습문제 12에서 계속.

a. GIR 비율을 가지고 BPR을 예측하는 추정회귀식을 하나 구축하라.

b. GIR 비율과 DriveDist, PPR을 가지고 BPR을 예측하는 추정회귀식을 하나 구축하라.

c. b에서 새로 추가된 두 개 변수 DriveDist와 PPR이 a의 추정회귀식에 공헌하는 바가 유의한지 α = .05 수준에서 검정하라.

14. 미국심장협회의 10년간의 연구는 심장쇼크 위험에 연관된 나이, 수축기 혈압, 흡연 데이터를 제공하고 있다. 아래는 그 일부이다. 위험률(Risk)은 다음 10년 동안 심장쇼크 발생 퍼센티지이고, 흡연 여부(Smker)가 1이면 흡연자를 말한다.

DATA *file*
Stroke

위험률	나이	수축기 혈압	흡연 여부	위험률	나이	수축기 혈압	흡연 여부
12	57	152	0	22	71	152	0
24	67	163	0	36	70	173	1
13	58	155	0	15	67	135	1
56	86	177	1	48	77	209	1
28	59	196	0	15	60	199	0
51	76	189	1	36	82	119	1
18	56	155	1	8	66	166	0
31	78	120	0	34	80	125	1
37	80	135	1	3	62	117	0
15	78	98	0	37	59	207	1

a. 나이와 혈압을 가지고 심장쇼크의 위험을 예측하는 추정회귀식을 구축하라.

b. a에 나이와 혈압의 교호변수(두 변수의 곱)와 흡연변수를 추가하는 것을 고려하라. 이 4개의 독립변수를 가지고 회귀식을 구축하라.

c. a의 추정회귀식에 흡연 여부 변수와 교호항을 추가하면 그 공헌하는 바가 유의한지 α = .05 수준에서 검정하라.

15. 어느 지역의 가정용 가스 요금의 평균은 $67.95이다[출처]. 월 가스요금이 거주자의 나이, 방의 개수, 주택면적(제곱피트)에 어떻게 연관되어 있는가? 다음 데이터는 20개 가구의 월평균 가스요금, 방의 수, (가장 어린 구성원의) 나이, 주택 면적이다.

a. 나이를 가지고 지난해의 월 가스요금 평균을 예측하는 추정회귀식을 구하라.

b. 나이와 면적, 방의 수가 주어진 경우 월 가스요금 평균을 예측하는 추정회귀식을 구하라

c. b에서 새로 추가한 주택면적과 방의 수 두 개 독립변수가 a에서 구한 추정회귀식에 공헌하는 바가 유의한지 α = .05 수준에서 검정하라.

DATA file
NaturalGas

월평균 가스요금	나이	주택면적	방의 개수	월평균 가스요금	나이	주택면적	방의 개수
$70.20	16	2537	6	$76.76	1	2392	7
$81.33	2	3437	8	$60.40	26	900	5
$45.86	27	976	6	$44.07	14	1386	5
$59.21	11	1713	7	$26.68	20	1299	4
$117.88	16	3979	11	$62.70	17	1441	6
$57.78	2	1328	7	$45.37	13	562	4
$47.01	27	1251	6	$38.09	10	2140	4
$52.89	4	827	5	$45.31	22	908	6
$32.90	12	645	4	$52.45	24	1568	5
$67.04	29	2849	5	$96.11	27	1140	10

16.3 대규모 문제의 분석

다중회귀분석을 소개하면서 버틀러사의 예를 활용하였다. 이 문제는 규모가 작기 때문에 기초적인 개념을 이해하는 데는 유리하였지만, 모형 구축에서 변수의 선택을 설명하기는 어려웠다. 다음 절에 소개할 변수 선택 과정을 설명하기 위해서 8개의 독립변수로 된 25개의 관찰로 이루어진 데이터를 소개한다. 이 데이터는 Texas Christian 대학의 마케팅학과의 David W. Craven 박사의 허락을 받은 것이다.[1] 이 데이터 세트를 Cravens 데이터라고 부르자.

Cravens 데이터는 몇 개의 판매지역별로 나누어서 제품을 팔고 있는 어떤 회사에 관한 것이다. 각 판매지역에는 한 명의 판매 대표자가 정해져 있다. 회귀분석을 통해서 각 지역의 매출액을 여러 가지 예측(독립)변수로 설명할 수 있는지 알아보려고 하였다. 〈표 16-5〉는 25개 지역을 무작위로 선정한 데이터이고, 〈표 16-6〉에는 변수의 정의가 들어 있다.

엑셀의 **데이터** 탭의 **분석** 그룹에 있는 **데이터 분석**을 클릭하면 상관분석을 적용할 수 있다.

예비 단계로서, 각 변수 짝의 표본상관계수를 구하여 보자. 〈그림 16-9〉는 엑셀의 상관분석 도구로 구한 상관행렬이다. 예를 들면 Sales와 Time의 표본상관계수는 .598이다.

변수 간의 표본상관계수를 보면 Time과 Accounts 상관계수는 .758이다. 따라서 만일 Accounts를 독립변수로 사용하면 Time은 모형에 설명력을 많이 보태지 못할 것이다. 15.5절의 다중공선성(multicolinearity) 설명의 경험법칙에 의하면, 어떤 두 개의 독립변수의 표본상관계수의 절대값이 0.7을 초과하면 다중공선성이 문제를 야기할 수 있다. 따라서, 같은 회귀모형에 Time과 Accounts를 동시에 포함시키는 것은 피해야 한다. Change와 Rating의 표본상관계수 .549도 높기 때문에 좀 더 고려가 필요할 것이다.

---

[1] 더 자세한 내용은 David W. Cravens, Roberts B. Woodruff, and Joe C. Stamper, "An Analytical Approach for Evaluating Territory Performance," *Journal of Marketing*, 36 (January 1972): 31-37. Copyright © 1972 American Marketing Association.

〈표 16-5〉 Cravens 데이터 — 25개 지역

DATA file
Cravens

Sales	Time	Poten	AdvExp	Share	Change	Accounts	Work	Rating
3,669.88	43.10	74,065.1	4,582.9	2.51	0.34	74.86	15.05	4.9
3,473.95	108.13	58,117.3	5,539.8	5.51	0.15	107.32	19.97	5.1
2,295.10	13.82	21,118.5	2,950.4	10.91	20.72	96.75	17.34	2.9
4,675.56	186.18	68,521.3	2,243.1	8.27	0.17	195.12	13.40	3.4
6,125.96	161.79	57,805.1	7,747.1	9.15	0.50	180.44	17.64	4.6
2,134.94	8.94	37,806.9	402.4	5.51	0.15	104.88	16.22	4.5
5,031.66	365.04	50,935.3	3,140.6	8.54	0.55	256.10	18.80	4.6
3,367.45	220.32	35,602.1	2,086.2	7.07	20.49	126.83	19.86	2.3
6,519.45	127.64	46,176.8	8,846.2	12.54	1.24	203.25	17.42	4.9
4,876.37	105.69	42,053.2	5,673.1	8.85	0.31	119.51	21.41	2.8
2,468.27	57.72	36,829.7	2,761.8	5.38	0.37	116.26	16.32	3.1
2,533.31	23.58	33,612.7	1,991.8	5.43	20.65	142.28	14.51	4.2
2,408.11	13.82	21,412.8	1,971.5	8.48	0.64	89.43	19.35	4.3
2,337.38	13.82	20,416.9	1,737.4	7.80	1.01	84.55	20.02	4.2
4,586.95	86.99	36,272.0	10,694.2	10.34	0.11	119.51	15.26	5.5
2,729.24	165.85	23,093.3	8,618.6	5.15	0.04	80.49	15.87	3.6
3,289.40	116.26	26,878.6	7,747.9	6.64	0.68	136.58	7.81	3.4
2,800.78	42.28	39,572.0	4,565.8	5.45	0.66	78.86	16.00	4.2
3,264.20	52.84	51,866.1	6,022.7	6.31	20.10	136.58	17.44	3.6
3,453.62	165.04	58,749.8	3,721.1	6.35	20.03	138.21	17.98	3.1
1,741.45	10.57	23,990.8	861.0	7.37	21.63	75.61	20.99	1.6
2,035.75	13.82	25,694.9	3,571.5	8.39	20.43	102.44	21.66	3.4
1,578.00	8.13	23,736.3	2,845.5	5.15	0.04	76.42	21.46	2.7
4,167.44	58.44	34,314.3	5,060.1	12.88	0.22	136.58	24.78	2.8
2,799.97	21.14	22,809.5	3,552.0	9.14	20.74	88.62	24.96	3.9

〈표 16-6〉 Cravens 데이터의 변수 정의

변수	정의
Sales	해당 지역 판매점의 총매출액
Time	고용된 기간(월수)
Poten	잠재 시장 크기, 판매 지역의 총판매*
AdvExp	판매 지역에서 광고비 지출
Share	시장 점유율, 각 4년간의 가중평균
Change	지난 4년 동안의 시장점유율 변동
Accounts	지역 판매점에 할당된 계정 수
Work	업무량, 연간 구매량과 계정의 밀집도를 반영한 지수
Rating	지역 판매점의 8가지 성과영역에 대한 전반적인 평가, 1–7점 척도

*이 데이터는 기밀 유지를 위해 코드화하였다.

〈그림 16-9〉 표본상관계수 — Craves 데이터

	Sales	Time	Poten	AdvExp	Share	Change	Accounts	Work
Time	0.623							
Poten	0.598	0.454						
AdvExp	0.596	0.249	0.174					
Share	0.484	0.106	-0.211	0.264				
Change	0.489	0.251	0.268	0.377	0.085			
Accounts	0.754	0.758	0.479	0.200	0.403	0.327		
Work	-0.117	-0.179	-0.259	-0.272	0.349	-0.288	-0.199	
Rating	0.402	0.101	0.359	0.411	-0.024	0.549	0.229	-0.277

각 독립변수와 Sales와의 표본상관계수를 보면 어느 독립변수가, 자신이 스스로, 좋은 예측변수가 될 수 있는지 알 수 있다. Sales의 단독 예측변수로서 최고는 Accounts라는 것을 알 수 있는데, 그 둘 사이의 표본상관계수가 .754로서 제일 높기 때문이다. 회귀분석에서 독립변수가 한 개인 경우는 표본상관계수를 제곱하면 결정계수(R^2)가 된다는 것을 상기하자. 그러면 Accounts는 Sales의 분산의 $(.754)^2(100) = 56.85\%$를 설명한다. 그 다음의 중요한 독립변수는 Time, Poten, 그리고 AdvExp인데, Sales와 이들의 표본상관계수는 약 0.6이다.

비록 다중공선성 문제가 잠재되어 있다고 하더라도, 8개 변수 전부를 가지고 추정회귀식을 구축하는 것을 생각해 보자. Excel의 회귀분석 도구를 사용하면 〈그림 16-10〉의 출력을 얻는다. 8개 변수의 다중회귀모형의 조정된 결정계수는 .8831이다. 그러나 p-값을 보면(이는 개별 모수에 대한 t-검정의 꼬리 면적 확률), Poten, AdvEp, Share만이 $\alpha = .05$에서 유의한 것으로 나타난다. 물론, 다른 변수의 효과가 미치고 있다는 전제하에서의 말이다. 따라서, 이들 세 개 변수만으로 된 회귀분석의 결과를 살펴보고 싶을 것이다. 〈그림 16-11〉은 이들 세 개 변수만으로 된 추정회귀식의 엑셀 출력이다. 이것의 조정된 결정계수는 .8274인데, 이는 변수 8개를 모두 사용한 추정회귀식의 조정 결정계수 .8831보다 약간 낮다.

주어진 데이터에 가장 최선의 추정회귀식은 어떻게 찾을 수 있을까? 한 가지 방법은 모든 가능한 회귀를 다 계산해 보는 것이다. 즉, 독립변수 한 개로 된 추정회귀식을 8개, 독립변수 2개로 된 추정회귀식을 28개(이것은 8개 변수에서 2개 변수를 고르는 가짓수에 해당), 독립변수 3개로 된 …, 이런 식으로 모두 255개의 추정회귀식을 모두 구해 보는 것이다.

최근에는 매우 훌륭한 컴퓨터 통계 패키지가 많다. 이들을 사용하면 모든 회귀를 다 계산해 볼 수 있다. 그러나 그렇게 하려면 엄청난 계산 시간이 들고, 회귀모형 구축자는 방대한 컴퓨터 출력을 검도해 보아야 하는데, 실은 그 대부분은 명백하게 좋지 않은 모형들이다. 그래서 통계학자들은 가장 최선의 추정회귀식을 구축해 주는 독립변수 세트를 보다 체계적으로 찾으려고 한다. 다음 절에서는 빈번히 활용되는 방법을 소개한다.

〈그림 16-10〉 8개 독립변수를 모두 사용한 회귀분석

SUMMARY OUTPUT

Regression Statistics	
Multiple R	0.9602
R Square	0.9220
Adjusted R Square	0.8831
Standard Error	449.0154
Observations	25

ANOVA

	df	SS	MS	F	Significance F
Regression	8	38153712.11	4769214	23.6551	1.81E-07
Residual	16	3225836.813	201614.8		
Total	24	41379548.93			

	Coefficients	Standard Error	t Stat	P-value	Lower 95%	Upper 95%	Lower 95.0%	Upper 95.0%
Intercept	-1507.8358	778.6084	-1.9366	0.0707	-3158.4119	142.7403	-3158.4119	142.7403
Time	2.0101	1.9305	1.0412	0.3132	-2.0824	6.1026	-2.0824	6.1026
Poten	0.0372	0.0082	4.5361	0.0003	0.0198	0.0546	0.0198	0.0546
AdvExp	0.1510	0.0471	3.2051	0.0055	0.0511	0.2508	0.0511	0.2508
Share	199.0402	67.0291	2.9695	0.0090	56.9447	341.1356	56.9447	341.1356
Change	290.8666	186.7769	1.5573	0.1390	-105.0827	686.8159	-105.0827	686.8159
Accounts	5.5497	4.7754	1.1621	0.2622	-4.5737	15.6732	-4.5737	15.6732
Work	19.7939	33.6752	0.5878	0.5649	-51.5943	91.1821	-51.5943	91.1821
Rating	8.1890	128.4985	0.0637	0.9500	-264.2155	280.5936	-264.2155	280.5936

〈그림 16-11〉 3개 독립변수를 사용한 회귀분석 — Poten, AdvExp, Share

SUMMARY OUTPUT

Regression Statistics	
Multiple R	0.9214
R Square	0.8490
Adjusted R Square	0.8274
Standard Error	545.5151
Observations	25

ANOVA

	df	SS	MS	F	Significance F
Regression	3	35130228.29	11710076	39.3501	8.43E-09
Residual	21	6249320.641	297586.7		
Total	24	41379548.93			

	Coefficients	Standard Error	t Stat	P-value	Lower 95%	Upper 95%	Lower 99.0%	Upper 99.0%
Intercept	-1603.5821	505.5509	-3.1719	0.0046	-2654.9328	-552.2315	-3034.9786	-172.1857
Poten	0.0543	0.0075	7.2632	3.74E-07	0.0387	0.0698	0.0331	0.0754
AdvExp	0.1675	0.0443	3.7829	0.0011	0.0754	0.2596	0.0421	0.2928
Share	282.7469	48.7556	5.7993	9.33E-06	181.3541	384.1398	144.7023	420.7916

16.4 회귀변수 선택 절차

엑셀에서는 단계적 회귀법, 전진 선택법, 후진 제거법을 제공하지 않고 있다. (JASP의 회귀분석에서는 이들 방법을 손쉽게 사용할 수 있다.—역자)

이 절에서는 **회귀변수 선택 절차**(variable selection procedure) 네 가지 — 단계적 회귀법, 전진 선택법, 후진 제거법, 최량세트 회귀법 — 를 소개한다. 여러 개의 독립변수로 된 데이터 세트가 주어진 경우, 여기서 소개하는 체계적인 방법으로 최선의 모형을 구축하는 변수세트를 선택할 수 있다. 처음 세 가지 방법은 반복적인 방법인데, 각 단계마다 한 개의 독립변수를 추가하거나 제거하면서 새로운 모형을 평가한다. 그 반복 절차는 더 이상 나은 모형을 찾을 수 없다는 종료조건(stopping criterion)이 만족될 때까지 계속한다. 최량세트 회귀법은 변수를 한 번에 한 개씩 따지지 않고, 독립변수의 부분집합 세트별로 회귀모형을 평가하는 방법이다.

단계적 회귀법, 전진 선택법, 후진 제거법은 단계마다 추가하거나 제거할 독립변수를 선택하는 기준으로, 16.2절의 F 통계량을 사용한다. 예를 들어서 변수가 x_1으로 된 모형에 x_2를 추가하거나, 변수가 x_1, x_2으로 된 모형에서 x_2를 제거한다고 해보자. 변수 x_2를 추가하거나 제거하는 것이 통계적으로 유의한지는 다음의 귀무가설과 대립가설의 검정으로 판단한다.

$$H_0: \beta_2 = 0$$
$$H_a: \beta_2 \neq 0$$

16.2절의 식 16-10에서

$$F = \frac{\dfrac{\text{SSE}(x_1) - \text{SSE}(x_1, x_2)}{1}}{\dfrac{\text{SSE}(x_1, x_2)}{n-p-1}}$$

의 F 통계량은 변수 x_2가 모형에서 오차제곱합을 유의하게 감소시키는지 판정하는 기준이 된다고 설명하였다. 이 F 통계량 값에 해당하는 p-값은 어떤 독립변수를 모형에 추가해야 할지 또는 제거해야 할지 판정하는 기준이 된다. 보통의 기각규칙은 'p-값 $< \alpha$이면 H_0을 기각한다'이다. 따라서 p-값 $< \alpha$값이면 추가할 변수의 후보가 되고, 또 p-값 $> \alpha$이면 그 변수는 제거 대상이 된다.

단계적 회귀법

단계적 회귀법(stepwise regression)은 단계를 반복하는데, 각 단계의 처음은 현재의 모형에 있는 변수 가운데 어느 변수를 제거할 것인지를 정하여 제거하는 절차로 시작한다. 먼저, 각 독립변수에 대하여 (앞에서 설명한) F 통계량을 계산하고 그에 상응하는 p-값을 계산한다. 현재 모형에 있는 어떤 변수를 제거하는 기준이 되는 유의수준 α를 탈락기준 p-값(p-Value to Leave)이라고 부른다. 만일 현재 모형에 있는 어떤 변수의 p-값이 탈락기준 p-값보다 크면, p-값이 제일 큰 독립변수를 제거한다. 그리고 새로운 단계의 변수 제거 절차를 다시 시작한다.

만일 모형에 더 이상 제거할 변수가 없으면 새로운 변수를 모형에 추가하는 변수추가 절차를 시작한다. 모형 밖의 각 변수에 대해 F 통계량을 계산하고 그에 상응하는 p-값을 계산한다. 어떤 변수를 모형에 추가해야 할지 판정하는 유의수준 α값을 **진입기준 p-값**(*p*-Value to Enter)이라고 부른다. 모형 밖의 독립변수 가운데 p-값이 제일 작은 변수를 선정하고 그 p-값이 진입기준 p-값보다 작으면 그 변수를 모형에 추가한다. 추가한 후에는 새로운 단계를 시작하고, 다시 변수 제거 절차를 밟는다. 이러한 단계를 반복하여 더 이상 제거할 변수도 없고 추가할 변수도 없을 때까지 반복한다.

단계적 회귀법은 한 번에 한 개씩만 탈락 또는 진입하기 때문에 주어진 변수세트의 모든 부분집합을 고려하는 것은 아니다. 따라서 R^2값이 제일 큰 모형의 선택을 보장하지는 않는다.

요약하면, 단계적 회귀법 절차의 각 단계에서 첫 번째 고려사항은 현재의 모형에서 제거할 수 있는 독립변수가 있는지 살펴보는 것이다. 만일 현재의 모형에서 제거할 독립변수가 없다면, 단계적 회귀법 절차는 현재의 모형에 들어 있지 않은 변수 가운데 모형에 새로 추가할 변수가 있는지 체크한다. 단계적 회귀법 절차에서는, 어떤 독립변수가 한 단계에서는 모형에 진입하고, 그 후의 단계에서 제거되고, 또 다음의 단계에 다시 진입할 수 있다. 단계적 회귀법절차는 제거할 독립변수가 없거나 새로 진입할 변수가 없으면 종료하게 된다.

전진 선택법

전진 선택법(forward selection) 절차는 모형에 독립변수가 없는 상태에서 시작한다. 한 번에 한 개의 독립변수를 추가하는데 그 방법은 단계적 회귀법에서 어떤 독립변수를 모형에 추가하는 추가절차와 동일하다. 그러나, 전진 선택법은 모형에 변수를 한번 추가하고 나면 탈락시키지 않는다. 남아있는 변수의 p-값이 모두 진입기준 p-값보다 크면 이 절차는 종료된다.

후진 제거법

후진 제거법(backward elimination) 절차는 모든 변수를 포함시킨 모형을 가지고 시작한다. 그러고는 단계적 회귀법의 제거 절차와 동일한 방법으로 한 번에 한 개씩 독립변수를 제거한다. 그러나 후진 제거법에서는 한 번 탈락한 변수를 다시 진입시키지 않는다. 모형에 들어 있는 변수 가운데 p-값이 탈락기준 p-값보다 큰 것이 하나도 없으면 후진 제거법의 절차는 종료된다.

전진 선택법과 후진 제거법은 서로 다른 모형에 도달할 수 있다.

전진 선택법이나 후진 제거법은 모두 극단적인 모형 구축방법이다. 전진 선택법은 변수가 하나도 없는 모형에서 시작하여 한 번에 한 개씩 추가하는 방법이고, 후진 제거법은 변수를 전부 포함시킨 모형에서 시작하여 한 번에 한 개씩 제거하는 방법이다. 두 방법이 동일한 추정회귀식에 도달할 수도 있다. 그러나, 각기 다른 모형에 도달할 수도 있다. 어느 추정회귀식을 선택해야 하는지는 남겨진 과제이다. 궁극적으로는 분석가의 판단이 적용되어야 한다.

최량세트 회귀법

모형을 구축하는 초기 단계에서는 변수를 선택하는 절차가 매우 유용하다. 그러나 그것이 통계분석가의 경험이나 판단을 대체하지는 못한다.

단계적 회귀법, 전진 선택법, 후진 제거법은 모두 한 번에 한 개씩 변수를 추가하거나 탈락시켜서 최종적으로 어떤 회귀모형을 선택하는 접근법이다. 그러므로 주어진 몇 개의 변수에 대해서 최적의 모형(best model)을 찾는다는 보장이 없다. 다만 이러한 한 번에 한 개씩의 절차는 우수한 모형을 하나 찾는 휴리스틱(heuristics) 방법으로 보는 것이 적절하다.

어떤 통계 패키지는 최량세트 회귀법(best-subsets regression)이라고 불리는 절차를 제공하는데, 주어진 독립변수를 가지고 최량의 회귀식을 찾을 수 있게 해준다. 그러한 패키지의 출력은 보통, 최량의 한 개의 변수로 된 추정회귀식 2개, 최량의 두 개 변수로 된 추정회귀식 2개, 최량의 세 개 변수로 된 추정회귀식 2개, …를 사용자에게 제공한다. 주어진 수의 예측변수에 가장 좋은 추정회귀식을 선택하는 기준은 보통 결정계수의 값이다.

통계 패키지 JASP의 회귀분석은 종속변수와 독립변수를 지정한 후 이들 변수 선택 기법을 선택할 수 있게 되어 있다. (본문에서 최량모형은 best possible model의 뜻으로, 최적모형은 best optimum model의 뜻으로 사용하였다.)—역자

16.4 보충 설명

1. 이 절에서 설명한 여러 가지 방법에서 독립변수들의 함수로서 새로운 독립변수를 만들어서 사용하여도 된다. 예를 들면 x_1, x_2 두 변수의 교호효과를 모형에 반영하기 위해서는 x_1과 x_2의 데이터를 가지고 새로운 데이터 $z = x_1x_2$를 만들어서 사용할 수 있다.
2. 한 번에 한 개씩 변수를 추가하거나 제거하는 어떠한 절차도 최적의 모델(best model)을 보장하지 못한다. 그러나 그것을 기대하는 훌륭한 모형을 찾아주는 우수한, 특히 다중공선성이 없으면, 방법이다.
3. 단계적 회귀법, 전진 선택법, 후진 제거법, 최량세트 회귀법으로 모형을 구축할 수 있다. 그러나 이것을 직접 계산하는 것은 매우 비효율적이다. 대부분의 통계 패키지에서는 이들의 알고리즘을 자동으로 사용할 수 있도록 구현해 놓고 있다.

16.5 실험계획을 다중회귀 방법으로

15.7절에서는 다중회귀분석에서 더미(dummy, 가상의) 변수의 활용을 공부하였다. 여기서는 다중회귀분석에서 더미변수 활용으로 실험계획문제를 해결하는 또 다른 방법을 살펴본다. 여기서는 13장에서 완전무작위 설계를 소개하였던 케미텍사(Chemitech, Inc.)의 사례를 가지고 실험계획을 다중회귀로 해결하는 것을 설명한다.

케미텍사는 도시의 물공급 시설에 새로운 여과장치를 개발하였다. 새 여과장치는 여러 곳의 공급처로부터 부품을 공급받아서 조립하여 설치된다. 설치하는 데 A, B C 세 가지 조립방법이 제안되었다. 케미텍사의 경영자는 어느 조립방법으로 설치하여야 여과장치를 가장 많이 생산할 수 있는지를 결정해야 한다.

15명의 작업자를 무작위 표본으로 뽑은 다음, 각 조립방법에 5명씩 랜덤하게 할당하였

〈표 16-7〉 표집된 15명 작업자의 생산량

조립방법		
A	B	C
58	58	48
64	69	57
55	71	59
66	64	47
67	68	49

다. 〈표 16-7〉은 일주일 동안 각 작업자가 생산한 여과장치 개수를 조립방법별로 정리한 것이다. 조립방법별로 평균 생산개수는 다음과 같다.

조립방법	평균생산
A	62
B	66
C	52

조립방법 B가 다른 방법에 비해서 생산율이 높아 보이지만, 문제는 조립방법에 따른 각각의 생산량을 변수로 생각하면 그 모집단의 모평균이 서로 다르다고 할 만큼 관찰된 표본평균이 충분히 차이가 나는가이다.

〈표16-8〉 케미텍 실험의 더미변수

A	B	
1	0	조립방법 A에 의한 생산의 관찰
0	1	조립방법 B에 의한 생산의 관찰
0	0	조립방법 C에 의한 생산의 관찰

이 문제에 대한 회귀분석 접근 방법은 우선 표기하는 더미변수를 정의하는 데서 시작한다. 케미텍의 문제에는 세 가지 조립방법 또는 세 가지 처리가 있기 때문에 우리는 더미변수가 2개 필요하다. 일반적으로, 조사하려는 요인(factor)에 k개의 수준 또는 처리가 있으면 우리는 $k-1$개의 더미변수가 필요하다. 따라서 케미텍 실험에서는 〈표 16-8〉처럼 A, B 두개의 더미변수를 정의한다.

이제 더미변수를 사용해서 주당 생산개수 y를 적용한 조립방법에 연관시키는 다중회귀식을 적어보자.

$$E(y) = \text{주당 생산개수의 기대값} = \beta_0 + \beta_1 \mathrm{A} + \beta_2 \mathrm{B}$$

작업자가 조립방법 C를 사용한 경우의 한 주당 생산개수의 기대값을 알고 싶다면, $\mathrm{A} = \mathrm{B} = 0$이라고 더미변수에 값을 설정하면 된다. 그리면 다중회귀식은 다음과 같이 된다.

$$E(y) = \beta_0 + \beta_1(0) + \beta_2(0) = \beta_0$$

따라서 β_0는 조립방법 C를 사용한 작업자의 한 주당 조립개수의 기대값을 나타낸다고 해석할 수 있다.

이제, 각각의 조립방법별로 다중회귀식의 형태를 살펴보자. 조립방법 A는 더미변수가 $\mathrm{A} = 1$, $\mathrm{B} = 0$이고,

$$E(y) = \beta_0 + \beta_1(1) + \beta_2(0) = \beta_0 + \beta_1$$

이다. 조립방법 B는 더미변수가 $\mathrm{A} = 0$, $\mathrm{B} = 1$이고,

$$E(y) = \beta_0 + b_1(0) + \beta_2(1) = \beta_0 + \beta_2$$

〈표 16-9〉 케미텍의 완전 무작위 설계의 데이터

DATA *file* Chemitech

A	B	y	A	B	y	A	B	y
1	0	58	0	1	58	0	0	48
1	0	64	0	1	69	0	0	57
1	0	55	0	1	71	0	0	59
1	0	66	0	1	64	0	0	47
1	0	67	0	1	68	0	0	49

〈그림 16-12〉 다중회귀분석 출력 — 케미텍사의 완전 무작위 설계

	A	B	C	D	E	F	G	H	I	J
1	SUMMARY OUTPUT									
2										
3	*Regression Statistics*									
4	Multiple R	0.7776								
5	R Square	0.6047								
6	Adjusted R Square	0.5388								
7	Standard Error	5.3229								
8	Observations	15								
9										
10	ANOVA									
11		*df*	*SS*	*MS*	*F*	*Significance F*				
12	Regression	2	520	260	9.1765	0.0038				
13	Residual	12	340	28.3333						
14	Total	14	860							
15										
16		*Coefficients*	*Standard Error*	*t Stat*	*P-value*	*Lower 95%*	*Upper 95%*	*Lower 99.0%*	*Upper 99.0%*	
17	Intercept	52	2.3805	21.8444	4.97E-11	46.8134	57.1866	44.7287	59.2713	
18	A	10	3.3665	2.9704	0.0117	2.6650	17.3350	-0.2831	20.2831	
19	B	14	3.3665	4.1586	0.0013	6.6650	21.3350	3.7169	24.2831	
20										

세 가지 조립방법(처리)에 회귀모형 $E(y) = \beta_0+\beta_1 B+\beta_2 C$를 사용하여 더미변수 ($B$, C)에 그 값을 (0, 0), (1, 0), (0, 1)으로 할당해도 된다. 그러면 A, B, C의 조립 개수 평균의 추정은 차례대로 b_0, b_0+b_1, b_0+b_2가 되고, H_0: $\beta_1=0$와 H_0: $\beta_2=0$를 각각 검정하여 그 평균이 $A = B$인지, $A = C$인지 알 수 있다. 연습문제에 대한 풀이는 이 방법을 사용하였다.—역자

이다. 조립방법 A의 평균 생산개수는 $\beta_0+\beta_1$, 조립방법 B의 평균 생산개수는 $\beta_0+\beta_2$이다.

이제, 계수 $\beta_0, \beta_1, \beta_2$를 추정해서 각 조립방법별로 주당 조립개수의 평균의 추정값을 구해 보자. 〈표 16-9〉는 표본 데이터이고, 〈그림 16-12〉는 해당하는 엑셀의 다중회귀분석의 출력이다. $\beta_0, \beta_1, \beta_2$의 추정값은 $b_0 = 52$, $b_1 = 10$, $b_2 = 14$이다. 따라서, 각 조립방법의 주당 조립개수의 평균의 최량의 추정값은 다음과 같다.

조립방법	$E(y)$의 추정값
A	$b_0 + b_1 = 52 + 10 = 62$
B	$b_0 + b_2 = 52 + 14 = 66$
C	$b_0 = 52$

이 평균값의 추정값은 회귀분석에 의한 예측값인데, 이는 앞에서 계산한 각 조립방법의 표본평균과 일치한다.

이 회귀분석의 결과를 가지고 세 가지 조립방법의 평균에 서로 차이가 있는지 ANOVA 검정을 수행할 수 있는지 살펴보자. 먼저, 세개의 평균에 차이가 없다면

$$\text{조립방법 A의 } E(y) - \text{조립방법 C의 } E(y) = 0$$
$$\text{조립방법 B의 } E(y) - \text{조립방법 C의 } E(y) = 0$$

가 될 것을 알수 있다. β_0 = 조립방법 C의 $E(y)$, $\beta_0+\beta_1$ = 조립방법 A의 $E(y)$이므로, 첫 번째의 차이는 $(\beta_0+\beta_1)-\beta_0 = \beta_1$이다. 또, $\beta_0+\beta_2$ = 조립방법 B의 $E(y)$이므로, 두 번째의 차이는 $(\beta_0+\beta_2)-\beta_0 = \beta_2$이다. 만일 $\beta_1 = 0$이고 $\beta_2 = 0$이면 세 가지 조립방법은 차이가 없다고 결론지을 것이다. 따라서 평균의 차이에 대한 검정의 귀무가설은 다음과 같다.

$$H_0: \beta_1 = \beta_2 = 0$$

유의수준을 $\alpha = .05$라고 하자. 회귀관계의 유의성에 관한 이와 같은 유형의 귀무가설을 결정하는데 우리는 총체적 유의성(overall significance)을 검정하는 F-검정을 사용한다. 〈그림 16-12〉을 보면 $F = 9.11765$에 대응한 p-값 = .0038 이다. p-값 = .0038 < α = .05이므로 우리는 귀무가설 $H_0: \beta_1 = \beta_2 = 0$을 기각하고, 세 가지 조립방법의 평균이 모두 같지는 않다는 결론을 내린다. F-검정으로 다중회귀관계가 유의한 것이 밝혀졌기 때문에 t-검정을 사용하면 개별 모수 β_1, β_2의 유의성을 판정할 수 있다. $\alpha = .05$의 유의수준에서, 엑셀의 회귀분석 출력에서 p-값이 각각 .017, .0013이므로 우리는 $H_0: \beta_1 = 0$와 $H_0: \beta_2 = 0$을 기각할 수 있다. 따라서 두 개의 모수 모두가 통계적으로 유의하다. 즉, 조립방법 A와 C의 평균이 서로 다르고, 조립방법 B와 C의 평균도 다르다. (그러나 $E(y) = \beta_0+\beta_1 B_1+\beta_2 C$으로 모형화하면 $H_0: \beta_1=0$을 기각할 수 없고 A와 B의 평균이 서로 같다는 것을 알 수 있다.—역자)

연습문제

기본문제

실험설계에 블록(block)이 구분되거나 요인(factor)이 두 개인 경우에는 더미변수를 구분하여 배정한다. 교호효과를 확인하려면 더미변수의 곱을 회귀모형의 항으로 추가한다. 회귀모형의 항(term) 가운데 유의한 항의 선택은 16.4절의 변수 선택 절차를 적용이 필요하다. 연습문제 18, 19, 23 참조.—역자

16. A, B, C 등 처리(treatment)가 세 가지인 완전무작위 설계가 있다. 이들 데이터를 분석하는 다중회귀식을 적어라. 필요한 변수를 모두 정의하여라.

17. A, B, C, D 등 처리가 네 가지인 완전무작위 설계가 있다. 이들 데이터를 분석하는 다중회귀식을 적어라. 필요한 변수를 모두 정의하여라.

18. 처리가 세 가지이고 블록이 2개인 완전무작위 설계를 분석하는 다중회귀식을 적어라. 필요한 변수를 모두 정의하여라.

19. 요인 A에는 2개의 수준이 있고, 요인 B에는 수준이 3개인 2원 팩토리얼 설계 데이터를 분석할 수 있는 다중회귀식을 적어라. 필요한 변수를 모두 정의하여라.

응용문제

20. Jacobs 화학회사는 원재료를 혼합하는 데 걸리는 소요시간(분)의 평균을 추정하려고 한다. 혼합작업은 세 곳의 제조사가 만든 기계를 사용하는데, 검정 비용을 줄이기 위해서 제조사의 기계마다 4개의 원재료 묶음을 각각 혼합하였다. 혼합하는 데 걸린 시간은 오른쪽 표와 같다.

제조사 1	제조사 2	제조사 3
20	28	20
26	26	19
24	31	23
22	27	22

a. 이 데이터를 분석하는 다중회귀식을 적어라.

b. 회귀식의 계수의 최량의 추정치를 정하라.

c. 원재료 한 묶음을 혼합하는 데 걸리는 평균시간이 혼합기계 제조사 간에 모두 같은지 검정하려면 어떤 가설을 검정해야 하는지 회귀식의 계수를 사용하여 적어라.

d. 유의수준 $\alpha = .05$에서 어떤 결론을 내릴 수 있는가?

21. 4개의 페인트 브랜드가 건조하는 데 걸리는 시간이 모두 같다고 광고를 하고 있다. 페인트 제조사들의 주장을 검정해 보기 위해서 제조사마다 5개 표본을 추출하여 페인트가 충분히 건조할 때까지 걸린 시간(분)을 조사하였다. 오른쪽 표는 그 데이터이다.

페인트 1	페인트 2	페인트 3	페인트 4
128	144	133	150
137	133	143	142
135	142	137	135
124	146	136	140
141	130	131	153

a. 평균 건조시간이 페인트 간에 유의한 차이가 있는지 유의수준 $\alpha = .05$으로 결정하라.

b. 페인트 2의 평균 건조시간을 추정하라. 컴퓨터 출력에서 어떻게 계산할 수 있는가?

22. 어느 자동차 딜러는 엔진 튠업을 하는 데 걸리는 시간이 컴퓨터 장비와 전자장비에 따라 차이가 있는지 검정을 해보았다. 엔진 튠업은 자동차 종류별로 크게 다르므로 실험설계의 블록으로 소형차, 중형차, 대형차로 구분하였다. 걸린시간(분)은 표와 같다. $\alpha = .05$으로 하여 유의한 차이가 있는지 검정하라.

	소형차	중형차	대형차
컴퓨터 장비	50	55	63
전자 장비	42	44	46

23. 어느 메일오더 카타로그 제작회사는 팩토리얼 실험을 설계하여 잡지 광고의 크기와 광고 디자인이 카타로그 주문수량(천개)에 미치는 효과를 검정하려고 한다. 세 가지 디자인과 두 가지 크기를 고려하고, 오른쪽 표의 데이터를 수집하였다. $\alpha = .05$를 사용하여 디자인 유형과 크기, 그리고 교호효과가 유의한 영향을 미치는지 검정하라.

	큰 광고	작은 광고
디자인 A	8	12
	12	8
디자인 B	22	26
	14	30
디자인 C	10	18
	18	14

16.6 자기상관과 더빈-왓슨 검정

비즈니스와 경제에서 회귀분석 연구의 데이터들이 시간 흐름에 따라 수집되는 경우가 종종 있다. t 시점의 y값(y_t)이 그 전 시점의 y값에 연관되는 일이 드물지 않다. 그것을 우리는 데이터에 **자기상관**(autocorrelation) 또는 **계열상관**(serial correlation)이 있다고 말한다. 만일 t 시점의 y값이 $t-1$ 시점의 y값에 연관되어 있으면 1차 자기상관이 있다고 하고, 만일 t 시점의 y값이 $t-2$ 시점의 y값에 연관되어 있으면 2차 자기상관이 있다는 방식으로 말한다.

자기상관이 있으면 회귀모형의 가정 가운데 하나인 오차항(ε)이 서로 독립이라는 가정에 위배된다. 1차 자기상관의 경우는 t 시점의 오차 ε_t가 $t-1$ 시점의 오차 ε_{t-1}에 연관되어 있다. 〈그림 16-13〉은 두 가지 경우의 1차 자기상관을 나타내고 있다. A는 양의 자기상관이고, B는 음의 자기상관 경우이다. 양의 자기상관에서는 한 시점에 양의 잔차(오차)값은 그 다음 시점에도 양의 잔차가 뒤따르고, 음의 잔차값은 그 다음 시점에도 음의 잔차가 뒤따를 것으로, 그리고 그것이 계속될 것으로 예상한다. 자기상관이 음인 경우는 한 시점에 양의 잔차가 있으며 그 다음은 음의 잔차가 뒤따르고, 그 다음에는 다시 양의 잔차가 뒤따를 것으로 예상한다.

자기상관이 있는 경우에, 회귀모형의 가정을 바탕으로 한 통계적 유의성 검정을 수행하면 심각한 오류가 생길 수 있다. 그러므로 자기상관을 발견해내고 그것을 보정하는 작업을 하는 것이 중요하다. 이제, 더빈-왓슨 통계량1을 활용하여 1차 자기상관을 발견하는 것을 설명하고자 한다.

오차 ε의 값이 서로 독립이지 않고 다음과 같이 연관되어 있다고 하자.

$$\varepsilon_t = \rho\varepsilon_{t-1} + z_t \qquad \text{16-16}$$

〈그림 16-13〉 1차 자기상관 유형

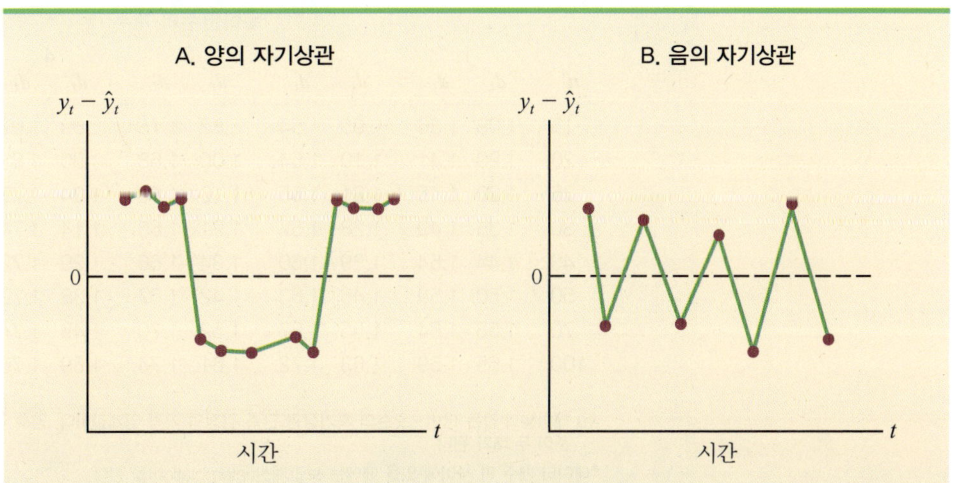

여기서 ρ(로)는 하나의 모수로서 그 절대값은 1보다 작다. z_t는 평균이 0이고 분산이 σ^2인 독립적인 정규분포의 확률변수이다. 식 16-16을 보면, 만일 $\rho = 0$이면 오차항은 연관되어 있지 않고 각기 평균이 0이고 분산은 σ^2이다. 이 경우는 자기상관이 없고 회귀 가정이 만족된다. $\rho > 0$이면 양의 자기상관, $\rho < 0$이면 음의 자기상관을 가진다. 어느 경우이든 오차항에 관한 회귀가정을 위반한다.

자기상관에 관한 **더빈-왓슨 검정**(Durbin-Watson test)은 잔차를 이용하여 $\rho = 0$인지 판단한다. 더빈-왓슨의 통계량 표기를 간편하게 하기 위하여 i번째 잔차를 $e_i = y_i - \hat{y}_i$로 표기한다. 그러면 더빈-왓슨의 검정 통계량은 다음과 같이 계산한다.

더빈-왓슨 검정 통계량

$$d = \frac{\sum_{t=2}^{n}(e_t - e_{t-1})^2}{\sum_{t=1}^{n} e_t^2} \quad \text{16-17}$$

만일 연속된 잔차값이 서로 밀접하면(즉, 양의 자기상관) 더빈-왓슨 통계량 값은 아주 작아진다. 만일 연속된 잔차값이 멀리 떨어지면(즉, 음의 자기상관) 더빈-왓슨 통계량 값은 아주 커진다.

더빈-왓슨 통계량 값은 0~4에 있는데, 2가 되면 자기상관이 없음을 뜻한다. 더빈과 왓슨은 자신들의 통계량이 자기상관을 판명하는 데 사용될 수 있도록 통계표를 개발하였다. 〈표 16-10〉은 유의수준 $\alpha = .05$에서 가설을 검정하는 하한값과 상한값 (d_L, d_U)이다. n은 표본의 관찰개수를 말한다. 검정할 귀무가설은 항상 '자기상관이 없다'이다.

〈표 16-10〉 더빈-왓슨의 자기상관을 검정하는 기각값

$\alpha = .05$ 수준에서 d_L, d_U의 유의한 값
독립변수의 개수

	1		2		3		4		5	
n*	d_L	d_U	d_L	d_U	d_L	d_U	d_L	d_U	d_L	d_U
15	1.08	1.36	.95	1.54	.82	1.75	.69	1.97	.56	2.21
20	1.20	1.41	1.10	1.54	1.00	1.68	.90	1.83	.79	1.99
25	1.29	1.45	1.21	1.55	1.12	1.66	1.04	1.77	.95	1.89
30	1.35	1.49	1.28	1.57	1.21	1.65	1.14	1.74	1.07	1.83
40	1.44	1.54	1.39	1.60	1.34	1.66	1.29	1.72	1.23	1.79
50	1.50	1.59	1.46	1.63	1.42	1.67	1.38	1.72	1.34	1.77
70	1.58	1.64	1.55	1.67	1.52	1.70	1.49	1.74	1.46	1.77
100	1.65	1.69	1.63	1.72	1.61	1.74	1.59	1.76	1.57	1.78

주) 테이블의 값은 더빈-왓슨의 자기상관 단측 검정의 기각 임계값이다. 양측 검정의 경우는 유의수준이 두 배가 된다.

*데이터 개수 이 사이에 있을 때에는 보간계산(interpolation)을 한다.

$$H_0: \rho = 0$$
$$H_a: \rho > 0, \rho < 0, \rho \neq 0$$

양의 자기상관을 검정하는 대립가설은 $H_a: \rho > 0$이고, 음의 자기상관을 검정하는 대립가설은 $H_a: \rho < 0$이다. 양측 검정도 가능하다. 그때의 대립가설은 $H_a: \rho \neq 0$이다.

〈그림 16-14〉는 〈표 16-10〉 d_L, d_U값을 사용해서 자기상관을 검정하는 방법이다. 그림에서 A는 양의 자기상관을 검정하는 것인데, $d < d_L$이면 양의 자기상관이 있다고 결론짓는다. 만일 $d_L \leq d \leq d_U$ 이면 검정은 무결론이다(inconclusive). 만일 $d > d_U$이면 양의 자기상관이라고 할 증거가 없다고 결론을 내린다.

B는 음의 자기상관을 검정하는 것이다. $d > 4-d_L$이면 음의 자기상관이 있다고 결론짓는다. 만일 $4-d_U \leq d \leq 4-d_L$이면 검정은 무결론이다. 만일 $d > 4-d_U$이면 음의 자기상관이라고 할 증거가 없다고 결론을 내린다.

C는 양측 검정을 설명하고 있다. $d < d_L$이거나 $d > 4-d_L$이면 귀무가설을 기각하고 자기상관이 있다고 결론을 내린다. 만일 $d_L \leq d \leq d_U$이거나 $4-d_U \leq d \leq 4-d_L$이면 검정

〈그림 16-14〉 더빈-왓슨 테스트를 이용한 자기상관 검정

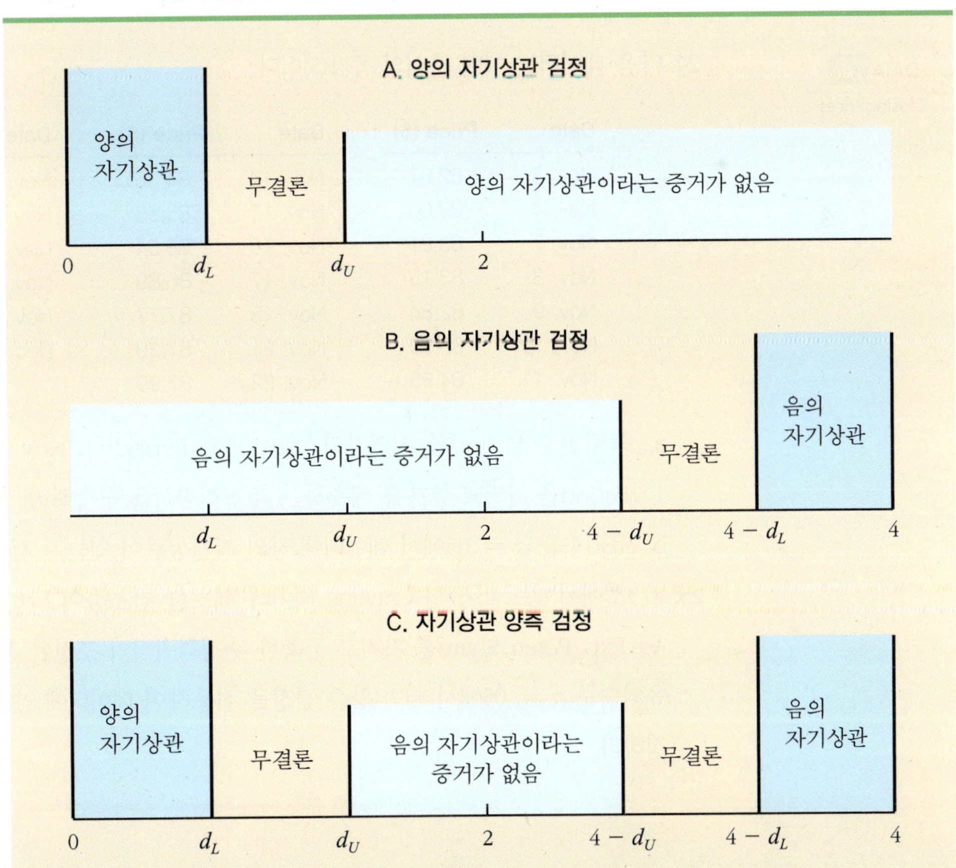

은 무결론이다. 만일 $d_U < d \leq 4-d_U$이면 자기상관이 있다고 할만한 증거가 없다고 결론 내린다.

만일 유의한 자기상관이 발견되면, 우리는 반드시 종속변수에 시간-순서적인 효과를 미칠 만한 한 개 또는 몇 개의 핵심적인 독립변수가 있는지 조사해 보아야 한다. 만일 그러한 변수가 발견되지 않는다면, 때로는 관찰 시점을 측정하는 독립변수(예를 들면, 첫 번째 관찰은 1, 두 번째 관찰은 2, … 같은 방식으로 값을 부여한 독립변수)를 추가하여 자기상관을 줄이거나 제거한다. 자기상관을 줄이거나 제거하려는 이러한 작업이 효과가 없으면, 독립변수나 종속변수의 변환(transformation)이 도움이 될 수 있다. 그와 같은 변환에 대한 논의는 회귀분석에 관한 좀 더 고급의 교재를 참조하기 바란다.

더빈-왓슨 테이블에는 표본 크기가 최소 15 이상이다. 그 이유는 표본 크기가 작으면 그 검정은 대부분 '무결론'이기 때문이다. 대부분 통계학자는 표본 크기가 최소 50은 되어야 그 검정이 가치 있는 결과를 준다고 믿고 있다.

연습문제

응용문제

DATA file
ClosingPrices

24. 다음 데이터는 어떤 주식의 종가($)이다.

Date	Price ($)	Date	Price ($)	Date	Price ($)
Nov. 3	82.87	Nov. 14	84.36	Nov. 23	88.80
Nov. 4	83.00	Nov. 15	85.53	Nov. 25	88.80
Nov. 7	83.61	Nov. 16	86.54	Nov. 28	89.11
Nov. 8	83.15	Nov. 17	86.89	Nov. 29	89.10
Nov. 9	82.84	Nov. 18	87.77	Nov. 30	88.90
Nov. 10	83.99	Nov. 21	87.29	Dec. 1	89.21
Nov. 11	84.55	Nov. 22	87.99		

a. 독립변수 Period를 정의하라. Nov. 3은 Period=1, Nov. 4는 Period=2, …이다. Period를 가지고 종가를 예측하는 추정회귀식을 구축하라.

b. 유의수준 $\alpha = .05$에서 데이터에 양의 자기상관이 있는지 검정하라.

25. 16.3절에서 〈표 16-5〉의 Cravens 데이터 세트를 참조하여 답하라. 독립변수 Accounts, AdvExp, Poten, Share를 가지고 구축한 추정회귀식의 조정된 결정계수는 88.1% 이었다. 유의수준 $\alpha = .05$에서 더빈-왓슨 검정을 적용하여 데이터에 양의 자기상관이 있는지 검정하라.

요약

이 장에서는 모형 구축자들이 최적의 추정회귀식을 찾는 데 필요한 몇 가지 개념을 공부하였다. 먼저 일반선형모형(GLM: general linear model)의 개념을 소개하였으며, 14장과 15장의 일반선형모형 활용방법을 연장하여 곡선형 관계와 교호효과를 구현하는 것을 공부하였다. 이어서, 종속변수를 변환하여 오차항의 분산이 일정하지 않은 문제점을 해결하는 것을 토의하였다.

회귀분석의 많은 응용에서 아주 많은 개수의 독립변수가 고려된다. 우리는 회귀모형에 변수를 더하거나 제거하는 데에 F 통계량을 바탕으로 하는 일반적인 방법을 소개하였다. 그리고 8개의 변수로 된 25개 관찰로 된 대규모 문제를 소개하였다. 대규모 문제에서 부딪히는 한가지 이슈는 독립변수 가운데 가장 좋은(최량의) 부분집합을 찾는 것이다. 이러한 과제에 대한 방법으로 변수 선택 절차인 단계적 회귀법, 전진 선택법, 후진 제거법, 최량세트 회귀법 등을 소개하였다.

16.5절에서는, 중회귀식에 더미변수를 활용하여 실험설계의 문제를 해결하는 또 다른 접근방법을 소개하였다. 이장의 끝에는 잔차분석의 응용으로서 더빈-왓슨 검정으로 자기상관을 구별하는 것을 공부하였다.

용어

계열상관(serial correlation) 자기상관과 같은 말

교호작용(interaction) 두 개의 독립변수가 함께 작용하는 효과.

더빈-왓슨 검정(Durbin-Watson test) 1차 자기상관이 있는지 판단하는 검정.

변수 선택 절차(variable selection procedure) 회귀모형에서 독립변수의 일부(부분집합)를 선택하는 방법.

일반선형모형(general linear model: GLM) 형태의 모형에서 각 독립변수 가 수집 데이터의 변수 의 함수인 것을 말한다.

자기상관(autocorrelation) 연이은 시점에서의 오차항이 서로 연관되어 있는 경우 생기는 오차의 상관관계.

주요 식

일반선형모형

$$y = \beta_0 + \beta_1 z_1 + \beta_2 z_2 + \cdots + \beta_p z_p + \varepsilon \quad \text{16-1}$$

$p-q$개의 변수를 추가하거나 제거하는 F 통계량

$$F = \frac{\dfrac{\text{SSE}(x_1, x_2, \cdots x_q) - \text{SSE}(x_1, x_2, \cdots x_q, x_{q+1}, \cdots, x_p)}{p-q}}{\dfrac{\text{SSE}(x_1, x_2, \cdots x_q, x_{q+1}, \cdots, x_p)}{n-p-1}} \quad \text{16-13}$$

1차 자기상관

$$\varepsilon_t = \rho\varepsilon_{t-1} + z_t \quad \text{16-16}$$

더빈-왓슨 검정 통계량

$$d = \frac{\sum_{t=2}^{n}(e_t - e_{t-1})^2}{\sum_{t=1}^{n} e_t^2} \quad \text{16-17}$$

보충 연습문제

26. [DATA file CorporateBonds] 데이터 파일에 40개 회사채의 만기(년)와 수익률(%)이 있다[출처].

a. x = 회사채의 만기(년)를 독립변수로 하여 산점도를 그려라. 단순선형 회귀모형이 적합해 보이는가?

b. x = 회사채의 만기(년)와 x^2을 독립변수로 하여 2차 모형의 추정회귀식을 하나 구하라.

c. 2차 모형의 식 대신에 만기의 자연로그를 독립변수로 한 모형 $\hat{y} = b_0 + b_1\ln(x)$로 구축하라. x의 자연로그를 사용한 추정회귀식 모형이 b의 2차식 모형보다 데이터 피팅(fitting)에 더 우수한가? 그 이유를 설명하라.

27. [DATA *file* bikes] *Consumer Report*는 19개 브랜드 모델의 자전거를 테스트하였다. 자전거 유형은 road(장거리 도로용), fitness(출퇴근과 같은 일반용), comfort(평탄길의 레저용)로 구분된다. 데이터는 자전거 모델, 무게(파운드), 가격($)이다 [출처].

모델명	유형	무게	가격
Klein Reve V	Road	20	1800
Giant OCR Composite 3	Road	22	1800
Giant OCR 1	Road	22	1000
Specialized Roubaix	Road	21	1300
Trek Pilot 2.1	Road	21	1320
Cannondale Synapse 4	Road	21	1050
LeMond Poprad	Road	22	1350
Raleigh Cadent 1.0	Road	24	650
Giant FCR3	Fitness	23	630
Schwinn Super Sport GS	Fitness	23	700
Fuji Absolute 2.0	Fitness	24	700
Jamis Coda Comp	Fitness	26	830
Cannondale Road Warrior 400	Fitness	25	700
Schwinn Sierra GS	Comfort	31	340
Mongoose Switchback SX	Comfort	32	280
Giant Sedona DX	Comfort	32	360
Jamis Explorer 4.0	Comfort	35	600
Diamondback Wildwood Deluxe	Comfort	34	350
Specialized Crossroads Sport	Comfort	31	330

a. 무게를 독립변수로 하고 가격을 종속변수로 한 산점도를 그려라.

b. x = 자전거 무게와 x^2을 독립변수로 하여 추정회귀식을 하나 구하라.

c. 자전거의 유형을 가지고 가격을 예측하는 추정회귀식을 정하라. 유형을 나타내는 더미변수는, 자전거가 fitness이면 Type-Fitness=1, 아니면 0; comfort 자전거이면 Type-Comfort=1, 아니면 0으로 하라. 회귀식의 결과를 b의 결과와 비교하라.

d. 자전거 유형과 무게의 가능한 교호효과를 반영하여 가격을 예측하는 새로운 추정회귀식을 하나 구하라. 변수는 자전거의 유형, 무게, 그리고 c의 더미변수를 사용하라. 가격을 가장 잘 예측하는 회귀식은 어떤 형태인가? 설명하라.

28. [DATA *file* Audit] 한 연구는 기업의 감사지연(Delay)과 다른 변수와의 관계를 조사하였다. 여기서 감사지연은 기업의 회계연도 종료시점과 감사보고서 시점의 기간을 말하고, 다른 독립변수는 고객과 감사자를 말한다. 독립변수는 다음과 같다.

Industry: 기업이 산업기관이면 1, 은행이거나 저축과 대부업, 보험업이면 0인 더미변수

Public: 회사(주식)가 공개적으로 거래되면 1, 아니면 0인 더미변수.

Quality: 회사의 내부 통제의 수준을 5점 척도로 감사자가 평가한 것으로, 통제가 안됨을 1점, 아주 잘됨을 5점으로 함.

Finished: 감사자가 1~4에 판단하여 측정한 것으로서, 회계연도 지나서 완료한 것을 1, 회계연도 종료 이전에 모두 완료한 것을 4로 평가한 것.

40개 표본회사의 데이터는 다음과 같다.

Delay	Industry	Public	Quality	Finished
62	0	0	3	1
45	0	1	3	3
54	0	0	2	2
71	0	1	1	2
91	0	0	1	1
62	0	0	4	4
61	0	0	3	2
69	0	1	5	2
80	0	0	1	1
52	0	0	5	3
47	0	0	3	2
65	0	1	2	3
60	0	0	1	3
81	1	0	1	2
73	1	0	2	2
89	1	0	2	1
71	1	0	5	4
76	1	0	2	2
68	1	0	1	2
68	1	0	5	2
86	1	0	2	2
76	1	1	3	1
67	1	0	2	3
57	1	0	4	2
55	1	1	3	2
54	1	0	5	2
69	1	0	3	3
82	1	0	5	1

Delay	Industry	Public	Quality	Finished
94	1	0	1	1
74	1	1	5	2
75	1	1	4	3
69	1	0	2	2
71	1	0	4	4
79	1	0	5	2
80	1	0	1	4
91	1	0	4	1
92	1	0	1	4
46	1	1	4	3
72	1	0	5	2
85	1	0	5	1

a. 독립변수를 모두 사용한 추정회귀식을 구축하라.

b. a의 추정회귀식이 데이터에 적합(fit)한가? 설명하라.

c. Delay를 Finished의 함수로 보여주는 산점도를 그려라. 산점도를 볼 때 Delay와 Finished는 어떤 관계인가?

d. Delay와 Finished의 관계의 관찰을 토대로하여, Delay의 변동성을 가능한 더 많이 설명할 수 있도록 a에서 구한 것보다 더 나은 추정회귀식을 새로 구축하라.

29. 문제 28의 데이터를 가지고,

a. Industry만 가지고 Delay를 예측하는 모형을 구축하라.

b. 데이터에 어떤 양의 자기상관이 있는지 .05의 유의수준에서 검정하라. (어떤 회사의 장기간에 걸친 시계열 자료로 간주하고)

30. 문제 28의 데이터를 가지고,

a. Industry와 Quality 를 가지고 Delay를 예측하는 모형을 구축하라.

b. 데이터에 어떤 양의 자기상관이 있는지 .05의 유의수준에서 검정하라. (어떤 회사의 장기간에 걸친 시계열 자료로 간주하고)

31. [DATA file Browsing] 쇼핑객의 브라우징(제품 탐색)에 관한 연구가 수행되었다, 쇼핑객들 브라우징을 편안하게 느끼는지를 조사하였는데, 점수가 높을수록 편안하게 느끼는 것을 말한다. 쇼핑객은 전혀 브라우징을 하지 않는 Nonbrowser, 가볍게 훑어보는 Light Browser, 꼼꼼히 살피는 Heavy Browser로 구분된다. 아래 데이터를 이 연구에서 온 것으로 간주하고, α = .05의 유의수준에서 고객의 유형별로 브라우징에 편안함을 느끼는 것에 차이가 있는지 검정하라.

Nonbrowser	Light Browser	Heavy Browser
4	5	5
5	6	7
6	5	5
3	4	7
3	7	4
4	4	6
5	6	5
4	5	7

32. [DATA file CarMileage] 국가 에너지청과 환경보호단체가 펴낸 2012 Fuel Economy Guide를 보면 2012년 승용차 모델과 트럭별로 연료효율 데이터를 볼 수 있다[출처]. 데이터 파일에는 316개 자동차의 자료이다. 각 칼럼의 Size는 Compact, Midsize, Large로 구분하고, Hwy MPG는 고속도로 연비(miles per gallon)이다. 유의수준 α = .05에서, 자동차의 크기에 따라 고속도로 평균 연료효율에 유의한 차이가 있는지 검정하라.

사례문제 1. LPGA 투어 통계의 분석

[DATA file LPGATour2012] 여성 프로골프협회(LPGA)는 각 선수들의 성적 자료를 갖추어 놓고 있다. 평균 스코어가 가장 중요한 통계치이다. 평균 스코어와 다른 변수들 간의 관계를 조사하고자 한다. 다른 변수는 데이터 파일에 있는데, 드라이브 거리(DrDist), 드라이브 정확도(DrAcc), 그린 안착률(GIR), 샌드 세이브율(Sand Saves), 경기당 평균 퍼팅수(PPR)를 2012년 LPGA 투어의 선수 140명의 한 해 성적자료로서 정리한 것이다[출처]. 선수마다 한 개 행에 있는데, 그 성적 변수는 다음과 같다.

Scoring Average: 18개 홀을 다 마치는 데 소요된 타수의 평균

DrDist: 드라이브 샷의 거리(야드)를 측정하여 구한 평균값, 바람의 영향을 상쇄하도록 방향을 서로 맞보고 있는 두 개 홀을 선정해서 한 번의 라운드마다 측정함. 드라이버 거리는 페어웨이이든 아니든 상관없이 볼이 완전히 멈추는 지점까지의 거리(야드)임.

DrAcc: 페어웨이에 안착하는 티 샷의 비율(사용클

럽에 관계없이). 파3 홀을 제외한 전체 홀에서 측정함.

GIR: 선수의 볼이 그린에 안착하는 퍼센티지 비율. 공이 한 부분이라도 퍼팅면에 터치되어 있으면 그린에 착지한 것으로 보며, 그린 안착은 규정타수−2번의 스트로크 또는 그 안에, 즉 파3는 1타수에, 파4는 2타수에, 파5는 3타수 이내에 그린에 착지하는 것을 말함.

Sand Saves: 선수가 그린 주변 벙커에서 "up and down" 한 번 만에 홀을 종료하는 비율(스코어에 관계 없이). 여기서 up and down 은 2번의 스트로크 이내에 볼을 홀에 넣는 것을 말함.

PPR: 라운드당 평균 퍼팅 수.

경영보고서

당신이 LPGA 커미션너에게 고용되어서 LPGA 연례 미팅에서 발표하도록 데이터를 분석한다고 히지. 키미션너는, 자료를 활용하여 선수들의 평균 스코어를 가장 잘 예측하는 성적 예측점수(측도)를 만드는 것이 가능한지 요청하였다. 이 장과 그 전의 장에 있는 방법들을 사용하여 데이터를 분석하라. 당신이 분석한 것을 요약하는 보고서를 작성하되, 거기에는 핵심적인 통계 결과, 결론, 그리고 추천 내용을 포함하도록 하라.

사례문제 2. 이탈리아 피에몬테주의 포도주 점수 매기기

[DATA *file* WineRatings] *Wine Spectator*라는 와인 전문지는 와인산업에 관한 여러 가지 논문과 리뷰, 세계 곳곳의 와인에 대한 평가를 다룬다. 최근 발행을 보면, 이탈리아 피에몬테 지역의 와인 475가지를 100점 척도로 평가하였다. 다음은 *Wine Spectator*가 평가하는 등급이다.

점수	등급
95-100	Classic: 매우 좋은 와인
90-94	Outstanding: 아주 훌륭한 특성을 가진 와인
85-89	Very Good: 특별한 품질의 와인
80-84	Good: 명확히 잘 만들어진 와인
75-79	Medicore: 중간 정도. 약간의 흠이 있으나 마실만 함
74 이하	Not Recommended: 추천하지 않음

와인 소비자에게 가장 핵심적인 질문은 돈을 더 주면 더 좋은 와인을 사게 될까 하는 것이다. 피에몬테 지역의 와인에 대해서 이러한 질문을 조사하기 위해서 *Wine Spectator*가 리뷰한 475개 와인 중에서 100개를 표본으로 뽑았다. 데이터 파일의 자료에는 가격($)과 점수, 그리고 등급이 들어 있다.

경영 보고서

1. 포도주의 분류등급(classic, outstanding, very good, good, medicore, not recommended)별로 그 개수(빈도수)와 가격을 적은 표를 작성하라. 포도주 가격과 *Wine Spectator*의 등급 간에 어떤 관계가 보이는가? 데이터의 표 요약 속에 두드러지는 어떤 양상이 있는가?
2. 가격을 수평축으로하고 *Wine Spectator* 점수를 수직축으로 하여 산점도를 그려라. 가격과 점수의 관계가 선형으로 보이는가?
3. 선형회귀를 활용하여 추정회귀식을 하나 정하여 가격을 가지고 그 점수를 예측할 수 있도록 하라.
4. 2차 모형을 활용해 추정회귀식을 하나 정하여 가격을 가지고 그 점수를 예측할 수 있도록 하라.
5. 선형모형과 2차 모형의 데이터 적합성(data fitting)의 결과를 비교하라.
6. 2차 모형 대신에, 가격의 자연로그 변환을 독립변수로 하여 모형을 구축하라. 그것을 2차 모형과 비교하라.
7. 이러한 분석을 볼 때, 돈을 더 쓰면 더 좋은 와인을 살 수 있는가?
8. 와인 한 병을 사는 데 최대 $30라고 가정하라. 그러면 $30 가까이 돈을 들이면 그보다 훨씬 싼 가격의 와인을 사는 것보다 더 좋은 와인을 살 수 있는가?

연습문제 자료 출처

1장

2. Tablet PC Comparison website, February 28, 2013.
4. Consumer Reports, November 2012.
6. J.D. Power Initial Quality Survey, May 2012.
7. Kroger website, April 2012.
8. The Tennessean website, February 15, 2013.
11. Gallup website, June 14, 2013.
13. The Wall Street Journal, August 19, 2014.
16. Energy Information Administration website, April 2102.
22. Better Homes and Gardens Real Estate website, 2013.
23. Pew Research Center website, 2015.

2장

4. Nielsen Media Research website, April 16, 2012.
5. The World Almanac, 2012.
7. Airportsurvey website, July 2012
9. National Center for Education Statistics website, November 2014.
10. VirtualTourist website, February 25, 2013.
18. CBSSports.com website, February 25, 2013
19. The 2013 World Almanac.
20. The Wall Street Journal, February 14, 2012.
21. Quantcast.com website, December 2015.
22. The World Almanac, 2012.
23. The Wall Street Journal, August 26, 2013.
24. The Wall Street Journal website, November 2014.
25. America.EDU website, August 29, 2013.
29. The 2013 World Almanac.
30. The 2013 World Almanac.
33. Forbes website, February 2014.
35. Fuel Economy website, September 8, 2012.
41. The Wall Street Journal, January 10, 2012.
45. American Community Survey, 2013.
46. The World Almanac, 2012
47. The Wall Street Journal, March 10, 2011.
48. USA Today, April 16, 2012.
49. Yahoo Finance, November 2014.
50. U.S. Census Bureau website, 2013.
52. Fortune magazine website, February 25, 2013.
53. The World Almanac, 2012.
57. The Wall Street Journal, March 27, 2012.

사례문제 2. Box Office Mojo, March 17, 2012.

3장

7. Sterling's Best Places, April 13, 2012.
8. The Wall Street Journal, August 6, 2013.
9. Business Insider website, December 2014.
10. OutdoorGearLab website, February 27, 2013.
11. NEA website, April 2012.
12. The Big Bang Theory website, April 17, 2012.
14. Bureau of Labor Statistics website, April 20, 2012.
26. MSN Auto website, February 2, 2014.
28. Washington Post, January 27, 2012.
31. The Consumerist, January 20, 2012.
32. Advertising Age website, March 12, 2013.
40. Energy Information Administration, July 2012.
41. Magoosh website, January 5, 2015.
43. LA Times website, November 2012.
45. The Wall Street Journal, January 25–26, 2014.
53. Fortune, March 17, 2014.
54. U.S. Department of Transportation website, February 28, 2013.
59. National Fire Protection Association website, January 2015.
60. 1Stock1 website.
61. Kiplinger, October 2013.
62. Zagat.com, April 1, 2012.
63. USA Today, February 12, 2013.
64. El Paso Times, January 8, 2012.
65. Wall Street Journal, January 23, 2013.
66. Harvard Business Review, January–February 2013.
68. New York Times website, August 21, 2013.
69. Quick Service Restaurant Magazine website, August 2013.
71. Forbes website, February 28, 2014.
75. The Big Ditch, Mauer and Yu, 2011.

4장

- **10.** Forbes website, February 2014.
- **11.** Gallup.com, December 2015.
- **12.** Powerball website, November 29, 2012.
- **25.** Los Angeles Times, August 15, 2012.
- **27.** Pew Research Center website, October 2015.
- **35.** Money Magazine website, December 14, 2014.
- **36.** ESPN website.
- **37.** USA Today, September 24, 2012.
- **43.** National Hurricane Center website, August 21, 2012.
- **45.** Pew Research Internet Project, 2013.

5장

- **4.** U.S. Department of Labor website, 2012-02-10.
- **9.** Bureau of Labor Statistics website, 2015-12.
- **19.** Centers for Disease Control and Prevention website, 2012-01-12.
- **23.** Gallup website, 2012-08-06.
- **29.** J.P. Morgan Asset Management, Guide to the Markets, 1st Quarter, 2012.
- **34.** The Wall Street Journal, 2012-08-14.
- **35.** The Wall Street Journal, 2012-10-22.
- **37.** Pew Research Center website, 2014-12-15.
- **39.** Forbes website, 2014-12-15.
- **42.** Gallup website, 2012-09-12.
- **43.** Sysomos website, 2015-01-05.
- **48.** New York State Department of Motor Vehicles website.
- **50.** NOAA website, 2012-11-08.
- **51.** Digital Marketing Ramblings website, 2014-12-15.
- **54.** SOASTA website, 2012-10-24.
- **59.** USCG website, 2012-11-08.
- **64.** USA Today, 2014-03-26.
- **65.** CompleteTax website, 2012-11-09.
- **67.** PBS website, 2014-12-15.
- **68.** Mahoney Custom Homes website, 2012-11-13.

6장

- **5.** The Wall Street Journal, October 31, 2012.
- **6.** USA Today, July 30, 2012.
- **17.** Bureau of Transportation Statistics website, November 2, 2012.
- **18.** AAII Journal, February 2012.
- **19.** U.S. News & World Report website, January 5, 2015.
- **20.** Bloomberg Businessweek, March 5–March 11, 2012.
- **21.** Mensa International website, January 8, 2013.
- **22.** USA Today, November 11, 2009.
- **24.** The Associated Press, August 12, 2012.
- **28.** The Wall Street Journal, March 7, 2012.
- **32.** Mass.gov website, November 2012.
- **34.** The Wall Street Journal, March 12, 2012.
- **36.** Bloomberg Businessweek, March 5–March 11, 2012.
- **37.** USA Today, September 25, 2012.
- **39.** XO Group website, January 5, 2015.
- **41.** National Association of Colleges and Employers website, January 5, 2015.
- **43.** Bureau of Labor Statistics website, December 2015
- **45.** InformationWeek website and The Wall Street Journal website, January 5, 2015.

7장

- **11.** NFL website, October 24, 2012.
- **13.** Pew website, October 23, 2012.
- **21.** greenbuildingadvisor.com, December 4, 2015.
- **23.** Economic Policy Institute website, March 30, 2012.
- **25.** The Wall Street Journal, March 7, 2012.
- **33.** pewresearch.org, December 3, 2014.
- **35.** Natural Resources Defense Council, December 4, 2015.
- **40.** The Wall Street Journal, May 13, 2015.
- **42.** AAII website, March 27, 2014.
- **45.** Bloomberg Businessweek, October 8–14, 2012.

8장

- **7.** National Fire Protection Association, September 2015.
- **9.** HomeAdvisor website, December 2014)
- **19.** Numbeo.com website, December 14, 2014
- **20.** Insure. com website, March 6, 2014.
- **21.** Bloomberg Businessweek, March 4–9, 2014.
- **22.** The Hollywood Reporter, August 3, 2014.
- **28.** WebMD website, March 12, 2014.
- **29.** The Wall Street Journal, October 12, 2012.
- **30.** The United States Healthful Food Council, December 5, 2015.
- **35.** Pew Research Center website, December 5, 2015.

37. Rasmussen Reports website, October 26, 2012.
39. The Henry J. Kaiser Family Foundation website, December 5, 2015.
41. University of Michigan Transportation Research Institute website, April 7, 2012.
43. Pew Research Center website, April 1, 2014.
45. U.S. Census Bureau website, May 30, 2016.
47. ABC News website, May 27, 2016.
51. The Wall Street Journal, October 16, 2012.
53. SocialTimes website, December 4, 2015.
59. Pew Research website, November 6, 2012.
60. Rasmussen Reports website, November 4, 2012.
63. AEI website, December 4, 2015.

9장

5. Home Energy Report, Duke Energy, March 2012.
17. Bureau of Labor Statistics website, April 12, 2012.
18. NPD Group website, November 7, 2012.
19. The Cincinnati Enquirer, January 7, 2010.
27. Money.msn website, November 7, 2012.
29. The Cincinnati Enquirer, April 7, 2012.
31. Forbes, July 22, 2015.
33. Insure.com website, March 6, 2014.
37. BLS website, January 2014.
39. BLS website, January 2014.
41. The Wall Street Journal, October 5, 2012.
44. Reader's Digest, October 2012.
45. AAII website, November 12, 2012.
49. CNN.com, May 2016.
52. CNN website, November 13, 2012.
53. The Wall Street Journal, March 17, 2014.
54. The Guardian, February 15, 2013.
55. Education Planning Resources website, December 5, 2015.
57. Cincinnati Multiple Listing Service, April 2012.
58. Expedia website, December 6, 2015.
59. Bureau of Labor Statistics website, December 5, 2015.
60. The Cincinnati Enquirer, March 16, 2014.
61. The Cincinnati Enquirer, November 6, 2012.
63. USA Today, November 16, 2012.

사례문제 2. Chronicle of Higher Education, February 10, 2009.

10장

7. Consumer Reports, March 2012.
13. Money, April 2012.
15. Lodging Magazine website, June 15, 2016.
25. The World Almanac, 2012.
31. Forbes website, April 10, 2012.
32. San Francisco Chronicle website, February 21, 2013.
33. United States Election Project website, February 9, 2013.
36. Naples Daily News, March 22, 2012.
37. USA Today, February 16, 2012.
39. Statista website, June 15, 2016.
43. USA Today, April 4, 2012.
47. AAII Journal, February 2009.

11장

5. USA Today, March 29, 2012.
7. Charles Schwab website, January 2012
11. The Graduate Management Admission Council's official website of the GMAT, June 17, 2016.
21. The Wall Street Journal, March 7, 2012.
31. Golfweek website, June 17, 2016.

12장

4. M&M website, March 2012.
5. Harris Poll website, June 22, 2016.
11. the Henry J. Kaiser Family Foundation website, June 23, 2016.
13. The Wall Street Journal website, June 23, 2016.
19. Bureau of Transportation Statistics, March 2012
23. USA Today, February 8, 2012.
25. USA Today, April 16, 2012.
27. Motor Trend, November2, 2011.
33. The Art Newspaper, April 2012.

13장

12. Consumer Reports website.
20. The Biz of Baseball website.
25. OhioGasPrices.com website, March 18, 2012.
37. U.S. Census Bureau website, April 2015.
41. TV by the Numbers website, June 29, 2016.
42. ESPN website, January 12, 2012.

14장

6. NFL website, February 12, 2012.

8. AAII website, February 7, 2012.

9. Auto Rental News website, August 7, 2012.

10. WineX website, June 2016.

11. Consumer Reports website, October 25, 2012.

12. Yahoo Finance website, June 30, 2016.

14. Consumer Reports website, April 17, 2012.

18. Consumer Reports website, March 5, 2012.

20. Bicycling website, March 8, 2012.

22. Auto Rental News website, August 7, 2012.

26. Consumer Reports website, March 5, 2012.

27. Business Insider website, November 8, 2013.

28. AAII website, February 7, 2012.

30. Auto Rental News website, August 7, 2012.

31. Bicycling website, March 8, 2012.

39. The Wall Street Journal, August 18, 2011.

43. The Wall Street Journal, May 17, 2012.

44. SoloRacer website, April 20, 2008.

45. Barron's website, April 17, 2012.

50. PriceHub website, February 24, 2012.

사례문제 3. Consumer Reports website, February 7, 2012.

15장

7. OPM website, July 6, 2016.

9. PGA Tour website, November 1, 2012.

17. PGA Tour website, November 1, 2012.

31. AAII website, February 7, 2012.

37. Best Buy website, July 26, 2016.

44. Fortune, February 6, 2012.

46. The Tire Rack website, August 1, 2016.

사례문제 2. NASCAR website, February 28, 2011.

사례문제 3. Consumer Reports website, April 18, 2012.

16장

7. Home Depot website, September 5, 2016

9. Rotten Tomatoes website, September 4, 2016

12. CBS Sports website, 2013

15. Wyoming Public Service Commission website, August 21, 2016

26. Barron's, April 2, 2012

27. Consumer Reports website, February 2009

32. Department of Energy website, April 16, 2012

사례문제 1. LPGA website, May 2013

부록 A. 참고문헌

General

Freedman, D., R. Pisani, and R. Purves. *Statistics*, 4th ed. W. W. Norton, 2007.

Hogg, R. V., and E. A. Tanis. *Probability and Statistical Inference*, 8th ed. Prentice Hall, 2009.

McKean, J. W., R. V. Hogg, and A. T. Craig. *Introduction to Mathematical Statistics*, 7th ed. Prentice Hall, 2012.

Miller, I., and M. Miller. John E. *Freund's Mathematical Statistics*, 7th ed. Pearson, 2003.

Moore, D. S., G. P. McCabe, and B. Craig. *Introduction to the Practice of Statistics*, 7th ed. Freeman, 2010.

Wackerly, D. D., W. Mendenhall, and R. L. Scheaffer. *Mathematical Statistics with Applications*, 7th ed. Cengage Learning, 2007.

Experimental Design

Cochran, W. G., and G. M. Cox. *Experimental Designs*, 2nd ed. Wiley, 1992.

Hicks, C. R., and K. V. Turner. *Fundamental Concepts in the Design of Experiments*, 5th ed. Oxford University Press, 1999.

Montgomery, D. C. *Design and Analysis of Experiments*, 8th ed. Wiley, 2012.

Winer, B. J., K. M. Michels, and D. R. Brown. *Statistical Principles in Experimental Design*, 3rd ed. McGraw-Hill, 1991.

Wu, C. F. Jeff, and M. Hamada. *Experiments: Planning, Analysis, and Optimization*, 2nd ed. Wiley, 2009.

Time Series and Forecasting

Bowerman, B. L., and R. T. O'Connell. *Forecasting and Time Series: An Applied Approach*, 3rd ed. Brooks/Cole, 2000.

Box, G. E. P., G. M. Jenkins, and G. C. Reinsel. *Time Series Analysis. Forecasting and Control*, 4th ed. Wiley, 2008.

Makridakis, S. G., S. C. Wheelwright, and R. J. Hyndman. *Forecasting Methods and Applications*, 3rd ed. Wiley, 1997.

Wilson, J. H., B. Keating, and John Galt Solutions, Inc. *Business Forecasting with Accompanying Excel-Based Forecast XTM*, 5th ed. McGraw-Hill/Irwin, 2007.

Nonparametric Methods

Conover, W. J. *Practical Nonparametric Statistics*, 3rd ed. Wiley, 1999.

Gibbons, J. D., and S. Chakraborti. *Nonparametric Statistical Inference*, 5th ed. CRC Press, 2010.

Higgins, J. J. *Introduction to Modern Nonparametric Statistics*. Thomson-Brooks/Cole, 2004.

Hollander, M., and D. A. Wolfe. *Non-Parametric Statistical Methods*, 2nd ed. Wiley, 1999.

Probability

Hogg, R. V., and E. A. Tanis. *Probability and Statistical Inference*, 8th ed. Prentice Hall, 2009.

Ross, S. M. *Introduction to Probability Models*, 10th ed. Academic Press, 2009.

Wackerly, D. D., W. Mendenhall, and R. L. Scheaffer. *Mathematical Statistics with Applications*, 7th ed. Cengage Learning, 2007.

Quality Control

DeFeo, J. A., and J. M. Juran, *Juran's Quality Handbook*, 6th ed. McGraw-Hill, 2010.

Evans, J. R., and W. M. Lindsay. *The Management and Control of Quality*, 6th ed. South-Western, 2006.

Montgomery, D. C. *Introduction to Statistical Quality Control*, 6th ed. Wiley, 2008.

Regression Analysis

Chatterjee, S., and A. S. Hadi. *Regression Analysis by Example*, 4th ed. Wiley, 2006.

Draper, N. R., and H. Smith. *Applied Regression Analysis*, 3rd ed. Wiley, 1998.

Graybill, F. A., and H. K. Iyer. *Regression Analysis: Concepts and Applications*. Wadsworth, 1994.

Kleinbaum, D. G., L. L. Kupper, and K. E. Muller. *Applied Regression Analysis and Multivariate Methods*, 4th ed. Cengage Learning, 2007.

Neter, J., W. Wasserman, M. H. Kutner, and C. Nashtsheim. *Applied Linear Statistical Models*, 5th ed. McGraw-Hill, 2004.

Mendenhall, M., T. Sincich, and T. R. Dye. *A Second Course in Statistics: Regression Analysis*, 7th ed. Prentice Hall, 2011.

Decision Analysis

Clemen, R. T., and T. Reilly. *Making Hard Decisions with Decision Tools*. Cengage Learning, 2004.

Goodwin, P., and G. Wright. *Decision Analysis for Management Judgment*, 4th ed. Wiley, 2010.

Pratt, J. W., H. Raiffa, and R. Schlaifer. *Introduction to Statistical Decision Theory*. MIT Press, 1995.

Sampling

Cochran, W. G. *Sampling Techniques*, 3rd ed. Wiley, 1977.

Hansen, M. H., W. N. Hurwitz, W. G. Madow, and M. N. Hanson. *Sample Survey Methods and Theory*. Wiley, 1993.

Kish, L. *Survey Sampling*. Wiley, 2008.

Levy, P. S., and S. Lemeshow. *Sampling of Populations: Methods and Applications*, 4th ed. Wiley, 2009.

Scheaffer, R. L., W. Mendenhall, and L. Ott. *Elementary Survey Sampling*, 7th ed. Duxbury Press, 2011.

Data Visualization

Cleveland, W. S. *Visualizing Data*. Hobart Press, 1993.

Cleveland, W. S. The *Elements of Graphing Data*, 2nd ed. Hobart Press, 1994.

Few, S. *Show Me the Numbers: Designing Tables and Graphs to Enlighten*. Analytics Press, 2004.

Few, S. *Information Dashboard Design: The Effective Visual Communication of Data*. O'Reilly Media, 2006.

Few, S. *Now You See It: Simple Visualization Techniques for Quantitative Analysis*. Analytics Press, 2009.

Fry, B. *Visualizing Data: Exploring and Explaining Data with the Processing Environment*. O'Reilly Media, 2008.

Robbins, N. B. *Creating More Effective Graphs*. Wiley, 2004.

Telea, A. C. *Data Visualization Principles and Practice*. A. K. Peters Ltd., 2008.

Tufte, E. R. *Envisioning Information*. Graphics Press, 1990.

Tufte, E. R. *The Visual Display of Quantitative Information*, 2nd ed. Graphics Press, 1990.

Tufte, E. R. *Visual Explanations: Images and Quantities, Evidence and Narrative*. Graphics Press, 1997.

Tufte, E. R. *Visual and Statistical Thinking: Displays of Evidence for Making Decisions*. Graphics Press, 1997.

Tufte, E. R. *Beautiful Evidence*. Graphics Press, 2006.

Wong, D. M. *The Wall Street Journal Guide to Information Graphics*. W. W. Norton & Company, 2010.

Young, F. W., P. M. Valero-Mora, and M. Friendly. *Visual Statistics: Seeing Data with Dynamic Interactive Graphics*. Wiley, 2006.

부록 B. 각종 표

〈표 A-1〉 표준정규분포의 누적확률

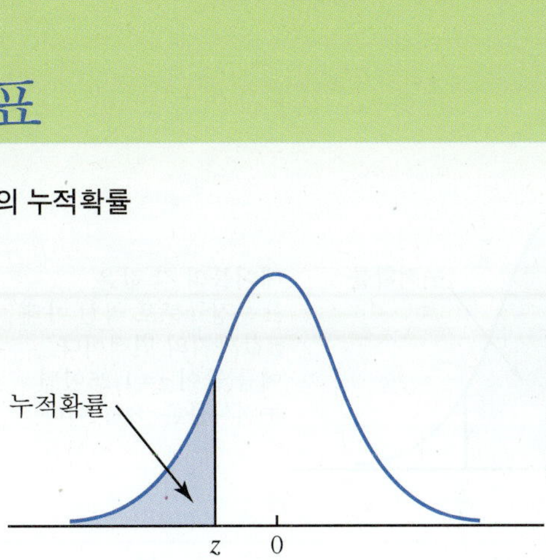

테이블의 각 값은
표준정규분포 곡선 아래
z-값까지의 면적이다.
예를 들어 $z=-.85$이면
누적확률은 .1977이다.

z	.00	.01	.02	.03	.04	.05	.06	.07	.08	.09
−3.0	.0013	.0013	.0013	.0012	.0012	.0011	.0011	.0011	.0010	.0010
−2.9	.0019	.0018	.0018	.0017	.0016	.0016	.0015	.0015	.0014	.0014
−2.8	.0026	.0025	.0024	.0023	.0023	.0022	.0021	.0021	.0020	.0019
−2.7	.0035	.0034	.0033	.0032	.0031	.0030	.0029	.0028	.0027	.0026
−2.6	.0047	.0045	.0044	.0043	.0041	.0040	.0039	.0038	.0037	.0036
−2.5	.0062	.0060	.0059	.0057	.0055	.0054	.0052	.0051	.0049	.0048
−2.4	.0082	.0080	.0078	.0075	.0073	.0071	.0069	.0068	.0066	.0064
−2.3	.0107	.0104	.0102	.0099	.0096	.0094	.0091	.0089	.0087	.0084
−2.2	.0139	.0136	.0132	.0129	.0125	.0122	.0119	.0116	.0113	.0110
−2.1	.0179	.0174	.0170	.0166	.0162	.0158	.0154	.0150	.0146	.0143
−2.0	.0228	.0222	.0217	.0212	.0207	.0202	.0197	.0192	.0188	.0183
−1.9	.0287	.0281	.0274	.0268	.0262	.0256	.0250	.0244	.0239	.0233
−1.8	.0359	.0351	.0344	.0336	.0329	.0322	.0314	.0307	.0301	.0294
−1.7	.0446	.0436	.0427	.0418	.0409	.0401	.0392	.0384	.0375	.0367
−1.6	.0548	.0537	.0526	.0516	.0505	.0495	.0485	.0475	.0465	.0455
−1.5	.0668	.0655	.0643	.0630	.0618	.0606	.0594	.0582	.0571	.0559
−1.4	.0808	.0793	.0778	.0764	.0749	.0735	.0721	.0708	.0694	.0681
−1.3	.0968	.0951	.0934	.0918	.0901	.0885	.0869	.0853	.0838	.0823
−1.2	.1151	.1131	.1112	.1093	.1075	.1056	.1038	.1020	.1003	.0985
−1.1	.1357	.1335	.1314	.1292	.1271	.1251	.1230	.1210	.1190	.1170
−1.0	.1587	.1562	.1539	.1515	.1492	.1469	.1446	.1423	.1401	.1379
−.9	.1841	.1814	.1788	.1762	.1736	.1711	.1685	.1660	.1635	.1611
−.8	.2119	.2090	.2061	.2033	.2005	.1977	.1949	.1922	.1894	.1867
−.7	.2420	.2389	.2358	.2327	.2296	.2266	.2236	.2206	.2177	.2148
−.6	.2743	.2709	.2676	.2643	.2611	.2578	.2546	.2514	.2483	.2451
−.5	.3085	.3050	.3015	.2981	.2946	.2912	.2877	.2843	.2810	.2776
−.4	.3446	.3409	.3372	.3336	.3300	.3264	.3228	.3192	.3156	.3121
−.3	.3821	.3783	.3745	.3707	.3669	.3632	.3594	.3557	.3520	.3483
−.2	.4207	.4168	.4129	.4090	.4052	.4013	.3974	.3936	.3897	.3859
−.1	.4602	.4562	.4522	.4483	.4443	.4404	.4364	.4325	.4286	.4247
−.0	.5000	.4960	.4920	.4880	.4840	.4801	.4761	.4721	.4681	.4641

〈표 A-1〉 표준정규분포의 누적확률 〈계속〉

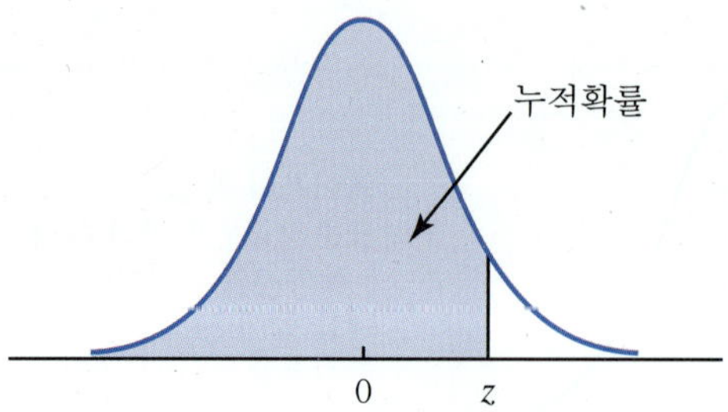

테이블의 각 값은
표준정규분포 곡선 아래
z-값까지의 면적이다.
예를 들어 $z=1.25$이면
누적확률은 .8944이다.

z	.00	.01	.02	.03	.04	.05	.06	.07	.08	.09
.0	.5000	.5040	.5080	.5120	.5160	.5199	.5239	.5279	.5319	.5359
.1	.5398	.5438	.5478	.5517	.5557	.5596	.5636	.5675	.5714	.5753
.2	.5793	.5832	.5871	.5910	.5948	.5987	.6026	.6064	.6103	.6141
.3	.6179	.6217	.6255	.6293	.6331	.6368	.6406	.6443	.6480	.6517
.4	.6554	.6591	.6628	.6664	.6700	.6736	.6772	.6808	.6844	.6879
.5	.6915	.6950	.6985	.7019	.7054	.7088	.7123	.7157	.7190	.7224
.6	.7257	.7291	.7324	.7357	.7389	.7422	.7454	.7486	.7517	.7549
.7	.7580	.7611	.7642	.7673	.7704	.7734	.7764	.7794	.7823	.7852
.8	.7881	.7910	.7939	.7967	.7995	.8023	.8051	.8078	.8106	.8133
.9	.8159	.8186	.8212	.8238	.8264	.8289	.8315	.8340	.8365	.8389
1.0	.8413	.8438	.8461	.8485	.8508	.8531	.8554	.8577	.8599	.8621
1.1	.8643	.8665	.8686	.8708	.8729	.8749	.8770	.8790	.8810	.8830
1.2	.8849	.8869	.8888	.8907	.8925	.8944	.8962	.8980	.8997	.9015
1.3	.9032	.9049	.9066	.9082	.9099	.9115	.9131	.9147	.9162	.9177
1.4	.9192	.9207	.9222	.9236	.9251	.9265	.9279	.9292	.9306	.9319
1.5	.9332	.9345	.9357	.9370	.9382	.9394	.9406	.9418	.9429	.9441
1.6	.9452	.9463	.9474	.9484	.9495	.9505	.9515	.9525	.9535	.9545
1.7	.9554	.9564	.9573	.9582	.9591	.9599	.9608	.9616	.9625	.9633
1.8	.9641	.9649	.9656	.9664	.9671	.9678	.9686	.9693	.9699	.9706
1.9	.9713	.9719	.9726	.9732	.9738	.9744	.9750	.9756	.9761	.9767
2.0	.9772	.9778	.9783	.9788	.9793	.9798	.9803	.9808	.9812	.9817
2.1	.9821	.9826	.9830	.9834	.9838	.9842	.9846	.9850	.9854	.9857
2.2	.9861	.9864	.9868	.9871	.9875	.9878	.9881	.9884	.9887	.9890
2.3	.9893	.9896	.9898	.9901	.9904	.9906	.9909	.9911	.9913	.9916
2.4	.9918	.9920	.9922	.9925	.9927	.9929	.9931	.9932	.9934	.9936
2.5	.9938	.9940	.9941	.9943	.9945	.9946	.9948	.9949	.9951	.9952
2.6	.9953	.9955	.9956	.9957	.9959	.9960	.9961	.9962	.9963	.9964
2.7	.9965	.9966	.9967	.9968	.9969	.9970	.9971	.9972	.9973	.9974
2.8	.9974	.9975	.9976	.9977	.9977	.9978	.9979	.9979	.9980	.9981
2.9	.9981	.9982	.9982	.9983	.9984	.9984	.9985	.9985	.9986	.9986
3.0	.9987	.9987	.9987	.9988	.9988	.9989	.9989	.9989	.9990	.9990

〈표 A-2〉 t-분포

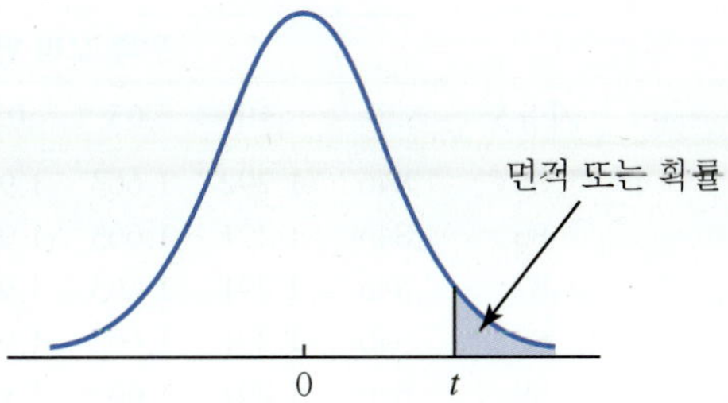

테이블의 각 값은 t-분포의 우측 꼬리의 면적 또는 확률에 해당하는 t-값이다.
예를 들어 자유도가 10인 경우 우측 꼬리 면적이 .05이면 $t_{.05}$=1.812이다.

	우측 꼬리 면적					
자유도	.20	.10	.05	.025	.01	0.005
1	1.376	3.078	6.314	12.706	31.821	63.656
2	1.061	1.886	2.920	4.303	6.965	9.925
3	.978	1.638	2.353	3.182	4.541	5.841
4	.941	1.533	2.132	2.776	3.747	4.604
5	.920	1.476	2.015	2.571	3.365	4.032
6	.906	1.440	1.943	2.447	3.143	3.707
7	.896	1.415	1.895	2.365	2.998	3.499
8	.889	1.397	1.860	2.306	2.896	3.355
9	.883	1.383	1.833	2.262	2.821	3.250
10	.879	1.372	1.812	2.228	2.764	3.169
11	.876	1.363	1.796	2.201	2.718	3.106
12	.873	1.356	1.782	2.179	2.681	3.055
13	.870	1.350	1.771	2.160	2.650	3.012
14	.868	1.345	1.761	2.145	2.624	2.977
15	.866	1.341	1.753	2.131	2.602	2.947
16	.865	1.337	1.746	2.120	2.583	2.921
17	.863	1.333	1.740	2.110	2.567	2.898
18	.862	1.330	1.734	2.101	2.552	2.878
19	.861	1.328	1.729	2.093	2.539	2.861
20	.860	1.325	1.725	2.086	2.528	2.845
21	.859	1.323	1.721	2.080	2.518	2.831
22	.858	1.321	1.717	2.074	2.508	2.819
23	.858	1.319	1.714	2.069	2.500	2.807
24	.857	1.318	1.711	2.064	2.492	2.797
25	.856	1.316	1.708	2.060	2.485	2.787
26	.856	1.315	1.706	2.056	2.479	2.779
27	.855	1.314	1.703	2.052	2.473	2.771
28	.855	1.313	1.701	2.048	2.467	2.763
29	.854	1.311	1.699	2.045	2.462	2.756
30	.854	1.310	1.697	2.042	2.457	2.750
31	.853	1.309	1.696	2.040	2.453	2.744
32	.853	1.309	1.694	2.037	2.449	2.738
33	.853	1.308	1.692	2.035	2.445	2.733
34	.852	1.307	1.691	2.032	2.441	2.728

	우측 꼬리 면적					
자유도	.20	.10	.05	.025	.01	0.005
35	.852	1.306	1.690	2.030	2.438	2.724
36	.852	1.306	1.688	2.028	2.434	2.719
37	.851	1.305	1.687	2.026	2.431	2.715
38	.851	1.304	1.686	2.024	2.429	2.712
39	.851	1.304	1.685	2.023	2.426	2.708
40	.851	1.303	1.684	2.021	2.423	2.704
41	.850	1.303	1.683	2.020	2.421	2.701
42	.850	1.302	1.682	2.018	2.418	2.698
43	.850	1.302	1.681	2.017	2.416	2.695
44	.850	1.301	1.680	2.015	2.414	2.692
45	.850	1.301	1.679	2.014	2.412	2.690
46	.850	1.300	1.679	2.013	2.410	2.687
47	.849	1.300	1.678	2.012	2.408	2.685
48	.849	1.299	1.677	2.011	2.407	2.682
49	.849	1.299	1.677	2.010	2.405	2.680
50	.849	1.299	1.676	2.009	2.403	2.678
51	.849	1.298	1.675	2.008	2.402	2.676
52	.849	1.298	1.675	2.007	2.400	2.674
53	.848	1.298	1.674	2.006	2.399	2.672
54	.848	1.297	1.674	2.005	2.397	2.670
55	.848	1.297	1.673	2.004	2.396	2.668
56	.848	1.297	1.673	2.003	2.395	2.667
57	.848	1.297	1.672	2.002	2.394	2.665
58	.848	1.296	1.672	2.002	2.392	2.663
59	.848	1.296	1.671	2.001	2.391	2.662
60	.848	1.296	1.671	2.000	2.390	2.660
61	.848	1.296	1.670	2.000	2.389	2.659
62	.847	1.295	1.670	1.999	2.388	2.657
63	.847	1.295	1.669	1.998	2.387	2.656
64	.847	1.295	1.669	1.998	2.386	2.655
65	.847	1.295	1.669	1.997	2.385	2.654
66	.847	1.295	1.668	1.997	2.384	2.652
67	.847	1.294	1.668	1.996	2.383	2.651
68	.847	1.294	1.668	1.995	2.382	2.650
69	.847	1.294	1.667	1.995	2.382	2.649

〈표 A-2〉 t-분포 〈계속〉

	우측 꼬리 면적					
자유도	.20	.10	.05	.025	.01	0.005
70	.847	1.294	1.667	1.994	2.381	2.648
71	.847	1.294	1.667	1.994	2.380	2.647
72	.847	1.293	1.666	1.993	2.379	2.646
73	.847	1.293	1.666	1.993	2.379	2.645
74	.847	1.293	1.666	1.993	2.378	2.644
75	.846	1.293	1.665	1.992	2.377	2.643
76	.846	1.293	1.665	1.992	2.376	2.642
77	.846	1.293	1.665	1.991	2.376	2.641
78	.846	1.292	1.665	1.991	2.375	2.640
79	.846	1.292	1.664	1.990	2.374	2.639
80	.846	1.292	1.664	1.990	2.374	2.639
81	.846	1.292	1.664	1.990	2.373	2.638
82	.846	1.292	1.664	1.989	2.373	2.637
83	.846	1.292	1.663	1.989	2.372	2.636
84	.846	1.292	1.663	1.989	2.372	2.636

	우측 꼬리 면적					
자유도	.20	.10	.05	.025	.01	0.005
85	.846	1.292	1.663	1.988	2.371	2.635
86	.846	1.291	1.663	1.988	2.370	2.634
87	.846	1.291	1.663	1.988	2.370	2.634
88	.846	1.291	1.662	1.987	2.369	2.633
89	.846	1.291	1.662	1.987	2.369	2.632
90	.846	1.291	1.662	1.987	2.368	2.632
91	.846	1.291	1.662	1.986	2.368	2.631
92	.846	1.291	1.662	1.986	2.368	2.630
93	.846	1.291	1.661	1.986	2.367	2.630
94	.845	1.291	1.661	1.986	2.367	2.629
95	.845	1.291	1.661	1.985	2.366	2.629
96	.845	1.290	1.661	1.985	2.366	2.628
97	.845	1.290	1.661	1.985	2.365	2.627
98	.845	1.290	1.661	1.984	2.365	2.627
99	.845	1.290	1.660	1.984	2.364	2.626
100	.845	1.290	1.660	1.984	2.364	2.626
∞	.842	1.282	1.645	1.960	2.326	2.576

〈표 A-3〉 카이제곱분포

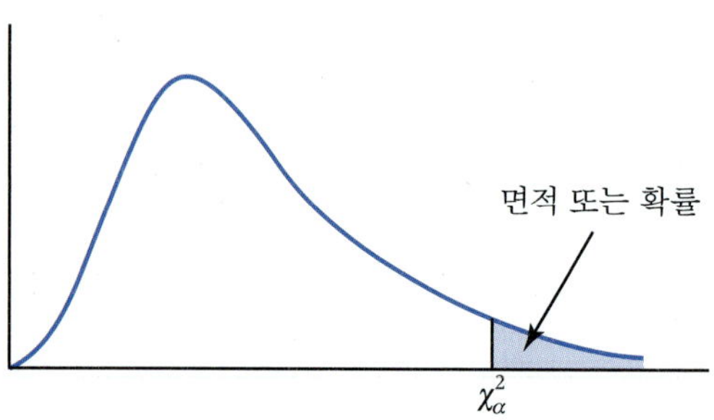

테이블의 각 값은 χ^2_α-값이다.
α는 카이제곱분포의
우측 꼬리 면적(확률)이다.
예를 들어 자유도가 10인 경우
우측 꼬리 면적이 .01이면
$\chi^2_{.01}$=23.209이다.

	우측 꼬리 면적									
자유도	.995	.99	.975	.95	.90	.10	.05	.025	.01	.005
1	.000	.000	.001	.004	.016	2.706	3.841	5.024	6.635	7.879
2	.010	.020	.051	.103	.211	4.605	5.991	7.378	9.210	10.597
3	.072	.115	.216	.352	.584	6.251	7.815	9.348	11.345	12.838
4	.207	.297	.484	.711	1.064	7.779	9.488	11.143	13.277	14.860

〈표 A-3〉 카이제곱분포 〈계속〉

자유도	우측 꼬리 면적									
	.995	.99	.975	.95	.90	.10	.05	.025	.01	.005
5	.412	.554	.831	1.145	1.610	9.236	11.070	12.832	15.086	16.750
6	.676	.872	1.237	1.635	2.204	10.645	12.592	14.449	16.812	18.548
7	.989	1.239	1.690	2.167	2.833	12.017	14.067	16.013	18.475	20.278
8	1.344	1.647	2.180	2.733	3.490	13.362	15.507	17.535	20.090	21.955
9	1.735	2.088	2.700	3.325	4.168	14.684	16.919	19.023	21.666	23.589
10	2.156	2.558	3.247	3.940	4.865	15.987	18.307	20.483	23.209	25.188
11	2.603	3.053	3.816	4.575	5.578	17.275	19.675	21.920	24.725	26.757
12	3.074	3.571	4.404	5.226	6.304	18.549	21.026	23.337	26.217	28.300
13	3.565	4.107	5.009	5.892	7.041	19.812	22.362	24.736	27.688	29.819
14	4.075	4.660	5.629	6.571	7.790	21.064	23.685	26.119	29.141	31.319
15	4.601	5.229	6.262	7.261	8.547	22.307	24.996	27.488	30.578	32.801
16	5.142	5.812	6.908	7.962	9.312	23.542	26.296	28.845	32.000	34.267
17	5.697	6.408	7.564	8.672	10.085	24.769	27.587	30.191	33.409	35.718
18	6.265	7.015	8.231	9.390	10.865	25.989	28.869	31.526	34.805	37.156
19	6.844	7.633	8.907	10.117	11.651	27.204	30.144	32.852	36.191	38.582
20	7.434	8.260	9.591	10.851	12.443	28.412	31.410	34.170	37.566	39.997
21	8.034	8.897	10.283	11.591	13.240	29.615	32.671	35.479	38.932	41.401
22	8.643	9.542	10.982	12.338	14.041	30.813	33.924	36.781	40.289	42.796
23	9.260	10.196	11.689	13.091	14.848	32.007	35.172	38.076	41.638	44.181
24	9.886	10.856	12.401	13.848	15.659	33.196	36.415	39.364	42.980	45.558
25	10.520	11.524	13.120	14.611	16.473	34.382	37.652	40.646	44.314	46.928
26	11.160	12.198	13.844	15.379	17.292	35.563	38.885	41.923	45.642	48.290
27	11.808	12.878	14.573	16.151	18.114	36.741	40.113	43.195	46.963	49.645
28	12.461	13.565	15.308	16.928	18.939	37.916	41.337	44.461	48.278	50.994
29	13.121	14.256	16.047	17.708	19.768	39.087	42.557	45.722	49.588	52.335
30	13.787	14.953	16.791	18.493	20.599	40.256	43.773	46.979	50.892	53.672
35	17.192	18.509	20.569	22.465	24.797	46.059	49.802	53.203	57.342	60.275
40	20.707	22.164	24.433	26.509	29.051	51.805	55.758	59.342	63.691	66.766
45	24.311	25.901	28.366	30.612	33.350	57.505	61.656	65.410	69.957	73.166
50	27.991	29.707	32.357	34.764	37.689	63.167	67.505	71.420	76.154	79.490
55	31.735	33.571	36.398	38.958	42.060	68.796	73.311	77.380	82.292	85.749
60	35.534	37.485	40.482	43.188	46.459	74.397	79.082	83.298	88.379	91.952
65	39.383	41.444	44.603	47.450	50.883	79.973	84.821	89.177	94.422	98.105
70	43.275	45.442	48.758	51.739	55.329	85.527	90.531	95.023	100.425	104.215
75	47.206	49.475	52.942	56.054	59.795	91.061	96.217	100.839	106.393	110.285
80	51.172	53.540	57.153	60.391	64.278	96.578	101.879	106.629	112.329	116.321
85	55.170	57.634	61.389	64.749	68.777	102.079	107.522	112.393	118.236	122.324
90	59.196	61.754	65.647	69.126	73.291	107.565	113.145	118.136	124.116	128.299
95	63.250	65.898	69.925	73.520	77.818	113.038	118.752	123.858	129.973	134.247
100	67.328	70.065	74.222	77.929	82.358	118.498	124.342	129.561	135.807	140.170

〈표 A-4〉 *F*-분포

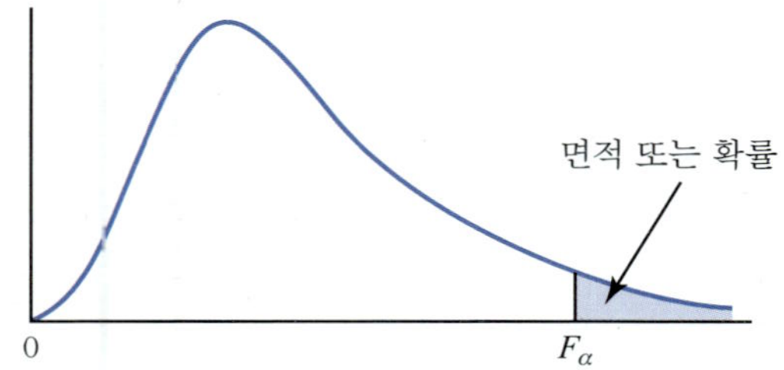

테이블의 각 값은 F_α-값이다.
α는 *F*-분포의 우측 꼬리 면적(확률)이다.
예를 들어 분자 자유도가 4이고, 분모 자유도가 8인 경우 우측 꼬리 면적이 .05이면 $F_{.05}$=3.84이다.

분모의 자유도	우측 꼬리 면적	분자의 자유도																	
		1	2	3	4	5	6	7	8	9	10	15	20	25	30	40	60	100	1000
1	.10	39.86	49.50	53.59	55.83	57.24	58.20	58.91	59.44	59.86	60.19	61.22	61.74	62.05	62.26	62.53	62.79	63.01	63.30
	.05	161.45	199.50	215.71	224.58	230.16	233.99	236.77	238.88	240.54	241.88	245.95	248.02	249.26	250.10	251.14	252.20	253.04	254.19
	.025	647.79	799.48	864.15	899.60	921.83	937.11	948.20	956.64	963.28	968.63	984.87	993.08	998.09	1001.40	1005.60	1009.79	1013.16	1017.76
	.01	4052.18	4999.34	5403.53	5624.26	5763.96	5858.95	5928.33	5980.95	6022.40	6055.93	6156.97	6208.66	6239.86	6260.35	6286.43	6312.97	6333.92	6362.80
2	.10	8.53	9.00	9.16	9.24	9.29	9.33	9.35	9.37	9.38	9.39	9.42	9.44	9.45	9.46	9.47	9.47	9.48	9.49
	.05	18.51	19.00	19.16	19.25	19.30	19.33	19.35	19.37	19.38	19.40	19.43	19.45	19.46	19.46	19.47	19.48	19.49	19.49
	.025	38.51	39.00	39.17	39.25	39.30	39.33	39.36	39.37	39.39	39.40	39.43	39.45	39.46	39.46	39.47	39.48	39.49	39.50
	.01	98.50	99.00	99.16	99.25	99.30	99.33	99.36	99.38	99.39	99.40	99.43	99.45	99.46	99.47	99.48	99.48	99.49	99.50
3	.10	5.54	5.46	5.39	5.34	5.31	5.28	5.27	5.25	5.24	5.23	5.20	5.18	5.17	5.17	5.16	5.15	5.14	5.13
	.05	10.13	9.55	9.28	9.12	9.01	8.94	8.89	8.85	8.81	8.79	8.70	8.66	8.63	8.62	8.59	8.57	8.55	8.53
	.025	17.44	16.04	15.44	15.10	14.88	14.73	14.62	14.54	14.47	14.42	14.25	14.17	14.12	14.08	14.04	13.99	13.96	13.91
	.01	34.12	30.82	29.46	28.71	28.24	27.91	27.67	27.49	27.34	27.23	26.87	26.69	26.58	26.50	26.41	26.32	26.24	26.14
4	.10	4.54	4.32	4.19	4.11	4.05	4.01	3.98	3.95	3.94	3.92	3.87	3.84	3.83	3.82	3.80	3.79	3.78	3.76
	.05	7.71	6.94	6.59	6.39	6.26	6.16	6.09	6.04	6.00	5.96	5.86	5.80	5.77	5.75	5.72	5.69	5.66	5.63
	.025	12.22	10.65	9.98	9.60	9.36	9.20	9.07	8.98	8.90	8.84	8.66	8.56	8.50	8.46	8.41	8.36	8.32	8.26
	.01	21.20	18.00	16.69	15.98	15.52	15.21	14.98	14.80	14.66	14.55	14.20	14.02	13.91	13.84	13.75	13.65	13.58	13.47
5	.10	4.06	3.78	3.62	3.52	3.45	3.40	3.37	3.34	3.32	3.30	3.324	3.21	3.19	3.17	3.16	3.14	3.13	3.11
	.05	6.61.	5.79	5.41	5.19	5.05	4.95	4.88	4.82	4.77	4.74	4.62	4.56	4.52	4.50	4.46	4.43	4.41	4.37
	.025	10.01	8.43	7.76	7.39	7.15	6.98	6.85	6.76	6.68	6.62	6.43	6.33	6.27	6.23	6.18	6.12	6.08	6.02
	.01	16.26	13.27	12.06	11.39	10.97	10.67	10.46	10.29	10.16	10.05	9.72	9.55	9.45	9.38	9.29	9.20	9.13	9.03

〈표 A-4〉 *F*-분포 〈계속〉

분모의 자유도	우측 꼬리 면적	1	2	3	4	5	6	7	8	9	10	15	20	25	30	40	60	100	1000
		분자의 자유도																	
6	.10	3.78	3.46	3.29	3.18	3.11	3.05	3.01	2.98	2.96	2.94	2.87	2.84	2.81	2.80	2.78	2.76	2.75	2.72
	.05	5.99	5.14	4.76	4.53	4.39	4.28	4.21	4.15	4.10	4.06	3.94	3.87	3.83	3.81	3.77	3.74	3.71	3.67
	.025	8.81	7.26	6.60	6.23	5.99	5.82	5.70	5.60	5.52	5.46	5.27	5.17	5.11	5.07	5.01	4.96	4.92	4.86
	.01	13.75	10.92	9.78	9.15	8.75	8.47	8.26	8.10	7.98	7.87	7.56	7.40	7.30	7.23	7.14	7.06	6.99	6.89
7	.10	3.59	3.26	3.07	2.96	2.88	2.83	2.78	2.75	2.72	2.70	2.63	2.59	2.57	2.56	2.54	2.51	2.50	2.47
	.05	5.59	4.74	4.35	4.12	3.97	3.87	3.79	3.73	3.68	3.64	3.51	3.44	3.40	3.38	3.34	3.30	3.27	3.23
	.025	8.07	6.54	5.89	5.52	5.29	5.12	4.99	4.90	4.82	4.76	4.57	4.47	4.40	4.36	4.31	4.25	4.21	4.15
	.01	12.25	9.55	8.45	7.85	7.46	7.19	6.99	6.84	6.72	6.62	6.31	6.16	6.06	5.99	5.91	5.82	5.75	5.66
8	.10	3.46	3.11	2.92	2.81	2.73	2.67	2.62	2.59	2.56	2.54	2.46	2.42	2.40	2.38	2.36	2.34	2.32	2.30
	.05	5.32	4.46	4.07	3.84	3.69	3.58	3.50	3.44	3.39	3.35	3.22	3.15	3.11	3.08	3.04	3.01	2.97	2.93
	.025	7.57	6.06	5.42	5.05	4.82	4.65	4.53	4.43	4.36	4.30	4.10	4.00	3.94	3.89	3.84	3.78	3.74	3.68
	.01	11.26	8.65	7.59	7.01	6.63	6.37	6.18	6.03	5.91	5.81	5.52	5.36	5.26	5.20	5.12	5.03	4.96	4.87
9	.10	3.36	3.01	2.81	2.69	2.61	2.55	2.51	2.47	2.44	2.42	2.34	2.30	2.27	2.25	2.23	2.21	2.19	2.16
	.05	5.12	4.26	3.86	3.63	3.48	3.37	3.29	3.23	3.18	3.14	3.01	2.94	2.89	2.86	2.83	2.79	2.76	2.71
	.025	7.21	5.71	5.08	4.72	4.48	4.32	4.20	4.10	4.03	3.96	3.77	3.67	3.60	3.56	3.51	3.45	3.40	3.34
	.01	10.56	8.02	6.99	6.42	6.06	5.80	5.61	5.47	5.35	5.26	4.96	4.81	4.71	4.65	4.57	4.48	4.41	4.32
10	.10	3.29	2.92	2.73	2.61	2.52	2.46	2.41	2.38	2.35	2.32	2.24	2.20	2.17	2.16	2.13	2.11	2.09	2.06
	.05	4.96	4.10	3.71	3.48	3.33	3.22	3.14	3.07	3.02	2.98	2.85	2.77	2.73	2.70	2.66	2.62	2.59	2.54
	.025	6.94	5.46	4.83	4.47	4.24	4.07	3.95	3.85	3.78	3.72	3.52	3.42	3.35	3.31	3.26	3.20	3.15	3.09
	.01	10.04	7.56	6.55	5.99	5.64	5.39	5.20	5.06	4.94	4.85	4.56	4.41	4.31	4.25	4.17	4.08	4.01	3.92
11	.10	3.23	2.86	2.66	2.54	2.45	2.39	2.34	2.30	2.27	2.25	2.17	2.12	2.10	2.08	2.05	2.03	2.01	1.98
	.05	4.84	3.98	3.59	3.36	3.20	3.09	3.01	2.95	2.90	2.85	2.72	2.65	2.60	2.57	2.53	2.49	2.46	2.41
	.025	6.72	5.26	4.63	4.28	4.04	3.88	3.76	3.66	3.59	3.53	3.33	3.23	3.16	3.12	3.06	3.00	2.96	2.89
	.01	9.65	7.21	6.22	5.67	5.32	5.07	4.89	4.74	4.63	4.54	4.25	4.10	4.01	3.94	3.86	3.78	3.71	3.61
12	.10	3.18	2.81	2.61	2.48	2.39	2.33	2.28	2.24	2.21	2.19	2.10	2.06	2.03	2.01	1.99	1.96	1.94	1.91
	.05	4.75	3.89	3.49	3.26	3.11	3.00	2.91	2.85	2.80	2.75	2.62	2.54	2.50	2.47	2.43	2.38	2.35	2.30
	.025	6.55	5.10	4.47	4.12	3.89	3.73	3.61	3.51	3.44	3.37	3.18	3.07	3.01	2.96	2.91	2.85	2.80	2.73
	.01	9.33	6.93	5.95	5.41	5.06	4.82	4.64	4.50	4.39	4.30	4.01	3.86	3.76	3.70	3.62	3.54	3.47	3.37
13	.10	3.14	2.76	2.56	2.43	2.35	2.28	2.23	2.20	2.16	2.14	2.05	2.01	1.98	1.96	1.93	1.90	1.88	1.85
	.05	4.67	3.81	3.41	3.18	3.03	2.92	2.83	2.77	2.71	2.67	2.53	2.46	2.41	2.38	2.34	2.30	2.26	2.21
	.025	6.41	4.97	4.35	4.00	3.77	3.60	3.48	3.39	3.31	3.25	3.05	2.95	2.88	2.84	2.78	2.72	2.67	2.60
	.01	9.07	6.70	5.74	5.21	4.86	4.62	4.44	4.30	4.19	4.10	3.82	3.66	3.57	3.51	3.43	3.34	3.27	3.18

〈표 A-4〉 *F*-분포 〈계속〉

분모의 자유도	우측 꼬리 면적	분자의 자유도 1	2	3	4	5	6	7	8	9	10	15	20	25	30	40	60	100	1000
14	.10	3.10	2.73	2.52	2.39	2.31	2.24	2.19	2.15	2.12	2.10	2.01	1.96	1.93	1.99	1.89	1.86	1.83	1.80
	.05	4.60	3.74	3.34	3.11	2.96	2.85	2.76	2.70	2.65	2.60	2.46	2.39	2.34	2.31	2.27	2.22	2.19	2.14
	.025	6.30	4.86	4.24	3.89	3.66	3.50	3.38	3.29	3.21	3.15	2.95	2.84	2.78	2.73	2.67	2.61	2.56	2.50
	.01	8.86	6.51	5.56	5.04	4.69	4.46	4.28	4.14	4.03	3.94	3.66	3.51	3.41	3.35	3.27	3.18	3.11	3.02
15	.10	3.07	2.70	2.49	2.36	2.27	2.21	2.16	2.12	2.09	2.06	1.97	1.92	1.89	1.87	1.85	1.82	1.79	1.76
	.05	4.54	3.68	3.29	3.06	2.90	2.79	2.71	2.64	2.59	2.54	2.40	2.33	2.28	2.25	2.20	2.16	2.12	2.07
	.025	6.20	4.77	4.15	3.80	3.58	3.41	3.29	3.20	3.12	3.06	2.86	2.76	2.69	2.64	2.59	2.52	2.47	2.40
	.01	8.68	6.36	5.42	4.89	4.56	4.32	4.14	4.00	3.89	3.80	3.52	3.37	3.28	3.21	3.13	3.05	2.98	2.88
16	.10	3.05	2.67	2.46	2.33	2.24	2.18	2.13	2.09	2.06	2.03	1.94	1.89	1.86	1.84	1.81	1.78	1.76	1.72
	.05	4.49	3.63	3.24	3.01	2.85	2.74	2.66	2.59	2.54	2.49	2.35	2.28	2.23	2.19	2.15	2.11	2.07	2.02
	.025	6.12	4.69	4.08	3.73	3.50	3.34	3.22	3.12	3.05	2.99	2.79	2.68	2.61	2.57	2.51	2.45	2.40	2.32
	.01	8.53	6.23	5.29	4.77	4.44	4.20	4.03	3.89	3.78	3.69	3.41	3.26	3.16	3.10	3.02	2.93	2.86	2.76
17	.10	3.03	2.64	2.44	2.31	2.22	2.15	2.10	2.06	2.03	2.00	1.91	1.86	1.83	1.81	1.78	1.75	1.73	1.69
	.05	4.45	3.59	3.20	2.96	2.81	2.70	2.61	2.55	2.49	2.45	2.31	2.23	2.18	2.15	2.10	2.06	2.02	1.97
	.025	6.04	4.62	4.01	3.66	3.44	3.28	3.16	3.06	2.98	2.92	2.72	2.62	2.55	2.50	2.44	2.38	2.33	2.26
	.01	8.40	6.11	5.19	4.67	4.34	4.10	3.93	3.79	3.68	3.59	3.31	3.16	3.07	3.00	2.92	2.83	2.76	2.66
18	.10	3.01	2.62	2.42	2.29	2.20	2.13	2.08	2.04	2.00	1.98	1.89	1.84	1.80	1.78	1.75	1.72	1.70	1.66
	.05	4.41	3.55	3.16	2.93	2.77	2.66	2.58	2.51	2.46	2.41	2.27	2.19	2.14	2.11	2.06	2.02	1.98	1.92
	.025	5.98	4.56	3.95	3.61	3.38	3.22	3.10	3.01	2.93	2.87	2.67	2.56	2.49	2.44	2.38	2.32	2.27	2.20
	.01	8.29	6.01	5.09	4.58	4.25	4.01	3.84	3.71	3.60	3.51	3.23	3.08	2.98	2.92	2.84	2.75	2.68	2.58
19	.10	2.99	2.61	2.40	2.27	2.18	2.11	2.06	2.02	1.98	1.96	1.86	1.81	1.78	1.76	1.73	1.70	1.67	1.64
	.05	4.38	3.52	3.13	2.90	2.74	2.63	2.54	2.48	2.42	2.38	2.23	2.16	2.11	2.07	2.03	1.98	1.94	1.88
	.025	5.92	4.51	3.90	3.56	3.33	3.17	3.05	2.96	2.88	2.82	2.62	2.51	2.44	2.39	2.33	2.27	2.22	2.14
	.01	8.18	5.93	5.01	4.50	4.17	3.94	3.77	3.63	3.52	3.43	3.15	3.00	2.91	2.84	2.76	2.67	2.60	2.50
20	.10	2.97	2.59	2.38	2.25	2.16	2.09	2.04	2.00	1.96	1.94	1.84	1.79	1.76	1.74	1.71	1.68	1.65	1.61
	.05	4.35	3.49	3.10	2.87	2.71	2.60	2.51	2.45	2.39	2.35	2.20	2.12	2.07	2.04	1.99	1.95	1.91	1.85
	.025	5.87	4.46	3.86	3.51	3.29	3.13	3.01	2.91	2.84	2.77	2.57	2.46	2.40	2.35	2.29	2.22	2.17	2.09
	.01	8.10	5.85	4.94	4.43	4.10	3.87	3.70	3.56	3.46	3.37	3.09	2.94	2.84	2.78	2.69	2.61	2.54	2.43
21	.10	2.96	2.57	2.36	2.23	2.14	2.08	2.02	1.98	1.95	1.92	1.83	1.78	1.74	1.72	1.69	1.66	1.63	1.59
	.05	4.32	3.47	3.07	2.84	2.68	2.57	2.49	2.42	2.37	2.32	2.18	2.10	2.05	2.01	1.96	1.92	1.88	1.82
	.025	5.83	4.42	3.82	3.48	3.25	3.09	2.97	2.87	2.80	2.73	2.53	2.42	2.36	2.31	2.25	2.18	2.13	2.05
	.01	8.02	5.78	4.87	4.37	4.04	3.81	3.64	3.51	3.40	3.31	3.03	2.88	2.79	2.72	2.64	2.55	2.48	2.37

〈표 A-4〉 F-분포 〈계속〉

분모의 자유도	우측 꼬리 면적	분자의 자유도 1	2	3	4	5	6	7	8	9	10	15	20	25	30	40	60	100	1000
22	.10	2.95	2.56	2.35	2.22	2.13	2.06	2.01	1.97	1.93	1.90	1.81	1.76	1.73	1.70	1.67	1.64	1.61	1.57
	.05	4.30	3.44	3.05	2.82	2.66	2.55	2.46	2.40	2.34	2.30	2.15	2.07	2.02	1.98	1.94	1.89	1.85	1.79
	.025	5.79	4.38	3.78	3.44	3.22	3.05	2.93	2.84	2.76	2.70	2.50	2.39	2.32	2.27	2.21	2.14	2.09	2.01
	.01	7.95	5.72	4.82	4.31	3.99	3.76	3.59	3.45	3.35	3.26	2.98	2.83	2.73	2.67	2.58	2.50	2.42	2.32
23	.10	2.94	2.55	2.34	2.21	2.11	2.05	1.99	1.95	1.92	1.89	1.80	1.74	1.71	1.69	1.66	1.62	1.59	1.55
	.05	4.28	3.42	3.03	2.80	2.64	2.53	2.44	2.37	2.32	2.27	2.13	2.05	2.00	1.96	1.91	1.86	1.82	1.76
	.025	5.75	4.35	3.75	3.41	3.18	3.02	2.90	2.81	2.73	2.67	2.47	2.36	2.29	2.24	2.18	2.11	2.06	1.98
	.01	7.88	5.66	4.76	4.26	3.94	3.71	3.54	3.41	3.30	3.21	2.93	2.78	2.69	2.62	2.54	2.45	2.37	2.27
24	.10	2.93	2.54	2.33	2.19	2.10	2.04	1.98	1.94	1.91	1.88	1.78	1.73	1.70	1.67	1.64	1.61	1.58	1.54
	.05	4.26	3.40	3.01	2.78	2.62	2.51	2.42	2.36	2.30	2.25	2.11	2.03	1.97	1.94	1.89	1.84	1.80	1.74
	.025	5.72	4.32	3.72	3.38	3.15	2.99	2.87	2.78	2.70	2.64	2.44	2.33	2.26	2.21	2.15	2.08	2.02	1.94
	.01	7.82	5.61	4.72	4.22	3.90	3.67	3.50	3.36	3.26	3.17	2.89	2.74	2.64	2.58	2.49	2.40	2.33	2.22
25	.10	2.92	2.53	2.32	2.18	2.09	2.02	1.97	1.93	1.89	1.87	1.77	1.72	1.68	1.66	1.63	1.59	1.56	1.52
	.05	4.24	3.39	2.99	2.76	2.60	2.49	2.40	2.34	2.28	2.24	2.09	2.01	1.96	1.92	1.87	1.82	1.78	1.72
	.025	5.69	4.29	3.69	3.35	3.13	2.97	2.85	2.75	2.68	2.61	2.41	2.30	2.23	2.18	2.12	2.05	2.00	1.91
	.01	7.77	5.57	4.68	4.18	3.85	3.63	3.46	3.32	3.22	3.13	2.85	2.70	2.60	2.54	2.45	2.36	2.29	2.18
26	.10	2.91	2.52	2.31	2.17	2.08	2.01	1.96	1.92	1.88	1.86	1.76	1.71	1.67	1.65	1.61	1.58	1.55	1.51
	.05	4.23	3.37	2.98	2.74	2.59	2.47	2.39	2.32	2.27	2.22	2.07	1.99	1.94	1.90	1.85	1.80	1.76	1.70
	.025	5.66	4.27	3.67	3.33	3.10	2.94	2.82	2.73	2.65	2.59	2.39	2.28	2.21	2.16	2.09	2.03	1.97	1.89
	.01	7.72	5.53	4.64	4.14	3.82	3.59	3.42	3.29	3.18	3.09	2.81	2.66	2.57	2.50	2.42	2.33	2.25	2.14
27	.10	2.90	2.51	2.30	2.17	2.07	2.00	1.95	1.91	1.87	1.85	1.75	1.70	1.66	1.64	1.60	1.57	1.54	1.50
	.05	4.21	3.35	2.96	2.73	2.57	2.46	2.37	2.31	2.25	2.20	2.06	1.97	1.92	1.88	1.84	1.79	1.74	1.68
	.025	5.63	4.24	3.65	3.31	3.08	2.92	2.80	2.71	2.63	2.57	2.36	2.25	2.18	2.13	2.07	2.00	1.94	1.86
	.01	7.68	5.49	4.60	4.11	3.78	3.56	3.39	3.26	3.15	3.06	2.78	2.63	2.54	2.47	2.38	2.29	2.22	2.11
28	.10	2.89	2.50	2.29	2.16	2.06	2.00	1.94	1.90	1.87	1.84	1.74	1.69	1.65	1.63	1.59	1.56	1.53	1.48
	.05	4.20	3.34	2.95	2.71	2.56	2.45	2.36	2.29	2.24	2.19	2.04	1.96	1.91	1.87	1.82	1.77	1.73	1.66
	.025	5.61	4.22	3.63	3.29	3.06	2.90	2.78	2.69	2.61	2.55	2.34	2.23	2.16	2.11	2.05	1.98	1.92	1.84
	.01	7.64	5.45	4.57	4.07	3.75	3.53	3.36	3.23	3.12	3.03	2.75	2.60	2.51	2.44	2.35	2.26	2.19	2.08
29	.10	2.89	2.50	2.28	2.15	2.06	1.99	1.93	1.89	1.86	1.83	1.73	1.68	1.64	1.62	1.58	1.55	1.52	1.47
	.05	4.18	3.33	2.93	2.70	2.55	2.43	2.35	2.28	2.22	2.18	2.03	1.94	1.89	1.85	1.81	1.75	1.71	1.65
	.025	5.59	4.20	3.61	3.27	3.04	2.88	2.76	2.67	2.59	2.53	2.32	2.21	2.14	2.09	2.03	1.96	1.90	1.82
	.01	7.60	5.42	4.54	4.04	3.73	3.50	3.33	3.20	3.09	3.00	2.73	2.57	2.48	2.41	2.33	2.23	2.16	2.05

〈표 A-4〉 *F*-분포 〈계속〉

분모의 자유도	우측 꼬리 면적	분자의 자유도 1	2	3	4	5	6	7	8	9	10	15	20	25	30	40	60	100	1000
30	.10	2.88	2.49	2.28	2.14	2.05	1.98	1.93	1.88	1.85	1.82	1.72	1.67	1.63	1.61	1.57	1.54	1.51	1.46
	.05	4.17	3.32	2.92	2.69	2.53	2.42	2.33	2.27	2.21	2.16	2.01	1.93	1.88	1.84	1.79	1.74	1.70	1.63
	.025	5.57	4.18	3.59	3.25	3.03	2.87	2.75	2.65	2.57	2.51	2.31	2.20	2.12	2.07	2.01	1.94	1.88	1.80
	.01	7.56	5.39	4.51	4.02	3.70	3.47	3.30	3.17	3.07	2.98	2.70	2.55	2.45	2.39	2.30	2.21	2.13	2.02
40	.10	2.84	2.44	2.23	2.09	2.00	1.93	1.87	1.83	1.79	1.76	1.66	1.61	1.57	1.54	1.51	1.47	1.43	1.38
	.05	4.08	3.23	2.84	2.61	2.45	2.34	2.25	2.18	2.12	2.08	1.92	1.84	1.78	1.74	1.69	1.64	1.59	1.52
	.025	5.42	4.05	3.46	3.13	2.90	2.74	2.62	2.53	2.45	2.39	2.18	2.07	1.99	1.94	1.88	1.80	1.74	1.65
	.01	7.31	5.18	4.31	3.83	3.51	3.29	3.12	2.99	2.89	2.80	2.52	2.37	2.27	2.20	2.11	2.02	1.94	1.82
60	.10	2.79	2.39	2.18	2.04	1.95	1.87	1.82	1.77	1.74	1.71	1.60	1.54	1.50	1.48	1.44	1.40	1.36	1.30
	.05	4.00	3.15	2.76	2.53	2.37	2.25	2.17	2.10	2.04	1.99	1.84	1.75	1.69	1.65	1.59	1.53	1.48	1.40
	.025	5.29	3.93	3.34	3.01	2.79	2.63	2.51	2.41	2.33	2.27	2.06	1.94	1.87	1.82	1.74	1.67	1.60	1.49
	.01	7.08	4.98	4.13	3.65	3.34	3.12	2.95	2.82	2.72	2.63	2.35	2.20	2.10	2.03	1.94	1.84	1.75	1.62
100	.10	2.76	2.36	2.14	2.00	1.91	1.83	1.78	1.73	1.69	1.66	1.56	1.49	1.45	1.42	1.38	1.34	1.29	1.22
	.05	3.94	3.09	2.70	2.46	2.31	2.19	2.10	2.03	1.97	1.93	1.77	1.68	1.62	1.57	1.52	1.45	1.39	1.30
	.025	5.18	3.83	3.25	2.92	2.70	2.54	2.42	2.32	2.24	2.18	1.97	1.85	1.77	1.71	1.64	1.56	1.48	1.36
	.01	6.90	4.82	3.98	3.51	3.21	2.99	2.82	2.69	2.59	2.50	2.22	2.07	1.97	1.89	1.80	1.69	1.60	1.45
1000	.10	2.71	2.31	2.09	1.95	1.85	1.78	1.72	1.68	1.64	1.61	1.49	1.43	1.38	1.35	1.30	1.25	1.20	1.08
	.05	3.85	3.00	2.61	2.38	2.22	2.11	2.02	1.95	1.89	1.84	1.68	1.58	1.52	1.47	1.41	1.33	1.26	1.11
	.025	5.04	3.70	3.13	2.80	2.58	2.42	2.30	2.20	2.13	2.06	1.85	1.72	1.64	1.58	1.50	1.41	1.32	1.13
	.01	6.66	4.63	3.80	3.34	3.04	2.82	2.66	2.53	2.43	2.34	2.06	1.90	1.79	1.72	1.61	1.50	1.38	1.16

부록 C. 연습문제 답 (일부)

※표와 그래프는 online solution을 참조. 한경사 홈페이지(hankyungsa.co.kr)의 공지사항에 online solution의 링크가 있다.

1장

2. **a.** 표를 보면 데이터 세트의 원소(element) 수가 10개. **b.** 각 태블릿에 변수 5개. **c.** 범수변수: 운영체계, CPU제소사. 양석변수: 가격($), 디스플레이 크기(인치), 배터리 수명(시간). **d.** 순서대로 비척도, 명목척도, 비척도, 비척도, 명목척도.

4. **a.** 데이터 세트에는 8개 원소, 각 원소의 id는 브랜드 모델명. **b.** 범주변수: 통화품질, 핸드셋 베이스 유무. 양적 변수: 가격($), 종합점수, 뱃터리 수명(시간). **c.** 각 변수의 척도는 차례대로 비척도, 비척도, 명목척도, 명목척도, 비척도.

6. 범주형인지 양적인지 구분. **a.** 범주형. **b.** 양적($). **c.** 범주형. **d.** 양적. **e.** 양적.

8. **a.** 표본크기(원소갯수)는 762개. **b.** 범주 자료. **c.** 예, 아니오, 모르겠음의 비율을 구하는 것이 적합함. **d.** 762명의 67%이므로 762×.67 = 510.54, 510명 또는 511명이 "예"라고 응답함.

10. **a.** 범주 자료. **b.** 범주별로 비율을 사용. **c.** 원소수 1080명 중에서 44명, 44÷1080 = 4%. **d.** 1080명 중에 165명(15%)가 부분 반대, 741명(69%)이 강한 반대로 응답, 대부분 반대하는 의견이다.

12. **a.** 하와이로 오는 방문객. **b.** 방문객 대부분이 비행편으로 오기 때문에 모집단에 대한 좋은 접근이다. **c.** 질문 항목1(횟수)과 항목4(날짜)는 양적 자료, 2와 3은 범주 자료.

14. **a.** 시계열 자료 그래프(온라인 참조). **b.** 1, 2차년에는 Hertz가 시장점유를 크게 차지하였고, 3, 4차년에는 Hertz와 Avis가 비슷한 시장점유율, Dollar는 시장점유가 하락하고 있다. **c.** 4차년의 점유율 바차트, 이는 횡단면 자료임.

16. www.eia.doe.gov에 가면 최신의 자료를 받을 수 있다.

18. **a.** 684÷1021 = 67%. **b.** (.6)×1021 = 612.6, 612명 혹은 613명이 전문 세무사를 통함. **c.** 범주형 자료

20. **a.** 43%가 낙관적이다. 21%가 건강분야 산업이 유망하다고 전망. **b.** 투자전문가의 기대수익율 예측을 모집단으로 하면, 그 예측값의 평균에 대한 추정은 11.2%임. **c.** 기술 및 통신분야 주식 상승의 대기시간에 대한 전문가들의 예측치를 모집단으로 하면, 그 평균의 추정치는 2.5년.

22. **a.** 그 부동산회사에 집을 팔려고 내놓거나 새 집을 찾으려는 고객이 모집단임. **b.** 우편메일 발송하여 응답을 수집하거나, 이메일 발송하여 응답회신을 받거나, 부동산 회사의 직원이 고객을 대면할 때 조사내용을 직접 인터뷰하는 방법.

24. **a.** 이는 올바른 기술 통계치임. **b.** 전체 학생(모집단)의 성적을 조사한 것이 아니기 때문에 이것은 부정확한 결론. **c.** '추정'이란 말을 사용하고 있어서 올바른 통계적 추론임. **d.** 표본에 대해서는 올바른 말이지만, 모집단에 대해서는 근거가 없음. **e.** 통계적으로 지지를 받을 수 없는 말임. 현재의 표본처럼 어떤 표본에서는 맞는 말이 될 수 있지만, 어떤 표본에서는 65~95 범위를 벗어난 학생이 있을 수 있음.

2장

2. **a.** .20. **b.** 40. **c와 d.** 백분율도수는 각각 22, 18, 40, 20%.

4. 범주자료. Jep, JJ, OWS, THM, WoF 순으로 10, 8, 7, 12, 13.

6. ABC, CBS, FOX, NBC 순으로 6, 9, 1, 9. CBS, NBC가 36%로 최고 높음.

8. 피처가 30.1%로 제일 많음. **c.** 3루수가 3.6%로 제일 적음. 내야수가 29.1%, 외야수가 32.7%로 비슷함.

10. **d.** 29%+39% = 68%가 세라톤호텔을 Excellent 또는 Very Good으로, 10%+6% = 16%는 Poor 또는 Terrible으로 평가함. 그랜드호텔은 각각 79%, 9%임. 두 호텔 모두 좋은 평가임. 두 호텔을 비교하면 그랜드 호텔이 더 우수한 평가임.

12, 14, 16. 표와 그래프는 online solution 참조.

18. **e.** 우측 비대칭. **f.** 11÷50 = 22%.

20. 최소 12시간, 최대 23시간. 도수분포표는 online solution 참조.

22. **c.** 우측 비대칭분포임. 대부분 매장이 20,000 이하이며 (50+15+15 5 80%), Mcdonald's, Subway, 7-Eleven이 매장 수가 32,000 이상으로 가장 많음.

24. 줄기-잎 배열을 작성해보면, 중앙값은 $51,000 ~ 62,000이고, 10년 차는 대부분 $93,000 ~ 114,000 범위이다. 10년 차의 연봉의 분포범위가 더 넓다.

26. 5세 구간으로 줄기-잎 연장배열을 작성하면, 가장 도수가 높은 연령은 40 ~ 44에 9명이고, 43세가 5명으로 최빈값이다.

28. 도수분포를 교차표로 작성, 그것의 행 퍼센티지와 열 퍼센티지를 보면, 큰 x값이 작은 y값에, 혹은 큰 y값은 작은 x값에 연관되어 있다.

30. 2003년 이후에는 우승자의 평균 속력이 느리고, 빠른 속력의 우승자는 2003년 이전에 있었다.

32. 행 퍼센티지와 지역별 히스토그램을 작성해 보면, Northeast와 West에서 $50,000 이상 고소득자 분포가 많다(53% 이상).

34. 교차표를 작성하고 브랜드 매출액의 도수분포를 보면 67%(82개 중에서 55개)가 $50 billion 이하이다. 그러나 금융 분야는 57%, 기술 분야 산업은 47%가 브랜드 매출이 $50 billion 이상이다. 브랜드 가치의 연간 변동(%)을 보면 −60% ~ +60%에 넓게 분포하고 변동이 심한데, 기술 분야의 브랜드 가치는 가장 변동이 심하다. 금융 분야는 −20% ~ +19%에 몰려있고, 소비재의 브랜드 가치는 0 ~ 19%만큼 증가하였다. 자동차&사치품 분야는 양(+)의 변동이다.

36. 산점도를 보면 x, y 사이에 음의 관계가 있다. x가 커질수록 y는 작아진다.

40. 평균최저기온이 더 낮을수록 적설량이 더 많아진다.

42. 도수의 누적바차트를 보면, 34세까지는 스마트폰 보유가 증가하다가 35세부터는 나이에 따라 보유율이 감소한다. 휴대폰이 없는 비율은 나이에 따라 증가한다. **c.** 스마트폰을 대체하는 것이 출현하지 않으면 그 보유율은 나이에 상관없이 높을 것이다. 스마트폰이 필수품이 되어가고, 지금 연령층이 나이가 들어가기 때문이다.

44. 도수분포와 히스토그램을 보면 종모양의 대칭분포에 가깝다. 1/3이 1400 ~ 1599에 분포하고, 평균은 1500. 800 이하와 2200 이상은 매우 특별한 경우에 해당한다.

46. 히스토그램을 보면 우측비대칭이 심하다. 30%(15개 주)가 인구 2.5백만 미만이다. 57%(28개 주)가 500만 미만이고, 1000만이 넘어가는 주는 7개, 캘리포니아가 37.3백만으로 가장 많고, 버몬트와 와이오밍은 60만 명으로 가장 적다.

48. 휴대폰 사업자에게 불만 건수가 가장 많다. 금융 분야(은행, 대출금 회수업)의 불만 건수는 비슷하다.

50. 고등학교 졸업자가 49.93%로 거의 절반을 차지하고, 석사 이상은 13.71+2.65 = 16.36%. 소득이 $25,000 미만에는 고등학

교 졸업자가 75.26%을 차지하지만, 소득이 $100,000 이상에서는 21.14%뿐이다. 소득 $50,000 ~ 99,999에는 고교 졸업자가 45.95%로 학력분포와 비슷하다.

52. Job growth가 음수인 기업이 12개; Small 기업은 13%가, Midsize는 21%가, Large 기업은 5%가 정규직원을 줄이고 있다. Large 기업은 95%가 정규직원을 늘리고 있지만, 76%가 0 ~ 10% growth이다. 직장 안정 면에서는 Large 기업이, 직장 성장 면에서는 Midsize 기업이 낫다.

54. **c.** 설립한 지 오래된 대학일수록 졸업률이 높다.

56. **b.** 등록금이 비쌀수록 졸업률이 높다.

58. **a.** 시간이 갈수록 입장객이 줄어들고 있다. **b.** 일반 입장객이 늘고 있지만, 멤버 입장객이 줄어드는 것을 보충하지는 못하고 있다. 스쿨 입장객은 상당히 안정적이다.

3장

2. 평균은 16, 중앙값은 16.5.

4. 평균성장계수는 (1+회수율/100)을 모두 곱하여 그것의 5승근을 구한 기하평균 = .9775; 평균성장률 = (평균 성장계수 − 1) × 100% = −2.25%.

6. 평균 = 59.73, 중앙값 = 57, 최빈값 = 53.

8. 애틀랜타의 중앙값은 80, 미국 전체보다 낮음. **b.** 평균은 84, 약간 우측 비대칭분포임. **c.** L_{25} = 4번째, Q_1 = 67, L_{75} = 12번째, Q_3 = 106임.

10. **a.** 평균 = 65.9, 중앙값 = 66.5, 최빈값 = 61. **b.** Q_1, Q_3는 61, 71. **c.** 90퍼센타일은 80.7, 평가점수의 90%는 80.7 이하임.

12. **a.** 시청자는 최소 13.3, 최대는 16.5백만 명. **b.** 15.04, 15.0, 최빈값은 13.6, 14.0, 16.1, 16.2인 multimodal분포. **c.** L_{25} = 5.50번째, Q_1 = 14.05, L_{75} = 16.5번째, Q_3 = 16.05임. **d.** 시계열 그래프로 그려보면 시청자 수는 상당히 안정적임.

14. 2011년과 2012년의 각 주의 실업율의 Q_1, Q_2, Q_3을 비교해 보면, 6.80%, 8.00%, 9.45%에서 6.20%, 7.35%, 8.60%로 점차 실업률이 낮아지고 있음.

16. **a.** 평균 평점을 가중평균으로 구하면 2.50. **b.**진학할 수 있음.

18. 학장의 가중평균 점수는 3.8, 기업 채용자의 가중평균점수는 3.7.

20. Stivers는 $10,000이 8년간 $18,000이 되었으므로 8년간 성장률은 1.8임. 1.8은 평균성장계수 $\bar{x}_g$을 8번 거듭제곱한 것이므로 $\bar{x}_g = \sqrt[8]{1.8} = 1.07624$. 그러므로 연평균 수익률은 $(\bar{x}_g - 1)100\% = 7.624\%$임. Trippi는 9.848%, Trippi 펀드가 수익률이 훨씬 높음.

22. 10년 간 $25÷$10 = 2.5배 성장, 평균성장계수는 $\bar{x}_g = \sqrt[5]{2.5} = 1.165$, 연평균성장률은 16.5%.

24. $\bar{x} = 15$, $s^2 = 16$, $s = 4$

26. **a,b.** $\bar{x} = 3.72$, $s^2 = .089$, $s = .2984$. **c.** 샌프란시스코의 휘발유 값이 평균보다 훨씬 높고, 생활비도 휘발유 값이 평균인 도시에 비해서 높다는 것을 나타낸다.

28. **a.** 호주오픈의 서브 스피드는 평균, 분산, 표준편차는 각각 180.95, 21.42, 4.63이다. **b.** 두 대회의 서브 스피드의 차이는 매우 근소하고, 변동성에 비추어 보면 그 차이는 선수들의 우연한 변동 때문으로 보인다.

30. 범위와 표준편차는 각각 11−9 = 2, 0.67; 15−7 = 8, 2.58으로서 도스가공이 안정적이고 신뢰도가 높다.

32. **a~d.** 자동차 분야 광고비: $\bar{x}$ = 1960.05, s = 481.65, R = 2303, IQR = 2241; 백화점 분야의 $\bar{x}$ = 692.85, s = 155.06, R = 563, IQR 5 222.5. **e.** 자동차 분야가 광고비 지출이 많고 변동성도 심하다. 그 이유는 해마다 신차 모델에 대한 많은 광고가 필요하기 때문이다.

34. 1/4마일 달리기의 s = 0.0564, CV = 5.8%. 1마일 달리기의 s = 0.1295, CV = 2.9%. 1마일 달리기 시간이 변동이 적다.

36. z-값은 각각 +.20, +1.50, 0.0, −.50, −2.20.

38. **a.** 약 95%. **b.** 거의 전부. **c.** 약 68%.

40. **a.** 표준편차의 1배 범위이므로 약 68%. **b.** 표준편차 +1배 ~ +2배를 −1배 ~ 0, 0 ~ 2배로 나누면, 그 분포 퍼센티지는 34%+47.5% = 81.5%. **c.** 종모양 분포의 절반인 50%에서 표준편차 2배 구간의 절반인 47.5%를 빼면 2.5%가 $3.63 이상임.

42. **a,b.** z-값은 −.67, 1.50. **c.** z-값이 −3.0 ~ +3.0을 벗어나지 않으므로 특이치가 아니다. **d.** $13,000의 z-값이 8.25이므로 특이치이다.

44. $\bar{x}$ = 76.5, s = 7.01. **b.** 84점 이상은 z-값이 1.07배 이상이므로 68% 범위 밖의 상위 분포는 32%의 절반임. 16%의 게임에서 84점 이상을 얻었을 것이다.

46. 차례대로 15, 21.25, 26, 29.5, 34.

48. 차례대로 5, 7, 10, 15.5, 18.

50. **b.** 남자 기록의 중앙값은 109.64, 여자는 131.67, 중앙값을 비교하면 남자가 여자보다 22.03분 빠르다. 여자 1등 기록은 남자의 중앙값과 비슷하다. **c.** 남자 5점 요약은 65.30, 83.1025, 109.640, 129.025, 148.70; 여자는 109.03, 122.080, 131.670, 147.180, 189.28. **d.** 남자의 IQR = 45.9225, $Q1-1.5(\text{IQR})$ = 14.22, $Q_3+1.5(\text{IQR})$ = 197.91, 남자의 기록 자료에는 특이치가 없다. 여자는 특이치 판정 경계값이 84.43 ~ 184.83인데, 189.27과 189.28은 특이치이다.

52. **c.** T-Mobile에는 특이치가 없다. **e.** Verizon이 고객만족도가 가장 높고, 그것의 최저점이 AT&T와 Sprint의 최고점보다 높다. Sprint가 가장 낮다.

54. 5점 요약은 21, 38.5, 89.5, 232, 995, 평균은 173.24, 분포에서 우측 비대칭이 심하다. 버팔로, 나이dk가라 등 세 곳에서 707, 807, 995는 특이치이다.

56. 산점도를 그려보면 양의 관계를 알 수 있다. 표본공분산 s_{xy} = 26.5, s_x = 8.2462, s_y = 4.6348, 표본상관계수 r_{xy} = .693이다. 상당한 양의 상관관계이다.

58. $\bar{x}$ = 42, $\bar{y}$ = 27, 표본공분산 s_{xy} = −52.7778, s_x = 13.580, s_y = 4.2687, 표본상관계수 r_{xy} = −.91이다. 상당히 강한 음의 상관관계이다.

60. Russel $\bar{x}$ = 9.09%, $\bar{y}$ = 9.10%, 표본공분산 s_{xy} = 263.611, s_x = 17.89, s_y = 15.37, 표본상관계수 r_{xy} = .959 이다. 두 지수는 매우 유사하고, 상당히 강한 양의 상관관계이다. Russel 지수가 표준편차가 약간 더 크다.

62. 평균 = 2.95, 중앙값 = 3, L_{25} = 5.25, 25th 퍼센타일 = 1, L_{75} = 15.75, 75th 퍼센타일 = 4.75, 범위 R = 7, IQR = 4.75, 분산 = 4.37, 표준편차 = 2.09, 왜도 = 0.34. 약간 우측비대칭, 분포의 정상범위는 −4.65 ~ 10.375이며 특이치는 없다.

64. **a.** 추적시스템 사용 오피스는 평균 17.2분, 중앙값 13.5분, s = 9.3; 미사용은 29.1, 23.5, s = 16.6분. **d,e.** 대기시간 37분의 두 오피스의 z-값은 각각 0.48, 2.13; 사용 오피스는 평균이 작고 표준편차도 작기 때문에 z-값의 분자는 더 크고 분모는 작아서 z-값이 더 크다. **f.** z-값이 −3.0 ~ 3.0 범위를 벗어나는 특이치는 없다.

66. 평균 = 413.3, 출처의 평균보다 약간 길다. s = 37.64, L_{25} = 12.75, 25th 퍼센타일 = 381.5; L_{75} = 38.25, 75th 퍼센타일 = 445, IQR = 63.5, LL ~ UL 범위는 286.5 ~ 540.25이며 특이치는 없다.

68. 자료를 오름차순으로 정리하면 L_{50} = 7.5번째, 중앙값 = 52.1; 2007년에 비해서 2013년의 중앙값은 −6.1%만큼 감소, Q_1 = 50.75, Q_3 = 52.6. **e.** 소득 64.5는 z-값이 3.07으로 특이치임. IQR의 LL ~ UL은 47.98 ~ 55.38으로 소득 46.5와 64.5가 특이치임.

70. 객실 수 평균 = 364, 요금 평균 = $457, 산점도를 보아서는 특별한 관계를 볼 수 없음. 상관계수는 −.293으로 약한 음의 상관관계, 객실이 많을수록 요금이 싼 경향.

72. 상관계수는 +.286, 약한 양의 상관성. 봄철 성적은 정규시즌의 표지가 못됨.

74. 평균 = 60.68, s = 5.59.

4장

2. 식 4-1 적용, c_3^6 = 20, ABC, ABD, ABE, ACD, ACE, ⋯, DEF.

4. **a.** 〈그림 4-2〉를 3단으로 확장하여 그림. **b.** {(HHH),(HHT),(HTH),(HTT),(THH),(THT),(TTH),(TTT)}. **c.** 각 실험 결과(표본점)의 발생가능성은 모두 같음. 그러므로 각 결과는 1÷8 = .125의 확률을 가짐.

6. 상대도수방법으로 확률을 할당하면 $P(E_1)$ = .40, $P(E_2)$ = .26, $P(E_3)$ = .34.

8. 실험이 두 단계로 이루어짐. 표본공간은 {(긍정,승인), (긍정,불승인), (부정,승인), (부정,불승인)}.

10. **a.** 표를 보면 델타항공의 정시도착률이 86.5%이므로 그 확률은 P(정시도착) = .865. **b.** 2건 미만의 수화물 사고 항공사는 세 곳이므로 고전적 방법으로 그 확률은 P(2건 미만) = .30. **c.** 승객불만이 1건 이상은 5곳, P(1건 이상 불만) = .50. **d.** 정시도착율의 평균이 87.1%, P(not on time) = 1−P(on time) = 1−.871 = .129.

12. **a.** c_5^{59} = 5006.386에 곱하기 35는 175,223,510. **b.** 고전적 방법으로 1÷175,223,510 = .000000005707.

14. **a.** 고전적 방법으로 확률을 배정하면 표본점 E_2의 확률은 $P(E_2)$ = .25. **b.** P(임의 두 개 표본점) = .5. **c.** P(임의의 세 개의 표본점) = .75.

16. **a,b.** 표본공간의 표본점 (i,j)는 모두 6×6 = 36개임. **c.** 합이 7이 되는 표본점은 (1,6), (2,5), (3,4), (4,3), (5,2), (6,1) 6개이므로 6÷36 = 1/6. **d.** 10÷36 = 5/18. **e.** 눈이 합의 각 경우(예: 합이 2와 3)에 속하는 표본점의 개수는 서로 같지 않으므로, 짝수인 경우가 많다고 해서 그 표본점 결과(outcomes)가 더 많다고 할 수 없다. **f.** 고전적 방법, 각 표본점 확률할당은 1/36.

18. **a.** 35÷500 = .106. **b.** 각각의 사건을 C, N, T라고 하면 $P(C)+P(N)+P(T)$ = .106+.100+.104 = .31. **c.** 8개 도시에 본사를 두는 사건을 A라고 하면, A의 표본점 개수는 283개, $P(A)$ = 283÷500 = .566.

20. **a.** 재정 독립 나이의 조사 응답 결과(outcome)의 표본공간을 E_1, E_2, E_3, E_4라고 하면, $P(E_j)$의 확률은 상대도수 방법으로 .2023, .4947, .2585, .0445이다. **b.** 25세 이전이라고 응답하는 사건의 표본점은 E_1, E_2, 그 확률은 .6970. **c.** 24세 이후라고 응답하는 사건의 표본점은 E_3, E_4, 그 확률은 .3030. **d.** 25세 이전에 재정적으로 독립하기는 사실상 어려운데, 청소년들이 현실을 잘 모르는 것 같음.

22. **a.** 고전적 방법으로 확률은 차례대로 0.4, 0.4, 0.6. **b.** $P(A\cup B)$ = .80, A, B는 공통의 표본점이 없기 때문에 상호배반임. **c.** A^c = $\{E_3, E_4, E_5\}$, $C^c = \{E_1, E_4\}$, 그 확률은 각각 60, .40. **d.** $A\cup B^c = \{E_1, E_2, E_5\}$, 그 확률은 .60. **e.** $B\cup C = \{E_2, E_3, E_4, E_5\}$, $P(B\cup C)$ = .80

24. 기대 초과, 기대 충족, 못미침, 무응답을 사건 E, M, S, N으로 정하면 **a.** $P(E) = 1-\{P(M)+P(S)+P(N)\}$ = 1.0−.65−.26−.04 = .05. **b.** $P(E\cup M) = P(E)+P(M)$ = .70.

26. **a.** 사건 D = 국내주식형 펀드, $P(D)$ = 16/25 = .64. **b.** A = 별 4, 5개로 평가. A의 도수 = 25−13 = 12, $P(A)$ = 12/25 = .48. **c.** $D\cap A$의 도수는 9개, 그 확률은 9/25 = .36. **d.** $P(D\cup A) = P(D) + P(A) - P(D\cap A)$ = .64+.48−.36 = .76.

28. 사건 B = 비즈니스 목적 렌트, P = 개인 목적 렌트라고 하면, **a.** $P(B\cup P) = P(B) + P(P) - P(B\cap P)$ = .54+.458−.30 = .698. **b.** 둘 다 아닌 사건은 $(B\cup P)^c$: $P((B\cup P)^c) = 1 - P(B\cup P)$ = 1 − .698 = .302.

30. **a.** 식 4-7을 적용, $P(A\mid B)$ = .40/.60 = .6667. **b.** $P(B\mid A)$ = .40/.50 = .80. **c.** $P(A\mid B) \neq P(A)$이므로 서로 독립이 아님.

32. **a.** 사건 M = 나이 18~34 남자, W = 나이 18~34 여자, Y = 응답이 "예", N = 응답이 "아니오"로 하고, 결합확률 $P(M\cap Y)$ = 106/500 = .212. **b.** $P(M)$ = 247/500 = .494, $P(W)$ = .506, $P(Y)$ = .396, $P(N)$ = .604. **c.** 결합확률표를 가지고 $P(Y\mid M)=\frac{P(M\cap Y)}{P(M)}$ = .212/.494 = .4291. **d.** $P(Y\mid W)$ .184/.506 = .3636. **e.** $P(Y)$ = .396/1 = .396. **f.** 전체 인구의 남성의 비율이 49.4%인데, 표본의 남성 비율이 49.4%으로서 서로 비슷하므로 이 표본은 모집단을 대표하는 하나의 좋은 표본으로 볼 수 있다.

34. **a.** 사건 O = 정시도착, L = 지연도착, J = JetBlue, N = United, U = US Airways이라고 하면, $P(J)$ = .30, $P(N)$ = .32, $P(U)$ = .38, $P(O\mid J)$ = .768, $P(O\mid N)$ = .715, $P(O\mid U)$ = .822; 결합확률 = $P(J)P(O\mid J)$ = .30×.768 = .2304, $P(N\cap O) = P(N)P(O\mid N)$ = .32×.715 = .2288, $P(U\cap O) = P(U)P(O\mid U)$ = .38×.822 = .31236. **b.** 1382 항공편이 정시에 도착할 확률은 $P(O)$ = .2304+.2288+.31236 = .77156. **c.** 아무 정보가 없다면 비율이 제일 높은 US Airway일 가능성이 제일 높고 그 확률은 $P(U)$ = .38임. **d.** 1382편이 지연된다는 정보를 활용하려면, $P(L) = 1-P(O)$ = .22844; $P(J) = P(J\cap O)+P(J\cap L)$에서, $P(J\cap L) = P(J)-P(J\cap O)$ = .30−.2304; $P(J\mid L) = P(J\cap L)/P(L)$ = (.30− .2304)/.2284 = .3047; $P(N\mid L) = P(N\cap L)/P(L)$ = (.32− .2288)/.2284 = .3992; $P(U\mid L) = P(U\cap L)/P(L)$ = (.38− .31236)/.2284 = .2961; 1382편이 지연된다는 정보를 활용하면 그 항공편은 United일 가능성이 .3992로 가장 높음. United일 가능성은 .2961으로 가장 낮음.

36. 사건 A = 첫 자유투가 성공함, B = 두 번째 자유투가 성공함, $P(A) = P(B)$ = .93, **a.** $P(A\cap B) = P(A)P(B\mid A) = P(A)P(B)$ = .93×.93 = .8649. **b.** $P(A\cup B) = P(A)+P(B)-P(A\cap B)$ = .93+.93−.8649 = .9951. **c.** 둘 다 실패할 확률 = $1-P(A\cup B)$ = 1−.9951 = .0049. **d.** 센터의 자유투의 $P(A) = P(B)$ = .58이다. 이것을 가지고 a~c번의 확률을 계산하면 .3346, .8236으로 더 낮고, 두 번 다 실패할 확률은 .1764로 훨씬 더 크기 때문에 센터에게 의도적 파울을 하는 것이 더 유리하다.

38. 사건 Y = 학위취득함, N = 학위취득을 못함, D = 대출상환을 연체함, **a.** $P(Y)$ = .42, **b.** $P(N)$ = .58, **c.** $P(D\mid Y)$ = .16/.42 = .3810. **d.** $P(D\mid N)$ = .34/.58 = .5810. **e.** 하위를 취득하지 못한 학생의 연체율이 더 높은 것으로 보아서 학위를 취득하지 못한 학생의 미래의 재정상태가 더 나쁜 것으로 추측할 수 있다.

40. **a.** $P(B\cap A_1) = P(A_1)\times P(B\mid A_1)$ = .20×.50 = .10, $P(B\cap A_2) = P(A_2)\times P(B\mid A_2)$ = .50×.40 = .20, $P(B\cap A_3) = P(A_3)\times P(B\mid A_3)$ = .30×.30 = .09. **b.** $P(A_2\mid B) = P(B\cap A_2)/P(B)$ = .2/(.10+.20+.09) = .51. **c.** 생략.

42. 사건 M = 월 결제금 미납, D_1 = 채무불이행, D_2 = 성실고객; $P(D_1)$ = .05, $P(D_2)$ = .95, $P(M\mid D_2)$ = .20, $P(M\mid D_1)$ = 1.0. **a.** 베이즈 정리 식 4-17 적용, $P(D_1\mid M)$ = .21. **b.** .20 이상이면 회수

하기로 하였는데, $P(D_1|M)$ = .21이므로 신용카드를 회수함.

44. 사건 M = 방문자가 남자, F = 방문자가 여자, D = 방문자가 이전에 Dillard를 방문. **a.** $P(F)$ = .60. **b.** $P(M)$ = .60, $P(D|F)$ = .30, $P(D|M)$ = .10; 식 4-17 적용; $P(F|D)$ = (.40×.30)/[(.40×.30)+(.60×.10)] = .6667; Dillard를 방문하고 온 방문자가 여성일 확률이 66.67%나 되므로, 방문자가 여성이면 여성 방문자에게 특별판매 팝업 서비스를 할 필요가 있음.

46. **a.** 총 1005명, 상대도수 방법으로 확률 할당. **b.** 하루 이하가 422/1005 = .4199로 제일 높음. **c.** 201/1005 = .20. **d.** (181+80+121)/1005 = .3801.

48. **c.** 사건 A = 소셜미디어 사용, F = 여성 응답자, 조건확률 $P(A|F)$ = 395/686 = .5758. **d.** $P(A)$ = .5264, $P(A|F) \neq P(A)$이므로 서로 독립이 아니다.

50. **a.** 보통 또는 그 이상의 도수는 38, 38/50 = .76. **b.** 12/50 = .24.

52. **b.** 0.2022. **c.** 0.4618. **d.** 0.4004.

54. online solution 참조.

56. **a.** $P(A)$ = 200/800 = .25. **b.** $P(B)$ = 100/800 = .125. **c.** $P(A\cap B)$ = 10/800 = .0125. **d.** 조건확률 $P(A|B) = P(A\cap B)/P(B)$ = .0125/.125 = .10.

58. 사건 A_1 = 유학, A_2 = 유학하지 않음, F = 여학생, M = 남학생, $P(A_1)$ = .095, $P(A_2)$ = .95; $P(F|A_1)$ = .60, $P(F|A_2)$ = .49, $P(M|A_1)$ = 1−.60 = .40; $P(F) = P(F|A_1)P(A_1) + P(F|A_2)P(A_2)$ = .0570+.4435 = .5005, $P(M)$ = 1−.5005 = .4995. **a.** 여학생이라는 조건하에 유학 확률은 $P(A_1|F) = P(A_1\cap F)/P(F)$ 식 4-17을 적용 .0570/.5005 = .1139. **b.** $P(A_1\cap M) = P(M|A_1)P(A_1)$ = .40(.095) = .0380; $P(A_1|M) = P(A_1\cap M)/P(M)$ = .0380/.4995 = .0761. **c.** $P(F)$ = .5005, $P(M)$ = .4995으로서 전일제 학생의 남녀 비율은 거의 반반임.

60. 5개 단어를 포함하는 사건을 각각 s, t, h, a, f라고 나타내고, S = 스팸메일, H = 햄메일으로 정하면, $P(S)$ = .10, $P(H)$ = .90, 〈표 1〉은 조건확률 P(단어$|S$)이고, 〈표 2〉는 조건확률 P(단어$|H$)이다. **a.** 질문은 $P(S|shipping!)$ = ?이다. $P(shipping!)$ = .90(.0015) + .10(.051) = .00645; $P(Sshipping!)$ = .10(.051) = .0051, $P(S|shipping!)$ = .0051/.00645 = .7907, $P(H|shipping!)$ = .2093; *shipping!* 단어가 들어 있으면 스팸확률이 79%이다. **b.** $P(S|here!)$ = .6320, $P(S|today!)$ = .6944, *today!* 단어가 들어 있으면 *here!*보다 스팸일 확률이 높음. **c.** $P(S|available!)$ = .2750, $P(S|fingertrips!)$ = .5358, *fingertrips!* 단어가 들어 있으면 *available!*보다 스팸일 확률이 높음. **d.** s, t, h, f, a순으로 이 단어들이 나타나는지 체크하면 스팸메일을 걸러낼 수 있다.

5장

2. 실험의 표본공간은 조립시간. **a.** 확률변수 x = 표본점의 조립시간(분). **b.** $x\geq 0$인 모든 실수. **c.** 연속변수.

4. 실험(센서스)의 표본공간은 각 주의 실업률 관찰하여 {8.3%보다 작으면 1, 아니면 0}. **a.** 북동부 9개 주를 관찰하는 실험의 표본점의 값을 합한 것을 확률변수로 함: x = 0, 1, 2, 3, 4, ⋯, 9.

6. **a.** x = 정답 개수, 0, 1, 2, 3, ⋯, 20, 이산적. **b.** x = 도착 자동차 수; 0, 1, 2, 3, ⋯, 이산적. **c.** x = 오류 건수, 0, 1, 2, 3, ⋯, 50, 이산적. **d.** x = 비생산적 시간, $0\leq x\leq 8$, 연속적. **e.** x = 무게(파운드), $x\geq 0$, 연속적.

8. 실험: 사용 수술실 수를 매일 관찰; 그 개수를 확률변수 x로, x = 0, 1, 2, 3, 4. **a.** 확률변수 x를 20번 조사하여 이산확률분포표를 작성. **c.** 상대도수로 부여한 확률 $f(x)\geq 0$인지, $\Sigma f(x)$ = 1인지 확인.

10. **c.** 고위 경영진 P(4 or 5) = $f(4) + f(5)$ = .42+.41 = .83. **d.** 매우 만족은 x=5, $P(x=5)$ = .28. **e.** 매우 만족을 비교해 보면 고위 경영진이 $P(x=5)$ = .41으로 더 만족하고 있음.

12. **a.** $f(x)\geq 0$이고, $\Sigma f(x)$ = 1임. **b.** .15. **c.** .10.

14. **a.** $f(200)$ = .05. **b.** $P(x>0)$ = .70. **c.** $P(x\geq 100)$ = .40.

16. **a.** $E(y)$ = 5.2. **b.** Var(y) = 4.56, $\sigma = \sqrt{4.56}$ = 2.14.

18. **a.** 소유주 가구의 단수 횟수를 확률변수 x, 상대도수 방법으로 확률 부여. **b.** 〈표 5-5〉와 〈표 5-6〉과 같이 계산하여 $E(x)$ = 1.1825, Var(x) = 1.0435. **c.** 임차인 가구의 확률변수 y의 상대도수 확률분포표 작성. **d.** $E(y)$ = 1.2180, Var(y) = 1.2085. **e.** 소유주 가구의 단수 횟수가 더 낮고 변동도 덜하다.

20. **a.** (표 5-5와 같이 계산) 수리비의 기댓값 = \$430, 자차 보험료의 손익분기점은 \$430. **b.** 보험가입자의 기댓값은 \$430−520 = −\$90. **c.** 기대값은 −\$90으로 손해이지만 더 큰 수리비에 대비하여 보험에 가입함.

22. **a.** 월별 수요량의 기댓값 $E(x)$ = 445. **b.** revenue − cost = 300×70 − 445×50 = −\$1250, 손해임.

24. **a.** 중간규모 기대이익 $E(x)$ = 145, 대규모의 기대이익 $E(y)$ = 140, 중간규모를 선택함. **b.** (표 5-6과 같이 계산) 분산을 구하면 각각 2725.0, 12,400, 중간규모가 변동이 적어서 더 나음.

26. **a.** $\sigma_x = \sqrt{25}$ = 5%, $\sigma_y = \sqrt{1}$ = 1%; 주식 1은 실제 수익률이 8.45%(평균)에서 표준편차 5%의 1.69배 보다 더 낮은 값을 기록하면 손실이 발생하는데, 주식 2는 수익률 3.2%에서 표준편차 1%의 3.2배보다 더 낮을 때 손실이 발생, 주식 1이 손실이 생길 위험이 훨씬 높다. **b.** 주식 1에 \$500을 투자하면 기대 수익은 \$500(.0845) = \$42.25, 수익의 표준편차는 \$500(.05) = \$35.00. **c.** 반반씩 투자하면, 수익률 확률변수 w = .5x+.5y, 식 5-8을 적용 기대수익률 $E(w)$ = 5.825%; σ_{xy} = −3, 식 5-9를 적용 Var(w) = 5, 수익률의 표준편차 $w = \sqrt{5}$ = 2.236%. **d.** 70%, 30%씩 투자하면, 수익률 확률변수 w = .7x+.3y, 기대수익률은 $E(w)$ = 6.875%, Var(w) = 11.08, 수익률의 표준편차 $\sigma_w = \sqrt{11.08}$ = 3.329%. **e.** 공분산 σ_{xy} = −3으로 주어짐, 식 5-7 적용, ρ_{xy} = −3/(5×1) = −.6.

28. **a.** $E(y)$ = 45.3, Var(y) = 3.81, σ_y = 1.95. **b.** $E(x)$ = 90.5, Var(x) = 24.75, σ_x = 4.97. **c.** 확률변수 $z = x+y$로 두면 z = 128, 130, 133, 138, 140, 143의 값을 가지고, 그 확률 $f(z)$는 각각 .05 .20 .20 .25 .20 .10이다. **d.** 〈표 5-9〉와 같이 계산하면 z의 기대값 $E(z)$ = 135.8, Var(x) = 21.26, σ_z = 4.617. **e.** 식 5-6으로 σ_{xy}를 구하면 −3.65, 0이 아니므로 서로 독립이 아니다. 실제는 음의 상관관계, 부품비용이 올라가면 인건비는 줄어드는 관계이다. **f.** 예상비용은 $E(1500z) = 1500E(z)$ = 1500×135.8 = \$203,700인데, 실제 발생 비용은 \$198,350이다. 제조 개수가 늘어나면서 학습효과로 인건비가 줄어들었다.

30. 확률변수 x = S&P500 수익률, y = 핵심채권 수익률, z = REITs 수익률(%); 그 평균은 5.04, 5.78, 13.07%. **a.** $\sigma_{xz} = \rho_{xz}\sigma_x\sigma_z$인데 문제 29에서 ρ_{xz} = .74, σ_x = 19.45, σ_z = 23.17임. 그러므로 σ_{xz} = .74×19.45×23.17 = 333.486. 같은 방법으로 ρ_{yz} = −.04, σ_y = 2.13이므로 σ_{yz} = −.04×2.13×23.17 = −1.974. **b.** S&P500와 REIT에 반반씩 투자하는 포트폴리오의 수익률 변수 r = .5x+.5z, r의 기대수익률은 식5-8에 의해 $E(r)$ = .5×5.04 + .5×13.07 = 9.055%, r의 분산은 식 5-9로 Var(r) = .5^{2}Var(x) + .5^{2}Var(z) + 2(.5)(.5)σ_{xz}를 계산하면 395.53, 표준편차는 $\sigma_{.5x+.5z} = \sqrt{395.53}$ = 19.89%, 이 포트폴리오의 기대수익은 9.055%, 표준편차는 19.89%. **c.** REIT과 핵심채권에 반반씩 투자하는 포트폴리오의 수익률 변수

$r = .5y + .5z$, 같은 방식으로 계산하면 이 포트폴리오의 기대수익은 9.425%, 표준편차는 11.63%. **d.** 핵심채권에 80%, REIT에 20%씩 투자하는 포트폴리오의 수익률 변수 $r = .8y + .2z$, 같은 방식으로 계산하면 이 포트폴리오의 기대수익은 7.238%, 표준편차는 4.94%. **e.** 공격적인 투자자는 수익률이 높은 핵심채권과 REIT에 반반씩 투자하는 c번의 포트폴리오를 선택, 다행히 위험률도 b번보다 낮음, 보수적 투자자라면 위험이 낮은 d번 포트폴리오를 추천.

32. **a.** $f(0)$ = BINOM.DIST(0,10,.1,FALSE) = .3487. **b.** $f(2)$ = BINOM.DIST(2,10,.1,FALSE) = .1937. **c.** $P(x \le 2) = f(0)+f(1)+f(2) = .3487+.3874+.1937$ = BINOM.DIST(2,10,.1,TRUE) = .9298. **d.** $P(x \ge 1) = 1-f(0)$ = 1−BINOM.DIST(0,10,.1,FALSE) = 1−.3487 = .6513. **e.** $E(x) = np = 10(.1) = 1$. **f.** $\text{Var}(x) = np(1-p) = 10(.1)(.9) = .9$, $\sigma = \sqrt{.9} = .9487$.

34. **a.** $n=10$, $p=.35$인 이항실험임. 이항실험 네 가지 조건을 검토; 십대에게 각각 독립적인 응답의 질문을 10명에게 반복함, Pandora의 사용 또는 비사용으로 두 가지 결과만 있고, 선호확률은 .35으로 일정함. **b.** $f(0) = \frac{10!}{0!(10-0)!}(.35)^0(.65)^{10-0} = .0135$, 또는 BINOM.DIST(0,10,.35,FALSE) = .0135. **c.** $f(4) = \frac{10!}{4!(10-4)!}(.35)^4(.65)^{10-4} = .0135$, 또는 BINOM.DIST(4,10,.35,FALSE) = .0135. **d.** $P(x>2) = 1-f(0)-f(1) = 1-(.0135+.0725) = .9140$, 또는 1 − BINOM.DIST(1,10,.35,TRUE) = .9140.

36. **a.** 두 개 부품의 선택이 독립적이고 결함 확률 3%가 동일해야 하며 결함 또는 비결함 두 가지 결과만 있어야 함. **c.** 나무그림에서 결함이 한 개만 있는 경우는 두 개. **d.** P(0개 결함) = (.97)(.97) = .9409, P(1개 결함) = 2(.03)(.97) = .0582, P(2개 결함) = (.03)(.03) = .0009.

38. **a.** .90. **b.** 이항분포 공식을 적용하여 $P(x \ge 1) = f(1)+f(2) = .18+.81 = .99$. **c.** $n=3$, $p=.9$인 이항확률분포 사용, $P(x \ge 1) = 1-f(0) = 1-\frac{3!}{0!3!}(.9)^0(.1)^{3-0} = 1-.001 = .999$. **d.** 감지 시스템을 2기 또는 3기를 설치하면 그 중 적어도 한 곳에서 감지할 확률이 1에 가까워지고, 감지하지 못할 경우의 피해는 심각하기 때문에 시스템을 복수로 설치할 것을 권고함.

40. **a.** $n=15$, $p=.75$인 이항실험임. 이항실험 네 가지 조건을 검토; 18-34세 자녀에게 각각 독립적인 응답의 질문을 15명에게 반복함, 가계지출에 기여함, 기여하지 않음의 두 가지 결과만 있고, 기여 응답확률은 .75로 동일함. **b.** 15명 중에서 한 명도 없을 확률은 BINOM.DIST(0,15,.75,FALSE) = .0000이다. 이러한 확률의 결과가 실제 관찰되었다면 Pew Research의 75%라는 결과에 의문을 가지지 않을 수 없다. **c.** P(10명 이상이 기여 응답) = 1−P(9명 이하가 기여 응답) = 1 − BINOM.DIST(9,15,.75,TRUE) = .8516.

42. **a.** $n=20$, $p=.3$인 이항분포 $f(4) = .1304$. **b.** $P(x \ge 2) = 1-f(0)-f(1) = .9924$. **c.** $E(x) = np = 20(.30) = 6$. **d.** $\text{Var}(x) = np(1-p) = 20(.30)(1-.30) = 4.2$, $\sigma = \sqrt{4.2} = 2.0494$.

44 **a.** $f(x) = \frac{3^x e^{-3}}{x!}$, $x = 1, 2, 3, \cdots$. **b.** $f(2) = .2240$. **c.** $f(1) = .1494$. **d.** $P(x \ge 2) = 1-f(0)-f(1) = .8009$.

46. $\mu = 48$(시간당). **a.** $\mu = 48(5/60) = 4$(5분단위로), $f(3)$ = POISSON.DIST(3,4,FALSE) = .1954. **b.** $\mu = 48(15/60) = 12$(15분 단위로), $f(10)$ = POISSON.DIST(10,12, FALSE) = .1048. **c.** 통화시간 5분에 평균 $\mu = 4$명 전화가 대기, 한 명도 없을 확률 $f(0) = .0183$. **d.** 개인휴식시간 3분에 평균 $\mu = 2.4$명 전화가 도착, 한 명도 없을 확률은 $f(0) = .0907$.

48. $\mu = 14.4$건(시간당). **a.** 15분 단위로 $\mu = 14.4/4 = 3.6$건, $f(0) = \frac{3.6^x e^{-3.6}}{0!} = .0273$, POISSON.DIST(0,3.6,FALSE) = .0273. **b.** P(x가 1건 이상) = $1-f(0) = 1-.0273 = .9727$. **c.** P(x가 4건 이상) = $1-f(0)-f(1)-f(3) = 1-P$(x가 3건 이하) = 1 − POISSON.DIST(3,3.6,TRUE) = .4848.

50. **a.** $\mu = 18/30 = 0.6$개(6월 하루당). **b.** $f(0) = .5488$. **c.** $f(1) = .3293$. **d.** P(둘 이상) = $1-P$(한 개 이하) = $1-f(0)-f(1) = .1219$.

52. $N=10$, $r=3$인 초기하분포. **a.** $n=4$, $x=1$, $f(1) = \frac{\binom{3}{1}\binom{10-3}{4-1}}{\binom{10}{4}} = \frac{\frac{3!}{1!2!}\frac{7!}{3!4!}}{\frac{10!}{4!6!}} = \frac{3 \times 35}{210} = .50$. **b.** HYPGEOM.DIST(2,2,3,10,FALSE) = .0667. **c.** HYPGEOM.DIST(0,2,3,10,FALSE) = .4667. **d.** .30. **e.** x는 r보다 클 수 없음.

54. $N=10$, $r=7$, $n=3$. **a.** 선발된 3명 중에서 2명이 온라인을 선호할 확률 = HYPGEOM.DIST(2,3,7,10,FALSE) = .5250. **b.** 3명 중 2명 또는 3명이 온라인을 선호할 확률 = $f(2)+f(3) = .5250+.2917 = .8167$.

56. 텍사스 공장과 하와이 공장을 합해서 $N=60$, 하와이 공장의 20명을 r, 선택한 10명을 n으로 한다. **a.** 하와이의 $x=0$, HYPGEOM.DIST(0,10,20,60,FALSE) = .0112. **b.** $x=1$, HYPGEOM.DIST(1,10,20,60,FALSE) = .0725. **c.** 1명 이하 누적확률을 빼면, $1-f(0)-f(1) = 1-.0112-.0725 = .9163 \approx .92$. **d.** 텍사스에서 9명은 하와이의 1명과 같은 확률이므로 b번의 .0725 동일, r을 텍사스의 40명으로 잡으면 $x=9$, HYPGEOM.DIST(9,10,40,60,FALSE) = .0725.

58. 사과 100상자를 N, 썩을 조짐의 8상자를 r, 무작위 선택 10상자를 n, 썩을 조짐의 2상자를 x로 하면, HYPGEOM.DIST(2,10,8,100,FALSE) = .1506.

60. **a.** 상대도수방법으로 정비소 수를 40으로 나누어서 확률을 부여. **b.** 뛰어난 서비스는 점수가 9점 또는 10점, .125+.150 = .275. **c.** 〈표 5-5〉와 〈표 5-6〉처럼 계산, $E(x) = 5.925$, $\text{Var}(x) = 9.6694$. **d.** 7개 신규 중에서 2개가 뛰어나고 그 확률은 2/7 = .2857, 나머지 33개 중에서 뛰어난 정비소는 9개, 그 확률은 9/33 = .2727, 서로 비슷함.

62. 간식(x)과 읽을거리(y) 2개 변량. **a.** $f(x=2, y=1) = 30/600 = .05$, $f(x=1) = (240+90+30)/600 = .60$, ($x=0$, $y=0$)은 관찰도수가 0이므로 $f(0,0) = 0$. **b.** 〈표 5-5〉, 〈표 5-6〉과 같이 계산 $E(x) = 1.14$, $\text{Var}(x) = .3804$. **c.** $E(y) = .5$, $\text{Var}(y) = .45$. **d.** $t = x+y$의 확률분포표를 〈표 5-9〉와 같이 만들어서 계산, $E(t) = 1.64$, $\text{Var}(t) = .5504$. **e.** 식 5-6으로 $\sigma_{xy} = (.5504-.3804-.4504)/2 = -1.4$, $\sigma_x = \sqrt{.3804} = .6168$, $\sigma_y = \sqrt{.45} = .6708$, $\rho_{xy} = -1.4/(.6168)(.6708) = -.3384$, 서로 음의 상관관계, 간식을 많이 사면 읽을거리를 적게 산다.

64. **a.** 인터넷 사용자, 이항분포로 계산, $n=20$명, $p=.53$, $f(x=3)$ = BINOM.DIST(3,20,.53,FALSE) = .0005. **b.** 유선전화 $n=20$명, $p=.28$, $P(x \le 5)$ = BINOM.DIST(5,20,.28,TRUE) = .4952. **c.** 스마트폰 $n=2000$, $p=.49$, $E(x) = np = 980$명 예상. **d.** 이메일 사용자 $n=2000$, $p=.36$, $E(x) = np = 720$명, $\text{Var}(x) = np(1-p) = 460.8$, $\sigma = \sqrt{460.8} = 21.4663$.

66. 이항분포 확률계산. **a.** $n=5$, $p=.05$, $f(0)=.9510$. **b.** $f(1) = .0480$. **c.** $P(x \ge 1) = 1-f(0) = .0490$. **d.** 로트의 불량률이 1%를 넘지 않는다면 5개 중 불량품이 1개 이상이 될 확률은 .0490; 만일 .0490 확률의 사건 발생을 매우 이례적인 것으로 판단한다면, 우리는 이 로트를 불합격시켜야 할 것이다.

68. **a.** 가격 기준 선택자 수는 이항분포, $n=200$명, $p=.235$, 그

기댓값은 $E(x) = np = 200\times.235 = 47$명. **b.** $\sigma = \sqrt{np(1-p)} = .59962$. **c.** 가격 외 기준 선택자 수는 이항분포, n=200명, p=.765, $\sigma = \sqrt{np(1-p)} = .59962$.

70. 고장 발생 건수가 포아송분포 조건을 만족하므로 μ=1.5회(하루에), $P(x\geq3) = 1-P(x\leq2) = 1-(.2331+.3347+.2510) = .1912$.

72. μ=3명(분당)인 포아송분포. **a.** $f(3) = \frac{3^3e^{-3}}{3!} = .2240$. **b.** $P(x\geq3) = 1-P(x<2)$ = 1−POISSON.DIST(2,3,TRUE) = .5768.

6장

2. **a.** $P(x<15) = (1/10)(5) = .10(5) = .50$. **b.** $P(12\leq x\leq18) = (1/10)(6) = .10(6) = .60$. **c.** $P(12\leq x\leq18) = (1/10)(6) = .60$. **d.** $E(x) = (10+20)/2 = 16$. **e.** $\text{Var}(x) = (20-10)^2/12 = 8.33$.

4. **a.** $P(a\leq x\leq b)$ 표현 연습. **b.** $P(.25<x<.75) = 1(.50) = .50$. **c.** $P(x\leq.30) = 1(.30) = .30$. **d.** $P(x>.60) = 1(.40) = .40$.

6. **a.** $(b-a)/2$ = \$136이고, $1/(b-a) = .00625$을 풀면 a=56, b=216. **b.** $P(100\leq x\leq200) = (200-100)(.00625) = .6250$. **c.** $P(x\geq150) = (216-150)(.00625) = .4125$. **d.** $P(x\leq80) = (80-56)(.00625) = .1500$.

8. 정규곡선은 평균=100을 가운데로 좌우대칭 종모양, 종의 폭은 무한이 넓지만 좌우로 σ=10의 각각 3배 정도를 넘어서면 거의 바닥에 닿는다.

10. 표준정규분포에서 변수의 구간을 표시하고 정규분포표나 엑셀에서 구간확률을 계산한다. **a.** $P(z\leq1.5) = .9332$ = NORM.S.DIST(1.5,TRUE). **b.** $P(z\leq1.0) = .8413$. **c.** $P(1\leq z\leq1.5) = P(z\leq1.5)-P(z<1) = .9932-.8413 = .0919$, 혹은 NORM.S.DIST(1.5,1)−NORM.S.DIST(1,1) = .0918. **d.** $P(0<z<2.5) = P(z<2.5)-P(z\leq0) = .9938-.50 = .4938$.

12. 연속변수의 확률계산에서 구간 <은 ≤ 같다. **a.** $P(0\leq z\leq.83) = P(z\leq.83)-P(z\leq0) = .7967-.50 = .296$. **b.** .4481. **c.** $P(z>.44) = 1-P(z<.44) = 1-.6700 = .3300$ = 1 − NORM.S.DIST(.44,TRUE). **d.** .5910. **e.** .8849. **f.** .2389.

14. **a.** 누적확률 .975인 z는 1.96; 표에서 $P(z\leq1.96) = .975$이므로, or NORM.S.INV(.975) 5 1.96. **b.** 0~z의 면적이 .475이면 $-\infty$~z의 면적이 .975, z = 1.96. **c.** z 왼쪽이 .7291이면 z = .61. **d.** z 오른쪽이 .1314이면 그 왼쪽은 .8686, z = 1.12, or NORM.S.INV(.8686) = 1.12. **e.** z = .44. **f.** z 왼쪽이 .67이므로 z = .44.

16. **a.** 표준정규분포 왼쪽 면적이 .99이므로 z = 2.33 or = NORM.S.INV(.99). **b.** z = 1.96. **c.** z = 1645. **d.** z = 1.28.

18. μ=14.4, σ=4.4인 정규분포에서 **a.** $P(x\geq20) = P(z\geq\frac{20-14.4}{4.4}) = 1-P(z\leq1.27) = 1-.8980 = .1020$. **b.** $P(x\leq10) = P(z\leq-1.0) = .1587$. **c.** 상위 10%에 해당하는 z = 1.28, x = 14.4+4.4(1.28) = 20.03%.

20. **a.** 미국의 가격: μ=3.73, σ=.25인 정규분포, x=3.50에 해당하는 $z=-.92$, $P(z<-.92) = .1788$, 그러므로 $P(x<3.50) = .1788$, 미국 내 임의의 주유소가 \$3.50 이하일 확률은 17.88%. **b.** 러시아의 가격: μ=3.40, σ=.20인 정규분포, x=3.50에 해당하는 z=.50, $P(z<.50) = .6915$, 그러므로 $P(x<3.50) = .6915$, 러시아의 주유소가 \$3.50 이하일 확률은 69.15%. **c.** 러시아의 임의의 주유소 휘발유 가격이 \$3.73보다 더 비쌀 확률은, $P(x>3.73) = P(z>1.65) = 1-P(z\leq1.65) = .0495$.

22. TV 시청시간 평균 μ=8.35, σ=2.5. **a.** $P(5\leq z\leq10) = P(-1.34\leq z\leq.66) = P(z\leq.66)-P(z\leq-1.34) = .7454-.0901 = .6553$. **b.** 상위 3%의 z-값=1.88, $x = \mu+z\sigma = 8.35+1.88(2.5)$ = 13.5시간. **c.** x=3에 해당하는 z-값 = $(3-8.35)/2.5 = -2.14$, $P(x\geq3) = P(z\geq-2.14) = 1-P(z\leq2.14) = 1-.0162 = .9838$, 3시간 이상 볼 확률은 98.38%.

24. 주말여행경비 x는 평균 μ=\$749, σ=\$225인 정규분포. **a.** $P(x<\$400) = P(z<\frac{400-749}{225}) = P(z<-1.55) = .0606$, \$400이하일 확률은 6.06%. **b.** $P(x\geq\$800) = P(z\geq.23) = 1-P(z\leq.23) = 1-.5910$, or 1−NORM.DIST(800,749,225,TRUE) = .4103. **c.** $P(\$500\leq x\leq\$1000)$ = NORM.DIST(1000,749,225,TRUE)−NORM.DIST(500,749,225,TRUE) = .7335. **d.** 상위 5%에 해당하는 z-값 = 1.645, $x = \mu+\sigma z = 749+1.645(225)$ = \$1119.

26. 평균이 μ=8인 지수분포, 식 6-5 사용. **a.** $P(x\leq6) = 1-e^{-6/8} = 1-.4724 = .5276$. **b.** 엑셀함수 $P(x\leq4)$ = EXPON.DIST(4,1/8,TRUE) = .3935. **c.** $P(x\geq6) = 1-P(x\leq6) = 1-.5276 = .4724$. **d.** $P(4\leq x\leq6) = P(x\leq6)-P(x\leq4) = .5276-.3935 = .1342$.

28. **a.** 평균이 μ=20시간인 지수분포, $f(x) = (1/20)e^{-x/20}$. **b.** 식 6-5 사용, $P(x\leq15) = 1-e^{-x/20} = 1-e^{-15/20} = .5276$. **c.** $P(x>20) = 1-P(x\leq20) = 1-(1-e^{-20/20}) = e^{-1} = .3679$. **d.** 평균이 μ=7시간인 지수분포 $f(x) = (1/7)e^{-x/7}$, $P(x\leq5) = 1-e^{-x/7} = 1-e^{-5/7} = .5105$, 또는 엑셀함수로 $P(x\leq5)$ = EXPON.DIST(5,1/7,TRUE) = .5105.

30. 평균이 μ=2시간인 지수분포. **a.** $P(x\leq1)$ = EXPON.DIST(1,0.5,TRUE) = .3935. **b.** $P(1\leq x\leq2) = P(x\leq2) - P(x\leq1)$ = EXPON.DIST(2,0.5,TRUE) − EXPON.DIST(1,0.5,TRUE) = .2387. **c.** 복구시간이 4시간 이상일 확률 = $1-P(x\leq4)$ = 1−EXPON.DIST(4,0.5,TRUE) = .1353.

32. **a.** 시간당 1.6통은 60분/1.6통 = 평균 37.5분에 한통. **b.** μ= 37.5분, $f(x)=(1/37.5)e^{-x/37.5}$, $x\geq0$. **c.** 60분 미만 = $P(x<60) = 1-e^{-60/37.5} = 1-.2019 = .7981$, or EXPON.DIST(60,1/37.5,TRUE) = .7981. **d.** 30분 이상 = $P(x\geq30) = 1-P(x<30) = 1-e^{-30/37.5} = 1-.5507 = 4493$. **e.** $P(5<x<20) = P(x<20)-P(x<5) = (1-e^{-20/37.5}) - (1-e^{-5/37.5}) = .4134-.1248 = .4493$.

34. 장학금 x는 μ=19000, σ=2100인 정규분포. **a.** 표준정규분포에서 하위 10%는 $P(z\leq-1.28) = .10$이므로 $z = -1.28 = \frac{x-19000}{2100}$, $x = 19000-1.28(2100)$ = \$16312. **b.** z 5 $\frac{x-\mu}{\sigma} = \frac{22000-19000}{2100}$ = 1.43이므로 $P(x\geq22000) = 1 - P(z<1.43) = 1-.9236 = .0764$, 7.64%가 \$22000 이상을 받음. **c.** 상위 3%에 해당하는 z=1.88이므로, $x = 19000+1.88(2100)$ = \$22948 이상을 받게 됨.

36. 전당포 사람 수 x는 μ=658, σ=? 정규분포. **a.** $P(x\leq600)$ = .03, 해당하는 z= −1.88(표나 엑셀함수로), $-1.88-\frac{600-658}{\sigma}$, $\sigma = \frac{600-658}{-1.88} = 25.5319$. **b.** $P(600\leq x\leq700) = P(-2.31\leq z\leq1.65) = .9505-.1014 = .9401$. **c.** $P(z\geq1.88) = .03$이므로 $x = 658+1.88\times25.5319 = 706$, 또는 NORM.INV(.97,658,25.5319) = 706.

38. 서비스비용 x는 μ=\$150, σ=\$25 정규분포로 추정. **a.** x=\$200에 해당하는 $z = (200-150)/25 = 2$, \$200을 초과하는 것은 z가 2.0을 초과, 표에서 1−.9772 = .0228. **b.** 한 건당 기대 이익 = 200−150 = \$50.

40. x는 μ=450, σ=100, 정규분포. **a.** x=400은 $z = \frac{400-450}{100} = -.50$, x=500은 $z = \frac{500-450}{100} = .50$, $P(400\leq x\leq500) = P(-.5\leq$

$z \le .5) = P(z \le .5) - P(z \le -.5) = .6915 - .3085 = .3830$. **b.** $x=630$은 $z = \frac{630-450}{100} = 1.80$, $P(x<630) = P(z<1.8) = .9641$, 즉 96.41%가 630점 미만이다. **c.** $x=480$은 $z = \frac{480-450}{100} = 0.30$, 합격비율은 $P(x>480) = P(z>.30) = 1-P(z \le .30) = 1-.6179 = .3821$, 즉 38.21%가 합격할 수 있다.

42. 충전용량 x는 $\mu=?$ $\sigma=.6$온스인 정규분포, $P(x<18) = .02$이고 $x=18$은 $z = -2.05 = \frac{x-\mu}{\sigma}$, $\mu = 18 + 2.05(.6) = 19.23$온스.

44. 방문자 수는 포아송분포, 그 시간간격은 지수분포이고 **a.** 그 평균은 $\mu=1/7$분. **b.** $f(x)=7e^{-7x}$. **c.** 그 간격이 1분보다 큼. 즉 $P(x>1) = 1-P(x<1) = 1-(1-e^{-7(1)}) = .0009$. **d.** 12초는 .2분, 지수분포에서 간격이 .2분보다 클 확률은 $P(x>.2) = 1-P(x \le .2) = 1-(1-e^{-7(.2)}) = .2466$.

46. $1/\mu=.50$, $\mu=2$분. **a.** 평균 2분. **b.** $P(x \le .5) = 1-e^{-.5/2} = 1-.7288 = .2212$. **c.** $P(x \le 1) = 1-e^{-1/2} = 1-.6065 = .3935$. **d.** x가 5분 이상. **e.** $P(x \ge 5) = 1-P(x<5) = 1-(1-e^{-5/2}) = .0821$ 또는 1−EXPON.DIST(5,1/2,TRUE).

7장

2. 작은 순으로 난수 4개를 고르면, 2 3 5 10번째의 .0341 .0729, 0936, .1449이므로 원소도 2, 3, 5, 10번째를 표집.

4. 1단계: 각 선수에게 난수를 RAND()으로 생성한다. 2단계: 생성된 난수가 작은 순으로 선수 이름을 나열하여 처음 3개를 골라서 단순 무작위 표본을 고른다. 선택된 선수에게 질문을 한다. (난수 생성에 따라 표본이 달라진다.)

6. **a.** 표집모집단은 유한모집단, 운전면허 사무소에서 뉴욕시 발행 운전자명단을 구하여 프레임 구축. **b.** 표집모집단은 무한모집단. **c.** 유한모집단. **d.** 표집모집단은 무한모집단.

8. **a.** 표본비율은 $\bar{p} = 75/150 = .5$. **b.** $\bar{p} = 55/150 = .3667$.

10. **a.** 40개 중에서 2개가 별 5개, $\bar{p} = 2/40 = .05$. **b.** 17개 주식이 평균 이상 위험, $\bar{p} = 17/40 = .425$. **c.** 별이 1개 또는 2개는 8개 주식, $\bar{p} = 8/40 = .20$

12. **a.** 표집모집단은 50세 이상 성인. **b.** 표본비율 $\bar{p} = 350/426 = .8216$을 모집단의 비율로 추정함. **c.** 응답자 수 추정은 $.74 \times 426 = 315$명. **d.** 50세 이상 성인 가운데 일자리가 중요하다고 생각하는 비율 $\bar{p} = 354/426 = .8310$으로 추정함 **e.** b번과 d번의 목표모집단은 50세 이상의 성인이므로 표집모집단과 일치한다. 만일 표집모집단이 AARP 멤버 중에서 50세 이상으로 하였다면, 표집모집단은 목표모집단과 같지 않다. 다만, AARP의 50세 이상이 미국 성인 50세 이상을 대표한다면 b번과 d번의 추론(추정)은 유효하다.

14. **a.** EAI파일에는 임직원 2500명 명단이 있는데, 각 임직원에게 난수를 대응시킨 후, 난수가 작은 순으로 단순무작위표본 50명을 추출한다. 난수발생이 그때마다 다르므로 표본도 달라진다. **b.** 표집된 표본 50명의 평균연봉을 AVERAGE() 함수로 구한다. **c.** STDEV.S() 함수로 표본 표준편차를 구하여 모표준편차 추정치로 삼는다. **d.** 표본비율을 구하여 모집단 비율의 추정치로 삼는다.

16. $\sigma=25$, $\bar{x}$의 표준편차 $\sigma_{\bar{x}} = \sigma/\sqrt{n}$이므로 $n=50$이면 $\sigma_{\bar{x}}=3.54$, $n=100$이면 $\sigma_{\bar{x}}=2.50$, $n=150$이면 $\sigma_{\bar{x}}=2.04$, $n=200$이면 $\sigma_{\bar{x}}=1.77$으로 점점 작아진다.

18. **a.** $E(\bar{x})=\$51800$이고, $n=60$이면 $\sigma_{\bar{x}} = 4000/\sqrt{6} = 516.40$ 중심극한정리에 따라 정규분포의 중심은 51800, 종모양의 폭은 516.4의 ±3배 정도로 그린다. **b.** $n=120$이면 $\bar{x}$의 분포는 더 정규분포에 접근, 종의 중심위치는 그대로이고, $\sigma_{\bar{x}} = 4000/\sqrt{120} = 365.15$이므로 종의 폭은 약 2/3로 줄어든다. **c.** 표본크기(n)가 커짐에 따라 그 평균의 변동성($\sigma_{\bar{x}}=\sigma/\sqrt{n}$)은 더 줄어든다. 표본 크기가 커질수록 $\bar{x}$는 모평균에 더 가까운 값을 가질 것이기 때문이다.

20. 실직자의 실직기간(x)을 모집단 원소로 $\mu=17.5$, $\sigma=4$주. **a.** 실직자 50명을 표집, 그 표본평균($\bar{x}$)의 표집분포는 평균이 17.5주이고 표준편차는 $\sigma_{\bar{x}} = 4/\sqrt{50} = .5657$인 정규분포이다. **b.** $\bar{x}$가 모평균에서 일주일 이내, $16.5 \le \bar{x} \le 18.5$; $(16.5-17.5)/.5657 = -1.77$이므로 $-1.77 \le \bar{z} \le 1.77$; 이 구간의 확률은 표에서 1.77까지 누적확률에서 −1.77까지 누적확률을 빼면 $.9616-.0384 = .9232$이다. **c.** $16.0 \le \bar{x} \le 17.0$의 구간 확률을 엑셀로 구하면 NORM.DIST(18,17.5,4/SQRT(50),TRUE)−NORM.DIST(17,17.5,4/SQRT(50),TRUE) = .6232.

22. 공제금을 알고 싶으면 납세자를 표집하여 공제금의 평균을 구하여 보아야 하는데, 공제금액의 모평균은 \$16,642, 모표준편차는 \$2400이라고 가정하고 실펴보면 **a.** 표본평균($\bar{x}$)가 모평균에서 ±\$200일 확률을 표본크기가 30, 50, 100, 400일 때 구하면, 각각 .3544, .4448, .5934, .9050이다. 엑셀 함수로 계산해 보면 NORM.DIST(16842,16642,2400/SQRT(30),TRUE) − NORM.DIST(16442,16642,2400/SQRT(30),TRUE) = .3519(≈.3544). **b.** 표본 크기가 400개가 되면 모평균에서 ±\$200의 정확도로 추정하게 될 확률이 90.50%가 되어서 신뢰도가 점점 높아지는 이점이 있다.

24. 과거, 현재, 미래의 강우량이 모집단. **a.** 캘리포니아 강우량 30년간 관찰을 $n=30$의 표본으로 보면, 표본평균의 확률분포는 평균이 22인치, 표준편차는 $4/\sqrt{30} = .7303$인 정규분포 모양임. **b.** $\bar{x}$가 22±1인치일 확률은 $z = (21-22)/.7303 = -1.37$, $P(21 \le \bar{x} \le 23) = P(-1.37 \le z \le 1.37) = .9147-.0853 = .8294$이다.

26. $N=4000$명, $n=40$명. **a.** $n/N=0.01<.05$이므로 유한모집단 보정계수를 곱할 필요가 없다. **b.** $\sigma=8.2$살, $\sigma_{\bar{x}} = \sqrt{\frac{N-n}{N-1}}\frac{\sigma}{\sqrt{n}} = \sqrt{\frac{400-40}{400-1}}\frac{8.2}{\sqrt{40}} = 1.29$, $\sigma_{\bar{x}} = \sigma/\sqrt{n} = 8.2/\sqrt{40} = 1.30$으로서 그 차이가 아주 근소하다. **c.** $\bar{x}$이 $\mu \pm 2$살일 확률은 $z = -2/1.30 = -1.54$, $P(\mu-2 \le \bar{x} \le \mu+2) = P(-1.54 \le z \le 1.54)$; 1.54까지 누적에서 −1.54까지 누적확률을 빼면 $.9382-.0618 = .8764$이다. 엑셀함수를 사용하여 정확히 계산하면, NORM.S.DIST(2/(8.2/SQRT(40)),TRUE) − NORM.S.DIST(−2/(8.2/SQRT(40)),TRUE) = .8771.

28. $p=.40$, $n=200$. **a.** $\sigma_{\bar{p}} = \sqrt{\frac{p(1-p)}{n}} = \sqrt{\frac{.40(.60)}{200}} = .0346$, 표본비율 $\bar{p}$가 $p \pm .03$이 될 확률은? $.37 \le \bar{p} \le .43$, $z = (\bar{p}-p)/\sigma_{\bar{p}} = (.37-.40)/.0346 = .87$, $P(z \le .87) = .8078$, $P(z \le -.87) = .1922$, .87까지의 누적확률에서 −.87까지의 누적확률을 빼면 $.8078-.1922 = .6156$. **b.** .8502.

30. $p=.30$. **a.** $n=100$, $\sigma_{\bar{p}} = \sqrt{\frac{.30(.70)}{100}} = .0458$, 표본비율 $\bar{p}$가 $p \pm .04$인 확률 $P(.26 \le \bar{p} \le .34)$; $z = (\bar{p}-p)/\sigma_{\bar{p}} = (.26-.30)/.0458 = -.87$, $P(z \le .87) = .8078$, $P(z \le -.87) = .1922$, $.8078-.1922 = .6156$. **b.** $n=200$, $\sigma_{\bar{p}} = \sqrt{\frac{.30(.70)}{200}} = .0324$, $P(.26 \le \bar{p} \le .34) = .8907-.1093 = .7814$. **c.** $n=500$, $\sigma_{\bar{p}} = \sqrt{\frac{.30(.70)}{500}} = .0205$, $P(.26 \le \bar{p} \le .34) = .9744-.0256 = .9488$. **d.** $n=1000$, $\sigma_{\bar{p}} = \sqrt{\frac{.30(.70)}{1000}} = .0145$, $P(.26 \le \bar{p} \le .34) = .9971-.0029 = .9942$. **e.** 표본이 커질수록 $\bar{p}$가 모집단의 $p \pm .04$ 안에 관찰될 확률은 커진다.

32. 29세 이하에서 시작 확률은 $p=.55$. **a.** $n=200$이면 $np=110$, $n(1-p)=90$으로 5보다 크므로, $\bar{p}$는 평균이 .55이고 그 표준편차 $\sigma_{\bar{p}} = \sqrt{\frac{.55(1-.55)}{200}} = .0352$인 정규분포를 따른다. **b.** $.50 \le \bar{p} \le .60$일

확률은 정규분포에서 NORM.DIST(.60,.55,SQRT(.55*.45/200),TRUE) − NORM.DIST(.50,.55,SQRT(.55*.45/200),TRUE) = .8448. **c.** 30세 이상에서 시작 확률은 $p=.45$, $n=200$이면 $np=90$, $n(1-p)=110$으로 5보다 크므로 $\bar{p}$는 평균이 .45이고 그 표준편차 $\sigma_{\bar{p}} = \sqrt{\frac{.45(1-.45)}{200}}$ = .0352인 정규분포를 따른다. **d.** $.40\le\bar{p}\le.50$일 확률은 정규분포에서 NORM.DIST(.50,.55,SQRT(.45*.55/200),TRUE) − NORM.DIST(.40,.55,SQRT(.45*.55/200),TRUE) = .8448. **e.** b번과 d번은 확률이 같다. **f.** b번에서 $n=400$일 때 $.50\le\bar{p}\le.60$일 확률은 $P(.50\le\bar{p}\le.60) = P(-2.01\le z\le 2.01) = .9778-.0222 = .9556$으로서 b번의 .8448보다 커졌는데, 표준편차가 .0352에서 .0249으로 줄어들어서 $\bar{p}$의 분포구간이 좁아졌는데 확률계산구간은 같기 때문.

36. **a.** 제품 라벨을 읽는 비율이 $p=.76$인 모집단에서 $n=400$이면, $np=304$와 $n(1-p)=96$가 5보다 크므로, 표본의 $\bar{p}$는 평균이 .76이고 그 표준편차 $\sigma_{\bar{p}} = \sqrt{\frac{.76(1-.76)}{400}}$ = .0214인 정규분포를 따른다. **b.** p이 $p\pm.03$일 확률은 $P(.73\le\bar{p}\le.79) = P(\frac{.73-.76}{.0214}\le z\le\frac{.79-.76}{.0214}) = P(-1.40\le z\le 1.40) = .9192-.0808 = .8384$, 엑셀 NORM.DIST($x,\mu,\sigma$,TRUE)를 사용하면 .8399임. **c.** 표본 크기 $n=750$명이면 $\sigma_{\bar{p}} = \sqrt{\frac{.76(1-.76)}{750}} = .0156$, $P(.73\le\bar{p}\le.79) = P(\frac{.73-.76}{.0156}\le z\le \frac{.79-.76}{.0156}) = P(-1.92\le z\le 1.92) = .9726-.08274 = .9452$로 그 확률이 증가함.

38. 1인당 하루 앱 사용횟수의 모집단은 $\mu=30$, $\sigma=6$. **a.** $n=50$명의 표본의 사용횟수 평균 $\bar{x}$는 중심극한정리에 따라 정규분포에 근접하고, 분포의 $\mu=30$이고 $\sigma_{\bar{x}} = 6/\sqrt{50} = .8485$이다. **b.** 표본이 $n=500{,}000$명이면, 표본의 앱 사용횟수 평균 $\bar{x}$는 더욱 정규분포에 근접하고, 분포의 $\mu=30$이고 $\sigma_{\bar{x}} = 6/\sqrt{500{,}000} = .008485$이다. **c.** 표본 크기가 극단적으로 커지면 표본평균의 표준오차(편차)는 아주 작아진다. 이는 표본평균이 모평균에 거의 근접하기 때문이다. 결과적으로 그 변동성($\sigma_{\bar{x}}$)이 아주 작아진다.

40. *WSJ*의 보고서 37%를 모비율로 간주. **a.** 300명의 무작위표본의 여성비율 $\bar{p}$는, $n=300$이면 $np = 300(.37) = 111$, $n(1-p) = 189$으로 5보다 크므로 $\bar{p}$는 평균이 .37이고 그 표준편차 $\sigma_{\bar{p}} = \sqrt{\frac{.37(1-.37)}{300}}$ = .0279인 정규분포를 따른다. **b.** $.32\le\bar{p}\le.42$일 확률은 정규분포에서 NORM.DIST(.42,.37,.0279,TRUE) − NORM.DIST(.32,.37,.0279,TRUE) = .9271. **c.** $n=30{,}000$이면 $\bar{p}$는 평균이 .37이고 그 표준편차는 $\sigma_{\bar{p}} = \sqrt{\frac{.37(1-.37)}{30000}}$ = .00279인 정규분포를 따른다. **d.** 표준편차 .00279를 가지고 표준화하면 .32의 z-값은 $\frac{.32-.35}{.00279} = -17.94$이고, .42의 z-값은 +17.94임. $.32\le\bar{p}\le.42$일 확률은 거의 1.0임. **e.** d번의 표준오차가 1/10으로 작아졌기 때문에 d번의 확률이 b번보다 크다.

42. ShadowStocks 파일에는 회사이름과 난수가 적혀 있다. **a.** 난수를 가지고 작은 순으로 정렬하여 처음 5개를 표집하면 LMI Aerospace, ⋯, International Shipping이다. **b.** 엑셀 시트의 C열에 새로운 나수를 생성하여, 그것을 복사하여 '값'으로 고정시키고 작은 순으로 정렬하여 처음 5개 회사를 표집한다. a번과 같은 이름의 5개 회사가 꼭 같이 표집될 확률은 거의 0이다.

44. 모집단은 $\mu=\$406$, $\sigma=\$80$. **a.** $n=64$개 매상 표본의 평방피트당 매출액 평균 $\bar{x}$는 주심극한정리에 따라 정규분포에 근접하고, 분포의 $\mu=\$406$이고 $\sigma_{\bar{x}} = 80/\sqrt{64} = \$10$이다. $n/N = 64/3400 = .0188 < .05$이므로 유한모집단 보정은 필요 없다. **b.** $391\le\bar{x}\le 421$일 확률은 정규분포에서 NORM.DIST(421,406,10,TRUE) − NORM.DIST(391,406,10,TRUE) = .8664. **c.** $P(\bar{x}\le 380)$ = NORM.DIST(380,406,10,TRUE) = .0047, 이 확률은 비정상적으로 작다. 표집에 에러가 없다면 $406이라는 보고가 의심스럽다.

46. 모평균은 $27,175, $\sigma=\$7400$. **a.** 평균의 표준오차 $\sigma_{\bar{x}} = 7400/\sqrt{60} = 955$. **b.** $\bar{x}>27{,}175$을 표준화하면 $z>0$이므로 그 확률은 .50. **c.** $z = (\bar{x}-\mu)/\sigma_{\bar{x}} = 1000/955 = 1.05$이므로, $26{,}175\le\bar{x}\le 28{,}175$일 확률은 NORM.S.DIST(1.05,TRUE) − NORM.S.DIST(−1.05,TRUE) = .7048. **d.** $n=100$이면 $\sigma_{\bar{x}} = 7400/\sqrt{100} = 740$, $z = (\bar{x}-\mu)/\sigma_{\bar{x}} = 1000/740 = 1.35$이므로, $26{,}175\le\bar{x}\le 28{,}175$일 확률은 NORM.S.DIST(1.35,TRUE) − NORM.S.DIST(−1.35,TRUE) = .8230, c번보다 확률이 더 커졌다.

48. $\sigma=500$, $\sigma_{\bar{x}}=20$. **a.** $500/\sqrt{n} = 20$이므로 $n = 25^2 = 625$. **b.** 모평균으로부터 ±25를 표준화하면 ±1.25, $P(-1.25\le z\le 1.25) = .8944-.1056 = .7888$.

50. 모집단은 호주사람의 흡연 여부를 표기한 것. $p=.15$, $n=240$. **a.** $np=34$, $n(1-p)=204 > 5$, $\bar{p}$는 정규분포, 평균은 .15, 표준오차는 $\sqrt{\frac{.15(1-.15)}{240}}$ = .0230임. **b.** $z = (\bar{p}-p)/\sigma_{\bar{p}} = 1.74$이므로, $.11\le\bar{p}\le.19$일 확률은 NORM.S.DIST(1. 74,1) − NORM.S.DIST(−1.74,1) = .9173, 표에서는 .9182. **c.** $z = (\bar{p}-p)/\sigma_{\bar{p}} = .87$, $.13\le\bar{p}\le.17$일 확률은 NORM.S.DIST(.87,1) − NORM.S.DIST(−.87,1) = .6145.

52. 모집단은 광고사기 경험 유무 표기, 모비율은 40%. **a.** $n=380$명 표본, 표본비율이 모비율±.04 이내일 확률? $\sigma_{\bar{p}} = \sqrt{\frac{p(1-p)}{n}} = \sqrt{\frac{.4(1-.4)}{380}} = .0251$, $z = (\bar{p}-p)/\sigma_{\bar{p}} = .04/.0251 = 1.59$, $.35\le\bar{p}\le.44$일 확률은 NORM.S.DIST(1.59,1) − NORM.S.DIST(−1.59,1) = .8885. **b.** $\bar{p}>.45$, $z = (\bar{p}-p)/\sigma_{\bar{p}} = (.45-.40)/.0251 = 1.99$, $\bar{p}>.45$ 확률은 1−NORM.S.DIST(1.99,1) = .0233.

54. 판매콜의 성공 여부를 표기한 모집단, $p=25\%$, 표본의 표준오차 = .0625. **a.** $\sqrt{\frac{.25(1-.25)}{n}} = .0625$, 한 달 동안 $n = .25(.75)/.0625^2 = 48$번 콜. **b.** $np = 48(.25) = 12 > 5$이고 $n(1-p) = 48(.75) = 36 > 5$이므로, 평균은 .25이고 표준편차는 .0625인 정규분포임. **c.** $\bar{p} > .30$의 확률은 $z > .80$ 확률과 동일, 1−NORM.S.DIST(.80, 1) = .2119.

8장

2. **a.** 식 8-1 사용. $32\pm1.645(6/\sqrt{50}) = 32\pm1.4$ (30.6~33.4). **b.** $32\pm1.96(6/\sqrt{50})$. **c.** $32\pm2.576(6/\sqrt{50})$.

4. **a.** 오차범위는 $(160-152)/2 = 4$이므로 $1.96(\sigma/\sqrt{n}) = 4$에서 $\sqrt{n} = 1.96(15)/4 = 7.35$, $n = 7.35^2 = 54$.

6. $\sigma=8.5$, 데이터 파일에서 $\bar{x}=40.31$, $n=200$, 95%신뢰구간은 $40.31\pm1.96(8.5/\sqrt{200}) = 40.31\pm1.18$.

8. **a.** n이 작기 때문에 모집단이 정규분포이거나 정규분포에 근사하다는 가정이 필요하다. **b.** 3.41. **c.** 4.48.

10. $\sigma=\$650$, $\bar{x}=\$3486$, $n=120$. **a.** 3486±98. **b.** 3486±116. **c.** 3486±153. **d.** 신뢰수준을 높일수록 신뢰구간 범위는 넓어진다. 신뢰구간이 모평균을 포함하는 신뢰도를 높이기 위해서는 더 넓은 구간이 필요하다.

12. **a.** 2.179. **b.** −1.676. **c.** 2.457. **d.** 꼬리 면적이 .05인 칼럼에서 −1.708와 1.708. **e.** 꼬리 면적이 .025인 칼럼에서 −2.014와 2.014.

14. 모집단 σ가 알려져 있지 않으므로 t-분포를 사용하고 식 8-2를 사용함. $n=54$, $s=4.4$, $df=53$. **a.** 22.5±1. **b.** 22.5±1.2. **c.** 22.5±

1.6. **d.** 신뢰수준이 높아짐에 따라 오차범위도 커지고 신뢰구간도 넓어진다.

16. 데이터 파일을 엑셀의 기술 통계를 사용하여 **a.** 만기(년)의 $\bar{x}$=9.71, s=7.98, n=40, df=39. **b.** $t_{.025,39}$=2.023, 만기의 95% 구간은 9.71±2.55. **c.** 수익률의 $\bar{x}$=3.8854, s=1.6194. **d.** 수익률의 95% 구간은 3.8854±.5180.

18. **a.** 데이터 파일에서 $\bar{x}$=22주, s=11.8862. **b.** 3.8014. **c.** 22±2.023. **d.** 기술 통계 요약을 보면 왜도는 1.0062, 양의 비대칭이 약간 있으므로 좀 더 큰 표본을 추출하는 것을 고려한다.

20. 미시간 주의 자동차 보험료 데이터에서 $\bar{x}$=2551, s=\$301.3077, n=20, df=19. **a.** \$2551. **b.** 2551±141.01. **c.** 미시건주의 보험료 모평균의 95% 신뢰구간이 전국평균 \$1503을 포함하지 않고 전국평균보다 더 높다.

22. 데이터 파일에서 $\bar{x}$=\$23,100, s=3981.89, n=30, df= 29, $t_{.025,29}$=2.045, 95% 신뢰구간 23100±14686.70. **b.** 극장당 평균 고객 수는 23100/8.11 = 2848.34명. **c.** 총 고객 수 추정은 4080(2848.34) = 11,621,227명, 총 판매수익 추정은 4080(23,100) = \$94,248,000 이 추정은 출처의 통계와 비슷하다.

24. R=36. **a.** σ의 계획값은 36/4 = 9. **b.** 식 8-3으로 계산하면 n=34.57, n=35를 사용함. **c.** 식 8-3으로 계산하면 n=79.88, n=80을 사용함.

26 σ=\$.25를 가정함. **a.** 오차범위가 E=\$.10이면 식 8-3으로 계산하여 n=24.01, n=25를 사용함. **b.** n=49, n=49를 사용. **c.** n=96.04, n=97을 사용.

28. σ의 계획값은 25파운드, 오차범위 E=3파운드. **a.** n=187.92, n=188을 사용. **b.** n=266.78, n=267을 사용. **c.** n=460.82, n=461을 사용. **d.** 신뢰수준을 높이려면 표본크기도 커져야 한다. 90% 신뢰수준에서 95% 신뢰수준으로 증가시키는 데는 표본크기를 267−188=79명을 늘려서 더 조사하는 것은 바람직하지만, 95%에서 99%로 신뢰수준을 올리기 위해서 461−267=194명을 더 조사하는 것은 신뢰수준 4% 이득을 위해서 비용과 시간 투여가 과다하므로 추천하지 않는다.

30. σ의 계획값은 1.5회, 오차범위 E=.5회. **a.** $n=\frac{1.96^2(1.5^2)}{.5^2}$ = 34.57, n=35으로 하면 오차범위 .5회를 보증할 수 있다.

32. $\bar{p}$=.70, n=800. **a.** $.70\pm1.645\sqrt{\frac{.25(1-.25)}{800}}$ = 70±.0267. **b.** 70±$1.96\sqrt{\frac{.30(1-.30)}{800}}$ = 70±.0318.

34. p-계획값=.5로 계산, 신뢰수준 95%의 α=.05, $z_{.025}$=1.96; $n=\frac{1.96^2(.5)(.5)}{.03^2}$ = 1067.11, n=1068을 사용.

36. n=200, x=46. **a.** p=.23. **b.** $.23\pm1.96\sqrt{\frac{.23(1-.23)}{200}}$ = .23±.0583
or .1717~.2883.

38. **a.** $\bar{p}$ = 29/162 = .1790. **b.** $\bar{p}$=104/162 = .6420, 오차범위는 $1.96\sqrt{\frac{.642(1-.642)}{162}}$ = .0738, 95% 신뢰구간은 .6420±.0738. **c.** 허용 오차범위가 .05이면 $n=\frac{1.96^2(.642)(.358)}{.05^2}$ = 353.18, n=354.

40. p=.52, 오차범위 = $1.96\sqrt{\frac{.52(1-.52)}{800}}$ = .0346, 95% 신뢰구간은 .52.±0346.

42. **a.** p^*=.50, 오차범위 = $1.96\sqrt{\frac{.50(1-.50)}{491}}$ = .0442. **b.** 식 8-7 사용, 9월에 n=601, 10월에 n=1068, 11월에 n=2401, 선거전 날에 n=9604.

44. σ=\$12,300; 데이터 파일에서 $\bar{x}$=326.6674, n=10,001. **a.** $\bar{x}$=\$326.6674. **b.** $z_{\alpha/2}\sigma_{\bar{x}}$ = 1.96(122.9939) = \$241.0680. **c.** 326.6674±241.0680 = (\$85.6, \$567.7).

46. **a.** p=65120/102519 = .6352. **b.** $\sigma_{\bar{p}}=\sqrt{\frac{.6352(1-.6352)}{102519}}$ = .0015, $z_{\alpha/2}\sigma_{\bar{p}}$ = 1.96(.0015) = .0029. **c.** .6352.0029 =(.6323, 6381).

48. **a.** 4.00. **b.** 33.77±4.00.

50. $\bar{x}$=1873, n=80, s=550. **a.** t-분포를 사용하여 오차범위는 $1.990(550/\sqrt{80})$ = 122. **b.** 1873±122. **c.** 92(1873) = \$172,316백만. **d.** 오른쪽 비대칭이면 중앙값이 평균보다 작다. 평균보다 지출이 훨씬 많은 소수의 인원이 평균을 중앙값보다 더 크게 만든다.

52. 데이터 파일에서 연간 처방비용 $\bar{x}$=\$773, n=400, s=738.3835. **a.** $t_{.05,399}$ = T.INV(.05,399) = 1.6487, 오차범위 = $1.6487\frac{738.3835}{\sqrt{400}}$ = 60.87, 90% 신뢰구간 = 773±60.87. **b.** 본인부담금 $\bar{x}$=\$187, n=400, s=178.6207 오차범위 = $1.6487\frac{178.6207}{\sqrt{400}}$ = 14.72, 90% 신뢰구간 = 187±14.72. **c.** 처방비용이 없는 종업원은 136명, $\bar{p}$ = 136/400 = .34. **d.** a번의 전체 비용의 표준편차가 더 크기 때문에 오차범위도 더 크다.

54. $n=\frac{2.33^2(2.6^2)}{.1^2}$ = 36.7, n=37.

56. $n=\frac{1.96^2(675^2)}{100^2}$ = 175.03, n=176.

58. **a.** p = 200/369 = .5420. **b.** 오차범위 = $1.96\sqrt{\frac{.542(1-.542)}{369}}$ = .0508. **c.** 95% 신뢰구간은 .5420±.0508.

60. **a.** p = 165/750 = .22. **b.** 오차범위 = $1.96\sqrt{\frac{.22(1-.22)}{369}}$ = .0296, 95% C.I. = .22±.0296. **c.** $\bar{p}$ = 315/750 = .42, 오차범위 = $1.96\sqrt{\frac{.42(1-.42)}{369}}$ = .0353, 95%C.I. = .42±.0353. **d.** c번의 구간이 더 넓다. 이유는 표본비율 $\bar{p}$이 .5에 더 가깝기 때문이다.

62. **a.** $n=\frac{2.33^2(.70)(.30)}{.3^2}$ = 1266.74, n=1267. **b.** $n=\frac{2.33^2(.50)(.50)}{.3^2}$ = 1508.03, n=1509.

64. **a.** n=1993, $\bar{p}$ = 618/1993 = .3101. **b.** 오차범위 = $1.96\sqrt{\frac{.3101(1-.3101)}{1993}}$ = .0203, 95% C.I. = .3101±.0203. **c.** $n=\frac{1.96^2(.3101)(.6899)}{.01^2}$ = 8218.64, n=8219.

9장

2. 현재 μ=14대/월. **a.** H_0: $\mu\le14$, H_a: $\mu>14$; H_a가 연구가설임. **b.** 보너스제도가 판매량을 증가시킨다는 통계적 증거가 없다. **c.** 연구가설이 지지를 받고, 보너스제도가 판매량을 증가시킨다고 결론 내린다.

4. **a.** H_0: $\mu\ge220$, H_a: $\mu<220$; 생산비가 시간당 \$220보다 적게 드는지 검증하는 H_a가 연구가설임. **b.** 새로운 생산방식이 생산비용을 줄인다고 결론지을 수 없다. **c.** 새로운 방식의 생산비가 시간당 \$220보다 적게 발생한다고 결론짓고, 새로운 생산방식을 전체에 적용한다.

6. **a.** 현재 지방함량이 $\mu\le1$. **a.** H_0: $\mu\le1$, H_a: $\mu>1$, H_0는 상표의 내용임. **b.** 지방함량이 $\mu\le1$인데 $\mu>1$이라고 주장하는 것. 상표 내용을 틀린 것으로 기각하는 오류를 범한다. **c.** 지방함량이 $\mu\le1$이 아닌데 그렇다고 주장하는 것. 상표내용이 충족되지 않음을 발견하지 못하게 된다.

8. **a.** H_0: $\mu\ge220$(or μ=220), H_a: $\mu<220$; H_a를 연구가설로 삼음. **b.** 새로운 생산방식이 운영비용을 줄이지 못하는데 운영비가 \$220보다 적게 발생한다고 주장하는 것. 효과가 없는 새로운 방식을 적용하게 되는 오류를 범함. **c.** 새로운 방식의 운영비가 시간당 \$220보다 적게 발생하는데, $\mu\ge220$이라고 결론짓고, 새로운 생산방식을

적용하지 못하게 됨.

10. **a.** $z=\frac{\bar{x}-\mu_0}{\sigma/\sqrt{n}}=\frac{26.4-25}{6/\sqrt{40}}=1.48$. **b.** $p=P(z\geq 1.48)$, 표준정규분포표 1−.9306=.0694, 엑셀 1−NORM.S.DIST(1.48,1)=.0694. **c.** p-값>.01이므로 H_0을 기각하지 않는다. **d.** $z\geq 2.33$이면 H_0을 기각한다. 1.48<2.33이므로 H_0을 기각하지 않는다.

12. 좌측 검정임. **a.** $z=\frac{\bar{x}-\mu_0}{\sigma/\sqrt{n}}=\frac{78.5-80}{12/\sqrt{100}}=-1.25$; 표에서 $p=.1056$, $p>.01$이므로 H_0을 기각하지 않는다. **b.** $z=\frac{77-80}{12/\sqrt{100}}=-2.50$; 표에서 $p=.0062$, $p\leq .01$이므로 H_0을 기각한다. **c.** $z=\frac{75.5-80}{12/\sqrt{100}}=-3.75$; 표에서 $p=0$, p-값$\leq .01$이므로 H_0을 기각한다. **d.** $z=\frac{81-80}{12/\sqrt{100}}=.83$; 표에서 p-값=.7967, $p>.01$이므로 H_0을 기각하지 않는다.

14. 양측 검정임. **a.** $z=\frac{\bar{x}-\mu_0}{\sigma/\sqrt{n}}=\frac{23-22}{10/\sqrt{75}}=.87$; 표에서 우측 꼬리 면적을 두 배하여 $p=(1-.8078)=.3844$, p-값>.01이므로 H_0을 기각하지 않는다.(엑셀에서 반올림없이 z를 계산하면 $p=.3865$). **b.** $z=\frac{25.1-22}{10/\sqrt{75}}=2.68$; 표에서 우측 꼬리 면적을 두 배하여 p-값=2(1−.9963)=.0074, p-값$\leq .01$이므로 H_0을 기각한다. **c.** $z=\frac{20-22}{10/\sqrt{75}}=-1.73$; 표에서 좌측 꼬리 면적을 두 배하여 $p=2(.0418)=.0836$, p-값>.01이므로 H_0을 기각하지 않는다.

16. 현 시점의 대학생 신용카드 잔고가 모집단, 우측 검정임. **a.** H_0: $\mu\leq 3173$(or $\mu=3173$), H_a: $\mu>3173$; H_a가 연구가설임. **b.** $z=\frac{3325-3173}{1000/\sqrt{180}}=2.04$; 표에서 $p=1-.9793=.0207$. **c.** $p\leq .05$이므로 H_0을 기각한다. 2009년의 조사에 비교하여 더 증가하였다.

18. 2012년 밀레니엄세대 외식횟수가 모집단, 양측 검정임 **a.** H_0: $\mu=192$, H_a: $\mu\neq 192$; H_a가 연구가설임. **b.** $z=\frac{\bar{x}-\mu_0}{\sigma/\sqrt{n}}=\frac{182-192}{55/\sqrt{150}}=-2.23$; 표에서 좌측 꼬리 면적을 두 배하여 $p=2(.0129)=.0258$. **c.** $p<.05$이므로 H_0을 기각, 밀레니엄세대의 외식횟수가 2012년에 달라졌다.

20. 중서부지역이 모집단이고 좌측 검정임. **a.** H_0: $\mu=838$, H_a: $\mu<838$; H_a가 연구가설임. **b.** $z=\frac{\bar{x}-\mu_0}{\sigma/\sqrt{n}}=\frac{745-838}{300/\sqrt{60}}=-2.40$. **c.** 표에서 좌측 꼬리 면적 $p=.0082$. **d.** p-값<.05 이므로 H_0을 기각하고, 중서부지역이 북동부 지역보다 낮다.

22. 기다리는 시간이 모집단, 양측 검정임. **a.** H_0: $\mu=8$, H_a: $\mu\neq 8$; H_a가 연구가설임. **b.** $z=\frac{8.4-8}{3.2/\sqrt{120}}=1.37$, $p=2(1-.9147)=.1706$. **c.** $p>.05$이므로 H_0을 기각하지 않는다. 대기시간이 8분과 다르다고 할 수 없다. **d.** 95%신뢰구간은 $\bar{x}\pm z.025(\sigma/\sqrt{n})=8.4\pm 1.96(3.2/\sqrt{120})$ 5 8.4±5.7, 7.83~8.97, 귀무가설이 이 구간에 포함되므로 H_0를 기각하지 않는다.

24. **a.** $t=\frac{\bar{x}-\mu_0}{\sigma/\sqrt{n}}=\frac{17-18}{4.5/\sqrt{48}}=-1.54$. **b.** 자유도 $n-1=47$의 t분포 좌측 꼬리 면적은 .05~.10, p-값은 .1~.2; p-값 = 2*T.DIST (−1.54, 47,TRUE) = .1303. **c.** p-값>.05이므로 H_0을 기각하지 않는다.

26. **a.** $t=\frac{\bar{x}-\mu_0}{s/\sqrt{n}}=\frac{103-100}{11.5/\sqrt{65}}=2.10$, 자유도 $n-1=64$의 t-분포 우측 꼬리 면적은 .01~.025, p-값은 .02~.05; p-값 = 2*(1−T.DIST (2.10,64,TRUE)) = .0397(반올림 없이 계산하면 .0394), p-값<.05이므로 H_0을 기각한다. **b.** $t=-2.57$, p-값=.0125, p-값<.05이므로 H_0을 기각. **c.** $t=1.54$, p-값=.1285, p-값>.05이므로 H_0을 기각 않음.

28. 기업 CEO의 정년기간이 모집단. **a.** H_0: $\mu\geq 9$, H_a: $\mu<9$; H_a는 주주 주장에 반하는 도전가설임. **b.** $t=\frac{7.27-9}{6.38/\sqrt{85}}=-2.50$, 자유도 $n-1=84$의 t분포 좌측 꼬리 면적은 .0025~.005, p-값은 .005~.01; p-값 = 2*T.DIST(−2.50,84,1) = .0072. **c.** p-값<.01이므로 H_0을 기각함. 《H_0: $\mu=9$, H_a: $\mu>9$; H_a는 주주 주장을 도전가설으로 함. H_0을 기각할 수 없고, 결과는 동일함.》

30. 남성들의 아이 돌보는 시간이 모집단. **a.** H_0: $\mu=6.4$, Ha: $\mu\neq 6.4$; H_a는 *Times* 주장에 도전하는 가설임. **b.** 데이터 파일을 가지고 엑셀의 데이터〉데이터분석〉기술통계법〉요약통계량; $\bar{x}=7$, $s=2.4276$, $t=\frac{6.4-7}{2.4276/\sqrt{40}}=1.563$, 자유도 $n-1=39$의 t분포 우측 꼬리면적은 .05~.10, p-값 = 2*(1−T.DIST(1.563,39,1)) = .1261. **c.** $\alpha=.10$으로 설정하면, p-값> 10이므로 H_0을 기각하지 못함. Times 보고와 일치함.

32. 캔사스시티 중고차 대리점의 중고차의 가격을 모집단. **a.** H_0: $\mu=\$10,192$, H_a: $\mu\neq\$10,192$; H_a는 전국 평균에 반하는 가설임. **b.** 데이터 파일을 가지고 엑셀의 데이터〉데이터분석〉기술통계법〉요약통계량; $\bar{x}=9750$, $s=1400$, $t=\frac{9750-10192}{1400/\sqrt{50}}=-2.23$; 자유도 $n-1=49$의 t분포, p-값 = 2*T.DIST(−2.23,49,1) = .0304. **c.** $\alpha=.05$으로 하면, p-값<.05이므로 H_0을 기각함. 전국 평균과는 다름.

34. 나무 심는 시간이 모집단. **a.** H_0: $\mu=2$시간, H_a: $\mu\neq 2$. **b.** 엑셀의 데이터〉데이터분석〉기술통계법〉요약통계량; $\bar{x}=2.2$. **c.** $s=.5164$. **d.** $t=\frac{2.2-2}{.5164/\sqrt{10}}=1.22$; 자유도 $n-1=9$의 t분포 우측 꼬리 면적의 두 배; p-값 = 2*(1−T.DIST(1.22,.5164,9,1)) = .2535. **d.** $\alpha=.05$으로 설정하면, p-값>.05이므로 H_0을 기각하지 못함. 나무 심는 시간이 2시간 아니라고 하지 못함.

36. 좌측 검정이므로 좌측 꼬리 면적을 구함, 표준오차는 $\sigma_{\bar{p}}=\sqrt{\frac{p_0(1-p_0)}{n}}=\sqrt{\frac{.75(1-.75)}{300}}=.025$. **a.** $z=\frac{\bar{p}-p_0}{\sigma_{\bar{p}}}=\frac{.68-.75}{.025}=-2.80$; 표에서 $p=.0026$, $p<.05$이므로 H_0을 기각한다. 비율이 .75보다 작다. **b.** $z=\frac{\bar{p}-p_0}{\sigma_{\bar{p}}}=\frac{.72-.75}{.025}=-1.20$; 표에서 $p=.1151$, $p>.05$이므로 H_0을 기각하지 않는다. 비율이 .75보다 작다고 할 수 없다. **c.** $z=\frac{.70-.75}{.025}=-2.0$; 표에서 $p=.0228$, $p<.05$이므로 H_0을 기각한다. 비율이 .75보다 작다. **d.** $z=\frac{.77-.75}{.025}=.80$; 표에서 $p=.1151$, $p>.05$ 이므로 H_0을 기각하지 않는다. 비율이 .75보다 작다고 할 수 없다.

38. 소비자가 마켓브랜드에 동일선호 여부를 표기한 것을 모집단으로, 표준오차 $\sigma_{\bar{p}}=\sqrt{\frac{p_0(1-p_0)}{n}}=\sqrt{\frac{.64(1-.64)}{100}}=.048$. **a.** H_0: $p=.64$, H_a: $p\neq .64$, H_a이 연구가설. **b.** $\bar{p}=52/100=.52$, $z=(.52-.64)/.0248$ 5 −2.50; 표에서 $p=2(.0062)=.0124$, **c.** $p<.05$ 이므로 H_0을 기각함. 비율이 보고된 .64와 다르다. **d.** 만족함. 제조업자는 마켓 브랜드와 동일선호도의 소비자 비율이 .64보다는 작다고 생각할 것이다.

40. 기업의 선물계획 여부를 표시한 것을 전부 모은 것이 모집단. 모비율 $p=.46$, $\bar{p}=.35$. **a.** 60(.35)=21명. **b.** H_0: $p\geq .46$(or H_0: $p=.46$), H_a: $p<.46$, H_a이 연구가설, 표준오차는 $\sigma_{\bar{p}}=\sqrt{\frac{p_0(1-p_0)}{n}}=\sqrt{\frac{.46(1-.46)}{60}}=.07$, $z=(.35-.46)/.07=-1.71$; 표에서 p-값=.0436. **c.** $p<.05$이므로 H_0을 기각함. **c.** 선물을 준다는 기업의 비율이 작년보다 낮아짐.

42. 판매된 상품마다 반품 여부를 표시한 것을 모집단. **a.** 휴스턴 매장의 상품 판매의 반품 비율 추정은 $\bar{p}=12/80=.15$. **b.** $\sigma_{\bar{p}}=\sqrt{\frac{\bar{p}(1-\bar{p})}{n}}=\sqrt{\frac{.15(1-.15)}{80}}=.0399$, 95% 신뢰구간은 $\bar{p}\pm z_{.025}\sigma_{\bar{p}}=.15\pm 1.96(.0399)$ .15±.0702. **c.** 휴스턴 매장의 반품 비율 95% 신뢰구간에 전국의 반품비율 .60이 포함되지 않으므로 전국 비율과는 다르다.

44. 한 번 이상 고소당하였는지의 표시가 된 의사를 모집단. **a.** H_0: p=.50, H_a: p>.50, H_a이 연구가설. **b.** 데이터 파일 표본에서 $\bar{p}$ = 92명/150명 = .6133, 표본비율 $\bar{p}$의 표준오차 $\sigma_{\bar{p}} = \sqrt{\frac{.50(1-.50)}{150}}$ = .0408, 검정 통계량 값 $z = \frac{\bar{p}-p_0}{\sigma_{\bar{p}}} = \frac{.6133-.50}{.0408}$=2.78, p-값 = z 우측 꼬리 면적 = 1−.9973 = .0027. **c.** p-값≤.01이므로 H_0을 기각함. 이 자료에 의하면 고소당하는 비율이 50%를 넘는다.

46. 정부 부서 직원들 임의의 업무일에 주고받은 메일 수를 모집단으로. H_0: μ=101.5, H_a: $\mu \neq$101.5 양측 검정임. 파일에서 표본평균을 구하면 $\bar{x}$=100.47, 검정 통계량 값 $z = \frac{\bar{x}-\mu_0}{s/\sqrt{n}} = \frac{100.47-101.5}{25/\sqrt{10163}}$ = −4.15; 표에서 좌측 꼬리 면적을 두 배하여 p-값 = 2(.0000) = .0000, p-값<.05이므로 H_0을 기각한다. 가설 검정에서 정부 부서의 직원의 메일 개수가 기업의 그것과 다르다는 결론이지만 그것은 대규모 표본의 효과이고, 그 차이는 불과 101.5−100.47 = 1.03로서 실질적으로는 유의한 차이가 없다.

48. 감자튀김이 들어 있는지 여부가 표시된 주문을 모집단으로 함. 작년의 포함 비율을 귀무가설로 H_0: p=.62, H_a: p>.62; H_a가 주장 가설, 표본에서 감자튀김을 포함하는 비율 $\bar{p}$ = 31038/49581 = .626; 표준오차 $\sigma_{\bar{p}} = \sqrt{\frac{.62(1-.62)}{49581}}$ = .002180, 검정 통계량 z값 = (.626−.62)/.002180 = 2.7523, p-값 = 1−.9970 = .0030, p-값.≤ 05이므로 H_0을 기각한다. 그러나 그 증가는 0.006=.06%는 미미하여 광고할 거리가 못된다.

50-62. online solution 참조.

50. 생산라인에서 생산 제품에 주입되는 양을 모집단. **a.** H_0: μ=16, H_a: $\mu \neq$16. **b.** $\bar{x}$=16.32이면, z=2.19, 양측 검정이므로 p-값 = 2(.0143) = .0286, p-값이 .05보다 작으므로 H_0을 기각. 주입량이 16온스를 벗어났으므로 새로 조정한다.

52. 저소득층 아이들의 TV노출시간을 모집단. **a.** H_0: μ=4, H_a: μ> 4. **b.** $z = \frac{\bar{x}-\mu_0}{\sigma/\sqrt{n}} = \frac{4.5-4}{1.5/\sqrt{60}}$ = 2.58; p-값 = 1−.9951 = .0049. **c.** p-값≤.01이므로 H_0을 기각한다. 저소득층의 아이들이 전체 평균보다 많이 시청한다.

54. 결혼 시점의 영국남성의 나이를 모집단 H_0: μ=30.8, H_a: p>30.8. **b.** 데이터 파일을 가지고 n=47, $\bar{x}$=32.72, s=12.10, t= $\frac{432.72-30.8}{12.10/\sqrt{47}}$ = 1.09; p-값 = 1−T.DIST(1.09,46,TRUE) = 0.1407, p 값>.05이므로 귀무가설을 기각하지 못하고, 결혼연령이 30.8을 초과하였다고 할 수 없다.

56. 플로리다 해안지역 부동산 가격을 모집단으로, H_0: μ=$125,000(상공회의소 주장), H_a: μ>$125,000; n=32, $\bar{x}$=130,000, s=12,500, $t = \frac{130,000-125,000}{12,500/\sqrt{32}}$ = 2.26; p-값 = 1−T.DIST(2.26, 31,TRUE) = .0155, p-값<.05이므로 귀무가설을 기각하고, 부동산 평균 가격은 $125,000을 초과한다. (양측 검정으로 수립할 수도 있음.)

58. 25,000마일 이상 비행 승객으로서 비행 중 잠을 잘 자는지 여부의 표시를 모은 것이 모집단. 모비율 p=.52로 추측, $\bar{p}$ = 285/510 = .5588; H_0: p=.52(or p≤.52), H_a: p>.52, H_a이 연구가설, 표준오차 $\sigma_{\bar{p}} = \sqrt{\frac{.52(1-.52)}{510}}$ = .02212. **a.** z = (.5588−.52)/.02212 = 1.754; 표에서 p-값 = 1−.9599 = .0401; p-값<.05이므로 H_0을 기각함. 더 잘 잔다. **b.** α=.01로 하면 p-값>.01이므로 H_0을 기각 못함. 유의수준 0.01에서는 더 잘 잔다고 할 수 없다.

60. 밀레니엄세대 18~32세 사람으로서 부모 의존 여부 표시를 모은 것이 모집단. 모비율 p=.30로 추측. **a.** H_0: p≤.30, H_a: p>.30, H_a이 연구가설, 표준오차 $\sigma_{\bar{p}} = \sqrt{\frac{.30(1-.30)}{400}}$ = .02291. **b, c.** 모비율 점추정 $\bar{p}$ = 136/400 = .34; z = (.34−.30)/.02291 = 1.746; p-값 = 1−NORM.S.DST(1.746,1) = 1−.9596 = .0404; p-값<.05이므로 H_0을 기각함. 밀레니엄세대의 부모 의존율이 30%보다 더 높다.

62. 토요일 머틀비치 숙박시설 예약 여부 표시를 모은 것이 모집단. 모비율 p=.90로 추측; H_0: p=.90, H_a: p<.90, H_a이 연구가설, 표준오차 $\sigma_{\bar{p}} = \sqrt{\frac{.90(1-.90)}{58}}$ = .03939, 모비율 점추정 $\bar{p}$ = 49/58 = .8448; z = (.8448−.90)/.03939 = −1.400; p-값 = NORM.S.DST(−1.400,1) = .0808; p-값>.05이므로 H_0을 기각 못함. 90% 예약률을 믿을 수밖에 없음.

10장

2. 두 개 표본이 충분히 커서 중심극한 정리를 적용, $\bar{x}_1-\bar{x}_2$의 표준오차 $\sigma_{\bar{x}_1-\bar{x}_2} = \sqrt{\frac{5.2^2}{40}+\frac{6^2}{50}}$ = 1.1815. **a.** 식 10-5에서 D_0=0, z = (25.2−22.8−0)/1.1815 = 2.03. **b.** 우측 검정이므로 p-값 = 우측 꼬리 면적 = 1.0−.9788 = .0212. **c.** p-값<.05이므로 H_0을 기각한다. μ_1>μ_2이다.

4. 표본크기 37과 44는 충분히 크다. **a.** 평균 차이의 점추정 $\bar{x}_1-\bar{x}_2$ = 85.36−81.40 = 3.96. **b.** $z_{.025}$=1.96이므로, 95% 신뢰구간의 오차범위는 $1.96\sqrt{\frac{4.55^2}{37}+\frac{3.97^2}{44}}$ = 1.88. **c.** 평균 차이의 95% 신뢰구간은 3.96±1.88.

6. 애틀랜타 평균을 μ_1, 휴스턴 평균을 μ_2; 데이터 파일을 보면 애틀랜타에서 35곳, 휴스턴에서 40개를 표집, H_0: $\mu_1-\mu_2 \geq 0$(or $\mu_1-\mu_2=0$), H_1: $\mu_1-\mu_2<0$, 엑셀의 데이터분석의 'z-검정:두 모집단'을 적용하면, z값은 −1.809, 좌측 검정 꼬리 면적이 .0352. 이것이 .05보다 작으므로 귀무가설을 기각, 애틀랜타의 객실료가 더 싸다.

8. 1년차 점수 평균을 μ_1, 2년차 점수 평균을 μ_2. **a.** H_0: $\mu_2-\mu_1 \leq$ 0(or $\mu_2-\mu_1$=0), H_1: $\mu_2-\mu_1$>0(연구가설), $\bar{x}_2-\bar{x}_1$의 표준오차 $\sigma_{\bar{x}_2-\bar{x}_1} = \sqrt{\frac{6^2}{60}+\frac{6^2}{60}}$ = 1.0954, 검정 통계량 z = (76−73−0)/1.0954 = 2.7387, 우측 꼬리 면적 = 1.0−.9969 = .0031, 이것이 .05보다 작으므로 귀무가설 H_0을 기각, 라이트 에이드의 2년차 고객서비스가 증가하였다. **b.** H_0: μ_2≤75.7(or μ_2=75.7), H_a: μ_2>75.7; $\sigma_{\bar{x}_2}$ = $6/\sqrt{60}$ = .7746, 검정 통계량 z = (76−75.7)/.7746 = .39, 우측 꼬리 면적 = 1.0−.6517 = .3483, 이것이 .05보다 크므로 귀무가설 H_0을 기각 않음. 전국 평균과 차이 나지 않음. **c.** 익스피디어 경우, a번과 같은 방법, z=1.83, p-값=.0336 귀무가설을 기각함, 2년차의 고객 서비스가 더 증가하였다. **d.** a번, c번의 경우 검정 통계량이 1.645보다 커야 함. $\bar{x}_2-\bar{x}_1$≥1.645*1.0954=1.80, 즉 2년차 점수가 1년차보다 1.80 보다 더 증가하면 통계적으로 2년차 점수가 더 증가하였다고 할 수 있게 됨. **e.** JCPenny의 경우 점수 증가가 1.80에 못 미치므로 고객 서비스가 증가하였다고 할 수 없음.

10. σ_1, σ_2를 모르므로 t분포를 사용, $\bar{x}_1-\bar{x}_2$의 표준편차 추정은 $\sqrt{\frac{s_1^2}{n_1}+\frac{s_2^2}{n_2}} = \sqrt{\frac{5.2^2}{35}+\frac{8.5^2}{40}}$ = 1.6059. **a.** t = (13.6−10.1−0)/1.6059 = 2.18. **b.** 식 10-7을 적용, 자유도는 65.7. **c.** 자유도 65의 t분포 우측 꼬리 면적은 .01~.025 사이, p-값 = 2*(1−T.DIST(2.18,65,1)) = .0329. **d.** p-값이 .05보다 작으므로 귀무가설을 기각하고, 두 모평균은 다르다고 결론.

12. 버팔로와 보스턴의 하루 이동 거리를 각각의 모집단으로, 그 평균은 μ_1, μ_2. **a.** $\mu_1-\mu_2$의 점추정은 22.5−18.6 = 3.9마일. **b.** $\mu_1-\mu_2$의 95% 신뢰구간은? σ_1, σ_2를 모르므로 t분포를 사용, $\bar{x}_1-\bar{x}_2$의 표준편차 추정은 $\sqrt{\frac{s_1^2}{n_1}+\frac{s_2^2}{n_2}} = \sqrt{\frac{8.4^2}{50}+\frac{7.4^2}{40}}$ = 1.6674, 식 10-7을

적용, 자유도는 87.1, $t_{.025,87}$=1.988, $\mu_1-\mu_2$의 신뢰구간은 3.9±1.988*1.6674 = 3.9±3.39

14. 템파와 댈러스의 간호사 급여를 각각의 모집단으로, 그 평균은 μ_1, μ_2. **a.** H_0: $\mu_1-\mu_2 \geq 0$(or $\mu_1-\mu_2=0$), H_1: $\mu_1-\mu_2<0$, 템파가 더 낮은가? **b.** σ_1, σ_2를 모르므로 t분포 사용, $\bar{x}_1-\bar{x}_2$의 표준편차 추정은 $\sqrt{\frac{6000^2}{40}+\frac{7000^2}{50}}$ = 1371.131, t = (56,100−59,400−0)/1371.131 = −2.407. **c.** 식 10-7을 적용, 자유도는 87.55, 자유도 87의 t분포 좌측 꼬리 면적은 .005~.01 사이, p 값 = T.DIST(−2.407,87,1)) = .0090. **d.** p-값이 .05보다 작으므로 귀무가설을 기각하고, 템파의 간호사 급여가 더 낮다고 결론지음.

16. 대졸 부모와 고졸 부모의 수험생 SAT 성적을 각각의 모집단으로, 그 평균을 μ_1, μ_2. **a.** H_0: $\mu_1-\mu_2 \leq 0$(or $\mu_1-\mu_2=0$), H_1: $\mu_1-\mu_2>0$, 대졸 부모 수험생 점수가 더 높은가? **b.** $\mu_1-\mu_2$의 추정치를 자료에서 계산하면 $\bar{x}_1-\bar{x}_2$ = 525−487 = 38점. **c.** σ_1, σ_2를 모르므로 t분포를 사용, $\sqrt{\frac{s_1^2}{n_1}+\frac{s_2^2}{n_2}} = \sqrt{\frac{59.42^2}{16}+\frac{51.75^2}{12}}$ = 21.0676, t = (525−487−0)/21.0676 = 1.804. **c.** 식 10-7을 적용, 자유도는 25.3, 자유도 25의 t분포 우측 꼬리 면적은 .025~.05 사이, p-값 = 1−T.DIST(1.80,25,1) = .0420. **d.** p-값이 .05보다 작으므로 귀무가설을 기각하고, 대졸 부모 수험생 점수가 더 높다고 결론지음.

18. 에어트랜과 사우스웨스트의 지연도착시간(분)을 각각의 모집단으로, 그 평균을 μ_1, μ_2. **a.** H_0: $\mu_1-\mu_2=0$, H_1: $\mu_1-\mu_2 \neq 0$, 서로 다른가? **b.** $\bar{x}_1-\bar{x}_2$는 각각 50.6분, 52.8분. **c.** 표본 표준편차 s_1, s_2는 26.57분과 20.11분, $\sqrt{\frac{26.57^2}{25}+\frac{20.11^2}{20}}$ = 6.9612. **d.** t = (50.6−52.8−0)/6.9612 = −.3160, 식 10-7을 적용, 자유도는 42.9, p-값 = 자유도 42의 분포 좌측 꼬리 면적의 두 배 = 2*T.DIST (−.32,42,1) = .7506, p-값이 .05보다 크므로 H_0을 기각하지 않음. 즉, 두 항공사의 지연시간에 차이가 없다고 결론.

20. **a.** d_i는 차례로 3, -1, 3, 5, 3, 0, 1. **b.** $\bar{d}$ = 14/7 = 2. **c.** $s_d = \sqrt{\frac{\Sigma(d_i-\bar{d})^2}{n-1}} = \sqrt{\frac{26}{7-1}}$ = 2.082. **d.** $\mu_1-\mu_2$의 추정값은 $\bar{d}$=2. **e.** 자유도 6의 t분포의 $t_{.025,6}$=2.447, 95% 신뢰구간은 2±2.447(2.082/$\sqrt{7}$) = 2±1.93.

22. 모든 회사의 2012년 연초 주가를 모집단 1, 2012년 1분기말의 주가를 모집단 2, 각 평균을 μ_1, μ_2. 여기서 25개 회사를 표집한다(원소는 x_{1i}, x_{2i}; i=1, 2, ⋯, 25, 이는 대응표본임). **a.** 표본에서 $d_i = x_{2i}-x_{1i}$을 엑셀에서 계산한 다음, d_i의 평균 $\bar{d} = \bar{x}_2-\bar{x}_1$ = 85.25/25 = 3.41이므로 $\mu_2-\mu_1$의 추정값은 $3.41임. **b.** σ_1, σ_2를 모르므로 t분포를 사용, $s_d = \sqrt{\frac{\Sigma(d_i-\bar{d})^2}{n-1}} = \sqrt{\frac{428.26}{25-1}}$ = 4.22, df=24, $t_{.025,24}$=2.064; $d=\mu_2-\mu_1$의 95% 신뢰구간은 $\bar{d} \pm t_{.025,24}(s_d/\sqrt{n})$ = 3.41±2.064(4.22/$\sqrt{25}$) = $3.42±1.74; $1.67~5.15, 연초의 주가 평균 $\bar{x}_1$을 계산하면 $46.13이므로 주가의 변동을 평균 주가를 기준으로 보면 ($1.67~5.15)/46.13=3.6%~11.2%임.

24. 12개 항공편의 작년과 올해의 요금을 표집한다(원소는 x_{1i}, x_{2i}; i=1, 2, ⋯, 12, 이는 대응표본임). **a.** 표본에서 $d_i = x_{2i}-x_{1i}$을 엑셀에서 계산함. 30, 63, −42, 10, 10, −27, 50, 60, 60, −30, 62, 30의 평균 $\bar{d}$ = 276/12 = 23, $s_d = \sqrt{\frac{\Sigma(d_i-\bar{d})^2}{n-1}} = \sqrt{\frac{16558}{12-1}}$ = 38.8. 차이 d_i의 모평균을 μ_d라고 하면 가설 수립은 H_0: $\mu_d \leq 0$(or $\mu_d=0$), H_a: $\mu_d>0$. 검정 통계량 $t = \frac{\bar{d}-0}{s_d/\sqrt{n}} = \frac{23-0}{38.80/\sqrt{12}}$ = 2.05, 자유도 12−1 = 11의 p-값은 1−T.DIST(2.05,11,1) = .0325, p 값<.05이므로 H_0을 기각함. 즉 항공요금이 증가하였다. **b.** $\bar{x}_1$=$464, $\bar{x}_2$=$487. **c.** (487−464)/464 = .05, 1년 동안 항공편 요금이 5% 증가함.

26. 20명의 선수의 제1라운드와 마지막 라운드의 타수를 표집한다(원소는 x_{1i}, x_{2i}; i=1, 2, ⋯, 20, 대응표본임). 차이 d_i의 모평균을 μ_d라고 하면 가설 수립은 H_0: $\mu_d=0$, H_a: $\mu_d \neq 0$. t검정 통계량을 사용. **a.** t=−1.42, p-값 = 2*T.DIST(−1.42,19,TRUE) = .1717으로 귀무가설을 기각 못함. 두 라운드의 타수에 차이가 없다.

28. **a.** 두 모집단 비율의 차이 p_1-p_2의 점추정은 .48−.36 = .12. **b.** p_1-p_2의 90% 신뢰구간은 .12±1.645×$\sqrt{\frac{.48(1-.48)}{400}+\frac{.36(1-.36)}{300}}$ = .12±.0614(.0586~.1814). **c.** .12±.0731

30. p_1=현재 연도의 '그렇다' 비율, p_2=전년도의 '그렇다' 비율, $\bar{p}_1$=.55, $\bar{p}_2$=.48, p_1-p_2의 95% 신뢰구간은 .07±1.96×$\sqrt{\frac{.55(1-.55)}{400}+\frac{.48(1-.48)}{400}}$ = .07±.06191(0~14%).

32. (online solution 참조) **a.** .45. **b.** .35. **c.** .10±.0989.

34. 두 개 모집단 p_1=2005년의 '건조' 비율, p_2=2012년의 '건조' 비율. **a.** H_0: $p_1-p_2=0$(or $p_1-p_2 \leq 0$), H_a: $p_1-p_2>0$(연구가설: 건조 비율이 낮아졌다). **b, c.** $\bar{p}_1$=.2017, $\bar{p}_2$=.1111, n_1=24, n_2=18, 식 10-15를 적용 $\bar{p}$=1495, 식 10-16을 적용 z=2.10. p-값=.0179; 귀무가설을 기각하고, 2005년 유공이 더 건조될 비율이 높고, 2012년에는 건조비율이 낮아졌다.

36. 두 개 모집단 p_1=올해 투숙객실비율, p_2=작년 투숙객실비율. **a.** H_0: $p_1-p_2=0$(or $p_1-p_2 \leq 0$), H_a: $p_1-p_2>0$(연구가설: 증가하였는가?). **b.** $\bar{p}_1$=.84, $\bar{p}_2$=.81, n_1=1750, n_2=1800, 식 10-15를 적용 $\bar{p}$=.8248, 식 10-16을 적용 z=2.35. p-값=.0094. **c.** H_0을 기각하고, 투숙객실비율이 증가하였다고 결론. **d.** 비율 증가의 95% 신뢰구간은 .03±.025(작년에 비해 .5%~5.5%).

38. H_0: $\mu_1-\mu_2=0$, H_1: $\mu_1-\mu_2 \neq 0$(연구가설), $\bar{x}_1-\bar{x}_2$의 표준오차 $\sigma_{\bar{x}_1-\bar{x}_2} = \sqrt{\frac{2.2^2}{120}+\frac{1.5^2}{100}}$ = .2507, 검정 통계량 z = (4.1−3.4−0)/.2507 = 2.7926, p-값 = 2(1−.9974) = .0052, 이것이 .05보다 작으므로 귀무가설 H_0을 기각, 계산대 시스템2가 시간이 적게 걸림.

40. 로드와 노로드의 두 모집단의 평균 수익률을 μ_1, μ_2. **a.** H_0: $\mu_1-\mu_2 \leq 0$(or $\mu_1-\mu_2=0$), H_1: $\mu_1-\mu_2>0$; 로드펀드가 수익률이 더 높은가? **b.** 데이터 파일에서 t-검정:이분산 두 모집단을 사용하여, p-값=.2787. 또는 식 10-8과 식 10-7을 사용하여 t-분포 이용. p-값>.05이므로 귀무가설을 기각 않음. 로드펀드의 수익률이 더 높다고 할 수 없다.

42. 형제자매 없이 자란 쌍둥이의 SAT 점수와 형제자매와 함께 자란 쌍둥이의 SAT 점수를 두 개 모집단으로, 각각 표본의 점수를 x_1, x_2로 하자. **a.** $d_i = x_{1i}-x_{2i}$를 계산하여 통계를 구하면, $\bar{d}$=14, s_d=53.744. **b.** 90% 신뢰구간은 14±20.78. **c.** 모평균의 차이를 μ_d라고 하면 가설수립은 H_0: $\mu_d=0$, H_a: $\mu_d \neq 0$(차이가 있을 것이다); t-검정 통계량을 사용. **a.** $t = \frac{14-0}{53.744/\sqrt{20}}$ = 1.165, p-값 = 2*(1−T.DIST(1.165,19,TRUE)) = .2584으로 귀무가설을 기각 못함. 형제자매 유무가 차이를 주지 않는다.

44. 두 개 모집단 p_1=미혼 가입자의 청구비율, p_2=기혼 가입자의 청구 비율. **a.** H_0: $p_1-p_2=0$, H_a: $p_1-p_2 \neq 0$(연구가설: 차이가 있을 것이다), $\bar{p}_1$=.19, $\bar{p}_2$=.10, n_1=400, n_2=900, 식 10-15를 적용 $\bar{p}$=.1277, 식 10-16을 적용 z=4.49, p-값 = 우측 꼬리 면적의 2배 = 2×(1−1) = 0. 귀무가설을 기각하고, 두 모집단 간에는 비율의 차이가 있다. **b.** 청구비율 차이의 95% 신뢰구간은 .09±.0432(4.68%~13.32%).

46. 두 개 모집단 p_1=30세 미만 컴퓨터 뉴스 사용비율, p_2=30세 이상에서 사용비율. **a.** 데이터 파일에서 $\bar{p}_1$ = 109/200 = .545, $\bar{p}_2$= 109/150 = .727. **b.** $\bar{p}_1-\bar{p}_2$ = −.182, $s_{\bar{p}_1-\bar{p}_2}$ =

$\sqrt{\frac{.545(1-.545)}{200}+\frac{.727(1-.727)}{150}}$ = .0506, 95% 신뢰구간은 $-.182\pm$ $1.96\times.0506 = -.182\pm.0992(-.2809\sim-.0824)$. **c.** b번에서 구한 신뢰구간이 음수이고 0을 포함하지 않으므로 p_1이 p_2보다 작음을 뜻한다. H_0: $p_1-p_2=0$(or $p_1-p_2\geq0$), H_a: $p_1-p_2<0$(연구가설: 30세 이상 비율이 더 큰가?)으로 가설을 수립하여 검정하면 H_0을 기각하게 된다.

11장

2. $\sigma^2=25$, $n=20$, $df=19$. **a.** $\chi^2_{.05,19}=27.587$, $\chi^2_{.95,17}=8.672$, 90% C.I.는 $\frac{17(.36)}{27.587}\leq\sigma^2\leq\frac{19(25)}{10.117}$, $15.76\leq\sigma^2\leq46.95$. **b.** $\chi^2_{.025,19}=32.852$, $\chi^2_{.975,19}=8.907$; 의 95% C.I.는 $\frac{19(25)}{32.852}\leq\sigma^2\leq\frac{19(25)}{8.907}$, $14.46\leq\sigma^2\leq53.33$. **c.** $\sqrt{14.46}\leq\sigma\leq\sqrt{53.33}$, $3.8\leq\sigma\leq7.3$.

4. $s^2=.36$, $n=18$, $df=17$. **a.** $\chi^2_{.05,17}=27.587$, $\chi^2_{.95,17}=8.672$, 90% C.I.는 $\frac{17(.36)}{27.587}\leq\sigma^2\leq\frac{17(.36)}{8.672}$, $.22\leq\sigma^2\leq.71$. **c.** $\sqrt{.22}\leq\sigma\leq\sqrt{.71}$, $.47\leq\sigma\leq.84$

6. **a.** 데이터에서 $\bar{x}=41$, 모평균의 추정치는 \$41임. **b.** $s^2=\frac{\Sigma(x_i-\bar{x})^2}{n-1}=\frac{8298}{16-1}=553.2$. **c.** σ^2의 95% C.I.는 $\frac{15(553.36)}{27.488}\leq\sigma^2\leq\frac{15(553.2)}{6.262}$, $301.88\leq\sigma^2\leq1325.14$, $17.37\leq\sigma\leq36.40$.

8. **a.** $\bar{x}=.78$, $s^2=.4748$. **b.** $s=.6891$. **c.** $n=12$, $df=11$; σ^2의 95% C.I.는 $\frac{11(.4748)}{21.920}\leq\sigma^2\leq\frac{11(.4748)}{3.816}$, $.2383\leq\sigma^2\leq1.3687$, $.4882\leq\sigma\leq1.1699$.

10. 자료에서 $\bar{x}=84$, $s^2=118.71$, $s=10.90$, $n=15$. **d.** $\sigma=12$이므로 $\sigma^2=144$, H_0: $\sigma^2=144$, H_a: $\sigma^2\neq144$; 검정통계량 $\chi^2=\frac{(n-1)s^2}{\sigma^2}=\frac{(15-1)118.71}{144}=11.54$, 자유도 14의 카이제곱 분포표에서 11.54의 우측 꼬리 면적 $\alpha=.10$보다 크다. 그러므로 귀무가설을 기각하지 않는다. 모집단 표준편차는 12이다.

12. **a.** 자료에서 $s^2=.8106$, $n=12$. **b.** H_0: $\sigma^2=.94$, H_a: $\sigma^2\neq.94$; 검정통계량 $\chi^2=\frac{(n-1)s^2}{\sigma^2}=\frac{(12-1).8106}{.94}=9.49$, 이 값은 분포의 좌측 꼬리에 속하므로 p-값 = 2*CHISQ.DIST(9.49,11,TRUE) = .8465이다. 엑셀함수의 9-49에 계산식을 직접 대입하면 p-값=.8457이다. 자유도 11의 카이제곱 분포표에서 9.49의 우측 꼬리 면적이 $\alpha=.05$보다 크므로 귀무가설을 기각하지 않는다.

14. **a.** $n_1=16$, $n_2=21$, $F=\frac{s_1^2}{s_2^2}=\frac{5.8}{2.4}=2.4$, p-값 = F.DIST.RT(2.4,15,20) = .0345 < $\alpha=.05$이므로 귀무가설을 기각한다. **b.** 검정통계값 2.4가 표의 임계치 $F_{.05,15,20}=2.20$보다 크므로 귀무가설을 기각한다.

16. Fidelity 펀드 수익률이 모집단 1, American 펀드 수익률이 모집단 2. H_0: $\sigma_1^2=\sigma_2^2$(or $\sigma_1^2\leq\sigma_2^2$), H_a: $\sigma_1^2>\sigma_2^2$,; $F=\frac{s_1^2}{s_2^2}=\frac{18.9^2}{15^2}=1.5876$, p-값 = F.DIST.RT(1.5876, 59,59) = .0392 < $\alpha=.05$이므로 귀무가설을 기각한다. Fidelity 펀드 수익률이 변동이 더 크고 더 위험하다.

18. 표본 표준편차가 큰 메릴린지 금액이 모집단 1, 모건 스탠리가 모집단 2. 가설은 H_0: $\sigma_1^2=\sigma_2^2$, H_a: $\sigma_1^2\neq\sigma_2^2$; $s_1=\$587$백만, $n_1=16$, $s_2=\$489$백만, $n_2=16$, $F=\frac{s_1^2}{s_2^2}=\frac{587^2}{489^2}=1.44$, p-값 = 2*F.DIST.RT(1.44,15,9) = .5906 > $\alpha=.10$이므로 귀무가설을 기각하지 않는다. 두 개 회사의 투자금액의 분산에 차이가 있다고 할 수 없다.

20. 표본 표준편차가 큰 관리자의 연봉이 모집단 1, 상급자의 연봉이 모집단 2, 가설은 H_0: $\sigma_1^2=\sigma_2^2$, H_a: $\sigma_1^2\neq\sigma_2^2$; $s_1^2=11.1$, $n_1=26$, $s_2^2=2.1$, $n_2=25$, $F=\frac{s_1^2}{s_2^2}=\frac{11.1}{2.1}=5.29$, p-값 = 2*F.DIST.RT(5.29,25,24) = .0001 < $\alpha=.05$이므로 귀무가설을 기각한다. 두 그룹의 연봉의 분산에 차이가 있다고 할 수 있다.

22. **a.** 표본 표준편차가 큰 젖은 도로의 정지거리가 모집단 1, 마른 도로에서의 정지거리가 모집단 2, $s_1=32$피트, $n_1=16$, $s_2=16$피트, $n_2=16$, H_0: $\sigma_1^2=\sigma_2^2$(or $\sigma_1^2\leq\sigma_2^2$), H_a: $\sigma_1^2>\sigma_2^2$, $F=\frac{s_1^2}{s_2^2}=\frac{32^2}{16^2}=4.0$, p-값 = F.DIST.RT(4.0, 15,15) = .0054 < $\alpha=.05$이므로 귀무가설을 기각한다. 젖은 도로에서의 정지거리의 분산이 더 크다. **b.** 젖은 도로의 정지거리는 변동이 심하므로 더 조심해야 한다.

24. $s=14.95$, $n=13$, $df=12$; $\chi^2_{.025,12}=23.337$, $\chi^2_{.975,12}=4.404$, σ^2의 95% C.I.는 $\frac{12(14.95)^2}{23.337}\leq\sigma^2\leq\frac{12(14.95)^2}{4.404}$, $.114.9\leq\sigma^2\leq609$, $10.72\leq\sigma\leq24.68$

26. **a.** $s=.014$, $n=15$, $df=14$. **b.** H_0: $\sigma^2\leq.0001$, H_a: $\sigma^2>.0001$; 검정통계량 $\chi^2=\frac{(n-1)s^2}{\sigma^2}=\frac{(15-1).014^2}{.0001}=27.44$, p-값 = CHISQ.DIST.RT(27.44,14) = .0169이다. 자유도 11의 카이제곱 분포의 우측 꼬리 면적 p-값=.0169이 $\alpha=.05$보다 작으므로 귀무가설을 기각한다. 분산이 허용한도를 초과하고 있다. **b.** σ^2의 90% C.I.는 $\frac{14(.14)^2}{23.685}\leq\sigma^2\leq\frac{14(.14)^2}{6.571}$, $.00012\leq\sigma^2\leq.00042$.

28. $s^2=1.5$, $n=22$, $df=21$. H_0: $\sigma^2\leq1$, H_a: $\sigma^2>1$; 검정통계량 $\chi^2=\frac{(n-1)s^2}{\sigma^2}=\frac{(22-1)1.5}{1}=31.50$, p-값 = CHISQ.DIST.RT(31.50,21) = .0657이다. p-값=.0657이 $\alpha=.10$보다 작으므로 귀무가설을 기각한다. 분산이 1보다 크다.

30. **a.** $s=8$, $n=15$인 경우 $df=14$; $\chi^2_{.025,14}=26.119$, $\chi^2_{.975,14}=5.629$, σ^2의 95% C.I.는 $\frac{14(8^2)}{26.119}\leq\sigma^2\leq\frac{14(8^2)}{5.629}$, $34.4\leq\sigma^2\leq159.2$, $5.86\leq\sigma\leq12.62$, 그러므로 15가 사용되었다. **b.** $s=25$인 경우 $df=24$, $6.25\leq\sigma\leq11.13$ 신뢰구간이 $n=15$에 비해서 줄어들었다.

32. 이수한 학생의 표본 표준편차가 크므로 그것의 GPA가 모집단 1, 중도 탈락한 학생의 GPA가 모집단 2, 가설은 H_0: $\sigma_1^2=\sigma_2^2$, H_a: $\sigma_1^2\neq\sigma_2^2$; $s_1^2=.940$, $n_1=352$, $s_2^2=.797$, $n_2=73$, 양측 검정의 임계치 $F_{.025}$ = F.INV.RT(0.025, 351,72) = 1.466, $F=\frac{s_1^2}{s_2^2}=\frac{.940^2}{.797^2}=1.39$가 1.466보다 크지 않으므로 귀무가설을 기각하지 못한다. 두 그룹의 학생들의 평점의 분산에는 차이가 없다.

34. 표본 표준편차가 큰 방법 A의 조립시간을 모집단 1, 방법 B를 모집단 2. 가설은 H_0: $\sigma_1^2=\sigma_2^2$, H_a: $\sigma_1^2\neq\sigma_2^2$,; $F=\frac{s_1^2}{s_2^2}=\frac{25}{12}=2.08$, p-값 = 2*F.DIST.RT(2.08, 30,24) = .0695 < $\alpha=.10$이므로 귀무가설을 기각하고, 두 분산이 같지 않다고 결론짓는다.

12장

2. χ^2 = 15.33, 엑셀 이용 p-값 = CHISQ.TEST.RT(15.33,3) = .0016, p-값<.05, H_0 기각.

4. χ^2 = 5.85, p-값 = .3211 > .05, 색상의 전체 비율이 다르다고 할 수 없음.

6. **a.** χ^2 = 14.33, p-값 = .0262 < .05, H_0 기각. **b.** 도요타 80/420 = 19.05(%).

8. χ^2 = 19.77, p-값 = .0006 < .05, 행 변수와 열 변수는 독립적이지 않음.

10. **a.** χ^2 = 9.44, p-값 = .0089 < .05, 고용 계획은 회사 유형에 따라 다르다고 할 수 있음. **b.** 추가 고용 계획: 사기업 37/72 = 51.39(%), 공기업 32/108 = 29.63(%).

12. **a.** χ^2 = 6.57, p-값 = .3624 > .05, 품질 등급이 소유자의 교육 수준에 따라 다르다고 할 수 없음. **b.** 평균 145/500 = 29(%), 우수 230/500 = 46(%), 최우수 125/500 = 25(%).

14. **a.** 6448. **b.** $\chi^2 = 425.4$, p-값 = .0000 < .05, 서로 독립적이지 않음. **c.** 이탈리아 58%, 스페인 32%.

16. $\chi^2 = 45.36$, p-값 = .0000 < .05, 두 진행자의 비평 결과가 서로 다르다고 할 수 없음.

18. **a.** $\bar{p}_1 = .60, \bar{p}_2 = .50, \bar{p}_3 = .48$. **b.** $|\bar{p}_1-\bar{p}_3| = .121 > CV = .1150$.

20. **b.** $\chi^2 = 14.74$, p-값 = .0006 < .05, 세 공급업체의 불량품 비율이 모두 같지는 않음. **c.** $|\bar{p}_A-\bar{p}_B| = 0.01 < CV = .0284$.

22. **b.** $\chi^2 = 3.41$, p-값 = .0648 < .10, 두 지역사무소의 오류율이 서로 같다고 할 수 없음. **c.** z-검정 통계량은 단측 검정에서도 이용됨.

24. $\chi^2 = 5.70$, p-값 = .2227 > .05, 세 공급업체의 부품 결함의 분포가 서로 다르다고 할 수 없음.

26. **a.** $\chi^2 = 10.42$, p-값 = .0153 < .05, 새로운 레스토랑의 주문 패턴이 기존 패턴과 같다고 할 수 없음.

28. **a.** $\chi^2 = 9.56$, p-값 = .0084 < .05, 선호하는 삶의 속도는 성별에 따라 다르다고 할 수 있음.

30. $\chi^2 = 6.17$, p-값 = .4044 > .05, 카운티와 요일이 독립적이라는 가설을 기각할 수 없음.

32. **a.** $\bar{p}_1 = .088, \bar{p}_2 = .117, \bar{p}_3 = .090, \bar{p}_4 = .085$. **b.** $\chi^2 = 2.48$, p-값 = .4789 > .05, 4개 도시의 백만장자 모비율이 서로 다르다고 할 수 없음.

13장

2. $n_T = 34$, MSTR = 300/4 = 75, MSE = 160/30 = 5.33, F = 14.07, p-값 = F.DIST.RT(14.07,4,30) = .0000.

4. $F = 4.80$, 엑셀 이용 p-값 = F.DIST.RT(4.8,2,16) = .0000, p-값 < .05, H_0 기각.

6. $F = 5.84$, p-값 = .0083 < .05, 세 가지 처리의 평균들은 같다는 귀무가설을 기각함.

8. $F = 9.00$, p-값 = .0027 < .05, 3개 공장의 평균 시험점수들에 유의한 차이가 있다고 할 수 있음.

10. $F = 22.16$, p-값 = .0000 < .05, 판단 기반에 따라 판단의 질이 다르다고 할 수 있음.

12. $F = 7.33$, p-값 = .0038 < .05, 세 가지 유형별로 식당에서 지불되는 평균 시사 가격 사이에 유의한 차이가 있음.

14. **a.** $F = 7.87$, p-값 = .0106 < .05, H_0 기각. **b.** LSD = 15.34, 처리 1과 처리 2, 처리 2와 처리 3.

16. LSD = 3.54, −5±3.4.

18. **a.** $F = 19.99$, p-값 = .0000 < .05, 기계 4대의 고장간격 평균시간에 차이가 있음. **b.** $|\bar{x}_2-\bar{x}_4| = 2.3 >$ LSD = 1.18.

20. **a.** $F = 6.9578$, p-값 = .0111 < .05, 3개 지구의 평균 관중에 차이가 있음. **b.** $|\bar{x}_{북부}-\bar{x}_{남부}| = 2136 >$ LSD = 1620.76, $|\bar{x}_{남부}-\bar{x}_{서부}| = 2864 >$ LSD = 1775.45.

22. $F = 17.71$, p-값 = .0005 < .05, H_0 기각.

24. $F = 20.57$, p-값 = .0453 < .05, H_0 기각.

26. **a.** $F = 5.62$, p-값 = .0231 < .05, 세 가지 과목에 대한 학생들의 시험점수는 다르다고 할 수 있음. **b.** 작문(표본평균 494).

28. 요인 A: $F = 2.05$, p-값 = .2022 > .05, 유의하지 않음. 요인 B: $F = 4.06$, p-값 = .0767 > .05, 유의하지 않음. 상호작용: F = 7.66, p-값 = .0223 < .05, 유의함.

30. 광고 디자인: $F = 10.75$, p-값 = .0104 < .05, 유의함. 광고 크기: $F = 3.00$, p-값 5 .1340 > .05, 유의하지 않음. 상호작용: F = 1.75, p-값 = .2519 > .05, 유의하지 않음.

32. 등급: $F = 24.01$, p-값 = .0002 < .05, 유의함. 유형: F = 29.76, p-값 = .0006 < .05, 유의함. 상호작용: $F = 1.0476$, p-값 = .4229 > .05, 유의하지 않음.

34. $F = 7.23$, p-값 5 .0134 < .05, 브랜드에 따라 물 흡수력에 차이가 있다고 할 수 있음.

36. $F = 2.4186$, p-값 5 .0880 > .05, 4개 도시의 평균 오염수준에 유의한 차이가 있다고 할 수 없음.

38. $F = 1.48$, p-값 = .2455 > .05, 조립방법별로 평균 생산량이 다르다고 할 수 없음.

40. **a.** $F = 7.00$, p-값 = .0175 < .05, H_0 기각. **b.** $F = .61$, p-값 = .5594 > .05, H_0 채택, 무작위 블록설계의 SSBL과 SSE의 합은 완전무작위설계의 SSE와 같음.

42. $F = 2.6870$, p-값 = .1086 > .05, 홍보활동을 특정 요일에 맞출 것을 제시하지 않음.

44. 기계: $F = 13$, p-값 = .0226 < .05, 유의함. 적재시스템: F = .0769, p-값 = .7953 > .05, 유의하지 않음. 상호작용: $F = 6.231$, p-값 = .0670 > .05, 유의하지 않음.

14장

2. **b.** 음의 선형관계. **d.** $\hat{y} = 68-3x$. **e.** 38.

4. **b.** 양의 선형관계. **d.** $\hat{y} = -35+1.3x$. **e.** 43%.

6. **b.** 양의 선형관계. **c.** $\hat{y} = -70.391+17.1751x$. **d.** 패스 시도당 평균 패스거리가 1야드 증가할 때마다 승률이 약 17.2%씩 증가. **e.** $\hat{y}$ = 36%, 실제 승률 = 43.8%.

8. **b.** 양의 선형관계. **c.** $\hat{y} = .2046+.9077x$. **e.** $\hat{y} = 3.27$.

10. **b.** 양의 선형관계. **c.** $\hat{y} = 9.0216+6.952x$. **d.** 에이지가 1년 추가될 때마다 가격이 약 6.95($)씩 상승.

12. **b.** 약한 양의 선형관계. **c.** $\hat{y} = 1.3942+.529x$.

14. **b.** 양의 선형관계. **c.** $\hat{y} = 55.188+.06357x$. **d.** 약 68.

16. **a.** SSE = 230, SST = 1850, SSR = 1620. **b.** .876. **c.** −.936.

18. **a.** SST = 1800, SSE = 287.624, SSR = 1512.376. **b.** 0.840. **c.** 0.917.

20. **a.** $\hat{y} = 28{,}574-1439x$. **b.** .864. **c.** 6989($).

22. **a.** .9013. **b.** 높은 적합도를 보임. **c.** .949, 강한 선형관계임.

24. **a.** 76.6667. **b.** 8.7560. **c.** .6526. **d.** $t = -4.60$, 엑셀 이용 p-값 = 2*T.DIST(−4.60,3,TRUE) = .0193, p-값 < .05, H_0 기각. **e.** $F = 21.13$, 엑셀 이용 p-값 = F.DIST.RT(21.13,1,3) = .0193, p-값 < .05, H_0 기각.

26. **a.** $t = 4.59$, 엑셀 이용 p-값 = 2*(1−T.DIST(4.59,4,TRUE)) = .0101, p-값 < .05, 가격과 전반적 점수의 관계가 유의함. **b.** F = 21.03, 엑셀 이용 p-값 = F.DIST.RT(21.03,1,4) = .0101, p-값 < .05, H_0 기각. **c.** MSR = 1512.376/1 = 1512.376, MSE = 287.624/4 = 71.906.

28. t-검정: $t = 3.66$, p-값 = .0052 < .05. F-검정: $F = 13.4$, p-값 = .0052 < .05. H_0 기각, 거래처리 속도와 전반적 만족도 사이에 유의한 관련이 있음.

30. t-검정: $t = 6.04$, p-값 = .0038 < .05. F-검정: $F = 36.53$, p-값 = .0038 < .05. H_0 기각, 서비스 중인 자동차 대수와 연간 매출액 사이에 유의한 관련이 있음.

32. **a.** 1.114. **b.** 10.6 ± 3.182(1.114). **c.** 2.32. **d.** 10.6 ± 3.182(2.32).

34. $y^* \pm t_{\alpha/2}s_{\hat{y}^*} = 18.40 \pm 3.182(3.063)$, $y^* \pm t_{\alpha/2}s_{pred} = 18.40 \pm 3.182(7.198)$.

36. **a.** 116 ± 2.306(1.6503). **b.** 116 ± 2.306(4.8963).

38. **a.** 5046.67($). **b.** $5046.67 \pm 4.604(267.50)$. **c.** 예측구간을 벗어나지 않지만, 기존 생산량에서의 비용보다 높음.

40. **a.** 9채. **b.** $\hat{y} = 20.0+7.21x$. **c.** $t = 5.29$, p-값 $= .0011 < .05$, H_0기각. **d.** $F = 28.00$, p-값 $= .0011 < .05$, H_0 기각. **e.** 380,500($).

42. **a.** $\hat{y} = 20.0+7.21x$. **b.** $F = 83.1$, p 값 $= .0000 < .05$, H_0 기각. **c.** $t = 9.12$, p-값 $= .0000 < .05$, H_0 기각. **d.** 680,000($).

44. **b.** 음의 선형관계. **c.** $\hat{y} = 2044.38-28.35x$. **d.** F-검정과 t-검정에서 p-값 $= .0000 < .05$, H_0 기각. **e.** $R^2 = 0.774$, 높은 적합도.

46. **a.** $\hat{y} = 2.32+.64x$. **b.** 등분산 가정이 의심됨.

48. **b.** 오차항에 관한 가정이 합당함.

50. **a.** 첫 번째 관찰점(x=135, y=145)이 이상점. **b.** 첫 번째 관찰점의 표준화된 잔차는 2.1.

52. **b.** $\hat{y} = 90.9815-.9172x$. **d.** 기금조성비 비율과 프로그램 지출 비율의 관계에서 세 번째 관찰점(x=2.6, y=73.7)의 표준화된 잔차는 −2.1.

54. **a.** New York Yankees의 수입과 팀가치가 영향점. **b.** $\hat{y} = -601.4814+5.9271x$. **c.** New York Yankees의 레버리지 $h = .63 > 6/30 = .2$.

56. **a.** 양의 선형관계. **b.** $\hat{y} = -59.0156+115.0915x$. **c.** F-검정과 t-검정에서 p-값 $= .0000 < .05$, 유의한 관계임. **d.** 171,167($). **e.** $R^2 = .897$, 높은 적합도. **f.** 다른 지역의 주택 가격을 예측하는 데 사용하기 어려움. 다른 요인(독립변수)도 주택 가격에 영향을 미칠 수 있음.

58. **a.** $\hat{y} = 10.528+.9534x$. **b.** F-검정과 t-검정에서 p-값 $= .0000 < .05$, 유의한 관계임. **c.** $39.131 \pm 2.306(4.504)$. **d.** 주당 30시간에서 비용 3913($)을 예측, 추천함.

60. **a.** $\hat{y} = 5.847+.8295x$. **b.** F 검정에서 p 값 $= .0001 < .05$, 유의한 모형임. **c.** 84.65점. **d.** $84.65 \pm 2.306(8.37)$.

15장

2. **a.** $\hat{y} = 45.0594+1.9436x_1$, 132.52. **b.** $\hat{y} = 85.2171+4.3215x_2$, 150.04. **c.** $\hat{y} = -18.3683+2.0102x_1+4.7378x_2$, 143.16.

4. **a.** 255,000($). **b.** 광고예산이 일정할 때 재고자산이 1($) 증가할 때마다 매출액은 10($)씩 증가, 재고자산이 일정할 때 광고예산이 1($) 증가할 때마다 매출액은 8($)씩 증가.

6. **a.** $\hat{y} = -58.7703+16.3906x_1$. **b.** $\hat{y} = 97.5383-1600.491x_2$. **c.** $\hat{y} = -5.7633+12.9494x_1-1083.7880x_2$. **d.** 35.5(%), 실제 승률 = 43.8%.

8. **a.** $\hat{y} = 69.2998+.2348x_1$. **b.** $\hat{y} = 45.1780+.2529x_1+.2482x_2$. **c.** 87.8.

10. **a.** $\hat{y} = .6758-.2838x_1$. **b.** $\hat{y} = .3081+1.3467x_2$. **c.** $\hat{y} = .5365-.2483x_1+1.0319x_2$. **d.** .48. **e.** ERA와 R/IP의 $r = .964$임.

12. **a.** .9255. **b.** .9042. **c.** 설명함.

14. **a.** .75. **b.** .6786. **c.** 설명력 낮음.

16. **a.** $R^2 = .5771$, 낮은 적합도. **b.** $R^2 = .7525$, $R_a^2 = .7144$, 적합도 증가.

18. **a.** $R^2 = .5635$, $R_a^2 = .5121$. **b.** 낮은 적합도. **c.** $R^2 = .6251$, $R_a^2 = .5810$, 상대적으로 적합도 높음.

20. **a.** 엑셀 이용 $F = 43.4957$, p-값 = F.DIST.RT(43.4957,2,7) = .0001, p-값 $< .05$, H_0 기각, 유의한 관계임. **b.** 엑셀 이용 $t = 8.1345$, p-값 = 2*(1−T.DIST(8.1345,7,TRUE)) = .0001, p-값 $< .05$, H_0 기각, 유의적임. **c.** 엑셀 이용 $t = 4.9954$, p-값 = 2*(1−T.DIST(4.9954,7,TRUE)) = .0016, p-값 $< .05$, H_0 기각, 유의적임.

22. **a.** SSE = 4000, MSE = 571.4286, MSR = 6000. **b.** $F = 10.50$, p-값 = F.DIST.RT(10.50,2,7) = .0078, p-값 $< .05$, H_0 기각, 유의한 관계임.

24. **a.** $\hat{y} = 60.5405+.3186x_1-.2413x_2$. **b.** $F = 13.1815$, p-값 $= .0001 < .05$, 유의한 관계임. **c.** 경기당 공격 시 평균 패스거리: $t = 5.0929$, p 값 $= .0000 < .05$, 유의적임. 경기당 수비 시 허용한 평균거리: $t = -2.7031$, p-값 $= .0114 < .05$, 유의적임.

26. **a.** $F = 10.9714$, p-값 $= .0009 < .05$, 유의한 관계임. **b.** 투구 이닝당 평균 탈삼진의 수: $t = -3.4586$, p-값 $= .0030 < .05$, 유의적임. 투구 이닝당 평균 피홈런의 수: $t = 2.3674$, p-값 $= .0300 < .05$, 유의적임.

28. **a.** 143.15. **b.** 111.16 ~ 175.16.

30. **a.** 59.827. **b.** 26.959 ~ 92.695.

32. **a.** $E(y) = \beta_0 + \beta_1 x_1 + \beta_2 x_2$(수준 1이면 x_2=0, 수준 2이면 x_2=1). **b.** $E(y) = \beta_0 + \beta_1 x_1$. **c.** $E(y) = \beta_0 + \beta_1 x_1 + \beta_2$. **d.** β_1은 x_2가 일정할 때 x_1의 1단위 변화에 대한 $E(y)$의 변화량, $b_2 = E(y|$수준 2$) - E(y|$수준 1$)$.

34. **a.** 15,300($). **b.** 56,100($). **c.** 41,600($).

36. **a.** $\hat{y}$ = 1.8602+.2914Months+1.1024Type−.6091Person. **b.** $F = 18.04$, p-값 $= .0021 < .05$, 총체적으로 유의한 관계임. **c.** 서비스를 수행한 수리공(Person) 검정: $t = -1.5701$, p-값 $= .1674 > .05$, 유의하지 않음, Months와 Person의 $r = 0.691$임.

38. **a.** $\hat{y}$ = −91.7595+1.0767Age+.2518Pressure+8.7399Smoker. **b.** $t = 2.9125$, p-값 $= .0102 < .05$, 유의적인 요인임. **c.** 34.2661, 금연과 혈압관리.

40. **a.** $\hat{y} = -53.28+3.11x$. **b.** 이상점 없음, 모든 관찰점의 표준화된 잔차가 −2 ~ 2에 있음. **c.** 다섯 번째 관찰점(x=40, y=70)이 영향점, 5개 관찰점으로 모형 가정을 판단하기 어려움.

42. **a.** $\hat{y}$ = 71.3283+.1072Price+.0845Horsepower. **b.** 잔차의 변동(분산)이 x값을 따라서 일정함을 유지하지 못함. **c.** 이상점 없음.

44. **b.** 3.19.

46. **a.** $r = .9607$, $R_a^2 = .9102$, $n = 15$, $p = 2$, $n-1 = 14$, SSE = 134.48, SST = 1746.48, MSR = 806, MSE = 11.21, $F = 71.92$, Significance $F = .0000$, $X1$의 $t = 3.6114$이고 p-값 $= .0036$, $X2$의 $t = 5.0750$이고 p-값 $= .0003$. **b.** $F = 71.92$, p-값 $= .0000 < .05$, 유의한 관계임. **c.** $\beta_1 = 0$ 검정: $t = 3.6114$, p-값 $= .0036 < .05$, H_0 기각. $\beta_2 = 0$ 검정: $t = 5.0750$, p-값 $= .0003 < .05$, H_0 기각.

48. **a.** $r = 0.9493$, $R^2 = 9012$, $R_a^2 = 0.8616$, $n = 8$, $p = 2$, $n-p-1 = 5$, $n-1 = 7$, SSR = 648.83, MSR = 324.415, MSE = 14.2355, $F = 22.79$, Significance $F = .0031$, $X1$의 $t = -5.5884$이고 p-값 $= .0025$, $X2$의 $t = 6.4830$이고 p-값 $= .0013$. **b.** $F = 22.79$, p-값 $= .0031 < .05$, 유의한 관계임. **c.** 높은 적합도임. **d.** $\beta_1 = 0$ 검정: $t = -5.5884$, p-값 $= .0025 < .05$, H_0 기각. $\beta_2 = 0$ 검정: $t = 6.4830$, p-값 $= .0013 < .05$, H_0 기각.

50. **a.** y = 41.0534−3.7232Displacement, $F = 550.8029$, p-값 $= .0000 < .05$, 유의한 관계임. **b.** $\hat{y}$ = 40.5946−3.1944Displacement −2.7230Fuel. **c.** $t = -6.4498$, p-값 $= .0000 < .05$, 유의적임, **d.** $\hat{y}$ = 37.9626−3.2418Displacement−2.1352Fuel+3.0747Front+3.3114Rear. **e.** $F = 207.3108$, p-값 $= .0000 < .05$, 총체적으로 유의한 관계임. 독립변수 각각에 대한 t-검정에서 모든 p-값 $= .0000 < .05$, 모든 독립변수가 유의적임.

52. **a.** $\hat{y}$ = −294.7669+7.6966 FG%, $F = 32.6876$, p-값 $= .0000 < .05$, 유의한 관계임. **b.** 필드골 성공률이 1% 높아질 때마다 승률이 약 7.7%씩 높아짐. **c.** $\hat{y}$ = −407.9703+4.9612FG%+

2.3749(3P%)+.0049FT%+3.4612RBOff+3.6853RBDef. **d.** $\hat{y}$ = −407.5790+4.9621FG%+2.3736(3P%)+3.4579RBOff+3.6859RBDef. **e.** 50.9(%).

16장

2. **a.** 엑셀의 회귀분석을 사용함. $\hat{y}$ = 9.3152+.4242x, p=.117으로 관계가 약함, 61.5%의 변동을 설명함. **b.** 〈그림 16-3〉과 같이 제곱항을 추가하여 회귀식 $\hat{y}$ = −8.1014+2.4127x−.0480x^2을 구함. p-값=.038으로 관계가 유의함. 데이터에 대한 적합도도 매우 높음. **c.** b번의 회귀식에 x=20을 대입하면 $\hat{y}$ = 20.953.

4. 엑셀 회귀분석을 사용하면 $\hat{y}$ = 9943.0476+8.7143x, p-값=9.18E−5로 α=.01에서 유의함.

6. 산점도를 그려보면 완만한 곡선형임. 엑셀의 회귀분석 도구에서 회귀모형을 구함. **b.** 단순선형모형은 부적합함. **c.** $\hat{y}$ = 2.90−.185x+.00351x^2, R^2=.91; $\hat{y}$ = 2.2426$e^{-.055x}$, R^2=.9306 지수함수의 회귀모형의 데이터 적합도가 더 좋음.

8. **a.** 산점도를 그려보면 단순선형 모형은 부적합하고 곡선형 관계가 적합함. **b.** x, x^2 두 개 항을 사용하면 $\hat{y}$ = 33,828.505−4570.609x+153.555x^2, R^2=.7023. **c.** Price의 log값을 종속변수로 하여 회귀분석을 하면 log(Price) = −2.2082+.2857(Ratings), R^2=.8054. **d.** 로그를 사용한 비선형모형이 데이터 적합도가 더 높다.

10. **a.** 16장 2절의 보충설명을 따라, SSR = SST−SSE = 1030, n=27, p=1, MSR=1030, MSE = 520/(27−1−1) = 20.8, F = 1030/20.8 = 49.52, 이 F-값(자유도 1, 25)의 p-값은 0, 그러므로 H_0: β_1=0을 기각하고 x_1이 유의하다고 결론. **b.** n=27, p=3, 변수가 두 개 추가되므로 F=[(520−100)/2]/(100/23) = 48.3, 이 F-값(자유도 2, 23)의 p-값은 거의 0, 두 변수 x_2, x_3의 추가가 통계적으로 유의하다.

12. **a.** ScoringAvg $\hat{y}$ = 79.150−.1252GIR, R^2=.2269, 회귀식은 유의함. **b.** 변수를 두 개 추가한 회귀분석은 $\hat{y}$ = 56.5022−.2359GIR −.0172DriveDist+1.1871PPR, R^2=.7064, 회귀식도 유의함. **c.** 두 번의 회귀분석 출력을 가지고, n=191, SSE(reduced)=73.7543, full모형은 독립변수 p=3개, SSE(full)=8.0114, MSE(full) = 28.0114/187 = .1498, F = [(73.7543−28.0114)/2]/.1498 = 152.68, 이 F-값(자유도 2, 187)에 해당하는 p-값은 거의 0, 그러므로 두 개 독립변수 추가는 유의함.

14. **a.** 엑셀의 회귀분석 출력을 가지고 회귀식을 적으면, 위험률 $\hat{y}$ = −110.9423+1.3150나이+.2964혈압, R^2=.8064, **b.** 엑셀시트에 나이*혈압 열(항)을 새로 추가한 후 4개 변수를 가지고 회귀분석을 하면 $\hat{y}$ = −123.1650+1.5130나이+.4483혈압+8.8656흡연 −.0028나이×혈압이다.R^2=.8762. **c.** F = [(811.41−518.84)/2]/34.59 = 4.23, 이 F-값(자유도 2, 15)에 해당하는 p-값=.0349.< α=.05. 그러므로 두 변수 추가가 유의하다.

16. 처리 A, B, C에 더미변수 (x_1, x_2)의 값을 (0,0), (1,0), (0,1)으로 할당함.

18. 처리 A, B, C에 더미변수 (x_1, x_2)의 값을 (0,0), (1,0), (0,1)으로 할당함. 블록 더미변수 x_3는 블록1은 0, 블록2는 1으로 할당.

20. **a.** 제조사 1, 2, 3에 더미변수 (D_1, D_2)의 값을 (0,0), (1,0), (0,1)으로 할당하고 $E(Y) = \beta_0+\beta_1D_1+\beta_2D_2$으로 모형 수립. **b.** 16개 관찰 데이터를 더미변수 구분에 따라 〈표 16-9〉와 같이 3개 열로 배열하여 회귀분석 하면, 회귀식은 $E(Y) = 23+5D_1-2D_2$. **c.** $H_0=\beta_1=\beta_2=0$. **d.** 회귀분석의 출력을 보면 $F(2,9)$=10.6364, p-값=.0043으로 귀무가설을 기각함. 제조사별로 모두 같다고 할 수 없음. 제조사 3은 제조사 1과 차이나지 않음.

22. 튠업장비를 더미변수 x_1의 0, 1 으로 구분하고, 자동차 종류 1, 2, 3에 더미변수 (x_2, x_3)의 값을 (0,0), (1,0), (0,1)으로 할당. 튠업시간을 첫째 열에, 더미변수를 2, 3, 4열에 배치하여 회귀분석을 한다. 결과를 보면 회귀식은 유의하지 않고, x_1만이 t-값=−4.536, p-값=.045로서 유의한 차이를 보임. 장비에 따른 튠업시간을 짝에 대한 t-검정에서 그 평균의 차이가 있고, 동일한 검정 통계량을 얻을 수 있음.

24. **a.** 날짜를 1, 2, 3, …의 독립변수로 누고 price를 회귀분석 하면 $\hat{y}$ = 81.9894+.4024x로 유의함. 잔차도를 보면 주기성을 보임. **b.** 더빈-왓슨 통계량 d=.79811, d_L=1.2, d_U=1.41, $d<d_L$ 유의한 양의 자기상관이 있음.

26. 회사채의 수익률을 그것의 만기에 대한 산점도를 보면, 단순선형회귀식으로 충분하지 않다. 곡선 관계가 보이기 때문에, 만기의 제곱을 변수로 추가하면 유의한 회귀식을 구할 수 있다(조정된 R^2=.6499). 그러나 만기가 길어지면 수익률이 감소하는 경향을 보이는데 이것은 현실과 맞지 않다. 그래서 만기의 자연로그값을 독립변수로 하여 회귀식을 구하면 이것이 방지된다.

28. **a, b.** 4개 독립변수를 가지고 회귀식을 구하면 (조정된) R^2=.312로 데이터 적합도가 낮다. **c.** 산점도를 그려보면 오목한 모양이어서 Finished의 제곱항이 필요하다는 것을 알 수 있고, 제곱항을 추가한 회귀식의 (조정된) R^2=.5437로 높아진다.

30. (조정된) R^2=.2293으로 데이터 적합도가 아주 낮다. 엑셀 회귀분석의 회귀식 $\hat{y}$ = 70.6336+12.7372Industry−2.9187Quality를 가지고 계산한 더빈-왓슨 통계량 d=1.4261이고, 이는 d_L=1.39와 d_U=1.60 사이에 있으므로 양의 자기상관에 대해서 어떠한 결론도 내릴 수 없다.

32. 자동차 크기에 따라 (B, C) 더미변수를 도입하여, Compact는 (0, 0), Midsize는 (1, 0), Large는 (0, 1)로 할당, 더미변수 두 개를 가지고 회귀분석을 하면, 연비 = 31.8140−2.1445Midsize −6.0512Large, (조정된) R^2=.01433으로 아주 낮지만 회귀식의 유의하고(p-값=000), 회귀식 계수는 유의하여, 자동차 크기에 따라 평균연비 mpg가 31.8, 29.7, 25.7로 차이가 있다.

부록 D. 다중회귀분석과 JASP 사용

h번째의 관찰 x_h을 행으로 나타내면 $x_h^T = (x_1^*, x_2^*, \cdots, x_p^*)$인데, x_h에서 회귀식에 의한 기댓값의 신뢰구간은 $E(y^*) = \hat{y}^* \pm t_{\alpha/2}s_{\hat{y}^*}$이고, $s_{\hat{y}^*} = MSE\sqrt{x_h^T(X^TX)^{-1}x_h}$ 이다. 예측값의 신뢰구간은 $y^* = \hat{y}^* \pm t_{\alpha/2}s_{\text{pred}}$이고, s_{pred} 5 $MSE\sqrt{1+x_h^T(X^TX)^{-1}x_h}$ 이다. 여기서 T는 전치행렬을 말한다. x_h는 열벡터(열행렬)이고, x_h^T는 행벡터(행행렬)이다. X는 자료행렬인데, 각 행은 관측자료를 1, $x_1, x_2, \cdots, x_p$으로 나열한 것이다. X는 사이즈가 $(n, 1+p)$인 행렬이고, 첫 번째 열은 모두 1이고, 두 번째 열부터 차례로 x_1의 자료값, x_2의 자료값, $\cdots$, x_p의 자료값을 각각 n개씩 배열한 것이다. $x_h^T(X^TX)^{-1}x_h$의 엑셀 계산은 =MMULT(MMULT(행 영역, (MINVERSE(MMULT (TRANSPOSE(행렬 영역), X행렬 영역)))), 열 영역)이다. 다음 엑셀 시트는 이것을 단계별로 분리하여 계산한 것이다. 시트의 34번행을 보면 교재의 예측구간 5.5~8.7을 확인할 수 있다. 연습문제 28(b), 29(b), 30(b), 31(c)은 아래 X행렬 영역 안에서 그만한 크기의 행과 열을 삽입하여 확장한 후 데이터를 입력하면 된다.

	A	B	C	D	E	F	G	H
1	**Butler 트럭에서 운송시간 예측구간 정하기**							
2	**Assignment**	(상수)	**Miles(x_1)**	**Deliveries(x_2)**	**Time(y)**			
3	1	1	100	4	9.3			
4	2	1	50	3	4.8			
5	3	1	100	4	8.9			
6	4	1	100	2	6.5	X 행렬		
7	5	1	50	2	4.2			
8	6	1	80	2	6.2			
9	7	1	75	3	7.4			
10	8	1	65	4	6.0			
11	9	1	90	3	7.6			
12	10	1	90	2	6.1			
13								
14	회귀식 계수	-0.8687	0.0611	0.9234		<= 회귀분석에서 가져온 값		
15								
16		X^TX=	10	800	29	<= C16에 입력		
17			800	67450	2345	=MMULT(TRANSPOSE(B3:D12),B3:D12)		
18			29	2345	91			
19								
20		inv(X^TX)=	2.7564	-0.0207	-0.3453	<= C20에 입력 =MINVERSE(C16:E18)		
21			-0.0207	0.0003	-0.0011			
22			-0.3453	-0.0011	0.1488			
23								
24	(예측)	MSE:	0.3285			<= 회귀분석에서 가져온 값		
25	예측점 X_h^T=	1	100	2		<= 새로운 예측점의 독립변수 관찰값		
26								
27		[X_h^T(inv)X_h]=	0.3785	<= =SUMPRODUCT(MMULT(B25:D25,C20:E22),B25:D25)				
28		MSE(1+[ ])=	0.4528	<= =C24*(1+C27)				
29		$s_{(pred)}$ =	0.6720	<= =SQRT(C28)				
30	예측구간 계산							
31		t(.025, 7)=	2.3650	-2.3646	<= =T.INV(0.025, 7)			
32		예측 점추정=	7.0900	7.0881	<= =SUMPRODUCT(B15:D15,B25:D25)			
33		예측 오차범위=	1.5915		<= =C31*C29			
34		점추정 +/- 오차범위	5.4985	8.6815				
35								
36								

JASP은 네덜란드 암스테르담 대학에서 개발한 무료 소프트웨어이다. jasp-stats.org에서 다운로드하여 설치할 수 있다. JASP의 Linear Regression은 독립변수 선택을 쉽게 할 수 있다.

엑셀의 파일 Butler.xlsx를 ***.csv 형식의 파일로 저장하면 JASP에서 불러올 수 있다.

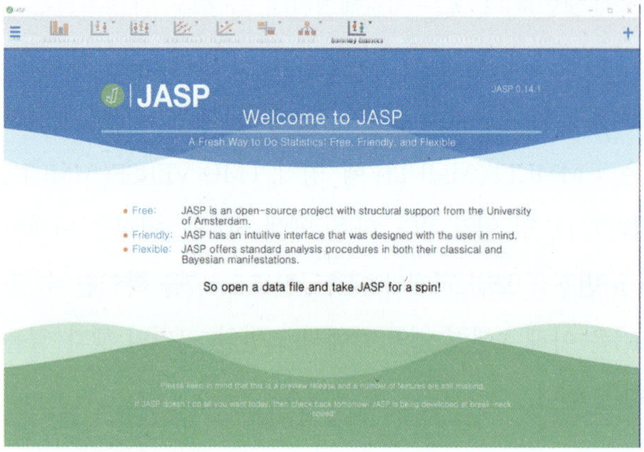

▲ JASP 첫 화면.

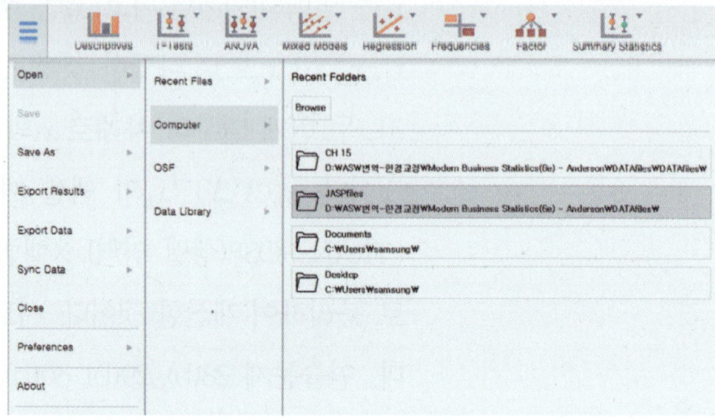

▲ 메인 메뉴에서 Open ⇒ Computer ⇒ Browse에서 Butler.csv를 찾는다.

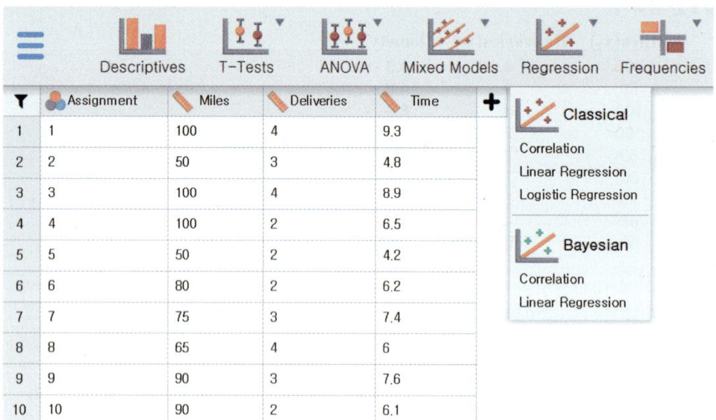

◀ 변수이름 왼쪽에 데이터 유형을: Scale, Ordinal, Nominal 에서 Scale을 선택.
메뉴바에서 Regression ⇒ Classical ⇒ Linear Regression을 선택.

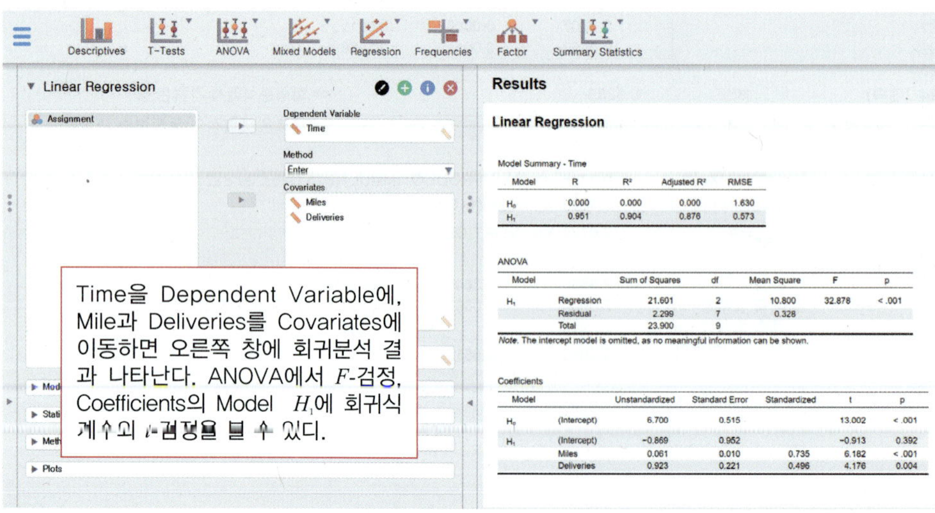

찾아보기

역 자 소 개

송한식 hssong201@gmail.com
동아대학교 경영학과 교수(전), 명예교수

서울대학교 산업공학과 학사와 석사, Governor G. Wallace 장학금으로 앨라바마대학교(Huntsville)에서 I&SE 박사학위를 취득하고(Optimum Decision Tree Development using Entropy), 콜로라도대학(Boulder)의 객원교수(2002-2003)를 지냈다. 한국생산관리학회 이사 및 편집위원을 맡았고, 한국경영과학회와 대한경영학회 종신회원이다.

주요 관심 분야는 도요타-린 생산방식, Self-organzing Method using GMDH, 게임이론과 머신러닝이며, Coursera와 Edx에서 Game Theory(2007, Benjamin Polak); Neural Net for Machine(Deep) Learning(2016, Geoffery Hinton; 2018, Andrew Ng) 등의 코스를 수료, 교육에 관심이 많아 WebCT의 한국어판을 만들었고(1999-2002), 현재 Moodle 프리웨어를 사용하고 있다.

저서: 엑셀활용 경영과학(교보문고, 공저), 교육대개혁(1994, 공저), 新도요타 시스템(1994, 공역), 린싱킹(2006, Lean Thinking, 역서), 경영경제 통계학(R.M. Weiers, 공역) 등.

이세원 swlee@pknu.ac.kr
부경대학교 경영학부 부교수

성균관대학교 공과대학에서 산업공학 학사를, 동 대학원 산업공학과에서 공학석사, 공학박사학위를 받았다. 성균관대학교 BK21 연구교수, 동국대학교 경영학과 강의초빙교수를 거쳐 현재 부경대학교 경영학부 부교수로 재직 중이다.

부경대학교 경영대학원 부원장, 한국산업정보학회 학술연구위원장, 한국생산관리학회 연구진흥위원장을 역임하였으며, 한국경영학회, 한국생산관리학회, 한국산업정보학회의 이사로, 품질경영학회지와 산업정보학회논문지의 편집위원으로 활동하고 있다.

주요 관심 분야는 대기행렬이론, 확률모형, 시스템 최적화, Behavioral Operations Research, 시뮬레이션이며 Annals of Operations Research, Performance Evaluation, Information Sciences, International Journal of Production Economics 등의 저널에 30여 편의 논문을 게재하였다.

이정호 jholee@konkuk.ac.kr
건국대학교 경영학과 조교수

홍익대학교에서 기계공학 학사를 받았으며 동대학교 대학원에서 경영학 석사 및 경영과학 전공으로 박사학위를 취득했다.

(주)바닐라커뮤니케이션즈 이사(2007-2009), 한국소비자안전협회 연구실장(2010), 부산대학교 전임대우(2011-2012)로 근무하였다. (주)나이스R&C 전문위원과 SK picglobal 감사선임위원을 역임하였고, 한국경영과학회 총무이사, 한국물류학회 및 한국유통경영학회 학술이사, 한국생산관리학회 이사 등을 맡았다.

주요 관심 분야는 공급사슬관리, 비즈니스 애널리틱스(Business Analytics), 제품-서비스 통합시스템(Product-Service System), 서비스 사이언스 등이다.

이인태 intaelee@kyungnam.ac.kr
경남대학교 경영학부 조교수

서강대학교에서 경영학 학사, 석사를 취득하였으며, 동대학원에서 LSOM(Logistics, Service & Operations Management) 전공으로 경영학 박사를 취득하였다.

현대카드와 푸르덴셜생명보험에서 과장으로 근무하였으며, 한국서비스경영학회, 한국컨설팅학회, 한국인터넷전자상거래학회, 한국경영교육학회, 한국산업경영학회 등에서 편집위원 및 이사를 맡고 있다.

최근 관심 분야는 스마트팩토리, 디지털 트랜스포메이션, 친환경 자동차, 공급사슬 전략 등이다.

박진한 morepond@kyungnam.ac.kr
경남대학교 경영학부 교수

금오공과대학교에서 경영학 학사 및 석사 학위를 받았고, 서강대학교에서 LSOM 전공으로 경영학 박사학위를 받았다.

SK플래닛 Marketing Technology 본부에서 차장을, 한국과학기술정보연구원 데이터분석본부에서 선임연구원으로 근무하였다.

주요 관심 분야는 운영관리, 기술경영, 중소기업 R&D, 빅데이터 기반 R&D 플랫폼 등이다.

저 자 소 개

David R. Anderson(데이비드 R. 앤더슨) 교수는 신시내티 대학 경영대학의 계량분석 명예교수이다. North Dakota의 Grand Forks에서 태어났다. 그는 Purdue University에서 B.S., M.S. 및 Ph.D. 학위를 받았다. Anderson 교수는 신시내티 대학교에서 계량분석 및 운영관리 전공의 학과장을 역임했으며 경영대학 부학장을 역임하고, 대학교의 Executive Program(최고경영자 과정)의 최초 코디네이터를 지냈다.

Anderson 교수는 신시내티 대학의 비즈니스스쿨의 학부에서 기초통계학을 가르쳤으며, 대학원에서 회귀분석과 다변량 분석, 경영과학을 가르쳤다. 그는 또한 워싱턴 D.C의 노동부(Department of Labor)에서도 통계학을 가르쳤다. 최우수 강의상을 수상하였고, 학생활동 지도에서도 우수교수상을 받았다.

Anderson 교수는 통계학, 경영과학, 선형계획법, 생산운영관리 분야에서 10권의 교과서를 공동 집필하였다. 지금도 통계방법과 샘플링 분야에서 컨설팅을 활발히 하고 있다.

Dennis J. Sweeney(데니스 J. 스위니) 교수는 신시내티 대학의 '생산성 향상센터' 창립자이며, 계량분석 분야 명예교수이다. 아이오와 주 디모인에서 태어난 그는 Drake University에서 B.S.B.A. 학위와 인디애나 대학에서 M.B.A. 및 D.B.A. 학위를 받았으며 NDEA 펠로우의 한 사람이었다. Sweeney 교수는 Procter & Gamble의 경영과학 부서에서 일하였으며 듀크 대학교에서 객원 교수로 1 년을 보냈다. Sweeney 교수는 신시내티 대학의 계량분석 학과 학과장, 경영대학의 부학장을 역임하였다.

Sweeney 교수는 경영과학 및 통계 분야에서 30편 이상의 논문과 모노그래프를 발표하였다. National Science Foundation, IBM, Procter & Gamble, Federated Department Stores, Kroger, Duke Energy에서 연구자금을 지원받아서 Manaement Science, Operations Research, Mathematical Programming, Decision Science 등의 학술지에 논문을 발표하였다.

Sweeney 교수는 통계학, 경영과학, 선형계획법, 생산운영관리 분야에서 10권의 교과서를 공동 집필했다.

Thomas A. Williams(토마스 A. 윌리엄스) 교수는 Rochester Institute of Technology 경영대학에 경영과학 명예교수이다. 뉴욕 엘미라 출생으로 그는 Clarkson University에서 B.S. 학위를 받았다. 그는 Rensselaer Polytechnic Institute에서 M.S.와 Ph.D. 학위를 받았다.

RIT 경영대학에 합류하기 전에 Williams 교수는 신시내티 대학의 경영대학에서 7년간 교수로 재직하였으며, 거기서 Information systems 학부 프로그램을 개발하고 코디네이터로 일하였다. 이후 RIT로 옮겨서 그는 Decision Sciences의 초대 학과장이 되었다. 그는 경영과학과 통계학 과목을 가르쳤으며 회귀분석, 의사결정 분석 과목들을 가르쳤다.

Williams 교수는 경영과학, 통계학, 생산운영관리 분야와 수학분야에서 11권의 교과서를 공동 집필하였다. 그는 Fortune 500의 여러 기업의 컨설턴트였으며 데이터 분석에서부터 대규모 회귀모델 개발의 프로젝트를 수행하였다.

저 자 소 개

Jeffrey D. Camm(제프리 D. 캠) 교수는 Wake Forest 대학의 경영대학에서 분석과학(Analytics)의 부학장 겸 Inmar Presidential Chair이다. 오하이오주 신시내티에서 태어났으며, Xavier University (Ohio)에서 B.S., Clemson University에서 Ph.D. 박사 학위를 받았다. 신시내티 대학의 교수를 거쳐서 Wake Forest 대학 교수로 재직중이다. 그는 스탠포드 대학의 객원 교수로도, Dartmouth College의 Tuck School of Business에서 경영학과 객원교수를 지냈다.

Camm 교수는 운영관리(OR)와 마케팅 분야의 최적화 응용문제에 대해 30편 이상의 논문을 발표하였다. 그는 Science, Managment Science, Operations Research, Interfaces 등 여러 전문학술지에 연구논문을 발표하였다. Camm 박사는 신시내티 대학에서 최우수 강의교수 Dornoff Fellow로 선정되었다. 2006년에 운영관리(OR) 교수상 INFORMS Prize을 수상하였다. 그는 수많은 기업과 정부 기관에서 운영연구 컨설턴트로 봉사하였다. 2005년부터 2010년까지 그는 Interfaces의 편집장을 역임하였다.

James J. Cochran(제임스 J. 코크란) 교수는 앨라배마 대학의 응용 통계학 교수이자 Rogers-Spivey Fellow 교수이다. 오하이오주 데이턴에서 태어난 그는 Wright State University에서 B.S., M.S. 및 M.B.A. 학위와 신시내티 대학교에서 Ph.D. 학위를 받았다. 그는 2014년부터 앨라배마 대학교에서 근무했으며, Stanford University, Universidad de Talca, University of South Africa, Pôle Universitaire Léonard de Vinci의 객원교수를 지냈다.

Cochran 교수는 운영연구(OR) 및 통계적 방법의 개발 및 적용에 관한 논문을 36편 이상 발표하였다. Management Science, The American Statistician, Communications in Statistics — Theory and Methods, Annals of Operations Research, European Journal of Operational Research, Journal of Operational Research, Journal of Combinatoiral Optimization, Interfaces, Statistics and Probability Letters 등의 전문 학술지에 연구 논문을 발표하였다. 그는 2008년 운영연구 실제(OR Practice)의 교수상 INFORMS Prize를 수상했으며, 2010년 Mu Sigma Rho Statistical Education 상을 수상하였다. Cochran 교수는 Internationa Statistics Institute 위원으로 선출되었으며, 2011년에는 미국 통계협회 Fellow 회원으로 선정되었다. 미국 통계협회로부터 2014년에는 Founders Award 상, 2015년 Karl E. Peace Award 상을 수상하였다. Chocran 교수는 OR과 통계학의 실제 응용을 위해서는 교육이 중요하다는 신념으로 티칭 워크샵을 Montevideo, Uruguay; Cape Town, South Africa; Cartagena, Colombia; Jaipur, India; Buenos Aires, Argentina; and Nairobi, Kenya에서 개최하였다. 그는 또, 많은 기업과 비영리기관의 운영연구(OR) 컨설턴트로서 활약하였다. 2006-2012 INFORMS Transactions on Education의 편집장을 역임하였으며, Interfaces, International Transactions in Operational Research, Significance의 편집위원을 역임하고 있다.

경영통계학 — 엑셀 활용

역 자 송한식, 이세원, 이정호, 이인태, 박진한
발행일 2021년 9월 1일
발행처 **한경사**
발행인 이계남
등록사항 제10-1951호 2000년 4월 14일
주 소 서울시 마포구 신수로 59-1 (3층)
전화번호 02_717_7264~5
팩스번호 02_717_7226
홈페이지 hankyungsa.co.kr
전자우편 hankyungsa@hanmail.net
ISBN 978-89-6844-348-0 93320
가 격 39,000원